U0590293

2021年全国反洗钱征文比赛获奖作品汇编

（上册）

中国人民银行反洗钱局◎主编

中国商业出版社

图书在版编目（CIP）数据

2021年全国反洗钱征文比赛获奖作品汇编：上下册 /
中国人民银行反洗钱局主编 . -- 北京：中国商业出版社，
2022.7
ISBN 978-7-5208-2093-6

Ⅰ . ① 2… Ⅱ . ①中… Ⅲ . ①洗钱罪—中国—文集
Ⅳ . ① D924.33-53

中国版本图书馆 CIP 数据核字 (2022) 第 105891 号

责任编辑：陈　皓

中国商业出版社出版发行
（www.zgsycb.com　100053 北京广安门内报国寺 1 号）
总编室：010-63180647　编辑室：010-83114579
发行部：010-83120835/8286
新华书店经销
北京紫瑞利印刷有限公司印刷
＊
889 毫米 ×1194 毫米　16 开　62.75 印张　1130 千字
2022 年 7 月第 1 版　2022 年 7 月第 1 次印刷
定价：179.00 元
＊　＊　＊　＊
（如有印装质量问题可更换）

2021 年反洗钱征文比赛活动评审委员会

主 任 委 员：巢克俭

副主任委员：包明友　王　静

委　　　员：查　宏　叶庆国　罗　强　陈熙男　曹作义
　　　　　　贝金欣　张　梅　俞志杰　王明科　智　行
　　　　　　路子尧　宫海川　叶　青　贾昌峰　刘爱鹏
　　　　　　林群芳　熊陈楚　吴卫锋　赵肖杭　靳　珂
　　　　　　刘　潋　魏永成　李　庆　韩　帅　李建伟
　　　　　　周万鑫　曹泂宜　叶航天

序言

2021 年是"十四五"开局之年，恰逢中国共产党建党百年。中国人民银行会同反洗钱工作部际联席会议成员单位，在国务院金融稳定发展委员会的指导下，齐心协力，克服新冠肺炎疫情影响，推动中国反洗钱工作不断取得新进展。《中华人民共和国反洗钱法》《中华人民共和国刑法》等反洗钱法律制度的修订引起社会各界热烈反响，风险评估和执法检查"双支柱"反洗钱监管框架基本建立，金融机构洗钱风险意识和管理水平显著加强；反洗钱调查和监测分析对扫黑除恶、反腐败、反恐怖等国家重大专项工作给予大力支持，洗钱罪立案、起诉和宣判案件逐年增加。截至 2021 年底，全国以《中华人民共和国刑法》第一百九十一条洗钱罪宣判案件近 500 件；反洗钱国际互评估整改取得积极进展，FATF《40 项建议》的合规性指标达标 31 项；区块链、人工智能等新技术在反洗钱领域得到广泛运用，金融风险监测预警水平不断提高。但与此同时，党中央、国务院以及社会各界对反洗钱工作提出更高的期望和要求，反洗钱工作面临的内外部环境依然复杂严峻。反洗钱制度防火墙需要进一步扎牢，反洗钱防范化解风险的潜力有待进一步释放，需要研究的问题还有很多。中国反洗钱工作仍然任重道远。

反洗钱工作部际联席会议办公室为充分发挥统筹协调、沟通衔接、服务保障作用，加强反洗钱研究交流、提高反洗钱理论水平，组织开展"2021 年全国反洗钱征文比赛活动"。本次活动范围广、效果好，投稿文章不仅包括中国人民银行系统，还包括联席会议成员单位以及行业协会、金融机构和高校等。文章主题涉及反洗钱制度体系和机制建设研究、反洗钱履职面临的经验与挑战、洗钱活动典型案例剖析、国际经验比较研究和监管科技与金融科技应用研究等方面。为保证征文比赛评选工作的公正性、客观性和权威性，本次活动经征集、初筛、初评、查重和复评等环节，历时 8 月有余。征集和初筛环节于 2021 年 7 月 31 日截止，由联席会议成员单位、义务机构总部和人民银行（副）省级分支机构推荐文章。初评和复评环节由中国人民银行反洗钱局牵头组建专家团，组织开展匿名、交叉评审和论文查重。评选结果以专家评审分数和论文查重结果为基础，综合考虑区域、行业、主题等因素，评审出一等奖 10 名、二等奖 23 名、三等奖 34 名、优秀奖 56 名。考虑到获奖文章具有较高的理论价值和实践指导意义，现将适合出版的获奖文章结集出版，并对出版的部分获奖文章进行了适当删节。

由于这是近年来首次举办的全国范围内反洗钱征文比赛，活动组织服务难免存在疏漏之处，评审结果也难免受限于评审专家的能力和水平、文章征集的范围和时限等。同时，由于国内外反洗钱工作推进迅速，而本次比赛的周期较长，也影响了部分文章观点的时效性。凡此种种，期望在后续工作中认真改进。还需要特别说明的是，获奖文章仅代表个人观点，不代表所在单位意见及中国人民银行反洗钱局意见。

在本书即将付梓之际，衷心感谢反洗钱工作部级联席会议成员单位、各义务机构的积极参与、有序组织以及评审专家的大力支持，感谢中国商业出版社对书稿全面细致的审校。希望以本书为契机，进一步激发社会各界对反洗钱工作的关注、支持和参与，推动反洗钱研究交流工作再上新台阶，为反洗钱工作高质量发展提供更多、更好、更新的决策参考。

目录

Part I
反洗钱制度体系和机制建设研究

Part II
反洗钱履职面临的经验与挑战

Part III
洗钱活动典型案例剖析

Part IV
国际经验比较研究

Part V
监管科技与金融科技应用研究

Part I

反洗钱制度体系和机制建设研究

关于洗钱犯罪主观故意的实践把握

——案例分析与建议

■ 扈小刚　韩丽娜[1]

摘要：《中华人民共和国刑法修正案（十一）》（以下简称《刑法修正案（十一）》）对洗钱罪的修订，为司法机关认定洗钱犯罪提供了强有力的法律支撑，扩大了洗钱犯罪的打击范围，强化了对洗钱犯罪的打击力度。但在具体司法实践中，洗钱犯罪主观故意与明知的理解认定一直是理论界和实务界争议较大的问题，《刑法修正案（十一）》虽将"明知"修改为"为掩饰、隐瞒"，排除了自洗钱行为入罪的文本障碍，但不意味着修改了洗钱罪的主观认知，洗钱罪的主观要件仍是故意。本文基于自洗钱入罪后对犯罪嫌疑人主观故意认定的影响，结合具体案例分析，对洗钱犯罪的主观故意进行区分认定，并提出实践把握要点和认定建议。

关键词：洗钱犯罪　主观故意　案例分析

一、删除"明知"未改变洗钱罪的主观故意要件

2021年3月1日，《刑法修正案（十一）》正式实施，对第一百九十一条洗钱罪做了修订，删除了"明知"要件，扩大洗钱罪处罚范围，实现自洗钱入罪，也意味着一定程度上洗钱罪入罪标准的降低，但这并不意味司法实践中对洗钱犯罪证明标准的降低，"明知"的删除并未改变洗钱罪的主观故意要件。有观点认为，"明知"要件删除后不需要洗钱嫌疑人存在对上游犯罪的主观认知，只需证明洗钱嫌疑人明知系犯罪所得及其产生收益，客观查实赃款赃物来源于七类上游犯罪，即可认定犯罪故意。笔者认为，上述观点的实质是取消了对上游犯罪明知这一主观认识要

1　扈小刚供职于山东省人民检察院第四检察部，韩丽娜供职于中国人民银行济南分行。

件，从目前看尚与法律规定相违背，原因如下。

（一）洗钱嫌疑人对上游犯罪的认知，仍是洗钱主观故意的法定构成要素

刑法规定七类上游犯罪的所得及其产生的收益，仍然要从主客观相一致的角度进行构罪要件的把握。针对赃款赃物来源于七类上游犯罪，既要论证洗钱嫌疑人主观上明知，又要客观上查实证据。《最高人民法院关于审理洗钱等刑事案件具体应用法律若干问题的解释》（法释〔2009〕15 号）规定"被告人将刑法第一百九十一条规定的某一上游犯罪的犯罪所得及其收益误认为刑法第一百九十一条规定的上游犯罪范围内的其他犯罪所得及其收益的，不影响刑法第一百九十一条规定的明知的认定"，可以推导出洗钱嫌疑人主观上应当明知赃款赃物来源于七类上游犯罪，才构成洗钱犯罪。

（二）洗钱嫌疑人对上游犯罪的认知，系对客观事实的认知，而非对行为性质的认知

洗钱嫌疑人对上游犯罪的认知是对客观事实的认知，这主要源于对上游犯罪性质的法律认定是一个专业、复杂的过程，不宜苛求不具有专业法律知识的洗钱嫌疑人对上游犯罪的性质存在专业法律认知。特别是在构成要件复杂的上游犯罪中，例如非法吸收公众存款罪，按照法律规定需要具备违法性、公开性、利诱性、社会性，上述四性的判断有时在专业范畴会存在一定争议，如要求洗钱嫌疑人明知上游犯罪嫌疑人"未经有关部门依法批准或者借用合法经营的形式，通过媒体、推介会、传单、手机短信等途径向社会公开宣传，承诺在一定期限内以货币、实物、股权等方式还本付息或者给付回报，向社会公众即社会不特定对象吸收资金"，不具有实践层面的可行性。所以洗钱嫌疑人对上游犯罪的认知属于事实层面的认知，即洗钱嫌疑人能够描述上游犯罪的基本事实，且该事实描述基本符合七类上游犯罪的法律要素，即可认定已经具有对上游犯罪的认知，无须洗钱嫌疑人再对上游犯罪事实作出法律判断。

（三）洗钱嫌疑人对上游犯罪的认知，系概括认知而非具体认知

基于洗钱嫌疑人未必了解上游犯罪的具体犯罪事实，一是洗钱嫌疑人从事实层面知晓上游犯罪主要法律特征的情况下，即可认定对上游犯罪达到认知程度。例如洗钱嫌疑人知晓上游犯罪嫌疑人非法走私低价国外汽车，但不知晓具体的走私细节，这种概括认知符合对上游走私犯罪的认知标准。二是在构成要件复杂的上游犯罪中，不必要求洗钱嫌疑人对每一个构罪要件均有认知。例如组织、领导黑社会性质组织罪，洗钱嫌疑人不了解涉黑组织的组织结构、经济运转情况，甚至不必具体知情每一起违法犯罪事实的情况，只要能够概括知晓上游犯罪嫌疑人存在长时间聚集、欺行霸市、为非作歹、老百姓谈闻色变等情况，就可以认定概括认知。

二、洗钱犯罪中主观明知犯罪所得及其产生收益的认定

司法实践中，证明洗钱嫌疑人主观明知系犯罪所得及其产生收益这一主观要素，理论界和实务界在其对象内容及程度要求上均存在一定的分歧。有观点认为，"明知"从字面含义理解仅指明确知道，对于可能性明知不宜纳入明知的范围。也有观点认为，从犯罪事实的证明标准而言，可能性明知意味着行为人完全有可能不明知，因此，不符合刑事诉讼法规定的"排除合理怀疑"的证明标准。

对于主观明知系犯罪所得及其产生收益的认定，《最高人民法院关于审理洗钱等刑事案件具体应用法律若干问题的解释》（法释〔2009〕15 号）规定"刑法第一百九十一条、第三百一十二条规定的明知，应当结合被告人的认知能力，接触他人犯罪所得及其收益的情况，犯罪所得及其收益的种类、数额，犯罪所得及其收益的转换、转移方式以及被告人的供述等主、客观因素进行认定"。从目前司法实践看，具体的证明方式主要有三种。

（一）依据言辞证据认定

洗钱嫌疑人供述明知经手财物系犯罪所得及其产生收益，并能详细说明知道的时间、地点、人物、情节以及认识的理由，且上述供述得到其他犯罪嫌疑人或者证人的印证，一般即可认定明知系犯罪所得及其产生收益。从司法实践看，只有极少的案件能通过该种方式证明洗钱嫌疑人的主观故意，多数案件需要通过其他证明方式解决。另外从检察机关的角度看，基于言辞证据的不稳定性，以该种方式认定的主观明知应通过同步录音、录像等方式进行证据固定，避免当事人翻供对案件带来的不利影响。

（二）依据客观证据认定

通过调取到的客观证据，证实洗钱嫌疑人明知经手财物系犯罪所得及其产生收益。例如查办的一起涉贩毒的洗钱案件中，洗钱嫌疑人虽然辩解不知道款项来源，但通过调取的洗钱嫌疑人与上游犯罪嫌疑人微信聊天记录，提及需要借用洗钱嫌疑人微信账户来收付毒资，由此直接认定了洗钱嫌疑人明知经手财物系犯罪所得；再如查办的一起涉非法吸收公众存款的洗钱案件，洗钱嫌疑人和上游犯罪嫌疑人系夫妻关系，两人均辩解未获知相关款项来源，甚至洗钱嫌疑人辩解对其丈夫工作性质毫不知情，对于洗钱嫌疑人一系列转移款项行为，最终以其在丈夫的刑事拘留通知

书上签字为节点，认定该节点后的洗钱行为是明知系犯罪所得。

（三）依据司法解释推定

根据已经查清的案件事实，依据法律规定推定洗钱嫌疑人明知经手财物系犯罪所得及其产生收益。《最高人民法院关于审理洗钱等刑事案件具体应用法律若干问题的解释》（法释〔2009〕15 号）规定，具有下列情形之一的，可以认定被告人明知系犯罪所得及其收益，但有证据证明确实不知道的除外：（1）知道他人从事犯罪活动，协助转换或者转移财物的；（2）没有正当理由，通过非法途径协助转换或者转移财物的；（3）没有正当理由，以明显低于市场的价格收购财物的；（4）没有正当理由，协助转换或者转移财物，收取明显高于市场的"手续费"的；（5）没有正当理由，协助他人将巨额现金散存于多个银行账户或者在不同银行账户之间频繁划转的；（6）协助近亲属或者其他关系密切的人转换或者转移与其职业或者财产状况明显不符的财物的；（7）其他可以认定行为人明知的情形。司法实践中，洗钱嫌疑人实施上述列举的行为，在没有正当理由或者相反证据的情况下，可以直接推定明知经手财物系犯罪所得及其产生收益。目前，推定洗钱犯罪主观故意是司法实践中运用最多的证明方式。

三、洗钱犯罪中主观上具有掩饰、隐瞒故意的证明与区分

洗钱嫌疑人主观上应当具有掩饰、隐瞒的故意，在理论上和司法实践中基本不存在争议。他洗钱犯罪中辩解不具有掩饰、隐瞒故意的情况，主要出现在与上游犯罪嫌疑人存在财产共有关系的近亲属洗钱案件中。在自洗钱入罪后，笔者预期不具有掩饰、隐瞒的故意将会成为自洗钱嫌疑人的主要辩解之一。如何区分对赃款赃物的掩饰、隐瞒行为和对赃款赃物通常的使用行为，将成为实践中面临的新问题。

（一）自洗钱中赃款赃物性质的转换，不宜直接认定具有掩饰、隐瞒的主观故意

如前所述，该主观内容在自洗钱和他洗钱的认定中，确实存在明显的差异。例如犯罪嫌疑人将贩毒所得购买了房屋，主观方面就需要区分是担心毒资被发现而进行的掩饰、隐瞒，还是基于生活需求而购买房屋居住。"倘若是上游犯罪的自然延伸，例如对于本人犯罪后自然占有、窝藏、获取等行为，则不宜认定为洗钱"，即不宜将所有七类上游犯罪嫌疑人对犯罪所得及其收益的处置、使用行为，均纳入自洗钱的打击范围。

（二）具有异常性的赃款赃物性质转换，可以认定具有掩饰、隐瞒的主观故意

从一般人的角度判断，主要基于对赃款赃物性质转换的场所、时间、方式、用途、原因等因素的综合考量，赃款赃物性质转换的异常性越强，主观具有的掩饰、隐瞒故意就越明显。例如"以明显低于市场的价格收购财物的；将相关资金或财物多次连续或循环转移，无正常交易、投资或者债权债务清偿的实质基础的；将巨额资金、股票分散于多个银行账户或证券账户，没有正当理由的；通过地下钱庄等非法途径协助转移或转换财物的"，再如目前司法实践中基本形成共识的，借用他人名义买房、买车，借用他人账户转款、投资等有异常性的赃款赃物性质转换，可以认定具有掩饰、隐瞒的主观故意。

四、洗钱犯罪主观故意认知的案例分析

（一）对上游犯罪的主观故意认定案例

案例一： 犯罪嫌疑人甲明知犯罪嫌疑人乙诈骗多人及单位，仍将乙骗取的 100 万元现金以其名义存入银行。案发后查实，乙仅告诉甲 100 万元是骗来的，但该 100 万元系贷款诈骗银行所得。

案例二： 犯罪嫌疑人甲明知犯罪嫌疑人乙向很多人借款，背负了较大债务，仍将乙交予的 100 万元现金以其名义存入银行。法院判决认定，乙构成非法吸收公众存款罪。

基于第一部分所述洗钱犯罪嫌疑人对上游犯罪的认知基于对上游犯罪的客观事实和概况性认知，据此判断，在案例一中，从检察角度审理证据时，应坚持洗钱嫌疑人甲必须对上游犯罪的主观认知。目前，我国刑法对于诈骗犯罪规定了不同罪名，既有属于七类上游犯罪的贷款诈骗罪、集资诈骗罪，也有不属于七类上游犯罪的诈骗罪、合同诈骗罪、招摇撞骗罪等，案例中虽然甲明知 100 万元系犯罪所得，客观亦查实上游犯罪系七类上游犯罪中的贷款诈骗，但由于甲对上游犯罪贷款诈骗缺乏主观认知，不宜认定其具有洗钱犯罪故意。在案例二中，洗钱嫌疑人甲能够在事实层面概括认识到"乙向很多人借款"，已经涵盖了非法吸收公众存款罪中的向不特定人吸收资金的主要犯罪要素，即使其不了解具体的公开宣传、承诺高息回报等，仍可认定对上游犯罪非法吸收公众存款的事实具有了概括认知，从而构成了洗钱上游犯罪的主观认知。

（二）对赃款赃物的主观故意认定案例

案例三：犯罪嫌疑人甲知晓犯罪嫌疑人乙从事走私犯罪活动，仍将乙交予的 100 万元现金以其名义存入银行。案发后，乙供述从未告诉甲 100 万元现金的来源。甲亦辩解其仅猜测 100 万元可能是走私所得，也可能是其他合法来源。

基于本文第二部分对于主观明知系犯罪所得及其产生收益的认定，案例三属于典型的可能性明知。虽然甲、乙均供述未沟通涉案 100 万元的具体来源，无法从事实层面直接认定甲确定性明知。但由于甲对乙从事走私犯罪活动知情，从可能性明知的角度判断，甲能够认识到涉案 100 万元很可能来源于乙走私犯罪所得，依据上述《洗钱解释》规定的第 1 种情形，在没有相反证据的情况下，可以推定甲明知 100 万元系走私犯罪所得。

（三）对具有掩饰、隐瞒故意的认定案例

案例四：2021 年 3 月 1 日，犯罪嫌疑人甲将其 100 万元受贿所得，汇给国外正在读书的女儿。

基于本文第三部分对具有掩饰、隐瞒故意的认定，在案例四中，甲的行为其实符合了刑法对洗钱罪规定的"跨境转移资产"，其受贿款的性质存在明显的转换，但不能据此直接认定甲主观上具有掩饰、隐瞒的故意。司法实践中，应当进一步审查赃款赃物转换的异常性，如果汇款行为是基于其女儿在国外学习生活需要，该转换受贿款性质的行为就不具有异常性，不宜认定洗钱罪进而数罪并罚。如果汇款行为是基于掩饰、隐瞒赃款来源和性质，转换受贿款性质的行为就有异常性，主观故意明显，则可认定具有掩饰、隐瞒的主观故意。

五、洗钱犯罪中主观故意的认定建议

（一）针对性调取证据，合理认定区分洗钱罪主观故意内容

司法实践中，在对具体洗钱犯罪案件进行审查时，洗钱嫌疑人出于逃脱刑罚的目的，可能对洗钱犯罪的主观故意进行辩解，而且辩解的理由多种多样。例如犯罪嫌疑人辩解，上游犯罪嫌疑人从未告知其经手财物的来源和性质；虽然知道上游犯罪嫌疑人从事一定违法犯罪活动，但是其认为所经手财物的来源合法；不清楚上游犯罪嫌疑人从事的具体违法犯罪活动；对相关财物的处置只是听从指令或者正常使用，没有掩饰、隐瞒的故意；等等。

因此，司法实践中有必要针对不同类型的辩解进行研究，对洗钱犯罪的主观故意进行一定程度的拆分，针对性地调取不同证据，从而实现对洗钱犯罪主观故意的

证明。按照目前洗钱嫌疑人辩解类型可以将主观故意证明内容分为三个方面：一是对赃款赃物明知的证明，即洗钱嫌疑人主观明知赃款赃物系非法所得及其产生的收益；二是对上游犯罪明知的证明，即洗钱嫌疑人主观明知赃款赃物来源于七类上游犯罪；三是对掩饰、隐瞒故意的证明，即洗钱嫌疑人主观上具有掩饰、隐瞒赃款赃物来源和性质的故意。需要说明的是，上述三个方面既相互联系，又有一定的独立性，对赃款赃物的认知往往涉及对上游犯罪的认知，但明知是赃款赃物，不就必然认定对赃款赃物的处置具有掩饰、隐瞒的故意。

（二）自洗钱和他洗钱主观故意证明标准一致，但侧重点不同，需要进行重点把握

对于自洗钱而言，由于洗钱嫌疑人同时作为上游犯罪的嫌疑人，在上游犯罪的证明过程中已经证明了其具有实施上游犯罪的主观故意，并明知赃款赃物系上游犯罪所得，因此在证实洗钱罪的过程中没有必要重复对"明知"证明。据此，有观点认为"在自洗钱的情形下，不存在对明知的证明问题"。但需要注意的是，自洗钱嫌疑人同时作为上游犯罪嫌疑人，取得赃款赃物之后的处置、使用行为往往是上游犯罪的延续，嫌疑人主观上是否具有掩饰、隐瞒的故意，则成为自洗钱是否成立的关键。

对于他洗钱而言，由于洗钱嫌疑人未参与上游犯罪，其对赃款赃物以及上游犯罪客观事实的"明知"，一直是司法实践中对洗钱犯罪主观故意的证明重点。对于掩饰、隐瞒的主观故意，由于他洗钱嫌疑人需要代持赃款赃物或者通过洗钱行为改变其性质后，交还上游犯罪嫌疑人，上述行为的异常性一般可以推定主观上具有了掩饰、隐瞒的故意。

参考文献：

[1] 王新. 自洗钱入罪的意义与司法适用 [N]. 检察日报 ,2021.(3):3.

[2] 孙谦.《刑法修正案（十一）》的理解与适用 [J]. 人民检察 ,2021(8).

[3] 肖中华. 合理界分上下游行为，准确认定洗钱罪 [N]. 检察日报 ,2020(4).

自洗钱入罪后的若干司法适用问题

▨ 王新[1]

摘要：《中华人民共和国刑法修正案（十一）》（《中华人民共和国刑法修正案》简称《刑法修正案》）将自洗钱入罪，是在刑事立法中落实关于完善反洗钱法律制度的顶层设计要求，履行我国在反洗钱国际互评估后的后续整改义务，也是改善我国反洗钱司法效果薄弱局面的重要举措。与此同时，此次修订改变了以往我国关于他洗钱的单一模式，这相应地给洗钱罪的司法适用带来前所未有的新挑战，特别表现在自洗钱与上游犯罪的竞合适用、主观认识、刑法第三百一十二条的司法适用等基本问题上。为了司法操作的统一，我们需要结合刑事立法目的和刑法教义学理论来解析和明确上述司法适用的难点问题。

关键词： 洗钱罪　自洗钱　数罪并罚　主观认识

　　《刑法修正案（十一）》将自洗钱入罪，是我国在反洗钱刑事立法层面的重大进步。但是，在自洗钱入罪之后，对于自洗钱与上游犯罪的竞合适用问题，是从一重罪处罚，还是数罪并罚？《刑法修正案（十一）》未作规定，这需要在实践中进一步总结经验，按照罪责刑相适应的原则确定。同时，《刑法修正案（十一）》改变长期施行的他洗钱的单一模式之后，这也会对以往关于洗钱罪的主观认识、刑法第三百一十二条的司法适用等问题产生极大的冲击，这将为洗钱罪的司法适用带来许多新的问题。本文立足于提升我国打击洗钱罪的司法效果，拟在追溯我国自洗钱入罪的背景和意义之底蕴基础上，从刑事立法目的和刑法教义学理论层面，解析在司法适用中产生的若干认定问题。

---

[1]　王新供职于最高人民法院刑事审判第三庭。

一、底蕴：自洗钱入罪的背景和意义

从罪状表述看，1997年《刑法》在第一百九十一条设置洗钱罪时，对客观行为方式的叙述，采用"提供"和"协助"的帮助型语义结构；在主观方面，对于来源于上游犯罪的违法所得及其产生的收益之违法性认识，使用"明知"的术语。通过对这些语义结构和术语进行解读，可以看出，由于上游犯罪的实施人（本犯）不存在所谓自己"帮助"本人的问题，其在主观上对于自己清洗的"黑钱"的性质和来源也是必然"明知"的，从表面上看应无须规定。由此可见，从我国设立洗钱罪的时代背景和刑事政策出发，这说明我国刑法在设置洗钱罪时，认为洗钱罪的主体只能由处于第三方的自然人和单位（他犯）构成；上游犯罪的本犯进行自洗钱时，则不能构成洗钱罪。后来，《刑法修正案（三）》（2001年）和《刑法修正案（六）》（2006年）对洗钱罪分别进行两次修改，但焦点均集中在上游犯罪范围的扩大上。

随着我国对反洗钱重要性的认识发生质的提升，反洗钱成为维护国家安全的重要组成部分。2017年4月，中央全面深化改革委员会[1]对反洗钱进行顶层制度设计，将"完善反洗钱、反恐怖融资、反逃税监管体制机制"（以下简称"三反"机制）列为深化改革的重点任务。2017年9月，为了落实"三反"机制，国务院办公厅发布《关于完善反洗钱、反恐怖融资、反逃税监管体制机制的意见》（以下简称《三反意见》），第十条明确要求推动研究完善相关刑事立法，修改惩治洗钱犯罪和恐怖融资犯罪相关规定，其中提到"将上游犯罪本犯纳入洗钱罪的主体范围"。为了落实上述反洗钱的顶层设计要求和路线图，我国刑事立法需要予以积极的反应。

从国际环境看，我国在2007年融入国际反洗钱合作的框架后，全球反洗钱和恐怖融资的最具权威性的政府间国际组织——反洗钱金融行动特别工作组（Financial Action Task Force on money laundering，FATF）在2018年组成国际评估团，对我国开展第四轮互评估工作，并且在2019年4月公布了对40项评估项目的"成绩单"，其中对第3项核心项目"洗钱犯罪化"（Money Laundering Offence）进行评估后，认为我国洗钱犯罪化的许多内容均为合规或大致合规，但没有将自洗钱入罪，这是技术合规性方面的"重大缺陷"，故对该项的评级是"部分合规"，并且建议我国予以整改。对此，根据FATF相关的评估程序要求，作为FATF的成员

1　中央全面深化改革委员会是2018年3月中共中央根据《深化党和国家机构改革方案》由原中央全面深化改革领导小组改成的中共中央直属决策议事协调机构。

国和负责任的大国，为了履行我国反洗钱的国际义务，我国必须在后续整改过程中对标解决。同时，依据《三反意见》第十条所确定的"按照我国参加的国际公约和明确承诺执行的国际标准要求"之指引，FATF 对我国自洗钱没有入罪的评价和建议成为我们在刑事立法和司法层面进行整改的参考方向。

综上所述，为了落实顶层设计的指引性要求，彰显我国对 FATF 评估的后续整改措施，尽管各方面的认识不统一且争议极大，《刑法修正案（十一）》在立法技术上，通过删除第一百九十一条关于客观行为方式中三个"协助"以及"明知"等术语，改变了原先洗钱罪的帮助型结构，解除了洗钱罪只能由他犯构成的限制性框架，从而将自洗钱纳入洗钱罪的适用范围。这是《刑法修正案（十一）》对洗钱罪进行第三次修订的最大亮点，体现出与时俱进和合理调整的刑事立法立场，可谓是在国内顶层设计和国际外在压力下的刑事立法反应。

从司法实践看，自 1997 年《刑法》设立以来，依据 FATF 在 2006 年对我国做的第三轮互评估报告，截止到 2006 年 10 月，在全国范围内只有 3 起案件 4 名被告人被判处洗钱罪。据此，FATF 认为我国反洗钱的司法效果存在重大缺陷，强烈建议我国提升打击洗钱犯罪的实际效果。从 2008 年开始，虽然洗钱罪的判决数量在总体上是呈上升的趋势，但依然长期维系在个位数至十位数的水准，定罪数量偏少。根据有关部门的分析，这既有法律规定方面的原因，例如洗钱罪的主观方面认定标准严格、自洗钱行为尚未入罪等，也有在执行中一些基层办案机关缺少洗钱犯罪侦查经验等原因，还存在"重上游犯罪、轻洗钱犯罪"的倾向。另外，FATF 在对我国进行第四轮互评估时，通过分析 2013 年至 2017 年期间仅有 87 人的定罪案件数，认为我国对洗钱罪的起诉频率并不高；在肯定洗钱罪定罪数量在不断增加的同时，指出这与大量的上游犯罪数量相比仍然较少，故对第 7 项直接目标"洗钱的调查和起诉"的有效性评估的评级为"中等"。对此，我国必须在后续整改期内采取措施来改进。通过各项措施的并举实施，例如最高检察院在 2020 年 3 月召开反洗钱电视电话会议部署工作，全国检察机关在 2020 年共起诉洗钱犯罪 707 人。2021 年 3 月，中国人民银行、最高检察院联合发布 6 个洗钱罪典型案例；同时，全国检察机关强化考核评价，加强外部协作配合，全面深化推进反洗钱工作，形成惩治洗钱犯罪的工作合力。但是，这依然不能适应我国打击洗钱犯罪的需要，距离完成 FATF 对"洗钱的调查和起诉"的有效性评估后的整改要求尚有较大差距，我国还需要从多方面来解决这个长期存在的"牛鼻子"难题。由于我国《刑法》只规定了"他洗钱"的模式，这就意味着将很大比例的自洗钱行为排除在犯罪圈之外。可以说，《刑法修正案（十一）》在自洗钱方面的修订，是在总结长期司法实践基础上的立法"解套"，是在刑事立法上进行有针对性完善的根本之举。正如立法机关所言，自洗钱的单独入罪，可以为有关部门有效预防、惩治洗钱违法犯罪以及境外追逃、追赃提供充足的法律保障。我们可以乐观地看到，在自洗钱入罪之后，关于洗钱罪的司法适用，将会发生"井喷式"增长，从而在根本上改善我国反洗钱司法效果薄弱的局面，也可以彻底解脱 FATF 长期质疑和纠缠我们关于自洗钱在互评估时的问题。

二、竞合适用与传统赃物罪新解

《刑法修正案（十一）》将自洗钱入罪之后，在司法实践中，首先面临的最急迫的就是自洗钱与上游犯罪的竞合适用问题，是进行数罪并罚，抑或从一重罪处罚。这需要我们从新解传统赃物罪理论和司法效果等方面进行综合辨析。

自洗钱能否入罪，是国内外刑法理论界和实务界长期争论的热点问题，这直接涉及对其依托理论的认识。关于赃物罪的传统理论认为，在上游犯罪完成后，对于在与该犯罪相随而继续存在的违法状态中通常所包含的行为，属于被上游犯罪的构成要件所评价完毕的行为，是"不可罚的事后行为"。以赃物罪的传统理论为底蕴，对于洗钱罪，通常认为其是针对上游犯罪的非法资产而设立的罪名，在时空方面是发生在上游犯罪之后，与上游犯罪存在着阶段性和依附的关系；上游犯罪本犯所实施的自洗钱行为，是上游犯罪的自然延伸，应属于刑法理论中的"不可罚的事后行为"，可以被上游犯罪所吸收；同时，由于上游犯罪的本犯已基于实施上游犯罪而受到刑事处罚，就不能再以处于下游的洗钱罪论处，否则就违反"禁止双重惩罚"的原则。正是以赃物罪的传统理论为立法思路，1997 年，我国考虑到洗钱罪与上游犯罪存在的紧密依附关系，认为"本犯"实施洗钱是上游犯罪的延伸和后续行为，属于"不可罚的事后行为"，故在《刑法》第一百九十一条中不对自洗钱独立入罪。由此可见，传统赃物罪的理论是确定自洗钱能否入罪时不可回避的理论"瓶口"，需要结合洗钱罪的发展特征而作出新的解读。

从实质上看，传统赃物罪是建立在上游犯罪与其后续延伸行为的关系论的理解上。对标自洗钱能否入罪的问题，则涉及如何辩证地理解上游犯罪与洗钱罪之间的关系。不可否认的是，由于洗钱罪是以清洗上游犯罪的所得和收益为行为对象，洗钱罪作为下游犯罪，是以上游犯罪为"母体"而产生的新型犯罪类型。这是洗钱在产生的"幼儿期"所具有的基本属性，与上游犯罪存在紧密的依附联系。但是，我们在肯定这种关系的同时，也应以动态的视角看到洗钱在中后期的发展中已经逐步

"成人化"，开始具有自己的独立属性。具体而言，在新形势下，洗钱已超越早期的附属于上游犯罪的单一属性，威胁政治、经济、社会等多个领域，已被国际社会公认为冷战之后典型的"非传统安全问题"之一。特别是在"9·11 事件"之后，从国际层面看，洗钱已经发展出与恐怖融资和危害国家安全的新型关系，其危害性已经上升到维护国家安全和国际政治稳定的战略高度。对于我国而言，在总体国家安全观的指引下，反洗钱也上升到维护总体国家安全的战略高度，并且在顶层设计中被纳入国家治理体系和治理能力现代化的范畴。因此，我们在肯定洗钱与上游犯罪"母体"存在联系的基础上，也需要在其"成人化"后，对其进行单独的法律评价，而不是完全置于上游犯罪的覆盖下。洗钱所蔓延和裂变出的危害性，在一定程度上甚至超越了对上游犯罪的法律否定评价，其所侵害法益的新型特征并不能为上游犯罪所覆盖和全面评价，而且与对上游犯罪的法律评价内容并不完全相同，因而不存在违反"禁止重复评价"和"禁止双重惩罚"的问题。

同时，传统赃物罪属于对上游财产犯罪的事后消极处分行为，赃物是处于"物理反应"的自然状态；与此相反，自洗钱表现为行为人在实施上游犯罪行为之后，又进一步积极地实施"漂白"的二次行为，致使"黑钱"发生了"化学反应"，切断了源自上游犯罪的犯罪所得和犯罪收益的来源和性质，已经不再是上游犯罪的自然延伸，这可以说是彻底地突破了传统赃物罪理论的适用条件，因而不应再保守地受限于该理论的教条制约。综上所述，《刑法修正案（十一）》将自洗钱入罪，可谓是突破了传统赃物罪的理论思路，这是立法层面的重大进步，也是刑事立法理念的新发展。

在《刑法修正案（十一）》将自洗钱入罪之后，对于自洗钱与上游犯罪的竞合适用问题，就需要结合清洗"黑钱"行为方式的性质来区分界定：（1）法定七类上游犯罪[1]的本犯所实施的后续行为，倘若是上游犯罪的自然延伸，例如对于本人犯罪后自然地占有、窝藏、获取等行为，则不宜认定为洗钱。在这种情形下，法定七类上游犯罪的所得和收益是处于上游犯罪实施后的"物理反应"的自然延伸状态，本犯并没有对其实施动态的"漂白"行为，这符合传统赃物罪的特征，属于"不可

---

[1] 我国现行《刑法》规定的七类上游犯罪为毒品犯罪、黑社会性质的组织犯罪、恐怖活动犯罪、走私犯罪、贪污贿赂犯罪、破坏金融管理秩序犯罪、金融诈骗犯罪。

罚的事后行为"[1]，故不应划入洗钱的范畴，也就谈不上洗钱罪的适用问题。（2）如果法定七类上游犯罪的本犯在实施上游行为后，又进行动态的"漂白"行为，致使犯罪所得和犯罪收益呈现出"化学反应"，切断了其来源和性质。在这种情形下，本犯的后续行为就不纯粹是上游犯罪的自然延伸，而是已经超出传统赃物罪的特征，应定性为洗钱行为。倘若构成洗钱罪，则与上游犯罪实行数罪并罚。

需要提及的是，最高人民检察院孙谦副检察长论及洗钱罪在《刑法修正案（十一）》实施后的具体适用时，要求特别关注新增"自洗钱"行为构成洗钱罪的规定，明确指出上游犯罪分子在实施犯罪后，掩饰、隐瞒犯罪所得来源和性质的，应当对上游犯罪和洗钱罪实行数罪并罚，不再被上游犯罪吸收。在具体的司法实践中，也出现了实际案例。例如，安徽省合肥市蜀山区检察院提起公诉的费某、程某某涉嫌贩卖毒品、洗钱一案，经蜀山区法院公开审理后当庭作出宣判，被告人费某因犯贩卖毒品罪、洗钱罪，被判处有期徒刑五年零六个月；被告人程某某因犯洗钱罪，被判处拘役五个月，缓刑八个月。这是《刑法修正案（十一）》实施以来，安徽省检察机关起诉并获判决的首例"自洗钱"犯罪案件。

三、删除"明知"术语之后的主观认识问题

如前所述，行为人对于源于自己实施上游犯罪的"黑钱"的性质和来源，是理所当然"明知"的，这实际上在主观方面排除了自洗钱能够入罪。从立法技术上看，《刑法修正案（十一）》对"明知"术语的删除，主要是出于将自洗钱入罪的立法考量，这与在客观方面删除三个"协助"术语的立法目的是相一致的。

从我国反洗钱的司法实践来看，"明知"认定是客观存在的技术难题，一直是取证和认定时最为棘手的问题，严重制约了司法机关对洗钱犯罪的查处，这也是洗钱犯罪判决数量少的重要原因之一。与上游犯罪的庞大数量相对比，洗钱犯罪的微小判决数量与之形成巨大的反差，使得国际社会对我国反洗钱工作的整体有效性产生怀疑。2019 年 4 月，FATF 发布的对我国第四轮互评估报告认为，鉴于中国的洗钱罪判决数量有限，而这主要是由于难以证明洗钱罪成立所必需的"明知"要件，我国主管部门也表示认定构成洗钱罪的"明知"要素是一个挑战，FATF 建议我国"降低明知的认定标准"（reducing the knowledge threshold to a lesser

---

[1] 我国有学者认为，不能以本犯实施的上游犯罪的罪名来确定之后的洗钱行为是否属于"不可罚之事后行为"，而应以洗钱的行为方式来判断是否属于"不可罚之事后行为"。参见何萍《洗钱犯罪的刑事立法演变与完善》，载《人民检察》，2020 年第 22 期。

standard）。

需要指出的是，《刑法修正案（十一）》删除"明知"术语，并不意味着洗钱罪的司法认定就不需要考虑主观要件，否则会陷入"客观归罪"的泥潭。联合国颁布的《禁毒公约》《打击跨国有组织犯罪公约》《反腐败公约》均规定了"明知"等主观要件作为洗钱罪的构成要素，可以根据客观事实情况予以推定，并没有因为基于打击而完全取消洗钱罪的主观构成要素。这也得到了FATF在对我国第四轮互评估报告中的认可。有鉴于此，在我国目前规定自洗钱入罪的法定情形下，洗钱罪的主观方面可以分为"自洗钱"与"他洗钱"两种类型来理解适用：在"自洗钱"的情形下，不存在对"明知"的证明问题；但是，在"他洗钱"的情况下，依然需要证明"明知"的成立。

四、《刑法》第三百一十二条的司法适用问题

在《刑法修正案（十一）》对《刑法》第一百九十一条进行修改而将自洗钱入罪的既定背景下，对于未做任何修改的《刑法》第三百一十二条是否也适用自洗钱入罪的问题，就提到司法适用的考虑日程上，需要进行科学的解析。

从严格意义来讲，《刑法》第三百一十二条属于最为典型的传统赃物罪，其前身是1979年《刑法》的窝赃、销赃罪，在罪名体系性位置上被置于"妨害司法罪"，由此在坚守传统赃物罪的理论逻辑和思路下，该条不能适用自洗钱入罪的规定。但是，基于立法的特殊需要，《刑法修正案（六）》对《刑法》第三百一十二条进行补充与修正，将其纳入反洗钱的罪名体系。按照司法解释的定位，《刑法》第三百一十二条是反洗钱罪名体系中的一般条款，其与第一百九十一条形成一般法与特别法的关系。据此，如果单纯地以目的解释与反洗钱犯罪的体系解释为切入点，在《刑法》第一百九十一条被修订为自洗钱入罪的基础上，《刑法》第三百一十二条也能够适用。综合上述思维的合理之处，笔者认为，在确定《刑法》第三百一十二条是否适用自洗钱入罪的问题上，应当立足于该条所兼有的传统赃物罪和洗钱犯罪的"双重属性"，不能偏废其中任一属性；在辩证地界分《刑法》第三百一十二条不同属性的立场上区别考察，而不应简单地得出"是"或者"否"的绝对结论。

具体而言，在行为对象是《刑法》第一百九十一条法定七类犯罪之外的犯罪所得和犯罪收益的情形下，这才属于《刑法》第三百一十二条的刑事规制范围。在此前提下，对于《刑法》第三百一十二条是否适用自洗钱入罪的棘手问题，就需要结

合清洗行为方式的性质和《刑法》第三百一十二条的不同属性来区分界定，这也是适用《刑法》第三百一十二条的"分割黄金线"。

首先，法定七类上游犯罪之外的本犯所实施的客观行为，倘若是上游犯罪的自然延伸，例如本人犯罪后自然地占有、窝藏、获取等行为，则不宜认定为洗钱。在这种情形下，法定七类上游犯罪之外的所得和收益是处于上游犯罪实施后的"物理反应"的自然延伸状态，本犯并没有对其实施动态的"漂白"行为，这符合传统赃物罪的特征，属于"不可罚的事后行为"，故不应划入洗钱的范畴，也就谈不上自洗钱的适用问题。

其次，如果法定七类上游犯罪之外的本犯在实施上游行为后，又进行动态的"漂白"行为，致使犯罪所得和犯罪收益呈现出"化学反应"，切断了其来源和性质。在这种情形下，本犯的后续行为就不纯粹是上游犯罪的自然延伸，这已经超出传统赃物罪的特征，理应适用自洗钱入罪的规定。

参考文献：

[1] 张义健.《刑法修正案（十一）》的主要规定及对刑事立法的发展[J]. 中国法律评论,2021(1).

[2] FATF.Anti-Money Laundering and Counter-terrorist Financing Measures People's Republic of China, Fourth Round Mutual Evaluation Report, April 2019, Effectiveness and Technical Compliance Ratings.

[3] 王新.《刑法修正案（十一）》对洗钱罪的立法发展和辐射影响[J]. 中国刑事法杂志,2021(2).

[4] FATF.First Mutual Evaluation Report on Anti-Money Laundering and Combating the Financing of Terrorism on the People's Republic of China, 29 June 2007, para. 93 and 107.

[5] 刘宏华.全力推动反洗钱工作向纵深发展[J]. 中国金融,2020(11).

[6] FATF.Anti-Money Laundering and Counter-terrorist Financing Measures People's Republic of China, Fourth Round Mutual Evaluation Report,April 2019,para.196.

[7] 张军.最高人民检察院工作报告[EB/OL].[2021-03-09].http://newspaper.jcrb.com/2021/20210309/20210309_002/20210309_002_1.html.

[8] 全国人民代表大会宪法和法律委员会关于《中华人民共和国刑法修正案（十一）（草案）》修改情况的汇报[EB/OL].[2020-12-28].http://www.npc.gov.cn/npc/c30834/202012/5f7b2d0e41ef44f6ba84ed6eda5cf6c3.shtml.

[9] [日]大谷实.黎宏译.刑法总论[M]. 法律出版社,2003:359.

[10] 王新.反洗钱：概念与规范诠释[M]. 中国法制出版社,2012:209.

[11] 欧阳卫民.反腐败、反洗钱与金融情报机构建设[M]. 法律出版社,2006:18.

[12] 中国新闻网.安徽首例"自洗钱"犯罪案件获当庭宣判[EB/OL].[2021-07-13].https://baijiahao.baidu.com/s?id=1705173032247650194&wfr=spider&for=pc.

[13] 中国人民银行反洗钱局课题组 . 完善反洗钱法律制度研究 [M]. 中国金融出版社 ,2020：178-180.

[14] FATF.Anti-Money Laundering and Counter-terrorist Financing Measures People's Republic of China, Fourth Round Mutual Evaluation Report, April 2019, paras. 184, 186.

[15] FATF.Anti-Money Laundering and Counter-terrorist Financing Measures People's Republic of China, Fourth Round Mutual Evaluation Report, April 2019, Criterion 3.8.

[16] 刘为波 .《关于审理洗钱等刑事案件具体应用法律若干问题的解释》的理解与适用 [J]. 人民司法 ,2009(23).

[17] 王新 . 自洗钱入罪的意义与司法适用 [N]. 检察日报 ,2021.(3)：3.

[18] 孙谦 .《刑法修正案（十一）》的理解与适用 [J]. 人民检察 ,2021(8).

地下钱庄案件中的第四方支付问题研究

■ 李昊原[1]

摘要：当前，利用第四方支付平台为上游"黄、赌、骗"等黑色产业提供资金收付服务的地下钱庄案件数量、规模体量不断增长，正逐渐发展成一种新的主流犯罪模式。笔者及研究团队立足工作实践，并结合充分调研，对第四方支付的定义及合法性进行分析探讨，总结其运作的模式、特点，在此基础上提出相应的思考和建议，以期为防控治理提供一定的参考借鉴。

关键词：地下钱庄　第四方支付　运作模式

作为数字经济的一个突出代表，移动支付既构建了人们的智慧生活，又推动了整个支付行业的变革升级。近年来，支付生态中出现了一个新的角色——第四方支付。第四方支付通过使用第三方支付通道，为上游"黄、赌、骗"等黑色产业提供资金收付服务，严重扰乱金融管理秩序、危害国家金融安全。2019 年 2 月，习近平总书记在中共中央政治局关于完善金融服务、防范金融风险的第十三次集体学习上指出"要完善金融从业人员、金融机构、金融市场、金融运行、金融治理、金融监管、金融调控的制度体系，规范金融运行"。而第四方支付的无序存在和野蛮生长，无疑是对我国金融制度体系和规范化运行的一大挑战，需要社会各界共同研究、联手应对。

1　李昊原供职于公安部证券犯罪侦查局第二分局。

一、第四方支付概述

（一）定义

1. 第四方

第一方指的是使用货币进行现场支付方；第二方是刷卡支付等涉及的银行类清算结算机构方；第三方是连接银行和商户的资金代收付机构方；第四方则是连接商户和第三方支付机构的中间方。从资金的流转路径看，第一方、第二方以及第三方均直接经手资金，是资金收付的实质参与者，从这个角度理解，第四方也应是资金流转链路中的一环，即商户、第三方支付机构、银行之外的另一个资金收付参与方。仅为支付活动提供技术、信息等服务的，而不经手资金的，不应被称为第四方。

2. 聚合支付

聚合支付的官方表述是聚合技术服务商，其定位是收单外包机构[1]，不得以任何形式经手特约商户结算资金，从事或变相从事特约商户资金结算。从具体业务上看，收单外包机构能做的有：（1）特约商户推荐、维护，即按照收单机构要求，向其推荐有意向受理支付工具的商户，提供商户信息并协助收单机构进行商户调查、商户资料收集、整理与提交等工作；对特约商户进行培训、回访、巡检、耗材配送等。（2）受理标识张贴、受理终端布放和维护，即为特约商户张贴受理标识、安装终端设备、布放条码台牌以及提供故障排除、参数维护、应用程序升级服务等。（3）聚合支付技术服务，即外包机构为特约商户提供的融合多个支付渠道并实现一站式对账的技术服务。也就是说，聚合支付是收单外包服务的一种形式，其不涉及资金的实质收付，也不属于资金的流转链路中的一环，因此，不能将聚合支付定义为第四方支付。综上，我们可以将第四方支付定义为，未获得国家支付结算许可，违反国家支付结算制度，依托正规第三方支付平台的支付通道，非法从事资金支付结算业务的平台或机构。

（二）合法性分析

从行政违法性看，根据《中华人民共和国中国人民银行法》、中国人民银行《非

---

[1] 2017年，中国人民银行支付结算司发布《关于开展违规"聚合支付"服务清理整治工作的通知》提到："聚合技术服务商严格定位于收单外包机构，不得从事商户资质审核、受理协议签订、资金结算、收单业务交易处理、风险监测、受理终端（网络支付接口）主密钥生成和管理、差错和争议处理等核心业务，不得以任何形式经手特约商户结算资金，从事或变相从事特约商户资金结算，不得伪造、篡改或隐匿交易信息，不得采集、留存特约商户和消费者的敏感信息。"

金融机构支付服务管理办法》、《银行卡收单业务管理办法》的规定,非金融机构提供网络支付、预付卡的发行与受理、银行卡收单以及中国人民银行确定的其他支付服务,应当依据本办法规定取得《支付业务许可证》,成为支付机构。未经中国人民银行批准,任何非金融机构和个人不得从事或变相从事支付业务。第四方支付作为持牌机构以外的第四方,从事或变相从事资金结算、经手商户资金,违反了我国关于支付结算的法律法规和部门规章的规定。

从刑事违法性看,根据《刑法》第二百二十五条的规定,未经过国家有关主管部门批准非法从事资金支付结算业务的,情节严重的,应当按照非法经营罪定罪处罚。2019 年 2 月,最高人民法院、最高人民检察院发布的《关于办理非法从事资金支付结算业务、非法买卖外汇刑事案件适用法律若干问题的解释》明确了非法从事资金结算业务型非法经营罪的情形。第四方支付在未取得支付业务许可的情况下从事或变相从事资金结算、经手商户资金,只要达到追诉标准即可被认定为非法经营罪。此外,根据第四方支付平台与其他犯罪的关联情况,其还可能涉嫌洗钱罪、帮助信息网络犯罪活动罪、非法利用信息网络罪、侵犯公民个人信息罪、妨害信用卡管理罪、买卖国家机关公文、证件罪、开设赌场罪、诈骗罪等犯罪。

(三)现状

从行业现状看,据中国清算支付协会数据显示,截至 2020 年 3 月,我国网络支付用户规模达 7.68 亿,同比增长 28%,占网民整体的 85%;手机网络支付用户规模达 7.65 亿元,同比增长 31.2%,占手机网民比例为 85.3%,2009 年网络支付交易规模达 251.2 万亿元,其中移动支付达 226.2 万亿元,互联网支付达 25 万亿元。移动支付进入爆发期,为第四方支付的发展提供了广阔的市场。

从公安机关对第四方支付平台案件的打击现状看,该类案件在地下钱庄案件中所占比重呈上升趋势、案件规模也在不断扩大。2018 年及之前破获的地下钱庄案件,主要为非法买卖外汇类型,以及通过虚构支付结算情形转移资金、公转私、套现等方式进行非法支付结算类型,而 2019 年以来,第四方支付平台类地下钱庄案件比重明显上升,案件规模变大,无论是涉案人员还是涉案金额都要超过传统类型的地下钱庄。例如,仅福建厦门公安机关在 2020 年 6 月开展的一次涉赌第四方支付平台收网行动中,就抓获从事平台运营、技术支撑、跑分扫码、业务推广等活动的犯罪嫌疑人 134 名,捣毁平台窝点 51 处,打掉团伙 35 个,涉案金额逾 60 亿元,还查扣手机、银行卡等一批涉案物证。

二、主流运作模式

从已掌握情况看，目前第四方支付平台的运作模式主要有：虚构商品交易的商户模式、利用他人二维码收款的跑分模式、错配虚拟商品交易的充值模式、控制账户分拆转账的水房模式。这几种模式并不是完全独立的，第四方支付平台的上游客户为了满足不同用户的支付需求，同时也是为了最大限度保证其支付渠道畅通，避免因某一支付方式被封禁而出现无法收款的情况，通常会在一个平台内集成多种支付方式。下面以涉赌第四方支付平台为例，对其主流运作模式、特点及危害等情况进行说明。

（一）商户模式

商户模式主要指通过虚构商品交易，将赌客充值的赌资伪装成购物款转至第四方支付平台提供的商户账户中，再将资金层层清洗最后转给赌博网站控制人的运作模式。犯罪嫌疑人以注册、租用或购买的方式控制大量空壳公司，并使用这些空壳公司的信息及账户在微信、淘宝、拼多多等正规的第三方支付机构的平台上批量注册成为入驻商户，以借用第三方支付机构的支付通道。随后在搭建的第四方支付平台上，通过 API 接口对接赌博网站，并在后台制定"轮询"规则，将与赌客充值金额、时间、地点最为匹配的商户收款链接提供给赌博网站作为赌资充值的入口。

从信息流看，当赌客需要向赌博网站充值的时候，赌博网站将充值请求发送给第四方支付平台，第四方支付平台根据后台设定的"轮询"规则，在后台匹配最优的买手号及对应的店铺商品，随后将代付链接传输给赌博网站，赌客根据赌博网站页面中弹出的链接或二维码进行支付，第四方支付平台监控到虚拟买手号的订单状态变为成功时，将支付成功的信息反馈给赌博网站，完成赌客充值上分。

从资金流看，资金从赌客账户进入商户收款账户（充值赌资的行为被伪装成购物行为），商户收款账户收到赌客的资金后，主要有两种可能的处理方式：一种是商户收款账户由第四方支付平台控制，通常会将属于赌博网站等客户的资金按照其要求转入指定的银行账户（往往是"水房"账户），属于平台获利部分的资金则进行拆分流转最后消费或提现；另一种是商户收款账户由码商（码商一般是指使用二维码为他人提供代收款服务的人员）控制，第四方支付平台则直接从预收保证金的账户中将码商获利部分以外的资金进行划扣（码商在向第四方支付平台提供商户收款二维码时需要缴纳保证金，并在保证金的额度范围内进行收款），扣除的资金也是按照其归属，或最终支付给赌博网站指定的账户，或经拆分清洗最终归集至第四方支付平台实控人控制的账户。

（二）跑分模式

跑分模式主要指通过搭建跑分平台，招募会员并收集其收款二维码，以平台抢单的方式将会员的收款二维码随机派送给赌博网站用于赌客充值，同时将会员缴纳的保证金结算给赌博网站的运作模式。犯罪嫌疑人搭建跑分平台（电脑应用程序、手机 App 或网页），在网上以"手机网赚""0 门槛兼职"等幌子招募码商，通过跑分平台收集码商上传的收款二维码、收取码商缴纳的保证金，通过第四方支付平台与赌博网站进行对接，将赌客的充值请求以收款抢单任务的形式发布在前端的跑分平台上，抢单成功的码商，其收款二维码会被推送至赌博平台充值界面用于接收赌客资金，该充值金额减去码商应得佣金的部分会从码商缴纳的保证金中扣除。

从信息流看，当赌客需向赌博网站充值时，赌博网站将充值请求发送给第四方支付平台（跑分软件管理后台），后台会生成跑分抢单任务，发布在跑分平台内供跑分人员（码商）抢单，当有人抢单成功后，第四方支付平台将抢单成功人员的收款二维码传输给赌博网站，赌客根据赌博网站页面中弹出的收款二维码进行扫码充值，码商收到钱后需要在跑分平台内进行确认并提交截图，第四方支付平台将支付成功的信息反馈给赌博网站，完成赌资充值。

从资金流看，赌客资金直接以转账的形式进入码商的账户，第四方支付平台则直接从预收保证金的账户中将码商获利部分以外的资金进行划扣（码商在向第四方支付平台提供收款二维码时需要缴纳保证金，并在保证金的额度范围内进行收款），划扣的资金按照其归属，或最终转至赌博网站指定的账户，或经拆分清洗后归集至第四方支付平台实控人控制的账户。码商仅能在其剩余的保证金额度内接单，如保证金已低于正常的接单额度则需要进行保证金充值，循环往复。

（三）充值模式

充值模式是虚拟物品交易错配的一种，也是最具代表性的，主要是指通过对赌博平台的赌客充值订单信息与正常的网上虚拟物品交易信息进行等值错配，从资金交易记录上形成赌客与虚拟物品购买者的身份对调，进而达到掩盖真实交易目的的运作模式。以话费充值为例，犯罪分子通过技术手段将第四方支付平台与同其合作或受其控制的话费充值代理商系统进行对接，利用话费充值代理商掌握电商平台店铺或其他网络销售渠道、可将手机话费充值卡号密码灵活变现的优势，以其为交易错配的枢纽，将真实话费充值中的"充值客户—电信运营商"与赌资充值中的"赌客—赌博网站"错配为"充值客户—赌博网站""赌客—电信运营商"。

从信息流看，当赌客需要向赌博网站充值的时候，赌博网站将充值请求发送给第四方支付平台，第四方支付平台则发送话费充值请求给话费充值代理商，话费充值代理商向电信运营商发送话费充值请求，电信运营商逐级下发充值链接至第四方支付平台，第四方支付平台将该充值链接提供给赌博网站，赌客按照充值链接进行充值后，电信运营商会将话费充值卡号密码发送至话费充值代理商，话费充值代理商收到话费充值卡号密码后，即将充值成功信息反馈至第四方支付平台，第四方支付平台再反馈至赌博网站，完成赌资充值。话费充值代理商掌握的话费充值卡号密码，会通过实时转卖给淘宝、微信上的网上话费充值店铺的方式变现。

从资金流看，赌客资金直接以转账的形式进入电信运营商或某一级具有电信增值业务资质的代理商账户，而真实话费充值人员的资金则通过网上话费充值店铺进入话费充值代理商的账户中，随后汇入第四方支付平台账户或赌博网站账户。

（四）水房模式

水房模式主要指第四方支付平台将其直接控制的账户提供给赌博网站等上游客户用于收款，再利用支付宝、微信等第三方支付账号的分账功能以及银行卡转账批量操作工具等，将客户转入的资金在自身控制的大量账户中进行分拆对倒，最终实现清洗、转移目的的运作模式。例如，通过控制的公司名义申请企业支付宝账号，或购买、租用企业支付宝账号，利用企业支付宝的收款码、现金红包、当面付、代金券等收款功能进行收款，再通过分账功能将违法资金分散转移至个人支付宝中，随后通过不同的支付宝账号、银行账户进行分拆流转或提现，最后进入赌博网站的指定账户。

在水房模式中，第四方支付平台与赌博网站的信息流和资金流直接交互，并没有设置中转或隔断，但由于资金在第四方支付平台控制下的大量第三方支付账户及银行账户之间进行批量分拆中转，难以被追踪穿透。

三、有关思考和建议

（一）源头治理，清除上游黑产

第四方支付平台的发展蔓延，离不开黑灰产业的底层支撑，例如批量注册的空壳公司、以他人名义开立的马甲账户、虚假经营的网络商铺以及提供虚假物流订单的"空包网"，以及提供海量"买手号"的中介商等，均为第四方支付平台的运营提供了便利条件。要加强对黑灰产业的源头治理，通过挤压黑灰产业的生存空间，提高第四方支付平台的犯罪成本；如公安机关对买卖公民个人信息、买卖国家机关公文、证件等违法犯罪行为进行严厉打击和处罚；市场监管、税务等部门要加大对空壳公司的排查识别，及时清理问题空壳公司；银行要加强客户识别和开户审核，监测、关闭交易异常账户；第三方支付机构要做好支付接口管理，提升风控等级；电商平台要严把好商户审核关，提高异常交易的监测能力。

（二）严格管控，切断蔓延渠道

第四方支付平台的运行和传播主要依靠网络，公安机关网安部门要加强对网络论坛、网上通信工具等网络阵地的管控，做好日常巡查和监测，对第四方支付平台利用互联网传播发展人员以及发布广告的行为予以严厉打击；网信部门要加大对各类网站平台、网络下载平台的监督和检查力度，及时关停、封禁未备案的非法网站，对网络下载平台上架的 App 进行重点检查，查处清理非法第四方支付 App，封堵其下载路径；各大网络平台公司要加强对自身平台内非法信息的检查，及时过滤和删除不法信息，并向公安机关报送可疑线索。通过各环节的严格管控，切断非法第四方支付平台的传播渠道，防止其蔓延和再生。

（三）惩教结合，处理涉案人员

第四方支付案件往往涉案人员众多，以河南省某地经侦部门侦办的跑分平台案件为例，该平台注册用户有 15 万人，国内用户遍布全国 31 个省市自治区，案发仅半年，参与跑分的人员就有 4.5 万，非法获利 1 万元以上的有 3400 多人。受限于警力和时间，办案机关通常难以对涉案人员进行全部处理。因此，要在全面掌握的基础上，根据涉案人员的身份角色采取有针对性的打击措施：对犯罪团伙骨干及主要成员，要进行重点打击；对尚不构成刑事犯罪的参与人员，要惩教结合、教育为主，建立档案以便日后管控。

（四）联合作战，形成整治合力

在公安机关内部，要建立对第四方支付案件的合成作战模式，整合经侦、刑侦、治安、网安等各警种力量，根据案件类型及各警种的优势特征，确定主责部门，明确责任分工，开展合成作战。在部门之间，要加强与检法以及其他行政职能部门的协同，健全完善信息通报、情报会商行刑衔接机制，对尚未达到刑事打击条件的，由行政执法部门进行处罚。通过综合治理，构建打击非法第四方支付平台的预警、打击、处置工作体系。

洗钱犯罪与上游犯罪共犯的区分

■ 孙静松[1]

摘要： 当前，强化洗钱犯罪打击是司法机关又一重要任务，而在司法实践中对上游犯罪共犯与下游犯罪的洗钱的区分看似已有定论，实则仍存争议。现行"是否事前通谋"和"是否事后帮助"的标准对二者的区分虽有一定作用，但由"事前通谋"演绎出的共犯优先认定原则并不符合当前洗钱犯罪惩治需要，"事后帮助"确立的以上游犯罪既遂作为二者阶段界限也容易导致实践混乱。为更合理地划分二者界限，强化洗钱犯罪打击成效，笔者认为，应在厘清二者本质差异的基础上，将"事前通谋"根据通谋的内容分设为"共犯通谋"和"洗钱通谋"，并将"上游犯罪的犯罪所得产生"作为二者在犯罪阶段上分界。

关键词： 洗钱犯罪　上游犯罪共犯　事前通谋　阶段分界

自 1997 年我国正式将洗钱罪列入刑法，到陆续加入国际系列反洗钱公约，再到《刑法修正案》将洗钱罪上游犯罪范围不断扩容，我国洗钱罪立法工作长足发展。但自洗钱入罪以来，洗钱罪案例数量却有限，与上游犯罪明显不成比例。[2] 为进一步加大对洗钱犯罪的打击力度，履行我国对反洗钱国际互评后的后续整改义务，《刑法修正案（十一）》对《刑法》第一百九十一条做了重大修订，"自洗钱"入罪成为最大亮点。可在司法实践中，洗钱罪与上游犯罪共犯如何区分争议较大，裁决不尽相同，影响洗钱案件查办的质效。如何厘清二者关系，圈定洗钱犯罪惩治范围，

1　孙静松供职于安徽省人民检察院第四检察部。
2　反洗钱国际金融特别行动组（FATF）对我国第四轮反洗钱和反恐怖融资互评估指出："中国上游犯罪数量巨大，但直接以洗钱罪调查惩处地下钱庄、贪腐、法人洗钱的案件相对较少。"

成为当前加强惩治洗钱犯罪工作亟待解决的问题。

一、问题的提出：提供账户接受转移非法集资款是上游犯罪共犯抑或下游犯罪的洗钱？

从法条规定看，洗钱罪与上游七类犯罪可谓泾渭分明，但其却与七类犯罪的共犯难解难分。之所以这样，是因为洗钱罪作为下游犯罪，其也是一种帮助犯，此种帮助是一种事后帮助。从刑法历史看，事后帮助犯曾被作为共同犯罪处理，后期这些犯罪都成为独立的犯罪，理论上统称为连累犯。其也不再被认为是一种共犯。这与现在共犯范畴中帮助犯在客观行为、主观故意难免存在交叉与重合，司法实践在处理两者关系存有分歧，判决不尽相同。

案例一：杨某某非法吸收公众存款案

2016年9月至2019年4月期间，刘某某、张某未经有关部门批准，以上海某某实业有限公司等名义，非法吸收221名投资人的资金6453万元。被告人杨某某明知刘某某、张某等人实施上述犯罪，仍提供自己银行账户供吸收资金使用，并按照刘某某的指示转账。经审计，被告人杨某某银行账户共收取集资款2500余万元。法院审理后认为，被告人杨某某系为刘某某、张某等人的非法吸收公众存款行为提供银行账户收取、转移资金，其行为应认定为非法吸收公众存款罪。[1]

案例二：顾某某洗钱案

2014年10月，徐某某与祁某某（另案处理）等人成立A公司，由被告人顾某某代徐某某持有该公司股份并担任法定代表人，公司实际由祁某某经营，徐某某负责项目的发展。2014年10月至2017年2月间，A公司在未经有关部门依法批准的情况下，以投资项目为名，向社会公众非法吸收资金。顾某某明知A公司从事破坏金融管理秩序犯罪，仍应徐某某要求办理多张个人银行卡，用于公司经营走账。经审计，顾某某名下的民生银行卡在2016年1月至8月间净流入非法吸收资金1158455.48元。法院审理后认为，被告人顾某某明知是破坏金融管理秩序犯罪的所得，为掩饰、隐瞒其来源和性质，通过提供资金账户转移，其行为已构成洗钱罪。[2]

对于两案，办案检察机关认为二人主观上明知他人实施破坏金融管理秩序犯罪，客观上为他人提供银行账号接受转移非法集资款，掩饰、隐瞒非法集资款的来源和

1　案件来源：中国裁判文书网，杨某某非法吸收公众存款案。
2　案件来源：中国裁判文书网，顾某某洗钱案。

性质，涉嫌犯洗钱罪。但法院审理后一人认定为非法吸收公众存款的共犯，一人认定为洗钱犯罪。

以上案情相似、判决不同的情况并非仅发生于非法集资案件，其在贩卖毒品、受贿、走私等上游犯罪中同样存在。笔者查阅中国裁判文书网发现，如张某豪贩卖毒品案，陈某洗钱案，两案被告人均提供本人银行账户、微信号帮助毒贩接受毒资，法院却分别判处贩卖毒品共犯和洗钱罪。罗某丽走私案，检察机关起诉认为罗某丽提供银行卡给张某某用于走私活动，其行为构成洗钱罪，而审理法院认为罗某丽的行为目的在于帮助张某某便利地收发犯罪所得的货款，而非掩饰、隐瞒犯罪所得的来源和性质，并以走私罪共犯判决。由此，关于二者的区分，我们需要进一步思考：上游犯罪过程中提供账户掩饰隐瞒犯罪所得是事中共犯还是事后洗钱行为？二者区分标准是什么？司法实务如何准确划分？

二、现行标准探究："有无事前通谋"和"是否事后帮助"

（一）"事前通谋"作为区分关键的确立

洗钱罪是上游犯罪的下游犯罪，是犯罪类型上的连累犯。连累犯是指事前与他人没有通谋，在他人犯罪以后，明知他人的犯罪情况，而故意以各种形式予以帮助，依法应受处罚的行为（参见《潘某民、祝某贞、李某明、龚某洗钱案》）。从以上释义理解，基于连累犯事后性的特征，洗钱罪与上游犯罪共犯区分主要在于是否事前通谋。

有关于此，刑法中的其他连累犯，如窝藏、包庇罪，掩饰隐瞒犯罪所得、犯罪所得收益罪等的相关法律和司法解释都有明确规定。《刑法》第三百一十条第三款规定"犯前款罪，事前通谋的，以共同犯罪论处"。《刑法》第一百五十六条、第三百四十九条以及最高法《关于审理掩饰、隐瞒犯罪所得、犯罪所得收益刑事案件适用法律若干问题的解释》第五条都作出类似的规定。以上规定从立法层面基本确立"事前通谋"作为上游犯罪共犯和下游犯罪区分的关键。至于洗钱罪，司法实践中也有观点认为，洗钱犯罪与上游犯罪共犯区分的关键在于行为人与上游犯罪主犯间是否存在事前通谋：如果洗钱行为人事前与其上游犯罪行为人有通谋，事后实施了洗钱行为的，认定为上游犯罪的共犯；如果事前并无通谋，仅仅是事后实施了洗钱行为的，则只构成洗钱罪。

（二）"上游犯罪犯罪既遂"作为二者行为阶段上的分界

同样基于连累犯事后性的特征，下游犯罪行为应发生在上游犯罪之后。关于介入时间，有学者认为，在犯罪行为阶段上，为了与承继的共同犯罪相区分，上游犯罪应当是"已经既遂的犯罪"。行为人在本犯既遂之前故意参与的，应当按照共同犯罪处理。

参照上述规定和理解，对于上游犯罪共犯与下游洗钱犯罪区分可概括为：行为人事前与上游犯罪行为人通谋，并提供帮助的，以上游犯罪共犯论处。提供帮助的时间在上游犯罪实施过程中抑或犯罪既遂以后，不影响共犯的认定。行为人事前与上游犯罪行为人无通谋，在上游犯罪既遂之后提供洗钱帮助的，以洗钱犯罪论处。

三、现行标准局限：基于现实困境的考虑

（一）"共犯优先认定"原则不符合当前洗钱犯罪打击需要

理论上，事前通谋的共同犯罪是共同犯罪一种类型。在着手实施犯罪之前，各共犯人已经形成共同犯罪故意，就实行犯罪进行了策划和商议的，就是事前通谋的共同犯罪。从共犯理论上讲，事前通谋，即便通谋内容仅仅是事后提供掩饰、隐瞒赃物方面的谋议，其对正犯也有心理鼓励作用，符合共犯中帮助犯的认定条件。但从下游犯罪看，如行为人与上游犯罪行为人事前共谋洗钱，事后实施洗钱，也符合洗钱犯罪的构成要件。在上游犯罪共犯与下游犯罪正犯行为存在竞合的情形下，如一律按照上游犯罪共犯认定，将共犯的实行行为延伸至犯罪完成之后，一则导致上游犯罪共犯的认定过于扩张，部分案件以共犯论处对被告人惩处罪行不相适应，二则过于压缩洗钱犯罪惩治空间，不符合当前强化洗钱犯罪惩治力度的现实需要。

此外，共犯优先认定会因个别上游犯罪共犯认定的特殊规定而形成惩治漏洞。如对于司法实践中，受国家工作人员指使，为其提供银行账户，或者伪造收款事由，接受受贿款的行为，根据 2007 年最高人民法院、最高人民检察院《关于办理受贿刑事案件适用法律若干问题的意见》的规定，对于特定关系人以外的其他人，如其与受贿人没有共同占有财物，则不能以共犯论处。此种行为人如再不能以洗钱论处，则显然会纵容犯罪，不利于腐败犯罪根治。

（二）上游犯罪既遂点的阶段划分看似统一，实则混乱

囿于犯罪形态和规制目的不同，七类上游犯罪既遂标准并不一致，这就造成实践中上下游犯罪在阶段区分上的混乱。如毒品犯罪以毒品犯罪行为完成为既遂，对于行为前后帮助接受毒资、转移毒资的行为，司法实践作共犯论处和洗钱犯罪的均有存在。又如，对于走私犯罪，为了与走私罪共犯作出区分，司法实践不得不将有

些洗钱对象限定为经过倒手后的"二手"以上走私物[1]，再次将洗钱行为介入时间设定在既遂之后某一阶段。再如，对于非法集资犯罪，其犯罪行为有个持续的过程，两者区分在实践中出现争议。笔者注意到，最高检、人民银行联合发布的第一批洗钱犯罪典型案例中"雷某、李某洗钱"案，该案在典型意义阐述时认为"上游犯罪是否结束，不影响洗钱罪的构成，洗钱行为在上游犯罪实施终了前着手实施的，可以认定洗钱罪"，其用上游犯罪结束对洗钱犯罪介入时间作出模糊化处理，对二者在阶段上划分并没有给出明确的指导。以上因既遂标准不同、犯罪形态差异造成司法实践中上游犯罪共犯和洗钱罪的界分看似有标准遵循，实则各罪各论。

四、现行标准修正：建立在本质差异上区分

（一）二者主客观本质差异

以行为人在共同犯罪中的作用分类，共犯可以分为共同正犯和狭义共犯，狭义共犯又可分为教唆犯和帮助犯。连累犯作为事后性帮助犯，其独立于共犯之后便具有自己的特征：自身规定的独立性，形成时间的事后性，犯罪之间的连累性。但笔者认为，其与上游犯罪共犯（主要是上游犯罪帮助犯）本质差异在于主观上洗钱行为人与上游犯罪行为人的分离，以及客观上行为本身与上游犯罪发生无实质功用。

主观上，洗钱犯罪行为人与上游犯罪行为人是分离的。洗钱犯罪主观上具有掩饰、隐瞒犯罪所得的性质和来源的目的。一般来说，其对上游犯罪实施手段、参与人数、具体分工等并无认识，或者漠不关心。其并没有参与犯罪、共同达成上游犯罪目的的意志因素。而上游犯罪共犯，明知他人实施犯罪，达成共同犯意，致力于实现犯罪结果。

客观上，洗钱行为的 5 种行为方式具有事后性、被动性特征。洗钱行为的对象只能是犯罪所得和收益，一般不参与上游犯罪主要实行行为，行为介入也是上游犯罪取得犯罪所得之后，对上游犯罪结果的产生没有实质作用，或者作用很小。而上游犯罪共犯与正犯行为具有一体性，相互发生作用，共同实现上游犯罪结果。

（二）共犯通谋与洗钱通谋的分设

基于两者本质上不同，对于事前通谋的情形，不能一概以共犯论处，而应根据

---

[1] 2019年，最高人民法院、最高人民检察院、海关总署《打击非设关地成品油走私专题研讨会会议纪要》中规定，"向非直接走私人购买走私的成品油的，根据其主观故意，分别依照刑法第一百九十一条规定的洗钱罪或者第三百一十二条规定的掩饰、隐瞒犯罪所得、犯罪所得收益罪定罪处罚"，以此将洗钱犯罪和掩饰、隐瞒犯罪所得罪行为对象限定为非直接走私出售的走私成品油。

通谋的具体内涵划分出"共犯通谋"和"洗钱通谋"。

从共犯功能作用来讲，"共犯通谋"应是事前就正犯实行行为的谋划和合谋。以正犯为中心是认定共同犯罪的最佳路径，也是共犯通谋内涵的核心所在。从共犯理论上看，事前通谋共同犯罪主要包括共谋共同正犯、教唆犯、帮助犯。在三种共犯中，共同正犯和教唆犯对犯罪事实起支配作用或协同作用，其或参与实施实行行为，或实际分担了正犯的实行行为，其事前谋议无疑要对正犯的实行行为进行谋划，并相互坚定犯罪意志；帮助犯是对正犯行为具有促进作用，其行为或者是物理帮助，或者心理支持，谋划内容无疑围绕正犯实行行为。此种解读在立法解释中也可窥得一二。对《刑法》第一百五十六条规定："与走私犯通谋，为其提供贷款、资金、账号、发票、证明，或者为其提供运输、保管、邮寄或者其他方便的，以走私罪的共犯论处。"中"通谋"的理解，全国人大法工委刑法室解释是"通谋是指行为人与走私罪有共同的走私犯罪故意。事前与走私犯共同商议，制定走私计划以及进行走私分工等活动"。参照上述规定，通谋内容的走私犯罪的分工协作，是在同一的犯罪故意支配下，就走私犯罪实行行为的谋议。对洗钱犯罪的上游犯罪共犯"事前通谋"理解也应遵照此理。

在司法实践中，有的参与者与实行者事前虽然具有协商、沟通行为，但内容仅限于明知是上游犯罪所得，并允诺事后对犯罪所得予以掩饰、隐瞒的，此种单纯的"事前允诺"与"事前通谋"有本质不同，不应作为共犯认定，而应考虑归入洗钱犯罪。如前所述，共犯的"共同谋划"，主要是对正犯实行行为的谋划。包括实施的手段、方式、时间、地点的选择和人员的分工合作等。此种事前的"允诺"看似是一种分工，但不是实行行为中的事中行为，其只是事后的帮助。主观上分析，其只对犯罪所得有认知，缺乏参与共同犯罪的意志因素，与上游犯罪行为人主观故意不同。事前允诺对上游犯罪实施有一定的心理帮助作用，但据此认定为共犯，并不符合共犯要求具备的共同犯意的条件。而从洗钱犯罪考虑，行为人事前与他人达成协议，事后掩饰、隐瞒犯罪所得，其客观上是《刑法》第一百九十一条规定的独立的犯罪行为，主观上也主要处于掩饰、隐瞒犯罪所得的目的，完全符合洗钱犯罪构成要件。从实质上分析，上游犯罪行为人与其的沟通、商议只是犯罪善后的提前谋划，行为人的事前允诺答应也只是事后帮助的提前承诺，理应归入下游犯罪。

（三）"犯罪所得产生说"作为两者阶段节点区别的意义

有学者在阐述"上游犯罪成立说"时说到"从行为对象看，上游犯罪产生的所得和收益，是洗钱犯罪成立的条件之一"。笔者认为，上游犯罪所得和收益的产生既是成立条件，同时也是洗钱犯罪介入上游犯罪的时间起点。其理由有以下两点：

一是将犯罪所得产生作为时间节点符合洗钱犯罪应有之义。连累犯是在他人犯罪后，明知他人犯罪情况，而故意以各种形式予以帮助。下游行为介入时间点只能在下游犯罪对象产生后，否则就没有需要下游犯罪帮助的对象，下游犯罪也无从谈起。对于窝藏、包庇罪，其行为对象是犯罪的人，上游犯罪行为人实施犯罪后即成为犯罪的人。掩饰隐瞒犯罪所得、犯罪所得收益罪，行为作用的对象是上游犯罪既遂，其产生之后即有掩饰隐瞒的必要。同样，对于洗钱罪，其对象是七类上游犯罪既遂，上游犯罪犯罪所得产生之后即有清洗的必要，此时的掩饰隐瞒行为即属于洗钱行为。

二是有利于统一实践争议，准确划定二者惩罚范围。如上所述，司法实践无论如何对每个上游犯罪犯罪既遂进行解释，皆因既遂标准不同而形成争议。将上游犯罪既遂的产生作为介入时间点，则可以准确划定下游犯罪介入的时间节点。如毒品犯罪，以贩毒人员取得毒资作为介入时间点，走私类犯罪则在走私物品通关之后，或者走私行为人取得犯罪所得之后，黑社会性质组织形成则在其因非法经营、非法采矿、敲诈勒索等犯罪产生黑财之后。

需要说明的是，犯罪所得的产生并不完全等于上游犯罪行为人取得财物。犯罪所得虽说最终归于上游犯罪行为人，但其毕竟产生于上游犯罪行为，产生时间与得到时间有时并不一致。如信用卡诈骗罪，他人受行为人指使接受被害人转入资金，此时犯罪所得产生，但行为人并未实际得到；若他人再提供洗钱行为帮助转款，则可能构成洗钱罪。另外要注意的是，对于对合性共同犯罪，如行受贿犯罪，他人受行贿人或者受贿人安排，提供银行账号接受赃款，伪造受款事由，转给受贿人的，该赃款既是受贿款，也是行贿款，行贿人输出行贿款即为犯罪所得产生，在此期间，他人明知行贿款，并提供银行账号，转移行贿款的行为可能构成洗钱罪。

由此，对于二者，我们可以做出如下区分：行为人与上游犯罪行为人事前就上游犯罪通谋，并实施上游犯罪行为的，以上游犯罪共犯论处。行为人与上游犯罪行为人事前就洗钱犯罪通谋，并实施洗钱行为的，应以洗钱犯罪定罪处罚。

以上对现行区分标准修正只是基于两者本质不同而归纳出具有实际操作的表象区分，实际案例中除事前通谋情形外还存在事前无通谋情形，如上述案例一、案例二。从行为阶段看，案例一行为人介入时间在非法集资过程中，案例二则在上游犯罪实际收款后，案例一符合共犯的阶段性要求，案例二则符合洗钱犯罪事后性要求。但无论何种情形，二者的区分仍然是通过主客观判断行为性质是致力于一起实施上游犯罪还是帮助上游犯罪善后，如案例一被告人主观上具有非法集资故意，并参与策划、宣传集资，则系共犯。案例二被告人主观上没有非法集资的故意，只是在上游犯罪取得犯罪所得后提供银行账户走账，掩饰、隐瞒非法集资款的性质，则应归属于洗钱犯罪。

参考文献：

[1] 陈兴良 . 共同犯罪论 [M].2 版中国人民大学出版社 ,2006：426.

[2] 史为忠，李莹 . 掩饰、隐瞒犯罪所得、犯罪所得收益罪司法认定疑难问题探讨 [J]. 人民检察 ,2014(6).

[3] 张明楷 . 刑法学（上）[M].5 版法律出版社 ,2016：430.

[4] 全国人大常委会法制工作委员会刑法室 . 中国刑法修订的背景与适用 [M]. 法律出版社 ,1998：172.

[5] 王新 . 洗钱犯罪的演变与实践认定中的两个问题 [J]. 检察日报 ,2020(3).

数字人民币洗钱风险及监管策略研究

■ 贾昌峰　杨莎莎[1]

摘要： 数字经济是全球经济增长日益重要的驱动力。本文立足于数字人民币研发推广的广阔前景，从数字人民币发行和流通的特点切入，分析四个维度"地域、客户、业务、渠道"的固有洗钱风险、控制措施有效性及剩余风险，并从反洗钱义务三个核心"客户尽职调查、资料记录保存、大额交易和可疑交易报告"方面，提出在风险为本的监管原则下进一步完善反洗钱监管体制机制的政策建议。

关键词： 数字人民币　洗钱风险　反洗钱监管

一、数字人民币的现状与特点

（一）数字人民币的发行和流通现状

我国是最早研究中央银行数字货币（Central Bank Digital Currencies，CBDC）的国家之一，研发进度上处于国际前列。中国人民银行自 2014 年开始研究法定数字货币，即数字人民币，2017 年组织部分实力雄厚的商业银行和有关机构共同开展数字人民币体系的研发。2020 年下半年以来，数字人民币面向公众试点测试的步伐逐渐加快，先行在深圳、苏州、雄安、成都以及北京冬奥会场景进行内部封闭试点测试并开展多轮公测，后增加了上海、海南、长沙、西安、青岛、大连六个测试地区，目前数字人民币各地发放总金额已达 1.5 亿元。

当前，伴随着数字人民币的不断发展，数字人民币流通的生态体系不断完善。大批的运营机构和商业机构在中国人民银行的监管下，承担着数字人民币的流通服

1　贾昌峰供职于中国人民银行南京分行，杨莎莎供职于中国人民银行苏州市中心支行。

务并负责零售环节管理，推动数字人民币安全高效运行，提供包括支付产品设计创新、场景拓展、市场推广、系统开发、业务处理和运维等服务。2021 年以来，多家互联网科技公司、支付公司、清算机构等主体都先后加入数字人民币项目，例如工商银行、农业银行、中国银行、建设银行、交通银行、邮储银行，以及中国移动、联通、电信、银联商务、京东、华为等，主要承担应用场景研发合作的工作，不断丰富数字人民币的生态体系。

《中共中央关于制定国民经济和社会发展第十四个五年规划和二○三五年远景目标的建议》明确提出，要"稳妥推进数字货币研发"。数字人民币作为中国的法定数字货币新形态，有利于高效地满足公众在数字经济条件下对法定货币的需求，提高零售支付的便捷性、安全性和防伪水平，助推我国数字经济加快发展。

（二）数字人民币的主要特点

数字人民币是由中国人民银行发行的数字形式的法定货币，由指定运营机构参与运营并向公众兑换，以广义账户体系为基础，支持银行账户功能，与纸钞和硬币等价，具有价值特征和法偿性，支持可控匿名。相比于人民币松耦合现金使用存在的印制发行成本高、携带不便等局限性，数字人民币的出现通过电子账本的方式，替代了实体货币，节约了现金生产和流通时所需的各项成本。数字人民币主要有以下特点：

1. 采用"中央银行—商业银行／其他运营机构"的双层运营模式

第一层是中央银行，第二层为商业银行、电信运营商和第三方支付网络平台公司等。中央银行在数字人民币体系中居于中心地位，负责向指定商业银行批发数字人民币并进行全生命周期管理，商业银行等机构负责面向社会公众提供数字人民币兑换流通服务。

2. 主要定位于流通中的现金（M0），是法定货币的数字化形态

数字人民币利用新技术对 M0 进行数字化，注重保持 M0 的属性和特征。主要体现在数字人民币存在电子钱包中不计付利息，与纸钞和硬币等价；具有价值特征和法偿性，与比特币等虚拟资产不同；运营机构需要向人民银行缴纳 100% 准备金，不存在货币的乘数效应；具有法定货币天然的支付属性，与第三方支付平台的通道属性不同。

3. 数字人民币与银行账户松耦合

数字人民币存储的电子钱包分为个人钱包和对公钱包。个人钱包按照客户信息透明度及匹配的支付限额，可分为一类、二类、三类、四类、五类。其中，一、二

类个人钱包，以及对公钱包在注册时要求绑定银行账户，通过银行账户充值、提现的方式实现数字人民币的兑换；三类个人钱包需身份证件、手机号码注册，也属于实名；而四、五类个人钱包仅需手机号码、电子邮箱即可注册，可在银行、专用机具、手机等设备上完成充值。

表 1　数字人民币个人钱包账户分类体系

数字钱包分类	一类钱包	二类钱包	三类钱包	四类钱包	五类钱包（交通银行）
钱包属性	实名钱包	实名钱包	实名钱包	匿名钱包	匿名钱包
认证方式	银行面签，人脸识别，身份证件，手机号，银行账户	远程认证，人脸识别，身份证件，手机号，银行账户，	远程认证，人脸识别，身份证件，手机号	远程认证，手机号／邮箱	远程认证，手机号／邮箱
开户数量限制	一人同一机构限一个	一人同一机构限一个	一人同一机构限一个	一人手机号／邮箱同一机构限一个	一人手机号（含境外手机号）／邮箱同一机构限一个
绑定账户	绑定一类本人银行借记卡	绑定一类本人银行借记卡	不可绑定任何账号	不可绑定任何账号	不可绑定任何账号
余额上限	无	50 万元	2 万元	1 万元	1000 元
单笔限额	无	5 万元	5000 元	2000 元	500 元
日累计限额	无	10 万元	1 万元	5000 元	1000 元
年累计限额	无	无	无	5 万元	1 万元

4. 支持有限度的可控匿名交易

数字人民币存储的电子钱包按照不同载体，可分为 App 钱包和硬钱包。App 钱包是最早试点的数字人民币支付载体，用户必须下载使用"数字人民币 App"，数字人民币的每一笔收付相关信息都要同时发送至中国人民银行，中国人民银行可以全面掌握所有交易信息。而数字人民币钱包运营机构只能获取与本机构钱包相关的信息，如果收付款双方的数字人民币钱包不属于同一运营机构，则每个运营机构都不能掌握交易双方的全部信息，由此可以实现数字人民币的"有限匿名"。

5. 支持双离线直接支付交易

硬钱包是以可视卡片、NFC-SIM 卡等实体介质为载体，通过近程接触型交易即"碰一碰"的方式进行支付。硬钱包支持收付款双方均在手机离线的情况下的支付，即在无网或弱网条件下，用户进行交易或者转款时不连接后台系统，而是在钱包中验证用户身份、确认交易信息并进行支付的方式完成交易，以满足在地下室、停车场、山区甚至是地理灾害等特殊环境下的支付需求。双离线支付都有一定的"离线可用次数"，当"离线可用次数"消耗尽时即需要通过某种通信手段与数字人民币的钱包后台进行同步，使硬件钱包里的钱与数字人民币钱包后台的钱保持一致。

二、数字人民币发行和流通中的洗钱风险

（一）固有风险分析

1. 地域风险

目前"10+1"试点地区为深圳、苏州、雄安、成都、上海、海南、长沙、西安、青岛、大连以及北京冬奥会场景，以沿海经济发达城市为主，经济类犯罪活动相对活跃。未来全国推广后，可以普及没有银行服务的中西部偏远地区。

2. 客户风险

从目前的试点情况来看，下载"数字人民币 App"需向 6 家运营机构申请加入白名单，且各试点城市推广使用数字人民币的方式多为发红包于本地消费，因此客户以本地居民，以及对新支付方式接受度高的中青年人群为主，且需绑定银行账户，客户风险相对较低。

3. 业务风险

数字人民币代替 M0 在功能上与"现金"一样，但必须以电子钱包为载体，可实名可匿名，因此兼具"现金"和"账户"的性质，也兼具"现金"和"账户"相应的洗钱风险。偏"现金"性质的四、五类钱包可以实现大额资金的迅速分拆，加之数字人民币的支付极其便利、清算速度极快，大量的高频、小额、巨量交易可在极短时间内完成资金的分拆和转移，或将造成较大的洗钱风险。而在"双离线"支付方式下，离线期间的交易将暂时游离在人民银行和营运机构的监测之外，或给犯罪分子以转移资金的时间窗口。

4. 渠道风险

App 钱包"数字人民币 App"为智能手机应用软件，非面对面即可下载安装。目前硬钱包的申请领取需本人至运营机构柜面办理，未来可能出现代理机构代销的形式。

（二）风险控制措施有效性分析

1. 反洗钱机制建设

中国人民银行尚未制定针对性的反洗钱规章或规范性文件，运营机构根据现有的客户尽职调查、客户尽调资料和交易记录保存、可疑交易监测、名单监控等制度，结合实际运用开展。各运营机构的数字人民币业务牵头部门多为网络金融类业务部门，目前尚未对该业务开展洗钱风险评估或制定反洗钱操作规程。

2. 客户尽职调查

当前数字人民币处于试点阶段，各运营机构根据数研所和人民银行的指导，开展试点和相关客户尽职调查等工作，尽调的内容和方式也在逐步地调整完善。目前一、二、三类个人钱包开立需要提供身份证件、手机号码与人脸识别，其中一、二类个人钱包需绑定银行账户；四、五类个人钱包开立需要提供手机号码或邮箱。对公钱包有线上和线下两种模式，对新开账户同时开对公钱包和存量账户开立对公钱包复用有效开户资料（营业执照等）、申请人身份证件、对公钱包业务申请书、对公数字钱包服务协议、对公钱包尽职调查表、对公钱包意愿核实书。

3. 客户尽调资料和交易记录保存

按照中国人民银行研发大纲，数字货币钱包客户身份识别和反洗钱主体职责由运营机构承担，而对客服务渠道以及场景和产品提供方主要都是银行和支付机构等合作方，因此客户尽调资料保存在运营机构、合作机构和中国人民银行。每个数字人民币自产生开始，被赋予一个唯一的币串号，随着后续流通中的每次分拆或合并，均通过一定的算法在串号中予以记载，因此全量的交易记录保存在中国人民银行，运营机构只能掌握数字人民币的收付金额变化。

4. 可疑交易监测

由于运营机构掌握的数字人民币收付信息有限，且存储系统与账户管理系统完全独立，目前仅针对本行开立的银行账户与数字人民币电子钱包之间的交易建立了可疑交易监测机制和名单监控机制，适应数字人民币支付即结算、账户松耦合等新特色带来的新变化，与原有可疑交易监测系统信息共享、模型共用，监测数字人民币的异常交易。

（三）剩余风险

综合上述固有风险和风险控制措施有效性分析，数字人民币在功能上代替M0，使部分现金"账户化"，且每个数字人民币的流通过程均被系统记录，降低了原"现金"流通中的洗钱风险。但数字人民币作为处于试点推行中的国家战略性新兴业务，具有独立的发行流通体系，涉及中国人民银行、运营机构、代理机构等多个主体，技术上加快了货币的流通速度，而我国尚未建立相关有针对性的反洗钱政策制度，数字人民币仍保留了匿名性质，追溯每个数字人民币的流通过程虽在技术上能够实现，但需耗费较长时间和较高成本。同时，随着数字人民币的广泛推行，可能激发比特币等去中心化的数字代币成为犯罪的利益通道和便利工具的天然优势，其必将成为诱发金融风险和新型犯罪的隐患，必须提前加以防范和监管。

三、数字人民币反洗钱监管策略构想

数字人民币可以降低人民币使用成本，提高使用效率，有效防范系统性金融风险，有助于打击滥用货币的违法犯罪行为，对于保障国内金融安全、维护社会治安稳定、重塑现有的国际贸易结算体系，加速人民币国际化进程都具有十分重要的意义。因此，加快发展数字人民币已势在必行。为防控数字人民币带来的洗钱风险隐患，需对各运营机构履行相关反洗钱义务进行明确的规范和严格的监管。

（一）制定数字人民币反洗钱工作指引

数字人民币是人民币的数字化，是"可以广泛使用的数字形式的法定货币"，功能和属性同纸钞完全一样，但由于表现形态同纸钞不同，数字人民币的基本法律属性也不同，如数字人民币的无限法偿性、有权发行和办理机构、如何确立物权及所有权转移等。现有关于现金的法律法规已不能完全适用于数字人民币，其必然引起现有货币法理论的变化，而部分领域也存在法律空白，商业银行职能缺乏法定依据，法律层面仍存在较多有争论的焦点问题。在数字人民币法律制度未出台之前，为及时防范洗钱风险，笔者认为中国人民银行可先行出台相关反洗钱工作指引，对商业银行运营数字人民币业务进行规范和指导。

（二）明确区别化的客户尽职调查制度

基于现行的客户尽职调查法律规章，对不同类型的数字人民币电子钱包用户，明确运营机构应开展区别化的客户尽职调查。对一、二类个人钱包和对公钱包，按照开立账户等方式建立业务关系的要求，识别、核对、登记、留存客户身份信息和证件，并开展持续尽调和客户洗钱风险管理；对三、四、五类个人钱包，按照一次性的现金类业务的要求，当日累计收付达到人民币 5 万元以上的，需识别、核对、登记、留存客户身份信息和证件。同时，运营机构应明确与合作机构之间的反洗钱职责，确保运营机构在履行主体责任时能够得到合作机构的充分支持。

（三）建立可疑交易统筹监测体系

运营机构应对当日累计收付人民币 5 万元以上数字人民币的交易和客户报送大额交易报告，报文格式应根据数字人民币交易的特点进行调整。研究利用数字人民币业务进行洗钱、恐怖融资等犯罪活动的可疑特征，充分考虑传统洗钱模式与新型洗钱模式相结合的风险，制定可疑交易监测标准，整合传统交易与数字人民币交易之间的数据，开展相关可疑交易监测，对合理怀疑的交易报送可疑交易报告。应关注"双离线"支付可疑交易的监测。离线交易意味着资金的延时清算，离线交易数据的及时准确更新、资金交易的安全和可追溯，以及连续多手的离线资金汇合、分拆交易，给交易监测和反洗钱监管带来新挑战。在运营机构间数据壁垒导致重点交易无法横向透视的时候，中国人民银行数字人民币管理部门可运用数字人民币的可追踪性，对相关异常交易开展数据筛查和确认，强化数字人民币在交易过程中的洗钱风险防范和管理。

（四）督导义务机构开展相关洗钱风险管理

目前试点期间，不但是数字人民币核实功能的试点，也需要运营机构开展洗钱风险管理的试点验证。义务机构应明确管理层、反洗钱管理部门、业务部门及分支机构在数字货币新形势下的反洗钱工作职责，健全反洗钱内控制度，进一步细化管理要求和操作流程，确保数字货币的反洗钱工作要求具有执行性和操作性。

（五）开展数字人民币反洗钱宣传与培训

随着 CBDC 的试点推行，犯罪分子也利用数字货币概念进行炒作，打着投资数字货币的幌子进行诈骗或非法集资，目前已出现利用数字货币进行电信诈骗的新型网络犯罪。运营机构应利用自身优势，贯彻执行"反洗钱是金融机构全员性义务"的监管要求，搭建数字货币反洗钱培训课程体系，组织业务条线、分支机构开展培训，确保相关人员掌握数字货币在反洗钱工作中的新规定。同时，开展广泛有效宣传，通过营业网点、网银入口、手机短信等方式对数字货币的使用以及出租、出借数字货币钱包的危害向社会公众进行宣传，提高广大人民群众的风险防范意识，有效遏制电信诈骗等违法犯罪活动。

（六）保持监管的灵活性和开放性

目前世界范围内，对于 CBDC 的探索尚未定型，相关反洗钱的监管也未达成共识。各国在数字货币反洗钱监管范围、规则和程度上不尽相同，利用数字货币作为新型洗钱方式被发现、查处的概率比以往更低，很多国家还没有有效打击数字货币洗钱的手段和技术。因此，一方面我们应在现有反洗钱法律框架下，要求运营机构履行法定的反洗钱义务；另一方面保持监管的灵活性和开放性，根据数字人民币试点推行中可能出现的问题，准确识别风险点，建立良好的数字货币流通环境，减少因法律和监管缺失带来风险。

参考文献：

[1] Central bank digital currencies foundational principles and core features[R]. Beno t Coeuré, Sir Jon Cunliffe, Timothy Lane, et al. 2020-10-9.

[2] Rise of the central bank digital currencies drivers, approaches and technologies[R]. Raphael Auer, Giulio Cornelli, Jon Frost. August 2020.

[3] 周小川. 数字人民币的初衷是什么[OB/OL]. 博鳌亚洲论坛 2021 年年会, 2021.

[4] 范一飞. 关于数字人民币 M0 定位的政策含义分析[N]. 金融时报, 2020(9).

[5] 王永利. 关于数字人民币定位的思考[J]. 清华金融评论, 2021(03):22-25.

[6] 黄国平. 应运而生的数字人民币[J]. 银行家, 2021(04):11-13.

[7] 张凌. 数字人民币法律问题初探[R]. 上海：数字经济公社, 2020.

[8] 岳品瑜, 刘四红. 多地竞跑，"地方两会"透露了哪些数字人民币关键？[N]. 北京商报, 2021(1).

[9] 李诗林, 李雪君. 央行数字货币国际比较及数字人民币发展展望[J]. 新经济导刊, 2021(1): 21-26.

[10] 吴燕婷. 中国为什么加快推进数字人民币[J].《瞭望》新闻周刊, 2021(2).

[11] 王静, 汪灵罡. 反洗钱视角下的央行数字货币管理探析[R]. 企查查金融研究院, 2021-04-15.

[12] 张末冬. 数字人民币"小额匿名可实现，完全匿名不可行"[N]. 金融时报, 2021(3).

以"四化"引领反洗钱工作向纵深发展

■ 王寒冰[1]

摘要： 随着境内外反洗钱合规标准持续提升，金融机构的反洗钱管理机制也日臻成熟，反洗钱工作已步入新的历史阶段。本文总结中国银行总行内控与法律合规部在组织开展反洗钱工作中的有益经验，总结提炼出"精细化、差异化、融合化、集约化"的管理思路，并在工作中开展了一系列探索和尝试，与国内同业分享。

关键词： 精细化管理　差异化管控　融合化嵌入　集约化作业

近年来，国内监管对标反洗钱金融行动特别工作组（FATF）国际标准，不断更新监管规则，加大执法力度，加强信息共享，取得了良好的成效。金融机构对反洗钱工作的重视程度大幅提升，反洗钱治理架构和管理框架日臻成熟，专业队伍的数量、能力和水平也都有长足进步，反洗钱工作步入一个新的历史阶段。在新反洗钱法颁布前夕，金融机构有必要在过往经验基础上，思考和探索未来的工作思路，更好地适应新形势和新任务。

中国银行内控与法律合规部在工作中总结和提炼了"精细化、差异化、融合化、集约化"的指导思想和工作思路，并在工作中开展了一系列探索和尝试，在本文中与国内同业分享。

一、"精细化"管理

"精细化"指的是反洗钱管理的颗粒度要细，要下沉到流程、系统和业务层面，而不是仅停留在治理架构和政策制度层面，否则管理动作难以下沉到一线和基层，

1　王寒冰供职于中国银行内控与法律合规部。

更难以嵌入具体的业务环节。"精细化"管理强调的是制度流程的实操性和穿透性，解决的是管理中存在的"粗枝大叶"、工作不实不细，以及"有制度无流程，有流程无系统，有系统无硬控制，有硬控制无检查，有检查无培训"等问题。

以可疑交易报告后续管控为例，中国人民银行《关于加强开户管理及可疑交易报告后续控制措施的通知》（银发〔2017〕117号）规定了对被报送可疑交易报告的客户可以采取持续监控，提升风险等级，限制客户或账户交易方式、规模或频率，拒绝提供金融服务或终止业务关系，向监管部门报告或向侦查机构报案等六类管控措施。但是，商业银行在落实的过程中，不能简单地在制度中重复上述要求，而是要将上述规定细化为："由谁来发起管控、什么时点管控、什么情形适用何种管控措施，每种管控措施需要在哪个系统操作，措施采取前履行何种审批流程"等，逐一解决这些问题才算是精细化的管理。

实现反洗钱管理的精细化，需做到以下三点：一是制定或下发反洗钱制度必须配套可操作的管理流程，明确相关人员的具体职责，明确每个业务环节的质量标准；要配套相应的系统或模型，确保相关管理要求能够通过系统实现硬控制。二是业务条线要细化反洗钱牵头管理部门的管理要求，将反洗钱管理要求转换成业务流程的语言和动作，提高制度的实操性。三是加强制度的培训与传导，围绕"对谁培训、谁来培训，培训什么、怎么培训，如何验证"等问题，结合不同岗位开展岗位结合式的针对性培训，尽可能地将总行的管理要求一贯到底，强化政策、制度、流程在基层传导的有效性。

二、"差异化"管控

"差异化"管控是"风险为本"工作原则的必然要求，具体指反洗钱管理过程中要根据目标对象的不同以及风险状况或特征的不同，采取差异化的管控措施，做到"因地制宜""因客制宜""因事制宜"。"差异化"管控强调的是管控措施与风险状况的匹配，解决的是实践中存在的管控措施"一刀切"的问题，即"要么一概不做""要么无差别做"，导致管控过度和管控空白并存的问题。

以产品端的洗钱风险管控为例，业务部门面对高风险客户叙作其产品有不同的做法：有的出于业务发展的考虑，对高风险客户大门敞开，来者不拒；有的出于规避风险的考虑，对高风险客户简单一拒了之，从而导致个别时候"伤及无辜"或者出现个别机构为了给某个高风险客户办理业务从而违规下调风险等级的情形。上述两种做法就是典型的"一刀切"。按照"差异化"管控的思路，对于高风险客户可以区分被评为高风险客户的原因，评估客户洗钱风险对其信用风险的影响，经过评估后可以采取禁止授信、通过强化尽职调查后授信、降低授信额度、增加担保条件或增加用款限制等差异化的策略，而不是简单地"一刀切"。

差异化管控的前提是做好对客户、产品和机构的洗钱风险评估，在此基础上可以在以下领域践行"差异化"的管控思路：一是在客户尽职调查方面，客户准入阶段，可以根据客户在办理业务过程中呈现出的不同风险信号，采取有针对性的加强尽职调查措施；客户关系存续期间，可以根据触发重检的不同原因确定尽调的范围、内容和深度，没有必要对所有客户都使用一个"药方"，把所有尽调的规定动作都做一遍；在客户后续管控方面，要根据客户风险程度确定管控的强度，既不能"高射炮打蚊子"，也不能"苍蝇拍打老虎"。二是在产品端的洗钱风险管理方面，要梳理产品办理过程中的洗钱风险因素和信号，对高风险客户群体作出差异化的安排，确定客户接纳的风险偏好。三是在机构和条线管理方面，需要根据机构洗钱风险评估的情况，定位风险突出、控制薄弱的机构和条线，聚焦主要风险特征，对症下药。

三、"融合化"嵌入

"融合化"是指反洗钱的管理要求需要同业务管理要求有机结合，特别是业务部门要将监管规则及反洗钱牵头管理部的要求充分融入业务部门的制度、流程和系统功能中，以实现反洗钱和业务操作"你中有我，我中有你，难解难分"，业务一线人员不需要对着反洗钱和业务两套制度操作。"融合化"强调的是融合与嵌入，解决的是反洗钱与业务管理"两张皮"或"泾渭分明"的问题。

以尽职调查工作为例，各金融机构通常会根据中国人民银行《金融机构客户身份识别和客户身份资料及交易记录保存管理办法》制定本机构的客户尽职调查或身份识别制度，但是考虑到国内商业银行的客户准入多是通过开立账户实现的，商业银行分支机构在落实尽职调查的管理要求过程中，不可能让网点员工一手捧着账户管理制度，一手捧着尽职调查管理制度操作，而是需要业务部门主动将反洗钱尽职调查的管理要求内嵌到账户开立的流程中，网点员工只要按照业务流程操作便可以很好地完成反洗钱尽职调查的规定动作。

反洗钱管理中的"融合"有三个维度：一是制度流程的融合，商业银行的业务部门要结合业务的具体场景和客户特点，将反洗钱要求嵌入业务条线的业务流程和产品制度中，将不同要求横向整合后一通到底，让业务一线人员对整合前的状况无感。二是系统功能的融合，业务部门反洗钱人员应提前介入系统需求开发，将反洗钱的控制要求嵌入系统功能，减少人工处理环节，增强系统硬控制，让网点操作人员无感。三是全面风险管理的融合，各风险管理部门及业务部门，要充分考虑洗钱风险与信用等其他风险的关联性和传导性，将洗钱风险管理工作成果应用于其他风险管理中，最大程度发挥洗钱风险管理的外部效应，让业务部门感受到反洗钱工作不只是履行法定义务，还能更好地帮助业务高质量发展。

四、"集约化"作业

"集约化"是指通过物理上的人员集中或流程逻辑上的集中，将原先分散在不同机构和不同流程的部分反洗钱工作，集中在固定的地点或流程，由专职的人员集中处理。"集约化"作业强调的是"把专业的事交给专业的人做"，解决的是专业性较强的反洗钱工作"分散"在不同机构和人员带来的标准不统一、培训难度大、工作质量不高、基层负担重、人力资源浪费等问题。

目前国内大型商业银行或股份制商业银行已经在可疑交易的监测和甄别方面实现了一级分行层面的集中，个别机构正在探索全国层面的集中。而国际先进同业已经实现全球分区域的集中，如整个亚太地区设立一个金融情报中心，覆盖亚太地区的所有机构；同时不只是可疑交易监测和甄别的集中，在尽职调查、制裁名单筛查等方面也都有相应的集中化作业安排。近年来，中国人民银行一直在探索反洗钱的集约化机制，目前初步形成了四个"集约化中心"，未来还将探索进一步的集约化安排：一是在各一级分行设监测分析中心，负责辖内可疑交易的监测和甄别；二是在北京和广州两地设立制裁名单筛查中心，主要负责跨境汇款报文的名单筛查方面；三是在北京设立单证业务尽职调查中心，负责贸易背景单据的名单筛查和尽职调查；四是在各二级分行业务条线设客户持续尽职调查中心，负责客户的定期回顾和触发式重检等持续尽职调查工作。通过这些"集约化"中心的建设，切实实现了"专业干、集中干"，提升了工作质效，减轻了基层负担。

并不是所有的反洗钱工作都适合集中化作业，通常来说，事后分析类的工作以及不直接面对和接触客户的工作更适合集中化作业，因此可疑交易的监测与甄别、制裁名单筛查以及客户持续尽职调查工作更适宜集中化处理。而需要直接面对客户或者内嵌在交易流程当中的业务，则需要审慎评估，避免业务流程拉长后给客户带来不好的体验。

"为之于未有，治之于未乱。"做好反洗钱工作，关键在平时，功力在日常。在国内外监管标准日趋严格的背景下，金融机构不能简单重复过往的经验和做法，而是需要以有效性为目标，本着"打基础、利长远"的心态，扎扎实实地做好反洗钱各项基础工作，把规则做精，把流程做细，把系统和数据做强，不断创新工作方式，建设好一支精干的专业队伍，最终实现反洗钱法定义务得到有效履行和金融机构长治久安得以有效保障的双赢局面。

基于地域维度的反洗钱分类监管研究

■ 赵雪言　赵兰[1]

摘要： 反洗钱国际组织FATF要求，各国应当识别、评估和了解本国的洗钱和恐怖融资风险，建立以风险为本的反洗钱监管体系。我国幅员辽阔，其中31个省（自治区、直辖市）[2]经济发展水平各异，面临的洗钱风险各异。对不同地域的洗钱风险进行量化分析，根据不同地域的洗钱风险状况实施针对性监管，有利于实现地域维度的反洗钱分类监管、丰富我国风险为本的监管内涵，进一步提升监管效率。

关键词： 反洗钱　分类监管　地域维度

一、基本情况

FATF要求，各国应当识别、评估和了解本国的洗钱和恐怖融资风险，建立以风险为本的反洗钱监管体系。为满足这一要求，各国相继开展国家洗钱风险评估，意大利等国更进一步地开展了国内地域洗钱风险评估，以期针对本国境内的不同地域实施风险为本监管。

从国内监管经验看，我国于2017年开展了首次国家洗钱风险评估，但未全面评估境内不同地域的洗钱风险，监管层面仍未实现地域维度的反洗钱分类监管。从国内机构实践看，我国虽要求义务机构开展境内地域维度的洗钱风险评估，但义务机构尤其是中小型义务机构对于如何评估不同地域的洗钱风险仍存在困惑，需要监管给予指导。考虑到我国幅员辽阔，其中31个省（自治区、直辖市）经济发展水

1　赵雪言、赵兰供职于中国人民银行青岛市中心支行。
2　本文不含中国香港、澳门和台湾地区。

平各异，面临的洗钱风险各异，开展地域洗钱风险评估对于进一步提升反洗钱监管效率、丰富以风险为本的监管内涵具有重要意义。

本文选取多层指标，使用因子分析和聚类分析对洗钱风险进行量化分析，了解各地洗钱风险驱动因素，判断反洗钱的重点监控地域，以期为以风险为本的反洗钱分类监管和地域监管提供实证依据，帮助各地监管部门合理分配有限资源，提高监管有效性，防止地域洗钱风险的扩散。

二、地域洗钱风险实证分析

（一）指标选取和模型建立

1. 洗钱风险指标

传统洗钱和恐怖融资研究文献，将风险定义为以下两个因素的组合：（1）洗钱或恐怖融资发生的可能性；（2）洗钱或恐怖融资事件发生造成的直接或间接后果及损失。其中，事件发生的可能性由两个更深维度的因素确定，FATF 分类法中称为"威胁"（Threat）和"漏洞"（Vulnerablity）；"威胁"（T）指可能对国家、社会、经济等造成损害的个人或群体、事物或活动，如积累了非法收益的贩毒集团的洗钱需求；"漏洞"（V）指任何会吸引、助长或允许威胁发生的情况，如便于将非法收入注入合法经济的现金高价购买的可能性。"后果"（Consequence）指由洗钱事件发生（直接或间接）引起的所有事件合计。理论上，洗钱风险由事件发生的概率和后果决定，模型表达式为：ML Risk=f（T,V,C）。在实际操作中，识别和衡量洗钱后果十分困难，因此 FATF 建议重点关注"威胁"和"漏洞"，本文也只考虑以上两项因素造成的洗钱风险。

2. 影响因素指标

目前已有研究表明，各地经济发展水平、金融市场发达程度、洗钱上游犯罪活跃度、现金使用密度等因素与地域洗钱风险正相关。国内已有文献分别探讨了GDP、财政收入、进出口额等经济因素，金融机构存款余额、证券交易总额、保费收入等金融市场因素，上游犯罪案件增长率、占刑事案件数量比等犯罪率因素对洗钱风险的影响，但存在因素覆盖不全面、涉及地域有限等不足，国外文献在上述指标的基础上加入了对非法收益规模、地下钱庄交易量、公司股权结构复杂程度等因素的分析。

根据国内外相关研究经验，本文选取以下指标对地域洗钱风险进行定量分析：2018 年，我国 31 个省（自治区、直辖市）的 GDP、进出口总额、本外币存款、银行网点密度、上市公司密度、保险密度[1]、重点可疑交易报告数量[2]、毒品犯罪数、黑社会性质组织犯罪数、恐怖活动犯罪数、走私犯罪数、贪污贿赂犯罪数、破坏金融管理秩序犯罪数、金融诈骗犯罪数[3]。

为降低指标间的相关性,本文通过 SPSS 24.0 软件,采用因子分析法对风险因素进行降维[4],提取主成分因子计算综合风险得分,再通过聚类分析,将我国 31 个省(自治区、直辖市)划分为不同风险类型,探索有针对性的分类监管建议。

(二)实证分析结果

经过降维处理,共生成 3 个主成分因子。因子 F1 主要解释 GDP、重点可疑交易报告数以及金融诈骗、贪污贿赂等与经济发展程度高度相关的五类洗钱上游犯罪数,主要反映地域的综合经济实力和主要上游犯罪活跃度,得分最高的 4 个省份是河南、江苏、山东和福建;因子 F2 主要解释本外币存款、银行网点密度、上市公司密度、保险密度,主要反映地域的金融市场发达程度,得分最高的是北京、上海、浙江和江苏;因子 F3 主要解释进出口总额、走私犯罪数、毒品犯罪数,后两个变量与进出口水平相关,主要反映各省进出口及其相关犯罪的活跃程度,得分最高的是广东、云南、广西和上海。通过因子得分计算出衡量洗钱风险高低的各地综合得分(见表 1),洗钱风险得分最高的地区是广东、江苏、北京和上海。

表 1　主成分因子得分和综合得分表

F1		F2		F3		综合得分	
河南	3.05487	北京	3.36178	广东	4.02383	广东	1.48
江苏	1.55996	上海	2.52814	云南	2.23167	江苏	1.13
山东	1.51637	浙江	1.42983	广西	0.83769	北京	0.89
福建	1.27587	江苏	0.98125	上海	0.73145	上海	0.86
广东	0.9342	天津	0.6486	江苏	0.50069	河南	0.79
河北	0.88628	广东	0.41896	湖南	0.31605	浙江	0.74

---

[1]　其中银行网点密度=银行网点个数/常住人口数,上市公司密度=上市公司数量/常住人口数,保险密度=保费总数额/常住人口数。

[2]　重点可疑交易报告数量为涉及保密的非公开数据,因此本文使用通过洗钱类型分析报告获取的分类得分,重点可疑交易报告数量在 0—500 之间得 1 分,500—1000 得 2 分,1000—1500 得 3 分,1500—2000 得 4 分,2000 以上得 5 分。

[3]　以上数据(除重点可疑交易报告数外)主要通过中经网统计数据库、EPS 数据平台、CEIC 数据库,各省 2019 年统计年鉴,裁判文书网等公开渠道获取或计算比例求得。

[4]　SPSS 24.0 软件在因子分析时会自动对数据进行无量纲化(标准化)处理。

续表

F1		F2		F3		综合得分	
四川	0.6696	新疆	0.30987	四川	0.21858	山东	0.64
安徽	0.61798	辽宁	0.16044	重庆	0.13674	福建	0.50
湖南	0.6132	内蒙古	0.06254	浙江	0.11933	四川	0.22
浙江	0.55765	山东	−0.0078	贵州	0.07724	河北	0.12
湖北	0.52336	宁夏	−0.02096	湖北	0.07655	湖北	0.06
辽宁	0.08318	吉林	−0.11224	北京	−0.03774	辽宁	0.05
江西	−0.03147	河北	−0.12282	福建	−0.03999	安徽	0.00
吉林	−0.12217	山西	−0.12361	山东	−0.129	湖南	0.00
黑龙江	−0.21511	黑龙江	−0.14097	江西	−0.13061	吉林	−0.23
上海	−0.3025	西藏	−0.15541	海南	−0.14694	天津	−0.25
陕西	−0.3164	陕西	−0.17345	辽宁	−0.16385	江西	−0.27
山西	−0.34416	福建	−0.17722	西藏	−0.32951	黑龙江	−0.27
北京	−0.45907	海南	−0.2079	甘肃	−0.32978	陕西	−0.30
重庆	−0.50206	青海	−0.31925	安徽	−0.36601	山西	−0.32
云南	−0.54015	四川	−0.37885	天津	−0.38496	重庆	−0.32
内蒙古	−0.61768	重庆	−0.40264	青海	−0.41432	云南	−0.36
新疆	−0.67973	甘肃	−0.48299	陕西	−0.45348	内蒙古	−0.38
贵州	−0.69859	河南	−0.53423	宁夏	−0.53794	新疆	−0.39
甘肃	−0.74844	安徽	−0.58374	内蒙古	−0.53841	广西	−0.40
广西	−0.77726	湖北	−0.5871	山西	−0.54866	甘肃	−0.57
天津	−0.83308	江西	−0.67815	黑龙江	−0.55737	贵州	−0.60
宁夏	−1.18218	广西	−0.75786	吉林	−0.6255	宁夏	−0.65
青海	−1.2601	贵州	−0.93725	新疆	−0.82114	海南	−0.67
海南	−1.28335	湖南	−1.06813	河北	−1.00687	西藏	−0.74
西藏	−1.37901	云南	−1.92883	河南	−1.70774	青海	−0.76

下文聚类分析后将31个地区按风险类型分为4类，对3个主成分因子进行聚类分析，结果如下。

第一类：广东、云南；

第二类：北京、上海；

第三类：江苏、河南、浙江、山东、福建、四川、河北、湖北、安徽、湖南；

第四类：广西、辽宁、吉林、天津、江西、黑龙江、陕西、山西、重庆、内蒙古、新疆、甘肃、贵州、宁夏、海南、西藏、青海。

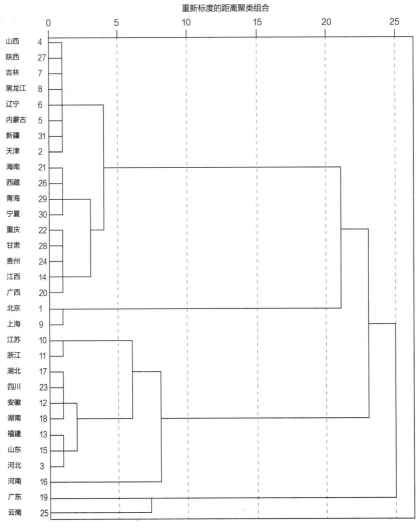

图2　系统聚类树形图

三、对策与建议

（一）根据各地洗钱风险特征，实施分类监管

四类地域或经济基础相似，或金融市场结构相近，或上游犯罪类型接近，因此可能面临类似洗钱风险。监管部门可以根据地域特征实施分类监管，优化监管资源配置。

1. 第一类地域应强化跨境犯罪打击力度

广东和云南分别位于我国南部和西南边境，跨境类犯罪活动活跃，毒品犯罪和走私犯罪高发，相应类型的洗钱风险较高。第一类地域应加大司法资源配置，加强与公安部门合作，严厉打击毒品和走私等上游犯罪，从源头降低洗钱风险；另外，可指导金融机构结合走私、毒品洗钱的可疑特征，更新可疑交易监测模型；进一步完善大额现金收付申报制度，加强现金管理。

2. 第二类地域应强化金融部门监管

北京和上海是我国经济实力最强的地区，金融市场发展程度高、结构完善，重点可疑交易报告数量高，其较高的洗钱风险主要是由于金融市场发达、进出口频繁、便利。另外，该地区汇集了全国大型商业银行和支付机构等金融机构，存在金融腐败和权力寻租风险。故第二类地域应加大反洗钱监管资源配置，着重加强对银行、证券、保险和支付等金融部门的监管力度，防范金融部门被滥用于洗钱活动的风险。

3. 第三类地域可根据经济发展水平配置反洗钱资源

第三类地域主要是东南沿海、中部发达和内陆交通发达省份，其洗钱风险与经济发展水平高度相关。故第三类地域可根据本地区的经济发展水平，同比例配置反洗钱监管资源，有效管理本地域的洗钱风险。另外，第三类地域应时刻警惕本地域经济发展状况变化，若出现金融市场发展程度或跨境业务快速提升的情况，应及时借鉴一、二类地域经验调整监管策略。

4. 第四类地域可适当降低反洗钱监管强度

第四类地域主要以内陆经济欠发达的省份为主，地域洗钱风险相对较低，可适当减少反洗钱监管资源配置，降低反洗钱的监管强度。但是，内陆省份需警惕日益增长的腐败犯罪和黑社会性质组织犯罪案件。例如，广西因地处我国西南边境，与缅甸毗邻，需警惕与毒品和走私两类洗钱上游犯罪相关的洗钱风险；新疆地区应重点关注恐怖融资的相关风险。

（二）建立地域间洗钱风险防控联动机制，提升跨区域洗钱风险管理效率

1. 建立同类别地域间洗钱风险和防控经验共享机制

一是同类别地域间可共享洗钱风险监测成果，当同一类别中的某个地区出现新型洗钱风险时，同类别的其他地区也应加强对此类洗钱风险的监管和分析，提升风险响应效率。二是因同类别地域间面临的洗钱风险类似，可通过共享洗钱风险防控经验，进一步提升防控效率。

2.建立跨类别地域间反洗钱交流合作机制

虽然我国洗钱风险主要聚集在经济发达的广东、江苏等沿海省份和北京、上海等金融发达地区，但东北、西南等边境地区面临的洗钱威胁在显著增加，互联网和线上支付也为跨区域洗钱活动提供了便利。建议监管部门加强跨地域间的交流合作，完善跨区域可疑交易线索追查合作机制，加强情报会商和信息反馈，共同提高对跨区域洗钱活动的监测和监管水平。

参考文献：

[1] 马晓丽．新疆区域洗钱风险评估模型构建及实证分析 [J]．北方金融 ,2015(2).

[2] 章承涛．甘肃省反洗钱地域风险分类监管的实证研究 [J]．甘肃金融 ,2012(6)．DOI:10.3969/j.issn.1009-4512.2012.06.020.

[3] Chodnicka, P.(2012). Geographical risk of money laundering in the European banking system. Oeconomia Copernicana, 3(3), 103-123. https://doi.org/10.12775/OeC.2012.017.

[4] Riccardi, M., Milani, R., &Camerini, D.(2019). Assessing Money Laundering Risk across Regions.An Application in Italy. European Journal on Criminal Policy and Research,25,21-43.https://doi.org/10.1007/s10610-018-9399-9.

数字身份在客户尽职调查领域的应用思考

——基于反洗钱视角的展望与构想

■ 孙华　尚晓利　别致诺[1]

摘要： 数字身份作为大数据时代的基础设施，是解决金融交易数字化和反洗钱风险为本要求的关键性技术。为了积极应对新的反洗钱工作形势变化，探索数字身份技术在客户尽职调查工作中的运用范围，本文从数字身份的定义及初步应用出发，分析数字身份在我国客户尽职调查工作的应用现状及存在的问题，在借鉴国外经验的基础上，提出相关工作建议。

关键词： 数字身份　客户尽职调查　反洗钱

一、引言

随着金融交易科技的发展，为了解决网络空间环境中信任缺失问题，赋予金融参与者在数字交易中证明自己身份的能力，数字身份应运而生，提供便利的同时也拓展了身份信息的概念范畴。在金融数字化转型的时代背景下，将数字身份技术应用于金融机构客户尽职调查工作，能够使金融机构突破物理网点限制，全方位了解客户身份信息，从而更加适应反洗钱风险为本管理要求，切实防范洗钱风险。目前，我国金融机构对客户开展尽职调查的履职实践中，尚未形成统一、有效的数字身份运用框架体系，本文试图通过分析数字身份在我国客户尽职调查中的应用现状及存在问题，在借鉴国外先进经验的基础上，提出将数字身份扩展运用于客户尽职调查工作的相关构想和建议。

1　孙华、尚晓利供职于中国人民银行南阳市中心支行，别致诺供职于中国人民银行内乡县支行。

二、文献综述

数字身份，是基于互联网和大数据产生的新概念，我国目前尚未形成权威和统一的定义，包明友和吴云（2020）认为数字身份是指通过数字化信息将个体可识别地刻画出来，不仅包含出生信息、个体描述、生物特征等身份编码信息，也涉及多种属性的个人行为信息，数字身份认证的底层技术日趋成熟并广泛应用于金融业务场景。荀雨杰等（2020）认为数字身份是一种证明身份的技术，其引入了生物识别、大数据等新兴技术，能够利用数字身份系统进行数据整合、分析及运算，适用范围包括政府监管部门和金融机构、虚拟资产服务提供商和特定非金融机构。马冲和邹楠（2020）指出得益于数字身份和数字资产的建立，数字世界的秩序和规则建立起来，为数字经济的发展铺平了道路。

关于将数字身份应用于反洗钱领域的研究，陈思、邵杨和蔡真（2018）梳理了FATF 于 2018 年发布的《数字身份界定及相关建议》，提出将数字身份运用在反洗钱监管中进行身份识别和验证。张奕卉和魏凯（2019）指出数字身份可以视为各个领域数字化的基石，加拿大、美国等国家将数字身份应用于银行开展客户身份验证与识别。宁敏等（2020）认为应建立健全法律制度、构建数字身份信息统一平台、强化人才培养和储备、将数字身份应用于商业银行个人客户尽职调查的各个环节。FATF 于 2020 年发布《数字身份监管指引》指出，可靠、独立的数字身份系统可以在与客户初次建立业务时开展有效的客户身份识别，并能够进行持续的客户身份识别，还可以支持在整个业务过程中对交易进行尽职调查和审查，满足多种客户尽职调查措施的需求，协助交易监测，发现和上报可疑交易报告。

三、数字身份应用现状及存在问题

（一）应用现状

当前我国"数字身份"还处在以"公安部公民网络电子身份标识（eID）"为主流的初级阶段。公安部第三研究所在十二五期间承担了国家 863 计划"网域空间身份管理"等信息安全重大专项，研发了"公安部公民网络电子身份标识（eID）"技术，形成了相关标准体系，并于 2018 年发布了《eID 数字身份体系白皮书（2018）》。eID 依据《电子签名法》，基于智能安全芯片硬件载体，采用密码学技术实现互联网上不见面的身份认证。目前 eID 在电子政务、电子商务、民生服务等领域需要身份认证的场景中都有了具体应用。2020 年，由中国信息通信研究院、中国通信标准化协会、可信区块链推进计划共同主办了"2020 可信区块链峰会"，发布了由公安部第一研究所牵头编制的《基于可信数字身份的区块链应用服务白皮书》，白皮书围绕可信数字身份赋能区块链、区块链数字身份的应用示例等方面进行了深度分析。纵观数字身份在我国的发展，虽然已有初步成效，但尚未完全应用于反洗钱领域。

近年来，我国部分金融机构也已经开始应用数字身份作为现有客户身份认证体系的补充和完善，主要有以下两种方式：一种是生物特征在客户身份识别领域的初步应用，主要是为客户提供网上银行、手机银行等非面对面金融服务时，通过"面部识别、生命检测"等综合处理，得出人脸审核结果，但也仅能判别办理业务的客户是否为本人；另一种是由高科技公司搭建的数字身份系统核验平台，用以对用户身份信息真实性进行验证审核。目前应用较为成熟的为平安科技主导开发的平安 π 综合身份核验平台和腾讯科技开发的腾讯云慧眼人脸核身平台数字身份系统，融合了多种算法和认证，已被部分金融机构引入用于客户人脸核身、身份信息核验、银行卡要素核验和运营商类要素核验等领域，完成复杂环境下的交叉身份核验。

（二）存在问题

随着人工智能、大数据和区块链等新技术的突破式发展，借助数字身份提高金融机构客户尽职调查的有效性势在必行，但由于存在制度缺失、信息孤岛、信息安全性等现实问题，目前我国数字身份技术全面运用于金融机构客户尽职调查工作的进度仍然十分缓慢。

1.缺乏制度安排，难以统一标准体系

一是我国尚未出台有关数字身份的相关法律法规，对于数字身份的开发、使用、管理没有明确的规定，目前除了《金融机构客户身份识别和客户身份资料及交易记录保存管理办法》第十七条"金融机构利用电话、网络、自动柜员机以及其他方式为客户提供非柜台方式的服务时，应实行严格的身份认证措施，采取相应的技术保障手段，强化内部管理程序，识别客户身份"这一原则性规定外，金融机构运用数字身份开展客户尽职调查缺乏明确规定，面对当前互联网技术带来的身份信息变革，无论是监管规定的层面还是金融机构具体实践的层面都无法满足反洗钱工作的需要。二是人脸识别技术和活体检测技术虽然已经在金融行业得到了广泛应用，但相关供应商的资质和算法缺乏统一标准与技术规范，金融机构利用相关电子身份认证技术也缺乏法律依据。

2.基础设施不完善，数据割裂难以共享

我国数字身份认证等基础设施不够完善，尚未构建完成各部际信息互联和数据

共享的网络体系，也无法实现多部门间全角度的网络互联，同一个人的信息在不同中心化系统中处于隔离状态，所采集的数据被封存在各自系统中，可能出现同一人拥有多套数字身份且难以相互印证共享的状况，使大量有价值的数据资源被割裂开来，无法发挥应有作用。因此，金融机构对数字身份的应用仅局限于客户身份核验和简单的身份证件收集层面，难以对客户各个维度的身份信息进行整合分析，形成完整的客户画像，与"了解你的客户"要求相差甚远。

3. 技术手段落后，信息安全缺乏保障

随着网络化、电子化的普及，收集使用数字身份信息的场景也在不断扩展，但各金融机构目前开展身份认证的手段比较简单、低效，缺少网络身份的有效认证与管理制度，相应的数字身份收集和使用责任不明晰，没有足够的技术水平来保障已收集的数字身份信息的安全性，极易发生数字安全风险，危及客户信息数据安全，导致客户的身份证号、电话号码、日常行踪、资金转账记录等个人信息或商业机密被泄露，由此引发身份非法买卖、网络欺诈等违法行为，严重危害网络空间安全和社会公共安全。

四、数字身份应用的国际经验

（一）欧盟的 eIDAS 体系

欧盟于 2018 年 5 月 25 日正式全面施行的《通用数据保护条例》（General Data Protection Regulation,GDPR），规定了企业如何收集、使用和处理欧盟公民的个人数据，并在 2018 年 9 月 29 日正式生效的 910/2014 条例（简称 eIDAS）中要求各成员国之间在一个共同框架下使用 eID 技术，方便欧盟公民利用电子身份证（eID）来进行跨国界在线活动。2021 年，欧盟研究升级 eIDAS 电子签名及信任体系，规划欧盟统一数字身份，以适应欧盟经济未来数字化发展需求。其成员国意大利上线数字 ID 公共系统，政府通过数字身份公共系统提供数字身份服务，同时根据意大利反洗钱法令第 19 条，义务实体可通过由意大利数字标识机构和通过欧盟委员会的电子身份两种方式进行数字 ID 识别和验证，目前银行、金融服务提供商、保险、信贷报告机构得到经济和财政部授权可进入该系统；另一成员国爱沙尼亚向民众提供"电子公民"（e-Residency）身份证服务，借此实现 18 分钟完成公司在线注册，95% 的税单在线填写。

（二）英国的政府在线身份识别系统

英国的政府在线身份识别系统（GOV.uk Verify）是一个联合的、基于市场的身份确认方法，英国政府与通过认证的身份提供商签订合同，向通过在线身份识别系统接入公共服务的自然人提供数字 ID。身份提供商通过评分系统确定用户数字身份的"可信程度"，并将用户的姓名、地址、出生日期和性别传递给政府，并持续更新用户信息。2021 年，英国政府数字基础设施部门发布了数字身份和属性发展框架指南，定义了身份服务提供商、属性服务提供商、协调服务机构和使用者等市场角色，明确了数字身份认证行政许可和市场促进机制。

（三）挪威数字识别认证系统

在挪威，自然人年满 13 岁、拥有国家身份号码、手机号码和 PIN 码就可通过数字识别认证系统为其提供数据标识。挪威政府会利用中央数字 ID 数据库和系统来核实个人的数字 ID，而提供身份验证的私人部门需要政府认证，提供电子签名服务的供应商则需要向国家通信管理局登记。挪威政府允许金融机构在数字身份达到最高安全水平的前提下，使用由外国政府提供或由政府认证的私人数字身份提供者提供的数字身份用作客户尽职调。

（四）加拿大"Veified.Me"数字身份识别系统

2018 年，加拿大发布了《银行法案修正案》，允许金融机构在联邦监管下提供身份识别、认证和核验服务。此后，在《加拿大数字身份认证的未来——联合身份认证白皮书》倡导下，加拿大推出移动数字身份认证应用"Verified.Me"，用户可选择信任的银行或电信运营商为其创建数字身份。用户可以使用该身份登录加拿大税务局网站，其他应用场景还包括慈善捐款、公寓租赁、银行开户、预约医生、查看医疗档案、申请车贷等。

（五）新加坡的 SingPass 数字身份系统

新加坡政府构建了电子平台 SingPass，平台搭载面部生物识别技术。只要是新加坡公民都可以申请一个 SingPass ID，可以使用 SingPass 登录到银行和保险等私营部门服务。SingPass 允许访问由 140 个政府机构和私人组织提供的 400 多种数字服务，例如开立银行账户、报税、申请各种类型的公共援助，以及进入"中央公积金"的强制性储蓄和养老金计划等。

综上所述，许多国家和地区已建立了数字身份认证系统，虽然建立目的不尽相同，但已开始将数字身份应用到反洗钱领域，主要有三方面的经验可供借鉴：一是由政府等强有力的中心化机构主导数字识别认证系统；二是立法保障，明确规定义务机构进行数字身份识别和验证客户的具体途径；三是多种措施确保客户信息安全，包括数字化国家基础设施的构建、政府授权、区块链技术应用等，实现数字身份的真实性和安全性。

五、对策及建议

（一）搭建法规框架体系，提供制度保障

一是鉴于数字身份的基础设施属性，建议由中国人民银行牵头，尽快修订完善相关法规制度，明确数字身份法律概念，将数字身份信息纳入客户身份基本信息采集范围，并从数字身份信息采集途径、使用渠道和保管责任等方面进行规范，为金融机构在客户尽职调查中使用数字身份提供法律支撑。二是对数字身份在反洗钱领域应用进行整体统一规划，研究发布数字身份运用于客户尽职调查的行业标准，便于建立有效的监管技术手段，对金融机构反洗钱工作中数字身份的应用状况进行动态评估检验，提升反洗钱监管质效。三是开展专题研究，围绕数字身份推广运用过程中可能遇到的法律问题，例如数据泄露风险、系统故障风险的责任界定开展前瞻性调研，及时提示风险。

（二）加强基础设施建设，提供技术保障

一是创新技术手段，构建数字身份信息数据平台，将公安身份系统所登记的指纹、照片作为真实性的验证手段，探索运用区块链等新技术，在政府部门、金融机构、互联网企业平台等搭建联盟链体系，统一数据脱敏的条件和标准，消除信息孤岛，实现不同部门之间的数据共享，形成持续交叉印证的网络体系，促进对个人数字身份信息一致性的协同管理。同时为人民银行开放查询端口，人民银行可以依据工作需要查询使用数据平台相关信息，能够大幅提高穿透式监管能力，对金融机构客户尽职调查工作的有效性进行核验。二是指导金融机构运用大数据和区块链等新兴科技手段，升级完善反洗钱业务系统，通过数字身份技术的运用，开展对客户的全方位信息资料收集，精准刻画客户账户、行为、交易等方面的特征，进一步实现以客户为中心、客户身份与不同账户不同业务类型之间的映射关联，厘清关联账户和交易链条，从而增强客户身份识别和交易监测的针对性和有效性。

（三）强化人力资源投入，提供人才保障

一是加强对现有反洗钱从业人员的科技培训，同时加大具有信息科技背景的人力资源投入，促使反洗钱从业人员提升计算机应用技能，为数字身份信息平台的实际应用提供人才支持。同时，金融机构可选拔反洗钱岗位工作人员从事数字身份信息平台的建设，以项目驱动的方式，实现数字身份理念在业务与技术之间无缝对接。二是鼓励金融机构与第三方机构及高校等研究机构成立联合研究室等方式，成立专

题研究团队，开展数据、算法、计算机学习等知识研究，密切关注和学习借鉴各国经验做法，并结合国情推动技术转化和成果应用，为推广使用数字身份信息提供可行性探索。

（四）健全信息保护机制，提供安全保障

一是提高数字身份采集系统风险防控水平。提升数据身份信息采集手段，加强漏洞检测，采取"多因子交叉验证＋多种算法"相结合的方式，进一步提高数字身份识别率和准确率，防范不法分子利用黑客技术手段伪造身份信息开展洗钱等违法活动。二是建立有效的信息安全保障机制，规范数字身份信息的查询与使用。要求各金融机构建立完善数字身份信息管理机制，严格规范数字身份信息查询使用业务流程，结合必要的人工审核机制，对数据安全工作实施动态化管理，同时加大对客户身份信息数据滥用、不当使用等违规行为的处罚力度，有效预防和控制数据泄露风险。三是倡导金融机构行业自律，引导各金融机构对保护个人数字身份信息作出承诺，形成法律强制之外的"软法"保护，共同维护数字身份信息安全。

参考文献

[1] 包明友，吴云.《如何证明你是你？——数字身份识别在金融中的应用》[J]. 金融市场研究，2020(05)：113-120.

[2] 荀雨杰，魏景茹，陈昱含.《数字身份监管指引》解析 [J]. 银行家，2020(12)：122-124.

[3] 马冲，邹楠 . 区块链治理与数字身份 [J]. 新经济 . 2020,(Z)；95-98.

[4] 陈思，邵杨，蔡真 .FATF 数字身份界定及建议对我国的经验启示[J].金融发展评论，2018 (08)：115-123.

[5] 张奕卉，魏凯 . 区块链重塑数字身份 哪些应用值得期待？ [N]. 人民邮电， 2019-04-11.

[6] 宁敏，罗婷，程璞，郭建勇，王青春 . 数字身份在商业银行个人客户尽职调查中的应用探究[J]，海南金融，2020 (06)：75-82.

[7] Financial Action Task Force on Money Laundering.Digital identity,2020.

从数字地图视角探索客户洗钱风险全生命周期管理

■ 张恒　周伟刚　周珊珊[1]

摘要： 随着反洗钱形势越发严峻复杂，传统模式下的客户洗钱风险管理已不能充分应对新形势下多变的洗钱方式，运用"全生命周期管理"可推动客户洗钱风险的动态管理。数字地图具有动态化、可视化等特点，将其运用到客户洗钱风险的全生命周期管理中，可提升银行对客户洗钱风险全流程的监测、预警、防控能力，有效防范不法分子利用银行渠道过渡非法资金，维护经济金融秩序稳定。

关键词： 数字地图　全生命周期　客户洗钱风险管理

一、客户洗钱风险的全生命周期管理及数字地图运用现状

（一）客户洗钱风险的全生命周期管理概念简介

1. 客户洗钱风险全生命周期管理的概念界定

"全生命周期管理"原本是一种现代企业经营管理理念，注重管理过程的全流程。它将管理对象视为一个动态发展的生命体，力图确保整个体系在前期介入、中期应对、后期总结的过程中形成有机闭环、真正实现环环相扣、协同配合、高速运转。客户洗钱风险的全生命周期管理，顾名思义，即将客户视为一个持续发展的研究管理对象，通过事前、事中、事后三个阶段对其潜在的洗钱风险实行全流程的动态管理。

2. 客户洗钱风险全生命周期管理的必要性

当前洗钱和恐怖融资犯罪活动形势日趋严峻，新型犯罪手法层出不穷且隐蔽性更强，金融系统作为反洗钱工作的"第一道防线"，商业银行作为金融系统的主要

1　张恒、周伟刚、周珊珊供职于中国银行宁波市分行内控与法律合规部。

构成部分，应寻求更高效、动态的客户洗钱风险管理模式。在客户洗钱风险管理中运用"全生命周期管理"理念，可进一步推动客户洗钱风险的动态管理。

（二）我行（中国银行宁波市分行）在客户洗钱风险的全生命周期管理的现状

在客户洗钱风险的全生命周期管理中，我行出台了《关于进一步加强开户服务的通知》《中国银行关于加强涉赌涉诈可疑客户风险管控的通知》等通知。下面从事前、事中、事后三个阶段对我行客户洗钱风险管理现状进行简单描述。

1. 客户洗钱风险的事前管理现状

在客户准入及开户环节，网点工作人员会根据反洗钱事中系统的提示、外部监管系统中导入的可疑名单、涉案账户信息等，对拟准入客户进行初次评级、筛查。除要求客户提供完整的身份信息、按需设定非柜面交易限额外，网点工作人员针对客户提供信息通过社保、百度地图、企查查等外部渠道进行核实。对于新开公司客户，严格落实上门实地核实机制，并视情况要求客户提供真实经营的佐证材料。对于非本地户籍新开个人客户，要求客户提供社保缴纳证明或单位工作证明。虽然采取了种种措施，但目前事前环节仍存在区域性团伙新开户、存量可疑客户异地新开账户等情况，管控措施的针对性和有效性有待加强。

2. 客户洗钱风险的事中管理现状

在事中交易拦截方面，我行在跨境汇款、境内外币支付交易中设置了事中控制模型，若交易涉及高风险客户、高低龄客户、收（付）款人国家（地区）为高风险或制裁国家等条件，系统会实时进行拦截，我行会对该笔交易开展尽职调查，必要时需客户提供资金来源／用途的合理性佐证材料，通过尽调确认无异常后方可准予继续交易。我行正在逐步投产手机银行／网银端针对特定地区、特定限额增加人脸识别的安全认证功能，同时结合各机构需求研究个性化的模型设计，如：手机银行硬件绑定环节增强人脸识别认证、同一设备多用户登录管控等，以遏制账户出租、出借、出售等违法行为。

在严厉打击治理涉赌涉违法犯罪活动的大环境下，我行在异常交易阻断拦截的及时性、有效性、手段方法等方面仍有改进的空间，如在实时预警监测并阻断拦截长期沉默账户突然启用以非柜面渠道发起的交易、突然更换手机银行或网银登录设备发起的交易方面。

3. 客户洗钱风险的事后管理现状

在客户洗钱风险事后管理方面，我行主要采取多部门协同管理的方式，如：网点上报可疑线索、反洗钱事后系统可疑案例的甄别报送、业务条线自建可疑交易监测模型等。若发现客户有明显可疑的异常行为,及时采取调高风险等级、限制客户交易、终止客户关系等管控措施。

由于目前采取的是全行一体化管理的标准,未充分结合各网点的实际情况,因此我行辖内个别网点在高风险客户事后管控的有效性上有待提升。我行需要进一步探索如何针对各网点的洗钱风险管控现状、各洗钱类型客户等具体情况去实施差别化管理,以提升整体管控质效。

(三)数字地图的概念及应用

1.数字地图的概念及优势

数字地图是以信息技术为载体,将经过读取、检索、分析的数据通过动画形象展示,也可将不同形式的要素组合、拼接、分层显示,达到多维动态可视化、虚拟地图可视化的效果,具有方便快速存取、传输的特征。

2.数字地图在现实中的实际应用

信息时代的数字地图制图被广泛地运用到实际生产和日常生活中,如:市民通过"公共出行二维码查询系统",实时查询周边道路、餐饮、公交信息等;"实时疫情地图"将疫情数据的空间特征、时间特征、数量特征等特征通过可视化的形式展示,提供权威、准确、可信赖的疫情动态信息。

3.数字地图的运用对客户洗钱风险全生命周期管理的意义

将数字地图运用到客户洗钱风险的全生命周期管理中,可以将客户洗钱风险的相关要素、常见的风险特征等通过图像或动态影像的形式进行展示,以可视化、动态化的形式辅助我行在事前、事中、事后三个阶段对客户洗钱风险进行管理。网点工作人员可以通过数字地图检索客户潜在洗钱风险点及管控工作提示,充分发挥一道防线的作用;而二道防线部门,可通过数字地图发现哪些机构在客户管控环节存在哪些问题,以针对性地开展督导,也从中归纳出全行客户洗钱风险管控普遍存在的风险点以提出下一步的风险防范措施等。

二、数字地图在客户洗钱风险全生命周期管理应用探索

目前我行正积极探索数字地图在客户洗钱风险全生命周期管理上的应用,通过充分挖掘日常可疑交易报送、网点开户、高风险客户管控等方面存在的特征数据,加以筛选汇总,并通过可视化的地图方式予以展示,如可疑客户户籍分布图、可疑客户开户机构分布图、可疑交易境外 IP 地址分布图、交易对手分布地图、涉赌涉诈

类客户管控地图等，并将其与事前开户环节、事中交易监控拦截、事后交易监测、风险评估等工作环节相结合，健全涵盖客户全生命周期的洗钱风险管控体系，促进反洗钱工作的质效。

（一）客户全生命周期的事前风险管控

在客户事前风险管控即开户环节，我行正加快客户尽调工作从"形式合规"向"实质有效"转变，除关注客户开户资料相关要素登记、资料留存的完整性等形式合规问题，更注重客户尽职调查的实质，加强对客户开户理由及合理性的审查。为使网点开户工作人员更有针对性地对潜在洗钱风险较高的新开客户进行强化的尽职调查，我行在总结以往可疑交易报送以及监管发布的洗钱风险提示中存在的如客户户籍、开户机构分布等可疑特征，并以图表方式对开户机构进行提示，来更有效地促进开户环节的风险管控工作。

1. 户籍分布地图

（1）可疑客户户籍分布图。

在对本行已报送可疑交易报告客户以及外部监管机构发布的风险提示、可疑交易类型分析等数据基础上，整理归纳可疑客户的户籍分布特征，并用图表方式予以展示，我行根据2021年1—5月可疑交易报告中可疑客户户籍所在地而归纳总结绘制的可疑客户户籍分布图，图中显示出如贵州毕节、安徽阜阳、湖北恩施等地区为涉嫌赌博高发地区。参考户籍地图，如客户属于地图中重点关注地域户籍的，开户时需对客户开展加强尽职调查，尽调后确认客户无异常的才准予开户。

（2）短期内开户数剧增的户籍分布图。

对于诈骗类等洗钱犯罪，可疑客户身份信息存在团伙买卖账户的特征，即犯罪团伙非法获取多名个人客户用于注册空壳公司或开立人头账户，相关主体开户存在开户时间集中、户籍或地址相同或相似等异常现象。通过分析一段时间内新开客户的地域分布，来获取短期内哪些地域的客户开户数急剧上升，向开户机构进行警示，使机构加强对该地域客户开户的管控，规避洗钱风险。

2. 可疑客户开户机构分布图

通过采集被报送可疑交易报告客户的开户机构数据，绘制可疑客户开户机构分布图，我行根据2021年1—5月被报送可疑交易报告的客户开户网点分布情况绘制的图表，表中网点名称下方圆圈的大小代表在该网点开户的被报送可疑报告客户的数量（圆圈越大，可疑客户数越多），而可疑报告报送的类型用不同颜色进行标识。通过分布图可以直观看出可疑报送客户集中于某几家网点，在此基础上分析集中于该机构背后的原因及可疑报送的类型特征，由此对该机构的风险集中度进行预警与判断，提出针对性的客户准入建议与管控措施。

如根据 2021 年 1—5 月的可疑报告客户开户机构分布图显示出的 B6 网点客户被报送可疑交易报告数量较多且多为涉嫌赌博类犯罪，通过现场调研等方式分析成因，与其机构地处工业强镇、外来人口较多有关。我行要求网点在针对非宁波本地客户开户时需加强对开户用途的核实，如客户声明因代发工资需要的，需提供社保证明或单位工作证明才准予开户，同时在开通非柜面业务时根据客户收入情况设置其转账金额等。

（二）客户全生命周期的事中风险管控

随着近年来电信网络诈骗、跨境赌博等案件高发，监管要求各金融机构加强异常交易预警拦截的事中防控机制，我行亦在积极推进人脸识别技术、境外 IP/MAC 地址监测在交易环节的应用，并思考在相关技术应用基础上，进一步利用、分析应用过程中产生的数据，如人脸识别失败率、境外 IP 地址分布地和可疑报送数据的结合分析等，来进一步完善交易事中拦截可能存在的风险漏洞。

1. 人脸识别率

目前各银行机构已经或正在将人脸识别程序引入非柜面交易的环节，这对于通过利用他人账户实施洗钱的违法犯罪行为形成较大的遏制。金融机构在应用人脸识别技术的基础上，可以通过分析后台数据来对可疑交易进行限制。如对于某一账户多次连续人脸识别失败的，银行对该账户进行打标，对其非柜面交易实施交易金额、交易频率等方面的限制，也可对多次人脸识别失败后成功的该笔交易的交易设备码或 IP/MAC 地址进行打标，对该交易设备或地址发生的交易进行重点监控，一经发现异常，立即中止交易。

2. 境外交易 IP/MAC 地址监测

对于电信诈骗、跨境赌博等类型的犯罪，其交易 IP/MAC 地址往往为境外，且集中于某一区域。图 1 为我行根据 2021 年 1—5 月报送可疑交易报告中交易涉嫌境外交易 IP 地址的地域分布图，横轴代表境外交易 IP 地址分布的区域，纵轴代表该区域 IP 地址发生的交易数量，而不同颜色代表可疑报告报送的类型，如 IP 地址为中国台湾区域且涉嫌诈骗的交易共计发生 3504 笔。通过该分布图我们可以看出涉嫌诈骗的 IP 地址集中于中国台湾、中国香港及菲律宾等东南亚区域，而涉嫌赌博的 IP 地址也集中于中国香港及菲律宾等东南亚区域。

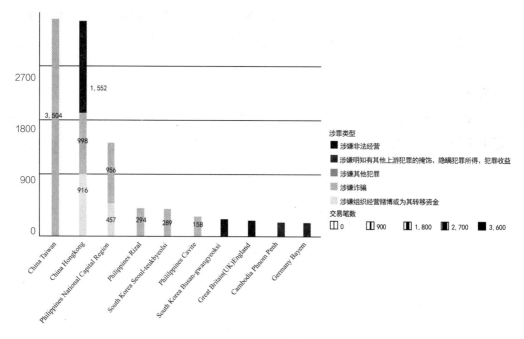

图1　被报送可疑境外交易 IP 地域分布图

对于 IP/MAC 地址属于重点区域的交易，建议交易系统自动产生预警并中止交易，银行机构需电话核实或应用人脸识别技术等手段核实账户实际使用人身份，经核实无异常的才准予放行。如其交易同时又存在短期内多笔划转、交易金额较大等其他特征的，需进一步提高核实标准，在核实客户身份的基础上，还需让客户针对交易来源及用途的合理性提供相应的佐证材料，银行机构经审核材料无异常后才准予放行。对于客户交易的 IP/MAC 地址，如此前已被报送过可疑交易报告，应事先通过列入黑名单的方式来禁止其后续交易。

（三）客户全生命周期的事后风险管控

在事后风险管控环节，我行除不断优化可疑交易监测模型外，总结日常可疑交易监测分析工作中常用的分析纬度，如交易对手分布情况等，从交易流水中进行提取，并以可视化形式予以展示，来提升反洗钱监测分析工作质效。同时，以风险为本为原则，引入可疑交易报告的客户网点分布图、高风险客户应管控、未管控网点分布图，来进一步精细化高风险客户管控和机构洗钱风险评估的管理工作，重点对洗钱风险较突出的机构通过考核、检查、培训辅导等方式来强化其洗钱风险的管控工作。

1. 交易对手分布地图

通过对可疑交易报送客户的交易分析可以得出，往往存在着其交易对手涉全国多地分布较广的特征，为辅助可疑交易监测分析，对客户交易流水中的交易对手账户所在地予以提取分析，通过"交易对手分布地图"的方式进行展现，反洗钱监测分析人员可对交易对手分布区域较广的客户予以重点关注，结合其他交易特征判断分析交易是否存在异常。

如从某客户 2021 年以来交易对手分布图的情况来看，其预留身份为快递公司服务人员，收入来源主要为日常工资。但通过分析其交易可以看出，其交易对手多达 5000 余人，且开户地点遍及安徽、北京、四川、广东等全国多地，与其身份信息判断的日常工作和生活半径存在明显矛盾，且结合其交易金额多为无规律的千元数字后，交易附言中含有"某币交易""购买 USDT"等，我行以涉嫌非法经营（虚拟币买卖）报送可疑交易报告。

2. 可疑报告客户所属网点分布图

通过对被报送可疑交易客户的开户网点分布情况进行分析，作为机构洗钱风险评估的一部分（即原有风险部分），来重点关注哪些网点面临的洗钱风险较高，分析其可疑客户较多产生的原因，进而针对性地对该网点加强相应的检查、培训、客户管控等管理措施，来缓解机构面临的洗钱风险。

我行根据 2021 年 1—5 月可疑交易报送客户的网点分布情况绘制了可疑报告客户所属网点分布图，网点名称下圆圈的大小代表该网点可疑客户的数量（圆圈越大数量越多）。对于图中显示出的可疑报告报送数量较多的网点，我行将其纳入今年反洗钱现场检查的机构范围，实地了解网点员工对于监管和我行反洗钱政策制度的掌握情况，对于开户、客户尽调等工作环节的执行情况，对于高风险客户的管控情况等，提示网点反洗钱工作中存在的疏漏和不足，督促及时进行整改，以缓解网点面临的洗钱风险。

3. 高风险客户应管控／未管控网点分布图

高风险客户应管控／未管控指标也作为机构洗钱风险评估的一部分（即剩余风险部分），来分析哪些网点机构管控措施存在明显不足，将其纳入机构考核的指标并视情况进行问责，来督促网点及时改进反洗钱工作，缓释洗钱风险。

如对于涉嫌跨境赌博、电信诈骗类的客户，我行明确要求要对客户采取限制非柜面渠道、冻结账户、终止客户关系等风险控制措施，通过采集该类型的高风险客户数量及所在网点分布，以及匹配该类客户在我行业务系统已采取的管控措施，计算出各网点高风险客户应管未管率［（应管控客户数 − 已管控客户数）／应管控客户数］，集合成"涉赌涉诈类客户管控地图"，深绿色（数值较低）代表该网点管控情况较好，而深红色（数值较高）代表网点管控情况较差。对于管控工作不到位的网点在绩效考核中予以扣分，督促网点及时开展整改，并将后续整改工作情况也纳入机构考核。

三、数字地图的丰富与应用思考

随着数字地图逐渐运用到客户洗钱风险的全生命周期管理中，其作用也越来越凸显。通过收集、分析、整理风险客户的行为特征和交易模式、风险事件中的关键指标和风险因素、内部管理中的关注重点和工作方向，在基础数据不断积累的前提下，持续动态化地完善、更新、丰富数字地图的表现功能和展现形式，能进一步提高数字地图的质量和使用效率，更大地发挥数字地图的作用。

（一）数字地图的丰富

1. 新模块数字地图的开发

（1）行为轨迹图。

对于案件高发区域，系统可由客户交易发生的地点、商家等数据，依次于地图上形成交易点，并根据交易时间，动态化地形成客户行为轨迹图，使行为更加直观化。如出现客户于凌晨在多个不同位置的 ATM 提现、多个客户的行为轨迹图重合或极其类似（存在账户被他人控制或出借的嫌疑）的情况，则需进一步对客户进行分析和管控。

（2）交易地分布图。

根据客户留存的地址和户籍所在地，于地图上形成标注。同时系统将客户交易发生的地点也进行标注，用于判断其交易和生活半径是否存在矛盾。根据可疑报送客户的交易分析，出借银行卡和电信诈骗类案件交易一般呈现本地开立账户、异地或境外使用的现象。

（3）IP/MAC 地址异常监测图。

根据人们的日常生活习惯可以看出正常交易的 IP/MAC 地址往往集中于生活区域。而赌博、非法集资等犯罪活动交易的 IP/MAC 地址经常短时间内出现于多个地域或境外。如出现上述 IP/MAC 地址异常情况，建议交易系统中止交易并产生预警。银行工作人员需开展交易分析，并对交易的合理性要求客户提供解释和佐证材料。

（4）引入地图引擎来验证客户预留地址的准确性。

客户预留信息的准确性是做好后续客户尽调工作的基础，目前我行对于客户身份证件、预留联系方式均有相应的核验程序和方法，但对于预留地址缺少系统校验的手段，而人工核实则需耗费较大的人力和物力，所以存在着客户预留地址不详细或不准确的情况。建议通过购买外部数据（如高德地图等）并联动至核心开户系统，在客户开户录入地址时，系统能自动对其进行校验，如该地址不存在的话则中断开户程序，提示让客户重新提供地址信息。

2.数字地图集合化的发展

随着数字地图不断地研究发展，更多类型的数字地图将会运用到管理中。根据使用层级的不同，数字地图可划分为不同的集合，如基层网点层、二级行条线层、二级行管理层、一级行条线层、一级行管理层等。而这些集合最终将合并为数据库。与人工管理和文件系统相比，数据库使数据结构化。数据库中的数据不再仅针对某个应用，而是面向全组织。

（二）数字地图的应用思考

1.做好基础数据的收集

数字地图的基础是数据，要更好地发挥数字地图的作用，首先得确保基础数据足够支撑数字地图的开发和应用。目前，基础数据的来源主要依靠我行自身系统的产生，应适当地采购外部数据，如上文提及的地图数据等。另外，日常工作中实践数据的积累也不容小觑，包括信息反馈也是数据的一种来源，如拒绝客户开户的原因、客户交易的可疑点、高发案件人员的年龄等。在反馈的过程中，需保证信息的准确性、反馈渠道的畅通性和反馈的及时性。使信息反馈加入数据维护的闭环式管理中，实现信息的有效处理。

2.强化基础数据的管理

数据维护的意义不仅是采集全面准确的数据，还要对采集数据进行有效管理和应用，才可能在数据分析和挖掘中提取到有价值的信息。面对指数级增长的海量数据，我行应强化对大数据分析工作的统筹力度，成立统一的数据处理中心，承担数据的整合、挖掘、分析和利用，并积极引入高等院校、科研院所等专业机构的第三方力量，创新开展大数据的分析、建模、应用工作，推进数据的高端应用研究，使大数据更好地服务于客户洗钱风险管理。

3.做好数据信息的保护

数字地图涉及大量的客户信息、交易信息，所以，在数字地图的应用过程中应切实履行反洗钱法等法律法规明确规定的反洗钱信息安全义务，遵照执行数据安全管理、反洗钱信息保密等要求，增强反洗钱信息安全意识。

4. 数据安全共享的发展

随着经济不断地发展，客户流动性不断增强，跨区域、跨银行的金融行为不断增多，洗钱风险管理难度也越来越大。因此，我行内部的数据共享已难以满足未来洗钱风险管理的需要，所以需推进外部信息获取，加强同业间数据安全共享与交换。随着《中华人民共和国数据安全法》的审议通过，数据的科学性、准确性、时效性将会得到提高。在该法的规定和指导下，加强同业间的战略协作，形成区域内的整体，实现相关数据的共享，将有利于我行在大数据时代经济新常态下更好地发挥数字地图的作用，提高客户洗钱风险管理水平。

5. 数字地图与其他风险内控管理手段的有效结合

（1）数字地图与流程优化的结合。

数字地图的应用将嵌入客户洗钱风险管理的指引中，可以优化资源、系统、流程与培训支持，提升全行全流程的监测、预警、防控能力，有效防范非法资金利用我行业务、品牌与渠道，确保业务合规稳健发展。

（2）数字地图与集团操作风险监控分析平台（G-map）的结合。

集团操作风险监控分析平台（Group Operational Risk Monitoring&Analysis Platform）是中国银行操作风险与内控管理的工具，通过模型分析得出预警信息，随后进行数据提取，分析相关客户、账户、交易。数字地图应用的加入可以提高预警信息的准确性，完善操作风险的识别、评估、控制，提升业务合规性，缩短重大操作风险事件潜伏期，促进业务流程优化。

（3）数字地图与员工内控管理系统的结合。

数字地图应用可以使员工内控管理系统更加及时地收集员工异常行为及业务风险漏洞信息，锁定业务和交易异常度高的机构和人员。发现问题从严问责，对全行形成持续震慑，推动一道防线增强自我约束和主动管理的内生自觉，促进一、二道防线之间协同联动，发挥内控案防合力。

四、结束语

在银行移动化、智能化、数据化的大背景下，以客户为中心，在客户洗钱风险全生命周期管理中，坚持数据驱动、科技赋能，以提升智能化、数字化能力为着力点，来强化洗钱风险管理是目前银行业反洗钱工作的必然趋势。数字地图的应用很好地体现了上述发展方向。从实践探索来看，数字地图的应用已然给我们的工作带来了一定的成效。随着基础数据的不断丰富，数字地图类型的不断扩充，数字地图功能的不断完善，必将对洗钱风险防范和提升全行管理水平起到越来越大的作用。

参考文献：

[1] 赵宇航. 两会知识点⑦全生命周期管理对城市意味着什么 [EB/OL].[2020-05-26]. https://www.ccdi.gov.cn/yaowen/202005/t20200526_218763.html.

[2] 胡潇予. 进一步加强商业银行反洗钱工作的建议 [J]. 现代营销（下旬刊）,2021(4):182-183.

[3] 孙梦婷，魏海平，李星滢，于靖宇. 数字地图制图产生历程与发展研究 [J]. 测绘与空间地理信息,2020,43(2):204-207.

自洗钱行为入罪后的共犯罪数问题研究

■ 俞志杰[1]

摘要： 洗钱行为入罪后，同时与上游犯罪本犯的上游犯罪行为和自洗钱行为相关的共犯是应予以数罪并罚，还是应从一重罪处断，需结合自洗钱入罪的特殊背景和意义分析，从我国自洗钱单独构罪的刑事政策考量，对此类共犯予以数罪并罚更符合国家有效打击洗钱犯罪的需要。

关键词： 自洗钱　打击洗钱犯罪　反洗钱

一、问题的提出

《中华人民共和国刑法修正案（十一）》（以下简称《刑法修正案（十一）》）对《中华人民共和国刑法》（以下简称《刑法》）第一百九十一条规定的洗钱罪进行了修改，将实施一些严重犯罪后的自洗钱行为明确为犯罪。检察机关解读认为《刑法修正案（十一）》新增自洗钱行为构成洗钱罪的规定，上游犯罪分子实施犯罪后，掩饰、隐瞒犯罪所得来源和性质的，不再作为后续处理赃款的行为被上游犯罪吸收，而是单独构成洗钱罪，加大了对从洗钱犯罪中获益最大的上游犯罪本犯的处罚力度。此次的刑法修正回应了长期以来我国关于洗钱罪的上游犯罪本犯是否应纳入洗钱罪主体范围的争议。但关于自洗钱行为的理论争议并不能因此修正案完全消弭，部分争议和难题有待司法解释的修改予以明确，例如，自洗钱与上游犯罪的竞合问题，是从一重罪处罚，还是数罪并罚，修正案未作规定，有待明确。当然，司法解释不可能解决全部争议问题，例如，同时与上游犯罪本犯的上游犯罪行为和自洗钱行为

1　俞志杰供职于海关总署缉私局缉私二处。

相关的共犯[1]的罪数问题，未必能在此次司法解释的修改中得到明确，对此类共犯是作为一罪定罪处罚，还是数罪并罚，关系到我国刑法第五条罪责刑相适应原则在洗钱案件中的具体适用，相比数罪并罚，按照一罪定罪处罚，责任和刑罚明显减轻，对同时参与上游犯罪行为和自洗钱行为共犯的打击效果有所减弱，因此，笔者认为对上述问题似可进一步研究。目前，我国学界对共犯罪数问题的讨论主要借鉴德国、日本的刑法理论展开，本文在既有研究基础上，结合我国自洗钱行为入罪的背景和意义，进一步探讨同时与上游犯罪本犯的上游犯罪行为和自洗钱行为相关的共犯罪数问题。

二、理论研究和司法裁判的基本情况

（一）德国、日本既有判例和学说的基本情况

1. 德国的情况

基于共犯从属的理论，德国帝国法院 1935 年判决以前，德国的判例与学说以正犯行为标准说为主流，认为共犯的罪数应从属于正犯的罪数，共犯罪数的判断，应以正犯的行为为标准。对此，德国学界批判认为共犯行为的个数应当以自然考察的方法来判断，帮助犯以一个自然意义上的行为帮助了复数的正犯，因此被认为存在复数的犯罪行为，与自然考察的方法相抵触。德国帝国法院 1935 年判决颠覆了正犯行为标准说，指出共犯行为的数量应基于共犯行为本身进行判断，如果共犯仅以一个行为教唆或帮助复数的正犯行为，共犯的行为也应被认定为单数。该判决后共犯行为标准说逐渐成为学界通说，该说认为共犯的行为触犯数个罪名的犯罪构成，是依据想象竞合以一罪处断，还是构成并合罪（数罪），应以共犯行为本身为基础判断，而非完全从属正犯行为。

2. 日本的情况

日本与德国的情况类似，日本最高法院 1982 年判例以前，判例与学说通说都以正犯行为标准说为主流。日本最高法院 1982 年判例指出共犯罪数的判断应当从共犯行为本身来观察。日本学界对该判例回应积极，内田文昭教授认为判断共犯的罪数时，共犯的故意和共犯的个数具有特别重要的意义，共犯的复数行为在时间上一致，其中一个实行行为的主要部分在自然观察之下同时也是另一个实行行为时，

---

[1] 在刑法共犯理论中，共犯有广义共犯和狭义共犯之分，本文讨论的共犯为理论中的狭义共犯，即教唆犯与帮助犯。

复数的实行行为可以理解为一个行为，从而构成想象竞合犯，但如果一个实行行为是在另一个实行行为的过程中，基于新的决意而实施的，则两个实施行为即使在同一时间内发生，也应认为是并合罪（数罪并罚）。

3. 其他学说的情况

在德国和日本的学界，共犯行为标准说得到多数学者的支持，但同时也有学者提出不同意见，例如，分割可能性说认为判断共犯行为是单数或复数，要看其行为是否可以分割，如果是实施一部分就不能不实施另一部分的情况，就是一个行为，如果仅仅是出于方便而同时教唆、帮助的，其行为可以分割，应认定为复数行为；不作为犯类似说认为可以将共犯理解为保证人，使其负有阻止正犯的义务，如果不履行该义务而使正犯得以着手实施犯罪，就成立共犯，因此，可以根据共犯对正犯负有阻止义务的数量来判断共犯行为的个数；不法内容标准说认为即使正犯实现了数个不法内容，如果共犯行为本身引起的不法内容只是一个，共犯也只能成立一罪。

（二）国内理论研究和司法裁判的基本情况

1. 国内研究讨论的情况

国内学界对共犯罪数问题的探讨主要以德国、日本的刑法理论为基础展开，认为正犯行为标准说的理论前提是过度的共犯从属性理论，忽视了共犯行为的独立地位；认为共犯行为标准说以共犯行为作为判断基准，提高了判断的精确度，值得借鉴，但也存在没有考虑共犯的主观意志，易使共犯对一些过限行为承担责任，体系上缺乏完整性等问题，有待进一步补充完善；分割可能说提供的分割可能性标准本身并不明确，缺乏可操作性；不作为犯类似说将共犯的行为按照不作为的思路来设计存在不妥，共犯在多数情况下，是以积极的作为方式侵害法益，与不作为犯存在本质差异，此外，仅以时间、地点等因素判断成立阻止义务的个数，忽视了犯罪的主观意志。因此，国内有观点主张共犯罪数的判断应以共犯行为为基础，除考察共犯行为的个数外，还应结合正犯进行综合判断；有学者提出在认定共犯的罪数时，应注重共犯主观意志，在共犯与正犯主观构成要件重合的范围内来判断共犯的成立；有观点认为应先判断共犯自身实施行为的个数，如果共犯实施了复数行为，还需进一步判断复数行为间的关系，据此认定共犯的罪数。

2. 国内司法裁判的情况

国内法院对共犯罪数问题的处理相对多元，既有立场偏向共犯行为标准说的裁判案例，也有偏向正犯行为标准说的裁判案例。例如，贵州省贵阳市中级人民法院指出上诉人在涉案公司贷后部担任内勤，虽未直接参与收车行为，但明知所在公司采取收车的非法手段索要钱款等行为，且从中获取提成，其行为对正犯的多个犯罪行为构成帮助，是共同犯罪中的一个环节，构成寻衅滋事、敲诈勒索罪的共犯。该案中，法院的立场偏向正犯行为标准说，共犯虽只有一个帮助行为，但法院以正犯的行为数量和罪名对共犯的罪名进行认定。广东省梅州市中级人民法院认为上诉人作为恶势力团体成员，一直参与寻衅滋事，但其将被害人带到涉案公司还款时，没有证据证明上诉人在现场采取了如附和、恐吓、胁迫等参与敲诈勒索的行为，故仅以两人在现场就认定属敲诈勒索罪的共犯，证据和法律依据并不充分，该法院指出原判认定上诉人犯敲诈勒索罪有误，该事实应当作为上诉人参与寻衅滋事的整个犯罪事实的一部分予以认定。该案法院的立场则偏向共犯行为标准说，认定共犯作为黑恶势力组织成员，为组织犯罪提供帮助，但帮助行为主要作用于寻衅滋事犯罪，不涉及敲诈勒索犯罪，应以共犯行为本身判断具体罪名，故不构成敲诈勒索罪。

三、自洗钱行为入罪后的共犯罪数裁量

自洗钱行为入罪后，同时与上游犯罪本犯的上游犯罪行为和自洗钱行为相关的共犯是数罪并罚，还是从一重罪处断，则难免产生争议。例如，2021 年 4 月某日，甲曾在某地对乙进行教唆，将如何进行走私犯罪，采取何种方式掩饰、隐瞒走私犯罪所得及其收益的心得倾囊相授，乙随后多次实施走私和洗钱犯罪。乙以走私罪、洗钱罪数罪并罚，而甲只实施了一个教唆行为，但教唆内容涉及走私和洗钱两个犯罪事实，按照共犯行为标准说的立场，应根据走私罪、洗钱罪从一重罪处断，按照正犯行为标准说的立场，则应以走私罪、洗钱罪数罪并罚，相比数罪并罚，按照一罪定罪处罚，责任和刑罚明显减轻，打击效果也有减弱。对此，笔者认为应结合自洗钱入罪的特殊背景和意义分析研究。

共犯行为标准说将共犯行为相关的数个罪名以想象竞合择一重罪处断，主要基于禁止重复评价的裁量原则，为避免对复数构成要件中共通的违法要素和责任要素进行重复评价，根据吸收主义，从一重罪处断，减少违法、责任和相应的刑罚。禁止重复评价原则着眼于行为人在意思活动层面的单一性，尽管行为人行为在客观上造成多个危害结果，但行为人在意思活动层面仅是单次突破规范意识，以想象竞合，对符合复数构成要件的行为，择一重罪处断，正是刑法责任主义的应有之义。但全然不考量刑事政策，对各类情形的裁量均不做区分地贯彻禁止重复评价的原则，难免造成罪责刑失衡。因而，有质疑的观点认为以行为人一个行为教唆或帮助多个正犯行为的情况很多，如果一概采取共犯行为标准说，想象竞合犯的成立范围势必有过滥之嫌。此外，

根据德国、日本刑法的规定，适用想象竞合犯处断的行为仅指正犯行为，至于共犯行为的罪数，德国、日本的刑法条文没有给予任何提示。我国刑法总则条文中，更没有关于想象竞合的明文规定，仅在分则条文中对部分罪名明确同时构成其他犯罪的，依照处罚较重的规定定罪处罚。因此，依据我国刑法，禁止重复评价的原则应为法律条文外的法理性原则，在适用时并无优位于刑事政策的地位。

根据刑事政策的需要，我国刑法对部分共犯行为明确以数罪并罚处断，例如，行为人帮助恐怖组织实施绑架犯罪，从行为个数讲，行为人只有一个帮助行为，但根据我国刑法第一百二十条的规定，应以参与恐怖组织罪和绑架罪数罪并罚。所以，笔者认为在正犯数罪的情况下，讨论共犯的罪数有时刑事政策的考量不能忽视。从《刑法修正案（十一）》将自洗钱行为明确为犯罪的立法背景看，对同时与上游犯罪本犯的上游犯罪行为和自洗钱行为相关的共犯予以数罪并罚，更符合国家有效打击洗钱犯罪刑事政策的需要，下文进一步分析。

四、自洗钱入罪的刑事政策考量

（一）德国刑法流变的参考

以对我国刑法理论有较大影响的德国为例，考察其立法演变，不难发现自洗钱入罪更多基于应对打击洗钱犯罪国际趋势的刑事政策考量。自 1992 年洗钱罪被制定以来，德国根据形势发展的需要，对德国《刑法》第二百六十一条洗钱犯罪条文进行了十余次的修订，主要集中扩大洗钱上游犯罪范围、将实施上游犯罪的行为人本人纳入洗钱罪的主体范围、修改法定刑的刑度等方面。1998 年，德国立法机关删去了《刑法》洗钱犯罪条款中关于对象的限定词语"其他人"，使得洗钱罪的主体既包括上游犯罪行为人以外的人，也包含上游犯罪本犯。但需注意的是当时德国立法机关在明确可以处罚自洗钱行为的情况下，为了避免对本犯的双重处罚，对于行为人同时参与上游犯罪和洗钱行为的情形，规定以法条竞合方式处断，仅对上游犯罪予以处罚，第二百六十一条第九款第二项规定行为人"因参与上游犯罪已受到处罚，则不依本条第一款至第五款予以处罚"。从性质上看，该项规定不仅是排除洗钱刑事责任的事由，同时还是一个竞合条款。如果行为人因参与上游犯罪而受到处罚，那么其洗钱罪行就被排除。王新教授 2012 年撰文介绍当时德国《刑法》第二百六十一条洗钱犯罪条文规定时，曾建议我国重新审视将洗钱罪上游犯罪本犯排除在洗钱罪主体之外的传统立场，呼吁借鉴德国刑法，通过刑法修正案的方式，将上游犯罪本犯纳入洗钱罪的主体范围，同时设立排除上游犯罪本犯承担洗钱罪刑事责任的法定事由，以期适应我国反洗钱的立法和司法需要，并且有效回应反洗钱金融行动特别工作组（FATF）对我国的批评。

德国立法机关上述关于洗钱犯罪的刑法修订并未得到 FATF 的完全认同，2015年，德国立法机关又对《刑法》第二百六十一条再次做出修订，规定行为人将来源（herrühren）于上游犯罪（Vortat）的所得或收益投入流通，隐瞒其来源性质的场合，不适用本条第九款第二项关于行为人因参与上游犯罪已受到处罚，不依本条第一款至第五款予以处罚的排除刑事责任的规定。[1] 由此看来，根据现行德国刑法，对于行为人同时参与上游犯罪和关联洗钱行为的情形，如果行为人将犯罪所得及其收益付诸流通，以隐瞒其来源和性质，则应对行为人以上游犯罪罪名和洗钱罪名数罪并罚。

王新教授还以德国立法的变化为借鉴，对自洗钱与上游犯罪的竞合问题，即是从一重罪处罚，还是数罪并罚，提出结合犯罪所得及其收益清洗行为方式的性质来作出区分界定的处理方式。如果上游犯罪的本犯所实施的后续行为，是上游犯罪的自然延伸，例如对于本人犯罪后自然地占有、窝藏、获取等行为，不宜认定为洗钱。在这种情形下，上游犯罪的所得和收益是处于上游犯罪实施后的"物理反应"之自然延伸状态，本犯并没有对其实施动态的"漂白"行为，这符合传统赃物罪的特征，属于"不可罚的事后行为"，不应划入洗钱的范畴。如果上游犯罪的本犯在实施上游犯罪行为后，又进行动态的"漂白"行为，致使犯罪所得和收益呈现出"化学反应"，掩盖了其来源和性质，在这种情形下，本犯的后续行为就不纯粹是上游犯罪的自然延伸，这已经超出传统赃物罪的特征，应定性为洗钱行为。倘若构成洗钱罪，则应与上游犯罪实行数罪并罚。

（二）我国自洗钱单独构罪的刑事政策考量

《刑法修正案（十一）》实施以前，我国《刑法》在设置洗钱罪时，认为犯罪主体只能是处于第三方的自然人和单位（他犯），即上游犯罪的本犯进行自洗钱时，不能构成洗钱罪。这主要是基于洗钱罪与上游犯罪存在的紧密依附关系，在传统规制赃物罪的思路下，认为本犯实施的洗钱活动是上游犯罪的延伸和后续行为，属于"不可罚的事后行为"，故在《刑法修正案（十一）》实施前，《刑法》第一百九十一条中没有规定自洗钱入罪。

近年来，将自洗钱行为作为上游犯罪"不可罚的事后行为"的观点受到不少质

---

[1] 2015 年 11 月 20 日，德国通过修改职务犯罪对策法，在《刑法》第二百六十一条第九款内容项下增设第三项，规定将上游犯罪所得及其产生的收益投入流通领域，则产生与上游犯罪相异的独自存在的新的违法性，自洗钱行为在上游犯罪外单独处罚成为可能。详见 BGB1 2015 Teil Nr.46 S.2025。

疑。部分学者指出，自洗钱行为应独立成罪，其根据在于自洗钱行为具有严重的社会危害性，是贯彻宽严相济刑事政策的必然要求，是克服各类洗钱行为日益猖獗的形势下，我国以洗钱罪提起刑事追诉的案件屈指可数的司法实践窘境的需要，有助于我国利用反洗钱国际合作机制开展境外追逃追赃，回应了严厉打击入境洗钱犯罪行为的需要。有学者认为自洗钱行为独立成罪是履行国际公约义务和开展国际合作的要求， FATF 对中国履行 FATF《40 项建议》中的第三条关于洗钱犯罪的法律制度评估为部分合规，其重要缺陷之一就是缺乏对自洗钱行为独立成罪的规定，不符合国际公约和 FATF 的建议要求，我国反洗钱刑法体系的疏漏也与国际社会打击洗钱犯罪的坚决态度不相适应。在国家关于反洗钱的顶层设计层面，《关于完善反洗钱、反恐怖融资和反逃税监管体制机制的意见》明确规定推动研究完善相关刑事立法，按照我国参加的国际公约和明确承诺执行的国际标准要求，研究扩大洗钱罪的上游犯罪范围，将上游犯罪本犯纳入洗钱罪的主体范围，可以说，刑事立法到了需要作出反应的时点。主张自洗钱行为侵害了新的法益或客体，构成独立犯罪的观点日益受到重视。正是上述观点反映的国内外反洗钱形势，促成了我国更有效打击洗钱犯罪的刑事政策需要，推动《刑法修正案（十一）》明确自洗钱行为入罪，进而否定了将本犯实施的洗钱活动作为上游犯罪的延伸和后续行为的传统规制赃物罪的思路。

因此，既然对洗钱上游犯罪本犯的自洗钱行为应在上游罪名外另以洗钱罪名予以打击，那么对于同时与上游犯罪本犯的上游犯罪行为和自洗钱行为相关的共犯，从刑事政策角度考量，以其关联的上游犯罪罪名和洗钱罪名数罪并罚，才更符合有效打击洗钱犯罪的需要。

参考文献：

[1] 郑新俭 . 刑法修正案新增"自洗钱"行为构成洗钱罪，最高检解析 [EB/OL].[2021-03]. https://m.haiwainet.cn/middle/3541083/2021/0319/content_32026919_1.html.

[2] 有关自洗钱行为立法的争议可参见王新、冯春江、王亚兰：《自洗钱行为立法的争议、理论与实践依据》，当代金融研究，2020 年 2 期，第 64 页。

[3] 顾志娟，程维妙 . 全国人大代表周晓强：建议组织开展打击洗钱犯罪专项行动 [N/OL]. 新京报 ,https://m.hexun.com/news/2021-03-04-203131874.html.

[4] 王新 . 自洗钱入罪后的意义和司法适用 [J]. 政治与法律 ,2021(11).

[5] 杨开江，袁建伟 . 论共犯罪数的判断基准 [J]. 当代法学 ,2011(4).

[6] 赖正直 . 论共犯的罪数 [D]. 厦门大学 ,2005.

[7] 王新.德国反洗钱刑事立法述评与启示[N].河南财经政法大学学报,2012(1):132.

[8] 龙在飞.自洗钱行为独立定罪问题省察[J].人民检察,2015(8):61.

[9] 贾济东,赵学敏."'自洗钱行为'应当独立成罪"[EB/OL].[2019-08-07].https://www.spp.gov.cn/spp/llyj/201908/t20190807_427724.shtml.

[10] 王新.《刑法修正案(十一)》对洗钱罪的立法发展和辐射影响[J].中国刑事法杂志,2021(2):45-59.

浅析基于"查冻扣"信息的客户洗钱风险评级管理

■ 董志刚　秦昕[1]

摘要: 有权机关[2]对客户采取查询、冻结、扣划(以下简称"查冻扣")措施,是银行业金融机构开展客户身份识别的重要信息来源。但由于制度规定不明确、系统功能不完善、岗位信息不对称等原因,导致在制度执行过程中发生"失之过宽"或"失之过严"的问题,造成反洗钱资源浪费、基层工作负担过重、信息获取不及时等情况。为有效践行风险为本的原则,合理配置反洗钱资源,本文从细化制度规定、统一系统规则、完善系统建设、建立信息共享机制等方面,提出基于"查冻扣"信息的客户洗钱风险评级管理的建议。

关键词: 查冻扣　洗钱风险　评级

综合评定客户洗钱风险等级,是落实风险为本原则的有效手段,是对不同风险的客户采取差别化风险控制措施的工作基础,有利于合理配置反洗钱资源。有权机关通过银行对客户采取"查冻扣"措施,有助于银行及时掌握客户违法行为、争议纠纷等信息,并以此为依据重新评估客户的洗钱风险等级。本文从实务角度出发,对合理设置基于"查冻扣"信息的客户洗钱风险评级管理规则提出相应的对策与建议。

一、现行制度依据

(一)中国人民银行有关规定

2013年,中国人民银行印发《金融机构洗钱和恐怖融资风险评估及客户分类管

1　董志刚、秦昕供职于中国进出口银行山西省分行。
2　有权机关是指依照法律、行政法规的明确规定,有权查询、冻结、扣划单位或个人在金融机构存款的司法机关、行政机关、军事机关及行使行政职能的事业单位。

理指引》（银发〔2013〕2号，以下简称《指引》），从基本原则、指标体系、操作流程、控制措施、管理保障措施等方面对客户洗钱风险评级管理做出了综合性的指导，是金融机构开展本项工作的纲领性文件。其中，分别在第二章"风险评估指标体系"及第三章"风险评估及客户等级划分操作流程"提出关于客户涉及司法机关调查等外部负面评价情况下的客户洗钱风险评级管理要求。具体规定为：

（1）客户特性风险子项中规定："涉及客户的风险提示信息或权威媒体报道信息。金融机构如发现，客户曾被监管机构、执法机关或金融交易所提示予以关注，客户存在犯罪、金融违规、金融欺诈等方面的历史记录，或者客户涉及权威媒体的重要负面新闻报道评论的，可适当调高其风险评级。"

（2）风险评估及客户等级划分操作流程的时机中规定："当客户变更重要身份信息、司法机关调查本金融机构客户、客户涉及权威媒体的案件报道等可能导致风险状况发生实质性变化的事件发生时，金融机构应考虑重新评定客户风险等级。"

上述两项规定分别从两个维度阐释相关管理要求，一个维度是将"客户存在犯罪、金融违规、金融欺诈等方面的历史记录"作为调高客户风险评级的触发因素，另一个维度是将"司法机关调查"作为重新评定客户风险等级的事由；且调高客户风险评级的事由相较于重新评级要更加严苛，需客户行为具备严重的违法定性结论后，方对洗钱风险等级向上做出调整。

（二）银行内部制度

部分银行依据中国人民银行规定，制定了本机构涉及"查冻扣"客户的洗钱风险等级调整制度条款，内容较为详细，操作性较强，如明确对有权机关"查冻扣"业务涉及客户根据实际风险状况合理采取账户风险管理措施，避免单纯依据客户账户是否涉及"查冻扣"情况而一律采取相同的管控措施；而部分银行内控制度未对"查冻扣"案件性质加以区分，或直接将涉及"查冻扣"业务的客户认定为高风险客户，或直接引用中国人民银行规定原文，未结合本机构实际作进一步细化。

二、执行中存在的问题

（一）银行内部制度持过度防御态度

《指引》中将"司法机关调查"作为重新评定客户风险等级的事由，未对司法机关的范围、调查的性质进行细化。部分银行未在制度层面有效传达人民银行的规定，防范因制度放松要求而招致行政处罚，在制度中直接引用中国人民银行规定原文，甚至将"司法机关调查"的解释范围扩大至所有有权机关的"查冻扣"措施，并将其作为调高客户洗钱风险等级的评估指标。制定过度防御的内部制度，一方面可能导致基层执行制度时缺乏可操作性；另一方面可能导致强化尽职调查的反洗钱资源过多分散在不涉及洗钱、恐怖融资犯罪的客户中，从而最终影响制度执行质效。

（二）系统与制度不匹配

部分银行结合业务实际，在制度中对于"司法机关调查"的外延作出针对性、限缩性的解释，如规定"客户或其法定代表人、实际控制人、受益所有人、交易对手因涉嫌洗钱、恐怖融资等犯罪行为，被人民银行、司法机关或公安机关调查或采取司法措施；或在依法协助有权机关开展刑事案件的侦查工作时，得知客户已被有权机关列入犯罪嫌疑人的"，需要对客户洗钱风险进行重新评级，且符合该条件的客户系统将直接被评级为高风险客户。但在系统内嵌入的评级模型中，对于"查冻扣"风险子项的定义却过于宽泛，直接将涉及有权机关"查冻扣"的客户统一直接评定为高风险，系统未区分采取"查冻扣"措施所依据的案件性质为民事还是刑事，未就被采取"查冻扣"措施的客户是否涉及犯罪行为、涉及何种犯罪作出判断。

在上述情况下，需对系统预分为高风险的客户开展强化的尽职调查工作，人工逐笔查阅"查冻扣"措施所依据的法律文书，对客户是否涉及刑事犯罪进行手工筛查，并留存相应的尽职调查资料。"一刀切"的系统设置在客观上加重了基层人员开展客户身份识别工作的负担，且在一定程度上浪费有限的反洗钱资源。

（三）反洗钱系统显示信息不完整

目前，有权机关通过线下和线上两类渠道采取"查冻扣"措施，相应的"查冻扣"信息及法律文书分别存放于核心系统、会计资料及网络查控系统中。为实现与"查冻扣"措施的联动，反洗钱系统通常会设置自动读取核心系统及网络查控系统中"查冻扣"信息的功能，并就涉及"查冻扣"的客户生成重新评定的任务。但部分银行的反洗钱系统中，仅提示"客户发生司法查询"的决定性因素，直接将客户预分类为高风险客户，但却未指明因何原因涉及哪项"查冻扣"措施，亦未提供查找详细"查冻扣"信息的链接。反洗钱系统中显示信息不完整，将导致无法有针对性地开展尽职调查工作，扩大尽职调查的对象范围，加大尽职调查的难度。

（四）岗位信息不对称

部分银行由柜面会计人员履行协助有权机关"查冻扣"的职责，网络查控系统中的查询角色亦会配置到柜面会计人员，而客户洗钱风险等级评定工作由客户经理负责。会计人员的职责通常仅限于协助执行"查冻扣"通知内容，完成账务处理，向有权机关反馈执行结果，但无固定的在行内反馈"查冻扣"信息的职责和机制。

此外，在关于"查冻扣"的内外部制度规定中，通常会要求协助执行人员履行保密义务，遵守"最小授权"原则，如《银行业金融机构协助人民检察院 公安机关 国家安全机关查询冻结工作规定》（银监发〔2014〕53号）中规定，"银行业金融机构在接到协助查询、冻结财产法律文书后，应当严格保密，严禁向被查询、冻结的单位、个人或者第三方通风报信，帮助隐匿或者转移财产"。在此情形下，负责客户洗钱风险评级的人员在获悉"查冻扣"信息方面可能存在一定的时滞和合规性问题。

三、对策与建议

（一）进一步细化《指引》中的规定，银行结合实际制定操作性强的内部制度

为防范银行业金融机构在落实《指引》规定时发生"失之过宽"或"失之过严"的问题，建议在《指引》中对"司法机关调查"作出进一步解释性规定，明确有权机关的范围、调查的性质等要素，从而为银行业金融机构提供更加明确的指导和依据。

银行业金融机构也需遵循风险为本的原则，从充分履行反洗钱职责的根本宗旨出发，结合自身的机构、客户、业务、系统、人员、岗位等特点，制定适合自身的操作性强的内部制度，为基层提供简单易辨识的操作指引，从而提高制度执行的专业性、统一性和高效性。一是建议在以"查冻扣"信息作为重新识别或调高洗钱风险等级的触发因素时，区分有权机关类型、刑事案件还是民事案件、是否涉及洗钱罪上游犯罪或恐怖融资，根据实际风险状况确定"查冻扣"信息与客户洗钱风险评级结果的映射关系。二是建议针对基于"查冻扣"信息调高客户洗钱风险等级后，需要采取控制措施的类型作出规定，并明确采取控制措施的流程、审批层级及执行岗位。

（二）确保系统规则与制度规定保持一致，防止系统制度两张皮的问题

系统中客户洗钱风险评级模型应以落实制度规定为根本宗旨，不能脱离制度而形成独立的评级规则。应进一步提高从核心系统及网络查控系统中抓取"查冻扣"信息的准确性，在上述两类系统中增加关于案件性质、案由以及是否涉及洗钱上游犯罪、恐怖融资的字段，依据制度规定合理设定洗钱风险重新识别的触发因素，从而实现由反洗钱系统自动辨识需要在反洗钱工作中关注的"查冻扣"信息，先行有效过滤与反洗钱工作无关的"查冻扣"信息。

（三）完善系统建设，畅通通过反洗钱系统获悉冻结、扣划具体信息的途径

反洗钱系统自动生成重新评定任务，能够弥补反洗钱岗位人员不能及时获悉"查

冻扣"信息的问题，但系统不应仅充当黑匣子的角色，不应停留在信息抓取和任务输出的功能，而应在提供便捷的反洗钱工作渠道方面发挥更大的作用。因此，一方面建议对系统规则进行公示，让使用系统的人员知晓系统原理和工作原因，促使反洗钱岗位人员进一步理解和掌握制度规定，提升制度执行力；另一方面建议在反洗钱系统中增加获取已经执行完毕的冻结、扣划措施具体信息的链接，从而方便反洗钱岗位人员获取相关法律文书，据此开展尽职调查，综合评定客户洗钱风险，有的放矢地对洗钱风险较高的客户采取后续管控措施。需要注意的是，此处仅建议将已经执行完毕的冻结、扣划信息的链接嵌入反洗钱系统中，不包括查询信息及未执行的冻结、扣划信息。因为采取冻结、扣划措施后，账户已被采取实质性的控制、处分措施，不易导致客户转移资金的后果。此外，根据《银行业金融机构协助人民检察院 公安机关 国家安全机关查询冻结工作规定》第二十五条的规定，"银行业金融机构在协助人民检察院、公安机关、国家安全机关办理完毕冻结手续后，在存款单位或者个人查询时，应当告知其账户被冻结情况"。有权机关允许将已经执行完毕的冻结措施告知客户，由此推之银行内部反洗钱岗位人员可以查阅已执行完毕的冻结、扣划信息。

（四）在遵守保密原则的前提下，建立岗位间信息共享机制

为充分履行反洗钱义务，及时根据"查冻扣"信息对客户洗钱风险情况进行重新识别，建议在遵守保密原则的前提下，在柜面会计人员与反洗钱岗位人员之间建立信息共享机制，尤其对于客户因涉及洗钱、恐怖融资相关的刑事犯罪、被列为犯罪嫌疑人，而被要求协助调查、协助查询的信息，建议通过提高审批层级、控制知悉范围、留存信息反馈记录、签署保密承诺书等方式，由柜面会计人员将相关信息提供至反洗钱岗位人员使用，明确柜面会计人员开展该项工作的岗位职责，并对信息反馈的及时性做出明确要求。

参考文献：

王强，黄杰，岳春．"查冻扣"业务后续客户风险管理问题及对策建议——以安徽省宿州市商业银行为例[J]．中国反洗钱实务，2020(10):44-48．

我国反洗钱政策演进、热点与展望

■ 任啸宇[1]

摘要： 反洗钱、反恐怖融资工作是现代金融体系的重要组成之一，是提升金融核心竞争力、推动国家治理能力现代化的重要保障。本研究运用 CiteSpace 知识图谱软件，对 1996—2020 年我国反洗钱政策研究领域的 858 篇文献进行梳理，绘制知识图谱，并总结归纳出反洗钱政策发展三大阶段的主要内容及未来发展趋势。

关键词： 知识图谱　反洗钱　法律法规　金融科技

一、引言

洗钱是人类社会政治经济生活中的一颗毒瘤，它危害国家政治稳定，损害社会公正和政府声誉，严重威胁社会安定和可持续发展。美国作为世界上最早出现洗钱活动、发生洗钱犯罪最严重的地区，也是最早开展反洗钱法律及战略制定的国家。目前美国已建立起以《麻醉品控制法》（1956）、《银行保密法》（1970）和《洗钱控制法》（1986）为核心的较为完善有效的反洗钱法律法规框架体系，并主导和推动国际反洗钱体系标准的制定。与此同时，以联合国为代表的国际组织和其他政府、非政府组织也积极加入打击走私、贩毒、腐败及恐怖主义等与洗钱关联度较大的违法犯罪中，并制定了一系列反洗钱国际公约、法律法规，逐步形成了体系架构完整、结构层次清晰的反洗钱国际标准。

作为积极践行国际责任的发展中大国，我国主动参与联合国、世界银行、国际货币基金组织等框架下的反洗钱和反恐怖融资活动，于 2007 年正式加入反洗

---

1 任啸宇供职于国家开发银行吉林省分行国际合作业务处。

钱金融行动特别工作组（Financial Action Task Force on Money Laundering, FATF），自此我国反洗钱、反恐怖融资工作与国际接轨。随后通过不断完善和改进相关法律法规，义务机构全面落实"风险为本"理念，严格履行客户身份识别、身份材料及交易记录保存、大额和可疑交易报告等法定义务，逐步建立起符合当前国情、国际认可的反洗钱、反恐怖融资防控体系。

随着越来越多的中资企业赴海外谋求发展新动力，为满足日益增长的资金融通需求，中资金融机构也积极"走出去"布局海外业务，但受布局海外时间短、各国金融监管力度标准不一、海外机构规模小且业务单一等因素影响，面对境外复杂的经济环境、业务背景时，仅熟悉掌握我国反洗钱相关规定，极易引发合规风险。同时，中资金融机构对反洗钱合规风险的防范更偏重事后管理，进一步增加了境外分支机构的合规管理压力。近年来涌现出的各国金融机构因违反境外所在国反洗钱监管规定而遭受巨额处罚事件，已给所有涉外金融机构敲响了警钟。金融是国家重要的核心竞争力，金融安全是国家安全的重要组成部分。因此，能否做好反洗钱工作、有效打击洗钱犯罪，不仅会影响我国企业对外投融资，还会影响中资金融机构核心竞争力，更会影响我国经济发展、金融稳定。本研究从反洗钱政策研究入手，梳理近年来我国反洗钱政策的发展趋势、研究热点，以期对后续提升反洗钱、反恐怖融资治理提供一定思路。

二、研究设计

（一）研究方法

本研究采用文献计量法对已发表的反洗钱政策研究文献进行梳理，并运用 CiteSpace 对其进行知识图谱分析。CiteSpace 是基于 Java 开发的多元、分时可视化系统，目前已成为科学计量数据可视化领域最可靠和最先进的软件之一，可直观呈现研究领域科学知识的结构、规律和分布情况。

（二）数据来源

本研究以"反洗钱"为关键词，于 2020 年 2 月 10 日在中国知网（CNKI）数据库 CSSCI 来源期刊与核心期刊范围内进行高级检索，得到 938 篇文献[1]。去除要闻回顾、公告资讯及无明确作者文章 80 篇后，最终保留 858 篇有效文献作为研究数据。

---

1 截至 2020 年 2 月 10 日，中国知网的 CSSCI 来源期刊和核心期刊数据库尚未更新 2020 年关于反洗钱的相关文章，因此本文主要探讨 1996—2019 年发表的"反洗钱"相关文章。

三、反洗钱政策研究脉络

（一）反洗钱政策梳理

我国反洗钱立法相较欧美国家稍晚，于1997年在《刑法》修订过程中将"洗钱罪"予以明确规定，体现了"明确将洗钱行为规定为刑事犯罪"这一重要的国际立法精神，随后又多次对涉及洗钱和资助恐怖活动犯罪的相关刑法条款进行修订，最终于2006年正式颁布《中华人民共和国反洗钱法》（以下简称《反洗钱法》），以法律的形式将反洗钱工作予以确定。2007年我国正式加入FATF后，对标FATF相关制度要求，不断完善反洗钱与反恐怖融资体系制度，最终于2012年顺利成为第13个全面达到FATF第三轮互评估标准的成员国。

为全面做好FATF第四轮互评估工作，自2016年起，我国反洗钱监管念、方法加快迈向国际领先惯例，先后修订出台了多项指引、办法和法规，进一步健全我国反洗钱监管体系，如图1所示。其中，为更好适应FATF"40+9项"建议，2016年，中国人民银行修订的《金融机构大额交易和可疑交易报告管理办法》明确将"合理怀疑"作为开展可疑交易报告工作的基础；2017年，国务院办公厅发布的《关于完善反洗钱、反恐怖融资、反逃税监管体制机制的意见》，从加大监管力度、改进监管方法、强化处罚问责等方面给予指导，使得我国反洗钱监管有效性得到稳步提升；2018年，中国人民银行牵头制定发布的《互联网金融从业机构反洗钱和反恐怖融资管理办法（试行）》明确监管职责、规定互联网从业机构相关义务，实现监管与自律管理的有效衔接；2019年，中国银行保险监督管理委员会发布的《银行业金融机构反洗钱和反恐怖融资管理办法》要求银行业金融机构将打击洗钱和恐怖融资工作纳入全面风险管理体系，严格贯彻落实各项反洗钱、反恐怖融资义务。自此，我国对反洗钱、反恐怖融资、反逃税等违法犯罪活动的监管更趋严格，进一步强化执法手段和打击力度。

图1　反洗钱历年政策一览

（二）反洗钱研究时间分布

文献发表数量的变化趋势可总体反映该领域所受关注程度。从整体来看，我国反洗钱相关的文献发表数量与反洗钱法律法规的出台或标志性事件的发生呈现出较强的相关性和一定的滞后性，如图 2 所示。

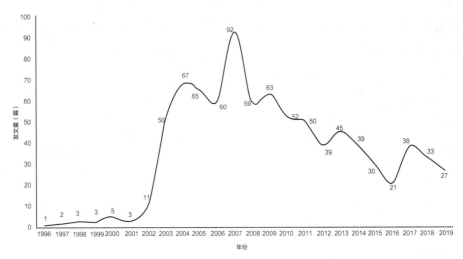

图 2　1996—2019 年反洗钱政策研究的发文量统计

中国学界对预防打击洗钱犯罪的探索起步相对较晚。1996 年发表的《反洗钱立法刍议》是我国最早探讨反洗钱的学术论文。文章指出改革开放以来，中国的洗钱犯罪活动日益猖獗，呼吁我国应尽快启动反洗钱立法工作，并要求金融机构加强对洗钱犯罪防范力度。此后五年间（1996 年至 2001 年）所发表的论文主要探讨反洗钱相关国际经验、呼吁反洗钱立法及加强国家间合作。

2001 年 "9·11" 事件让全世界认识到打击洗钱犯罪刻不容缓，防范和打击与恐怖融资有关的洗钱犯罪活动成为国际反洗钱合作的重要内容。2003 年，中国人民银行正式接手并承担国家反洗钱协调工作，先后发布反洗钱 "一个规定、两个办法"，对金融机构有效防范洗钱等违法犯罪行为起到较好的遏制作用。在此期间，中国学术界也就如何增强金融监管、推动反洗钱法律法规制定、开展国际合作展开更为深入的研究，文献数量也呈现出较为明显的增长态势。

2006 年我国正式颁布《反洗钱法》，又于 2007 年成为 FATF 一员，相应发文量也达到顶峰。随后我国加大对反洗钱、反恐怖融资、反逃税政策的完善与调整，不断健全反洗钱制度体系，先后研究建立支付清单、彩票、房地产等特定非金融行业反洗钱制度，实现对银行、证券期货等金融机构的反洗钱监测全覆盖。随着互联网公司跨界进入金融服务领域，学界也加大了对移动互联网（如第三方支付、P2P网络借贷）和以比特币为代表的虚拟货币的研究，并提出相应建议与方案。

（三）核心研究机构及作者

通过分析文章作者与其所在机构，可得到不同作者与机构间的共现图谱，进而了解我国反洗钱政策研究领域的主要研究力量的分布状况及学术合作网络发展现状。图谱节点的大小反映作者与机构影响力的强弱，连线的粗细表明节点间的关联度。

由图 3 可知，左侧节点较大的中国人民银行及其分支机构，作为我国研究和拟定反洗钱制度的政策部门，始终坚持反洗钱政策研究，不断完善我国反洗钱相关制度与政策，进而有效防控我国金融风险。右侧最大节点为西安交通大学，表明该院校为反洗钱政策研究的核心高校，是反洗钱政策研究具有代表性的高校之一。西南交通大学、湖南大学、厦门大学等高校也出现在图中且存在关联性，这表明高等院校是反洗钱政策研究的主要阵地。各高校节点周围呈现的是发文作者，可见西安交通大学经济与金融学院张成虎为该领域较有影响力的作者，与来自不同机构的作者均有着不同程度的合作研究。

总的来看，不同作者之间、高校之间、院校与央行及分支机构间的节点连线较多，这表明反洗钱政策研究机构已形成一定的良性互动，共同为我国反洗钱政策研究提供智力支持。

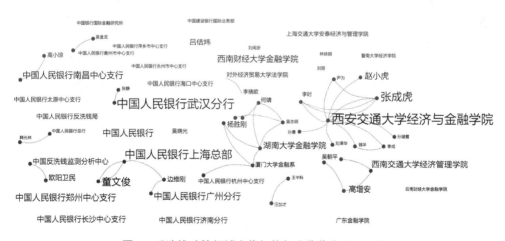

图3 反洗钱政策领域合作机构与合作作者共现网络

（四）关键词词频统计及共现分析图谱

关键词是政策研究的概括与精炼，而高频关键词更能有效识别和描述研究领域的热点及发展方向，因此利用 CiteSpace 对文献关键词进行共词分析，并绘制关键词共现图谱。

由于样本文献是以"反洗钱"为关键词检索得来，因此在表 1 中关键词"反洗钱"居词频首位。金融机构作为反洗钱政策的主要执行者而位居第二，金融作为受洗钱犯罪影响最大的领域位居第三。从其余关键词可知，学界对反洗钱金融监管政策、洗钱行为识别、打击洗钱犯罪行为等问题也进行了较为深入的研究。同时，数据挖掘、互联网金融、虚拟货币等新兴技术的词频也呈上升趋势，可见随着新兴技术应用于金融服务、促进金融业数字化转型的同时，学术界也加大了对上述领域的研究。

表 1　反洗钱政策研究高频关键词统计

序号	词频	中心性	关键词	序号	词频	中心性	关键词
1	723	0.80	反洗钱	21	11	0.15	农村信用社改革
2	105	0.16	金融机构	22	11	0.05	监管
3	69	0.16	金融	23	10	0.01	保险业
4	67	0.08	财政金融	24	10	0.00	机构
5	64	0.30	银行	25	9	0.02	可疑金融交易
6	54	0.13	洗钱	26	9	0.02	互联网金融
7	35	0.12	金融监管	27	9	0.03	风险为本
8	31	0.18	洗钱风险	28	8	0.00	激励机制
9	30	0.13	洗钱犯罪	29	8	0.02	分行
10	28	0.04	商业银行	30	8	0.09	反恐怖融资
11	20	0.09	中央银行	31	8	0.00	问题
12	19	0.14	银交易	32	8	0.06	辖区
13	18	0.02	可疑交易	33	7	0.05	博弈
14	18	0.04	金融业	34	7	0.02	洗钱罪
15	18	0.06	客户身份识别	35	7	0.03	反恐融资
16	17	0.03	机场央行	36	7	0.06	监测分析
17	17	0.05	洗钱活动	37	6	0.14	金融行业
18	15	0.03	对策	38	6	0.04	银行业金融机构
19	14	0.02	中国人民银行	39	6	0.00	虚拟货币
20	14	0.01	数据挖掘	40	6	0.04	证券

关键词共现图谱可清晰展现关键词之间的关系，连线的粗细表示共现频率的高低。其中，关键词"反洗钱"节点十字轮廓最多，表明该关键词在我国学术研究中出现的时间较早且频次较高。

节点中心性主要表明某节点相较其他节点的"权力"大小问题。分析发现，中心性排序前十位关键词依次为"反洗钱、银行、洗钱风险、金融机构、金融、农村信用社改革、银行业、金融行业、洗钱、洗钱犯罪"。高频关键词中心性排序与词频排序存在一定差异,去除关键词"洗钱、反洗钱",关键词"银行"（近义词"银行业、金融机构、金融行业"）、洗钱风险和金融的中心性值排序靠前,分别为0.30、0.18和0.16。基于以上分析,反洗钱政策研究主要从金融机构做好反洗钱工作,降低洗钱风险,维护金融安全的角度作为研究切入点,学术界也多据于此展开研究。

（五）反洗钱研究趋势与演化

1. 研究热点趋势

时区视图（Time-zone View）是侧重于从时间跨度上表示知识演进的视图,可清晰地展现文献的更新与相互影响。从整体来看,我国反洗钱研究热点可大体分为三个阶段。第一阶段为1996—2005年,学术界参考发达国家反洗钱经验,对洗钱由来、相关违法犯罪活动进行深入研究;第二阶段为2006—2015年,其中金融机构如何提升识别洗钱风险能力和中国人民银行如何实施更为有效的监管成为研究热点;第三阶段为2016年至今,随着我国反洗钱体系的逐步完善,由单一的政策研究转向对互联网金融（2014年）、虚拟货币（2017年）以及区块链（2018年）的研究。目前来看,随着区块链、大数据等新技术与移动互联网的深度融合,不断

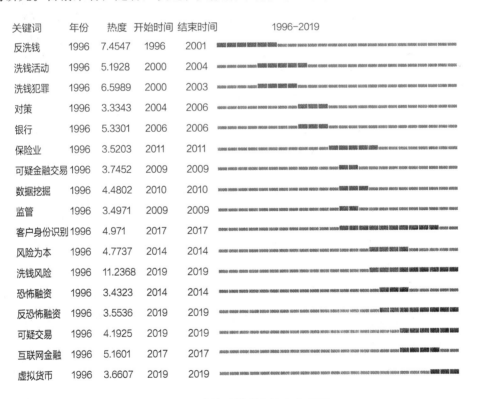

关键词	年份	热度	开始时间	结束时间	1996-2019
反洗钱	1996	7.4547	1996	2001	
洗钱活动	1996	5.1928	2000	2004	
洗钱犯罪	1996	6.5989	2000	2003	
对策	1996	3.3343	2004	2006	
银行	1996	5.3301	2006	2006	
保险业	1996	3.5203	2011	2011	
可疑金融交易	1996	3.7452	2009	2009	
数据挖掘	1996	4.4802	2010	2010	
监管	1996	3.4971	2009	2009	
客户身份识别	1996	4.971	2017	2017	
风险为本	1996	4.7737	2014	2014	
洗钱风险	1996	11.2368	2019	2019	
恐怖融资	1996	3.4323	2014	2014	
反恐怖融资	1996	3.5536	2019	2019	
可疑交易	1996	4.1925	2019	2019	
互联网金融	1996	5.1601	2017	2017	
虚拟货币	1996	3.6607	2019	2019	

图4　反洗钱政策研究热点突现词

推动我国金融业加快数字化转型，同时更对新时期反洗钱监管工作提出更高要求。

2. 突变与演化

关键词突现图谱借助显著关键词反映出研究前沿发展的突变情况，可进一步掌握我国反洗钱政策研究的演化情况。由图 4 可见，1996 年起由针对"洗钱活动""洗钱犯罪"相对基础的学术研究，逐渐转向 2008 年前后针对"客户身份识别""可疑金融交易""监管"等实际执行层面的研究，再到 2014 年随着新技术涌现，学术界逐渐对"互联网金融""虚拟货币"等新兴领域的关注与研究，说明学术界经历了"发现问题—实践执行—发现新问题"的良性循环，对建立相关领域法律法规、完善反洗钱监管体系、丰富金融监管手段奠定了丰富的研究基础。

四、结论与展望

（一）结论

本研究运用文献计量法对我国反洗钱政策研究进行可视化分析，进而总结归纳我国反洗钱政策可大致分为三个发展阶段：（1）初识洗钱危害，呼吁我国尽快开展反洗钱立法工作，尽早加入国际合作。在此阶段，学术界主要围绕洗钱的定义与危害、经济发达国家及地区如何立法打击洗钱等违法犯罪行为，作为反洗钱政策研究的主要方向。（2）建立健全反洗钱、反恐怖融资机制体制，在国际反洗钱组织中发挥积极作用。其中，国家层面如何实施更为有效的监管及金融机构如何提升识别洗钱风险能力成为这一阶段的主要研究方向。在此期间，中国人民银行作为国务院反洗钱行政主管部门，充分发挥自身优势协调各方，并在充分考虑我国国情后，推动起草《反洗钱法》，正式确立我国反洗钱机制体制。（3）政策法规完善阶段，逐步扩大反洗钱、反恐怖融资覆盖领域，并在此基础上增加反逃税监管。在政策法规完善阶段，我国在原有基础上逐渐加大对互联网金融的管理，并对其他可能涉及洗钱风险的新领域、新技术加以研究关注。

（二）未来展望

1. 第四轮互评估问题完善

2019 年 4 月，FATF 公布了《中国反洗钱和反恐怖融资互评估报告》。该报告在认可我国近年来在反洗钱工作中取得较好成效的同时，也指出当前存在的一定问题，如反洗钱处罚力度有待提高；特定非金融机构普遍缺乏对洗钱风险及反洗钱义务的认识；办案多侧重上游犯罪，而相对忽视洗钱犯罪等。

针对上述情况，我国通过完善相关制度法规，加强行业监管，提升执法力度，不断推动反洗钱工作向纵深发展。在 2020 年开展的专项和综合执法检查中，中国人民银行共处罚 537 家义务机构 5.26 亿元，并对 1000 名违规个人处以 2468 万元罚款，罚金较 2019 年分别增长 160.39%、84.04%，大幅提升的处罚力度对义务机构做好反洗钱工作起到较好的警示作用。

2. 应对新兴技术挑战

伴随万物互联时代的加速到来，线上交易量井喷式增长，金融业务呈现"交易实时化、业务线上化、网点无人化"等新特点，已难以依靠传统人力对海量交易数据进行排查，因此，国内外金融机构加大对科技的投入力度，以期借助新兴技术实现数字化转型。但新兴技术的广泛应用也给金融监管带来了新挑战，其中以比特币为代表的虚拟货币为我国金融监管带来一定难题。众所周知，比特币有"去中心化""链式结构""共享账簿"三大特征，若违法犯罪分子利用其进行毒品非法买卖或支持恐怖融资，极易诱发社会不稳定因素。因此，如何将经济社会发展与新兴技术深度融合、为我们所用，已成为当前亟待思考解决的问题之一。

针对上述情况，2019 年 10 月 24 日，习近平总书记在中共中央政治局第十八次集体学习时提出要抓住区块链技术融合、功能拓展、产业细分的契机，发挥区块链在促进数据共享、优化业务流程、降付运营成本、提升协同效率、建设可信体系等方面的作用。要推动区块链和实体经济深度融合，解决中小企业贷款融资难、银行风控难、部门监管难等问题。目前来看，银行风控难，难于确保所得信息的全面性与时效性。部门监管难，难于真实掌握资金使用及流向。因此，可利用区块链自有特点，组成由监管部门、义务机构、征信及公共事务部门共同加入的联盟链（区块链类型之一），成员间共同维护同一数据账本，实现信息数据共享，在降低监管与风控难度的同时，可确保资金境内外使用合规性，极大降低洗钱风险。

总的来看，我国反洗钱相关制度立法虽起步较晚，但我国高度重视洗钱对社会发展所带来的危害，并积极采取有效手段持续打击洗钱违法犯罪。其间，监管层面不断完善反洗钱机制体制，义务机构积极落实监管要求做好反洗钱相关工作，学术界也在加强对相关领域研究的深度与广度，多方互动、相互促进，最终为提升我国金融核心竞争力提供丰富有效的制度保障、实践基础与研究支持。

参考文献：

[1] 中国人民银行 .2005 年中国反洗钱报告 [EB/OL].[2020−03−29].http：//www.pbc.gov.cn/fanxiqianju/135153/135282/2847062/index.html.

[2] 王新 . 追溯美国反洗钱立法之发展 [J]. 比较法研究 ,2009(02)：98−109.

[3] 伏开宝，王永水，朱平芳 . 中美两国反洗钱体系的比较分析 [J]. 新金融 ,2018(06)：61−64.

[4] 中国人民银行 .2006 年中国反洗钱报告 [EB/OL].[2020−03−29].http：//www.pbc.gov.cn/fanxiqianju/135153/135282/2832866/index.html.

[5] 欧阳卫民 . 国际反洗钱的现状和趋势 [J]. 中国金融 ,2005(17)：29−32.

[6] 蔡宁伟 . 美国反洗钱"长臂管辖"的渊源与演变 [J]. 金融监管研究 ,2019(11)：97−113.

[7] 苏如飞 . 国际反洗钱监管趋势及对中资银行的启示 [J]. 中国银行业 ,2019(04)：81−83.

[8] 李杰，陈超美 . CiteSpace：科技文本挖掘及可视化 [M]. 北京：首都经济贸易大学出版社，2016.

[9] 欧阳卫民 . 我国反洗钱若干重大问题 (上)[J]. 财经理论与实践 ,2006(03)：2−8.

[10] 唐旭，师永彦，曹作义 . 中国反洗钱工作有效性研究 [J]. 金融研究 ,2009(08)：1−16.

[11] 汪鑫 . 反洗钱立法刍议 [J]. 法学评论 ,1996(05)：62−68.

[12] 张鹿 . 中国加入 FATF 的历程及未来反洗钱和反恐融资面临的挑战 [J]. 中国金融，2007(15)：50−52.

[13] 中国人民银行 .2008 年中国反洗钱报告 [EB/OL].[2020−03−29].http：//www.pbc.gov.cn/fanxiqianju/135153/135282/2893079/index.html.

[14] 吴宾，唐薇 . 基于知识图谱的国内养老政策研究热点主题与演化路径 (2005−2016)[J]. 人口与发展 ,2018,24(02)：101−112.

[15] 陈悦，陈超美，胡志刚，等 . 引文空间分析原理与应用 [M]. 北京：科学出版社 ,2014.

[16] 中国人民银行 . 金融行动特别工作组公布中国反洗钱和反恐怖融资互评估报告 [EB/OL].[2021−07−18].http：//www.gov.cn/xinwen/2019−04/18/content_5384062.html.

[17] 人民日报 . 去年央行反洗钱处罚金额超 5 亿元处罚违规个人 1000 人 [EB/OL].[2021−07−18].http：//paper.people.com.cn/rmrb/html/2021−03/23/nbs.D110000renmrb_07.html.

洗钱和恐怖融资固有风险评估方法的探究

——基于可能性和后果性的矩阵评估法

■ 赵帆[1]

摘要：金融机构洗钱和恐怖融资风险评估是落实"风险为本"监管原则的基石。目前，我国主要采用沃尔夫斯堡集团的方案，即从固有风险和控制措施有效性推导出剩余风险。因此，固有风险评估是风险评估的重要组成部分，但在实践中对固有风险的评估仍存在一定困难。本文对洗钱和恐怖融资风险评估的固有风险评估方法进行了探究，采用"风险＝可能性 × 后果性"公式评估固有风险。其中，可能性用洗钱风险事件发生的概率来表示，并讨论了对应概率值的大小在现实中的意义；后果性指洗钱风险事件发生后所引发的后果严重程度，二者综合评估便得到固有风险。最后，本文对该种方法的优势、劣势和运用扩展进行了探讨。

关键字：洗钱和恐怖融资　风险评估　可能性　后果性　矩阵评估法

一、引言

为深入实践风险为本原则，识别、评估洗钱和恐怖融资（以下简称洗钱）风险，建立反洗钱工作执法检查和风险评估"双支柱"，优化金融机构反洗钱和反恐怖融资（以下简称反洗钱）资源配置，制定和实施与其风险相称的管理策略、政策和程序，提升反洗钱工作有效性，中国人民银行下发了《中国人民银行反洗钱局关于印发〈法人金融机构洗钱和恐怖融资风险管理办法（试行）〉的通知》（银反洗〔2018〕19 号）和《中国人民银行反洗钱局关于印发〈法人金融机构洗钱和恐怖融资风险自评估指引〉的通知》（银反洗〔2021〕1 号），要求中国人民银行及其分支机构对辖区法

1　赵帆供职于中国人民银行绵阳市中心支行。

人金融机构开展洗钱和恐怖融资风险自评估工作。本文根据以往辖区反洗钱工作经验和与辖区法人金融机构交流，对洗钱和恐怖融资风险自评估的固有风险评估进行了研究，引入概率概念和矩阵方式试图探究固有风险评估的新思路。

二、当前固有风险体系评估方法和现状

目前，世界银行、国际货币基金组织和沃尔夫斯堡集团都提出了风险评估方法，但细节上存在不同：世界银行通过基于贝叶斯网络，对影响风险的变量之间的事件和因果关系的强逻辑因素建立数学模型，分析风险的来源和原因，从而捕捉洗钱风险的主要驱动因素，同时考虑到风险和脆弱性各组成部分之间的相互作用，并产生风险／脆弱性水平的最终衡量标准，可通过以"威胁"和"漏洞"为轴的风险矩阵度量表述。国际货币基金组织提出，可采用公式"可能性＝漏洞×威胁"和"风险＝可能性×后果"，从而对风险进行量化。沃尔夫斯堡集团认为应从固有风险控制风险有效性，推导出剩余风险；将该剩余风险与风险偏好和监管要求做比较，可制定出应采取的控制措施。除了上述国际组织，新西兰金融管理局（Financial Markets Authority，FMA）则提出采用可能性评级和后果性评级的共同组成矩阵的方式评估洗钱风险。

根据《法人金融机构洗钱和恐怖融资风险自评估指引》，我国目前主要采用沃尔夫斯堡集团的方案，需要对固有风险和控制有效性进行定量或定性的评估。在实际评估中，无论是人民银行地市级分支机构组织的辖区法人金融机构洗钱风险评估，还是地方性法人金融机构的洗钱风险自评估工作，都存在诸多困难，比较突出的是固有风险指标体系及其阈值设置问题。在央行分支机构的洗钱风险评估中，固有风险主要采用两种方式：第一种是以辖内所有参与评级的法人机构为范围，以具体某项地域、产品、客户群体或渠道为口径，根据数值越大风险越高原则，即采用序数法进行单项风险排序。缺点是序数排序无法体现绝对值之间的差距，即某项评估指标绝对数值差距极大，但由于序数排名差距小导致其评分差距可能较小，无法体现固有风险的差值。另一种方法是中国人民银行分支机构收集数据以计算区域法人金融机构固有风险指标均值，进行对比金融机构计算固有风险数值与均值的差值，从而得出其固有风险的高低，缺点是差值的阈值需要根据实际情况确定。

除此之外，两种方式存在共同缺点，即固有风险指标因计算均值或排序需要的而固定了，且每家金融机构部分指标口径（如高风险客户／行业／服务）不会完全一致，从而导致评估的全面性和完备性的意义有限。地方性法人金融机构因无法获

取同业机构数据而无法采用上述两种方式评估固有风险，仅凭自身数据难以确定合理的阈值评估固有风险。

三、评估方法："风险 = 可能性 × 后果"

本文参考 FMA 的做法，引入概率的方式优化了可能性指标，加入多种可能性的权重计算方式，采用公式"风险 = 可能性 × 后果"矩阵，通过已发生的洗钱风险事件或案例及其后果，推导出实际面临的固有洗钱风险。

（一）可能性探讨

可能性指事物发生的概率，包含在事物之中并预示着事物发展趋势的量化指标。对古典实验事件的事件 A，它的概率定义为：$P(A) = \frac{m}{n}$，其中 n 表示该实验中所有可能出现的结果的总数量，m 表示事件 A 包含的实验基本结果数。如果我们把某个地域、产品、客户群体或渠道一定时期的数据中洗钱固有风险案例数量或其金额作为 m，该地域、产品、客户群体或渠道的一定历史时期总交易数量（金额）设置为 n，二者相除就可以得到某地域、产品、客户群体或渠道在控制措施和外部环境不变下的洗钱风险发生的可能性。

在统计学中，如果 m 等于 0，那么概率就是 $P(A) = 0$，为不可能发生事件；如果 m 等于 n，那么概率就是 $P(A) = 1$，为必然事件；如果 $0 < m < n$，则为一般概率事件。但在实际中，当 m 等于 0 时，意味着过去一段时间某个地域、产品、客户群体或渠道未发生洗钱风险案例，不能武断地认为是不可能事件，应当认定为小概率事件；同理，当 m 等于 1 时，意味着过去一段时间某个地域、产品、客户群体或渠道所有发生的业务都是洗钱风险案例，不能武断地认为其为必然事件，可能是业务量极少导致的样本量太少，也可能是制度或系统建设方面存在重大漏洞，后者则必须强化控制措施，应当认定为大概率事件。除上述两种极端情况外，当 $0 < m < n$ 时，应当属于一般的情况，即某个地域、产品、客户群体或渠道发生了一定的洗钱风险案例数量。

（二）后果性探讨

反洗钱工作的基本原则要求风险为本，即针对洗钱风险大小有针对性的配置资源，因为在金融机构的实际业务中，即使发生洗钱风险案例，不同的洗钱风险案例对应的洗钱风险后果也应是不一样的，例如：同为支付结算业务，与涉及"黑名单"客户的大额交易所面临洗钱风险相比，司法机构"查冻扣"所涉及账户的小额日常性、生活性的交易洗钱风险更小，后者被"查冻扣"的原因可能是民事纠纷。后果性可用一般性和严重性来区分。一般性后果是指因某些地域、产品、客户群体或渠道等因素被利用后可能发生洗钱行为，严重性后果指某些地域、产品、客户群体或渠道等因素被利用后必然发生洗钱行为甚至被用来掩饰或隐瞒犯罪收益。

（三）矩阵综合分析

综合分析洗钱风险事件的可能性和后果性，高可能性、低可能性和一般后果、严重后果可组合推导出四个区域（如下图），即"高可能性，严重后果""高可能性，一般后果""低可能性，严重后果""低可能性，一般后果"。

其中，图1位于（高可能性，严重后果）的区域为高风险区域，其洗钱案例出现频率高、洗钱后果严重，必须强化控制措施有效性甚至对某些地域、产品、客户群体或渠道采取禁止性措施或终止业务关系。位于"高可能性，一般后果""低可能性，严重后果"的区域为洗钱案例出现频率高、洗钱后果一般或洗钱案例出现频

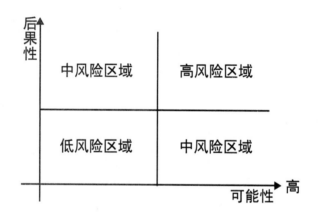

图1　矩阵综合分析图

率低但洗钱后果严重的中风险区域，属于上述两类区间的地域、产品、客户群体或渠道应当加强控制措施力度。对频率低但洗钱后果严重的某些地域、产品、客户群体或渠道需要提高警惕，例如来自境外敏感国家或组织的大额汇款，过去很少发生甚至没有发生洗钱风险案例，并不意味着未来不发生，这类风险最容易被忽视而当成低风险，但一出事就是大事。最后是位于"低可能性，一般后果"的低风险区域，涉及相关的地域、产品、客户群体或渠道可以根据风险为本的原则，采取简化的尽职调查或控制措施。

（四）多种后果类型洗钱风险案例的计算

在实际工作中，对于某个地域、产品、客户群体或渠道可能发生的不同类型的

洗钱风险案例和产生不同的后果，需要对可能性和后果性进行加权或综合判断。例如，对于个人结算卡业务而言，其账户在电信诈骗的名单中或有证据显示非本人使用且有大规模转账与被法院司法查询（无其他异常情况）时，所对应洗钱风险是不一样的，因为后者发生的情况可能是因为离婚诉讼等民事案件导致的。对具有多后果类型洗钱风险案例的地域、产品、客户群体或渠道需要根据不同后果的可能性综合判断，对发生可能性大（数量多）的要加大权重系数，可能性小（数量少）的适当降低权重，从而在综合所有可能性的基础上决定其后果性。可能性方面，简单加总所有后果类型的可能性的值就能得出总的可能性，最后根据图 1 推导出整个地域、产品、客户群体或渠道的洗钱风险等级。例如，假设某行 A 渠道在过去 1 年里发生了两个不同类型的洗钱风险事件，分别为 c 和 d。其中，c 属于"低可能性，一般后果"区域，d 属于"高可能性，严重后果"区域。由于 d 类型洗钱风险事件可能性占全部洗钱风险案例的比重更大，则 A 渠道的后果性偏向于严重，其可能性为 c 和 d 可能性的和即高可能性，属于"高可能性，严重后果"区域，最终根据矩阵计算出总的洗钱风险等级为：高。

（五）细化洗钱风险等级分类。

前文所述两个等级的分类可能过于简单，无法对地域、产品、客户群体或渠道进行有差异的洗钱风险等级分类，从而采取针对性的措施。事实上，可以根据实际情况对可能性和后果性进行细分，从而细化出更多洗钱风险等级。如把可能性分为如下五个等级，分别为极不可能、低可能、中等可能、很有可能和极有可能，详见表 1。

表 1 可能性分类

$0 \leqslant P(A)$ <0.05（极不可能）	$0.05 \leqslant P(A)$ <0.1（低可能）	$0.1 \leqslant P(A)$ <0.2（中等可能）	$0.2 \leqslant P(A)$ <0.3（很有可能）	$0.3 \leqslant P(A)$ <1（极有可能）
某个地域、产品、客户群体或者渠道中发生洗钱的可能性很小	某个地域、产品、客户群体或者渠道中发生洗钱的可能性较小	某个地域、产品、客户群体或者渠道中发生洗钱的可能性中等	某个地域、产品、客户群体或者渠道中发生洗钱的可能性很大	某个地域、产品、客户群体或者渠道中发生洗钱的可能性极大

同理，也可以将引发的洗钱后果分为五个等级，分别为几乎无后果（可以忽略）、轻微后果、中等后果、严重后果、无法承受的后果，详见表 2。

表 2　后果性分类

几乎无后果	轻微后果	中等后果	严重后果	无法承受的后果
几乎无法产生洗钱后果，极难被违法或犯罪分子利用	能产生微小的洗钱后果，可能被违法或犯罪分子利用	能产生一定的洗钱后果，拥有一定可能性被违法或犯罪分子利用	能产生严重的洗钱后果，小规模被违法或犯罪分子利用	被违法或犯罪分子大规模利用，并产生无法承受的后果

根据上述可能性和后果性的五等级分类，可以推导出风险矩阵，最终风险等级可分为很低、较低、中等、高和较高五个等级，详见表 3。上表内容仅为说明问题而做的示例，在实际评估中，对可能性、后果性和矩阵的定量或定性设置可根据真实情

况作相应变动，如变成三等级分类等。

表 3　综合矩阵分析表

后果性 ＼ 风险等级 可能性	极不可能	低可能	中等可能	很有可能	极有可能
很小	很低	很低	较低	中等	较高
轻微	很低	较低	中等	较高	高
中等	较低	较低	中等	较高	高
严重	较低	中等	较高	高	高
极无法承受	较低	较高	高	高	高

四、优点、劣势与应用扩展

（一）优势：简单容易施行

该方法利用可能性和后果性的组合就能评估固有风险，不再需要行业均值解决固有风险的阈值问题，解决了地方性法人金融机构的无法收集同业数据的难题。评估方法简单且容易操作，适合评估产品类型有限、客户群体简单或渠道较为单一的地方性法人金融机构，对于规模涉及全球（国）、产品多样、渠道广泛的全球性金融机构则不适合本办法，主要原因是不同国家或地区对反洗钱工作具体的规定和要求存在差异，对洗钱风险事件的定义也将发生变化，从而导致的后果严重性差异致

使无法简单将某个地域、产品、客户群体或渠道的洗钱风险事件直接加总计算。

（二）缺点：数据处理分析要求更高

但该方法对数据治理提出了更高的要求，不仅需要收集各种内部和外部的业务数据，还需要对这些数据进行一定的处理和分类，从而全面地计算出洗钱风险事件。例如，人民银行的行政调查一般涉及洗钱案件，可以视为洗钱风险事件的重要来源。但行政调查所含的信息必须经过分析才能使用，需要把所涉及的地域、产品、客户和渠道的信息进行分类整理，再和其他数据进行加总或其他方式汇总成某个地域、产品、客户或渠道总的洗钱风险案例数据才能采用矩阵进行评估。其他渠道数据也需要进行类似处理才能够使用。

（三）应用扩展

该方法除对固有风险进行评估外，还可以根据数据类型的不同对控制措施的有效性和剩余风险进行评估。如前文所述，当洗钱风险案例中为行政调查、当地洗钱罪上游犯罪判决情况、电信诈骗名单等固有风险的数据时，评估出来的为固有风险状况。如果洗钱风险案例中包括客户尽职调查的要素不全、大额交易迟报、未按规定进行异常交易的分析甄别等控制措施数据时，则能评估出控制措施的有效性。如果按照地域、产品、客户和渠道分门别类把内外部洗钱风险案例数据加总，该方法则能评估出的当前金融机构面临的实际洗钱风险即剩余风险。在实际评估过程中，进行自评估的金融机构可根据需要选择进行何种风险评估，也可以以该方法作为其他评估方法的补充或检验。

五、对策与建议

根据对法人金融机构的调查，为有效开展洗钱风险自评估，辖区法人金融机构采取了不同的应对方式：城商行和财务公司首次自评估主要依托第三方的方案，农商行和信用联社统一接受省联社指导，村镇银行主要依托发起行支持，所以金融机构自评估方法的探索和推广任重而道远。

（一）分类施策，鼓励法人金融机构自主开展探索

从制度上看，根据《关于印发〈法人金融机构洗钱和恐怖融资风险自评估指引〉的通知》（银反洗〔2021〕1号），允许金融机构可以根据自身情况制订自评估方案；从全国法人金融机构的规模来看，既有工农中建等全球性商业银行，也有服务于县域的村镇银行，业务规模的差异反映出金融机构在地域、产品、客户或渠道固有风

险的千差万别，所以应该鼓励法人金融机构积极探索适应自身情况的评估方案。

（二）强化业务指导，加大调查研究力度

洗钱风险自评估无论是对于人民银行分支机构，还是地方性法人金融机构都是一个新事物，对评估体系的建设和完善还需要一段时间的探索。各地人民银行分支机构应强化所在地法人金融机构自评估工作的指导，参与风险自评估工作的重要环节，切实把控自评估工作的质量。法人金融机构应在"干中学""学中干"中，根据自身实际情况逐步优化评估指标和方法，努力创新评估方案，总结评估经验，不断夯实自评估工作的理论基础和实践基础。中国人民银行分支机构和地方性法人金融机构应在工作过程中加大对自评估工作存在问题的调查研究力度，提出切合实际、具有可行性的建议，提升洗钱风险自评估工作质效。

（三）强化培训，做好经验推广

建议人民银行通过座谈会、网络课堂、召开培训会等多种方式，把符合实际情况的、全面有效的评估方法或经验通过各类方式进行推广，使得地方性法人金融机构能够学习或接触到先进的评估案例或方法，避免地方性法人金融机构陷入想做好但又无路可循的尴尬境地，并提升其自身自评估工作质量，引导其充分暴露剩余风险，采取针对性措施以提高控制措施有效性。

（四）引导积极行业协会，提升评估工作行业针对性

近年来，各类反洗钱义务机构如雨后春笋般高速发展，根据《金融机构编码规范》，金融机构种类已有 32 类，其中尚未包括纳入反洗钱监管的支付机构和即将纳入反洗钱监管的特定非金融机构，义务机构类型众多意味着自固有风险评估体系的也需要多样化。因此，有必要强化行业协会的作用，发布适应行业特点的自评估工作指引，指导成员单位开展自评估工作。

参考文献

[1] Financial Markets Authority New Zealand. "Risk Assessment Guideline". https://www.fma.govt.nz/compliance/guidance-library/amlcft-risk-assessment-guideline/.2018-05.

[2] The Government of The Grand Duchy of Luxembourg. "NATIONAL RISK ASSESSMENT OF MONEY LAUNDERING AND TERRORIST FINANCING". Brochure-import-version-04082021-002-.pdf (gouvernement.lu).2020-9-15.

[3] The World Bank. "The World Bank Risk Assessment Methodology".Risk_Assessment_World_Bank.pdf (fatf-gafi.org).2018-3-14.

[4] Republic of Serbia. "RISK ASSESSMENT OF MONEY LAUNDERING AND RISK ASSESSMENT OF TERRORIST FINANCING".http：//www.apml.gov.rs/uploads/useruploads/Documents/2256_risk-assessment-eng.pdf.2020-6-24.

[5] U.S. Department of The Treasury. "NATIONAL MONEY LAUNDERING RISK ASSESSMENT".https：//home.treasury.gov/system/files/136/2018NMLRA_12-18.pdf.2018-12-18.

反洗钱视角下金融机构制裁合规柔性管理策略初探

■ 反洗钱新型监管关系研究课题组[1]

摘要： 当前，国际金融制裁规则不断异化、延展，给金融机构带来了不可忽视的潜在风险和全新挑战。建立一套柔性合规管理体系，已日益成为金融机构应对国际金融制裁变化不利影响、为全球展业保驾护航的必然选择。本文从分析当前经济、金融制裁的影响出发，基于以风险为本的反洗钱工作，提出了一套力求最大程度将合规管控与展业的内在动力趋同，推动合规风险治理前移，实现合规风险全面收敛的、新型反洗钱及制裁合规管理架构，并针对合规生产方式变革、建立多方联合风险管控平台等提出了工作建议。

关键词： 反洗钱　制裁合规　全面风险管理　柔性管理　合规架构

一、金融制裁与其时代特征衍进

（一）金融制裁的基本内涵

经济制裁是"二战"后最为重要的制裁工具，随着金融全球化的不断深化，金融制裁作为一种国际非对称打击工具，逐渐成为制裁的重要手段之一，具有低成本、易执行、强威慑、易调查等特点。本文的金融制裁是指一个或多个国家（地区）或国际组织依托其金融地位发起的，综合运用一种或多种金融媒介、政策、工具，限制被制裁对象的资金流动、金融活动等，改变目标对象的政策和行为的惩戒性方式，

1　课题组成员包括：彭肇文、姜山、张娜、张家齐、胡祥文。彭肇文、姜山供职于国家开发银行云南省分行；张娜供职于国家开发银行云南省分行法律合规处，张家齐供职于国家开发银行云南省分行法律合规处，胡祥文供职于中国人民银行昆明中心支行。

是当前经济制裁的重要组成部分。从主体看，多为由美国、联合国、欧盟等发达国家／地区、对被制裁对象发起。从客体看，受制裁对象可以包括国家、地区、公司、个人、组织等。从措施看，金融制裁往往作为经济制裁或是全面制裁的重要组成部分，与其他制裁措施伴生，一般包括对制裁对象实施一种或多种，没收、冻结资产；暂停、取消援助贷款、援助款项；切断指定币种获取能力及渠道；不对特定对象提供服务等措施。这些举措实质上是将被制裁实体隔离在国际银行间市场、外汇市场和支付清算系统外。

（二）金融制裁时代特征的演进

一般认为，联合国 1946 年颁布的《联合国宪章》及安理会系列决议是较为权威的国际金融制裁基础制度，主要针对威胁、破坏和平、稳定的特定对象，实施包括金融制裁在内的系列措施。银行金融机构是联合国实施冻结措施的主要执行主体，联合国要求各义务实体及时冻结被列入名单的实体控制或拥有的资金、资产或经济资源，鉴于其一般基于较明晰的负面清单制，对于金融机构管控难度总体不高。

与此同时，以美国为代表的，具备一定金融比较优势的国家／地区，在其法律框架下，不断延展实施金融制裁。尤其是受全球政治博弈、经济竞争及科技进步等诸多因素影响，其金融制裁的规则在过去近百年的时间里也在不断演变，其特征亦随时代改变而改变。

1. 空间上，呈现连片化、斑块化的地域特征，并有扩散趋势，制裁对象数量持续提升

如 1941 年 7 月，在日本宣布了"加速南进"的政策后，美国政府冻结日本在美资产，对日制裁。1950 年朝鲜战争爆发之后，美国政府将朝鲜作为被制裁对象，在随后的几十年中，美方扩大制裁范围，被其全面制裁的国家／地区不断增多。截至目前，根据美国海外资产管理办公室信息，共有 36 项有效制裁计划，被列入 SDN（特别指定国民和被封锁人员名单）的超过 6000 余个实体，并对伊朗、朝鲜、叙利亚、古巴以及克里米亚地区仍然保持全面制裁。

2. 时间上，存在突发性、持久性或不确定性。单边制裁往往一夜落地，存续时长悬殊，相关方容易一并被动坠入"危机应对"模式

1979 年"伊朗人质危机"爆发后，美国发布第 12170 号行政令，冻结伊朗在美资产，随后制裁不断升级、金融制裁范围不断扩大；1996 年出台的《伊朗交易条例》将制裁适用对象扩大至非美主体。同时，美国多届政府在伊朗问题上的态度摇摆不定，给全球贸易合作带来较大不确定性，金融机构管控难度相对较大。

3. 范围上，单边规则的逐步泛化，部分制裁边界模糊

经过数十年发展，美国长臂管辖的适用范围从司法扩展到立法、行政等多个领域，打击范围从美国司法管辖权范围之内的初级制裁扩展至次级制裁。其所谓的次级制裁对象是全球范围内的任意实体，尤其是金融制裁，已逐渐成为美国实现其政治、经济和外交战略的重要工具。如自 2015 年以来，美对委内瑞拉发起数轮制裁，并将 100 多个委内瑞拉个人和实体列入 SDN。核心是为了限制马杜罗政府获取融资的能力和渠道，同时，也大大影响了其他国家与委内瑞拉的合作。此外，2018 年美国 13846 号行政命令继续延展制裁权力，保留其对追究从事可受制裁行为企业的母公司权力，导致制裁合规风险可能由公司股权通路跨地域传导。

4. 方式上，更加多元化、立体化，越来越多地采用定向制裁工具

由初期传统的冻结或没收资产等，拓展到行业制裁、限制美元融资、切断美元渠道、限制或禁止进入美国金融市场、阻止其他金融提供服务等，制裁方式向"聪明制裁"转变，力求更加精准、有力地打击制裁对象。

二、金融机构面临的风险挑战及对策分析

（一）风险挑战

掣肘于美元清算、结算体系，不断异化、延展的制裁规则给全球展业的金融机构带来了不可忽视的重要潜在风险，也对传统多层级部门制的管理架构提出了新的挑战。当前，全球正经历新一轮的大变革，金融、贸易秩序加速迭代，建立一套柔性合规管理体系成为金融机构全球展业的刚需。

1. 对金融机构响应速度提出了新挑战

国内外反洗钱及制裁合规名单调整后，金融机构需快速实现内部风险的发现、评估与控制，这对金融机构负面名单响应能力提出了更高要求。

2. 对金融机构处置速度提出了新挑战

反洗钱法规、监管政策及国际金融贸易规则调整后，对于原则性规定，金融机构需及时识别、科学评估风险边际变化，并迅速形成措施，调整机构总体的风险控制合规边界。

3. 对金融机构合规传导提出了新挑战

反洗钱和制裁合规指导和风险发现通常位于全业务流的两端，合规要求需自上而下，依托制度转变为管控力；而风险发现需要依靠自下而上的有效反馈。如何有效激活业务部门合规管控内在动力，把监管要求快速转化为一线合规生产力，成为

是否可实现风险管控实质有效的重中之重。

（二）应对策略及架构设计

《法人金融机构洗钱和恐怖融资风险自评估指引》（银反洗发〔2021〕1 号）成为我国金融机构深入实践风险为本原则，识别、评估风险，优化资源配置的重要指引。本文基于风险为本视角，在参考《OFAC 制裁合规计划》、《全球契约》及《诚信合规指南》等相关治理标准、思路的基础上，探索提出构建一套风险为本，具备快速响应能力，高效识别传达的新型管理机制。其导向是在满足国内外等反洗钱和制裁合规（以下简称合规）体系要求的基础上，以风险为本，力求最大程度将合规管控与展业的内在动力趋同，推动合规风险治理前移，实现合规风险的全面收敛。

这种体系的轮廓可归纳为"刚性边界、多维矩阵，柔性管理、利益趋同"。其变革的核心本质：一是从"后端管理"的"合规标准件"输出转向"前端管理"的主动风险发现。二是建立"自上而下"的合规架构和"自下而上"的场景化、长期化的风险揭示。三是将"要我合规"的被动模式转变为"我要合规"的理性选择。四是最终通过制度的系统化集成，形成具备延展特质的柔性管控体系。

三、反洗钱和制裁合规柔性管理架构概述

（一）架构管理架构

1. 第一层——决策层

负责审定全行反洗钱及制裁合规管理中长期规划，形成机构的年度行动计划、3 年滚动实施方案及 5 年建设计划，确定管理策略及风险偏好，执行以风险为本的高级管理层承诺，形成顶层设计。

2. 第二层——专家中心

对制度集中和才智集中，将顶层规划、管理策略转译为施工图，实现内外部制度的动态协同，形成优化策略的时序安排，其中协同速率、准确性成为其中的关键事项。一是对国内外法规政策进行系统研究，针对不同国家、地区形成区域化的策略包，绘制具备国际视野的反洗钱合规图谱。二是乘势数字科技，削减中间环节，对前端各业务单元及执行人进行扁平化的管控力评估，建立"1 对 N"的伞状扁平化评价体系。三是金融产品进行分级化风险管理。四是整合政策、产品、人员、系统，形成一致性行动方案，并具备分钟级的生产流调整能力。

3. 第三层——业务单元

执行差异化管控方案，负责合规遵从、风险发现及信息反馈。

（二）构建合规控制多维矩阵

专家中心根据国内外法律、制度要求，划定必须遵从的边界红色信号线；结合本机构风险策略，绘制控制黄色信号线；针对模糊性、原则性的外部规定，结合金融机构实际，描画蓝色信号线。根据重要性、优先级及全流程时序，在合规流程控制中形成红、黄、蓝三色控制点，并根据外部的政策调整，时时调整三色边界，对应增减控制点，设立风险预警提示信号，再与生产流耦合为矩阵式合规网络，完成从法、规、律、策到生产系统的合规投射。

（三）分级管控与动态赋权

首先基于系统对全机构执行人及分支机构进行批量化测试、评估，形成高、中、低三类或多类管控力评价；其次，设计分级管控计划，依照评价结果分类实施；最后，结合管控工具箱，以差异化的合规成本和动态赋权推动分支机构主动管控，将反洗钱尽职调查流程标准化、履职标准化、留痕标准化，建立可量化的履职评估、评价，促使合规和展业的利益趋同，避免干好干坏一个样。

低管控力机构：与生产端协同控制，上收部分权限，增加合规审批节点，约束合规／业务人员占比，提高全链条合规工作负荷，推高报告、培训、检查、审计频次，实现红、黄、蓝管控点严格全覆盖，督促其从理性经济人的角度，主动升级管控能力。

中管控力机构：执行管控基本计划，对红、黄管控点覆盖。

高管控力机构：仅对必要点管控，最大限度简化审批流，最大程度降低合规工作负荷，释放人力资源为生产端提供更大支撑。

（四）主动风险发现

将主动风险识别长期化，形成与单个项目审批在时序上的错配。避免"审贷前"迫于业务压力，顾短弃长，对潜在风险主动漠视或被动妥协等给金融机构带来的信用下沉。一是风险发现自动化。建立反洗钱和制裁合规自动化筛查平台，关联集团、客户维度、地域及合规政策间的组合要素，构建预警、自动判别及风险事件处置的动态机制，同时，在机制上应充分统筹运用 KYC（Know-Your-Custower，充分了解你的客户）原则的全面性、科学性为机构风险控制提供坚实的前端支撑。二是主动风险识别。通过鼓励、奖励、分派机制，引导不同岗位从不同角度进行长期政策研究，要求主动风险发现和记录。三是风险识别沉淀。建立系统化信息、风险归纳体系，通过在信息平台上以处置日记等形式强制归集风险判别、规避的经验与案例，规避重复探路，防止因离职、岗位轮动、提拔造成的能力真空。四是按照保密要求分级管理。

（五）建立风险、价值发现的信息中枢

一是基于国内外法规、制度、判例以及内部研究成果建立起全球合规政策研究库，将单点信息编织为网。二是组建供研究、分享、报告的"筹智"信息交流平台，组织业务单元／机构申领课题，发布管理指引、政策解读及常见问题解答，实现制度、系统的弹性管理。三是整合客户信息，外接"信用中国""天眼查""道琼斯"等外部平台，组建全球企业风险信息库，整合政策、企业、项目及信息库，形成信息中枢，通过自动化、AI 化的数据挖掘，为客户画像，为风险发现提供支撑，克服"合规幻觉"。

（六）滴灌培训与广域发现

一是在前期的平台及"筹智"成果基础上，针对"点、线、面"及不同业务、不同岗位、不同场景开设培训课程，通过情景化、案例化培训，实现逐业务单元／机构、逐员培训的全覆盖。二是通过独立审计、测试、自查，奖励风险申报，发现体系中管控盲点、低效点等具备普遍性的广域问题，对体系进行螺旋式优化与补强。

（七）制度缩量的集中、集成

增加内外部制度黏性，破除制度条线藩篱，设立制度管理中心，对制度进行缩量整合，与生产线形成横纵体系，严格条线边界，提升风险行为管控力，大幅缩减纸质审批，实现风险在业务链上的全面收敛。同时，对应场景形成操作手册、分册、事例，通过系统化集成，降低执行成本。

四、基于全面风险管理下的合规生产方式变革

（一）建立全球风险共享平台

银行的本质是经营风险，展业与风控是一个硬币的两面，如何在人力资源极其有限的情况下，实现生产端与风控端的最优均衡，是银行经营的长期课题。积极主动融入"一带一路"倡议实施，是金融机构的责任与担当；做强做大国际业务，也是多数有志企业的展业梦想。走出国门参与全球竞争，首先需面对的就是国际法律、合规风险，其中反洗钱及制裁合规具有显著的极化效应，处理不当则会对企业产生巨大的甚至毁灭性的风险，这也成为多数企业想为而不敢为的拦路虎。是否能够快速、高效建立起实质有效的反洗钱和制裁合规风险管控体系成为展业的瓶颈之一。一种解决方式是"一指用力"，即以单一企业为界，凭借其自身合规沉淀，逐步构建自身的反洗钱和制裁合规管理体系。另一种解决方式是"聚指成拳"，即在前述柔性管理体系基础上，在符合数据、制度保密要求的前提下，乘势信息科技，依托

具备丰富国际业务经验的金融机构长期累积的才智资源和风险管控实践经验，构建起一个适用于中国企业全球展业的"筹智"共享平台，通过各方长期的智慧、实践累积，汇集全面风险控制的产业、金融海外客户集群，将前期沉没成本转为帕累托最优，继而逐步形成产业、金融的集成能力，以国家利益为锚，共享平台为纽带，组建红色方舟，多方共商共建共享成果，有序竞争，更高效地支持"一带一路"建设。

（二）构建反洗钱和制裁信息平台

可比照英、美等多国通过发展公私合作的信息共享伙伴关系（FISP）管理思路，加强各相关管理部门、金融机构及国内外信息沟通效率。一是搭建联合监管数据中心。汇集人民银行、公检法、商务、工商、海关、金融机构等部门的反洗钱和制裁合规相关行政资源和信息，实现信息采集、使用、交换的高效集中处理。同时，结合部门职责定位，对于不同数据进行分层级赋权管理，在科学运用的同时，防止数据滥用。二是搭建国际监管平台。依托各国主管部门，搭建全球反洗钱数据"朋友圈"，拓展国际反洗钱情报交流渠道。三是建立金融同业交流平台。鼓励通过正式与非正式沟通并行的方式，在可疑交易申报对象管理、负面名单客户同业协作等方面强化同业管理经验、交流效率。四是加快反洗钱黑名单数据库国产化进程。积极引导国内企业开发全球反洗钱黑名单数据库相关风险检索、防控服务，逐步实现全链条自主可控。

（三）畅通行业专业人才集聚路径

一是分梯级的能力认证。推动建立全国性多层级反洗钱和制裁合规能力认证体系，分梯度建立人才储备机制。二是推行分层级的定制化、标准化培训。推动有层级、有行业区别的反洗钱标准化培训，提高机构高级管理层、中层及执行层履职培训契合度。三是出台符合合规特质的人才培育政策。反洗钱和制裁合规多属于合规控制中心或是"成本中心"，从业人员往往上升、发展空间有限，难以形成人才集聚。建议对从业人员加大鼓励、激励力度，出台单列的差异化识人、用人政策及方案，形成人才集聚。

参考文献：

[1] 张燕玲. 金融业反洗钱问题研究 [J]. 国际金融研究，2002（11）.

[2] 陶士贵，姜薇. 中资银行"走出去"应对反洗钱制裁的思考——基于农行纽约分行被美国反洗钱制裁事件 [J]. 财会月刊，2018（4）.

[3] 岳留昌. 反洗钱与合规管理洞见 [J]. 中国金融，2018（7）.

[4] 罗璠、詹琪、杨茗 . 美国金融监管处罚的特征及趋势 [J]. 西南金融，2019（9）.

[5] 仇小婧、卞正 . 国际金融制裁风险及应对策略研究 [J]. 现代金融，2019（6）.

[6] 童文俊 . 当前国际金融业反洗钱形势的主要变化与政策建议 [J]. 西部金融，2012（7）.

[7] 何为 . 从国际制裁看合规管理 [J]. 中国外汇，2018（17）.

借鉴证券服务机构监管经验，加强对反洗钱服务机构的监管

■ 吴卫锋　林智伟[1]

摘要：当前我国反洗钱服务市场缺乏规范，产生了"逆向选择"和"道德风险"问题，已经对市场的健康发展造成了严重阻碍，并威胁到国家经济金融安全，亟须加强监管。我国证券服务机构经过多年的监管规范，法律体系不断完善、横向监管协调机制不断健全、行业自律机制渐趋有效，证券服务机构的执业质量不断提高，有力促进了资本市场的健康发展。他山之石，可以攻玉，应借鉴证券服务机构的监管经验，建立我国反洗钱服务机构的监管制度，推动我国反洗钱服务市场健康发展。

关键词：反洗钱服务机构　证券服务机构　监管

反洗钱服务机构主要包括提供反洗钱审计、反洗钱咨询、反洗钱系统及软件、系统与模型验证、反洗钱培训、反洗钱整改验收、风险评估及分类评级、整改协助、监管指定检查等服务的专业市场机构。证券服务机构是指会计师事务所、律师事务所以及从事资产评估、资信评级、财务顾问、信息技术系统服务的证券服务机构。反洗钱服务机构与证券服务机构具有一定相似性，建议借鉴证券服务机构的监管经验，加强对反洗钱服务机构的监管。

一、当前我国反洗钱专业服务市场存在的问题

（一）反洗钱服务机构的信息泄露可能威胁国家经济金融安全

我国反洗钱义务机构涵盖大型银行、券商、保险、基金等全国性大型金融机构，反洗钱服务机构向上述机构提供反洗钱服务时，不可避免地会接触这些机构的客户

1　吴卫锋供职于中国人民银行福州中心支行，林智伟供职于中国人民银行莆田市中心支行。

信息、交易数据、反洗钱名单库、核心系统等敏感信息。这些信息的收集、存储和使用不仅关乎公民信息保护、商业秘密，更关乎国家经济金融安全。例如，反洗钱服务机构由于能接触到我国金融机构执行制裁情况等敏感信息，若发生信息泄露，可能会被别有用心的国家作为长臂管辖和定向制裁的借口和理由，严重危害我国国家利益。

（二）当前外资反洗钱服务机构一家独大，影响我国金融安全

目前我国反洗钱服务机构可以分为三大方阵，以全球知名的四家会计师事务所普华永道（PwC）、德勤（DTT）、毕马威（KPMG）和安永（EY），（以下简称国际"四大"）为代表的第一方阵，以国内的律师事务所、会计师事务所为第二方阵，以提供专业反洗钱咨询服务为代表的第三方阵。市场占有上，国际"四大"占据大型义务机构（主要包括国有商业银行、股份制银行、外资银行、大型城市商业银行、大型券商、大型基金公司、大型人身险公司等）的市场，第二、三方阵的服务机构发展孱弱。

反洗钱服务内容包括反洗钱名单库、反洗钱系统等涉及金融安全的敏感问题，如不加以规范，会对我国金融安全产生严重威胁。以名单库建设为例，外资服务机构控制名单库建设存在巨大风险隐患。当前我国金融机构的名单库和名单筛查系统多为外资服务机构提供，某些外资服务机构对于欧美等国发布的制裁名单行动迅速，而对我国政府依法发布的制裁名单则行动迟缓甚至消极处理，严重威胁我国金融安全。

（三）当前反洗钱服务市场缺乏规范，影响市场健康发展

1. 行业标准与执业准则缺失

目前反洗钱服务机构处于"自由生长"阶段，专业化程度参差不齐，存在为扩大市场占有率进行低价竞争的行为，从而导致部分反洗钱咨询项目由于专业投入不足而项目效果不佳，也可能带来"逆向选择"问题。同时因市场规范化程度不足，义务机构聘请服务机构时大多依据低价原则，项目效果不能得到保障。

2. 业务开展缺乏独立性审查

调研发现，有些服务机构对同一义务机构既提供反洗钱制度流程优化等咨询服务，又承担反洗钱审计工作，这种既当"运动员"又当"裁判员"的做法，影响了独立性和公允性，易产生"道德风险"问题。

3. 机构服务质量参差不齐，专业性不足

调研发现，目前大部分服务机构对反洗钱监管和制度的理解不深入、对机构个

性化规则的理解存在差异。同时，因相关知识储备有限或人手不足，提出的建议广泛、专业性和针对性不强。例如，调研发现，某义务机构认为其聘请的服务机构在证券行业洗钱风险评估方面经验有限，不能较好契合监管要求，优化建议过于宽泛。同时目前大部分服务机构缺乏服务质量和效果的评价标准。为深入了解国内外反洗钱服务市场的发展现状，课题组采取问卷调查方式，共发放问卷 117 份，收回有效问卷 105 份，其中第三方机构 24 份，义务机构 81 份。调查显示，国内 85.3% 的服务机构没有比较具体的反洗钱服务质量评价标准或缺乏评价机制，93% 的义务机构没有建立具体的服务质量和效果评价标准。

二、证券服务机构监管经验

证券服务机构是资本市场的重要参与主体，其主要承担核查、验证、审核义务，平衡证券市场各主体之间的信息不对称，降低投资者与其他市场主体间的交易费用，发挥着资本市场"看门人"的重要作用。例如，会计师事务所独立地对上市公司财务信息进行审计，上市公司按照相关法律定期对外提供的财务报告及报表，必须经过具有证券资格注册会计师的独立审计并签署审计意见，这是财务信息流向市场的最后关卡，是确认上市公司信息披露是否真实和公允的"质量保证书"。

但在资本市场发展之初，作为资本市场"看门人"的证券服务机构并未能够恪尽职守，违法违规操作、侵害投资者权益的事件屡见不鲜，甚至出现证券服务机构配合上市公司违规造假，发布虚假报告，纵容、包庇上市公司随意调整利润、偷税漏税、骗取银行信用，极大地损害投资者以及社会公众的合法权益，扰乱了资本市场秩序，阻碍了我国资本市场的健康发展。事实上，证券服务市场的有效性无法完全依赖自身的力量（例如声誉机制）而实现，必须对其加强立法以进行有效规范。实践也证明，经过系统规范，证券服务机构的执业质量不断提高，有力地促进了资本市场的健康发展。

（一）制定了较为完备的法律体系

我国依托《中华人民共和国注册会计师法》、《中华人民共和国会计法》以及《中华人民共和国证券法》（以下简称《注册会计师法》《会计法》《证券法》），建立了对证券服务机构监管的法律体系。《证券法》明确界定了会计师事务所等证券服务机构从事证券业务的职责，同时设定了严格的执业要求。

1. 明确了上市公司审计的执业范围和备案要求

《证券法》第一百三十九条规定，国务院证券监督管理机构认为有必要时，可以委托会计师事务所对证券公司的财务状况、内部控制状况、资产价值进行审计。《证券法》同时规定，会计师事务所等证券服务机构从事证券业务，采用报国务院证券监督管理机构和国务院有关主管部门备案制度，即"双备案"制度。

2. 系统规范了上市公司审计必须遵循的执业要求

《证券法》第一百六十条规定，会计师事务所等证券服务机构，应当勤勉尽责、恪尽职守，按照相关业务规则为证券的交易及相关活动提供服务。

《证券法》建立了证券服务机构和人员限制交易制度，规定了证券投资咨询机构及其从业人员在从事证券服务时，不得有代理委托人从事证券投资、与委托人约定分享证券投资收益或者分担证券投资损失、买卖本证券投资咨询机构提供服务的证券等行为。此外，《证券法》还建立了严惩编造、传播虚假信息或者误导信息，扰乱证券市场行为的制度，强调禁止证券服务机构及其从业人员，在证券交易活动中作出虚假陈述或者信息误导。

3. 设定了严格的违法处罚措施

《证券法》规定，证券服务机构未勤勉尽责，所制作、出具的文件有虚假记载、误导性陈述或者重大遗漏的，责令改正，没收业务收入，并处以业务收入一倍以上十倍以下的罚款，没有业务收入或者业务收入不足五十万元的，处以五十万元以上五百万元以下的罚款；情节严重的，并处暂停或者禁止从事证券服务业务。规定会计师事务所为证券的发行、上市、交易等证券业务活动制作、出具审计报告等文件，应当勤勉尽责，对所依据的文件资料内容的真实性、准确性、完整性进行核查和验证。其制作、出具的文件有虚假记载、误导性陈述或者重大遗漏，给他人造成损失的，应当与委托人承担连带赔偿责任，但是能够证明自己没有过错的除外。《证券法》还建立了证券市场禁入制度，规定在一定期限内直至终身不得从事证券服务业务。

此外，《注册会计师法》和《会计法》规定，财政部主管全国的会计工作并制定国家统一会计制度，财政部门具有对注册会计师和会计师事务所的行政监督权、行政处罚权、对注册会计师协会的监督指导权和对会计师事务所的审批权。

（二）构建了监管部门与行业主管部门间的较为完善的横向监管协调机制

1. 联合制定相关业务规则，统一监管规则

如证监会、工业和信息化部、司法部、财政部联合发布《证券服务机构从事证券服务业务备案管理规定》，证监会与财政部联合发布《会计师事务所从事证券服务业务备案管理办法》《关于会计师事务所从事证券、期货相关业务有关问题的通

知》，证监会与司法部联合发布《律师事务所从事证券法律业务管理办法》《律师事务所证券法律业务执业规则（试行）》等文件，联合规范相关业务行为。

2. 实施联合执法、联合惩戒

证监会在调查涉嫌欺诈、非法披露信息的上市公司时，坚持一案双查，关注中介机构应承担的责任，立案调查中介机构在服务证券业务时是否勤勉尽责。对于发现的证券服务机构违法违规问题，证监会联合财政部开展联合惩戒，严厉处罚违法证券服务机构，采取零容忍的态度，促使证券服务机构在执业过程中做到诚实守信、勤勉尽责，真正做好资本市场的"守门人"。

3. 加强信息共享

证监会与国务院有关主管部门建立了信息共享工作机制，通过系统信息推送的方式实现信息共享，加强数据信息的共享和运用。

（三）建立了较为有效的行业自律机制

行业自律方面，会计师与律师都建立了相关的行业协会，开展自律管理。以会计师为例，中国注册会计师协会是注册会计师的全国组织。2020年9月，为贯彻落实新修订的《证券法》和国务院关于深化"放管服"改革，中注协正式印发《关于加强从事证券服务业务会计师事务所执业质量自律监管的意见》，就加强从事证券服务业务会计师事务所执业质量自律管理的全流程、全链条提出明确要求。一是丰富管理手段，健全约谈和质询制度，丰富和完善自律措施，健全事务所执业异常情况监测机制，建立监管线索档案，适时启动约谈、质询、专案调查等监管程序。二是加大管理力度，全面实施"双随机、一公开"监管，优化周期性检查安排，完善惩戒申诉机制，优化工作流程，加大对事务所首席合伙人、审计业务主管合伙人、质量控制主管合伙人、审计业务项目合伙人等关键岗位人员的责任追究力度，强化监管信息披露，提升惩戒威慑力度。三是拓展管理功能，开展常态化诚信教育，实时监测事务所执业情况，加强对事务所从事证券服务业务的评估和辅导，开展执业质量检查"回头看"并深化周期帮扶机制，加强专业技术支持，推动建立涵盖联动管理、事中事后管理、信用管理在内的综合管理机制。

三、反洗钱服务机构与证券服务机构比较及政策建议

（一）反洗钱服务机构与证券服务机构具有一定相似性

一是两者均为服务对象和监管部门以外的"第三方机构"，所开展的业务性质决定了它们必须具备一定的专业性、独立性和权威性。

二是两者的行业主管部门和业务监管部门不同。从事证券服务的会计师事务所、律师事务所的主管部门分别为财政部和司法部，当其从事证券业务时，受到证券行业主管部门以《证券法》为依据的业务监管。与此模式相类似，反洗钱专业服务部门的机构主体一般为会计师事务所、律师事务所、管理咨询公司、软件服务提供商等机构，机构主体本身受到行业主管部门的监管。当这些机构提供反洗钱专业服务时，也应当受到反洗钱行政主管部门的业务监管。行业主管部门和业务监管部门分工协作，各司其职，共同维护所在行业健康稳健地发展。以会计师事务所为例，财政部是注册会计师行业的主管部门，主要履行制定和发布独立审计准则、机构和人员资格认定、违法行为查处的职责。当会计师事务所从事证券业务或反洗钱业务时，由于对证券行业和反洗钱行业有重要影响，出于维护证券行业和反洗钱行业的健康有序发展以及监管资源配置的专业性、有效性的考虑，需要证券行业主管部门和反洗钱行政主管部门参与对会计师事务所的业务监管管理。

三是两者都存在一定程度的声誉机制失效难题，需要业务监管来维护行业健康发展。从本质上，无论是证券服务机构还是反洗钱服务机构，都是信誉中介，为相应市场提供验证和认证服务，实际上是承诺建立一个声誉资本，持续为众多客户提供类似服务。尽管声誉机制理论上的逻辑比较清晰，但实践表明，两个市场服务有效性均无法完全依赖声誉机制而实现，在发展过程中均出现了一些难题。如在证券服务市场发展早期，从事证券业务的会计师事务发生了不少会计信息失真、审计程序不到位、出具虚假审计报告等乱象，对公众利益和市场经济造成了不利影响。同样近年来随着反洗钱服务市场的不断发展，反洗钱服务机构也逐渐出现了服务质量良莠不齐、缺乏评价标准、低价不当竞争、独立审查缺位、道德操守败坏、寡头垄断等问题，已经对反洗钱服务市场的健康发展造成了严重阻碍。

（二）对策与建议

借鉴证券服务机构的监管经验，建立我国反洗钱服务机构的监管制度，推动我国反洗钱服务市场健康发展，提升我国反洗钱工作有效性，充分发挥反洗钱在维护国家安全、金融安全和社会稳定中的作用。

1. 完善反洗钱服务机构的监管法律制度

一是借鉴《证券法》相关规定，在《反洗钱法》中明确反洗钱行政主管部门认为必要时，可以委托反洗钱服务机构对反洗钱履职情况开展审计、指定检查及整改验收等监管协助措施。

二是建立反洗钱服务机构"双备案"制度。在《反洗钱法》中明确反洗钱服务机构提供相关反洗钱服务时，采用报反洗钱行政主管部门和国务院有关主管部门备案制度。国务院反洗钱行政主管部门负责对反洗钱服务机构进行指导和监督，反洗钱服务机构的行政主管部门负责对机构提供的反洗钱专业服务行为进行规范与管理。

三是建立反洗钱服务机构必须遵循的相关执业要求。明确要求反洗钱服务机构应当勤勉尽责、恪尽职守，按照相关业务规则提供反洗钱服务。建立竞业禁止制度。为防止利益输送和道德风险，要求反洗钱服务机构开展独立性审查，如禁止反洗钱服务机构对同一义务机构既提供反洗钱制度流程优化等咨询服务，又承担反洗钱审计工作。

四是建立对违法违规反洗钱服务机构的惩罚机制。规定反洗钱服务机构未勤勉尽责、编造虚假信息或在提供反洗钱服务过程中存在包庇、欺骗、隐瞒等，没收业务收入，并处以一定罚金，同时在一定时期内限制反洗钱服务机构提供服务的种类，情节严重的，要求机构暂停提供反洗钱服务。

2. 完善反洗钱行政主管部门与反洗钱服务机构行业主管部门间的横向监管协调机制

完善反洗钱工作部际联席会议制度，反洗钱行政主管部门联合相关反洗钱服务机构行业主管部门制定相关业务规则，统一监管规则，加强信息共享，并探索开展联合执法，联合惩戒。反洗钱行政主管部门在检查监督反洗钱义务机构履职情况时，关注反洗钱服务机构应承担的责任。

3. 加强反洗钱服务机构的行业自律

依托相关行业自律组织，丰富和完善自律措施，建立对反洗钱服务机构的定期抽查和通报机制。搭建常态化对话机制，开展反洗钱服务市场论坛或座谈活动，加强监管部门、义务机构、反洗钱服务机构及行业协会等多方沟通交流，构建反洗钱服务市场生态系统，促进反洗钱服务市场健康快速发展。

虚拟货币反洗钱研究

■ 傅长乾[1]

摘要： 虚拟货币是非货币当局发行、采用区块链等技术的数字化代币，具有去中心化、全球流通、不可复制、高度匿名等特性。从 2009 年最早的比特币（BTC）发行至今，虚拟货币已超过了上千种，总市值超过 2 万亿元人民币。快速发展的虚拟货币市场，对我国的金融体系造成冲击，海量资金依托虚拟货币游离监管，与贩毒、网赌、电诈、资恐等传统犯罪合流，成为违法犯罪资金黑产支付结算、隐匿转移、跨境洗钱的资金通道，严重影响国家政治安全、金融安全和社会稳定。

关键词： 虚拟货币　洗钱　打击对策

近年来区块链技术不断发展，基于密码学和区块链技术的虚拟货币应运而生，此种金融领域的新兴产物迅速受到前沿投资人的追捧，但也因为其具有去中心化、匿名性、全球性等特点，成为不法分子洗钱的新型作案工具。大量掩饰、隐瞒上游犯罪所得和产生的收益通过虚拟货币进行非法转移，巨额来源不明的资金游离于国家监管体系之外，对国家政治安全、经济安全造成严重威胁。鉴于相关法律法规、监管机制尚未完善，侦办利用虚拟货币洗钱案件在司法实践中成为一大难点。本文分析和探讨利用虚拟货币洗钱犯罪的现状和侦办此类犯罪案件的难点，总结对策和思路，对有效打击利用虚拟货币洗钱犯罪提供参考和借鉴。

一、虚拟货币的性质和特点

虚拟货币是一种基于节点网络和数字加密算法的虚拟货币。虚拟货币的本质是

1　傅长乾供职于江苏省公安厅经侦总队金融犯罪侦查科。

分布式网络中的一组特殊加密数据，这组加密数据依靠计算机加密算法来保障其归属权，并以区块链的分布式公共账本来记录历史交易数据。虚拟货币具有三大特点：

1. 去中心化

与依赖国家信用为担保发行、流通的中心化的传统货币不同，虚拟货币是没有中央发行机构或实体发行设备的，其以区块链和哈希加密算法作为底层工作原理、以分布式账本为共识机制、以竞争记账权作为激励模式、以交易相对人的承认接受为价值基础，产生了用户与记账者（又称"矿工"）群体共存互利的社会生态系统，建立了去中心化的交易支付体系。

2. 匿名性

在虚拟货币体系中，所有参与者都是由一串字符组成的地址作为钱包地址，交易采用公私钥配对的匿名方式，交易信息仅包含两个钱包地址、交易数量、交易哈希值、时间戳等，交易双方的任何个人信息包括 IP 地址等都不能查看，使得交易双方的账户身份与其真实身份脱钩。这种匿名化的方式保证了用户的隐私。

3. 全球性

虚拟货币是以区块链技术为底层架构的，由于区块链具有广泛的共识性和普遍的适用性，区块链节点遍布全网全球。当一笔交易通过节点发出时，全球所有的节点都在对该笔交易进行记录。同时由于地址与地址之间是不分国界的，无论交易双方是在何处，都可以轻松实现交易。区块链技术让虚拟货币的交易突破了地域的限制，成为一种国际化的交易模式。

二、虚拟货币的现状及洗钱犯罪模式

（一）虚拟货币的现状

自比特币诞生以来，虚拟货币开始逐渐兴起，虚拟货币的规模和种类逐年膨胀，总市值屡创新高，引起了人们的广泛关注。据统计，截至 2021 年 1 月中旬，全球虚拟货币市场共有币种 8265 种总市值约为 10029 亿美元，其中比特币、以太坊和泰达币列市值前三位，占比 95.19%。虚拟货币的快速升温，让人们看到了"币圈"中的"商机"，越来越多的人混迹在"币圈"中，引发了一系列"炒币""挖矿"等投机行为，给国家金融体系稳定带来不确定因素，如某某币创造了一周内上涨 10 倍的"神话"，更是引爆了"币圈"投机行为的高潮。同时，各式各样的虚拟货币交易平台骤然出现，据统计，目前全球虚拟货币交易平台已多达 700 余家。

虚拟货币的迅速火热以及其匿名性、国际流通性等特点，也使其成为不法分子用来洗钱的新型工具。电信诈骗、网络传销、网络赌博、非法集资、毒品等犯罪的涉案资金通过虚拟货币"洗白"后转入违法犯罪分子的口袋,且在2018年后呈现愈演愈烈的态势。尤其是稳定币——泰达币(USDT)的出现,为不法分子解决了比特币、以太坊等币种价格不稳定的问题,自此不法分子利用虚拟货币洗钱收益更加稳定可控。泰达币每日约3000亿美元的交易额,这在一定程度上反映出利用虚拟货币洗钱体量之大,打击此类犯罪已是迫在眉睫。

(二)虚拟货币洗钱风险分析

1.隐藏真实交易性质

虚拟货币地址交易以非面对面方式进行,在注册环节,大多去中心化钱包的注册不需填写个人基本信息。账户开设后的充值、转账等环节不进行身份验证,账户整个操作过程都可以在匿名的情况下完成,于是犯罪分子经常利用虚拟身份信息注册账号进而从事洗钱活动。如比特币,它的流通是通过一组密钥来实现,公钥是比特币的接收地址,私钥是仅持有人知道的密码,用于电子签名,而且比特币虽然在每一笔交易时向全网所有节点推送,但仅公开电子钱包地址和转移数额,使交易难以被追踪、锁定与控制。近几年虚拟货币的迅速发展,使得暗网交易量倍增。2019年杭州公安机关就破获在暗网购买毒品案件,境内犯罪嫌疑人使用比特币向德国卖家支付毒资,卖家在收到毒资后通过物流将毒品发往国内。

2.逃避外汇监管

虚拟货币无国界、去中心化的特性,使其具有广泛的适用范围,可以在世界范围内通过互联网快速实现资金的充值与转移,如比特币确认交易的时间一般不超过30分钟。同时,大多虚拟货币交易所均采用线上撮合、线下交易的方式,交易不受传统金融体系监管。购买后的虚拟货币跨境转移同样也不受外汇监管限制。买家在国内交易平台用人民币购入虚拟货币,之后转到国外交易平台上变现为美元,整个过程只需数分钟的时间。

(三)虚拟货币洗钱犯罪模式

与传统的洗钱方式相比,利用虚拟货币洗钱更为隐蔽、便捷。通常,不法分子利用虚拟货币匿名化的特征,将网络赌博、电信诈骗等犯罪所得的"黑钱"换购成虚拟货币即"脏币",随后将这些"脏币"在大量的虚拟货币地址上进行拆分、转移或将"脏币"兑换成各种不同种类的虚拟货币进行混币,为这些"脏币"设置保护层,最终再通过虚拟货币交易平台套现,实现将"黑钱"洗白。

为逃避公安机关的打击,不法分子还利用目前虚拟货币交易平台监管缺失的现状，为自己设立安全屏障。一是利用他人身份注册的虚拟货币交易平台账号进行洗钱。不法分子通过使用虚假、窃取或雇佣等方式获取身份信息，在平台注册账号，随后用该账户在交易平台操作，将黑钱洗白。如 2019 年 7 月 12 日，四川省宜宾市"江安县某地产公司"被诈骗案，被骗资金 58 万元。经查，犯罪嫌疑人通过雇佣无业人员胡某在"某币网"注册账户，然后将涉案资金转移至胡某的"某币网"钱包，通过平台购买虚拟货币 USDT，再将 USDT 分批转移至其他钱包地址，最后提转至台湾 Bi-toPro 平台变卖套现。二是雇佣他人为自己搬砖套现。不法分子通常在和币圈相关的 QQ 群、微信群中发布"搬砖套利"的信息，大肆招募他人为自己套现洗钱。又如 2019 年 8 月 26 日，曹某某被他人冒充公检法诈骗 37 万元。经查，犯罪嫌疑人将被骗资金转移至某空壳公司对公账户，用千分之四至七价差雇佣姚某、杨某等人到"某币网"、OKEX 等平台购买 USDT 虚拟货币，用对公账户涉案资金购买姚某、杨某等人的虚拟货币套现，通过场外或线下交易后，最终通过"某币网"等交易平台将虚拟货币套现。

三、虚拟货币洗钱案件侦办难点

公安机关"断卡"行动持续高压态势对常规银行卡洗钱通道造成冲击，虚拟货币成为洗钱犯罪集团的"新宠"，打击此类案件"线索发现难、资金追踪难、落地关联难"等痛点问题随之而来，尤其是虚拟货币追踪、反去中心化技术，是公安机关的短板弱项甚至空白，打击该领域犯罪成熟优秀的战术战法严重匮乏。

1. 犯罪手段发现难

利用虚拟货币进行洗钱犯罪更加隐蔽，其根源是虚拟货币基于不需要依靠中心信用的点对点式、公共分布式账本机制。虚拟货币去中心化的特质使其完全摆脱了以往中心化金融模式，巨额非法资金的转移不再依靠银行作为纽带，银行、公安、外汇管理局等部门传统的反洗钱监测模型、系统也随之失效。非法资金转移的痕迹隐匿在区块链中海量公共分布式账本中难以被发现，传统的资金穿透分析战法难以对虚拟货币类犯罪形成有效打击。

2. 人员身份研判难

由于虚拟货币的匿名性的特点，公安机关仅能查看到交易双方的地址和交易金额，无法将嫌疑地址和实际交易人进行关联。同时，不法分子还利用他人的身份信息注册的账户进行洗钱、雇佣他人为自己搬砖套现等方式刻意隐匿自己的身份，极大增加了公安机关对犯罪人员身份认定的难度。

3. 调查取证查询难

纵观利用虚拟货币洗钱犯罪的整个环节，交易平台作为区块链网络和现实世界的交易接口，是此类洗钱犯罪的必经点，也是公安机关将虚拟货币地址和人进行关联的重要途径。因此，调取交易平台的注册信息、交易数据在侦破虚拟货币类案件中尤为重要。但由于目前监管的缺失及国际合作机制尚未建立，部分虚拟货币交易平台，如coinbase、bitfinex等欧美交易所，调证通道未完善、调证周期长、调证数据缺失，涉及的国外交易平台暂无便捷的调证渠道，这些问题极大地降低了公安机关的打击效率。还有一些交易平台调证的数据无法提供公章，给案件的取证和证据的认定方面带来了极大的困难。

4. 查扣冻结管理难

虚拟货币本身不以任何形式存在，其特质，也导致没有一个中央管理机构能直接对其管控。要想实现对虚拟货币的控制，就要控制持有人的"钱包"。如果嫌疑人将虚拟货币存放在私人钱包地址内，仅依靠掌握嫌疑人钱包地址的密码或扣押其使用的硬件设备无法防止其他掌握密码的人将虚拟货币转移或变卖。同时，由于比特币、以太币等币种的不稳定性，其汇率的浮动变化较大，在成功扣押虚拟货币后，如何对扣押资产的管理也仍是司法实践中的难点。

5. 检法认定难

近年来，涉虚拟货币类案件在不断增加，从中国裁判文书网上统计分析，虚拟货币类案件2017年72起、2018年175起、2019年310起，呈现逐年上升趋势。案件类型从早期的盗窃比特币、敲诈勒索比特币，发展为现在的虚拟货币洗钱、网络传销等，作案手段不断复杂。但鉴于涉虚拟货币案件仍为新型案件，司法判例少，公检法在性质认定、证据规格等方面仍存在一定分歧。

四、打击建议和对策

1. 创新研判思路

虚拟货币虽然因其匿名性而难以追溯洗钱团伙真实身份，但洗钱犯罪行为的最终目的是获利，且犯罪流程主要为从"黑钱"到"脏币"再到法币，因此此类洗钱犯罪具有虚拟货币交易线和银行转账交易线同时进行的特征。针对以上特征，将以往资金研判方法和虚拟货币交易记录相结合，创新此类洗钱犯罪研判思路。一是以交易时间、交易金额为基准，将虚拟货币交易线和银行转账交易线进行匹配，确定非法资金转移方向；二是从银行卡持有人和虚拟货币账户持有人同时出发，扩散研判，确认洗钱团伙人员身份；三是将银行转账 IP 和虚拟货币账户登录 IP 相结合，确定洗钱团伙窝点；四是从虚拟货币交易线和银行转账交易线同时查找佣金的金额或虚拟货币，寻找其他洗钱团伙人员。

2. 完善法律法规

目前，我国对虚拟货币采取严格控制的态度，但尚未制定相关的法律法规，虚拟货币行业处于一片混乱之中。一是虚拟货币的本身的性质尚未明确，需要出台相关的法律法规，将虚拟货币融入目前中国的法律框架；二是针对当前利用虚拟货币洗钱的苗头性问题，要尽快制定司法解释，对利用虚拟货币洗钱行为、主观明知认定等进行解释，为司法实践提供依据；三是针对目前国内乱象丛生的 OTC 交易平台，要出台相关政策对其进行严格的监管和控制。

3. 创建监测系统

虚拟货币的出现，已经脱离了银行、外汇管理、公安等部门传统的反洗钱监测模型、系统，面对利用虚拟货币洗钱犯罪的高发态势，创建新型的反洗钱监测系统已是刻不容缓。因此，反洗钱部门应积极探索智能监测模型，尝试将大数据、云计算技术以及区块链技术运用到虚拟货币反洗钱监测中去。目前，江苏省盐城经侦部门已建成"数鹰"虚拟货币追踪查控平台，具备"交易流向穿透追踪、案件线索动态生成、网上证据自主汇聚、虚拟身份落地指引、宏观研判数据支撑"等 5 大功能，宏观上初步实现对虚拟币犯罪生态的战略研判，微观上能够为打击虚拟币犯罪提供全维度实战关联支撑。

4. 加强国际合作

随着区块链技术的飞速发展及虚拟货币的国际流通性，利用虚拟货币洗钱已是一个国际性的问题，加强国际合作已是必然的趋势。我国应主动与其他国家加强合作，建立快速、便捷的调证渠道，协调各国之间的管辖权问题，积极参与虚拟货币全球治理合作机制的建立，参与国际监管框架与规则制定，以积极的态度应对虚拟货币带来的挑战，维护好国家的利益。

Part II

反洗钱履职面临的
经验与挑战

互联网新媒体传播背景下反洗钱宣传工作的思考

■ 相建伟　常艳[1]

摘要： 反洗钱宣传是监管部门的重点工作，也是义务机构必须履行的反洗钱义务之一，对于普及反洗钱知识，提高群众反洗钱意识，打击洗钱和恐怖融资犯罪有重要作用。本文通过分析在新媒体传播背景下，各大视频平台"反洗钱宣传视频"的传播特点，结合实际指出当前反洗钱宣传工作难点，并就如何做好反洗钱宣传工作提出建议。

关键词： 反洗钱宣传　新媒体　视频平台

反洗钱工作对于维护国家金融安全，稳定经济秩序，打击洗钱和恐怖融资犯罪起着重要保障作用。反洗钱作为重要的公共政策，影响着经济领域的方方面面，而政策的普及有赖于科学有效的宣传工作。开展广泛的宣传工作，普及反洗钱知识，是建立以社会公众为基础的洗钱风险防控体系的关键环节。中国互联网络信息中心（CNNIC）发布了第 47 次《中国互联网络发展状况统计报告》："截至 2020 年 12 月，我国网民规模为 9.89 亿，其中网络视频用户规模达 9.27 亿，占网民总数的 93.7%。"在互联网大潮下，信息传播方式发生了重大变革，新型媒体中介（以下简称新媒体）逐步取代传统媒介，其中视频平台信息传播能力表现突出。

本文通过分析新媒体视频平台"反洗钱视频"播放、评论情况，结合实际工作现状，探讨如何在新媒体传播背景下，有效地进行反洗钱宣传工作。

1　相建伟供职于中国人民人寿保险股份有限公司泸州市中心支公司客户服务中心，常艳供职于中国人民银行泸州市中心支行。

一、新媒体视频平台及其信息传播特点

媒体，即传播信息的介质，是大众获取信息的载体。随着科学技术的发展，媒体的形式不断发生变化，以报纸、广播、电视、杂志为代表的四大传统媒体，在社会生活中的位置逐步减少。而以即时信息、视频平台为代表的新型媒体，成为人们获取信息的主要渠道。这些媒体平台具有时效性强、获取便捷、种类繁多的特点，均依靠网络技术进行传播，统称为新媒体。近几年，在新媒体中，以抖音、快手、哔哩哔哩为代表的视频平台异军突起，如由"央视频"账号发布的《警方破获案值超 20 亿元跑分洗钱案》，仅在抖音视频平台点击量就接近 300 万。对于反洗钱宣传来说，是一种影响力较大、传播力较强的媒体介质。

与传统媒体不同的是，新媒体视频平台具有中心聚集化和去中心化的双重特征。一方面，视频发布者可以成为意见引导者，通过持续不断地输出信息，打造信息源，吸引海量的关注者，引起公众聚集效应，形成信息中心化。另一方面，关注者可以通过转发形成二次传播，由单纯的受众，变为新的信息传播中心，通过不断的再传播，形成信息传播链，成为不同的去中心化形式信息传播源。

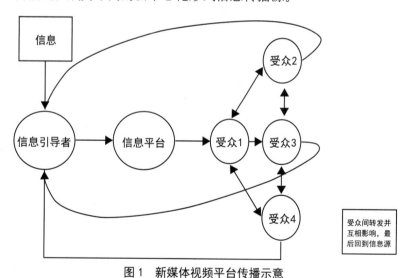

图 1　新媒体视频平台传播示意

二、新媒体"反洗钱"宣传视频播放情况分析

笔者选取 5 家视频播放平台，以"反洗钱"为关键字搜索反洗钱宣传视频，以平台推荐算法为基础，在首页选择播放最高与播放最低的视频共计 34 条进行分析，

讨论反洗钱视频传播及宣传效果产生差异的影响因素。

（一）视频在不同平台播放情况分析

经过充分的市场竞争，视频播放频率由同质化经营转变为差异化经营，根据目标受众的不同，逐渐分化为"短视频平台"和"长视频平台"。短视频平台主要以快节奏、创意性较强的视频为主，播放时间多在 15 秒至 15 分钟之间，如抖音、快手等。而长视频平台是主要以影视剧、综艺栏目为主的视频平台，播放时间多在 30 分钟以上，如腾讯视频、优酷视频等。两种平台之间并不是完全的泾渭分明，短视频平台有少量的长视频，长视频平台也会允许用户上传短视频，但占比相对较低。

表 1   不同类型平台视频播放量对比（播放量：万次）

视频	短视频平台播放量	长视频平台播放量	信息源
《警方破获案值超 20 亿元跑分洗钱案》	291.5	0.0468	央视频
《洗钱、炒钱、骗钱，揭秘真实的艺术品拍卖市场》	48.1	0.003	个人
《到底什么是洗钱，香港历史上最大绑架案有多离奇？》	42	0.0574	个人
《什么是洗钱？》	38.4	118	个人
《男子三天洗光 100 亿》	36.3	0.0487	个人
《洗钱 7.3 亿，藏身闹市的"洗钱家族"，从表亲到爷爷 52 人涉案》	36	0.004	个人
《常见的洗钱方式有哪些？你对反洗钱罪了解多少？》	26.7	0.098	某考试机构

科学地选择合适的媒介，对于信息传播有巨大的影响。通过上表播放量对比可以看出，同一反洗钱宣传视频在短视频平台的播放量远超于长视频平台。例如，由个人账户发布的《到底什么是洗钱，香港历史上最大绑架案有多离奇？》视频，在短视频平台得到 42 万次播放量，在长视频平台仅得到 574 人次点击。而反洗钱宣传视频大多数是宣导反洗钱政策，或者反洗钱典型案例，内容短小精练，播放时长一般不超过 15 分钟，具有短视频的典型特征，更契合短视频平台播放。

（二）信息传播源类型分析

在传统的公共政策传播模式中，政策制定者占据绝对地位，受众只能被动地接收信息，处于信息传播链末端，对于再传播参与度差。在既往的反洗钱宣传工作中，也表现出这一特点。由中国人民银行主导制定反洗钱宣传政策，组织各类宣传活动，形成信息传播中心；各金融机构执行政策，形成信息传播次中心，信息受众多是反洗钱从业者或直接业务相关客户，无法形成"破圈效应"。而新媒体视频平台出现后，信息传播受众不只是被动地接收信息，通过对源信息的加工创作，积极参与公共政策宣传工作中，以不同的形式来促进信息再传播。

表2 不同信息来源视频播放情况（播放量：万次）

视频	播放量	来源类型	信息来源
《警方破获案值超20亿元跑分洗钱案》	291.5	机构	央新闻
《深度揭秘王者段位的洗钱方式有哪些》	60	机构	线条社
《洗钱、炒钱、骗钱，揭秘真实的艺术品拍卖市场》	48.1	个人	个人
《到底什么是洗钱，香港历史上最大绑架案有多离奇？》	42	个人	个人
《什么是洗钱？》	38.4	个人	个人
《揭秘富人洗钱艺术》	37.6	个人	个人
《男子三天洗光100亿》	36.3	个人	个人
《洗钱7.3亿，藏身闹市的"洗钱家族"，从表亲到爷爷52人涉案》	36	个人	个人
《现金丢水桶里，好一出现实版"鸡飞狗跳"》	33	机构	大调查
《常见的洗钱方式有哪些？你对反洗钱罪了解多少？》	26.7	机构	厚大法考
《洗钱是如何进行的？3个步骤洗干净数十亿美刀》	26	个人	个人
《100亿黑钱怎么洗？犯罪集团直接列出洗钱方式》	21.5	个人	个人

汇总不同平台播放量超过 20 万次的反洗钱宣传视频，从不同信息来源数量来看，个人账号占比 60%，稍多于官方机构账号。意味着在短视频平台中，信息接收者不过分关注信息来源，而更看重视频内容本身。

（三）视频的形式和内容分析

通过对短视频平台超 10 万次播放量的反洗钱宣传视频类型进行统计发现，趣味性知识讲解类宣传视频播放量占比最高，这类视频大都以轻松幽默的方式对反洗钱知识进行讲解，受众容易接受，转发、评论欲望强。如视频《深度揭秘王者段位的洗钱方式有哪些》，该视频标题加入了社会上火爆的游戏段位作为吸引关键词，深度揭露常见洗钱手法的基础上再次加强语境。视频通过剪辑大量影视剧镜头及反洗钱宣传片，借助风趣的语言，吸引受众观看，播放量达到 60 万次、点赞 5844 次，评论 740 条，互动效果良好，起到了优秀的反洗钱宣传作用。其次为案件分析类，如《洗钱 7.3 亿，藏身闹市的"洗钱家族"，从表亲到爷爷 52 人涉案》，以四川宜宾实际发生的洗钱案件向观众讲解洗钱的手段和危害，达到了 36 万次播放量。而通过统计可以看出，观众对于单纯拼接剪辑类的反洗钱宣传视频兴趣较低。

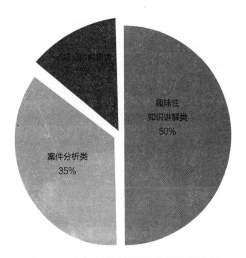

图 2　超 10 万次播放量的不同类型视频占比

总的来说，信息的传播具备规律性，尤其在应用新媒体技术时，要建立平台思维，根据不同的宣传受众，选择最佳的平台类型，打造接受度高的宣传内容，才有助于迅速打破空间和时间限制，达到宣传工作期望的效果。反洗钱宣传工作是信息传播的具体化，更要遵循这些规律。

三、目前反洗钱宣传工作难点

反洗钱宣传工作需要借力于宣传方式与宣传平台，而以往的街头宣讲、发放宣传资料模式吸引力降低，信息传播作用减弱，所以中国人民银行反洗钱部门及各金融机构意识到新媒体传播的重要性，纷纷开通公众号、视频平台账号进行宣传，但目前仍面临一些难点。

（一）尚未建立高传播性的互动体系

涉及公共事务及宣传教育的政府部门大多注册了各类短视频平台账号，如在抖音视频平台，新华社拥有 3940.7 万粉丝，获得点赞量 7.3 亿；共青团中央，粉丝 679.6 万，获得点赞量 1.6 亿，《中国银行保险报》拥有粉丝 75.6 万，点赞量 545.4 万。通过在短视频平台发布大众喜闻乐见的内容，极短时间内就可以迅速宣传国家政策，信息传播力非常强。而在反洗钱宣传工作领域，尚未形成此类具有高传播性短视频信息源或信息引领者。

（二）缺乏专业化的运营与推广

运营就是通过一些专业化的干预手段来提升信息受众聚集力，提升信息传播有效性，把合适的内容推送到合适的平台。良好的运营要求具备对事件热点的捕捉能力和对材料亮点的编辑能力，更重要的是持续的信息输出，从而提高受众关注度。目前反洗钱宣传工作多由反洗钱从业人员负责，不熟悉新媒体信息传播规律，且行业内缺少组织协调，单纯地由一家运营存在很大的困难，形式上不能创新，内容上不能持续输出。

（三）宣传质量有待提高

通过对播放量较低的反洗钱宣传视频进行分析，从形式上来看，播放量最低的首先是传统类型的宣传片，在新媒体渠道此类视频播放量大多不过万。很多宣传片直接命名为《××反洗钱宣传片》，不能够吸引人点击。部分宣传片制作技术落后，以简单生硬的动画作为演示方式，质量粗糙。此外人们多以放松心态观看短视频，而宣传片形式过于正式，受众点击动力不强，更适合在公共场所进行展播。其次为新闻报道类视频，大多为地方媒体制作投放，关注量少，网络影响力低。

从内容上来看，低播放量反洗钱视频多为单纯的理论讲解，如《2020 年银行业反洗钱新政策法规与操作实务》讲解，专业性太强，互动性低，不适合作为反洗钱宣传资料。部分金融机构进行宣传时忽略以案说法的重要性，没有意识到具备故事性的宣传资料在信息传播中的重要作用。

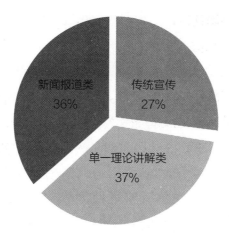

图3 低于1万播放量的不同形式视频占比

四、互联网新媒体反洗钱宣传工作思考

我国党中央、国务院于2020年大力推进数字政府建设，使我国电子政务服务水平提升至第45位，处于领先行列。所以，反洗钱宣传工作更应抓住数字化浪潮和契机，借助互联网新媒体，拓宽宣传面，加深宣传力度，提升宣传效率。

（一）全行业联动提高反洗钱新媒体宣传重视度

1. 打造中国人民银行信息传播中心

中国人民银行利用新媒体平台牵头打造反洗钱官方宣传账号，在系统内部选拔反洗钱新媒体人才，搭建专业团队负责运营和推广，树立官方的权威反洗钱宣传品牌；对账号开通设置门槛并加强对账号的管理，避免出现"僵尸账号"、管理滞后混乱，甚至产生舆情风险等情况；同时制定相应的激励制度，对打造出优质反洗钱宣传"爆款产品"的制作者进行多方面激励，提高从业者对反洗钱新媒体宣传的重视度。

2. 汇聚银行、保险、证券等金融机构的力量

目前，大部分金融机构在各大视频平台开设了官方账号，中国人民银行可以借助新媒体平台粉丝量较大的金融机构力量，学习其运营和推广的经验，挖掘其新媒体优秀人才充实到人行反洗钱新媒体宣传人才队伍中；最重要的是引导金融机构将反洗钱宣传列为一块重要内容，定期输出反洗钱优质视频内容做成合集，传递好反洗钱宣传链，增加宣传覆盖面。

（二）重视平台效应，强化与平台信息引导者合作

1. 选取适合反洗钱宣传的新媒体平台入驻

在平台选择方面，用户活跃度是第一要素，应选择宣传效应大的平台进行入驻宣传，查询各大知名短视频平台的年度数据报告发现，日活跃用户数最高的平台为抖音，已突破 6 亿，其次是快手、西瓜视频、哔哩哔哩等。其次宣传的针对性应高于多元性，过多追求各个平台开设反洗钱宣传账号可能会导致管理不当等问题，因此选择能兼顾不同年龄段用户，覆盖乡镇、农村等反洗钱意识较薄弱地区的新媒体平台才能让反洗钱宣传工作起到事半功倍的效果。

2. 与平台中已形成的意见引导者开展合作

打造一个权威的粉丝量较多的反洗钱宣传账号是一个比较漫长的过程，因此，可以适当借助外部力量，在扩大宣传面的同时，帮助自身吸引流量。在实践中，可以与各地公安、人民检察院等百万粉丝级别的官方抖音账号合作，找准双方在反洗钱宣传方面的共同点，选取恰当的反洗钱题材合力打造"爆款"。

（三）针对用户使用习惯打造反洗钱宣传内容

1. 尊重平台用户使用习惯，推出符合其偏好的反洗钱宣传视频

根据《2020 年抖音用户画像报告》统计，00 后偏好二次元、动漫类的短视频，90 后偏好新闻类短视频，70 后往上偏好短剧类视频，应根据不同年龄的用户对视频内容的偏好，结合不同年龄段群体对反洗钱知识的需求和可能面临的洗钱风险制作相应的宣传内容，提高内容的趣味性。

2. 反洗钱宣传内容打造注重原创和特色

目前，各大短视频平台常见的反洗钱宣传视频主要集中在传统的洗钱知识讲解、简易的动画宣传片或简要洗钱案新闻等，相较于不断变化升级的洗钱犯罪活动是远远不够的。因此在内容制作方面要敢于创新，结合当下最新的洗钱犯罪行为特点，挖掘用户接受度较高、接地气的题材进行创作，传递正确的反洗钱价值观，真正起到宣传警示作用。

（四）准确把握反洗钱新媒体宣传工作定位，做好差异化宣传服务

1. 明确反洗钱宣传角色定位

反洗钱宣传工作是对国家反洗钱政策的宣导，是为提高社会公众的反洗钱意识从而壮大反洗钱队伍，具有较高的严谨性和严肃性。因此中国人民银行和各金融机构在宣传内容和质量上应加强把控，不宜采取过于夸张的噱头等方式吸引受众，或为过多追求娱乐化和流量而模糊反洗钱宣传的功能定位。特别是针对一些特殊宣传，

在倡导及时性、易传播性的同时，还应保持权威性和严肃性。

2. 反洗钱新媒体宣传应与传统线下宣传共存

反洗钱宣传进社区、进校园、进企业等传统线下宣传方式互动性较高，具备不可替代的优越性，仍应作为反洗钱宣传的重要力量。新媒体宣传是对传统反洗钱宣传的补充，二者应共存而非替代关系，尤其针对特定受众更应做好线下宣传工作。如老年人对移动智能化平台掌握不熟练，不是新媒体视频平台的主要受众，但往往又是洗钱犯罪的重点侵害对象。对于类似群体，应持续关注并改善线下宣传工作，做好反洗钱宣传差异化服务。

风险为本视角下客户洗钱风险分类动态管理构建及探析

■ 孙原林[1]

摘要： 客户洗钱风险分类管理是有效防范洗钱风险的基础，也是反洗钱管理的关键环节，更是风险为本理念的重要延伸。2013 年，为深入实践风险为本的反洗钱方法，指导金融机构评估洗钱和恐怖融资风险，中国人民银行发布《金融机构洗钱和恐怖融资风险评估及客户分类管理指引》(银发〔2013〕2 号，以下简称《指引》)，确立了风险评估指标体系建设，规范了风险评估及客户等级划分操作流程，明确了风险分类控制措施。经过多年发展，各商业银行在人民银行政策指导下，纷纷按照自主管理原则建立起客户洗钱风险评级体系，提升了反洗钱和反恐怖融资工作的有效性。从实践效果来看，各商业银行在风险评估及客户等级划分工作上已基本满足形式合规的需求，但与践行风险为本的监管要求尚存在较大差距。

关键词： 反洗钱　客户风险评估　客户风险评级

一、客户洗钱风险评级基本模式

目前，商业银行主要依据《指引》构建客户洗钱风险评估指标体系，该体系包括客户特性、地域、业务 (含金融产品、金融服务)、行业 (含职业) 的 4 类基本要素，同时结合行业特点、业务类型、经营规模、客户范围等实际情况，对 4 类基本要素进一步细化，分解出各基本要素所蕴含的风险子项，对每一项风险要素及其风险子项采用定性和定量分析的方式进行权重赋值，设置不少于三级的风险等级层次，通过客户风险评估总分和风险等级之间映射规则，对不同风险等级的客户采取相应的

1　孙原林供职于中国银行厦门市分行内控与法律合规部。

尽职调查、接纳政策和风险控制措施，完成对客户风险的分类管理。

二、现阶段客户洗钱风险评级存在的问题短板

（一）未考虑关联因子间风险叠加，容易导致风险隐藏

商业银行普遍运用权重法，在对每一基本要素及其风险子项进行权重赋值的基础上，采用五级分类单独计算出每一风险子项分数，加总得分并映射风险等级。但洗钱风险并非一成不变，往往会出现风险转移或叠加，依赖独立风险子项简单加权计算，忽略不同风险子项之间的关联关系和叠加效应，容易导致风险隐藏。例如对个人客户特性风险子项"年龄"设置 16 岁以下未成年人为 1 分、55 岁以上老年人为 2 分、25—40 岁中青年为 5 分，业务风险子项"手机银行交易""跨境汇款交易"均设置为 5 分，假设类型权重、子类型权重均为 0.1 分，三个风险子项加总得分为未成年人 0.11 分、老年人 0.12 分、中青年分数 0.15 分，但现实情况是产生跨境汇款交易的低龄人群和使用手机银行交易的高龄人群，洗钱风险远远大于同类业务的中青年。因此，充分考虑各风险子项之间的关联性和叠加效应，才能全面、准确、客观地评估出客户真实的洗钱风险。

（二）客户有效信息获取困难，指标设置有效性不足

商业银行参照《指引》一般设置 20—30 个风险子项，部分指标设计基于客户身份识别九要素，但受限于信息采集不规范、分类不合理，导致客户身份信息缺少显著风险特征，个体差异难以用标准化的尺度衡量风险程度，风险辨识度低、指向性弱、逻辑性差，无法与客户背景、地位、信誉、外界评价等产生有效关联，难以揭示客户潜在风险。同时，客户主动披露的信息真伪难辨，如个人月收入、企业年销售额、预期交易规模、地址、职业、单位等，商业银行在信息追溯和确认方面存在较大局限性，一旦采取进一步核实手段容易影响客户体验，甚至遭到投诉。实践中发现，收集的客户初始信息参考价值有限，过于依赖这些主观要素构建的客户洗钱风险指标容易影响评估的准确性，甚至虚假信息会导致风险分类评级结果严重失真，背离风险为本的评级分类管理初衷。因此，客户身份识别是客户风险画像的"素描"，还需要在客户全生命周期管理过程中持续积累真实、准确、完整、连续的数据，完成对客户风险画像的"上色"。

（三）风险等级设置不合理，缓释控制措施难以取得实效

商业银行普遍将客户划分为低风险、中低风险、中风险、中高风险、高风险 5 个洗钱风险等级，其中中高风险、高风险对应三级分类中的高风险，按照《指引》

要求对高风险客户采取强化尽职调查及其他风险控制措施。在实践中，由于评级体系的不完善会产生大量"虚增"的高风险客户，特别是风险信号并不明显的中高风险客户，商业银行为满足监管要求，达到缓释风险的目的，要么强调"去风险化"，采取实质性的管控措施，容易因过当的缓释措施引发客户投诉风险；要么出于谨慎原则，仅以加强尽职调查和持续监控来满足形式合规，直至产生实质风险，却无法真正达到缓释风险的目的。这种对高风险客户"一管就死、一放就乱"的困局，实际是因为分级管理重点不突出、细化不充分，达不到精细化管控的要求，背离了风险为本的初衷。

（四）洗钱分析成果转化不足，缺乏对价值数据的整合利用

商业银行在风险评估指标体系构建中，对地域风险要素采购国外专业公司的国家洗钱风险等级数据，辅以境内异地开户的风险因子，缺少有效利用洗钱类型分析报告中的高风险地域数据，以及受益所有人、关联人、代理人的地域风险；对业务风险要素多设置现金类交易、非面对面交易、跨境交易、代理交易、特殊交易等高风险业务子项，忽视了对业务洗钱风险评估的直接利用，导致业务风险子项全面性不足；对行业风险要素结合高风险行业及行业现金密集程度进行风险划分，没有结合交易流水分析营业范围中高风险行业收入比重、现金业务占比，难以评估出真实的行业风险。因此，在反洗钱资源有限的前提下，只有最大化利用现有数据分析和成果转化，才能实现风险评估的优化配置。

（五）动态管理存在滞后，追踪手段不足以缓释风险

商业银行风险评估指标体系的数据采集于核心系统，而核心系统与外围系统因为归口管理不一致、数据字段不统一等存在明显的信息壁垒，系统间信息交互不足，外围系统更新的客户信息无法及时传导到客户风险状况的变化。同时，商业银行动态追踪客户风险因子变化的手段也相对单一，主要来源于报送可疑交易报告、命中反洗钱名单、有权机关"查冻扣"、代理行协查或退汇或冻结、媒体负面报道等，这些信息在获取时一般已形成实质风险，甚至已经产生风险损益，如果不能把风险关口有效前移，将难以满足风险动态管理的要求。

三、客户洗钱风险分类动态管理构建及探析

（一）借助层次分析法，构建多维度量化分析模型

层次分析法（AHP 法）是解决多目标复杂问题的定性与定量相结合的决策分析方法。借助该方法可以将洗钱风险分解为不同的风险因素，根据因素间的相互关

联影响以及隶属关系将因素按不同层次聚集组合，形成一个多层次的分析结构模型，将风险归结为最底层相对于最高层的相对重要权值的确定或相对优劣次序的排定。但建立多层级复杂关联算法，容易导致结果呈现不直观、修正指标难度大等问题，出于成本和效果的综合考量，建议在梳理风险子项之间的关联关系后，构建单层级关联风险子项映射离散集合，既保证算法的直观性与可验证性，又得出一个关联多维度的风险分析结果。

例如对客户风险要素的"年龄""业务""职业"三个关联维度进行量化分析，彼此映射离散集合，按照不同子项组合风险程度测算评分，在风险识别的准确性上明显优于三个维度单独加权评分，更能体现风险为本的评级理念。

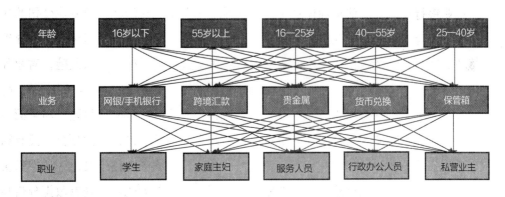

图1 "年龄""业务""职业"关联维度量化分析

（二）强化高风险客户分级管理，突出精准管控

遵循风险相当原则，对客户洗钱风险等级分类应侧重细分高风险领域，建议将客户洗钱风险等级划分为低风险、中风险、较高风险、次高风险、高风险，其中较高风险、次高风险、高风险对应三级分类中的高风险，简化低、中风险客户维度以减少有限资源的低效产出，细分高风险维度以便于分层分类开展强化尽调、交易监测，按照风险威胁程度对不同层级高风险客户实施差别化管控措施，达到"强化高风险、弱化低风险"的管理目标，增强反洗钱资源配置的灵活性和有效性。

表 1　客户洗钱风险等级划分标准

等级划分	风险定义	目标类别	管控手段
较高风险	具有一定洗钱风险，需要尽职调查并持续监控风险的客户	1. 系统根据客户特性、地域、业务、行业等权重赋值组合计算出风险分数较高，但无理由怀疑或无数据支撑客户存在明显洗钱行为 2. 客户出现洗钱风险信号，如有权机关依法要求协助调查，但未明确被调查人所涉犯罪行为，又或是出现外部负面信息，但尚未得到权威机构证实客户涉及刑事犯罪	1. 在建立关系或业务准入环节强化尽职调查，额外提供身份背景、交易目的、资金来源等证明材料，积累更加全面、真实的数据信息，用于客户风险的持续评估和监测 2. 高风险业务增加人脸识别、短信认证等自动验证环节
次高风险	具有相对较高洗钱风险，需要加强尽职调查并采取一定管控措施的客户	1. 有权机关依法要求协助调查犯罪嫌疑人，或查询、冻结、扣划犯罪嫌疑人财产的，明确告知被调查人涉嫌洗钱上游犯罪 2. 有理由怀疑客户有关交易涉嫌洗钱、恐怖融资或者其他犯罪，报送一般可疑交易报告	1. 在建立关系或业务准入环节强化尽职调查，履行准入审批 2. 合理限制客户使用高风险业务的范围、规模、渠道等 3. 适度调高可疑交易监测模型阈值的灵敏度
高风险	具有很高洗钱风险，需要加强尽职调查并强化管控措施的客户	1. 有理由怀疑客户有关交易涉嫌洗钱、恐怖融资或者其他犯罪，报送重点可疑交易报告 2. 外国政要人士，或为外国政要人士所控制实体 3.FATF 高风险国家或地区全面制裁国家或地区 4. 反洗钱名单客户	1. 在建立关系或业务准入环节强化尽职调查，履行更高层级准入审批 2. 限制客户使用各类业务的范围、规模、渠道等，禁止高风险业务交易，直至退出客户关系 3. 调高可疑交易监测模型阈值的灵敏度，纳入名单管理

（三）打通系统间信息通道，构建客户信息静态风险画像

　　客户身份信息是评估客户风险的基础指标，作为一类非金融属性的静态信息，有别于交易（行为）产生风险的多样性，客户身份信息对风险具有一定逻辑性，在动态分析客户交易背景、目的和性质时往往能起到至关重要的作用。因此，商业银

行要有效整合现有系统资源，在做好底层数据治理的基础上，统一信息数据接口和取数优先规则，实现各系统之间的数据匹配和映射关系，减少错误或重复数据灌入的执行成本，建立多源数据融合、多系统交互映射、一体化处理的客户身份信息库。

例如职业和单位信息是衡量个人客户特征的重要风险子项，但受限于采集不规范、分类不清晰、可信度不高、可读性不足等原因，风险指标的有效性远远没有达到预期。建议从信用卡系统、信贷系统、征信记录中归纳采集职务、单位信息，辅以代发薪系统、公积金系统验证单位信息，结合核心系统企业客户关联信息中的受益所有人、法人、财务、授权人、经办人等反向映射单位信息，形成不同系统之间数据的交互和调用，更加准确地勾勒出客户信息静态风险画像。

（四）利用可疑交易监测系统，打造客户交易动态风险图谱

客户交易（行为）特征是客户洗钱风险动态管理的核心，如果为了构建异常交易风险指标体系而额外对交易数据筛选进行系统开发，并不符合利用有限资源加强高风险客户重点防控的理念。目前各商业银行均按照中国人民银行发布的《金融机构反洗钱和反恐怖融资监督管理办法》（中国人民银行令〔2021〕第3号）（以下简称"3号令"）自主建立可疑交易监测标准，将案例特征化、特征指标化、指标模型化，通过筛选异常交易数据，对命中模型或多指标的异常交易生成预警案例并进行人工甄别。由于监测标准是组合运用指标或模型，在风险为本原则下，必然存在单个或多个指标因仅命中模型部分指标、预警率高、报告率低等未纳入监测标准或长期处在参数阈值范围外，不生成预警案例。但此类指标并非毫无用处，反而可以将未纳入监测标准的单个或组合指标量化为风险因子，纳入洗钱风险评估指标体系，充分利用现有资源补齐指标体系中业务风险要素有效性不足的短板，在弥补可疑交易监测盲点的同时，实现对客户洗钱风险的动态追踪。

表 2　利用可疑交易监测指标构建业务风险子项

业务风险子项	评级要素
交易对手异常	交易对手涉众、跨行跨省、涉高风险、涉外籍，自然人与非自然人之间大额交易
交易时间异常	夜间、凌晨时段交易，全天候交易，特定时间或日期交易
交易频率异常	短时间高频交易，交易突然启动或停止

续表

业务风险子项	评级要素
交易用途异常	附言含特定字眼，个人无日常消费，企业无正常营运支出
交易渠道异常	非柜面等高风险交易渠道占比、频率、金额
交易区域异常	跨行、跨地域、跨境交易，短期内在不同地域交易
交易金额异常	交易金额特殊、相同金额占比高、小额测试
交易类型异常	开销户、挂失换卡、变更手机号频率及次数
交易模式异常	交易集中转入分散转出、分散转入集中转出、快进快出、不留余额
银行账户异常	交易流水中涉及的本人他行同名账户数量

（五）构建标准化的尽职调查要素体系，提高尽调成果转化

目前洗钱风险管理的外延在不断扩大，基于互联网大数据的融合利用一直是反洗钱研究的前沿课题，但受限于成本投入和信息壁垒，外部信息资源还难以打通系统直接调用，充分发挥人的作用、提高工作成效转化显得尤为重要。当前商业银行在客户关系存续期间开展持续尽职调查，通过人工完成对客户信息的多渠道收集，全面了解客户交易（行为）的动态变化。但从实践来看，人工尽职调查普遍注重形式合规，没有有效运用调查结果来降低内外部信息不对称产生的风险。例如在客户持续尽职调查中往往会发现客户拒绝配合调查、手机停机、账户非本人使用、办公场所虚假、长期未对账、企业登记注册信息异常、被列入异常经营名录、裁判文书网有涉案、媒体负面报道等异常情况，这些异常信息多以文字描述记录在尽职调查报告中，完全依赖人工经验去判断客户风险程度与等级是否匹配，导致可疑线索常常被掩盖在冗余的表述和海量的文档中，利用率极低。因此，在保证尽职调查工作留痕的基础上，应构建标准化的客户尽职调查要素体系，通过在系统设置标准化选项的方式，将尽职调查的非结构化数据转化为结构化数据，进一步转化为衡量风险尺度的因子，映射运用到风险等级评估中，达到动态管理风险的目的。

（六）建立评估反馈机制，反向修正风险评估指标体系

外部洗钱环境和监管制度是动态变化的，风险分类管理方法论基于过往数据分析，必然存在滞后性，而人的主观因素和风险偏好也对量化指标、权重赋值有负面影响，所以风险评估指标体系的构建是一个长期的实践过程，需要根据外部风险事件或者反馈数据进行闭环验证，调整风险因子权重、阈值和赋分来校正认知偏差和评估局限，让风险分类与实际风险逐步趋于一致。因此，对于报送可疑交易报告、有权机关冻结扣划、外部侦破案件等风险事件，要建立必要的反馈机制，对这些实质风险客户进行穿行测试，总结风险的共性识别点，分析其在出现洗钱风险信号前风险评级适配度、在交易（行为）变化时风险动态调整连贯性、在产生洗钱风险威胁后缓释措施效果，积极寻找风险变化对应到指标变化的内在逻辑，校正风险因子设定和权重赋值，构建"管理动态跟踪—数据指标监控—结果反馈评价"的闭环管理机制，提高风险前置的精准度和有效性，实现客户洗钱风险评估指标体系的持续更迭和衍变。

"断卡"行动背景下可疑交易客户[1]后续管控工作思考

■ 侯怀洲　宗伟　杨延超[2]

摘要： 2020 年 10 月"断卡"行动[3]开展以来，各商业银行主动识别并发现大批可疑账户，进而采取了各类后续控制措施，对以往侧重于报送可疑交易报告后的事后管控形成了有效补充。但随着控制措施运用的增多，在法律法规、内控机制、系统建设、信息共享等方面存在的问题也越发凸显。本文以断卡行动开始后的 2020 年 11 月至 2021 年 6 月为区间，对山东省 27 家商业银行开展问卷调查[4]，研判可疑交易客户后续管控工作现状，分析目前工作中存在的问题和困难，并提出对策建议。

关键词： 断卡　可疑客户管控　关系平衡　管控合力　信息共享

一、可疑交易客户后续管控工作现状

近年来，中国人民银行陆续印发《中国人民银行关于加强支付结算管理 防范电信网络新型违法犯罪有关事项的通知》（银发〔2016〕261 号）、《中国人民银行关于加强开户管理及可疑交易报告后续控制措施的通知》（银发〔2017〕117 号）、《中国人民银行办公厅关于进一步加强反洗钱和反恐怖融资工作的通知》（银办发

1　本文所称"可疑交易客户"，是指已与义务机构建立业务关系，并在业务关系存续期间发生可疑交易或可疑行为的客户。

2　侯怀洲供职于中国人民银行济南分行，宗伟供职于中国人民银行泰安市中心支行，杨延超供职于中国银行泰安分行内部控制部。

3　2020 年 10 月 10 日，国务院打击治理电信网络新型违法犯罪工作部际联席会议决定在全国范围内开展"断卡"行动，即打击开办、贩卖电话卡、银行卡违法犯罪活动。

4　27 家银行机构包括国有商业银行 5 家、股份制商业银行 9 家，城市商业银行 8 家、农村商业银行 5 家，在与银行各业务条线人员深入座谈基础上设计问卷题项 36 个，涵盖商业银行可疑交易客户后续管控内控体系、系统建设、控制措施具体运用等内容。

〔2018〕130 号）等文件规定，从可疑账户、可疑交易报告、高风险客户后续控制等不同角度对可疑交易客户后续管控工作作出规范性要求。商业银行开始重新审视业务流程，完善风险识别及后续管控制度规程，尤其"断卡"行动以来，不断拓展控制措施运用场景，为切断不法分子资金链条，遏制电信诈骗、非法集资、洗钱等犯罪活动发挥了重要作用。

（一）"事前"管控与"事后"管控合力日趋增强

商业银行识别可疑交易客户并采取后续控制措施主要通过两种途径（见图 1）：一是网点前台工作人员在办理业务或主动开展排查过程中识别出可疑交易客户，直接对可疑交易客户或账户采取控制措施（路径一）；二是对于反洗钱监测系统自动筛选并人工认定的可疑交易客户，向中国反洗钱监测分析中心报送可疑交易报告后，对可疑交易报告所涉客户、账户（或资金）和金融业务采取后续管控措施（路径二）。

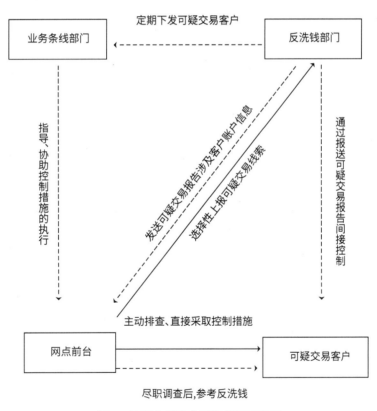

图 1　可疑交易客户后续管控路径图

路径一侧重于对洗钱风险的主动识别和事先应对，可以有效弥补反洗钱监测模型漏洞及可疑交易报告后续控制时滞带来的洗钱风险；路径二则侧重于对已报送可疑交易报告的事后风险防范，通过二者的有机配合形成对可疑交易客户的全方位控制。"断卡"行动以来，商业银行在系统自动抓取基础上，加大对可疑账户的主动排查力度，管控合力显著增强。如某商业银行网点在开展"同一人同时开立两个及以上个人银行结算账户"专项排查中，成功发现一名反洗钱系统未预警的涉嫌"非法集资"犯罪可疑交易客户，并及时上报可疑交易报告，该客户随后被认定为某数字链特大集资诈骗团伙成员之一，该项排查有效堵截了洗钱风险漏洞。

（二）控制措施受众对象和利用范围不断拓宽

调查显示，2020 年 11 月至 2021 年 6 月，27 家商业银行共主动排查存量客户 1002.78 万户，发现可疑交易客户 69782 户，其中调高客户风险等级 26034 户，限制非柜面业务 40409 户，终止业务关系 5032 户；报送可疑交易报告 64868 份，涉及可疑交易客户 54769 户，其中调高客户风险等级 50779 户，限制非柜面业务 35749 户，终止业务关系 382 户。主动排查识别可疑交易客户采取的控制措施以限制非柜面业务和调高客户风险等级为主，执行覆盖率[1] 分别为 57.95%、37.34%（见图 2）；报送可疑交易报告后采取的控制措施以调高客户风险等级、强化客户尽职调查和限制非柜面业务为主，执行覆盖率分别为 92.71%、86.62%、65.27%（见图 3）。通过积极采取各种控制措施清理违法违规客户，有效防范了银行账户被洗钱等犯罪分子利用风险。

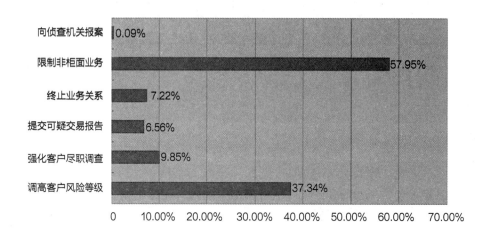

图 2 可疑交易客户后续控制措施执行情况（路径一）

---

1 执行覆盖率是指控制措施执行数量与可疑交易客户总数的百分比。

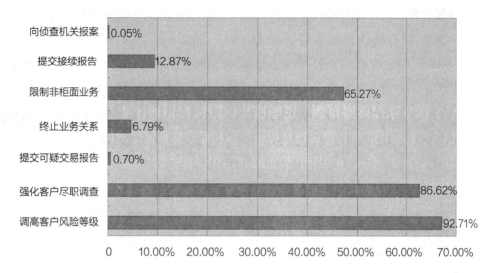

图 3 可疑交易客户后续控制措施执行情况（路径二）

（三）内控制度及系统建设逐渐完善

调查显示，商业银行均在内控制度中对可疑交易客户后续管控进行了总纲性规定，89.29% 的商业银行细化为具体的操作指引或规程，如部分机构制定了《可疑交易客户后续管控工作指引》，将可疑交易客户划分为三个等级，进一步明确了不同等级可疑交易客户适用的控制措施类型，80% 的商业银行在具体业务操作中条线部门会给出控制措施指导建议，如部分机构反洗钱部门向网点发送可疑交易报告所涉客户、账户信息时，会附加"建议处置措施"；部分机构组织可疑账户专项排查时会明确要求对认定的可疑账户立即采取"暂停非柜面业务"等控制措施。

同时，商业银行不断完善系统建设，控制措施执行的自动化水平和工作效率不断提升。71.43% 的商业银行系统内设置了可疑交易客户后续管控操作模块，53.57% 的商业银行实现了后续控制措施的自动联动，如反洗钱系统报送可疑交易报告后，客户风险等级会自动调高；调高客户风险等级后核心或外围业务系统中会出现特殊标识，进而影响客户跨网点或再次开立账户。

二、存在的主要问题

"断卡"行动成效显著，但同时也暴露出可疑交易后续管控工作中存在的一些问题。一方面，随着控制措施运用增多，配套规章制度不健全、与消费者权益关系难平衡、业务条线部门间协调性差、信息共享机制不完善等问题愈加凸显；另一方面，"断卡"行动清退了大量银行账户，后续工作还需要进一步关注可疑交易监测模型有效性降低、风险向非银行系统转移等问题。

（一）控制措施执行面临外部压力，缺乏法律保障

调查显示，"断卡"行动开始以来，随着大量可疑账户被控制，客户投诉显著增多，92.86% 的商业银行表示目前开展可疑交易客户管控工作的最大担忧是难以把握金融消费者权益保护与风险防控措施尺度关系，容易引发客户投诉，甚至法律纠纷。首先，多数商业银行与客户签订的账户管理等服务协议，未详细描述银行后续控制措施权利与客户反洗钱义务，缺乏对客户的明确事先告知。银行出于"合理怀疑"而"疑罪从有"直接采取控制措施后，既要遵守反洗钱保密规定，禁止向客户透露真实情况，又要履行反洗钱义务，要求客户配合提供相关证明材料，很难得到客户的认可与理解。同时，部分商业银行未设置前台工作人员保护机制，以应对客户尽职调查或采取控制措施引发的客户投诉。其次，产生诉讼纠纷时法律适用不明晰。从近年来发生的数起金融机构以可疑交易为由采取控制措施而被客户起诉案例来看，存在的争议焦点主要是案件同时适用《反洗钱法》、《合同法》和《消费者权益保护法》，司法机关较难区分是金融机构履行法定反洗钱职责，还是履行客户服务义务、合同义务导致的纠纷，公法责任与私法责任发生冲突时优先适用何种法律缺乏明确规定。目前司法机关多倾向于保护消费者权益，案件多以金融机构败诉并解除控制措施告终。调查结果显示，35.51% 的前台工作人员在与客户发生纠纷后，出于各方面压力，会延缓或改变后续控制措施的实施。

（二）风险为本意识薄弱，执行控制措施多是"指令驱动"，而非"目标驱动"

以"断卡"行动为例，网点前台工作人员对排查出的可疑账户多简单按要求采取"限制非柜面业务"措施（占比 57.95%），深入研判后转化为可疑交易报告的比例较小（仅占比 6.56%）。究其原因，一是不同业务条线部门存在"双向脱节"现象。近年来，商业银行普遍实行可疑交易集中甄别工作模式，可疑交易识别分析与控制措施执行分属于不同部门和条线，相互之间工作参与程度较低，信息交流和政策传导不到位。二是缺乏对网点前台工作人员的专项业务培训和指导。调查显示，2021 年上半年，48.14% 的商业银行未开展或仅开展过 1 次可疑交易客户后续管控相关培训，网点前台工作人员对相关法规制度了解得不深入。如部分业务人员对对公客户采取控制措施后，并不会对其法人、控股股东、实际控制人和受益所有人采取合理的控制措施。

（三）"软硬件"支持力度不够，控制措施的精准性和有效性不足

采取合理控制措施的前提是进行了有效的客户尽职调查，《反洗钱法》第十八条规定"金融机构进行客户身份识别，认为必要时，可以向公安、工商行政管理等部门核实客户的有关身份信息"，但在实际工作中，由于缺乏可操作的信息共享细则，缺少畅通的数据互通平台，商业银行获取有效信息难度较大，可疑交易分析质量不高，进而影响了控制措施的执行。同时，在风险为本原则的工作要求下，监管部门对商业银行洗钱风险管理赋予了较大的自主权，目前商业银行多依据"117号文件"即《中国人民银行关于加强开户管理及可疑交易报告后续控制措施的通知》（银发〔2017〕117号）、"261号文件"即《中国人民银行关于加强支付结算管理防范电信网络新型违法犯罪有关事项的通知》（银发〔2016〕261号）等部门规章及规范性文件摸索开展工作。由于信息获取的有限性、对客户及行业了解的局限性、判断的主观性，加之甄别人员业务素质参差不齐，不同机构间执行标准不一。调查结果也显示，50%的商业银行表示"相关制度规定缺乏细化，较难选择适当的控制措施类型"已成为当前限制可疑交易客户管控工作有效性的最关键因素。

（四）缺乏有效信息共享机制，对洗钱风险的防控作用有待进一步提高

首先，商业银行内部系统间缺乏有效衔接。调查显示，32.14%的商业银行核心及主要业务系统风险控制功能欠缺，控制措施无法实现业务种类的全覆盖；64.29%的商业银行控制措施执行分散在核心、反洗钱及其他外围系统，系统间缺乏有效衔接，可疑交易客户管控情况无法实现系统内实时共享。其次，商业银行之间缺少风险事件共享机制。自2016年12月1日全面推行个人账户分类管理起，同一个人在同一家银行（以法人为单位）只能开立一个Ⅰ类户[1]，犯罪分子多通过大量购买多人不同银行的银行账户进行非法资金转移，由于银行机构之间存在信息壁垒，一家商业银行发现可疑客户／账户采取控制措施，并不影响该客户在其他银行机构办理业务，无法有效阻断非法资金链条和遏制洗钱风险传播。

（五）可疑交易监测模型有效性降低，影响后续管控工作开展

"断卡"行动排查中，多家银行发现部分客户为躲避监管往往分散交易或降低交易笔数和频率，导致可疑交易监测模型的准确率不高的问题。2021年6月17日公安部新闻发布会通报，"2021年1月至5月，人民银行组织全国商业银行共清理整治涉诈银行账户2.8亿个"，大量的涉案、可疑账户并未引发反洗钱系统预警，也从侧面印证了这一点。数字化转型及风险管控要求升级的新形势下，如何完善可

1　Ⅰ类户指的是通过传统银行柜面开立的、满足实名制所有严格要求的账户，即全功能银行结算账户，存款人可以办理存款、购买投资理财、支取现金、转账、消费及缴费支付等，无限额限制。

疑交易监测模型，及时将最新的犯罪特征及动向反映在监测模型中，成为商业银行面临的巨大考验。

（六）风险可能向非银行系统转移，后续管控工作压力大

银行业是"断卡"行动重点整治行业，银行账户作为资金链条载体对犯罪活动起着至关重要的作用。随着"断卡"行动的深入开展，出租、出借、出售银行卡行为得到极大遏制，大量可疑的银行账户被限制交易，不法分子运用银行卡实施犯罪成本增高，但是，是否会导致银行卡依赖程度弱化，催生非法金融途径和监管真空，导致风险更不可控和公安机关侦查更加困难值得关注。对于商业银行而言，要考虑如何平衡洗钱风险控制与风险转移、案件侦查关系，有效把握控制措施的适用类型和执行时机；对于国家和整个社会而言，如何健全完善反洗钱监测体系，提高整体洗钱风险防控水平面临重大挑战。

三、对策与建议

（一）加强顶层设计，完善配套制度体系建设

《反洗钱法（修订草案公开征求意见稿）》强调金融机构应建立与自身风险状况相适应的内控制度并采取相应具体控制措施，金融机构自主采取风险管控措施的法律保障逐渐健全。一方面，以《反洗钱法》修订为契机，强化配套法规制度建立和修订，在反洗钱保密、洗钱风险控制措施运用、诉讼纠纷法律适用等方面出台更加翔实的政策指引和程序性规定。另一方面，参考英国、德国做法，探索建立反洗钱补偿和激励机制，在义务机构提交的可疑交易报告成案并侦破后，针对其开展可疑交易后续控制导致的经济损失情况，在没收的犯罪收益中获得参与处分权，弥补反洗钱工作成本，提高工作积极性。

（二）强化机制建设，为控制措施执行提供"事前、事中、事后"保障

一方面，在客户服务协议中增加管控条款，如在开户、签约申请或服务协议中新增相关条款，与存量客户签订补充服务协议，告知客户双方权利和义务，明确商业银行有权根据反洗钱法律法规规定，结合客户洗钱风险状况，采取相应的管控措施，甚至拒绝提供金融服务，从源头上防止因管控客户引发的恶意投诉甚至法律诉讼的风险。另一方面，针对可疑交易客户后续管控中容易出现的客户投诉等风险，建立前台工作人员权益保护制度、应急预案和备答口径；在反洗钱考核管理办法中提高后续管控有效性考核权重、清晰界定不同业务条线部门职责、明确"不作为"后果。

（三）运用金融科技，提高系统自动化和系统间联动水平

一方面，加强系统集中控制、精准控制能力建设。探索建立管控措施策略集合，将分布于不同系统与模块的管控功能进行整合。如在具体系统搭建中建立一键管控与撤销模块，管控人员可以根据客户不同的风险状况，合理选择一项或多项控制措施的组合，一键实现风险等级调整、账户限制等控制措施执行。另一方面，依托人工智能，全面整合各类宏微观风险数据，将可疑交易、案件线索、反洗钱调查、重大事项、负面新闻等风险数据信息，利用大数据、关系图谱等分析技术进行量化加工，以可视化技术实现地区、客户、产品业务、犯罪类型等多维度风险程度和趋势变化展现，为合理判断风险状况，采取相应的控制措施提供支撑。

（四）健全信息共享机制，凝聚部门间工作合力

一是建立风险信息共享及可疑交易客户联合惩戒机制。探索在商业银行间搭建可疑交易客户信息共享及可疑行为采集与预警平台，通过采集可疑交易客户的基本信息、账户信息、交易信息、被采取的控制措施形成可疑交易客户数据库，对后期发生的相同的或相似的可疑行为进行预警，并可归纳总结形成典型案例向各商业银行发布。二是畅通部门信息共享渠道，降低客户尽职调查成本。整合工商、税务、司法、社保等部门的相关信息，建立数据互通平台，为商业银行审慎建立客户业务关系、通过尽职调查确定客户真实身份提供更多信息查询渠道，提高可疑交易客户甄别有效性。三是建立联合监管督导机制。不同业务条线部门间加强相互政策学习、交流与信息共享，开展联合监管与督导，重点加强对"涉案"账户较多、可疑客户管理薄弱、可疑账户监测不到位、管控措施运用混乱等问题机构的监管力度，着重加强对管控措施落实部门及人员的培训指导，充分发挥各自专业优势，共同提升可疑交易客户后续管控工作有效性。

参考文献：

[1] 苏和平，阎慧茹.金融机构在执行可疑交易报告后续控制措施中存在的问题及建议 [J].经济师,2020(11):115.

[2] 丁昱.商业银行客户洗钱风险分类方法：案例与实践 [J].金融监管,2017(6):42-48.

[3] 任俊逸.商业银行洗钱行为的预防与治理机制研究 [J].江苏商论,2020(8):74-78.

[4] 朱彤.商业银行高风险客户闭环式管控模式探析 [J].时代金融,2020(9):38-42.

[5] 张万琴.基层可疑交易报告后续控制措施的检查监督探讨—以晋城市金融机构为例 [J].时代金融,2019(3):91-93.

新时期反洗钱调查工作的思考

■ 刘闽浙　李晓菲[1]

摘要： 反洗钱调查在预防和打击洗钱及相关犯罪、维护金融秩序与国家安全方面发挥着重要的作用。当前，反洗钱调查工作面临新形势与新挑战，新修订的《中国人民共和国反洗钱法》（以下简称《反洗钱法》）对反洗钱调查的主体、客体、对象、手段和相关程序进行了大幅修订，对反洗钱调查工作提出了新的要求。本文分析反洗钱调查工作遇到的新形势、新挑战与新要求，全面梳理存在的问题短板，在此基础上从全局和战略高度定位新时期的反洗钱调查工作，并给出具体建议。

关键词： 反洗钱调查　规范化　策略化　信息化　智能化

一、当前我国反洗钱调查职能定位

（一）反洗钱调查履责法律制度依据

反洗钱调查的法律依据为现行的《反洗钱法》，根据该法规定，反洗钱调查是反洗钱行政主管部门向金融机构核实和查证可疑交易活动的行政行为，并专章明确了反洗钱调查的执行部门、调查对象、措施手段、执行程序。《中华人民共和国反恐怖主义法》明确了国务院反洗钱行政主管部门调查恐怖主义融资的调查和临时冻结职责。除此之外，《中国人民银行反洗钱行政调查实施细则（试行）》为反洗钱调查的重要制度依据，详细规定反洗钱调查范围以及采取的措施和程序。2017 年，

1　刘闽浙供职于中国人民银行福州中心支行，李晓菲供职于中国人民银行漳州市中心支行。

通过了《三反意见》[1]，要求增强反洗钱调查工作实效，提出"进一步规范反洗钱调查工作程序，完善反洗钱调查流程，优化调查手段"。

（二）实践中反洗钱调查工作职责

近年来，中国人民银行充分发挥反洗钱调查工作职能优势，参与扫黑除恶专项斗争、打击虚开增值税专用发票和骗取出口退税、打击利用离岸公司和地下钱庄转移赃款专项行动、反腐败、反恐怖以及重大案件查处等工作，提供数据信息和分析支持，积极维护金融秩序、社会稳定和国家安全。据中国反洗钱报告显示，反洗钱调查和协查数量总体呈上升趋势（见表1），2019年，人民银行各分支机构共对筛选后的1143份线索开展反洗钱调查9162次，同比分别增长5.25%和21.13%；协助侦查机关对4007起案件开展反洗钱调查共38692次，同比分别增长5.25%和50.47%，反洗钱调查和协查数再创新高。

表1　2015—2019年反洗钱调查及协查工作情况

年份	线索调查情况		案件协查情况	
	人民银行各级分支机构发现和接收可疑交易报告数（份）	开展反洗钱调查线索数（份）	协查案件数（起）	协助破获案件数（起）
2015	5893	764	1494	268
2016	8504	732	1652	307
2017	10265	809	1790	366
2018	13467	1086	2663	540
2019	15755	1143	4007	622

资料来源：2015—2019年中国反洗钱报告

二、新形势下反洗钱调查面临的现实困境

（一）网络洗钱行为日益突出

随着网络技术迅速发展与普及，各种新支付方式、金融业务随之出现，为各类经济犯罪提供了新渠道。传统洗钱方式借助网络信息技术不断演化出新的洗钱模式，

---

[1] 2017年，国务院办公厅发布《关于完善反洗钱、反恐怖融资、反逃税监管体制机制的意见》（简称《三反意见》）。

洗钱犯罪活动空间得到进一步延伸。如利用电子银行、第三方支付平台、P2P 平台、电商平台等网络媒介提供高效快捷的资金转移通道，洗钱成本低且效率高，洗钱手法隐蔽，很难从大量网络数据信息重现交易关系链，导致传统的反洗钱措施失效，给反洗钱调查工作带来前所未有的挑战。

（二）虚拟货币全球范围内的使用加大洗钱风险

虚拟货币具有匿名性、去中心化特性，没有集中管理者，交易具有更强的匿名性，而且能够在全球范围内使用，仅通过互联网登录平台，即可完成跨境支付和资金转移。虚拟货币的服务通常存在于金融体系外，分布多个国家地区的系统设施，这种服务的分割使客户信息和交易记录存储于不同区域，不法分子利用虚拟货币进行多层复杂交易，模糊资金的来源和去向，导致反洗钱调查很难从中找到切入点。对于虚拟货币蕴含的洗钱风险，国际社会达成共识，FATF 制定了针对虚拟资产的监管标准，但并非所有国家都将虚拟货币监管纳入反洗钱监管体系，即使部分国家已立法监管，但监管规则、实践存在差异，这使虚拟货币监管效果被弱化，无法进行有效的监测与调查。

（三）经济金融领域洗钱风险加剧

随着金融业务与新技术的融合，衍生金融新业态高速发展，金融体系整体洗钱风险持续存在，风险跨市场、跨行业交叉传染，涉众型、新型的非法金融活动频发，严重影响经济金融安全和社会稳定。同时，在跨境投融资金融服务进一步开放的背景下，跨国资金流动日趋频繁，而以此作为掩护的洗钱活动伴随其中，出现了更多复杂多变的洗钱操作模式。非法金融领域的洗钱手法不断翻新，使反洗钱调查难度攀升，面临严峻挑战。

（四）洗钱活动向非金融领域蔓延

近年来，在金融行业不断加强反洗钱管控措施的形势下，洗钱活动向非金融行业转移，避开金融机构流转环节。特定非金融行业涉及经济社会众多领域，洗钱方式灵活多样，加之特定非金融机构履职基础薄弱，通过特定非机构清洗更具欺骗性，反洗钱调查手段缺乏，洗钱活动不易被察觉。

（五）反洗钱国际形势日趋复杂

反洗钱事关国家安全、社会稳定及经济高质量发展，与国家利益紧密联系。近年来，国际反洗钱监管日趋严格，部分国家借助反洗钱规则实现其战略意图，中美摩擦加剧，反洗钱制裁措施不可避免地成为国家间博弈的工具，美国运用长臂管辖原则实施单边主义管控手段，成为美国金融制裁的重要工具。随着国际形势变化，反洗钱调查可能面临更为复杂多元的情境，亟须拓宽调查的广度和深度，以承担更多反洗钱工作责任，服务于国家安全战略。

三、新形势下制约反洗钱调查职责发挥的原因

（一）法律制度保障不足

现行《反洗钱法》第二十三条规定："国务院反洗钱行政主管部门或者其省一级派出机构发现可疑交易活动，需要调查核实的，可以向金融机构进行调查。"将调查主体限定为中国人民银行及其省一级派出机构，调查对象为金融机构。而洗钱活动随着技术的创新发展手法日趋复杂多样，非法资金跨行业、跨区域流动加剧，反洗钱调查主体与对象很难适应现实发展需要，影响调查实效。另外，法律制度只明确了可以对"可疑交易活动"进行调查核实，行使的是法定的行政调查职权，对于案件协查，尚未有相关的制度依据，这可能引发实践中中国人民银行协助侦查机关调查洗钱案件的履职风险。

（二）传统的调查方式制约成效

反洗钱调查分为现场调查和书面调查两种方式，在实践中，中国人民银行通常采用书面调查形式，即向有关金融机构发出《反洗钱调查通知书》，金融机构根据要求配合开展调查，反馈数据信息和调查结果。在实际操作中，反洗钱调查所需反馈的内容较多，且交易数据时间跨度大，金融机构配合实施调查通常需多层级、多部门调取数据信息，影响数据获取的及时性。由于反洗钱调查反馈数据标准不一、规范度不够，可能出现关键要素缺失或提供内部账号、代码的情形，影响调查人员对数据的横向关联和汇总分析。另外，跨省调查需报请中国人民银行批准，由中国人民银行联系其他省一级分支机构向各金融机构发起调查，程序复杂，流转环节多，整个调查周期长，反馈质量无法保证，不利于及时对洗钱线索和案件进行追踪，影响调查质效。

（三）信息不对称阻碍调查工作开展

犯罪分子为了逃避有关机关的查处，通常会综合使用各种手段清洗非法所得，名目多样，隐蔽性强。反洗钱调查是通过收集信息资料核实可疑交易，掌握信息越充足则越有利于调查工作的开展。现阶段，反洗钱调查信息主要来源于金融机构，大量的信息游离于金融体系之外，信息获取不充分严重影响调查工作的开展。一方面，在中国人民银行内部反洗钱部门和支付结算、征信、外汇管理、跨境办等部门掌握的各项信息分散于不同系统内，数据信息内部信息交流传递机制不畅，影响反

洗钱调查效率。另一方面，反洗钱调查涉及的关系人以及其商业活动信息通常分布在不同单位，中国人民银行与其他单位（如工商、税务、公安、海关等）缺少信息交换共享途径，未能形成有效的信息链，可能因信息广度不够导致洗钱行为被忽视，进而错失打击犯罪活动的良机。

（四）缺乏智能化技术支持

数据信息化时代，洗钱活动越来越技术化，涉及的交易数据纷繁庞杂，而目前我国的反洗钱调查技术化水平不高，反洗钱调查分析仍处于以人工为主的非智能化阶段，无法利用智能化的工作模式对海量数据进行挖掘分析。由于缺少智能化工具的助力，数据信息的查阅审核、汇总分析以及资金链绘制需要耗费调查人员大量的时间精力，不利于调查工作的高效开展。虽然在电子化调查平台设置了部分数据分析功能，但更多是偏向于数据的统计和查询，高级分析技术的支持不足，模型化分析、可视化程度不足，很难高效地挖掘线索。

（五）部门间协同不足影响调查效能

洗钱犯罪瞬息万变，洗钱风险在各机构、各行业、各市场间交叉传递，对反洗钱调查思路、调查手段提出更高要求。而现阶段我国反洗钱调查集中在金融领域，调查工作由反洗钱行政主管部门单一部门承担，调查信息呈金融机构—中国人民银行—侦查机关单向流动，这种调查工作模式很难有效应对日趋复杂的洗钱手法。反洗钱行政主管部门对非金融行业模式、业务不熟悉，对调查所需的工具和技术认识存在不足，与海关、税务、工商、安全等部门协作力度有限，没有明确的联合调查职责，互动不畅，缺乏情报和技术支持，削弱了反洗钱调查效力。

四、借鉴国际经验

（一）美国

美国反洗钱调查具有多部门管理的特点，主要的反洗钱职能部门财政部、司法部、国土安全部在各自职责范围内开展调查。财政部负责监管金融机构、管理海关和税务的反洗钱工作，拥有部分的调查权，其下属的税务局刑事调查部是最重要的执法部门，负责调查税务领域洗钱行为。司法部下属的联邦调查局和毒品管制局负责各自权限内的反洗钱调查。国土安全部负责打击与恐怖融资相关的洗钱犯罪活动。财政部下属的FinCEN（金融情报中心）拥有庞大的信息数据库，整合了包括金融、执法和商业领域的信息，其核心职能是为执法机构侦查案件提供情报服务和分析支持。通过该信息网络平台，反洗钱调查人员在其权限范围内能够快速获取被调查人员的资产、金融、商业以及纳税等记录，利用丰富信息资源有效支持调查工作，通过人工智能系统提供情报分析服务。除此之外，FinCEN 在跨部门的反洗钱调查工作中发挥协调作用。

（二）英国

英国的反洗钱执法机构包括警察、税务和海关总署、皇家检控署以及国家犯罪情报局，负责对洗钱案件的调查、起诉以及犯罪收益的没收。警察部门职责是向警务机构提供调查和情报方面的支持，税务和海关总署负责调查并起诉税务管理职责范围内的洗钱活动。国家犯罪情报局下设金融情报机构（UKFIU），负责收集、分析和调查可疑交易报告。此外，成立了洗钱情报联合行动组（JMLIT），为金融行业与执法机关之间提供金融情报信息交换和分析平台，预防和打击洗钱犯罪。英国的银行机构还创立了金融特遣队，协助警察对洗钱活动开展相关调查和取证工作。

（三）丹麦

丹麦反洗钱调查充分依托于有效的信息共享与交流，其反洗钱中心负责接收、调查可疑交易报告，可直接访问包括警察、税务机关内部数据库在内的各种公共数据库，包括犯罪记录登记系统、中央商业登记系统等各类信息查询系统。反洗钱中心也通过交互系统向警察、安全机关等部门传送金融情报，为司法调查提供信息支持，提高调查效率。

（四）法国

法国的反洗钱调查职能部门涉及财政部、检察机关和海关，检察机关和海关分别负责境内和跨境毒品犯罪相关洗钱活动的调查。财政部下设打击非法金融活动行动和情报处理处（Tracfin），负责对可疑交易报告的收集、处理以及案件调查工作，相关反洗钱执法部门在 Tracfin 派驻人员负责相关犯罪调查。与大部分国家金融情报中心不同的是，Tracfin 有强大的调查职能特权，其可以从金融机构、房地产、赌场、公证等各种行业获取任何与打击洗钱活动有关的信息资料，开展调查分析，并向检察官报告。另外，根据法国的《反洗钱法》规定，Tracfin 还可命令金融机构将可疑交易所涉及的资金、账户予以冻结。

从上述各国反洗钱调查机制来看，各国注重对各类信息的收集整合，反洗钱职能部门间信息交流与共享渠道通畅，拥有充足的数据信息资源支撑反洗钱调查工作。并且重视部门间的协调配合，必要时通过开展联合调查，提升调查工作效率。

五、新形势下反洗钱调查职能定位与路径构想

（一）认清形势任务，提高职能定位

我国经济金融发展进入新时期，信息技术飞速发展催生了经济新业态，洗钱方法也在不断翻新升级，对经济金融安全和社会稳定的威胁依然存在。同时，国际反洗钱形势和内涵发生新变化，外部压力持续加大，反洗钱工作面临新挑战。反洗钱调查作为反洗钱监管体系的重要内容，应从国家安全战略高度出发，明晰工作定位，调整工作重心和方向。聚焦于打击洗钱、恐怖融资、涉税犯罪等反洗钱需要，遏制非法资本流动，维护经济金融稳定。同时，在参与国际反洗钱合作或应对国外反洗钱政治化过程中，为捍卫国家的核心利益服务。

（二）完善法律规制，提供制度保障

2021 年 6 月，中国人民银行发布了《中华人民共和国反洗钱法（修订草案公开征求意见稿）》（以下简称《征求意见稿》），从此次《征求意见稿》来看，完善了反洗钱调查相关规定，包括扩大调查主体和对象范围，明确反洗钱调查起因及线索来源，但规定一般是原则性的要求，若新法出台，有待于根据实际需要作详细规定。要以此次修订《反洗钱法》为契机，研究制定相应的反洗钱调查实施管理办法，进一步明确和规范调查的程序、方式、范围、法律责任等内容，尤其是《反洗钱法》修订后，在反洗钱行政调查主体和对象范围扩大情况下，要重点围绕调查启动的条件、对象范围以及实施程序等方面对调查职责做严格界定，避免出现过度使用调查权，浪费调查资源，影响调查对象合法权益等现象。

（三）打破信息壁垒，搭建全方位信息数据库

反洗钱调查工作能否有效开展很大程度依赖于信息的收集和筛查，部门间的信息不对称严重削弱了现行反洗钱调查的效力，《三反意见》提出建立"以跨部门、跨行业甚至跨境的信息交互为基础的立体式防控打一体化的综合数据体系"，以此为契机，探索建立国家层面的反洗钱数据平台。借鉴欧美发达国家的实践经验，打造多渠道信息网络，扩大反洗钱调查信息的来源。对内实现反洗钱、支付、征信、国家税收等数据互通，对外实现与工商、税务、公安、海关等联席会议成员单位的数据库互联。同时，对数据交流和共享进行规制，明确信息的采集标准、更新时效、使用权限以及传输条件，在此基础上促进信息网络的形成，建立常态化数据查询和共享机制，提高反洗钱调查工作的效能。

（四）开发数据处理应用，提升反洗钱调查效率

大数据时代背景下，洗钱犯罪活动的网络化、智能化和专业化发展，对反洗钱工作提出了更高的技术要求。有必要在完善信息库的基础上，利用现有的反洗钱调查电子化平台完善智能分析功能，加强对大数据的处理和应用。在优化对不同数据库间数据信息的智能匹配及标准化处理的同时，开展对洗钱类型、特征、行为模式及研判思路的研究，构建不同类型的分析模型，运用人工智能对数据信息进行横向和纵向关联，模型推演，形成数据画像，直观体现犯罪信息链条全貌，高效辅助反洗钱调查分析工作。

（五）改进协调机制，集成调查优势

为提升反洗钱调查时效性和有效性，在调查资源不足的情况下，建立部门间的协同调查机制，在反洗钱各职能部门的职责范围内探索创建适用于新形势下的反洗钱调查工作模式。集中各部门的资源，根据调查实际需要，以人民银行为主体，最大程度发挥各职能部门的信息、技术以及人员优势，协同做好跨行业、跨地区的反洗钱调查，合力提高调查效能，及时发现洗钱行为。完善人民银行与有关机关间调查与侦查衔接，精准打击洗钱犯罪活动。另外，洗钱犯罪活动网络化、国际化给反洗钱调查工作带来巨大挑战，为防止跨境洗钱活动成为反洗钱的短板，应进一步深化反洗钱国际合作，围绕调查取证、案件协作加大对跨境洗钱活动的调查、打击力度。

参考文献：

[1] 刘闽浙．涉毒反洗钱调查难度大 [J]．中国金融，2018（6）：103．

[2] 刘闽浙．我国反洗钱、反恐怖融资刑事立法和司法实践问题研究 [J]．上海金融，2017（12）：78-83．

[3] 谢坤．大数据时代给反洗钱调查工作带来的机遇与挑战 [J]．华北金融，2014（10）：49-50,65．

[4] 苑士威．反洗钱调查有效性的影响因素及对策研究 [J]．西部金融，2014（5）：93-96．

[5] [美]Thowas Mahoney.etc. 唐旭等译．复杂性金融调查 [M]．北京：中国检察出版社，2011．

[6] 唐旭等．反洗钱调查实用手册 [M]．北京：中国金融出版社，2009．

金融集团管理模式对农村法人银行反洗钱适用性研究

——以福建省为例

■ 何匡济　林宇薇[1]

摘要： 农信系统经过多轮改革，形成了遍布全国各省、市、县三级农村法人体系。在反洗钱"法人监管"要求下，农信系统三级法人需各自独立承担并开展反洗钱工作。但从监管实践看，其反洗钱工作与监管要求仍存在较大差距。当前文献研究多为总结日常监管中发现的履职问题，少有对改进全系统的工作模式进行探讨。本文结合近三年（2018—2020年）对辖内农信系统现场检查发现的履职问题，剖析造成其系统性、机制性问题的深层次原因源于权责依附、职责划分不清等，进而从FATF对金融集团反洗钱管理要求视角，探讨农信系统推行金融集团管理模式的可行性。

关键词： 反洗钱　金融集团　农村信用合作联社　农村商业银行　村镇银行

农村法人银行经过多轮改革，形成了遍布全省众多市、县级小法人机构，在支持"三农"、服务小微企业、健全农村金融体系等方面发挥着重要且积极的作用。但从反洗钱监管角度来看，小法人机构存在与省级农信联社和各发起行的特殊关系，受各发起行管理体制、风险管控和系统建设等因素的影响，反洗钱工作与监管要求差距较大。本文以福建省126家农村法人银行为例，根据2018年至2020年监管发现问题，剖析反洗钱工作中系统性、机制性问题的根源，思考按照FATF第18条建议，探讨对农村法人银行推行金融集团管理模式的可行性并提出建议。

1　何匡济供职于中国人民银行福州中心支行，林宇薇供职于中国人民银行福清市支行。

一、福建农村法人银行管理架构的特殊性

（一）福建省农村信用社联合社与农信社、农商行及其村镇银行的发展概况

福建省联社于 2005 年 6 月 26 日正式创立，其职能主要是督促各行社依法选举理（董）事和监事，对各行社的高管具有任免权，不经营具体业务，是承担管理职责的"大法人"。农信社和农商行为股份合作制地方金融机构，是受省联社统一领导的"小法人"，其独立核算，自主经营，高度依托省联社的系统、技术和业务产品支持。村镇银行股权结构主要由占大比例的主发起行和各零散的民间资本组成，其功能、地位类似主发起行的分支机构，在其授权范围内从事经营活动，其设立目的，在于业务发展需要或实现城市商业银行跨省经营等。

截至 2021 年 7 月，福建省共有 126 家农村法人银行，包括：福建省农村信用社联合社、40 家农信社、27 家农商行、58 家村镇银行，合计占福建省法人银行的94.66%，是近年福建省落实"法人监管"的重点对象。

福建省内共有 58 家村镇银行，按照发起行类别可分为由省内农商行、省外农商行、股份制银行或外资银行发起的村镇银行。

表 1　福建村镇银行发起行基本情况

发起行类型	发起行名称	机构数量（家）
省内农商行（34 家）	福建石狮农村商业银行股份有限公司	5
	泉州农村商业银行股份有限公司	11
	福建晋江农村商业银行股份有限公司	4
	福建福州农村商业银行股份有限公司	1
	福建南安农村商业银行股份有限公司	4
	福建福清汇通农村商业银行股份有限公司	3
	福建长乐农村商业银行股份有限公司	3
	福建上杭农村商业银行股份有限公司	2
	福建漳州农村商业银行股份有限公司	1

续表

发起行类型	发起行名称	机构数量（家）
省外农商行（19家）	重庆农村商业银行股份有限公司	4
	浙江泰隆商业银行股份有限公司	4
	成都农村商业银行股份有限公司	4
	延边农村商业银行股份有限公司	3
	浙江苍南农村商业银行股份有限公司	2
	浙江民泰商业银行股份有限公司	1
	龙江银行股份有限公司	1
股份制银行或外资银行（5家）	中国民生银行股份有限公司	3
	中国农业银行股份有限公司	1
	香港（上海）汇丰银行有限公司	1

（二）省内各行社、村镇银行的反洗钱管理模式

1. 由省级联社、各地联社、农商行组成的农信系统

在反洗钱管理模式上，福建农信系统均设立了反洗钱机构。其中：省联社在法律合规部下设立反洗钱中心，各农信社、农商行及其村镇银行均成立反洗钱工作领导小组，并执行省联社统一制定的反洗钱制度，但可结合自身实际制定更为细化的规定；系统方面，省联社开发统一的反洗钱系统供各行社使用，并负责系统维护，客户风险等级指标体系、可疑交易监测指标统一由省联社制定；省联社日常负责对各行社进行反洗钱人员培训、绩效考核和指导。同时，从具体反洗钱职责上，还具有以下特点：

（1）客户号共用，以首次建立客户号方式划分客户归属行社。"客户归属首次开户行"是指客户在同一发起行系统下任一银行开立银行结算账户时生成客户编号，该客户即归属于这家生成客户编号的银行，该银行称为该客户的"首次开户行"。

（2）业务系统和反洗钱系统共用。各行社接收到的同一客户号下客户信息及账户、交易信息相同，但为避免行社间恶性竞争抢夺客户，省联社对各行社查询权限作了限制。各行社反洗钱系统可查看客户号归属本行社的客户身份信息以及在全省农信系统的账户、交易信息，但对于客户号不归属本行社，且在本行社有开立账户的客户，本行无反洗钱系统查询权限，即此类客户无法通过反洗钱系统主动获知。

（3）客户身份识别、大额和可疑交易报告独立承担，但职能各行社有交叉。客户号共用模式下由客户归属行社负责风险等级初次划分、定期审核。风险等级调整可同时由客户号归属行社、所有账户所在行社发起人工调整。大额交易以客户为单位，抓取客户在各行社范围内的交易数据，达到标准即打包上报。可疑交易报告预警产生于客户号归属行社，归属行社对该预警主体名下所有账户的所在其他行社发起协查，汇总其他行社分析情况后对预警主体综合判断，或通过反洗钱系统直接查询名下在各行社所有账户交易情况，自行分析。此外，对于重点可疑交易线索，还需经省联社审核把关后，报当地人民银行。

2.发起行和村镇银行

从发起行对反洗钱管理介入程度看可分为三种类型：一是管理严格型。主要见于"母子行"模式，如福清泰隆村镇银行，发起行主要提供系统及技术的支持，日常培训和考核上由其发起行统一管理。二是宽严适中型。主要见于发起行内设部门管理模式，由发起行的内设部门设计专门的反洗钱制度和系统供村镇银行使用，并负责日常考核和培训，如汇丰银行在公司内部设立了村镇银行业务部，负责业务指导、产品研发、资源调配等。三是管理宽松型。主要见于村镇银行联盟模式，由同一发起行下的各个村镇银行自行联盟，共同制定反洗钱制度、外聘公司开发反洗钱系统，自行开展反洗钱工作。如延边农商行作为云霄润发、东山润鑫等村镇银行的主发起行，对其经营发展和风险防控管理和指导较弱，而是由各村行自行建立"联盟联系群"。

从客户管理上看，主要分为两种模式。一是客户号共管模式，如泰隆发起行和各村行在前端业务系统、客户信息管理系统中共用同一个客户号，实现了集团内部客户身份系统的共享，但在反洗钱系统，各村行又独立设置各自的客户号，按照各自独立的客户号进行大额和可疑交易数据报送。二是客户号独立模式，如"联盟联系群"下客户号各村行独立，客户身份信息、大额交易报送、可疑交易预警分析均独立执行。

二、福建农村法人银行反洗钱履职典型问题

在法人监管理念下，2018年至2020年，福建省人民银行系统共对66家福建农村法人银行开展反洗钱执法检查，依法对其中47家违规机构和91名违规从业人员实施了行政处罚，罚款金额共计2605.67万元。其中，2018年至2020年机构罚款金额分别为161.5万元、1040万元和1234.17万元。检查和处罚涉及的机构数量均

保持较高水平，2018 年至 2020 年的处罚率分别为 83.3%、79.5%、66.7%；平均处罚额分别为 32.3 万元／家、29.7 万元／家、123.4 万元／家。从典型违法问题来看，对福建农村法人银行的处罚内容主要包含客户身份识别、大额交易和可疑交易报告、客户风险等级划分、受益所有人识别等。其中，突出表现为：

1. 内控制度框架不完善，执行要求难以落实

2019 年，对省联社开展执法检查，发现在客户身份识别、客户身份资料及交易记录保存、配合反洗钱调查、内部审计、保密、客户洗钱风险等级分类管理、洗钱风险自评估等方面均未制定相关内部规定，反洗钱制度框架存在明显不足。以客户风险等级为例，在省联社未制定风险等级具体制度要求情况下，某农商行沿用《XX农商银行 2017 年反洗钱工作要点》要求，列举应调高风险等级的情形，但未明确调整时限要求，导致大量客户（占比达 45%）高风险等级未调整或未及时调整（超过半年甚至一年）。从全省范围看，在涉及处罚的 46 家农村法人机构中，有 32 家因未按规定开展客户风险等级划分、调整和审核工作受到处罚，其中有 20 家存在未调整或未及时调整客户风险等级的问题。

2. 高风险强化尽调及管控措施不到位

对于客户号不归属本行社但在本行社有开立账户的客户，风险等级审核及可疑交易预警分析均发生在客户号归属行社，本行社未关注到客户风险等级已被调高，客户交易明显异常，所以未开展高风险客户尽调；又如，反洗钱系统未将信用卡账户交易纳入监测，导致信用卡交易异常未预警，未对客户开展强化尽调。

3. 可疑交易分析排查有效性不足，存在迟报、排查不充分、漏报等问题

一是可疑交易报告分析排查不充分，排除理由不合理。具体表现为：可疑行为描述缺少尽职调查内容、疑点分析不充分、照搬异常交易预警指标、疑点和结论逻辑关系不清晰、报告分析价值不高等情形。2020 年对某农商行检查发现，未按规定对异常交易进行人工分析、识别，排除理由不合理，未结合客户尽职调查情况开展主观分析排查 1847 份，占全年所有可疑交易分析份数的 30%—40%。

二是部分行社可疑交易"零报告"问题突出。从可疑交易报告类型来看，地下钱庄、集资诈骗、赌博和毒品等犯罪是福建农村法人银行面临的主要洗钱威胁。从资金监测情况来看，泉州、福清、长乐等地经济总量大、外向型经济明显，属于省内洗钱威胁集中的地区，但该地域仍有 10 家农村法人银行长期处于重点可疑交易"零报告"状态，占本地区农村法人银行的 30%。

三、反洗钱履职问题原因剖析

（一）省联社和发起行主体责任未有效落实，且与各级行社、村镇银行间权责不对

从权责上看，省联社和发起行大多负责高管任命、系统建设，并在业务发展和反洗钱工作方面提供日常指导和事后审查。各行社、村镇银行囿于机构规模、人员素质、系统开发力量较薄弱等原因，对省联社、发起行依附性较大。

然而，反洗钱责任各法人独立承担，对于各行社、村镇银行因系统性、机制性问题造成的履职漏洞，由于缺乏相应的责任约束，省联社、主发起行并无统筹各行社、村镇银行反洗钱工作的积极性。在监管实践中，省联社、主发起行也普遍未能尽到相应的技术支持和业务指导的作用，各行社、村镇银行的个性化需求难以落地实现。例如，福州某县域农商银行于2017年向省联社申请新增"疑似走私犯罪"可疑监测模型，但至今未落地生效。又如前述指出，省联社未制定有效的反洗钱制度框架，放权由各行社自行制定，各行社照搬省联社制度，内控制度的缺陷直接导致了执行层面的履职漏洞。

（二）行社、村镇银行过度依赖系统，履职主动性不足

突出表现为内控制度依附性，内控制度基本照搬主发起行；不主动干预发现系统指标体系、及时发现系统漏洞。例如，在监管实践中，反洗钱工作人员对于系统功能、客户风险等级和可疑交易监测指标设置情况常常是"不知道""不了解""没接触"，缺乏干预推动系统建设、完善工作机制的主动性。又如，在对某农商行检查中，对于风险客户，被查单位仅简单地认为系统未预警就无须排查分析，忽略了在风险等级定期审核、客户临柜办理大额现金业务等时机下，应当关注客户身份信息和交易的异常。

（三）以"首次建立客户号划分客户归属行社"模式造成客户身份识别和可疑交易分析信息不对称

如前文所述，该种模式下，客户风险等级初次划分、调整和审核工作，以及可疑和大额交易的甄别、报送均由生成客户编号的银行负责，这在实际操作中存在诸多问题。

1. 客户风险等级与风险管控措施错配

一方面，客户因风险事件被其他行社调高风险等级时，归属行社无法主动获知，进而导致未开展客户强化尽职调查；或其他行社仅基于自身掌握的客户风险状况，

人为将客户风险等级调低，导致客户风险等级无法真实反映客户风险状况，对客户的监测频率等管控措施与客户真实风险状况不符。

2. 可疑交易分析资源配置不合理

可疑交易分析排查和报送由客户号归属行负责，并可通过反洗钱系统查询客户在各行社的交易情况、发起协查的方式向其他行社了解客户在他行风险状况。该模式存在以下弊端：一是有效性大打折扣。在实际工作中往往会出现产生预警的客户在归属行的账户已销户或几乎无主动交易，而工作人员由于对客户不熟悉，难以判断客户身份信息的真实性、交易目的等信息，导致难以进行有效的排查分析。二是协查无时限要求，反馈及时性难以保证。三是重复劳动耗费过多人力成本。向各行社发起协查，频繁多次联系客户，既浪费人力成本，又容易引起客户警觉。

四、金融集团管理模式对农村法人的实用性分析

根据FATF《40条建议》第18条要求，金融集团应在集团层面执行反洗钱与反恐怖融资措施，包括集团内部共享反洗钱与反恐怖融资信息，同时要求控股附属机构执行与金融集团整体一致的反洗钱与反恐怖融资措施。从FATF对中国第四轮互评估结果看，我国在金融集团反洗钱工作方面存在的缺陷有：一是法规制度缺陷。目前尚没有关于要求金融机构执行集团层面的反洗钱和反恐怖融资机制，包括金融集团内部信息共享、员工培训等方面。二是对金融集团管理的惩戒性不足。应当对出现系统性缺陷的金融集团加大处罚力度。三是金融集团所采取的集团层面反洗钱和反恐怖融资措施有效性不足。表现为金融集团内控机制不足以有效降低风险、与附属机构间的信息共享难以实现等。

从农村法人三级法人主体地位上看，省联社负责顶层制度设计、统筹协调各地联社、农商行资源分配，其地位类似于商业银行总部，各地联社、农商行类似商业银行分支机构；村镇银行则类似发起行的控股子公司。因此，从角色定位上看，可以参照FATF关于金融集团的要求进行管理。

结合农村法人角色定位，可以考虑从以下几方面改革农村法人反洗钱工作机制：

（1）从内控制度方面看，省联社、发起行应从集团整理性、一致性角度，制定统一、具有可操作性的制度，填补制度空白。同时，各行社、村镇银行应结合实际业务，进一步细化。

（2）从信息共享方面看，应该建立一个集团内部客户身份信息和可疑交易信息的共享机制。例如，无论客户号在共享还是共用模式下，都应探索实现全系统客

户信息共享,从而保证客户尽调、风险等级审核、可疑交易预警排查分析等工作能够获取客户完整、全面的身份和交易信息。

(3)从系统建设方面看,省联社、发起行应结合地域特点,开发完善满足各行社、村镇银行需求的反洗钱系统。例如,根据地区差异进行指标设置和预警阈值调整。

(4)从权责划分方面看,使用客户号共用模式的,应按照风险为本原则,根据客户主账户或主要交易所在行(客户主要交易发生的账户)负责风险等级定期审核、大额和可疑交易报送等工作,并统筹需要协调配合的银行。对于客户号独立模式的村镇银行[1],发起行应从集团管理层面,确保村镇银行的客户信息与发起行本部进行共享。

五、对策与建议

(一)完善法规体系,明确履职要求

在总行层面出台关于要求农信系统、发起行和村镇银行按照集团管理模式开展反洗钱工作的规范性文件,如建议统一的内控制度、客户管理权责分工等。同时,可配合《反洗钱法》及配套法规修订,进一步明确执行要求。

(二)强化外部约束,建立适当的惩处机制

加强对农村法人机构机制性、机制性问题的追责力度,对于因管理不善、系统性缺陷导致执行问题的,省联社、发起行应承担责任。在外部监督方式上,人民银行可参照现行执法检查"总部 + 延伸行"的模式,允许对省联社、下属行社,或发起行、村镇银行同时立项检查,属于体制性、机制性问题的归并入省联社、发起行,属于具体执行不到位或各法人主体责任的,追究各行社、村镇银行责任。

(三)建立权责对等的反洗钱工作机制

人民银行可通过监管走访、督促开展风险自评估等方式,梳理现行反洗钱工作模式中的漏洞,引导农村法人机构建立权责对等的反洗钱工作机制。例如,发起行对村镇银行的管控模式,应由管理宽松型向宽严适中型靠近。使用客户号共用模式的,应梳理反洗钱履职中出现的信息不对等、流程缓慢等问题,优化工作机制。

---

[1] 因农信系统普遍使用客户号共用模式,客户号独立模式主要见于村镇银行,因此此处主要针对发起行。

参考文献：

[1] 廖丽，谭云泽 . 农信社"客户归属首次开户行"模式对反洗钱工作的影响及建议——以内蒙古赤峰市为例 [Z]. 中国反洗钱实务，2019（12）.

[2] 宗雯瑶，丁绮 . 主发起行管理对村镇银行反洗钱工作履职的影响及相关建议 [Z]. 中国反洗钱实务，2020（9）.

[3] 李有秩 . 福建农信体制改革的启示 [Z]. 中国集体经济，2020（2）.

[4] The FATF Recommendations[EB/OL].http://www.fatf-gafi.org,June 2019.

[5] Anti-money laundering and counter-terrorist financing measures People's Republic of China Mutual Evaluaion Report[EB/OL].http://www.fatf-gafi.org.April 2019.

后疫情时代数字货币反洗钱的挑战与策略

■ 陈艺鑫　郑瑶　李永红 [1]

摘要： 数字货币因其匿名性、去中心化、相对安全快捷的特性，为洗钱犯罪活动打开了一条新通道，对国家和跨境反洗钱监管造成了相当程度的障碍。疫情暴发之后，环境、形势、民众生活方式发生复杂变化，数字货币在国际关注度持续上升。本文聚焦后疫情时代，在对外贸易环境复杂、金融市场波动、数字经济加速发展的背景下，我国数字货币反洗钱工作面临的潜在不确定因素和技术难题，并提出相关建议和有益思路。

关键词： 数字货币　后疫情时代　反洗钱　风险应对

一、引言

基于区块链技术和哈希算法的加密数字货币自诞生以来，引发了各国广泛的关注，并建立起了绕过中央支付体系的交易系统。因其匿名性、去中心化、相对安全快捷的特性，为洗钱犯罪活动打开了一条新通道，对国家和跨境反洗钱监管造成了相当程度的障碍（Fletcher 等，2021）。受到新冠疫情影响，数字货币在国际关注度持续上升，利用数字货币洗钱的市场环境发生了重大变化，给现有的且仍在摸索中的反洗钱管控体系带来了潜在的新风险（Rowan 等，2021）。在我国加快推进数字经济发展和银行数字化转型的背景下，后疫情时代环境、形势等变化，使得数字货币反洗钱工作面临着复杂的不确定因素和技术难题。因此，针对数字货币反洗钱管控工作，本文结合我国自身的市场环境，谈论后疫情时代的新风险、提出应对策

1　陈艺鑫供职于西南交通大学经济管理学院，郑瑶供职于西南交通大学马克思主义学院，李永红供职于恒邦财产保险公司四川分公司。

略具有重要的现实意义。

现有文献基于原有的市场环境，对数字货币洗钱的特点、方式及反洗钱政策和措施进行了梳理和建议（樊晓娟，2021）。我国自 2013 年开始，对以比特币为代表的数字货币颁布了风险示警和境内交易所禁令等限制政策（万伟，2014），2017 年以来更是陆续下发了清理关停虚拟货币"挖矿"项目的通知，并就其炒作问题约谈了多家银行和支付机构，但数字货币渠道的洗钱隐忧仍然存在。场外交易的监管漏洞（樊云慧，2016）、他国自由交易和开放政策形成的潜在威胁（叶威，2019）、币种技术特点和持续创新导致的监管难度攀升（范薇等，2017）等问题，已然使原框架下的数字货币反洗钱工作困难重重。2020 年暴发新冠疫情后，国际经济、贸易、金融市场均受到巨大冲击，数字金融迎来发展的高峰期，我国面临着创新变革技术与风险防控的双重压力（高增安等，2021）。在疫情防控常态化和全球金融科技浪潮中，还鲜有文献对数字货币反洗钱的潜在新风险展开讨论。本文聚焦后疫情时代的环境变革，分析疫情对数字货币产生影响的相关文献，深入讨论了基于贸易、金融市场和数字金融发展三个视角下，可能出现的数字货币渠道洗钱问题，并提出了相关建议，以期为后疫情时代的数字货币反洗钱工作提供有益思路。

二、数字货币反洗钱概况

（一）数字货币渠道洗钱

基于区块链技术的比特币首创于 2008 年，起初仅小范围地在计算机爱好者间流通，因 2013 年塞浦路斯银行危机，刺激民众通过比特币避税和财富保值而在国际声名大噪。此后，比特币的保值投资价值和跨境资产转移功能开始被民众关注，利用比特币从事洗钱活动逐渐出现（Jafari 等，2018）。随着比特币的接纳群体数和交易量持续增加，多种创新形式的虚拟货币纷纷涌现，进一步提高了反洗钱监管的难度。

此类非法定数字货币的技术特点，成为犯罪分子洗钱的武器。去中心化，使得它绕过中央支付体系的交易系统运行，国家、机构、组织和个人难以干预，可实现国际远距离交易，减少了跨境支付的成本；匿名交易，保护了交易双方的信息，同时也藏匿了洗钱分子的真实身份，加大了监管机构的侦查难度；完全标准化的同质性，使得它能像普通货币一样自由流通，具有实体价值；可流动性，使洗钱者能在全球范围的交易所内实现境内境外、场内场外的买卖和兑换；交易速度快，最快只需几分钟，便能走完全流程的洗钱过程，在短时间内实现国际流通属性的多次转化，为洗钱提供了便捷；基于区块链技术和哈希算法的比特币加密法不可篡改，安全性高（AdrianT 和 Mancini-Griffoli，2019）。基于以上特性，政府难以对数字货币的交易进行透明化监管，导致越来越多的洗钱者青睐于此，更促使部分交易所和网站推出了更大规模和快流程的洗钱服务（张晓旭，2014；惠志斌，2018）。根据测算，在比特币持有者中，从事非法活动的用户高达 25%，另使用其进行非法交易的量可能达总交易量的一半（Foley 等，2018）。非法洗钱活动被斥责为推高比特币热度的重要原因之一（Yelowitz 和 Matthew，2015）。通过数字货币多重匿名身份买卖，可简单快速地实现大额资产洗白，让人触目惊心。违法分子不仅可以借助数字货币的买卖洗钱，还能顺理成章地进一步实现资本外逃，因此有学者将其比喻为"换汇的地下高速公路"（袁磊，2019）：通过境内人民币黑钱购买数字货币，将其转账到境外对应的账户，境外售出洗白成外币。数字货币渠道洗钱，不仅速度快，还从一定层面减少了交易和换汇成本，故而吸引了违法者的利用和拥护（Foley 等，2018）。

（二）数字货币反洗钱监管机制

基于去中心化、匿名性、交易速度快等特点的数字货币洗钱渠道，激发了各国的警觉。国际上，支持比特币合法化的以发达国家和地区为主，而大部分发展中国家则采取了禁止或限制的政策。发展中国家常年实行资本控制和固定汇率制度，数字货币的去中心化，绕开了中央管理体系，对其制度维护造成冲击，也对违法洗钱的监管造成了重大挑战（Goodman，2014）。

我国定义比特币为虚拟商品，对其持续警惕，展开监管强化，并不断限制国内的数字货币交易。2013—2014 年，我国对数字货币颁布了风险示警，陆续出台了《关于防范比特币风险的通知》和《关于进一步加强防范比特币风险的通知》。2017 年，中国人民银行联合六部门出台了《关于防范代币发行融资风险的公告》，中国互联网金融协会发布了《关于防范比特币等所谓"虚拟货币"风险的提示》，禁止协会单位成员参与虚拟货币相关交易或为交易提供服务；同时对境内交易所发出禁令等限制政策，并升级反洗钱系统（惠志斌，2018）。2021 年 6 月我国陆续下发了清理关停虚拟货币"挖矿"项目的通知，另央行就其炒作问题约谈了多家银行和支付机构，要求其不再为数字货币的交易活动提供相关服务，切断资金支付链路。

（三）反洗钱工作难点

我国目前秉持着强烈抵制的态度，限制着国内数字货币的流通和交易行为，然而监管风暴的背后，数字货币渠道的洗钱隐忧仍然存在。且其他数字货币非限制国也不断意识到，通过要求交易平台提供身份证明和资金来源说明等系列认证材料，使用 KYC（Know Your Customer）监管条例来过滤非法洗钱者，对于干预数字货币洗钱，收效甚微，反洗钱工作难点重重。

币种技术特点和持续创新导致监管难度攀升（范薇等，2017）。加密数字货币具有高度匿名性，账本仅可记录交易时间、地址和金额，其交易地址是毫无规律的字符串，且不包含任何交易者的身份信息，也不依赖账户系统，故交易者仅通过交换钱包—地址信息达成交易，且接收地址也可任意更改（Gandal 等，2018）。基于该技术特征，个人可通过建立多账户、多地址、多钱包，甚至引入第三方来规避个人信息的追踪。违法分子常常使用多账户、拆分交易、重组拼接、合并资金、来回转入转出等方式洗钱（Sicignano，2021）。即使数字货币自由的国家加强了交易者实名认证 KYC，也仅限对交易平台用户进行初步管理，对具体的交易过程仍然难以追查（Oliveira 等，2021），更无法根据交易账本有效识别正常交易和违法洗钱的区别。同时，不断推出的创新型数字货币，不仅使得外力无法干预，还优化币值的波动风险，用稳定币的概念吸引违法分子基于长期保值目的洗钱，而不必承担过高的投资风险。

场外交易导致监管漏洞（樊云慧，2016）。通过出台关停交易所的文件，约束力有限，即使没有机构作为行业中介，对场外交易和系统运行仍鞭长莫及。相关统计揭示，中国未关闭场内交易所前，其场外交易规模已经达到场内的三倍以上（郭中天，2020）。场外交易极易游离在监管之外，且由于交易链信息碎片化、独立化，如果采用"蚂蚁搬家"洗钱模式，难以触发监管部门的警觉，也难以将各交易环节识别和串联，对单次交易的追查成本极大，对整体反洗钱监管与执法都会造成极重的成本和负担（Crawford 和 Guan，2020）。

他国自由交易和开放政策对我国造成潜在威胁（叶威，2019）。截至 2021 年 6 月，在 257 个国家中，有 132 个国家对以比特币为代表的数字货币采取了不限制的态度。中国禁止数字加密货币交易所的运营后，很多交易平台在境外规避管制，开设境外版本，国内用户只要通过特殊网站就可登录，并继续使用之前的账户。同时，有洗钱计划的国民还可通过虚拟货币合法国的离岸代理点或交易所开展行动，亦可寻求他国国民单独代理进行洗钱。即使国内通过账户交易怀疑其违法行为，也只能通过国际私法和执法合作等途径与他国商议解决个案，难以形成长效机制。

综合来看，即使我国采取了限制数字货币的态度，并实施了相关的抑制交易政策，仍然无法彻底堵住数字货币洗钱的漏洞。而新冠疫情之后，社交隔离常态化，伴随金融科技的发展，使数字货币反洗钱工作雪上加霜。

三、环境变革理论依据

自 2020 年新冠肺炎疫情暴发以来，全球经济遭受重创，因国家、地区隔离政策带来的环境和生活变革，也对经济社会产生着持续的影响（Al-Naif，2020）。本文通过相关文献，探索了三类环境变革，可能对数字货币渠道反洗钱管控，带来的新挑战。

（一）对外贸易环境冲击

疫情暴发后，各国陆续出台了国家、地区的隔离政策（朱武祥和张平，2020），国际贸易受到强烈冲击（Leibovici 和 Santacreu，2020）。我国的对外贸易虽在 2020 年至 2021 年春实现了逆势增长，规模及国际市场份额创新高，但因全球疫情发展的不确定性，国际贸易环境仍面临着挑战。商务部于 2021 年 6 月 9 日发布的《中国对外贸易形势报告》指出，全球疫苗接种进程不一，随着病毒变异，全球疫情有所反弹，威胁着世界经济贸易稳定复苏；印度疫情的大规模暴发，影响了全球海运、医药、纺织、金融服务等行业供应链。截至 2021 年 5 月 31 日，有 90 个国家及地区对货物贸易采取措施，178 个国家及地区对交通工具采取措施，133 个国家及地区对边境口岸采取措施，198 个国家及地区对人员入境采取措施。同时，疫情冲击加速了全球产业链供应链重构，各国内顾倾向加剧，保护主义、单边主义上升，产业链布局趋于区域化、本土化、短链化。对外贸易洗钱是我国常见的犯罪手段之一，当前多变复杂的贸易环境，可能对原使用贸易洗钱的犯罪群体产生一定阻碍，从而向其他途径，如数字货币洗钱进行渠道转移。

（二）金融市场波动

2020 年新冠肺炎疫情在世界范围内暴发并持续，对全球经济社会和金融市场造成了重大影响和大幅波动（Abodunrin 等，2020；刘卫东，2020）。防疫隔离的需要和居民恐慌情绪导致部分生产活动停滞，社会消费需求降低，短期经济下滑，金融市场波动（Coibion 等，2020；Karabag，2020），更可能从长期上影响国家和地区的产业布局及在全球产业链中结构的调整（刘志彪和陈柳，2020）。各种行业、企业性质等细分金融市场，随着各领域的风险波动不一；政府针对抗疫采取的激励措施，如量化宽松的货币政策又促进了金融市场的上涨（章玉贵和徐永妍，2020）。在复杂的环境和市场冲击中，行业危机、机遇和政府干预交互影响，金融市场可能出现短期的波动（Elgin 等，2020）。疫情冲击影响金融市场的同时，数字货币价格也呈现出整体性的价格上涨趋势（Corbet 等，2020）。更有学者发现了海外疫情指数与数字货币价格指数的短期正相关关系，证明了数字货币市场与金融市场的反向联动关系及局部抗风险的性质（Goodell 和 Goutte，2021）。综合来看，以比特币为代表的数字货币兼具货币与金融商品属性，在金融市场的波动中，可能呈现出不同的波动表现，对数字货币市场产生影响，进而影响数字货币渠道的洗钱动机和环境。

（三）数字金融发展

随着疫情暴发，区域隔离和无接触式社交推广逐渐改变了人们的生活方式，无接触式数字金融加快推进（Marston 等，2020；李玮和李文军，2020）。后疫情时代，数字金融成为金融服务的重要模式，对疫情防控发挥出极大的适应性和普惠性。2020 年 10 月 29 日审议通过的《中共中央关于制定国民经济和社会发展第十四个五年规划和二〇三五年远景目标的建议》明确指出，中国将加快数字化进程，推进金融科技，实现金融业数字化转型已是未来长期的发展趋势。借助人工智能、区块链、云计算等互联网信息技术，金融机构和支付平台的业务持续向线上转移。数字金融简化了资料提交及审核程序，优化了人工参与的流程，从开户到账户管理，全过程均可实现即时、自动和远程操控（高增安等，2021）。除了服务智能化，风险控制和账户监管也将使用信息技术进行支撑。通过机器学习等智能分析预测方法，判断和管控用户的信用等级和交易风险。金融科技为传统交易带来了新情景，同时科技的使用和创新也面临着潜在风险，对反洗钱管控提出了新要求。

四、后疫情时代数字货币反洗钱挑战

（一）对外贸易视角

紧随经济全球化趋势，我国自改革开放以来，持续扩大对外开放，目前已跻身世界第一大出口和第二大进口国。反洗钱金融行动特别工作组（FATF）曾明确指出，对外贸易洗钱是中国最盛行的洗钱途径之一（梅德祥和罗巧俐，2019）。传统的贸易洗钱，主要通过四种项目进行：贸易伪报—进出口商伪报货值，各国企业常用此实现资本外逃；单据伪造—伪造单据，骗取外汇洗钱；延迟交割—出口延迟结售货汇，进口延迟货物交割，将黑钱滞留境外投资洗白；现金交易逃避监管。另还有利用金融项目，借助外商对华投资和对外直接投资的企业进行资产转移、洗钱和资本外逃等违法行为（梅德祥等，2020）。

当前对外贸易环境复杂多变，伴随着多个国家及地区的防疫限制及管控政策，原使用贸易洗钱的犯罪群体面临着诸多不确定因素的干扰。基于无接触服务的盛行和数字化进程的加速,部分贸易洗钱群体可能向数字货币洗钱渠道转移。

(二)金融市场视角

持续的疫情危机带来了巨大的经济成本,专家对整场疫情的持续性不断做出更长时间的估计,人们对未来经济波动和金融市场风险的担忧可能呈现出长期悲观的态度(Goodell 和 Goutte,2021)。2020 年新冠肺炎疫情之前,已有诸多文献就比特币等数字货币的对冲风险属性展开了讨论(Bredin 等,2015),学者认为黄金会随着经济政策的不确定性而波动,并将这种投资属性扩展到数字货币进行了猜想和类比(Raza 等,2018)。新冠肺炎疫情暴发后,针对这一特殊极端的全球危机,学者们就疫情暴发期和后疫情防控期进行了数据分析,考证其数字货币在市场波动中的对冲、多元化和避风港特性。疫情暴发期间,Conlon(2020)和 Kristouf,(2020)分别对比了截至 2020 年 3 月及 4 月的美国标普 500 指数和比特币价格走势,提出比特币未能在市场大波动时期展现出避风港的特质,并认为黄金比数字货币拥有更佳的对冲风险属性。但随着研究时间的延长,(Goodell 和 Goutte,2021)发现,2020 年 4 月之后,新冠在美国的暴发水平与比特币价格上涨呈现出显著的关系,投资者对数字货币的兴趣持续加强。疫情防控政策连续出台,Pinto-Gutierrez(2021)研究发现,国际疫情封锁刺激了比特币的交易量,其投资者在疫情大流行期间成为活跃的参与者,相比非封锁时期呈现出更多的交易量。近期,Agnese 和 Thoss(2021)针对后疫情时代的比特币和黄金价格走势分析,指出现今两者间呈现出相互关联的价值关系,且似乎同样适用于对冲市场的不确定性。综合来看,在危机时期,虽然黄金的避险竞争力远胜过数字货币,但它仍表现出了暂时的安全网特性(Omane-Adjepong 和 Alagidede,2020),可作为股票的短期避险资产(Mariana 等,2021)。

随着疫情防控常态化,未来几年的金融市场可能存在经常性的短期不确定性,尤其当区域小规模疫情重复暴发的情况下,市场可能长期存在突发的波动,以比特币为代表的数字货币,将更有优势成为对冲经济不稳定和金融市场波动的短期替代品(Goodell 和 Goutte,2021)。这种趋势下,数字货币在国际范围内的交易活跃度将增加,甚至成为广泛使用的金融投资替代产品。2021 年 4 月至 6 月,多种数字货币均出现了交易炒作乱象,吸引了国内众多群体的关注和投资,随着数字货币的对冲风险属性被大众感知和认可,即使中国境内严控数字货币的交易,其投资价值也将催生投资者的私下交易,以致难以阻断国内数字货币的场外交易市场,这将为违法洗钱分子孕育出更方便的洗钱环境，也为我国数字货币渠道反洗钱监管带来新的危机。

（三）数字金融视角

随着后疫情时代人们生活方式的改变，无接触服务的持续推广，银行等金融机构的数字化转型已成为不可逆的趋势（郭晓蓓等，2020）。在我国快速推广数字金融的同时，也出现了应对新技术反洗钱安全性的挑战（高增安等，2021）。基于当前的金融科技水平，反洗钱监管可能面临数字身份识别、数据获取和信息判别、远程业务监督等方面的技术漏洞。

第一，数字身份识别体系是数据风控的挑战之一。当前，银行线上产品的开户及交易的验证方式趋同，对于客户的交叉识别技术不足，验证手段单一。如今广泛使用的人脸识别和手机验证码印证手段，存在着被违法者破解和黑客操纵的风险（刘凯和于天，2019）。利用验证技术的漏洞，违法分子可能通过制造假身份、盗用他人身份等方式，伪造交易主体和对象，分散操作账户，使得数字货币交易行为不易被警觉，洗钱行动难以被追踪，真实身份难以被锁定。

第二，金融机构在数据获取和信息判别上，同样面临着新的挑战。由于场外交易的信息获取不足，在线上业务的数据获取和分析中，金融机构和支付平台可能难以对交易的真实性和合法性展开甄别（李东荣等，2021）。目前，大部分金融机构和支付平台仅能获取自身信息系统、央行征信系统和公共身份信息稽查、交易时间和金额、交易者名称及账户等信息，其数据权限不足、渠道有限、机构及平台间数据共享不便。再加上，实际交易内容的数据获取困难，洗钱者可通过小额、少量、分散等方式遮掩其数字货币交易及洗钱实情。同时，诸如交易者的职业、居住地、常用联系方式等部分基础信息的真实性难以验证，也给后期的违法人员调查和追踪造成困扰。基于数据分析的应用，在虚假信息的判别上也存在困难，通过伪造虚假身份和交易信息，现有技术可能难以正确分析和预测洗钱事件。

第三，远程业务办理加剧了洗钱风险。数字化金融服务为个体用户提供从开户到账户管理的全流程线上业务，提供高效服务的同时，也伴随着远程监管的风险（Travaglioni 等，2020）。现有金融机构及交易平台的反洗钱合规政策还不能有效监测基于互联网的交易情景和用户调查，对新风险的识别及管控相对落后，涉及境外交易问题就更难在国际水平上追查洗钱问题。同时，后期用户信息的持续采集和定期核查经验不足，虚假账户不容易被定期识别和清理，容易形成长期性的洗钱通道。远程业务需要一套标准系统来运行，长期的固定模式也存在被违法分子查漏和利用的可能。一旦监管漏洞被发现，将面临大规模的洗钱风险，且基于线上业务覆盖广的情况，无法及时关闭系统来断绝正进行的洗钱交易。基于远程服务的反洗钱行动，一旦涉及系统问题，亟须技术支持和时间应对，可能出现发现问题但不能快速响应和调整的风险。

五、应对策略

数字货币绕开了中央管理体系，对我国资本控制及制度维护造成冲击，也对违法洗钱的监管造成了重大挑战。后疫情时代的环境发生持续变革，在对外贸易环境复杂、金融市场波动和数字金融发展的背景下，数字货币渠道反洗钱工作面临着潜在的新风险。应对环境变革并加大境内数字货币交易限制，对我国反洗钱监管体系的健全有重要意义。

我国对数字货币应持续秉持强烈抵制的态度，限制境内数字货币的流通和交易行为。目前，国内数字货币交易所全面关停，各地区陆续关停"挖矿"项目，限制银行及支付平台的数字货币交易，对打击非法定数字货币流通成效显著，但场外交易仍保持活跃。相关机构应出台政策，表明态度，明确限制数字货币的交易；同时可借助大数据分析技术，捕捉线上的非法交易群，进一步抑制数字货币的场外交易。

他国数字货币的自由交易和开放政策对我国造成了潜在威胁，尤其是其投资性质的炒作使国民们对其关注度上升。国家应大力普及其投资风险和安全隐患，引导国民正确认识和判断，并积极引导大众配合国家反洗钱稽查工作的开展。

对于金融科技的技术风险，金融机构等应重视引进和培养人工智能、生物识别等信息技术方向的人才，提高和开发更安全、精准的技术来确认客户的真实身份，尤其是线上个体业务，以防止虚假身份、盗用身份的违法者利用技术漏洞，藏匿真实信息，妨碍反洗钱身份的追查。系统漏洞管理应从被动响应过渡到常态工作，对服务系统进行持续优化和创新，自主查漏补缺，重视升级和更新。风险控制平台应结合人工辅助修正和优化，同时对用户的账户定时长期追踪，及时补充和更新基础信息，利用好大数据分析的优势。利用好数字系统的交互性，国家应开放部门间的数据交流壁垒，或设立专门的数据互联部门，在保障国民隐私的前提下，集成全线数据，锁定用户真实身份和完整的交易链条及资产监测，做好智能化预警工作。

参考文献：

[1] Abodunrin O, Oloye G, Adesola B. Coronavirus pandemic and its implication on global economy[J]. International Journal of Arts, Languages and Business Studies, 2020, 4(1):13—23.

[2] Adrian T, Mancini-Griffoli T. The Rise of Digital Money[J]. Financial Market Research, 2019.

[3] Agnese P, Thoss J. New moneys under the new normal? Bitcoin and gold interdependence during covid times[J]. IZA Discussion Papers, 2021.

[4] Al-Naif K L. Coronavirus pandemic impact on the nexus between gold and Bitcoin prices[J]. International Journal of Financial Research, 2020, 11(5):442.

[5] Bredin D, Conlon T, Pot V. Does gold glitter in the long-run? Gold as a hedge and safe haven across time and investment horizon[J]. International Review of Financial Analysis, 2015, 41:320—328.

[6] Coibion O, Gorodnichenko Y, Weber M. Labor markets during the covid-19 crisis: a preliminary view[J]. CESifo Working Paper Series, 2020.

[7] Conlon T, Mcgee R. Safe haven or risky hazard? Bitcoin during the covid-19 bear market[J]. Finance Research Letters, 2020.

[8] Corbet S, Larkin C, Lucey B. The contagion effects of the covid-19 pandemic: evidence from gold and cryptocurrencies[J]. Finance Research Letters, 2020, 35(7):1—7.

[9] Crawford J, Guan Y. Knowing your Bitcoin customer: money laundering in the Bitcoin economy[C]. 13th International Conference on Systematic Approaches to Digital Forensic Engineering (SADFE), IEEE, 2020.

[10] Elgin C, Basbug G, Yalaman A. Economic policy responses to a pandemic: developing the covid-19 economic stimulus index[J]. Covid Economics, 2020, 1(3):40—53.

[11] Fletcher E, Larkin C, Corbet S. Countering money laundering and terrorist financing: a case for Bitcoin regulation[J]. Research in International Business and Finance, 2021.

[12] Foley S, Karlsen J R, Putnins T J. Sex, drugs, and Bitcoin: how much illegal activity is financed through cryptocurrencies?[J]. Social Science Electronic Journal, 2018.

[13] Gandal N, Hamrick J T, Moore T, Obernman T. Price manipulation in the Bitcoin ecosystem. Journal of Monetary, 2018, 95:86—96.

[14] Goodell J, Goutte S. Co-movement of covid-19 and Bitcoin: evidence from wavelet coherence analysis[J]. Finance Research Letters, 2021.

[15] Goodman B D. Traveling the silk road: a measurement analysis of a large anonymous online marketplace[J]. Computing reviews, 2014, 55(7):446—447.

[16] Jafari S, Vo-Huu T, Jabiyev B. Cryptocurrency: a challenge to legal system[J]. Social Science Electronic Publishing, 2018.

[17] Karabag S F. An unprecedented global crisis! The global, regional, national, political, economic and commercial impact of the coronavirus pandemic[J]. Journal of Applied Economics and Business Research, 2020, 10(1):1—6.

[18] Kristouf E L. Grandpa, grandpa, tell me the one about Bitcoin being a safe haven:

evidence from the covid-19 pandemics[J]. Social Science Electronic Publishing, 2020.

[19] Leibovici F, Santacreu A M. International trade policy during covid-19[J]. Economic Synopses, 2020.

[20] Mariana C D, Ekaputra I A, Husodo Z A. Are Bitcoin and Ethereum safe-havens for stocks during the covid-19 pandemic?[J]. Finance Research Letters, 2021.

[21] Marston H R, Musselwhite C, Hadley R A. Covid-19 vs social isolation: the impact technology can have on communities, social connections and citizens[J]. British Society of Gerontology, 2020, 18(3):1-6.

[22] Oliveira C, Torres J, Silva M I, Ascenso J T. Guilty walker: distance to illicit nodes in the Bitcoin network[J]. Social Science Electronic Publishing, 2021.

[23] Omane-Adjepong M, Alagidede I P. Is Bitcoin a substitute for traditional commodity money? A safe haven for Africa's Forex markets during the covid-19 outbreak[J]. Social Science Electronic Publishing, 2020.

[24] Pinto-Gutierrez C A. Trading cryptocurrencies as a pandemic pastime: covid-19 lockdowns and Bitcoin volume[J]. Social Science Electronic Publishing, 2021.

[25] Raza S A, Shah N, Shahbaz M. Does economic policy uncertainty influence gold prices? Evidence from a nonparametric causality-in-quantiles approach[J]. Resources Policy, 2018, 57:61-68.

[26] Rowan P, Miller M, Zhang B Z. 2020 global covid-19 Fin-tech regulatory rapid assessment study[J]. Social Science Electronic Publishing, 2021.

[27] Sicignano G J. Money laundering using cryptocurrency: the case of Bitcoin[J]. Social Science Electronic Publishing, 2021.

[28] Travaglioni M, Ferazzoli A, Petrillo A. Digital manufacturing challenges through open innovation perspective[J]. Procedia Manufacturing, 2020, (42):165-172.

[29] Yelowitz A, Matthew W. Characteristics of Bitcoin users: an analysis of Google search data[J]. Applied Economics Letters, 2015, 22(13):1030-1036.

[30] 樊晓娟. 基于国际经验的数字货币反洗钱监管研究 [J]. 时代金融, 2021, (10):46-48.

[31] 樊云慧. 比特币监管的国际比较及我国的策略 [J]. 法学杂志, 2016, 37(10):116-123.

[32] 范薇, 王超, 谢华. 美国数字货币反洗钱监管 [J]. 中国金融, 2017, (10):84-85.

[33] 高增安, 廖民超, 张贵科 [J]. 后疫情时代银行数字化转型的机遇、挑战与策略 [J]. 现代管理科学, 2021, (3):103-112.

[34] 郭晓蓓, 邓宇, 施元雪. 商业银行数字化转型路径 [J]. 中国金融, 2020, (1):56-57.

[35] 郭中天. 数字加密货币的法律性质及其跨境反洗钱监管研究 [D]. 北京外国语大学, 2020.

[36] 惠志斌. 数字加密货币的形成机制与风险监管研究 [J]. 探索与争鸣, 2018, (9):91-95.

[37] 李东荣. 监管科技在数字金融领域的应用 [J]. 中国金融, 2021, (4):9-10.

[38] 李玮, 李文军. 从新冠肺炎疫情防控看中小企业数字化转型 [J]. 企业经济, 2020, (7):14-19.

[39] 刘凯, 于天. 商业银行数字化转型中的数据治理策略研究 [J]. 现代管理科学, 2019, (10):105-107.

[40] 刘卫东. 新冠肺炎疫情对经济全球化的影响分析 [J]. 地理研究, 2020, (7):1439-1449.

[41] 刘志彪, 陈柳. 疫情冲击对全球产业链的影响、重组与中国的应对策略 [J]. 南京社会科学, 2020, (5):15-21.

[42] 梅德祥, 何鸿, 李肖萌. 洗钱对我国逃税规模的影响研究 [J]. 西南金融, 2020, (8):33-42.

[43] 梅德祥，罗巧俐．洗钱对我国进口贸易的影响研究 [J]．西南金融，2019，(5)：48−55．

[44] 万伟．从比特币看我国虚拟货币的风险及对策 [J]．金融与经济，2014，(7)：85−86．

[45] 叶威．美国加密货币反洗钱监管路径研究 [J]．北方金融，2019，(12)：73−79．

[46] 袁磊．中国比特币渠道资本外逃问题研究 [D]．中央财经大学，2019．

[47] 张晓旭．比特币反洗钱监管研究 [J]．金融法苑，2014，15(2)：199−217．

[48] 章玉贵，徐永妍．美联储应对新冠疫情冲击的救市方案：特征与理论分析 [J]．上海经济研究，2020，(5)：97−106．

[49] 朱武祥，张平．疫情背景下的中小微企业金融纾困模式 [J]．金融论坛，2020，(4)：7−14．

跨国金融集团洗钱风险管理的实践与思考

——以工商银行为例

■ 吴翔江　廉何　舒本胜　刘威　肖琴[1]

摘要： 近年来，全球洗钱与恐怖融资形势日趋严峻，反洗钱内涵及外延不断扩大，参与主体的多样性、涉及领域的广泛性、面临问题的复杂性以及外部形势的多变性，给跨国金融集团反洗钱工作带来了前所未有的挑战。本文聚焦工商银行的反洗钱管理实践，结合对形势、标准和实践的研究分析，致力于为跨国金融集团洗钱风险管理探索标本兼治之良方。

关键词： 跨国金融集团　洗钱风险管理　工商银行

一、跨国金融集团洗钱风险管理面临的形势与挑战

（一）反洗钱政治敏锐性持续攀升

近年来，国际社会对反洗钱关注度急剧上升。随着国际政治纷争加剧，全球经济金融环境不确定因素增加，反洗钱成为大国间政治经济博弈的重要手段，在多国被视为实现国家战略的重要武器。美国陆续出台《2020年反洗钱法案》等法律法规，突出强调反洗钱对国家战略、国家安全的支持作用，其"长臂管辖原则"影响日益深化，制裁范围逐步向涉港、涉疆等国内区域扩展。我国陆续颁布《出口管制法》《反外国制裁法》《不可靠实体清单规定》《阻断外国法律与措施不当域外适用办法》等法律法规，释放系统性应对信号，反洗钱的政治对抗意味不断增强。

（二）反洗钱标准国际化越来越高

在FATF第四轮互评估"高标准、低通过率"驱动下，各国纷纷修法立规，升级反洗钱监管标准。我国反洗钱法律法规持续与国际对标接轨，监管政策密集调整。

1　吴翔江、廉何、舒本胜、刘威、肖琴供职于中国工商银行总行内控合规部。

2021 年 6 月，中国人民银行组织修订《反洗钱法》及配套管理办法，系统性树立风险为本监管原则，扩展反洗钱处罚事由，明确洗钱风险评估、客户尽职调查等管理要求，内容广泛、要求严格、影响深远。而集团标准如何满足愈加严格的国际标准，适应多样化、差异性的属地要求是跨国金融集团共同面临的难题。

（三）反洗钱监管问责力度不断加大

近年来，全球监管对反洗钱保持严厉处罚态势，大额罚单屡见不鲜，监管机构联合执法渐成常态。国内反洗钱监管处罚力度也大幅提升，据不完全统计，2017—2020 年间，中国人民银行系统处罚总额近 11 亿元人民币，其中：2020 年金融机构反洗钱处罚超 5 亿元人民币，同比增长 160%，双罚比例高达 98%，机构及个人单笔最高罚单均创新高。同时，反洗钱违规会导致金融集团及其分支机构在不同国家面临处罚，如渣打银行因违反制裁在美国、英国被处罚；高盛集团因一马案在美国、新加坡和香港等地被处罚。跨国金融集团面临的外部监管压力不断增加。

（四）国际化经营难度持续增加

大型跨国金融集团往往多行业发展、客户数量众多、产品种类齐全、经营范围遍布全球。境外机构之间、境外与境内机构之间以及不同行业机构之间外部洗钱风险环境不同、内部管理水平不一，如何完整勾画集团洗钱风险图谱、开展穿透式管理，有效防止洗钱风险在集团内传导，存在较大难度。同时，伴随远程开户、虚拟资产、数字货币等新技术在全球的推广应用，客户金融行为日益场景化、平台化、移动化，交易隐蔽性增加，加之新冠疫情促使犯罪线上化，对客户身份识别、交易监控模式、洗钱风险控制等集团反洗钱工作提出了全新要求。

二、跨国金融集团洗钱风险管理国际标准

跨国金融集团洗钱风险管理并非一个全新话题。FATF 和巴塞尔委员会对此曾提出要求和建议，许多国家也在反洗钱监管政策中作出细化规定，与之呼应。

（一）FATF 要求

FATF《40 项建议》第 17、18 条明确指出：一是金融集团应在集团层面实施反洗钱与反恐怖融资机制安排，制定内部制度、程序、控制措施和合规管理政策，持续开展员工培训等。二是制定集团反洗钱与反恐怖融资信息共享政策和程序。分支机构和附属机构在必要情况下应向集团总部反洗钱相关部门提供客户、账户和交易信息，包括异常交易分析信息、可疑交易报告及相关信息等。集团反洗钱相关部门也应及时向分支机构和附属机构传导洗钱风险管理相关信息。三是金融集团应确

保其境外机构执行与母国一致的反洗钱与反恐怖融资要求。**当境外机构洗钱风险不可控时，应在适当情况下停止该国业务等。**

（二）巴塞尔委员会建议

巴塞尔委员会在《洗钱和恐怖融资风险有效管理指引》（*Guideline on Sound Management of Risks related to Money Laundering and Financing of Terrorism,*）中对跨国银行加强集团反洗钱管理提出了具体建议。一是金融集团应制定并实施统一的反洗钱管理政策，包括客户准入、尽职调查、可疑交易监测及报告、记录保存等。政策和程序的设计应严格遵守所有相关法律法规，做到广泛识别、监测和缓释集团风险。境内外机构都应遵守集团反洗钱的最低要求，在制度程序上可以因业务条线或运营地区呈现的不同风险而做相应调整。二是金融集团应建立集团层面统一的客户洗钱风险评估标准，根据统一的标准识别风险较高客户。同一类客户在不同国家可能呈现不同的洗钱风险，应使用评估过程中收集的信息来确定此类客户群体风险水平和性质，并设计适当控制措施以缓释风险。针对集团内各机构为同一客户及其关联方或附属方开立账户的情况，要明确处理程序和指引，包括限制账户活动，特定情况下关闭账户等，有效管理高风险全球账户关系。三是金融集团应建立识别、监测、调查和报告可疑活动的集团一体化流程，在整个集团层面监测可疑交易活动；应要求子公司和分支机构主动向总部提供高风险客户及活动信息，并及时响应总部的账户信息请求，总部与分支机构或附属机构之间的信息共享应有力有效，尽一切努力确保集团获取和审查反洗钱信息的能力不会因境外机构驻在国法律要求而受损。四是金融集团对使用跨行业产品的客户应保持警惕，在为客户提供多行业产品与服务时，需关注并适用不同行业的反洗钱要求。

三、工商银行集团洗钱风险管理实践

近年来，工商银行主动适应新时期内外部反洗钱形势变化，树立"全球、全员、全程、全面、全新、全额"的洗钱风险管理理念，适应"跨境、跨业、跨界"发展要求，践行"主动防、智能控、全面管"管理原则，统筹加强总行本部及利润中心、境外机构、境内分行、综合化子公司"四大板块"洗钱风险管理，整体提升反洗钱治理能力与成效，构建与集团规模和业务发展相适应的洗钱风险防控体系，初步走出了一条满足监管要求、契合国际标准、具有工行特色的集团反洗钱管理理念和发展路子。

（一）形成立体化组织架构

通过在总行层面组建反洗钱中心、在重点业务条线设立反洗钱专业团队等举措，进一步完善集团反洗钱治理架构，加强对境内、外机构的专业指导、风险管控和支持保障。目前已自上而下形成以董事会为决策中枢，反洗钱领导小组或委员会为议事机构、内控合规部门（反洗钱中心）为牵头部门、各业务条线为主体、营业网点为基础的反洗钱管理架构，为做好反洗钱工作提供有力的组织保障。

（二）建立标准化制度体系

形成了以《反洗钱规定》为基础、以客户身份识别等十余项专项管理办法为主体、以专业条线及各境内外机构反洗钱手册或操作规程为补充的反洗钱制度体系，并持续根据监管要求和本行业务发展实际更新完善，实现"合规"与"规合"的统一，有效保证了各项反洗钱工作规范、有序、合规开展。

（三）推行差异化管理模式

在境内，完成"集中做"模式改革，将风险程度较高、技术含量较重、保密难度较大的可疑交易研判、重点业务涉敏信息甄别等工作全部集中至一级（直属）分行反洗钱中心，实施集约化处理和专业化管理。在境外，采用分区、分层、分级、分类"四分"管理模式，在"ONE ICBC"理念基础上，充分尊重海外布局所面临的监管要求多样性特点，根据不同境外机构的特点实行差异化管控，做到集团一体化与属地个性化的有机结合。

（四）构建一体化评估机制

建立"客户、产品、机构"一体化洗钱风险评估体系：（1）客户维度。按照"分类标准体系化、风险管控标签化、分类流程规范化、尽职调查模板化"总体思路，重构客户洗钱风险分类管理机制，全面推进客户全生命周期洗钱风险管理。（2）产品维度。创新设计了"定性、定量、风险调整"相结合的评估方法，明确聚类归集的产品分类模式，完成总分行上万个存量产品的梳理评估，较好地实现了精细化分级和差异化管控理念的落地应用。（3）机构维度。按照"固有风险－控制有效性＝剩余风险"三段式评估方法，完整搭建了一套定量与定性分析相结合的评估体系，完成各业务条线、各分支机构、600 余个评估单元的评估验证，形成集团立体多维的洗钱风险图谱，实现对高风险机构和业务单元的精准管控。

（五）打造智能化信息系统

工商银行十分重视对反洗钱技术手段的投入和建设，自主研发了境内外一体化的全球反洗钱监控系统（BRAINS）及全球涉敏合规审核系统（STORMS）两大核心引擎，通过推进智能反洗钱 3.0 建设，以及金融服务输出项目，基本形成了"智能、开放、共享、融合"覆盖境内外并向同业推广的反洗钱生态体系。BRAINS 获得外部独立审计"领先行业实践"评价；"全球反洗钱智能及开放服务建设项目"获得人民银行 2019 年银行科技发展奖二等奖和中国银行业金融科技应用成果大赛最佳应用成果唯一特等奖。

（六）培养专业化人才队伍

以持续提高专业胜任能力为目标，打造"精、专、深"工匠型反洗钱人才。目前全行共配备专兼职反洗钱岗位人员 5 万余人，超过员工总数的 10%；全行 1000 余人获得国际反洗钱师（CAMS）资格认证，近 6 万人通过了中国人民银行反洗钱培训考试，为做好反洗钱工作提供了坚实的人才保障。

四、跨国金融集团洗钱风险管理建议

跨国金融集团乃国之重器。面对复杂严峻的外部环境、趋紧从严的监管要求和光荣艰巨的使命任务，跨国金融集团应坚持把反洗钱工作放到维护国家安全和金融稳定的大局来谋划和推动，高度重视并着力破解洗钱风险管理能力与国际化进程匹配性等问题，发挥好"压舱石"与"稳定器"作用。结合国际经验和工行集团管理实践，加强跨国金融集团洗钱风险管理可考虑从提升五个"适应性"来重点发力。

（一）集团经营的适应性

一是强化集团思维。在工作机制、履职能力和资源配置上紧跟集团化、综合化、国际化发展步伐，做好全局部署、整体统筹、精准施策。二是优化管理模式。对境内分行"统筹管"，将反洗钱责任和管控要求与岗位层层压实匹配；对境外机构"分类管"，根据不同机构的洗钱风险做深做细差异化管控模式；对总行利润中心或部门"专业管"，推动完善业务条线管理制度与操作规程；对综合化子公司"穿透管"，将子公司纳入集团反洗钱管理统一视图，着力提升集团总部反洗钱组织协调和指导支持能力。对于管理半径过长的跨国金融集团，可以探索建立境外区域性管理中心，优化管理范围和管理链条，提升集约化管理水平。

（二）国际化发展的适应性

一是打好洗钱风险管理穿透"攻坚战"。立足客户全周期、业务全流程、管理全板块，对境内外机构实现穿透式监测及跟踪管理。二是强化信息共享全局视野。推进集团内信息共享，在法律允许的框架下加强高风险客户和可疑交易活动等信息的集成应用，构建统一风险视图，着力提升洗钱风险识别及定向管控能力。三是建立洗钱风险管理长效机制。健全集团一体化洗钱风险评估体系，及时掌握不同机构洗钱风险状况，提升管理针对性和有效性，防止风险跨境、跨业传导，实现集团统一洗钱风险偏好及策略下的一体化管控。

（三）监管新规的适应性

一是扎牢反洗钱制度"防火墙"。强化集团洗钱风险管理制度引领，抓好洗钱风险管理制度"供给侧结构性改革"，明确划定洗钱风险评估、客户尽职调查、可疑交易报告和客户资料保存等集团统一标准和最低要求。二是提升反洗钱制度执行力。处理好建章立制与落实见效的关系，强抓落地实施和考核监督，加大对违规事项的责任追究，真正让制度"长牙"，让规矩"带电"，增强制度权威性和执行力。三是兼顾属地监管个性化要求。平衡好集团统一标准及属地监管要求，对因属地监管冲突无法落实集团管理要求的境外机构，在风险可控的基础上实施"一事一议"豁免审批，兼顾属地监管差异性，着力提升制度统筹及差异化管理能力。

（四）管理手段的适应性

一是深化反洗钱重点领域"集中做"。强化反洗钱专业统筹，逐步推进交易研判、报警甄别、客户尽职调查等反洗钱重点工作的分地区、跨层级集中处理，着力提升反洗钱集约运作及专业响应能力。二是提升反洗钱系统"智能控"。强化科技创新，打造反洗钱系统核心引擎，推动反洗钱系统集团一体化部署，推动客户尽职调查、可疑交易监测、名单监控、洗钱风险评估等功能的全集团布局，为洗钱风险防控擦亮智慧之眼，着力提升技术支撑及标准引领能力。

（五）行业要求的适应性

基金、保险、理财等行业综合化子公司在客户群体、业务品种、管理流程等方面与银行业存在较大差异，金融集团需要持续加强政策传导及技术支持，指导其满足行业特定洗钱风险管理要求，深度融入集团反洗钱管理格局。

非自然人客户受益所有人身份穿透识别问题研究

——以甘肃省定西市为例

■ 张彦军[1]

摘要：反洗钱金融行动特别工作组（FATF）对我国反洗钱和反恐怖融资工作开展的第四轮互评估结果显示，与受益所有人信息透明度相关的合规性指标评估等级均为不合规，有效性指标评估等级为低水平，这表明我国受益所有人身份穿透识别工作有效性亟待提升。本文通过梳理实务中义务机构非自然人客户受益所有人身份穿透识别存在的问题，并在借鉴国外经验的基础上，对做好我国相关工作提出纾困建议。

关键词：反洗钱　受益所有人　国外经验　穿透识别

一、我国受益所有人识别工作情况

2017 年以来，对照反洗钱国际标准，中国人民银行先后制定印发了《关于加强反洗钱客户身份识别有关工作的通知》《关于进一步做好受益所有人身份识别工作有关问题的通知》等系列文件，对非自然人客户受益所有人基本定义、判定标准、识别节点、强化、简化和豁免识别、资料收集等做出规定，要求义务机构将受益所有人身份识别作为客户身份识别的有机组成部分同步推进，积极履行反洗钱工作职责。上述制度实施以来，人民银行各分支机构通过监管走访、约见谈话、工作通报等方式，督促义务机构采取多种措施，积极开展存量非自然人客户受益所有人身份识别工作。截至 2021 年 6 月末，甘肃省定西辖区存量非自然人客户共有 62856 户（剔除长期不动户、豁免识别户），受益所有人身份识别 57102 户，识别率为 90.85%。

2019 年，FATF 发布了针对中国的反洗钱和反恐怖融资互评估报告。报告显示，

1　张彦军供职于中国人民银行定西市中心支行。

合规性评估指标中，建议 24（透明度和法人的受益所有权）和建议 25（透明度和法律安排的受益所有权）均评估为不合规（NC）；有效性评估指标中，直接目标 5（防止滥用法人和法律安排进行洗钱／恐怖融资，确保主管部门无障碍地获取其受益所有权信息）评估为低水平（LOW）。FATF 指出，我国没有公开法人的受益所有权信息，现有的信息来源缺乏一套及时获得准确、充分和最新信息的有效系统；尽管国内民事信托风险很低，但没有采取任何措施缓释针对这一法律安排的滥用风险。这表明，在受益所有人身份穿透识别方面，无论从机制建设方面，还是从实务操作方面，我国都还有大量工作亟待推进提升。

二、目前实务中穿透识别有关问题

在当前反洗钱工作中，义务机构对受益所有人身份的穿透识别，主要通过将非自然人客户提供的股权证明文件（如公司章程、合伙协议）与国家企业信用信息公示系统和第三方数据库系统（如企查查、天眼查）所上传信息进行比对，在此基础上开展人工分析来加以判定。调查显示，实务中穿透识别受益所有人主要存在以下方面的情形及问题：

1. 控股股东为国资委

对于国有企业、国有独资公司、国有控股公司等实体，义务机构在受益所有人身份穿透识别时存在的困难有：一是由于国有企业特别是企业集团股权层级较多，母公司与子公司、子公司与子公司之间互相持股，对受益所有人所处的股权控制层级认定标准模糊；二是这类非自然人客户往往以国有企业风险低、上级公司管理严、相关材料难获取为由，不配合义务机构的尽职调查。如图 1，针对中铁某局集团有限公司甘肃引洮某期某标段项目部，义务机构会穿透识别至国资委，然后将国资委确定为受益所有人，这显然不符合识别标准[1]。在这类案例中，有些义务机构还会将项目部负责人或项目部上一层法人实体的法人代表确定为受益所有人。

2. 控股股东为境外实体

对于外资企业、中外合资企业、外资控股公司等实体，当义务机构逐层穿透识别时，最终的控制实体为注册在境外（含港澳台）的公司，由于无法掌握境外控制公司的股权或控制权结构，这种情形下，义务机构往往将该境外公司作为受益所有

---

[1] FATF 对受益所有人（Beneficial owner）的定义：指最终拥有或控制某个客户的一个或多个自然人，及／或某项交易的被代理人（自然人）；受益所有人还包括对某一法人或法律安排享有最终有效控制权的人。

人。如图 2，甘肃定西市某商贸公司由甘肃某贸易有限公司全资控股，而甘肃某贸易有限公司的控股股东为注册在中国香港地区的某股份公司，通过合并计算，甘肃定西市某商贸公司由香港某股份公司控股，持股比例为 60%。识别时，金融机构只能穿透至甘肃某贸易有限公司这一层，无法确定香港某股份公司股权结构，因此也无法最终判定受益所有人。

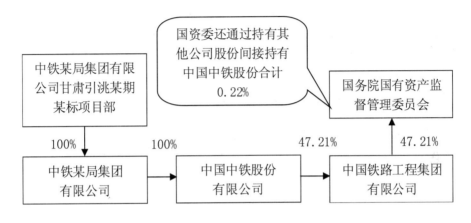

图 1 控股股东为国资委示例

图 2 控股股东为境外实体示例

3.股权结构异常复杂

主要涉及一些大型民营企业、家族企业等经营性实体，这类实体股权结构往往呈现多层嵌套、交叉持股、关联交易、循环出资、家族控制等复杂关系。在这种情形下，实际上受益所有人一般是多个自然人，在穿透识别时义务机构往往会遗漏掉部分受益所有人。通过对定西某股份有限公司控制权结构的分析，按照受益所有人持股比例的识别标准[1]，D 持股比例为 30%，应当确定为受益所有人。然而，实际上 F、G 之间存在配偶关系，二者共同持股达到 33%，根据实质重于形式的原则，F、G 也应当确定为受益所有人。实务中，义务机构一般只会将 D 判定为受益所有人（如图 3）。

---

[1] 直接或间接拥有超过 25% 公司股权或者表决权的自然人。

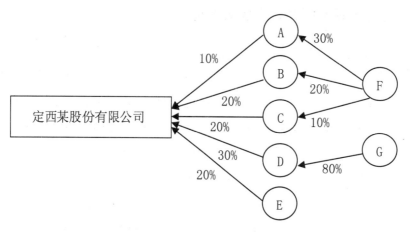

图 3 股权结构异常复杂示例

4. 控制权关系隐形化

控制权关系隐形化主要指实际控制人的股权由名义控制人代持，公司章程或合伙协议、信托合同、工商登记等法律文书资料中均记录名义控制人，但公司的经营投资、财务管理、人事任免等重大决策往往由实际控制人做出。实务中，该情形是义务机构开展受益所有人穿透识别面临的最大风险挑战。如图 4，甘肃定西某建设投资（集团）有限公司等 8 个实体中除了甘肃某石料厂由靳某某 2 控制外，其他 7 个实体均由靳某某 1 控制。但实际上金某为受益所有人，其通过靳某某 1 和靳某某 2 代持股份，实现对集团公司各实体的实质性控制，靳某某 1 和靳某某 2 只是名义上或纸面上的持股人。

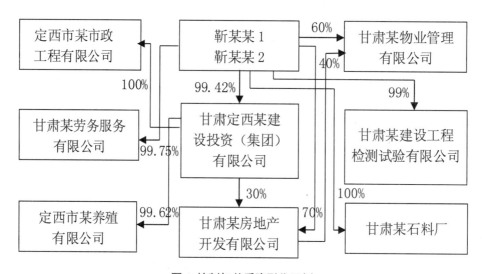

图 4 控制权关系隐形化示例

三、受益所有人穿透识别国外经验

（一）实行受益所有人信息集中登记

英国、德国、法国、西班牙等欧洲国家目前均已建立了受益所有人信息集中登记制度，并以立法的形式规定集中登记保存的信息要素、登记主管部门、信息访问权限等内容。英国登记信息要素主要是受益所有人姓名、出生日期、国籍、居住地区（地址）、工作地区（地址）、获得受益所有权或重要控制权起始日期、从法人实体受益或施加控制的有关情况等，登记主管部门为公司署，信息变更后28天内须向公司署报送更新信息，信息向全社会公开（涉及隐私的不会公开）。西班牙登记信息要素主要是受益所有人名称、身份证或护照号码等，登记主管部门为商业登记处或公正行业数据库系统，要求公司信息变更后15天内向登记部门报送更新信息，信息向政府部门、公证人员和社会公众开放。

（二）强化受益所有人信息质量控制

一是对义务机构获取信息的真实性、准确性、完整性提出要求。英国、澳大利亚等国家均要求义务机构建立适当的反洗钱系统和机制，在办理业务过程中收集并通过合理措施核实客户受益所有人信息。二是要求法人／法律安排对自身的受益权透明度负责。瑞士要求法人主动到所在州的商业登记处，登记其名称、董事、高管、股东、受益所有人、不记名股份等信息，并对信息质量负责。三是监管和执法机构加强对信息整体质量的监督审核。意大利金融警察部门和国家打击黑社会部门通过MOLECOLA[1]对商业注册、执法机构、税务管理数据库、土地登记当局等不同来源的受益所有人信息进行交叉复核，以保证信息准确性。

（三）明确受益所有人信息披露责任

部分国家对法人／法律安排、义务机构等主体未全面履行信息透明度登记、核实义务设定了行政、刑事处罚。美国对故意向FinCEN[2]提供虚假信息或未按规定报送完整报告、更新受益所有人信息或未经许可披露或使用受益所有人信息，且违法行为持续的情况，会采取民事、刑事处罚。西班牙规定法人企业的董事必须向其建立业务关系时或进行一次性金融交易时的义务机构提供受益所有权相关证明，法人

---

1 MOLECOLA 指用于金融调查的工具（平台），软件集成在 Gdf 和 DNA 中。MOLECOLA 从不同的数据库（如各种执法数据库、税务管理数据库、土地登记注册、公司登记注册和其他公开来源的信息）以电子方式导入大量信息。
2 金融犯罪执法网（FinCEN）是美国财政部下属的负责识别、预防和应对金融犯罪的专门部门，其主要职责之一是作为《银行保密法》执行者。该部门的成员包括执法人员、金融监管人员和金融专业人士，共同完成各项任务。

企业有义务确保注册信息的实时更新，一旦发生虚假披露或未提交合格年报，将面临 3000—300000 欧元的罚款。法国对未提交与受益所有人有关的文件或包含不正确或不完整信息的文件的事实，对个人可处以 7500 欧元罚款与 6 个月监禁，对法人最高可处以 5 倍的罚款。

四、提升穿透识别有效性政策建议

（一）建立受益所有人信息集中登记制度，明确不同相关主体工作权限

一是在现有规定的五要素[1]基础上，进一步丰富信息登记内容，增加国籍、获得受益所有权的起始日期、受益所有人从法人实体受益的概况等内容；二是建立完善集中登记平台（系统），可要求企业通过国家企业信用信息系统填报受益所有人信息，市场监管部门应明确报送时限，并负责信息更新、补正等管理；三是明确不同相关方的信息访问权限，如对政府部门、义务机构、其他单位和个人赋予不同的信息查询、共享权限，平衡好隐私保护与信息公开间的关系。

（二）制定受益所有人穿透识别工作指引，做好对不同实体的分类指导

一是针对强化识别的情形，如交叉持股、关联交易、循环出资、家族控制、境外持股、代理持股等，指导义务机构从资料类型、资料来源等方面采集受益所有人信息，必要时，监管部门应提供适当的帮助指导，尽最大可能实现穿透识别；二是针对简化识别的情形，如国有企业、国有独资企业、国有控股公司等，在风险整体可控前提下，明确义务机构穿透识别到哪一个层级就算实现了尽职调查义务，避免义务机构因过多收集信息而延误正常业务办理。

（三）强化受益所有人信息披露法律责任，倒逼数据信息质量不断提升

在当前新修订的《反洗钱法》[2]框架下，进一步制定完善的规章和规范性文件，明确企业、公司、社会组织等法人和非法人实体向义务机构全面、真实、及时提供其股权结构、实际控制权人等信息，对故意提供虚假信息、故意未按时限更新受益所有人信息等行为，实施行政处罚。同时，对于中国人民银行、金融监管、市场监管等政府部门及有关人员，以及其他单位和个人，未经授权披露或使用受益所有人信息的行为，也应实施适当的、劝诫性的行政处罚或刑事处罚。

1　五要素包括受益所有人的姓名、地址、身份证件或者身份证明文件的种类、号码和有效期限。
2　中国人民银行已于 2021 年 6 月 1 日发布了《中国人民银行关于〈中华人民共和国反洗钱法（修订草案公开征求意见稿）〉公开征求意见的通知》，向全社会公开征求意见。

参考文献：

[1] FATF.Anti-money laundering and counter-terrorist financing measures—People's Republic of China,Fourth Round Mutual Evaluation Report.2019.

[2] 陶士贵，相瑞.基于大数据技术的商业银行反洗钱风险识别"穿透"研究[J].金融发展研究，2020（7）:75-77.

[3] 吴云，李岷檐，王亚静.欧美受益所有人信息集中登记制度对我国的启示[J].中国反洗钱实务，2021（3）:24-25.

支付结算式洗钱犯罪证明方式研究

——基于结构主义视角的分析

■ 樊华中　周少鹏[1]

摘要：支付结算式帮信犯罪活动中隐藏着洗钱犯罪，即行为人大量借用他人银行卡、非银行支付结算账户形成水房式结算账户进行洗钱。因帮信犯罪人零口供或部分口供，致使关键证据缺失，仅以帮信罪定罪处罚，难以罚当其罪。通过结构主义分析法可以发现水房式支付结算账户洗钱在犯罪结构与传统银行账户洗钱并无明显差异，但因融入网络支付结算隐匿性、快捷性等特点致使侦查更难、危害更大。可在诉讼证明结构、证明对象等方面以账户使用人、账户所有人间关系及基础交易真实性作为证明突破口，实现由传统现场排模型转变为数据分析型。即对行为人所处的洗钱级别、账户交易数据规律、行为人与账户所有人间关系、基础交易关系进行固定分析，形成支付结算结构性（功能性）鉴定意见作为法定证据形式，突破帮信犯罪人零口供造成的关键证据缺失，以实现罚当其罪。

关键词：支付结算账户　洗钱　帮助信息网络犯罪　结构主义

自 2020 年 10 月，最高人民法院、最高人民检察院等 5 部门联合部署开展断卡行动以来，电信网络诈骗违法犯罪信息流和资金链被深入挖掘。帮助信息网络犯罪活动（以下简称"帮信""帮信犯罪"）成为近一段时间经济犯罪司法中的重要案件类型，通过这些案件可以发现：手机卡、银行卡、非银行支付账户已经成为电信网络诈骗犯罪分子实施诈骗转移赃款、逃避金融监管的重要工具。通过这些案件还

1　樊华中、周少鹏供职于上海市奉贤区人民检察院。

可以发现，在银行卡、非银行支付账户的背后，隐藏着巨额的资金转移涉嫌洗钱[1]，涉及较多的证据法适用问题。

一、支付结算式洗钱的法律适用难题需要诉讼证明上予以突破

随着网络实名制不断落实，近年来犯罪分子隐藏自己的身份、姓名、金融结算工具，通过分级大肆收购他人手机卡、银行卡、非银行支付账户，绕过实名制监管要求，隐藏在他人支付结算工具背后进行资金转移的违法活动，成为新趋势。这也导致实践中多处罚帮助作用的帮信犯罪人，而真正洗钱犯罪人逍遥法外。在一些具有明显帮助他人洗钱的帮信中，由于帮信犯罪人拒不交代帮助何种犯罪集团或者帮助何人进行掩饰、隐瞒犯罪所得或者洗钱，导致关键证据缺失，难以适用较重的洗钱罪或者掩饰隐瞒犯罪所得罪，只能对其以帮信罪论处。这种做法坚守了证据主义规则，却助长了犯罪分子避重就轻、逍遥法外的侥幸心理，偏离了实质正义。为此，需要司法者在当下及以后较长一段时间内进行证据结构上的重新思考，在证据材料、证明方式、证明结构上作出探索，充分利用推定和印证规则，实现罪刑法定的实质正义，让帮信犯罪人适用掩饰、隐瞒犯罪所得罪或者洗钱罪，做到罚当其罪。本文旨在用结构主义研究方法，在掩饰、隐瞒犯罪所得罪或者洗钱罪零口供或者有部分口供，但某些证据缺失的情况下，充分利用新类型的证明材料、证明对象，结合印证等规则，将帮信犯罪人定性为掩饰、隐瞒犯罪所得罪或者洗钱罪。尝试在大数据侦查技术手段或强化反洗钱工具和措施等技术手段之外[2]，提供诉讼证明结构论方面的探索与支持。

二、以结构主义研究方法切入洗钱犯罪证明

所谓结构主义，就是部分构成整体的方法论，整体对于部分来说具有逻辑上的优先重要性。任何事物均是一个复杂的统一整体，其中的任何一个组成部分的性质都不可能孤立地被理解，只能把它放在一个整体关系网络中，与其他部分联系起来才能被理解。在社会科学中，结构主义视角结构是观察世界的基本方法之一。在犯

---

1 本文所指的洗钱是指《刑法》中洗钱行为相关的三个罪名：即第一百九十一条洗钱罪、第三百一十二条掩饰、隐瞒犯罪所得、犯罪所得收益罪以及第三百四十九条窝藏、转移、隐瞒毒品、毒赃罪。而非狭义的专指第一百九十一条所规定的洗钱罪。

2 2020年两高一部发布《关于办理洗钱刑事案件若干问题的意见》第二十二条提出，检察机关督促公安机关利用反洗钱工具和措施进行追踪、监测，对洗钱犯罪行为及时依法追诉。

罪认定的实体法、程序法适用过程中都存在着结构主义方法。在实体法方面，指导司法适用、理论研究的犯罪构成理论，无论是两阶层、三阶层还是四要件均是一种结构主义模型。如，通常认为诈骗罪的犯罪构成模式是由行为人实施了欺骗行为—对方产生错误认识—对方基于错误认识处分财产—行为人或第三人取得财产—被害人遭受财产损失。在更宽广意义上，所谓的刑法教义学分析，本身也是一种结构主义分析法。在刑法罪数理论中，对于想象竞合犯、法条竞合犯如何适用罪名本身也是一种结构主义分析法。在司法操作实践中，某些罪名的审查起诉指引、出庭公诉指引本身也是结构主义的缩影。在程序法方面，认定事实所需要的证据证明力、证明资格、证据排除等也是一种结构主义。书证、物证、被害人陈述、犯罪嫌疑人供述、现场勘验辨认等所形成的审查事实，均是证据结构主义所形成的事实。故言之，结构主义可能提倡得较少，但是在理论与实践中运用无处不在。

三、水房式支付结算洗钱犯罪活动的结构分析

抛离性现代刑法意义上的犯罪概念，犯罪学意义上的犯罪自人类诞生以来便与人类共存，只要有人的地方就有犯罪。犯罪的具体方式会变，但是犯罪的结构形态不会变；刑法规定犯罪的具体罪状会变，但是证明犯罪需要符合刑法罪状（犯罪构成）的证明规律不会变。因此，对于犯罪进行结构式分析是可行的。

（一）水房式支付结算账户与网络融合并未改变洗钱犯罪结构

洗钱犯罪虽然是近几十年来国际社会、各国刑法中慢慢诞生与运用的罪名，但是洗钱犯罪的具体结构并没有太大的改变。如，洗钱犯罪的核心结构就是通过金融结算工具绕过金融监管，使得大量的犯罪资金迅速地流转、拆解、混同，理论界将洗钱区分为三个阶段：处置阶段、离析阶段、融合阶段。这一规律在几十年间，并没有改变，尤其是水房式洗钱犯罪结构。在当前网络支付应用发达、三网融合时期，洗钱犯罪分子利用网络支付账户的隐蔽性、即时性、易操作性等特点，产生了利用他人银行卡、非银行结算账户进行资金流转、拆解、混同进行洗钱的新特征，可以称为"水房式支付结算账户"洗钱（以下简称"水房账户"）。这些新特征印证了互网联犯罪证据获取难、关联难、审查难等，也更印证了洗钱犯罪的侦查难度、审查认定难度。不过，这一新特征并未改变洗钱罪的基本犯罪结构。

（二）水房账户洗钱犯罪结构的司法认定难点

对于水房账户洗钱犯罪的认定难点，主要集中于以下几个方面：

1.是否要对水房的整体结构进行举证

水房式洗钱来源于经验概括，对于侦查认定洗钱犯罪手法具有指导性意义。不过，水房并非法定概念，也不是某类犯罪罪证的具体描述，所以水房结构整体并不需要侦查，也并不需要举证。但是，如果能够对水房的整体结构及内部组成作出概括举证、概括演示的话，对于认定洗钱犯罪，将大有助益。

2. 是否需要对水房内部的支付结算渠道进行一一列举

通常认为水房内部结构分为一级支付结算账户、二级支付结算账户、三级支付结算账户…… N 级支付结算账户。进入水房的洗钱资金通常会经过多级支付结算账户进行拆分、流转、汇聚。在现有案件中，以何种标准确定支付结算账户的级别是没有定论的。主要有犯罪人提供论、资金大小论、案发先后论。

（1）犯罪人提供论以犯罪人供述的支付结算账户为标准进行司法认定。但这种标准在实践中很难操作，因为犯罪人基本不会交代自己所掌握的犯罪支付结算账户的级别，甚至有些犯罪人本身就不知道自己所运用的支付结算账户属于何种级别。

（2）资金大小论认为支付结算资金内大额资金为一级账户，相对较小金额为二级，依次类推。但这种标准在实践中也很难操作，因为资金大小主要依赖于案件侦查过程中发现的结算大小，对于资金本身很大却未被发现的结算账户，将会被遗漏在级别之外，不利于整体结构的发现。

（3）案发先后论主要是以侦查机关发现的账户先后顺序为标准，假设以最先发现的账户出设为一级账户，后续发现账户作为二级账户，再根据先后发现的账户之间资金结算的总体量以及单笔量大小综合确定账户级别。所以综合而言，依案发先后论推定水房账户支付结算级别是较为客观的，也符合诉讼过程中，法律真实与客观真实之间的平衡原则。

3. 是否对进入水房的资金拆借、汇聚进行连贯性举证

在现有经济犯罪侦查活动中，对于犯罪资金的来源、去向等查证强调一一对应的印证规则。但是，水房式洗钱通过分级账户、海量账户对资金进行分解，本身作为洗钱基本方法就以难以查证。比如，利用第三方支付平台进行虚假买卖交易式的洗钱，洗钱犯罪分子冒充商家开设网店，并通过 QQ 群组织大量的网络刷单人员，由网络刷单人员根据商家提供的订单去选购其不存在的商品并完成支付。其基本方法就是利用网络刷单人员的大量真实支付账户与商户完成虚假支付。让公安机关查证这些大量甚至巨量的刷单支付结算账户，并对其基础交易进行一一核实，本身就是陷入洗钱犯罪分子的水房式反侦查圈套。在水房式洗钱犯罪诉讼过程中再要求资金一一对应，无异于放纵犯罪。所以，亟须在诉讼证明的方式上予以改善。

四、水房式支付结算洗钱犯罪证明结构改变的基础

（一）零口供式洗钱犯罪证明的基本方法

在掩饰、隐瞒犯罪所得罪或者洗钱罪零口供或者有部分口供，但某些证据缺失的情况下，如何进行证明？根据最高人民法院、最高人民检察院、公安部发布的《关于办理洗钱刑事案件若干问题的意见》，对于洗钱类犯罪人主观认识的判断，应当结合犯罪人被告人的身份背景、职业经历、任职能力及其所接触接收的信息与商业犯罪嫌疑人、被告人的亲属关系、上下级关系、交往情况、了解程度、信任程度、接触大量犯罪所得及其收益的情况，犯罪所得及其收益的种类、数额，犯罪所得及其收益的转换转移方式、交易行为、资金账户的异常情况等主客观因素进行综合分析判断。本文进一步认为，对于水房式账户洗钱犯罪，在零口供或者有部分口供的情况下，同样可以对于充分利用资金与账户持有人异常情况，运用新的证明材料、证明对象，结合印证等规则，将帮信犯罪人推定为掩饰、隐瞒犯罪所得罪或者洗钱罪。

（二）以转账人之间关系及基础交易真实性作为证明突破口

支付结算体现的财产转移关系需要有正当的基础，无正当基础的，根据经验法则判断构成违法犯罪。根据经验常识，人类社会发展以来，财产与人身关系密不可分，人与人之间的财产转移必须有事实基础。这种事实基础基本上可以分为民事财产转移、商事交易活动以及犯罪活动。无论是民事财产转移还是商事交易活动，财产转移者之间均具有以交易为目的的联络性、熟识度，或者具有委托关系。当犯罪人之间无熟识关系的情况下，有异常的财产转移的，可以推定为洗钱或掩饰隐瞒的手段之一。在网络支付结算的洗钱犯罪案件查办中，犯罪嫌疑人对于自身使用或借用他人的银行卡内异常资金具有说明义务，也就是如实交代的义务。[1]当犯罪嫌疑人无法提供合理的理由排除嫌疑的，案件侦办机关可以通过利用推定规则，在财产与人身关系上进行推断。

详言之，支付结算账户对应的背后是人，账户所有人或账户持有人与账户中存储的交易信息具有紧密关系。账户所有人或账户持有人在使用账户时，账户会存储商品交易记录、交易地点、交易方式等信息，这些交易信息反映出账户所有人或持有人的生活、工作、地理位置等内容。当行为人的工作、生活、地理位置等无法与

---

[1] 在犯罪侦查活动中，虽然不需要犯罪嫌疑人对自身不构成犯罪承担举证责任，但是犯罪嫌疑人应当配合侦查机关的侦查，对于涉嫌调查犯罪事实有如实供述的义务。即便是在大概率构成犯罪的场合，犯罪嫌疑人也会提出一定的辩解。经过进一步侦查发现辩解合理的，则排除犯罪嫌疑。

账户所记载的交易记录、交易地点、交易方式等相对应，且行为人无法作出合理解释的时候，就涉嫌存在着掩饰、隐瞒犯罪所得或洗钱行为。

五、水房式支付结算账户洗钱犯罪的证明结构改变

（一）由传统现场排列模型转变为数据分析型证明

网络支付结算型犯罪活动侦查正在由传统现场排列模型转变为数据分析型。在大数据时代，充分运用数据驱动型的侦查模式，建设综合的数据应用平台，确保数据资源的互通共享，找准、收集、分析、验证犯罪信息等运行机制逐渐成为常识。在现有实践层面，帮信类犯罪普遍运用公安部建设的"电信诈骗犯罪侦办平台"（简称为"反诈平台"），在一定程度上推进了大数据在类罪和关联罪之间应用分析。这一平台，使得对于电信诈骗类犯罪、帮信罪、网络赌博等关联犯罪涉及网络支付结算的侦查，不需要公安机关走访银行、制发协助财产查询通知等传统的侦查手段，只需要通过银行交易明细的调取与分析处理即可，极大地提高了侦办效率。未来的大数据应用场景中，在保证侦查机关通过"反诈平台"获取的银行支付结算流水真实性、完整性的前提下，要充分进行犯罪数额的关联性分析，即通过对数据的挖掘处理和分析，来揭示犯罪。

（二）将支付结算结构性分析或者功能性分析作为法定证据形式

现有法定证据种类中的书证、物证、鉴定意见、现场勘验笔录等均是法定证据的一种或一类。在具体司法实务中，通过上述一种或一类证据形成一套建构的犯罪证据体系，证明犯罪事实成立，属于常见的证明方法。

在新近办理案件中，诞生了一些功能性鉴定意见，比如某些 App 小程序只能用于犯罪，而不能有任何其他的合法用途。检察机关在起诉此类犯罪时，只需要公安机关提供此 App 结构功能性鉴定材料即可，而无须等待 App 被犯罪人具体应用于犯罪。此种举证方法，即为功能性证明方法。在大数据时代，水房式支付结算账户洗钱犯罪的证明，同样可以通过结构功能证明方法。通过对支付结算的资金流水去向进行功能结构性分析，形成数据分析鉴定意见，可以作为新的证据类型。此种结构性分析作为证据种类，在某些程度上类似于财务审计或者会计审计意见，但是又有显著的差异。资金支付结算的结构鉴定意见（或称为分析报告），主要是针对资金来源、去向的分析。相比于静态的财务数据报表，其更偏向于一种动态的分析意见。在目前行政法层面中，反洗钱监测分析中心承担监测移动支付洗钱犯罪的职责。其提交的监测移动支付电子证据内容在一定程度上可以向资金支付结构鉴定意

见的角度进行转变，通过鉴定意见勾勒出资金的来源、去向，对资金流转进行画像。对于毒品犯罪、走私犯罪、破坏金融管理秩序犯罪、金融诈骗犯罪而言，犯罪分子往往是集团化的或者是团伙化的，通过明确的分工，形成产业链。产业链中的一环可能仅对本环节的犯罪手法明知，甚至在犯罪性质上可能存在着怀疑，但其对于自身使用或借用他人的银行卡内异常资金具有说明义务。这一义务内容能否履行，将作为鉴定意见验真的关键。如果不能合理地说明，则可以推定犯罪成立。具体而言，资金支付结算的结构鉴定意见，需要在具体内容上进一步明确。

（三）水房式结算式洗钱犯罪诉讼结构性证明的具体内容

1. 提取并明确行为人所处的洗钱级别资料

从行为人控制的支付结算账户多寡，确定行为人在以前水房结构中的层级。根据洗钱犯罪案件的侦办规律，无论是传统的通过银行账户洗钱，还是现在通过互联网银行或非银行支付结算账户进行洗钱，都存在着核心账户或过渡账户的情形。一般而言，核心账户及主要账户主要集中在洗钱犯罪的上层人员手中，一般具有如下特点：使用的权限大、账户的活跃度高、交易量大，交易时间相对集中，资金流向具有双向性。过渡账户往往作为迷惑性的账户，只负责出账或入账，资金流向具有单向性，活跃度不高，使用频率低，交易额小。行为人控制的账户越多，资金流向上就越有双向特征，交易量大，时间相对于集中，账户活跃度高的，都可以推定为洗钱犯罪的上级组织人员。相对而言，行为人控制的账户越少，资金流向上越具有单一特征，交易量相对较小，时间相对分散，账户活跃度不高的，可以推定为洗钱水房结构中处于较低层级。

2. 固定并明确账户交易数据规律性材料

这种规律性表现在如下几个方面：第一，资金进出双向性特征。这是资金清洗必须有进有出的必然体现。第二，在支付结算账户余额达到一定数量后会迅速转移走。比如超过10万元、超过5万元或其他稳定数额的，会迅速划转至另外一个账户。具体金额，个案而异。第三，结算账户具有短期隐匿性，即一个收款的账户出现多次后，便不再出现。随之与其结算的便是另外一个账户，但是另一账户在出现多次后，同样便不再出现。第四，支付结算账户上往往出现整数级波动特征。为了规避银行等金融机构的监管，洗钱犯罪的转账，通常采取拆解分散化、化整为零的方式。第五，支付结算金额具有临界性特征。一些银行卡账户或者POS机结算限值为5万元或者是10万元。为了最大化、最有效率地实现资金清洗，单笔的进出基本上会在接近10万元或者是接近5万元 ，比如99900元，49000元，48000元等。第六，支付结算高频性。与正常使用支付账户不同，洗钱账户的结算体现出高频性，在一分钟之内甚至每秒、每毫秒都有高频的资金进出，而且是在大致时段与后期隐匿人之间的账户进行资金频繁划转。

3. 固定并明确行为人与账户所有人的身份关系资料

基于正常财产转移关系，当事人之间具有一定的正常联系性熟识度，双方之间的关系基本上可以确定为客户关系、朋友关系、亲友关系等。如果行为人与账户所有人之间没有这种身份关系的话，推定为账户异常。

4. 固定并明确行为人与账户所有人之间的基础交易关系

财产转移关系当事人之间必然具有民事基础关系或者商事基础关系，如果犯罪嫌疑人提供不出相关的基础关系线索，可以推定支付账户的财产关系为掩饰隐瞒犯罪所得关系或者是洗钱关系。

综上所述，对于水房式支付结算账户洗钱犯罪进行惩罚做到罚当其罪，应当结合当事人的零口供或者是部分口供，充分分析支付结算账户内的结算资金，形成类似于财务会计报表一样的专业性鉴定意见。针对支付结算账户的流水性专业鉴定意见，在诉讼中加以运用，需要我们在诉讼证明结构、证明对象、合理运用推定之间有所突破。虽然根据 2020 年两高一部发布的《关于办理洗钱刑事案件若干问题的意见》提出，对于帮信活动罪与洗钱罪之间具有想象竞合关系的，依照处罚较重的规定定罪处罚。不过，实体法的罪名适用需要在程序法的诉讼证明上作出变革。本文就是对诉讼证明结构、证明对象、推定如何运用的一种尝试。

参考文献：

[1] 刘品新，康超琰．互联网金融犯罪案件证据海量问题及应对 [J]．人民检察，2018(20)．

[2] 张明楷．刑法学（下）[M].5 版北京：法律出版社．2017:1000.

[3] 陈兴良．刑法教义学的发展脉络——纪念 1997 年刑法颁布二十周年 [J]．政治与法律，2017(3):2-16.

[4] 王鑫．洗钱犯罪侦查研究 [M]．北京：中国人民公安大学出版社，2008:35-36.

[5] 于志刚．中国网络犯罪的代际演变、刑法样本与理论贡献 [J]．法学论坛，2019(2):6.

[6] 胡向阳，张晓华．互联网洗钱犯罪侦查研究 [J] 犯罪研究，2019(6):34.

[7] 罗斌．移动支付洗钱犯罪的特点及防控 [J]．中州学刊，2018(6):57.

试论新形势下推动洗钱入罪的有效途径

■ 郭煜文　陈旭昀　肖鸽[1]

摘要： 自1997年我国《刑法》设立洗钱罪（第一百九十一条）以来，司法实践中以洗钱罪判决的案件较少，2019年FATF对我国第四轮互评估中明确指出"洗钱犯罪化"的评估结果为"部分合规"，为了在刑事立法中落实顶层设计中关于完善反洗钱法律制度的要求，履行我国对反洗钱国际互评估的后续整改义务，在中国人民银行等有关部门的强烈建议下，《刑法修正案（十一）》中对洗钱罪进行修订，从立法层面完成FATF对我国第四轮互评估的后续整改任务，降低推动洗钱入罪的取证难度，并将"自洗钱"行为纳入洗钱罪，此次修订必将会对今后加大打击洗钱犯罪力度产生积极影响。本文拟通过梳理近三年洗钱罪七大上游犯罪及洗钱罪判决情况，分析当前新形势下洗钱入罪的难点与痛点，并提出推动洗钱入罪的工作建议。

关键词： 洗钱罪　自洗钱　反洗钱

一、我国"洗钱罪"的定义与2018年至2021年判决情况

目前我国洗钱罪定义一般分为狭义和广义两种，狭义的仅指《刑法》一百九十一条"洗钱罪"，广义的还包括第三百一十二条"掩饰、隐瞒犯罪所得、犯罪所得收益罪"、第三百四十九条"窝藏、转移、隐瞒毒品、毒赃罪"。

（一）总体判决情况

根据对人民法院系统数据的梳理，我国"洗钱罪判决数量与洗钱上游犯罪数量形成巨大反差……2013年至2018年，广义洗钱罪合计41155起，仅为同期一审

1　郭煜文、陈旭昀、肖鸽供职于交通银行股份有限公司广东分行。

刑事案件的 0.62%"，个别上游犯罪鲜有相关洗钱罪判决（如恐怖活动犯罪）。为更好分析洗钱罪修订后对推动洗钱入罪的影响，笔者将统计范围从所有刑事犯罪缩小为第一百九十一条规定的七种上游犯罪（毒品犯罪、黑社会性质的组织犯罪、恐怖活动犯罪、走私犯罪、贪污贿赂犯罪、破坏金融管理秩序犯罪、金融诈骗犯罪），并相应统计第一百九十一条、第三百一十二条（仅限七类上游犯罪）、第三百四十九条（本身即为毒品犯罪中的罪名之一），具体如下表1：

表 1　2018 年 1 月 1 日至 2021 年 6 月 7 日全国洗钱上游犯罪、洗钱罪一审判决统计表[1]

单位：宗

上游犯罪	全国	第一百九十一条	第三百一十二条	第三百四十九条
毒品犯罪	210704	46	171	76
黑社会性质的组织犯罪	1038	16	1	
恐怖活动犯罪	84	0	0	
走私犯罪	4409	3	5	
贪污贿赂犯罪	26198	43	128	
破坏金融管理秩序犯罪	31630	27	250	
金融诈骗犯罪	15491	39	70	
合计	289554	174	625	76
洗钱罪占比	0.30%	0.06%	0.22%	0.03%

从表中数据可以看出，2018 年至 2021 年，全国洗钱罪判决与洗钱上游犯罪数量的比例过低，虽然从 2018 年开始，全国洗钱罪判决数量有所提升，但其实相对于七大上游犯罪，无论是狭义还是广义洗钱罪的实际判决比例均低于千分之三（不足同期广义洗钱犯罪判决比例的一半），2018 年广义洗钱罪判决占比 0.97%。

---

[1]　数据来源：由广东卓信律师事务所根据中国裁判文书网公开信息整理。

（二）七大上游犯罪细分判决情况 [1]

表 2　毒品犯罪

单位：宗

毒品犯罪	全国	第一百九十一条	第三百一十二条
走私、贩卖、运输、制造毒品罪	138815	46	5
容留他人吸毒罪	52819	0	115
非法持有毒品罪	11001	0	51
其他毒品犯罪（未判第一百九十一条或第三百一十二条）	8069	0	0
合计	210704	46	171
洗钱罪占比	0.10%	0.02%	0.08%

表 3　黑社会性质的组织犯罪

单位：宗

黑社会性质的组织犯罪	全国	第一百九十一条	第三百一十二条
组织、领导、参加黑社会性质组织罪	908	16	1
包庇、纵容黑社会性质组织罪	123	0	0
入境发展黑社会组织罪	7	0	0
合计	1038	16	1
洗钱罪占比	1.64%	1.54%	0.10%

表 4　走私犯罪

单位：宗

走私犯罪	全国	第一百九十一条	第三百一十二条
走私普通货物、物品罪	2289	3	3
走私国家禁止进出口的货物、物品罪	1364	0	2
其他走私犯罪（未判第一百九十一条或第三百一十二条）	756	0	0
合计	4409	3	5
洗钱罪占比	0.18%	0.07%	0.11%

1　数据来源：由广东卓信律师事务所根据中国裁判文书网公开一审裁判文书整理。

表 5 贪污贿赂罪

单位：宗

贪污贿赂犯罪	全国	第一百九十一条	第三百一十二条
受贿罪	9735	27	64
贪污罪	8097	12	36
行贿罪	3130	1	12
挪用公款罪	3032		6
巨额财产来源不明罪	25		5
利用影响力受贿罪	201	3（未明确具体罪名）	3
私分国有资产罪	190		1
对有影响力的人行贿罪	27		1
其他贪污贿赂犯罪	1761		0
合计	26198	43	128
洗钱罪占比	0.65%	0.16%	0.49%

表 6 破坏金融管理秩序犯罪

单位：宗

破坏金融管理秩序犯罪	全国	第一百九十一条	第三百一十二条
非法吸收公众存款罪	20893	22	28
骗取贷款、票据承兑、金融票证罪	2702	3	0
妨害信用卡管理罪	3508	1	203
窃取、收买、非法提供信用卡信息罪	1629		16
伪造、变造金融票证罪	386	1（未明确具体罪名）	2
吸收客户资金不入账罪	74		1
其他破获金融管理秩序罪	2438		0
合计	31630	27	250
洗钱罪占比	0.87%	0.09%	0.79%

表 7 金融诈骗犯罪

单位：宗

金融诈骗犯罪	全国	第一百九十一条	第三百一十二条
信用卡诈骗罪	10195	4	47
集资诈骗罪	2742	33	19
保险诈骗罪	1363		2
贷款诈骗罪	781		2
票据诈骗罪	363	2	0
金融凭证诈骗罪	31		0
信用证诈骗罪	15		0
有价证券诈骗罪	1		0
合计	15491	39	70
洗钱罪占比	0.70%	0.25%	0.45%

从上表统计发现，2018 年至 2021 年洗钱罪判决的上游犯罪主要集中在走私、

贩卖、运输、制造毒品罪；受贿罪；集资诈骗罪；非法吸收公众存款罪；组织、领导、参加黑社会性质组织罪等五个罪名；同时容留他人吸毒罪、非法持有毒品罪、妨害信用卡管理罪、信用卡诈骗罪等却多判或者只判第三百一十二条。在七大上游犯罪的相关掩饰、隐瞒犯罪所得判决内，第一百九十一条的判决数量尚不及第三百一十二条的四分之一。毒品犯罪、走私犯罪被判洗钱罪比例相对较低。

（三）洗钱罪判决情况

经梳理上述洗钱罪判决书，发现共计判决 190 人，其中 3 人不处罚，其余 187 人中有 161 人被判有期徒刑（其中 5 年以上的 9 人），22 人判拘役，缓刑 76 人，缓刑占比 41.3%；有三宗单处罚金，集中在走私、贩卖、运输、制造毒品罪；有三宗不处罚，分别为骗取贷款罪（因借新还旧无实际损失不处罚）、受贿罪（因属于夫妻生活开支不处罚）、贪污罪（主观恶性不大，且自愿认罪，并有自首、退赃等从轻、减轻情节故不处罚）。

二、当前洗钱罪判决难点与痛点分析

关于洗钱罪判决难点近年来专家已有多番分析论证，笔者不再就洗钱罪上游犯罪问题分析，仅就目前推动洗钱入罪中的难点与痛点进行分析。

根据对人民法院系统数据的梳理，当前影响洗钱罪判决少的主要有四个方面：

（一）立法方面

1. "明知"虽然删除但主观要件依然不可缺少

《刑法修正案（十一）》对第一百九十一条中"明知"术语的删除，虽然从立法层面降低了定罪难度，解决了一直以来司法机关的定罪难点，但删除并不意味取消主观要件，否则将会变成客观归罪（即行为人主观上没有故意或者过失也需要承担刑事责任），这并不符合我国司法精神。

表8 洗钱罪区域判决统计表

单位：宗

判决 地区	5—10年 无缓刑	1—5年 无缓刑	1—5年 有缓刑	1年以下 无缓刑	1年以下 有缓刑	拘役 无缓刑	拘役 有缓刑	单处 罚金	不处罚	总计	缓刑占比 （%）
浙江	1	10	6	4	6	1	1	1		30	44.83
江西		4	1	8	5	1	3	1		23	40.91
广东	3	11	4							18	22.22
福建		3	1	9		3	1			17	11.76
四川		3	5	2	1	1				12	50.00
江苏	1	2	7	2						12	58.33
贵州		1	1		1	2	4	1		10	66.67
河南	1	7								8	0
吉林			1		5		1			7	100.00
河北			1	2	1	2			1	7	33.33
山东		1	4		1					6	83.33
上海		1	3		1					5	80.00
湖南		2	1	1					1	5	25.00
天津	1	2	1							4	25.00
海南		1		3						4	0
广西		1	2				1			4	75.00
甘肃			1	3						4	25.00
山西			1		1		1			3	66.67
重庆					2					2	100.00
云南	1	1								2	0
新疆					1					1	100.00
陕西		1								1	0
青海		1								1	0
辽宁		1								1	0
湖北									1	1	0
黑龙江		1								1	0
安徽	1									1	0
总计	9	55	39	34	25	10	12	3	3	190	41.30

注：上述统计仅以判决书中公开信息为准

表 9　洗钱罪按上游犯罪分类判决统计表

单位：宗

判决 上游犯罪	5—10年 无缓刑	1—5年 无缓刑	1—5年 有缓刑	1年以下 无缓刑	1年以下 有缓刑	拘役 无缓刑	拘役 有缓刑	单处罚金	不处罚	总计	缓刑占比（%）
走私、贩卖、运输、制造毒品罪	2	6	2	12	5	7	9	3		46	37.21
集资诈骗罪	4	25	4	3	7					43	25.58
受贿罪	1	4	10	5	6				1	27	61.54
非法吸收公众存款罪		4	5	6	4	1	2			22	50.00
组织、领导、参加黑社会性质组织罪	1	10	2	3	1	1				18	16.67
贪污罪		2	5	2	1	1			1	12	54.55
走私普通货物罪	1	1	3	1						6	50.00
广义贪污贿赂罪			3		1					4	100.00
信用卡诈骗罪		1	2	1						4	50.00
骗取贷款罪			2						1	3	100.00
广义金融诈骗罪		1		1						2	0
妨害信用卡管理		1								1	0
广义破坏金融管理秩序犯罪							1			1	100.00
行贿罪			1							1	100.00
总计	9	55	39	34	25	10	12	3	3	190	41.30

注：上述统计仅以判决书中公开信息为准

FATF 组织也并未否认我国"明知"的立法标准,只是建议我国进一步完善明知的认定标准,因此在我国目前洗钱罪的立法设计下,对于自洗钱无须证明"明知",但对于他洗钱依然需要证明犯罪嫌疑人的主观故意,即公安机关仍需收集犯罪嫌疑人"知道或者应当知道"。

2. "自洗钱"行为单独成罪仍需司法解释

虽然《刑法修正案(十一)》将自洗钱纳入洗钱罪,但目前只对第一百九十一条生效,对第三百一十二条和第三百四十九条并不生效,这就导致自洗钱仅适用于七大上游犯罪。

尤其是自洗钱行为只能在上游犯罪发生后,若在实施犯罪前便做好资金转移等规划,一般被上游犯罪吸收,而不能认定为洗钱罪。司法实践中也往往判决将犯罪后的财产直接收缴而非追究其洗钱行为的刑事责任。这就导致贪污贿赂罪、黑社会性质的组织犯罪等,如在实施犯罪前,便已安排好资金转移或清洗计划,则难以单独判决洗钱罪。

3. 帮助信息网络犯罪活动罪与 312 条的司法解释有待完善

《刑法修正案(九)》增设"帮助信息网络犯罪活动罪"后,伴随着 2020 年 10 月全国开展"断卡行动",大量出借出售银行卡的案件进入刑事程序,"帮助信息网络犯罪活动罪"已经成为活跃罪名,根据查询中国裁判文书网公开信息,2020 年判决 2612 宗,其中 1682 宗涉及提供银行卡给他人进行网络犯罪,占比 64.39%;2021 年 1—5 月判决 5078 宗,其中 4051 宗涉及提供银行卡给他人进行网络犯罪,占比 79.77%。

6 月 23 日,最高人民法院、最高人民检察院、公安部发布《关于办理电信网络诈骗等刑事案件适用法律若干问题的意见(二)》中,虽然对帮信罪和第三百一十二条进行了区分,但只有明知是电信网络诈骗犯罪所得及收益以转账、套现、取现才能判第三百一十二条,除此之外的出借出售银行卡行为只能判帮信罪。这其实就是进一步加大了第三百一十二条的追诉难度,因为明知是网络犯罪所得及收益要求犯罪必须已经发生,而明知是网络犯罪,则既可以属于犯罪预备阶段也可以属于犯罪实施阶段。

但"帮助信息网络犯罪活动罪"其实与第一百九十一条和第三百一十二条有较多重合地方。在目前破获的案件中,提供支付结算类帮助行为,主要以提供银行卡、收款二维码等资金账户的方式,并未直接协助转移资金,与第一百九十一条和第三百一十二条的规定确有差异。然而在实务中,犯罪分子买银行卡就是为了掩饰隐瞒电信诈骗或网络赌博犯罪所得，其实质上依然通过买卖银行卡侵害了国家金融管理秩序。目前司法判决中已经出现将个别出借出售银行卡行为改判第一百九十一条或第三百一十二条[1]。如《杜某、王某掩饰、隐瞒犯罪所得、犯罪所得收益罪二审刑事裁定书》中被告人王某提出"其卖银行卡的时候上游犯罪尚未发生，故其行为不构成掩饰、隐瞒犯罪所得罪，应构成帮助信息网络犯罪"，但法院明确指出"王某作为完全行为能力人，主观上应当认识到其提供的银行卡可能被用于违法犯罪活动，仍予以出售，其行为已符合掩饰、隐瞒犯罪所得罪的构成要件，其对上游犯罪的人员、行为的时间、地点及触犯的罪名等无具体的认识并不影响认定"。故对于出借出售银行卡是否可以判第三百一十二条而非帮信罪，有待司法解释进一步完善。

（二）司法方面

1. 应判第一百九十一条而未判第一百九十一条的情况依然存在

其实我国最早的洗钱罪是 1990 年 12 月的"掩饰、隐瞒毒赃性质、来源罪"（已废止），到了 1997 年《刑法》单设第一百九十一条"洗钱罪"和第三百四十九条"窝藏、转移、隐瞒毒品、毒赃罪"，2006 年又将第三百一十二条从"窝藏、转移、收购、销售赃物罪"扩大为"掩饰、隐瞒犯罪所得、犯罪所得收益罪"，并于 2009 年最高院发布《关于审理洗钱等刑事案件具体应用法律若干问题的解释》，明确将第三百一十二条与第一百九十一条、第三百四十九条三者关系定义为一般法和特别法的法条竞合关系，按照特别法优于一般法的原则，要求"依照处罚较重的规定定罪处罚"，即原则上属于可以判第三百一十二条又可以判第一百九十一条的情况下，应该判第一百九十一条而非第三百一十二条。最高院 2015 年和 2021 年颁布的《关于审理掩饰、隐瞒犯罪所得、犯罪所得收益刑事案件适用法律若干问题的解释》均再次明确这一原则。但我们从上述统计的数据可以发现，仅统计第一百九十一条和第三百一十二条法条竞合的情况下，2018 年至 2021 年间仍有 766 宗涉及七大上游犯罪的洗钱案件被判第三百一十二条而非第一百九十一条。

另外，第一百九十一条与第三百四十九条是否存在法条竞合关系，在学界也有争论，第一百九十一条侵犯的是金融管理秩序，需要掩饰隐瞒犯罪所得及其收益的来源和性质，而第三百四十九条掩饰隐瞒的是毒品、毒赃本身，并不涉及改变毒赃的来源和性质，因此判决毒赃罪并不代表已追究其洗钱犯罪行为，其洗钱行为仍应

1　《张某帅等帮助信息网络犯罪活动罪一审刑事判决书》判处三名被告人犯洗钱罪。《肖某国帮助信息网络犯罪活动罪一审刑事判决书》判处被告人犯掩饰、隐瞒犯罪所得罪。

可以单独判罪。

如《张某、张某勇窝藏、转移、隐瞒毒品、毒赃二审刑事判决书》中，明确记载被告人"明知张某的银行卡账户中的储蓄存款是张某贩卖毒品所得的毒赃，仍通过微信转账的方式多次将张某银行卡的毒赃共 7.8 万元转移到张某、周某、张某贵的微信账户上。后经提现从银行领取现金 7.4 万元交给张某勇，余款 0.4 万元由周某使用。"这一明显洗钱行为，但却判了第三百四十九条，而没有判第一百九十一条。而同样的情况在其他法院却判了洗钱罪：在《曹某建等二人犯贩卖毒品罪一审刑事判决书》中提到："被告人杨某明知被告人曹某建转到自己账户的钱是贩卖毒品所得，为其提供微信资金账户而予以掩饰、隐瞒并通过转账协助转移，其特征符合洗钱罪的构成要件，被告人杨某的辩护人认为其行为构成窝藏、转移、隐瞒毒赃罪，不构成洗钱罪的意见不成立，不予采信。"

2. 洗钱罪司法尺度有差异，刑罚惩戒性有待提高

根据对人民法院系统数据的梳理，就本次统计的 174 份判决书中，缓刑占比 41.3%，个别省份缓刑比例过高，如吉林、新疆、重庆、山东、上海缓刑比例超过 80%；个别洗钱罪涉及上游犯罪的缓刑比例较高，如行贿罪、骗取贷款罪、受贿罪、非法吸收公众存款罪。

另外，个别判例司法尺度有差异，如统计的判例中，除免于处罚的三宗外，另有三笔单处罚金的情况如下：

表 10　三笔单处罚金的情况

文号	洗钱金额（元）	洗钱行为	罚款（元）
（2019）黔 0111 刑初 ×× 号	300.00	提供资金账户收取毒资	15.00
（2020）浙 0502 刑初 ×× 号	6000.00	提供资金账户收取毒资	1000.00
（2018）赣 0402 刑初 ××× 号	50000.00	提供资金账户收取毒资	5000.00

但与之类似情况的判决有明显差异，情况如下：

表 11　类似情况的判决有明显差异的情况

文号	洗钱金额（元）	刑罚	罚款（元）
（2019）黔 0102 刑初×号	200.00	拘役 3 个月 缓刑 5 个月	40.00
（2018）赣 0781 刑初×××号	800.00	有期徒刑 7 个月	150.00
（2020）赣 0424 刑初×号	6000.00	拘役 4 个月 缓刑 6 个月	1000.00
（2020）桂 0802 刑初×××号	6200.00	有期徒刑 7 个月	1000.00
（2017）赣 0802 刑初×××号	50900.00	有期徒刑 10 个月 缓刑 12 个月	2500.00
（2020）苏 0924 刑初×××号	51000.00	有期徒刑 9 个月	10000.00

3. 执法方面

案件侦办"重上游犯罪，轻洗钱犯罪"。公安机关往往将洗钱案件的线索作为查出其上游犯罪的线索，而极少将洗钱案件作为独立案件看待。导致洗钱案件被立案起诉的很少。

但现在略有好转，在 2020 年 7 月 24 日，最高人民检察院印发的《关于充分发挥检察职能服务保障"六稳""六保"的意见》中已经明确提出"三是加大惩治洗钱犯罪的力度。切实转变'重上游犯罪，轻洗钱犯罪'的做法，办理上游犯罪案件时要同步审查是否涉嫌洗钱犯罪，上游犯罪共犯以及掩饰、隐瞒犯罪所得、非法经营地下钱庄等行为同时构成洗钱罪的，择一重罪依法从严追诉"。2020 年全国检察机关"共起诉洗钱犯罪 707 人，是 2019 年的 4.7 倍。"[1]

4. 金融机构方面

未充分发挥金融机构可疑交易报告工作价值。根据中国人民银行发布的《中国反洗钱报告》（2010 年至 2019 年）得知，近十年来，随着可疑交易报告有效性大幅提升，可疑交易报告数量大幅下降，重点可疑交易报告数大幅上升[2]，人民银行采纳率也从 10% 左右提升到 30%，但侦查机关立案率相对较低。而且经查询中国裁判文书网公开判决书，直到 2018 年，才有诉讼案件将可疑交易报告纳入诉讼证据，

1　《最高人民检察院工作报告》——2021 年 3 月 8 日，第十三届全国人民代表大会第四次会议报告。
2　重点可疑交易报告是指根据《金融机构大额交易和可疑交易报告管理办法》金融机构向中国反洗钱监测分析中心提交可疑交易报告的同时，以电子形式或书面形式向所在地中国人民银行或者其分支机构报告。

且截至 2021 年 6 月 7 日，仅有 16 宗，其中推动了 1 宗第三百一十二条掩饰、隐瞒犯罪所得罪，未见有涉及洗钱罪。

表 12　可疑交易报告立案率 [1]

年份	可疑交易报告（万份）	重点可疑交易报告（份）	人民银行移交（份）	采纳率	立案数（件）	立案率
2010	6185.20	1038	911	87.76%	374	
2011	5411.12	8585	595	6.93%	146	1.70%
2012	2965.75	4800	490	10.21%	100	2.08%
2013	2453.10	4854	474	9.77%	未公布	
2014	1772.53	4940	866	17.53%	未公布	
2015	1118.60	5893	1540	26.13%	未公布	
2016	543.57	8504	1965	23.11%	未公布	
2017	272.38	10265	2667	25.98%	未公布	
2018	160.20	13467	3648	27.09%	419	3.11%
2019	163.76	15755	4858	30.83%	474	3.01%

注：采纳率 = 人行移交数 / 重点可疑交易报告；立案率 = 立案数 / 重点可疑交易报告

表 13　可疑交易报告纳入诉讼证据材料明细表 [2]

序号	案件号	年份	省份	犯罪罪名
1	（2021）豫 13 刑终 ××× 号	2021	河南	掩饰、隐瞒犯罪所得罪
2	（2021）川 1403 刑初 × 号	2021	四川	帮助信息网络犯罪活动罪
3	（2021）川 17 刑终 × 号	2021	四川	诈骗罪
4	（2021）宁 05 刑终 × 号	2021	宁夏	集资诈骗罪
5	（2020）川 3224 刑初 ×× 号	2020	四川	运输毒品罪
6	（2020）粤 1625 刑初 ××× 号	2020	广东	帮助信息网络犯罪活动罪
7	（2020）黔 0402 刑初 ××× 号	2020	贵州	帮助信息网络犯罪活动罪

1　中国人民银行反洗钱年报 2010—2019。

2　数据来源：根据中国裁判文书网公开裁判文书整理。

续表

序号	案件号	年份	省份	犯罪罪名
8	（2020）云 31 刑终×××号	2020	云南	集资诈骗罪
9	（2020）浙 0881 刑初×××号	2020	浙江	妨害信用卡管理罪
10	（2020）赣 1029 刑初×××号	2020	江西	妨害信用卡管理罪
11	（2020）青 01 刑终×××号	2020	青海	诈骗罪
12	（2019）闽 07 刑终×××号	2019	福建	职务侵占罪
13	（2019）浙刑终×××号	2019	浙江	虚开增值税专用发票罪
14	（2018）赣 11 刑终×××号	2018	江西	组织、领导传销活动罪
15	（2018）浙 01 刑终××号	2018	浙江	骗购外汇罪
16	（2018）京 03 刑终×××号	2018	北京	非法吸收公众存款罪

三、推动洗钱入罪的工作建议

（一）在立法层面，进一步完善洗钱罪相关司法解释

一是建议进一步明确洗钱罪的主观要件，一方面明确第一百九十一条定罪标准的主观要件，从实际出发，降低公安机关的取证难度。另一方面建议统一第一百九十一条、第三百一十二条的主观要件，基于第一百九十一条与第三百一十二条是特别法和一般法的关系，建议删除第三百一十二条的"明知"，将自洗钱行为也纳入第三百一十二条的追诉范围。

二是建议明确"自洗钱"行为单独入罪的定罪标准，尤其应对"自洗钱"与自身的犯罪行为如何区分，以时间点划分、以犯罪阶段划分还是以侵犯法益划分，如何与刑法理论上"不可罚之事后行为"做区分，均需要有明确的指导意见。

三是建议进一步完善"帮助信息网络犯罪活动罪"与第一百九十一条、第三百一十二条的司法解释，尤其针对为电信诈骗、网络赌博等网络犯罪提供资金账户的行为，对于明知是为了掩饰隐瞒网络犯罪所得及收益而出售出借资金账户的，即便出售、出借时尚未发生网络犯罪，也应根据后续犯罪分子利用其提供的资金账户转移资金的情况纳入第一百九十一条或第三百一十二条追诉范围。

（二）在司法层面，进一步加大惩治洗钱犯罪的力度

一是建议司法机关在审查涉及七大上游犯罪的洗钱犯罪时，切实遵循"从重定罪"和"特别法优于一般法"的原则，对于存在第一百九十一条与第三百一十二条竞合的情况下，尽量选择适用第一百九十一条判决。

二是建议司法机关判决洗钱罪时要解决从重审判与保持刑法谦抑性之间的平衡问题。推动洗钱入罪不仅仅是追求判决数量或者比例，更要通过追诉洗钱犯罪行为，确保洗钱罪的刑罚威慑力，"举轻以明重"，从而真正起到推动洗钱入罪的作用。

三是建议司法机关定期发布洗钱罪典型案例，进一步规范洗钱行为的认定标准和司法尺度，对于同类同质的洗钱行为，建立相对统一的裁判标准，避免司法尺度因人而异。

（三）在执法层面，进一步强化反洗钱执法职能，建立健全推动洗钱入罪的工作机制

一是建议司法机关扭转"重上游犯罪，轻洗钱犯罪"的现象，严格执行"一案双查"的办案原则，从严追诉洗钱行为，尤其是对于恐怖活动犯罪、毒品犯罪、走私犯罪要加大司法追诉力度。

二是建议司法机关，尤其是有执法权的监察、检察、公安、海关等部门与中国人民银行完善反洗钱联动机制，打破"信息孤岛"，通过监管大数据联网联动，为推动洗钱入罪提供精准高效的资金监测和分析数据。共同深入研究解读《刑法修正案（十一）》带来的新变化，并充分运用到实际工作中，有效提高洗钱入罪率。

三是建议中国人民银行反洗钱监管部门完善反洗钱激励措施，贯彻《国务院办公厅关于完善反洗钱、反恐怖融资、反逃税监管体制机制的意见》，尽快研究建立相关司法工作激励机制，比如可以将洗钱罪罚没金额中一部分转化为奖励资金，由各级财政返还给人民银行等反洗钱监管部门，对推动洗钱入罪的相关机构和个人提供适当奖励，提升反洗钱工作追偿效果。

（四）充分发挥金融机构的可疑交易报告价值，有力推动洗钱入罪

一是建议中国人民银行指导金融机构进一步加强可疑交易类型分析力度，提升防范打击洗钱犯罪有效性，推动金融机构可疑交易报告提高情报价值，提升可疑交易报告的立案率和破案率。

二是建议侦查机关加强关注和指导金融机构提升可疑交易报告质效，明确可疑交易报告转化为诉讼证据的要求，通过联合行动或建立金融犯罪情报共享机制等方式，充分发挥金融机构可疑交易报告工作价值，助力洗钱案件的侦破。

三是建议金融机构加强可疑交易分析系统和人员建设，以最新司法判决为导向，拓宽信息渠道，丰富数据来源，提高外部数据信息与内部交易监测模型的复合利用效率，运用人工智能和大数据等现代数据分析技术，提高可疑交易监测模型的精准度与有效性，为侦查机关提供更直接、更完整的可疑资金交易链条。

参考文献：

刘宏华，查宏，李庆．关于"洗钱罪"判决难问题的思考 [J]. 中国金融，2020(18)：85-86.

洗钱罪入罪形势解析与发展思考

■ 李孟泽[1]

摘要： 本文从刑事立法和行政司法实践两个层面分析当前洗钱罪入罪的新形势，在阐述洗钱罪立法发展基础上指出立法新变化，通过梳理裁判文书系统中数据剖析洗钱罪行政司法实践新情况，并有针对性地提出推动我国洗钱罪入罪的建议。

关键词： 洗钱罪　上游犯罪　形势解析

洗钱罪判决位于预防和打击洗钱犯罪的最终端，是反洗钱工作成果的标志性体现。我国在很长一段时间面临洗钱罪入罪数量低的困境，特别是国际标准认可真正洗钱罪——《刑法》第一百九十一条洗钱罪判决数量畸低，使得我国执法、司法和监管部门反洗钱工作成效难以得到完整的体现，容易让外界质疑中国对洗钱犯罪的预防和打击力度。提升以我国《刑法》第一百九十一条洗钱罪入罪数量是应对当前严峻的洗钱犯罪形势，维护金融安全乃至国家安全的迫切需要，也是我国对标反洗钱金融行动特别工作组（FATF）反洗钱和反恐怖融资国际标准，履行国际公约义务的现实要求。

一、我国洗钱罪刑事立法新发展

从我国洗钱罪的立法演变来看，1990 年起对涉毒洗钱行为的刑事规制标志着洗钱罪的雏形初建，1997 年在《刑法》第一百九十一条中首次单独设立洗钱罪，规定上游犯罪在毒品犯罪基础上加入黑社会性质的组织犯罪和走私犯罪，并对洗

1　李孟泽供职于中国人民银行辽阳市中心支行。

钱行为方式和量刑等方面予以明确。2001 年和 2006 年我国先后两次对《刑法》第一百九十一条进行了修订，第一次修订主要是针对"9·11 事件"后的新情况，从维护国家安全层面出发，将"恐怖活动犯罪"纳入洗钱罪上游犯罪。基于国内司法实践和国际公约相关要求，第二次修订进一步扩大了洗钱上游犯罪范围，加入"贪污贿赂犯罪""破坏金融管理秩序犯罪""金融诈骗犯罪"，形成了目前洗钱罪的七种上游犯罪框架。

伴随国内认识提升和国际评估检验，反洗钱发展面临新要求。一方面国内国家安全观总体确立后，反洗钱认识从维护国家安全的战略高度得到总体提升，"完善反洗钱、反恐怖融资、反逃税监管体制机制"列为全面深化改革的重点，《三反意见》明确指出："推动研究完善相关刑事立法，修改惩治洗钱犯罪和恐怖融资犯罪相关规定。"另一方面从 FATF 对我国反洗钱和反恐怖融资进行第四轮互评估报告看，"洗钱犯罪化"的评估打分为"部分合规"，我国面临履行后续整改义务的客观要求。

鉴于国内反洗钱顶层设计和与国际反洗钱框架深入融合的双重压力，在中国人民银行等有关部门的强烈建议下，经相关部门多轮商讨对洗钱罪在刑法中的相关规定予以第三次重大修订。2020 年 12 月 26 日，第十三届全国人大常委会第二十四次会议审议通过了《刑法修正案（十一）》，并于 2021 年 3 月 1 日起正式施行，此次修订从立法上确立了"自洗钱"单独入罪，成为最大亮点。

具体修订内容的变化主要体现在：（1）将自洗钱行为纳入洗钱罪的打击范围。自洗钱入罪解决了大部分洗钱犯罪是上游犯罪分子自身所为而无法以洗钱罪判决的问题，将洗钱行为的判罚从上游犯罪后续行为中剥离出来，单独构成洗钱罪，有助于加大对上游犯罪本犯洗钱行为的打击力度，有利于提高我国反洗钱工作的有效性。（2）洗钱行为方式的修订。增加"支付"结算方式、"协助将资金汇往境外"改为"跨境转移资产"，为有效打击地下钱庄犯罪、促进国际合作和腐败犯罪跨境追逃追赃提供法律保障。（3）删除"明知"术语。意味着自洗钱情况下，无须证明"明知"的主观要件，明知认定标准的降低将极大程度缓解我国反洗钱的司法实践中洗钱犯罪判决数量少的问题。（4）对罚金刑取消限额设置。修订后的《刑法》第一百九十一条对百分比罚金制模式的规定予以删除，同时保留"没收实施以上犯罪的所得及其产生的收益"的规定，能有效提高行为人实施犯罪的经济成本，进而遏制利益驱动下的洗钱犯罪。

二、洗钱罪行政司法实践新情况

根据中国人民法院的裁判文书系统中数据进行梳理，总结我国洗钱罪在行政司法实践中呈现部分情况如图1。

（一）洗钱罪入罪数量呈较高增长态势

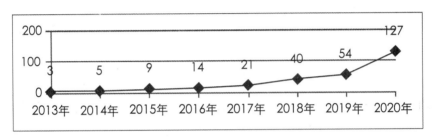

图1 2013年至2020年洗钱罪判决案件数量趋势图（单位：宗）

根据公开的有效判决案件统计发现，以《刑法》第一百九十一条洗钱罪入罪的数量呈逐年递增的趋势，尤其是从2020年进入快速增长阶段，2020年全年判决数量为127宗，是2019年的2.3倍。洗钱罪入罪数量的明显增加反映了FATF第四轮互评估后，各有关部门通过推动修改刑法和相关司法解释、加大金融情报支持等措施，持续加大对洗钱犯罪打击力度取得的成效。

鉴于自洗钱行为未单独入罪、"明知"标准过高等造成以洗钱罪判决案件数量低的难点问题在立法层面得到解决，2021年3月1日起《刑法修正案（十一）》正式施行后，预计2021年洗钱罪入罪数量将在2020年基础上实现更大程度的增长。

（二）各上游犯罪案件数量占比不同、增速接近，罚金数额差距明显

刑事案件的判决要经过侦破、起诉、审判的多个环节，涉及公安、检察院、法院等多个司法部门。另外，洗钱罪的七种上游犯罪的负责部门包括纪检委、反腐、经侦、刑侦、缉毒、缉私等多个主体，各个部门在侦办过程中通常对本部门相关罪名更关注和熟悉，对洗钱犯罪行为缺少查明案情的积极性和专业的反洗钱侦查手段。通过对现阶段以洗钱罪入罪案件上游犯罪类型的数量和罚金刑金额进行分析，有利于寻找解决洗钱罪入罪率低的突破口，明确深入打击洗钱犯罪的重点。

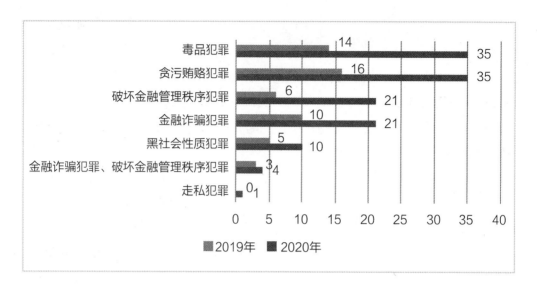

图 2　对比 2019 年、2020 年以洗钱罪入罪案件上游犯罪类型数量情况（单位：宗）

从上游犯罪的数量上看，对比 2019 年和 2020 年数据发现，近两年洗钱罪判决案件的各类型上游犯罪数量占总体数量比例的数值高度相近，即各类型上游犯罪以洗钱罪定罪数量呈现较为均衡的增长速度。如图 2 所示，2020 年毒品犯罪、贪污贿赂犯罪数量最多，均为 35 件，比例达到 27.56%，分别较去年增长 1.5 倍和 1.2 倍；其次是破坏金融管理秩序犯罪和金融诈骗犯罪，都有 21 件，占 16.54%，分别较去年增长 2.5 倍和 1.1 倍；黑社会性质犯罪有 10 件，占 7.87%，还有 4 宗案件涉及的上游犯罪既包括金融诈骗犯罪又涉及破坏金融管理秩序犯罪，另外新增走私案件 1 宗。

表 1　2020 年洗钱罪入罪对应上游犯罪案件数量与罚金情况

上游犯罪类型	案件数量（宗）	罚金（万元）
毒品犯罪	35	27
贪污贿赂犯罪	35	3750
金融诈骗犯罪	21	570
破坏金融管理秩序犯罪	21	1976
黑社会性质的组织犯罪	10	177
金融诈骗犯罪、破坏金融管理秩序犯罪	4	435
走私犯罪	1	13

从上游犯罪的罚金上看，2020 年以前洗钱罪的罚金刑采用百分比罚金制模式，也就是说罚金依据洗钱数额大小和比例确定。某种程度上，罚金数额可以衡量洗钱资金的多少和造成经济损失的大小。毒品犯罪和贪污贿赂犯罪案件数量一致，但罚金总额差距明显，其中以毒品犯罪为上游犯罪的洗钱罪单笔罚金在 35—65000 元，以贪污贿赂犯罪为上游犯罪的洗钱罪单笔罚金 1 万—800 万元之间。破坏金融管理秩序犯罪和金融诈骗犯罪案件数量相同，但罚金总额相差 2.5 倍，以破坏金融管理秩序犯罪为上游犯罪的洗钱罪单笔罚金最低为 1000 元，最高为 900 万元，以金融诈骗犯罪为上游犯罪的洗钱罪单笔罚金最低为 2000 元，最高为 250 万元。

总体来看，我国在各类型上游犯罪案件涉及洗钱罪入罪均积累了一定的经验，各类型比例有所侧重但总体增速均衡。贪污贿赂和破坏金融管理秩序类的上游犯罪涉及的洗钱行为可能由于涉案金额较大、涉及资金较为复杂和具有跨区域性，存在一定的侦办难度。同时，修订后的《刑法》第一百九十一条在罚金刑方面取消限额设置，尤其针对涉嫌洗钱犯罪数额大的案件，在罚金刑上需要出台细化的司法解释。

（三）少量案件对单位进行定罪处罚

经过对公开的洗钱罪判决案件梳理发现，我国打击惩处的洗钱行为方式主要表现为通过关系密切人（如近亲属、亲信等）洗钱，对洗钱犯罪的惩处对象主要集中在自然人主体，以单位为主体进行判决的在司法实践中非常少，仅发现一例上游犯罪为贪污贿赂的犯罪主体通过某旅行社以广告费款项清洗受贿款的案件。但通过单位主体进行洗钱，比如地下钱庄、中介公司、空壳公司等，其行为方式更为专业化，对社会的经济危害更为严重。而定罪量少的主要原因在于犯罪分子采用更为复杂、隐蔽的洗钱手法，并且善于利用监管的薄弱环节和法律漏洞，加大了侦查、司法机关发现和追查的难度，不利于我国打击洗钱犯罪工作力度和整体有效性的提升。

（四）行政和司法部门衔接紧密，推动洗钱罪入罪仍需进一步形成合力

结合中国人民银行发布 2013—2019 年《中国反洗钱报告》和 2020 年发布的相关信息进行统计，2020 年中国人民银行各地分支机构发现和接收重点可疑交易线索 16926 份，同比增长 7.43%，较上年增长 2.18 个百分点；向侦查机关移送线索 5987 份，协助破获涉嫌洗钱等案件共 710 起，分别同比增长 23.24% 和 14.15%。但将协助破获涉嫌洗钱等案件数量与以洗钱罪判决的案件数量对比发现，在增加以洗钱罪入罪判决案件数量上仍需持续推进。2021 年 6 月，中国人民银行发布的《中华人民共和国反洗钱法（修订草案公开征求意见稿）》指出，将反洗钱调查主体扩展至反洗钱行政主管部门的市级派出机构，这将有利于基层行政执法和刑事司法部门在反洗钱工作中更紧密地衔接，进一步加强沟通协作，形成推动洗钱罪入罪的合力。

表2　2013—2020 年中国人民银行各地分支机构反洗钱调查与线索移送情况

年度	发现、接收重点可疑交易线索（份）	向侦查机关移送线索（份）	开展反洗钱行政调查的线索（份）	协助破获涉嫌洗钱案件（起）
2013	4854	474	473	225
2014	4940	866	604	180
2015	5893	1540	764	268
2016	8504	1965	732	307
2017	10265	2667	809	366
2018	13467	3648	1086	540
2019	15755	4858	1143	622
2020	16926	5987	—	710

三、新形势下的建议与思考

（一）完善司法解释，推进"自洗钱"入罪的司法实践

一是贯彻新规要求，完善司法解释。关于《刑法修正案（十一）》对《刑法》第一百九十一条洗钱罪作出的重大调整，应从加大对洗钱犯罪惩治力度的立法本意入手，理解好修订内容的具体变化，执行好刑法洗钱罪入罪新规定。出台相关司法解释，对上游犯罪人及协助实施洗钱行为人在参与洗钱的罪数认定、无限额罚金刑法条竞合等司法实践中的难点和争议点予以明确。二是加快推动落实我国自洗钱犯罪立案宣判。司法机关需要充分认识到严惩自洗钱犯罪对遏制洗钱及上游犯罪的重大意义，在调查取证、审查起诉、审判执行工作中互相配合，切实改变"重上游犯罪、轻洗钱犯罪"倾向。通过立案监督追加起诉洗钱犯罪嫌疑人、追加认定洗钱犯罪数额等方式，认真审查上游犯罪分子是否有"自洗钱"行为，发现遗漏认定洗钱罪的，自行侦查或移送相关部门侦查，对于证据确实、充分的，直接以洗钱罪起诉。

（二）从上游犯罪出发，由个例铺开推行"一案双查"

一是从有较多数量以洗钱罪判决的上游犯罪入手，总结个案中洗钱犯罪分子的

作案手法，研究形成各类型、各行为方式行之有效的打击体系，提升办案的效能。由个例铺开，落实"一案双查"的工作机制，侦办洗钱罪七类上游犯罪案件，同时关注洗钱行为资金交易线索，同步审查是否涉嫌洗钱罪。二是对于涉案金额较大的洗钱罪上游犯罪，根据案件复杂程度，必要时采用成立联合专案组方式进行协同办案；结合案件辐射范围大小和发生频率高低，开展跨部门、跨区域的打击专门类型洗钱犯罪专项行动。三是加大对以单位为主体的洗钱犯罪打击惩处力度，重点在于对更为专业化、隐蔽性强和资金链复杂的作案手段积极运用先进的调查技术，提升洗钱案件线索监测与分析的专业化水平，运用科学技术手段揭开复杂资金交易的真实目的，实现对关键客户、账户和交易的精准锁定。四是加大对侦办、审理洗钱犯罪的考核力度，原则上侦破以洗钱罪判罚的上游犯罪案件的加分应高于侦破单独上游犯罪案件，建立激励机制，提高基层侦查、司法机关打击洗钱犯罪案件的积极性。

（三）发挥反洗钱监管职能，促进行政执法对刑事处罚的补充

一是提升基层反洗钱监测分析、反洗钱调查工作水平。规范反洗钱调查工作程序，完善反洗钱调查流程，优化调查手段，提升执法检查中发现洗钱犯罪线索的能力，提高对接收重点可疑交易线索的监测分析能力，加强向侦查机关移送线索和反洗钱行政调查，配合侦查、监察机关针对相关案件开展反洗钱协查。在修订的反洗钱法正式实施前，通过案件指导、案例培训等方式，加强反洗钱调查水平向地市级机构的下沉和延伸。二是指导反洗钱义务机构开展可疑交易类型分析。通过风险提升、发布洗钱犯罪案例和促进机构间沟通交流等方式，指导反洗钱义务机构结合自身业务、客户、交易特征完善异常交易监测指标，提升风险预警能力。三是开展对司法机关已判决的案件倒查。充分运用司法机关判结信息，从风险为本的原则出发，以案件为导向回溯查看相关义务机构反洗钱履职情况，针对性发现义务机构存在的风险隐患，对涉及的金融机构和个人存在反洗钱履职不当的情形依法给予行政处罚。

（四）深化反洗钱跨部门协作机制，形成打击洗钱犯罪合力

在反洗钱工作部际联席会议框架下，压实各部门主体责任，夯实跨部门协作的制度基础。健全合作机制，深化洗钱案件调查协作与配合，建立从归口联系、协调会议、情报会商、案情通报和协助调查等多方面合作机制，构建集监测、收集、分析、会商、移送、反馈、指导交流的全方位合作体系。中国人民银行等金融监管部门与公安、检察院、法院等司法部门加强部门间情报会商，挖掘洗钱线索，积极参与案件侦办，协助侦查部门分析资金流向，真正构建起能及时沟通、迅速反应的联动机制。通过开展联合反洗钱宣传、打击洗钱犯罪专题培训和发布惩治洗钱犯罪典型案例等

方式，增强基层司法机关对洗钱罪的认识，形成打击洗钱犯罪的合力，推动更多相关案件以洗钱罪定罪判决。

参考文献：

[1] 中国裁判文书网 . 刑事判决书 [EB/OL].http：//wenshu.court.gov.cn.

[2] 中国人民银行 . 中国反洗钱报告 [EB/OL].[2013–2019].http：//www.pbc.gov.cn.

[3] 刘宏华，查宏，李庆 . 对"洗钱罪"判决难问题的思考 [J]. 中国金融 .2020(18).

[4] 王新 .《刑法修正案（十一）》对洗钱罪的立法发展和辐射影响 [J]. 中国刑事法杂志 .2021(2).

[5] 卫磊 .《刑法修正案（十一）》对洗钱犯罪刑法规制的新发展 [J]. 青少年犯罪问题 .2021(2).

[6] 刘闽浙 . 我国打击特定类型洗钱犯罪现状、问题与对策 [J], 西部金融 ,2018,(4)：8–15.

证券资管行业洗钱风险分析及其对策建议

■ 明希　赵文忠[1]

摘要： 本文对证券资管行业存在的主要洗钱风险点进行了分析，指出证券资管行业洗钱风险防范在客户尽职调查、代销客户身份资料信息完整准确性、可疑交易监测标准及有效性、行业性洗钱风险防范指引等方面存在困境或不足，并在此基础上提出了强化客户尽职调查、多维度综合判断客户洗钱风险、加快推进标准数据接口切换进程、加强对代销机构的监督评价、完善以风险为导向的可疑交易监测标准、制定行业性规范指引、加强行业指导与培训等相关对策建议。

关键词： 证券资管行业　洗钱风险点　对策建议

一、引言

2021年3月，最高人民检察院、中国人民银行联合发布了6个洗钱罪典型案例。其中，林某娜、林某吟等人洗钱案及赵某洗钱案2个案件均涉及洗钱分子将犯罪所得购买资管产品从事洗钱犯罪。可见近年来资管行业也逐渐沦为洗钱犯罪高发领域，这也提醒资管机构应加强防范洗钱风险。

自2012年起，资产管理行业掀起创新浪潮并逐步形成大资管格局。而随着2013年余额宝的推出，我国居民财富配置结构开始发生变化，加之我国居民收入水平及理财意识的不断提升，资管行业迎来了黄金发展期。根据基金业协会数据，2020年，全市场资产管理产品规模为58.99万亿元，相较于2014年新增

1　明希供职于东证融汇证券资产管理有限公司合规风险管理部，赵文忠供职于东北证券股份有限公司合规管理部。

197.03%，为 19.86 万亿元；全市场资产管理产品只数为 13.85 万只，相较于 2014 年新增 300.01%，为 3.45 万只。

与此同时，资管行业存在交易便捷、资金来源真实性审核不足、接受非面对面交易等特点，洗钱分子逐渐将资管行业等新兴金融领域作为新的洗钱渠道，这使得资管行业的洗钱风险愈加凸显。因此，本文以券商资管业务为例，分析其中蕴含的主要洗钱风险点并探索提出相应风险防范建议。

二、证券资管行业的洗钱风险点分析

（一）与证券犯罪一体两面的洗钱行为

作为洗钱行为的上游犯罪之一，犯罪分子在从事内幕交易、操纵市场等破坏金融管理秩序犯罪的同时，存在通过将犯罪所得转移至资管产品的形式完成洗钱过程的风险。

例如券商发行的现金管理类产品（以客户交易结算资金为管理对象，产品份额计入客户资金账户可用资金的大集合产品），可通过技术系统进行自动申购赎回操作，实现当日可用资金与产品份额之间的转换。在犯罪分子从事了内幕交易、操纵市场等证券犯罪的情况下，即可能发生将犯罪所得自动转为产品份额进行洗钱的风险。

（二）利用私人定制资管产品进行洗钱

证券资管业务可根据客户个性化需求定制产品，尤其是单一资管产品，存在不法分子利用私人定制产品设计复杂交易结构规避相关法律法规的情况，例如投向非标资产时设计对赌条款人为触发补偿从而进行非法利益输送的风险，例如通道业务委托人指令投资行为涉及内幕交易、操纵市场、利益输送等犯罪行为，则存在洗钱风险。

（三）利用转让集合计划份额或转让单一计划收益权进行洗钱

一般情形下，券商资管计划中的集合产品及单一产品可设置份额转让及收益权转让条款。由于集合计划份额转让与单一计划收益权转让情形下转让价格由转让双方协商确定，管理人不对转让价格进行实质性审核，转让价格可能偏离集合计划份额或单一计划收益权的真实价值，因此存在被犯罪分子利用进行利益输送的风险。

（四）操纵他人账户进行洗钱

随着互联网的飞速发展与普及，资管产品非面对面开户与交易的现象也日益增多。由于资管行业尚未普及对投资者身份信息的联网核查措施，加之非面对面开户过程中可能存在未核验客户身份原件、未核实账户实控人、客户填写信息不完整等情况，使得客户账户被他人操纵进行洗钱的风险进一步提高。

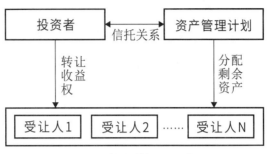

图1　证券资管行业关系图

例如，在最高人民检察院、中国人民银行联合办理的赵某洗钱案中，赵某通过操纵其情人武某、王某相关账户等方式，将部分贪污款项用于以本人名义购买理财产品进行洗钱。

（五）利用变更委托资产提取账户进行洗钱

资管计划进行收益分配、委托资产提取或剩余资产清算环节，如果资管计划投资者要求证券公司将资金直接划付到其指定的第三方，而证券公司未能勤勉尽责地审核其资金划付的合理性，则存在客户刻意规避银行渠道资金划拨监管从而进行利益输送及洗钱的风险。

（六）利用非交易过户进行洗钱

券商资管业务中，单一资产管理计划可以接受投资者合法持有的股票、债券或中国证监会认可的其他金融资产委托，即投资者可将所持有证券非交易过户给单一资管计划。该种情形下，如投资者所持证券为上游犯罪所得，则存在犯罪分子利用证券非交易过户洗钱的风险。

非交易过户一般指发生继承、捐赠和司法强制执行等情形时，资管产品登记机构将产品份额持有人持有的计划份额强制划转给其他自然人、法人或其他组织。少数情形下，可能会发生利用登记机构认可的其他非交易过户情形进行洗钱，如夫妻之间协议离婚分割财产、以其他看似合理的理由进行亲属之间份额划款的非交易过户情形。

三、证券资管行业洗钱风险防范存在的难点或不足

（一）客户尽职调查力度有待提升，非面对面交易客户尽职调查难

随着互联网应用的普及和疫情的影响，资管业务也越来越多采用非面对面交易方式。非面对面交易不直接与客户接触，虽提高了交易的便捷性，但这对客户尽职调查提出了挑战。首先，资管机构尚未实现对身份证的联网核查，难以对客户上传的电子版身份证明文件的真伪进行核验，也难以核实客户是否为所上传身份证明文件的本人；其次，由于非临柜办理，资管机构较难对客户提供的工作单位、收入情况等信息进行进一步核实；最后，互联网的多元性、复杂性及联结性，使得背后资金链条隐蔽而复杂，资管机构难以对客户资金来源进行充分尽职调查。该种模式容易被洗钱分子利用，通过分散投资、大额借贷等形式掩饰非法所得或为非法所得来源提供理由。

（二）代销客户身份资料信息不完整或不准确

在资管产品代销模式下，根据行业现状，大部分代理销售机构通过中国证券登记结算有限责任公司（以下简称"中登公司"）的标准数据接口向管理人传输客户数据，但中登公司现行的标准数据交换协议尚不支持"客户证件有效期""其他类职业信息""受益所有人""股东"等个别字段信息的传输，导致上述字段信息无法从销售机构传输至管理人处。为此，中登公司已发布了更新的数据接口，增加了反洗钱信息文件接口规范，并完善了详细的投资人职业代码。但截至目前，管理人接口和销售机构接口切换完成的时间尚不确定。此外，部分代销机构出于商业保密原因，配合提供其客户详细信息的意愿及质量较低。上述问题给资管产品管理人的客户尽职调查、受益所有人识别、客户资料保存及可疑交易分析识别等工作带来了一定困难。

（三）可疑交易监测标准不够完善，可疑交易监测有效性不足

由于资管行业起步稍晚，可疑交易监测等反洗钱工作经验不足，资管行业反洗钱专业人才储备不足等，资管行业可疑交易模型存在规则不全、机构间模型重复度较高、与资管业务脱节等问题。监测模型规则不够全面、脱离资管业务特点，使得资管机构的可疑交易监测标准覆盖面有限，适用性及合理性在一定程度上被减弱。同时，更多的资管机构还往往被动机械地使用系统供应商提供的可疑交易监测模型，而系统供应商提供的监测模型同质化程度较高，这使得各反洗钱义务机构交叉验证洗钱风险案件的机制失效，不利于发挥可疑交易报告机制的作用。此外，现行资管

行业可疑交易监测标准有参照传统银行证券等金融行业既定标准的情况，未能充分结合资管行业特点针对性设置，因此带来可疑交易监测结果有效性不足的问题。从可疑交易报送结果来看，相比于传统金融行业，资管行业上报的可疑交易数量及质量仍有待提高。

（四）缺乏行业性洗钱风险防范指引

由于资管行业客户的高净值性、居民财富配置结构的日益转型，资管行业洗钱风险防范工作的必要性也愈加显现，而针对性的行业指引在一定程度上能规范、引导资管机构更加有效地开展反洗钱工作。不同于传统银行业、证券期货行业，基金或资产管理行业尚未形成行业性的针对性的洗钱风险防范规则或指引。如中国证券业协会发布的《证券公司反洗钱工作指引》、中国期货业协会发布的《中国期货业协会会员单位反洗钱工作指引》中，主要针对传统证券期货业务制定，未能充分结合资管行业相关业务特点。

四、证券资管行业防范洗钱风险措施建议

（一）强化客户尽职调查，多维度综合判断客户洗钱风险

客户尽职调查是反洗钱工作中的重中之重。由于资管产品的投资门槛较高，对于资管产品投资者的客户尽职调查，建议关注购买资管产品投资者的工作单位、职业、年龄、收入、住址等信息，审核客户是否具备购买资管产品的合理动机、能力以及购买金额是否匹配；关注投资者是否涉及公务员、财务人员、珠宝业、房地产业、政府招标采购等行贿受贿或经济犯罪高发领域；结合客户洗钱风险等级、产品风险等级、客户所处地域、可疑交易监测情况等多种因素综合判断客户洗钱风险的高低。同时，建议由银行业金融机构通过市场监督管理部门有关信息系统报送客户身份基本信息，其他义务机构可以按照相关规定在保密前提下查询该类客户的基本信息，有利于提高非面对面交易情形下客户尽职调查工作有效性及准确性。

（二）加快推进标准数据接口切换进程，加强对代销机构的监督评价

1.加快推进标准数据接口切换进程

建议中登公司、全市场份额登记机构、销售机构及管理人继续共同积极配合并加快推进新版交换数据协议的切换工作，为代销客户数据的完整准确传输提供有力技术支持。同时，建议中国人民银行就旧版交换数据协议导致的义务机构客户信息部分字段不全问题，给予各义务机构一定的整改缓冲期。

2. 加强对代销机构的监督评价

建议行业内建立代销机构履职评价机制，对于在代销业务开展过程中未尽责履行反洗钱、投资者适当性管理等相关法律法规规定义务的代销机构，由监管部门或行业自律组织给予一定的负面评价甚至监管措施等，进一步督促代销机构尽职履责，提高行业内代销客户反洗钱工作的有效性。

（三）结合资管行业特点，建立以风险为导向的可疑交易监测标准，提高可疑交易监测分析的有效性

1. 建立以风险为导向的可疑交易监测标准

建议从洗钱风险自评估结果出发，结合机构自身客户、地域、产品、渠道等实际固有风险情况，分析评估洗钱风险分布状况，确定可疑交易重点监测范围和对象，提高可疑交易监测分析的针对性和有效性。

建议跟踪最新洗钱犯罪态势及具体案例、监管部门及司法部门发布的洗钱风险提示及典型洗钱犯罪案例等，并结合自身业务特点，设计针对性模型指标，完善现有可疑交易监测标准，提高可疑交易监测分析的前瞻性和时效性。

2. 提升可疑交易监测分析的有效性

建议加强数据治理，做好数据底层溯源工作，明确数据提取的合理口径，打破数据壁垒，整合各类业务系统数据生成规则，为反洗钱可疑交易监测分析提供充分有效的基础数据保障。

建议加强可疑交易监测分析岗位人员的反洗钱培训，要求上述人员充分结合客户身份信息与产品交易的实际情况开展分析研判，充分发挥人工分析识别的作用。

（四）制定行业性规范指引，加强行业指导与培训

1. 探索制定资管行业针对性规范指引

建议基金或资管行业监管部门或自律组织能汇集行业力量，针对资管行业特点，出台行业性规范指引，指导资管行业管理人在此基础上，不断完善自身洗钱风险防范体系政策，不断提升洗钱风险管理措施的有效性。

2. 加强资管行业反洗钱工作指导与培训

建议中国人民银行、行业监管部门或自律组织多组织基金或资管行业的反洗钱培训，建立针对资管行业常见洗钱风险案例或其他洗钱风险隐患的定期信息共享机制，提高资管机构的洗钱风险意识与洗钱风险识别能力。

参考文献：

[1] 李春生，刘灵芝，张洋 . 新时期反洗钱中客户身份识别的分析研究 [J]. 农银学刊 ,2020(6).

[2] 周衰民 . 互联网金融洗钱风险及防控对策研究 [J]. 金融监管 ,2017(10).

全生命周期视角下的证券公司投行业务反洗钱机制研究

■ 江原　高雁群　孙婷婷[1]

摘要： 近年来，中国人民银行不断强化反洗钱的监管力度，严监管态势对证券公司反洗钱工作提出了更高要求。在投行业务中，犯罪分子可通过 IPO、并购重组等资本运作清洗非法资金，且洗钱方式趋于隐蔽化、复杂化。本文分析了证券公司投行业务存在的洗钱关键风险点，提出以投行业务洗钱风险防范为中心，以反洗钱队伍建设为前提，以洗钱风险管控三道防线为保障，以投行项目全生命周期为纵线，将反洗钱意识贯穿业务始终，尝试构建全生命周期视角下的证券公司投行业务洗钱风险防范机制，以提升证券公司整体反洗钱工作水平。

一、研究背景

目前，证券公司经纪业务的反洗钱工作机制相对成熟已成体系，但对投行业务相关的反洗钱研究和案例则较少。在《中华人民共和国证券法》（以下简称《证券法》）的修订和注册制改革的稳步推进下，中介机构资本市场看门人职责被进一步压实，投行业务作为各类公司与资本市场连接的纽带，其在反洗钱工作中的重要性日益凸显。中泰证券股份有限公司（以下简称"中泰证券"）严格按照反洗钱法律法规和中国人民银行、中国证监会等监管机构工作要求，积极履行反洗钱义务，有效化解风险隐患，持续提升反洗钱工作水平，反洗钱工作连续多年获评"AA 级"。目前，中泰证券投行业务反洗钱工作已经覆盖了投行业务全类型，并将反洗钱客户身份识别和洗钱风险等级评估环节内嵌于投行业务系统中，前置于协议签署、立项、

1　江原、高雁群、孙婷婷供职于中泰证券股份有限公司风险管理部。

内部控制（以下简称"内控"）流程等环节，同时，明确了尽职调查工作与洗钱风险防范工作要求的有机统一，强化了对中、中高、高风险客户在投行项目承做期间的定期洗钱风险评估等。本文将以投行业务洗钱风险防范为主题，根据不同类型投行业务特点及投行项目所处环节不同，结合中泰证券实践，分析证券公司投行业务存在的洗钱关键风险点，并尝试建立全生命周期视角下的证券公司投行业务反洗钱工作机制，以期为证券公司反洗钱工作带来一定借鉴和参考。

二、投行业务洗钱关键风险点

现阶段，证券公司投行业务主要包括股权类（证券承销与保荐、上市公司并购重组[1]财务顾问等业务）、债权类投行业务以及新三板推荐业务。证券公司投行业务洗钱风险主要在于发行人（含新三板挂牌公司，下同）或投资者自身的洗钱行为以及在投行业务开展过程中，证券公司因尽职调查、发行、持续督导等相关工作未勤勉尽责导致未能发现洗钱行为。其中，投行业务洗钱的关键风险点主要包括发行人的财务造假、欺诈上市或发行、非法资金清洗、股票或股份代持等，以及IPO配售、非公开发行认购、债券发行认购中的非法资金投资等。投行业务洗钱方式日益趋于隐蔽化、复杂化，且涉及金额巨大，洗钱周期相对较长，资金流转过程和环节复杂烦琐，加之其他因素影响，导致存在一定的核查难度。本文根据不同类型投行业务特点、投行项目所处的不同环节，从发行人及其股东、投资者等不同的角度对投行业务洗钱行为进行了深入分析、研究，并明确其中的洗钱关键风险点，以期提出对应的管控措施，具体如下。

（一）发行人

1. 清洗非法资金的风险

发行人可通过资金拆借、关联方往来等方式将非法资金混入公司日常经营中，通过公司不断的运转、资金循环，达到清洗资金的目的。证券公司在保荐其上市或再融资、债券承销发行等投行业务承做过程中，如对其资金拆借、关联方及关联交易、大额资金流水异常等核查不到位，未对发行人相关资金来源的合法性进行重点关注和充分核查，未能切实履行勤勉尽责义务，则可能出现非法资金以通过隐蔽方式转

---

[1] 根据《上市公司并购重组财务顾问业务管理办法》（证监会令第54号）第二条，上市公司并购重组财务顾问业务是指为上市公司的收购、重大资产重组、合并、分立、股份回购等对上市公司股权结构、资产和负债、收入和利润等具有重大影响的并购重组活动提供交易估值、方案设计、出具专业意见等专业服务。上市公司并购重组，以下简称"并购重组"。

为貌似合法的资金、上市后择机退出、混入经营性资金偿付债券等多种方式完成清洗。

2. 财务造假、欺诈上市或发行带来的洗钱风险

发行人通过虚增收入、利润、资产或虚减成本、费用、负债等方式以达到符合上市、挂牌、再融资或债券发行条件，并募集大量资金、再通过二级市场退出等方式获得大额收益。如康美药业 2016 年至 2018 年虚增营业收入 275 亿元，虚增利润 39 亿元，虚增货币资金 886 亿元，虚增资产 36 亿元，财务造假金额破 A 股有史以来的最高纪录；五洋建设通过对抵工程项目应收账款和应付账款从而少计提坏账准备、虚增利润的方式欺诈发行债券并违约，是全国首例公司债券欺诈发行案。除此之外，绿大地、万福生科、欣泰电气、康得新等一批财务造假公司也纷纷爆雷。证券公司在投行业务承做过程中，如未能发现其财务造假行为，将引发洗钱风险，给投资者带来巨大损失的同时，也严重损害了资本市场的公信力。

（二）股份或股票代持

股份或股票代持过程中可能形成利益输送风险。实际出资人作为隐名股东，使用他人名义设立公司或出资。代持行为本身并不一定违法，但因其可以规避一些法律法规而可能成为证券违法和洗钱犯罪的避风港。如《证券法》第四十条规定，证券公司、证券监督管理机构工作人员等禁止参与股票交易的人员，以化名或借用他人名义持有股份或股票，发行人为便利其上市之路，将拟上市公司的股份低价转让或直接赠予对上市工作有帮助的人员，滋生了贪污受贿、利益输送等行为。证券公司在投行业务承做过程中，如未对发行人股东、股权变动情况、股份或股票代持行为等进行充分核查，未能发现相关违法违规、利益输送等情形，将极易引发洗钱风险。

（三）投资者

IPO 配售环节、非公开发行股票认购环节可能存在清洗非法资金的风险。IPO 网下配售对象除了证券公司等机构投资者外，还包括证券公司自主推荐的在中国证券业协会注册的机构投资者和个人投资者。目前，除科创板网下申购、配售外，证券公司自主推荐的网下投资者可以参与 IPO 网下配售，如配售对象将非法资金参与配售，再将获配股票出售，将达到非法资金洗白的目的。在非公开发行股票中，认购方使用非法资金认购股票，待限售期解禁后出售，同样可以达到洗白非法资金的目的。证券公司在投行业务发行环节，如未对相关配售对象、认购方的资金来源合法性进行充分调查或限于调查手段或条件，将无法发现非法资金入市的情形。

（四）并购重组交易对手方

并购重组业务主要包括上市公司收购[1]及上市公司重大资产重组[2]。并购重组的交易对手方可借助资产购买、资产置换、借壳上市等方式将非法资金注入上市公司，以实现其洗白上市目的，并分享资本市场投资收益。证券公司在并购重组项目核查中，如对相关并购重组方使用的资金来源合法合规性审核不严，未充分勤勉尽责，将无法发现交易对手方洗白非法资金的行为，引发洗钱风险。

三、构建全生命周期视角下的投行业务洗钱风险防范机制

为防范投行业务洗钱风险，中泰证券以现有的反洗钱工作实践为基础，不断深入探索，提出以投行业务洗钱风险防范为中心，以反洗钱队伍建设为前提，以洗钱风险管控三道防线为保障，以投行项目全生命周期为纵线，将反洗钱意识贯穿投行业务始终，重点关注资金异常流动，构建证券公司全生命周期视角下的投行业务洗钱风险防范机制的创新思路，持续提升反洗钱工作水平。

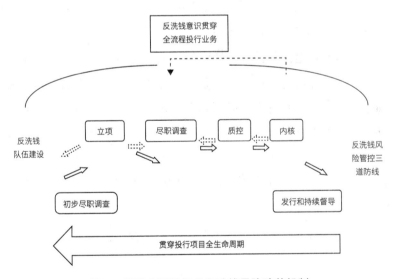

图 1　证券公司投行业务洗钱风险防范机制

1　根据《上市公司收购管理办法》第五条，上市公司收购指收购人可以通过取得股份的方式成为一个上市公司的控股股东，可以通过投资关系、协议、其他安排的途径成为一个上市公司的实际控制人，也可以同时采取上述方式和途径取得上市公司控制权。

2　根据《上市公司重大资产重组管理办法》第二条，重大资产重组指上市公司及其控股或者控制的公司在日常经营活动之外购买、出售资产或者通过其他方式进行资产交易达到规定的比例，导致上市公司的主营业务、资产、收入发生重大变化的资产交易行为。

（一）建立覆盖项目全流程的反洗钱具体工作机制

建立覆盖项目全流程的反洗钱具体工作机制是构建全生命周期视角下的投行业务洗钱风险防范机制的核心。投行项目全生命周期包含初步尽职调查、立项、尽职调查、质量控制（以下简称"质控"）、内核、发行、持续督导等环节，具体流程如图2。

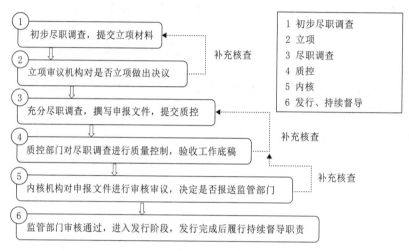

图2 证券公司投行项目全生命周期流程

其中，初步尽职调查、尽职调查、发行和持续督导四个环节，因最能接触一手材料，贴近投行业务客户一线，且有相应的时间保障，而成为反洗钱工作的关键环节，其他环节可作为辅助环节，各环节环环相扣，形成反洗钱工作的闭环。

1. 初步尽职调查—立项环节

在初步尽职调查环节中，项目组通过对客户历史沿革、财务会计信息、业务与技术、同业竞争与关联交易等初步核查，查找其可能存在的洗钱风险隐患，并对客户身份进行初次识别，对洗钱风险等级进行初次评估。初步尽职调查完成后，由立项审议机构（通常为立项决策小组）根据项目组提交的申请材料，对投行项目是否立项做出集体决策，项目组针对立项审议机构提出的涉及洗钱风险的问题应予以说明、补充核查。中泰证券投行业务反洗钱工作从源头确保反洗钱要求落实到位，不仅涵盖了《证券公司投资银行类业务内部控制指引》明确的投行业务，还包括分销等无须履行立项、内核流程的投行业务，同时，将反洗钱流程作为关键流程的必选环节嵌入投行业务管理系统，不得跳过，项目组在发起内控流程时必须进行客户身份识别及洗钱风险等级评估。

2. 尽职调查—质控环节

在尽职调查环节，项目组对投行业务客户进行全面调查，通过多种核查方式充分了解客户的经营情况及可能面临的洗钱风险和隐患，并根据核查结果对洗钱风险等级进行动态评估。重点关注是否利用空壳公司、关联公司、海外客户供应商等创造虚假交易，或与真实的供应商、经销商串谋，伪造购销合同、货物入库出库单、虚开增值税发票、伪造出口报关单、金融票据等，或通过关联方之间的资产交易、资金往来、成本费用分担等调节利润，或利用与关联方的账外交易形成大量账外资产或负债，从而进行资金转移。另外，通过对股权结构变动、股权代持协议、资金来源、银行流水等核查是否存在突击入股、股份代持等情况；通过对并购重组交易对手方资产、资金的核查，关注是否存在非法资金流入上市公司；通过对募集资金流水进行穿透核查，关注资金是否流向关联方或洗钱高风险国家和地区。

中泰证券在尽职调查环节要求项目组开展持续性客户身份识别工作，密切跟踪关注客户日常经营活动；在投行业务反洗钱流程中，项目组发起内控流程时，需与前次所填报反洗钱相关评估信息进行比较，如信息发生变化，将强制重新履行洗钱风险等级评估相关流程。项目组根据尽职调查情况组织撰写申报材料，提交质控部门审核。质控部门对项目组是否勤勉尽责履行尽职调查义务等进行核查和判断，对工作底稿进行验收，同时重点关注财务造假、利益输送、大额交易、可疑交易等可能存在洗钱风险的情形，并提出质控意见要求项目组进一步核查、排查。对于可能存在洗钱风险的项目，质控部门通过现场核查等方式对洗钱风险做进一步调查、研判。项目组根据质控意见补充核查、完善申报材料及工作底稿，直至验收通过。

3. 内核环节

质控部门验收通过后，内核机构（一般为内核委员会或常设内核部门）对项目组提交的申报文件进行审核、审议，在一般情况下，投行内核机构相关人员很难接触到投行业务客户原始财务、业务资料，其对投行项目重大风险的把控多依赖于自身业务经验、对项目组成员的问询及其提供的申报材料、工作底稿等文件。在内核环节，内核机构对项目是否存在重大风险进行判断，对申报材料中关联交易、财务数据异常、财务与业务数据逻辑不一致、数据不匹配等可能存在洗钱风险的情形予以关注，并穿透识别项目公司是否存在洗钱风险，最终决定是否对外报送监管部门。对可能涉及洗钱风险的问题，内核机构视情况直接要求项目组进行补充说明或核查，或退回质控部门要求其进行补充质量控制和底稿验收。

4. 发行—持续督导环节

在发行环节，投行发行相关部门在网下配售或非公开发行股票时，可对相关配售对象、非公开发行股票认购方的资金来源合法性进行核查，防范非法资金入市，但在实际中，由于资方的强势地位、核查手段受限等导致难以操作。发行上市完成后，进入持续督导环节，投行相关部门以及项目组持续开展客户身份识别和洗钱风险评估工作，动态掌握发行人持续生产经营、募集资金投向、负面舆情报道、关联交易以及控股股东、实际控制人承诺履行等相关情况，排查可能存在的洗钱风险。同时，可采取定期审核与事件触发相结合的方式，确定客户持续督导开展的频率和方式，并结合持续督导情况调整客户风险等级。中泰证券将反洗钱工作贯穿于投行业务始终，直至持续督导期结束、项目周期完结。对于评定为低、中低风险等级的客户，开展持续性客户身份识别，跟踪关注客户及其日常经营活动，在相关反洗钱信息发生变更时重新履行客户身份识别及洗钱风险等级评估；对评定为中、中高和高风险等级的客户，强化客户身份识别措施，动态掌握客户信息，定期重新履行客户身份识别及洗钱风险等级评估，直至项目结束或项目所属客户被评定为低、中低风险等级。同时，在与高风险等级客户建立新业务关系时，应取得公司分管领导的批准或授权。

（二）打造洗钱风险管控三道防线，实现内控与反洗钱有机结合

证券公司可在保持公司原有的反洗钱组织架构下，将洗钱风险管控职责融合到投行业务内控中，打造投行业务洗钱风险管控的三道防线，为构建全生命周期视角下的投行业务洗钱风险防范机制提供保障。

以项目组、投行业务部门作为洗钱风险管控的第一道防线，项目组应勤勉尽责开展执业活动，自觉将反洗钱各项要求落实到执业行为中，投行业务部门应细化反洗钱制度和操作规程，明确重点环节的反洗钱具体要求，并予以督促实施；投行质控部门为洗钱风险管控的第二道防线，对投行业务洗钱风险实施贯穿全流程、各环节的动态跟踪和管理，对项目组的反洗钱工作进行质量控制，对反洗钱具体要求的落实情况予以监督、核查，确保前述要求得以有效落实；内核、合规、风控等部门为洗钱风险管控的第三道防线，通过介入主要业务环节，把控关键风险节点，依据各自职责通过实施审核、检查、排查等方式，对反洗钱工作执行情况进行监督，实现公司层面对投行业务洗钱风险的整体管控。充分发挥反洗钱组织架构与内控体系的实际效用，加快推进反洗钱工作从"形式合规"向"实质有效"的转变。

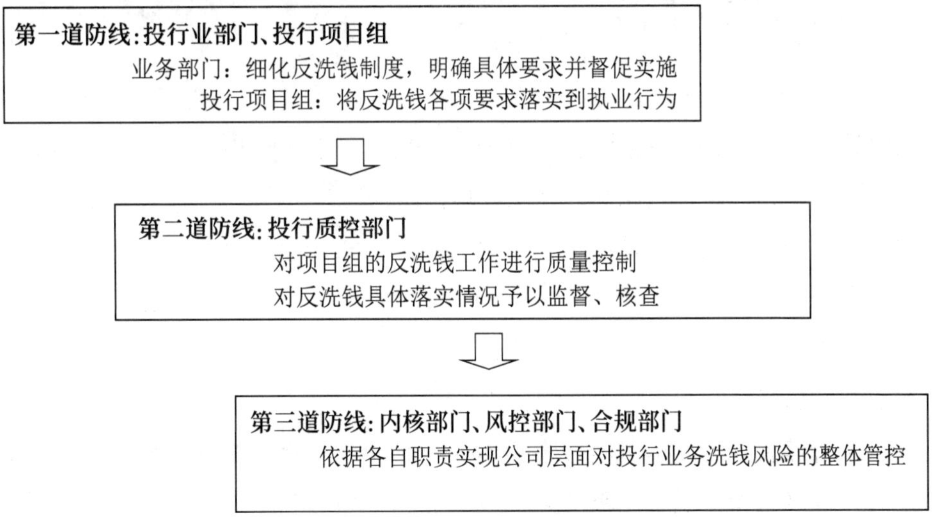

第一道防线:投行业部门、投行项目组
业务部门：细化反洗钱制度，明确具体要求并督促实施
投行项目组：将反洗钱各项要求落实到执业行为

第二道防线:投行质控部门
对项目组的反洗钱工作进行质量控制
对反洗钱具体落实情况予以监督、核查

第三道防线:内核部门、风控部门、合规部门
依据各自职责实现公司层面对投行业务洗钱风险的整体管控

图3 证券公司投行业务反洗钱三道防线架构图

（三）不断强化反洗钱队伍建设，将反洗钱意识贯穿始终

强化反洗钱队伍建设是构建全生命周期视角下的投行业务洗钱风险防范机制的前提。反洗钱工作的持续提升依赖于具备相应专业知识和履职能力的高素质、高水平反洗钱团队。证券公司应加强反洗钱专业队伍建设，优化现有的人员结构，为投行业务配备足够的专门的反洗钱人员，并着重考虑大数据、区块链、人工智能带来的新型反洗钱工作需要，配备一定的信息技术人员。同时，应提高投行业务及内控人员反洗钱培训的力度和广度，增强金融业间的交流和调研，充分学习先进金融机构的反洗钱经验，不断强化其反洗钱的工作意识，确保其熟练掌握反洗钱的相关规章制度以及具体要求，提高其对洗钱风险的敏感性和把控能力，对可能出现的高风险领域给予高度关注，强化对相关人员的考核、问责，确保反洗钱工作的有效落地和执行。

洗钱高风险客户管控现状与治理策略研究

■ 张亮　邓瑜　张勇　别丹丹 [1]

摘要： 洗钱高风险客户管控是金融机构风险管理工作的核心内容，是有效管理法律风险、声誉风险、操作风险、合规风险的重要手段。本文结合大型国有银行洗钱高风险客户管控多年实践经验，从当前高风险客户管控现状入手，深入分析洗钱高风险客户管控在风险识别、政策执行、管控标准、信息共享等业务领域存在的问题和难点，并从反洗钱法律法规、机制建设、监管形势、履职实际等方面有针对性地提出政策建议。

关键词： 洗钱高风险客户　管控策略

洗钱高风险客户管控工作是金融机构在风险为本原则的客户管理框架下，依据客户身份识别、尽职调查、交易监测及内外部信息搜集等方式，划分出存在较高洗钱风险的重点关注客户，并针对高风险客户采取强化、积极、有效、适当的风险管控措施，以阻断洗钱犯罪资金的流动及洗钱风险的蔓延，从而实现有效的缓释金融机构自身反洗钱合规风险的管理目标。因此，洗钱高风险客户管控工作也成了金融机构整体提升反洗钱工作合规性、有效性的"必修课程"。

一、金融机构洗钱高风险客户管控现状

（一）高风险客户认定

一般而言，金融机构会根据相关法规和政策，按照自身风险偏好，结合客户特性、地域、行业／职业、业务／产品等要素，对服务的客户对象的洗钱风险进行分类和管理，其核心就是对洗钱高风险客户的管理。这里，洗钱高风险客户的准确认

1　张亮、邓瑜、张勇供职于中国工商银行黑龙江省分行，别丹丹供职于中国人民银行哈尔滨中心支行。

定，是反洗钱合规风险管理的基本前提和履职基础，也是确保后期布控合规性和有效性的重要保障。金融机构评定客户洗钱风险，一般参照"外部指定"和"内部认定"两条主线。

1. 外部指定的高风险客户

被列入联合国制裁名单、中国政府发布的涉嫌恐怖活动名单、涉嫌犯罪的外逃人员名单、公安机关发布的买卖银行卡或账户的惩戒名单、有权机关对涉嫌洗钱及洗钱上游犯罪人员实施"查冻扣"名单、监管部门和司法机关明确要求对洗钱行为人实施高风险管控的名单、特定国家或特定区域的法定禁止类客户名单等。

2. 内部认定的高风险客户

身份不明且无法通过尽职调查来有效识别身份的客户、外国政要等政治公众人物、报送重点可疑交易报告的客户、企业经营情况明显异常的客户、客户交易行为与其经济状况和客户身份明显不符且不能提供合理理由的客户、国内外权威媒体或政府部门公示的存在反洗钱负面报道或洗钱行为且经过尽职调查无法排除洗钱嫌疑的客户、无合理理由拒绝配合尽职调查的客户、现场办理业务时形迹可疑的客户等。

在实际工作中，金融机构一般采取区分不同主体和不同场景，结合客户身份识别与增强尽职调查，通过定性分析、定量测算、定时监测、定期复评等方式动态认定本机构的高风险客户。

（二）高风险客户细分管理

对于外部指定的高风险客户，金融机构一般要制定明确的政策性高风险客户分类标识，区分联合国、国家部委、司法机关、监管部门等不同政策主体分类施策，依法依规实施政策性高风险客户在新增、退出以及存续期间的洗钱风险管控要求。

对于内部认定的高风险客户，金融机构需要按照风险为本原则的管控标准，自行落实洗钱风险管控责任，并依据不同类型的洗钱风险，有针对性地制定精细化的洗钱高风险客户划分规则、风险权重、管控措施、退出机制以及面向客户的对外解释口径。同时，金融机构按照"客户自拓、风险自担"的原则，及时组织开展客户评分、等级评定与动态管理，妥善处理争议与纠纷，依法合规做好洗钱高风险客户全生命周期管理工作。

（三）高风险客户控制策略

金融机构根据自身的风险偏好制定风险为本原则的洗钱高风险客户管控策略是当前洗钱高风险客户管控的普遍现状。同一个客户在不同机构、不同地域的风险等级是不同的，即便在同一家金融机构的不同网点对高风险客户的控制策略也可能是不尽相同的。根据当前的法律法规要求，金融机构对高风险客户的控制策略主要包括：拒绝建立业务关系、至少 5 年内不得新开立账户、提升业务审批层级、全渠道只收不付、非柜面只收不付、至少 5 年内暂停非柜面交易、建立业务关系时至少开展增强型尽职调查、在使用高风险产品时，至少应结合实际业务场景有针对性地开展增强型尽职调查、适当限制非柜面交易频率或额度、严格按照涉及敏感国家和地区以及涉及制裁类业务政策办理等。

（四）高风险客户保密管理

一般而言，洗钱高风险客户主要涉及的涉密事项包括两类：一是对于在依法配合有权机关查询、冻结，配合中国人民银行行政调查等工作中，明确涉嫌洗钱或洗钱上游犯罪的客户，金融机构在协助司法和监管部门履职过程中获取的信息大多涉及国家秘密或参照国家秘密管理的商业秘密，此类涉密信息非依法律规定不得对外提供或以任何形式对外泄露。二是金融机构对洗钱高风险客户的认定、划分及管控属于金融机构的商业秘密，未经定密主管部门审批，不得向客户泄露金融机构对其风险等级的评定依据、标准及结果。

（五）高风险客户投诉

当前，洗钱高风险客户管控工作已逐渐步入正轨、趋于常态，部分洗钱高风险客户在账户被管控后，急于了解金融机构的监测与管控标准，因而使用咨询、维权等正规渠道询问管控原因，并提出不合理的解控诉求，导致了服务投诉频发多发的情况。金融机构在面对此类涉嫌洗钱风险的投诉事件时，一般按照"合规有序、审慎有效"的原则，对客户开展增强尽职调查，并结合调查结果，一事一议处理客户投诉，核实并解决客户的合理诉求。对于客户违法违规使用账户的行为，严格按照制度规定予以限制、制止、管控，直至结束与高风险客户的业务关系，必要时报送重点可疑交易报告。

（六）高风险客户尽职调查

金融机构在确定政策性高风险客户时，或者在客户行为、交易情况出现异常时，需要主动开展对洗钱高风险客户的尽职调查。一是对于有权机关或监管部门指定的政策性高风险客户，金融机构一般采取名单制管理，序时落实尽职调查、风险排查、风险管控等工作要求；二是对于在办理业务时存在举止异常、过度紧张、回避调查、掩饰面貌、接受指令办理业务等异常行为的客户，金融机构尽职调查的重点在于确定客户是否自主、自愿办理业务，是否能准确提供业务办理的原因、性质和目的；三是对于账户资金交易与客户的职业或经营范围、规模明显不符等交易异常的客户，金融机构尽职调查的重点在于客户的交易是否本人发起,客户职业、经营规模是否发生明显变化,交易习惯发生变化的主要原因,是否可以提供交易金额、频率和时间与客户职业或生产经营情况不符的合理理由等。

二、金融机构高风险客户管控工作中存在的问题

(一)客户群体数量庞大,风险管理负重前行

大型金融机构服务的客户数量庞大,客户群体分布广泛,以某大型国有银行省级分行为例,其个人客户(账户)近4000万,大量社保、民生领域客户广泛分布在各基层网点,平均单个网点服务客户数约8万名,单个网点柜面年处理业务量约30万笔,网银交易量约900万笔。从客户管控现状看,大型金融机构承载的客户服务与风险控制压力较大,金融机构尽职调查资源配备普遍与客户规模不匹配,尤其是电话回访、上门核实、街道访谈、协调工商及公安部门查询等基础性尽职调查工作任务最为繁重。且客户出于保护个人隐私考虑往往不愿配合金融机构尽职调查,其提供的信息,金融机构也无法验证真伪,使得客户风险管控工作有效落实较为困难。

(二)金融机构责重权轻,长期处于弱势地位

近年来,金融服务竞争加剧,客户维权意识逐步增强,金融机构基本处于客户服务的舆论弱势地位,而且随着自媒体的进一步发展和普及,舆论监督的发展态势和传播方式均发生了新的变化,金融机构更多时候需要"自证清白",以避免客户投诉事件的升级和自媒体曝光的发酵。在实际工作中,金融机构按照国际惯例和监管意见对存在疑问的账户进行管控后,一旦发生纠纷或客户损失,金融机构通常需要承担损失赔付的责任。同时,金融机构内部对于声誉风险的管理相对严格,制定了严格的考核、问责与处罚措施。对外赔付、对内问责,导致金融机构长期处于责重权轻的弱势地位,严重束缚和影响了金融机构高风险客户管控的意愿和效果。

(三)风险类型千差万别,无法落实统一管控

对于客户潜在的洗钱风险,金融机构有怀疑的权力,但不具有认定的能力。客户的洗钱风险特征和类型千差万别,即便都是高风险客户,也由于客户涉及行业、职业、年龄和社会经历的不同,洗钱风险也不尽相同。这就导致了在洗钱风险管控工作中,金融机构需要结合客户交易、尽职调查等实际情况灵活应对,这给日益标准化的客户服务工作,提出了"个性化洗钱风险管理"的巨大挑战。近年来由于大数据在交易监测活动中的拓展应用,金融机构对于客户洗钱风险批量监控的能力大

幅增强，"技防"水平进一步提高，但仍无法保证大数据和后台分析可有效执行统一的账户管控措施，对各种不同类型的高风险客户仍需要大量的"人工研判"。需要人工核查的信息经过内部脱密传导，落实到基层网点的工作人员时，就转化为针对高风险客户的逐户排查、逐个解释、逐一施策，基层员工对风险控制尺度和标准的把握也不尽一致，管控效果也往往存在较大的差异性。

（四）信息共享存在不足，尽职调查成本过高

目前，对于客户的风险状态，不同金融机构之间无法沟通和协调，仅能通过公安机关函件或者监管部门的风险提示，组织开展针对性的风险排查和账户管控工作。然而客户跨地区、跨银行多头开户的现象十分普遍，导致单一金融机构对客户尽职调查的成本不断提高，风险管控难度不断增大。金融机构能够给予洗钱高风险客户最大的惩戒就是结束业务关系和拒绝重新开立账户，可是面对日益开放化、便捷化、虚拟化的金融服务与竞争环境，犯罪分子的可选择空间极大，被一家金融机构禁用，就换一家继续，几乎没有什么成本。并且一般金融机构对客户风险等级的记录，都会有一个合理的洗钱风险评估期限，大多为三年或五年。客户销户三至五年后，再来网点开户，即便发现客户曾经存在洗钱高风险的记录，但由于客户本次申请开户的行为没有异常，金融机构也没有任何理由拒绝为客户开户。不同金融机构之间缺乏必要的信息共享，各自为战，致使尽职调查工作不断往复，大幅推高了金融机构的风控成本，浪费了合规资源。

三、强化洗钱高风险客户管控的思考

（一）建立风险共担机制，推动反洗钱治理体系共同发力

从洗钱风险治理与防控的角度看，洗钱高风险客户的管理工作不应仅着眼于做大做强金融系统，还应进一步扩大与国家行政体系的对接，形成客户风险管理责任共担的机制，严格落实对应的风险管理职责，从而逐步完善反洗钱国家治理体系。如公安机关、工商部门、招商部门、街道社区等行政管理部门应对其归属的法人和自然人基本生产、生活情况承担一定的网格管理责任，以及联合开展尽职调查责任。反洗钱监管机构应搭建互信互助的工作平台，加速破解金融机构因风险自担而形成的"内卷"，为金融机构更好地服务经济社会发展和区域金融稳定减负卸重。金融机构应在风险为本原则的客户风险管理框架下，对高风险客户倾注更多的合规资源，在不同业务系统中嵌入洗钱高风险客户的管控要求及措施，加强"技防"与"人防"的结合，持续推进大数据在系统监测和客户分析中的应用和管理，建立科学的评估

体系与评估流程，逐步提升对洗钱高风险客户的评估准确性。

（二）加强法律法规建设，优化反洗钱政策环境与舆论环境

反洗钱行政管理部门应持续推动并不断强化反洗钱法制体系建设，明确账户违法、违规使用或拒绝履行反洗钱法定义务的法律责任，为洗钱高风险客户的管控工作提供法理支持与政策指导，推进金融机构在反洗钱治理领域权责对等，依法履职。金融机构内部应建立反洗钱高风险客户管控工作的履职规范与操作指引，对于因管控工作引起的客户纠纷和法律诉讼，应明确内部问责、追责、免责的程序及要求，切实提升反洗钱高风险客户管理的合规性、有效性。同时，各反洗钱监管部门和义务主体，应持续强化对反洗钱法定义务的知识普及和宣传引导工作，积极报道反洗钱管控履职的正面典型事例，倡导建立基于社会公众的反洗钱承诺与报告机制，提升公众认知度和参与度，为反洗钱工作的全面推广及有效运行营造良好的社会环境和舆论环境。

（三）压实风险管控责任，持续推进差异化、精细化管理

金融机构应按照"横向到边、纵向到底"的原则，明确各业务部门、各级机构，尤其是基层网点的高风险客户管控分工与职责，明晰工作流程，提升部门间、机构间的高风险客户信息传递和管控效率，确保管理层履职到位，业务线指导到位，操作岗落实到位。同时，金融机构还应根据自身面临的洗钱风险，进一步细分高风险领域，区别不同的高风险客户类型，设定不同的高风险客户标签，逐一制定细分的差异化风险管控措施。金融机构应采取业务系统"硬性控制"为主，"人工调整"为辅的方式，自上而下地实施风险控制措施，充分减轻基层网点工作压力，也为精准实施集中统一管控创造前提条件。比如，对违规套现的高风险客户要落实信用卡降额、止付等功能限制，对其信用情况、经营情况及贷款情况进行更多关注，应通过客户信息管理系统、信用卡业务管理系统、信贷管理系统、尽职调查系统等关联系统进行统一部署。

（四）推进数据共享共治，提升管控工作的执行力和有效性

反洗钱行政管理部门应当牵头建立统一的客户大数据云，逐步实现"全金融系统客户维度"的风险识别和有效管控，从而在整个金融系统中建立生态型、系统性的高风险客户管控机制。在高风险客户信息共享的基础上，各金融机构应进一步推进高风险客户管控工作的制度建设、系统建设和队伍建设。一是建立一套行之有效的高风险客户管控制度。切实将顺从发现异常、信息验证、数据传递、控制策略、主动发起、后台审批、执行渠道、效果跟踪、评估反馈、风险解除、客户退出、系

统优化等一整套业务流程，提高制度的规范性与可操作性。二是强化系统对接。内部建立起信息处理主系统，管控执行分系统的系统框架，外部加强与监管管控数据的实时对接，推动建立外部监管、内部合规与业务部门数据共享、协作共治、风险共管的良好局面，保障系统"真监测"与"硬控制"齐头并进。三是强化队伍建设。加快培养和锻炼适应新时期反洗钱风险管理要求的从业人员，着重强化反洗钱人员在数据应用、风险识别、分析研判、尽职调查、风险管控等业务领域的履职意识和业务能力，对标监管要求，切实提升反洗钱从业人员的业务素质和风控水平。

总的来说，洗钱高风险客户的管控工作，既是金融机构的法定义务，也是维护自身声誉和金融稳定的社会需求，在强调管控效果的同时，金融机构也应当严守保密规定、强化尽职调查，妥善解决争议，最终形成制度、系统、人员的合力，匹配政策、数据、信息的支撑，进一步完善客户洗钱风险评估与管控体系，高质量推进机构经营、业务运行、客户服务与风险管控的均衡发展。

地方法人银行优化反洗钱监测标准方法探析

■ 王珞　于梅[1]

摘要： 自定义反洗钱监测标准要求实施后，地方法人银行因独立自主研发能力偏弱、可资借鉴的同业经验较少等，反洗钱监测标准质量相比大型银行存在差距，面临一定的监管压力和洗钱风险。目前鲜有专门研究地方法人银行监测标准质量的提升思路和方法的论文，本文编译了反洗钱国际组织和美国关于反洗钱监测标准建设方面的要求，调研了国内多家大型银行、区域性银行、地方法人银行和第三方科技公司的做法经验，针对地方法人银行普遍面对的反洗钱监测标准建设方面的现实问题，提出了提升地方法人银行反洗钱监测标准质量的工作思路。

关键词： 反洗钱　交易监测　监测标准　金融科技

国际公认银行业是各类金融和特定非金融行业中洗钱风险最高的行业之一，而地方法人银行在我国银行机构总数中占比近98%[2]，是我国银行机构的主体。近年来互联网金融方兴未艾，地方法人银行业务产品快速创新，客户和经营规模迅猛发展。但与传统大型银行相比，地方法人银行反洗钱监测标准有效性存在一定不足，易影响可疑交易报告质量，也制约机构发挥预防、发现和打击洗钱犯罪的重要作用。

一、地方法人银行反洗钱监测标准建设的基本方法

反洗钱监测标准，指义务机构以提取和报告可疑交易为目的建立的监测指标和

1　王珞供职于中国人民银行青岛市中心支行，于梅供职于青岛银行总行法律合规部。
2　根据中国银保监会统计，截至2020年12月31日，全国共有银行机构4059家，其中地方性法人银行3977家，包括城市商业银行133家，村镇银行1637家，农村商业银行1539家，农村信用社641家，农村合作银行27家。

模型，通常监测模型由多个监测指标以一定排列组合构成。目前国内银行机构可疑交易监测分析工作主要依托自动化的计算机系统，先使用监测标准对海量数据进行初步筛选，再经过人工分析判断，决定是否作为可疑交易报告报送。因此，反洗钱监测标准质量直接影响可疑交易报告水平。

2016 年以来，中国人民银行陆续颁布规章《金融机构大额交易和可疑交易报告管理办法》（中国人民银行令〔2016〕第 3 号）及配套规范性文件、监管指引，构建起义务机构反洗钱监测标准建设的监管要求框架，其主要要求有[1]：一是义务机构应当依据人民银行、有权机关发布的指引要求和分析报告以及本机构洗钱风险自评估结论，从客户身份、行为和交易维度，自行制定本机构交易监测标准；二是通过案例特征化、特征指标化、指标模型化[2]的过程建设交易监测标准，在建设过程中可参考人民银行指引给出的特征和指标；三是可通过监测模型中各指标权重配比和预警阈值设置等方式提高监测敏感度[3]；四是评估交易监测标准质量的定量标准有预警率、报告率和成案率[4]；五是义务机构应动态评估并优化监测标准[5]。

根据上述监管要求，地方法人银行陆续建立起以自定义监测标准为基础的反洗钱监测体系。监测标准建设过程通常有如下特点：一是以引进第三方科技公司的反洗钱监测标准产品为主，部分银行机构同时沿用"老 2 号令"（即《金融机构大额

1　引自《金融机构大额交易和可疑交易报告管理办法》（中国人民银行令〔2016〕第 3 号）、《义务机构反洗钱交易监测标准建设工作指引》（银发〔2017〕108 号）、《关于加强可疑交易类型分析提升防范打击洗钱犯罪有效性的通知》（银办发〔2021〕60 号）。

2　案例特征化，是指义务机构通过收集存在行业普遍性、具有典型特征以及具有本机构个性化特点的案例，对案例进行分析、对洗钱类型进行归纳、对洗钱特征进行总结的过程。特征指标化，是指义务机构将所收集案例中可识别的特征抽取和量化的过程，设计出可识别、可衡量或可反映案例中异常特征的指标，包括但不限于指标代码、指标名称、指标规则、指标阈值等形式要件。指标模型化，是指义务机构通过将能反映特定洗钱及相关犯罪类型的不同指标排列组合形成模型，进而实现对特定洗钱类型更具有指向性的监测。指标和模型共生成监测标准，可独立或组合运用。引自《义务机构反洗钱交易监测标准建设工作指引》（银发〔2017〕108 号）第二章。

3　对于构成交易监测模型中的各指标，要将反映犯罪类型主要特征的指标赋予更高位阶和较大权重，指标阈值应有一定容错区，避免过度局限性的指标阈值造成较大监测漏洞。引自《义务机构反洗钱交易监测标准建设工作指引》（银发〔2017〕108 号）第二章。

4　预警率指监测预警的交易量／全部交易量，报告率指可疑交易报告数／监测预警报告数，成案率指被移交或立案的可疑交易报告数／可疑交易报告数。排除率和上报率过低或过高都可能说明监测标准设计存在缺陷，如出现某些监测标准一年未处罚、触发过于集中、排除率过高，机构应调整监测标准设置和阈值设定。成案率是监测标准质量的显性指标，机构应及时优化成案率长期为 0 的监测标准。引自《义务机构反洗钱交易监测标准建设工作指引》（银发〔2017〕108 号）第五章。

5　义务机构应当至少每年进行一次全面评估和优化，出现法规要求的特殊情况应及时评估并于 3 个月内完成优化上线，新产品或新业务推出前应完成监测标准评估上线。引自《义务机构反洗钱交易监测标准建设工作指引》（银发〔2017〕108 号）第五章。

交易和可疑交易报告管理办法》，2007 年 3 月 1 日起施行）18 项监测规则。大多数市面第三方科技公司提供的监测标准产品既包括单规则标准，也包括多规则监测模型，其建设过程遵循案例特征化、特征指标化、指标模型化过程，并综合考虑中国人民银行指引、风险提示、典型案例等，提供了包含指标规则、参数阈值、模型结构在内的标准化监测方案。二是银行机构会根据自身业务规模、产品研发、案例预警量、犯罪趋势等，在选用第三方科技公司产品的基础上提出本地化、个性化改造方案，适当调整原标准化监测标准方案中的规则指标、阈值参数、模型积分等，但也有部分银行机构直接采用第三方公司提供的标准化方案未做本地化调整。三是银行机构普遍以监管指引规定的预警率、报告率指标作为监测标准评估和优化的定量指标，中国人民银行在监管中也会重点关注监测标准长期未触发、排除率过高等问题。因案件线索能否移送、立案存在很大不确定性，银行机构无从获知相关信息，通常不直接以成案率作为监测标准质量的评价指标。

二、地方法人银行反洗钱监测标准建设的问题成因

经过多年改进优化，目前地方法人银行反洗钱监测标准质量不断提高。但经过调研与探讨，地方法人银行在实践中仍普遍存在预警量高但实际报告率低，形成有价值案件线索数量少，有权机关反馈的涉案客户监测预警不全的问题。分析存在以下几点原因：

（一）自主研发和信息技术支持能力相对较弱

随着洗钱犯罪特征趋势的不断变化，对科技力量的投入及迅速响应要求越来越高。但绝大多数地方法人银行没有专门的反洗钱技术开发团队，缺乏自主开发设计和持续优化监测标准的能力，优化监测标准以及引入前沿金融科技技术的方案和时机，很大程度受制于第三方科技公司的研发能力和迭代速度，制约了监测标准的及时、持续优化。

（二）标准化监测模型不完全适应机构业务实际

地方法人银行由于客户规模和经营地域有限，涉案团伙较少全部在同一家银行机构组网交易并构成显著异常特征，而更多呈现出部分涉案人员在本机构开户，部分涉案资金仅通过本机构账户过渡的特点，因此与大型银行机构相比，该特点导致了地方法人银行的异常交易监测本身呈现一定局限性。从第三方科技公司或大型银行外购的标准化监测模型，通常适合筛选符合典型异常特征的案例，而在地方法人银行难以触发，或者触发的大量过渡性异常交易疑点不突出，人工难以做出准确判

断，导致报告率较低。

（三）难以兼顾预警量与预警准确性

目前银行普遍使用预警率和报告率指标作为监测标准参数设定标准，但一般来说参数设置偏低则预警量过高，人工分析压力大，报告率低，而参数设置偏高则可能产生漏预警情况。参数设置依赖于多方面因素，如业务规模、客户群体特性、地域特点等，目前尚未形成能够兼顾预警数量和预警准确性的参数设定标准和指标结构设计方法。

（四）客户信息与交易数据采集应用欠缺灵活性

监测指标的有效性依赖于基础数据质量，而大多数银行机构对于客户信息与交易数据全方位整合利用度不足，导致监测过程存在数据利用不充分、不准确等情况，在一定程度上影响监测效果，亟待数据治理和完善。

（五）前中后台监测衔接不顺畅

近年来，大多数银行机构主动发起或根据监管要求开展了大量风险排查活动，多为运动式或一过性活动，未将风险点提炼并固化为有效的监测标准。部分机构在业务条线建立了前、中台风险监测系统，是反洗钱后台监测的有效补充，但尚未在前、中、后台监测系统之间形成从"分析案例"到"提炼标准"的良性互动机制。

三、反洗钱监测标准建设国际标准和同业经验

我国于 2007 年加入国际权威反洗钱组织金融行动特别工作组（FATF），反洗钱工作要求已与国际标准全面接轨。充分借鉴国际标准要求和国际国内实践经验，对于研究反洗钱监测标准优化方法具有启发意义。

（一）国际组织及主要国家要求

通过梳理 FATF、巴塞尔委员会以及美国监管部门对银行监测标准建设的要求发现，其规定侧重点和细致程度虽不尽相同，但均强调监测标准应与洗钱风险状况相适应，在此基础上金融机构可自行调整指标内容和参数设置。具体要点有：一是监测标准应与银行的风险状况相适应。FATF《打击洗钱、恐怖融资与扩散融资的国际标准：FATF 建议》《FATF 建议反洗钱／反恐怖融资合规性及有效性评估方法》《银行业风险为本的方法指引》要求银行应调整监测的范围和深度，使其符合机构风险评估和个人客户风险状况。对于高风险情况应采取强化监控，对于低风险情况可减少监测的频率和强度。巴塞尔委员会《健全洗钱和恐怖融资风险管理指引》要求银行根据国家和国际洗钱或恐怖融资经验设定参数，可以使用 IT 监控系

统开发商提供的标准参数，但所使用的参数必须反映并考虑银行自身的风险状况。美国《银行保密法／反洗钱检查手册》要求银行应根据风险状况建立监测标准，参数和筛选值必须合理，适合银行正在识别或控制的行为。二是可通过部分定量指标评价监测标准质量。FATF指出通过可疑交易报告／分析案例的数量（上报率）、可疑交易报告所披露信息质量、主管部门发现未上报可疑交易事例的频率、涉及泄密的案例等指标，评估可疑交易报告是否能够准确提供调查洗钱案件所需信息。美国不允许机构预先设定预警数量的上限[1]。三是使用监测标准进行筛选应基于最广泛的基础数据信息。巴塞尔委员会要求获取银行的，适当情况下包括集团的客户交易和客户尽职调查的准确信息。四是除规则导向的监测标准外，还可设置智能化监测标准。美国要求银行可利用智能化监测标准将待审核交易与其他交易及客户资料联系起来，关注客户交易与正常预期交易的重大差异。五是银行应定期评估监测标准质量。FATF要求银行应定期验证监控系统的全面性，调整监测指标。巴塞尔委员会要求银行对监测系统进行内部审计，系统应当支持自行设定和修改标准。六是一道防线业务部门也应监测异常交易。巴塞尔委员会要求银行的业务部门应该有监测和报告可疑交易的内部程序。

（二）同业经验

通过自主设计开发或引入第三方科技公司技术支持，目前主要大型银行在监测标准建设和优化方面的做法有：一是充分整合反洗钱监测所需信息。例如将客户及其关联关系信息、账户信息、交易明细、报告信息、调查信息和风控信息等银行内部信息，以及公安、工商等外部信息全面整合到监测系统中。二是根据不同情形使用不同类型监测标准。例如针对团伙作案模式设计监测模型，针对部分犯罪分子在本行但犯罪团伙不在本行的情况设计监测指标，针对高或偏高风险业务设计专门监测标准。三是设定评价监测标准质量的定量指标。例如在阈值参数调整过程中，除预警率、报告率指标外，还考虑漏预警数量变化。四是使用金融科技技术设计和优化监测标准。例如使用有监督的人工智能算法，对监测模型和多规则标准中的多个指标进行联动调优，学习以往高质量可疑交易报告从而迭代调优监测指标，使用无监督的人工智能算法从全量数据中找回可能遗漏的可疑案例。五是与风险认知和案

---

1 2018年2月15日，美国司法部(Department of Justice)宣布，经金融犯罪执法网络 (FinCEN) 与美国货币监理署办公室和美国联邦调查局 (federal bureau of statistics) 联合检查，美国银行故意违反《银行保密法》（BSA）的多项规定被处以1.85亿美元的民事罚款，其违规行为包括设置反洗钱监测预警数量上限，导致未能调查和报告数千笔可疑交易。

件反馈比对验证监测标准有效性。例如将上报案例与本地洗钱类型分析报告、本行风险评估报告比对，将预警案例与有权机关反馈的涉案账户清单比对，分析监测标准是否符合本行风险状况和实际犯罪趋势。

四、提升地方法人银行交易监测标准质量的工作路径

基于国内实际、国际标准和同业实践经验，地方法人银行应适当改变以往反复引入第三方科技公司或大型银行新监测标准替代原有质量较低监测标准的做法，立足于本行实际，不断优化现有监测标准结构和参数设置，从而实现反洗钱监测标准质量提升的目标。在具体优化过程中，可考虑将收益最大化和风险一致性作为检验监测标准质量的关键指标，从"基础先行""优化提升""部门联动"三方面发力，不断提升反洗钱监测标准质量。

（一）将收益最大化和风险一致性作为检验监测质量的关键标准

现有的预警率、报告率指标在评价监测标准质量时具有局限性，地方法人银行可在此基础上，增加收益最大化和风险一致性两项评价指标，统筹考虑预警量、预警准确性、漏预警可能和风险指向性。收益最大化，指通过调整指标结构和参数设置，使预警准确性与漏预警可能性的比值达到最大值。在单规则监测标准调优时，存在唯一一个收益最大化的参数（或参数区间）设置，而在多规则监测标准或模型调优时，可能存在多个收益最大化的指标结构和参数（或参数区间）设置组合。此时监测标准的效率达到动态最优，可在漏预警风险可控的前提下实现最高的报送率，最大限度兼顾预警量、预警准确性和控制漏预警风险的要求。风险一致性，指上报案例体现的分布和数量与本行洗钱风险自评估结论一致，有权机关发布的涉案客户在本行达到较高的预警率，满足这一指标可进一步佐证预警准确性。地方法人银行可将收益最大化和风险一致性两项评价指标相互验证，动态调整监测标准结构和参数，如果满足收益最大化的监测标准设计方案，也能体现较好的风险一致性，则说明该设计方案较为合理。

（二）优先开展数据治理，从源头规范监测数据质量

数据信息是反洗钱监测的基础，在监测标准调优过程中须优先开展数据治理，拓宽数据信息来源，提升数据信息质量，才能精准优化监测标准各项配置，充分发挥监测标准作用。地方法人银行可依据中国人民银行颁布的现场检查数据接口规范、大额可疑交易报告标准、客户身份识别办法等监管要求，全面规范各系统收集客户身份、交易信息的数据标准。整合运用内部收集的客户信息和外部引入的公安、工

商信息，建立客户 360 度视图。规范内部账户使用，梳理资金流和交易流不一致业务，将能够还原真实业务关系的交易流水纳入监测范围。使用规范化后的数据建立反洗钱数据集市，并建立数据质量监控平台，及时发现并改进新业务或规则发生变化业务的数据缺陷。使用机器人自动化（RPA）等技术处理和挖掘非结构化数据，将客户身份、行为纳入系统自动监测范围。

（三）探索使用新技术，持续评估完善监测标准

不论是重新建设监测标准还是直接引进第三方公司的监测标准，地方法人银行都需要经历本地化调优过程，才能适应本行反洗钱监测需要。因此，地方法人银行需要以现有监测标准为基础，持续进行评估和调整优化，提升监测质量。因具有过渡性质的可疑案例在地方法人银行可疑案例总数中占比最大，过渡类监测标准质量优劣将极大影响地方法人银行监测质量，可考虑优先对过渡类监测标准进行调优，提高犯罪团伙部分人员在本机构的预警敏感性。密切关注新型洗钱犯罪手法、有权机关反馈的涉案名单和本机构风险变动情况，及时提炼总结监测标准，需注意勿将模型积分规则设定得过于严格，从而导致大量异常交易无法被触发。使用有监督的人工智能算法对监测模型和多规则标准中的多个指标进行联动调优，可从整体可疑交易报告中精选一批高质量报告和有权机关反馈名单客户交易作为机器学习样本，提高机器学习质量。探索使用无监督的人工智能算法从全量数据中筛查与普通交易存在重大偏离的异常交易，找回可能遗漏的可疑案例，同时分析提炼新型犯罪手法监测标准。在此过程中，地方法人银行可借助第三方科技公司的技术支持，但仍须加强自有人才能力培养，保证监测标准优化调整的自主性和灵活性。

（四）前移监测关口，加强业务监测与反洗钱监测协同配合

反洗钱监测需要平衡预警量和准确性，触发标准相对较高，且预警与处置存在一定滞后性，对刚刚启动的异常交易不敏感。随着持续尽职调查在反洗钱监测中的重要性不断提高，为提高整体监测的敏感性和准确性，地方法人银行应将监测关口前移到业务端，在风险较高的业务部门建立专门的业务监测系统，打造业务监测与反洗钱监测协同配合的大监测体系，实现业务前、中、后台全流程监控。业务监测系统可重点设置单规则监测指标，适当降低参数门槛，提高监测敏感性，及时预警和处置异常交易，拦截高风险交易，必要时上报可疑交易报告。对于业务监测系统频繁触发并确认的可疑模式，应移交反洗钱部门进行评估，必要时提炼并固化为反洗钱监测标准，提高机构的整体监测质量和效率。

参考文献：

[1] FATF. FATF Methodology for assessing compliance with the FATF Recommendations and the effectiveness of AML/CFT systems[EB/OL].[2020−11].http：//www.fatf-gafi. org/publications/mutualevaluations/documents/fatf-methodology.html.

[2] FATF. 打击洗钱、恐怖融资与扩散融资的国际标准：FATF 建议 [EB/OL].[2019−6]. http：//www.fatf-gafi.org/publications/fatfrecommendations/documents/fatf-recommendations.html.

[3] FATF. Guidance for a risk based approach the banking sector[EB/OL].[2014−10]. https：//www.fatf-gafi.org/publications/fatfrecommendations/documents/risk-based-approach-banking-sector.html.

[4] Basel Committee on Banking Supervision. Sound management of risks related to money laundering and financing of terrorism[EB/OL].[2017−6].https：//www.amac. org.cn/businessservices_2025/mutualfundbusiness/publicSDM/zAML/zfBR/202005/ t20200511_8840.html.

[5] FFIEC. Bank Secrecy Act/Anti−Money Laundering (BSA/AML) Examination Manual [EB/OL].[2021−7].https：//bsaaml.ffiec.gov/examprocedures.

非法支付平台洗钱分析与治理对策建议

■ 李笑　舒丹[1]

摘要： 随着经济发展，我国支付体系日益庞大，支付方式日新月异，资金转移渠道多元便捷，转移时效大幅提升。但支付创新发展在推动金融普惠的同时也让网络赌博、电信诈骗、色情网站等黑灰产攀上这辆高速列车，滋生了非法支付平台，隐匿在正规支付体系中疯狂发展，严重扰乱国家金融秩序、威胁社会价值体系，给打击黑灰产形成重大阻碍。本文重点研究非法支付平台的洗钱模式和成因，并提出针对性治理对策与建议，以期预防洗钱风险。

关键词： 非法支付　洗钱　治理

近年来，全国各地出现涉及非法支付平台的案件，且有愈演愈烈之势，2021年5月7日公安部新闻发布会公布，2020年以来我国共打掉网络赌博平台3400余个，打掉非法支付平台和地下钱庄2800余个。由于非法支付平台基本都利用支付宝、财付通等非银行支付机构（俗称"第三方支付机构"，以下简称支付机构）进行资金支付结算，故公安、司法机关将此类非法的支付俗称为"第四方支付"[2]，即指违反国家有关规定，在未取得中国人民银行颁发的《支付业务许可证》的情况下，利

1　李笑供职于中国人民银行萍乡市中心支行，舒丹供职于中国人民银行南昌中心支行。

2　公安机关俗称的"第四方支付"与支付行业所称第四方支付不同。支付行业所称第四方支付通常指聚合支付，《中国人民银行关于持续提升收单服务水平规范和促进收单服务市场发展的指导意见》（银发〔2017〕45号）将"聚合支付"服务定义为收单机构运用安全、有效的技术手段，集成银行卡支付和基于近场通信、远程通信、图像识别等技术的互联网、移动支付方式，对采用不同交互方式、具有不同支付功能或者对应不同支付服务品牌的多个支付渠道统一实施系统对接和技术整合，并为特约商户提供一点接入和一站式资金结算、对账服务，有效降低特约商户系统投入和运营成本，为消费者提供多元化支付方式，提高特约商户支付效率和消费者支付体验，推动支付服务环境不断改善。

用银行、第三方支付等合法的支付机构，搭建非法资金通道，为以网络赌博为代表的黑灰产提供资金支付结算服务的行为，其实施犯罪活动具有便捷性、隐蔽性、环节多、分布广等特征，在严重破坏我国金融管理秩序的同时，也为黑灰产筑建起了坚实的资金壁垒，给公安机关侦查打击工作形成重大阻碍。

一、非法支付平台洗钱模式分析

（一）非法收取资金模式

1. 无交易背景模式

无交易背景收取资金按照收款账户的属性区分为个码跑分和商户轮询两种模式。

（1）个码跑分模式。

个人账户非法收取资金最具代表性的形式就是跑分模式。犯罪分子建立专门的"跑分平台"（通常以 App 的形式出现），招募大量跑分人员（也称码商），跑分人员向"跑分平台"提交一定保证金后，即可利用个人支付账户[1]（如支付宝账户、微信账户等），或者个人银行账户（包括借记卡和贷记卡），代收黑灰产资金，从中赚取佣金。主流跑分平台的模式是跑分人员向平台指定的收款银行账户（即平台资金归集账户）交纳保证金，以保证金金额或保证金加佣金分成金额为接单金额上限，平台根据对接的黑灰产推送的收款指令采用类似网约车派单或抢单的模式在 App 上发布跑分订单，接单者提供个人收款码（二维码或链接）接收赌客的付款，平台根据回调的跑分人员收款成功信息，扣除佣金后向黑灰产结转资金，同时扣减跑分人员相应的保证金（见图 1），跑分人员将收款银行账户内的资金或支付账户提现后的资金转至平台资金归集账户交纳保证金后可再次参加跑分。在 2020 年，广西北海、贵港两地公安机关联合侦办的"4.09"特大非法经营案中，犯罪分子搭建"飞某支付"平台，利用跑分平台为跨境赌博、电信诈骗等犯罪活动提供非法支付结算，涉案人员 300 多人、资金流水超过 300 亿元人民币。

---

[1] 银行和支付机构根据客户的公私属性将客户分为个人客户和单位客户两类。根据中国人民银行规定，银行和支付机构对个人客户的账户都应进行 I 类、II 类、III 类账户分类管理，不同类账户的用途、支付限额有所不同，而单位账户则没有支付限额规定，由银行和支付机构根据自身风控措施与客户约定转账限额和笔数。

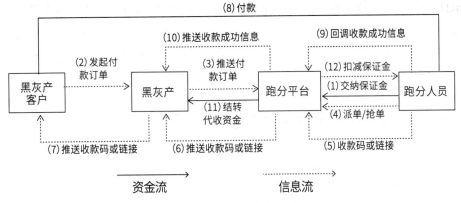

图1 个码跑分模式非法支付平台流程

（2）商户轮询模式。

犯罪分子通过支付宝、财付通等支付机构注册大量的单位支付账户或参照单位客户管理的个人账户[1]（以下统称商户账户），或通过互联网"码商"购买、租用已注册好的商户账户，利用商户账户具有的批量收款接口功能，如支付宝开放平台上提供了系统商模式、第三方应用授权模式和自研（小程序、生活号、网页、移动应用）三种接入模式，对接到搭建的非法支付平台上，再通过技术手段搭建通道对接黑灰产，帮助收取非法资金。商户轮询模式的流程与个码跑分模式相似，仅是收款账户由个人账户变为商户账户，派单／抢单变为轮询。2018年江西萍乡市侦办的一起网络赌博案中，犯罪分子先后搭建"优易付""米宝付""聚点付"3个平台，利用从合利宝、易宝、银生宝等支付机构开设的商户账户为赌博网站收取赌资，其中仅"聚点付"就累计代收近56亿元赌资。

2. 有交易背景模式

有交易背景收取资金按照是否有真实交易背景区分为纯虚拟交易背景和套用真实交易背景两种模式。

（1）纯虚拟交易背景模式。

犯罪分子搭建非法支付平台对接赌博、诈骗、色情等黑灰产网站，利用拼多多、淘宝、闲鱼、苏宁易购等电商平台注册开设大量的商户挂售各式商品（或者直接对接码商获取电商平台商户结算通道），利用出码系统根据黑灰产网站客户的充值订

---

[1]《非银行支付机构网络支付业务管理办法》（中国人民银行公告〔2015〕第43号）第三十四条规定评定为"A"类且Ⅱ类、Ⅲ类支付账户实名比例超过95％的支付机构，可以对从事电子商务经营活动、不具备工商登记注册条件且相关法律法规允许不进行工商登记注册的个人客户（即个人卖家）参照单位客户管理。

单信息模拟人为下单，然后利用虚假销售货物的订单生成收款二维码或链接，提供给黑灰产网站接收资金，最后归集资金扣除佣金后转至黑灰产指定账户，形成完整的非法支付资金通道。纯虚拟交易背景模式的流程也与个码跑分模式相似，只是收款账户由个人账户变为电商平台商户账户，派单／抢单变为出码。在 2020 年江西萍乡破获的"10.8"非法经营案中，犯罪分子搭建 Y 支付平台，与多个拼多多码商密切合作，将 Y 支付平台分别与码商的出码系统和赌博网站对接，赌客在赌博网站发起的充值指令经过 Y 系统传送到出码系统生成收款链接推送回赌客充值界面，充值完成后，出码系统通过 Y 系统自动回调充值成功信息至赌博网站，网站据此给赌徒上分，然后 Y 系统从码商的预付资金[1]中将相应资金扣除佣金后立即下发至赌博网站指定账户，涉案拼多多店铺多达 3.3 万家，其中仅 2 个码商操控的 3001 家拼多多店铺就代取赌资 7 亿余元。

（2）套用真实交易背景模式。

犯罪团伙利用手机充值、油卡充值、虚拟币充值、视频会员充值等无实物、易转卖、交易频繁的商品作为媒介，通过非法网络支付平台，将合法的充值交易与黑灰产的非法充值交易进行错配，实现通过套用合法充值为黑灰产充值的目的，同时混淆合法充值与黑灰产充值的资金流转路径，隐匿性更强。以手机充值媒介代取赌资为例，主要有两种方法：一种是将手机用户匹配话费充值代理商、赌客匹配赌博平台交叉错配成手机用户匹配赌博平台、赌客匹配话费充值代理商，非法支付平台勾结话费充值代理商批量、实时获取正常的用户充值订单信息，通过技术手段将赌客充值订单信息与话费充值交易信息进行等值错配，实现让赌客为手机用户完成话费充值，而手机用户支付的话费资金结算给赌博网站（见图 2），2019 年广东网警破获的"9.22"跨境赌博案就是运用该种手法为境外网络赌博团伙收取赌资的典型案例，涉案金额高达 40 亿元 ；另一种是非法支付平台从电信运营商或话费充值代理商批量购买手机充值卡，通过电商平台等形式销售充值卡，利用虚假销售供赌客以话费充值形式实现在赌博平台充值，再利用真实销售收取的话费充值资金回笼批量购买手机充值卡的资金，在 2019 年浙江丽水、龙泉破获的一起非法经营案中，犯罪分子即使用该方法购买 13 亿元卡密用于代赌博网站收取赌资。

---

[1] 由于拼多多电商收取资金的结算时限是"T+1"日，无法在收取赌资后立即结转给 Y 支付，而 Y 支付必须在确认赌客充值成功后立即下发相应资金给赌博网站，因此 Y 支付要求码商先预付资金（即押金）到其操控的归集账户上，码商代收资金的上限为其预付金额。

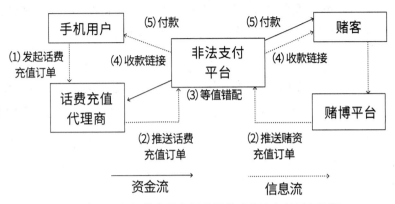

图 2 套用手机话费充值交易背景模式非法支付平台流程

（二）非法支付资金模式

黑灰产不仅需要收取资金，有时还需要付出资金，如赌博平台向赌客支付提现资金。很多赌博网站不仅将赌客资金收取业务外包给非法支付平台，赌客资金支付业务也会外包，按照收取、支付资金量或者笔数支付佣金给非法支付平台。非法支付平台开展代付业务主要是企业账户批量支付模式，利用合法机构提供的各类代付功能业务进行批量支付。以支付宝为例，企业客户可以在支付宝开放平台上申请开通商家分账功能，开通后企业支付宝账户就可以以接口形式按照预先设定的支付规则批量进行支付，达到在极短的时间内向大量账户进行付款的效果。在 2019 年江西宜春破获的一起开设赌场案中，犯罪分子搭建"付呗通"平台于 3 个月内为各类赌博网站收取赌资 5.6 亿元，该平台既代收赌资，也代赌博网站支付赌客赢取的资金。

二、非法支付平台洗钱成因分析

（一）非法支付平台隐匿于庞大的支付体系中

中国银保监会公布的银行业金融机构法人名单（截至 2020 年 12 月 31 日）显示，我国目前有 4000 多家银行机构。截至 2021 年 5 月，中国人民银行官网政务公开显示，目前仍可展业的已获许可支付机构共 232 家（其中广州银联网络支付有限公司、北京数字王府井科技有限公司、北京银联商务有限公司拟与其控股股东银联商务股份有限公司开展整合工作，向中国人民银行提交了中止续展审查申请，在中止审查期间继续开展业务），已注销许可的支付机构共 39 家。据统计[1]，2020 年，

---

1 数据来源：中国人民银行官网公布的《2020 年支付体系运行总体情况》。

全国共开立银行账户 125.36 亿户，同比增长 10.43%；全国银行共办理非现金支付业务 43547.21 亿笔，金额 4013.01 万亿元，同比分别增长 7.16% 和 6.18%，其中电子支付[1]业务 2352.25 亿笔，金额 2711.81 万亿元；非银行支付机构处理网络支付业务[2] 8272.97 亿笔，金额 294.56 万亿元，同比分别增长 14.90% 和 17.88%。非法支付平台资金通道背后依附的是合法的银行和非银行支付机构，而中国的支付体系庞大而便捷，参与资金流转的众多账户夹杂着正常消费交易，隐匿于庞大的支付体系中，更容易规避银行、支付机构的风控，化整为零的方式也极大地增加了办案人员追踪资金的难度。

（二）支付方式便于非法支付转移资金

在支付方式日新月异的今日，随着支付机构的加入，新的支付业务层出不穷，资金转移的渠道和方式种类繁多、操作便利，资金转移时效也得到了大幅提升，极大地方便了金融消费者，同时也给非法网络支付可乘之机。以支付宝、微信为例，收款方式除了广泛应用的"扫一扫"二维码以外，还有输入账户或手机号转账、AA 收款、向微信 /QQ 朋友收款、赞赏码收款、群收款、面对面红包，等等，收付款人之间可以是支付宝、微信好友，也可以是完全的陌生人，传统银行转账业务必须输入收款人的户名和账号，而支付机构的转账完全不需要户名，甚至连支付账号也不用输入，只要扫一扫或输入对方的手机号即可，7×24 小时可用，实时到账，方便至极。

（三）支付机构经营乱象助长非法支付

1.客户身份尽职调查过于宽松

相较于银行等金融机构而言，支付机构的反洗钱工作起步晚，又具有非面对面特点，再加上认识不到位、市场竞争激烈等原因，导致支付机构开展客户尽职调查工作的内生动力不足，客户开户时的审查工作普遍较松，持续识别多数仅停留在提醒客户更新过期证件的层面，特约商户巡检工作也流于形式。如在 2019 年浙江丽水警方破获的缙云"12.3"特大非法经营案中，为获取暴利，犯罪团伙搭建了非法支付结算平台，并收买渤海银行长沙分行工作人员，用其搭建的"溢 +"等支付系统

---

[1] 电子支付是指客户通过网上银行、电话银行、手机银行、ATM、POS 和其他电子渠道，从结算类账户发起的账务变动类业务笔数和金额，包括网上支付、电话支付、移动支付、ATM 业务、POS 业务和其他电子支付等六种业务类型。

[2] 非银行支付机构处理网络支付业务量包含支付机构发起的涉及银行账户的网络支付业务量，以及支付账户的网络支付业务量，但不包含红包类等娱乐性产品的业务量。

对接银行支付系统，利用互联网违规购买、网上查询企业公开信息等方式获取 150
万条小商户信息并批量注册 140 余万个商户账户，日均收取赌客资金 11 万笔，该
案除暴露出银行工作人员内外勾结外，也生动显现了支付机构在客户开户时的审查
工作存在不小漏洞。

2. 违规提供"T+0"资金结算服务

中国人民银行《关于加强支付结算管理 防范电信网络新型违法犯罪有关事项
的通知》（银发〔2016〕261 号）规定银行和支付机构不得为入网不满 90 日或者入
网后连续正常交易不满 30 日的特约商户提供"T+0"资金结算服务。但由于支付机
构要全额缴存备付金，且中国人民银行不对支付机构的备付金支付利息，客户资金
停留在支付机构账户上不能产生收益，而提供即时资金结算服务可以提高客户满意
度，赢取市场份额，因此，在实际操作中，大量支付机构存在违规为不符合条件的
特约商户提供"T+0"资金结算服务的现象，导致犯罪分子获得了及时转移资金的
便利，极大地增加了公安机关冻结涉案资金的难度。

3. 对异常客户资金疏于监测

近年来，网络支付交易规模在大幅上升，但支付机构的交易监测工作却未跟上
网络支付业务高速发展的步伐，主要原因有两方面。一是支付机构缺乏开展异常交
易监测工作的内生动力，在监测系统开发、监测模型更新、监测人员投入等方面都
较传统金融机构投入不足，个别机构在交易监测分析人员不足的情形下，甚至直接
关闭交易预警。二是网络支付交易中的异常交易均化整为零地隐匿在庞大的业务体
系中，且涉及的不仅仅是支付机构，还包括银行、银联、网联等，信息割裂不利于
还原完整的交易链条，也给支付机构的交易监测增加了难度。

4. 资金交易难以溯源

《非银行支付机构网络支付业务管理办法》（中国人民银行公告〔2015〕第 43
号）第三十五条规定符合条件的支付机构对于已经实名确认、达到实名制管理要求
的支付账户，在办理第十二条第一款[1]所述转账业务时，相关银行账户与支付账户可
以不属于同一客户，但支付机构应在交易中向银行准确、完整发送交易渠道、交易
终端或接口类型、交易类型、收付款客户名称和账号等交易信息。然而在实际操作中，
支付机构并没有落实向银行准确、完整发送交易信息的要求，银行只能看到交易对

---

1 第十二条第一款：支付机构办理银行账户与支付账户之间转账业务的，相关银行账户与支付账户应属于同
一客户。

手为支付机构，而不知道支付账户户名和账号。此外，由于二维码对收款人账户信息进行了加密，办案人员无法直观获得收款人账户信息，即使采用技术手段对二维码进行解析也仅能获取收款人的支付账户账号，而无户名信息，完整的支付账户信息必须到相关支付机构进行查询才能获得，效率低下。资金交易难以溯源给犯罪分子逃避监测和阻断侦查带来极大便利。

（四）犯罪成本低

非法支付平台充分利用网络空间，将支付业务化整为零，无时空限制地不断发展普通民众参予码商队伍中，只要提供支付宝、微信收款二维码，或者在电商平台免费注册个商户，无须本钱，不需坐班，轻松赚取手续费，"不劳而获"的收入回报严重威胁到社会价值体系，日益庞大的码商群体中出现了大量学生、个体户、公司白领，他们使用本人银行或支付账户、本人开立的特约商户参与非法网络支付，由于数量太多，公安机关难以逐一立案打击，多数只能以退赃了结。此外，虽然中国人民银行《关于进一步加强支付结算管理防范电信网络新型违法犯罪有关事项的通知》（银发〔2019〕85 号）规定要加大买卖银行账户和支付账户、冒名开户惩戒力度[1]，但前述人员并未出租、出借、出售账户，不符合惩戒范畴。刑事和行政惩处的无从着力，导致犯罪成本很低，大量人员参与甚至屡教屡犯。

三、非法支付平台治理政策建议

（一）指导义务机构合规有效运营

中国人民银行各级机构指导、督促义务机构自上而下加强反洗钱工作意识，投入足够资源从组织架构、内控制度、系统建设、人员培训、考核和内审等多方面提升反洗钱工作，开展产品风险评估和管理，加强客户尽职调查，落实特约商户资金结算时限要求，推动支付机构准确、完整地跨机构发送交易信息，优化完善行业信息共享联防机制，加强支付业务全流程风险管理，指导支付机构、银行、银联、网联依托大数据和技术手段不断总结非法支付交易特征，更新和完善风控策略和监测规则，积极报送大额和可疑交易报告并对异常账户采取风控措施。依法对辖区内义务机构的支付结算、反洗钱工作加大检查力度，开展非法支付平台案件以案倒查，

---

[1] 第二点第九项：自 2019 年 4 月 1 日起，银行和支付机构对经设区的市级及以上公安机关认定的出租、出借、出售、购买银行账户（含银行卡）或者支付账户的单位和个人及相关组织者，假冒他人身份或者虚构代理关系开立银行账户或者支付账户的单位和个人，5 年内暂停其银行账户非柜面业务、支付账户所有业务，并不得为其新开立账户。惩戒期满后，受惩戒的单位和个人办理新开立账户业务的，银行和支付机构应加大审核力度。

对未尽责履职的义务机构追究责任、进行处罚。

（二）多部门和行业共同治理

除银行和支付机构外，非法支付平台还涉及非法网站／App、空壳公司、电商平台，以及电信运营商、石油供应商、视频网站、游戏网站等销售无实物、易转卖、交易频繁商品的企业，其系统治理还需要多部门和行业的齐抓共管。如网信部门加强对非法网站／App的排查清理，市场监督管理部门加强对空壳公司的排查清理，电商平台加大对商户的审查和虚假交易的排查，电信运营商等企业应加强对代理商的管理，拒绝无资质的代理商且禁止代理商随意转卖用户提交的正常充值订单等。

（三）强化对涉案账户的惩戒

建议参照对买卖账户、冒名开户进行惩戒的做法，将使用本人账户参与非法网络支付的行为一并列入惩戒范围，包括但不限于限制开户、办理非柜面业务，以及纳入征信管理体系予以惩戒等，在合法开立和使用账户承诺机制中增加对使用本人（单位）账户参与非法网络支付的相关法律责任和惩戒措施的告知，向客户进行宣传并予以确认，提高违法违规成本。

（四）建立快速查询冻结机制

建立打击非法支付的快速查询冻结机制以提高涉案资金查冻效率，尤其支付机构应当理顺本机构协助有权机关查询、冻结和扣划工作流程，向办案机关提供快速解码工具，实现办案机关高效查询账户信息和交易流水以及账户冻结、扣划，助力公安机关重拳打击非法支付平台及相关黑灰产。

参考文献：

[1] 仲海宁，徐夏杰．打击非法四方支付，斩断黑产资金链条 [A]．公安部第三研究所．

[2] 2020年"网络安全技术与应用创新"研讨会论文集 [C]．公安部第三研究所．

[3] 罗克研．非法"第四方支付"暗流涌动 [J]．中国质量万里行，2021(01)：49-50．

[4] 徐鹏．非法第四方支付平台的金融风险及治理对策 [J/OL]．北京警察学院学报，2021(02)：89-94．

银行业"公转私"业务洗钱风险防控探析

——以广东省惠州市 33 家银行为例

■ 何利英[1]

摘要：近年来，随着我国经济社会的快速发展，不法分子利用对公账户进行违法犯罪的活动愈演愈烈，银行面临的洗钱威胁及监管压力与日俱增。本文通过分析广东省惠州市辖区银行业"公转私"实务现状、存在问题及原因，就如何应对银行业"公转私"业务洗钱风险提出一些防控建议。

关键词：公转私　洗钱　风险防控

一、研究背景及意义

2020 年 5 月 7 日，云南省玉溪市中级人民法院对历时近 3 年，由国家税务总局督办，玉溪税务、公安、人民银行合作查办的"6·18"重大虚开增值税专用发票骗税案进行宣判。被告单位通海某进出口有限公司被判处罚金人民币 305 万元，退缴所骗取出口退税款 304 万余元并上缴国库；被告人主犯宋某犯骗取出口退税罪，被判处有期徒刑 10 年、罚金人民币 305 万元。本案中，上述涉案进出口企业账户资金"公转私"现象突出，该公司对公账户通过企业网银频繁将资金通过"公转私"分别向公司股东及家族成员、公司多名员工个人账户本行转出后，又立即跨行转出至个人他行同名账户，该多个个人账户又转入外籍个人账户，外籍个人账户再转入 NRA 账户，形成出口销售后从境外公司账户以销货款用途转入某进出口有限公司对公账户的假象。近年来，随着我国经济社会的快速发展，不法分子利用对公账户进行电信诈骗、网络赌博、非法集资、虚开骗税等违法犯罪的活动愈演愈烈。银行作为企业对公账户的开立及管理机构，面临的洗钱威胁及监管压力与日俱增，银行"公转私"

1　何利英供职于中国民生银行广州分行惠州二级分行。

业务洗钱风险防控面临越来越严峻的挑战。本文通过分析广东省惠州市辖区银行业"公转私"实务现状、存在问题及原因，就如何应对银行业"公转私"业务洗钱风险提出一些防控建议。

二、我国银行业"公转私"实务现状

2021 年 5 月，在中国人民银行惠州市中心支行反洗钱科及广东省惠州市辖区 33 家银行的支持下，笔者对广东省惠州市辖区 33 家银行（包括 3 家外资行）开展问卷调研，对辖区内银行"公转私"业务现状进行了分析，具体情况如下：

（一）内控制度不健全，执行标准不一

在 33 家银行中，仅 18% 有制定"公转私"洗钱风险防控专属制度、规范或操作指引；70% 在操作指引或通知里有提到部分相关内容；24% 既没有制定"公转私"洗钱风险防控专属制度、规范或操作指引，也没有在操作指引或通知里提到相关内容。各银行普遍照搬《人民币银行结算账户管理办法》《中国人民银行关于进一步加强人民币银行结算账户开立、转账、现金支取业务管理的通知》等文件规定，未做进一步细化，且各银行执行标准不一。

（二）涉案空壳公司多，监管法规处罚低

一方面，33 家银行反馈的其机构涉案企业中空壳公司特征明显的占比 70%，空壳公司被利用于非法转移资金的现象突出。另一方面，目前我国法规对违反规定将单位款项转入个人银行结算账户的处罚，只在《人民币银行结算账户管理办法》（中国人民银行令〔2003〕第 5 号）提到，仅对企业给予警告并处以 5000 元以上 3 万元以下的罚款。

（三）企业配合度低，银行辨别难度大

在 33 家银行中，24% 的银行认为企业对公司账户合规使用意识淡薄，对银行工作开展配合度较低，不愿提供相关证明材料，如采集受益所有人信息时，部分企业不愿配合提供相关资料或提供的资料不完整，部分空壳公司甚至提供虚假的受益所有人资料。而 67% 的银行认为银行工作人员对企业提供的纳税、受益所有人等证明材料难以辨别真假，判断企业是否违规存在一定难度。

（四）未严控非柜面渠道，留下较大风险敞口

一是"公转私"渠道多，包括柜面、企业网银、企业手机银行、企业微信银行、自助机具（如自助柜员机、自助票据机）等，且多以网银等非柜面渠道转账为主，未经人工审核转账用途，较难识别企业转账真实用途和目的，容易被不法分子利用

成为非法转移资金的通道。二是 69% 的银行给企业开通网银时默认同时开通"公转私"功能，同时，有要求开展尽职调查的占比 81%、未要求开展尽职调查的占比 19%。三是银行普遍参照监管规定，仅要求企业通过非柜面渠道"公转私"交易单笔超过 5 万元时须备注资金用途，对单笔 5 万元以下的转账未做备注要求。四是多头开通非柜面渠道未进行限额全口径统一管理，且网银渠道"公转私"批量转账功能未要求企业提供证明材料。五是 28% 的银行对洗钱风险等级为高风险的客户允许开通网银"公转私"功能，其中 19% 的银行允许高风险客户有条件申请调高网银"公转私"限额，未加强对高风险客户网银"公转私"功能的管控。

（五）涉案企业类型广、交易异常，银行监测模型有效性不足

一是从此次受调查银行反馈的其机构近 3 年发生的利用"公转私"非法转移资金的洗钱案例来看，主要涉罪类型包括网络赌博、非法集资、电信诈骗、虚开骗税、地下钱庄、逃税避税；涉案企业行业涉及批发和零售业、商务／酒店服务业、软件和信息技术服务业，涉案对公账户资金异常交易特征如下：（1）多在小额测试交易后频繁大量交易，交易笔数多，累计金额大；（2）交易渠道以企业网银为主，公转私交易占比显著；（3）资金快进快出，收付相当，几乎不留余额，账户过渡性明显；（4）上游或下游交易对手众多且多为他行账户，有意规避银行资金追踪和监测；（5）24 小时不间断交易，大量交易发生在夜晚和凌晨，与正常人群作息规律不符。二是存在多个异常企业（疑似空壳公司）被同一人（受益所有人）控制频繁通过网银"公转私"转移资金的情况。三是 33 家银行中，88% 的银行在相关系统设置有"公转私"预警监测模型；18% 的银行认为目前银行"公转私"监测模型敏感度和有效性较低，交易限额、交易频率等关键业务参数设置合理性有待提升。

（六）银行培训力度不足

在 33 家银行中，73% 的银行近 2 年有组织"公转私"洗钱风险防控相关培训，部分银行未将"公转私"洗钱风险防控纳入培训范畴。另外，有对柜员、运营主管、反洗钱岗、客户经理、理财经理进行培训的银行占比分别为 73%、73%、61%、57%、33%，"公转私"洗钱风险防控培训未覆盖全员。

三、我国银行业"公转私"问题原因分析

（一）监管部门未制定统一的具体操作指引

目前，我国法律法规及监管部门规范性文件没有针对"公转私"业务洗钱风险管控的专属规章制度，仅在某些法规或通知里提到部分相关内容，对银行在工作实务中如何防范"公转私"业务洗钱风险没有明确的具体操作指引。

（二）监管处罚力度小，企业违规成本低

空壳公司账户被滥用于非法转移资金，在一定程度上与我国目前对违规企业或空壳公司处罚力度不大息息相关，相关企业及人员违规成本低，这已不适用于现今经济社会的发展。

（三）企业法律意识淡薄，银行没有有效抓手

部分企业法律意识淡薄，对公司账户合规使用认识不足，且33家银行反馈的涉案企业中空壳公司特征明显的占比70%，不法分子滥用空壳公司现象严重。企业提供的纳税、受益所有人等证明材料的真假性及有效性没有统一的权威渠道进行核验，银行工作人员审核材料时没有有效抓手或可参考的标准，难以辨别真假。

（四）银行非柜面业务风险意识薄弱，未重视高风险客户潜在风险

部分银行的非柜面渠道业务风险意识薄弱，未根据客户实际情况开通非柜面渠道及合理设置交易笔数、限额、批量转账等。部分银行未将客户洗钱风险等级应用于业务审批和风险把控，未合理管控高风险客户网银"公转私"及批量转账功能的开通。

（五）银行片面追求业务发展，监测模型开发资源配备不足

一是部分银行由于业绩考核压力所迫，侧重于业务发展，片面追求对公账户开户数的增长，忽略了账户开立的合法合规要求。二是银行在受益所有人信息采集时，未准确采集受益所有人信息；或对同一受益所有人控制多家企业的情况未开展强化尽职调查，及时排查异常企业情况，及时采取控制措施。三是银行对系统"公转私"预警监测不够重视：部分银行未在相关系统建立"公转私"预警监测模型或已建立的"公转私"监测模型有效性不足；部分银行未配备与自身业务发展相匹配的科技人才和资金用于系统监测模型的开发与完善。

（六）银行培训机制不健全

部分银行不够重视"公转私"业务洗钱风险，未形成由反洗钱牵头部门统筹安排、运营等其他相关部门配合的覆盖全员"公转私"洗钱风险防控培训机制。

四、对策及建议

（一）完善规章制度，统一操作标准

建议监管部门制定银行业"公转私"洗钱风险防控具体操作指引，实行统一标准，加强对银行的培训指导，包括如何根据企业的注册资金、经营规模、行业特性、洗钱风险等级等核定企业"公转私"单笔限额、日累计限额及笔数、年累计限额等。

（二）加大违规惩戒力度，提高企业违规成本

建议工商、人行等相关部门形成合力，加强对公账户源头治理，追根溯源，严格审查申请注册的企业，拦截空壳公司注册开立，严厉处罚空壳公司注册申请人及通过"公转私"非法转移资金的企业，如将其列入"灰名单"，日后仅允许其通过柜台办理业务，不能通过非柜面渠道转账。同时，根据情节严重程度，采取处以非法转移资金1至5倍的罚款等措施，加大违规惩戒力度，提高企业违规成本，发挥监管威慑作用。

（三）加大社会宣传力度，搭建数据共享平台

金融机构应加大合规使用对公账户的社会宣传力度，提升公众法律法规意识及对银行工作的配合度。建议由监管部门牵头搭建集合税务、工商、法执、社保、银行、物流等数据的共享平台，在宏观层面上提供各行业各地区企业经营规模、纳税等方面的平均水平数据；在微观层面上提供企业的纳税情况、经营规模、受益所有人信息、法执信息、社保缴交情况、银行账户数及每个账户交易规模、货运物流等信息，供银行工作人员在客户准入、功能开通、交易分析等方面作辅助参考。此外，对于跨行交易，银行间可通过该平台发送和反馈协查信息，串联客户资金交易，追踪客户资金流向，提高客户交易甄别分析质效。

（四）严控非柜面渠道"公转私"业务，限制高风险客户批量转账

一是银行不能默认开通网银等非柜面渠道"公转私"功能，应根据客户的注册资金、行业特性、经营规模、地域特点、洗钱风险等级等实际情况开展尽职调查，核定客户非柜面渠道全口径单笔限额、日累计限额、日累计笔数、年累计限额等，实行单个客户非柜面渠道"公转私"业务的全口径统一管理，防范客户利用多种非柜面渠道超限额转账，且要求超过限额和笔数的业务客户需携带相关证明材料到柜台办理。二是要求企业通过非柜面渠道进行"公转私"交易时，不管金额大小，每笔转账均须如实备注用途（不只是超过5万元），并对支付款项事由的真实性、合法性负责。三是对于新成立企业，应设定较低限额和笔数标准，待企业经营一段时

间（如 3 个月）后再根据客户实际经营情况动态调整。四是银行应在网银端设置批量转账强制上传附件功能，上传相关证明材料后才能进行"公转私"批量转账。五是不建议对洗钱风险等级为高风险的客户开通网银"公转私"功能，如确有需求的企业，对其尽职调查排查风险后可开通较低限额和笔数的"公转私"功能，但不得开通批量转账功能，并加强对其资金交易的监测。

（五）坚持合规与业务协同发展，加大监测模型开发资源配置

一是银行应调整机构发展策略，优化业绩考核标准，以合规经营为导向，坚持合规与业务协同发展，避免因片面追求业务发展而带来的合规风险。二是银行应加大受益所有人风险管控力度，优化本机构受益所有人采集流程、标准和规范，准确采集受益所有人信息，对同一受益所有人控制多家企业的情况及时开展风险排查，如发现异常情况及时采取相关控制措施。三是银行须配备与业务发展相匹配的人力物力资源在反洗钱相关系统设置"公转私"异常交易监测模型，及时抓取异常交易，经人工甄别分析确属异常的，及时采取关闭非柜面渠道等账户控制措施。四是建议监管部门收集近年来各类洗钱案例，归纳分析"公转私"交易特征，统一系统监测模型参数和标准，促进银行机构进一步优化系统监测模型。

（六）强化内部培训，提升履职能力

建议银行反洗钱牵头部门应联合其他相关部门加强覆盖全员的"公转私"业务洗钱风险防控培训，根据柜员、客户经理、理财经理、反洗钱岗等不同岗位性质设置不同侧重内容的针对性培训，提升全员履职能力。

参考文献：

黄太强，黄华 . 玉溪"6·18"重大虚开增值税专用发票骗税案分析 [J]. 中国反洗钱实务 .2021(1):81-83.

洗钱罪入罪难的实践成因剖析及法理解读

——以非法集资洗钱案为例

■ 高晓乐　练秋韵[1]

摘要：《刑法修正案（十一）》对洗钱罪刑法条文作出修改，删除了原条款中的"明知""协助"等条款，进一步放宽了洗钱罪刑事入罪门槛。但从侦查审理实践看，有关部门在调查审理洗钱案件过程中，依旧不同程度存在着共犯吸收、情节轻微定罪意愿低等问题，洗钱罪入罪"经验瓶颈"等问题仍旧突出。本文以新修订的《刑法修正案（十一）》洗钱罪条款为切入点，基于非法集资案例，从法理角度对相关问题剖析，旨在纾解司法实践过程中认识错误，并据此提出相关意见建议。

关键词： 洗钱罪　非法集资　司法实践

2020 年 12 月 26 日，第十三届全国人民代表大会常务委员会第二十四次会议通过的《刑法修正案（十一）》对洗钱罪刑法条文作出修改，删除了原条款中的"明知""协助"等术语，为"自洗钱"入罪提供空间，同时将"通过支付结算方式转移资金""跨境转移资产"明确为洗钱行为方式，并删除了罚金数额的限额比例等，使得洗钱罪的适用范围扩大，在立法层面改善我国洗钱罪入罪难的实际情况。此次修订既旨在落实中央关于完善反洗钱、反恐怖融资、反逃税监管体制机制的顶层设计，也是顺应国际反洗钱通行标准，高质量完成互评估后的后续整改任务。但从当前实践上看，尽管修订后洗钱罪条款在法规层面降低了入罪门槛，但侦查司法部门在调查审理有关案件过程中，仍旧存在着将共犯吸收、情节轻微不予定罪等固化思维，以至于在司法实践过程中，依然存在较为突出的"经验瓶颈"和认识不足等问题，与条款修订的预期目标仍存在较大差距，推广普及新修订洗钱罪法规，增强条款的

1　高晓乐、练秋韵供职于中国人民银行温州市中心支行。

适用性仍旧任重道远。

一、洗钱罪日常侦查审理过程中主要存在的问题

（一）片面地将洗钱行为视为上游犯罪的构成部分

洗钱犯罪为上游犯罪既遂状态之后而实施的独立犯罪，但在日常侦查审理实践中，洗钱行为通常被视作了上游犯罪的行为构成要件，属于上游犯罪的延伸。如非法集资类等持续过程较长的犯罪中，他人出借账户用于接收非法集资的资金，后采取转账、取款等形式转移资金的行为往往发生在上游犯罪持续过程中，将从非法集资行为人对外宣传到资金成功到达行为人，甚至将资金提现、兑付或对外投资等使用情况皆视为非法集资犯罪的总体实施过程，从而导致将行为人或转移资金行为人掩饰、隐瞒犯罪所得及其收益的行为均视为不可罚的事后行为，属于上游犯罪结果的自然延伸。如（2019）01 刑初 102 号判例中提及，被告人夏某明伙同核心成员，与平台方合作以该投资平台为依托，在无资金兑付能力的情况下，使用被告人夏某明控制的某省冠某生物科技有限公司等名义，实施集资诈骗犯罪。其中许某富担任夏某明的助手，负责管理夏某明的银行账户，协助处置非法资产，事发之后许某富将夏某明家的两辆车子兑换成资金。侦查司法部门认为，许某富受夏某明指使收取夏某明钱款做平台银商等为其牟利，并事先明知系夏某明非法集资所得而为其管控、转移赃款及其变现所得资产，明确认为该行为系利用其实施的集资诈骗犯罪结果的行为，属于不可罚的事后行为，对该行为无须再次单独进行评价，应当综合在其实施的集资诈骗行为中进行认定。

（二）倾向于传统共同犯罪观念认识洗钱行为

以平台类非吸案件为例，侦查司法部门一般根据平台类非吸案件的金字塔结构、多层分级的特点，将涉案人员分为高管层人员、中层人员、底层人员，对三个层次人员的处理遵循：高管层以及销售、风控、放贷等业务型部门中层人员为主犯；人事、财务、客服、行政等非业务型部门中层人员、底层业务人员、行政人员为从犯；对于无相关职业经历、专业背景且从业时间短暂，纯属执行单位领导指令确无证据证明其具有主观故意的可不作为犯罪处理。可见对于此类案件，侦查司法部门是根据管理层级默认有关人员只要在客观上对于平台类非吸案件有促进作用，主观认识上对主犯行为的实施持放任态度，一般即可作为非吸案件的共犯进行处置。因此在非法集资等犯罪存在较长持续状态的案件中，存在部分行为人在上游案件进行过程中辅助上游犯罪主犯转移犯罪所得及收益的情形，司法人员在共犯理论的支撑下一

般将此类行为人认定为具有辅助性质的上游犯罪共犯，但部分行为人的主观认识上并未达到与上游犯罪主犯达成通谋的程度，共犯认定范围的扩张不恰当地限制了洗钱罪的适用范围。如某市"中潮金服"平台类非吸案件中，自 2015 年 12 月以来，中可集团实际控制人陈某东、叶某等人在金管家公司名下推出"中潮金服"网络贷款平台，该平台吸收的资金除了借新还旧外，部分资金通过中可集团对外投资，或直接以被投资企业名义发布借款标，或将平台上吸收资金通过钟某平账户挪用至对外投资项目。最终法院判处钟某平犯非法吸收公众存款罪。钟某平出借账户将金管家非吸资金对外投资，且作为公司实际控制人陈某东的妻子及公司法人，推断其对于非吸行为具有可能性任职，但钟某平实则并没有参与公司实际经营，其主观认识是否达到促进上游犯罪实现的程度有待商榷。

（三）认罪认罚从宽原则影响洗钱行为后续追溯

认罪认罚从宽制度于 2018 年 10 月纳入新《刑事诉讼法》，认罪认罚从宽制度精神贯穿于各个案件办理之中，不仅推动案件繁简分流、提升诉讼效率，更有助于提高追赃挽损力度、维护社会稳定。以非吸类案件为例，2021 年出台的《最高人民法院 最高人民检察院关于常见犯罪的量刑指导意见（试行）》中明确提出对于非法吸收公众存款罪在提起公诉前积极退赃退赔，减少损害结果发生的，可以减少基准刑的 40% 以下；犯罪较轻的，可以减少基准刑的 40% 以上或者依法免除处罚。在司法实践中，非法集资类犯罪作为侵害公众财产权、危害金融秩序的犯罪活动，侵害到众多投资人的财产权利，犯罪嫌疑人、被告人退赃退赔是办理案件的难点。且非法集资类案件通常呈公司化运作模式，具有涉及人数广、模式变化快等多重因素，在案件调查过程中通常遵从认罪认罚从宽处理，对案件中犯罪情节轻微的行为人，如涉嫌参与洗钱的财务人员、司机等关联人员，多数情况下会被认定非吸犯罪情节轻微不予打击。但在实践中，侦查司法部门较少去进一步侦查行为人是否已满足洗钱罪的构成要件，且基层侦查司法部门未统一认罪认罚从宽制度适用情形的认识，对具有相似情节的参与犯罪行为人可能认定为共犯、洗钱罪主体或免除处罚。如 2013 年 5 月至 2015 年 10 月，河北省石家庄市鹿泉区友某投资咨询服务有限公司面向社会宣传，许以高额利息，以公司员工李某等人的名义与集资户签订联合理财协议，非法吸收公众存款。最终认定被告单位自愿认罪认罚，实际控制人高某岭案发后自首，二者皆被认定为非法吸收公众存款罪。但在该案件中，公司出纳、财务等多名员工皆有出借银行账户供公司使用情况，且明确供述其对于公司经营模式了解，但并未对其进行处罚。

二、基于法理思路解读

（一）洗钱与上游犯罪关系

以非法集资类案件为例，《最高人民法院关于审理非法集资刑事案件具体应用法律若干问题的解释》对非法集资概念的特征要件予以具体细化，明确成立非法集资需同时具备非法性、公开性、利诱性、社会性四个要素，非法集资行为人满足后即涉嫌非法集资犯罪。《关于办理非法集资刑事案件若干问题的意见》中明确规定非法吸收或者变相吸收公众存款的数额，以行为人所吸收的资金全额计算。案发前后已归还的数额，仅作为量刑情节酌情考虑。相关文件说明非法集资类案件办理关注的是案件构成是否已满足四要素以及非法吸收的资金全额是多少，以判断其社会危害性的轻重程度。故在犯罪资金进入犯罪嫌疑人实际控制的账户时这一节点，即应认定已满足单次非吸资金的构成要件，后续资金是否归还不影响非法集资案件的定罪认定。同时，从实施过程上看，由于洗钱罪与上游犯罪实施联系紧密，往往存在上游犯罪与洗钱行为同时进行的情况，上游犯罪行为人每次犯罪所获得的违法所得应是相互独立的，如非吸犯罪中，每次非吸获得的资金进入上游犯罪行为人控制账户之后即应当认为单次非吸行为已完成其以非法形式吸收资金的要件，这与非吸犯罪仍处于持续进行过程中并不矛盾。因此，同一账户中后续资金转移行为也应当与前期资金吸收行为分别视为不同环节。上游犯罪行为人接收非吸资金后转换其存在形式的，应当认定为上游犯罪已完成，后续转换行为应归属为"自洗钱"行为，两个环节相互独立；犯罪行为人使用他人账户接收非吸资金后转移资金的，出借账户的行为人在事实上阻碍了赃款的追缴，帮助了非法集资犯罪分子转移犯罪所得，符合《刑法》第一百九十一条规定的，应当认定为洗钱罪。

（二）"他洗钱"行为人与共犯的关系

传统的共同犯罪理论影响司法人员在《刑法修正案（十一）》实施前将处置涉案资产、提供技术帮助等具有辅助性质的人员，倾向于认定为上游犯罪共犯，不单独构成洗钱犯罪。但是，洗钱罪的主观故意与上游犯罪的主观故意不能等同，主观明知的内容亦存在明显差别，洗钱罪是掩饰、隐瞒性质的涉赃犯罪，"他洗钱"的犯罪主体一般独立于上游七类犯罪，主观上的证明条件相对于共犯有所降低。上游犯罪如非法集资类的案件往往持续时间较长，在此过程中辅助犯罪分子转移犯罪所得及收益的情节，应根据实际情况、犯罪故意等多方要素实质性地判断该犯罪主体应被认定为共犯还是"他洗钱"行为人，要着重从实质上分析行为人是否系非法集资团队成员，根据行为人与上游犯罪主犯通谋的内容以及行为人所实施的具体行为进行评价，对行为人主观上仅有洗钱犯罪故意的以洗钱罪论处，对行为人主观故意上构成上游共犯的以上游罪名论处。

（三）洗钱与认罪认罚从宽制度适用的关系

根据《关于办理非法集资刑事案件若干问题的意见》规定，明确了宽严相济刑事政策把握问题，主要强调了对涉案人员分类处理，做到罚当其罪、罪责刑相适应。侦查司法部门对于非法集资案件中涉嫌参与洗钱的财务人员、司机等关联人员可能会被认定参与非吸犯罪情节轻微不予打击。然而洗钱罪虽是刑法规定的七类犯罪的下游犯罪，但仍是作为独立于上游七类犯罪外的犯罪，上游犯罪查证属实、尚未依法裁判或是依法不追究刑事责任都不影响洗钱罪的认定，侦查司法部门应先判断行为人应认定为洗钱罪还是上游犯罪的共犯，若应认定为上游犯罪的共犯但犯罪情节轻微，即进一步侦查行为人是否已满足洗钱罪的构成要件，符合《刑法》第一百九十一条规定的，应当认定为洗钱罪。

三、对策与建议

（一）建议明确上游犯罪完成节点并明确"自洗钱"的行为认定

建议出台相关司法解释，明确将洗钱上游犯罪资金进入行为主体实际控制的账户即为上游犯罪完成节点，以统一司法实践中对于上游犯罪结束节点的认识，有利于将上游犯罪行为与涉及资金清洗环节进行切割，使得基层司法部门对洗钱犯罪有更为清晰的理解。同时，建议明确行为人除占有、藏匿自己实施上游犯罪所得及其产生的收益不应认定为"自洗钱"行为外，行为人通过其他洗钱手段掩饰、隐瞒上游犯罪不法所得及其产生的收益来源和性质的皆应认定为洗钱罪，使"自洗钱"的洗钱行为得以明确，进一步推动洗钱定罪发展。

（二）建议明晰共犯与洗钱的认定

洗钱罪修订后自洗钱可单独定罪，大大扩大了洗钱罪范围。建议以司法解释形式明晰洗钱行为人与上游犯罪共犯的认定差别，根据行为人的主观故意、通谋内容、主客观是否一致等情形区分上游犯罪的共犯与"他洗钱"行为人，使洗钱罪认定更贴近国际对洗钱罪的共识，有利于加大对洗钱罪打击力度。建议明确行为人事先与上游犯罪主体就上游犯罪通谋，实施上游犯罪行为的，应以上游犯罪的共犯论处；行为人事先与上游犯罪主体就洗钱犯罪通谋并实施洗钱行为，则应认定为洗钱犯罪，与上游犯罪主体共同构成洗钱罪，不应以上游犯罪的共犯论处；行为人事先与上游犯罪主体就上游犯罪和洗钱犯罪通谋，既实施上游犯罪行为，又实施洗钱行为的，应按照数罪并罚原则进行处罚，而非择一重罪或被共犯吸收。按照通谋的内容区分案件行为人应被认定的犯罪，并予以相应处罚。

（三）建议推广财产刑，准确把握宽严相济原则

此次洗钱罪修订，比例罚金刑"洗钱数额百分之五以上百分之二十以下罚金"修改为不定额罚金刑，侦查司法部门可以根据案件的实际情况，自主确定罚金数额，做到罪责刑相适应。侦查司法部门应深入解读洗钱罪修订带来的变化及国际反洗钱形势，从政治站位角度看待打击洗钱犯罪，预防和遏制各类洗钱及相关犯罪。建议对破坏金融秩序罪、贪污贿赂犯罪、金融诈骗犯罪、走私犯罪等社会危害性较低且涉案金额又较小的上游犯罪关联人，侦查司法部门应先判断行为人应认定为洗钱罪还是上游犯罪的共犯，若应认定为上游犯罪的共犯但犯罪情节轻微，应进一步审查其是否满足洗钱罪的构成要件，满足即应以洗钱罪对其进行判处，加强对财产刑的应用。同时，建议对情节轻微的洗钱行为仍以洗钱罪惩处，可侧重财产刑或可单处罚金，并考虑降低罚金金额，做到罪责相适应，既提高洗钱入罪率又体现宽严相济的刑事政策。

关于提升大额现金业务洗钱风险防控有效性的思考

■ 齐皓[1]

摘要： 市场采购贸易作为我国国际贸易综合改革试点的重要组成，是服务于中小个体工商户对外贸易需要而创立的货物贸易模式，在促进外贸增长，推动外贸转型等方面发挥着重要作用。本文结合相关案例对市场采购贸易项下资金结算方式进行梳理研究，深入分析其中蕴含的洗钱、恐怖融资风险及成因，并结合当前监管要求，提出有关意见建议。

关键词： 市场采购贸易，洗钱风险

2021年3月4日，反洗钱金融行动特别工作组（FATF）发布《风险为本监管指引》报告（Guidance-Risk-Based-Supervision）[2]，明确指出："现金由于其匿名性，不易追踪交易轨迹，尤为得到洗钱分子的青睐，是全球最重要的洗钱方式，各国应强化对大额现金的管理。"在当前国际反洗钱监管要求不断加码的形势下，进一步提升我国大额现金业务的洗钱风险防控有效性刻不容缓，本文通过对大额现金业务洗钱风险的分析，介绍英美国家大额现金业务洗钱风险的控制措施，提出以应用人民币冠字号码记录系统为切入点健全反洗钱监测预警体系，对提升我国大额现金业务洗钱风险防控有效性作了初步探索和思考。

一、大额现金业务洗钱风险及运作模式

由于现金具有不记名、不可追踪等特点，银行的现金业务容易为贪污腐败、偷

1　齐皓供职于中国人民银行舟山市中心支行。
2　报告原文参见 FATF 官方网站 http://www.fatf-gafi.org/publications/fatfrecommendations/documents/guidance-rba-supervision.html.

逃税等洗钱犯罪行为和地下经济活动提供便利，存在较高的洗钱风险。

（一）大额现金业务固有洗钱风险分析

浙江省舟山市中支依照中国人民银行（反洗钱局）印发的《法人金融机构洗钱和恐怖融资风险自评估指引》（银反洗发〔2021〕1号）文件评价体系，从总体环境、客户群体、产品业务（含服务）和渠道（含交易或交付渠道）四个维度，探索尝试对大额现金业务的固有洗钱风险进行初步评测。舟山市中支依照《法人金融机构洗钱和恐怖融资风险自评估指引》框架，探索设置了大额现金业务的固有洗钱风险评价体系及评分标准，设定风险总分为100分，按照风险程度，85—100分属于低风险、70—85分属于中低风险、50—70分属于中风险、50分以下属于高风险。通过采集总行公布的M0数据、中国裁判文书网关于洗钱罪的判例、商业银行涉及大额现金业务的洗钱风险评估数据、客户洗钱风险管理数据及结论并综合多个业内专家的分析评价结论，探索从10个评价标准对大额现金业务的洗钱风险进行多轮评价，初步得出的综合评价总分为45.5分，总体上分析认为大额现金业务的固有洗钱风险较高，具体评测方法如下表所示。

表1 大额现金业务的固有洗钱风险评价体系及评分标准

分值	评价标准	判断方法	固有风险得分
10	M0供应量及增速，按总量及增速给分	总行公布的M0总量及增速	3.2
5	大额现金业务是否属于已知存在洗钱案例、洗钱类型手法的产品业务	中国裁判文书网案件例证	1.7
15	相较其他业务产品，大额现金业务面向的主要客户群体以及高风险客户规模，按风险程度给分	银行机构产品业务洗钱风险评价和客户洗钱风险管理结论法	8.3
10	大额现金办理渠道及相应渠道的风险程度，是否允许他人代办或难以识别是否本人办理，按风险程度不同给分	专家经验判断法	4.7
10	大额现金业务记录跟踪资金来源、去向的程度，与现金等价物的关联程度，按风险程度不同给分	银行机构产品业务洗钱风险评价	3.2
8	大额现金业务是否可向他人转移价值，包括资产所有权、受益权转移，以及转移的便利程度，是否有额度限制，是否可跨境转移，按风险程度不同给分	银行机构产品业务洗钱风险评价法	4.2

续表

分值	评价标准	判断方法	固有风险得分
12	大额现金业务是否可作为客户的资产，是否有额度限制，保值程度和流动性如何，是否可便利、快速转换为现金或活期存款，按程度不同给分	银行机构产品业务洗钱风险评价法	5.9
10	大额现金业务是否可作为收付款工具，使用范围、额度、便利性如何，是否可跨境使用	银行机构产品业务洗钱风险评价法	4.7
13	大额现金业务是否可作为其他业务的办理通道或身份认证手段，身份识别措施是否比原有通道和手段更为简化，是否有额度限制或使用范围限制	专家经验判断法	6.1
7	大额现金业务是否应用可能影响客户身份识别和资金交易追踪的新技术	专家经验判断法	3.5

（二）通过大额现金业务进行洗钱的主要模式

现金由于其匿名性和可转让性，使得犯罪分子偏好通过银行大额现金业务进行洗钱，从公开司法判例看，主要有以下四种模式。

一是利用"伪现金"业务洗钱。有关案件显示，洗钱犯罪分子所持有账户的现金交易呈现单笔金额巨大、交易间隔时间极短等特征，如 2019 年浙江杭州"腾某堂非法吸收公众存款案"[1]中存在大量的现金交易，深入调查发现所谓的"现金交易"并未发生真实的现金存取，而是通过银行现金尾箱过渡或内部过渡的方式完成该笔业务。该类交易人为割裂交易信息链条，改变交易性质，洗钱风险极大。

二是利用"同柜存取"业务洗钱。由前后两个洗钱犯罪分子相互配合，在银行同一柜面先办理取现业务，然后把取出的现金交给后者办理相同金额的存款业务，以达到切断资金去向，不留下资金流向信息的效果，其特点是现金在"多账户、单一物理网点"流转。如在 2020 年浙江杭州"黄某职务侵占案"中，犯罪分子将尾号为 251× 农行卡中违法所得 141 万元，以同柜存取方式存入至其尾号 481× 的农行卡。

三是利用"跨行存取"业务洗钱。洗钱犯罪分子在 A 银行柜面办理取现，提取现金后再到 B 银行办理存现，通过现金的物理位移实现资金的跨行转移。"跨行存

---

1 腾某堂非法吸收公众存款案判决文书详见中国裁判文书网 https:；//wenshu.court.gov.cn/website/wenshu/181107ANFZ0BXSK4/index.html?docId=213875be4d8142a09ad1acf400a81a47.

取"业务割裂了存取现银行账户信息和银行物理网点信息，不管是办理取现的银行还是办理存现的银行均较难发现其洗钱风险，其特点是现金在"多账户、多物理网点"流转。如 2019 年江西吉水"兰某洗钱案"中，洗钱犯罪分子在明知相关资金是开设赌场、高利转贷所得的情况下，仍通过不同银行账户存取转移犯罪资金，人为割裂资金流转信息。

四是利用"通存通兑"业务洗钱。与"跨行存取"业务须持现金在不同银行间的物理位移的情况不同，犯罪分子犯案时借助计算机网络联网，只要持"通存通兑"网络内的银行账户，便可在任一联网银行网点办理存现和取现业务，其特点是现金在"单一账户、多物理网点"流转。如 2019 年湖南怀化"周某萍洗钱案"[1] 中，洗钱犯罪分子周某萍组织有关人员多次通过"通存通兑"业务网络非法清洗转移犯罪资金达 1200 余万元。

二、目前大额现金业务洗钱风险控制措施

由于历史传统、居民交易偏好等原因，我国现金使用量较大，自 2003 年以来，中国人民银行从大额交易报告、可疑交易报告和强化尽职调查等三个层面来强化大额现金业务的洗钱风险管控，但因无法追溯现金流转信息，总体来看我国大额现金业务洗钱风险控制措施有效性尚显不足，对大额现金业务的固有风险抵消不足，剩余洗钱风险总体较高。

（一）大额交易报告层面的风险控制措施

从 2003 年 3 月的《人民币大额和可疑支付交易报告管理办法》（中国人民银行令〔2003〕第 2 号）开始，中国人民银行就建立了反洗钱领域的大额现金交易报告制度。根据《金融机构大额交易和可疑交易报告管理办法》（中国人民银行令〔2016〕第 3 号）规定，凡符合如下标准的，应当向人民银行报送大额交易报告："当日单笔或者累计交易人民币 5 万元以上（含 5 万元）、外币等值 1 万美元以上（含 1 万美元）的现金缴存、现金支取、现金结售汇、现钞兑换、现金汇款、现金票据解付及其他形式的现金收支。"大额交易报告体系虽然汇总了规定金额以上的现金交易信息，但因缺乏交易间的钩稽信息，致使大量的大额现金交易报告间无法形成交易数据信息链。

1　周某萍洗钱案司法判决文书详见中国裁判文书网 https://wenshu.court.gov.cn/website/wenshu/181107 ANFZ0BXSK4/index.html?docId=eeaa6a31371341b28ea8ab1001851f43.

（二）可疑交易报告层面的风险控制措施

根据《金融机构大额交易和可疑交易报告管理办法》（中国人民银行令〔2016〕第3号）规定，金融机构发现或者有合理理由怀疑客户、客户的资金或者其他资产、客户的交易或者试图进行的交易与洗钱、恐怖融资等犯罪活动相关的，不论所涉资金金额或者资产价值大小，应当提交可疑交易报告。在具体实践中，金融机构对大额现金交易中涉及客户的身份、行为，大额现金的来源、金额、频率等存在异常情形的，按规定向人民银行报送可疑交易报告。大额现金的可疑交易报告工作虽采集了客户的存现或取现信息，但仍缺乏大额现金的来源或去向信息，致使可疑交易报告形成断链，有效性总体不足。

（三）客户尽职调查层面的风险控制措施

2001年12月29日，中国人民银行印发《关于进一步加强大额现金支付管理的通知》（银发〔2001〕430号）文件，对于居民个人当日或累计支取50万元（含50万元）以上大额现金的，开户银行应登记信息。2020年5月13日，中国人民银行印发《关于开展大额现金管理试点的通知》（银发〔2020〕105号），在河北省、浙江省和深圳市先后开展为期两年的大额现金管理工作试点，对各试点地区的大额现金起点标准分别设定了不同金额，文件在2001年"430号文"的基础上进一步完善了大额现金业务登记规定，要求银行机构在办理提取、存入起点金额之上的现金业务时应登记保存客户身份信息。在客户尽职调查层面，规定金额以上的大额现金交易须登记客户身份信息，但犯罪分子仍可通过拆封交易方式予以规避，总体有效性仍显不足。

（四）我国大额现金业务洗钱风险管理面临的难点

现金由于其匿名性导致其在交易中难留痕迹，在追踪时难监测，在定罪时难取证，相较于转账交易，大额现金交易难以形成闭环监测，各类洗钱案件中常出现大额现金业务清洗、转移非法所得，目前，我国大额现金业务的反洗钱监测中主要面临两个方面的难题。

一是现金追溯来源和追踪去向难度大，资金流转信息是反洗钱监测的基础，但目前中国人民银行现行的《金融机构大额交易和可疑交易报告数据报送接口规范》没有交易对手相关字段，也缺少该笔现金的标识，属于交易断点，无法追溯现金的来源和追踪去向，无法重现现金交易的运行轨迹，导致洗钱犯罪轨迹被隐藏，非法所得通过清洗难以被有效追缴。

二是大额现金交易报告易被洗钱犯罪分子所规避，区别于可疑交易监测标准为金融机构自定义，大额现金交易的监测标准是向社会公开发布的，洗钱犯罪分子清晰掌握现金交易的大额监测指标和规则，完全可以通过拆分交易来规避金融系统对大额现金交易的监测和报告。

三、FATF《40 项建议》及英美国家大额现金业务的洗钱风险防控经验

大额现金交易是全球重要的洗钱方式之一，FATF 对洗钱高风险的现金交易作出了特别规定，同时，英美国家经过多年探索，围绕大额现金交易，以金融情报中心为枢纽，以追溯现金来源为核心，构建起了涵盖多行业的功能完整、重点突出的大额现金交易反洗钱监测体系，值得借鉴。

（一）FATF《40 项建议》关于大额现金监测的有关要求

FATF《40 项建议》的第 32 项规定，各国应考虑采用可行的措施来侦测或监视现金的物理转移，建立有效的监测系统，要求银行和其他金融机构以及中介机构向各国金融情报中心报告超过规定金额的现金交易，该大额现金交易数据库可供主管部门用于调查洗钱或恐怖融资活动。

（二）英国通过采取强化的身份识别措施来追溯现金来源

2002 年英国《犯罪收益法案》规定，大额现金交易商（high value dealer）应在会计系统中记录所有超过 15000 欧元的大额现金交易，并确保这些交易可识别；应建立接收大额现金交易的政策和程序，以确保满足风险评价、强化客户身份识别和内部报告的要求，在处理大额现金交易时，必须恰当地询问并记录大额现金交易原因和现金来源等；应采取措施有效识别客户通过拆分交易来回避大额现金交易监测。

（三）美国通过大额现金收入的申报机制来追溯现金来源

美国的《美国法典》和《银行保密法》对现金存取进行严格限制，大额现金交易报告义务人不仅是金融机构，任何人在一项或一系列交易中接收与其业务有关收入超过 1 万美元现金的，必须在 15 日内向联邦税务局报告有关交易信息和付款人信息。

四、提升我国大额现金洗钱风险防控有效性的工作设想

从 FATF《40 项建议》和英美等国家的具体实践经验看，提升大额现金业务洗钱风险防控水平的核心是追溯现金来源。但从我国现阶段国情出发，仿照英美国家建立全民大额现金的申报机制，从社会制度体系上确保大额现金追溯机制的有效性，目前缺乏全社会信用体制和法律制度的支撑和保障。但从追溯现金的来源和去向的

初衷出发，我国目前已建立的人民币冠字号码记录系统，可以从技术层面来提升大额现金业务的洗钱风险防控水平。中国人民银行可考虑建立以大数据技术为依托，通过人民币冠字号数据的搜集、存储、挖掘和应用，还原大额现金交易轨迹，实现大额现金交易的可追溯，在大额现金业务固有洗钱风险水平不变的情况下，从技术上强化洗钱风险控制措施，有效降低大额现金业务的剩余洗钱风险。

（一）基于冠字号定位的大额现金数据关联融合

为全面实现对客户、账户信息的定位，同时基于反假工作需要避免采集涉及客户隐私的信息，一是在冠字号管理系统增设"业务标识号"，确立为冠字号记录系统和反洗钱监测报告系统的数据关联字段。当金融机构报送大额取现交易时，可通过"交易时间"+"业务标识号"等关联信息，向冠字号记录系统发出指令，自动抓取该笔交易对应的所有冠字号信息，实现大额现金交易的冠字号信息与客户信息的有效关联。二是建立冠字号循环周期管理机制，以一次先取后存为一个周期，在反洗钱系统调取一个冠字号循环周期内的取现交易后，系统应自动匹配，将相应的多笔存现交易信息推送至反洗钱系统，便于反洗钱系统对资金去向进行追踪。

（二）运用大数据分析比对追踪大额现金交易对手

一是系统对大额现金交易进行冠字号标识后，冠字号将充当"桥梁"媒介，指向其"交易对手"，以还原中断的现金交易轨迹。通过冠字号系统反馈的同一循环周期的时间和业务标识号，在反洗钱监测报告系统内进行循环比对。二是判断冠字号整体匹配率。冠字号如呈现整体连续性和匹配率较高，说明该笔现金未有分散转移，交易对手相对集中且唯一，且循环周期时间越短，确认为交易对手的概率越大。

（三）构建大额现金异常监测模型挖掘可疑交易

通过冠字号数据关联定位，银行机构可构建大额现金业务洗钱监测模型，监测预警多种现金交易异常行为。一是针对"伪现金"交易，可以通过"冠字号为空"的监控模型精准定位；二是针对同柜存取，可通过冠字号的大批量整体匹配进行快速判断；三是针对现金清洗机构，对于以现金密集型特定非金融机构掩饰隐瞒现金来源的异常行为也可有效定位，如现金中长期包括来源于某些固定人员的大额现金，且占比较高、呈现持续性；四是发现隐藏交易对手，对于大额现金取现、资金去向不明的情况，可以通过数据关联，判断其实际控制人，从而实现犯罪资金的有效追缴。

金融机构反洗钱信息系统建设有效性研究

——基于陕西省金融机构反洗钱信息系统调查分析

■ 徐珊珊　邱虹　苑士威[1]

摘要： 金融科技迅猛发展推动金融行业加速进入数字化时代，反洗钱信息系统成为金融机构反洗钱流程管控、客户风险管理、交易监测分析的重要工具，在防范洗钱风险中发挥的作用日益凸显。本文通过对陕西省辖区 104 家金融机构反洗钱信息系统建设情况开展问卷调查，选取重点进行实地调研和风险评估，对当前金融机构反洗钱信息系统建设发展现状、存在的问题及原因进行深入剖析，并提出针对性的政策建议。

关键词： 反洗钱　信息系统　数据治理　监测分析　流程管控

近年来，科技发展对金融机构反洗钱工作带来深刻影响。通过反洗钱相关系统建设，金融科技已渗透至反洗钱履职全流程，成为推动法人监管的重要抓手、交易监测分析的重要工具、风险管控的重要武器，在短期内有效提升了反洗钱工作成效。鉴于反洗钱信息系统在金融机构履职中的重要作用，2021 年 6 月 1 日发布的《中华人民共和国反洗钱法（修订草案公开征求意见稿）》，明确将反洗钱相关系统存在机制性缺陷纳入处罚范围，必将促使各方更加重视反洗钱信息系统的建设与完善。

本次调研以陕西省金融机构为调查对象，对辖区 31 家法人金融机构、73 家分支机构发放调研问卷，覆盖银行、证券、期货、保险、信托八类、支付机构、基金等行业，样本情况如表 1 所示。

1　徐珊珊、邱虹、苑士威供职于中国人民银行西安分行反洗钱处。

表1 调研样本情况统计

单位：家

行业	法人	非法人	汇总
银行	4	33	37
证券	3	13	16
期货	3	4	7
基金	1	0	1
保险	2	17	19
支付	2	5	7
信托八类	9	1	10
村镇银行	7	0	7
汇总	31	73	104

本文遵循科学性、易收集性和针对性原则，从系统数据集成架构、系统功能完善性、客户身份识别、客户风险等级管理、黑名单监测、大额交易和可疑交易报告等六个维度构建金融机构反洗钱信息系统有效性评价问卷，每个维度下设若干个二级指标，共计136个指标。多为客观性问题，以标准化尺度了解各类金融机构反洗钱系统建设状况。在此基础上，选取行业重点机构进行走访座谈，以行业为主要维度评估系统功能，挖掘影响反洗钱履职问题产生的深层次原因，提出根源性对策建议。

一、金融机构反洗钱信息系统应用现状

从调研情况看，目前各金融机构普遍建立了反洗钱信息系统，系统升级迭代日益加快，外购数据资源库的种类和费用不断增加，科技人力资源投入持续扩张。金融机构搭建的洗钱防控体系已高度依赖反洗钱信息系统，机器学习、可视化分析、区块链、生物技术、大数据等技术被应用于交易监控、资金流向分析、可疑交易筛选，通过智能引擎，以技术创新带动观念和方法创新，不断提升反洗钱信息系统建设效能。

随着风险为本反洗钱监管不断深化，金融机构反洗钱信息系统与核心业务系统在最初要素完整性控制基础上，有了较大的发展和转变。一是逐渐由以账户为中心向以客户为中心转变。各金融机构借助外部付费数据库或官方免费数据库资源全面整合客户风险信息，构建起更加全面、真实、准确的客户画像，以有效防范客户带来的洗钱风险。二是金融机构交易监测标准建设的自主性增强，指标设计更加关注

洗钱风险和业务实际变化，并随着变化动态调整。监测指标与模型数量呈现逐年增加趋势，优化调整频率逐年攀升。

二、金融机构反洗钱信息系统建设存在的主要问题

虽然我国金融机构普遍建设了专业的反洗钱信息系统，但从系统功能和效率来看，行业间不均衡和行业内部不均衡现象同时存在，非银行金融机构整体建设水平落后于银行业机构，中小金融机构系统建设水平弱于行业头部机构，各金融机构在反洗钱相关系统建设上仍存在许多问题。

（一）非银行业金融机构反洗钱信息系统建设水平有待提升

1. 证券、期货等行业反洗钱信息系统未实现交易监测的全面覆盖

调研发现，证券、期货业非经纪业务系统建设处于起步阶段，相关数据未全面实现电子化，且大部分未与反洗钱信息系统实时对接，反洗钱信息系统无法实现经纪业务客户和非经纪业务客户的统一整合管理以及交易监测的全面覆盖。

2. 部分非银行支付机构、信托八类等机构反洗钱信息系统功能不完善

调研发现，非银行支付机构、信托八类等机构反洗钱信息系统建设整体问题较多，客户风险管理和监测分析功能存在缺陷。个别财务公司、预付卡收单支付机构未建立专业的反洗钱信息系统，反洗钱功能以模块形式搭载于核心业务系统，不能有效满足反洗钱履职的需要。

3. 非银行业金融机构反洗钱信息系统监测效能不足

调研发现，大部分非银行业金融机构仅能建立可疑交易监测指标，未能形成有效的监测模型，对洗钱及上游犯罪的监测针对性较为薄弱。其中，期货、支付、信托八类等行业机构监测指标或模型指向的涉罪类型明显较少，证券、保险等行业监测指标或模型指向的涉罪类型稍多，但是预警率水平较低，指标模型化还存在较大的优化空间。

（二）反洗钱信息系统与内控体系未能有效衔接

1. 金融机构内控制度与系统功能未有效匹配

一是制度内容与系统功能实现不一致，部分金融机构反洗钱信息系统未按照制度规定实现细节设计，如客户风险等级划分部分指标取数以及计算错误等。二是交易监测标准技术转化过程存在缩水现象，部分金融机构内控制度中规定的交易监测标准未在系统中全面实现。

2. 金融机构内控制度与信息系统未将流程管控有效衔接

调查发现，部分金融机构反洗钱信息系统和业务系统的流程管控功能发挥不足，内控制度与系统未将流程管控有效衔接。如系统未实现自动提示监测名单命中预警信息、未自动提示工作人员采取后续管控措施等功能，但相关管理制度是按照系统具备自动提示功能设计制定的，导致流程管控实际上出现盲区，影响了相关工作履职。

（三）反洗钱信息系统与业务系统数据整合有待加强

1. 反洗钱信息系统监测范围覆盖不全

调研发现，金融机构通常将核心业务系统的客户信息及交易信息同步到反洗钱信息系统，但核心业务系统并不能覆盖所有的业务产品条线，导致部分客户或交易数据未纳入反洗钱信息系统监测范围。如银行业机构核心业务系统通常未覆盖信用卡业务系统数据、证券期货业机构核心业务系统通常未包括非经纪业务数据等。

2. 反洗钱信息系统数据不准确

部分金融机构反洗钱信息系统中的数据与业务系统存在不一致的情况。一是反洗钱信息系统未采集最新数据。部分机构反洗钱信息系统在采集信息时未能有效整合，而是简单依赖个别系统，未经分析判断就直接导入，导致反洗钱信息系统中的部分数据可能不是最新数据。二是反洗钱信息系统数据不完整、不准确。部分金融机构反洗钱信息系统与业务系统、外部数据库衔接时存在编码格式、数据类型、字段定义不匹配、个别字符数据截断、缺少字段等现象，严重影响反洗钱数据质量。

（四）客户风险管理体系建设存在缺陷

1. 我国名单数据库市场基本被国外名单数据库提供商垄断

问卷统计发现，道琼斯（Dow Jones）、路孚特（Refinitiv）、睿也德资讯（Accuity）、律商联讯（LexisNexis）等国外名单数据库提供商占据我国黑名单库 98.43% 市场份额。另有 1.57% 的被调研机构名单数据库提供商为反洗钱信息系统的软件开发商，并非专业的名单数据库提供商。

2. 受益所有人识别数据的权威性不足

问卷调查发现，除国家企业信用信息公示系统，34.6% 的金融机构使用收费数据库开展受益所有人识别核对工作。数据提供商主要有中数智汇、企查查、鲸腾、元素征信和启信宝等，但其数据并非国家政府部门一手数据来源，不能有效保证数据的及时性和准确性。

3. 使用在线筛查引擎存在数据安全隐患

一是国外名单数据库提供商给客户提供相应的在线筛查引擎，使金融机构的预警数据在在线筛查引擎系统中留有记录和留痕。二是以企查查、天眼查等为代表的TOC端受益所有人数据库产品，以在线筛查方式供用户使用，同样留有记录和留痕，存在一定的数据安全隐患。当前，受益所有人数据、黑名单数据提供商均为市场商业化形式供给，在数据范围、数据准确性、数据及时性和权威性等方面仍存在诸多问题，制约了反洗钱信息系统客户风险管控能力提升，亟待加以引导和管理。

（五）现有反洗钱监测体系存在的主要问题

1. 可疑交易监测指标存在同质化问题

本次调研发现，72%的机构采用外购或共享开发方式建设反洗钱信息系统，直接或部分采用系统开发商提供的监测指标。系统开发商的选择在各行业较为集中，如图1—图4所示。作为采购方的金融机构会不同程度借鉴或使用开发公司的监测标准，但该标准未能根据各机构地域、客户风险特点量身设计监测指标，导致行业内监测指标同质化程度相对较高，且部分不符合机构自身风险实际。

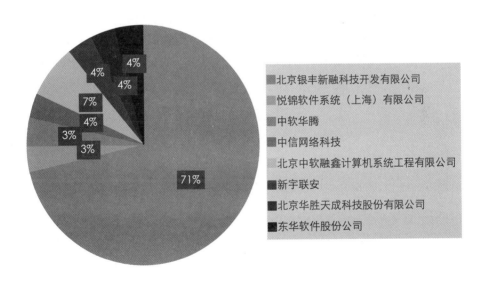

图 1　银行业主要开发公司

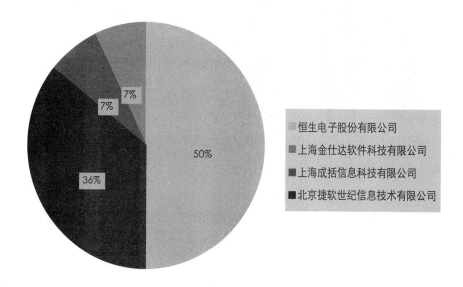

图 2　证券业主要开发公司

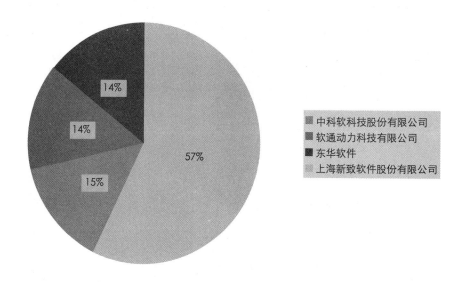

图 3　期货业主要开发公司

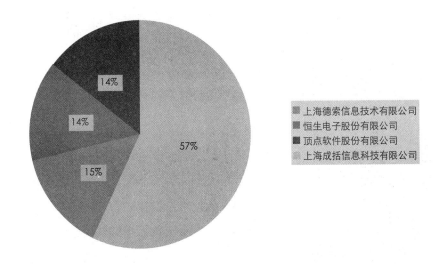

图4 保险业主要开发公司

2. 反洗钱信息系统预警交易的有效性普遍偏低

根据调查问卷统计，在风险监测过程中，各金融机构反洗钱信息系统的预警交易排除率较高，大部分在90%以上，部分甚至高达100%，如图5所示。其中支付行业预警交易排除率最低，为82.83%，其次银行业预警交易排除率为93.80%，其他行业预警交易平均排除率位于97.90%—99.96%的较高区间，说明反洗钱信息系统的预警交易有效性不高。

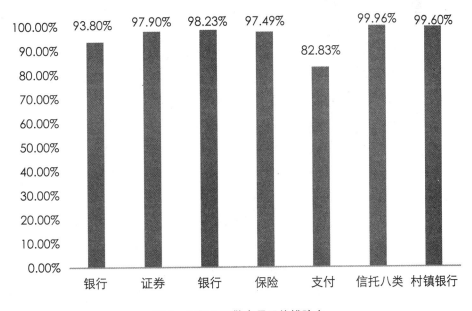

图5 各行业预警交易平均排除率

三、存在问题的成因分析

（一）系统建设动力取决于监管部门的政策要求和监管强度

一是监管处罚缺位导致金融机构缺乏系统建设精益求精的态度。目前在我国，反洗钱信息系统建设方面存在的问题未被列入监管处罚的范围，监管部门也未针对系统建设开展专项的风险评估与检查，金融机构尽管存在着利用系统降低工作成本、提高风险管控效能的意识，但对各类系统问题可能对反洗钱工作造成的影响没有足够重视，再加上系统问题不在处罚范围之内，导致系统建设水平的参差不齐，不能有效满足反洗钱工作需要。二是监管数字化水平制约机构反洗钱信息系统数据整合能力。金融机构反洗钱相关系统建设以监管部门的要求为导向，当监管部门的反洗钱数据标准不明确时，会导致金融机构忽视系统建设工作需求。如监管部门对调查数据反馈标准要求不统一，导致各机构以其业务系统数据源为标准，不利于调查数据的整合和分析运用。

（二）系统建设水平取决于洗钱风险状况和重视程度

各机构面临的洗钱风险程度及交易监测的工作量，决定了其对系统的依赖程度，再加上各金融机构因重视程度不同对科技资源投入存在较大差异，极大地影响了反洗钱信息系统的建设水平。银行业整体洗钱威胁大，交易监测工作量繁重，面临监管压力较大，亟待通过系统建设完善洗钱风险管控流程，提升反洗钱控制措施有效性，相比其他行业金融机构不仅在反洗钱信息系统建设方面投入资源更多，反洗钱信息系统功能更加完善，效能更为显著。

（三）系统数据整合效能取决于数据治理能力与水平

当前，金融机构反洗钱信息系统效能，受数据治理能力与水平影响较大。部分金融机构数据治理尚处于探索阶段，暂未从洗钱风险管理的角度规范反洗钱数据的管理与应用，数据管理仍以业务驱动为主，未按照反洗钱履职需求建立与各条线业务相兼容的底层数据标准，未有效实现数据源的集中管控和数据有效整合，进而影响反洗钱客户尽职调查与监测分析工作的有效开展。

（四）系统风险管控体系设计取决于反洗钱专业人才团队建设

当前，部分金融机构反洗钱专业人才团队缺乏复合型科技人才，未能在反洗钱信息系统建设中提出有效的技术需求以提升系统性能；未将信息系统建设作为内控流程的重要一环，通盘考虑各业务条线职能，设计风险管控流程，导致系统功能与内控制度的衔接、互补中存在很多薄弱环节，直接影响反洗钱工作的有效性。同时，反洗钱专业人才团队中监测分析人才也存在不同程度短缺，不能充分满足甄别分析工作的需要，人工分析能力和辅助信息资源不足，制约了风险管控能力进一步提升。

（五）系统监测分析水平取决于可疑交易监测标准建设能力

当前，洗钱手法日益复杂多变，金融机构洗钱类型分析不够全面深入，推动案例特征化、特征指标化、指标模型化的能力差别较大，存在大量单一性监测指标，导致可疑交易预警率和排除率均处于高位。特别是中小金融机构采用外购模式开发系统，通常会使用开发公司提供的通用版本监测标准，助长了金融机构在可疑交易标准设计方面的不作为。机构如果未针对自身产品、业务风险特点进行调整优化，将导致行业内部监测标准同质化程度较高。同时，行业开发公司市场易形成垄断趋势，同质化监测模型一旦泄露，监测效果将进一步弱化。

四、提升金融机构反洗钱信息系统建设有效性的对策与建议

（一）开展反洗钱信息系统专项监督检查，引导金融机构加大系统建设资源投入

监管部门应组织开展反洗钱信息系统专项评估或检查，加强检查频率与深度，推动机构不断完善系统功能。监管检查要坚持问题导向，制定反洗钱信息系统专项评估或检查方案，不仅要在微观层面对系统漏洞作出规范性和科学性评判，同时应加强在宏观层面的汇总分析，从制度、体制、机制方面分析问题产生的原因，切实提高金融机构对系统建设的重视程度和整改力度。

（二）强化反洗钱数据治理工作，促进反洗钱数据价值释放

完善数据标准建设。监管部门应构建监管数据标准体系，通过数字化监管规则确立，引导金融机构建设覆盖本机构全部业务、所有分支机构、外部监管及公开数据的数据标准体系，使不同业务系统底层数据标准高度统一。建立数据质量检测评估机制。坚持制度先行，把高质量数据要求融入对金融机构各业务部门、环节的履职过程和处理流程，建立数据间钩稽关系及数据校验等质量控制机制，实现对数据质量问题的周期性评估检验。

（三）加强金融机构反洗钱人才队伍建设，提升金融机构反洗钱系统建设能力

引导金融机构组建复合型反洗钱人才团队，增加科技反洗钱复合人才构成比例，借鉴创新金融科技，不断完善反洗钱相关系统风险管控流程设计，优化系统监测分析效能。定期开展金融机构反洗钱工作人员信息系统建设专项培训或经验交流会议，促

进信息共享，相互学习借鉴，夯实业务技能，提升系统建设自主能力和监测分析水平。

（四）推动金融机构提高交易监测模型自主构建能力，提升监测分析有效性

监管部门应定期开展金融机构监测模型比对工作，对模型、指标、参数高度雷同的机构进行预警提示，保持对金融机构洗钱风险监测模型有效性和差异度的及时关注。及时发布洗钱类型分析和风险提示，推动金融机构完善相应风险防控漏洞，丰富监测标准涉罪类型，根据行业、地域和机构情况设定个性化预警指标及阈值，避免监测标准在不同金融机构之间的同质化。

（五）构建外部风险信息共享机制，保障监测模型和数据安全

建立国家级反洗钱风险数据仓库，搭建风险监测名单、受益所有人共享平台。与国家市场监督管理局加强数据共享，为金融机构受益所有人识别解决核实数据源的问题。不定期发布各类风险名单，如商务部的不可靠实体清单，公检法已定罪贩毒人员、已定罪公职人员、重大经济犯罪人员名单等，保障名单的连续性和完整性。建立金融机构反洗钱系统开发公司"黑名单"或"风险提示"制度。监管部门或金融机构行业协会通过定期对金融机构反洗钱信息系统开发公司进行保密检查，防范开发公司对可疑交易监测模型的共享行为。

参考文献

[1] 邓琪. 我国金融业反洗钱机制优化研究——以 A 银行为例 [D]. 成都：电子科技大学 ,2018.

[2] 甘力. 我国反洗钱监管有效性研究 [D]. 成都：西南财经大学 ,2011.

[3] 罗玉冰，李哲. 反洗钱监测：国际经验与中国实践 [M]. 北京：中国金融出版社 ,2017.

[4] 刘传会，汪小亚，郭增辉. 机器学习在反洗钱领域的应用与发展 [J]. 清华金融评论 ,2019,(4):95-99.

[5] 兰志贤. 基于风险为本核心原则下的反洗钱审慎监管措施 [J]. 武汉金融 ,2013,(3):31-32.

香港反洗钱情况调研及加强证券公司香港子公司反洗钱管理的建议

■ 刘晓　卓晶晶　杨佳鑫[1]

摘要： 由于境内外监管环境、业务模式等方面存在差距，目前内地券商对境外子公司的反洗钱管理工作仍存在挑战。我司积极探索有效的香港子公司管理方式，通过法律法规学习、案例分析、同业调研等方式，了解香港反洗钱的监管环境、工作水平、行业实践等情况，并在此基础上梳理分析出主要境内外法规异同和香港子公司的管理建议。

关键词： 反洗钱　香港　证券　子公司管理

《法人金融机构洗钱和恐怖融资风险管理指引（试行）》（银反洗发〔2018〕19号）（以下简称19号文）对法人金融机构的集团化管理提出要求。2021年4月，中国人民银行发布的《金融机构反洗钱和反恐怖融资监督管理办法》（中国人民银行令〔2021〕第3号）再次强调了法人金融机构对境外分支机构、控股附属机构的管理。但由于境内外监管环境、业务模式等方面存在差距，目前内地券商对境外子公司的反洗钱管理工作仍存在一定难度。

近年来，多家内地券商的香港子公司因违反反洗钱规定被香港证券及期货监察委员会（以下简称香港证监会）处以千万级罚款。面对日益严峻的境内外反洗钱监管形势，我司积极探索有效的香港子公司管理方式，为内地券商加强对香港子公司的反洗钱管理工作提供思路。

一、香港反洗钱监管概况

本文将从反洗钱监管组织架构和反洗钱制度体系两方面介绍香港反洗钱监管

1　刘晓、卓晶晶、杨佳鑫供职于东方证券合规法务管理总部。

概况。

（一）香港反洗钱监管组织架构

香港已形成了有效的监管组织架构，反洗钱协调机制较为完善，打击清洗黑钱及反恐怖中央统筹委员会、香港政府机构、金融监管机构、联合财富情报组能够形成合力对反洗钱义务主体开展指导监督工作。

（二）香港反洗钱制度体系

香港的反洗钱制度体系较为完善，主要由反洗钱法律制度、监管行业指引、监管通函等组成。

（1）反洗钱基本法律制度主要包括《贩毒（追讨利益）条例》《有组织及严重罪行条例》《联合国制裁条例》《大规模毁灭武器（提供服务的管制）条例》《联合国（反恐怖主义措施）条例》《打击洗钱及恐怖分子资金筹集（金融机构）条例》。

（2）证券监管行业指引由香港证监会发布，主要包括《证券及期货事务监察委员会持牌人或注册人操守准测》《打击洗钱及恐怖分子资金筹集指引》。

香港证监会依据最新洗钱风险趋势和监管问题发现，不定期在其官网上发布反洗钱通函和反洗钱培训资料，起到风险提示、细化明确监管要求的作用。

二、香港反洗钱工作水平

香港作为国际金融中心，开展反洗钱工作较早，积极参与反洗钱国际组织。香港目前已基本贯彻了反洗钱金融行动特别工作组（FATF）的反洗钱及反恐怖融资建议，具备良好的反洗钱工作基础。

为了全面客观地反映中国香港目前的反洗钱工作水平，我们选取了美国、中国、中国澳门、中国香港在 FATF 第四轮互评估中的结果进行分析。

（一）技术合规性评估结果

在 FATF 第四轮互评估结果中指出，香港技术合规性评估结果较好，是 4 个被评估的国家／地区中唯一一个没有不合规指标的地区，"合规"和"大部分合规"的指标数量总和 35 个，所有核心指标均为"大部分合规"，具体情况如表 1 所示：

表1 FATF 技术合规性评估结果

国家／地区	合规数量	大部分合规数量	部分合规数量	不合规数量
美国	9	21	6	4
中国	7	15	12	6
中国澳门	22	15	2	1
中国香港	11	24	4	0

（二）有效性评估结果

在 FATF 第四轮互评估结果中，中国香港有效性评估结果较好，是 4 个被评估的国家／地区中唯一一个不存在有效性指标为"低"的地区，所有有效性指标均分布在中等以上，具体情况如表2所示：

表2 FATF 有效性评估结果

国家／地区	指标1	指标2	指标3	指标4	指标5	指标6	指标7	指标8	指标9	指标10	指标11
美国	较高	较高	中等	中等	低	较高	较高	高	高	高	高
中国	较高	中等	中等	低	低	中等	中等	较高	较高	低	低
中国澳门	中等	较高	较高	中等	较高	较高	低	低	中等	较高	较高
中国香港	较高	较高	中等	中等	中等	较高	中等	较高	较高	较高	中等

三、香港反洗钱处罚案例分析

本次调研期间，我司整理分析了 2019 年至今香港证监会处罚案例。其间因反洗钱工作不到位，香港证监会共对 9 家证券公司及 3 位证券公司高级管理人员进行处罚，处罚金额共约 28 亿港币，被处罚个人也受到暂时禁止重投业界、吊销牌照等处罚。

经分析，近年香港证监会的处罚要点主要集中在可疑交易监测、客户身份识别和名单筛查方面，具体情况见图1：

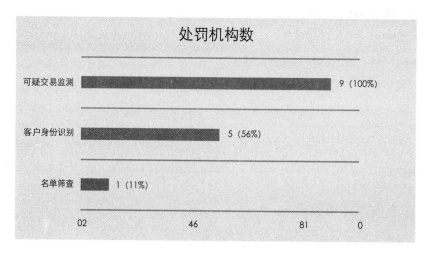

图 1　2019—2021 年香港证监会处罚案例汇总

（一）可疑交易监测

在受到监管处罚的 9 家券商中，因可疑交易监测问题受到处罚的券商 9 家，处罚占比 100%，是香港监管处罚的重点。在所有可疑交易监测工作存在缺陷的原因中，因第三方存款问题受到香港监管处罚的券商共 6 家，是目前处罚的重灾区，具体情况如表 3 所示：

表 3　香港监管处罚的 9 家券商

被处罚公司	处罚时间	是否涉及第三方存款
国信证券（香港）经纪有限公司	2019 年 2 月	是
讯汇证券有限公司	2019 年 8 月	否
邦盟汇骏证券有限公司	2020 年 2 月	否
交银国际证券有限公司	2020 年 4 月	是
西证（香港）证券经纪有限公司	2020 年 5 月	是
国泰君安证券（香港）有限公司	2020 年 6 月	是
高盛（亚洲）有限责任公司	2020 年 10 月	否
中顺证券期货有限公司	2021 年 3 月	是
溢利证券有限公司	2021 年 3 月	是

（二）客户身份识别

在所有受到监管处罚的9家券商中，因客户身份识别问题受到香港监管处罚的券商共5家，处罚占比56%，是监管重点关注领域，具体情况如表4所示：

表4　因客户身份识别问题受处罚的券商

被处罚企业	处罚时间
国信证券（香港）经纪有限公司	2019年2月
讯汇证券有限公司	2019年8月
邦盟汇骏证券有限公司	2020年2月
国泰君安证券（香港）有限公司	2020年6月
高盛（亚洲）有限责任公司	2020年10月

（三）名单筛查

在所有受到监管处罚的9家券商中，因名单筛查问题受到香港监管处罚的券商共1家，处罚占比11%，具体情况如表5所示：

表5　因名单筛查问题受处罚的券商

被处罚企业	处罚时间
邦盟汇骏证券有限公司	2020年2月

四、中国内地与香港反洗钱监管异同

（一）主要差异

1. 中国香港监管更强调金融机构风险管理自主性

香港反洗钱法律法规提出原则性反洗钱工作要求，未对各项反洗钱工作的具体做法做出要求。因此香港证券公司在开展反洗钱工作时，必须以风险为本自主制定符合公司业务实际的反洗钱政策和程序。

在监管的监督和检查过程中，同样遵循风险为本的原则，重点关注金融机构洗钱风险管理机制和流程的建立、洗钱风险管理各项工作的分析和决策过程等。

为更详细地说明这一方面中国内地与香港之间的监管区别，选取以下3个方面举例对比：

（1）可疑交易监测。

中国内地与香港可疑交易监测的要求如表 6、表 7 所示。

表 6　中国内地可疑交易监测的要求

制度名称	制度内容
《义务机构反洗钱交易监测标准建设指引》（银发〔2017〕108 号）	从基本原则、设计标准、系统开发、测试评估、动态优化、管理与保障措施等方面做出详细的规范。例如该指引要求：义务机构应当至少每年对监测指标以及运行效果进行一次全面评估，并根据评估结果完善监测标准。如发生法律法规修订，突发情况或者应当关注的情况，义务机构应当及时评估和完善监测标准 义务机构的评估指标至少可使用：预警率（监测预警的交易量／全部交易量）、报告率（可疑交易报告数／监测预警报告数）、成案率（可移交或立案的可疑交易报告数／可疑交易报告数）
《金融机构大额交易和可疑交易报告管理办法》（银发〔2017〕99 号）	义务机构应当按年度对交易监测标准进行定期评估，并根据评估结果完善交易监测标准。在推出新产品或新业务之前，义务机构应当完成相关交易监测标准的评估、完善和上线运行工作。义务机构总部制定交易监测标准，或者对交易监测标准做出重大调整的，应当按照规定向人民银行或其分支机构报备

表 7　中国香港可疑交易监测的要求

制度名称	制度内容
《打击洗钱及恐怖分子资金筹集指引》	金融机构应定期复核其交易监察系统及程序，包括（如适用）所采用的参数及门槛是否足够及有效。参数及门槛应以书面方式记录在案并独立核实，确保其运作所需
《有组织及严重罪行条例》《贩毒（追讨利益）条例》《联合国（反恐怖主义措施）条例》	金融机构如发现或怀疑任何财产有可能是犯罪得益，必须向联合财富情报组提交可疑交易报告

相比而言，中国内地对可疑交易监测标准的评估频率和指标设置标准给予了更明确的规定，同时要求金融机构每年上报监管机构可疑交易评估报告。

（2）客户风险等级划分。

中国内地客户风险等级划分要求如表8所示。

表8　中国内地客户风险等级划分要求

制度名称	制度内容
《金融机构洗钱和恐怖融资风险评估及客户分类管理指引》（银发〔2013〕2号）	金融机构确定的风险评级不得少于三级。 规定了金融机构可直接将客户规定为低风险和最高风险的情形。例如法规要求： 对于具有下列情形之一的客户，金融机构可直接将其风险等级确定为最高，而无须逐一对照上述风险要素及其子项进行评级： ①客户被列入我国发布或承认的应实施反洗钱监控措施的名单； ②客户为外国政要或其亲属、关系密切人； ③客户实际控制人或实际受益人属前两项所述人员； ④客户多次涉及可疑交易报告； ⑤客户拒绝金融机构依法开展的客户尽职调查工作； ⑥金融机构自定的其他可直接认定为高风险客户的标准

中国香港客户风险等级划分要求：《打击洗钱及恐怖分子资金筹集指引》中未对客户洗钱风险评估模型和直接定级情形做出具体规定。

相比而言，中国内地对客户风险等级评估模型要求和风险定级的要求给予了更明确的规定。

（3）机构洗钱自评估。

中国内地与香港机构洗钱自评估的要求如表9、表10所示。

表 9　中国内地机构洗钱自评估的要求

制度名称	制度内容
《法人金融机构洗钱和恐怖融资风险管理指引（试行）》（银反洗发〔2018〕19 号）	法人金融机构应当建立洗钱风险评估制度，对本机构内外部洗钱风险进行分析研判，评估本机构风险控制机制的有效性，查找风险漏洞和薄弱环节，有效运用评估结果，合理配置反洗钱资源，采取有针对性的风险控制措施
《关于印发〈法人金融机构洗钱和恐怖融资风险自评估指引〉的通知》（银反洗发〔2021〕1 号）	从总体要求、自评估内容、流程和方法、结果及运用等方面，进一步规范了洗钱风险自评估工作，对自评估义务机构有更好的指导作用
《金融机构反洗钱监督管理办法》（中国人民银行令〔2021〕第 3 号）	金融机构应当在总部层面建立洗钱和恐怖融资风险自评估制度，定期或不定期评估洗钱和恐怖融资风险，经董事会或者高级管理层审定之日起 10 个工作日内，将自评估情况报送中国人民银行或者所在地中国人民银行分支机构

表 10　中国香港机构洗钱自评估的要求

制度名称	制度内容
《致持牌法团及其有联系实体的通函—打击洗钱／恐怖融资筹集—经更新的打击洗钱／恐怖分子资金筹集的自我评估检查表》	持牌法团应使用自我评估检查表进行定期复核。香港证监会将在例行视察时，对其评估情况进行审核。 *《打击洗钱及恐怖分子资金筹集指引》未对机构自评估做出具体要求

　　相比而言，中国内地在机构洗钱风险评估方面的要求更加细化严格，例如在最新的反洗钱法规中对机构洗钱风险评估做出规定，并要求金融机构及时向监管上报评估结果。

2. 中国内地监管在统一细化的规定基础上不断强化风险为本理念

　　中国内地的反洗钱法律法规做出了统一、细化的规定，为各金融机构的各项反洗钱工作提供了有效的指导和规范。在此基础上，随着金融机构洗钱风险管理能力和客户反洗钱意识的不断提升，在目前法律法规的基础上，监管机构给予金融机构的灵活度也不断扩大。

（1）可疑交易监测指标如表 11 所示。

表 11 可疑交易检测指标更新

更新前	更新后
《金融机构大额交易和可疑交易报告管理办法》（中国人民银行令〔2006〕第 2 号）对可疑交易监测要求做出具体要求，例如证券公司、期货经纪公司、基金管理公司对 13 类情形必须上报可疑交易	《金融机构大额交易和可疑交易报告管理办法》（中国人民银行令〔2016〕第 3 号）对可疑交易指标设定做出调整，金融机构能够按照本机构的具体情况制定监测指标

（2）可疑交易报送时效如表 12 所示。

表 12 可疑交易报送时效更新

更新前	更新后
《金融机构大额交易和可疑交易报告管理办法》（中国人民银行令〔2016〕第 3 号）规定：金融机构应当在按本机构可疑交易报告内部操作规程确认为可疑交易后，及时以电子方式提交可疑交易报告，最迟不超过 5 个工作日	《中国人民银行关于修改金融机构大额和可疑交易报告管理办法的决定》（中国人民银行令〔2018〕第 2 号）将上报可疑交易的时间期限进行调整，更加符合风险为本的原则，具体规定为：金融机构应当在按本机构可疑交易报告内部操作规程确认为可疑交易后，及时以电子方式提交可疑交易报告

3. 中国内地的反洗钱系统建设更为成熟

目前中国内地券商投入大量资源建设反洗钱系统，反洗钱系统较为成熟，能够满足客户身份识别、客户洗钱风险等级划分、可疑交易监测、名单筛查等各项反洗钱工作。

中国香港监管并未要求反洗钱相关工作必须通过反洗钱系统开展，中国香港的券商存在反洗钱工作暂未实现系统化管理或系统有效性不高的问题。

（二）共同趋势

中国内地与中国香港的共同趋势是强调业务部门职责，加大处罚力度。通过处罚案例可以发现，香港证监会对高管的处罚，强调了业务部门高级管理人员的职责，例如在对国信证券（香港）的处罚中，2 名高管分别担任零售经纪业务主管和交易部主管，这一趋势与中国内地监管相同。

五、管理香港子公司的建议

我司就内地券商加强香港子公司的反洗钱管理给出以下建议：

（一）强调香港子公司工作自主性，重视风险管理工作留痕

内地券商在管理香港子公司时，应顺应香港监管的工作思路，强调香港子公司在洗钱风险管理工作中的自主性，督促香港子公司在监管法律法规的大框架下，充分评估本机构的洗钱风险，以风险为本原则建立本机构的洗钱风险管理机制，积极探索并有效落实各项洗钱风险管理措施。

同时内地券商应提醒香港子公司注意各项反洗钱工作分析决策的合理性和可追溯性，做好工作留痕，以更好满足公司内部反洗钱工作需求和外部监管检查要求。

（二）重视香港证券模式差别，加强高风险业务的风险管控

中国内地与中国香港的证券业务模式存在差异，给中国内地券商管理香港子公司带来挑战。我司从反洗钱角度梳理出 3 项因业务模式不同带来的洗钱风险的情况，包括第三方存付款、远程开户和现金使用。以第三方存付款为例，中国内地已实现了第三方存管的模式，因此第三方存款并不是中国内地券商的反洗钱关注重点，但香港并未全面实施第三方存管模式，第三方存款存在较高风险。

因此中国内地券商在管理香港子公司时，应提醒香港子公司对存在差异的业务模式给予特别关注，将子公司的反洗钱制度与香港子公司的实际业务相结合，防止因业务模式不同导致的洗钱风险管控疏漏。

（三）加强香港子公司的检查工作，积极推动发现问题整改

建议内地券商加强对香港子公司的反洗钱检查和稽核工作，确保检查和稽核形式、内容、频率设置合理，能够有效发现香港子公司在反洗钱工作中的薄弱环节。同时对检查和稽核过程中发现的问题，内地券商应积极推动子公司进行整改。

（四）完善反洗钱协调机制，加强日常反洗钱工作汇报沟通

有效的协调机制是内地券商加强香港子公司管理的基础，我司结合日常工作开展情况，建议从加强子公司反洗钱工作报告机制、强化反洗钱工作交流机制两个层面入手，不断加强交流沟通，共同探索反洗钱工作新方法、新思路，提高管理工作有效性。

关于委托销售模式下基金公司与销售机构反洗钱职责划分的相关建议

■ 贾丽丽　刘恋[1]

摘要： 委托销售模式下的基金公司与销售机构反洗钱责任划分问题，一直是基金行业乃至资管行业落实反洗钱义务的难点问题。销售机构基于各种原因难以配合提供客户身份信息，使代销客户尽职调查工作要求难以落地，严重影响基金公司反洗钱工作的有效开展。中国证券投资基金业协会建议从反洗钱工作有效性和商业利益格局考虑，以反洗钱相关法律法规修订为契机，考虑国内实践及国际经验，厘清各方责任，建议在委托销售模式下，基于对客户的认定，建立以销售机构作为反洗钱义务履行主体、基金公司作为有益补充的责任分配格局。

关键词： 基金公司　委托销售　反洗钱义务　客户

一、委托销售模式下公募基金反洗钱义务履行难点问题

从现行反洗钱法律法规及监管实践看，基金公司要对其全部客户履行身份识别、可疑交易监测等反洗钱义务，但是，多数基金公司的代销客户占其全部客户的90%以上，在委托销售模式下，基金公司难以获得客户信息，无法全面履行反洗钱职责，同时销售机构存在对代销客户反洗钱工作不重视、配合不到位的情况，反洗钱工作可能存在漏洞。

1　贾丽丽、刘恋供职于中国证券投资基金业协会。

（一）受制于商业利益及其他技术因素，基金公司难以获得客户信息，得不到相关工作配合

1. 由于商业利益格局以及渠道强势等因素，销售机构不愿提供客户信息及配合相关反洗钱工作

客户信息是销售机构的核心竞争力，销售机构担心基金公司获得客户身份信息后造成其客户流失，使其商业利益受损，不愿与基金公司分享客户身份信息，或提供的客户信息不完整、不准确。同时，在我国，银行、大型互联网渠道的销售机构，在获客方面掌握绝对主导权，也居于较为强势的地位，基金公司在获取客户信息方面没有谈判能力，在发现可疑交易的情况下，也较难得到销售机构的配合。

2. 受制于客户身份信息数据交互的实际执行难度，基金公司难以获取完整的客户信息

在实际执行层面，受到以下因素制约，基金公司难以获取完整的客户信息：一是销售机构客户核心系统与销售业务系统相独立，客户身份信息不能通过销售业务系统同步更新给基金公司，导致客户身份信息有效性不足。二是受制于反洗钱履职能力与机构内部沟通难度，部分销售机构提供客户身份信息的质量和时效难以达到预期效果。三是尽管中国证券登记结算有限责任公司已经在中央数据交换平台中设置了反洗钱相关客户信息传输字段，但由于法规没有强制要求销售机构提供信息，上述字段也并非必填项，导致信息交互不完整、不准确。

（二）责任分配不明晰容易导致反洗钱漏洞

基金公司与销售机构在反洗钱工作配合过程中存在的问题和困难，究其根本是相关法规将代销客户认定为基金公司的"客户"，将身份识别、可疑交易监测等反洗钱工作的最终责任划分给了基金公司，但是却并没有考虑行业特性及实践中遇到的问题，在法律法规上就销售机构、基金公司应各自承担的反洗钱义务、责任进行明确，使得基金公司在要求销售机构配合开展反洗钱工作时，在法律层面缺乏法理支持、在工作实操中手段不足。代销客户身份信息的缺失、销售机构的不配合，使基金公司的反洗钱工作难以有效执行，而销售机构由于不用承担代销客户反洗钱履职不力的最终责任，也存在对于这类客户的反洗钱工作不重视的情况，可能导致基金行业反洗钱工作存在风险或者漏洞。

二、合理界定委托销售模式下各方反洗钱职责划分的总体方案及可行性分析

截至 2020 年 6 月，证券基金经营机构资产管理业务规模为 39.85 万亿元（不包括银行理财、保险等），在资产管理行业市场总规模中约占 42%，在我国社会融资规模总量中约占 15%，已经成为直接融资的重要力量。充分重视、考虑资管行业的现实问题与行业特性，厘清各方责任，有利于反洗钱工作的有效开展，也有助于资管行业的健康发展。

（一）委托销售模式下反洗钱履职的总体方案建议

从反洗钱工作有效性和商业利益格局考虑，在委托销售模式下，基于对客户的认定，我们建议建立以销售机构作为反洗钱义务履行主体、基金公司作为有益补充的责任分配格局。建议在立法层面将资管产品的销售机构作为反洗钱义务主体，独立承担代销客户尽职调查、可疑交易监测等反洗钱职责，基金公司等资管产品管理人可以信赖或利用第三方机构尽职调查结果，并基于其开展业务和交易可获得的信息开展反洗钱工作，如发现相关问题或风险的，应当明确销售机构的配合义务。同时，将销售机构未按规定履行信息提供义务纳入处罚情形，法律责任上将金融机构有合理理由信赖第三方机构客户尽职调查结果作为免责情形。

（二）可行性分析

1. 法律关系合理性分析

从业务关系建立的角度理解，代销客户既与基金公司存在业务关系（信托法律关系），也与销售机构存在业务关系（销售服务等金融服务关系），本质上应属于双方共同的客户。销售机构与客户建立的销售服务关系，侧重于客户销售、交易环节，基金公司与客户间建立的信托法律关系，更侧重于投资运作环节。从法律关系分析，从我国《基金法》层面来说，销售机构是独立的一类业务主体，其应当作为反洗钱义务主体，需对其客户独立履行全面的反洗钱义务，将代销客户的反洗钱客户身份识别最终责任全部归属于基金公司并不符合《基金法》及相关法规的基本精神，也与国际反洗钱相关法规本质精神不符。

2. 国际监管标准及境外实践分析

尽管 FATF 新《40 项建议》第 17 项关于依托第三方的尽职调查规定了委托第三方进行客户尽职调查的最终责任仍由金融机构承担，即"客户尽职调查应遵循谁的客户谁负责原则，可以向第三方机构委托任务，但不委托责任"，但对于基金行业，

国际组织和成熟市场均有反洗钱的特别安排。

国际监管标准方面，国际证监会组织（IOSCO）发布的《基金反洗钱指引》中明确指出，在第三方机构满足特定条件[1]下基金公司有合理理由信赖第三方的，不承担第三方金融机构未充分履行客户身份识别等反洗钱义务的责任。

境外立法实践方面。美国证监会（SEC）与金融犯罪执法网络（FinCEN）联合发布的《联合最终规则：共同基金客户识别程序》，就共同基金的反洗钱问题进行了专门规定。其中，若信赖第三方满足所有特定要求[2]，则该共同基金将不会对第三方金融机构未能充分履行客户尽职调查义务承担责任。

此外，从英国、新加坡、中国香港等国家／地区的反洗钱立法实践来看，在二级结算模式下，反洗钱职责由销售机构承担，销售机构不向基金公司传送代销客户的相关信息。在压实销售机构主体责任的前提下，我国当前对于基金公司、基金委托销售业务的反洗钱履职要求已经高于国际立法和实践标准。

三、相关政策和实务操作建议

（一）反洗钱立法层面具体完善建议

1. 在《反洗钱法》中明确销售机构履行客户尽职调查的主体责任及罚

一是建议可将《反洗钱法》第二十九条："金融机构通过第三方识别客户身份的，应当评估第三方的风险状况及其履行反洗钱义务的能力，并确保第三方已经采取符合本法要求的客户尽职调查措施；第三方具有较高风险情形或者不具备履行反洗钱义务能力的，金融机构不得通过第三方识别客户身份；第三方未采取符合本法要求的客户尽职调查措施的，由该金融机构承担未履行客户尽职调查义务的责任"完善为"金融机构通过第三方机构识别客户身份的，应当确保第三方机构为本法规定的义务机构，并已经采取符合本法要求的客户尽职调查措施；第三方机构未采取符合本法要求的客户尽职调查措施的，由该金融机构承担未履行客户尽职调查义务的责任，但有合理理由信赖第三方的除外。第三方机构应当在客户尽职调查中向委托方提供必要信息，金融机构对客户身份信息的真实性、有效性或完整性有疑问的，或者怀疑客户涉嫌洗钱或恐怖融资的，第三方机构应配合金融机构开展客户尽职调

---

[1] 特定条件是指：（1）受到适当的反洗钱法律法规司法管辖，（2）制订了反洗钱计划，（3）监督并采取措施遵守客户尽职调查要求。

[2] 特定要求共有三点：一是可信赖的第三方需满足美国当地反洗钱法律法规要求；二是受联邦职能监管机构的监管；三是共同基金必须与其签订协议，要求第三方每年向共同基金证明已履行了反洗钱义务。

查等反洗钱工作"。

二是建议可将第五十二条行为罚则一中的第一款，"未按照规定开展客户尽职调查的"完善成为"未按照规定开展客户身份尽职调查或未按照规定履行客户尽职调查等配合义务的"。

2. 对"2 号令"修订草案的完善建议

一是建议对资管产品委托销售模式下的客户尽职调查与通过其他机构开展客户尽职调查的要求进行区别，可在"2 号令"即《金融机构客户身份识别和客户身份资料及交易记录保存管理办法》修订草案第三十九条前增加一条："金融机构委托第三方机构向客户销售资管产品的，如资管产品的销售机构接受反洗钱和反恐怖融资监管或者监测，并根据反洗钱和反恐怖融资法律、法规和本办法的有关要求采取客户尽职调查、客户身份资料和交易记录保存措施，金融机构可信赖第三方机构所提供的客户尽职调查结果，不再重复进行已完成的客户尽职调查程序。金融机构对客户身份信息的真实性、有效性或完整性有疑问的，或者怀疑客户涉嫌洗钱或恐怖融资的，上述销售机构应配合金融机构开展客户尽职调查等反洗钱工作。"

二是建议可将"2 号令"修订草案第三条第二款规定完善为"金融机构应当根据客户特性、地域、业务、行业等因素，评定客户洗钱和恐怖融资风险等级，持续关注客户的风险状况、交易情况和身份信息变化，及时调整客户洗钱和恐怖融资风险等级。资管产品委托销售模式下，金融机构可基于从销售机构处可获得的信息对客户洗钱和恐怖融资风险等级进行初步评定……"。

（二）基金行业实际操作层面履职内容建议

在实际操作中，销售机构独立履行客户尽职调查等反洗钱责任，基金公司在客户风险分类、可疑交易报告以及名单监测方面，基于其可取得或掌握的客户身份及交易信息履行相应的反洗钱义务。

基金公司履职内容：一是对直销客户履行包括客户尽职调查、客户洗钱风险分类、可疑交易报告、名单监测在内的全面反洗钱义务。二是对销售机构开展准入尽职调查，即对销售机构反洗钱机制健全性和履职有效性进行评估，如经过评估，基金公司有合理理由信任销售机构反洗钱客户尽职调查工作符合法律法规要求，基金公司无须对代销客户进行重复尽职调查。三是根据基金公司与销售机构的利益格局，基金公司基于其可取得或掌握的客户身份信息（经常是三要素）及交易信息履行反洗钱义务，一旦发现客户身份信息的真实性、有效性或完整性有疑问的，或者怀疑客户涉嫌洗钱或恐怖融资的，应及时告知销售机构，要求销售机构配合开展客户尽职调查等反洗钱工作，并信赖销售机构的客户身份识别结果。如基金公司已经履行告知义务，由于销售机构拒绝提供客户信息或配合客户尽职调查，使反洗钱工作出现问题的，可免除基金公司相应的责任。

销售机构履职内容：一是对销售机构客户履行客户身份识别职责。销售机构在与客户建立业务关系时，应按照中国人民银行客户身份识别要求对代销客户开展初次识别工作，核对客户身份证明文件、登记并留存客户基本身份信息，在业务存续期间，对客户开展持续身份识别工作，及时更新客户身份信息，并承担未履行客户身份识别的主体责任。二是对销售机构客户全面履行客户风险分类、可疑交易监测、黑名单监控等方面的反洗钱法定义务。三是对基金公司委托销售的客户承担尽职调查的配合义务。如基金公司怀疑客户涉嫌洗钱或恐怖融资的，销售机构应根据基金公司的要求配合开展客户尽职调查，并向基金公司提供必要的客户身份信息，或根据基金公司提供的客户交易线索履行可疑交易分析和报送工作职责，并承担因尽职调查不充分或拒绝提供客户信息造成的可疑交易错报、漏报的责任。

参考文献：

[1] FINAL REPORT：ANTI-MONEY LAUNDERING GUIDANCE FOR COLLECTIVE INVESTMENT SCHEMES, IOSCO, OCTOBER 2005.

[2] Customer Due Diligence Requirements for Financial Institutions, 31 CFR Parts 1010, 1020, 1023, et al. July 2016.

依法合规履好职　多方联动终胜诉

——湖南省首例反洗钱被诉案回顾

■ 沈喜健[1]

摘要： 招商银行长沙分行在风险排查时发现，某公司及其法人代表开立的账户存在伪冒身份证开户、大额可疑交易、受益所有人无法识别及涉敏感关联交易等情形。分行及时进行冻结管控，并通知其销户。该客户拒不接受管控措施，并提起诉讼。在中国人民银行长沙中支和招商银行总行的指导下，分行深入分析案件，收集证据材料，研究答辩思路，最终获得胜诉。该案件为化解因合规履职所产生的纠纷积累了经验，更为全行业反洗钱工作提供了可资参考的司法判例。

关键词： 履职　案件　胜诉　司法判例

2020年4月14日，招商银行长沙分行接到长沙市开福区人民法院的传票，原告龙某及湖南W生物科技有限公司以其账户被招商银行非法冻结为由，要求招行停止对其账户的非法冻结，恢复该账户的正常使用，并承担原告律师费和本案诉讼费。收到传票后，招商银行长沙分行高度重视，立即成立专案组。在总行法律合规部的指导下，深入分析案件情况，广泛收集证据材料，周密研究答辩思路，充分做好开庭前各项准备工作，积极进行应诉。

2020年6月28日，长沙市开福区人民法院一审判决："驳回原告龙某及湖南W生物科技有限公司的诉讼请求，案件受理费由原告承担。"原告未提出上诉，本案以一审判决结案。至此，湖南省首例反洗钱被诉案尘埃落定，招行长沙分行胜诉。这起胜诉案件为化解未来可能面临的因合规履职所产生的纠纷积累了宝贵经验，更为全行业反洗钱工作提供了具有典型意义的司法判例。

1　沈喜健供职于招商银行长沙分行法律合规部。

一、客户背景

客户龙某分别于 2012 年 1 月 20 日、2015 年 10 月 20 日、2016 年 3 月 31 日，先后持 2 张不同名字的身份证在招行长沙分行下辖的不同营业网点开立三个个人账户。截至 2020 年 5 月 28 日本案开庭日，龙某开户时使用的两张身份证件仍能正常通过中国人民银行身份证联网核查。

龙某担任法定代表人的湖南 W 生物科技有限公司（以下简称 W 公司）于 2016 年 1 月 20 日在开福支行开户，主营业务为食品、化妆品、保健品等的研发，母婴用品、日用品、肥料、新能源产品等的研发、生产、销售，及技术开发、咨询、转让、服务、推广等。对 W 公司持股比例为 83.33% 的控股股东是上海××农业科技有限公司，上海××农业科技有限公司的全资股东是 WX 控股（集团）有限公司，该公司设立在中国香港，W 公司无法提供最终受益所有人的任何信息。

此外，通过行内反洗钱监测分析系统发现，在 2016 年至 2018 年期间，W 公司账户与龙某个人账户之间存在多笔较为频繁的、大额公转私交易，累计金额高达人民币 2000 多万元，其交易背景的合法性有待进一步核查。招行长沙分行于 2016 年 5 月 28 日、2016 年 6 月 12 日、2016 年 7 月 7 日、2016 年 7 月 17 日向中国人民银行长沙中心支行上报可疑交易报告四次。

二、案件起因

招行在进行风险排查时发现，W 公司及其法人龙某开立的账户存在伪冒身份证开户、大额可疑交易、受益所有人无法识别及涉敏感关联交易等情形。在总行的指示下，长沙分行于 2018 年 8 月对 W 公司及其法定代表人龙某的银行账户进行了行内冻结管控，限制其非柜面交易，并多次通知 W 公司及龙某前来办理销户。W 公司及龙某一直拒绝销户，认为"未经司法机关依法出具法律文书，银行无权随意冻结存款人账户"。经多轮协商无果，W 公司及龙某遂向湖南省长沙市开福区人民法院提起诉讼，要求恢复 W 公司及龙某所有账户的正常使用。

三、案件争议焦点

争议焦点之一：招行是否对 W 公司及龙某名下的案涉账户进行了非法冻结?

W 公司及龙某认为，招行对其账户进行了"非法冻结"，认为对案涉账户采取的管控措施既无法定依据，亦未取得司法机关依法出具的法律文书。

真实情况是 W 公司及龙某存在大额可疑交易、受益所有人无法识别及涉敏感关联交易等情形，招行对 W 公司及龙某的案涉账户采取的管控措施只是银行内部冻结，限制其非柜面业务，不同于有权机关的冻结，且采取的相关措施符合监管规定及合同约定，并无不当。相关的依据如下：

（1）《中国人民银行关于加强支付结算管理防范电信网络新型违法犯罪有关事项的通知》第二条加强支付账户转账管理中第（十一）款规定："如发现存在异常的，应当按照审慎原则调整向单位和个人提供的相关服务。"

（2）《中国人民银行关于加强反洗钱客户身份识别有关工作的通知》第三条加强特定业务关系中客户的身份识别措施中第（二）款规定："义务机构采取有效措施仍无法进行客户身份识别的，或者经过评估超过本机构风险管理能力的，不得与客户建立业务管辖或者进行交易；已建立业务关系的，应当中止交易，必要时可终止业务关系。"

（3）《招商银行个人存款账号须知》第十二条规定："根据国家有关金融法律法规规定，如申请人账户交易异常，招商银行有权采取相应的交易限制措施；如银行通知申请人于规定期限内办理销户手续，申请人逾期未办理则视同自愿销户，招商银行可以停止该账户金融服务并关户，由此造成的责任和损失由申请人自行承担。"

（4）《招商银行人民币单位银行结算账户管理协议》第十五条约定："甲方应当依照可适用的法律法规使用乙方提供的金融服务，如乙方发现甲方账户交易异常或涉嫌洗钱，乙方有权单方面暂停提供一项或多项金融服务，并可要求甲方配合尽职调查、补充证明文件或者在指定期限内办理销户及相关手续；甲方逾期未办理则视同自愿销户，乙方可以停止金融服务并关户，由此造成的责任和损失由甲方承担。"

争议焦点之二：龙某是否涉嫌伪冒身份证开户？

龙某在庭审中否认开户时已签字确认了《招商银行个人存款账户须知》及《招商银行"一卡通"章程》，且认为其不存在伪冒身份证开户情形，要求将案涉账户恢复正常使用。

事实上，龙某于 2016 年 3 月在申请开立银行卡（卡号：62××77）时，开福支行即向龙某提交了对所有存款账户适用的《招商银行个人存款账户须知》及《招商银行"一卡通"章程》。同时，龙某还用另一张身份证在招行长沙分行的另一家网点申请开立了银行卡（卡号：46××77），该身份证被长沙市公安部门于 2020 年 3 月 26 日注销后，龙某未将相关情况告知该网点，也未进行账户注销。

庭审中，龙某承诺在一周内，配合办理该注销身份证项下银行卡的注销或更名手续，但其并未按照庭审中的承诺及时处理。开福支行对账户采取的内部管控措施，符合《中国人民银行关于加强支付结算管理防范电信网络新型违法犯罪有关事项的通知》第一条加强账户实名制管理中第三款的规定："自 2017 年 1 月 1 日起，银行和支付机构对经设区的市级及以上公安机关认定的出租、出借、出售、购买银行账户或者支付账户的单位和个人以及相关组织者，假冒他人身份开设银行账户或者支付账户的单位和个人，5 年内暂停其银行账户非柜面业务、支付账户所有业务，3 年内不得为其新开立账户。"

争议焦点之三：招行是否应该恢复案涉账户的非柜面交易？

W 公司及龙某认为，招行限制其案涉账户非柜面交易没有合法依据，要求我行立即恢复。

而实际上，直至本案结案，W 公司及龙某对于其案涉账户所涉的较为频繁的大额、可疑交易均未提交合理排除的证明，因此不能恢复其非柜面交易。理由如下：

根据《人民币银行结算账户管理办法》第八条规定："银行结算账户的开立和使用应当遵守法律、行政法规，不得利用银行结算账户进行偷逃税款、逃废债务、套取现金及其他违法犯罪活动"；第四十条规定："单位从其银行结算账户支付给个人银行结算账户的款项，每笔超过 5 万元的，应向其开户银行提供下列付款依据：（一）代发工资协议和收款人清单。（二）奖励证明。（三）新闻出版、演出主办等单位与收款人签订的劳务合同或支付给个人款项的证明。（四）证券公司、期货公司、信托投资公司、奖券发行或承销部门支付或退还给自然人款项的证明。（五）债权或产权转让协议。（六）借款合同。（七）保险公司的证明。（八）税收征管部门的证明。（九）农、副、矿产品购销合同。（十）其他合法款项的证明。从单位银行结算账户支付给个人银行结算账户的款项应纳税的，税收代扣单位付款时应向其开户银行提供完税证明。"

争议焦点之四：招行是否应当承担本案原告的律师费？

W 公司及龙某要求招行承担其为处理本案而支出的律师费。

实际上在本案中，招行没有违法违约行为，招行基于 W 公司及龙某案涉账户交易状况对其账户采取限制其部分交易权限的措施，并无不当，且原被告双方没有关于律师费承担的合同约定，律师费不是原告的必然损失，招行不应承担原告律师费。

四、案件启示

作为湖南省首例反洗钱被诉案件，经过艰苦努力、协同作战，招行长沙分行争取到了法院的支持，并最终赢得了诉讼。回顾整个过程，有以下几点启示值得借鉴。

（一）坚持主动作为，洗钱风险管控有力

分行依法依规履职是本次案件胜诉的关键。前期，经过风险排查与监测分析，分行发现 W 公司及龙某的账户存在大量的可疑异常行为及相关证据，根据总行涉敏感风险排查工作的要求，对 W 公司及龙某在我行的账户及时采取了中止非柜面业务及行内户口冻结措施，有效规避了洗钱风险。

同时，对 W 公司及龙某的账户采取的管控措施及多次沟通均建立在依法依规的基础上。2016 年，分行对 W 公司及龙某的大额可疑交易实施了严密监测，先后4 次向中国人民银行上报 4 次重点可疑交易报告。分、支行日常业务严格按照法律法规和规章制度操作，并留存原始记录，为在法庭上举证创造了有利条件。

（二）坚持多方联动，周密部署应诉措施

接到法院传票后，分行高度重视，及时向总行以及中国人民银行长沙中心支行反洗钱处汇报，获得了监管部门及总行的大力支持和专业指导。根据总行指示，分行向法院申请不公开开庭审理本案，并精心准备各项应诉工作。分行法律合规部、外聘律师、开福支行先后召开 8 次会议分析案情，并制订详细的应诉方案。一方面采取积极报案，重新梳理案件证据等措施"充分备战"。另一方面，向法院申请延期开庭，以获得更充分的举证时间。

同时，分行与法院多次真诚沟通。结合反电信诈骗这一当前社会热点，着力争取法院原则性支持。就法官及原告提出的各项疑问，分行组织反洗钱、法律团队积极梳理相关政策法律法规以及规章制度，及时补充举证材料。针对法院对反洗钱相关制度较为生疏，并一度认为中国人民银行相关监管制度及招行的管理办法属于部门规章和内部文件，法院不予采信这一情况，分行在应诉时，阐述了中国人民银行监管制度及招行内部文件来源于《反洗钱法》的法律依据。并从维护金融秩序和金融安全出发，表明该案判决结果具有典型司法意义和重大社会影响，最终得到审判庭庭长及主审法官的理解和支持。

（三）坚持合规优先，客户服务严守底线

银行是一个服务行业，对客户服务都很重视。同时，维护消费者正当权益，也是银行的应尽的责任。招行的服务意识和服务质量一直走在各家银行前列，着力打

造"最佳客户体验银行"。但在为客户提供服务的过程中必须坚持合规优先，绝对不能突破底线，一味迁就客户的某些不正当要求。

本案例中，招商银行实施账户管控后，及时与 W 公司及龙某进行联系，劝其前来销户，遭到了 W 公司及龙某的拒绝后又先后 5 次主动与其沟通协商，一再被其拒绝。在此过程中，分行耐心细致地做好解释工作。但客户态度强硬，在协商无果的情况下，W 公司及龙某以非法冻结其账户为由向法院提起诉讼。招商银行积极进行应诉，并最终胜诉，既有效地防范了洗钱风险，又很好地维护了法律的尊严。

严监管背景下农业政策性银行反洗钱履职的经验与挑战

■ 张晓霞[1]

摘要：近年来，国内外反洗钱工作形势日益严峻，洗钱风险逐步加剧，监管手段不断严格。本文主要从国内外角度论述当前反洗钱监管工作情况，以农业政策性银行反洗钱工作现状为基础，分析严监管背景下反洗钱履职的经验与挑战，旨为进一步增强农业政策性银行防范和化解金融风险能力，提升反洗钱工作质效，保障社会经济稳健运行。

关键词：防范化解金融风险　风险管理　反洗钱履职

反洗钱工作是保障经济稳健运行的重要因素，是维护金融安全、促进双向开放的重要抓手。自 2020 年新冠疫情发生以来，在国内外政治经济等多种因素影响下，反洗钱形势发生了深刻而复杂的变化。当前，反洗钱监管日趋严格，逐步告别打钩式合规，国际反洗钱标准由"规则为本"过渡到"风险为本"。因此，在反洗钱工作严监管的背景下，农业政策性银行作为具有政策属性的银行，分析其在履职过程中存在的经验与挑战，对进一步提升农业政策性银行风险防范能力、保障经济稳健运行具有重要意义。

一、当前国内外反洗钱监管工作情况

（一）法律政策监管趋严

2019—2020 年国际洗钱丑闻不断，较多国家纷纷从立法层面弥补监管制度漏洞。例如，新加坡金融管理局（MAS）于 2019 年发布《预防洗钱和打击资助恐怖主义行为》，又于 2020 年发布《数字支付令牌服务提供商指南》；2020 年，韩国国会

1　张晓霞供职于中国农业发展银行巴彦淖尔市分行。

全体会议通过特殊金融法；欧盟于 2020 年实施第五项反洗钱指令 AMLD5，首次通过加密服务提供商，如虚拟货币—法币交易所或托管钱包提供商等来扩大其监管范围。

而我国国内监管政策也日益更新完善。2020 年，监管机构针对金融机构，先后发布《网络小额贷款从业机构反洗钱和反恐怖融资工作指引》《中国银保监会办公厅关于预防银行业保险业从业人员金融违法犯罪的指导意见》等文件，《刑法修正案（十一）》又将"自洗钱"行为纳入其中，同时，我国积极开展"天网 2020"行动、"断卡"行动等；2021 年，发布《金融机构反洗钱和反恐怖融资监督管理办法》，积极面向公众征求《金融机构客户尽职调查和客户身份资料及交易记录保存管理办法（修订草案）》意见，不断完善规章与规范性文件。

（二）监管处罚力度加大

近年来，反洗钱强监管的态势逐步形成，国内外处罚力度逐渐增强。2020 年，国际反洗钱、制裁及相关综合执法行动共计 139 笔，涉及金融机构 152 家，罚款 44.45 亿美元（约 299.33 亿人民币）。2021 年 1 季度，依法处罚共计 52 笔，涉及金融机构 50 家，罚款 3.86 亿美元（约 25.35 亿人民币）。

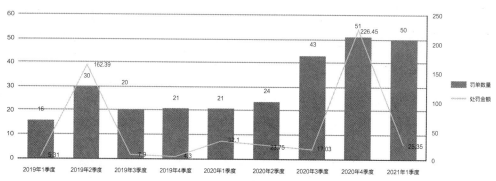

图 1　国际季度处罚分布表

2020 年，中国人民银行系统反洗钱部门依法处罚机构 385 家，罚款 45698.02 万元，是 2019 年度处罚金额的 2.13 倍，其中单位处罚金额为 43834.43 万元，个人处罚金额为 1863.59 万元，双罚比例为 98.18%。2021 年 1 季度，依法处罚机构 64 家，罚款 9130.38 万元，其中单位处罚金额为 8690.26 万元，个人处罚金额为 440.12 万元，双罚比例为 95.31%。

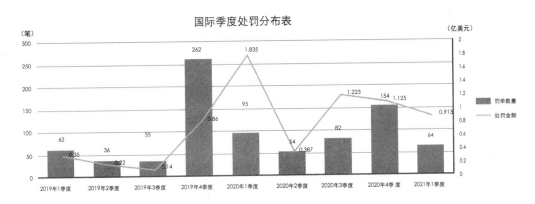

图 2　国内季度处罚分布表

（三）国内国际合作深化

我国自 2007 实施反洗钱法以来，加入涉及反洗钱国际公约，包括《联合国反腐败公约》《联合国打击跨国有组织犯罪公约》《联合国关于制止向恐怖主义提供资助的国际公约》等，并于 2019 年正式轮值为反洗钱金融行动特别工作组（FATF）主席。现阶段中国反洗钱工作逐步向国际标准看齐，理念已由"规则为本"进一步过渡到"风险为本"。并根据 FATF 规则，中国须在 2022 年 4 月底前完成合规性整改，2024 年完成有效性问题整改，因此，国内监管机构将着力推进金融机构反洗钱工作由形式合规向实质有效方向转变，突出风险评估与执法检查"双支柱"监管，严监管强处罚态势已不可逆。

二、农业政策性银行反洗钱工作现状分析

（一）反洗钱工作基本情况

中国农业发展银行于 1994 年成立，共有 31 个省级分行，338 个二级分行，1828 个县级支行。现阶段中国农业发展银行反洗钱工作形成了以行长任组长、分管行长任副组长、各处（部）室负责人为成员的反洗钱工作领导小组，负责安排和部署反洗钱工作，其中，内控合规处（部）为反洗钱工作的牵头部门，设立反洗钱工作专门岗位，制定专人负责反洗钱具体工作，在领导小组部门成员内部设立兼职岗位，各处（部）室负责人为本部门反洗钱兼职人员。自 2019 年支行反洗钱档案移交信贷部门以来，县级支行逐步形成以行领导为组长，信贷业务部、会计结算部与办公室为成员的反洗钱领导小组。

（二）反洗钱内控制度情况

中国农业发展银行反洗钱内控制度以中国人民银行及相关监管机构规章制度为基础，依据自身情况，严格落实洗钱风险防控、预警和处理程序以及相应的反洗钱要求，由总行至四级行逐步制定修订反洗钱相关制度。

（三）反洗钱运行机制分析

中国农业发展银行统一使用总行研发的反洗钱管理系统。新开客户身份识别由客户部门开展尽职调查，客户部门主管负责核查客户证件，确认是否完成受益所有人与控股股东穿透性审查，提交反洗钱领导小组审批准入，完成后营业机构可在洗钱风险管理能力范围内为符合条件的客户开立账户。其中，客户身份资料由客户经理保存，客户交易记录及其他资料由会计部门保管。

可疑交易案例由系统按照异常交易规则筛选，筛选后的可疑交易先由支行柜面人员进行初步甄别，提出意见，然后交由客户部门主管，主管员运用客户尽职调查等结果对交易提出排除或上报意见，提交至反洗钱领导小组审批，若确认为可疑交易案例则逐级上报至总行，同时提交当地人民银行。

三、反洗钱严监管背景下经验与挑战

（一）严监管背景下农业政策性银行反洗钱工作经验

在当前反洗钱严监管背景下，中国农业发展银行作为农业政策性银行与其他金融机构相比，其在服务对象、客户身份识别与账户资金监测具有一定优势：

1. 聚焦企业客户，跨部门精准临柜离柜识别

中国农业发展银行主营对公业务，并不开展个人业务，企业客户中，国有或国有控股企业占据一定比例，因此，与其他金融机构相比，农发行反洗钱客户识别工作量较小并且客户群体较为集中。在反洗钱严监管背景下，农发行企业客户身份识别以跨部门合作为基础，各部门借助国家企业信用信息公示系统、联网核查系统、市场监督管理部门网站等核实企业信息，同时，开展实地调研，精准实现客户临柜离柜识别。

2. 实现持续识别，及时更新企业客户资料

中国农业发展银行客户群体大多以贷款客户及贷款上下游企业客户为主，营销存款客户数量较之前稳步上升。依据农发行贷款评级授信、贷款审批及贷后管理等相关管理办法，要求客户经理时刻关注企业信息变更状况，及时开展反洗钱存量客户持续识别工作。同时自 2019 年起，账户管理及反洗钱相关监管要求逐步趋严，

农发行积极推进企业账户管理与反洗钱工作规范化、标准化,实现无效账户能销尽销,企业客户资料持续更新。

3. 网银账户监管,严格监管账户资金流向

为进一步优化线上业务,中国农业发展银行于2018年上线网银系统,2021年上线超级网银系统。为保证监管账户资金,履行反洗钱监测职能,中国农业银行网银开通时设置监管账户,网银账户资金流出需营业机构落地审核,同时,资金支付需提前向资金计划部门提交支付计划。因此,与其他商业银行比较能够严格监管账户资金流向,深入分析大额交易与可疑交易案例。

(二)严监管背景下农业政策性银行反洗钱工作挑战

在当前反洗钱严监管背景下,农业政策性银行虽然不断完善反洗钱内控制度,提升反洗钱工作质量,但仍存在以下几点不足之处:

1. 重要性认识不足,风险为本理念未形成

一是反洗钱工作重要性认识不足,仍处于以规则为本阶段,未形成风险为本的合规文化理念,进一步使得部分基层行开展反洗钱工作以不被监管部门处罚为目的。二是农发行虽然逐步提高人员配备以满足形式"合规",但未能及时根据"风险为本"的监管规则及时调整反洗钱工作思路与方法。

2. 培训标准未统一,反洗钱专业人才匮乏

一是培训标准具有差异性,现阶段农发行培训以辖内自主开展培训为主,积极参加人民银行等机构组织的培训,但可能培训内容具有差异性,对于不同的政策指导具有理解性偏差。二是反洗钱专业人才匮乏,反洗钱岗位的工作人员不稳定,部分反洗钱的工作人员在岗位调整后未接受系统性岗前培训,进一步制约反洗钱工作效果。

3. 过于依赖监测系统,可疑交易分析能力弱

农发行现行交易分析主要通过反洗钱管理系统自动筛选可疑交易,人工再开展甄别工作,可疑交易信息收集与分析能力较弱。同时,在监测过程中较为关注历史信息,主要强调对特定账户的几笔历史交易信息的反应,分析检测大多是离散的,在一定程度上忽视了对账户的持续监测。

四、进一步提升反洗钱工作质量建议

(一)提高认识,推进由"规则为本"到"风险为本"

为进一步提升农业政策性银行反洗钱工作质量,农发行总行已逐步将"风险为

本"理念融入反洗钱工作机制及工作流程中，基层行要依据风险理念细化反洗钱工作领导小组职责，构建分工合理、职责明确的反洗钱组织架构，将"风险为本"的原则贯穿于业务发展全流程，统筹推进政策性银行反洗钱工作告别打钩式合规，由"规则为本"过渡到"风险为本"。

（二）加强培训，统一监管机构与营业总部培训标准

一是加强学习培训力度，统一监管机构与营业总部培训标准。政策性银行上级行应积极实现上对上培训标准化，由上至下逐级开展规范标准的政策解读与反洗钱工作培训。二是各级行定期开展反洗钱知识培训班，重点关注反洗钱轮岗人员与新入行员工岗前培训，规范反洗钱操作流程，提升合规风险和操作风险管理能力，培养专业的反洗钱岗位人员。

（三）持续识别，提升反洗钱可疑交易监测分析能力

一是严格落实反洗钱规章制度，切实做好洗钱类型分析，实现账户的持续监测。针对收集的洗钱风险信息，采用科学规范的方法，结合农业政策性银行自身业务特点，围绕客户类别、交易渠道和特征、业务操作环节、地域特征等方面，切实做好洗钱渠道、方式、手法的类型分析，进一步运用信息共享和网络等，准确提炼出洗钱活动的规律特点。二是强化日常制度学习。组织人员利用碎片时间学习反洗钱制度文件，提高对可疑交易的识别能力。

反洗钱工作是维护国家安全和金融安全的重要保障，是有效防范金融风险、推动政策性银行健康发展的重要抓手，在当前严监管背景下，作为政策性银行要更加重视反洗钱工作，强化反洗钱主动合规意识，认真落实监管要求，进一步实现政策性银行高质量发展。

证券公司对台服务工作中洗钱风险管理难点及对策

■ 王慧懋　赵文博　庄志虹[1]

摘要： 随着两岸金融合作的持续推进，台企台胞加速拥抱大陆资本市场，对证券公司洗钱风险管理提出新挑战，券商在对台服务工作中如何有针对性地防范洗钱风险值得研究。本文分析了现阶段券商对台服务洗钱风险管理研究的必要性，指出了券商对台业务潜在的洗钱风险表现形式以及洗钱风险管理工作面临的难点，提出了防范证券业对台业务洗钱风险的对策建议。

关键词： 证券业　对台服务　洗钱风险　对策

为促进两岸经济融合发展，国家有关部门持续出台支持台资企业在大陆资本市场发展的精神及措施，强调台商台企同等待遇。台胞台企加速拥抱大陆资本市场，证券行业台胞台企客户数量及业务逐年增多，随之而来的洗钱风险也日益凸显，对证券公司洗钱风险管理工作提出新挑战，集中表现在台胞身份信息核实、台企受益所有人识别、资金来源调查等方面，需要行业有针对性地进行探讨并提出对策建议。

一、加强对台服务洗钱风险管理研究确有必要

（一）国家层面鼓励两岸深化经济交流

2019 年 11 月，中国证监会明确表示鼓励优秀台资企业来 A 股市场上市发展，积极支持符合条件的台资企业上市融资，台胞台企在大陆上市融资享受与陆资企业同等待遇；2021 年 1 月，中共中央政治局常委、全国政协主席汪洋在对台工作会议上指出，要支持台商台企抓住国家构建新发展格局的机遇，支持福建探索海峡两

1　王慧懋、赵文博、庄志虹供职于金圆统一证券有限公司。

岸融合发展新路，持续完善保障台湾同胞福祉和实现同等待遇的制度安排和政策措施；2021 年 2 月，中国证监会表示将继续支持符合条件的中国台湾金融机构到大陆设立证券公司，依法开展新三板相关业务，并为其开展业务创造良好的政策环境。

（二）市场层面众多台企拥抱大陆资本市场

在多层次资本市场体系中，台资企业成为有生力量并迅速发展。据统计，截至目前已经在 A 股上市的台企有 47 家，在新三板挂牌的台企有 25 家。以厦门为例，在 A 股上市的厦门台企有 6 家，在新三板挂牌的厦门台企有 3 家。厦门两岸股权交易中心推出的"台资版"综合金融服务平台已成功展示台资企业 1249 家。台资企业成功案例及资本效应将催生更多的台企台胞拥抱资本市场。

（三）行业层面券商对台服务更有针对性

需求催生市场，市场催生服务。2020 年 9 月，首家台资证券公司金圆统一证券获批金融许可证，以服务台企台胞作为特色服务的券商应运而生；2021 年 2 月，中国证券登记结算有限责任公司发布《中国证券登记结算有限责任公司证券账户非现场开户实施细则》，持有居住证的台胞可实现网上开户，享受与大陆居民身份证无差别体验。在各类特色举措陆续推进的同时，服务对象证件差异化及股权、资金穿透存在难度，也为对台服务的洗钱风险管理提出新挑战。

二、对台业务潜在的洗钱风险逐步显现

在对台服务工作中，因台胞证件的使用特殊性及台企股权、客户资金穿透难度大，客户使用虚假证件开户用于洗钱犯罪、多头开户或借用账户实现转移非法所得、利用证券市场融资清洗非法资金等风险值得关注。

（一）使用虚假证件风险

2018 年 8 月，国务院办公厅印发了《港澳台居民居住证申领发放办法》（以下简称居住证），并于 2018 年 9 月 1 日开始正式实施。台湾居民居住证的制发，除了内置芯片还进行了登记指纹，不仅使用便捷，还能利用识读设备快速核验真伪有效防止被他人冒用。但从近年推行情况来看，台胞办理相关业务时大部分仍使用台湾居民往来大陆通行证（以下简称台胞证）。目前，证券公司尚无系统可以核查台胞证证件真伪，仅凭人工肉眼进行识别，很难辨别，不法分子极易伪造证件进行开户用于洗钱犯罪活动。

（二）多头开户和出借账户风险

台胞既可以使用台胞证开立证券账户，也可以使用居住证开立证券账户。尽管

证券工作人员可用人工查询的方法来识别客户是否已使用台胞证或居住证开立过一码通证券账户，但难免有疏忽遗漏，容易导致多头开户，如同一台胞人员可存在拥有两个一码通账户的情形，最多可申请开立 A 股账户、封闭式基金账户各 3 个，而证券公司系统暂无法识别这一情况。此外，台胞人员办理居住证所需材料其中一条为应提供居住满半年的证明材料，而办理台胞证仅需中国台湾地区身份证（无身份证则户籍誊本或户口名簿）和中国台湾地区出入境证件，条件较为简单，使用台胞证开立账户后出借账户也极其容易。不法分子可通过多头开户和借用账户实现分散非法所得，进一步增加证券公司资金交易监测的难度。

（三）利用证券市场发行或再融资清洗非法资金风险

有条件在大陆上市的台资企业股权结构一般相对较为复杂，往往涉及境外机构，证券公司作为中介机构开展尽职调查时，识别客户的真实身份、实际控股股东、业务性质、交易目的或性质、资金来源用途等可供公开查询的渠道或数据来源往往有限，不法分子可能通过运作公司上市、定向增发、发债等股权债权融资方式与并购重组等资本运作方式，将非法的资金混入业务中，以达到清洗非法资金的目的。

三、当前对台业务洗钱风险管理工作面临的难点

（一）台胞客户身份信息识别难度增加

目前大多数证券公司在经纪业务、资产管理业务、融资类业务等方面对台胞客户的身份核实主要有两种情形：一是客户提供居住证的，通过身份证读卡器或中登身份信息验证校验客户身份证件的真实性；二是客户提供台胞证的，通过要求其补充提供境内机构出具的就业证明及该机构的营业执照或统一社会信用代码证复印件（均加盖单位公章），或者公安机关出具的临时住宿登记证明表等能够证明该投资者在大陆工作生活的书面证明材料（加盖公安机关公章）进行辅助核实。因拥有居住证的台胞人员相对较少，证券公司所采用的核实手段大部分是第二种，仅能通过人工核对台胞证及辅助证明材料信息的一致性，而对于证件及辅助证明材料的真伪则难以进行核实。此外，台胞证和居住证的有效期均只有 5 年，逾期后虽然证券公司会通过预留电话通知台胞人员前来更新证件信息，但实际情况往往存在客户已变更联系方式无法联系、客户已不在大陆工作、客户认为需要再次临柜提供证件信息手续烦琐等原因而无法及时更新证件信息，导致客户身份重新识别也难以落实到位。

（二）台资企业受益所有人识别数据获取困难

在金融机构受益所有人识别工作中，中国人民银行发布的《中国人民银行关于

加强反洗钱客户身份识别有关工作的通知》（银发〔2017〕235号）即"235号文"提出了受益所有人的判断标准；发布的《中国人民银行关于进一步做好受益所有人身份识别工作有关问题的通知》（银发〔2018〕164号）即"164号文"进一步细化了受益所有人识别逐层穿透的识别要求并明确了义务机构应当充分利用从可靠途径、以可靠方式获取的信息、数据或者资料识别和核实受益所有人信息。但目前而言，证券公司等义务机构在为非自然人客户提供经纪、资产管理、投行、融资类等业务时，尚无法通过公开的渠道直接查询非自然人客户的受益所有人相关信息，主要通过"国家企业信用信息公示系统"或个别地区的"商事主体登记及信用信息公示平台"查询境内企业公示信息，且公示信息有限，只有法定代表人、高管和股东的名称，无持股比例及身份证明文件等信息。部分机构通过向"企查查"等第三方供应商购买受益所有人数据库，也仅仅只能进一步查询境内持股比例相关信息，作为识别、核实受益所有人身份的辅助手段。对于台资企业而言，其所有权控制关系往往较为复杂，当逐层追溯穿透至境外时，证券公司等义务机构核实手段有限，无比较权威的渠道去查询信息，主要通过客户提供的相关证明材料进行核查识别，一方面客户配合意愿度不高为识别工作带来难度，另一方面相关证明材料的真实性、准确性也难以核实到位。

（三）资金来源是否合法难以调查

证券公司开展投资银行业务时，在尽职调查过程难以对台胞台企客户资金来源进行最终穿透调查。一是投行业务保荐环节，台资企业出资资金往往涉及境外，资金来源是否合法难以调查。目前，投行业务虽然在尽职调查环节关注了发行人主体资格、独立性、财务指标和募集资金的运用，依靠核查流水、访谈和书面承诺等对出资情况的真实性进行核实，但对于资金来源的合法性，难以有更进一步的调查，特别是境外资金。二是股票发行配售环节，难以对主承销商推荐备案的我国台湾机构投资者或个人投资者的资金来源展开合法性调查，容易出现非法资金通过股票配售进行清洗。此外，增发或非公开发行等再融资业务同样存在此类情形。

四、防范对台业务洗钱风险的对策建议

对台服务潜在的特定洗钱风险使得证券公司洗钱风险管理难度增加，券商原有的日常反洗钱工作程序和方法已难以满足实际所需，亟须从台胞客户身份核实、台资企业受益所有人识别以及资金来源调查等几个方面予以解决。

（一）优化身份识别技术手段及相关系统功能

1. 助力证券公司实现电子台胞证联网核查

自 2015 年 9 月 21 日起，出入境管理部门开始受理电子台胞证的申请，同时停止签发本式台胞证。台胞证的有效期为 5 年，意味着 2020 年 9 月 20 日后，所有本式台胞证均已失效，均需更换为电子卡式台胞证。因此，针对当前台胞证真伪难以核实的问题，呼吁证券行业相关部门联合公安出入境管理机构建立信息共享机制，为证券公司提供台胞客户电子台胞证联网核查方式，帮助证券公司配备核实台胞客户姓名、证件号码及照片信息以验证客户身份真伪的手段，构建安全可靠的身份信息核查机制。

2. 校验辅助证件号确保同一客户唯一客户识别号

台胞证和居住证均为有效的身份证明文件，但在实际操作中，容易因证券工作人员疏忽未认真核实客户是否已经使用台胞证或居住证开过证券账户，导致同一客户分别使用台胞证和居住证各开立了一码通证券账户。建议证券公司在开户时，针对客户使用居住证进行开户的，除在开户系统中将居住证号码录入为客户证件号码外，也将台胞证号码录入为其辅助身份证件号码设置为必填项，同时系统自动关联中登公司的一码通证券账户信息校验该辅助身份证件号码是否已开立过一码通证券账户，如是，系统自动弹出窗口提示并拒绝开户，避免出现多头开户的风险。

3. 优化台胞客户信息网上维护功能

《中国证券登记结算有限责任公司证券账户非现场开户实施细则》自 2021 年 2 月 9 日起实施，明确了持有中国港澳台居民居住证的客户可进行网上开户，居住证应通过公安部身份信息核查系统进行核验。由此，证券公司需尽快升级网上开户系统，优化台胞客户信息维护功能，特别是证件有效期的维护修改，方便证件过期台胞客户能及时进行更新。

（二）完善受益所有人识别体系

1. 加快立法进程提高受益所有人信息透明度

针对当前境内企业公开渠道公示信息有限且提供受益所有人相关材料的配合意愿不强、不全面的问题，建议加快修订《中华人民共和国反洗钱法》进程，明确其配合反洗钱工作开展的义务，向市场监督管理部门完整披露各层嵌套持股公司的股权结构及受益所有人信息，存续期间股权结构和受益所有人信息发生变更的及时进行更新，并对披露的信息负法律责任，未按要求提供或故意提供虚假信息的给予相应的行政处罚。

2. 推动获取境外受益所有人信息

针对境外实体难以获取其相关信息的问题，一方面建议金融行业协会根据各义务机构所需统一协调采购全球企业数据库，解决义务机构单独采购成本高难以接受，导致尚无相关渠道来辅助识别、核实受益所有人身份信息或交叉验证客户提供材料的真实性的疑难问题；另一方面，建议后续 FATF 积极推动各国采取行动，将各国相关的法人基本信息翻译成多种语言在网上进行公示，方便各国开展调查时搜索资料，有效共享受益所有人相关信息。

3. 建立受益所有人统一信息登记系统

建议建立受益所有人基础数据库或在国家企业信用信息公示系统中优化受益所有人信息，通过整合各部门相关资源，明确数据提供的相关责任、数据的管理责任以及使用权限范围，在落实保密要求的前提下，向证券公司等义务机构开放相关访问查询权限，提高受益所有人识别的有效性。

（三）强化资金来源的调查要求

1. 通过制度设计提高义务机构调查客户资金来源合法性的履职保障

鉴于义务机构对于客户资金来源是否合法的调查手段有限，建议监管部门通过发布指引或其他方式明确证券公司等服务机构在尽职调查过程中发现异常情况或无法核实资金来源时，应要求客户必须完整地提供相应的佐证材料。

2. 通过培训及宣导增强尽职调查实效

尽职调查的有效开展，很大程度上依赖于业务人员的反洗钱工作意识和技能的提升。各证券机构应加强对业务人员进行培训和宣导，开展洗钱风险形势教育，强调非法资金清洗的风险，指导其准确理解和把握尽职调查的相关要求，提高客户尽职调查责任意识以及防范境内外洗钱风险的履职能力。

两岸经济融合发展影响深远，证券公司做好对台服务意义重大。直面风险、优化管理，加强对台业务洗钱风险研究，在推进两岸资本市场融合发展的同时针对性地健全相应的洗钱风险防控机制与举措，对于打击潜在的洗钱活动具有极为重要的现实意义。

参考文献:

[1] 陈圆蜜，林凌华，兰沁，高荣伯，何世龙 . FATF 发布《受益所有权信息的最佳实践指引》[J]. 中国反洗钱实务，2020(2).

[2] 黄键，徐海丽，李洋 . 证券业洗钱风险及监测分析研究 [J]. 中国金融，2018(8).

[3] 中国人民银行深圳市中心支行《证券业洗钱风险研究》课题组 . 证券公司非经纪业务洗钱风险研究 [M]. 北京：中国金融出版社，2015.

[4] 中国银行四川省分行反洗钱课题组 . 基于商业银行反洗钱视角的受益所有人识别研究 [J]. 中国反洗钱实务，2020(2).

[5] 周鸣华，何君光，苏海清 . 台资企业在大陆上市的现状及政策建议 [J]. 券商中国，2019.

浅谈基金公司反洗钱系统建设的现状、困境及建议

■ 龙欢[1]

摘要： 随着反洗钱工作的系统化、流程化和线上化，反洗钱系统不仅作为金融机构开展客户风险评级、可疑交易监测分析和报告、名单监控等工作的重要工具，也是调和金融机构反洗钱工作有效性和资源有限性之间矛盾的有力手段之一。我国基金公司发展历史不长，相较于银行、保险、证券等传统大型金融机构，组织架构和人员岗位设置精简，系统自主研发能力不强，反洗钱系统建设整体相对滞后。本文基于基金公司反洗钱系统建设现状、困境及实践探索，就此提出相关建议，以期进一步提升基金公司反洗钱工作成效。

关键词： 基金公司　反洗钱系统　困境　建议

随着反洗钱工作的系统化、流程化和线上化，反洗钱系统不仅作为金融机构开展客户风险评级、可疑交易监测分析和报告、名单监控等工作的重要工具，也是调和金融机构反洗钱工作有效性和资源有限性之间矛盾的有力手段之一。

我国基金公司发展历史不长，相较于银行、保险、证券等传统大型金融机构，组织架构和人员岗位设置精简，系统自主研发能力不强，因而反洗钱系统建设整体相对滞后。本文结合基金公司反洗钱系统建设现状、困境及实践探索，就此提出相关建议，以期进一步提升基金公司反洗钱工作成效。

1　龙欢供职于景顺长城基金管理有限公司法律监察稽核部。

一、基金公司反洗钱系统建设的现状

（一）外购是反洗钱系统建设的主要方式

作为下游系统，反洗钱系统并不直接生产数据，通过与各业务系统对接，采集不同业务渠道的客户、账户和交易数据，运用特定的算法，描绘客户洗钱风险特征，勾勒关联交易网络，从而实现对客户的风险定级、对客户及其金融交易的动态监测。由于加工处理的数据量大，对客户风险评级、可疑交易监测、名单监控等工作事项的专业性、实效性、保密性要求高，因此对反洗钱系统本身的包容性、及时性、灵活性、安全性等提出了较高要求。

反洗钱系统建设路径一般包括自研和外购两种。国内基金公司由于系统研发能力不强、IT 团队人员配置有限，基于投入产出的考虑，普遍更倾向于直接外购反洗钱系统。目前，基金行业主流的反洗钱系统开发商主要包括恒生、金证、携宁、佳锐等。在开发商的选择上，基金公司也会根据直销、TA 等上游业务系统的开发情况，并考虑业务系统是否开源的问题，优先选择与业务系统相同的开发商或市面上其他成熟的反洗钱系统开发商，这种方式不仅能减少对公司现有信息系统的改造量，部署起来也相对容易。

（二）从"规则为本"向"风险为本"转变

与银行、保险、证券等传统金融机构类似，基金公司的反洗钱系统建设也经历了"规则为本"和"风险为本"两个阶段。

1."规则为本"阶段

自 2007 年《中华人民共和国反洗钱法》实施后，基金公司的反洗钱工作正式起步，开始反洗钱信息系统建设，陆续投产并使用了初代反洗钱系统，包括可疑交易监测、客户风险评级、报文报送等功能模块，可疑交易监测标准主要为原"2 号令"（《金融机构大额交易和可疑交易报告管理办法》）第十二条规定的可疑情形，系统建设主要为满足可疑交易报告报文报送和客户风险等级划分及分类管理的需要。

2."风险为本"阶段

以"3 号令"（《金融机构反洗钱和反恐怖融资监管管理办法》）及其配套文件的出台为起点，中国人民银行要求金融机构基于"风险为本"和"合理怀疑"原则建立健全自定义交易监测标准并对其有效性负责，强化对涉恐人员的实时监控和回溯性调查，基金公司开始探索结合行业特点和公司业务实际完善可疑交易监测标准，同时，外购第三方黑名单数据，优化名单管理功能模块。"19 号文"（《法人金融机构洗钱和恐怖融资风险管理指引（试行）》）更是首次明确了金融机构反洗钱建设要求，金融机构应建立并完善以客户为单位、覆盖所有业务（含产品、服务）和客户的反洗钱信息系统，支持洗钱风险评估，及时、准确、完整采集和记录洗钱风险管理所需的信息，并通过一定的共享机制，以满足内部反洗钱工作开展和配合外部反洗钱监管的需要。此后，基金公司陆续开始在反洗钱系统中新增产品、渠道和机构洗钱风险评估功能模块。

（三）反洗钱系统建设整体相对滞后

基金公司的反洗钱系统主要包含客户身份识别、客户洗钱风险管理、可疑交易报告、名单监控、监管报表、数据统计等功能模块，基本能够满足日常反洗钱工作所需。由于基金公司的系统研发能力显著弱于银行、保险、证券等大型金融机构，自研反洗钱系统的公司极少，外购反洗钱系统成为常态。然而，外购的反洗钱系统不仅同质化现象严重，各家公司的系统差异化不明显，后续的运维、升级等服务也一直被诟病。在反洗钱法律法规的不断完善和"风险为本"反洗钱工作原则进一步推进的大背景下，以及基金公司业务快速发展、产品业务不断创新的大趋势下，外购反洗钱系统的更新迭代和系统改造使得反洗钱工作难以作出及时、有效的反应。

二、基金公司反洗钱系统建设的困境

（一）反洗钱系统同质化严重

如前文所述，目前基金公司普遍使用外购的反洗钱系统，个别开发商的市场占有率甚至处于"垄断"地位。由于外购的反洗钱系统属于开发商标准化的系统产品，单个开发商为各家提供的反洗钱系统无论是在底层架构、数据采集和处理逻辑，还是功能模块、流程设计等方面均大致相同，有的基金公司甚至直接采用开发商提供的标准版本的客户风险评级和可疑交易模型，未结合公司业务实际调整可疑交易抽取规则和参数阈值。在实操中，即便单个基金公司提出系统优化需求，开发商亦会评估该需求属于通用修改还是个性化修改，如确属于监管要求或具体一定的普适性，则会将需求列入通用修改需求，作为后续标准版升级后的系统功能。因此，基金公司在反洗钱系统建设方面同质化现象较为严重，各家难以根据自身的经营规模、客户群体、产品业务种类、渠道特性及公司内部职能分工、人员配置等情况定制化地建设反洗钱系统。无论是监管检查还是公司内外部审计发现的系统问题，可能也在使用该开发商系统的其他基金公司中存在。

此外，由于外购系统的开发、运维主要由开发商负责，基金公司 IT 人员对于系统的关注和了解程度难免不足。出于对自身核心资产的保护，开发商不会对所有系统代码进行开源，加之反洗钱系统功能模块众多，基金公司 IT 人员也难以对所有系统模块背后的数据处理和规则设置逻辑了如指掌，及时发现系统问题和缺陷。

（二）系统开发商资源投入不足

早期供应商开发反洗钱系统的初衷可能并非其有利可图，而是因为金融机构购买了其业务系统，但又有履行反洗钱义务的现实需要，故"被动"同步开发了反洗钱系统供金融机构使用，因而早期外购的反洗钱系统多少带有"半买半送"的性质。由于反洗钱系统并非开发商的主要或重要盈利来源，开发商对于反洗钱系统重视程度普遍不高。即便近年来反洗钱监管逐步趋严，使基金公司对于反洗钱系统建设提出了更多、更高的要求，同时，反洗钱系统版本升级和迭代的速度显著加快，系统价格也逐年水涨船高，但开发商对于反洗钱系统产品的人力、物力资源投入仍存在不足。主要表现在以下两个方面：

1. 产品、开发、实施和运维人员配置不足

由于单个开发商同时对接多家基金公司，面对各家公司提出的各类咨询、系统缺陷和需求应接不暇，难以得到及时回复和解决。新需求和新系统开发后，由于内测不足且缺少基金公司真实业务场景验证，导致交付物质量较差，而现场实施人员流动性较大，最终系统项目和需求开发和验收进度整体不尽如人意。

2. 反洗钱专业性有待提升

由于开发商反洗钱产品部门人员大多并非专业从事反洗钱工作，对法规解读、流程的设计等方面可能与基金公司反洗钱岗位的工作人员存在偏差，在系统交互方面未能充分考虑反洗钱岗位的工作人员的实操需要，对于各家提出需求未能有效整合，导致未能体系化地规划设计反洗钱系统，功能模块冗余堆砌，用户体验较差，甚至可能出现系统设计与监管要求和基金公司业务不符的情况。

（三）行业洗钱案例和真实业务数据缺失导致可疑交易模型有效性偏低

基金业整体固有风险水平较低，已发现或公开的涉及利用基金产品进行洗钱的案件较少，因而基金公司在可疑交易监测标准设计方面的经验数据较少，主要使用开发商标准版本的可疑交易监测标准。一方面，开发商设计可疑交易监测标准时，由于缺少基金公司真实的业务场景和交易数据进行验证，指标和参数阈值设置的合理性难以检验。另一方面，开发商虽然掌握着各家基金公司的可疑交易监测标准，但由于与基金公司签署了保密协议，即便是某家拥有有效性较高的监测标准，开发商也不能擅自透露给其他公司使用。因此，基金公司可疑交易模型的有效性整体偏低。

（四）反洗钱系统智能化程度不高

传统反洗钱系统对于可疑交易的监测，主要来源于反洗钱专家基于过往案例或经验总结而形成规则。由于可疑监测模型规则及其参数、阈值固定且在一定时期内保持不变，但客户、产品业务和洗钱手法不断在发生变化，因而对可疑交易模型及其参数、阈值调整的周期较长，系统灵敏性和自我学习能力不强。此外，虽然基金公司的可疑交易监测已实现高度系统化，但在甄别分析环节仍完全依靠人工介入，不仅工作量大，对可疑交易分析人员的过往经验和专业素质要求也较高。

随着越来越多的基金公司接入余额宝和理财通平台业务，基金公司业务和客户规模不断增长，该平台货币基金业务亦开始具有第三方支付频繁、小额交易等业务特点，日交易流水数据量飞速增长，不仅对反洗钱系统的数据采集、存储、运算和查询能力提出更高要求，需要通过大数据平台提升数据处理效率，一份可疑交易报告还可能涉及多个可疑主体，所涉交易更是成千上万，单纯依靠人工分析变得十分困难，缺少可视化的分析工具提升分析效率。

（五）基础数据质量制约反洗钱系统风险控制能力的充分发挥

即便是数据挖掘、人工智能等高科技反洗钱解决方案，有效的洗钱风险的识别、评估、监测，也是基于完整、可靠的基础数据。基金公司反洗钱工作起步晚于业务开展，早期部分客户存在身份信息留存不满足 2007 年"2 号令"的情况。对于代销业务，代销机构大都不愿将客户和交易信息完整、准确传输给基金公司，基金公司存在大量信息字段缺失的客户和源头"脏数据"。此外，代销机构与基金公司之间以及早期基金公司内部直销、TA 等业务系统和反洗钱系统之间的证件类型、国籍、行业、职业等标准不一，行业内及基金公司内部未形成统一的反洗钱数据标准，导致客户信息数据的采集、流转和存储等不规范，不同代销机构传输或不同业务系统留存的客户信息不一致，反洗钱系统难以完整、准确获取并有效整合客户信息、勾勒客户资金链条，进而影响客户唯一性识别、可疑交易监测和客户风险评级的准确性，导致风险错配和大量无效预警。

三、提升基金公司反洗钱系统建设效用的相关建议

经调研及行业内经验收集，结合笔者过往工作实践，整理以下建议以供参考和讨论：

（一）推动行业共建反洗钱系统

当前，基金公司仍处于加强反洗钱基础的窗口期，对于外购反洗钱系统的基金

公司，有必要通过行业协同的方式，向开发商提出行业的反洗钱系统建设要求，就行业普遍存在的问题和难点与开发商进行沟通、交换意见，共同探索更高效、更实用的系统实施方案。通过整合反洗钱系统建设优势资源，缩减系统建设周期，帮助基金公司快速实现灵活易用、运维简单、成本低廉的反洗钱系统。

（二）积极探索反洗钱系统自研或半定制化

2017 年以来，随着反洗钱监管力度的不断加大，反洗钱现场检查的深度和广度不断扩展，基金公司积极审查自身反洗钱系统存在的缺陷和漏洞，个别系统开发能力较强的头部基金公司尝试探索自研反洗钱系统。为了避免完全被开发商"扼住咽喉"，有的基金公司也会选择在外购的反洗钱系统基础版本之上进行二次开发，例如，仅使用开发商提供的系统功能框架，核心的数据处理逻辑由基金公司自行开发完成。

值得一提的是，客户风险评级和可疑交易报告作为反洗钱岗位工作人员的两大主要工作事项，也是近年来反洗钱现场检查的重点和处罚的重灾区。作为反洗钱系统的核心功能模块，建议外购反洗钱系统的基金公司给以更多关注，了解其背后的系统逻辑，以评估是否贴合监管要求。同时，审视自身的客户风险评级和可疑交易模型，排查后台系统逻辑是否与指标设置相符、系统是否可取值、数据标签和案例预警是否有误等。由于客户风险评级和可疑交易监测指标需持续、动态优化，但开发商的响应速度较慢，建议有条件的基金公司可先行尝试自行负责客户风险评级和可疑指标的开发工作，逐步实现反洗钱系统的半定制化。当然，与客户风险评级和可疑交易监测紧密相关的客户唯一性识别模型，以及监管报表等重要数据的统计口径等，也不应成为基金公司的关注盲区。

（三）共享可疑典型案例，提升可疑交易模型有效性

近年来，基金业协会和各地人民银行开始收集基金公司上报的典型可疑交易案例，其中不乏重点可疑交易报告和移交成案的可疑案例。建议基金业协会和监管部门将典型案例转化为洗钱类型分析成果后，可在一定程度上共享给基金公司，以便于基金公司通过采取"案例类型化、类型指标化、指标模型化、模型参数化"四个基本步骤，建立适合本行业客户和交易情况的可疑交易监测标准。

同时，建议基金业协会牵头制定基金行业的《可疑交易监测标准参考表》，同时基金公司定期（如每季度）向基金业协会报送参考表以外的可疑交易监测指标，基金业协会根据各基金公司填报的数据更新《可疑交易监测标准参考表》以供基金公司参考。

（四）加快新技术的运用，建设智能反洗钱监测系统

随着金融科技的兴起，运用大数据、云计算、数据挖掘、机器学习、人工智能等新技术、新工具建设智能化的反洗钱监测系统成为趋势。例如，利用人工智能，模拟交易场景，进行客户画像，并通过数据挖掘、机器学习等技术手段，分析洗钱案例，持续优化客户洗钱风险评估和可疑交易监测指标，提升洗钱风险识别的有效性；在可疑交易甄别分析页面，通过嵌入可视化分析工具，将可疑主体关系网络、交易、资金链条等通过图表形式进行展示，帮助反洗钱岗位的工作人员更快发现其中的规律，助力可疑交易监测质效提升。

（五）开展反洗钱数据治理，提升基础数据质量

2019年12月，中国证券登记结算有限公司（以下简称"中登公司"）发布了《中央数据平台开放式基金业务数据交换协议》（Ver2.2），新接口中增加了客户反洗钱信息字段；2021年以来，中国人民银行先后发布了《金融机构客户尽职调查和客户身份资料及交易记录保存管理办法（修订草案征求意见稿）》和《中华人民共和国反洗钱法（修订草案公开征求意见稿）》，明确代销机构应当配合金融机构的客户尽职调查并提供必要的客户身份信息，同时，金融机构需按照新规要求对存量客户重新开展尽职调查。目前，中登公司正在推动基金公司和代销机构开展数据交换接口规范的升级工作，2021年3月1日起实施。建议基金公司借助新规实施的契机，通过开展反洗钱数据治理，有侧重、分步骤地提升客户基础数据质量。例如：对于直销客户，因基金公司可控且客户黏性较强，应通过必录项控制、字段校验规则设置、流程设计、业务限制措施管控等方式，从源头上解决直销客户基础数据质量问题；对于代销客户，因目前代销机构是否会严格按照中登公司新数据交换接口规范和法规要求向基金公司完整、准确传输客户信息仍未知，且代销渠道历史存量"脏数据"较多，建议优先整治近几年新开及有交易的客户，或优先考虑针对姓名、证件类型、证件号码等核心关键身份字段进行治理，减少明显的信息错误，同时依靠技术手段，优化跨渠道、跨系统的客户信息聚合和清洗规则，可在一定程度上实现对客户信息字段的完整拼接；对于机构客户，因其信息公开程度相对较高，还可以通过"网络爬虫"或采购第三方数据服务等方式，对存量机构客户的身份信息字段进行核验和补充。

参考文献：

[1] 反洗钱培训系列教材编委会 . 证券期货业反洗钱操作实务 [M]. 北京：中国金融出版社，2020，231–233.

[2] 反洗钱安全防护体系（三）：数据、信息与情报思维 [EB/OL].[2020-07-21].https：//mp.weixin.qq.com/s/E1Q3NROmLlmROFDre29sPA.

[3] 反洗钱安全防护体系（四）：反洗钱系统 . [EB/OL].[2020-11-20].https：//mp.weixin.qq.com/s/nZ45osVKDGydc0ZVzuquIw.

[4] 吴瑜 . "3 号令"对商业银行反洗钱系统建设的挑战及应对 .[EB/OL].[2018-04-13].https：//mp.weixin.qq.com/s/jejdjAVNMM1ILG–Qrgk3hQ.

智能投顾应用的潜在洗钱风险分析及其防范

■ 杨 广[1]

摘要： 人工智能技术与金融相结合的智能投顾具有低资金门槛、低成本、便捷化等特点，其在金融市场迅速发展，丰富了投资渠道，实现了普惠金融。我们在看到智能投顾为投资者带来机遇的同时，也要警惕其潜在的洗钱风险。智能投顾主体通过互联网问卷方式评估客户风险承受水平的调查，并不能替代反洗钱客户尽职调查义务履行，客户风险承受水平评估结果与客户洗钱风险状况也不存在必然的相关性，其在提供服务过程中存在客户画像虚化、资金链条被人为割裂等潜在风险。本文在深入分析智能投顾服务洗钱风险与挑战基础上，借鉴国际智能投顾有益监管经验，提出针对性建议以预防智能投顾服务洗钱风险。

关键词： 智能投顾　客户画像　风险评估　普惠金融

一、引言

近年来，人工智能技术与金融相结合的智能投顾，是科技在金融领域创新应用的产物，是一种新兴的在线财富管理服务，以其低资金门槛、低成本、便捷化等优势受到投资者和互联网金融平台、金融机构等主体青睐。智能投顾面向所有投资者，为投资者提供投资组合建议、协助完成投资交易，并根据市场需求变化调整投资组合供给，其在我国金融市场迅速发展，丰富了投资渠道，实现了普惠金融。据

1　杨广供职于中国人民银行天津分行营业管理部。
　　本文修改后在《河北金融》2021年第11期发表，文章名称为《智能投资顾问洗钱风险及其防范》，作者为杨广、王若平。

Statista 数据显示，2018 年我国智能投顾管理的资产达 810 亿美元，年增长率高达 261%，资产规模仅次于美国。预计到 2022 年，中国智能投顾管理资产总额有望超 6600 亿美元，用户数量超过 1 亿。智能投顾的迅速发展引起了众多学者广泛关注。

袁淼英从合规角度提出，智能投顾运营商的市场准入制度亟待完善。对此，夏俊进一步提出，智能投顾的本质业务属性为投资咨询或资产管理业务，当前不能放开全权委托禁令，应明确市场准入监管对象为智能投顾，以标准认定方式认定智能投顾的职业技能和操守。陈慧华从算法应用风险治理角度提出，算法的法律评价公益化、决策程序自动化等算法规则。徐凤从信息披露角度入手，探究了智能投顾算法"黑箱"问题。潘振野从信义义务承担角度提出，以算法披露刺破义务"黑箱"，确立算法歧视差异性审查、建立智能投顾一般性技术标准和算法审查制度，以强化投资者保护。

经过梳理发现，众多学者对智能投顾的研究主要集中在市场准入与监管、信义义务、算法风险等方面，对智能投顾的潜在洗钱风险关注不足。然而，智能投顾作为新兴事物，部分服务主体技术保障能力投入不足，面临黑客攻击、病毒感染等潜在风险，投资者信息及资金安全存在较大隐患。服务主体良莠不齐，存在非法荐股、非法集资等风险。如某证券公司 2021 年 3 月涉嫌操纵市场，未有效控制和防范风险、合规风控管理缺失等问题，被中国证监会暂停债券投资顾问业务 12 个月。智能投顾服务的洗钱风险水平远远高于传统的投资顾问服务，属于洗钱高风险业务，需要从全流程角度加强其洗钱风险管理。

二、智能投顾概述

（一）智能投顾界定及服务流程

智能投顾即智能投资顾问，是指互联网金融平台、金融机构等主体根据投资者的风险偏好等，运用算法程序和数字技术，通过互联网方式为投资者提供智能化的投资建议或资产配置服务的在线工具，其业务属性本质为投资咨询或资产管理业务。

智能投顾服务流程主要有四个层面：第一层面是完成客户画像，即智能投顾主体通过互联网调查问卷方式获取投资者的收支、资产、负债、投资等信息，评估投资者的风险承受能力、风险偏好等。第二层面是投资组合建议，即在分析客户画像基础上，通过算法技术自动为投资者提供个性化投资建议。第三层面是连接账户投资，即连接投资者账户，自动或协助完成投资交易。第四层面是提供综合服务。即根据市场需求及投资需求变化调整投资组合供给，并为投资者提供个性化财务规划服务。

（二）智能投顾服务优势

相较传统投资顾问，智能投顾服务具有投资门槛低，有利于实现普惠金融等优势：一是低投资门槛具有普惠性。与传统投资顾问服务对象为高净值人群、高投资门槛相比，智能投顾服务对象包括工薪阶层在内的所有投资者，具有普惠性，顺应了普惠金融发展的需要。二是低服务成本专业性强。算法技术代替人工理财顾问，智能投顾的服务费用远远低于传统投资顾问费用。如美国传统投顾的管理费一般在 1% 以上，而智能投顾的管理费仅为 0.15%—0.5%。智能投顾依托计算机信息技术，运用量化投资模型为客户提供投资建议，更加理性和专业化，有效摒除了传统投资顾问从业人员的利益冲突，规避了道德风险。

三、智能投顾服务潜在洗钱风险分析

（一）洗钱风险管理内控制度缺位

智能投顾服务业务属于洗钱高风险业务，而金融机构普遍存在洗钱风险控制措施缺位问题。一是未建立智能投顾服务业务洗钱风险控制制度。从金融机构高风险业务识别与管控工作实际来看，多数智能投顾服务主体未制定智能投顾洗钱风险防控内控制度，难以实现根据风险状况分配资源、有效管控洗钱风险的目标。二是未建立客户风险承受水平与洗钱风险状况相关性审查制度。智能投顾服务主体通过互联网调查问卷方式评估客户的风险承受水平，根据评估结果为客户提供投资建议。然而，客户洗钱风险状况与客户风险承受水平并不存在必然的"相关性"，风险承受水平仅反映客户对风险的厌恶程度，并不代表客户的洗钱风险状况。即风险承受水平高的客户，其洗钱风险等级不一定高；而风险承受水平低的客户，不一定没有真正的洗钱风险。如最高人民检察院和中国人民银行联合发布的洗钱罪典型案例中的赵某洗钱案显示，赵某将非法资金 240 万元购买银行理财产品进行资金清洗。赵某的风险承受水平评估结果符合银行为其提供的理财产品风险水平，但赵某的洗钱风险状况确属于高风险。三是服务流程缺少洗钱风险控制环节。从智能投顾服务流程来看，未将反洗钱义务履行作为业务开展的必要环节，尤其是第三方金融创新平台，反洗钱工作存在严重被动应付的情况。

（二）客户尽职调查存在漏洞

在智能投顾领域有效落实客户尽职调查存在一些风险隐患。主要表现为：一是客户画像虚化。智能投顾服务主体通过调查问卷方式获取投资者年龄、资产、风险偏好等信息，而问卷设计具有同质性，多数以数字区间形式呈现，在投资者有意规避问卷问题及缺乏面对面沟通的情况下，准确了解客户投资目的比较困难，导致客户画像模糊。二是客户信息保存碎片化。一方面，金融机构内部客户信息分散保存于智能投顾业务部门与支付结算管理等部门；另一方面，银行、证券、保险等业务相互渗透融合，客户信息分散保存于不同机构之间。这种客户信息碎片化保存的状态，增加了金融机构从整体上精准识别客户难度。三是识别交易的实际控制人困难。智能投顾网络交易背景中往往是"认证不认人"，不法分子可以通过黑客技术或虚假注册等方式隐藏真实身份。如2021年相关媒体报道某人工智能公司破解多款手机客户身份识别系统，以虚假身份成功进入手机运行环境，暴露出部分手机终端身份认证系统安全漏洞。

（三）对资金监测提出新的挑战

在智能投顾网络交易模式下，对监测交易资金的真实性与合法性提出新的挑战。一是资金链条被人为割裂。客户资金流转链条往往涉及银行、保险、第三方支付、金融创新网络平台等多个平台，不法分子通过在不同平台之间流转资金，人为割裂了资金链条的完整性，使得任何一家机构无法独立完成全链条追踪。二是加大了以客户为主体的资金监测难度。有学者研究表明，投资者在使用智能投顾的情况下更倾向于小而多的投资，即投资分散化程度增加。不法分子通过注册多个平台账户频繁交易，将资金分散投资于不同平台，并在不同平台之间短时间内秘密转移，加大了以客户为主体的资金监测难度。三是网上交易的无纸化、跨市场平台业务的复杂化以及跨时空交易的无限制性为进一步掩藏资金的真实用途提供了便利；客户信息保存的碎片化，也增加了单个机构结合自身掌握的客户信息判断交易真实性的困难。

（四）洗钱风险评估存在短板

智能投顾自动化、决策迅速等优势，在日新月异的技术发展面前也成为其致命缺陷，面临技术漏洞、技术迭代等风险。虽然多数金融机构总部建立了产品（服务）洗钱风险研判机制，但对智能投顾的洗钱风险评估存在不足。首先，因洗钱风险评估指标设置不合理，洗钱风险研判机制未能涵盖智能投顾服务。其次，智能投顾研发部门基于经济效益最大化等心态，未能客观、真实、全面评估智能投顾的洗钱风险。最后，通过智能投顾购买理财产品与到期资金返还属于客户同名账户下的资金划转，金融机构除按规定上报大额交易报告外，对通过智能投顾购买理财产品的洗钱风险评估关注较少，相关的洗钱行为监测模型也有待健全。

四、新加坡和澳大利亚智能投顾监管经验借鉴

（一）智能投顾主体监管方面

新加坡和澳大利亚均构建了完善的监管法律体系，如新加坡形成了以《财务顾问法》《财务顾问法实施条例》等法律及附属条例、指令、公告为核心，准则、守则、实务说明和通函等文件为辅助的监管体系。制定了智能投顾专门规范，如澳大利亚于 2016 年 8 月制定《向零售客户提供数字金融产品建议》，明确智能投顾含义，即"数字建议"为无须自然人顾问直接参与，使用算法和技术自动提供的金融产品建议。实行智能投顾许可制度，要求持牌人需遵守《公司法》等相关规定，满足财务技术和人力资源要求、组织能力要求、风险管理要求；履行信息披露、营运主体信义义务以及算法程序的系统性风险管理等义务。

（二）智能投顾洗钱风险管理方面

新加坡金融监管局 2019 年 1 月 4 日生效的《关于投资产品的建议公告》，从了解你的客户、需求分析以确定投资建议、身份信息和记录保存三方面规范了智能投顾提供投资产品建议的反洗钱义务。

1. 遵循了解你的客户原则

首先，财务顾问应采取合理措施收集记录客户的风险承受能力、收支来源及金额、当前投资组合等信息，同时持续识别上述信息的有效性。其次，评估客户的投资经验和投资知识，并以书面形式告知客户提供信息不完整或不准确的后果。评估标准包括投资者的学历、相关资质、投资经验、工作经验以及客户当前投资情况等。

2. 分析需求提供建议、保存身份信息和记录

要求财务顾问建立客户个人信息分析和合理匹配投资产品流程体系，结合身份识别要求和拟提供产品的性质、风险、费率等风险因素，分析客户需求并提供投资建议。如无法为客户提供适当的产品，应当通知客户。同时，要求保存记录身份识别流程和需求分析流程文档，包括客户投资目标等情况的陈述、需求分析基础资料以及身份识别资料，如收集客户姓名等信息的资料摘要、债券招股章程等。

3. 全自动智能投顾例外豁免

全自动智能投顾可以豁免部分客户身份识别要求，但需要具备相关的保障措施。例如，营运者要证明自己的"筛选"或者阈值能够有效识别"不适当"客户；智能投顾平台应制定相应控制措施应对客户不一致的响应，如弹出窗口询问并由客户主动选择确认不一致响应，通过后台技术自动标记客户不一致信息并持续跟踪等。

（三）新加坡和澳大利亚智能投顾监管启示

通过以上介绍我们发现，新加坡和澳大利亚非常重视智能投顾应用的风险防控，从中我们可以得到以下启示。

一是建立风险导向控制的监管制度。以风险为导向，将洗钱风险控制纳入智能投顾服务流程，在此基础上对客户需求、投资产品进行风险动态适当性匹配。二是强化豁免部分客户尽职调查要求保障措施的有效性，确保智能投顾的尽职调查措施能够有效防控洗钱风险。三是重视智能投顾服务客户风险承受能力与客户洗钱风险调查的监督。智能投顾主体内部监督部门应从"了解客户需求""建议产品的适当性"以及建议服务专业性与道德行为标准等方面评估咨询服务质量与风险防控措施的有效性，防范业务开展的洗钱风险和道德风险。

五、完善工作建议

智能投顾的发展突破了以"人"为框架的传统投资顾问业务范围，在互联网金融中广泛应用，需要在把握智能投顾本质的基础上，采取有效措施防范智能投顾服务洗钱风险。

（一）强化智能投顾服务洗钱风险管理

一是健全智能投顾资质获取机制，将洗钱风险评估情况作为获取智能投顾资质的前提审查条件之一[1]，前移洗钱风险管理窗口，发挥反洗钱"第一道防线"基础作用。二是完善智能投顾服务业务流程，结合客户尽职调查信息、交易信息等信息实施客户全生命周期洗钱风险动态管理，强化客户风险承受能力与洗钱风险状况相关性审查。三是加大对智能投顾服务主体自定义监测指标的监督力度，督促其构建符合"智能投顾资金跨平台流动""投资者在使用智能投顾的情况下更倾向于小而多的投资，即投资分散化程度增加"等特征的可疑行为监测模型，全流程监控客户行为及其交易资金，增强其风险敏感度及多角度识别可疑交易意识。

（二）加快反洗钱信息共享平台建设

扩大反洗钱信息共享，充分挖掘监管部门及机构内部有价值的反洗钱信息，提高打击洗钱犯罪效率。一是健全中国人民银行与行业主管机关监管信息沟通、共享机制，创新工作方法，与行业主管机关就风险事件同步开展反洗钱监管。同时，进

---

1 2018年，我国出台的《关于规范金融机构资产管理业务的指导意见》提出，运用人工智能开展投资顾问业务需取得相应的投资顾问资质。

一步加大监管机关洗钱罪典型案例分享力度，充分发挥典型案例的指导作用，提升智能投顾服务主体洗钱风险管理水平。二是强化智能投顾服务主体集团内部信息共享，以实用、风险控制为导向，合理开放金融机构智能投顾服务部门与反洗钱管理、支付结算管理等部门之间客户信息的共享权限，明确共享的内容、对象和方式以及保密要求，确保智能投顾服务部门能够获取保存于其他部门的客户身份、交易、信贷及洗钱风险等信息，知晓、理解与之相关的洗钱风险特征，提高客户画像的精准度。三是推动跨金融机构洗钱风险、犯罪信息共享平台建设，在金融机构之间分享最新的洗钱风险、犯罪趋势、作案手法等信息，督促智能投顾服务主体不断完善可疑行为监测模型等洗钱风险控制手段。

（三）及时开展智能投顾洗钱风险专项评估

根据智能投顾服务属性、目标客户群、交易对手、交易渠道等要素，客观、真实、全面评估智能投顾的洗钱风险。建立多维度的洗钱风险评估指标体系，加大智能投顾服务洗钱风险评估，确保应用人工智能技术履行反洗钱义务仍然适用于当前技术进步，有效防范技术迭代或漏洞风险。同时，根据评估结果，细化洗钱风险缓释控制措施，区分缓释控制措施作用并加以组合形成强度不等的组合方案，以实现对智能投顾服务洗钱风险的精细化管理。

参考文献：

[1] 陈彦蓉 . 智能投顾合规发展可期 [EB/OL].(2018-02-12)[2021-03-17].https://www.sohu.com/a/222332225_175647.

[2] 袁淼英 . 我国证券智能投顾运营商市场准入制度的构建 [J]. 西南政法大学学报 ,2018(3):56-64.

[3] 陈慧华 . 监管视角下智能投顾算法的应用风险治理研究 [J]. 保险职业学院学报 ,2020(3):70-74.

[4] 徐凤 . 人工智能算法黑箱的法律规制——以智能投顾为例展开 [J]. 东方法学 ,2019(6):78-86.

[5] 潘振野 . 智能投顾模式下投资者保护制度的完善——以信义义务为中心 [J]. 南方金融 ,2020(2):90-99.

[6] 李劲松 , 刘勇 . 智能投顾：开启财富管理新时代 [M], 北京：机械工业出版社 ,2018:78.

[7] 清华大学人工智能企业瑞莱智慧RealAI——一副眼镜破解了19款安卓手机的人脸识别解锁系统 .[EB/OL].(2021-02-02)[2021-03-22].www.52tdw.com/live/26538.html.

[8] 葛如一 , 胡蓉 . 互联网金融环境下智能投顾对于投资行为的影响 [J]. 系统管理学报 ,2021(1):94-100.

[9] 新加坡金融监管局 . Notice On Recommendations On Investment Products.[EB/OL].(2019-01-04)[2021-03-19].https://www.mas.gov.sg/regulation/notices/notice-faa-n16(last updated on 4 January 2019).

[10] 夏俊 . 我国智能投顾市场准入监管研究 [J]. 西部金融 ,2020(2):83-87.

基于扎根理论的风险为本下义务机构
反洗钱资源配置研究

■ 刘莹　李冰倩[1]

摘要： 本文采用社会科学研究中广泛使用的扎根理论方法对义务机构反洗钱资源配置的内在机制进行研究，在此基础上深入分析义务机构反洗钱资源配置存在的问题，并提出对策建议，以期对义务机构优化反洗钱资源配置、有效防控洗钱风险提供参考。

关键词： 反洗钱　风险为本　资源配置　扎根理论

一、导论

义务机构反洗钱资源配置是一个动态变化的过程，深入了解义务机构反洗钱资源配置的选择机理及其资源配置过程中面临的问题、困难，对于引导义务机构科学配置反洗钱资源、提升反洗钱工作质效具有重要意义。

现有对义务机构反洗钱资源配置的研究大多为研究人员结合个人工作经验进行的分析和判断，主观性较强。本文选择的扎根理论（Grounded Theory，GT）研究方法是一种在经验资料基础上自下而上构建理论的定性研究方式。研究者在研究前一般不作理论假设，直接从实际观察入手，在系统性收集资料的基础上寻找反映事物现象本质的核心概念，然后通过这些概念之间的联系建构相关社会理论。相比其他方法，扎根理论可以更有效地归纳、对比数据，寻求案例之间的相互印证和补充，从而提出更具信服力和可靠性的结论，在社会科学领域应用广泛。

本文通过运用扎根理论方法对实地调研义务机构获得的访谈资料进行编码分析，逐步提炼、聚合、收敛得出影响义务机构反洗钱工作的核心范畴，明晰义务机

1　刘莹、李冰倩供职于中国人民银行银川中心支行反洗钱处。

构反洗钱资源配置的形成过程和内在机制，在此基础上深入分析义务机构反洗钱资源配置存在的问题，最后提出对策建议。

二、基于扎根理论的实证研究

（一）数据采集和筛选

本研究选取宁夏辖内 16 家银行业机构、7 家证券业机构、8 家保险业机构、5 家支付机构对其在风险为本下反洗钱资源配置情况进行了实地调研。设计了 14 道问题的访谈提纲，采取半结构化的访谈形式，对反洗钱一线人员开展一对一访谈，每位访谈者时间控制在 1 小时内，最终获得访谈资料 36 份，共计 14.4 万字。随机选取了其中的 28 份访谈记录进行编码分析，另外的 8 份访谈记录留作理论饱和度检验。

（二）研究过程

1. 开放式编码

通过访谈获得的原始访谈资料信息庞杂，为了凝练访谈信息，首先要采用开放式编码方法对原始资料进行概念化整理。通过对 28 份访谈资料进行分析，提炼出 258 个初始概念，删除出现频次较少（小于 2 次）且较为主观的概念，选择出现次数大于 2 且与主题密切相关的概念，最终得到 24 个范畴，具体概念、范畴如表 1 所示。

表 1 开放式编码形成的概念和范畴

编号	范畴（频次）	概念（频次）
1	风险识别（26）	洗钱风险提示；可疑账户风险预警模型；可疑交易识别要点；账户排查模型；数据筛查；日均余额；交易频次；交易量；高风险业务笔数；可疑案例触发情况；连续两期无法正常对账；存量账户规范清理；负面舆情报道名单；涉敏国家客户重检；政治公众任务客户排查；"涉赌涉诈"账户排查；"断卡行动"；扩充筛查标准；每日动态筛查；扫黑除恶专项斗争风险排查
2	风险自评估（23）	定期开展；业务规模与配备资源匹配度；查找风险漏洞；全系统风险防控；洗钱风险评估制度体系；洗钱风险评估指标体系；剩余洗钱风险；机构洗钱及制裁风险评估；风险评估质量；客户风险；产品风险；机构风险
3	业务／产品洗钱风险评估（20）	上线前评估；追踪整改；交易功能设计；满足反洗钱数据要求；加强准入审核；"谁开发、谁评估"原则；跨境业务；大宗交易评估；产品洗钱风险评估；新开客户洗钱风险评级模型；商户实际经营情况及交易场景还原

编号	范畴（频次）	概念（频次）
4	风险管理策略（21）	洗钱风险管理策略；"八统一六集中"；管理标准；"大核算、大后台、大运营"；集中风险管控；风险动态监督闭环控制；人防与机防；反洗钱管控"文化圈"；"专家做、系统做、集中做"；差异化风险策略；防范金融排斥；"四位一体"反洗钱工作格局；事前、事中、事后全流程管控；全面风险管理子规划；建立健全洗钱和恐怖融资风险管理体系；组建洗钱风险管理防线
5	交易控制措施（17）	休眠处理；限制存疑账户；三限（限制撤指定、转托管、证银转账）、五限（限制撤指定、转托管、证银转账、银证转账、新业务办理）措施；"四限"或"十限"措施；强制限制措施；中止提供账户服务；信用卡锁卡、降额；严格高风险客户发卡业务及收单业务准入；网络金融业务注册及限额管理
6	制度建设（18）	健全风险为本的内部制度体系；修订反洗钱制度；建立操作规范；反洗钱合规管理体系；疫情防控期间的反洗钱工作预案；反洗钱管理路径设计；制度约束力
7	考核与责任追究（7）	绩效考核；"零容忍"；严肃问责；加强考核结果应用；员工执行力
8	内部审计（9）	内审监督；第三道防线作用；反洗钱专项检查；自查自纠；疫情防控期间业务审计
9	工作领导小组（15）	"一把手"负责；董事会授权；实质履职；反洗钱领导小组会议；专业小组联席会议；专项治理工作小组；反洗钱与制裁合规管理委员会；高管层重视程度
10	组织架构（15）	"总行—支行"两级架构；齐抓共管同防；明确职责分工；扩大专业团队；增加反洗钱产品设计人员；人力资源配置；岗位人员专业性与稳定性；反洗钱组织治理架构；反洗钱合规管理委员会；条线主动参与；业务部门配合
11	系统建设与完善（31）	优化反洗钱监测系统；优化可疑监测模型；可疑场景验证；监测事件；定期评估监测指标；模型迭代；核心系统建设；一站式工作平台；模型试算；敏捷BI系统监控；人工智能；关联图谱技术；风险监控统一展示（Crystal）平台；证件失效前的自动提示；全国数据逻辑集中；智能应用建设与推广；"知识图谱"新开客户洗钱风险智能评级系统；自然语言处理技术；账户信息变更尽职调查线上化；系统支持力；系统和数据库支持

续表

编号	范畴（频次）	概念（频次）
12	数据治理（12）	"资源整合、信息共享、动态追踪"；定期梳理系统功能及数据要素；系统数据监测精准性；信息治理；挖掘数据价值；优化数据质量；量化手段关联；信息操作一站实现、常规查证一键完成、隐性关系一目了然；数据标准化；信息割裂
13	数据共享（8）	第三方支付平台的数据保护；反洗钱监测与业务联动共享机制；数据共享与协同应用；数据调用困难
14	客户身份识别和交易记录保存(13)	AI 识别；声音对比识别；实名制；规范入网流程；客户身份信息获取；高龄客户尽调；受益人识别完善；穿透识别；平安 E 企查系统识别；全量回补；OCR 识别技术；存量客户持续识别；客户身份及资金来源调查手段单一
15	客户风险分类管理（7）	二次业务受理特别审批流程；高风险客户特别管控；反洗钱机器学习模型；反洗钱重点客户风险监测排查模型
16	持续识别和重新识别（19）	机构客户；自然人客户；存量客户账户信息规范；一对一负责；受益人识别完善；存量商户法人身份证有效期识别整改；可疑交易无管户尽调
17	大额交易（5）	逐笔人工新增；手工登记台账；大额交易的监测与报送
18	可疑交易监测（27）	可疑交易监测指标体系；分散处理、集中审核；两岗人工甄别；三次审批；综合研判；合理怀疑；主管行长审定；行长、董事长报告制；可疑交易回溯机制；野生动物非法贸易及地下钱庄洗钱重点风险领域；"数据评估、专家审议、意见征集"三步；协查与管控；重点可疑交易报告；及时报送；重点跟进；合理怀疑；有效取证；情报价值；线索移送；可疑交易分析报告智能生成

编号	范畴（频次）	概念（频次）
19	宣传培训（21）	内部培训；外部培训；测试；竞赛；征文；全员覆盖；短视频宣传；新入行员工标准化培训；业务管理人员培训；培训制式化；职场常态化宣传；"微课堂"；线上培训；反洗钱宣传月
20	名单监控（16）	制裁、涉恐人员全面监控；人工添加；购买道琼斯、融安e信名单数据库；实时风险预警；全方位防控；实时匹配；人工检索；回溯性调查；汤森路透名单数据库；金融制裁合规管控机制；负面信息客户名单；CMBRUN平台反洗钱名单模块优化；反洗钱名单过滤系统
21	反洗钱保密（2）	信息安全保护；"谁主管、谁负责""谁使用、谁负责"
22	第三方反洗钱服务机构（13）	名单采购；反洗钱监测系统；受益所有人信息；商户管理；商户评级；交易监测；回溯性筛查；外部审计机构；洗钱风险评估；客户洗钱分类评级；产品评估；法律咨询服务
23	政策引导与支持（31）	优化受益所有权信息获取渠道；借鉴地区先进经验；专业指导；同行交流；监管标准与国际接轨；行业监管标准细化；可疑交易报告反馈机制；顶层制度设计；弱化技术监管要求；推进信息共享机制建设；提升从业人员职业资格准入；细分行业监管标准；规范支付机构代发业务；科技支持；有力背书；搭建同业合作交流平台；案例分析；政策宣讲；风险评估；纠错纠偏；查漏补缺；风险提示；监管走访；现场检查；实地业务指导；宣传培训；正向激励
24	舆论坏境支持（24）	客户投诉风险；客户配合度；社会大众反洗钱意识；社会舆论宣导

2. 主轴编码

主轴式编码是为了将开放式编码中被分割的资料通过聚类分析，发现不同概念范畴之间潜在的联结关系。借鉴 Strauss&Corbin 的观点，本文通过回答"哪里"、"为什么"、"谁"、"怎么样"以及"结果如何"等问题，获取概念范畴关系。依据上述思路，对开放式编码形成的24个范畴做进一步聚敛分析，获得10个主范畴，详见表2。

表2 主轴编码数据及内容

编号	主范畴	对应范畴
1	风险识别与评估	风险识别（26）；风险自评估（23）；业务／产品洗钱风险评估（20）；客户风险分类管理（7）
2	风险控制措施	风险管理策略（21）；交易控制措施（17）
3	内部控制制度	制度建设（18）；考核与责任追究（7）；内部审计（9）；反洗钱保密（2）；宣传培训（21）
4	组织架构	工作领导小组（15）；组织架构（15）
5	系统建设	系统建设与完善（31）
6	数据治理	数据治理（12）；数据共享（8）
7	客户尽职调查和记录保存	客户身份识别和交易记录保存（13）；持续识别和重逢识别（19）
8	反洗钱监测分析	大额交易（5）；可疑交易监测（27）；名单监控（16）
9	外部环境	第三方反洗钱服务机构（13）；舆论环境支持（24）
10	政策支持	政策引导与支持（31）

3. 选择性编码

选择性编码是在主轴编码的基础上，对已归纳出的主范畴进行进一步聚合和提炼，得出核心范畴，并将所有类属关系联结起来，形成贯穿所有资料、范畴和关系的"故事线"。通过对主范畴的考察分析，本文最终确定4个核心范畴，详见表3。

表3 选择性编码形成的核心范畴

编号	核心范畴	主范畴
1	洗钱风险自评估	风险识别与评估
2	内部控制体系	风险控制措施；内部控制制度；组织架构；客户尽职调查和记录保存；反洗钱监测分析
3	金融科技支持	系统建设；数据治理
4	政策与外部支持	政策支持；外部环境

4. 理论饱和度检验

理论饱和度是决定何时停止采样的判定条件。为了检验扎根分析的理论饱和度，本研究将剩余的 8 份资料逐一进行编码和分析，查验是否有补充或矫正。检验结果显示，本部分凝练的范畴能够充分揭示风险为本下义务机构反洗钱资源配置情况，提炼出的概念、范畴在理论上是饱和的。

（三）研究结论

风险为本下反洗钱资源配置是一个动态变化的过程，充分了解义务机构反洗钱资源配置内在机制是提升反洗钱工作有效性的重要步骤。上述研究结果表明义务机构在开展风险为本反洗钱工作时，在洗钱风险自评估、内部控制体系、金融科技、获取政策与外部支持方面加大了资源配置力度。

1. 洗钱风险自评估

风险识别与评估是落实"风险为本"原则的基础。从调研结果看，当前反洗钱义务机构已普遍认识到洗钱风险自评估工作的重要性。2018—2020 年期间，36 家受访机构均开展了洗钱风险自评估工作，法人义务机构自行开展，非法人义务机构配合总行开展。各义务机构从客户、国家或地域、产品或服务、交易或支付渠道、内控措施等内外部风险入手，自行确定评估方法，构建符合本机构实际的风险评估指标体系，全面评估和度量本机构面临的洗钱和恐怖融资风险，科学反映洗钱风险状况。

2. 内部控制体系

反洗钱内部控制是义务机构反洗钱工作机制得以有效运转的重要前提。随着以"风险为本"为原则的反洗钱工作方法的深入实施，义务机构已普遍认识到要将风险评估结果作为配置反洗钱资源的主要依据，构建权责分明、平衡制约、制度健全、运作有序的内部控制体系，有效管理和降低已识别的洗钱和恐怖融资风险。从调研结果看，仅 2020 年就有 32 家受访机构修订了反洗钱内控制度，累计修订 260 项，涉及风险控制政策和程序、组织架构与职责分工、内部监督机制等多个方面，体现了各义务机构对更新、完善、健全内部控制体系的重视。

3. 金融科技

随着金融机构的产品或服务不断向远程化、移动化、数字化演变，金融交易和资金流动呈现快速、复杂、跨境、虚拟等特点和趋势，从复杂、海量的客户、交易中获取洗钱风险信号，只能依靠科技力量。这不仅是降低人工成本投入的考虑，更是提高反洗钱工作有效性的必然选择。近年来，各义务机构尤其是大型银行业金融机构普遍加大金融科技投入力度。从全国看，2020 年，18 家全国性商业银行中有 12 家银行的科技投入占营收比重超过 2%，其中工商银行、建设银行对金融科技的投入超过 200 亿元。从调研结果看，仅 2020 年，就有 31 家受访机构反映其本级或者总部升级、优化、改造了本机构反洗钱系统，探索将大数据、生物识别、人工智能、机器学习、区块链等新兴技术手段广泛应用于客户尽职调查、风险评级、可疑交易监测、名单监控等一系列信息系统中，充分体现了各机构对金融科技的资源倾斜。

4. 获取政策与外部支持

义务机构开展反洗钱工作时，一方面要持续关注监管部门发布的法律法规、风险提示、行政处罚动态等信息，分析和评估监管部门的监管导向或趋势，及时投入资源调整本机构反洗钱工作重心。另一方面，在履行诸如客户尽职调查、受益所有人身份识别、名单监控或采取风险控制措施等法定义务时，也需要监管部门在法律政策上予以保障，在实际执行时予以协调和引导。受限于法律制度修订的滞后性，义务机构可能无法及时从监管部门获取足够的政策支持，内部资源又无法满足反洗钱工作要求，有部分义务机构就会选择购买第三方机构的反洗钱服务，提升本机构反洗钱工作水平。以调研结果为例，2018—2020 年有 24 家受访机构表示本级或其总部购买过第三方机构的反洗钱服务，主要包括天眼查、企查查等工商信息数据库，道琼斯、融安 e 信等名单监控数据库，反洗钱审计、法律咨询、风险评估、业务培训等专业服务。

三、风险为本下反洗钱资源配置问题分析

（一）洗钱风险自评估工作质量不高

一是对风险认识不够，洗钱风险自评估工作质量参差不齐。2021 年初出台的《法人金融机构洗钱和恐怖融资风险自评估指引》虽然明确了洗钱风险自评估的内容、基本流程和方法等，但是在实际操作中涉及的具体评估指标、评估阈值、评估方法，都需要义务机构自行判断和确定。这对义务机构反洗钱工作能力提出了较高要求，有些义务机构不能充分认识自身面临的洗钱风险，洗钱风险自评估工作质量较差，无法为后续资源配置、风险控制打下良好基础。二是洗钱风险自评估工作缺乏动态调整机制。义务机构面临的洗钱风险是不断变化的，要想合理评估洗钱和恐怖融资风险就应该对客户、产品、服务和渠道风险进行持续的跟踪。但实际上，大部分义务机构都将风险自评估视为"一次性"工作，忽略动态评估风险，从而导致反洗钱资源配置不合理，风险控制措施作用不明显等。三是评估人才不足。洗钱风险评估和识别工作对专业人员的业务要求较高。当前各义务机构反洗钱岗位人员普遍存在专职人员少、兼职人员多、岗位人员工作经验不足、岗位等级低、队伍稳定性差等

问题，难以保证风险自评估工作高质量开展。这一问题在地方性中小型义务机构中尤其突出。评估人才不足已成为制约义务机构开展洗钱风险自评估工作的重要瓶颈。

（二）内部控制体系存在缺陷

一是洗钱风险管理未有效纳入全面风险管理中，金融机构对风险的管理依然存在重事后、轻事前事中问题。二是内部控制措施执行不到位。多数义务机构能够制定较为完整的内控制度和详细的操作程序，但是制度与程序的顺利实施却较难落实。其中既有合规文化建设不到位的原因，也有高级管理人员重视程度与考核力度不足的原因。三是内部监督检查不到位。义务机构内部审计工作习惯从制度、操作、业务等合规层面开展检查，缺乏从洗钱风险管理的角度审计和评估业务、条线风险管理措施的有效性。

（三）金融科技支撑力度不足

一是中小型义务机构对金融科技投入不足，科技赋能中小型义务机构反洗钱工作效果有限。与大型国有或股份制商业银行相比，中小型义务机构没有足够实力成立自己的金融科技研发团队，只能外购科技公司开发的交易监测系统、风险评估与评级系统等满足反洗钱履职要求。据调研访谈所得资料，一般一套反洗钱系统的售价至少在 100 万元左右，核心业务系统的售价在 1000 万—2000 万，每年的维保费用为销售价格的 5%—10%。因为成本控制等原因，中小义务机构一般会选择仅外购反洗钱系统，但是在调和外购反洗钱系统与核心系统时，受限于核心系统固有数据架构与改造难度，正式上线的反洗钱系统可能存在功能实现不全、效果较差等问题，金融科技赋能中小型义务机构反洗钱工作效果达不到预期。二是义务机构数据治理不到位。当前，义务机构反洗钱信息数据存在诸多问题，主要体现在数据质量不佳、数据范围不全、数据标准化不足、数据信息割裂严重等方面，极大地影响了义务机构数字化转型和反洗钱系统效能的充分发挥。

（四）政策引导与外部支持不够

从调研访谈结果看，义务机构普遍反映在以下几方面较难获取支持。一是外部数据获取难度大。洗钱风险评估、客户尽职调查、可疑交易监测分析等工作都需要获取外部数据来支持。但在实际工作中，由于法律法规限制、信息共享机制欠缺等，义务机构需要的工商登记实时信息、受益所有人登记信息、地区洗钱及上游犯罪特点分析等数据信息较难获取，影响了义务机构反洗钱工作质效。二是采取风险管理措施面临外部压力，且法律保障不足。义务机构普遍反映在开展客户尽职调查时，客户配合度不高，在采取风险控制措施时，客户抵触情绪较高，经常采取投诉、起诉、曝光等手段相威胁，在法律支持不足的情况下，义务机构面临较高的法律风险和合规风险。

四、对策与建议

（一）加大资源投入，提高洗钱风险管理有效性

义务机构应坚持风险导向和问题导向，围绕重点岗位、重点产品、重点流程、重要事项持续提升洗钱风险管理有效性。一是义务机构应正确认识和妥善处理洗钱风险管理与业务经营发展之间的关系，将洗钱风险管理纳入本机构全面风险管理中，健全组织架构，完善制度体系，明确反洗钱职责分工，发挥好防范洗钱风险"第一道防线"作用。二是优化洗钱风险自评估体系，建立洗钱风险自评估动态调整机制，提高洗钱风险自评估工作质量，在自身能力不足的情况下，选择专业的第三方机构辅助开展洗钱风险自评估，利用其先进经验提升本机构洗钱风险自评估工作水平。三是加大对反洗钱资源的重视及投入，科学、合理地分配不同业务条线的反洗钱资源，将反洗钱工作开展情况及洗钱风险防控有效性纳入本机构考核激励和内部监督检查体系中，明确奖惩措施和工作标准，督促员工严格执行反洗钱各项制度要求，提升职业操守和专业能力，确保风险控制策略和程序顺利实施。

（二）深化金融科技创新，加强数据治理

金融科技能力决定了义务机构反洗钱工作的深度。一方面，中小型义务机构应继续加大科技投入，着力升级改造本机构核心系统与反洗钱业务系统，积极引入大型金融机构、科技公司的先进金融科技成果，使有限的科研投入能够获得更好的运行效果，有力支持业务运营与风险控制。另一方面，义务机构应持续优化本机构 IT 架构，积极推进数据治理，制定本机构数据规范，明确数据的录入、存储、传输、查询、下载等全生命周期的管理要求，加快数据拼接整合速度，建立健全数据质量控制机制，有效提升数据质量，满足反洗钱工作需要。

（三）强化政策引导，营造良好反洗钱社会氛围

一是以《中华人民共和国反洗钱法》修订为契机，制定和完善反洗钱信息共享法律规定，进一步明确反洗钱信息共享的原则、要求和底线，有效解决制约深层次信息共享的顶层制度设计缺失问题。加大部门间信息共享合作力度，协调公安、安全、检察、法院等部门定期发布检察意见书、司法数据报告、指导案例、洗钱犯罪手法分析等，协调市场监督部门尽快完善和共享企业受益所有人登记信息，为义务机构开展客户尽职调查、可疑交易监测等工作提供有力支持。二是加强监管协调，明确

对于义务机构因执行风险控制措施引发的相应维权、诉讼问题中，责任认定和免于承担责任的情形，统一监管尺度，防止监管套利。三是强化金融消费者教育工作，引导金融消费者充分了解配合义务机构开展客户身份识别的重要性和必要性，营造良好的反洗钱社会氛围。

参考文献：

[1] STRAUSS A，CORBIN J. Basics of qualitative research:grounded theory procedures and techniques[J]. Modern language journal,1990,77(2).

[2] 李凌汉. 农村合作社驱动农业技术跨区域扩散：逻辑机理、影响因素与实践探讨 [J]. 湖湘论坛，2021(1):93−106.

[3] 孙楚. 基于扎根理论的互联网企业产品创新与价值网络形成耦合机制研究——以阿里巴巴为例 [J]. 中国管理信息化，2021(2):87−94.

[4] 杜朝运，王建胜. 商业银行洗钱风险自评估现状及监管对策 [J]. 征信，2019(7):61−65.

我国商业银行跨境汇款面临的制裁合规风险及对策建议

■ 吴瑕　戴青　刘灿[1]

摘要： 近几年国际制裁案件频发，监管日趋严峻，各商业银行的跨境汇款业务首当其冲，面临着更大的制裁合规风险压力。商业银行跨境汇款中存在审核要素及风险点增多，线上汇款制裁合规工作难度加大，银行人员反洗钱合规意识及识别技能欠缺等风险。本文在借鉴海内外典型案例并结合对部分同业调研的基础上，提出应对我国商业银行跨境汇款中的制裁合规风险的防控对策及建议，即合理分工，明晰职责划分；科技引领，提升系统功能；建设队伍，强化合规文化；上下联动，加强监管指导。

关键字： 跨境汇款　制裁合规　反洗钱

一、研究背景及意义

当前，国际形势纷繁复杂，特别是新冠疫情全球蔓延，金融制裁成为各国频繁使用的手段，多家大型国际银行遭受巨额罚单。商业银行自身在制裁合规风险控制中暴露的问题不断凸显。2017年，国务院办公厅印发《关于完善反洗钱、反恐怖融资、反逃税监管体制机制的意见》指出：反洗钱、反恐怖融资、反逃税监管体制机制是建设中国特色社会主义法治体系和现代金融监管体系的重要内容，是推进国家治理体系和治理能力现代化、维护经济社会安全稳定的重要保障，参与全球治理、扩大金融业双向开放的重要手段。中国人民银行和中国银保监会也分别就洗钱风险管理与合规管理提出监管要求，要从国际化战略的高度认识合规管理。随着严监管时代的到来，无论从外部形势、监管要求，还是自身内控机制建设来看，商业银行

1　吴瑕、戴青、刘灿供职于中国银行重庆市分行支付清算部。

有必要对制裁合规风险进行研究并且提出切实可靠的应对策略。

二、当前跨境汇款主要面临的国际制裁种类及制裁案例

（一）当前主要国际制裁种类

制裁是指国际组织、一国或多国政府，为打击洗钱、恐怖活动及恐怖融资、贩毒、大规模杀伤性武器扩散等，或为其他政治、外交目的，而对特定国家、实体、个人或行为所采取的贸易禁止、经济和金融限制、武器禁运等非武力、强制性、惩罚性措施。

目前全球多个国际组织、国家或地区均发布了制裁。结合制裁的影响力、域外效力来看，跨境汇款须重点关注联合国制裁、美国制裁、欧盟制裁、中国公安部制裁以及中国商务部军民两用物项出口管制。

1. 联合国制裁

联合国制裁对所有联合国会员均产生效力，成员国有义务遵守和实施。制裁措施主要有冻结制裁名单人员资产、武器禁运、大规模杀伤性武器及运载系统相关禁运、奢侈品出口禁运、木炭进出口禁止、贸易禁令、金融限制、资产冻结、旅行禁令等。

2. 美国制裁

美国制裁是一个泛指的概念。美国多个机构根据法律授权可以发布制裁，主要关注 OFAC、FinCEN、美国国务院、美国商务部等四个机构所发布的相关制裁。

（1）OFAC 是美国财政部下属外国资产控制署，根据美国国家政治、外交、安全等目标，对特定国家或地区、恐怖分子、毒品走私、大规模核武器扩散等实施贸易禁运、投资禁止、资产冻结等经济和贸易制裁。[1]由于美国制裁的域外效力以及美国在国际上的影响力，目前，澳大利亚、新加坡、中国香港等多个国家／地区的金融监管机构，建议金融机构执行美国特别是 OFAC 的制裁规定。

（2）FinCEN 是美国财政部金融犯罪执法网络，是情报搜集分析机构，根据爱国者法案，发布洗钱主要关注对象制裁名单。[2]

（3）美国国务院为美国外交机构，负责制定和执行美国外交政策，主要针对

1　OFAC 制裁主要名单有 OFAC SDN 名单、NS-ISA 名单，FSE 名单、NS-PLC 名单、OFAC561 名单、OFAC SSI 名单等。其主要适用对象为美国人（一级制裁），但在部分制裁项目下，OFAC 要求外国人执行其规定，否则将对外国人实施制裁（二级制裁）。

2　FinCEN311 名单—依据爱国者法案第 311 条被采取特别措施的金融机构和地区。其禁止名单上金融机构直接或间接进入美国金融体系。要求美国金融机构不得为名单上的金融机构开立账户或保持代理行关系，不为涉及相关金融机构的交易提供金融服务。

防扩散、人权等方面发布制裁。[1]

（4）美国商务部负责实施出口商品管制，特别是针对军民两用物项、特定被制裁国家的出口管制。即美国向特定国家出口，或出口特定物项需要经过审批；非美国人从美国人进口有关物项后，不得转出口给特定国家。

3. 欧盟制裁

欧盟制裁根据联合国制裁以及欧盟的政治、外交、安全等目标，对特定国家或地区、恐怖分子等实施制裁。仅适用于欧盟所有成员国，无域外效力。其制裁措施主要为资产冻结、金融限制、武器禁运、旅行禁令等。在俄罗斯、乌克兰制裁中还有与美国制裁类似的针对特定企业的行业制裁。

4. 中国公安部制裁

中国公安部对恐怖活动组织／人员实施制裁，认定并公布涉恐制裁名单，要求国内金融机构必须遵守相关规定，冻结恐怖活动组织／人员资产。

5. 中国商务部军民两用物项出口管制

在中国出口商品时，需审核出口经营的物项是否为国家出口管制清单管控物项。若未经许可出口该类物项，可以采取禁止、限制有关管制物项交易，责令中止有关物项出口等必要措施。

（二）国际制裁典型案例

1. 某中资银行纽约分行案

2018 年 6 月，美国货币监理署在其官网公布了对某中资银行纽约分行的执法行动，称其在遵守《银行保密法／反洗钱法》（BSA/AML）合规计划、可疑交易报告及美国海外资产风险控制办公室(OFAC)要求方面存在缺陷,处罚金 1250 万美元。

该中资银行纽约分行与美国货币监理署分别签订了"和解协议令"和"民事罚款和解协议令"，同意就此事缴纳 1250 万美元罚款，并已采取整改措施，承诺采取一切必要和适当的措施弥补发现的缺陷，加强该分行的 BSA/AML 和 OFAC 合规计划。

2. 渣打银行案

2019 年 4 月，渣打银行同意就违反伊朗和其他国家进行非法金融交易的制裁规

---

[1] 在防扩散制裁上，国务院根据伊朗、朝鲜和叙利亚防扩散方案对特定人员实施制裁，这些人员涉及从前述三个国家取得或向这三个国家提供大规模杀伤性武器扩散相关的货物、服务或技术，或者实质支持了前述三个国家的大规模杀伤性武器或导弹系统。制裁内容为：禁止获得美国进出口方面的银行协助；禁止获取美国出口特权；禁止在任意 1 年期限内从美国的银行获取超过 1000 万美金的贷款等等。

定，向美国与英国监管局支付 11 亿美元以达成最终和解。渣打银行表示，就违规行为及监控方面的不足承担全部责任，之后将在金融合规计划中投入大量资源，并成立董事会金融犯罪风险委员会，扩充法律制裁合规团队，针对客户引入严格尽职调查等措施。

从上述案例看出，美国作为在全球实施金融制裁的主要发起国，利用长臂管辖权，对多家国际大银行实施反洗钱监管，并采取高额罚款、暂停清算业务、冻结资产等制裁措施。同时，海外中资银行也遭受到了国际监管机构比以往更严厉的反洗钱调查与处罚。中国商业银行在反洗钱合规管理中面临的挑战日益严峻，如何在国际法律框架内，防范制裁风险，积极维护自身利益，成为必须面对的问题。

三、我国商业银行跨境汇款发展面临的制裁合规问题

1. 跨境汇款审核要素及风险点增多获取难度大

随着国际监管政策的不断趋严，各海外代理行对跨境汇款报文信息质量要求不断提高。特别是对于收款人和付款人的地址栏信息的规范性及完整性、汇款用途真实性等审核压力增大，在一定程度上增加了商业银行人力成本、影响客户体验、降低了汇款效率。

在业务处理过程中，客户信息的有效获取一方面通过银行自有渠道进行收集、识别，另一方面需依赖于客户的配合。特别是对公客户实际控制人难以单方面识别，且国际贸易活动复杂，使得银行难以获取完整的客户信息，同时，银行在确认客户提供信息的真实性方面也存在一定的难度。

2. 线上汇款加大了制裁合规工作难度

随着金融科技的不断发展，线上跨境汇款成为更多人选择的汇款方式，而通过线上手机银行、网上银行等方式进行的汇款，所面临的制裁合规风险更加隐蔽和复杂。一是线上客户身份识别难度远大于线下。线上跨境汇款减少了客户与银行工作人员面对面的机会，银行对交易记录以及涉嫌洗钱人员真实身份的判定是依据原先客户预留在银行的信息进行的，信息不一定及时更新，客户身份识别难度加大。二是交易背景难识别。客户可以随时随地进行线上跨境汇款交易操作，银行凭客户填写的汇款交易信息进行审核，对于跨境汇款交易真实背景审核难度变大。

3. 银行人员反洗钱及合规意识及识别技能欠缺

跨境汇款领域一直是制裁合规风险高发领域，对于银行前台人员素质要求较高。一方面，跨境汇款使用的都是通用英文报文格式，前台人员需要熟悉和了解报文各

个场次的含义及具体要求。另一方面，在熟悉报文的前提下，还要求前台人员具有识别、发现、防范制裁合规风险的能力。但从目前商业银行的现状来看，一线前台员工对于制裁合规的识别及防控存在欠缺。表现在部分员工对制裁合规的重要性认识不足，对于高风险国家、地区的敏感性程度不够；前台人员流动频繁，跨境汇款要求操作人员有较强专业性，并能熟练掌握制裁合规等政策，但这些专业能力需要时间和经验的积累，不可能上岗即胜任。

四、外资代理行及国内商业银行制裁合规情况

针对跨境汇款制裁合规存在的问题，本文选取了三家外资代理行，两家国内代表性的商业银行及重庆本地地方商业银行共 6 家境内外同业，分别从职责分工、技术系统建设、甄别机制建设、员工合规培训、合规文化建设共五个方面进行了调研，情况如下：

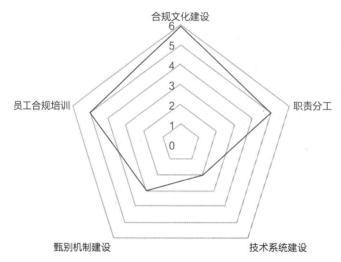

资料来源：作者整理（2021 年）

图 1   同业甄别情况调研统计

从所调研的 6 家银行的制裁甄别工作开展情况看，在合规文化建设、员工合规培训等方面具有共同性，但在职责分工、甄别机制建设、技术系统建设等方面存在较大差异。

（1）从职责分工方面看，6 家银行中，除地方性商业银行外，其余 5 家银行均由其合规内控部门牵头管理反洗钱制裁合规相关工作，同时基本均由合规部门牵头

开展制裁名单的甄别。而该地方性商业银行的制裁甄别工作则由不同的业务部门承担，制裁甄别工作职能相对分散。

（2）从技术系统建设方面看，2家外资银行注重反洗钱制裁名单甄别系统的建设，并致力于开发运用新的金融科技等新技术提升银行的制裁甄别能力，包括诸如OCR技术、区块链技术、大数据应用、可视化认知分析等，用技术手段提高制裁甄别效能。

（3）从甄别机制建设方面看，外资国际化银行建有跨区域的甄别中心，包括中国境内及境外，该类甄别中心能够维持其跨时区不间断的汇款甄别业务，确保了业务连续性。同时，甄别中心的集中甄别模式能够较好地确保其制裁甄别的专业性，更好地提升效率降低风险，另外，从合规人员的准入条件方面，2家外资银行具有明确的引入和退出机制，比如要求一定的从业经验、培训经历以及对甄别人员的业务差错考核，进一步保证了人员的专业性。被调研的中资银行均未设立专门的跨境业务甄别中心，主要由行内法规部门或业务部门进行管理和甄别。

（4）从员工合规培训方面看，其中5家银行的培训对象包含了柜员、客户经理、业务条线人员及管理者，但1家地方性银行对管理层的制裁合规培训暂时空白。另外，在培训频率也存在较大差异，外资银行培训频率相对较高，根据政策、要求等变化不定期开展培训，中资银行培训频率从1年一次到1季度一次不等。

（5）从合规文化建设方面看，调研的6家银行中均有各自的合规文化建设方式，包括制度建设、考核督导、多维度培训、多渠道多方式的宣传教育等方式来强化行内跨境汇款制裁合规意识。

五、我国商业银行应对跨境汇款制裁合规风险的对策及建议

从上述调研不难看出，外资代理行对于制裁合规风险较为重视，并且采取了各种措施来防范风险，相对而言中资银行尤其是地方性商业银行在这方面还较为薄弱。结合相关实际，如何应对跨境汇款制裁合规风险，主要有以下几点建议：

（一）合理分工，明晰职责划分

1. 划清部门间职责

跨境汇款制裁合规涉及的环节以及部门众多，根据"谁的客户谁负责""谁的业务谁负责"的职责分工，划清各部门在客户跨境汇款反洗钱工作中的职责分工，例如由法律合规部门牵头对反洗钱工作进行顶层设计和指导；业务条线部门各自负责其对应的业务领域，并对辖属支行交易背景的审查等重点难点环节进行监督管理。

2.明确前后台分工

对于前台业务人员，应熟知国际监管形势的变化、熟悉高风险国家及地区、了解其汇款客户背景及交易目的、仔细审核客户办理国际汇款业务的相关资料等，把好风险防范的前沿关口。对于后台集中操作人员，应提升制裁合规甄别专业能力，同时发挥数据集中的优势，整合数据分析发现潜在风险，进而在风险把控上收好口，当好最后的看家人。

（二）科技引领，提升系统功能

1.境内外一体化，共享合规数据库

建议各商业银行海内外分行建立起统一的国际制裁合规数据库，同时对数据库名单按照国际制裁名单和决议要求进行制裁合规风险辨识和风险评估。发布实时国际监管动向，及时更新联合国、美国、欧盟的最新的制裁政策及规定，以实现制裁合规信息共享，共同防范洗钱风险。

2.建立完善监测指标和模型，加大资金监测力度

对于更加隐蔽和复杂的线上客户，从不同维度建立客户检测模型，通过客户行为"画像"监测可疑客户及交易的场景背景，加大对高风险客户及交易的识别控制能力。例如，对于频繁使用电子渠道进行跨境汇款且其限额接近法规规定的限额标准，或涉及结售汇分拆的可疑交易，应将其资金交易情况纳入重点检测范围。

（三）建设队伍，强化合规文化

1.培养一批高素质的制裁合规专家队伍

由于制裁合规涉及的环节和部门较多，因此，建议各商业银行培训并组建一支高素质、高水平的制裁合规风险管理队伍以及专家智囊团。建立反洗钱专家序列，规定专家培训、研究、解决疑难杂症等职责，提高制裁合规管控质量。

2.提升全员制裁合规风险意识及防范能力

比如建立反洗钱基础知识试题库，要求相关人员上岗前进行资格考试，确保相关人员具备符合岗位要求的反洗钱素质。另外，把反洗钱工作融入日常、融入跨境汇款岗位、融入跨境汇款业务各个环节，增加制裁合规培训的频率，提高各层级员工风险管控意识，从人员上增强银行国际汇款洗钱风险抵御能力。

（四）上下联动，加强监管指导

1.加强政策指导

在国际形势越来越复杂的当下，尤其是当国际制裁与我国国家政策相冲突时，建议国内监管部门给予商业银行政策指导，引导各商业银行合理把握业务处理的度，

化解制裁合规风险。

2. 加强信息交流

建议监管部门定期组织商业银行开展跨境汇款制裁合规案例分享，发布涵盖反洗钱热点、难点的指导性案例研究，实现制裁合规案例共享信息交流机制，整合行业信息资源，避免部分商业银行由于信息更新不及时，信息不对称导致的高风险汇款放行而被境外监管制裁的事件发生。

参考文献：

[1] 周素红 . 李凌 . 论国际汇款业务存在的洗钱风险 [J]. 上海金融 ,2016(2):90−92.

[2] 白建洋 . 银行反洗钱义务的困境及建议 [J]. 反洗钱工作文摘 ,2010(6):630−631.

[3] 姜威 . 反洗钱国际经验与借鉴 [M]. 北京：中国金融出版社 ,2010.

[4] 李建文 . 国际反洗钱形势的新变化及对我国反洗钱工作的战略思考 [J]. 金融发展研究 ,2013.

[5] 熊陈楚 . 美国跨境洗钱的监管经验及启示 [J]. 吉林金融研究 ,2014(1).

[6] 袁方 . 跨境电汇中银行的反洗钱责任 [J]. 中国外汇 ,2017(51−53).

[7] 熊陈楚 . 香港跨境洗钱的监管经验及启示 [J]. 区域金融研究 ,2016.(4) 35−38.

[8] 徐红 . 银行国际汇款业务中的洗钱风险与防范 [J]. 中国信用卡 ,2018.(02)33−35.

[9] 宋伟 . 我国商业银行反洗钱工作现状及风险应对策略 [J]. 科技经济导刊 ,2017.(34) 241−243.

[10] 何为 . 从国际制裁看合规管理 [J]. 中国外汇 ,2018,46−49.

[11] 杜涛 . 国际经济制裁法律问题研究 [M]. 北京 ：法律出版社 ,2015.

[12] 许井荣 . 中国银行纽约分行反洗钱处罚案例分析及启示 [J]. 中国信用卡 ,2019.3

[13] KERN ALEXANDER.ECONOMIC SANCTIONS:LAW &POLICY8.2009.

[14] Eur.Common and Others v. Yassin Abdullah Kadi, Joined Cases C−584/10 P. C−593/10 P &C − 595/10 P,[2008]ECR I−6351.

[15] Crosby v. National Foreign Trade Council,530 U.S.363(2000).

数字人民币对商业银行反洗钱工作的机遇与挑战分析

■ 辜佳新　李帛阳　徐宁[1]

摘要： 为顺应技术演进和经济发展趋势，维护国家主权货币地位和金融体系安全稳定，世界各国都在加快法定数字货币的研发。基于目前央行信息披露，我国数字人民币（即央行数字货币，CBDC）的研究进展处于世界领先地位。数字人民币作为一种新型货币形态，将会对全社会的货币流通机制、支付结算模式等带来深远影响。目前，业界较多从全社会货币流通、支付结算等角度分析数字人民币带来的影响，但是专门从"反洗钱"角度的探讨较少，本文基于数字人民币的特性，分析其对商业银行反洗钱工作的影响，并提出应对策略和建议，以期为提早布局参考借鉴。

关键字： 数字人民币　商业银行　反洗钱

一、数字人民币概述

（一）数字人民币的发行背景和基本概念

近年来，随着网络技术的快速革新和数字经济的蓬勃发展，以比特币[2]和Libra[3]为代表的虚拟货币（数字货币的一种）竞相出现，在一定程度上满足了社会公众对支付便捷性、安全性、隐私性的需求。但是，由于虚拟货币与法定货币的可转换性，使其具备了一定金融属性，加之匿名性、高流动性、价值波动大等特点，对法定货

1　辜佳新、李帛阳供职于中信银行成都分行合规部，徐宁供职于中信银行德阳分行运营管理部。

2　比特币：一种建立在分布式网络上、总量固定、没有央行和第三方机构参与发行的点对点传输式虚拟加密电子货币，本质为私人数字货币。

3　Libra：科技巨头Facebook公司发行的全球性稳定币，是一种由独立协会治理的，以区块链为基础，有真实资产储备担保的加密数字货币，其追求实际购买力的相对稳定。

币的稳定性和金融体系的安全性造成了冲击。为解决上述问题，部分国家和地区积极探索法定货币的数字化形态。国际清算银行调查报告显示，全球约 56 个国家或经济体的央行已开展数字货币研究，其中约 60% 已进入实验或概念验证阶段。

我国的数字人民币（e-CNY）即央行数字货币（CBDC），是指由中国人民银行发行的数字形式的法定货币，其研发工作在全球处于领先地位。

（二）数字人民币的发展历程

2014 年，中国人民银行正式启动数字人民币研究实验工作，目前已基本完成顶层设计、功能研发、系统调试阶段。截至 2021 年 6 月，先后在深圳、苏州、成都、上海、海南、长沙、西安、青岛、大连等地区以及 2022 年北京冬奥会场景开展了试点工作，试点场景覆盖生活缴费、餐饮服务、交通出行、购物消费、政务服务等领域。央行指定的运营机构扩展至工、农、中、建、交、邮储、网商、微众等 8 家银行机构，参与提供清算流通、基础设施建设等服务的机构涵盖银行、支付、清算、电信运营、科技、软硬件生产、安全与算法服务等多个行业龙头企业。

表 1　中国人民银行推动发行数字货币事件表

时间	事件
2014 年	中国人民银行成立法定数字货币研究小组，标志中国央行正式开启数字货币研究
2016 年	中国人民银行首次提出对外开发数字货币的目标
2017 年	央行正式成立数字货币研究所，标志中国数字货币的发行由理论研究进入到实质性推动阶段
2018 年	央行表示基本完成法定数字货币顶层设计、标准制定、功能研发、联调测试等工作
2019 年	数字人民币先行在深圳、苏州、雄安、成都及未来的冬奥会场景进行公开测试阶段
2020 年	深圳罗湖区启动数字人民币红包试点，标志着数字人民币进入公开测试阶段
2021 年	六大国有银行（中、农、工、建、交、邮储）开始推广数字人民币货币钱包

（三）数字人民币的主要特点

基于安全、便捷、普惠、利于"三反"等发行目的，数字人民币在顶层设计、技术应用和呈现形态方面具有典型特点，本文侧重于分析与反洗钱相关的特点。

1. 电子化的货币呈现

数字人民币基于密码学，通过唯一可识别的字符编码实现了人民币的数字化、非实物化呈现形式，具备与现金相同的价值，是无限法偿性的法定货币。

2. 采取双层运营体系

数字人民币总体运营框架采用"央行—运营机构／流通机构—公众"的"二元"体系，央行在发行中处于顶层地位，负责向作为运营机构（指定商业银行）发行数字人民币并进行全生命周期管理，运营机构以及流通机构负责向公众提供兑换和流通服务，与现有货币发行体系基本一致。

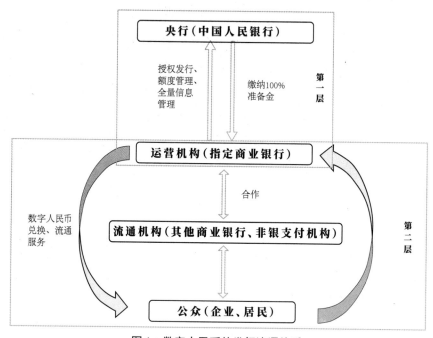

图1 数字人民币的发行流通体系

基于其电子化特点，在"二元"原型架构下，设置认证、登记、大数据"三中心"，分别负责认证管理运营机构和用户的身份信息、登记用户身份和交易记录、依托大数据等技术开展交易分析。

3. 银行账户松耦合性

数字人民币的流通载体是具有身份唯一性的数字人民币钱包，开立和使用数字人民币钱包并不依赖银行账户，因此，没有银行账户的社会公众可通过数字人民币钱包享受基础金融服务。数字人民币钱包分为 App 等软件钱包和 NFC-SIM 卡等硬件实体钱包。

4. 支持双离线交易

数字人民币的硬件实体钱包在无网络环境下仍具备收付功能，能够满足无网覆盖地区／场景以及地理灾害等特殊环境下的货币流通需求。

5. 分级限额管理

根据客户身份识别强度，对数字人民币钱包进行分级管理，赋予各级钱包不同的交易及余额限额。以目前的试点方案，根据实名强度，数字人民币钱包共分为四级。

表2　数字人民币钱包矩阵体系

划分维度	钱包类型				
	钱包等级	一级钱包	二级钱包	三级钱包	四级钱包
身份强度识别	限额	无限额	单笔5万元 余额50万元	单笔5000元 余额2万元	单笔2000元 余额1万元
	认证方式	银行面签，人脸识别、银行账户、身份证件、手机号码	远程认证，人脸识别、银行账户、身份证件、手机号码	远程认证，人脸识别、银行账户、身份证件	远程认证，手机号码／邮箱
开立主体	钱包分类	个人钱包		对公钱包	
	适用对象	自然人和个人工商户（根据客户识别强度采用分类交易和余额限额管理）		法人和非法人机构（根据临柜开立或远程开立确定交易和余额限额，并支持用户需求定制）	

6. 支持可控匿名

数字人民币的可控匿名性是在保护用户隐私和打击违法行为之间寻求的平衡。基于钱包的分级管理，运营机构及央行可掌握三级及以上钱包用户的身份信息，对于四级钱包用户，如涉嫌违法犯罪，有权机关依然可通过电信运营商获取用户身份信息，达到"小额匿名、大额依法可溯"。同时，对于流通中的收付双方，可实现完全匿名支付，满足公众合理的隐私保护需求，但央行可通过登记中心和大数据中心记录交易全链条、定位资金的最终来源和去向用户，实现"前台自愿、后台实名"。

二、数字人民币对商业银行反洗钱工作的影响

本部分从数字人民币的"固有风险"和对"控制措施"的影响角度，分析其对商业银行反洗钱工作的影响。

（一）关于对比分析对象的说明

数字人民币具备使用便利、快捷的特点，将大比例替代现金；基于账户松耦合、

价值体系等特征，适应线上线下各类支付环境，预计也将逐步替代第三方支付工具。依此逻辑，下文将数字人民币较大程度替代现金、第三方支付工具后的新阶段与当前阶段作为横向对比对象。且由于监管部门禁止银行和支付机构开展、参与虚拟货币相关业务活动，虚拟货币不作为对比分析对象。

表3　数字人民币与现金、第三方支付、虚拟货币性质对比

类别	定位	形态	法律地位
数字人民币	法定货币	数字化	无限法偿
现金	法定货币	实物	无限法偿
第三方支付	金融基础设施	数字化	可拒收
虚拟货币	投资标的	数字化	不受法律保护

（二）数字人民币固有洗钱风险分析

1. 洗钱风险可能比现金更大

《FATF就稳定币向二十国集团财长和中央银行行长报告》指出，"与现金相比，央行数字货币可能带来更大的洗钱和恐怖融资风险。匿名、便携性和广泛使用的结合对于以洗钱和恐怖融资为目的的罪犯和恐怖分析极具吸引力"。基于数字人民币的多重便利性，预计数字人民币的使用规模将大于现金使用规模，其中隐藏的洗钱风险可能进一步加大。

2. 催生新型的犯罪手法

当前数字人民币尚未正式落地，部分不法分子已经蠢蠢欲动，打着数字人民币旗号的"央行国际钱包"等传销骗局进行违法活动，已为监管部门高度关注。随着数字人民币的推广和运用，不法分子极有可能采用新型作案手法，犯罪活动的侦破难度增加。

3. 衍生品可能带来更大的洗钱威胁

数字人民币的发行将催生更多的新产品／技术。新产品／技术诞生初期，潜在洗钱风险难以被全面认识，洗钱风险防控措施有效性和针对性不足，易被洗钱犯罪分子利用。

4. 可能加剧商业银行的外部洗钱威胁

数字人民币的账户松耦合性一定程度便于在境外或外籍人士间流动，将会形成离岸人民币数字货币市场，可能引发境外非法资金突破外汇政策管制非法流入国内，

导致境内外洗钱风险相互传导。

（三）数字人民币对洗钱风险控制措施的影响分析

1. 有利影响分析

（1）数字人民币的可控匿名性，有助于提高客户身份识别质效。一是数字人民币钱包的分级设置使得商业银行可掌握高级别钱包用户的身份信息，提升了对数字人民币使用用户身份识别的有效性；二是即使是匿名性最强的四级数字人民币钱包，国家有权机关仍可通过电信运营商确定交易者身份，同时央行可依托大数据中心持续监测数字人民币异常交易，有助于商业银行获知更多客户洗钱风险信息，降低尽调工作量的同时提升客户身份识别效力；三是随着数字人民币使用场景的不断丰富，商业银行可掌握更多客户行为数据，更能精准描绘用户画像，提高客户持续身份识别工作质量。

（2）数字人民币的大量流通有利于商业银行完善洗钱风险评估体系。基于客户身份识别质效的提升，客户、产品、机构洗钱风险评估中的客户属性评估有效性将随之提高，加之流通量的增加、产品和业态的丰富，评估样本量和维度扩充，将进一步提升评估有效性，有利于增强洗钱风险管控措施的针对性。

（3）数字人民币对现金和第三方支付的替代有利于提升可疑交易监测精准性。一是数字人民币的可控匿名性将大幅提升交易链条的透明度，直接掌握 M0 货币的所有者、来源和去向；二是降低商业银行与第三方支付公司的信息交互需要，打破数据壁垒，提升商业银行监测自主性；三是央行直接监测数字人民币交易信息可能对现有可疑交易监测分析工作模式带来革命性改变，实现信息统筹，弥补商业银行间监测水平不均衡现状，提升全行业可疑交易监测有效性。

（4）数字人民币的可追踪、可编程接口特点，将有利于精准开展洗钱风险管控。一是商业银行可通过编写智能合约，将反洗钱要求写入数字人民币的特定交易场景中，如限制交易流向、附带交易用途条件等，达到事前防控洗钱风险目的；二是在云计算和大数据技术协助下可破解货币链路信息，必要时可对异常资金进行锁定、管控；三是可利用数字人民币赋能传统产品，定制数字支付场景，降低现有业务洗钱风险。

2. 挑战分析

（1）远程开立用户以及货币管理模式的改变可能影响客户身份识别工作模式。一是新的用户开立方式需要新的客户身份识别工作方式，与此同时，随着现金流通的减少将导致银行运营进一步向线上转型，将对变更客户尽职调查机制和提升人员能力提出更高要求；二是从数字人民币本身的用户管理要求，钱包允许用户远程开立，且可凭借手机号码或邮箱号码开立，不仅开立门槛低，中途可能变更所有人，导致用户非唯一性，不法分子容易利用虚假信息冒名开立用户，客户身份识别难度进一步加大。

（2）数字人民币将增加洗钱风险评估复杂程度。一是自《法人金融机构洗钱和恐怖融资风险自评估指引》印发以来，各法人机构已逐步搭建自评估体系，随着未来数字人民币使用场景的丰富，将进一步提升银行客户、产品、机构洗钱风险评估复杂程度，对商业银行评估指标体系迭代机制带来考验；二是数字人民币催生大量新产品，将加大产品洗钱风险评估工作量；三是数字人民币是新生事物，其衍生品多样化以及相关风险的复杂性，增加新型风险的识别难度。

（3）反洗钱监测指标体系面临重塑需要。一是数字人民币产生的新型交易模式、催生的新产品／技术、新型犯罪形式和手法，将促使全行业面临重检、调整可疑监测指标体系的需要；二是央行依托认证中心、登记中心、大数据分析中心收集和监测用户的身份、交易信息，实现可控匿名，但在此模式下，商业银行将具备怎样的数据权限，尚未明确，可控匿名性多大程度能够助力商业银行的可疑交易监测尚未可知；三是新的货币形态可能使可疑交易链路更加复杂，尤其是数字人民币与现金之间的转换将进一步切断资金来源或去向，加大监测难度；四是数字人民币可能衍生的离岸人民币市场，使得境外非法资金流入，境内外传导洗钱风险的监测难度更大。

（4）对商业银行风险管控能力提出新要求。一是新的风险点需要新的适用性洗钱风险防控措施，我国在央行数字货币研发中进展较快，在数字人民币洗钱风险管理方面尚无成熟经验可借鉴，对监管和商业银行都是巨大的挑战；二是数字人民币的发行将带来支付结算体系的重构，上游业务系统、反洗钱系统均面临大量改造需求，同时大量法律法规也将有待新增和修订，外规内化过程存在大量新问题需要解决和面对；三是数字人民币的到来预示着数字经济的进一步深化，商业银行面临的数据安全与网络攻击等技术风险将进一步加剧，对流程再造、系统升级、人员培养等提出了巨大挑战。

三、商业银行反洗钱工作应对策略与建议

数字人民币的新特点给商业银行反洗钱工作带来很多新挑战，尤其数字人民币的技术路线、商业银行的角色定位等尚未完全确定，新特点和新挑战还将进一步扩大。在这场变革中，商业银行要提前布局，为顺利应对挑战做好准备。

一是始终坚持风险为本原则，紧跟洗钱风险趋势变化，及时采取适当性管控措施。密切关注数字人民币发展进程以及对商业银行货币运营、产品业态、客户引流等方面的影响，强化洗钱类型分析，充分识别和评估随之变化的外部洗钱威胁、客户和产品洗钱风险情况，积极探索与之相适应的洗钱风险管理机制和策略，做好重塑反洗钱系统、制度、机制、流程等方面的思想准备和策略准备，尤其是要根据数字人民币正式发行前的压力测试情况，做好应急响应。

二是加大知识、人才、技术、基础设施等方面资源储备。加大对数字人民币以及其他央行数字货币的政策、技术路线研究，加大交叉学科背景人才培养力度，储备既懂金融又懂技术的复合型人才，加强信息基础设施建设，加大智能化反洗钱所需方法论储备以及大数据分析挖掘、人工智能应用、云计算等的技术运用，保持反洗钱工作模式的迭代更新与业务发展节奏相协同，以应对伴随数字人民币发行而更深入、更广泛的数字化时代对自动化、系统化反洗钱工作模式的迫切需要。

三是做好与现金管理、外汇管理的协同管理。数字人民币正式发行后，预计将与现金有较长时间的并行期，同时基于可能衍生的离岸人民币市场，商业银行内部应注重数字人民币与现金、境内人民币与离岸人民币、人民币与外币在管理机制上的协同，包括业务管理与洗钱风险管理的有效融合；新型业务与传统业务的有效衔接；联防联控新型洗钱风险；协同应对新型洗钱风险与传统洗钱风险叠加的状况；以及境内外洗钱风险间的相互传导。

四是加强监管汇报交流和同业信息共享。在新业态重塑中，面临监管标准调整、创新监管工作方式的需要，为保证系列监管新规在商业银行的顺利落地，商业银行应积极参与数字人民币反洗钱试点项目或课题调研，并将发现的洗钱风险新隐患、防控新方法等积极向监管机构汇报，配合监管机构不断优化数字人民币反洗钱监管体系建设。同时，数字化革命的深入对反洗钱数据信息共享提出更高要求，商业银行应探索在充分保护客户信息安全的前提下，加强与数字人民币试点机构的沟通交流，增强信息共享，共同提升洗钱风险管理水平。

五是加强宣传引导，增强公众对数字人民币的认识。数字人民币是新生事物，应普及社会公众对数字人民币的认识，引导其积极配合客户身份识别工作新模式，及时向其提示数字人民币相关洗钱风险，保护公众资金安全，努力推动全社会构建数字人民币洗钱风险防控良好环境。

参考文献：

[1] 汤奎，陈仪珏．数字人民币的发行和运营：商业银行的机遇与挑战研究 [J]．西南金融，2020(11)．

[2] 穆长春．顺应技术演进和经济发展趋势 积极推进以我为主的法定数字货币 [J]．旗帜，2020 (11)．

[3] 余云峰．2020 数字人民币发展研究报告 [R/OL]．[2020-02]．https：//www.mpsypass.com. cn/news./202102/ 02103647.html．

[4] 中国人民银行、中央网信办、工业和信息化部、工商总局、银监会、证监会、保监会．关于防范代币发行融资风险的公告 [A]．2017-09-04．

[5] 穆长春．在第十三届上海陆家嘴论坛上的讲话 [R]．2021(6)．

[6] 中国人民银行数字人民币研发工作组．中国数字人民币的研发进展白皮书 [R]．2021(7)．

当前形势下平衡洗钱风险防控与金融消费者权益保护关系的分析及对策探讨

■ 李苑缤　李碧梅　赵燕[1]

摘要： 党的十八大以来，国家高度重视金融安全工作，作为防范化解金融风险的重要手段，反洗钱工作的重要性已逐步上升至国家治理层面。与此同时，为防止银行账户被洗钱及恐怖融资等犯罪活动利用，中国人民银行要求金融机构在采取控制措施时应当秉持"风险为本"和"审慎均衡"原则，审慎处理洗钱风险防控与金融消费者权益保护之间的关系。

本文将围绕如何在当前形势下更好地落实监管要求，梳理存在于银行机构洗钱风险防控工作与消费者权益保护工作之间的矛盾点，并对上述工作中执行不到位的薄弱环节提出对策及建议，从而使银行机构在履行反洗钱义务的同时做好客户服务。

关键词： 洗钱风险防控　消费者权益保护　风险为本　审慎均衡

一、当前形势分析

随着经济活动和网络科技高速发展，当前社会上洗钱手段更新迭代迅速，并逐渐呈现复杂化趋势，特别是电信诈骗、非法传销、网络赌博等关系民生的犯罪活动对社会危害性进一步加大，给公众的财产安全，乃至金融安全与社会稳定带来严重的不利影响。

根据党中央、国务院对反洗钱工作的重要部署要求，《中国人民银行关于加强开户管理及可疑交易报告后续控制措施的通知》（银发〔2017〕117号）要求金融机构在开展工作中应当秉承"风险为本"和"审慎均衡"原则。"风险为本"要求

1　李苑缤、李碧梅、赵燕供职于浙商银行杭州分行合规部。

合理评估可疑交易的可疑程度和风险状况，采取适当的后续控制措施，切实提高反洗钱对预防犯罪的作用；"审慎均衡"要求审慎处理账户交易管控与消费者公平交易权利之间的关系，合理使用限制账户交易的措施，平衡和控制洗钱风险与金融消费者权益保护之间的关系。

作为反洗钱工作义务主体，银行机构应当深刻领悟习近平总书记的重要指示精神，严格落实人民银行监管要求，坚持"以人民为中心"的工作理念，保护金融消费者权益的同时做好洗钱风险防控，切实提高反洗钱工作对打击金融违法犯罪活动、维护社会稳定的作用。

二、矛盾点梳理及问题剖析

（一）国家法制体系层面

在我国现有立法体系中，《中华人民共和国反洗钱法》《金融机构大额交易和可疑交易报告管理办法》主要目的为遏制银行账户被不法分子利用于洗钱犯罪活动，而《中国人民银行金融消费者权益保护实施办法》则是为保护金融消费者合法权益。反洗钱相关法规和金融消费者权益保护相关法规两者间由于侧重的法益不同，存在不同的立场和出发点。

根据《金融机构大额交易和可疑交易报告管理办法》《中国人民银行关于加强开户管理及可疑交易报告后续控制措施的通知》中规定，银行机构有合理理由怀疑客户交易与洗钱等犯罪活动相关的，应当提交可疑交易报告并采取后续管控措施。在实际工作中，银行机构对于可疑交易的认定通常需要结合客户身份和交易特征进行人工分析识别，由于不同银行机构对风险偏好的差异以及执行层面对"合理怀疑"的判断具有一定主观性，客户相同的交易在不同的银行间可能会在账户是否被管控以及管控的程度上有不同"遭遇"。

《国务院办公厅关于加强金融消费者权益保护工作的指导意见》中指出金融消费者有知情权、公平交易权等八项基本权利。可疑交易主体的另一重身份是金融消费者，银行机构在对其采取洗钱风险防控措施时，可能会由于种种原因被客户认为侵犯其作为金融消费者的权益，致使银行机构面临投诉或负面舆情等危机。

（二）银行机构应对机制及实际执行层面

1.个人客户身份识别和金融消费者信息保护两者间的边界不清

在对存在可疑交易的客户进行身份重新识别的过程中，需要对客户提供的身份信息进行进一步人工分析，验证信息真实性、判断客户身份与交易特征是否相符。

在实际操作中，如果客户未提供辅助材料或故意提供虚假信息，银行机构仅通过内部验证信息真实性的手段十分有限，如对于自称账户交易用于经营电商的客户。根据数据统计，2019 年我国重点网络零售平台店铺数量已达 1946.9 万家[1]，即便国内知名电商平台仅有部分店铺公示经营证照信息，规模小、公示不规范的平台基数庞大，更难验证其经营背景的真实性。

因此，在手段有限的前提下，银行机构工作人员仅能通过支付宝、微信、企业信用信息公示系统等验证个人或企业信息，或对交易用途中关键字通过网络检索进一步分析等。《中国人民银行金融消费者权益保护实施办法》（〔2020〕第 5 号令）第二十九条要求银行机构处理消费者金融信息时应当遵循合法、正当、必要原则，经金融消费者明示同意。不得采集与业务无关的消费者金融信息，不得变相强制收集消费者金融信息。

银行机构工作人员在了解客户身份、收集客户信息的过程中，哪些属于过度采集或与业务无关的信息，在标准界定上可能会存在争议。

2. 开户环节银行告知义务履行不到位

根据《中国人民银行金融消费者权益保护实施办法》第十六条、第二十一条相关规定，银行向金融消费者提供服务时，应当及时、真实、准确、全面地向金融消费者披露双方权利义务和法律责任等重要内容；使用格式条款的，应当以足以引起注意的显著方式，提请金融消费者注意与其有重大利害关系的内容。

银行机构在客户开立账户时会同步与客户签订结算账户管理协议。目前多数银行机构的协议版本中均列明涉及账户管控措施情形的相关条款，并将此类条款加粗显示。但在协议签订环节由于银行机构制度设计、人员管理、硬件设置等方面存在下列不足，存在告知义务履行不到位的情形：

（1）柜面业务时效考核制度顾此失彼。

目前多家银行机构会对柜面业务办理时效进行考核，本意为缩短业务办理时间，提升客户体验，但带来的负面影响是银行机构经办人员需要在有限的时间内加快办理速度，尽可能压缩告知事项并提高语速，无法达到就重要内容向客户全面揭示的要求。甚至部分客户未能完全听清或知晓告知事项即匆匆签字确认，后续极易引发服务类纠纷。

---

[1] 数据来自中华人民共和国商务部《中国电子商务报告（2019）》。

（2）经办人对重要事项未提示客户关注或提示不到位。

开立对公账户时，客户需填写多份资料，受理资料阶段耗时较久，部分银行机构经办人员仅对账户管理协议如何填写、签章位置进行提示，未提醒客户及时关注协议中加粗列示的重要事项；开立个人账户时，伴随银行基层网点智能化转型，全流程通过智能机具操作，签订账户管理协议阶段未设置提醒客户关注重要事项的语音提示。

（3）账户资料印刷排版不合理。

开立账户时，银行机构需要与客户签订多份申请材料，为提升客户体验，部分银行将多份材料整合，由客户填写并一次签章确认。此项举措虽减少客户签章次数，但在银行机构未主动提示客户的前提下，一旦将协议印刷在其他材料背面，即便重要条款加粗显示，实际上也很难引起客户注意和重视。

3. 对可疑客户的尽职调查在实际执行中存在难点

银行机构发现客户交易存在可疑情形时，需对客户重新识别，了解客户身份、交易性质及其对手关系。重新识别措施包括但不限于联网核查、电话回访、实地调查，向公安、工商机构等部门核实等。

针对客户配合银行机构尽职调查这一义务，无论结算账户管理协议，还是《中国人民银行金融消费者权益保护实施办法》（〔2020〕第 5 号令）第二十九条，均对"不能或者拒绝配合尽职调查，导致银行无法履行反洗钱义务的，银行有权对账户采取限制性措施"的事项有明确记载。

在电话回访的方式中，因客户预留电话为空号，或多次联系均提示关机的情形，通常银行机构会以上述情形为由认定为不能配合尽职调查，从而限制客户交易。目前多数团伙作案的客户已熟练掌握应对银行调查的话术，不直面回答问题或含糊其词，往往不能认定为"拒绝配合尽职调查"，仍需结合交易特征进行进一步人工分析。

同时，如果客户前期未知悉其反洗钱义务或对银行机构调查人员身份存疑，可能会拒绝配合提供其身份、交易用途等隐私信息。银行机构因客户拒绝配合尽职调查而限制账户交易的措施虽符合制度要求，但仍极易引发客户投诉。笔者认为造成此类投诉的原因中对银行的不利因素主要有两个方面：一是客户可以主张银行机构未尽提示义务，限制其账户交易缺乏法律依据；二是银行机构工作人员电话回访时，未向客户提示其身份或提示不到位，可能导致客户戒备心理较强，拒绝配合调查。如银行机构未提前告知客户不配合尽职调查可能引发的后果，或未取得客户明确同意的意思表示即限制账户交易，更容易使维权意识较强的客户认为其权益受到侵犯进而投诉。

三、对策及建议

反洗钱金融行动特别工作组（FATF）在《打击洗钱、恐怖融资与扩散融资的国际标准：FATF建议》第10项"客户尽职调查中"提出，金融机构应当在建立业务关系、怀疑存在洗钱或恐怖融资活动等情形下采取识别客户身份、了解关于业务关系的目的等尽职调查措施，如无法遵循上述规定的措施，则不应开立账户、进行交易或应当终止业务关系。根据国际准则，银行机构均应拒绝为可疑客户提供金融服务，在实际操作中，笔者认为应从以下方面平衡好控制洗钱风险与金融消费者权益保护之间的关系：

（一）推动立法建设进程

伴随FATF对我国开展第四轮互评估并发布评估报告，我国反洗钱法律法规体系不断完善，逐步接轨国际标准。《中国人民银行金融消费者权益保护实施办法》第二十九条在强调保护金融消费者信息的同时，首次将反洗钱法相关规定作为收集消费者金融信息的除外条款；2020年12月26日，《刑法修正案（十一）》对"洗钱罪"定义进行修订，将自洗钱行为入罪；2021年6月1日，中国人民银行正式发布反洗钱法修订草案向社会公开征求意见，此次修订明确社会公众应当履行的反洗钱义务，将风险为本的监管原则提升到法律的层面。

建立健全完备的反洗钱法律法规体系，明确金融机构、相关组织、公民个人在反洗钱中的权利义务和法律责任，是推进国家治理能力和治理能力现代化、防控金融风险的必然要求，是打击、防范洗钱犯罪活动障的重要保障，也体现了国家维护广大人民群众共同利益的决心和担当。

（二）建立健全多渠道信息共享体系

《关于完善反洗钱、反恐怖融资、反逃税监管体制机制的意见》（以下简称《三反意见》）中提出，要稳步推进信息共享机制建设，明确相关单位的数据提供责任和使用权限，建立相关数据库和相关单位间的电子化网络。目前银行机构已接入企业信息联网核查系统，可用于企业相关人员手机号码、纳税状态、登记注册等信息真实性、有效性核查。浙江省内银行机构已接入浙江省支付结算风险"云互联"监测防控平台，通过共享相关政府部门和持证机构黑（灰）名单数据进行联防联控，如电信网络新型违法犯罪涉案账户、买卖账户和冒名开户主体等，实现风险信息监测共享。

结合《三反意见》要求，建议进一步全面构建洗钱风险信息共享体系，为洗钱风险防控提供有效的参考依据。同时应当避免过度收集个人信息用于他用，需要通过信息科技手段保护客户隐私、防范数据泄露。一是健全联网核查公民身份信息系统。通过接入外部官方渠道涉税、社保、信用等信息，核验客户信息真实性与一致性。二是依托账户管理系统，在银行机构间搭建客户身份信息共享平台。各家银行机构将采集到的客户信息进行上传并经平台比对验证，彻底解决客户在不同银行间留存身份信息不一致的问题。三是建议结合"云互联"监控平台运营经验，由监管机构、银行机构共享涉嫌洗钱犯罪主体信息，通过共享可疑信息，有利于对可疑客户全面画像，为"合理怀疑"提供必要的参考，以提高银行机构可疑交易报告的情报价值，切实防范洗钱风险。

（三）提升银行机构洗钱风险防控与消保工作履职能力

1. 提高反洗钱履职能力

当前洗钱犯罪的工具和方法逐步复杂化、专业化，在风险为本原则下须及时对可疑交易做出合理评估和后续管控，对反洗钱岗位工作人员的履职能力提出更高的挑战，不仅需要讲求尽职调查的方式方法，也应当持续学习并应用于实践，不断提高自身甄别能力。

（1）做好客户提示。

在客户回访环节，建议银行机构工作人员在电话回访时先明确告知其身份，所在网点、工号等信息；提问时应注意不过度采集客户信息，避免客户产生较多质疑，对不配合调查的客户及时提示可能引发的后果并尽量取得客户明确同意的意思表示。

（2）借助辅助材料。

在尽职调查环节，建议银行机构工作人员视风险程度要求客户提供辅助证件或纸质材料依据，如对于对手众多且往来频繁的可疑案例，客户多会告知其从事个体户经营，可根据其可疑程度，要求配合提供个体经营证照、购销合同等材料，进一步核实客户信息、资金来源、经营业务等交易背景，验证其交易合理性。

（3）合理实施管控。

如确需对客户账户进行管控，应当有明确的依据，例如若无法联系到客户、客户对银行调查提问推诿或未正面回答，或客户反馈情况与交易特征明显矛盾等，建议保存通话记录。

（4）提高甄别能力。

当前洗钱犯罪工具和方法逐步复杂化、专业化，人工分析和甄别可疑交易更需要依赖主观判断。要遵循风险为本原则，做到合理评估和后续管控，反洗钱岗位的工作人员需不断提高自身专业知识、经验和甄别能力，持续学习新型洗钱案例、典型可疑交易特征、反洗钱相关法律法规，并在日常监测中加以应用。

2. 严格履行重要事项告知义务

建议银行机构在与客户建立业务关系的第一时间，对客户应履行的义务和应当知晓可能影响账户使用的重要条款进行充分提示，保障金融消费者知情权。

（1）完善业务时效考核制度。

银行机构在制定柜面业务时效考核制度时，应综合客户填单、银行人员核实身份、系统录入、重要事项告知、客户确认等环节，对开户业务制定合理的考核时长。

（2）调整账户资料印刷排版。

建议账户管理协议单独印刷，或与其他材料整合时排版在正面，并设置签字确认栏。保障银行机构工作人员有足够时间向客户告知重要内容，提示客户关注字体加粗的条款，并由客户本人签字确认。

（3）升级智能机具界面设置。

个人客户通过智能柜员机开户时，建议在线上结算账户管理协议签订环节，设置语音提示："请仔细阅读上述条款，并特别关注字体加粗内容"，同时根据合理时长对签订界面设置强制读秒，保证客户阅读时间。

（四）加强反洗钱公众教育

为更好普及金融知识，响应中国人民银行要求，各家银行机构均会持续开展不同主题的金融知识普及宣传活动，围绕电信诈骗、金融信息保护等热点话题对社会公众进行宣讲。根据当前形势，宣教重点多侧重于增强公众对电信诈骗的警惕性和防范意识，提高甄别电信诈骗能力。而多数社会公众尚未建立对反洗钱工作的基本认知，对银行机构开展相关工作带来一定阻碍。

反洗钱法出台后必将对人们今后的生活带来深远影响，建议银行机构持续加大反洗钱宣传力度，使社会公众了解洗钱对社会造成的危害以及反洗钱的重要性和必要性，明确其应当履行的反洗钱义务，自觉远离洗钱犯罪，积极配合反洗钱工作。

总的来说，2021年5月22日，中国金融学会会长、清华大学五道口金融学院名誉院长周小川在"新格局 新发展 新金融"为主题的2021清华五道口全球金融论坛上谈及关于DC/EP可控匿名的问题，指出支付系统必然要在保护隐私和反洗钱、反恐、反毒品和反跨境赌博之间取得平衡，在保证隐私的同时还要对某些活动实行必要的监控。同理，我们银行机构也将致力于新格局下的反洗钱工作，并努力在消费者权益保护与打击洗钱犯罪之间取得平衡，履行好各项社会责任。

外籍客户洗钱风险评级在实践工作中存在的问题

——以云南省德宏州银行业金融机构为例

■ 常欢[1]

摘要：客户风险等级划分是金融机构履行客户身份识别义务的重要内容，也是金融机构落实客户身份识别制度、有效防范洗钱犯罪的有效途径。由于受信息不对称、动态调整有效性缺乏等因素制约，客户（尤其是外籍客户）的洗钱风险等级划分工作还存在不少问题。本文对外籍客户洗钱风险评级工作存在的问题进行了分析研究，提出了对策建议。

关键字：风险等级划分　划分标准　缅籍客户

风险等级划分是反洗钱工作中的重要环节，客户洗钱风险等级管理，既是金融机构落实客户身份识别制度、有效防范洗钱犯罪的有效途径，也是金融机构在反洗钱工作中贯彻"风险为本"原则的要求。德宏傣族景颇族自治州位于云南省西部，与缅甸山水相连，村寨相望，边境线长 503.8 公里，拥有 2 个国家级口岸、2 个省级口岸，数条边民通道。天然的地理优势使得中缅两国的贸易往来不断增加，外籍人员开立账户数量不断增长。如何建立有效的客户洗钱风险评估体系，建立客户洗钱风险预警机制，已成为当前反洗钱工作亟待解决的重要课题。

一、德宏州银行业金融机构外籍客户构成情况

截至 2021 年 5 月末，德宏州全辖银行业金融机构共为外籍客户开立账户 98990 户，其中缅甸籍客户 98371 户，其他国籍客户 619 户。从调查结果看，德宏州全辖外籍客户主要分布为：国有商业银行 70502 户，农村商业银行（信用社）28252 户，村镇银行 236 户。（详见表 1）

1　常欢供职于中国人民银行德宏州中心支行。

表 1 德宏州外籍客户分布明细表

客户数（单位：户）	国有商业银行					农村商业银行（信用社）						村镇银行	
	工商银行	农业银行	中国银行	建设银行	邮储银行	芒市农商行	瑞丽联社	盈江农商行	梁河农商行	陇川农商行	南屏农商行	瑞丽沪农商村镇银行	芒市长江村镇银行
缅籍	7662	26513	5989	27174	2555	4465	17472	1453	52	3958	842	232	4
其他外国籍	117	1	6	471	14	1	2	0	0	7	0	0	0
合计	7779	26514	5995	27645	2569	4466	17474	1453	52	3965	842	232	4

德宏州外籍客户主要集中 3 家银行机构，分别是建设银行外籍客户 27645 户，占比 27.93%；农业银行外籍客户 26514 户，占比 26.81%；瑞丽联社外籍客户 17474 户，占比 17.65%。德宏州外籍客户分布如图 1 所示。

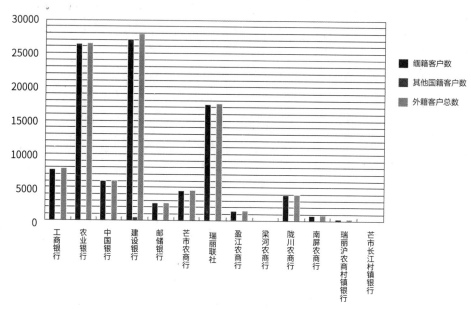

图 1　德宏州外籍客户分布图

金融机构在为外籍客户开立账户时主要采用护照、"马帮丁"（缅甸个人身份证翻译件）、出入境通行证等有效证件对客户进行身份核实。全辖使用"马帮丁"开户的外籍客户 40211 户，护照开户的外籍客户 54446 户、出入境通行证开户的外籍客户 1940 户，边民临时居留证开户的外籍客户 5 户，其他有效证件开户的外籍客户 2388 户。

二、外籍客户风险等级划分现状

德宏州全辖银行业金融机构对客户或账户的洗钱风险等级主要分为 4—5 级，其中农业银行分为高风险、中风险、中低风险、低风险 4 个等级；工商银行、邮储银行分为禁止类、高风险、中风险、中低风险及低风险 5 个等级；农村商业银行分为黑名单、高风险、中风险、低风险、白名单 5 个等级；其余 4 家银行均分为高风险、较高风险、中风险、较低风险和低风险 5 个等级。如表 2 所示，德宏州全辖客户风险等级划分主要以低风险类、中低风险类为主；缅籍客户风险等级划分主要以低风险类、中风险类为主（由于德宏州缅籍客户占外籍客户的 99.37%，因此下文仅对缅籍客户情况进行分析）。

表 2 客户风险等级划分明细表

客户数量 （单位：个）	禁止类 / 黑名单	高风 险类	中高 风险类	中风 险类	中低 风险类	低风 险类	白名 单类	小计
全辖	0	2961	7461	282976	1548491	3035408	30	4877327
缅籍	0	730	4537	45079	20676	28670	0	99692

从调查结果看，德宏州全辖缅籍客户风险等级数量99692个，其中高风险类占比0.73%、中高风险类占比4.55%、中风险类占比45.22%、中低风险类占比20.74%、低风险类占比28.76%。银行业金融机构根据自身业务特点制定风险等级划分依据，主要以客户特性、地域、业务、行业四类基本要素制定洗钱风险等级分类指标体系，并采用系统综合评级和人工复评相结合的方式开展洗钱风险评级，评级通常分为首次评级、定期复评和等级重评三种情况。

三、缅籍客户风险等级划分存在的问题

（一）信息不对称造成客户资料真实性无法保证

风险等级的评定基于客户信息的收集与分析，但是金融机构在收集客户信息时缺乏技术支持，虽然人民银行边民账户系统已投入使用，但由于未覆盖全辖各网点，截至2021年5月末，边民账户系统仅有5186户缅籍客户备案信息。大多仍依靠柜面人员对客户身份证件的真实性和有效性进行审核。目前，缅籍客户开户证件种类不统一，"马帮丁"翻译件仍在普遍使用，全州开户时使用"马帮丁"翻译件的占比高达40.88%，以致缅籍客户身份识别工作仍存在困难。加上缅籍客户因从事职业和工作不稳定存在尽职调查困难、交易背景难核实、语言障碍和境外交易交叉验证渠道限制等因素导致风险等级划分和调整工作难以开展，即使客户提供相关信息，营业机构也无法对资料的真实性进行审核，真实性无从保证。

（二）风险等级动态调整有效性欠缺

反洗钱规章规定客户的洗钱风险等级划分应定期审核、更新客户的基本信息，

持续关注客户的日常经营活动和交易情况，动态调整风险等级。但在实际工作中，等级划分多依据初次识别的标准判断，缺乏交易行为、地域风险等持续识别的实时更新，不利于根据客户最新尽调情况及时调整风险等级。自 2020 年欧盟宣布将缅甸列入洗钱高风险国家名单后，德宏州辖内邮政储蓄银行、农村商业银行在内的 7 家金融机构，未结合实际情况对本行内缅籍客户进行风险等级调整，7 家银行 30797 户缅籍客户中，评定为低风险类 26650 个，占比 86.53%。虽制度中风险等级划分标准规定具体明确，但银行未能依据风险要素进行综合评定，未将评定标准有效运用到实际操作中。

（三）批量化操作流程影响等级划分结果

存量客户风险等级定期复评工作量大，截至 2021 年 5 月，德宏州全辖中风险类客户 282976 户，中高风险、高风险类客户 10422 户，大量的工作加上反洗钱专业人员配备不足，在时间紧、任务重的驱使下，反洗钱工作人员对系统评定的人工复评倾向于全部采纳系统评定结果的机械式操作，或是再次审核等级时过于简单，仅仅简单复制粘贴，未真正开展对客户尽职调查，对缅籍客户开展的强化型尽职调查质量难以得到保证，同时还存在银行机构未以客户为单位进行风险等级划分。截至 2021 年 5 月末，德宏州全辖缅籍客户存量 98371 户，而银行评定的缅籍客户风险等级数量为 99692 个，由于银行员工在开展风险评级时过度依赖系统，未从核心系统中事实调取客户相关数据导致。

（四）人工判定的质量较难保证

反洗钱风险分类岗位的工作人员业务素质不高，较难确保分类结果的质量。客户风险等级划分工作对人员素质要求非常高，要求具有反洗钱专业分析能力，熟悉金融机构每项业务风险点，掌握风险划分的标准，从巨量的客户资料及交易数据中识别和准确界定每名客户的风险类别。然而反洗钱风险分类岗位的工作人员流动性大、年龄结构老化、业务培训不能与时俱进，决定了评级结果不能保证质量。

四、缅籍客户风险等级划分操作建议

第一，探索建立外籍客户身份识别共享平台，加快推进人民银行边民账户管理系统与德宏州瑞丽市"胞波卡"对接应用，借助公安系统"胞波卡"在生物识别、远程翻译和账户报备方面的先进经验和成功模式，实现数据共享，进一步解决缅籍客户身份识别的难题，为洗钱风险控制及账户管理工作提供有力支持，并形成可复制可推广的先进经验，为有效开展外籍客户身份识别开辟新路径。

第二，建立健全风险等级划分标准体系，银行机构应采用定性分类和定量分类相结合的方式，即将黑名单客户（主要为国际组织制裁类名单客户或国内有权机关立案调查或制裁类客户）直接定性为高风险客户的基础上，采取对客户行业、地域、交易金额、交易方式等要素根据重要性大小赋予不同权重，进行综合打分的方式，定量进行客户风险等级划分。银行机构应开展反洗钱客户分类工作的专项检查，通过检查人工评价的时效性和准确性来确保客户分类工作的质量。检查对不同风险类别的客户是否定期重新审核，动态调整客户的风险等级。

第三，加强对反洗钱人员的培训，提高操作人员履职能力。加大对一线员工及反洗钱分类岗位的工作人员的业务培训，提升一线员工客户身份识别的能力及技巧，提高反洗钱分类岗位的工作人员的业务技能，使其熟练掌握分类标准，准确界定客户风险类别。将反洗钱分类岗位的工作人员交流任职到其他业务部门。强化各业务部门员工的客户尽职调查职责。

第四，实行分级管理，充分利用资源加强对中、高风险等级客户的管控。银行机构应集中科技力量，开展风险监控，根据实际事实调整风险等级，并充分利用客户风险等级划分结果，将中低风险等级客户监管交由系统评定，集中资源对中、高风险客户开展强化型尽职调查，通过人工分析识别的方式，定期开展等级复评工作。

参考文献：

[1] 李明金，蔡井辉，黄建泉 . 客户洗钱风险等级划分问题研究 [J]. 金融会计 ,2012(12).

[2] 刘滨 . 对金融机构反洗钱客户风险等级划分工作的思考与建议 [J]. 华南金融电脑 ,2010(06).

西藏辖区反洗钱协调合作机制建设实践与思考

■ 刘海滨　巴桑顿珠 [1]

摘要： 近年来，中国人民银行拉萨中心支行认真贯彻落实《国务院办公厅关于完善反洗钱、反恐怖融资、反逃税监管机制体制的意见》，加强与有关职能部门间协调合作，强化在反洗钱监管、线索移送、案件协查等方面的紧密配合，着力构建反洗钱、反恐怖融资、反逃税等领域合作机制，提升了西藏洗钱反洗钱工作整体履职成效。

关键词： 反洗钱监管　线索移送　案件协查　合作机制

近年来，中国人民银行拉萨中心支行反洗钱处不断推进反洗钱、反恐怖融资、反逃税（以下简称"三反"）领域职能部门间协调合作机制，增进共识、凝聚力量、整合资源，强化部门间在反洗钱监管、线索移送、案件协查等方面的有效配合，着力构筑防范与打击洗钱等违法犯罪的铜墙铁壁。2017年8月，《国务院办公厅关于完善反洗钱、反恐怖融资、反逃税监管机制体制的意见》（以下简称《三反意见》）的发布实施，为加强"三反"领域部门间协调合作指明了具体方向，为推进反洗钱监管体制机制建设提供了顶层设计。在《三反意见》发布实施的大背景下，总结辖区反洗钱协调合作机制经验，反思今后努力的方向，将有助于理清思路，促进反洗钱工作的有效开展。

一、辖区反洗钱协调合作机制建设情况

（一）着力构筑与司法、执法部门间反洗钱合作机制

"三反"工作的有效开展，离不开相关职能部门间密切协作与配合。近年来，

1　刘海滨、巴桑顿珠供职于中国人民银行拉萨中心支行。

反洗钱处不断加强与纪检监察、公安、反恐、海关、国税等相关司法与执法部门间协作机制，先后与相关部门签署了合作协议，定期或不定期召开联席会议，以情报会商、案件协查与线索移送为载体，深化部门间情报与信息共享，同时不断加强业务培训交流，共同开展不同形式主题宣传活动，推进了合作形式与内容的不断创新，相互配合、紧密协调的反洗钱工作格局日趋完善。同时，以开展"打击利用地下钱庄与离岸公司转移赃款""打击骗取出口退税和虚开增值税专用发票"等专项行动为契机，不断加强与公安、国税与海关等部门线索移送与协查配合，推动当某经营地下钱庄案件（全区首例经营地下钱庄案）等一系列案件侦办调查，取得了积极成果。

（二）不断加强与金融监管部门间联动配合

"三反"工作的顺利开展，需要加强与金融监管部门间的协调配合。近年来，反洗钱处不断加强与金融办、保监、证监等部门间沟通，着力推进横向监管联动机制建设。按照总行关于对特定非金融机构开展试点监管工作要求，坚持问题导向、发挥工作合力的基本原则，密切与自治区金融办沟通，围绕推进对我区融资担保公司、小额贷款公司的反洗钱试点监管工作议题，争取其理解与配合，为今后的试点监管工作奠定基础、积累经验。为深化保险、证券领域的反洗钱监管，促进监管部门间信息交流，中国人民银行主动加强与中国银保监会、证监会的合作，签署了《反洗钱监管合作备忘录》，为共同研究辖区金融领域反洗钱工作、督促金融机构全面履行反洗钱义务奠定了制度基础，促进了监管信息的双向交流，克服了"铁路警察各管一段"的监管弊病，弥合了部门间信息鸿沟，促进了监管职能的全覆盖。

（三）积极推进行业监管部门间的工作沟通

《三反意见》的发布实施，为推进行业监管部门间的反洗钱协作配合奠定了制度基础。顺应形势发展要求，反洗钱处加强与住建、民政等单位业务沟通。经过多次协调，与住建部门就制定房地产市场反洗钱工作指导意见、组织开展对特定房地产开发企业的政策培训、建立信息共享机制等方面达成了重要共识。同时，反洗钱处配合民政部门加强对社会组织资金监测工作，为强化社会组织管理，依法规范社会组织金融活动提供有效支持。

二、存在的主要问题

（一）反洗钱监管协作机制有待进一步深化

当前，反洗钱处不断深化与中国银保监会、证监会等部门间反洗钱监管协作，督促与指导金融机构全面履行反洗钱义务。但是，金融监管部门间的协调合作仍存在较大提升空间，在制度衔接、信息共享、联合执法等方面与《三反意见》的要求存在一定差距。同时，金融产品与服务创新发展也对转变监管理念、强化监管手段提出了更高要求，监管协作水平与实际监管需要之间不平衡的矛盾仍然存在。

（二）反洗钱案件协查机制有待进一步完善

近年来，反洗钱处不断加强与司法部门间的协作，在具体个案侦办、调查过程中从反洗钱层面给予了有力支持，尤其在部分专案中深度参与、协调配合，推进了案件成果转化，同时也深化了案件协查机制、情报会商机制。但是，职能部门间囿于立法制度层面的限制，在案件信息情报方面的共享交流仍存制度壁垒，信息单向流动的问题较为突出，司法机关以案件保密为由，向反洗钱行政主管部门反馈侦办结果的主动性不足，案件信息共享的意愿不强，不利于金融机构对相关客户及交易后续控制措施的有效开展，影响对相关交易账户的持续监测及效果。

（三）对特定非金融机构的反洗钱监管存在不少制度障碍

当前，立法层面对于特定非金融机构履行反洗钱义务作了概括规定，对于特定非金融机构的范围及履职要求仅规定由国务院反洗钱行政主管部门会同国务院有关部门制定。在立法制度资源不足的情形下，开展对特定非金融机构的监管面临不少难题。此外，相关行业领域主管部门对于反洗钱工作内容存在认识不到位的普遍情况，对于联合开展反洗钱监管积极性不高，影响了此项工作的有力推进。

（四）风险为本的反洗钱监管机制仍有待加强

从"规则为本"到"风险为本"原则的反洗钱工作理念的转变，是顺应时代发展要求的必然选择。受制于传统监管思维与惯性，目前职能部门间对于反洗钱监管协作认识、合作意愿往往受部门利益驱动，本位主义思想仍在一定范围内存在，不符合穿透式监管要求，更与风险为本监管工作要求存在较大差距，从而影响了监管协作以及协调配合层次与水平。

三、对策与建议

（一）加强统筹协调，巩固与完善反洗钱监管与协调机制

坚持以防控为本、有效化解风险基本原则，进一步加强中国人民银行与中国银保监会、证监会等金融监管部门间反洗钱监管协调，整合优化监管资源，在监管信息交流、异常资金监测、洗钱风险防范与处置等方面强化协调配合，不断深化协作机制内容，提升共同应对风险挑战的能力和水平。同时，应进一步密切与

国税、公安、海关等相关部门间的职能沟通，在洗钱案件行政调查、刑事侦查等方面不断强化协作水平，继续巩固与完善案件协查、情报会商为基础的协作机制，丰富协调配合内容与层次，着力构筑防控与打击"三反"违法犯罪领域的铜墙铁壁。

（二）推进区域洗钱风险评估体系建设，为反洗钱协调合作机制提供方向指引

积极发挥反洗钱风险评估在发现问题、完善体制机制、配置资源方面的基础性作用，制定和完善符合区域实情的风险评估指标体系，结合洗钱类型分析报告成果，对于威胁我区金融安全与社会稳定风险进行持续评估，并不断调整反洗钱监管方向与重点领域，为整合反洗钱监管资源、强化协调合作机制建设提供方向指引，为最大限度消除风险隐患提供客观评估依据，提升反洗钱工作整体有效性。

（三）依靠科技支撑，推进监管协作信息系统化建设

要充分利用大数据、云计算、区块链等技术对反洗钱工作的科技支撑与技术保障功能，着力加强监管部门、执法部门间信息化水平，不断破除当前阻碍监管信息交流的技术瓶颈，畅通部门间信息渠道，着力整合监管信息资源，提升监管协作效率。同时，反洗钱主管部门要结合区域重点洗钱风险形势，不断整合监管信息、案件协查信息、异常交易信息，着力打造反洗钱工作信息化平台，为相关部门提供有效的金融情报支持。

（四）探索推进对特定非金融机构的反洗钱监管试点工作

要按照总行统一部署，积极探索推进对特定非金融机构的反洗钱监管试点工作，加强与财政、司法行政、工商、住建等行政主管部门间的沟通，不断推进对会计师事务所、律师事务所、珠宝行、房地产等行业领域的反洗钱监管。要坚持问题导向，不断总结经验，探索特定非金融机构履行反洗钱义务的内容与形式，坚持合规与创新并重，为总行层面推进对相关领域反洗钱监管立法工作提供成熟的先行经验和试点成果。

从防范电信网络诈骗的角度看银行机构反洗钱工作存在的问题和建议

■ 陈喆　黄俪影　苏芳[1]

摘要： 近年来，电信网络诈骗高发、频发给人民群众带来巨大的财产损失。诈骗团伙利用他人账户非法转移资金或购买虚拟货币、投资产品层层划转资金，最终将钱款转移给受益所有人。电信网络诈骗背后的租借买卖账户、转账洗钱暴露出银行机构在履行反洗钱义务方面存在不足，银行机构如何有效开展反洗钱工作值得深思。本文从实际出发，结合江西省宜春市 2020 年 1 月至 2021 年 4 月涉电信网络诈骗案件账户现场核查结果，分析涉案账户洗钱风险特征，指出银行机构履行反洗钱义务存在的问题，提出相应的对策建议。

关键词： 电信网络诈骗　反洗钱　风险防范

一、电信网络诈骗现状

（一）全国电信网络诈骗案件总体现状

随着我国金融、信息产业的快速发展，电信网络诈骗犯罪随之而来。虽然电信网络诈骗存在仅十余年，但因其受害面广、诈骗金额大、蔓延速度快、预防打击难等问题，已经成为影响全国社会和谐稳定的一颗毒瘤，并且愈演愈烈。

从表 1 来看，2016—2020 年，全国电信网络诈骗案件判决数量[2]逐年递增，由 2016 年的 490 件增长至 2020 年的 2406 件，年平均增量 479 件，年平均增长率达

---

[1] 陈喆、黄俪影、苏芳供职于中国人民银行宜春市中心支行。

[2] 案件判决数量数据来自中国裁判文书网，通过搜索关键字"电信诈骗"得出历年涉电信网络诈骗案件判决数量。

54.16%。

表1 2016—2020年全国电信诈骗案件判决数量

年份	数量（件）
2020	2406
2019	1919
2018	1431
2017	1129
2016	490

数据来源：中国裁判文书网

从图1来看，2020年全国电信网络诈骗案件增长数量趋于平稳，但年增长量依然较高，形势不容乐观。

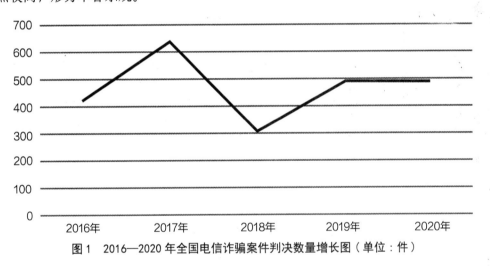

图1 2016—2020年全国电信诈骗案件判决数量增长图（单位：件）

（二）全国电信网络诈骗案件分布现状

从表2来看，2020年电信网络诈骗案件判决数量最多的地区分别为河南省、广东省、江苏省、福建省、浙江省。这五个地区2016—2020年的电信网络诈骗案件判决数量均在全国前五位之列。湖南省、四川省、江西省、湖北省、山东省、安徽省、河北省、广西壮族自治区、吉林省、山西省、上海市、北京市等地区处于中等水平。虽然电信网络诈骗案件的高发地区为沿海或人口量居多的几个发达省份，但是已经逐步向中部地区开始蔓延，甚至涉及西南、西北地区。

表 2　2016—2020 年全国电信诈骗案件判决数量地区分布图　　　（单位：件）

2016 年		2017 年		2018 年		2019 年		2020 年	
地区	案件数量	地区	案件数量	地区	案件数量	地区	案件数量	地区	案件数量
广东省	100	广东省	172	河南省	226	河南省	258	河南省	379
福建省	58	江苏省	134	广东省	172	浙江省	199	广东省	221
江苏省	43	河南省	124	浙江省	160	江苏省	176	江苏省	173
浙江省	38	福建省	104	江苏省	135	广东省	171	福建省	161
河南省	34	浙江省	101	福建省	104	福建省	168	浙江省	150
上海市	22	湖南省	40	山东省	58	湖南省	107	湖南省	145
湖南省	20	安徽省	37	湖北省	52	湖北省	69	四川省	103
安徽省	18	四川省	34	湖南省	50	北京市	65	江西省	97
内蒙古	14	湖北省	33	安徽省	45	山东省	61	湖北省	83
湖北省	14	陕西省	32	江西省	41	江西省	60	山东省	77
四川省	13	江西省	28	山西省	35	安徽省	59	安徽省	72
北京市	12	重庆市	26	重庆市	31	四川省	56	河北省	66
山西省	11	山西省	24	四川省	30	山西省	54	广西	65
河北省	9	甘肃省	22	河北省	29	广西	52	吉林省	60
吉林省	9	内蒙古	20	北京市	28	重庆市	39	山西省	57
海南省	9	吉林省	20	辽宁省	26	陕西省	38	上海市	54
重庆市	9	山东省	20	黑龙江省	26	河北省	36	北京市	48
陕西省	9	北京市	19	吉林省	25	上海市	34	云南省	45
江西省	8	海南省	19	广西	25	辽宁省	30	陕西省	45
辽宁省	7	辽宁省	17	陕西省	23	吉林省	29	海南省	43
山东省	7	广西	17	上海市	21	内蒙古	24	重庆市	43
甘肃省	6	上海市	15	内蒙古	17	黑龙江省	24	甘肃省	39

2016 年		2017 年		2018 年		2019 年		2020 年	
地区	案件数量	地区	案件数量	地区	案件数量	地区	案件数量	地区	案件数量
黑龙江省	4	河北省	14	海南省	17	天津市	23	贵州省	37
广西	4	黑龙江省	13	甘肃省	16	云南省	23	黑龙江省	32
贵州省	4	云南省	8	天津市	10	甘肃省	21	辽宁省	31
天津市	3	新疆	8	青海省	9	新疆	16	内蒙古	25
宁夏	2	天津市	7	新疆	7	海南省	10	新疆	24
新疆	1	青海省	7	云南省	5	贵州省	6	天津市	19
云南省	1	宁夏	7	贵州省	4	青海省	6	青海省	6
青海省	1	贵州省	4	西藏	3	宁夏	4	宁夏	5
		西藏	3	宁夏	1	西藏	1	西藏	1

总体来看，全国电信网络反诈骗情况不容乐观，案件呈现出逐年增长的趋势，案件分布地区呈现出由发达地区向非发达地区、人口密集地区向人口非密集地区蔓延的趋势。

二、电信网络诈骗存在的洗钱风险分析

（一）电信网络诈骗犯罪洗钱的手法

电信诈骗资金流转过程涉及三个阶段，分别是资金诈骗阶段、资金离析阶段、资金归并阶段。在资金诈骗阶段，犯罪分子往往通过电话、网络等方式，使用骗术诱使受害人打款或者转账。资金离析阶段涉及上、中、下游三类等多层结算账户。上游账户接收受害人被骗资金后，第一时间转出至中游账户，中游账户接收到资金后通过层层过渡、拆分等方式将资金转移到下游账户。在资金归并阶段，多个下游账户将诈骗资金聚拢归集到诈骗团伙控制人手上。具体流转过程见图 2。

资金离析阶段和资金归并阶段往往涉及洗钱行为，电信诈骗洗钱犯罪的核心就是诈骗资金在多个上、中、下游账户中频繁进行交易，犯罪分子控制数量庞大的银行结算账户，操作诈骗资金的运转。

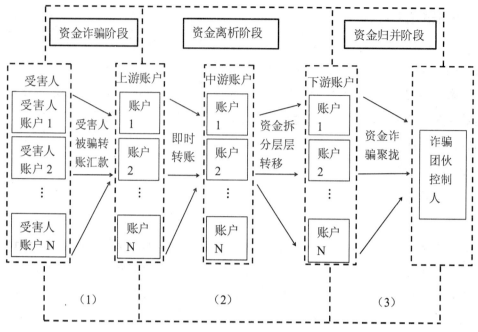

图 2　电信网络诈骗资金流转过程图

（二）电信网络诈骗犯罪洗钱的风险特征

结合宜春市 2020 年 1 月至 2021 年 4 月涉电信网络诈骗案件，笔者对涉电信网络诈骗案件的 1100 余户个人银行账户和 90 余户企业银行账户开展了现场逐户核查，发现涉案账户普遍存在以下洗钱风险特征。

1. 开户动机存疑

一是涉案账户的开户企业多为非实体企业，名称含有 f 发 ×× 电子商务、科技、信息、贸易、五金等字样，存在恶意注册企业开设银行账户的可能。二是涉案账户呈现多头开户、一人多户等特点。如涉案的企业存在法人、财务互为关系人的现象，且同一法人注册多个企业，并开立多个企业银行账户。三是开户时一律开通非柜面交易且要求开户银行不限制交易额度。无论是涉案的个人账户还是企业账户，在开户时都签约了网银服务，转账金额设为最高上限。四是涉案账户开户企业办公场所虚假。部分企业注册地址高度集中或雷同，存在一址多户情况，办公场所简陋甚至出现无人办公现象。涉案账户的开户个人留存的住址多为农村或乡镇，地址不详细。五是涉案账户的群体较为集中。涉案的个人银行账户显示农村居民、老年人和学生比例较大。涉案的企业法人代表也多为农村居民或无业人员。六是账户涉案后预留电话多为无法接通。

2. 账户交易可疑

涉案的账户交易多呈现以下洗钱特征：一是交易时间较为固定，多为夜间，交易金额以非柜面交易为主。二是资金交易过渡性质明显，体现为资金快进快出、跨行跨省、不留余额。三是账户使用前有测试交易，测试使用正常后连续进行交易，笔数众多且金额雷同，有意规避业务系统大额交易监测。四是账户交易金额巨大，与客户身份或所经营业务明显不符。涉案账户中，有的小型贸易企业月交易额达数亿元，有的个人低保户账户日均交易额达数十万元。

3. 账户被他人操控

断卡行动打掉了大量购买银行卡的犯罪团伙，俗称"卡商"。公安破案后，绝大部分涉案账户开户人坦言账户并非本人使用，本人对账户交易毫不知情。通过核查发现，被操控的账户使用周期较短。企业银行账户使用周期多为一个月以内，个人银行账户使用周期多为 1 天，甚至仅为几十分钟，还未等银行机构发现异常即被弃用。部分涉案账户开户地、开户人户籍地和账户登录 IP 地址不一致，甚至在境外 IP 地址登录。账户实际控制人并非开户人本人，因此账户资金实际受益人也非开户人本人。

三、银行机构履行反洗钱义务存在的问题

（一）客户尽职调查不到位

1. 客户身份初次识别不到位

涉案账户开户人大多是学生或农民，开户时银行机构未能遵循"了解你的客户"的原则深入了解客户开户及交易的目的，未根据客户正常的资金结算需求合理审定账户非柜面交易额度。对同一个法人代表名下的多个企业开户未采取强化的尽职调查措施，未掌握客户及其实际控制人和实际受益人情况。

2. 客户身份重新识别不到位

开户后未关注客户日常经营活动、未对账户交易做重点监测、未重新识别客户身份，导致未能及时发现客户交易金额与其身份或经营活动严重不符。现场核查还发现银行机构对涉案的个人和企业几乎未采取电话回访、实地查访、向公安和工商部门核实等方式重新识别客户身份。

3. 非面对面业务识别制度不全

目前，银行机构对客户身份识别主要是客户到营业场所进行面对面的客户身份识别，但随着银行电子渠道业务发展，大量客户尤其是年轻客户表现出越来越强烈

的自助开户、网上开户的需求。非面对面开户不需要面对银行工作人员，客户不用前往网点即可完成线上转账交易。银行机构对非面对面业务未制定与之风险相适应的客户身份识别工作制度，而只是套用柜面业务"核对、登记、留存"的传统客户身份识别方式，缺少面对面问询环节。

（二）反洗钱资金监测工作不到位

现场核查发现，银行机构对账户交易监测过度依赖行内反洗钱监测系统。大部分涉案账户都是由公安冻结后采取管控措施，银行机构在公安部门之前发现可疑交易并采取管控措施的涉案账户少之又少。

1.反洗钱系统监测模型不灵敏

通过核查发现，尽管涉案账户呈现出分散转入集中转出、集中转入分散转出、快进快出等典型的洗钱手法，但是银行机构反洗钱系统预警的比例不到 10%。由此可见，银行机构反洗钱监测模型对电信网络诈骗的转账洗钱交易并不敏感，不能实施有效监测。

2.反洗钱预警信息甄别分析滞后

按照反洗钱规定，银行机构应在反洗钱系统预警后第一时间开展尽职调查。现场核查发现，多家银行机构在反洗钱系统预警后未及时开展信息甄别，预警一周甚至一个月后才开展尽职调查，导致不能及时切断不法分子涉案资金转移通道，未能有效防控转账洗钱风险。

3.反洗钱交易监测人工分析不到位

部分涉案账户触发银行反洗钱系统预警后，银行机构业务人员会根据预警结果逐一进行人工甄别。银行机构人工甄别方式往往是电话问询，只有少数银行机构会要求客户现场补充资料，多数银行机构对可疑交易甄别走过场，未深入分析客户资金来源、去向、客户身份特征和交易特征，未能掌握客户真实信息。如某银行机构对某资金日交易额达数千万元的涉案企业账户，仅仅让客户提交购销合同等简单证明资料，未深入核实就排除可疑。

（三）反洗钱工作机制不完善

1.跨部门反洗钱工作机制不完善

银行机构与公安、检察院、法院、海关等部门之间的沟通不够畅通，信息联动机制不够健全，工作衔接配合力度不尽如人意，反洗钱可疑交易报告未得到有效应用。另外，银行无法第一时间协助执法部门对涉案账户内的资金进行查询、冻结、扣划，不能及时阻止资金被转移。

2. 银行机构内部反洗钱工作机制不完善

银行机构内部未建立高效的反洗钱工作机制，账户管理和反洗钱工作职责分散于内控合规部、交易银行部、基层网点、运营管理部等部门，各部门沟通协调存在壁垒。银行机构基层网点对网上银行业务无交易监测权限，无法对监测结果进行实时系统分析和甄别，不能及时发现问题，无法有效防范洗钱风险。

四、电信网络诈骗洗钱风险防范的对策

（一）加强尽职调查，持续做好客户身份识别

涉电信网络诈骗的开户企业大多为电商和贸易类企业，办公条件简陋甚至无固定经营场所，银行机构对此类客户开展尽职调查时，可以根据情况向公安、工商行政管理等部门核实客户的有关身份信息。对开户的个人如有疑问可以上门实地查访住址或工作单位，或向公安查证此人的信息。在客户业务关系存续期间，应采取持续的客户身份识别措施，关注客户及其日常经营活动、金融交易情况，及时提示客户更新资料信息，对交易可疑或信息变化频繁的客户要及时回访，了解自己的客户。探索实现网银渠道转账交易的人脸识别生物技术运用，以确保交易信息和客户信息能够完整传达，防止客户将账号转给他人过账洗钱。

（二）践行风险为本理念，提高员工反洗钱业务水平

客户尽职调查与风险管理两者存在着密不可分的关系。尽职调查的主体是客户，客户这一主体的管理是风险，而风险会发生动态变化并需要持续监测。银行机构在日常工作中，应基于风险为本原则，根据客户实际资金结算需求审慎核定和及时调整网银转账额度。对于客户利用网络、自助机等工具开展的非面对面金融业务，义务机构应当强化内部管理措施，更新技术手段。另一方面要加强对反洗钱业务人员的培养，提升可疑交易人工分析和甄别能力，将风险为本的理念融入员工日常工作中。

（三）加强交易监测，提升可疑交易甄别能力

涉电信网络诈骗的企业账户交易涉及跨行跨省，快进快出，日均交易数千万元，且企业高管人员交叉任职，关系错综复杂。对于此类高风险账户持有人，银行机构应当了解其资金来源、用途和经营情况，掌握账户实际控制人和资金受益所有人情况。银行机构应完善反洗钱监测系统和监测模型。通过媒体等公开渠道获悉的电信网络诈骗活动变化情况，及时调整本机构可以交易监测的工作重点，完善可疑资金监测指标体系，提高系统对符合电信网络诈骗转账洗钱敏感度，及时预警供人工分析甄别。对于系统预警的可疑交易，应认真审查交易目的、交易性质和交易背景情况，

对不能排除怀疑的客户及时采取账户管控措施。

（四）完善反洗钱工作机制，提升工作有效性

银行机构要加强与公安、检察院、法院、海关等部门之间的沟通协调，深入持续开展反洗钱调查协作，畅通查询渠道，高效、迅速地提供资金交易查询。健全多部门联动的长效机制，提升可疑交易报告的精准度，加强工作的衔接配合，充分发挥银行机构的风险防范作用。同时，银行机构要加强完善内部反洗钱工作机制，统筹安排内设部门工作职责，加快反应速度，减少内部不必要的信息流转环节和时间消耗，形成上下联动、齐抓共管的工作合力，从而提升工作的有效性。

（五）积极开展反洗钱宣传，扩大宣传覆盖面和影响力

社会公众特别是农村地区民众对洗钱犯罪大多一知半解，更不清楚作为一名公民应肩负的反洗钱义务和责任。银行机构要发挥点多面广的资源优势，与地方金融监管部门、行业自律组织和联席会议成员开展反洗钱联合宣传，广泛开展面向社会公众的反洗钱知识宣传活动。银行机构要发挥新媒体传播作用，用好、用活典型案例和先进经验，开展贴近工作需要和社会公众的宣传，如开展严禁出租、出借、出售银行账户，自觉远离洗钱犯罪等主题宣传，提高公众反洗钱觉悟，形成全民参与反洗钱工作的社会氛围。

参考文献：

[1] 李长卿. 从反洗钱角度看银行机构电信诈骗防范困境及应对建议 [J]. 北京金融评论, 2016(2): 203-206.

[2] 崔玲. 电信网络、银行卡诈骗与洗钱犯罪链路分析 [J]. 金融科技时代, 2017(4): 59-61.

[3] 庞晓霞. 从电信诈骗犯罪看银行反洗钱客户身份识别问题 [J]. 河北金融. 2019(07): 52-55.

商业银行对可疑交易报告主体管控工作的实践探析

■ 张方方　胡子木[1]

摘要： 本文针对当前商业银行后续管控措施中突出的痛点及难点问题，对可疑交易报告主体管控工作进行了实践探析。通过梳理当前监管政策制度、开展对同业机构调研，及时发现当前金融机构在落实管控措施中的突出问题，并提出相应的对策建议，同时对设计的相关管控流程效果进行验证，发现管控效果较好。

关键词： 商业银行　可疑交易报告　管控

自 2017 年中国人民银行下发《关于加强开户管理及可疑交易报告后续控制措施的通知》（银发〔2017〕117 号）以来，商业银行根据该文陆续建立了相关制度和流程，加强了对可疑交易报告后续控制措施的管理。但根据笔者日常与同业机构的交流及自身机构工作实际，发现目前商业银行对可疑交易报告主体管控缺陷日益凸显。一方面，部分商业银行存在相关后续管控措施不及时、不到位的问题，无法满足监管要求和实现洗钱风险的有效控制，面临潜在的监管处罚风险和声誉风险；另一方面，部分商业银行可疑账户管控不当情况突出，造成客户投诉，甚至个别投诉升级直接影响机构声誉。

针对当前商业银行后续管控措施中突出的痛点及难点问题，本课题对可疑交易报告主体管控工作进行了实践探析。通过梳理当前监管政策制度、开展对同业机构调研，及时发现当前金融机构在落实管控措施中的问题，提出相应的对策建议，并对相关管控流程效果进行了验证。旨在探索更加科学、有效的可疑报告主体管控机制，以化解在反洗钱工作中经营机构与客户之间的突出矛盾，提升金融机构洗钱风

1　张方方供职于中国民生银行股份有限公司西安分行，胡子木供职于中国民生银行股份有限公司。

险防控的有效性。

一、监管政策制度梳理

针对当前可疑交易报告主体管控存在的问题，本文回溯了2017—2018年监管机构相关政策制度文件，梳理了相关监管要求，为解决当前商业银行可疑交易报告后续管控乱象，提供理论依据和政策指导。

表1　2017—2018年监管机构发布的政策制度文件梳理

政策制度	制度文号	相关规定
《中国人民银行关于加强支付结算管理防范电信网络新型违法犯罪有关事项的通知》	银发〔2016〕261号	加强账户监测……对于列入可疑交易的账户，银行和支付机构应当与相关单位或者个人核实交易情况；经核实后银行和支付机构仍然认定账户可疑的，银行应当暂停账户非柜面业务，支付机构应当暂停账户所有业务，并按照规定报送可疑交易报告或者重点可疑交易报告；涉嫌违法犯罪的，应当及时向当地公安机关报告
《中国人民银行关于加强开户管理及可疑交易报告后续控制措施的通知》	银发〔2017〕117号	第二部分规定："各金融机构和支付机构应当遵循'风险为本'和'审慎均衡'原则，合理评估可疑交易的可疑程度和风险状况，审慎处理账户（或资金）管控与金融消费者权益保护之间的关系，在报送可疑交易报告后，对可疑交易报告所涉客户、账户（或资金）和金融业务及时采取适当的后续控制措施，充分减轻本机构被洗钱、恐怖融资及其他违法犯罪活动利用的风险。这些后续控制措施包括但不限于：1.对可疑交易报告所涉客户及交易开展持续监控，若可疑交易活动持续发生，则定期（如每3个月）或额外提交报告。2.提升客户风险等级，并根据《金融机构洗钱和恐怖融资风险评估及客户分类管理指引》（银发〔2013〕2号文印发）及相关内控制度规定采取相应的控制措施。3.经机构高层审批后采取措施限制客户或账户的交易方式、规模、频率等，特别是客户通过非柜面方式办理业务的金额、次数和业务类型。4.经机构高层审批后拒绝提供金融服务乃至终止业务关系。5.向相关金融监管部门报告。6.向相关侦查机关报案。"

续表

政策制度	制度文号	相关规定
《法人金融机构洗钱和恐怖融资风险管理指引》	—	第二十八条规定："法人金融机构应当按照风险为本方法制定洗钱风险管理策略，在识别和评估洗钱风险的基础上，针对风险较低的情形，采取简化的风险控制措施；针对风险较高的情形，采取强化的风险控制措施；超出机构风险控制能力的，不得与客户建立业务关系或进行交易，已经建立业务关系的，应当中止交易并考虑提交可疑交易报告，必要时终止业务关系。" 第四十七条规定："法人金融机构在报送可疑交易报告后，应当根据中国人民银行的相关规定采取相应的后续风险控制措施，包括对可疑交易所涉客户及交易开展持续监控、提升客户风险等级、限制客户交易、拒绝提供服务、终止业务关系、向相关金融监管部门报告、向相关侦查机关报案等。"

通过相关制度梳理，可以归纳出执行可疑交易报告主体后续控制措施主要包括：强化客户身份识别、对客户账户及交易开展持续监控、调整客户洗钱风险等级、限制账户功能（含完全限制和部分限制）、拒绝提供金融服务，必要时终止业务关系、向中国人民银行或公安当地分支机构报告等方式。

二、金融机构当前可疑交易报告后续管控现状调研

（一）研究方法

本课题主要采用调查法的研究方法，笔者随机抽取所在地区同业 4 家商业银行分行以及所在机构系统内 4 家分行进行调研，综合运用实地走访调查、问卷调研、系统取数等方式统计样本数据。在定性数据方面，主要收集各样本的管控方式、管控层级两大类信息；在定量数据方面，主要收集各样本的可疑认定率、可疑管控率、管控投诉率等。通过获取各家金融机构第一手资料数据，可以更好地分析当前可疑交易报告主体后续管控现状和存在的问题。

（二）调研数据分析

本课题调查了笔者所在地区同行业 4 家商业银行 2021 年以第一季度的相应指标数据，同时为了丰富调研数据，对笔者所在机构系统内随机筛选出 4 家分行进行同期数据调研，以实现数据指标的横向对比，具体情况详见表 2、表 3 所示。

表 2　4 家同业商业银行可疑交易报告主体后续管控现状（2021 年第一季度）

		商业银行 A	商业银行 B	商业银行 C	商业银行 D
管控措施	管控方式	1. 账户管控措施：限制账户功能、添加灰名单、一般可疑报告上调一级风险等级、高风险等级客户进行关闭非柜面交易； 2. 业务管控措施：业务产品准入限制	1. 账户管控措施：限制账户功能、添加灰名单、一般可疑报告上调一级风险等级、高风险等级客户进行关闭非柜面交易； 2. 业务管控措施：业务产品准入限制	主要为账户管控措施：强化客户尽职调查、调高洗钱风险等级，按照风险等级进行账户功能限制，较高风险等级以上客户暂停非柜面交易并添加灰名单	主要为账户管控措施：强化客户尽职调查、调高洗钱风险等级，按可疑报告账户涉罪类型管控，账户涉及地下钱庄、POS 套现等暂停非柜面交易并添加灰名单
	管控层级	分行反洗钱管理部门下发可疑交易账户后续管控清单，由业务条线部门和支行负责账户管控措施	分行反洗钱管理部门下发可疑交易账户后续管控清单，由业务条线部门负责账户管控措施	通过系统支持完成整个审批流程。反洗钱管理部门将需要管控的账户清单发起管控指令，系统路径为：开户行审批—业务部门审批—高管审批—反洗钱部门管控。如果审批任一环节出现拒绝，则反洗钱部门与其沟通账户的可疑交易记录，并达成一致意见管控与否	分行反洗钱管理部门负责账户管控，在系统认定可疑后，人为判定是否需要进行管控，暂停账户非柜面交易
可疑管控率		由经营机构和业务条线由部门操作账户管控措施，后续管控运用程度不确定，可疑管控率可能较低，具体无法确定	由业务条线部门操作账户管控措施，后续管控运用程度不确定，可疑管控率无法确定	及时管控认定的可疑交易报告账户，可疑管控率在 80% 以上	可疑管控率在 34% 左右
管控投诉情况		业务条线对接，未统计过	去年的投诉率较低，今年第一季度数据未统计	投诉率较低	投诉率低

续表

	商业银行 A	商业银行 B	商业银行 C	商业银行 D
管控效果评价	管控效果差。该机构反洗钱管理部门管理制度不完善，疏于对可疑报告的后续控制。将管控权限下放给业务条线后，业务条线可能存在考虑经营业绩发展而选择不管控账户，无法有效降低洗钱风险	管控效果较差。该机构对后续管控的方式设置较为合理，从账户和业务两个层面进行管控。但该机构对一般可疑报告账户仅上调一级风险等级（调为中风险），未能做到有效管控所有可疑账户	管控效果好。该机构反洗钱管理部门的管理制度和信息系统技术都较为完善。在管控方式和管控层级流程上都较为符合当前监管要求，可疑管控率较高。通过反洗钱管理部门与业务部门的沟通，有效降低了客户的投诉率	管控效果较好。该机构反洗钱管理部门对可疑报告账户的管控方式、管控层级、系统设定较为合理，对管控率有持续监控。但该机构风险偏好较高，对可疑账户的管控率较低，故管控投诉率也较低

表 3　系统内 4 家分行可疑交易报告主体后续管控现状（2021 年第一季度）

		分行 A	分行 B	分行 C	分行 D
管控措施	管控方式	根据笔者所在机构总行发布的相关管理办法，各家分行的主要账户管控措施较为相近：强化客户尽职调查、调高洗钱风险等级、添加灰名单、限制账户功能等，必要时向中国人民银行、公安机关上报线索等。各分行在对账户功能限制方面，采取不同程度的措施；相关业务部门对于较高以上洗钱风险等级客户进行贷款等业务限制			
		限制非柜面交易	限制非柜面交易	限制非柜面交易	添加不进不出锁
	管控层级	由分行反洗钱管理部门发起可疑账户清单，由支行反洗钱专干先联系客户，再由分行反洗钱管理部门进行账户管控措施	由分行反洗钱管理部门负责账户管控，不提前告知客户，但预留分行反洗钱工作人员联系方式，便于后续沟通	分行反洗钱管理部门下发可疑账户清单，由支行负责账户管控措施	分行反洗钱管理部门下发可疑账户清单，由支行负责账户管控措施
可疑报告总量（件）		7818	5029	4765	4556
认定可疑报告数（件）		881	437	655	401
可疑报告率（%）		11.27	8.69	13.75	8.80

	分行 A	分行 B	分行 C	分行 D
可疑管控率（%）	82.06（较高）	93.36（高）	41.67（低）	36.91（低）
管控投诉情况	投诉率低	投诉率较高	投诉率较低	投诉率高

通过同业机构及系统内数据比较，我们可以得出目前金融机构可疑交易报告主体管控工作中较为突出的问题：

（1）部分金融机构对可疑报告后续管控工作不够重视。主要表现在可疑交易报告后续管控制度较为薄弱，缺乏相关管控系统，无法有效地执行后续管控措施，对可疑客户风险评级调整不到位，账户管控措施未落实，对客户投诉情况不知晓，存在较大的洗钱风险和声誉损失风险。

（2）由支行或业务条线部门发起的管控效果较差。可能出于经营业绩发展的考虑，相关部门的管控措施仅停留在添加灰名单、调高等级等方面，而未对可疑客户采取实质的限制措施，无法有效降低洗钱风险。

（3）存在管控不全面或管控过度情况。主要表现在调高风险等级、添加灰名单、暂停非柜面业务等账户层面的管控，对于业务层面管控不足，未真正落实以风险为本为原则的反洗钱工作方法。另外，在对客户账户采取管控措施时，未提前履行告知义务或采用添加不进不出锁等过于严格的措施，导致较高的客户投诉率。

三、可疑交易报告主体管控工作对策与建议

（一）相关对策与建议

基于以上调研中发现部分商业银行在可疑交易报告主体管控工作中突出的问题，笔者提出以下工作建议：

（1）高度重视可疑交易报告主体管控工作。金融机构应提高政治站位，认清当前反洗钱工作的形势，迅速将"规则为本"的工作理念转变到"风险为本"的工作理念上来。要充分认识到，认真主动开展可疑交易报告主体管控工作，不仅是落实监管部门规定，满足国家发展大局的需要，更是在发现客户洗钱风险后，主动采取管控措施，防范自身洗钱和声誉风险的需要，是自身稳健经营发展的内在需求。

（2）从法人机构层面完善管控机制和系统。建议金融机构总部，在董、监、高层的支持下，进一步健全洗钱风险防控体系，加强对可疑交易报告主体管控工作的统筹管理，完善相关管控工作的内控制度和流程，特别是要加强从系统层面上落

实可疑交易报告管控工作，加强信息传导与共享，提升管控工作有效性。

（3）从客户账户和业务层面强化全面管控。建议金融机构牢固树立以风险为本为原则的工作理念，推动各层级全面深入落实反洗钱义务，在对账户层面管控基础上，要求业务部门主动管理自身洗钱风险，在业务的事前、事中、事后三个层面，强化对可疑客户的全流程管理，加强业务准入、强化尽职调查、风险监测等，必要时应采取退出措施。

（二）可疑交易报告主体管控工作流程实践

秉承着以风险为本为原则的工作理念，笔者所在机构于 2021 年第二季度完善可疑交易报告主体后续管控制度，明确管控流程及信息传导机制，从账户层面、业务层面对可疑报告客户进行全方位后续管控，新增管控信息传递至业务条线、经营机构的双回路机制，减少信息不对称产生的负内部效应。相关优化后的可疑交易客户后续管控流程，基于理想化的信息技术支持，全流程管控实现线上系统操作，具体操作流程如下：

1. 形成管控意见

对于一线机构或业务部门自主发现的可疑线索，以及反洗钱监测系统预警的异常线索，经反洗钱管理部门全面调查分析，严格人工甄别及审慎评估后，仍认定为可疑的客户，形成账户及产品／业务层面管控意见。

2. 账户层面管控

可疑客户归属行通过系统收到相关客户账户管控意见后，由机构负责人将拟管控客户进行内部分发、流转，采取合理措施向客户履行告知义务，确认是否同意采取相关管控意见。

（1）对于无异议的，可疑客户归属行负责人审批同意，相关拟管控客户任务流转至会签部门，经主管行领导审批后，由运营管理部门落实对账户的管控措施。

（2）对于存在异议的，可疑客户归属行负责人向反洗钱管理部反馈不同意采取管控的意见。反洗钱管理部门再次复核确认，对于仍管控的，按照上述管控流程操作；对于确认不管控的，可疑客户归属行提供经主管行领导审批不管控材料，由反洗钱管理部门留档备查。

3. 产品／业务层面管控

可疑客户归属业务条线通过系统收到相关客户管控意见后，由业务部门负责人将拟管控客户进行条线内分发、流转，确认是否同意采取相关管控意见。

（1）对于无异议的，业务部门负责人审批同意，在业务／产品层面对该客户进行管控。

（2）对于存在异议的，业务条线本着"风险为本""审慎均衡"的原则，综合评估客户洗钱风险，确定是否在业务、产品层面采取管控措施，对于确认不管控的，定期向反洗钱管理部门报备。

2021 年第二季度开始，依照上述系统管控流程，笔者所在机构采取了人工线下管控操作，对执行效果进行验证，并对一线机构投诉情况进行了持续跟踪。在执行优化后的可疑报告后续管控流程后，有效增强了反洗钱管理部门与一线机构及业务条线人信息沟通。截至目前，笔者所在机构可疑交易报告主体管控率提升至 96% 以上，未收到客户反馈异议，相较于之前月均 2 例客户存疑投诉有大幅下降，提升了客户体验，有效防范了声誉风险。

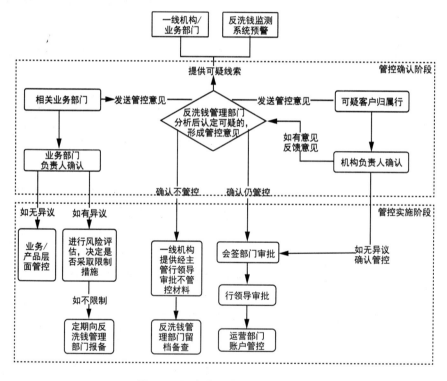

图 1　可疑客户后续管控操作流程

虚拟货币洗钱特征与监测模型浅析

■ 蒋海龙　王柏昀[1]

摘要： 本文从虚拟货币的概念和国际国内监管标准出发，分析了虚拟货币的洗钱路径和风险识别。在此基础上，结合中国建设银行宁波市分行反洗钱工作实际，通过交易规律总结、特征指标量化，构建交易特征指标体系和反洗钱监测模型；通过可视化数据分析，形成虚拟货币可疑特征分块画像和整合画像，深度解读可疑人员的交易特点。

关键词： 虚拟货币　反洗钱　监测模型

随着互联网技术的不断发展和金融创新的不断深化，货币形态日趋数字化、电子化和网络化，以比特币为代表的各类虚拟货币开始大量涌现、流通和扩大使用。加之近年来虚拟货币价格暴涨暴跌，炒作投机甚嚣尘上，严重扰乱了经济金融秩序，侵害了人民群众的财产安全和合法权益。为应对数字经济时代虚拟货币新型洗钱风险给商业银行带来的挑战，本文结合浙江省宁波区域反洗钱工作实际，从虚拟币定义、监管标准、洗钱风险、洗钱模式、监测模型建设应对策略、工作成效六个方面，分享中国建设银行宁波市分行探索构建虚拟货币洗钱监测模型的全过程，以期帮助商业银行提升反洗钱工作质效，完善公司治理效果。

一、虚拟货币的定义与分类

虚拟货币是指以计算机通信技术为手段，以数字货币形态存储在网络及电子设备中，通过数据传输方式实现支付、流通和结算的网上等价物。

当前，虚拟货币可归纳为四类，即基于区块链技术的虚拟货币（比特币、瑞波

---

[1]　蒋海龙、王柏昀供职于中国建设银行宁波市分行内控合规部。

币等）、专用货币（由门户网站统一发行的，用于购买网站内服务）、游戏币，以及与区块链技术无关的空气币（以区块链技术为旗号，实施非法集资、传销、诈骗等非法活动）。

根据发行主体和信用方式差异，虚拟货币有"中心化"和"去中心化"两类。"中心化"是指有特定的发行主体，且"发行量"和"币价"受发行主体操控；"去中心化"则由加密算法计算生成，即不依赖中心化管理机构发行的（虚拟货币生成阶段不受任何机构控制），通过第三方交易所流通交易的开源数字货币。

二、虚拟货币的监管趋势

根据反洗钱金融行动特别工作组（FATF）的定义，虚拟货币可以履行货币职能，但却不具备法定货币的属性和价值。继 2013 年 12 月以来，央行、银监会等机构便先后发布了《关于防范比特币风险的通知》、《关于对代币发行融资开展清理整顿工作的通知》及《关于防范代币发行融资风险的公告》等通知，要求金融机构加强虚拟货币洗钱风险防控，严禁各法人支付机构为非法虚拟货币交易提供服务。2021 年 5 月 18 日，中国银行业协会、中国支付清算协会、中国互联网金融协会发布《关于防范虚拟货币交易炒作风险的公告》。5 月 21 日，国务院金融委在国务院金融稳定发展委员会第五十一次会议上，要求"打击比特币挖矿和交易行为，坚决防范个体风险向社会领域传递"。

三、虚拟货币洗钱风险与模式

虚拟货币具备去中心化特征，可自由兑换法币，并在全球快速交易，大量被用于网络匿名交易，成为最易被涉赌、涉诈等犯罪分子跨境洗钱和恐怖融资活动滥用的新工具，又或是不法分子利用所谓"虚拟货币"噱头向投资者非法筹集资金，行非法集资、传销、诈骗之实。

（一）洗钱风险和原理

基于区块链技术，虚拟货币的流通不依赖于传统支付系统，也没有中央清算机构，其交易本身具有匿名性，参与全球交易不受国界、地域和政策限制。一旦犯罪分子将非法收益转换成虚拟货币，即可通过不受监管的线上交易隐匿资金来源与流向，实现资金的跨境转移，并最终通过境外提现、购买商品或服务等方式，将黑钱"洗白"。按照标的物形态的不同，虚拟货币洗钱一般有以下两种方式，如图 1 所示。

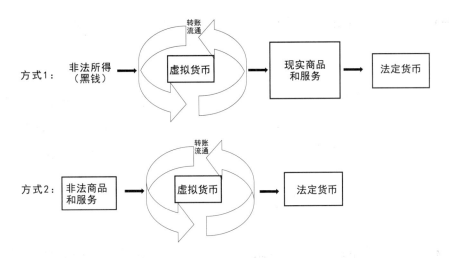

图1　虚拟币洗钱的两种方式

（二）常见洗钱手法

2014年，有犯罪分子利用虚拟币交易平台，多批次购入比特币，在我国澳门等地利用地下钱庄将比特币兑换成法币后完成洗钱。在2017年浙江台州网络赌博案中，犯罪分子也是通过非法代理商和境外虚拟货币交易平台，将所收赌资兑换成比特币完成返佣、分红及资产转移，涉案金额高达上亿元人民币。利用虚拟货币洗钱涉及的上游犯罪主要包括欺诈、逃税、销售违禁品、网络赌博、支持恐怖活动等。此外，随着新冠疫情在全球扩散蔓延，也出现了使用虚拟货币清洗非法医药交易所得收益的案例。

近年来，国内陆续出现了利用境外货币交易平台和跑分平台，借助稳定币[1]开展洗钱活动的新形式。在该过程中，平台收款与用户收款割裂，用户收款和日常生活开支混同，导致真实交易被层层掩盖，大大提高了资金流向的追踪难度，从而实现逃避监管的目的。当平台需要将大量资金转移出境时，则会提供相关交易接口和服务，要求用户通过法币交易购入稳定币作为保证金，并在收款完成后通过虚拟货币交易平台将稳定币交易给收款人，收款人在境外将稳定币兑换成外币，即可规避外汇管制，实现资金出海。此外，平台为了进一步规避反洗钱资金监控，通常将购币或转款过程包装成商品买卖，通过消费形式增强资金转移的隐蔽性。

1　稳定币是与某个具体标的保持稳定兑换比例的虚拟货币。

四、中国建设银行宁波市分行虚拟货币洗钱监测模型构建和应用

为有效防范虚拟货币新型洗钱风险，全面落实监管要求，中国建设银行宁波市分行开发构建了与虚拟币洗钱相适应的监测标准和监测模型，进一步提升商业银行反洗钱监测的前瞻性和有效性。

（一）制度研究和机制建设策略

结合国际国内监管规定，重点从机制建设、客户身份识别和交易监测等方面对反洗钱工作开展全面"体检"。一是机制建设。是否形成常态化监测模型的优化、完善机制，是否建立虚拟币等新型洗钱监测标准，重点关注是否针对监管部门已发布的反洗钱风险提示建立监测模型，监测是否有效。二是客户身份的鉴别。对客户的身份信息、实际控制人、实际受益人等进行鉴别，判断是否为虚拟货币用户、虚拟货币交易平台、交易平台代理商及虚拟货币矿场等几类客户。三是交易监测。关注是否对客户及日常经营活动等开展持续的业务监控，发现虚拟货币洗钱活动相关可疑交易、账户行为异常时，是否准确识别并及时上报监管机构。

（二）监测模型研发策略

1.特征分析

通过对利用各类虚拟货币洗钱运作手法的剖析总结，大致可从交易账户、交易资金、交易对手、交易渠道、交易备注等方面归纳形成以下几种特征：

（1）交易指向性与虚拟币交易关联度较高。出现众多疑似虚拟货币交易的字样，如 × 币、比特币、购买 ×× 币等。

（2）交易对手指向性与虚拟货币交易平台关联度较高。某些账户与某些疑似虚拟货币交易平台存在大量资金往来。

（3）账户呈现过渡性质。主要参与人的账户资金交易呈现出"分散转入集中转出"、"分散转入分散转出"或者"集中转入分散转出"等特征，转入资金往往为某一金额的整数倍。

（4）资金归集层次分明。账户存在上、下线间的奖励交易，符合传销组织鼓励投资者发展下线，获得动态收益的特点。

（5）交易对手众多且地域分布广泛。交易对手开户行往往来自全国各个省市，资金归集后集中转出到个人账户。

（6）IP 地址异常。存在 IP 地址显示为境外（跨境交易频繁）或短期内同一个账户在多个 IP 地址登录的情况（控制账户多地交易）。

（7）交易时间异常。主要表现为一定时段内账户交易频繁、24小时连续交易或交易集中于夜间等特征。

（8）偏好电子渠道。电子渠道交易占比极高，且主要通过第三方支付平台进行转账[1]。

2. 监测模型构建

（1）通过交易规律总结，量化特征指标，构建规则模型。将虚拟货币洗钱特征标准化，按虚拟币交易、分散转入分散转出、团伙作案和群体特征、跨境交易、渠道偏好和快进快出等六大类交易特征细化指标与规则，再依据各类特征的必要性和重要性，定义指标间逻辑关系和权重分值，形成"交易特征规则体系"。

（2）运用数据标签和双维控制等方法，快速锁定可疑人员，并研判其可疑程度。围绕"交易特征指标体系"的特征、指标和数据筛选规则实施监测模型开发，依托建行大数据智能平台，层层推导加工数据标签，建立多维度、多层次可疑交易类别标签，并通过逻辑关系和指标赋分两条线、两个维度，从海量交易数据中快速锁定异常人员。

（3）采用灵活化设计方式，迭代式开发模式，及时修正指标与规则。监测系统采用参数化、模块化设计方式，有效提高了程序的可扩展性、可移植性和可维护性。开发阶段采取敏捷开发、快速迭代的模式，结合数据结果分析，及时优化相关指标参数和脚本。

（4）依托可视化工具，开展多维度数据分析，直观展现数据分析结果。依托Tableau工具，基于海量数据开展可视化分析，通过绘制填充地图、雷达图、线图等图形，直观展示虚拟币异常交易可疑人员资金往来规模、趋势和特征，对可疑人员的交易特点进行深度解读。

监测模型研发的总体工作架构和技术架构如图2、图3所示：

（三）监测模型应用

定期运行虚拟货币洗钱监测模型，做好可疑交易的分析报告工作：一是涉及虚拟货币交易客户的总体状况，包括个人客户和交易平台的账户开立情况、交易规模以及疑似洗钱类型等。二是分析可疑交易的资金来源、去向、交易行为等特征，审查是否存在利用虚拟货币诈骗客户资金，充当中间人获取利益或跨境洗钱等可疑行为；分析其交易对手账户，是否存在上线或下线。三是对于涉嫌虚拟货币洗钱交易

---

[1] 电子渠道和第三方支付平台具有交易便捷、手续费低、隐蔽性等特点，成为不法分子洗钱的主要渠道。

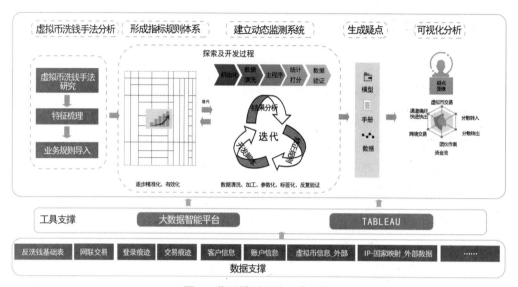

图 2　监测模型总体工作架构

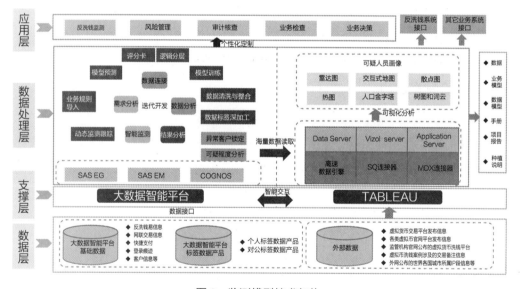

图 3　监测模型技术架构

的个人客户，需进一步分析其在银行的资产业务办理情况，警惕部分客户利用银行信贷资金参与虚拟币投资理财等活动。四是通过对可疑交易、员工行为的关联分析，排查是否有员工参与非法洗钱活动，及时防范员工操作风险。

五、监测模型抓取案例分析

通过上述监测模型预警发现疑似从事虚拟币相关的客户 P 某某，通过 Tableau 工具，从六个特征维度出发，对其可疑特征进行分块和整合画像，具体如下：

1. 可疑交易特征

P 某某个人账户在监测期间共发生交易 2359 笔，金额合计 5936.1 万元，其中转入 2091 笔，金额合计 2968.4 万元，转出 268 笔，金额合计 2967.7 万元，涉及交易对手 1503 个，其中个人交易对手 1500 个，第三方支付平台 2 个，单位交易对手 1 个，资金来源与资金去向中的交易对手仅有 2 人发生资金回流。相关交易存在以下可疑特征：

（1）交易备注频繁出现虚拟货币名称字样。如"××币""××币充值""××账户充值"等，交易目的指向虚拟币投资交易，资金流入主要为其他个人账户。另外还涉及"××投资""××充值""××补转""账号 dgy×××00800"等备注，以及含"小数点""09.26.338 秒转 8000 差 0.83"（该备注的意思是当天的 9 点 26 分 38 秒有一笔 8000 元转过来了，再继续转 0.83 元。经核实 9 点 26 分 38 秒此人确实有一笔 8000 元转入 P 某某账户）等关键字，疑似虚拟币兑换交易特征，备注字段高频关键字如图 4 所示。

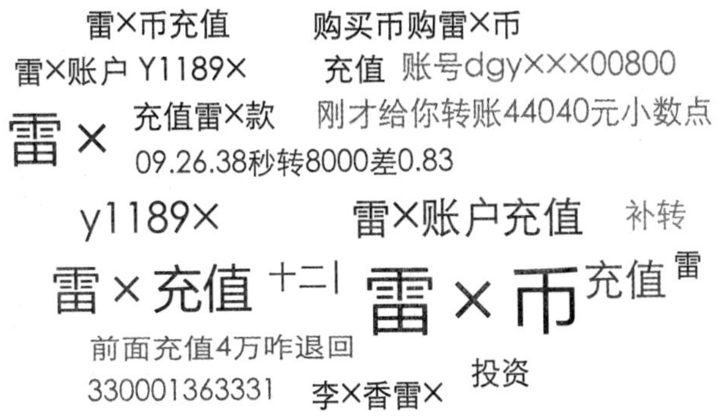

雷×币充值　　购买币购雷×币
雷×账户 Y1189×　　充值　账号dgy×××00800
雷×　充值雷×款　　刚才给你转账44040元小数点
09.26.38秒转8000差0.83
y1189×　　雷×账户充值　补转
雷×充值 +二l　雷×币充值 雷
前面充值4万咋退回
330001363331　李×香雷×　投资

图 4　备注字段高频关键字

（2）交易对手地域分布广泛，且以跨行交易为主。从其 1500 名个人交易对手中选取"开户金融机构行政区划"信息相对完整的 742 人绘制填充地图，分析 P 某某交易对手的全国分布情况。

从绘制的地图可以看出，交易对手账户开户区域遍布于全国 27 个省市，且主要集中在沿海、边疆地区，其中黑龙江、广东和浙江三个地区交易最为活跃，交易人数位列前三位，河北、山东、内蒙古、新疆等地相对活跃，交易人数次之。

从开户银行维度分析，跨行交易占比较高。统计发现，在1500名交易对手中他行开户人数为1126人，跨行交易占比达75%。

（3）规避柜面交易，长期闲置账户突然活跃，异常交易前存在测试交易，账户资金快进快出。P某某个人账户于2018年8月开户后长期不动，2020年3月突然启动，其间发生多笔小额交易，4月底后则出现大量资金收付，且呈现快进快出过渡性特征。同时，该账户通过网银和手机银行等交易渠道的占比高达97%。

如图5所示，从每日资金进出情况看，3月27日后，P某某账户开始发生大额借贷交易，且每日流入、流出金额接近；从资金进出总额看，3至4月，P某某账户流入流出总额也相差无几。

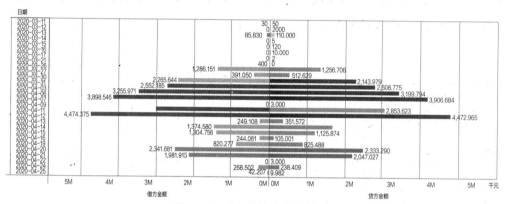

图5　P某某每日资金进出情况

（4）资金交易形成"金字塔"形组织结构。一是P某某账户收到的款项累计到一定金额后，通过电子汇出、跨行转账等方式大额转出至下游105人，借方对手相对集中，转出人数与转入人数比例在1:10以上，上下级交易对手资金网络呈现"金字塔"形结构，如图6所示。二是转入资金以小额为主，而转出资金以大额为主。其中，转入交易中金额5万元以下交易占比为91.27%，而转出交易中金额5万元以上占比达到82.43%。三是转入金额具有异常特征，在"元"的部分大多为100的倍数（少量以99结尾），但在"角分"部分一般不为0，如15000.24、35000.89、4999.75等，疑似团伙内部某种识别标志。个别交易备注提示补转"角分"部分金额（如"09.26.38秒转8000差0.83"）。

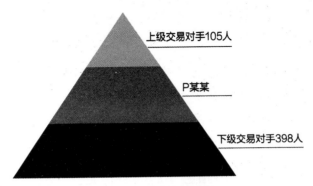

图6　P某某上下级对手总体情况

（5）部分借方交易IP集中于境外，且存在同一天境内外来回切换登录的情况，疑似跨境控制账户操作。P某某账户开户地区、网银签约地区均为某市。但分析其账户记IP的156笔借方交易发现，账户交易涉及的6个IP地址均为外省或境外地区，分别为广东省××市和菲律宾××市，如表1所示。

表1　P某某登录IP及交易分析

IP 地址	IP 所属地区	交易笔数	合计
112.×××.×××.241	菲律宾×××	23	67
180.×××.×××.124	菲律宾×××	2	
180.×××.×××.164	菲律宾×××	17	
180.×××.×××.41	菲律宾×××	25	
113.×××.×××.22	广东省××市	61	89
113.×××.×××.27	广东省××市	28	

进一步分析其交易明细发现，P某某还存在同一天内IP地址在菲律宾和广东省来回切换的情况，具体如表2所示。

表2　P某某4月7日IP切换情况

交易日期	交易时间	借贷标识	交易金额（元）	IP 地址	IP 地区
2020-04-07	12:58:42	借	416590	113.×××.×××.22	广东省××市
2020-04-07	14:10:08	借	700000	113.×××.×××.22	广东省××市

续表

交易日期	交易时间	借贷标识	交易金额（元）	IP 地址	IP 地区
2020-04-07	15:13:23	借	500000	113.×××.×××.22	广东省××市
2020-04-07	16:23:49	借	500000	180.××.××.164	菲律宾×××
2020-04-07	17:24:29	借	400000	180.××.××.164	菲律宾×××
2020-04-07	18:46:22	借	470000	113.×××.×××.22	广东省××市

2. 雷达图整体画像

通过雷达图对 P 某某虚拟币交易可疑程度进行整体画像和综合评估，结果如图 7 所示。

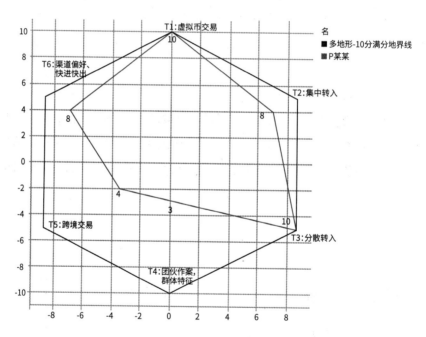

图 7　Tableau 绘制的 P 某某可疑特征整体画像

雷达图从 T1 虚拟币交易、T2 集中转入、T3 分散转出、T4 团伙作案和群体特征、T5 跨境交易、T6 渠道偏好和快进快出等 6 个特征维度对 P 某某交易的可疑程度进行综合评估，结果显示 P 某某 6 个维度均有得分，且可疑评分累计达 43 分（总分 60 分），其中 8 分及以上的可疑特征维度达到 4 个。

六、工作成效

（一）严格落实国际国内监管要求

借助建行系统的大数据平台工具，自主设计研发虚拟货币可疑交易监测模型，在全国建行系统内推广并部署运行，弥补了当前缺少虚拟货币监测模型的不足，扩大洗钱风险监测覆盖面，建立建成虚拟币可疑交易持续动态长效监测机制。同时，通过虚拟货币反洗钱监测模型的实践应用，发现并报送重点可疑客户，进一步满足了中国人民银行关于商业银行自定义本机构可疑交易监测标准的要求。

（二）提升商业银行反洗钱合规治理体系和管理能力建设

商业银行是反洗钱工作的第一道防线，对于虚拟货币交易的识别和管控发挥着至关重要的作用。积极推动虚拟币反洗钱监测模型建设与优化，通过内外部信息交叉验证，提高监测实效，准确掌握客户的资金用途是否与虚拟货币交易相关，评估客户洗钱风险，确保客户活动的合法性，确保加大对涉及虚拟货币洗钱犯罪的精准打击。

（三）积极实现风险信息共享

通过整合虚拟货币反洗钱监测模型抓取的数据并进行有效归集，将模型识别出的重点可疑交易、客户和线索及时向监管部门报告，并将洗钱高风险等级客户名单提供给客户管理与业务经营部门，从而在区域金融系统内形成了高效的风险信息共享交流机制，成功将风险信息运用于客户监督管理及业务经营的各个方面。

参考文献：

[1] 刘凡 . 我国虚拟货币的货币地位与法律监管——日本虚拟货币法律规制的借鉴与发展 [J]. 中州大学学报 , 2019.

[2] 乔臣 . 互联网金融中虚拟货币的审计监督体系构建及治理路径 [J]. 财政监督，2017.

商业银行代理个人黄金交易业务洗钱风险及对策分析

■ 黄文娟　雷蕾[1]

摘要：近年来，商业银行代理个人黄金交易业务发展迅速，其产生的代理手续费、仓储费和出入库费为商业银行带来较为可观的经济收益。同时黄金具有体积小、价值高、便于携带、方便兑换、难以追踪等特点，易被洗钱分子利用成为洗钱的重要载体，所以黄金业务存在较大的洗钱风险。《代理个人黄金交易业务洗钱风险及对策分析》结合黄金业务的发展背景，对商业银行代理个人黄金交易业务的洗钱风险特征及反洗钱工作中存在的困难进行分析，并提出对策建议。

关键词：代理个人黄金交易　实物黄金　洗钱风险

商业银行代理个人黄金交易业务指商业银行作为上海黄金交易所（下简称"金交所"）金融类会员，代理个人客户开立黄金交易账户，进行实物黄金交易、延期黄金开平仓、交割、资金清算、提货等交易并收取手续费的业务。本文结合黄金业务的发展背景，对商业银行代理个人黄金交易业务的洗钱风险及反洗钱工作困境进行分析，并提出对策建议。

一、黄金业务发展背景

金交所自 2002 年成立以来，成交额逐年上升，2020 年增幅较大，年成交额 43.32 万亿元，同比增长 50.66%，其中黄金成交额 22.55 万亿元，同比增长 4.91%，占比 52.05%，成交量 5.87 万吨，黄金交易量居全球交易所市场第三位。黄金已成为国内贵金属金融交易市场的重要交易品种。

1　黄文娟、雷蕾供职于交通银行深圳分行法律合规部。

目前，商业银行黄金业务已经成为我国黄金市场体系的重要组成部分。2020 年，金交所会员黄金品种各市场成交量前二十名中，商业银行分别达 10、20、14 家，分别占比 50%、100%、70%[1]。

由于代理个人黄金交易业务产生的代理手续费、仓储费和出入库费为商业银行带来较为可观的经济收益，近年来商业银行代理个人黄金交易业务发展迅速。2018 年至 2020 年，金交所会员代理个人黄金竞价业务成交量分别为 3813.74、6871.65、8593.00 吨，近两年的年增长率分别为 80%、25%；其中 2020 年金交所会员代理个人黄金竞价业务成交量前二十名中，商业银行达 15 家，占比 75%[2]。

二、商业银行代理个人黄金交易业务的洗钱风险

深圳地区以毗邻香港的地理特征，成为全国黄金行业发展的中心，其中罗湖水贝等大型黄金交易市场集全国黄金珠宝首饰加工制造、批发、物料采购中心于一身，黄金交易量巨大，多数以个人为交易主体。个人结算账户因其操作便利优势被用于进行频繁、大额的黄金交易，使黄金交易业务区域性洗钱风险隐患较大。

（一）客户真实身份存疑

在对客户身份的初步识别中，多数客户反馈自己是黄金珠宝公司员工，因个人提取黄金实物较公司手续更为便捷、个人账户较公司账户开立及清算更为便利，故而受公司指派从商业银行提取实物黄金。经进一步核实，部分客户社保缴纳单位并非其所述的黄金珠宝公司，实际疑为黄金珠宝公司"跑腿"人员，个人账户实际被用于公司经营结算，客户真实身份存疑。

（二）账户交易可疑

一是账户频繁发生大额资金转账，月交易额普遍在亿元以上；二是资金快进快出，部分上游资金转入后快速转入金交所账户申请提取实物黄金，过渡特征明显；三是部分账户与期货公司账户快速转入、转回，疑似通过期货公司清洗资金；四是部分个人客户年龄约 20 岁，个人所属企业经营规模较小、注册资本低于 100 万元，账户交易规模与客户身份明显不相符；五是为规避对账户资金交易的阶段性监测，存在多人交替开销户、间歇性使用、轮流交易等情况。

---

1 数据来源于上海黄金交易所官方网站《2020 年度上海黄金交易所市场报告》。
2 数据来源于上海黄金交易所官方网站《2018、2019、2020 年度上海黄金交易所市场报告》。

（三）存在涉案风险

一是部分账户被司法机关查询、冻结，个别客户在办理提金业务时被警方现场带走调查；二是部分账户因担心被冻结，偏好在大额资金交易前进行小额测试性交易；三是个人账户用于公司经营结算，使交易游离在公司账户之外，增加了被利用实施走私、逃税等洗钱犯罪的风险。

近年来，不法分子利用黄金制品进行洗钱等犯罪活动的案件时有发生。2019 年，人行联合税务局、海关、公安机关成功破获"流金 2 号"利用黄金制品走私黄金、循环骗取出口退税专案，抓获犯罪嫌疑人 31 名，涉案金额达 18.38 亿元，涉及退税款 1.06 亿元。

三、商业银行代理个人黄金交易业务反洗钱工作的困境

（一）客户尽职调查难度较大

一是商业银行对于个人客户的身份识别手段仅限于个人身份信息的核实，无法深入了解个人与黄金珠宝公司之间的真实关系；二是深圳地区大型黄金交易市场以零售加工企业为主，尽调显示，较多零售企业不主动向采购客户提供发票，采购客户大多也无发票需求，其位于黄金产业销售链末端，更注重无发票原料具备的成本优势，因此市场内大多黄金交易无正式合同、发票等背景材料，可供商业银行核实的仅有部分收货单据；三是客户时常以涉及核心商业机密为由拒绝配合银行尽职调查工作，并质疑银行核实业务背景的资格。

（二）资金链条难以监测

一是黄金具有硬通货和商品的双重属性，流动性强，其交易和流通可以发生在银行系统之外，较其他金融资产和交易媒介而言，隐秘性更强，金融系统较难追溯其交易上下游痕迹。

二是黄金及其制品体积小、便于携带和藏匿、易兑换、保值性强等多重优势，构成其容易被犯罪分子利用进行洗钱活动的重要因素。犯罪分子利用银行账户完成实物黄金的提取交易，切断资金链，逃避商业银行交易监测。

（三）管理流程存在不足

根据《中国人民银行关于加强贵金属交易场所反洗钱和反恐怖融资工作的通知》（银发〔2017〕218 号）和金交所《关于加强个人客户大额提金出库管理的通知》要求，各商业银行应对个人黄金交易业务加强内部管理，例如，对单笔提金出库超过 10 公斤（含 10 公斤）的个人客户要求签署提金出库承诺书、登记提金出库客户

签收记录簿，签收记录簿应明确记录客户提金的用途与去向，由客户签字确认。对于金交所代理业务单笔（或累计）提金出库超过 200 公斤的个人客户，除按上述要求签署承诺书和登记签收记录簿外，还应出具书面文件，以证实其用途合规性。

然而商业银行在执行上述管理规定时存在一定困难，一是目前代理个人黄金交易业务流程普遍为：客户在商业银行开立黄金交易账户，向金交所申请黄金交割，通过商业银行金库提取实物黄金。黄金资金交割和实物黄金提取相分离，客户一旦与金交所完成黄金资金交割，商业银行难以拒绝客户提取实物黄金。二是商业银行使用金交所提供的系统为客户办理提取实物黄金，目前该系统对于提金客户在各商业银行提取的实物黄金数量和频次等无有效的监控措施，无法实现联动提示，客观上为客户分散在不同商业银行提取黄金实物提供便利，也给商业银行执行上述管理措施增加难度。

四、对策及建议

（一）严格落实客户身份识别和交易背景审查机制

一是提高客户准入门槛，加强身份背景审核，例如要求客户所在黄金公司的工商注册时长在 1 年以上，注册资金达到 500 万元以上，在本地有门店且本地经营时间在 1 年以上，个人缴纳社保记录在 1 年以上等。

二是加强交易背景审核，严格遵照"谁的客户谁负责""谁的业务谁负责""谁的渠道谁负责"原则落实客户身份识别和尽职调查工作要求，确保登记客户的身份基本信息真实、完整、有效；严格审查客户交易背景，核实黄金交易上下游关系及提金用途，如重点查看相关黄金制品的发货和收货单证是否与提金数量和频次相匹配。

（二）加大交易监测分析和风险排查力度

一是结合黄金交易的特点，优化完善可疑交易监测模型，在可疑交易监测甄别环节增加税务、社保等外部信息数据的联动核查，丰富分析手段，延伸分析视角，提高分析有效性。

二是结合黄金客户经营和交易情况，加大专项风险排查力度。对于长期频繁大额提金的客户，应开展经营场所现场尽职调查，如客户无法提供提金用途书面文件或文件资料不完整，导致提金用途合规性无法被证实的，或怀疑其有洗钱嫌疑的，及时采取暂停黄金交易业务等风险管控措施。

（三）加强与相关部门协调合作，联防联控严防黄金业务洗钱风险

一是建议金交所加强与商业银行的信息互通，优化相关业务系统，建立黄金业务事前、事中、事后全流程风险监控体系，切实加强黄金业务洗钱风险管控。

二是建议人行与公安、海关、税务等监管部门加强联动合作，形成联防联控机制，进一步出台防控黄金交易业务风险的具体措施，研究建立以有关黄金制品为载体骗取出口退税案件预警模型，指导商业银行积极防控黄金交易业务洗钱风险。

参考文献

反洗钱工作部际联席会议办公室 . 中国反洗钱实务 2020 第二期 [M]. 北京：中国金融出版社 ,2020(2).

商业银行与第三方机构合作开展互联网贷款业务的反洗钱工作改进建议

■ 戴若鼎　张严冰　耿施福[1]

摘要： 近年来，移动互联网不断普及，以蚂蚁金服、微众银行为代表的第三方机构与商业银行合作开展互联网贷款业务，迅速打通线上线下业务渠道，拉动商业银行消费信贷资产规模快速增长。同时，在此类业务模式下，商业银行多依靠合作机构推送客户，容易引发客户尽职调查和交易监测不到位等问题。为此，本文梳理了互联网贷款业务的主要业务模式和风险点，探究相关问题成因，并提出政策建议。

关键词： 反洗钱　联合贷款　依托

自 2015 年以来，互联网贷款在中国发展迅速。截至目前为止，已有多个互联网巨头涉足互联网小额贷款领域，其中多数平台因受到自身资本金规模限制，而选择与商业银行合作开展贷款业务。据中国人民银行调查统计司的数据显示，截至 2020 年 6 月底，仅商业银行发放的线上联合消费贷款的余额就已经达到约 1.43 万亿元。而互联网贷款通常小额高频，部分银行仅半年时间积累的线上客户数量即达数千万户之多，反洗钱工作压力迅速增长。

一、商业银行互联网联合贷款业务现状

互联网贷款是指运用互联网和移动通信等信息通信技术，基于风险数据和风险模型进行交叉验证和风险管理，线上自动受理贷款申请及开展风险评估，并完成授信审批、合同签订、贷款支付、贷后管理等核心业务环节操作，为符合条件的借款人提供的用于消费、日常生产经营周转等的个人贷款和流动资金贷款。目前，多数

1　戴若鼎、张严冰、耿施福供职于华夏银行法律合规部。

互联网贷款项目为银行与互联网机构合作开办，并通过第三方机构开展客户尽职调查或引流客户。

（一）合作机构的主要类型

目前，与商业银行联合开展贷款业务的机构，主要有以下两类：一是以银行业金融机构、保险公司等为代表的金融机构，也有新兴互联网银行参与；二是以互联网科技公司、小额贷款公司、非银行支付机构、融资担保公司等为代表的非银行金融机构，尤其是一些互联网平台，由于掌握海量客户资源和外部数据，更是受到众多股份制银行和城市商业银行的青睐。

（二）贷款发放的主要合作模式

从合作模式来看，主要可分为助贷模式、联合贷款和纯导流模式三种。助贷模式，即合作机构依托自身所掌握的客户资源，借助大数据等手段，向商业银行推荐符合要求的借款人，并提供客户资信、财产状况等风控信息，由商业银行独立完成授信审批、贷款发放等工作，合作机构只向银行收取信息服务费而不发放贷款；联合贷款模式，即合作机构与银行按照约定比例共同出资，向符合条件的借款人联合发放互联网贷款，并收取相应比例的息费等；纯导流模式，即通过 API 或 H5 技术，将本行客户端植入对方网站或手机 App 当中，客户通过网页链接跳转到银行系统进行信息录入并完成开户，不通过第三方机构进行。

（三）贷款资金收付的主要模式

主要分为商业银行直接发放贷款和委托第三方机构发放贷款两种模式。银行直接发放贷款，即客户在银行开立贷款账户或结算账户，通过银行账户将贷款发放至借款人账户或受托支付至客户消费的商户账户，还款时由客户直接还款或由银行进行代扣，全部的资金收付、会计核算由商业银行自主完成。委托第三方机构发放贷款，即由银行在第三方机构开立同业账户用于贷款资金划付。

二、商业银行互联网联合贷款反洗钱管理问题

互联网贷款业务在给商业银行带来客户流量、资产规模双增长的同时，也给银行开展反洗钱工作带来了极大的挑战。尤其是对线上客户开展尽职调查、大额交易和可疑交易监测等方面的困难尤为凸显。目前互联网贷款反洗钱管理主要存在如下问题：

（一）客户身份信息缺失或存在错误

在联合贷款或助贷模式下，部分合作机构直接复用客户征信地址或证件地址信

息，未登记客户常住地址信息；多数机构不要求客户填写职业信息，而是通过模型推测。部分未留存客户身份证影印件，或不支持快速检索功能，无法方便调阅。同时，合作机构未采取持续的尽职调查措施，对于业务关系存续期间客户信息变更、证件过期等情形未及时更新，难以确保客户交易符合其对客户风险状况的认识。银行盲目采信合作机构推送的客户信息，可能会覆盖行内已有的正确客户信息。

（二）客户尽职调查工作信息共享不充分

现行互联网贷款合作模式下，由于业务场景整体处于合作方生态中，银行的客户尽职调查和交易监测等工作高度依赖合作机构开展。合作机构通常根据客户单个指标（如学历情况、收入状况、信用记录等）的优劣程度给客户打分（如0—100分）或划分为若干个等级（如A—D级）。

表1　某互联网金融机构的互联网行为分类情况

评价维度	互联网行为	说明	数据来源
身份特质	身份认证	前端App客户手机号码认证、人脸识别情况	客户录入、政府数据库
	职业认证	客户输入、模型预测	客户录入、模型预测
	学历认证	通常情况下学历越高，违约可能性越低	客户录入、学信网数据
	驾驶证情况	驾驶证情况表明了一个人的身份特质	政府数据库
	网上搜索	客户经常搜索的关键字表明个人兴趣爱好	百度等
	视频	客户经常浏览的视频内容表明个人兴趣爱好	爱奇艺、优酷等
行为特征	网上支付	网上货款支付、水电煤缴费、充值等，能够表明一个人的居住地址、身份地位等	支付宝、淘宝等

评价维度	互联网行为	说明	数据来源
行为特征	网上购物	网络消费、订票、预订酒店时留存的身份信息，反映客户线上消费习惯和经济能力	第三方平台，如天猫、飞猪、马蜂窝旅游等
	O2O 消费	反映客户的日常消费习惯，如点外卖、预约餐厅、预约活动等	美团、饿了么等
	线下支付	线下商场消费的金额、频率，反映客户线下消费习惯和经济能力	支付宝等
人脉关系	即时通信	通话频率、好友添加情况，反映人脉关系、朋友圈	钉钉等
	网络社交	转发评论、朋友圈，能够反映一个客户的人脉关系和身份地位	阿里音乐
信用记录	信用消费	客户使用信用消费的频率、能否及时还款等	—
	信用贷款	客户使用信用贷款的频率、能否按时还款等	—
	办信用卡	客户申请信用卡的记录，使用信用卡的频率、能否按时还款等	—
	信用租借	通过信用方式租车、租借充电宝、借书等	哈罗单车、神州租车
	信用租房	通过信用方式租房、住酒店等	飞猪、爱彼迎等
	信用卡偿还记录	通过支付宝归还信用卡的情况	支付宝
履约能力	互联网账号所持有资产	余额宝等	支付宝
	线下资产	名下不动产、汽车持有情况，社保公积金缴纳情况	政府部门，如房管局、机动车辆管理所、公积金管理中心等

出于商业利益或客户信息保护等考虑，上述信息在向商业银行提供的过程中多进行了脱敏处理，仅能满足银行授信审批基本需要。包括业务场景、交易背景等在

内的客户尽职调查核心内容、原始数据，均由合作机构方面掌握，未能与商业银行共享，合作双方各自履行反洗钱职责，缺乏高风险客户信息和可疑线索的共享机制，导致双方信息的割裂，部分机构向银行推送的客户手机号码、地址等信息也掩码处理，甚至规定银行不得联系客户。部分贷款使用行为发生在合作机构生态体系内，合作机构未与银行共享交易背景信息，银行无法掌握该笔交易的背景和目的。

（三）互联网贷款交易监测存在盲区

部分互联网贷款的发放、还款环节依托第三方机构进行，多数交易的对手显示为支付机构、内部账户名称等，未能穿透至二级商户，导致交易数据无法完整展示整个资金交易链条，影响了可疑交易监测的有效性。部分业务模式下，客户并不在银行开立贷款账户或结算账户，而是通过银行在其他银行机构或支付机构开立的同业账户实现放款还款，如某平台通过商业银行开在网商银行的同业账户放款还款，交易链条游离于银行现有账户体系之外，银行无法完整拼接交易信息，更无法对客户交易进行监测报告，容易导致反洗钱交易监测盲区。一旦贷款资金流向赌博网站、地下钱庄或被用于资助恐怖主义等非法活动，将会导致重大洗钱风险。

三、商业银行互联网联合贷款反洗钱问题成因

相比较金融机构的反洗钱监管而言，我国对于非银支付机构、小额贷款公司和特定非金融机构的反洗钱监管起步较晚，尤其是对于互联网平台的反洗钱监管几乎处于空白状态，目前仍有众多互联网金融机构未被纳入反洗钱监管范围但仍与商业银行开展合作，可能由于合作机构未有效履行反洗钱职责、虚构交易背景甚至推送虚假客户等行为，给商业银行带来风险隐患。

（一）互联网金融反洗钱监管处于起步阶段

我国现行《中国人民共和国反洗钱法》尚未明确将互联网金融从业机构纳入监管范围，互联网金融机构反洗钱监管要求多以规范性文件形式发布，法律层级效力较低。2018 年以来，中国人民银行、中国互联网金融协会出台的《互联网金融从业机构反洗钱和反恐怖融资管理办法（试行）》《网络小额贷款从业机构反洗钱和反恐怖融资工作指引》等多部文件属于规范性文件、行业自律机制的层面。互联网金融的复杂程度更强、监管难度更高，互联网企业的合规风控理念较传统金融机构存在较大差异，带来的风险和挑战层出不穷，单纯依靠传统监管手段无法充分遏制洗钱风险通过互联网渠道扩散蔓延。

（二）互联网金融机构反洗钱工作水平不一

目前，多数互联网金融机构的反洗钱内控制度缺失或未能嵌入业务流程，未能形成一套成熟的反洗钱工作机制。互联网金融机构更注重客户体验，在客户申请贷款时尽可能简化识别程序、缩小客户信息采集范围，而仅关注客户姓名、证件类型及号码、联系方式、是否有车、收入状况、消费状况、互联网行为等可能影响授信审批结果的核心信息。上述信息虽然能够有助于绘制客户画像、更全面地把握客户风险情况，但无法满足现行反洗钱法规关于登记个人客户身份信息9要素的合规性要求。要求完整采集客户身份信息会使得业务流程复杂化，降低审批速度、影响客户体验，而对互联网金融机构信用风险防控作用非常有限，导致互联网金融机构缺乏主动完善客户信息的动力。

（三）现行法律未对反洗钱信息共享进行规范

《中国人民共和国反洗钱法》规定，义务机构对依法履行反洗钱职责或者义务获得的客户身份资料和交易信息不得向任何单位和个人提供。而我国法律目前尚未对义务机构之间共享反洗钱信息机制作出安排。合作双方各自开展反洗钱工作的模式，可能导致双方对客户洗钱风险认知的不一致，风险管控措施存在差异，进而导致洗钱风险在不同机构或行业之间转移。而包括美国在内的西方国家法律都允许金融机构在信息安全保密和自愿的基础上相互分享信息，以增强客户尽职调查和交易监测的有效性。另一方面，目前客户尽职调查更多依赖义务机构单方面与客户的沟通交互，未实现与包括海关、税务、工商、公安等政府部门数据库的共享，客户信息缺乏多方交叉验证，难以保证真实性和准确性。

四、银行互联网贷款业务的反洗钱工作建议

商业银行应正确认识自身风险管理能力，合理评估新产品新技术所带来的洗钱风险因素，在合作过程中审慎选择合作机构，注重厘清合作双方在反洗钱反恐怖融资方面的权利义务，相互密切配合，共同预防互联网贷款洗钱风险。同时，建议监管部门根据互联网贷款的业务特点，采取差异化的反洗钱监管措施，体现"风险为本"的互联网金融监管思路。

（一）区分不同业务模式确定合作机构准入标准

根据FATF《40项建议》建议第17项，依托第三方机构开展尽职调查的，要明确合作方为接受反洗钱监管的义务机构，确保其与客户建立了业务关系，并按照商业银行的程序和标准开展客户尽职调查。据此，仅有联合贷款模式下，合作机构

才与客户之间存在信贷业务关系，在满足监管要求的前提下，商业银行可信赖合作机构的尽职调查结果。而若为助贷模式，合作机构与客户之间不存在信贷关系，则属于"委托第三方开展客户尽职调查"的情形，此类模式下商业银行不能完全采用合作机构的尽职调查结果，也不得将持续尽职调查、交易监测等工作委托给合作机构。

商业银行应对合作机构反洗钱履职能力进行评估，根据合作机构在业务中承担的不同角色，如导流、出资、代理资金收付等职能，重点考察合作机构接受反洗钱监管的程度、客户识别和尽职调查、信息系统数据服务能力、交易监测能力等方面的内容。商业银行要主动学习互联网企业的合规文化和管理理念，积极改进合作机构反洗钱履职能力评估方法，采用穿行测试、问卷调查等多种形式开展评估，了解合作机构运用的风控手段和方法，避免评估工作停留在"打钩达标"的形式合规层面。对不满足反洗钱管理要求的机构，不得通过其开展客户尽职调查。

（二）明确双方在反洗钱工作方面的权利义务

商业银行在与合作机构签订合作协议时，应明确约定双方在反洗钱反恐怖融资工作方面的权利义务，规定合作机构向银行提供的客户信息真实、完整、有效，能够反映客户的真实意愿和目的，并配合客户身份资料更新和尽职调查；委托第三方机构进行贷款资金收付的，要明确受托机构交易监测方面的职责。同时，鉴于监管规定第三方机构未履行客户尽职调查义务的责任由委托方承担，协议中还应进一步规定合作机构未履行反洗钱义务给银行带来损失的，应相应承担赔偿责任。同时，应在法律允许范围内开展客户高风险信息的有限共享，尽可能打破信息壁垒、防止互联网洗钱风险跨行业跨领域交叉感染。

（三）自主掌握客户尽职调查等核心环节

商业银行在与第三方机构合作放贷过程中，要注重自主掌握核心风控环节，包括洗钱风险管理在内的各项风险管理工作均不应外包。银行应按照银保监会《商业银行互联网贷款管理暂行办法》要求，自主采取联网核查、生物识别等有效措施识别客户，线上核验并留存借款人的身份数据、借款意愿。合作机构应将在线核验当时的照片、视频等资料传输给银行，银行通过人脸识别等技术手段再次核验。银行也可通过引入同盾等外部数据源，增强客户身份透明度，更全面、更立体地了解客户整体风险，并运用于贷前调查、贷款审批、贷中贷后管理等环节，全流程动态监控客户的风险状况。

（四）提升商业银行的线上自主获客能力

银行要大力拓展自身线上获客能力，通过本行的手机银行、直销银行等自有渠道获客，独立采集并核验客户信息。针对部分无法满足客户尽职调查要求的流量入口，如互联网平台、社交软件等，可考虑通过 API、H5 技术，将本行客户端植入对方网站或手机 App 当中，直接通过本行客户端采集客户信息，自主识别客户并在需要时联系客户开展调查，确保互联网贷款客户尽职调查工作质效，掌握客户尽职调查和洗钱风险管理的主动权。

（五）采取"风险为本"的反洗钱工作措施

针对我国互联网金融发展实际情况，建议采取"风险为本"的反洗钱监管措施，结合 FATF 组织《中国反洗钱和反恐怖融资互评估报告》建议，针对特定非金融机构和网贷平台制定反洗钱措施。针对不同类型的业务合作模式和尽职调查方法，区分不同获客渠道的洗钱风险水平。针对部分洗钱风险较低的获客渠道，可允许银行适当简化尽职调查程序，不必"一刀切"要求登记自然人客户身份信息"9 要素"，而是鼓励义务机构运用客户互联网行为信息，动态监测客户洗钱风险状况，重点关注"手机号码、地址稳定天数较低""党政机关负责人短期内循环申请贷款""同一客户短期频繁申请变更放款／还款账户"等高风险情形，并对通过监测模型筛选出来的信息进行人工识别，力争形成"交易＋行为"的全景式可疑报告，提升反洗钱工作有效性。

参考文献：

[1] 耿燕，牛珊珊. 商业银行与第三方机构合作互联网贷款业务反洗钱合规问题研究 [J]. 全国经济流通 .2021(6):147−149.

[2] 胡滨，范云朋. 互联网联合贷款：理论逻辑、潜在问题与监管方向 [J]. 武汉大学学报（哲学社会科学版）.2021,74(3):131−142.

[3] 魏金浩. 基于互联网金融"三因素"视角的反洗钱监管 [J]. 金融经济（理论版）.2016(12):104−105.

[4] 苑士威，冯慧佳. 互联网金融洗钱风险及反洗钱监管对策研究 [J]. 西部金融 .2016(12):95−97,100.

[5] 张怡，刘漱. 通过第三方开展客户尽职调查状况研究 [J]. 中国反洗钱实务 .2021(5):17−25.

证券公司非经纪业务反洗钱工作分析研究

■ 郑城美　李想　邱国振[1]

摘要： 证券公司非经纪业务范围广、种类多，本文分条线介绍了投资银行类业务、融资类业务、资产管理业务、金融产品代销业务、投资咨询业务、自营业务、托管业务等非经纪业务的洗钱风险点，并根据证券公司实际业务开展情况分析了不同业务的反洗钱工作难点。针对证券公司非经纪业务反洗钱管理缺乏统一做法和明确监管标准的现状，本文从建立行业工作标准、明确相关监管要求、建立沟通与信息共享机制、加强教育与宣导等方面提出工作建议。

关键词： 证券公司　非经纪业务　洗钱风险点　反洗钱工作难点

一、非经纪业务洗钱风险点

（一）投资银行类业务

投资银行类业务包括保荐承销、上市公司并购重组财务顾问等具有投资银行特性的业务。

1. 保荐承销的投、融资端

保荐承销涉及投资端与融资端两端业务。投资端客户指参与证券发行承销并获得配售的客户，包括个人客户和机构客户（主要为银行、公募基金、证券公司、保险、信托等符合投资者适当性等条件的一般法人）。投资端客户基本开设有证券账户，清算交割或券款对付由交易所和登记公司协同完成，通过收款银行进行资金清算。投资端往往存在客户数量众多，而发行承销过程中申购到配售决策时间紧等特点。

1　郑城美、李想供职于兴业证券股份有限公司，邱国振供职于中国证券业协会。

融资端客户以公司类型居多，客户业务模式和股权架构可能较为复杂，具有以项目融资为主、交易金额（融资规模）大、项目实施周期较长等特点。证券公司对融资端客户的尽职调查工作有较为严格、细致的监管要求，能基本覆盖洗钱风险调查范畴。若证券公司未能对投资银行类融资端客户严格履行尽职调查义务，未能掌握客户财务造假、股票代持情况等，则可能存在资本运作清洗非法资金、利益输送等洗钱风险。

2. 并购重组财务顾问业务风险点

证券公司若缺乏对交易方案合理性的正确判断，可能无法识别利益输送等洗钱风险；涉及跨境的并购重组业务中，如果对交易参与各方的尽职调查不充分，可能存在与风险名单对象进行交易、跨境转移资金、利益输送等洗钱风险。

3. 聘请第三方风险点

证券公司聘请律师事务所、会计师事务所、评估咨询机构等第三方机构提供尽职调查、招股书验证等专业服务时，如果廉洁从业管控不严，可能存在利益输送、商业贿赂等洗钱风险。

（二）融资类业务（含股票质押、融资融券及约定购回业务）

融资类业务可视为经纪业务的延伸，申请办理融资类业务的客户一般已在证券公司营业部开立账户，已完成客户身份识别工作，其交易数据也已纳入反洗钱系统进行统一监测。对于融资类业务而言，其洗钱风险主要集中在：客户融入资金后利用资金优势进行操纵市场或利益输送等洗钱上游犯罪；当贷后管理不严时，可能发生贷后资金用途涉恐等洗钱风险；当客户进入风险处置或追偿环节时，可能发生第三方代为补质、代为偿还等情况，如果审核流程缺失，第三方的身份、资金来源、抵押物来源等方面可能存在洗钱风险。

（三）资产管理业务

在资产管理业务中，集合资产管理计划主要由银行、证券公司等代销机构进行销售。代销机构中，银行反洗钱工作较为到位、证券公司一般已根据反洗钱要求开展了相关工作。业务面临的洗钱风险较小。

单一资产管理业务根据单一委托方的需求为其量身定做符合其风险偏好、投资期限的投资组合。尽管在开展业务时，证券公司在尽职调查阶段对委托方的资金来源、交易目的和交易性质进行调查，了解实际控制客户的自然人和交易的实际控制人，但仍存在委托人故意隐瞒资金来源不合法、发送交易指令存在利益输送、操纵市场等洗钱风险。

（四）金融产品代销业务

证券公司作为代销机构时，代基金管理人履行客户识别义务。在代销产品引入环节，需要进一步了解与证券公司开展合作关系的各类基金公司反洗钱内控机制情况。但因为私募基金尚未纳入反洗钱管理范畴，普遍存在未严格履行反洗钱义务、未建立健全反洗钱或反恐怖融资内控制度，或反洗钱内控未有效执行，导致其存在的洗钱风险或制裁风险可能传导至证券公司。

证券公司作为委托机构时，代销机构出于客户资源保密的原因，可能拒绝提供客户信息或提供不完整的信息，导致证券公司无法掌握代销机构反洗钱执行情况，也无法核实客户是否存在洗钱风险。

（五）投资咨询业务

投资咨询业务分投资顾问业务和研究报告业务。其中，投资顾问业务的客户一般为经纪业务客户，在证券公司营业部开户时已进行了客户身份识别；研究报告业务，通过收取服务、佣金费用方式进行资金划转，往来资金由客户转入本公司账户，该服务在收到客户服务、佣金费用时终止，不涉及投资者资金管理、交易等服务，且服务客户多为公募基金、保险机构等金融机构和产品，被利用于洗钱的风险较低。

（六）自营业务

证券公司使用自有资金进行投资，不涉及现金交易。自营业务在证券交易所进行证券投资交易时，采取集合和连续竞价方式，由交易所撮合交易，并无明确的交易对手；在银行间市场与金融机构进行询价债券交易时，交易对手多为银行间市场接受反洗钱监管的金融机构。由于自营业务是用自有资金进行投资的业务模式，证券公司洗钱风险较低。

自营业务中的场外衍生品交易，相对于交易所标准合约而言，属于非标准化交易，需要与境内外的交易对手签订 NAFMII、SAC、ISDA 等协议，通过交易确认书进行交易确认。因交易的复杂性和非标准化特性，其洗钱风险大于普通自营业务。

（七）托管业务

证券公司的托管业务主要包括资产托管服务和托管基金行政外包服务。其中资产托管业务的服务范畴主要包含资产保管、投资监督、投资清算以及信息披露等；基金行政外包服务范畴主要包含份额登记、账户监督、基金会计以及信息披露服务等。

托管以及外包服务并不为客户执行或促成任何交易。客户使用托管服务的目的主要包括两方面：一是因为特定业务类型监管要求必须指定托管人，如公募基金；

二是为引入托管人对管理人自身的行为进行独立监督，增加其资产管理产品对于投资人的信用度。客户类型分为两个大类：基金业协会注册的私募基金管理人以及其他进行资产管理业务的持牌金融机构，例如证券、保险、期货、信托以及银行等，被不法分子利用于洗钱的风险程度较低。

二、非经纪业务反洗钱工作难点

由于非经纪业务的特殊性与复杂性，其洗钱风险管理难点突出，业界做法不一且监管暂未有明确的规则与标准，存在如下工作难点：

（一）普遍工作难点

1. 统一客户管理存在困难

监管部门要求证券公司对反洗钱的管理工作，应当实现以客户为单位进行统一管理，证券公司在实际操作中，由于客观原因，会遇到以下困难：一是对客户划分洗钱风险等级时，由于业务属性差异巨大，非经纪业务与经纪业务的客户洗钱风险等级指标不统一，导致客户在经纪业务和非经纪业务中的洗钱风险等级存在差异，由此引发一系列操作难点，例如最终风险等级如何确定、如何调整等级、调整等级时限等。二是证券公司信息隔离墙制度要求可能存在利益冲突的不同业务部门之间进行隔离，这也加大了非经纪业务与经纪业务间的系统对接、信息传递等难度。

2. 缺乏可疑交易监测标准和案例

非经纪业务的可疑交易监测标准还在探索阶段，这些业务大多仅为客户提供中介服务，客户不在证券公司开立账户，在证券公司系统中也不存在证券交易流水、资金转账流水。此类业务风险监测通过拟定定性指标，并由人工进行监测（如客户存在负面信息，或被反洗钱黑名单回溯监测命中等），或同一客户其他业务出现问题而被连带发现，不具备量化指标通过系统统一监测的现实基础。同时，实践中非经纪业务按照行业监管部门要求执行特有的客户尽职调查程序（与反洗钱尽职调查的侧重点不同），客户通过非经纪业务进行洗钱的案例较少，证券公司较难从中总结、归纳可疑交易监测标准。

3. 开展业务洗钱风险评估存在较大困难

洗钱风险自评估，是实现"风险为本"资源配置的先进工具，需要所有非经纪业务部门深度参与、大数据及信息系统提供高效支撑。非经纪业务评估难点包括：第一，缺乏业务分类标准，如针对代销的金融产品而言，分类过细可能导致大量同质产品重复开展洗钱风险评估，增加冗余工作；而如果按照公募、私募、资管、信托等分类进行风险评估，尚需监管部门出台标准予以明确支持。第二，缺乏评估因素标准，在进行业务洗钱风险评估时，应将哪些因素纳入评估范畴、如何设置各评估因素的权重等都是证券公司开展业务风险评估工作的难点。

4. 机构间的不同标准导致存在套利空间

目前行业对非经纪业务的反洗钱管理工作缺乏统一的标准和要求，导致不同证券公司对于非经纪业务是否纳入反洗钱管理、如何纳入反洗钱管理、反洗钱管理的广度与深度、发现问题后采取何种措施等方面都存在不同的理解和管理方式，这就导致了不同标准之间存在套利空间，客户可能更倾向于选择未将非经纪业务纳入反洗钱管理，或者对非经纪业务反洗钱管理的措施较为简单的证券公司，不利于非经纪业务反洗钱管理的长久发展。

（二）投资银行类业务反洗钱工作难点

1. 建立业务关系的时点难以确定

投资银行类业务环节众多、流程复杂，且业务是否最终完成存在很大的不确定性，证券公司较难确认与客户建立业务关系的时间节点，从而也无法及时开展洗钱风险等级划分等工作。在实际操作中，证券公司大多使用内部立项、与客户接触并进行初步尽职调查、签署业务协议等环节作为与客户建立业务关系的时点，但上述环节无法确定业务可否最终完成，或后续根据业务要求会有更进一步的尽职调查，因此客户大多不愿提供身份证件等信息或不愿过早、重复提供，反洗钱工作开展困难。

2. 时间窗口短导致客户信息获取困难

投资端业务存在客户信息无法完整获得（如中国结算只提供配售客户的部分信息）、业务存续时间非常短但客户量比较多等特殊性，导致较难对此部分业务进行反洗钱管理。

3. 客户配合意愿不高

无论是在业务建立时还是已经进入持续督导期，客户通常属于强势方，配合证券公司进行反洗钱管理、提供法人身份证件、识别受益所有人、客户相关身份信息发生变更及时告知等意愿较低。

（三）资产管理业务反洗钱工作难点

证券公司在对委托人资产来源、交易目的、交易性质等开展尽职调查时，会存在客户配合意愿低、较难向上穿透了解委托人资金来源、委托人信息变更导致受益所有人变更但未及时通知管理人等情况，尽职调查难度较高。

（四）自营业务与研究报告业务工作难点

目前部分证券公司未将自营业务与投资咨询中的研究报告业务纳入洗钱风险管理。一是由于这两项业务结构清晰、涉及的资金往来简单，对其进行洗钱风险管理投入产出较小；二是两项业务的客户（对手方）配合意愿较低。但现行反洗钱规则尚未有对此等业务的豁免规定。

（五）托管业务工作难点

1.对问题客户可采取的限制措施较少

托管人主要根据托管合同进行投资监督、资金清算、信息披露等工作，在业务开展过程中如发现客户存在洗钱风险，无法像经纪业务一样采取限制交易、限制资金转入或转出等限制措施，只能采取类似降低服务响应速度、不再开展新业务等措施，对洗钱风险的控制能力较弱。

2.对客户的定义比较模糊

在实际操作中，大多数证券公司在托管业务中将管理人定义为客户，对管理人进行反洗钱管理，但管理人在托管业务中主要是代表资产管理计划，聘请托管人进行投资监督、资金清算、信息披露等工作。按照业务模式来看，资产管理计划更适合定义为托管业务中的客户。定义不同会导致反洗钱管理模式的差异，而现行监管规则对此暂未有明确规定。

三、非经纪业务反洗钱工作建议

（一）建议建立行业非经纪业务反洗钱工作标准

建议监管部门根据证券公司落实非经纪业务反洗钱工作的实际情况，在组织同业进行充分交流探讨的基础上，建立行业非经纪业务反洗钱标准，为非经纪业务反洗钱工作的开展提供具体操作指引，特别是可疑交易监测标准、非经纪业务的洗钱风险评估行业标准、经纪业务与非经纪业务统一客户管理、洗钱风险较低客户／业务可否简化识别等方面。

1.投资银行类业务

建议明确开展客户身份识别的时间节点，如规定最迟在主协议签署时完成客户身份识别；对于存在特殊性的股权公开发行投资端业务、债券发行投资端业务等，明确客户身份识别的具体措施与标准；对于配合意愿不高的客户，建议明确可以采取的限制措施并统一标准，避免形成套利空间。

2. 资产管理业务

建议可以明确对委托人和委托资产尽职调查的方式方法、范围、目的等，并要求在协议中约定承诺委托资产的合法合规性。

3. 金融产品代销业务

建议明确对代销的金融产品以及其管理人进行严格的准入管理，要求对产品管理的内控水平、产品的合法性、产品的风险级别等进行尽职调查和评估。在代销协议中可约定代销金融机构应严格履行反洗钱义务，并对提供客户信息的范围予以明确。

4. 自营业务与研究报告业务

建议明确需进行身份识别的客户范围，并说明是否可以依照"风险为本"原则对识别工作予以适当简化。对于自营业务的场外衍生品交易，可在准入环节对交易对手方进行客户尽职调查，并在协议当中增加条款明确双方反洗钱义务，增加承诺条款。

5. 托管业务

建议明确托管业务中进行反洗钱管理的具体对象，说明对问题客户可采取的具体限制措施，并在协议当中增加条款明确双方反洗钱义务和承诺事项。

（二）建议进一步明确法人金融机构对附属子公司的洗钱风险管理指导和监督内容

根据中国人民银行《法人金融机构洗钱和恐怖融资风险管理指引（试行）》的要求，法人金融机构对附属子公司的洗钱风险管理进行指导和监督。但存在子公司同为反洗钱监管义务主体的情况，建议明确此种情形下对此类子公司进行反洗钱管理指导的具体方式。另外，需要进一步探索证券公司对私募子公司、另类子公司等非持牌类子公司的指导、监督方式。

（三）建议建立行业反洗钱沟通与信息共享机制

一是建议建立行业间的沟通交流机制，推动形成非经纪业务反洗钱管理示范实践，树立证券行业反洗钱工作标杆，以点带面，提升全行业反洗钱管理成效。二是建立证券行业的反洗钱信息共享库，包括：机构客户股权信息及变更情况、受益所有人信息及变更情况、行业典型洗钱风险案件等。

（四）进一步加强投资者反洗钱教育与宣导

建议进一步加强对行业和投资者的反洗钱教育与宣导，增强投资者对反洗钱的认识，提高对反洗钱管理的配合度。

证券公司洗钱及恐怖融资风险评估研究

■ 王建业　李朋　汪明[1]

摘要: 金融机构洗钱和恐怖融资风险管理应以"风险为本"原则, 了解、识别和评估洗钱与恐怖融资风险, 针对性采取差异化风险管控措施。本文主要结合海通证券洗钱和恐怖融资自评估实践, 引入业务特性风险评估, 采用"逐层分析法"综合汇总评估机构洗钱风险, 就证券公司主要业务的洗钱风险评估状况进行分析探讨; 对证券公司开展洗钱风险自评估工作提供一定借鉴意义。

关键词: 洗钱风险自评估　逐层分析法　业务特性风险评估　风险为本

近年来, 中国人民银行对洗钱和恐怖融资风险评估工作的要求日趋提高, 强调金融机构应当以风险为本原则为基础开展洗钱风险评估工作。金融行动特别工作组 (FATF) 在《新40项建议》中也指出, 各国应当要求金融机构识别、评估洗钱与恐怖融资风险, 并采取有效措施降低风险。证券市场交易规模巨大且流动性高, 市场的参与者众多, 供求关系变动频繁且价格决定机制复杂, 也存在着一定洗钱风险。本文主要探讨证券公司洗钱和恐怖融资风险评估 (以下简称"洗钱风险评估") 的方法、流程及实施路径, 提出业务特性洗钱风险评估作为固有风险评估的定性部分, 较好地反映业务设计环节的洗钱风险; 结合业务开展情况进一步定量评估固有风险, 针对性评估业务管控有效性, 综合评估业务条线洗钱风险, 并采用逐层分析法汇总评估机构洗钱风险; 结合海通证券评估实践对证券行业洗钱风险进行分析探讨, 以期对证券公司开展洗钱风险自评估工作有所借鉴意义。

1　王建业、李朋、汪明供职于海通证券。

一、机构洗钱风险自评估工作概述

（一）以风险为本的洗钱风险自评估管理要求

FATF 对中国开展的第四轮互评估反映金融机构对洗钱风险的认识存在不足，所采取的风险控制措施与其风险状况匹配度不高等问题，强调了洗钱风险评估工作重要性。近年来，中国人民银行在不同层面推动金融机构以"风险为本"开展洗钱风险评估工作。2017 年，中国人民银行牵头国家反洗钱工作部际联席会议，组织开展了全面评估，形成了《中国洗钱和恐怖融资风险评估报告（2017）》；中国人民银行上海总部参照国际标准，探索从固有风险和管控措施两个维度对上海辖区金融机构进行洗钱风险分类评估。2018 年底，中国人民银行反洗钱局发布关于印发《法人金融机构洗钱和恐怖融资风险管理指引（试行）》的通知，要求金融机构应当建立洗钱风险评估指标体系和模型对洗钱风险进行识别和评估。2021 年，中国人民银行反洗钱局发布《法人金融机构洗钱和恐怖融资风险自评估指引》，对金融机构洗钱风险评估工作要求更加具体、明确。

（二）机构洗钱风险评估实施路径

按照国际洗钱风险评估最佳实践，洗钱风险评估的基本思路是通过评估本机构的固有风险和控制措施有效性，得到本机构的剩余风险。金融机构洗钱风险评估内容上，需要从微观角度进行客户洗钱风险评估、从中观角度进行业务洗钱风险评估、从宏观角度进行机构洗钱风险评估，三个层面的评估工作需要有机结合，也需要从渠道、地域、客户、业务等风险因素进行综合考量。在评估路径方面，有从金融机构宏观层面出发的整体分析法，也有从中观层面考量业务条线风险状况出发的逐层分析法。

整体分析法通过设计机构整体的洗钱风险指标，进行数据统计，开展固有风险评估和管控措施有效性评估，综合得出机构面临的剩余洗钱风险。整体分析法目的在于评估公司总体面临的风险状况和管控程度，从而进行公司的合理资源配置，在相同行业的不同机构间具有一定可比性。但因其对业务风险的识别评估不够充分，评估工作量相对较小，适用业务规模不大的金融机构。

逐层分析法以机构内部业务条线洗钱风险评估为基础，分别评定各业务条线的固有风险、控制措施有效性，并按照相应权重逐层向上加权，汇总得到机构固有风险、控制措施有效性和剩余风险评估结果。不仅能够从横向角度，深入了解各业务条线洗钱风险状况和管控情况，从而针对性加强风险管控；并且通过纵向对比进行多维度分析，得到每一业务条线的固有洗钱风险和管控措施状况，逐层汇总得到公司乃至集团的风险状况。该方法评估工作量较大，能够深入了解各业务条线的风险状况，适用于业务条线较多或集团化的金融机构。

二、机构洗钱风险评估方法和程序

2019 年，海通证券组织开展机构洗钱风险工作，在实践中积极采取了"逐层分析法"，以定性分析与定量分析相结合的方式来计量洗钱风险、评估风险等级，从业务／产品特性、业务条线，到公司层面逐级开展洗钱和恐怖融资风险评估。评估过程如下图：

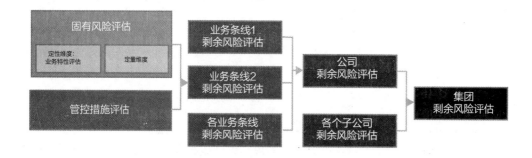

图 1　机构洗钱风险评估过程示意图

（一）固有风险定性评估—业务特性风险评估

传统的固有风险评估主要基于业务规模或客户数量，个别高风险业务在业务量不大、客户量不大的情况下，其风险容易被掩盖。因此，参考国际反洗钱组织和境内外监管部门发布的利用证券行业产品／业务洗钱的风险提示，如 FATF《证券行业风险为本指引》《沃尔夫斯堡风险评估常见问题 2015》等内容，海通证券在评估过程中引入"业务／产品特性风险评估"，即基于业务逻辑和设计方案，评估业务产品本身可能被利用于洗钱的特性风险；并将特性风险评估情况作为业务条线固有风险定性评估的一部分，纳入固有风险评估指标。业务特性风险评估主要考虑匿名性、易操纵性、复杂性、新技术、流动性、跨境性、第三方参与度等方面，对每个适用的风险维度赋予权重，并根据各个维度的评分及权重赋值分别计算业务特性风险得分，确定业务特性风险等级（见表 1）。

表1 业务特性风险评估维度

序号	维度	维度释义
1	匿名性	所涉各方是否都获取了完整的身份和交易信息。在匿名情况下,洗钱分子极易掩饰自身真实身份,躲避反洗钱监测
2	第三方参与度	是否涉及其他第三方参与,如中介机构、代理、其他第三方代理支付或收款等。第三方参与下资金链条较为难以追踪
3	易操纵性	是否容易被用于市场操纵、利益输送或行贿行为,例如私下协商交易,利用小盘股、低价股等
4	交易结构复杂性	是否结构复杂,或难以识别资金流向或交易无明显的经济目的,难以探查客户的实际交易背景和目的
5	新技术	是否涉及新技术或支付方式(以往一般业务流程中未应用过的),如区块链、第三方支付等。新技术在一定程度上扩宽了资金流转渠道,使得洗钱活动变得更加难以监测
6	类现金属性	是否涉及现金交易或现金等价物交易,如涉及贵金属、支票、预付费卡等。类现金交易极难追踪到其的来源和去向,易分拆和混同
7	流转效率	是否有利于快速转移资金,提供资金／资产转移的便利途径
8	跨境性	是否涉及跨境交易或跨境资金划转,跨境资金流向较难进行追踪
9	其他	除上述风险因素,基于该业务特性(例如目标客户、业务监管环境、参与方、交易模式、流程、环节等),是否存在任何特定的洗钱风险点、风险案例等

(二)固有风险定量评估

除了定性因素外,固有风险还应结合定量因素进行分析,即考虑国家／地域风险因素、客户风险因素、业务风险因素、渠道风险因素,并结合业务产品特性风险以及客户规模、增长率、业务量、异常交易规模等业务情况,设置各风险类别和子项的权重赋值。如地域风险因素方面考虑高风险国家／地区客户和跨境交易情况、各分支机构所在省份风险状况等;客户风险因素方面考虑身份信息完整性规范性存疑的、存在代理或三方参与等客户情况;业务风险因素方面考虑资金流转速度、新技术使用量、类现金业务量、小盘低价股交易量等情况等。

(三)管控措施有效性评估

管控措施有效性评估既要从整体上评估机构反洗钱内部控制的基础与环境、洗钱风险管理机制有效性，也要对固有风险中有关地域、客户群体、产品业务、渠道的特殊控制措施进行评估。反洗钱内部控制的基础与环境方面主要考虑董、监、高重视程度、反洗钱管理层级与架构、反洗钱资源等因素；洗钱风险管理机制主要考虑洗钱风险制度及程序、反洗钱义务履行等因素；特殊控制措施考虑分支机构洗钱风险状况、客户群体状况、较高风险业务的控制等因素，设置各风险类别和子项的权重赋值。

（四）剩余风险评估

根据固有风险和管控措施评估情况，采用矩阵图对照计量剩余风险的方法，综合评估各业务条线的剩余风险。同时可以结合法律法规变化、业务和经营层面调整、信息系统及数据治理、声誉风险等定性因素，对剩余风险等级进行必要调整。评估过程中还需要针对各业务条线的评估指标和结果进行分析，如评估结果不符合专家认知，往往需要复核评估指标和过程的准确性，以及是否存在评估遗漏的风险点，不断优化评估的指标和模型。

（五）公司及集团风险汇总评估

在综合考虑公司的业务战略方向以及各大类业务条线的客户数、收入占比、业务规模等因素后，对各大类业务条线赋予不同的权重，通过加权平均的方式汇总得出公司层面的固有风险和管控措施等级，评估公司的剩余风险。在集团层面，将各被评估机构（或子公司）的固有风险和风险管控措施按照其在集团层面所占权重分别进行加权平均，可以综合评估集团层面的固有风险和风险管控措施有效性风险水平。

三、海通证券洗钱风险自评估实践

（一）评估工作准备

积极准备是良好评估工作开展的基础。海通证券洗钱风险评估项目由公司反洗钱工作领导小组统筹协调，成立包括合规、运营、IT、业务人员的评估小组，并选聘外部专业咨询机构进行协助。评估小组组织开展项目立项、选型、评估指标的研究、项目启动会、专项培训，宣讲评估方法、指标、取数统计口径，指导各业务部门开展固有风险统计和管控措施自评工作。

海通证券评估项目涵盖公司 9 个业务大类、16 个业务部门、36 个细分业务／产品，反复研究固有风险及管控措施评估指标，多次与业务部门访谈沟通，深入了解各部门业务开展模式、业务结构，探讨业务产品的洗钱风险点和发生洗钱风险的可能性，力求科学合理评估业务洗钱风险。考虑到业务差异性，一方面在业务大类的基础上保持主体指标适当的统一，另一方面结合业务特点研究适合各业务条线的个性化指标，如涉及新技术或支付方式的业务量、非标准化公开发行业务量、涉及新三板小盘股的交易量等。另外，为实现集团内评估方法及指标的统一，评估小组多次组织子公司一起讨论研究，在公司总体指标统一基础上针对各子公司业务特点进行个性化设计。

（二）业务部门初评与评估小组复评

在开展固有风险评估时，评估小组按照评估标准进行统一系统取数，个别系统外指标数据由业务部门进行填报。同时业务部门根据管控措施评估表进行自评，评估小组进行复评，并通过逐一访谈和调取相关材料，复核各项指标评估的准确性。

（三）评估结果复核

基于固有风险和管控措施评估结果，与各业务部门再次进行逐一访谈，从业务产品特性出发，结合业务实际开展情况，沟通确认评估工作中发现的风险点和管控措施的不足，针对具体风险点进行风险提示和完善建议，并对各业务条线的固有风险、管控措施评估情况进行确认。

（四）评估工作报告

将各个业务条线的固有风险得分和风险管控措施得分按照各个业务条线所占权重分别进行加权平均，得到公司层面的评估结果；将子公司根据其经营情况设置权重进行加权平均，最终汇总集团层面的评估结果。评估形成公司及集团层面两份洗钱和恐怖融资风险评估报告，由评估小组向公司反洗钱领导小组进行汇报；同时公司将此次评估工作情况向董事会及中国人民银行上海总部进行专项汇报。

（五）评估后续措施

评估结果在公司范围内进行发文公告，以便员工了解和在业务过程中把控洗钱风险，同时整理各业务条线评估结果、风险点、风险提示、整改要求以及关注事项，通过发函形式向业务部门进行正式反馈；并持续跟踪整改进展，要求各相关部门定期反馈整改工作进展，促进评估成果的落地。

四、主要业务条线洗钱风险分析

基于前述评估方法和流程，我们就证券公司主要业务条线的洗钱风险评估状况进行一定探讨。

（一）证券经纪类业务

证券经纪类业务是以账户为基础代理客户证券交易的业务。在业务特性上，客户交易结算资金第三方银行存管制度实现客户资金在其证券账户与银行账户的封闭运行，存在的洗钱风险主要是不法分子利用信息优势、资金优势等进行操纵市场、内幕交易等违法犯罪活动，以及利用证券交易价格波动进行利益输送等洗钱风险。总体而言，经纪业务的洗钱风险为中等水平，但其中存在少量协议转让、流动性低、价格易受操纵等特点的交易品种（如新三板交易）或交易模式（如大宗交易），洗钱风险偏高；个别涉及境外资金、境外 B 股客户的业务特性风险较高，但业务量极低，总体风险可控。

金融产品代销业务也是基于证券账户的代理销售基金、理财产品、信托产品等，与证券经纪业务风险类同，并执行严格的客户销售适当性管理，洗钱风险相对较低。

（二）融资类业务

融资类业务包括融资融券交易、股票质押式回购交易、约定购回式证券交易等业务。融资类业务在特性上存在杠杆放大作用，但提供融资类业务都需要开展征信调查，进一步了解客户的身份、财产与收入状况、证券投资经验和风险偏好，并采取相对较严格的贷后跟踪等管控措施，在一定程度上缓解融资环节可能出现的洗钱风险。因此，融资类业务总体而言洗钱风险为中等，但其中质押业务由于其单个客户融资额大、融资资金可以转出证券市场投入生产运营且周期较长，还存在个别第三方还款的情形因而洗钱风险偏高，需要强化尽调、贷后跟踪和交易监测。

（三）投资银行类业务

投资银行类业务包括证券公司提供承销与保荐、上市公司并购重组财务顾问、非上市公众公司推荐、债券发行与承销等一级市场业务。投资银行类业务具有较高的行业监管要求，项目尽职调查内容十分详细，对发行人身份及其资金用途进行严格审核，因而业务洗钱特性风险较低。但近年来涉及上市公司欺诈上市、财务造假的事件偶有发生，存在对项目公司尽调不充分等风险。此外，并购业务容易涉及内幕信息，如重组资产定价不公允可能被利用于非法转移资产、利益输送等违法行为，洗钱风险中等偏高。

（四）国际业务

国际业务主要是为对境外客户或境外资金提供金融服务，由于其存在一定地域风险，识别穿透客户身份和资金来源存在较大难度，如境外 B 股客户洗钱风险较高。另外，QFII 和 RQFII 业务由于其客户及其资金经证监会和外管局严格审批，其主要是境外信誉声誉良好的金融机构，自身一般均已建立了严格反洗钱机制，风险相对可控，按照《证券公司反洗钱工作指引》可直接定级为低风险客户。

（五）基金托管业务

基金托管业务是指证券公司接受资产管理机构委托，保管所托基金的资产，并办理有关资金清算、估值和会计核算，监督基金管理人投资运作等业务。托管产品的投资人身份识别由管理人完成，而托管机构不承担对投资人的客户身份识别等反洗钱管理职责。但是，实践中部分私募基金管理人缺乏良好的反洗钱内控机制，对投资人的资金来源、身份背景可能尽调不到位，可能存在一定洗钱风险传导。

（六）其他业务情况

其他业务情况证券公司的其他业务如投资咨询、研报发布等业务，不涉及客户资金；自营业务是以自有资金在交易所、银行间市场进行证券投资，洗钱风险较低。另外，个别场外衍生品业务由于交易结构较为复杂且定制化程度高，容易通过复杂的交易结构掩盖或模糊交易性质和目的，洗钱风险相对较高。

五、评估结论的运用

洗钱风险评估是为了正确认识本机构面临的洗钱风险，针对不同风险状况采取差异化的管控措施，逐步缓释和控制风险。评估结论的运用是评估闭环体系的最后一环，也是最重要的环节。评估机构需要根据评估报告和结论，采取调整经营策略，完善制度流程，增强资源投入，加强高风险客户、业务、地域、渠道等管控，加强风险提示和评估宣导，推动洗钱风险管理措施在全系统的落地执行。

（一）优化制度与资源配置

为加强部分风险较高或复杂度较高的业务洗钱风险管控，反洗钱职能部门可以督导相关业务部门制定专项反洗钱制度或在业务管理规则中明确反洗钱控制措施，如可以针对投资银行、贵金属代理业务、场外衍生品业务等制定专项反洗钱内控制度，使反洗钱内控措施制度化和流程化；也可以要求业务主管部门适当增加反洗钱岗位人员配置；如评估认为反洗钱信息系统和技术支持存在不足，可以申请增加反洗钱工作的技术人员配置和技术支持力度。

（二）加强较高风险领域的管控

（1）针对较高风险业务，需要适当考虑相应的强化管控措施，如境外B股代理业务应严格按照《关于证券基金期货业反洗钱工作有关事项的通知》加强管控，严格审查和评估境外机构反洗钱履职情况；如高风险业务超出公司风险管控能力的，应考虑适当限制新增业务，或者暂停业务开展。

（2）针对高风险客户，适当加强业务办理（特别是较高风险业务）的管控，如对融资类业务、贵金属交易代理等业务中，加强对高风险客户审批，采取降低或限定融资额度，逐步核查清理高风险客户。

（3）针对较高风险品种或交易模式，进一步加强相关交易监测等措施，如针对新三板、大宗交易等增加监测标准，积极识别和防范相关业务开展中的操纵市场、利益输送、洗钱等违法违规行为。

（4）对较高风险地域，采取差异化的管控措施，如境外子公司或分支机构的设立进行审慎评估，针对境内各分支机构进行洗钱风险评估，加强对评估风险较高、管控措施较差的分支机构的反洗钱检查督导、培训指导以及要求增配反洗钱岗位人员等措施。

（5）针对较高风险渠道，进一步加强渠道评估和风险管控，如针对经纪业务中互联网开户加强管控措施，在基本身份识别基础上，充分利用双向视频、手机号码核验、电话回访、公安联网核查、ORC 技术、人脸识别证等方式，提升客户身份识别有效性。

（6）针对较高风险资金划转，加强资金划转审核和监控，如对于 B 股资金通过非三方存管银行划转的情况，要求必须将资金划转到本人同名银行卡，设计相关监测标准加强相关交易监测；针对融资第三方还款情况进行严格审核，强化尽职调查，了解相关合理原因。

（三）研究探讨非经纪业务低风险客户的差异化尽职调查措施

对于非经纪业务服务中，通常以商业合同协议方式建立一对一客户关系，以项目形式提供金融服务，其中大部分客户是身份信息透明度较高（如上市公司等）、身份资质经监管部门严格审批（如 QFII/RQFII 等）、反洗钱义务主体（如银行、基金、信托、保险等金融机构），或政府直接控制的企业（如大型国企等）等低风险客户，在办理一些洗钱风险较低业务服务（如金融产品代销、研究报告服务、投资咨询服务等）时，可以研究考虑经一定审核批准后适当简化客户身份尽职调查措施。对于网下配售投资者，由于其首先应为一定资质的合格投资者（资产 1000 万元以上、个人 2 年／机构 5 年投资经验、良好的信用记录和必要的定价能力等），其资质身份已由所属券商和中国证券业协会等进行审核备案，网下配售簿记建档过程中存在时间短（一般 3 天内）、公平性要求高的问题，建议可以考虑适当简化客户身份尽职措施。

（四）加强评估结果的培训宣导、风险提示和整改督办

洗钱风险评估后，还需要加强评估结果的培训宣导和风险提示，确保各业务条线、各分支机构知晓、理解其所面临的洗钱风险状况，熟悉业务办理过程中面临的洗钱风险特征和管控要求，提升员工洗钱风险管理意识和履职能力。同时加强评估过程中发现问题的管控措施优化整改，持续跟进优化整改进度，加强洗钱风险的控制或缓释，为下一轮评估提供良好基础。

六、总结

证券公司洗钱风险评估工作是一个系统工程，需要不断探索、优化评估机制和方法，逐步提高洗钱风险识别和评估的科学性和有效性；同时需要金融机构加强评估结果的运用和管控，按照风险为本的原则，管理和缓释固有风险，提升管控措施有效性，逐步实现洗钱风险可识别、可量化、可管理、可控制的目标。

参考文献：

[1] 许树柏 . 实用决策方法：层次分析法原理 [M]. 天津：天津大学出版社，1988.

[2] FATF.Risk-based Approach Guidance for the Securities Sector, 2018.

[3] The Wolfsberg Group.The Wolfsberg Frequently Asked Questions on Risk Assessments for Money Laundering, Sanctions and Bribery & Corruption,2015.

[4] 刘丽洪 . 观点 I 金融机构洗钱与恐怖融资风险自评估思路和方法探析 [EB/OL]. 道琼斯风险合规公众号 .2020.https://mp.weixin.qq.com/s/_G1KNW1pAE8bOAzXMtp1fg.

受益所有人信息集中登记制度的建议

——基于域外实践

■ 肖耀[1]

摘要： 受益所有人识别是反洗钱工作的重要内容，也是反洗钱金融特别行动组（FATF）及各国所共同关心的议题。本文结合受益所有人识别工作中的常见难点，结合域外反洗钱实践经验，对我国未来的受益所有人信息集中登记制度提出建议。

关键词： 反洗钱法　受益所有人　国际比较

受益所有人信息的获取，是世界金融机构在非自然人客户身份识别中所共同面对的难题。受益所有人信息集中登记制度正成为国际社会解决这一问题共同认可的选择。根据FATF《新40项建议》第24项及第25项的要求，"各国应考虑采取措施，使金融机构和特定非金融行业和职业可以便利地获取受益人及控制权信息，以便执行建议10、建议22 的要求"。与此同时，FATF第四轮互评估中，也有着类似的评估要求，比如"各国应要求所有在本国创立的公司都应在公司注册部门登记注册，注册登记信息包括公司名称、公司成立的证明文件、法定形式、法律地位、注册地址、基本职权（如备忘录和公司章程）、股东名单；并公开上述信息"。以及"各国应采用以下机制的一种或几种来确保公司的受益所有权信息可从该公司获得，并可在被评估国的某一特定地点获得，或使主管部门可以及时对此信息作出判断"等。

我国也正针对受益所有人信息集中登记制度作出探索。中国人民银行发布的《中华人民共和国反洗钱法（修订草案公开征求意见稿）》[以下简称《反洗钱法（征求意见稿）》]第十七条要求，公司、企业等市场主体应当通过市场监督管理部门有关信息系统报送受益所有人信息。反洗钱行政主管部门、市场监督管理部门依照

1　肖耀供职于兴证全球基金管理有限公司。

相关法律、法规进行管理。反洗钱行政主管部门、国家有关机关、部门、机构依法履行职责时可以使用受益所有人信息。使用受益所有人信息应当依法保护国家秘密、商业秘密和个人隐私。

《反洗钱法（征求意见稿）》对受益所有人信息集中登记制度作出初步的设想，但受益所有人信息集中登记制度具体要如何落实、如何真正发挥作用，还需要有更为详细的制度设计。因此，我们有必要结合国外已有的实践，去粗取精，建立符合我国国情的受益所有人信息集中登记制度。

一、受益所有人信息集中登记的背景

我国现行法律条文中并未直接给出受益所有人的定义，但《中国人民银行关于进一步做好受益所有人身份识别工作有关问题的通知》（银发〔2018〕164号）文关于受益所有人有如下描述："义务机构及其工作人员应当将了解并确定最终控制非自然人客户及交易过程或者最终享有交易利益的自然人作为受益所有人身份识别工作的目标。"《反洗钱法（征求意见稿）》中对受益所有人定义如下：指最终拥有或实际控制公司、企业等市场主体，或者享有市场主体最终收益的自然人。综合以上的表述，我们可以认为，受益所有人指的是通过一定的"股权""表决权""管理权"等形式，直接或间接控制非自然人客户，并获取最终收益的自然人。

针对受益所有权，根据第四轮互评估的评估方法，FATF主要关注受益所有权的透明度，并从合规性及有效性两个方面对各国的受益所有权透明度进行评估。其中合规性指标主要明确受益所有权透明度 "是什么""怎么做"，有效性则主要评估合规性指标的具体实现水平。在第四轮FATF反洗钱和反恐怖融资互评估中，有效性指标方面，没有任一国家获得最高水平评级，仅英国等5国获得较高评级，中国则被评为低水平。在合规性指标方面，仅英国获得合规的评级结果，可以说受益所有人识别已成为各国共同面对的难题，而我国更是亟须在受益所有人识别方面作出变革。

因此，FATF在受益所有人评估中最为关心的"各国是否建立了较为完善的法人和法律安排受益所有权信息登记查询机制"就成为改进我国受益所有人工作的重点。同时，FATF评估方法提到合规性指标只需按照标准逐条完善相应的法律法规即可，但有效性的评估需综合考察反洗钱体系的运转成果，因此有必要综合考察在FATF评估中分数较高的国家做法，并加以借鉴。

二、受益所有人识别的难点

1. 涉及专业层面判断，受益所有人信息质量不高

受益所有人识别存在一定的专业性要求，特别是涉及公司法、合伙企业法等层面的情况时显得尤为突出。面对股权结构复杂和多层级公司时，由于受益所有人披露的法定信息、数据或者资料获取渠道较少，需要进行客户身份识别的义务机构难以获得客户完整股权结构等权威数据，造成难以判定最终受益所有人的情况发生，给识别工作带来了很大的困难，尤其是上级控股机构穿透到最后是合资或外资企业，其注册地及该实际经营地址均在境外，缺乏有效手段获取相关股权信息，难以最终确认受益所有人。

以我国上市科技公司广泛使用的红筹架构为例，在红筹模式下，与上市公司有紧密控制权的至少有如下主体：开曼公司、英属维京群岛公司（BVI）、中国香港壳公司、外商投资企业（WFOE）及境内运营公司。由于外资准入方面的限制，外国投资者通过一系列协议安排控制境内运营实体，从而在不取得股权的情况下，获取境内运营实体经济利益。在此种情况下，出于商业考量或者专业能力上的限制，需要进行客户身份识别的义务机构很可能无法准确识别出境内运营实体真正的实际控制人，从而无法准确报送受益所有人信息。

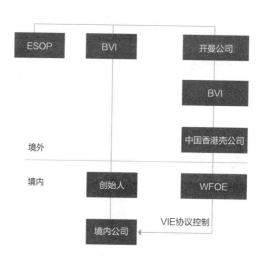

图 1　常见红筹架构模式图

2. 信息更新不及时，受益所有人持续识别的困难

在企业管理层变更、股权结构变化等导致法定代表人、受益所有人变更时，需要进行客户身份识别的义务机构难以及时掌握相关企业股权结构变更信息。特别是

在资本市场活跃的情况下，企业增资扩股的情形十分普遍，但企业可能无法及时公开相关信息，给受益所有人持续识别带来困难。

3. 社会公众认知程度低，工作配合难度大

在义务机构实务开展受益所有人识别工作过程中，常常会遇到客户不愿配合提供股份或相关信息给义务机构的情况。反洗钱在我国的制度历史不过 20 多年，即使经过义务机构讲解，仍存在部分客户推托或拒绝配合识别，受益所有人识别工作的公众认知度还较低。

4. 数据保护方面的隐忧

自 2018 年 5 月 25 日欧盟《一般数据保护条例》（General Data Protection Regulation, GDPR）设立专章明确个人数据处理的原则、处理的合法性、同意要件等，各国对数据保护的重视程度日渐提升。我国也采取了类似立法模式。2021 年 4 月，第十三届全国人大常委会第二十八次会议对《中华人民共和国个人信息保护法（草案二次审议稿）》进行了审议，明确了个人信息处理的基本规则，并对个人信息收集、使用规则不透明以及个人信息被过度收集、使用等突出问题进行了修改和完善。在受益所有人核实的实际操作中，反洗钱义务机构需要收集相关人员的身份证件号码、证件图像、住所等个人信息，就不可避免要面对如何平衡受益人信息收集需要与数据保护权益的问题。

三、受益所有人信息集中登记的域外实践

为解决受益所有人透明度的问题，在 FATF 的推动下，多国／地区建立了受益所有人信息集中登记制度。

1. 欧盟

2015 年 6 月 26 日通过的欧盟反洗钱 4 号令第三十款，要求各成员国都应当建立各自的法律体系和监管要求，以将法人实体的最终受益所有人的身份资料信息进行集中登记和保存。这些信息包括：受益所有人的姓名、出生年月、居住国、国籍以及所持权益的性质及比例，该等信息可根据法规披露给相关政府部门、反洗钱义务主体等。

2018 年 7 月，欧盟生效的反洗钱 5 号令（5th AMLD），明令各成员国向公众公开公司受益权登记册；并建立信托受益权登记册，不要求公开，但执法部门之间可以互换信息。同时，5 号令允许欧盟国家在符合数据保护规则的前提下，披露受益所有人的出生日期及联系方式。

除了指导欧盟各国建立统一的受益所有人集中登记制度，欧盟在平衡数据保护和反洗钱方面也有积极的尝试。欧盟的反洗钱义务主体除了需要遵守反洗钱相关法规的规定，还需要遵守GDPR关于个人信息保护的规定。欧盟在反洗钱5号令中强调，通过集中登记制度保存的信息，保存时间至多不超过10年。欧盟在反洗钱4号令中强调对客户尽调获得的数据，保存时间为与客户的业务关系结束后或偶然交易之日后的5年内。数据保存期届满，义务主体就需要删除获取的客户数据参见4AMLD第40章。根据GDPR的相关规定，反洗钱义务主体必须向披露人明示其数据收集目的及内容，保证收集数据信息的目的特定、明确、合法，且仅用于反洗钱用途。违反数据保护相关处罚也十分严重。在GDPR的规定中，企业违反数据保护规定将面临全球年度营业额4%的罚款。

2. 英国

2016年4月6日，英国颁布实施了《2016年重要控制人登记条例》，要求英国公司、合伙企业应当保存其重要控制人的登记册，在每年向英国公司署报送确认声明的时候，在中央登记系统中登记或更新重要控制人相关信息。自2017年6月起，《2017年重要控制人登记条例》要求将公司和房地产受益权登记册信息向公众开放，任人查阅，同时信息更新频率缩短到14天或28天。

与此同时，英国2018年还通过了《制裁与反洗钱法案》，要求14个海外领地（包括开曼、BVI、百慕大等）必须于2020年12月31日前公开公司受益权登记册（后推迟至2023年底前），否则英国将采取强制措施，强制公开。

具体来说，英国的公司企业识别出受益所有人后，需要获取并且验证客户的身份信息，并将相关内容登记到公司的受益所有人登记册中。这些信息包括：姓名、出生日期、国籍、经常居住国家、服务地址、常住地址，成为受益所有人时间，具体符合的标准。而相关信息必须经过验证后才可以被登记到受益所有人登记册中，该等受益所有人有必要提供自证材料，以供公司验证。

而根据英国的法律，若受益所有人未及时或准确向公司、企业反馈、更新自身信息，或信息质量不符合要求，公司可以对其股份或权利加以限制。公司、受益所有人若未及时报送受益所有人信息，在情节严重时，相关主体会面临最高两年的监禁及罚款。

在隐私方面，受益所有人的相关信息会通过公司署的中央登记系统公开，但其经常居住地和出生日期则不会对外公开。

3. 美国

尽管美国最早通过反洗钱立法，但却因为缺乏收集受益所有人信息的相关规定，其受益所有人相关指标被 FATF 第四轮互评估评定为低。因此，2021 年 1 月 1 日，美国通过了《公司透明法案》（Corporate Transparency Act），建立受益所有人信息报告制度是法案的主要实施内容，规定实体必须向财政部下辖的金融犯罪执法局（FinCEN）申报受益所有人信息。根据法案，除非有其他豁免，报告公司有披露其实际所有人的义务[1]。根据法案，报告公司需要向 FinCEN 披露其每一位实际所有人以及公司申请人，并且披露其法律名称／名字，生日，现住址／现营业地，以及"在可接受的身份文件上注明的独一无二的证明号码"。

对于故意提供，或故意试图提供虚假或欺诈信息，或故意不披露或更新信息的行为，《公开透明法案》下有民事和刑事的重大处罚。在隐私保护方面，法案规定，受益所有人信息为非公开内容，仅在授权情况下提供给国家安全情报机构、执法部门等。

四、对我国的启发

从前文的分析中，本文总结出受益所有人识别至少有四大难点：（1）涉及专业层面判断，受益所有人信息质量可能不高；（2）信息更新不及时，受益所有人持续识别的困难；（3）社会公众反洗钱认知程度低，工作配合难度大；（4）数据保护方面的隐忧。从上述的域外实践可以看出各国关于受益所有人信息集中登记制度的设计，都至少包含了以下方面内容：（1）监管部门建立受益所有人信息集中登记平台，市场主体主动填报受益所有人信息，有助于提升受益所有人信息的准确性；（2）要求市场主体及时更新受益所有人信息，有助于受益所有人信息的持续识别；（3）制定相应的罚则有利于增强市场主体对于反洗钱工作的认识；（4）明确界定反洗钱信息的获取范围及使用范围，有利于平衡数据保护及反洗钱要求。受益所有人信息集中登记平台对于解决受益所有人识别的难点有积极的作用，也

---

1 "a corporation, limited liability company, or other similar entity" that is (i) created by the filing of a document with the secretary of state or similar office under the laws of a state or Indian tribe or (ii) formed under the law of a foreign country and registered to do business in the United States by the filing of a document with the secretary of state or similar office under the laws of a state or Indian tribe. ：(i) 任何通过向州务卿或类似州政府机构递交文件，根据相应州法或印第安部落的法律成立的公司、有限责任公司或类似实体，或 (ii) 根据外国法律成立的，但通过向州务卿或类似州政府机构递交文件，根据相应州法或印第安部落的法律，在美国注册运营的公司、有限责任公司或类似实体。

正因如此，我国在《反洗钱法（征求意见稿）》明确要求公司、企业等市场主体应当通过市场监督管理部门有关信息系统报送受益所有人信息，并且也兼顾到了数据保护方面的要求。具体来说，对我国未来的受益所有人信息集中登记制度，本文有如下建议：

（一）多信源的互相验证

受益所有人信息的真实性、准确性有赖于多信源的相互验证。例如，英国的受益所有人信息集中登记制度下至少有以下主体在提供信息：市场主体、受益所有人、社会公众、执法机构。市场主体及受益所有人依法履行提供受益所有人信息的责任。社会公众及执法机构在使用相关信息的过程中可以向中央登记系统反馈信息存在的错误。

对我国来说，未来在公司、企业等市场主体通过市场监督管理部门有关信息系统报送受益所有人信息后，有必要将报送信息与国家工商信息公示系统的数据交叉验证。更进一步，还可以将公司、企业报送的受益所有人信息对接税务系统进行验证，以提高信息的准确性、可信度。该系统要广泛接受用户的监督，允许义务机构将针对客户的尽职调查结果与集中登记系统中的信息加以比对，并在系统中上传差异较大的尽调结果，促使相关机构提高受益所有人信息识别的准确性和及时性。

（二）相应的处罚

从前文可知，英美两国针对申报虚假受益人信息、未按规定更新受益所有人信息的行为都设定了罚则。但我国暂未在法律法规中明确未按时报送并更新受益所有人信息的相关罚则。既然未来要求由市场主体申报受益所有人信息，有必要在反洗钱相关法律法规中明确报送虚假信息、未及时报送的相关罚则，对情节严重的可以追究刑事责任，从而倒逼市场主体提高受益所有人信息申报的准确性、及时性。

（三）平衡数据保护及反洗钱

在《反洗钱法（公开征求意见稿）》第十七条中，我国允许反洗钱行政主管部门、国家有关机关、部门、机构依法履行职责时可以使用受益所有人信息，但使用受益所有人信息应当依法保护国家秘密、商业秘密和个人隐私。借鉴欧盟的经验，我国法律法规需明确规定受益所有人信息集中登记的信息类型、限制信息的使用范围、使用主体。除规定反洗钱信息的最短保存年限，也应强调做好数据保护工作。并且在反洗钱法规中增加数据保护方面的罚则，以增强法规的威慑力。

（四）进一步推广到非法人单位

目前国际上对于受益所有人集中登记的实践主要集中在公司、合伙企业领域，但对于其他类型，如资管产品相关受益所有人的识别却暂未涉及。资管产品等非法人主体的受益所有人识别难度远大于公司、合伙企业，单纯依靠反洗钱义务机构进行尽调识别需要耗费大量的人力、物力，而一个统一的非法人主体受益所有人信息集中登记平台，可以在一定程度上减轻义务机构的负担。在公司、合伙企业的平台建设经验成熟后，可以考虑加以推广，并引入大数据等技术，来进一步提高信息登记、验证的效率。

参考文献：

[1] 杨鼎璞，程相镖 . 反洗钱受益所有人识别难点 [J]. 中国金融 ,2021(1):102.

[2] 王洋 .FATF 第四轮互评估对强化我国受益所有人识别的启示 [J]. 吉林金融研究 ,2021(1):63−65.

[3] 熊陈楚 . 受益所有权：国际视角下的反洗钱标准与实践 [M]. 中国金融出版社，2020.

[4] 吴秀波，杨一傲 . 红筹企业回归 A 股市场发行上市的模式分析 [J]. 国际融资 ,2021(1):60−66.

[5] 程啸 . 论我国个人信息保护法中的个人信息处理规则 [J]. 清华法学 ,2021,15(3):55−73.

[6] 苏如飞 . 欧盟法人金融机构第三国洗钱风险管控最低标准研究 [J]. 河北金融 ,2021(1):37−41.

[7] 李静 . 最新欧盟反洗钱指令解读 [J]. 中国市场 ,2020(11):45−47.

[8] 王瑞 . 欧盟《通用数据保护条例》主要内容与影响分析 [J]. 金融会计 ,2018(8):17−26.

[9] 吴云等 . 欧美受益所有人信息集中登记制度对我国的启示 [J]. 反洗钱实务 ,2021(3):23−28.

投资银行业务反洗钱工作机制探究

■ 杨和雄　王叶蕾　骆文君[1]

摘要： 受益所有人识别是反洗钱工作的重要内容，也是FATF及各国所共同关心的议题。本文结合受益所有人识别工作中的常见难点，结合国外反洗钱实践经验，对我国未来的受益所有人信息集中登记制度提出建议。

关键词： 反洗钱　投资银行　风险管理

一、投行业务反洗钱现状

（一）监管制度体系关于投行业务反洗钱规定较少

目前我国的反洗钱监管格局，从监管规定而言，由《中华人民共和国反洗钱法》及《中华人民共和国反恐怖主义法》等法律规定了总体原则，由《金融机构反洗钱规定》、《金融机构客户身份识别和客户身份资料及交易记录保存管理办法》、《金融机构大额交易和可疑交易报告管理办法》、《中国人民银行关于加强反洗钱客户身份识别有关工作的通知》（银发〔2017〕235号）、《中国人民银行关于进一步做好受益所有人身份识别工作有关问题的通知》（银发〔2018〕164号）等规章及其他规范性文件进行具体落实。投行业务与其他证券业务存在明显区别，反洗钱工作开展方式差异较大。从前述规定看，监管部门对金融机构反洗钱义务及相关工作只是做了通用性规定，并未根据金融机构的差异，对证券业务类型做明确区分、细化。同时，从近年中国人民银行及其分支机构对证券公司的行政处罚来看，投行业务也非洗钱风险高发领域。

从证券行业监管而言，中国证监会作为投行业务的主管机构，制定了《证券期

1　杨和雄、王叶蕾、骆文君供职于长江证券承销保荐有限公司。

货业反洗钱工作实施办法》。中国证券业协会作为证券行业的自律组织，也针对证券机构反洗钱工作制定了《证券公司反洗钱工作指引》。前述规定虽均为证券行业反洗钱工作的现行有效规定，但均在 2015 年以前制定，而当前反洗钱工作已发生较大变化。

从投行业务监管规定而言，中国证监会制定了《证券公司投资银行类业务内部控制指引》，要求证券公司根据投行业务类型不同，细化反洗钱要求。该指引对投行业务反洗钱工作仅做了原则性要求，对投行业务反洗钱客户身份识别、客户分类管理、可疑交易监测等反洗钱工作的具体操作未能给出明确指导意见。

随着金融监管体系的不断完善，我国已形成反洗钱监管框架及体系，但投行业务反洗钱监管规则尚有完善空间。对投行业务如何把握反洗钱工作标准，需要监管部门出台更细化的规则和指南。

（二）投行业务反洗钱资源投入不足

目前，证券经纪等交易业务具有较为成熟的反洗钱系统，而投行业务反洗钱系统起步较晚，信息化水平不高；系统供应商亦无标准化初始系统模板，系统开发尚处于不成熟阶段。甚至有些证券公司投行业务反洗钱工作仍处于线下开展阶段，与监管要求的洗钱风险管理数据化、信息化、系统化要求相去甚远。

在投行业务反洗钱人员方面，投行业务反洗钱人员配备较少，熟悉投行业务又精通反洗钱工作的双料人才就更少。虽然大部分投行业务反洗钱人员能够胜任反洗钱工作岗位，能够较好地落实反洗钱工作职责，践行反洗钱监管要求，但是掌握、熟悉投行业务特点，可以根据不同的业务类型深入挖掘投行业务洗钱风险，研究并建立贴合投行业务特点的洗钱风险评估体系和模型，从而有效识别投行业务洗钱风险的双料反洗钱人员仍较稀缺。

（三）投行业务尽职调查与反洗钱核查存有差异

在投资银行业务领域，有人认为中国证监会对投行业务的尽职调查核查和信息披露要求非常严格，投行业务实施的核查手段足以覆盖反洗钱客户身份识别等相关要求。但是，投行业务反洗钱工作侧重于了解客户股权融资、债券融资或并购重组的目的和性质，关注客户日常经营活动和资金来源的合法性，监控客户及其受益所有人归属地和名称，识别受益所有人身份等风险管控措施。而投行业务尽职调查则侧重于客户的财务、法律问题，如关注客户历史沿革，股东出资情况，入股价格及定价依据是否合理；是否具备持续经营能力，现金流是否充足，经营收益是否稳定增长等等。

因此，投行业务尽职调查与反洗钱核查内容存有一定差异，各有侧重，不能相互混同和替代。

二、投行业务洗钱风险管控情况

（一）投行业务与经纪业务差异

相较于经纪业务而言，投行业务一般分为IPO业务、公开或非公开发行股票等再融资业务、公司债、企业债或可交债等债券发行业务以及并购重组等财务顾问业务。

就业务模式及其特点来说，投行业务与传统经纪业务具有较为明显的差异，主要体现在以下几个方面：

第一，在建立业务关系时间认定上，投行业务为企业提供资本市场中介服务，无交易业务，一般以业务协议签署日期作为建立业务关系的时间，但也存在协议签署之前即开展实质工作的情况，从而造成建立业务关系的时间的判断较为复杂；经纪业务主要通过开立证券账户时间点作为建立业务关系的时间，时间点较为明确和具体。

第二，在客户结构方面，投行业务主要为企业提供投融资服务，客户以企业法人居多，且客户数量相对较少。经纪业务主要以自然人客户为主，客户数量庞大。客户结构和群体的不同，也是投行业务反洗钱与经纪业务反洗钱存在显著差异的主要原因。

第三，在信息化程度方面，投行业务反洗钱工作起步较晚，信息系统建设投入不足，信息化水平较低，且不同券商之间存在较大差异；而经纪业务属于标准化业务，反洗钱信息系统建设较为成熟，信息化程度较高。

第四，在反洗钱认知水平上，相比传统的经纪业务，投行业务由于其固有洗钱风险较小，行业内存在对投行业务反洗钱重视程度不足、洗钱风险认识不够的情况，还需要通过案例宣导、合规培训等方式，不断提高对投行业务反洗钱的认识水平。

（二）投行业务固有洗钱风险

1.融资端的洗钱风险

企业通过资本市场融资目的在于解决企业长期投资性资本需要，扩大生产经营能力，如果融资端的投行业务洗钱风险未有效控制，可能成为非法资金的洗钱渠道。下面从如下三类投行业务具体分析融资端洗钱风险。

(1) IPO 业务中的洗钱风险。

在 IPO 业务中，洗钱分子通过公司运作方式，或者通过多层嵌套的股权结构，或者在离岸金融中心设立公司投资境内，并利用离岸金融中心宽松的金融监管环境将非法资金输入中国境内，混入拟上市企业，在拟上市企业首次公开发行并上市后，再通过二级市场退出完成资金清洗过程。

(2) 股权再融资业务中的洗钱风险。

在股权再融资业务中，发行人在财务上弄虚作假，通过虚增营业收入、利润总额，以虚假资质达到发行上市条件。同时，在欺诈发行上市后，发行人在信息披露文件中，可能会继续隐瞒重要事实或编造重大虚假内容，达到市值管理目的。前述发行人通过欺诈发行上市，违规披露或不披露重要信息的违法行为，在资本市场中形成非法资金，可能进一步导致洗钱风险。

(3) 并购重组业务中的洗钱风险。

在并购重组业务中，中国证监会要求财务顾问配合上市公司做好内幕信息知情人登记备案，但是也可能存在内幕信息知情人在内幕信息尚未公开前即利用内幕信息进行交易活动，或者泄露内幕信息等违法犯罪行为。然后，洗钱分子通过内幕交易赚取高额价差回报，并借助二级市场完成非法资金清洗，即进入洗钱过程。

此外，洗钱分子也会利用收购方式将非法资金注入上市公司。上市公司收购本意是在短期内实现上市公司资本结构优化，经营规模扩大化。如果财务顾问未能充分核查收购资金来源的合法性，洗钱分子就有空子可钻，待收购完成或股份锁定期结束后，再通过二级市场完成非法资金清洗。

2. 投资端的洗钱风险

在投行业务进入发行承销配售环节后，投资者对股票或债券进行认购时，可能存在非法资金参与认购的情况，如洗钱分子成功买入上市公司股票或公司债券，上市流通或锁定期满后，洗钱分子通过二级市场退出洗白非法资金，达到非法资金清洗目的。

（三）投行业务洗钱风险管理

1. 客户身份识别和身份资料保存

根据中国证券业协会发布的《证券公司保荐业务规则》规定，保荐项目在召开立项会议前，保荐机构应开展反洗钱核查工作。依据该自律规则，证券公司的通常做法是，其他投行业务也比照保荐业务反洗钱核查要求，在立项会前开展客户身份识别、身份资料保存等工作。同时，如前文所述，投行业务以企业法人客户居多，在客户身份识别过程中不仅需核实客户身份，还需依据客户控制权信息穿透识别受益所有人，并留存其身份资料。

2. 客户风险等级划分和分类管理

根据中国证券业协会发布的《证券公司反洗钱工作指引》，证券公司普遍借鉴该指引中客户风险等级评估参考指标，根据投行业务特点和公司实际情况，建立包括客户特征、地域、业务、行业（职业）等基本风险要素及其所蕴含的风险指标、风险指标子项和风险值的反洗钱客户风险评估指标体系。从具体操作来说，投行业务在客户身份识别的同时一并进行客户风险等级划分，依据客户身份基本信息、股权结构复杂程度、业务关系建立渠道等风险指标子项评估客户风险等级。同时，为保证客户风险管理工作具有动态的风险追踪能力，投行业务根据监管要求对各等级客户设定了不同审核期限，并对较高风险等级客户采取强化的风险控制措施。

3. 可疑交易监测

根据《中国人民银行关于修改〈金融机构大额交易和可疑交易报告管理办法〉的决定》（中国人民银行令〔2018〕第 2 号）规定，中国人民银行将可疑交易监测标准的制定权下放至各金融机构，由金融机构对可疑交易监测标准的有效性负责。对不存在交易业务的投行业务来说，不适用交易类的可疑监测标准，可疑监测标准主要围绕客户身份信息、客户行为等方面设定。

三、投行业务洗钱风险管理中面临的困境

（一）固有洗钱风险问题

1. 融资端洗钱风险核查手段参差不齐

由于投行业务融资规模较大，可能存在融资金额被洗钱分子利用的情况，这将侵蚀资本市场环境，损害其他股东和投资者利益。从监管规定而言，随着新《证券法》的落地实施，中国证监会和中国证券业协会紧跟新《证券法》步伐，陆续在部门规章、规范性文件和自律规则层面进一步规范资金来源核查要求。根据《上市公司收购管理办法》（2020 年第五次修订）第十六条、第二十九条、第三十六条、第五十条、第六十六条规定，财务顾问要对收购人支付收购价款的资金来源进行尽职调查并披露；投资人在简式权益变动报告书中也应当披露增持股份的资金来源，根据《公司债券承销业务尽职调查指引》第十七条规定，承销机构需调查发行人偿债账户的资金来源；根据《监管规则适用指引——关于申请首发上市企业股东信息披露》规定，拟上市企业股东需要解除股份代持，原则上禁止在 IPO 申请前 12 月内新增股东，

防范股份代持和突击入股形成的利益输送风险，以强化对违法违规行为的监管，规避可能存在的洗钱风险，净化资本市场环境。但各家投行机构的核查手段不尽相同，核查结果的质效性参差不齐。

此外，投行业务较易接触内幕信息，如内幕信息流动管控不到位，被不法分子利用进行内幕交易，将影响上市公司股价，扰乱证券市场。投行机构除了做好内幕信息管控、建立信息隔离墙机制外，如何有效监测内幕交易信息流动，缺乏更为有效的监测手段。

2. 投资端未对投资者资金来源合法性进行核查

根据《首次公开发行股票网下投资者管理细则》（2018）第四条、《科创板首次公开发行股票网下投资者管理细则》第七条的规定，在IPO业务中，投行机构可以自主推荐网下投资者，推荐的网下投资者满足一定的证券投资经验、具有良好的信用记录、具备必要的定价能力等条件，且经中国证券业协会审核通过备案后，投资者即取得新股网下询价与申购的资格。但是，根据2018年中国证券业协会发布的《首次公开发行股票承销业务规范》第二十九条的规定，网下投资者的推荐条件中无投资者资金来源核查要求。仅对战略投资者的配售资质，要求核查资金来源是否为自有资金，但对资金来源合法性未做核查要求。

在再融资项目中，中国证监会要求投行机构应全面了解投资者情况，根据《证券期货投资者适当性管理办法》（2020年修正）第六条、第十条的规定，核查投资者身份信息，考虑其收入来源，判定是否具备一定的风险承受能力。但也仅做适当性核查，并未扩展到资金来源合法性核查层面。

（二）投行业务洗钱风险管理存在的问题

1. 客户身份识别存在的问题

第一，投行业务系统中客户管理功能模块不能满足反洗钱需要。实践中，部分中小型券商投行业务系统中的客户信息管理功能不能完全满足反洗钱监管要求，存在客户数据重复、更新不及时等情况，导致反洗钱信息系统无法嫁接业务系统中的客户数据，不能形成反洗钱客户数据集约化管理。

第二，与客户建立业务关系的时间认定不统一。投行机构普遍认为业务关系的建立主要依据业务合同的签订日作为判断依据。但也有部分投行机构从实质重于形式的角度出发，认为如存在实际开展工作日早于业务合同签署日，则将入场工作日作为建立业务关系的时间。另有部分投行机构认为项目立项意味着公司内部对运作该项目的认可，可以将立项日期作为建立业务关系的时间。

第三，部分客户对反洗钱核查的配合程度较低。投行机构在为客户提供服务时，由于身为乙方，在与客户沟通、合作上处于弱势地位，在对客户进行反洗钱核查、要求提供相关材料时，如果客户对反洗钱核查的必要性认识不够、配合度低，则反洗钱核查工作难以开展。另一方面，由于反洗钱核查涉及客户的控股股东、实际控制人，已经超出了客户自身的范畴，即便客户对反洗钱核查予以认可和配合，但需要客户的控股股东、实际控制人配合并提供相关材料，则难度更大。这不仅取决于客户与控股股东、实际控制人的沟通能力，还与客户控股股东、实际控制人的意愿和配合度密切相关。投行业务实践中也经常遇到客户的实际控制人不愿意提供相关材料的情况，导致反洗钱核查工作难以顺利进行。

第四，客户证件过期不更新，较难中止其业务。根据《金融机构客户身份识别和客户身份资料及交易记录保存管理办法》规定，客户先前提交的身份证件或者身份证明文件已过有效期的，客户没有在合理期限内更新且没有提出合理理由的，金融机构应中止为客户办理业务。投行业务由于业务周期较长，在完成融资服务后还存在多年的持续督导期、受托管理期，如客户及其控股股东、实际控制人身份资料在持续督导期或受托管理期内过期的，理论上投行机构应当要求客户或其控股股东、实际控制人予以更新，但由于项目此时已经处于后续维护阶段，客户对投行机构的依赖性不强，其配合反洗钱核查的意愿就更低。由于投行业务的持续督导、受托管理期是法定的期限，并不由投行机构自身或与客户协商决定，因此出现客户因资料过期不配合反洗钱核查的情况，投行机构往往也难以因此就与客户中止或终止业务关系。

2. 客户风险等级划分和分类管理存在的问题

客户洗钱风险指标未能较好体现投行业务客户特点。券商投行普遍沿用中国证券业协会发布的客户风险等级评估参考指标。但在实际应用中，未能根据投行业务客户特点或者自身投行业务实际进行调整优化。如前文所述，投行业务客户以企业法人为主，其中，企业法人关联交易是投行业务关注重点，也是防范利益输送的风险点，关联交易金额占营业收入的比例是否可以作为风险参考指标，值得关注和商榷。

3. 可疑交易监测存在的问题

（1）可疑交易监测标准有效性不足。实践中，具有较强代表性和普遍性的投行业务洗钱案例较少，券商投行不能较好通过案例特征设计反映异常特征的指标，且可疑监测指标数量较少，预警率和报告率较低，可疑交易监测标准有效性不足。

（2）可疑交易监测分析专业度不够。除依靠可疑交易监测系统外，投行业务的洗钱风险还需要人工进行风险识别。在此情况下，首先需要投行业务人员了解业务洗钱风险点，做好业务一线洗钱风险识别；其次，需要反洗钱人员具有较强的反洗钱专业能力、综合判断和分析能力，能较好地分析甄别洗钱风险。实践中，部分投行业务人员未能充分发挥贴近业务一线的作用，未能有效识别、报告洗钱风险。

四、对投行业务的反洗钱工作建议

（一）强化尽职调查手段

在融资端反洗钱核查中，建议强化相关尽职调查手段，援引对拟 IPO 企业股东入股资金来源的核查要求，加强对上市公司收购项目中收购款的资金来源、公司债项目中偿债账户资金来源的核查。同时，为解决核查手段有限的问题，减轻核查难度，建议中国人民银行与司法机构合作，给予投行机构一定的银行流水调查权限，为投行机构在银行流水核查中提供便利。

关于投资端资金来源核查，由于证券发行配售环节时间短、投资者较多，投行机构无法对投资端资金来源进行核查，建议由投资者开户券商基于投资者适当性核查要求，对客户资金来源的合法性进行核查。

（二）加强信息系统建设

建议投行机构优化投行业务系统，完善客户管理模块，设置满足监管要求的反洗钱客户身份要素信息。业务人员在项目立项会前建立项目信息，同时新建客户信息；在业务关系存续期间，业务人员维护项目数据时，通过信息弹窗提醒的方式提示业务人员更新客户数据；如对存量客户再次开发新业务，业务人员在新建项目的同时对存量客户的身份信息进行持续识别和更新，最终实现投行业务系统客户数据持续、动态更新，保证反洗钱信息系统采集的客户数据准确、有效，进而形成规范有效的客户管理数据库。

（三）制定投行业务反洗钱工作规范

建议在行业内成立投行业务反洗钱专家组，结合投行业务特点，探讨研究投行业务洗钱风险，分析投行业务反洗钱工作中存在的问题，提出解决思路。在此基础上，制定统一的投行业务反洗钱工作规范和标准，促使投行业务反洗钱标准统一、有章可循、有规可依，切实提高投行业务反洗钱工作效能。

（四）扩充反洗钱人员，提升反洗钱业务能力

从目前已公开征求意见的《中华人民共和国反洗钱法（修订草案征求意见稿）》

内容来看，反洗钱行政处罚力度将增强，罚款幅度将进一步提高，未来国内反洗钱处罚力度将与国际接轨。在这样的监管背景下，券商投行加大反洗钱资源投入，扩充反洗钱从业人员，是防御洗钱风险、适应监管要求的必然举措。此外，反洗钱人员需不断提升投行业务知识，掌握投行业务尽职调查与反洗钱核查的差异，在反洗钱检查或反洗钱工作中及时发现洗钱风险，助力识别洗钱犯罪，预防投行业务洗钱行为的发生。

参考文献：

中国人民银行深圳市中心支行《证券业洗钱风险研究》课题组 . 证券公司非经纪业务洗钱风险研究 [M]. 中国金融出版社 ,2015:27-31.

发挥行业机构一线监测优势
推进反洗钱工作和稽查执法工作有机结合

■ 林训宜[1]

摘要： 在证监会稽查执法重点打击的内幕交易、操纵市场等违法行为中，常常伴随着出借账户、大额可疑交易行为等高风险涉嫌洗钱行为，而证券期货经营机构紧贴客户，有条件在第一时间发现客户的异常行为，但是碍于法规授权不足，或出于趋利动机，机构对存在异常行为客户的账户采取措施一般持较为保守的态度。本文尝试探讨如何将稽查执法同反洗钱工作有机结合，发挥好行业机构一线监测优势，在做好行业反洗钱日常工作的同时，加强对内幕交易、操纵市场等典型证券期货类洗钱行为上游犯罪的打击力度。

关键词： 稽查执法 证券期货反洗钱 出借账户 内幕交易 操纵市场

反洗钱工作是我国金融监管领域的一项重要工作，关系国家金融安全稳定和金融市场平稳有序发展。在新的发展形势下，需要我们立足本行业监管工作进一步全面提升反洗钱工作水平。本文尝试从发挥行业机构贴近市场的一线监测分析优势，将反洗钱工作和稽查执法工作更为有机结合的角度出发，提出一些证券期货行业反洗钱工作方面的优化建议。

一、加强证券期货经营机构反洗钱工作对防范证券期货市场违法行为具有重要意义

中国人民银行 2021 年反洗钱工作电视会议指出，要充分发挥反洗钱调查和监

---

1 林训宜供职于福建证监局。

测分析优势，有效打击洗钱犯罪及各类上游犯罪。证券期货市场的违法犯罪行为，特别是操纵市场、内幕交易等异常交易类违法犯罪行为，属于典型的洗钱罪上游犯罪行为。这些行为经常伴随着出借账户和大额可疑交易行为，是反洗钱监管过程中重点关注的高风险领域，是行业机构反洗钱工作的重点内容。加强反洗钱工作中对出借账户和异常交易行为的监测，对疑似违法行为进行提前预警，鼓励机构在合法合规前提下对存在高风险洗钱嫌疑的账户采取合理、有效的规制，对防范洗钱风险、提高稽查执法工作效能有着双重现实意义。

二、现行证券期货执法法规体系下，监管部门对涉嫌洗钱等违法行为账户的规制能力有限

内幕交易和操纵市场等异常交易类证券市场违法行为经常伴随着出借账户和大额可疑交易行为。在稽查执法实践中，这些账户的持有人或账户实际控制人本身配合调查的意愿很低，其主观上或多或少存在有意规避调查以避免违法行为暴露的想法，常常通过避而不见、拖延搪塞、消极对抗等方式不配合监管部门的调查，而这些账户往往又是洗钱风险高发的账户，但是由于现行证券期货法律法规对监管部门对账户限制方面的赋权有限，导致监管部门在案件调查中对账户的约束力有限，对案件调查的效能造成了一定的影响。

（一）《证券法》对账户惩治或规制的层级偏高，不便于在案件调查初始阶段对账户进行规制

2019 年新修订的《中华人民共和国证券法》（以下简称"新《证券法》"）对法人和自然人出借或借用证券账户的行为都制定了明确的禁止性规定，同时制定了对应的罚则，从法律层面明确了出借证券账户的法律责任，对证券账户出借的行为进行了进一步的规制。但是由于涉及行政处罚，对调查取证、行为认定等方面要求较高，不利于在案件调查的初始阶段作为一种对当事人的规制手段加以使用。

此外，作为法律层面的规制，新《证券法》授权调查部门"在调查操纵证券市场、内幕交易等重大证券违法行为时，经国务院证券监督管理机构主要负责人或者其授权的其他负责人批准，可以限制被调查的当事人的证券买卖，但限制的期限不得超过三个月；案情复杂的，可以延长三个月"，但是由于动用该法规的审批层级偏高，不利于稽查执法效率的提升。

（二）证券交易所限制交易的规则未和证监会稽查执法形成联动机制

新《证券法》第一百一十二条的规定："证券交易所对证券交易实行实时监控，并按照国务院证券监督管理机构的要求，对异常的交易情况提出报告。证券交易所根据需要，可以按照业务规则对出现重大异常交易情况的证券账户的投资者限制交易，并及时报告国务院证券监督管理机构。"其赋予了证券交易所对证券交易进行实时监控的职责，以及可按照业务规则对出现重大异常交易情况的账户的投资者进行限制交易的权限。以此为依据，上交所和深交所均在各自的交易规则中列明了重点监控的异常交易行为依据可对严重交易行为采取的有关措施。《上海证券交易所交易规则》（2020 年第二次修订）第六章列举了十二种重点监控的异常交易行为，同时规定了一个认定异常交易的兜底条款。

（1）可能对证券交易价格产生重大影响的信息披露前，大量买入或者卖出相关证券；

（2）以同一身份证明文件、营业执照或其他有效证明文件开立的证券账户之间，大量或者频繁进行互为对手方的交易；

（3）委托、授权给同一机构或者同一个人代为从事交易的证券账户之间，大量或者频繁进行互为对手方的交易；

（4）两个或两个以上固定的或涉嫌关联的证券账户之间，大量或者频繁进行互为对手方的交易；

（5）大笔申报、连续申报或者密集申报，以影响证券交易价格；

（6）频繁申报或频繁撤销申报，以影响证券交易价格或其他投资者的投资决定；

（7）巨额申报，且申报价格明显偏离申报时的证券市场成交价格；

（8）一段时期内进行大量且连续的交易；

（9）在同一价位或者相近价位大量或者频繁进行回转交易；

（10）大量或者频繁进行高买低卖交易；

（11）进行与自身公开发布的投资分析、预测或建议相背离的证券交易；

（12）在大宗交易中进行虚假或其他扰乱市场秩序的申报。

《深圳证券交易所交易规则》（2020 年 12 月修订）第六章除了列举十二种重点监控的异常交易行为和一个兜底条款外，还单独对"证券交易价格或证券交易量明显异常的情形"进行了列举。

《深圳证券交易所交易规则》6.2 可能影响证券交易价格或者证券交易量的异常交易行为包括：

（1）可能对证券交易价格产生重大影响的信息披露前，大量或持续买入或卖出相关证券；

（2）单个或两个以上固定的或涉嫌关联的证券账户之间，大量或频繁进行反向交易；

（3）单个或两个以上固定的或涉嫌关联的证券账户，大笔申报、连续申报、密集申报或申报价格明显偏离该证券行情揭示的最新成交价；

（4）单独或合谋，以涨幅或跌幅限制的价格大额申报或连续申报，致使该证券交易价格达到或维持涨幅或跌幅限制；

（5）频繁申报和撤销申报，或大额申报后撤销申报，以影响证券交易价格或误导其他投资者；

（6）集合竞价期间以明显高于前收盘价的价格申报买入后又撤销申报，随后申报卖出该证券，或以明显低于前收盘价的价格申报卖出后又撤销申报，随后申报买入该证券；

（7）对单一证券品种在一段时期内进行大量且连续交易；

（8）同一证券账户、同一会员或同一证券营业部的客户大量或频繁进行日内回转交易；

（9）大量或者频繁进行高买低卖交易；

（10）在证券价格敏感期内，通过异常申报，影响相关证券或其衍生品的交易价格、结算价格或参考价值；

（11）单独或合谋，在公开发布投资分析、预测或建议前买入或卖出有关证券，或进行与自身公开发布的投资分析、预测或建议相背离的证券交易；

（12）在综合协议交易平台进行虚假或其他扰乱市场秩序的申报；

（13）本所认为需要重点监控的其他异常交易行为。

《深圳证券交易所交易规则》6.3 证券交易价格或证券交易量明显异常的情形包括：

（1）同一证券营业部或同一地区的证券营业部集中买入或卖出同一证券且数量较大；

（2）证券交易价格连续大幅上涨或下跌，明显偏离同期相关指数的涨幅或跌幅，且上市公司无重大事项公告；

（3）本所认为需要重点监控的其他异常交易情形。

针对上述认定的异常交易行为，上交所的《交易规则》规定了六种措施，分别是："（一）口头或书面警示；（二）约见谈话；（三）要求相关投资者提交书面承诺；（四）限制相关证券账户交易；（五）报请证监会冻结相关证券账户或资金账户；（六）上报证监会查处。"深交所的《交易规则》规定了上述除第（五）项外的五种措施。

但是在执法实践中，交易所对账户的限制措施多为自身在对市场的日常监控中发现严重异常交易行为后采取，并未和稽查执法部门形成对调查过程中高度可疑账户予以限制的协同联动机制。

（三）证券登记机构对违法账户的规制偏重后端

2018年6月15日，中国证券登记结算有限责任公司（以下简称中国结算）发布《关于对证券违法案件中违反账户实名制行为加强自律管理的通知》，对证券违法案件中违反账户实名制管理的相关当事人增加了处罚措施。其中规定[1]对于证监会已做出行政处罚决定的案件中借用他人证券账户和出借本人证券账户的主体，中国结算将采取6个月的限制新开证券账户措施，同时规定对于这些账户，在限制新开户措施期满后的12个月内，涉案主体申请新开证券账户的，须至证券公司临柜办理。

上述规定对存在违法行为的账户采取的措施是在行政处罚决定之后，偏于后端，不利于防范洗钱风险和前期调查部门开展调查工作。

三、行业机构在反洗钱工作中的义务和权限以及遇到的困境

（一）反洗钱相关法律法规赋予了机构在反洗钱监测方面的义务和权限

1. 机构的反洗钱义务

（1）关于客户身份识别。

了解和确定证券账户的实际控制人和实际受益人，是客户身份识别工作的基本要求，也是证券期货经营机构反洗钱工作被处罚的高发领域。

《反洗钱法》《金融机构反洗钱规定》《金融机构客户身份识别和客户身份资料及交易记录保存管理办法》均明确要求金融机构要遵循"了解你的客户"原则，

---

[1] 《关于对证券违法案件中违反账户实名制行为加强自律管理的通知》：一、对证监会已做出行政处罚决定的案件中借用他人证券账户和出借本人证券账户的主体（以下统称涉案主体），本公司将采取为期6个月的限制新开证券账户措施，具体起止时间以本公司自律管理措施通知书为准。限制新开户措施期满后的12个月内，涉案主体申请新开证券账户的，须至证券公司临柜办理。证券公司应严格审核，审慎开户。二、本公司将把上述涉案主体列为实名制重点关注对象，对其一码通账户下所有证券子账户（含限制新开户措施实施前已开立的存量账户以及限制新开户措施期满后新开的证券账户）进行重点关注，重点关注期为24个月（自采取自律管理措施之日起算）。在重点关注期内，本公司将要求证券公司对实名制重点关注对象名下证券账户使用情况进行重点核查，相关核查结果将与沪深证券交易所、相关稽查执法部门共享。

按照规定建立和实施客户身份识别制度，了解客户及其交易目的和交易性质，了解实际控制客户的自然人和交易的实际受益人，并要求持续开展客户身份识别工作。

（2）关于异常交易行为监测。

《反洗钱法》和《金融机构反洗钱规定》均明确要求金融机构按照规定执行大额交易和可疑交易报告制度，《金融机构大额交易和可疑交易报告管理办法》（中国人民银行令〔2016〕第 3 号）规定了金融机构内部建立健全大额交易和可疑交易监测系统的原则、要求及监测标准应当考虑的因素，是金融机构建立交易监测标准的重要参照制度。

2. 机构的反洗钱工作权限及可采取的措施

证券账户的出借行为和涉嫌内幕交易、操纵市场等行为，在机构监测中均属于异常交易行为，对于异常交易行为，一般会有重新识别客户、提交可疑交易报告并提高客户风险等级、采取相应限制措施、终止客户关系四个不同力度层级的措施。

（1）重新识别客户。

《反洗钱法》和《金融机构反洗钱规定》要求金融机构在办理业务中发现异常迹象或者对先前获得的客户身份资料的真实性、有效性、完整性有疑问的，应当重新识别客户身份，《金融机构客户身份识别和客户身份资料及交易记录保存管理办法》对需要重新识别客户的情况列举了六种情形和一个金融机构自行判定的情形[1]。同时，《金融机构客户身份识别和客户身份资料及交易记录保存管理办法》还列举了金融机构在识别或重新识别客户身份时可以采用的措施："（一）要求客户补充其他身份资料或者身份证明文件。（二）回访客户。（三）实地查访。（四）向公安、工商行政管理等部门核实。（五）其他可依法采取的措施。"在实践中，机构一般会先对客户进行回访，询问其证券账户的实际使用人员，之后要求其提供相关说明或证明，说明其账户的实际使用人员以及出现异常行为的原因，对于中高风险客户，

1　《金融机构客户身份识别和客户身份资料及交易记录保存管理办法》第二十二条　出现以下情况时，金融机构应当重新识别客户：

（一）客户要求变更姓名或者名称、身份证件或者身份证明文件种类、身份证件号码、注册资本、经营范围、法定代表人或者负责人的。

（二）客户行为或者交易情况出现异常的。

（三）客户姓名或者名称与国务院有关部门、机构和司法机关依法要求金融机构协查或者关注的犯罪嫌疑人、洗钱和恐怖融资分子的姓名或者名称相同的。

（四）客户有洗钱、恐怖融资活动嫌疑的。

（五）金融机构获得的客户信息与先前已经掌握的相关信息存在不一致或者相互矛盾的。

（六）先前获得的客户身份资料的真实性、有效性、完整性存在疑点的。

（七）金融机构认为应重新识别客户身份的其他情形。

还会按照客户预留的地址上门拜访，实地查看客户的经营场所、住所或工作单位等，此外根据实际情况，还可能会向公安、工商行政管理部门、税务部门、居委会、街道办、村委会等政府机构进一步了解客户真实身份。

（2）提交可疑交易报告。

及时提交可疑交易报告是《反洗钱法》赋予金融机构的一项重要义务，根据《反洗钱法》及《金融机构大额交易和可疑交易报告管理办法》，对于可疑交易行为达到机构交易监测标准或者客户身份识别发现风险的，机构应当及时向反洗钱监测分析中心提交可疑交易报告，与此同时，机构一般会同步采取一定的控制措施。

（3）采取相应控制措施直至终止业务关系。

对于被提交了可疑交易报告的客户，人民银行高度重视机构是否有及时对其采取后续控制措施，《中国人民银行关于〈金融机构大额交易和可疑交易报告管理办法〉有关执行要求的通知》和《中国人民银行关于加强开户管理及可疑交易报告后续控制措施的通知》均强调要求，对于可疑交易报告涉及的客户或账户，义务机构应当适时采取合理的后续控制措施，包括但不限于调高客户洗钱和恐怖融资风险等级，以客户为单位限制账户功能、调低交易限额等。

根据《金融机构洗钱和恐怖融资风险评估及客户分类管理指引》第四章风险分类控制措施："对风险较高客户的控制措施金融机构应对高风险客户采取强化的客户尽职调查及其他风险控制措施，有效预防风险。可酌情采取的措施包括但不限于：（一）进一步调查客户及其实际控制人、实际受益人情况。（二）进一步深入了解客户经营活动状况和财产来源。（三）适度提高客户及其实际控制人、实际受益人信息的收集或更新频率。（四）对交易及其背景情况做更为深入的调查，询问客户交易目的，核实客户交易动机。（五）适度提高交易监测的频率及强度。（六）经高级管理层批准或授权后，再为客户办理业务或建立新的业务关系。（七）按照法律规定或与客户的事先约定，对客户的交易方式、交易规模、交易频率等实施合理限制。（八）合理限制客户通过非面对面方式办理业务的金额、次数和业务类型。（九）对其交易对手及经办业务的金融机构采取尽职调查措施。"对于风险较高的客户，金融机构应当采取强化的客户尽职调查及其他风险控制措施，有效预防风险。根据该指引，机构可以采取的措施主要有：进一步深入了解客户和收集客户信息及交易目的、适度提高交易监测的频率和强度，直至可以按照法律规定或与客户的事先规定，对客户的交易方式、交易规模、交易频率等实施合理限制，以及合理限制客户通过非面对面方式办理业务的金额、次数和业务类型等。此外，《中国人民银行关于加强开户管理及可疑交易报告后续控制措施的通知》（银发〔2017〕117 号）中对加强可疑交易报告后续控制措施提出进一步的要求，规定可采取的后续控制措施包括"经机构高层审批后采取措施限制客户或账户的交易方式、规模、频率等，特别是客户通过非柜面方式办理业务的金额、次数和业务类型。经机构高层审批后拒绝提供金融服务乃至终止业务关系"。

具体来看，《中国人民银行关于加强开户管理及可疑交易报告后续控制措施的通知》规定，应区分情形，采取适当后续控制措施。

各金融机构和支付机构应当遵循"风险为本"和"审慎均衡"原则，合理评估可疑交易的可疑程度和风险状况，审慎处理账户（或资金）管控与金融消费者权益保护之间的关系，在报送可疑交易报告后，对可疑交易报告所涉客户、账户（或资金）和金融业务及时采取适当的后续控制措施，充分减轻本机构被洗钱、恐怖融资及其他违法犯罪活动利用的风险。这些后续控制措施包括但不限于：

1. 对可疑交易报告所涉客户及交易开展持续监控，若可疑交易活动持续发生，则定期（如每 3 个月）或额外提交报告。

2. 提升客户风险等级，并根据《金融机构洗钱和恐怖融资风险评估及客户分类管理指引》（银发〔2013〕2 号文印发）及相关内控制度规定采取相应的控制措施。

3. 经机构高层审批后采取措施限制客户或账户的交易方式、规模、频率等，特别是客户通过非柜面方式办理业务的金额、次数和业务类型。

4. 经机构高层审批后拒绝提供金融服务乃至终止业务关系。

5. 向相关金融监管部门报告。

6. 向相关侦查机关报案。

（二）机构对于证券账户异常的识别和控制

在实践中，机构会对客户的账户日常登录、交易、转账等行为进行实时监测，并建立风险监测指标体系，通过账户的一系列特征行为，对账户的异常行为进行判断和预警。机构设置的风险监测指标体系涉及指标庞杂，此处列举一些常用的判断指标：

（1）客户年龄、职业与资产状况不匹配。如年龄 25 岁以下或 70 岁以上，但账户资产上千万元；职业为学生或党政机关工作人员，但账户资产上千万元等。

（2）账户密码频繁修改且资金转账异常。如短期内多次修改密码，且在修改密码前后有多次大额资金进出等。

（3）多客户同站点交易或同一客户多站点交易行为。多客户同一天委托交易的 IP、MAC 地址，或电话等相同；或同一客户短期内存在大量的委托交易终端地址。

（4）异常大宗交易行为。大宗交易行为大幅偏离当日收盘价。

（5）涉嫌对倒交易行为。监测到和相同客户在短期内存在大量交易成交行为。

（6）存在拉抬打压股价异常交易行为。在开盘、盘中或收盘对股价进行拉抬或打压，且交易金额巨大。

（7）存在虚假申报异常交易行为。在开盘、盘中或涨跌停价进行虚假申报，且交易金额巨大。

在日常系统监测中，当系统通过指标预警判断识别出疑似较高风险或高风险的客户后，机构往往会再次通过人工判断和筛查，对最终确定存在较高风险或高风险的客户依照有关规定采取一定的限制措施，包括禁止买入、禁止卖出、禁止资金划入、禁止银行存入、禁止柜台存入、禁止撤销指定、禁止资金划出、禁止银行支取、禁止柜台支取、禁止转托管等。

（三）机构在对异常账户采取控制措施中可能遇到的问题

1. 授权金融机构对异常账户采取控制措施的法规层级不足

授权金融机构对异常账户采取措施的法规中，除了授权金融机构对于身份证明明显过期未在合理期限更新且无合理理由的客户可以中止办理业务的《金融机构客户身份识别和客户身份资料及交易记录保存管理办法》是属于部门规章外，其他授权金融机构对客户对可疑交易采取控制措施的《金融机构洗钱和恐怖融资风险评估及客户分类管理指引》和《中国人民银行关于加强开户管理及可疑交易报告后续控制措施的通知》均属于人民银行规范性文件，在法律文件中层级较低，法律效力偏低[1]，若是遇到客户起诉，金融机构存在一定的法律风险，如此则更容易导致金融机构在对异常账户采取控制措施时偏于保守和谨慎。

2. 金融机构出于营利目的时候产生趋利选择

异常账户经常是资金量较大的账户，能为金融机构带来较高的收入，从以营利为目的角度考虑，金融机构更愿意选择通过"走过场"式的尽调方法，如简单回访客户、让客户提供对于异常交易的说明，以此来作为简单的风控措施，而非通过更为激进的限制账户的措施来控制风险，毕竟客户拥有更大的选择权，在一家偏谨慎的券商受到限制后，完全有可能和意愿将资金转移到另一家风控措施更少的券商，这就可

---

[1] 根据《最高人民法院关于裁判文书引用法律、法规等规范性法律文件的规定》第六条对于本规定第三条、第四条、第五条规定之外的规范性文件，根据审理案件的需要，经审查认定为合法有效的，可以作为裁判说理的依据，而非可直接引用。

能导致机构对有关部门防范洗钱风险的要求贯彻和执行得不够彻底不够坚决。

综上，中国人民银行通过规范性文件的形式，授予了金融机构在面对洗钱高风险客户时可以采取的控制权限，包括进一步了解和收集客户的信息、询问客户交易目的并核实客户交易动机，同时在经过金融机构一定层级的内部审批后，在合法合规的前提下，还可以对客户的交易行为进行一定的限制，乃至可以拒绝为客户提供金融服务直至和客户终止业务关系。

在稽查执法开展调查过程中，调查单位可以充分发挥证券期货经营机构对异常交易行为的监测、控制作用，对于存在明显异常交易行为同时又拒绝配合调查工作的客户，可以通过向其账户所在券商书面发函的形式说明该客户存在的异常交易行为及涉嫌的违法行为，同时建议券商提高其账户的风险等级并依法依规采取限制交易等合理控制措施，对其形成一定震慑，从而促使调查对象配合调查部门开展调查工作。

四、对策及建议

第一，发挥好派出机构属地监管、结算部门全市场监测、交易所一线监管的各自优势，构建证券监管系统内执法全链条的反洗钱协作机制。如执法部门在调查过程可提请建议交易所对高度异常账户进行交易限制、审理部门在处罚落地同时可提请结算部门依规对账户采取规制等，不断探索和丰富证券监管全系统反洗钱联动协作机制。

第二，充分发挥中国结算掌握全市场数据和全市场监测的优势，形成对全市场异常交易情况的全方位监控。券商只能对自身客户交易行为进行监控，交易所也有不同市场隔离的问题，只有中国结算具有全市场的交易特征数据。对于长时间同 IP 同 MAC 高频交易的账户，可由中国结算向账户开立机构分别发出预警，提醒机构关注其异常交易行为，建议机构适当调高账户风险等级，降低当事人利用账户洗钱的风险。

第三，发挥好行业机构在反洗钱工作方面的前线监测分析优势，鼓励调查部门在调查过程中认定高风险账户。除了鼓励行业机构勇于依法依规对高度怀疑洗钱的账户采取限制措施外，还应鼓励调查部门利用好反洗钱"利剑"，对于在调查过程中拒绝配合调查的证券账户持有人时，在有充分依据怀疑该账户存在涉嫌出借行为或其他明确异常交易的情况下，可以向券商发出文书将该账户认定为高风险账户，同时建议券商依法依规对该账户采取合理的限制措施，以迫使持有人配合调查工作。

第四，推进对证券账户出借行为的处罚。新《证券法》将个人违反规定出借证券账户的行为纳入处罚范围，并为监管部门提供了处罚的权限，建议可以推进出台对证券账户出借行为认定的规范细则，对除近亲属外出借证券账户或出借证券账户用于违法行为的，予以坚决打击，通过强化客户实名制来进一步防范洗钱风险。

2021年全国反洗钱征文比赛获奖作品汇编

（下册）

中国人民银行反洗钱局◎主编

中国商业出版社

Part III

洗钱活动典型
案例剖析

如何对定融产品类创新业务开展洗钱风险治理？

——基于安徽地区的实地调查

■ 安徽省创新金融产品洗钱风险研究课题组[1]

摘要： 地方金融资产交易所或金融资产交易中心（以下简称"金交所"）定融产品类业务游离于反洗钱监管体系之外，成为反洗钱监管的真空地带和高危区域。本文通过对安徽地区定融产品融资人的调查问卷分析，指出定融产品类业务潜在的洗钱风险，并分析了定融产品类业务洗钱风险管理的现状及难点，最后就如何推动定融产品类业务领域反洗钱工作提出可行性政策建议，同时也为未来类似创新产品开展洗钱风险管理提供借鉴。

关键词： 地方金交所 定融产品 反洗钱

近几年，各地"金交所"[2]推出一种新的业务品种——定融产品。由于其具有门槛低、收益高、透明度低等特点，在私募基金和信托行业监管趋严的趋势下，该产品成为越来越多的投资者资产配置的选择。据相关数据统计，2020年12月31日，安徽省内尚在存续期内的定融产品共78笔，涉及73家企业，合计115.4亿元。然而，定融产品类业务融资环节尚未完全规范、风险把控不严格，游离于反洗钱监管体系之外，成为反洗钱监管的真空地带。面对定融产品类业务存在的洗钱风险，应出台相应的监管制度，完善现有的监管手段，强化对类似地方金交所定融产品类业务的反洗钱监管，加强对类似定融产品类业务的反洗钱监管。

---

1 课题组成员包括：荣刚、余竹旗、程璞、黄蓓、周鸿杰、郑雨晴、郭建勇、王青春。

　　荣刚、余竹旗、程璞、黄蓓、周鸿杰、郑雨晴供职于中国人民银行合肥中心支行，郭建勇供职于中国人民银行阜阳市中心支行，王青春供职于徽商银行阜阳分行。

2 金交所全称为"金融资产交易所"或"金融资产交易中心"，是由地方政府（省、市政府）批准设立的综合性金融资产交易服务平台。

一、定融产品类业务概况

（一）内涵

定融产品是指依法成立的企事业单位法人、合伙企业或其他经济组织向特定投资者发行，需在金融交易所登记备案，约定在一定期限内还本付息的投融资产品。

从本质上看，定融产品是资金融通过程的载体，具有一定的经济价值，是一种可兑现的非实物资产，符合金融产品的一般特征。其交易结构及其本质与私募债极为相似，但在备案场所、准入要求、投资门槛等方面均大相径庭。

（二）业务模式

定融产品类业务主要参与的主体有：融资人、地方金交所、投资者、承销商、受托管理人、增信方、监管银行等。一般要求融资人、投资者或其他参与交易的主体需成为地方金交所的会员。定融产品主要由地方金交所负责审核提供登记备案，并发布挂牌公告。融资人为了更加便捷地发行定融产品通常会聘请外部机构包括承销商、受托管理人及监管银行等为其提供各类服务。承销商主要将产品信息推送给定向投资者，负责定融产品的推广销售事宜。受托管理人主要在产品存续期间根据受托管理协议的约定履行受托义务，包括持续关注融资人偿债能力、担保物价值、权属情况以及其他信用增加安排等。监管银行主要负责监管募集资金用途。此外，定融产品也可引入增信方提供增信措施，以使产品更受市场认可。具体交易结构一般如图 1 所示。

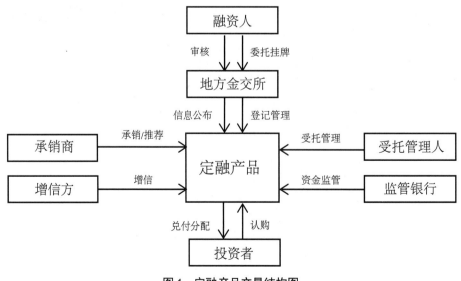

图 1　定融产品交易结构图

二、定融产品类业务调研情况及潜在洗钱风险分析

本次调研在安徽省进行，问卷发放主要面向定融产品的融资人[1]，通过邮件、电话方式开展，共发放问卷 40 份，回收有效问卷 37 份。对问卷整理分析发现，有 72.97% 的融资人定融产品融资余额在 5000 万元（含）以上，数额较为庞大，存在投资门槛低、收益高、透明度低、监管空白等情形，可能蕴藏着较大的洗钱风险隐患。

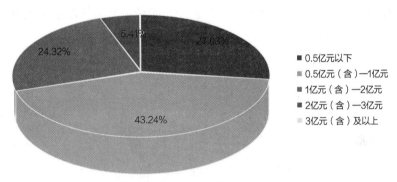

图 2　融资人定融产品融资余额分布图

（一）投资门槛低，客户尽调难度加大

从调查中发现，自然人投资者和机构投资者都可投资定融产品，且对于投资者并没有特别要求。定融产品对于投资者最低起投金额也较低，一般为 10 万元起投，最低也存在 5 万元起投，其中 5 万元、10 万元、20 万元、30 万元起投占比分别为 5.41%、40.54%、13.51% 和 35.14%。定融产品投资门槛低，市场投资者及相关参与主体多，身份背景复杂，客户尽职调查难度大。

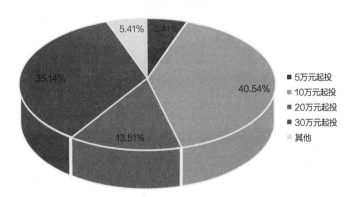

图 3　融资人定融产品起投金额分布图

1　不包含以银行为投资者的融资人，本次调研特别感谢地方金融监督管理局的协助。

（二）投资收益高，吸引非法资金更多参与

通过调查发现，定融产品属于固定收益类产品，且投资者获得收益并不需缴纳税收，融资期限一般在 1—3 年，票面利率主要在 7%—11% 区间，其中票面利率在 7%（含）以上占比高达 97.30%，投资者在短期内获得的固定收益高于市场上绝大多数银行理财产品、信托产品和基金产品。在高收益的驱使下，不法分子往往可通过直接购买定融产品以掩饰、隐瞒非法所得。

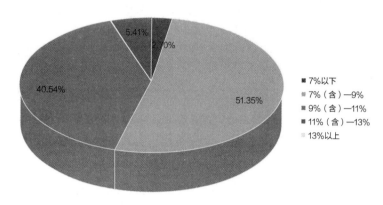

图 4　融资人定融产品票面利率分布图

（三）透明度低，便于隐匿资金来源及流向

一是定融产品属于非标融资的一种，相关信息不对外披露，是一种私募性质的理财产品，同一期定融产品的投资者人数合计不得超过 200 人。从调查中发现，目前定融产品主要采取线下针对部分群体推广的模式，每期定融产品投资者人数集中在 100—200 人，占比达 94.59%。二是现金购买定融产品的形式较多。调查发现，约有 12% 的投资者以现金形式存入融资人账户，注明投资某企业定融产品，银行往往出于业绩考虑不对资金来源开展尽职调查，很难了解资金交易的背景及交易性质。三是定融产品可赎回、可交易，业务流程长，结构相对复杂，牵扯的利益相关方较多，潜在的洗钱风险难以被及时发现。融资人与承销商之间、融资人与增信方之间、融资人与受托管理人之间、融资人与投资者之间可能存在利益输送，通过内部勾结等形式清洗非法资金，在较大程度上放大了洗钱风险。

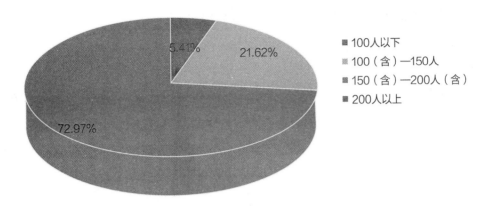

图 5　融资人定融产品个人投资者人数分布图

三、定融产品类业务洗钱风险管理的难点及现状

（一）法规制定方面

地方金交所承担着交易支付、监管机构、结算等多重职责，同时在发行定融产品的过程中还扮演证券交易所的角色，本质上符合金融机构的特征。2021 年 6 月，中国人民银行发布《反洗钱法（修订草案公开征求意见稿）》对金融机构的边界进行了扩张，把金融资产管理公司、企业集团财务公司、金融租赁公司、汽车金融公司、消费金融公司、货币经纪公司、贷款公司、银行理财子公司，以及非银行支付机构、从事网络小额贷款业务的小额贷款公司等纳入"反洗钱义务主体"，但地方金交所并没有被确认为金融机构，相应的定融产品类业务也并未被纳入反洗钱法律法规的约束范围。

（二）监管执法方面

从性质上分析，地方金交所属于类金融机构，定融产品是通过地方金交所备案挂牌，属于类私募债的金融产品。一是地方金交所由各地方金融办批准成立，并不在"一行两会"监管之列，而各地方金融办并未监督其开展反洗钱工作。二是定融产品类业务涉及的其他参与主体如承销商、托管机构多为一些民营的投资咨询公司，同样未被纳入"反洗钱义务主体"的范围之内，也未受到反洗钱主管部门及相关部门的监管，在开展定融产品类业务的过程中并未履行反洗钱义务。三是定融产品类业务属于私募的范畴，存在的洗钱风险尚未引起监管部门的足够重视，导致定融产品类业务成为反洗钱监管的盲区。

（三）业务实操方面

1. 投资者身份识别未能做到勤勉尽责

定融产品的投资者分为非自然人和自然人，需申报的资料较为简单，与客户身份识别要求相差甚远。对于非自然人投资者，根据 FATF 和巴塞尔委员会关于客户尽职调查的工作要求，需要获取非自然人预期交易的资金来源、去向、类型、目的以及受益所有人的身份信息等。但经过调查了解，地方金交所并没有做到对非自然人投资者关于上述信息展开尽职调查。对于个人投资者，地方金交所未关注个人客户身份证件的有效性、身份和收入状况是否相符以及收入来源等问题，而且也并未对个人客户留存的身份信息资料进行及时更新。

2. 反洗钱信息管理系统尚未建立

无论是客户身份信息的识别，还是大额交易、可疑交易的监测，都离不开反洗钱信息管理系统的支撑。定融产品类业务采取的是非集中化的交易方式，地方金交所在监管无明确要求的前提下，普遍缺乏建立相应信息监控系统，提升对反洗钱风险监测能力的意愿，当前仍主要依靠人工识别的方式，难以有效甄别定融产品类业务的有关洗钱风险。

3. 参与主体信息共享与流程协作不完善

从调查中发现，地方金交所、承销商、受托管理机构及监管银行对于定融产品类业务的洗钱风险并未予以足够重视。地方金交所作为产品备案登记机构，融资人和投资者的基础信息、交易信息资料都存储在其产品交易系统。承销商负责按发行条件为融资人推销定融产品，但并不对投资者的基本信息、资金来源开展尽职调查。受托管理人只是根据债务受托管理协议维护定融产品持有人的利益，并不关注投资者的洗钱风险问题。增信方往往只关注融资人的还本付息能力，对投资者的身份信息、资金来源等相关信息并不关注。监管银行是由融资人聘请，往往仅监管资金的转入及转出，对融资人以及投资者是否存在洗钱违法行为并未给予特别关注。因此，在业务开展过程中，各个参与主体所采集的信息彼此隔离，存在信息未共享与流程协作不完善的问题，从而导致洗钱风险无法有效识别与管理。

4. 投资资金来源及募集资金流向难以核查

一是定融产品参与主体仅把定融产品类业务当成一般低风险业务来对待，对于投资者的大额资金来源未予以有效核查。因此，一些不法分子可能将犯罪所得直接投资于定融产品，或者借用亲戚、朋友及其他人的名义投资定融产品。二是不少定融产品类业务融资人没有与银行签订资金监管协议，募集资金用途并没有受到应有的监督限制，募集资金可能用于违法犯罪活动。三是不少定融产品类业务募集资金用途写得比较含糊，比如用于补充流动资金、用于项目建设、偿还有息负债等，甚至不标明募集资金用途，使得即使签订募集资金监管协议，也会因募集资金用途不明确，而无法实施有效监管。

四、完善定融产品类业务洗钱风险管理的对策与建议

（一）法规制定层面

建议反洗钱行政主管部门依据《反洗钱法》第三十四条规定，"金融机构，是指依法设立的从事金融业务的政策性银行、商业银行、信用合作社、邮政储汇机构、信托投资公司、证券公司、期货经纪公司、保险公司以及国务院反洗钱行政主管部门确定并公布的从事金融业务的其他机构"，将地方金交所确定为从事金融业务的其他机构并依法公布，明确其履行反洗钱基本义务。纳入"反洗钱义务主体"之后，反洗钱行政主管部门应会同地方金交所直管部门组织和指导地方金交所开展行业洗钱风险评估，适时制定符合地方金交所行业特点的反洗钱指引或规范，以更有效地指导地方金交所制定定融产品类业务管理办法或实施细则。此外，因其具有私募债券性质，可以参照证券行业反洗钱指引或规范，开展定融产品风险评估，明确定融产品类业务洗钱漏洞和洗钱风险控制措施。

（二）监管执法层面

定融产品类业务洗钱风险管理的复杂性和专业性，要求更多地贴合业务实际开展监管执法。因此，中国人民银行作为反洗钱行政主管部门，会同各地方金融办共同履行反洗钱监督管理职责，应充分发挥贴近所在地金交所的优势，有针对性地对定融产品类业务给予反洗钱方面的指导与监督管理。同时，择机开展行业洗钱风险评估，依据评估结论督促指导地方金交所将内控制度、组织架构、业务流程等全方面纳入反洗钱风险管理范畴；应充分运用监管提示、风险评估、执法检查等多种措施强化对机构各业务条线履行反洗钱职责的监督管理，避免因对定融产品类业务的监管真空，而使义务机构出现履职缺位的现象。此外，要求定融产品类业务的其他参与主体对定融产品类业务开展反洗钱工作，反洗钱行政主管部门会同相关部门及时对定融产品类业务相关参与主体履行反洗钱义务的情况进行检查监督，促进其不断提高反洗钱工作的有效性。

（三）业务实操层面

首先，地方金交所应逐步建立反洗钱工作机制，提高对反洗钱工作的重视程度，

加强洗钱风险管理，将反洗钱工作视为业务风险管理的重要组成部分，为反洗钱工作提供充足的人力、财力、制度等方面的保障。需逐步建立反洗钱信息管理系统，保证反洗钱信息管理系统能够支持客户身份有效性的校验、客户尽职调查、客户风险等级分类、涉恐及制裁等黑名单监控与筛查、可疑交易监控等反洗钱基础功能。

其次，在现有监管未明确提出定融产品类业务洗钱风险管理要求的情况下，地方金交所应将定融产品类业务按高风险业务加强管控，适当引入具有反洗钱经验的第三方反洗钱服务机构协助开展，形成定融产品类业务洗钱风险管理的规范和共识。在此基础上，定融产品类业务的各个参与主体应结合风险评估工作，全面评估定融产品类业务的风险类别、程度，研究出台定融产品类洗钱风险识别点，并制定相应的风险控制措施，落实客户尽职调查、大额资金申报、可疑交易监测分析等方面基本义务。

最后，建立定融产品类业务相关参与主体反洗钱工作的横向协作机制。在实际操作中，当融资人、投资者成为地方金交所会员时，地方金交所应履行反洗钱客户身份识别义务，采取相应的措施，做到"了解你的客户"（KYC）。并要求融资人聘请的承销商、受托管理人须为《反洗钱法》中规定的"反洗钱义务主体"，履行相应反洗钱客户尽职调查义务。另外，要求定融产品类业务要聘请资金监管银行并签订资金监管协议，监管银行将定融产品类业务作为高风险业务对待，根据定融产品类业务的账户特点加强资金识别，以确定其资金来源与资金使用的合法性。在此基础上，由地方金交所牵头构建基于区块链技术的反洗钱关注信息共享系统，在兼顾隐私保护、信息安全和保密的前提下实现数据互通，以便有效地验证、评估、控制融资人与投资者的洗钱风险，进而凝聚相关参与主体之间的反洗钱合力，提高反洗钱工作成效。

虚拟货币洗钱犯罪路径、资金交易特征分析及有效监管启示

■ 蔡文涛[1]

摘要： 近年来，虚拟货币行业的发展，极大降低了普通民众参与投资的门槛，同时也为犯罪分子实施诈骗、洗钱等违法犯罪提供了便利，威胁人民群众财产安全。本文主要从"陈某枝利用虚拟货币洗钱案"及"Plus Token 资金盘跑路案件"两则典型案例入手，通过对虚拟货币洗钱犯罪常见的实施路径进行研究，详尽分析虚拟货币洗钱犯罪的监管重点、虚拟货币资金交易特征以及可疑交易识别难点，并据此提出相应的政策建议，为监管决策提供参考。

关键词： 虚拟货币　洗钱犯罪　资金交易　监管

虚拟货币具有匿名性、跨国性等特性，一直以来便是暗网商贩以及诈骗、勒索、洗钱等犯罪分子关注和利用的工具。近年来，随着比特币等价格的暴涨，在以自媒体为主的大肆宣传下，虚拟货币已不再局限于其早期的"极客"圈子，而是逐渐进入公众的视线和认知，吸引不少激进投资者参与其中。在此背景下，虚拟货币行业得到快速发展，形成了一个包含公链、交易所、钱包、矿场等在内的完整的产业生态系统，这极大降低了普通民众参与投资的门槛，但同时也为犯罪分子实施诈骗、洗钱等违法犯罪提供了便利，威胁人民群众财产安全。虽然我国一直三令五申禁止开展与虚拟货币相关的交易和业务，但欺诈、洗钱等事件仍是层出不穷，虚拟货币反洗钱形势依然不容乐观。

1　蔡文涛供职于中国农业银行深圳市分行营业部。

一、典型案例评析

（一）陈某枝利用虚拟货币洗钱案

1. 基本案情

2015 年 8 月至 2018 年 10 月，陈某波通过开设公司未经批准公开宣传理财产品、开设交易平台诱骗客户交易等方式，骗取大量客户资金。2018 年 11 月，上海市公安局浦东分局对陈某波以涉嫌集资诈骗罪立案侦查，陈某波潜逃境外。而后，陈某波指示前妻陈某枝将非法集资款购买的车辆以 90 余万元的低价出售，随后通过微信群联系比特币"矿工"，将卖车款全部转账给"矿工"换取比特币密钥并发送给陈某波，供其在境外兑换使用。2019 年 12 月，上海市浦东新区人民法院做出判决，认定陈某枝犯洗钱罪，判处有期徒刑二年。

2. 案例评析

该案例是最高人民检察院、中国人民银行联合发布的洗钱犯罪典型案例之一，犯罪分子利用虚拟货币跨境兑换，将犯罪所得及收益转换成境外法定货币或者财产，是洗钱犯罪的新手段。本案中，陈某枝通过向比特币"矿工"转账钱款、购买比特币的方式，将犯罪所得转换为虚拟货币，顺利避开外汇管制，最终转到境外供陈某波兑换使用。这一完整的洗钱链条，虽然看似简单，但在实践中却是难以监测和识别，原因在于整个过程所体现的资金流向在明面上是中断的，仅仅是陈某枝银行账户向"矿工"账户转账的零星记录，资金交易相对零散且无明显规律，加之"矿工"银行账户与陈某波并无往来，故难以进行有效追踪。

（二）PlusToken 资金盘跑路案件

1. 基本案情

2018 年初，陈某 1 等人策划开设 PlusToken 平台，并对外宣称拥有"智能狗搬砖"功能，能同时在不同虚拟货币交易所进行套利交易、赚取差价，以此吸引投资者参与其中。平台根据发展下线数量和投入资金数量，将会员划分等级，并按等级高低发放相应奖励和返现。2019 年 6 月，PlusToken 平台被曝出无法提币，自此，一个特大跨国网络传销案件开始浮出水面，涉及人员 200 余万人，层级关系多达 3000 多层，涉案资金达人民币 400 亿元。该案案发后，陈某 2 在明知相关虚拟货币系犯罪所得的情况下，仍然积极合谋转移、窝藏部分虚拟货币，最终造成该部分虚拟货币无法追回。2020 年 9 月，江苏省盐城市中级人民法院做出判决，认定陈某 1 等 14 名被告人犯组织、领导传销活动罪，认定陈某 2 犯掩饰、隐瞒犯罪所得罪，分别判处二年至十一年不等的有期徒刑。

2. 案例评析

此类案件的难点在于涉案金额庞大，参与人数众多，且主要使用虚拟货币实施传销、洗钱等违法犯罪活动，交易极度复杂、隐匿性极高，难以进行追踪和控制。本案中，PlusToken 平台对外定位是虚拟货币钱包，并不提供买卖服务，受害人往往事先通过交易所购买虚拟货币，然后转至该平台提供的地址，而这些地址密钥均掌握在平台人员手中，受害人实际上无法自由支配。该平台并不具备"智能狗搬砖"功能，其所许诺的奖励和返现，均来源于通过发展会员下线、由众多会员不断充值汇集起来的"资金池"，这是典型的庞氏骗局。而由于虚拟货币的匿名性、跨国性等特征，案发后部分平台人员潜逃境外，但仍可控制涉案的虚拟货币，并通过各种手段进行藏匿、转移。

二、常见实施路径分析

（一）实施上游犯罪后利用虚拟货币进行洗钱犯罪

犯罪分子在实施贪污、诈骗、传销或非法集资等犯罪后，利用虚拟货币隐藏或转移犯罪所得的法定货币资产，从而达到"洗白"或"出逃"的目的，主要分为三个阶段：

1. 法定货币转换为虚拟货币

目前法定货币与虚拟货币之间的兑换以场外交易为主，犯罪分子购买虚拟货币的途径主要包括：一是利用虚假身份在虚拟货币交易所开户，并使用法定货币在交易所提供的场外交易平台购买虚拟货币；二是将法定货币转给场外币商，委托币商撮合购买虚拟货币；三是联系"矿工"等其他人员，通过银行转账等方式私下达成买卖交易。

2. 隐藏、混淆及转移虚拟货币

法定货币成功转换为虚拟货币后，犯罪分子通常会采取各种手段加大虚拟货币转移路线的追踪难度：一是匿名开立多个钱包地址，对虚拟货币进行多次拆分和转移；二是通过虚拟货币交易所币币交易、场内转账、跨链转换以及 NFT 收藏品买卖等 DeFi 功能，混淆转移路径；三是直接转换成 DASH、XMR 等隐私币，利用其混币、环签名等技术，隐藏转账地址、金额，从而达到匿名转移目的。

3. 虚拟货币转换为法定货币

虚拟货币转换为法定货币的途径、方式与上述法定货币转换为虚拟货币类似，主要仍是通过虚拟货币交易所、场外币商以及自行私下交易等方式，进行场外交易。同时，由于虚拟货币具备跨国性，犯罪分子可以避开外汇管制，直接将虚拟货币转移至境外，并兑换为其他国家、地区法定货币。

（二）利用虚拟货币实施上游犯罪和洗钱犯罪

犯罪分子利用虚拟货币实施上游犯罪后，继续使用虚拟货币实施洗钱犯罪，这一过程在相比之下，会更加复杂、更具隐匿性。研究此类洗钱犯罪的路径，应追溯至上游犯罪实施的整个过程，才能构成完整的资金闭环。以区块链"杀猪盘"为例，从上游犯罪到洗钱犯罪，一般分为四个阶段：

1. 法定货币转换为虚拟货币

受害人在犯罪分子的诱导下，通过上述虚拟货币交易所、场外币商或自行私下交易三种途径，将法定货币转换为虚拟货币。而考虑到受害人一般为普通民众且对虚拟货币了解不深，故其兑换的途径主要以交易所为主。

2. 实施诈骗获取虚拟货币

犯罪分子通过交友工具博得受害人信任后，以项目投资、搬砖套利等名目，诱导受害人将虚拟货币转入其提供的钱包地址或虚假交易平台地址，并不断引诱受害人持续投入，后续则以各种理由不让受害人提币。

3. 隐藏、混淆及转移虚拟货币

犯罪分子收到受害人转入的虚拟货币后，会寻找适当时机进行转移，并通过复杂的拆分、混淆等手段逃避追踪，具体方式包括上述钱包间多次拆分和转移，交易所内部交易和转账、DeFi 交易功能、隐私币混币技术等。

4. 虚拟货币转换为法定货币

犯罪分子完成虚拟货币转移后，同样可以通过虚拟货币交易所、场外币商或其他希望购买虚拟货币的人员出售虚拟货币、获得法定货币，或将虚拟货币转至境外进行出售和使用。

三、资金交易特征及识别难点

（一）虚拟货币洗钱犯罪的监管重点

从虚拟货币洗钱犯罪常见的路径来看，完整的洗钱链条既有金融支付层面的资金交易，也有区块链层面的资产转移。在传统监管视角下，整个路径中最核心的环节是购买和出售虚拟货币，因为这两个环节是犯罪分子使用法定货币进入和退出虚拟货币市场的关键节点，其所用支付工具所产生的资金交易是可以进行监测、分析

和识别的，而其他环节主要体现为链上资产转移，受限于虚拟货币的匿名性、复杂性等特性，除非是将虚拟货币真正纳入监管范畴，否则单靠现有手段难以实现监测和追踪。因此，现阶段针对虚拟货币洗钱犯罪的监管重点，仍应聚焦于购买和出售虚拟货币环节所依托的交易资金支付链路，即要对虚拟货币买卖的主要途径和实现机制进行管制，在现实世界与虚拟世界之间构筑一道"防火墙"。

正如前文所述，虚拟货币买卖的途径主要包括虚拟货币交易所、场外币商以及"矿工"等其他人员。其中，交易所是主要的途径，其作用是向场外交易商提供订单广告、冻结担保等服务，交易所实际并不参与资金交易，而是由购买方或出售方与场外交易商之间通过银行转账等方式进行资金交易，进而达成虚拟货币买卖交易。场外币商则主要起到中介作用，实际上与场外交易商无异；"矿工"虽然通过"挖矿"获取虚拟货币，但会定期将虚拟货币转入交易所进行抛售，从而获得收益。可见，场外交易商、场外币商以及"矿工"等，虽然在虚拟货币买卖方式和频率上有所差异，但其资金账户和交易具有一定的共性，而这些极易成为洗钱"帮凶"的账户交易，应当是监管的重中之重。

（二）虚拟货币资金交易特征分析

基于对虚拟货币买卖实现机制和个别实例的分析，以场外交易商为例，虚拟货币资金交易主要包含以下特征：

1. 交易渠道相对单一

场外交易商主要依托虚拟货币交易所达成买卖交易，虽然交易所可供选择的资金交易渠道众多，但适用于境内的，主要是银行卡转账、微信支付及支付宝支付三种。因此，场外交易商的资金交易渠道一般较为单一，尤其是随着微信、支付宝管理趋严，加之综合考虑提现手续费等因素，银行卡转账逐渐成为主要的交易渠道。

2. 交易频率高且资金过渡性质明显

场外交易商进行虚拟货币买卖的目的，主要是通过"低买高卖"以实现盈利，这决定了其资金交易频率高、过渡性质明显的特征。虽然场外交易商通常采取"收支两张卡""定期换卡"等策略规避被监测的风险，但总体上资金交易仍会呈现分散转入集中转出、集中转入分散转出或分散转入再分散转出的高频过渡特征。

3. 交易对手众多且开户地分散

虚拟货币交易所通过互联网搭建场外交易平台，降低了买卖交易的地区和空间限制。不同地区的购买方或出售方可以便捷地与场外交易商进行虚拟货币买卖，在高频交易的情况下，场外交易商资金交易往往呈现交易对手众多且账户开户地分散等特征，甚至存在单个账户资金交易对手不重复的情况。

4. 交易时间主要集中在午后及夜间

虚拟货币交易所一般提供"7×24 小时"不间断的场外交易服务，但近年来，由于金融机构不断加大对夜间凌晨交易的监管力度，场外交易商为规避监管，多数会选择在较为合理的时段进行交易。从实例经验看，场外交易商的资金交易一般集中在中午 12 点至晚上 9 点之间，并且可能存在发生在深夜凌晨的零星交易。

（三）虚拟货币可疑交易识别难点

1. 金融机构难以获取全面准确的信息

可疑交易分析识别需要综合考虑客户身份信息、虚拟货币信息等因素，虚拟货币种类、价格以及资金交易频率、特点等信息的准确性，是分析识别工作的关键。例如，场外交易商在买卖 USDT 时，如按个买卖，资金交易金额通常是其价格的倍数，而如按固定金额买卖，金额则通常为 100 的整倍数。而由于虚拟货币种类多、价格变化快，加之反洗钱人员对其缺乏基本的了解和认识，往往很难进行准确的判断，可能导致虚拟货币交易难以被有效识别。

2. 交易特征与其他涉罪类型相似度较高

从虚拟货币交易的主要特征来看，高频交易账户的资金交易特点与非法集资等涉罪类型的交易特点极其相像，如资金过渡性质明显、对手众多且开户地分散等；而零星交易账户的资金交易特点则与部分涉赌案件类型的交易特点类似，如夜间交易、单笔交易金额小且为 100 的整数倍等。相似的可疑特征不利于反洗钱人员及时、准确地判断可疑类型，从而给精准防控虚拟货币交易带来较大挑战。

3. 各金融、支付机构交易数据存在壁垒

目前，各金融机构、支付机构客户、账户、交易等数据均未能实现共享，给可疑交易分析识别工作带来一定的限制。如部分场外交易商可能采取定期换卡或不断更换支付渠道等方式进行资金交易，以降低单个账户资金交易的频率、金额和集中度，从而规避被监测的可能性。另外，针对对手为第三方支付机构的交易，金融机构一般很难获得对手的详细信息，这也同样不利于分析和识别。

四、相关政策与建议

（一）持续开展虚拟货币交易源头整治

2013 年以来，中国人民银行等监管部门先后印发《关于防范比特币风险的通知》《关于防范代币发行融资风险的公告》等规定，要求有关机构不得开展与虚拟货币

相关的业务，但虚拟货币交易炒作一直禁而不止。为加强监管，应从虚拟货币交易的源头入手，全面持续地开展整治清理：一是要全面取缔、禁止虚拟货币交易所在境内开展任何形式的交易服务，运用技术手段堵住交易所通过互联网向境内渗透的途径，坚决打击虚拟货币经营活动。二是要全面清理、禁止境内虚拟货币"挖矿"行为，切断境内虚拟货币的非交易型来源，贯彻落实国家能源和碳排放政策。三是要全面排查识别场外交易商等虚拟货币买卖方资金账户和交易，及时采取措施切断交易资金支付链路，围堵虚拟货币的交易型源头。

（二）完善虚拟货币资金交易监测模型

金融机构、支付机构要持续基于实例数据，系统性地分析虚拟货币买卖的资金交易特征，加大资源和技术投入，建立虚拟货币资金交易监测模型，并持续强化模型的定期评估，结合虚拟货币买卖渠道、价格波动、洗钱路径等变化情况，不断优化模型设计和参数设置，确保模型运行有效。在此基础上，要进一步强化高风险业务交易的监测力度，尤其针对网银客户，要联动筛查 IP 地址，重点关注 IP 地址归属境外等情况，以防止境内人员通过技术手段绕过 IP、域名封锁，继续登陆境外交易所进行虚拟货币买卖。另外，对于监测识别过程中发现的可疑客户或账户，要严格按照规定，及时采取限制非柜面交易、终止服务等控制手段，持续围堵交易型虚拟货币源头。

（三）打通各机构间信息和数据的壁垒

一方面，要打通中国人民银行、公安机关、金融机构、支付机构之间的信息壁垒，通过平台搭建、案例分享、培训交流等方式，实现虚拟货币交易防控信息的共享共用，重点要通过典型案例、高风险人员名单以及相应反洗钱数据信息的分享，不断提升金融、支付机构反洗钱人员在虚拟货币交易监测、分析和识别方面的能力。另一方面，要打通各金融、支付机构客户、账户和交易等数据的壁垒，至少要在反洗钱工作领域实现各方数据的共享共用，以及可疑交易分析识别结果的相互参考，以此提升金融、支付机构识别虚拟货币交易人员、账户的整体性、准确性和及时性，实现在金融支付层面全面禁止虚拟货币交易活动。

（四）积极探索虚拟货币监管体系和框架

虚拟货币的出现，为犯罪分子实施诈骗、勒索、洗钱等活动提供了便利，其炒作交易行为更是扰乱经济金融秩序，侵害人民群众财产安全。现阶段，基于我国发展现状，对虚拟货币交易实行全面禁止的监管政策，是必然和正确的选择。但需要警惕的是，虚拟货币作为一种以区块链技术为载体且具备匿名性、跨国性的去中心化事物，各个国家、地区截然不同的监管态度，决定其在未来一段时间内仍将继续存在和发展。因此，就目前而言，在实行全面禁止政策的基础上，仍要有未雨绸缪的底线思维，应积极探索针对虚拟货币的监管体系、框架和技术，早日实现对虚拟货币资金交易、链上交易的闭环监管，如此才能更好地遏制市场投机炒作行为，切实打击利用虚拟货币实施非法跨境资产转移、诈骗、洗钱等违法犯罪活动。

参考文献：

[1] 中国人民银行．最高人民检察院、中国人民银行联合发布惩治洗钱犯罪典型案例 [Z/OL]．[2021-03-19].http://www.pbc.gov.cn/goutongjiaoliu/113456/113469/4210737/index.html.

[2] 辛继召、雷思敏．"币圈第一大案"PlusToken 二审宣判：32 万个比特币等上缴国库 [J].21 世纪经济报道，2021.

基于银行视角案探析欠发达地区出口骗税风险

■ 吴光宗[1]

摘要： 出口退税作为我国重要的税收政策，旨在提升我国出口企业的国际竞争力，促进外贸有序发展。然而，不法分子设法骗取出口退税，其手段也越发专业复杂，"犯罪链"也越发隐秘庞大，地域分布也从沿海城市向内陆欠发达地区渗透，涉案金额令人瞠目。与此同时，我国涉及出口退税的业务部门及监管机构众多，信息交流不通畅，部门协作不充分，种种因素让出口骗税猖獗难禁，致使本就落后的欠发达地区蒙受巨大的经济损失。关于出口骗税的普遍特征和宏观防范机制之研究并不少，但鲜有从银行视角出发。本文将基于银行视角，以贵州省为例，通过案例分析的方式，浅析欠发达地区出口骗税业务特征和防范对策，为维护欠发达地区外贸健康发展提供有益参考。

关键词： 贵州　异地出口骗税　银行视角　业务特征　防范对策

作为我国重要的税收激励政策，出口退税有利于提升出口企业的国际竞争力，从而促进我国外贸有序发展。然而，由于利益驱动，不法分子想方设法骗取该政策红利，手段愈显专业和复杂，犯罪链条也越来越庞大和隐蔽，地域分布也从沿海发达地区向内陆欠发达地区蔓延，涉案金额巨大。由于出口退税涉及海关、银行、税务等诸多业务部门和监管机构，而各部门间又存在信息不对称、交流不通畅、合作不充分等客观问题，最终使得出口骗税屡禁不止。

关于出口骗税犯罪的普遍特征和宏观防范机制之研究并不少见，但多基于税务监管机构视角，鲜有从银行视角出发。本文基于银行视角，以贵州省为例，通过案

1　吴光宗供职于交通银行股份有限公司贵州分行。

例分析的方式，浅析欠发达地区出口骗税犯罪的业务特征，提出以银行为主体的防范对策，为维护当地外贸稳健发展及税务安全提供有益参考。

一、背景

2018 年 8 月以来，贵州省税务、公安、 海关、人行等多部门根据党中央、国务院对涉税领域违法犯罪，特别是虚开发票骗取退税问题的重要指示批示，开展了为期两年的专项行动。行动开展以来，省内先后破获了数起重大案件（见表 1），这些案件涉及贵阳、遵义、六盘水、黔东南等多地，涉案金额高达 46 亿余元。纵观此次专项行动，省内涉税金额已达 12.3 亿元，实际挽回的损失为 2.71 亿元。由此可见，预防和打击出口骗税犯罪，迫在眉睫。

表 1　2018 年 8 月以来贵州省重大骗税案概览 [1]

案件名称	地区	涉案人（户）数	涉案金额（亿元）
贵阳"8.03"虚开案	贵阳市	全国：5.3 万户	—
省内：842 户	36.74	—	—
遵义"1-25-06"专案	遵义市	1 户	5.83
六盘水"7.20"专案	六盘水市	2 人	1.15
黔东南州"11.05"专案	黔东南州	20 人	2.76

二、原因

贵州何以成为出口骗税犯罪的"重灾区"？这与该犯罪近年所呈现出的发展趋势相吻合。除了全国普遍存在的法律、政策、管理和部门协作等层面的因素外，还包括以下几个地域性因素。

（一）招商引资力度大，急于发展出口型经济

贵州省属西南地区"一少"（少数民族聚居）、"两欠"（欠发达、欠开发）、"三不沿"（不沿海、不沿江、不沿边）省份，外向型经济水平较低，省内出口型企业数量少，国际收支，特别是国际收汇绝对量远低于沿海、沿江、沿边地区。为了"造"

---

[1] 数据来源于央广网、贵阳日报、金融时报－中国金融新闻网，详见参考文献。

好省内经济发展的"第三驾马车",政府历时 4 年,终于于 2013 年 9 月 25 日获国务院批复同意设立贵阳综合保税区,为扩大开放打造了更高层次的平台。综合保税区成立后,积极整合了海关特殊监管区域的各类优惠政策,持续得到政府的大力推广和招商引资。正是在政策红利和政府"保驾"的双双"拥迎"下,异地出口骗税企业纷纷"闻风而动"。

(二)业务发生量少,监管部门防范意识与能力薄弱

囿于地理、历史与经济因素,贵州省整体出口业务量相对偏少,这使涉及出口退税的业务部门和监管部门缺乏足够的意识、专业能力和实战经验来识别、防范、制止与惩戒出口骗税罪犯。与此同时,出口骗税越发呈现出跨地域、跨行业、团伙化、专业化的特征,作案手段也从假票、假单、假货、无资金流向真票、真单、有货、虚构资金流升级,作案环节亦从最后实施转向提前实施,这对甄别能力较强的沿海地区监管部门尚且是种挑战,遑论贵州等欠发达地区相关部门。

(三)银行为拓展业务,仅作表面合规审查

从银行角度来说,若要于欠发达地区拓展国际业务,占领更多市场份额,便需不遗余力地抛出各类结算便利和汇率优惠,以吸引本就不多的出口企业上门开户,于是,一些异地出口骗税企业堂而皇之地成了各家争抢的"座上宾"。与此对应的是,骗税企业往往熟知外管政策,通晓业务流程,能够及时、准确地提供银行所需真实性佐证材料,因此在"扩流入,控流出"的宏观政策下,缺乏专业甄别能力的银行经办员仅凭企业名录登记状态、合同、发票、报关单等材料便为此类企业办理收、结汇,在一味提高服务质效的同时,忽视了客户的身份识别和业务背景的进一步调查。

三、基于银行视角案析骗税企业特征

出口骗税企业在欠发达地区的业务特征具有一定的共性,下面将基于银行视角,结合笔者银行业工作实践,选取其中一个疑似出口骗税的典型案例浅析此类企业的业务共性。

案例回顾:2012 年 2 月,某实际经营地为东莞的进出口企业 H 公司在某国有银行开立外汇结算户。开户以来,H 公司收汇频繁且均匀,单笔金额在数万至数十万美元不等,结算方式主要为 TT,款项性质为一般货物贸易,出口产品主要为手机或手机配件等电子产品,交易对手集中在中国香港地区,境外汇款方式多为网银。在业务办理过程中,客户对结算速度要求高,汇入款项多要求结汇,且要求给予结汇优惠点差,所结人民币及时转出,水单要求及时拍照传与业务人员。据估算,

该企业每年结算量高达数千万美元，结算笔数在百笔上下，多次列入贵州省进出口企业百强名单。因客户为异地企业，且货物多于深圳口岸出关，银行在查询了企业名录登记为 A 类非辅导期企业后，根据展业原则，仍要求客户提供合同、发票、报关单等贸易背景真实性资料，而客户均能及时提供。

2018 年 2 月和 7 月，H 公司实际控制人又分别以两家新公司的名义开立了外币结算户，银行工作人员经第三方平台查询，无法看出新公司与老公司之间存在关联关系，新公司法人也彼此独立，上门核实则未见实际办公迹象。经对新公司的交易特征分析，银行风控员发现新公司进口付汇对象为老公司出口收汇对象，至此，初步判定客户存在虚构交易和骗税风险，最终终止了与该客户的合作。值得一提的是，在第三方信息平台查询中，银行风控员发现老公司现合伙股东为本行原派遣制员工，且正是该公司在该行业务存续期的实际管户人；另发现，该公司通过与国有贸易公司的合作开展业务及相关结算。

被清退不久，该客户立即与另一家银行建立了合作关系。

通过对 H 公司的分析，我们大致可窥见欠发达地区出口骗税风险企业的下述特征：

1. 实际控制人为异地背景

从地域背景来看，这些企业的实际控制人主要为广东、深圳等出口贸易较为发达的沿海城市人员，其在骗税目标地所注册的公司多为空壳公司，主要目的是办理收、结汇及出口退税业务，公司法人不一定为实际控制人，与银行建立关系的方式多为主动上门，存在操控多家企业的可能。需要提及的是，骗税目标地不乏"入伙"的本地人，甚至包括原银行从业人员。

2. 出口货物主要为电子产品

从所出口的货品来看，该类企业主要从事一般货物贸易项下电子产品出口（以手机及手机配件为主），这与电子产品出口退税率高达 17%（最高退税类别）的政策相吻合。值得注意的是，同样具有高退税率特征的纺织品、塑胶等货物的出口贸易业务亦呈现一定的增长趋势。

3. 交易对手多为香港公司

从交易对手来看，这类企业主要和香港公司往来，且存在不同出口企业对同一家香港公司的情况。这一特征与广东、深圳紧邻香港，便于货物快捷出入关的地理实际有关。

4. 业务频繁、均匀、量大

从业务规模来看，这些企业收汇业务频繁、均匀、量大，甚至不受市场、疫情、贸易战等宏观局势影响，结算量与其行业地位、知名度、企业规模不符。

5. 结算方式以境外网银 TT 汇入为主，对服务效率和汇率敏感

从结算方式来看，该类企业收汇多为境外网银 TT 汇款，对境内银行结算速度要求很高，收汇及时结汇，对汇率较敏感。通常会要求银行给予汇率优惠，所结人民币快速转出，鲜留余额，业务水单要求及时拍照传与业务员。

6. 业务员深谙外管政策与银行流程

从监管政策及业务熟悉度看，主要从业人员深谙外汇监管政策及银行业务流程，能够及时提供所需资料，且一般主动配合提供，然其所提供合同、发票多为简单的格式化文本，双方签章也能轻易取得。

除了以上特征，部分企业还存在与当地保税区关系密切、借国企间接交易和清算等特点。

四、防范对策

作为结算的必经之所，银行是识别和防范出口骗税的重要一环，如何充分发挥银行的"安全阀"作用，对于欠发达地区出口退税安全意义非凡。笔者将从宏观层面，包括内部监控、同业联控、与监管部门互通有无三个方面来阐述银行业应对出口骗税犯罪应当建立起来的长效防范机制，另从微观层面对经办银行提出具体的识别和防范措施。

（一）建立银行内部监控机制

风控永远是银行业的重大课题，这一课题不仅体现在经济风险的防控上，还体现在政策风险的把控上。就目前而言，后者主要体现在操作风险、洗钱风险和涉制裁高风险国家及地区的风险防控上，防范出口骗税似乎并未纳入银行业风险防范范畴。针对这一点，银行管理者可从以下几个方面来建立相关内控机制：

首先，提高重视程度，从总行层面制定出口骗税风控制度。银行业是经济发展的重要助推器，也是经济发展的重要受益者，银行管理人员若能积极研究出口骗税风险，以行业视角主动建立出口骗税风控制度，无疑是承担和履行社会责任的具体体现，也有利于树立良好的社会形象。

其次，建立专职或兼职防控队伍，做好出口骗税风险专题培训。银行业管理者可参照反洗钱队伍的建设来建立出口骗税专职或兼职防控队伍，或将后者并入前者

的统一建设中去，同时配套具体条线视角下的出口骗税风险专题培训课程，亦可请税务、公安等部门作专业培训，在增强从业队伍防范意识的同时，针对性提升具体经办人员的实际防控能力。

最后，建立内部风险交流机制，及时分享可疑客户身份及交易信息。银行业管理者可依托现有的洗钱风险或操作风险警示机制，及时分享系统内各类疑似出口骗税客户的身份信息及交易信息，亦可借助系统内异地分支机构进行异地客户的尽调工作，从系统层面全面建立出口骗税风险防控网。

（二）建立同业联防联控机制

在上述案例中，问题企业在被清退后不久又与另一家银行建立了业务关系，这使出口骗税风险成为当地同业共同面临的问题。要有效解决这个问题，还需诉诸同业联防联控机制的建立。具体来说：

一方面，呼吁建立当地同业自律机制，从同业联盟高度制定风控规程，引导和指导各家银行增强出口骗税风控意识及防控能力。以贵州省为例，该省同业已建立起外汇业务同业自律机制，各家银行管理者可在不涉及商业秘密的基础上，借助该机制积极协商和分享出口骗税内控流程，定期开展出口骗税专题培训，分享先进行实战经验；另一方面，基于同业自律机制，可配套建立出口骗税高风险企业及人员名单，分等级、针对性进行联防联控。为防止骗税企业辗转于各家银行，"改头换面"办理各项业务，同业自律机制可定期整理、更新、公布出口骗税高风险企业及人员名单，并根据具体风险程度给出处理意见，供各成员单位参考实施。

同业联防联控机制的建立，将为欠发达地区防范出口骗税风险筑立起强有力的"防火墙"。

（三）与监管部门互通有无

出口退税涉及的监管部门众多，各部门信息交流广度与深度有限，对此，银行管理者及同业自律机制可根据自身实际，灵活建立主动上报机制。例如，在不涉及内部商业信息的前提下，各家行可借助同业自律机制统一向相关监管机构上报可疑信息，协助监管机构做进一步调查；在涉及商业秘密的情形下，当事行可单独向监管机构上报，由监管机构统筹处理。

银行虽不具备执法权，但其具有信息收集和分析判断的优势，银行业如能自觉填补内部防控这一环，相信不仅能为有关部门侦查惩办出口骗税犯罪提供有力协助，更能为各部门联防联控机制的建立创造契机。

（四）银行识别、防范出口骗税企业的具体措施

1. 加大外贸企业实际控制人的背景调查深度

出口骗税企业实际控制人多为沿海地区人员，因此，银行从业人员应特别注意实际控制人、业务主营地为异地沿海城市的外贸企业，特别是主动入驻本地综合保税区等特殊监管区域，主动上门开户、送指标、谈回报的进出口供应链或商贸企业。

2. 重点关注进出口货物为高退税率货品的企业

高退税率货品是出口骗税企业的利益来源，所以，识别这类企业的有效途径之一便是判断其主营货物的出口退税率；应特别关注进出口多种高退税率产品，或主营产品从一种高退税率产品变更为另一种高退税率产品的企业。在实践中，高退税率货品包括手机及其零部件、纺织品、塑胶粒等。

3. 警惕业务规模与行业地位不符，进出口量和货品价格与市场实际、市场周期不一致，甚至"逆市场""逆周期"的中小型企业

由于境内外货物源、货物链和货物流已成型，故出口骗税企业业务量异常稳定和偏大，一方面，进出口规模远超自身在行业内的地位，另一方面，业务不仅不受新冠疫情、中美贸易摩擦等风险事件的影响，反而不降反升。再一方面，该类企业的货品价格与市场同类同期产品的实际价格有别。

4. 认真识别业务特征可疑且呈现类型化的进出口企业

出口骗税企业在办理银行业务的过程中，往往呈现出较明显且偏类型化的特征，例如交易对手固定为香港公司、结算频繁均匀且量大、结算方式多为境外网银 TT 汇款、对结算速度和汇率异常敏感、业务合同简单固定、业务经办员能顺利补充需双方签章的资料等。一经发现此类客户，银行经办员应根据展业三原则及时补充尽调，对实在可疑又符合外汇管理要求的客户，应及时向行内外相关部门报告，且严格履行保密义务。

五、结束语

当下经济下行局势严峻，打击经济犯罪与奋力发展经济成了欠发达地区两个难以回避的课题，而防范出口骗税无疑是其中一个不可忽略的子课题。相较于洗钱和涉制裁高风险国家及地区业务风控机制的体系化与成熟度，欠发达地区出口骗税风险的防控机制相对还很欠缺和薄弱，银行业作为出口骗税风险的关键把控关口，有义务，更有责任为这一机制的完善提供行业视角下的有益谏言与有力协助，以期为欠发达地区外贸经济的稳健发展和税收安全做出应有贡献。

参考文献：

[1] 李晓欢 . 防范骗取出口退税行为的对策研究 [J]. 税收经济研究，2019，(2)：59-64.

[2] 何惠敏 . 关于打击骗取出口退税税务稽查的思考 [J]. 北方经贸，2014，(11)：14-16.

[3] 王文清 . 出口骗税屡查不止的深层原因及对策研究 [J]. 国际税收，2018，(7)：71-76.

[4] 杜静 ."打虚打骗"开展两年贵州省共立案检查涉嫌虚开骗税企业 2290 户 [EB/OL].[2019-11-22]. 央广网 .http://m.cnr.cn/news/20191122/t20191122_524868321.html.

[5] 黄宝华 . 遵义侦破近 6 亿元虚开发票骗税案 [N]. 贵阳晚报 ,2019-8-28.(9).

[6] 杨致远 . 贵州省税务局 贵州四部门勠力同心 携手推进打击虚开骗税两年专项行动 [EB/OL]. (2019-10-10) [2020-05-04].https://www.financialnews.com.cn/qy/dfjr/201910/t20191010_169053.html.

[7] 佚名 . 推动贵州对外开放高级平台——贵阳综合保税区解读 [EB/OL]. (2013-09-26)[2020-05-04].http://www.gysdj.gov.cn/djxx/llyj/32127.shtml.

安徽省毒品洗钱风险状况及监测模型搭建

■ 安徽省毒品洗钱风险课题研究小组[1]

摘要： 毒品犯罪与洗钱犯罪联系密切，而有效打击毒品洗钱是打击毒品犯罪重要的一步，本文以提升金融机构涉毒可疑交易监测模型有效性为切入点，基于安徽省毒品洗钱犯罪情况，深入分析安徽省毒品洗钱风险状况，根据金融机构可疑交易监测现状和"涉毒人员名单库"等数据，提出优化金融机构涉毒可疑交易监测模型的建议，并有效搭建"名单＋资金"模型框架，提升毒品洗钱犯罪的打击能力。

关键词： 毒品洗钱犯罪　毒品洗钱风险　涉毒可疑监测模

近几年，我国禁毒工作稳中有进，趋势向好，成效显著，毒品犯罪高发势头得到有效遏制。2020年，全国共破获毒品案件6.4万起，同比下降22.9%。但是当前毒品犯罪案件呈现"互联网＋物流"、新型毒品层出不穷、境内外犯罪团伙联系日益紧密等特点，形势依然严峻。安徽省作为内陆省份，近几年禁毒工作成效显著，毒情持续向好，但受国际、国内毒品犯罪影响，禁毒工作依旧任务艰巨。本文通过分析安徽省毒品洗钱犯罪活动的现状和特点，结合金融机构涉毒可疑交易监测情况，探索搭建有效性更高的涉毒交易监测模型，并针对打击毒品洗钱犯罪活动提出监测模型优化建议。

1　课题研究小组包括：荣刚、宁敏、罗婷、李雪航、周亮、夏懿梅、沈文、王永飞、王菲。

　　荣刚、宁敏、罗婷、李雪航供职于人民银行合肥中心支行，周亮职供于安徽省公安厅禁毒总队，夏懿梅、沈文、王永飞分别供职于人民银行黄山、滁州、阜阳市中心支行，王菲供职于中国银行安徽省分行法律与合规部。

一、安徽省毒品洗钱犯罪总体情况

（一）上游毒品犯罪总体情况

近几年，安徽省不断完善禁毒工作机制，持续严厉打击毒品违法犯罪活动。根据安徽省破获毒品犯罪案件情况（见表 1），可以看出，全省毒品犯罪蔓延势头得到有效遏制。

表 1　安徽省 2018 年至 2020 年破获毒品犯罪案件情况

年份	2018 年	2019 年	2020 年
破获毒品犯罪数（起）	1603	1155	1266
抓获毒品犯罪嫌疑人数（人）	2790	2118	2018

近几年，安徽省重点打击大宗贩卖毒品等源头性毒品犯罪，对罪行严重的犯罪分子坚决予以重判；注重对与毒品消费环节直接关联的零包贩卖毒品，引诱、教唆、欺骗、强迫他人吸毒等犯罪活动的处罚，最大程度削减毒品犯罪需求；同时加大对财产刑的适用和执行力度，进一步摧毁毒品犯罪分子的经济基础。从已破获的毒品案件情况来看，省内合肥、蚌埠、淮南、阜阳等市的毒品犯罪活动较其他地市严重。同时，安徽省毒品犯罪呈现以下特点：一是毒品犯罪案件主要为贩卖和容留他人吸毒两类犯罪，占全部毒品犯罪案件的 80% 左右；二是涉案毒品种类主要是合成毒品甲基苯丙胺（冰毒）及片剂和海洛因等，新型毒品涉案占比逐渐增高；三是毒品犯罪分子累犯、再犯比例高，特殊群体参与毒品犯罪现象滋长。

（二）下游洗钱犯罪总体情况

毒品洗钱犯罪具有较强的隐秘性，违法犯罪分子通过非面对面交易或快递邮寄毒品等方式实施毒品犯罪已成为安徽省毒品犯罪案件的新动向。毒品交易涉及的毒品、毒资很难当场查获，下游毒资转移也多应用第三方支付、现金或伪装成正常业务往来。通过中国裁判文书网查询安徽省 2018—2020 年毒品洗钱犯罪案例，以《刑法》第一百九十一条"洗钱罪"判决的案件仅有 2 起；以《刑法》第三一二条"掩饰、隐瞒犯罪所得、犯罪所得收益罪"判决的案件为 0 起；以《刑法》第三百四十九条"包庇毒品犯罪分子罪，窝藏、转移、隐瞒毒品、毒赃罪"判决的案件有 12 起，除一起案件是为上游毒品犯罪分子提供银行卡收取毒资外，其余案件都是帮助毒品犯罪分子窝藏毒品和现金毒资。从上述行为特征和打击数据可以看出，毒品洗钱犯罪线索发现难度大，打击能力和手段需加强。

二、安徽省毒品洗钱风险状况分析

（一）安徽省毒品洗钱威胁特点

根据安徽省毒品犯罪形势、涉毒重点可疑交易报告和反洗钱调查、协查等工作中收集的毒品案件信息和数据分析，我省毒品洗钱威胁在地域、行业、机构、业务等方面存在以下特点。

1. 地域特点

安徽省毒品犯罪与地区交通位置、经济发展水平紧密相关，并在地域上呈现重点集中的特征。其中，省内合肥、阜阳、蚌埠、淮南等市毒品犯罪形势比较严峻，毒品洗钱威胁程度相对较高。2018—2020 年金融机构报送的涉毒重点可疑交易报告数据显示，安徽省人民银行各级分支机构共计接收涉毒重点可疑交易报告 40 份，报告涉及的地区主要是合肥、阜阳、淮南等地。2018—2020 年破获涉毒案件主要涉及合肥、阜阳、蚌埠、淮南等地。

2. 行业特点

安徽省毒品洗钱威胁主要集中在银行业和第三方支付业，并有向特定非领域蔓延的趋势。安徽省毒品案件主要涉及零包贩毒，单次毒资交易金额不高，随着支付宝和微信等第三方支付方式的普及，第三方支付业面临的洗钱威胁趋高。2018—2020 年涉毒重点可疑交易报告数据显示，报告主体集中为银行业，其中涉及第三方支付业的报告数量占比为 40%，且占比逐年增大。2018—2020 年涉毒洗钱案件相关数据显示，涉及金融业的案件数量较多，占比 99%。其中多集中于银行业，且涉及第三方支付业的案件数量也逐步增加，占比为 38.9%。此外，涉及特定非金融行业的重点可疑报告占比为 15%、涉嫌毒品洗钱案件占比 16.7%，并集中在房地产和贵金属行业，特定非金融行业的洗钱威胁逐步显现。

3. 机构特点

2018—2020 年安徽省涉毒重点可疑交易报告和涉毒洗钱案件显示，为了交易的便捷性，毒品犯罪一般通过全国性大型商业银行进行毒资交易，城市商业银行、地方法人银行机构和支付机构被不法分子利用的风险也在逐渐增大。数据显示，2018—2020 年全国性大型商业银行报送的涉毒重点可疑交易报告占比为 78.8%，其中工商银行、交通银行等银行的报送数量较多。从涉嫌洗钱案件的数据来看，涉及全国性大型商业银行的案件最多，占比达 74.9%；涉及城市商业银行、地方法人银行机构的案件数量也在逐年增加，占比35.2%；涉及第三方支付业的达35.8%，且主要集中在支付宝和财付通。由于毒品犯罪分子需要联系上下线贩卖毒品，为便于交流，微信的使用率居高，同时，零包贩毒多采用财付通收取单笔毒资，采用支付宝集中转移大额毒资。

4. 业务特点

伴随着银行业和第三方支付业面临的较大洗钱威胁，银行业务中的现金、ATM自助终端、POS机、网上银行、手机银行的风险较高，第三方支付的网络支付业务面临的风险最为突出。2018—2020年安徽省涉毒重点可疑交易报告和涉毒洗钱案件显示，涉及上述五种银行业务占比较高，其中手机银行和网上银行最为突出，第三方网络支付业务占比为45.9%，且逐年增长。

（二）安徽省毒品洗钱风险特征

通过分析上传至中国裁判文书网的安徽省2018—2020年涉及走私、贩卖、运输、制造毒品犯罪案件，安徽省毒品洗钱在交易方式、交易行为等方面呈现以下特征：

1. 交易方式

（1）现金交易居多。安徽省主要毒品犯罪行为是零包贩毒，同时吸贩毒人员有一定的"交际圈"，彼此熟悉，每次贩卖毒品克数和金额不大，有时会面对面使用现金交易，积累到一定金额再集中利用ATM机取现，或通过银行或第三方支付账户收集到一定资金后，再集中利用ATM机取现。

（2）规避柜面交易。除现金交易外，贩毒人员一般要求吸毒人员通过ATM机无卡无折存款，或者通过便捷的网上银行、手机银行和第三方支付平台支付毒资。收取毒资后，贩毒人员一般通过银行非柜面渠道和第三方支付平台继续转移毒资。

（3）操纵他人账户隐瞒犯罪所得。一是操纵使用他人银行卡、微信和支付宝等账户收取、转移毒资；二是借助他人名义办理定期存款等金融业务，以便周转和保管涉毒资金，掩饰资金真实来源；三是指挥他人通过ATM机进行存取现交易，不轻易暴露自己，掩盖资金真实受益人。

2. 交易行为

（1）安徽省毒品主要来源于云南边境地区、湖北、四川、重庆、江西等地，交易时间一般在下午到午夜时间段，交易对象一般集中在贩毒人员所在区域或者周边县市。

（2）毒品交易一般都是通过个人账户转移资金，结合安徽省涉毒洗钱案例，贩毒分子主要是通过近亲属、配偶或情侣、关系密切的朋友等进行洗钱操作。

3. 其他新特点

（1）根据安徽省禁毒部门办案信息及已判决案例，毒品犯罪分子如需购买大宗毒品，转移毒资时，一般通过云南出境缅甸等地区，且以携带现金方式完成交易。

（2）以他人名义购买房产、车辆以及其他贵重物品等，通过实物的方式转换毒品犯罪所得形式，使非法所得合法化。

（三）安徽省毒品洗钱风险趋势

1. 现金业务的毒品洗钱风险仍需高度关注

虽然第三方支付日益普及，社会公众对现金的需求度和使用率在不断降低，但是利用现金交易具有痕迹少、流向难追踪等特点，毒品犯罪分子仍对现金交易有较强偏好，并采用多账户分拆存取现金、跨境携带等方式转移、清洗犯罪所得。

2. 第三方支付的毒品洗钱风险持续增高

基于第三方支付交易便捷、隐蔽等优势，以及毒品非面对面交易的特点，毒品犯罪分子日益偏好通过第三方支付平台进行收取毒资、转移毒资等犯罪活动，其存在的洗钱风险逐步增高。

3. 利用近亲属和非法买卖账户洗钱风险突出

毒品犯罪分子日益狡猾，为掩盖毒品犯罪资金流转渠道，隐藏自己真实身份，一般通过亲戚、朋友或者买卖他人银行和支付账户收取和转移毒资，人为割裂账户名义持有人和实际交易人之间的关系，并利用 ATM 机、网上银行、手机银行等非柜面渠道转移资金，掩饰资金的非法来源和真实去向，给公安机关侦查案件和金融机构开展监测造成较大阻碍。

4. 利用虚拟资产洗钱值得关注

虚拟资产由于缺乏有效监管，其隐蔽性很高。毒品犯罪分子以及吸毒人员多为中青年，对新事物接受程度高，会通过充值会费、游戏币、Q 币，甚至通过比特币、ETH 币以及其他虚拟资产进行毒资交易，以进一步掩饰真实交易目的。

三、金融机构涉毒可疑交易监测情况

（一）安徽省涉毒可疑交易报告接收情况

安徽省人民银行各级分支机构自 2018 年至 2020 年共计接收重点可疑交易报告 1458 份，涉及毒品的可疑交易报告 40 份，立案数量 7 份，具体情况如表 2 所示。从表中可以看出，安徽省金融机构上报的涉毒重点可疑交易报告数量占比较少，且可疑线索向案件的有效转化率偏低。

表 2　安徽省涉毒可疑交易报告基本情况表

年份	2018 年	2019 年	2020 年
涉毒可疑交易报告数量（份）	9	26	5[1]
重点可疑交易报告数量（份）	406	564	488
占比（%）	2.2	4.6	1
立案数量（份）	2	4	1

（二）安徽省涉毒可疑交易监测有效性低的原因分析

1. 涉毒交易监测指标与其他类型犯罪监测指标重合

可疑交易监测指标一般从客户特征、交易行为、交易情况等方面进行设置，通过调研了解，金融机构设计的涉毒交易监测指标，在客户特征方面主要设计了年龄属于中青年，职业为无业、自由职业者等，开户地与户籍地不一致等内容；在交易行为方面主要设计了非正常交易时间段交易频繁、非柜面交易占比高、交易对手多、交易对手周期性出现、交易规模与客户身份不符、长期闲置账户突然启用等内容；在交易情况方面设计了交易金额特殊、多为百元整数倍或故意伴随几角、几分，借贷方交易金额持平，资金快进快出、账户余额少，第三方支付交易多等指标。这些指标虽然体现了毒品犯罪交易的特点，但也与其他犯罪特点重合，如网络赌博、地下钱庄、电信诈骗、逃税等，而金融机构在系统触发监测阈值后，工作人员在甄别研判时，还需要根据尽职调查情况、资金交易和工作经验等进一步夯实涉罪类型。在实际工作中，多种犯罪监测指标的重合，加之客户尽职调查信息的有限性，影响了可疑交易涉罪类型判断的准确性，也影响对涉毒犯罪的监测与打击力度。

2. 涉毒可疑交易监测指标与安徽省毒品犯罪形势契合度低

一是安徽省金融机构大部分是非法人金融机构，其总部设置的指标主要是根据全国毒品犯罪特征设置的通用指标。通过调研了解仅有两家大型股份制商业银行在通用模型之外，设置了部分有地区特色的涉毒监测模型，且仅适用于特定毒品犯罪高风险地区的分支机构。依据全国毒品犯罪特征设置的监测指标与安徽省毒品犯罪形势存在诸多不符之处，如监测指标对客户户籍地、常住地、交易发生地、交易对手所在地等设置为毒品犯罪高危地区或明确为云南、广西、广东、湖南、重庆、四川等地，这与近几年安徽省毒品主要来源于云南边境地区、湖北武汉、四川成都的

1　2020 年度受疫情影响，毒品通道阻断，毒品交易数量大幅下降，可疑交易报告数量减少。

情况不符，导致反洗钱监测系统难以筛查出有效的涉毒异常交易。二是在全球疫情的影响下，毒品犯罪也出现新形势、新特点，特别是毒品来源、运送渠道，毒资转移途径等都出现了较大变化，安徽省毒品犯罪形式亦在呈现出新的形势，如邮路运毒、新型支付手段等逐渐出现，如果金融机构无法针对新形势、新特点及时针对性调整监测规则或指标阈值，直接影响涉毒交易监测的有效性。

3. 涉毒交易监测模型触发率低

根据调研了解，金融机构反洗钱监测系统的涉毒交易监测模型主要包括制毒、大宗贩毒、零包贩毒、网络毒品犯罪等几个模块，并对每个模块设置了生成可疑案例应达到的阈值。每个模块均从客户特征、交易行为、交易规模等方面设置了具体的指标和分值，一笔交易只有在以上方面获得的合计分值超过了生成可疑案例应达到的阈值，才会被反洗钱监测系统抓取。但是根据了解到的不同模块具体监测指标和分值设置，结合被排除的涉毒异常交易分析，存在涉毒交易达不到阈值无法被抓取，或者即使达到阈值被系统抓取，但缺乏明显判断属于涉毒犯罪的问题。

4. 金融机构一线员工甄别涉毒可疑交易力度不强

安徽省人民银行系统接收到的涉毒可疑交易绝大部分是金融机构通过反洗钱监测系统发现的，由一线员工甄别发现的较少，体现出人工甄别主动性不强、甄别研判能力较弱的特点。一方面，涉毒犯罪分子通常采取非柜面的交易方式来转移资金，如涉及存取现通常采取 ATM 渠道、转账则多采用网上银行、第三方支付平台等，使得涉毒资金监测较为困难。另一方面，一线员工缺乏对涉毒异常交易的主动甄别意识。例如，在客户办理业务，尤其是存取现业务时，故意回避银行的身份识别或核查、使用 ATM 机进行转账操作有误，交易行为与客户年龄、职业不匹配，交易地点多在娱乐场所附近等，这些异常情况涉毒犯罪的指向性比单纯依赖资金交易筛查更准确。但因为相关人员主动性不强，研判分析能力不够，不能从可疑交易资金链条或者异常行为特征中提炼出有价值情报，造成人工甄别发现涉毒可疑交易的案件较少。

四、完善金融机构涉毒可疑交易监测模型的建议

（一）加强人民银行与公安部门合作，提升可疑交易监测针对性

强化人民银行与公安禁毒部门交流协作，联合打击涉毒洗钱犯罪，及时互通最新犯罪和资金监测最新情况，有效对毒品犯罪分子身份特征、犯罪活动区域特点、犯罪活动高发区域、上下游活动区域、主要犯罪行为和特点等进行归纳总结。深化

整合两部门的资源优势，通过"人警银"联动平台、机构培训、风险提示等各种方式，提升对涉毒犯罪案件最新情况的掌握，提升可疑交易监测的针对性。

（二）指标设置权力下放，提高涉毒交易判断准确性

积极推动金融机构将监测指标设置权力下放，允许金融机构分支机构结合地区涉毒犯罪特点，对部分指标予以细化，使金融机构能够根据地区涉毒犯罪最新信息加强对涉毒可疑交易监测模型的客户身份、交易行为等方面监测指标的修改和完善，并与其他涉罪类型交易时间段、交易方式、交易行为等方面的指标设置进行区分，使其更符合地区实际毒品犯罪新形势。

（三）合理设置涉毒异常交易触发阈值，提升监测系统筛查质量

金融机构对不同类型的涉毒犯罪设置了不同的监测指标，并赋予了不同的分值，同时可能出于防范风险的考虑，触发异常交易的阈值设置得不太高，可能导致系统筛查出大量正常交易，需要耗费大量的人力和时间去分析排除。建议将不同的、单一的监测指标进行融合，比如在考虑交易时间时也结合交易地区环境特点等，在考虑非面对面交易方式频率时也结合交易发生地的金融机构网点设置情况等，以便提升监测系统异常交易监测有效性，避免防御型上报异常交易。

（四）探索建立"联动监测平台"，共同优化毒品犯罪监测模型

根据收集的毒品洗钱犯罪案例，帮助毒品犯罪分子掩饰、隐瞒和转移犯罪所得的洗钱分子一般是上游犯罪分子的父母、配偶或情侣、兄弟姐妹、宗族成员、亲密朋友等。因此，为及时发现毒品犯罪活动和追踪毒资流转渠道，应有效加强同公安禁毒部门的系统合作，在确保信息保密的情况下，将毒品犯罪分子纳入涉毒交易监测黑名单库，将毒品犯罪分子的密切关系人和吸毒人员纳入涉毒交易监测灰名单库。通过名单信息，结合各金融机构的反洗钱监测分析系统，对其账户进行不同强度和频率的交易监测，探索建立"联动监测平台"，并在人民银行建立的"人警银"联动平台框架内，建立快速响应机制，及时形成"定性、定量、精简、高效"的可疑交易线索，真正发挥监测实效。

五、"名单＋资金"模型搭建框架

根据对安徽省已报送的涉毒洗钱可疑交易报告分析，梳理归纳出可疑客户、账户、交易和行为上的识别点，并根据公安机关等有权机关提供的"涉毒人员名单库"等数据，搭建"名单＋资金"模型。

表3 "名单＋资金"模型

	"名单"监测模块	"资金"监测模块
客户身份	所有与"毒品名单库人员"交易的对手。客户交易中出现"名单库人员"	客户职业为无业、农民、个体等，与其整体交易规模不符
交易对手	交易对手多次存在于"贩毒"或"吸毒"人员	交易对手账户主要集中在云南、广西、广东、湖南、重庆、四川等毒品犯罪重点地区，同时有部分交易对手账户为本地个人在以上重点地区；上下游对手较多，每个月交易对手人数在一定数值以上，对手开户金融机构显示跨行跨省
交易金额	交易金额与本地常见毒品价格呈倍数关系	个人账户频繁地发生小额交易，多数小于一万元，多选择非柜面交易方式；部分涉毒可疑账户可能还伴随大量的单笔交易金额为几分、几角、几元的汇款，疑似暗语
交易时间	根据涉毒人员案件情况确定，时段一般为18:00至次日6:00	涉毒交易几乎全天发生，夜间交易（22点至次日6点）较为频繁，可能存在ATM机夜间交易或跨行转账

反洗钱视角下打击非法贩卖野生动物的路径探析

■ 乐鑫　薛永洁　唐佐 [1]

摘要： 非法贩卖野生动物日益趋于国际化和区域化，涉案金额日益庞大，每年高达230亿美元，是仅次于毒品犯罪、人口走私、非法贩卖军火的第四大全球犯罪。我国因野生动物资源丰富，也是受野生动物非法贸易危害最大的国家之一。本文基于我国非法野生动物贩卖现状，分析了我国野生动物非法贸易及资金交易特征，梳理了反洗钱视角下打击非法贩卖野生动物的难点，通过借鉴国外打击非法贩卖野生动物的经验做法，探索提出金融支持打击非法贩卖野生动物的新路径。

关键词： 非法贩卖　野生动物　反洗钱　资金追踪

2020年初，新冠肺炎疫情让走私、贩卖野生动物再次进入社会大众的视线。捕猎、贩卖野生动物及野生动物制品，打破了人与自然的平衡，让原本脆弱的人类免疫系统暴露在野生动物的病毒环境中，并滋生出严重的、国际化的洗钱犯罪活动。据国际刑警组织（INTERPOL）研究估算，全球野生动物非法贸易每年高达230亿美元，是仅次于毒品犯罪、人口走私、非法贩卖军火的第四大全球犯罪。党的十八大将"生态文明"纳入中国特色社会主义建设"五位一体"总体布局，2020年2月，中央政治局会议强调"要坚决取缔和严厉打击非法野生动物市场和贸易，从源头上控制重大公共卫生风险"。本文基于反洗钱如何有效追踪非法交易资金的视角，探索提出金融支持打击非法贩卖野生动物的新路径。

1　乐鑫、薛永洁、唐佐供职于中国人民银行陇南市中心支行。

一、我国非法贩卖野生动物的现状

在国际贸易市场不断繁荣、金融科技技术逐步更新的大背景下，非法贩卖野生动物也日益趋于国际化与科技化，在地域特征上呈现出逐步由发展中国家向发达国家流入的趋势。我国丰富的地理环境孕育了大量的珍稀野生动物，使我国成为世界上野生动物资源最为丰富的国家之一，同时我国也是受野生动物非法贸易危害最大的国家之一。2013 年至 2014 年，我国政府联合 22 个国家开展"眼镜蛇二号行动"[1]，2017 年新修订的《野生动物保护法》开始实施，2020 年新冠疫情在世界范围内暴发，我国进一步加大对野生动物非法贸易的打击力度，并在海关总署安排下开展"护卫2020"专项行动[2]。近年来，虽然党和国家对生态文明建设的重视程度日益提升，并陆续开展一系列专项打击野生动物非法贸易行动，但纵向对比 2012 至 2020 年查获的非法走私、贩卖野生动物数量可以发现，我国非法贩卖野生动物犯罪数量增长趋势虽有所放缓，但总量仍在持续增大。

数据来源：中华人民共和国海关总署官网、中国裁判文书网

图 1　2012—2020 年我国非法贩卖野生动物案件数量

通过对 2012 年至 2020 年间涉案地区的横向对比可知，涉案地区分布不均，且

1　2013 年 12 月 30 日至 2014 年 1 月 26 日，中国会同有关国家，组织亚洲、非洲和北美有关国家，在全球范围内开展"眼镜蛇二号行动"，旨在打击破坏野生动植物资源违法犯罪活动。行动期间，累计破获 350 多起破坏野生动植物资源案件，逮捕 400 余名犯罪嫌疑人。
2　海关总署部署全国海关开展"护卫2020"专项行动，严厉打击野生动物及其制品走私。

主要集中在东南部经济发达、交通便利的沿海地区及毗邻他国边境的省份。这些地区不仅仅扮演着野生动物及其制品消费地的"角色"，同时也是东南亚地区及非洲各国等重大国际走私犯罪团伙向世界各国贩卖野生动物的中转地。

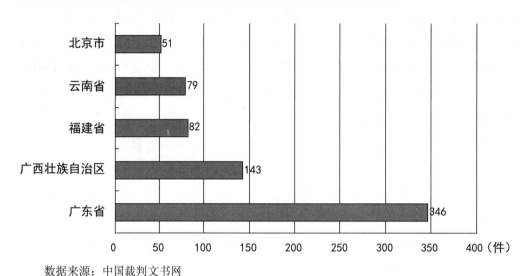

数据来源：中国裁判文书网

图 2　2012—2020 年非法贩卖野生动物案件数量排名前五的省份

二、我国野生动物非法贸易及资金交易特征

联合国毒品与犯罪办公室（UNODC）在《亚太地区有组织犯罪问题评估》中指出，亚太地区对于奢侈品（含野生动物）的需要是伴随着人口数量与影响力的增长而攀升的，中国作为最大经济体，也是亚太地区最大的野生动物消费市场。多种野生动物作为食品、药材、工艺品或宠物非法流入中国境内，野生动物非法贸易通常涉及的犯罪链条较长，包括非法捕猎、跨境走私、贩卖销售、零售消费环节，尤其是后三个环节洗钱特征较为突出。通过从海关总署在互联网上公布的相关案件裁决结果以及中国裁判文书网上相关案情两个途径，本文总结出非法贩卖野生动物主要存在交易主体及交易行为两方面的可疑交易特征。

（一）交易主体特征

一是交易主体多分布于东南部、沿海及毗邻地区，且成员间户籍地呈现高度相关性。通过总结分析相关案例发现，广东、广西、云南、福建等东南部经济发达、交通便利的沿海地区及新疆等毗邻他国边境的省份通常为涉案高发地，涉案人员也大多分布在此。同时，由于野生动物跨境涉及金额大、环节多，交易隐蔽性强，并要求核心成员间有足够信任，因此相关成员的出生地或户籍地存在高度关联性，团伙性组织犯罪特征明显。从职业特征上看，受传统观念影响，野生动物流入中国后，大部分被用于医药保健，同时，也被用于加工工艺品、作为宠物售卖或直接进行食用。通常而言，有工艺品加工、药材经销、野味餐饮、动物园经营或宠物销售等背景的公司，以及涉及农林牧渔行业的个体工商户和个人从事野生动物非法贸易的可能性较高。

二是交易主体多为青壮年，且多为男性。为了更好地适应新型支付工具的普及应用，涉案人员年龄分布普遍在 16 岁至 48 岁之间，同时在捕杀、运输等环节需要大量的体力消耗，因此男性居多。

（二）交易行为特征

一是资金交易规模与客户身份信息不符。从事非法捕猎、贩卖、收购等环节的客户多为低学历的无业人员，但其相关账户短期内资金账户可达数百万元以及千万元以上，与其身份背景与正常合法交易金额明显不符。

二是交易备注、金额具有特殊性。非法贩卖野生动物在转账交易环节通常会涉及部分敏感字眼，如"象牙""羚角""熊掌"，大部分交易备注涉及行业黑话，如"大猫"代指老虎、"球"代指穿山甲、"五爪金龙"代指巨蜥等，交易金额多为野生动物或其加工品零售价格的整数倍。

三是交易时间呈现周期性。野生动物的生长、迁徙、繁殖等行为通常具有周期性，因此相关交易行为也呈现出一定的周期性，即账户的频繁交易时间与野生动物迁徙期、繁殖期等特定时间线相吻合。

四是交易手段网络化。野生动物非法贸易的后续销售环节正在逐步由传统的线下销售模式向线上转移，我国庞大的网民数量也是支持贸易向网络化转型的基本条件之一，不法分子在销售交易环节会通过网上银行、第三方支付等交易方式进行频繁的资金划转，有意切断资金交易链条。总体来看，非法贩卖野生动物一般具有完整而复杂的交易产业链，资金交易错综复杂，并衍生出洗钱行为。

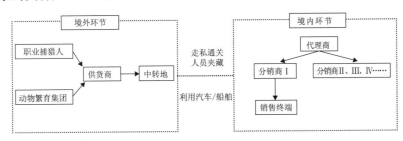

数据来源：作者自行绘制

图 4　走私贩卖野生动物犯罪利益链条

三、反洗钱视角下打击非法贩卖野生动物的难点

不法分子非法贩卖野生动物目的是获取非法资金，并为了掩饰隐瞒犯罪所得对获取的非法收入通过其他各种途径进行"清洗"，这种新型洗钱类型，由于其单笔交易资金不大、交易笔数较少，容易与合法交易相混淆。而随着互联网技术、物流体系在各领域的高度运用，也给反洗钱监测工作带来难度。

（一）法律支撑体系亟须完善

目前我国对非法贩卖野生动物的司法实践主要依据《中华人民共和国野生动物保护法》及《中华人民共和国刑法》，相关法律法规仅对贩卖、捕猎等供给端行为列明了处罚规定，并未对购买、消费等需求端行为作出处罚决定，无法在源头上打击非法贩卖野生动物的行为。同时，相关法律法规也未对其转移、掩饰的犯罪所得资金予以追缴，导致其在刑满释放后，仍有坚实的经济基础继续从事野生动物非法贸易活动。

（二）资金监测体系亟须完善

由于野生动物非法贸易与传统的电信诈骗、地下钱庄、贪腐犯罪等存在明显差异，现有的《可疑交易类型和识别点对照表》无法嵌套运用于野生动物非法贸易的可疑资金交易类型中，造成金融机构在风险识别过程中可以借鉴的参考不足，相关监测模型只能依靠金融机构自主研发，成熟度明显不足。加之，作为一项新型监测工作，金融机构监测分析人员对其认识不足、经验欠缺，很难从海量数据中精准识别出非法资金交易。

（三）跨部门协作体系亟须完善

随着互联网技术的不断发展，野生动物非法贸易活动日益呈现出线上化、产业化和专业化特征，仅仅依靠单一执法部门难以发现并精准打击非法贩卖活动，需要多部门配合协作、共同开展。同时由于相关部门之间未建立起有效的沟通协作机制，形成了信息共享壁垒，对于发现的可疑线索无法展开集中研判，也难以结合以往案例中从全链条的角度分析野生动物非法贩卖的交易行为、资金流向等典型特征。

四、国外打击非法贩卖野生动物的经验做法

（一）反洗钱金融行动特别工作组（FATF）

2020 年 6 月，FATF 首次针对非法贩卖野生动物犯罪与相关洗钱行为，发布《非法贩运野生动物与洗钱》研究报告（Money Laundering and the Illegal Wildlife

Trade，2020），并指出非法贩运野生动物一般涉及源头、中转地和目的地等多个国家和地区，犯罪资金也随之划转，犯罪分子往往利用金融机构及特定非金融机构（如赌场、房地产中介机构、贵金属交易商、律师事务所等）清洗犯罪所得。FATF 认为，采取追踪资金流向、识别洗钱行为和追缴犯罪收益是防范非法贩运野生动物的重要手段。

（二）秘鲁

在秘鲁，公众之所以对《野生动物贩运法》带有抵触情绪，除了有金钱收益方面的考量，还在于其民众将野生动物当作宠物长期饲养的热爱以及认为自己有自由支配国家野生动物的权利，民众的传统习惯影响有关部门的执法效能，导致秘鲁野生动物交易日益猖獗。针对特殊国情，秘鲁于 2017 年 8 月 14 日通过最高法令，批准了《秘鲁减少野生动物贩运十年国家战略》，旨在通过宣传教育、强化执法、建立多部门联盟、加强国家合作等方式减少秘鲁的非法野生动植物交易，战略目标指出，到 2027 年，将关闭 50% 的非法交易点，并确定每条走私线路。

（三）印度

在印度，野生动植物交易逐渐由线下转移至线上，并呈现出跨国家、有组织的特点。为了解决线上野生动植物交易执法难的问题，印度老虎保护局、印多尔警察广播培训学校、国际野生动物贸易研究组织以及世界自然基金会展开合作，面向森林警官在 6 个老虎保护区开展了名为"网爪"的网络监测试点项目，参与者将接收关于网站和电子邮件、公开资源情报收集，财务追踪分析以及用于遏制野生动植物网络犯罪的暗网调查等培训内容。除了开展针对性培训外，印度野生生物犯罪控制局还着力于为野生动物执法部门、互联网公司、政策制定者和市场引领者创建一个公共平台，以加强遏制线上野生动物犯罪的合作。

五、金融支持打击非法贩卖野生动物新路径

犯罪分子日益利用线上线下交易工具对所获得的非法交易资金进行高效运转，并对资金进行合理"漂白"，具有较强的反侦查能力，对人民银行切实履行法律义务，利用金融科技有效协助追踪野生动物非法贩卖交易资金线索以及打击衍生的洗钱犯罪行为提出了更高的要求，需要进一步发挥"追踪资金"职能，深化多方联动、完善反洗钱资金监控体系，才能有效阻断非法交易资金链条。

（一）守牢"第一道防线"，遏制非法贩卖产业链

金融机构作为我国反洗钱体系的"第一道防线"，要积极践行"担当社会责任、

主动合规经营、遏制洗钱犯罪"的义务。一是要建立起贯穿客户全生命周期的差异化身份识别体系，健全全面主动的洗钱风险评估和管控机制，为客户进行精准化画像，从源头上识别和防范非法贩卖野生动物相关洗钱犯罪。二是要依托金融科技战略，提升监测实效，精准捕获资金的异常流动，增进与走私野生动物相关交易的规范化和透明度。三是要积极配合有关部门开展监管协查和司法冻扣，有效阻断非法贩卖野生动物的资金链，遏制非法贩卖野生动物的产业链。

（二）完善法律法规，夯实法律支撑基础

提升野生动物非法贸易的违法成本，从需求端打击、从源头上遏制，对构成违法犯罪行为的，依法追究刑事责任，延长服刑期限、提高罚款金额。同时，在《刑法修正案（十一）》的司法解释中，列明野生动物非法贸易属于洗钱行为的上游犯罪。

（三）发挥金融情报优势，健全资金监测体系

人民银行要积极发挥反洗钱调查优势，帮助相关部门追踪野生动物非法交易资金，通过反洗钱手段以遏制、阻断非法资金交易链条。深入开展野生动物非法贸易专项研究，及时总结可疑特征，强化对非法交易活动的基金监测，将区域野生动物非法贸易风险列入洗钱风险评估。金融监管部门主动加强与海关、林业、司法等部门间的沟通合作，打破信息共享壁垒，建立联席机制，针对涉及野生动物非法贸易的可疑交易线索，加强联合分析研判，共同助力打击野生动物非法贸易行为。

参考文献：

[1] 谢露、李卓卿、常瑞，等．博弈论视角下反洗钱助力打击非法贩卖野生动物犯罪探究 [A]. 区域金融研究，2020(9)：79-84.

[2] 姜南．我国走私野生动物犯罪的现状及防控 [J]. 河海大学学报，2008(4)：42-44.

[3] 王军．云南跨境洗钱犯罪现状及对策研究 [A]. 云南警官学院学报，2011(1)：101-106.

网络艺术品交易洗钱风险分析及建议

■ 顾文欣 姜洋[1]

摘要： 中国已经成为全球重要的艺术品交易市场，由于艺术品交易行为存在标的不可复制、价值鉴定难、取证难、追踪环节多等特征，加之艺术品交易不透明，因此该行业面临着较大的洗钱风险。同时，随着电子商务时代的快速发展，艺术品网络交易日益发展。而不法分子利用网络渠道将单价偏低、符合大众审美的艺术品通过虚假运作、欺骗等手段或交易，将其人为炒到高价获取暴利，打乱了正常的艺术品市场秩序。本文对结合行业内发现的疑似通过网络渠道进行艺术品洗钱的交易案例及司法判决案例进行分析，剖析网络艺术品洗钱交易风险，梳理该类洗钱活动手法、特征，并提出相关工作建议。

关键词： 网络艺术品　洗钱风险　反洗钱监测

一、网络艺术品交易现状

目前，艺术品主要分为三类，一是原创类艺术品，二是收藏类艺术品，三是艺术衍生品。网络艺术品交易是将传统艺术品的创作、流通、消费等流程与互联网相结合，达到更低成本创作，更快速流通、更广泛普及和繁荣艺术文化的目的。

1　顾文欣供职于中国人民银行大连市中心支行，姜洋供职于中国建设银行股份有限公司大连市分行。

（一）网络艺术品交易的主要模式

表1　网络艺术品交易的主要模式

模式	代表	特点
专业艺术品交易平台	嘉德拍卖、雅昌艺术网等	综合化经营中高档艺术品，为买卖双方提供鉴定、展销、储藏、配送等专业服务
依托综合性电商平台	亚马逊、淘宝等	具有广泛的用户群体和完善的支付渠道，只提供网络交易场所，专业化程度不高
依托微信、微博、直播等社交平台	大咖拍卖、微拍堂等	类似公司运作模式，利用碎片化时间开展营销

（二）网络艺术品交易的特征

网络艺术品交易是互联网电子商务在艺术品市场专业领域中的延伸。区别于传统的艺术品交易一级市场（画廊、经纪人）和二级市场（拍卖、艺术博览会），网络销售格局正成为艺术品市场的重要部分，艺术品交易正在从专业走向大众。

1. 参与主体大众化

传统艺术品交易受众和交易范围狭小，依赖于充足的资金、专业的知识、对市场的持续关注。网络交易市场界限趋于模糊，降低了入市门槛，更加贴近大众。卖方既可以将艺术品交与专门的拍卖网站进行拍卖，也可以自己开办微博、公众号或直播进行售卖。而买方更是可以做到"人人参与、机会均等"。

2. 交易标的商品化

传统艺术品非标准化特征、投资门槛高、流动性较差、交易频率低、交易成本高、信息不对称等特点限制了其自由流通和规模生产。而网络交易的标的主要为适合大众的普世品，加之网络交易艺术品更加真伪难辨，以收藏为目的的网络交易较少，更多偏向于投资和消费。

3. 交易时空自由化

传统"线下交易"主要依托于物理空间的展览、拍卖、博览会等，而在线展示、网络拍卖、网络交易、网络社交等依托于互联网完成的"线上"交易，突破时间和空间的限制，缩短了交易流程，降低了交易成本。

二、网络艺术品交易洗钱风险案例类型

通过对司法判决案例的研究，梳理网络艺术品交易洗钱涉及的犯罪类型主要为非法集资、诈骗和传销。

（一）非法集资类

在未经国家主管部门批准的情况下，设立"艺术品交易所"，将低价艺术品虚假评估后高价包装成资产包以"股票"形式交易，通过互联网、宣讲会等方式公开宣传，诱骗投资人购买。并指使操盘手以对倒交易等方式控制资产包份额的交易量和价格。投资人则在该"艺术品交易所"发布的手机 App 或 PC 端进行交易，并向平台支付佣金。

（二）诈骗类

1. 骗取投资款

通过购买域名、虚设网络平台，诱骗投资人尝试买卖平台上的艺术品并获利，待投资人上钩并大量转款后，通过后台操作，将投资强制平仓，继而关闭平台，骗取投资款。

2. 骗取鉴定费、手续费、展位费等

以艺术品交易平台中介名义，采用夸大公司实力、虚构公司有藏品鉴定专家、故意高估藏品价格、伪造公司网站浏览量、藏品成交记录、在微信朋友圈等发布虚假的藏品交易记录等方式获取藏家信任，诱骗藏家将藏品信息展示在平台上并支付相应的鉴定费、手续费、展位费等，又通过假扮买家与藏家联系的方式吸引藏家将更多的藏品挂网展示，支付更多费用。

（三）非法传销类

通过艺术品电商平台构建一级市场会员认购、二级市场转让交易的模式，并保证交易只涨不跌吸引投资者以会员身份认购艺术品。暗地通过虚假交易抬高二级市场交易价格，并通过制造限制，比如要求会员购买新的艺术品或邀请新会员加入才能出售已购艺术品等方式，吸纳更多的投资者加入。

三、以可疑交易为例的网络艺术品洗钱风险分析

（一）案例基本情况

2021 年 3 月，我分行反洗钱中心在甄别可疑交易报告时发现客户刘某某的账户交易异常，经统计，2021 年 2 月 9 日至 2021 年 3 月 9 日期间，该账户累计发生交

易 17165 笔，交易金额 3904 万元。经深入分析，该客户两个手机号关联的微信昵称分别为梵某阁、梵某阁刘某某，头像背景为"艺某"（该客户交易明细里也存在该字样）。通过百度等互联网搜索梵某阁，自动显示艺某梵某阁，且关联出艺某梵某 A 阁、艺某梵某 B 阁等相似名称，进一步搜索了解到，"艺某"全称为艺某艺术品商城，大量投资者在艺某艺术品商城进行投资，而艺某梵某阁此类名称为一个交易的空间，投资者在空间内进行交易。结合主体账户交易特征及网络负面舆情，可初步判断该主体为网络艺术品炒作交易的一个投资空间的组织者，其账户为艺术品炒作的各类费用的收款账户，存在极高的洗钱风险。

（二）运作方式解析

以艺术品交易为幌子，没有实物流转，会员在平台上限时抢购所谓的艺术品，购买后再支付平台相当于买价 4.5% 的上架费，当天即可再上架，次日即可再出售给其他会员，获得 1.5% 的收益。同时，每新拉入一个会员，并且新会员每成交 1 万元钱，上家就能得到 30 元的奖励。如此反复操作，不属于真正的市场行为，该类交易必须不停地有人进来接盘，才能不断地运转下去，而交易的价格已大大超过艺术品本身的价值，犯罪团伙利用艺术品收藏、炒作为名，设置一系列复杂的交易规则，人为操控艺术品价格走势，通过类似传销的方式，对投资者实施诈骗行为，严重违反了《艺术品经营管理办法》及相关法律法规。

（三）资金链路追踪

网络艺术品虚假交易的形式多种多样，但其资金流转的模式以及经营的形式均大同小异。诈骗团伙通过注册与"艺术品买卖"相关的公司，以该公司账户、相关人员或购买、租借他人账户，来实现资金收集、转移以及混淆资金流向的目的，从艺术品投资者、收藏家资金流入到资金最终转移至其实际控制账户，资金的流向往往都有缜密的设计。总结而言，艺术品虚假交易团伙内的账户可以分为三类，一是艺术品交易代理收款与返利账户，二是中间过渡、转移资金账户（同时可能存在回流资金），三是提现及分红账户，其资金流向如图 1 所示。

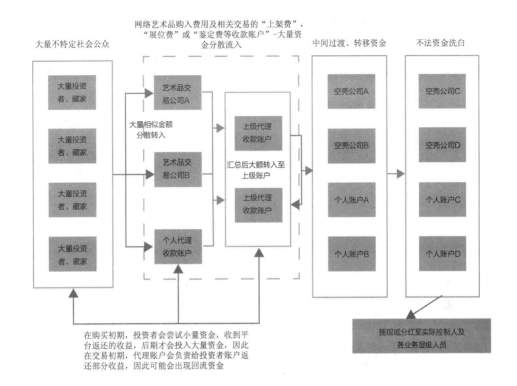

图 1 网络艺术品虚假交易资金流向图

（四）风险特征汇总

1. 客户身份方面

（1）团伙特征明显，组织主体多为与艺术品投资、经营、鉴定等相关联的企业及其法人、股东、业务员等，年龄以 80 后及 90 后为主。

（2）参与主体涵盖大量个人，涉及人员遍及全国各地，具有普遍性，粤、闽等经济高度发达地区更为突出，年龄也以 80 后及 90 后为主。参与主体关联度较高，如姓氏相同，居住地址相近。

2. 交易渠道层面

（1）组织主体及参与主体账户均以电子银行渠道交易为主。

（2）大量参与主体通过个人银行结算账户向组织主体账户频繁进行电子汇款，或"财付通""支付宝"等非银行支付机构向组织主体账户转入资金。

（3）组织主体账户多对参与主体转入的资金进行归集，汇总后及时通过跨行渠道进行转移，清洗赃款。

3. 异常交易层面

（1）主体账户在短期内收取大量金额相近的交易，汇总后大额集中转出，交易模式为"分散转入集中转出"。

（2）因为前期会有返还收益的情况，组织主体账户与参与主体账户可能出现资金回流的情况。

（3）存在特定的交易备注，如"上架费""展位费"或"5—6 位数字组合（支付凭证码）"。

四、反洗钱工作建议

（一）尽快将艺术品市场参与主体纳入反洗钱监测范围

根据艺术品市场的现状和发展趋势，重点加强对开设网络艺术品交易平台相关的艺术品经营公司、网络拍卖公司等主体的监管，尽快将其纳入履行反洗钱义务的主体范围。

（二）金融机构和各交易平台应加强客户身份识别

各金融机构和非银行支付机构应加强对各类网络艺术品交易公司、拍卖公司的客户身份识别和尽职调查。在客户身份识别环节细化职业（行业）分类，将其划为高风险行业客户，并开展强化尽职调查，了解客户业务性质、业务内容、运营模式及运营资质，必要时通过查询公开信息方式了解平台发展情况。

（三）金融机构应加强网络艺术品交易资金监测

金融机构应当将网络艺术品洗钱行为纳入反洗钱模型监测范围，确保对疑似网络艺术品洗钱的行为进行实时监控。同时要深入理解并掌握该类可疑活动主体在身份信息、资金交易和行为上的主要识别特征，提升可疑交易类型分析水平，切实履行可疑交易报告义务。

（四）发挥其他主管部门和行业协会的协同作用

网络艺术品交易市场参与主体众多、专业性强，单由反洗钱监管部门实行监管存在成本高、信息不对称、有效性不足等问题，因此对网络艺术品市场参与主体，特别是艺术品网络交易平台所关联的公司的反洗钱监管更加需要相关主管部门的支持和配合。同时引导行业协会利用自身资源优势，制定网络艺术品交易平台的反洗钱指引，充分发挥行业自律组织的协调监管职能，形成工作合力。

网络直播行业洗钱风险及防范

■ 张琳娜　白雨兰　潘精科 [1]

摘要：近几年，网络直播行业发展势头迅猛，"全民直播""直播带货"成为新趋势，网络直播行业已经成为一股新的经济势力，在市场经济中凸显出重要作用，随之剧增的洗钱风险也不容忽视。本文通过介绍网络直播行业的现状、洗钱模式及案例，分析了网络直播行业存在的洗钱风险点，最后提出了有针对性的防范建议。

关键词：科技金融　网络直播　反洗钱

一、引言

网络直播是指通过使用音像信号采集设备，在网络虚拟平台上，与用户实现即时互动沟通的一种交流模式。网络直播行业作为新兴行业，在新冠疫情的大环境下，以其独特的优势，在中国市场上快速崛起，资源、流量、品牌集聚直播行业，经过近两年的快速发展，网络直播已经深刻融入大众生活中。主播群体成为直播行业的焦点，直播主体广泛扩容，甚至掀起了"全民直播"的热潮。网络直播行业更是成为一股新的经济势力，活跃在市场经济中，同时，行业的洗钱风险也在不断暴露，因此，对该行业的洗钱风险研究也应逐步展开。

二、文献综述

（一）网络直播行业研究

网络直播是我国近几年发展势头迅猛的新兴行业，国外学者对该行业的研究较

1　张琳娜、白雨兰供职于洛银金融租赁股份有限公司，潘精科供职于中国人民银行洛阳市中心支行。

少，国内学者对该行业的研究多集中在直播平台运营及盈利模式、产业发展、直播违法行为及应对等方面，目前尚无文献从网络直播行业面临的洗钱风险点角度进行研究。

温静从国家政策和社会发展层面对斗鱼网络直播平台的内容定位、平台构成、差异化运营等进行探究，试图寻找发展中存在的问题；张盈通过分析网红经济，探讨直播产业存在的问题，并从内容监管、准入门槛、平台自律等方面提出促进产业发展的建议；梅航从法律角度分析我国网络直播平台典型直播违法行为及立法执法现状，总结存在的问题，最后提出完善行业法律规制的建议，其中涉及直播平台的洗钱问题，但是未做深入、系统的分析。

（二）网络洗钱研究

国际反洗钱组织对反网络洗钱一直很重视，反洗钱金融行动特别工作组（FATF）、巴塞尔委员会等组织分别指出应高度重视潜在的洗钱风险，并对反网络洗钱提出了相关建议。国外学者也对反网络洗钱进行了研究，认为网络为犯罪分子洗钱带来了新机会和方式，但其监管面临很大困难。

国内学者对网络洗钱的研究也越来越多，主要包括对网络洗钱具体方式的分析、完善网络洗钱法制体系等。陈铭分析了网络赌博资金洗钱的方式和特征，并提出防控建议；唐淑臣、刘英才、于龙通过分析第三方支付洗钱模式、特点及侦查难点，尝试建立针对性的犯罪侦查方法；司丽娟全面分析了网络洗钱方式、刑事立法现状、国外法律实践等，提出了完善我国反网络洗钱立法的应对策略。

综合梳理总结相关资料后可以发现，目前国内关于网络直播行业洗钱风险的研究较少，因此本文认为结合案例研究网络直播行业洗钱模式、风险点，尝试提出应对建议，具有很强的理论和现实意义。

三、网络直播行业的发展现状

中国互联网络信息中心（CNNIC）发布的第 47 次《中国互联网络发展状况统计报告》的数据显示，到 2020 年末，中国网络直播用户规模达 6.17 亿人，占网民总体的 62.39%；中国网络支付用户规模达 8.54 亿人，占网民总体的 86.4%；手机网络支付用户规模达到 8.53 亿人，占手机网民总数的 86.5%，如图 1 所示：

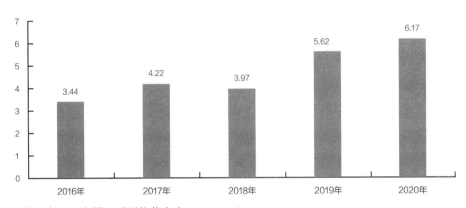

数据来源：中国互联网络信息中心（CNNIC）

图1　2016年到2020年中国网络直播用户规模（单位：亿元）

随着移动互联网技术的发展，网络直播的方式从最初的PC端直播发展到现如今的手机移动直播，不仅在形式上变得更加快捷方便，直播内容也从最初的PC秀场直播、游戏直播逐步扩展到电商直播、户外直播和泛娱乐直播等。2018年开始，中国直播行业迎来了发展机遇，一大批知名主播涌现。这些主播强大的流量和变现能力进一步催化着直播电商的迅速发展，同时技术发展、资本注入等因素强烈推动着网络直播行业快速发展。中国网络直播行业的市场规模由2015年的64亿元增长至2019年的1082亿元，复合年增长率为103%。而在2020年新冠疫情影响下，当绝大部分企业都因为疫情危机而发展放缓时，直播电商业态更加丰富，直播主体呈现多样化，网络直播行业迅猛发展，"全民直播""直播带货"让虎牙、斗鱼、抖音等平台风生水起，整体呈现出一派繁荣盛景。网络直播行业已经成为一股新的经济势力，在市场经济中凸显出重要作用，同时，海量的交易、虚拟的环境、便捷的操作，让网络直播行业更容易滋生洗钱犯罪。

四、网络直播行业洗钱模式及案例分析

（一）直播打赏洗钱

直播打赏洗钱是主播金主、主播、网络直播公司等各方通过串通，利用直播平台，以打赏的方式，将黑钱洗白。模拟情景如图2所示：

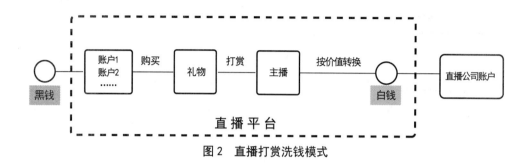

图2 直播打赏洗钱模式

打赏主播者 A、主播 B 及其所在的直播公司 C 串通洗钱。A 将黑钱化整为零，分别打入多个直播平台账号，转化为直播平台上流通的虚拟货币；然后通过这些账号购买高价礼物，将虚拟货币转换成礼物，再把礼物分次打赏给主播 B；最后直播平台会根据主播 B 获得的礼物价值，将对等数额的钱打入主播所在直播公司 C 的账户。经过这样一套流程，黑钱披上了合法的外衣，网络洗钱完成。

案例一：2020 年 9 月，上海浦东警方对上海某实业（集团）有限公司涉嫌非法吸收公众存款的涉案嫌疑人执行逮捕。在追赃挽损工作调查中，多名投资人称公司老板于某在多个直播平台存在巨额打赏，其在 YY 直播平台上的账号的消费记录显示，自 2019 年 6 月到 2020 年 7 月，他共计打赏 5500 余万元，而在多个直播平台总的打赏上亿元，该行为被部分投资人质疑其利用直播平台洗钱。

该案中，虽尚未查明利用打赏进行洗钱的事实，但由此可见直播平台结算效率高、打赏无监管、交易链条复杂、参与方易勾结等特点，极易被洗钱犯罪分子利用，通过"非法资金打赏—主播结算提现—约定比例分成"这一途径，形成完整的上下游链条，将非法资金洗白。

（二）直播平台虚拟货币多层转卖洗钱

犯罪分子利用网络直播平台，掩饰非法收入来源，将非法收入在直播平台上转化成虚拟货币，再将虚拟货币多层转卖完成洗钱，形成一条隐形的洗钱黑色产业链。具体操作为：犯罪分子将诈骗等违法所得，以直接或间接的方式"充值"到直播平台，转换成直播平台的虚拟货币，再将虚拟货币以折价方式卖给专门从事虚拟货币买卖的中间商，几经周转最后卖给打赏主播的人，成功提现，洗钱链条结束。模拟情景如图 3 所示：

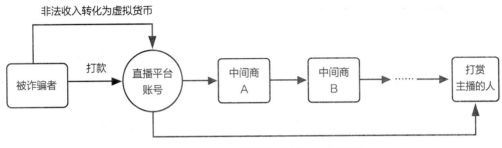

图3 直播平台虚拟货币多层转卖洗钱模式

案例二：2019年7月，某网店店主报警称其在网上被人诈骗4万元，调查发现该笔资金是通过扫描二维码打入了广州华某网络科技公司，而该公司经营有YY直播平台，被骗资金首先被充值进入了实施诈骗犯罪嫌疑人的YY账号，犯罪嫌疑人将Y币卖给专门从事Y币买卖的"上家"，该"上家"在明知犯罪嫌疑人Y币系诈骗所得的情况下低价购得Y币，最后又以低于官方的价格将违法所得Y币卖给打赏主播的人或其他有Y币购买需求的人，这些账号多层转手，最终实现诈骗所得非法资金转为虚拟货币又变现洗白。据统计，这条利用网络直播平台进行洗钱的黑色产业链涉案资金流达上千万元。

该案中，犯罪分子实施诈骗的步骤就是先将所得的钱款转化成网络直播平台的虚拟货币，后再多层转卖，获得非法收益。该类犯罪利用直播平台虚拟货币买卖隐蔽性强、取证困难、打击难度大等特点，将受害人的钱财兑换成虚拟币货币后层层交易流转，最终实现获利。

（三）直播购物洗钱

犯罪分子利用网络直播购物，通过虚构买卖交易、卖假货、低价购入高价卖出等方式，将黑钱洗白。犯罪分子可以通过伙同其他个人或设立合法公司，利用网络交易将非法收入转化为表面合法的收入，甚至还可以将非法所得转入设立在境外的网络公司。

案例三：甲某通过一系列贪污受贿行为获得了大量非法资金，为了将这些黑钱洗白，他利用亲属直播卖货，自己伙同他人在直播平台注册多个不同的账号，并从他人处大量购买账号，利用这些账号虚构大量买卖交易，从而将非法所得转换为了直播卖货收入。

案例中的直播卖货是个人对个人的交易，双方你情我愿，这种交易混杂在网络上大量的电子交易中，很不起眼，商品价格的高低可以不以市场公允价格为参考，交易的真实性、合法性、合理性不易引起监管方的关注，因此很容易被不法分子利用，通过虚构交易完成洗钱。

五、网络直播行业洗钱风险点

（一）行业经济活动具有复杂性，缺乏有效监管

目前常见的网络直播内容主要有：娱乐类、游戏类、购物类、专业领域类、体育类，在各类直播中，观看者都可以即时进行充值、"打赏"、购物、转赠、兑换等经济活动，直播平台账号可以自由买卖，直播行业的交易形式多样、链条复杂，很容易被违法犯罪分子利用进行洗钱。然而目前对直播平台的监管主要是管控运营资质，要求平台办理相关许可证并到所在地公安机关履行备案手续即可营业，行业受多部门共同监管但相关部门职责划分不够清晰，尚未明确将直播行业作为反洗钱义务主体进行管理，对平台运营过程中的客户身份识别、经济活动监测、异常交易提取等缺乏全面有效的监管。

（二）参与者具有虚拟性，客户身份识别不到位

在直播的世界里，昵称、头像、账号都是虚拟的，不了解双方的真实身份、真实目的，仅凭网络，实现即时互动。目前网络直播平台已经开始推进实名制账号注册，要求新用户输入姓名、身份证号码、手机号码等信息，但并不核对这些信息或进行联网核查。对于已注册账号的存量用户尚无实名认证要求。另外，用户只在注册新账号时需要实名制认证，并非每次登录都需要身份确认，不法分子通过直播平台账号互相转借或买卖就可以规避实名制监测。

（三）交易具有实时性，可疑交易监测困难

依托于网络发生的电子交易和电子支付只需要一台联网的计算机作为载体，用户随时随地都可以登录自己的电子账户，迅速地进行大量电子资金交易。直播平台、支付中介机构等在内的各参与方，只能了解交易者注册的身份、交易金额、余额等表面信息，面对海量交易信息，无法也没有意愿去了解交易资金的来源和性质。加之目前我国金融体系尚未建立全面完善的电子交易支付监测系统，缺乏有经验的审查人员，因此金融机构很难在众多的支付交易中排查出可疑的支付交易。

（四）网络证据具有易变性，客户身份资料及交易记录不易保存

网络直播平台的客户身份资料及交易记录保存在虚拟的网络世界中，容易受到人为的修改和删除，不留痕迹且难以修复，直播平台泄露客户身份信息和交易信息的情况也时有发生。网络直播洗钱犯罪的侦查需要收集客户身份资料、交易记录等

大量的网络证据，这就要求办案人员具备较高的计算机、网络科技、金融等相关专业知识，按照严格的网络证据取证操作标准开展工作，办案人员稍有不慎，就会导致证据收集不规范，甚至影响司法机关对于网络证据真实性、合法性的认定。

（五）从业人员素质良莠不齐，洗钱风险意识淡薄

随着互联网技术日益成熟，电子产品飞速发展，网络直播不再需要昂贵的设备，仅需一部手机，就能随时随地开启直播。网络直播行业从业门槛低造成了用户群体素质高低不一。目前网络直播行业从业人员在"流量就是收益"理念的驱使下，关注的重点仍然是如何通过流量来获取经济收入，人员整体法律意识淡薄，容易出于逐利目的与犯罪分子勾结或被犯罪分子利用开展洗钱活动，对其中可能存在的洗钱犯罪风险认识不足，风险防控意识不强。

六、网络直播行业洗钱风险防范建议

（一）完善体制机制建设，加强洗钱风险监管

目前有关部门出台的网络直播行业规章制度都致力于营造更好的发展环境，对行业违法行为的规定主要集中在危害国家安全和社会公共利益方面，缺乏反洗钱方面的规范和指引，要修订现行反洗钱法律法规内容，将网络直播行业纳入反洗钱监管范围，在反洗钱法及网络直播行业部门规章中明确该行业的反洗钱义务和要求，消除网络直播行业履行反洗钱义务潜在的法律障碍，研究制定行业指引，持续完善该行业的反洗钱监管体系。同时建立部门沟通协调机制，通力合作打击洗钱犯罪。网络直播作为一个交叉行业，受到多部门的监管。建议人民银行联合工信部、公安部、国家广电总局、国家互联网信息办公室、税务部门等相关部门开展联合执法活动，在身份识别、资金监测、行业监管、登记注册、税金缴纳、案件侦查等方面实现信息共享和合作联动，有效打击网络直播行业洗钱犯罪。

（二）建立健全尽职调查制度，加强客户身份识别

网络直播行业应加强内控度建设，建立健全客户尽职调查制度，结合国家广播电视总局《关于加强网络秀场直播和电商直播管理的通知》中实名制管理的相关要求，开展客户身份识别，了解客户的真实身份和交易目的。借鉴金融机构客户身份识别的成熟做法，通过实名验证、人脸识别、人工审核等措施，建立人机结合的重点审核机制，确保客户尽职调查结果。同时可以借助区块链技术，利用银行、支付机构等第三方平台，通过数据开放、数据共享等方式及时准确获取相关信息，确保客户身份识别到位。

（三）探索构建交易监测模型，开展可疑交易分析

网络直播平台要深入开展行业研究，准确描绘行业特点，梳理业务中存在的洗钱风险点，积极探索利用大数据、人工智能等新技术，结合直播用户的粉丝数量、流量热度、直播时长、直播频次等要素，建立有针对性的可疑交易监测模型。通过系统自动从互联网海量交易数据中提取异常交易，反洗钱岗位工作人员再根据留存的客户身份信息、交易流水及其他相关信息进行人工分析，准确甄别可疑交易。

（四）加强行业系统建设，确保数据安全

网络直播平台应健全公司治理，增强合规意识，加强数据系统建设，从硬件、软件两方面提高系统安全性。平台要逐步建立统一的网络交易数据系统，在系统漏洞修复、运行稳定的基础上，坚持防御和管控相结合，综合管理系统入口、访问、识别、操作行为等全流程；对合法访问实行有效授权，拒绝非法访问，增加信息获取难度，提高系统抵御外部攻击的能力，防止客户身份信息、交易信息的丢失、损毁、泄露，确保数据安全。

（五）加大反洗钱宣传培训力度，提高风险防控意识

监管机构、网络直播行业应加大反洗钱宣传培训力度，充分利用行业优势，通过线上知识宣传、案例讲解、平台推送等方式，大力宣传网络直播行业中的洗钱风险和违法犯罪活动。网络直播行业还应当加强人员培训，储备培养反洗钱专业人才，学习反洗钱相关法律知识，提升网络直播行业各个角色的综合素质，厘清业务活动的风险点，准确识别洗钱风险，及时报告可疑交易线索，增强洗钱风险防控能力，严厉打击洗钱犯罪活动，提高行业规范程度，促进行业自律。

参考文献：

[1] 温静 . 游戏类网络直播平台的运营策略研究——以斗鱼直播平台为例 [J]. 传播与版权，2019,068(01):151−155.

[2] 张盈 . 网红经济下的网络直播产业发展策略 [J]. 电子商务，2020(8).

[3] 梅航 . 论我国网络直播平台直播违法行为的法律规制 [D]. 华中科技大学 ,2019.

[4] 陈铭 . 网络赌博资金洗钱分析及检测防控建议 [J]. 中国信用卡 ,2021(07):63−67.

[5] 唐淑臣，刘英才，于龙 . 第三方支付洗钱犯罪侦查研究 [J]. 江西警察学院学报 2021(2):8.

[6] 司丽娟 . 论网络洗钱罪 [D]. 广西大学 ,2014.

[7] 中国互联网络信息中心(CNNIC). 中国互联网络发展状况统计报告[EB/OL]. 第 47 次 .http://www.cnnic.cn/gywm/xwzx/rdxw/20172017_7084/202102/t20210203_71364.htm.

[8] 蔡凯莉 . 网络直播平台的生存现状与发展策略研究 [D]. 南京师范大学 ,2017.

对俄贸易洗钱风险分析及对策与建议

■ 何平　张连臣　胥忠然　张吉娜[1]

摘要： 洗钱犯罪手段不断地变化与更新，而边境贸易因为交易结算方式灵活、便捷和不规范性，使边境贸易洗钱成为洗钱犯罪中最具隐蔽性的洗钱方式，一直以来是国际反洗钱组织和各国反洗钱机构高度关注的领域。本文通过对黑龙江省边境城市牡丹江市边境贸易交易中存在的洗钱风险要素和成因分析，提出相关的对策建议。

关键词： 边境贸易　洗钱

边境贸易的商品、服务及结算方式多样，交易环节和清算途径复杂，跨国市场和运输方式多变，防范和控制隐藏其中洗钱犯罪，是边境地区的反洗钱机构的重要任务。黑龙江省牡丹江市位于东北亚经济圈中心区域，与俄罗斯交界边境线长 211 公里，2 小时航空经济圈辐射俄日韩朝 4 个国家，是"中蒙俄经济走廊"龙江丝路带的重要战略支点，对俄经济贸易比较繁荣，该地区的洗钱风险需要高度关注和深入研究。

一、牡丹江市对俄贸易基本情况

（一）经贸现状

牡丹江市下辖绥芬河市和东宁市两个口岸城市，具有航空、铁路、公路多个对俄通关海关。绥芬河市于 2019 年 8 月被国务院正式批复设立了中国（黑龙江）自由贸易试验区（绥芬河片区），东宁市也是黑龙江省互市贸易进口商品落地加工试

1　何平、张连臣供职于中国人民银行哈尔滨中心支行，胥忠然供职于中国人民银行东宁市支行，张吉娜供职于龙江银行。

点之一。2020 年，牡丹江市进出口外贸总值 261 亿元人民币，其中，出口 82.1 亿元人民币，进口 178.9 亿元人民币，对俄贸易额连续多年占黑龙江省的 1/4 以上。

（二）商品特点

牡丹江市对俄贸易进出口商品达到 171 大类、1400 多个品种，其中，绥芬河市是我国最大的俄罗斯木材进口集散地和重要的资源能源进口口岸，对俄贸易进口商品主要为木材、煤炭、原油、成品油、化肥、纸浆、铁矿砂等资源类商品；出口商品主要为果蔬、建材、小百货、汽车配件等。东宁市也培育了多个黑龙江省最大的对俄进出口特色商品集散地，进口商品主要以废旧金属、俄罗斯旧机床、俄粮、宝玉石为主，出口商品主要以松子、果菜、干调、机电产品为主。

（三）结算特点

一是结算方式仍以传统的电汇业务为主。虽然牡丹江辖区各银行业金融机构积极拓展结算产品及业务种类，包括一些利于企业财务管理的汇率、利率避险和贸易融资的创新产品。但是，电汇结算方式因为手续简单、速度快捷和费用较低，在对俄贸易结算中仍然占据主导地位，其他为现钞、信用证、托收等结算方式。

二是外币结算量占比较大。在边境贸易业务结算中，外币结算量较大。2020 年，牡丹江市辖区内银行共办理本外币结算业务 8.8 亿美元。其中，美元结算业务 5.8 亿美元，占本外币结算总额的 65.9%；卢布结算业务 2.4 亿美元，占本外币结算总额的 27.3%；人民币结算业务 0.5 亿美元，占本外币结算总额的 5.7%。

二、对俄贸易中的洗钱风险分析

（一）商品洗钱风险分析

在众多的边境贸易商品中，以下几类商品交易中蕴含一定洗钱风险。

1.原油等大宗商品国际市场价格波动较大

国际市场原油价格虽然公开透明，但波动幅度巨大，2020 年第三季度以来，WTI 原油期货价格的波动范围为每桶 33.64 美元至 76.98 美元。洗钱分子很容易利用变化合同签订的日期，进行价格波动的掌控，从而形成与实际价格差价，将黑钱与实际商品交易额混杂在一起进行付款结算。

2.铁矿石等矿产品定价复杂

首先，矿产品矿物质元素成分复杂，因矿元素含量不同，矿产品价格差异很大；其次，国际市场不同时期矿产品的价格不同，而且不同地区市场间定价方式略有不同；最后，运输过程中产品折损部分也要正常支付价款，不同的运输方式和运输工具折损比例也不同；总之，对于洗钱分子来说，在矿产品价格的合理性和数量的真实性方面都有可乘之机。

3. 旧机床等二手商品价格不透明

二手商品的价格要根据产品的计提折旧的比率、使用年限、磨损程度等要素共同确定，没有市场参考价格，成交价格具有一定的随意性，很容易将黑钱掺杂在交易额中。

4. 新鲜水果和蔬菜等商品易腐烂、食品市场饱和程度不易确定

新鲜水果和蔬菜这类商品都是低价值、大批量产品，考虑到它们的消耗性，不受市场饱和的影响，监管当局不容易对其产生怀疑，有组织犯罪集团和专业洗钱网络，往往渗透在供应链中，并用来将非法资金引入交易体系。

（二）交易客户洗钱风险分析

对俄贸易交易主体除普通的经贸公司、生产加工企业外，还包括个体工商户和代理公司，相比之下，后两类的洗钱风险较高。

1. 个体工商户缺乏财务核算体系

个体工商户没有独立的财务核算体系，个体工商户在银行开立的账户名称会产生两种情况：一种是有字号，也就是凭营业执照以字号开立账户；另一种是没有字号，则是以"个体户"的字样和经营者姓名组成开户信息，政府等公开网站也没有他们的基本信息，银行很难掌握他们的经营规模，对他们的账户结算量也难以作出合理的判断，在贸易结算中，难以追踪外汇结汇资金用途或购汇资金来源，收集个体工商户信息难度大，因此，利用个体工商户进行洗钱的风险很大。

2. 代理公司资质良莠不齐

在对俄边境贸易中，代理公司在委托公司（一般为南方企业）授权下从事代理委托公司的贸易行为，代理公司代表委托公司与俄罗斯进口商签订商品购销合同，并收取委托公司一定比例的佣金作为报酬。贸易货款结算时，全部或者大部分直接货款汇给委托公司，有时将其中代理费直接汇给代理公司。但是，代理公司手中持有相关商业单据，如果代理公司为牟取非法利益，与一些地下钱庄设立的空壳公司相互勾结，将手中商业单据进行转卖，存在参与地下钱庄违法犯罪活动的风险。

（三）交易结算方式洗钱风险分析

1. 对俄贸易电汇结算洗钱风险分析

对俄贸易中的电汇结算洗钱风险既有它的结算方式的一般属性，也有使用它的交易方式的特殊性。主要表现形式为：一是跨境电汇结算方式在交易信息透明化方

面较弱。由于跨境电汇涉及汇款行、收款行和中转行多家银行，通过 SWIFT 报文进行汇款信息传递中，有时汇款行列明信息较少，有时中转行信息传递不完整，这都不利于收款人对交易信息进行分析风险。二是在边境代理贸易中，跨境电汇结算路径与交易路径不匹配，俗称"出口不收汇"边境代理业务，这类跨境电汇存在天然的电汇信息与交易信息的不对等性，给洗钱风险控制增加难度。

2. 边境贸易现钞结算洗钱风险分析

边境贸易中有一种贸易方式称为边境互市贸易，主要交易商品为农副、轻工等低附加值产品，中方交易商多为私营企业和个体商贩，俄方交易者多为以旅游购物名义入境的边民。互市贸易结算主要使用入境俄罗斯边民随身携带的卢布现钞。虽然，现在由于外汇管理部门严格的监管，现钞去向主要为通过银行现钞结汇进入银行监管系统，进行贸易项下的资金流与物流的匹配，但也不排除少部分流入黑市黄牛手中进行交易的可能性。

3. 对俄贸易信用证结算洗钱风险分析

信用证是买卖双方基于银行信用而建立起的贸易支付关系，现在主要使用跟单信用证。利用信用证进行洗钱，一般为进口商和出口商合谋，以银行信用和贸易单据作为掩护，使得信用证洗钱交易更为隐蔽。在对俄贸易中，一些中国商人或投资者直接到俄罗斯境内注册公司投资经商，这种情况下，贸易交易双方的实际控制人很可能为同一人，为构造交易或者重复使用贸易单据提供了天然便利，所以边境贸易中的信用证洗钱风险也不容忽视。

三、反洗钱实践

（一）强化内控措施，提升业务合规性

按照中国人民银行与国家外汇管理局印发的《银行跨境业务反洗钱和反恐怖融资工作指引（试行）》的通知（银发〔2021〕16 号）的要求，将展业原则纳入贸易外汇业务反洗钱管理中，按照监管相关指引，完善内控制度建设，在充分认识风险的基础上制定适合的内部管理制度和业务操作流程，将贸易外汇业务反洗钱规定与银行相关流程紧密整合，将反洗钱控制措施细化到每笔业务的合理性和逻辑性审核中。建立完整的审核机制与决策机制，从客户准入开始，持续了解客户状况，同时建立事后跟踪机制，将工作任务分解到各部门和各岗位，细化到具体执行人员，建立分工明确、职责清晰的内部控制机制，最终确保贸易外汇业务的合规性。

（二）整合内部数据信息，加强可疑交易分析监测

将外汇业务、信用、反洗钱信息、金融制裁等信息进行整合，建立业务系统、征信系统、反洗钱监测系统、金融制裁过滤系统、银行结算账户管理系统的综合平台，全面系统地反映、监测、评估企业和个人发生的贸易外汇业务风险，利用综合平台快速监测预警跨境资金异常交易，并通过接入外部监管等数据资源进行风险评估，最终决定是否与企业建立和保持业务关系，或者采取何种风险控制措施。

（三）宣传合规文化，提升全员反洗钱意识

由于边境贸易的特殊性，常规的可疑交易模型难以覆盖全类型可疑交易，人工预警一直在反洗钱工作中发挥着较大的作用。近几年，监管部门和银行机构共同加强反洗钱业务培训和宣传。监管机构针对反洗钱工作中存在的问题、面临的困难，把准症结所在，精准施策，重点发力，加大对银行机构反洗钱业务管理与指导力度。银行机构也努力提升行业合规文化，不断增强反洗钱工作人员主动工作的意识，强化反洗钱履职能力，积极提升边境地区反洗钱工作的水平。

四、对策与建议

（一）加大现钞出入境监测力度，压缩场外资金交易

及时了解和掌握现钞在跨境流动、兑换、使用渠道等方面的信息，鼓励社会公众在银行、外币兑换点等正规场所进行交易，压缩场外现钞交易和民间自由市场兑换外币的空间。监管部门牵头建立多部门共同参与的科学、统一的联动监测机制，多部门通力合作，防范和化解跨境金融风险。

（二）加强对外合作机制，实现信息共享

建议与俄方反洗钱机构建立边境反洗钱情报共享平台，完善反洗钱合作机制，实现信息共享，加强双边协助力度和联防深度。在实际操作中，可通过签订备忘录和多边司法协助条约，促进特定贸易数据和相关金融信息在反洗钱共享平台及时更新分享，对贸易洗钱实现全方位的精准打击。

（三）利用大数据技术防范化解洗钱风险

在复杂的国际贸易背景下，研究利用大数据防范化解洗钱风险尤为重要，可以以边境地区为试点，以海关为依托，开发反洗钱数据系统，充分挖掘大数据并利用大数据技术弥补传统监测手段的不足。大数据既应包括客户关系、资金、会计系统等传统反洗钱信息，还应包括货物或服务的种类、数量、质量、交易双方、时间、地点、方式及原因等与反洗钱有关的信息。

（四）发挥银行在进口贸易领域识别洗钱风险的关键作用

进口贸易洗钱是通过正规贸易渠道，将非法资金混入合法资金中进行跨境外逃。进口贸易中负责资金跨境流动的银行机构，应当发挥其在贸易领域反洗钱的重要作用。银行可以采用风险框架对客户的地理风险、客户风险、交易风险以及第三方风险等进行风险识别。经过风险识别后，银行应当对高风险贸易企业的活动进行重点关注，及时上报给反洗钱监管部门。金融机构需依据我国有关风险提示、监管规则以及洗钱类型分析等诸多政策指引，深度完善本土化红色警报模型，为更加高效地识别洗钱风险做铺垫，对跨境洗钱风险进行有效防控，确保我国企业边境贸易活动有序开展。

非法野生动物交易探析

——基于反洗钱监测视角

■ 李慧敏　龚飞宇　杨振龙　刘治杏[1]

摘要：新冠疫情暴发后，非法交易野生动物、滥食野生动物诱发的突出问题和对公共卫生、安全构成的巨大隐患引发社会热点，野生动物交易不仅危害公共卫生、安全，其背后高额的利益回报更是诱发犯罪的关键因素。反洗钱金融行动特别工作组（FATF）指出，非法交易野生动物已成为继毒品、贩卖人口、走私武器之后的全球第四大非法国际交易，犯罪分子为将非法收益合法化会通过各种手段掩饰、隐瞒其来源和性质，进而将资金"洗白"逃避监管，严重危害一国金融安全和稳定。本文通过对当前国际与国内的非法野生动物交易现状归纳和总结，并梳理 2016 年至 2020 年来我国非法野生动物刑事案件，概述了非法野生动物交易洗钱具有交易方式多样化、转移非法交易资金渠道广等特征，明确了需要进一步分析的关键点。最后分析反洗钱监测非法野生动物交易存在的困难并提出一系列合理化对策建议，对打击非法野生动物犯罪，积极做好相关反洗钱监测工作具有一定参考价值。

关键词：非法野生动物交易　反洗钱监测　追溯资金　协同合作

目前，全球范围内疫情的严峻形势让一直以来猖獗的非法野生动物交易备受瞩目。2020 年 2 月，第十三届全国人民代表大会常务委员会第十六次会议通过关于全面禁止非法野生动物交易、革除滥食野生动物陋习、切实保障人民群众生命健康安全的决定。2020 年 6 月，FATF 发布全球首份《非法贩卖野生动物与洗钱》研究报告，该研究报告是中国担任 FATF 轮值主席期间的优先战略事项之一，故基于反洗钱监

1　李慧敏、龚飞宇供职于中国人民银行伊春市中心支行，杨振龙、刘治杏供职于中国人民银行哈尔滨中心支行。

测视角探析非法野生动物交易具有重要的现实意义。本文拟通过梳理国际与国内非法野生动物交易现状、非法野生动物洗钱特征，分析反洗钱监测相关交易存在的困难并提出对策与建议。

一、非法野生动物交易现状

（一）国际现状

野生动物非法交易是一类有组织的重大跨国犯罪行为，其涉及交易范围广泛，可涵盖百万余种野生动植物，犯罪分子残忍掠夺了一些动植物的栖息地，致使其濒临灭绝。2016 年，联合国毒品和犯罪问题办公室（UNODC）发布了首份《世界野生动植物犯罪报告》，分析了 World Wise 数据库中近 7000 种物种，结果显示没有一个物种的总缉获量占比超过 6%。2017 年，全球金融诚信报告分析指出，野生动植物非法交易已成为全球交易量最多的非法交易之一，交易额每年高达 100 亿美元，成为继毒品、贩卖人口、走私武器之后的第四大非法国际交易。2019 年，世界动物保护协会在全球首个野生动物异域宠物全球交易报告中指出，全球野生动植物非法交易额估计高达 200 亿美元。这个数据不仅凸显了野生动植物非法交易的严重性和多样性，也表明了这是个全球性问题。野生动植物非法交易日益猖獗，不仅破坏全球生态系统，还限制社会和经济发展，甚至影响国家安全。

（二）国内现状

我国是世界上野生动物种类丰富的国家之一，也因此深受野生动物非法交易的危害，近 10 年来仅海关公布的非法野生动物走私案件就涉及多达 109 种野生动物，野生动物及其产品的非法交易额更是惊人。通过整理我国 2016 年至 2020 年非法野生动物刑事判决书，发现我国非法野生动物交易犯罪数量呈逐年上升趋势（如图 1）。为遏制、打击相关犯罪行为，2020 年 2 月，第十三届全国人民代表大会常务委员会第十六次会议通过关于全面禁止非法野生动物交易、革除滥食野生动物陋习、切实保障人民群众生命健康安全的决定；2020 年 12 月 18 日，最高人民法院、最高人民检察院、公安部、司法部印发《关于依法惩治非法野生动物交易犯罪的指导意见》，可以看出，我国打击非法野生动物交易的力度不断加强，对野生动物保护的重视程度不断加深。

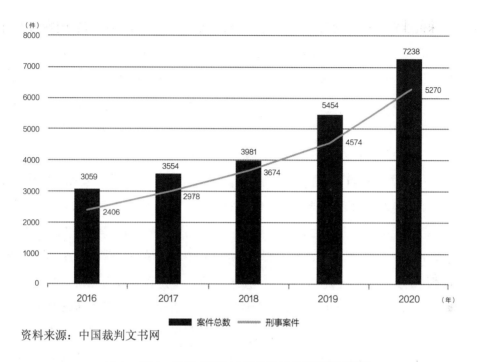

资料来源：中国裁判文书网

图1　2016—2020年我国非法野生动物刑事案件数量

二、非法野生动物交易洗钱特征

（一）非法野生动物交易方式多样化

国际上的非法野生动物交易方式与渠道多样，犯罪分子通过在社交聊天工具、在线供应商等线上平台发布广告等方式，积极发展买家购买非法野生动物及其制品，交易过程中通过一些阅后即删的聊天软件，用隐蔽聊天方式沟通，交易完成后通过人肉走私、国际快递等方式运输至国内。野生动物非法交易经常混淆于合法动物交易公司的正常贸易往来，也有国内外的走私者在野生动物来源国家或目的地国家建立空壳公司，建立结构繁杂的交易逃避相关监测，以进行非法洗钱活动。国内野生动物交易方式也呈多样化趋势，如线上通过电商平台或宠物论坛等，利用互联网的隐蔽性进行非法野生动物交易，线下则包括通过动物相关企业、花鸟市场、文玩市场、家具店、古董店、餐饮饭店、工艺品商店等方式出售非法野生动物制品。

（二）转移非法交易资金渠道广

随着科技手段的发展升级与无纸化支付与第三方支付兴起，许多犯罪分子利用其成为非法野生动物洗钱的资金转移通道。除了通过购买奢侈品、珠宝、房地产、汽车等高价物品等传统方式进行洗钱，现今，跨境资金支付多利用第三方支付为洗钱手段，通过支付现金或贷款，以自助终端、电子银行及第三方银行为媒介清洗犯罪收益。其中，第三方支付的非法野生动物交易案件在 2016 年至 2020 年间内也呈逐年快速上升的趋势，整理分析裁判文书发现，2016 年至 2020 年，非法野生动物交易案件中，涉及第三方支付的案件数量年增长率为 159%。除通过他人转账、走私现金、地下钱庄等手段外，犯罪分子也在利用虚拟货币等区块链技术进行资金转移，或利用非正式的资金转移网络平台，俗称"黄牛党"等交叉手段转移清洗犯罪收益。

（三）地域特征明显，走私团伙犯罪手段活跃

野生动物走私犯罪往往伴随着洗钱犯罪活动，从案件地区分布情况（如图 2）可以看出，在我国，一是野生动物交易犯罪主要活跃在野生动物资源丰富的省份，尤其是与东南亚等国家（如越南、柬埔寨等）的接壤省份，且账户活跃期、休眠期与野生动物的繁殖期、迁徙期、休眠期基本一致；二是越是港口城市、沿海城市以及边境口岸地区，珍贵非法野生动物交易走私犯罪活动就越频繁。非法野生动物交易已经从传统的单一作案逐渐向有组织的团伙作案发展，并呈现一定的规模特征。团伙成员分工明确，层层分级，狩猎者、销售者、走私者、需求者、物品与资金处理者形成了一条完整而复杂的产业资金组合链，且这种链条多与当地黑恶势力、腐败势力错综交错，环环相扣，相关涉案人员身份复杂，其职业与人群并没有固定特征。

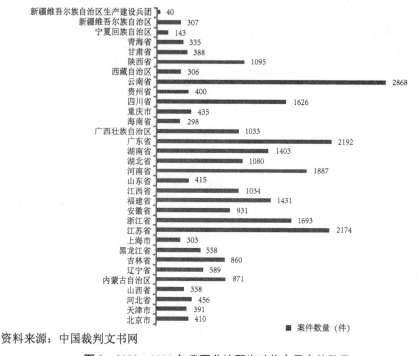

资料来源：中国裁判文书网

图 2　2000—2020 年我国非法野生动物交易案件数量

三、反洗钱监测非法野生动物交易存在的困难

（一）跨国、跨区、跨部门监测防控体系不完善

野生动物非法交易多为跨国团伙，野生动物非法交易案件一般遵循属地管理原则，打击野生动物犯罪往往需要国家与国家、部门与部门之间通力协作，然而目前不同国家、地区与部门之间尚未形成工作合力，且相关案件线索信息的监测渠道少。科技化手段的飞速发展也使得跨国野生动物非法交易隐蔽性更强，如非法交易过程中使用暗语、代名词等隐蔽性较强的词汇，使监测相关犯罪交易存在一定难度。同时，跨国、跨区域的非法野生动物犯罪往往呈链条式发展，需要高效的跨部门防控监测体系联合打击。

（二）相关可疑交易识别经验少

对非法野生动物交易进行反洗钱监测，主要是归纳分析相关可疑交易识别点，据此开展系统预警和人工分析研判。目前我国对恐怖活动犯罪、毒品走私等洗钱上游犯罪进行资金监测所对应的可疑特征已有相对成熟的分析识别经验，但是对非法野生动物犯罪的监测经验仍有不足，如非法野生动物洗钱特征与餐饮行业、食品行业、家具行业等相关，精准识别此类交易需要丰富经验，经验的缺乏给反洗钱后续打击工作带来一定的阻力。

（三）资金链条复杂，追溯难度大

非法野生动物交易资金链普遍较长且复杂，多使用线上第三方支付。犯罪分子通过非银行机构进行线上交易使得交易时间缩短，且金融机构间数据存在一定的壁垒，信息交流有一定阻碍，割裂了资金链条；大额非法交易资金通过支付账户提现，进一步增加了追溯资金来源、流程走向与交易对手的难度。

（四）相关法律法规与公众意识不健全

一方面，我国目前尚未将野生动物犯罪纳入洗钱上游犯罪，也没有将此类犯罪列为金融机构反洗钱监测对象，这就在很大程度上影响了打击非法野生动物犯罪效果。相关法律有待完善。另一方面，道德约束机制相对宽松，公众对野生动物保护的认知较低，即使意识到食用野生动物存在危险，但大多数公众对野生动物的印象还停留在中药材使用与"偏方"使用，导致存在一些知情不报的情况。社会层面对非法野生动物交易关注度较低，保护野生动物的整体意识较弱，犯罪分子甚至会披着合法交易的"外衣"进行欺骗，利用不知情的交易者来实施犯罪行为。

四、对策与建议

（一）加强协同合作，完善监测防控体系

国际上野生动物的来源地与交易地普遍不是一个地区，多数为跨国家、跨地区的犯罪案件，所以需要跨国联合执法，建议进一步健全国际专项合作的常态化高效机制，积极探索野生动物洗钱新手段、新方法，如通过技术援助、司法援助等措施展开多边合作。国内则需要野生动物保护组织、相关执法机构、银行机构、公安机关、海关、市场监督等部门与反洗钱部门的协同合作，形成定时定期的信息交流互通、线索发现移送、案情联合会商等机制，实现打击非法野生动物犯罪信息与其他相关信息即时共享，积极高效应对非法野生动物交易带来的风险与挑战。

（二）建立信息数据共享机制

建议打破反洗钱义务机构之间的信息壁垒，加强横向交流，建立信息数据共享机制。例如，在系统筛查与人工分析时对相关可疑信息进行关键字备注，重点关注跨国机构与个人客户之间的频繁资金交易、对野生动物案件频繁发生地区的个人跨境资金交易进行重点关注审核等，将此类信息线索与共享信息库进行关联匹配和上传，增强对非法野生动物交易相关可疑交易识别的即时性，进一步提升可疑交易报告数量及其有效性。

（三）加大资金监测力度，建立该领域监测模型

充分利用先进的金融科技技术，建立智能风险提示系统与合理高效的非法野生动物犯罪资金监测模型，发挥可疑资金监测的积极作用；了解跨境汇款资金的真实来源，顺应当前风险为本反洗钱工作理念和自定义可疑交易指标要求，提升系统自动抓取相关可疑交易的准确性，加强人工分析审核；结合已有案例，分析作案手法与支付特征，提升发现预警非法野生动物交易线索能力。

（四）强化宣传教育

进一步健全洗钱线索举报制度，通过在反洗钱义务机构摆放展板、张贴宣传海报、发放宣传折页等，宣传非法野生动物交易的危害及保护野生动物的重要性，坚决抵制非法野生动物交易行为。在官方渠道如官网、微信公众号等公布举报邮箱、电话等举报途径，健全举报奖励机制，树立公众保护野生动物的责任意识，激发公众举报积极性，共同努力保护野生动物资源。

参考文献：

[1] 乔欣 . 保护野生动物 守卫美好家园 [N]. 青海日报 ,2020-3-27.

[2] 陈志娟 . 打击野生动植物非法贸易国际合作的思考 [N]. 法制日报 ,2019-10-30.

[3] 费宜玲 . 野生动物非法贸易网络化的危害和监管 [J]. 野生动物学报 ,2019(4).

[4] 张瑜 . 珍贵、濒危野生动物资源的刑法保护向度 [J]. 湖南科技学院学报 ,2018(12).

[5] 徐红 . 银行国际汇款业务中的洗钱风险与防范 [J]. 中国信用卡 ,2018(2).

贵金属行业反洗钱研究

■ 田新峰[1]

摘要： 本文主要针对贵金属行业反洗钱工作进行了一些分析研究，对贵金属行业的基本情况、主要类别及特点进行介绍，研究了贵金属行业在反洗钱方面的历史沿革和国内外先进经验，并指出在当前经济环境下，加强贵金属行业反洗钱的必要性。本文详尽分析了贵金属行业反洗钱方面的业务漏洞，以及可能的反洗钱方案。以期通过此项研究，进一步加强银行业对于贵金属行业反洗钱工作的了解，提升反洗钱的综合能力。

关键词： 贵金属 反洗钱 黄金

贵金属行业是现代商业银行提供综合金融服务的重要行业，贵金属因其体积较小、质量轻、携带轻便及高价值的特点，容易被洗钱犯罪分子所利用。2021年年中，央行明确指出，特定非金融组织在从事特定业务时，需依照金融组织的相应规则承担反洗钱义务，并在《中华人民共和国反洗钱法（修订草案公开征求意见稿）》中界定了特定非金融机构的范围，其中包括从事贵金属现货交易的贵金属交易场所、贵金属交易商。由此看出，国家已将贵金属行业纳入特定非金融机构，对银行从业者来说，了解该行业相关反洗钱制度，提高与贵金属行业开展金融业务时的洗钱风险识别水平，具有非常重要的现实意义。

一、贵金属行业及主要贵金属介绍

贵金属行业是由用贵金属材料进行生产、经营、流转的相关行业，通常，这些材料包括金、银、铂、钯、铱、锇、铑、钌8种元素，其中，铂、钯、铱、钌、锇、

1　田新峰供职于中信银行股份有限公司战略客户部。

铑这 6 种元素又被称为铂族金属。出于市场上应用的普遍性和研究的价值性考虑，市场上经常进行研究分析的为黄金、白银、铂及钯，而银行业反洗钱重点关注的主要为黄金和部分非贵金属的珠宝业务。

（一）贵金属的属性

与普通金属材料相比，贵金属除了一般商品属性以外，还具有特殊的货币属性，多年来，黄金的货币属性已大幅削弱，但市场上强劲的投资及储蓄避险需求，仍然反映的是其作为货币替代品的特殊价值。

（二）贵金属的应用

除了大众熟知的佩戴、收藏、投资以及保值使用外，随着科技的提高和工业技术的发展，贵金属市场中的超高纯度金属材料、合金和化工等产品，被广泛应用于冶金、化工、石化、汽车制造、家电、光学玻璃、教育、科研领域，市场需求较大；同时，部分贵金属逐渐成为制造业和科研领域不能缺乏的重要基础材料，由于资源相对匮乏，以及具备其他金属材料所无法替代的特殊功能，贵金属被人们称为"现代工业维生素"。

（三）主要贵金属介绍

1. 黄金

据相关资料，全世界黄金储量占地球自重的亿分之一，有 60 万吨上下，而其中的绝大部分，处于地球的最深处，即地核附近，以人类现有科技，根本无法开采，在人类发现黄金的大约 6000 年里，已开采了约 19 万吨黄金，价值 53.2 万亿人民币。截至 2021 年，全世界黄金总储备量大约为 15 万吨，世界现有黄金资源储备保证的期限大约为 20 年。世界主要的黄金储备集中于美、澳、南非、俄以及中国，这五国的储备已占到总量的一半左右。

就黄金生产供应来分析，黄金开采的重要基础是黄金资源，在全球，有 80 多个主要的黄金生产国家，其中出口较大的有中、澳、美、俄与南非，而南非曾长期是全球第一的黄金生产国，2006 年以后，随着生产技术的提升，中国已超过南非，跃占了世界第一的位置。除了生产技术因素以外，南非产量大幅度下降的因素还有：大储量的老黄金矿经过上百年的开采，储量逐年减少，容易开采的部分越来越少，继续深入开采会造成成本剧增；电力价格的急剧增加，压制了黄金矿产出；随着人工成本上升，也相应提高了黄金挖掘成本，进而降低了南非黄金开采的竞争力。

在国内，黄金资源分布地域较为宽广，储量较为丰富，但资源禀赋本身不均衡。我国黄金主要包括岩金、沙金和伴生金，岩金产量及占比均最大，是黄金生产的主要贡献类别；其他矿产的伴生金，例如铜金矿等，近年来数量逐步增长，但其份额还处于下降态势；而由于开采困难、效率不高、人工成本高等，近年沙金产量不断下降。

就黄金需求量分析，在全世界，中国、印度和美国的总消费量最大，整体占比达到约 60%，特别是中国和印度两国均有佩戴黄金首饰的习俗，且中国有收藏黄金币和黄金制品的需求，尤其是随着国内经济的发展和各类商品价格的不断攀高，自 2006 年起，越来越多的人将黄金作为应对通胀的投资工具。从中国黄金消费结构可以明显看出，黄金首饰和金条是占比最大的两项，因此，近年来，我国对黄金的需求大大高于世界其他各国，且整体的消费投资需求量还在不断地提升。

在工业应用方面，黄金相对于其他贵金属而言价值偏大，成本较高，作为工业原材料的比重非常少。

2. 白银

从白银供应来看，与黄金逐渐减少的产量情况不同，目前世界白银的产量呈上升态势，产地更加集中，世界前五大白银生产国为墨、中、秘、澳、俄，这五个国家白银总生产量占全球产量的 70% 左右。但总的来说，由于价格偏低，利润有限，市场上白银供给动力尚显不足。从来源看，白银主要分为矿产银和回收冶炼白银，近年来，矿产银占市场总产量的 80% 以上，而由于白银价格相对平稳，回收冶炼白银成本与矿产银的成本持平，考虑生产规模及投入因素，矿产银还是主要的产量来源。

从需求来分析，在工业层面，白银在工业生产方面的需求占据白银整体需求的 65% 左右，主要包括摄影、饰品、银器生产等。据预计，截至今年，白银的工业使用率将达到其总需求量的 75% 以上。其中一个重要的原因是随着科技的发展，白银在很多新兴产业领域的使用率大大上升，例如动力电池、超导体和电容、医疗设备、医药领域等。

3. 铂金属

前面讲到了铂金属的主要类别，其中铂金和钯金是铂金属中最主要的类别，这两种类别的具体品种和主要用途如表 1 所示：

表 1　铂金和钯金的品种及主要用途

分类	品种	主要用途
铂	自然铂、海绵铂、高纯海绵铂、超细铂粉、铂合金、铂镍合金	铜及镍矿中可以找到铂，铂除了用作首饰外，还用作催化剂、实验器材（如高温坩埚等高级化学器皿）、电子开关、减低汽车排气污染的触媒转换器等，铂的化合物如顺铂（Cisplatin）则用于癌症的化疗之用
钯	纯铂金、铱铂金	除了制作首饰外，还主要用于生产汽车催化剂、电子及牙科医疗器具等方面。近年来，国际不仅用钯制作首饰，而且在解决了生产技术后，还开发了以钯为材料的名贵腕表

（1）铂金。

从供应情况来看，与黄金类似，南非的铂金产量也占全世界铂金总产量的 80% 以上，剩余的大部分是俄罗斯出产的。与黄金产量对比，全世界铂金年产量只有黄金的 5%。

从需求情况来分析，铂金绝大部分应用于工业，在过去的 10 年间，随着人类对于雾霾等污染的关注和治理，汽车尾气催化剂需求快速增长，其对铂金的需求比例达到 30% 以上，大幅度高于其他工业需求。除此之外，还有对铂金首饰和装饰品的需求。

（2）钯金。

从供应情况来看，钯金与铂金都是稀有白色贵金属，两者年产量也较为相近，钯金也可被用于汽车催化剂领域。与黄金、铂金一样，南非是钯金的最大生产国，俄罗斯排名第二，但由于多年来的开采，俄罗斯的钯金储备逐年下降，已接近枯竭，随着钯金产量的下降，回收量也持续下降。而 2021 年，钯金主要生产国南非因罢工中断生产，钯金的总供给也正在下降。

从需求来看，对全世界各国钯金消费结构进行分析，主要消费国家的占比相对均衡，其中需求及消费量最大的主体是欧洲与中国，总需求占比达到 43.7%，欧洲占比为 21.8%，中国占比为 21.9%。自 2002 年以来，由于全世界经济高速发展，带动发展中国家制造业快速崛起，第三世界国家对钯金需求也在快速增长。

二、贵金属行业洗钱风险分析

贵金属行业主要包括金、银等稀有金属，自 20 世纪 70 年代开始，以欧美为主的许多发达国家都相继开放了金银买卖，现代国际贵金属交易市场开始逐渐形成气候，而贵金属产业自律和行政监督是最主要的市场监督体系，与它们对应的就是国际贵金属交易中的场外交易和场内交易市场。近年来，随着国家房产调控力度加大，调控政策逐步落实，大批资本投向了贵金属材料市场，以期保值增长，贵金属材料成交量迅速增加。除传统贵金属交易商之外，商业银行也相继引入了贵金属买卖服务，且逐步成为贵金属交易投资的主要途径。

（一）贵金属买卖途径风险分析

对于商业银行来说，按照反洗钱客户身份鉴别的相关要求，银行对于办理贵金属买卖和投资业务的客户，要区分是否开设账户进行管理。对于需开设账户的客户，可在开设账户过程中，登记客户的身份证件及其相关基本信息，并按办理一般服务进行鉴别；对于不开设账户的客户，通过转账、现金和 POS 机刷卡等方法支付资金，购得贵金属实物的，由于绝大部分客户会选择回购服务，也需要持有身份证办理，也可在这一过程中记录身份信息。对于未选择回购业务，且未开立账户的客户，存在反洗钱监管方面的风险。

对于在商场、银楼等非银行场所购买贵金属的，与银行相比，由于缺乏相关规定，有商业服务营销要求等因素，目前并没有持身份证件进行实名制备案的要求，在交易支付方面，客户可以通过现金、刷卡、微信、支付宝灵活支付，如通过现金支付的，完全没有可以查询购买人的方式。此外，少部分商场或黄金品牌也提供回购服务，但回购时，并不是必须要提供身份证件，只要购买的贵金属产品及相关凭证就可以完成办理，办理后客户也可以要求通过现金进行返还。所以在多个渠道上均存在反洗钱的安全隐患。

从以上分析来看，在银行金融机构和商业机构渠道进行的贵金属购买均存在一定程度的风险隐患。

（二）金银作为洗钱通道的根源分析

贵金属材料具有价高、体小、交易规模大、保值性强等特点，通过回购可方便快捷实现资产变现，特别是金银类产品熔化后，原产地很难被人跟踪，而且能够十分方便地转化成现款，由于上述特征满足了洗钱活动的内在要求，所以极易作为洗钱等犯罪活动的主要工具。市场普遍认可的黄金一直是最好的洗钱工具，同时也是转移资本的主要工具，这主要有以下四个方面原因。

1. 黄金的流动性好，难以追踪去向

金银是被广泛认可的，相对比美元最好的高流动性负债，由于其能够随意熔铸，

其熔化后很难被追查去向，此外，收购黄金的企业作为商业行为，也通常不会像商业银行审查资金来源那么严苛。

2. 黄金交易非记名，体积小便于转移

在通常情形下，由于黄金买卖时较难记名，加之体量小、易于移动的特点，成为洗钱的高效操作工具。例如，深圳海关多次起获私家车中隐匿的金条和金砖，2018 年，在一台私家车扶手箱位置，发现有一条特制暗格，经拆开后检验，从中竟缴获金砖 44 块，每块重量为 1 公斤，共 44 公斤。

3. 金银生产过程难以全面监督

由于在黄金矿业中对金银产品和废物都无法进行完全的监管，黄金矿极易成为洗钱现场。比如在芝加哥联邦法院披露的一个案件中，贩毒集团在芝加哥用贩毒所得收入购买了大量金银成品，之后再经由物流运到迈阿密比斯坎湾的珠宝店，接着珠宝店再把金银出售给精炼厂，精炼厂在收到约 1% 的手续费后，将金银进行熔化，而后将金银再交给珠宝店，在扣除手续费后，珠宝店随后再将金银转移到在墨西哥的某公司账户上，通过这种方法，向贩毒集团总共转移了约 9800 万美元。

4. 大宗商品融资易发生金银洗钱

另外一种黄金洗钱方式是在国际大宗商品融资中，热钱直接流入中国套利的管道。例如，先由国内金银生产商向海外子公司提供人民币货款，进口金银原材料；而后海外子公司将从母公司手中获得的人民币货款作为质押，再在外国银行作为质押贷入美元；最后，由母公司接受了海外子公司的美元，并把金银等加工品出境到中国香港地区，并明显地报高出境金银的数量。这样重复上述的过程，热钱便在外贸掩护下流入国内，而这就是一种洗钱的方法。

三、贵金属行业洗钱风险问题分析

针对贵金属洗钱所面临的巨大风险，不少国家针对黄金的现金贸易都提出了明显的限制。在我国，中国人民银行于 2017 年就颁布了针对贵金属材料买卖工作场所进行反洗钱和反恐怖主义融资服务管理的相关规定，对金银买卖活动和客户服务做出了相关要求。目前，在商业银行贵金属交易及投资业务方面，面对的洗钱风险问题还包括以下几点。

（一）未建立健全的贵金属反洗钱管理体系

当前，商业银行未能全面建立健全贵金属反洗钱体系，包括贵金属业务管理机构、相关制度和系统建设三个方面。一是对于贵金属业务未设立单独的管理机构，未进行单独业务条线体系建设和管理，造成无明确制度可以执行，无管理机构进行落实和推动的情况。在此情况下，难以切实起到控制洗钱风险的作用；二是贵金属业务遵照统一的金融业务反洗钱规定进行管理，未针对贵金属自身及交易特点，制定贵金属反洗钱专项制度；三是银行反洗钱相关系统未设置贵金属交易分析功能，较难发现贵金属交易过程中的可疑情况。与制度建设方面类似，在系统层面，银行将贵金属交易视为正常资金交易，不区分具体交易的性质和异常，例如。某银行的一位零售客户一次性转账近 400 万元购买了多达 6 公斤黄金制品，但由于在系统未提示可疑交易，该银行就未能上报。在系统和人员均不能判断的情况下，容易导致存在洗钱嫌疑的贵金属交易未能及时被发现。

（二）客户身份识别工作未执行到位

即使按照目前金融反洗钱的一般性管理规定，对于重中之重的客户身份识别工作依然有待进一步完善之处。由于贵金属交易并非银行的主流业务，柜台人员大多并非专职人员，在贵金属交易中缺乏洗钱风险防范意识，思想意识中主要以营销落地为主要考虑因素，在贵金属交易中也没有客户风险等级划分。柜台人员大多仅对客户身份信息进行简单登记和留存资料，对于大额及异常交易，缺少结合其身份及业务背景进行深入调查分析的思路和手段。

（三）贵金属购买及回购环节未能实现人员及系统信息互通

在贵金属交易过程中，并不强调专营机构，由于存在多个经营机构，且大多未设置专职客户经理，客户一般只需要凭借贵金属实物及相关身份信息，就可以在商业银行任一业务办理机构完成回购业务，商业银行并不需要严格审查客户贵金属的来源。在系统层面，部分商业银行系统中并不记录购买和回购贵金属的客户，或者即使记录了，也不能与其他银行进行对接联网验证。这些都给违法犯罪人员进行洗钱活动提供了机会。

最后，由于国家只对银行、保险、证券期货等金融服务领域实施国家反洗钱法律法规的监督管理，目前尚未将典当等非银机构贵金属业务列入管理，市场上大量资金在非监管内的贵金属交易领域运作，也存在着较大的洗钱漏洞和风险。

四、贵金属行业反洗钱方案研究

为应对当前贵金属交易量急剧增大，洗钱风险逐步显现的情况，国际反洗钱金融行动特别工作组（FATF）明确要求贵金属交易商应严格履行反洗钱义务，我国目前也在积极探讨，计划将所有贵金属交易相关方纳入反洗钱监管范围，建立健全贵金属行业反洗钱制度。在完善反洗钱相关制度的前提下，分步骤、有节奏地实施对贵金属交易商的管理，各相关交易商及机构必须据以建立具体方案，并采取切实可行的措施。贵金属监督管理机构也应尽快推出贵金属大额可疑交易报送标准，并做好对相关领域的反洗钱知识及技能的培训宣导工作。

（一）加强贵金属交易商反洗钱管理

笔者认为，我国应在建章立制、完善系统及数据库、非银贵金属交易等方面进一步加强贵金属反洗钱管理。首先，我国应尽快出台专项贵金属反洗钱业务指南，推动企业据以制定相关内控流程及举措，并从严执行客户的人身辨识保护义务；其次，要求贵金属行业交易主体建设反洗钱系统。在进行交易时，需完整记录交易者的身份信息和交易记录等，同时指导企业建立买入和回购贵金属材料的顾客数据库，并结合实际对顾客身份辨别和顾客交易过程加大人工辨识力量，对大额买入贵金属材料时顾客身份不同、顾客在买入后不计损失短时限内快速请求返还资金等情况，第一时间上报问题交易行为报表；最后，针对金融机构外的贵金属交易者，也应严格纳入反洗钱监督管理体系内，要求其在销售活动中履行反洗钱义务，担负与其他金融组织相同的客户身份认定义务，并按照相关规定，定期提交大额和疑似交易业务报表。

（二）完善贵金属反洗钱监管及监测体系

在深入分析贵金属投资和交易特征的基础上，逐步健全反洗钱监控体系，加强贵金属交易录入管理，严格区别交易性质，建立并不断完善贵金属洗钱交易识别模型，及时快速有效地甄别贵金属异常交易。为避免洗钱违法犯罪者分散利用多家交易机构进行洗钱，监管机构应开放接口，与贵金属交易机构建立联网，将体系内所有交易信息进行集中，可实现数据比对，并设置自动预警及提示等功能。同时，进一步明确各贵金属协会的相关职责，统筹协调地方金融监管局与产业监管部门，利用相互信息分享，形成反洗钱监督合力。

（三）加强贵金属反洗钱教育培训

监管部门一方面应针对贵金属交易方所建立的合作机制效果开展测评；另一方面需积极做好对贵金属、珠宝和首饰等行业反洗钱义务主体的评估、培训及引导，特别是针对客户身份辨识、大额可疑交易报送、身份资料与交易记录的保存等方面的要求开展培训。此外，在深入研究贵金属产业的经营特征、诈骗作案规则和手法的基础上，梳理总结有关案例，展开对贵金属贸易商的反洗钱培训和宣传，逐步增强贵金属服务行业工作人员的反洗钱意识和专业技能，明确贵金属交易商履行反洗钱义务的具体要求，助力贵金属交易人员准确识别可疑交易，提高反洗钱监管的效率和水平，有效预防诈骗风险。

（四）加强国际交流与经验借鉴

FATF 在 2007 年 6 月通过的"基于风险的打击洗钱和恐怖主义融资方法指南：高级别原则和程序"中明确包括贵金属材料、宝石和珠宝行业，定义了"贵金属材料和珠宝贸易商"包含贵金属材料、宝石和珠宝开发者、经销商和购买者、珠宝加工商、精炼和提纯商，以及利用贵金属材料和珠宝生产首饰的生产商、零售店、旧货交易市场和废品回收市场中的贸易商。2012 年，FATF 的新《40 项意见》中第 22 项和第 23 项中将贵金属材料和珠宝贸易商列为特殊的非金融机构行业和职业。在实际交易过程中，当客户使用的现款贸易达到了 1.5 万美元时，应该进行顾客真实身份尽职调查、贸易信息记录存档，出具大额交易报表和可疑交易报表；1.5 万美元及上述的现款贸易中既包含单一次贸易，也包含反复进行，但明显相关的贸易。上述国际组织的相关管理机制和经验都可用以交流和借鉴。

参考文献：

[1] 周袁民 . 贵金属和珠宝洗钱风险成因及监管对策研究 [N]. 金融发展评论 ,2017.

[2] 白欢欢 . 美国贵金属、珠宝行业反洗钱监管经验及启示 [N]. 金融会计 ,2015.

论反洗钱监测和资金流分析在骗税案件中的具体运用

——以"百城会战"319号骗税案件为例

■ 林辉　谢敏君　宁贤威[1]

摘要：本文以广东佛山税务、人民银行、公安三方联合侦破的一起骗取出口退税案件为例，对反洗钱监测和资金流穿透在案件研判、查处中的积极作用进行分析。该案通过循迹追查人民银行移送的涉税违法线索，用好税银警合成作战机制，成功铲除报关行倒卖他人出口货物信息、上游企业虚开增值税专用发票、地下钱庄虚假结汇、出口企业骗取出口退税的"全链条"骗税犯罪团伙，对虚开、骗取出口退税、洗钱等上下游犯罪实施联合打击。

关键词：骗取出口退税　洗钱　资金监测　信息共享　联合打击

开展打击虚开骗税违法犯罪两年专项行动以来，广东税务与人民银行通力合作，及时转换洗钱和虚开骗税线索，运用资金流分析手段，精准圈定违法犯罪团伙，重拳严打"假企业""假出口"，取得明显成效，破获多起"会战号""飓风号"骗取出口退税案件。本文以广东佛山税银警三方联合侦破的"百城会战"319号骗税案件为例，对反洗钱监测和资金流穿透在案件中的积极作用进行分析。该案通过循迹追查人民银行移送的涉税违法线索，用好税银警合作机制，成功铲除一个买卖关单、虚开发票、虚假结汇的"全链条"骗税犯罪团伙。团伙涉及3户出口企业、3户货代公司以及百余家实体虚开企业。出口企业联合货代公司在深圳、广州、江门、佛山等市大肆"收购"家具出口报关信息，变造报关单，接收虚开发票，非法从事资金支付结算业务，严重扰乱市场秩序。广东佛山税银警通过收网和敦促自首行动，捣毁犯罪窝点3个，抓获犯罪嫌疑人26人，敦促自首投案102人，逮捕9人，取

1　林辉、宁贤威供职于国家税务总局广东省税务局稽查局，谢敏君供职于国家税务总局佛山市税务局稽查局。

保候审 119 人，进一步肃清出口贸易市场环境。

一、基本案情

该案线索由中国农业银行佛山分行监测发现，经中国人民银行佛山市中心支行调查分析，于 2019 年 6 月移送国家税务总局佛山市税务局作进一步稽查。经税银共同分析研判，佛山市上某经贸有限公司（以下简称"上某公司"）涉嫌配单、配票、配汇，以"买单配票"方式骗取出口退税。税银警立即成立专案组并开展查办。

经查，上某公司在 2015 年至 2019 年期间，通过非法获取他人的关单信息、虚开增值税专用发票和非法代收外汇的方式，假报出口，骗取国家出口退税款 4576 万元。佛山市禅城区人民法院于 2020 年 11 月 25 日判处上某公司犯骗取出口退税罪，判处罚金人民币 4576 万元。主犯程某犯骗取出口退税罪，判处有期徒刑十一年，并处罚金。

二、洗钱手法

（一）常见手法及特征概述

1. 常见手法

骗取出口退税的主体主要分为外贸企业和生产企业，最常见的手法是"买单""配票""配汇"假报出口骗税。"买单"为真实出口方不需要或不能获得出口退税，同时亦无法以自己的抬头报关出口。骗税企业通过向货代公司或报关行购买、获取这类型出口的货柜货物信息和配套的单证，以骗税企业的抬头进行报关出口。"配票"为骗税企业获取到上述货柜货物信息和报关单后，有针对性地寻找企业虚开对应货物、材质的增值税专用发票，在此过程中，骗税企业必定会支付开票手续费（浮动在 6% 至 10% 不等）给虚开企业，因此会形成公私户的资金回流。"配汇"为骗税企业通过买单配票，假报本企业有货出口且货物已税，需要有对应的外汇入境，常见的配汇形式有通过"地下钱庄"买汇、代收外汇、向自己或他人控制的在国外收取货款的账户买汇。

2. 账户特征

主要分为暴力虚开空壳公司账户、无货虚开实体企业账户、出口企业买单配票配汇账户。

暴力虚开空壳公司账户特点：（1）公司法定代表、股东均为挂名，实际控制人隐藏幕后，IP 地址信息可能在外地。（2）账户启用后从未出现股东或法定代表汇入资金作为注资或公司周转使用，资金周转全靠货款滚动。（3）账户完成虚开发票资金走账即弃用，使用时间短。（4）虚开发票交易双方信任度低，因此公户收到货款后，资金快进快出至私户，迅速完成回流。（5）资金等额或呈比例转出，回流经手账户多，第一笔通常为整数，拓展账户才出现手续费扣除。

无货虚开实体企业账户特点：（1）兼营有货交易和无货虚开，出现虚开业务时才有公私互转或回流。（2）使用的周转私户多为法定代表、财务负责人、股东或公司员工的私户，以及上述人员的直系亲属、亲戚，账户关联度高。（3）回流仅在单一或多手关联度高的账户进行。（4）资金快进快出或前期快进快出，后期彼此信任度高，或出于规避检查目的，资金不再呈现快进快出特征。（5）特定给虚开对象回流，计算好扣除手续费，转出私户金额多呈比例、非整数。

出口企业买单配票配汇账户特点：（1）使用的周转私户多为法定代表、财务负责人、股东或公司员工的私户，以及上述人员的直系亲属、亲戚，账户关联度高。（2）回流仅在单一或多手关联度高的账户进行，周期性转回公户。（3）长期接收虚开回流资金，因此出现与特定对象（虚开对象）的交易均为存入。（4）汇总交易数据，有入无出、有出无入的大额交易对象，多为虚开走账、买汇走账。（5）资金快进快出或前期快进快出，后期彼此信任度高，或出于规避检查目的，资金不再呈现快进快出特征。

（二）本案手法分析

在本案中，上某公司骗取出口退税使用的买单配票配汇账户共有4个，均为使用亲缘关系人账户。出于规避风险考虑，账户一年一换，2016年使用法人代表的妻子陈某账户，2017年使用法人代表程某账户，2018年使用法人代表的母亲、公司挂名股东之一的崔某账户，2019年使用法人代表程某的亲戚区某账户，每到账户弃用时便将余额逐渐转出至法人代表账户。为便于表述，下文统称"法人代表账户"。

1. 购买虚开增值税专用发票，用于骗取退税

上某公司通过支付8.5%至9%不等的开票手续费方式，向生产企业购买虚开的增值税专用发票。其购买虚开增值税专用发票的行为反映在资金交易上，主要表现为两种形式：一是向对方公司转出资金后，再通过对方公司关联个人账户，将扣除手续费点数的资金转回法人代表账户；二是向对方公司转出资金后，再通过对方公司关联人账户，将等额资金转回法人代表账户，购票点数另外月结。

2. 购买他人的出口关单，假报本企业出口

上某公司向货代公司、报关行购买货主不需退税的出口信息、关单等报关出口

资料，配置成本企业出口报关单，再通过虚开发票，向税务机关申请出口退税。前期的买单费用通过上某公司法人代表账户支付给卖单货代公司的法人代表，每月结算一次。后期为掩人耳目，货代公司用"运费""报关费""熏蒸费"等名义通过公对公直接收取骗税企业的买单费用，并且向上某公司开具增值税发票，将非法收益掩盖在正常经营的经济活动下。

3. 替他人接收境外货款，冒充本企业出口收汇

上某公司账户接收家具企业等出口贸易应收境外货款（外币），再通过法人代表账户结算人民币转出到家具企业等关联的个人账户，冒充本企业出口收汇。如 2017 年 12 月 13 日，上某公司外币账户收到从波兰汇入的 21138 美元，14 日从法人代表程某账户转出 139630.16 元人民币到朱某某账户，资金用途中注明"USD21138.4"，结算汇率约为 6.606。在收汇额不足时，上某公司积极开发、寻找外汇，额外每 1 美元支付"2 分钱"的"补贴"给货代公司和本公司业务员"找外汇"，以此填补买单出口部分的外汇缺口。表现为接收境外货款（外币）后，快进快出，通过法人代表账户转出每 1 美元扣除"3 至 5 分钱"的"换汇手续费"后的金额给委托收汇方，同时每 1 美元支付"2 分钱"给中间介绍方。

三、具体运用

反洗钱监测和资金流穿透分析，主要依靠金融机构反洗钱系统的大数据监测、数据挖掘、多部门多层次的情报会商和信息共享。具体运用如下。

（一）大数据监测，促交易预警精准

本案依托中国农业银行 2018 年 4 月研发并上线的新反洗钱系统，通过全行数据交换平台，采集各业务系统数据，利用大数据分析，综合交易流水、交易背景和客户基本信息等情报，准确监测识别出账户异常情况：一是公转私频繁，该公司与法定代表人账户转账交易 134 笔，累计金额 8437.26 万元；二是交易对手的注册资金规模与资金交易规模不符。该公司账户的对公交易对手注册资金规模多在 1 万至 300 万元之间，部分交易对手注册资金为零，然而发生的交易资金规模都较大，与注册资金规模不匹配；三是交易备注信息显露交易背景异常。该公司企业法人账户的交易备注中存在"退税""税金""USD"等字眼，显露出交易背景存在异常。

（二）情报会商，促信息采集齐全

信息采集是否完备直接决定调查分析质量，本案调查阶段，中国人民银行佛山市中心支行积极协调组织多层次的情报会商，丰富有关情报信息：一是根据线索交

易跨金融机构情况，组织佛山市辖区不同金融机构情报人员会商，进一步丰富线索主体和主要交易对手的有关情报信息；二是加强税银警三方联动，多次情报会商，共享情报信息，为线索分析研判提供强力支撑，有力地促成了线索向案件转换。

（三）关联挖掘，促证据收集充足

本案线索中，上某公司账户可疑交易 4617 笔，涉及对手 495 个，其法人代表程某账户可疑交易 4608 笔，涉及对手 560 个。中国人民银行佛山市中心支行在组织银行机构广泛收集金融情报信息的同时，也组织各银行机构反洗钱情报人员，认真梳理情报信息，充分挖掘各主要交易对手留存的客户基本信息，通过将其留存的工作单位、居住地址、联系电话、手机、网银绑定手机以及网上银行交易采集的MAC 地址信息、交易附注信息等，进行比对，发现其间的关联性、账户受控制情况等。关联关系的挖掘，为虚开增值税发票的资金回流交易分析和认定，提供了更充足的证据。

（四）本外币比对，促资金链路清晰

在本案中，佛山市税务局稽查局、中国人民银行佛山市中心支行和中国人民银行外管部门紧密合作、信息共享，调阅跨境资金流动监测与分析系统中上某公司外汇收支交易明细，与该企业和法定代表人的人民币账户交易明细进行比对分析，并与公安机关联同审讯犯罪嫌疑人，从而清晰勾绘出该公司假收汇的资金链路，揭露其替无收汇途径的企业接收出口贸易货款（外币）、结算为人民币后通过法人代表账户转出到关联的个人账户的非法结汇事实。

（五）创新算法，促虚开犯罪显形

本案积极创新，在资金交易分析时，采用改进的有向图环路检测算法，算法以上某公司账户为起始节点，按深度优先搜索，同一节点出发的边，按权重从大到小排序，搜索时优先从权重大的边开始；若某条路径回到了起始节点，即发现一条资金流环路，记录下该路径，或若沿路径搜索完所有节点，未能回到起始节点，即未发现资金流环路；返回到沿起始节点出发的下一条边，继续搜索，检测资金流环路；直到全部深度优先搜索遍历完成。从案件中的应用来看，巧用有向图环路检测算法，能在虚开骗税案件调查分析中发挥积极作用：一是找准虚开发票的关键节点，促进调查工作有效突破，提高虚开骗税案件查处和打击效率；二是指导对资金交易流水的取证，与票据、货单等证据形成共证，提高案件质量。

（六）深度合作，促调查取证扎实

在本案侦查阶段，稽查部门充分发挥税务部门牵头的主观能动性，推动中国人

民银行佛山市中心支行、外汇管理部门和公安机关联合调查取证，积极调动各部门优势力量。税银警联同资金分析、联同审讯调查、不定期召开会议、共拟查办方略和应对措施，在资金、发票、人员、结汇等方面综合取证，形成证据"包围圈"，推动案件快速查处，实现优势互补。

四、案件启示

近年来，涉税洗钱犯罪呈现出犯罪团伙化、人员职业化、链条扩充化、环节多样化、手段隐蔽化、信息智能化及活动跨区域等特点。同时，涉税走私活动依然十分猖獗，手法不断翻新，出现"骗税＋走私"等复合型犯罪活动，打击难度进一步加大。通过总结近年涉税犯罪资金特征，结合本案实际运用反洗钱监测、资金流穿透分析和税银联动机制的经验做法，提出以下启示与建议。

（一）加强特征账户监测，有效预警涉税犯罪

总结近年来涉税洗钱活动的特征，金融机构应优化监测模型和算法，加强符合有关特征账户的监测预警和分析甄别。一是加强对商贸、建材、成品油、医药贸易、钢材贸易、黄金白银、农产品收购等公司以及主营高退税率、骗税高发行业出口企业账户资金监测；二是加强对故意拆分金额交易、账户不留余额、等额或近额转入转出、公私交易方规律化账户的资金监测；三是加强疑似资金回流，如资金快进快出、频繁公私互转且大额转入转出金额非整数、呈比例、故意多手账户互转的账户监测。

（二）注重挖掘金融情报，甄别资金回流交易

指导金融机构在分析可疑交易时，要充分挖掘可疑账户及主要交易对手办理业务时留存的金融情报信息，通过将其留存的工作单位、居住地址、联系电话、手机号、网银绑定手机号以及网上银行交易采集的 MAC 地址信息等进行比对，发现其间的关联性、账户受控制情况等，再结合交易附注信息，准确甄别资金回流交易，为可疑客户的犯罪认定提供依据，推动案件的快速侦结。

（三）加强部门信息共享，明晰嫌犯违法事实

一是人民银行和外汇部门紧密合作、信息共享，一起对涉案企业的人民币账户交易流水、外汇收支交易明细进行比对分析，发现异常收汇交易。本案中，通过本外币交易的比对，清晰勾绘出涉案企业替家具企业等接收出口贸易货款（外币），再通过法人代表账户结算为人民币转出到家具企业等关联的个人账户的非法结汇事实；二是人民银行和税务部门协作联动，将提取的资金回流交易、虚构出口收汇资

金回流交易，与税务部门掌握的相关票据、企业人员信息进行比对，甄别核实涉案企业虚开和骗税违法事实。本案从线索发现、算法提取资金回流路径到案件收网，仅用了 2 个多月，充分体现了资源共享、协作打击骗税的高效率。

（四）加强典型案件总结，提升监测分析能力

综合专项行动各方情报信息，系统总结典型案件作案手法和资金特征。一是印发洗钱风险提示，指导金融机构进一步完善可疑交易监测指标，提升涉税洗钱可疑交易预警识别能力；二是组织专题培训，加强对金融机构反洗钱情报人员的培训指导，提升其综合情报分析能力和资金回流交易识别能力。

（五）加强社会舆论宣传，提升反金融犯罪意识

针对出借、出售银行账户给虚开骗税犯罪分子走账及其他金融犯罪现象，通过开展以案说险、曝光典型案例、印发宣传手册等方式，多形式、多渠道开展宣传教育活动，提升全民反诈、反金融犯罪、拒绝出租出售出借银行账户意识，形成"人人关注、人人打击"的社会舆论氛围，共同防范非法金融活动，全力打造"全民反洗钱、反金融犯罪"新格局。

疑似虚拟货币洗钱典型案例分析

■ 廉何　刘彦斌　张捷　史鹤　李炜[1]

摘要： 虚拟货币日益成为各类违法犯罪活动的"帮凶"，为洗钱和恐怖融资活动提供便利，给国家金融稳定和社会稳定带来极大的风险隐患。近年来，国家有关部门多次通过公告、会议等方式强调禁止银行账户用于虚拟货币交易，提出要加强相关监测等要求。我行结合日常反洗钱监测分析工作，对疑似虚拟货币洗钱典型案例进行了剖析，并就有效监测虚拟货币可疑交易的指标、模型和方法提供了建议，有效促进银行业金融机构加强虚拟货币洗钱交易监测工作，帮助国家相关机关打击虚拟货币洗钱违法犯罪活动。

关键词： 虚拟货币　案例分析　监测模型

当前，以比特币（BTC）、泰达币（USDT）等为代表的虚拟货币日益成为各类违法犯罪活动的"帮凶"，为洗钱和恐怖融资活动提供便利，给国家金融稳定和社会稳定带来极大的风险隐患。近期，国家有关部门多次通过公告、会议等方式强调禁止银行账户用于虚拟货币交易，要加强相关监测等要求。我行在日常反洗钱监测分析工作中，发现虚拟货币不仅成为不法分子实施诈骗、非法集资、网络传销、网络赌博等违法犯罪活动的重要标的物，而且成为地下钱庄进行非法资金转移的载体。本案例对地下钱庄利用虚拟货币转移资金的情形进行了分析，揭示了不法分子利用个人银行账户大量交易虚拟货币，为地下钱庄转移资金的手法及特征，并就有效监测的指标、模型和方法提供相关建议。

1　廉何、刘彦斌、张捷、史鹤供职于中国工商银行总行内控合规部，李炜供职于中国工商银行福建分行。

一、典型案例

（一）案例基本情况

2021 年 5 月，我行客户黄某林触发反洗钱监测模型，通过对黄某林账户资金交易进行多层的穿透，发现了福建南平地区以南平本地人黄某林、林某钟、符某清、余某光、李某、符某超、陈某花、刘某德和刘某村为主的疑似地下钱庄团伙。该团伙以虚拟货币作为地下钱庄转移资金的载体，通过虚拟货币交易平台、跨行汇款等渠道，进行资金的过渡及清洗。2021 年 3 月至 2021 年 5 月短短两个月时间内，该团伙通过虚拟货币交易，累计过渡及清洗资金近 3 亿元。

（二）案例分析

黄某林，职业为社会服务行业职员；开展尽职调查时，客户自称从事私人工作室，资金用途是工作室资金往来，账户为本人使用；查询工商信息注册网，其名下无注册信息；该客户于 2021 年 3 月在福建南平辖内支行开立个人结算账户。其账户资金快进快出，过渡性质明显；上游交易对手众多，分布在全国各地；账户转入单笔资金多为 1 万元以上的整数倍，交易附言存在"usdt""USD""买 U""买币"等内容；部分交易发生在夜间 23 点至早上 6 点；经追溯其账户部分资金来源人员的身份信息及资金交易情况，发现这些人员均有工作单位，账户资金交易情况未见明显异常，与黄某林账户交易均为偶发性资金交易。如我行客户赵某飞账户存在大量日常消费、基金购买、成都某机械制造有限公司的工资收入等记录，资金交易未见明显异常。其账户仅在 2021 年 5 月向黄某林账户转入一笔 1 万元资金后，与黄某林及其团伙成员再无交易。黄某林账户资金去向集中在本人他行账户，个别资金在柜面取现，经调阅取现资料及影像记录，为本人支取。分析黄某林账户资金交易情况与尽职调查回复的其从事私人工作室身份不符，疑似向社会公众大量销售泰达币（USDT）等虚拟货币。

继续追查黄某林上游主要交易对手林某钟账户，发现其账户资金去向方客户符某清、余某光和李某 3 人账户在 2021 年 3 月至 2021 年 5 月期间交易规模巨大，资金交易呈现集中转入分散转出的特征。追溯 3 人账户上游交易对手刘某村、刘某德和陈某花，发现其均在我行福建南平辖内支行开立个人结算账户，账户资金主要来源于第三方支付、银联入账或跨行汇款，资金来源无法继续追溯。3 人账户资金去向存在大量交易对手，分布在全国各地；分散转出资金为无明显规律的千元、万元金额，疑似虚拟货币交易资金。通过尽职调查了解到，2021 年 5 月，李某向石某珊转出一笔资金 1 万元，石某珊回复该笔款项为虚拟货币买卖款，李某是其某币平台上的买卖对象。结合 3 人上游资金量巨大且无法追溯的特点，分析符某清、余某光和李某 3 人疑似通过购买虚拟货币转移地下钱庄资金。

同时，在调查余某光和符某清 2 人账户资金来源时，发现一名资金交易模式同黄某林相同的客户符某超，其账户开户时间与黄某林开户时间相近，开户网点相同，交易模式与黄某林账户基本一致。其账户资金快进快出，过渡性质明显；上游交易对手众多，且分布在全国各地；转入资金的单笔金额多为 1 万元以上的整数倍金额，交易附言存在"买币""usdt"等；资金去向集中在本人他行账户，疑似与黄某林一样向社会公众大量销售泰达币等虚拟货币。

查询黄某林账户资金链中涉及人员的 IP 地址和 MAC 地址，发现余某光和李某共用同一 MAC 地址。此外，黄某林、林某钟、符某清、余某光、李某、符某超等人账户开户时间集中在 2021 年 2 月至 3 月之间，开户网点集中在我行福建南平水东支行和南平中山支行。整个团伙资金交易链条详如图 1 所示。

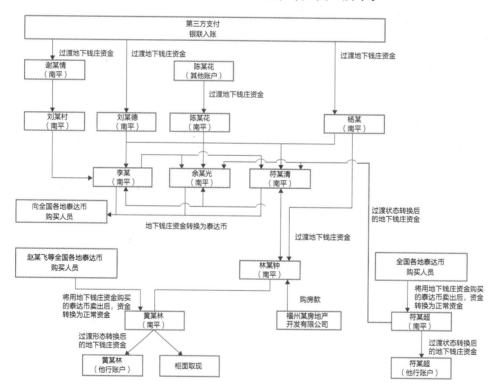

图 1　黄某林团伙资金链条图

通过本案例可以看出，黄某林团伙在福建南平构建了一个疑似通过交易虚拟货币转移地下钱庄资金的洗钱平台。符某清、余某光和李某 3 人账户负责接收刘某村、刘某德和陈某花资金后，向社会公众购买大量泰达币等虚拟货币，将地下钱庄资金转换为虚拟货币。黄某林和符某超 2 人负责接收向社会公众销售泰达币等虚拟货币的资金，然后将这些资金转移至本人他行账户或支取现金。由于这些客户开户时间和地点较为集中，资金链存在共同的交易对手，且虚拟货币可以在虚拟币交易平台的用户之间进行互转，推测负责购买虚拟货币的符某清、余某光和李某 3 人通过虚拟货币平台账户"充币""提币"的方式，将虚拟货币转移至黄某林和符某超 2 人的虚拟货币平台账户，供其销售虚拟货币，进而实现资金的转移。

二、虚拟货币洗钱特征

结合上述典型案例、虚拟货币交易流程及日常监测分析工作中的其他问题，梳理利用虚拟货币转移资金的银行账户可疑交易特征如下。

（一）账户开户 / 身份信息特征

（1）团伙成员账户开立时间或地点较为集中。

（2）团伙成员具有一定的地域性特征。

（3）团伙成员身份背景多与互联网区块链技术研究开发服务相关联。

（4）通过预留手机号搜索微信，昵称存在与虚拟货币交易相关的字样。

（5）团伙成员年轻人居多。

（6）团伙成员在不同银行开立大量结算账户。

（二）资金交易特征

（1）交易模式。团伙成员账户分工明确，分别负责接收过渡地下钱庄资金、负责大量买入虚拟货币清洗资金和负责出售虚拟货币后回笼资金。

（2）交易规模。账户短期内交易规模较大，与客户身份背景不符。

（3）集散性特征。买入虚拟货币清洗资金账户呈现集中转入分散转出特征；出售虚拟货币资金回笼账户呈现分散转入集中转出特征。

（4）交易金额。单笔交易金额符合网络平台资金充值或提现特征，账户单笔交易金额以整数为主，部分单笔交易金额存在整数加角分位的尾数特征，疑似通过"金额"或"数量"方式交易虚拟货币。

（5）交易对手。交易对手众多且无关联性，来自全国各地，一般为一次性交易。

（6）交易附言。交易附言频繁出现"×币投资""买币"等与虚拟货币交易相关联的内容。

（7）IP 和 MAC 地址。多个账户的电子银行交易 IP 地址、MAC 地址相同。

（8）交易方式。为阻断资金链条追踪，团伙成员多通过跨行汇款、第三方支付等方式转移资金。

（9）交易时间。账户呈现全天候交易特点，部分账户在深夜和凌晨也频繁发生资金交易，不符合正常账户交易习惯。

三、有效监测的模型和方法探讨

监测模型作为金融机构从全量交易中筛查出异常交易的"过滤网"，其有效性直接关系到监测分析及可疑交易报告的质量。为了满足当前洗钱风险形势下的虚拟货币资金监控，可以基于监管风险提示、虚拟货币洗钱案例等，按照"案例特征化、特征指标化、指标模型化"的建模思路，构建虚拟货币相关的反洗钱监测指标和模型。由于国家对虚拟货币打击力度持续加大，利用虚拟货币洗钱的方式越来越隐蔽，监测指标和模型不宜设置得过于精细，避免遗漏线索，主要包含以下关键指标。

（1）虚拟货币关键词。监测一段时间内客户账户交易附言中出现虚拟货币关键词的次数。

（2）资金集散性。监测一段时间内客户账户转入和转出的交易笔数之比。

（3）交易对手地域性。监测一段时间内客户账户交易对手涉及的地区个数。

（4）异常时间交易。监测一段时间内客户账户夜间交易的笔数。

（5）团伙控制。监测一段时间内，不同客户使用同一 IP 或 MAC 地址。

（6）交易规模。监测一段时间内，客户账户交易的总笔数和总金额。

（7）资金过渡性。监测一段时间内，客户账户转入和转出的交易金额之比。

在此基础上，可以运用证据权重法（Weight of Evidence，WOE）、信息价值法（Information Value，IV）、Logistic 回归等统计分析方法，设置合理、有效的指标权重和模型预警阈值。当监测模型运行一段时间后，积累了足够的黑白样本，可以尝试通过引入人工智能领域的机器学习技术，运用卷积神经网络、LightGBM 等前沿智能算法，按照"特征提取、特征工程、模型训练"的思路，构建智能化的监测模型。特征提取是指从监管指引、可疑交易报告等中提取可疑交易特征，并运用统计方法来筛选和扩展特征；特征工程是指利用拆分、组合、离散化、函数变换等方式来加工特征，以构建出用于衡量特征的变量；模型训练是指基于特征变量数据运行智能算法，将人工智能模型训练出来，并进行模型效果测试。目前，我行已构建并投产多个重点反洗钱场景的人工智能监测模型，包含交易模式、交易规模、资金集散性、交易金额、交易对手、交易附言、IP/MAC 地址、交易方式、交易时间等多方面的特征变量，能够为虚拟货币洗钱的监测、分析与报告提供帮助。未来，我行将在丰富黑白样本与特征数据的基础上，专门针对虚拟货币场景构建智能监测模型，利用高精准度的人工智能模型，进一步提升该类洗钱风险的防范控制有效性和可疑交易报告质量。

反洗钱视角下的跨境资金监测研究

■ 吴璐铭　杨思蓉 [1]

摘要： 跨境资金交易基于广泛多样的交易主体、复杂多变的交易载体，跨渠道跨国境的资金流、成为滋生洗钱和恐怖融资的沃土。其隐蔽性高、破坏性大，一直是反洗钱资金监测的重点。本文主要从国际收支体系内与体系外分析跨境资金交易的洗钱风险，并对商业银行在跨境资金监测中存在的问题与对策开展调研分析。文章的第一部分阐述了商业银行跨境资金监测的重要性，第二部分对非法资金跨境转移常用的方式及对应风险进行研讨，第三部分简述当前商业银行在防范非法资金跨境转移中存在的问题，第四部分对改进商业银行非法资金跨境转移反洗钱工作提出建议与对策。

关键词： 国际收支体系　跨境洗钱风险　跨境资金监测

一、引言

近年来，在市场化和各项改革推进的背景下，跨境资金流动频度加快，规模也不断攀升，我国面临的跨境资金流动环境日益复杂，跨境资金的监测也面临着严峻的挑战。目前，商业银行仍是跨境资金交易的中枢渠道，在跨境资金交易中仍占据重要地位。因此，商业银行如何有效地预防、识别、管控异常跨境资金交易，协助识别及防范金融风险，成为亟须解决的一个问题。

二、跨境资金流动洗钱风险

跨境资金交易主要包括国际收支体系内与体系外的资金流动。国际收支体系内

1　吴璐铭、杨思蓉供职于中国银行福建省分行内控与法律合规部。

主要包括经常项下的货物服务贸易及资本项下的投融资等，随着我国逐步对外开放，跨境贸易和投融资便利化水平也在不断提升，但同时也潜藏着洗钱风险。体系外的资金流动主要包含传统的地下钱庄交易，新兴的虚拟货币、跑分交易等。随着互联网渠道和虚拟经济等载体的快速发展，国际收支体系外的跨境洗钱呈现出犯罪资金网络化、跨区域快速转移和洗钱手法专业化、隐蔽性高等新特点。

（一）国际收支体系内的跨境资金流动洗钱风险

1.经常项目下的跨境资金流动洗钱风险

在经常项目下，常通过虚假货物贸易或服务贸易进行跨境洗钱。采用此类手法的不法分子常与境外进出口商勾结，高报或低报货物或服务价格、重复开票、虚报交易数量、类型和质量等，制造"单单相符、单证相符"的表面合规假象，实现非法资金的跨境转移。具体如下。

（1）传统贸易中的洗钱手法。一是利用个人外汇结算账户进行非法跨境转移资金。如福建福清当地有大量的居民在非洲地区经营日用商品买卖，较为常见的方式是通过地下钱庄等传统方式转移境外收入，但目前一种新渠道正逐步兴起。2020年，国家外汇管理局印发了《经常项目外汇业务指引（2020年版）》，其中第六十八条规定要求："银行可根据个人风险状况，自主决定审核凭证的种类、形式以及审核要点，确保交易真实合规。"在该政策指导下，银行逐步放开个人经常项目外汇结算的审核要求，实施便利化的外汇结算方式。个人客户通常只需要提供境内个体工商户经营执照、外汇结算承诺书等相应材料，即可办理承诺书中所载额度内的外汇结算业务，而这一便利化模式也极容易被不法分子利用。在该项便利化政策下，客户无须提供合同、运输单据等证明材料即可办理额度内的外汇资金入账及结汇，大大削弱了银行对个人贸易真实性的审查，使得以"货款"为名的不明境外大额资金通过该渠道汇入，年汇入资金远超个人境外经商所得，疑似被不法分子利用，作为非法跨境转移资金的渠道之一。二是通过虚构货物或服务贸易，实现跨境资金的非法转移，获取非法收益。不法分子以骗取出口退税为例，将商品以高价向境外销售，办理出口报关手续后，利用所获单证进行出口退税申报，而境外团伙公司在收到这批货物后，将其换装或拆装之后，又再次出口至境内，循环往复。进出口的货物实际并未发生改变，但能够获取真实的物流单证，隐蔽性极高。这类手法通常需要涉及多级下游公司虚开的增值税发票，涉及层面广，造成影响极大。

（2）跨境电商平台的洗钱手法。贸易新业态的兴起，使得跨境电商成为对外贸易的一颗新星，而我国对跨境电商的立法、监管等都不完善，因此也给了不法分子可乘之机。跨境电商有着真实的货物贸易，境外非法所得利用跨境电商的资金结算渠道，将非法收入充当货款汇入，具有较高的隐蔽性。首先，电商平台收到订单后发货，境外买家收货后，将真实货款打入电商平台的境外账户。在正常流程下，电商平台会将大部分货款通过银行等渠道跨境汇入境内，完成整个资金链而在洗钱流程中，不法分子将电商平台境外账户的部分真实货款截留，并替换成非法资金，再将非法资金转入境内平台控制的水房账户中，然后再通过POS机进行刷卡套现，将境外赃款分流到指定的收款账户中，完成非法资金清洗流程。利用电商平台进行跨境洗钱，有真实的商品贸易做掩护，手法隐蔽，部分电商平台公信力高，存在明显的资金监测漏洞。

2. 资本项目下的跨境资金流动洗钱风险

随着我国对投融资便利化政策的推进，资本项下的跨境证券投资、直接投资，跨境信贷业务及离岸金融业务也日渐兴起。该项目下，通常利用虚假跨境投资、跨境担保、虚构跨境股权转让背景、虚增股权转让溢价、构造并购交易、跨境利润汇出等方式实现跨境资金的转移。以内保外贷为例，内保外贷是一种常见的跨境银行贷款业务，指的是境内银行为境内企业在境外注册的附属企业或参股投资的企业提供担保，由境外银行给境外企业发放相应贷款。内保外贷的模式可以帮助企业更加便捷地在境外获得融资，但同时也带来了洗钱及非法资产转移的风险。在内保外贷的业务中，不法分子可以用非法所得购买房产、土地等不动产，将其抵押给银行，由银行对外开立信用证或保函，这样一来不法分子就将境内的非法所得变相换成外币转移至境外。外保内贷则与此相反。通过内保外贷或外保内贷的方式，无须发生真正的跨境资金收付，即可实现大额资金的跨境转移。

（二）国际收支体系外的跨境资金流动洗钱风险

当前，国家收支体系外的跨境资金转移通常采用以下几种形式。

1. 地下钱庄

地下钱庄是非法跨境资金的传统渠道，通过提供资金划转和本外币兑换，成为跨境洗钱交易的"帮凶"，在跨境洗钱交易中占据重要地位。目前，主要包含以下几种方式：（1）通过跨境对敲方式的汇兑型地下钱庄。境内外"对敲"模式具体形式是地下钱庄在境内外均设有资金池，境内客户将人民币资金汇给境内收款点，同时交纳一定费用，境内收款点收款后通知境外合作方将相应金额的外币划转至客户指定的境外账户，由此完成境内资金向境外的转移。境外向境内汇款的运作方式类同。境内外资金各自循环，"对敲"资金未发生物理跨境转移，但实际已达到为客户跨境转移的目的。这种模式便捷高效且成本低，转移金额不受限制，且该模式存在的时间较长，具有较为专业化的操作手法及反监测能力，仍为非跨境转移资金的重要渠道。（2）通过拆分交易，以蚂蚁搬家的方式实现非法跨境资金转移。跨境资金转移中常利用众多人头账户或人头走私现金方式，以低于报告阈值金额转移跨境资金。目前主要手法有：①利用众多人头账户，以低于个人年度便利化结售汇 5 万美元的限额，从境外收汇后结汇或从境内购汇汇出，规避境内外汇监管。②利用众多银行卡，以单卡满额（每人每自然年度不超过等值 10 万元人民币）在境外 ATM 机上提现的方式跨境转移资金。③通过走私现金。现行外汇管理政策下，出境人员可携带等值 5000—10000 美元外币现钞出入境，不法人员可能利用人海战术多次往返携带限额内现金出入境，或向旅客收购现金，以少量多次的方式跨境转移资金。该类洗钱手法由于现金携带的不便利性，部分转向现金支票等更为隐蔽便捷的载体。（3）外汇黄牛进行非法外汇买卖。不法分子在国内外汇黑市低买高卖，从中赚取汇率差价。该类洗钱手法以现金方式居多，具隐蔽性，但整体规模不大。（4）通过信用卡在境外大额消费。具体形式主要为不法分子通过境外高消费场所进行刷卡消费，再由商户配合退回对应的刷卡金额或将刷卡金额转至指定的收款账户，达到将资金在境外漂白的目的。目前，地下钱庄正在逐步向多元化发展，涉及多领域、多地区、多渠道。同时，呈现出资金调拨、以市场需求为导向灵活运作，对跨境资金交易的安全存在重大威胁。

2. 虚拟货币

利用虚拟货币跨境兑换，即将犯罪所得及收益转换成法定货币或财产，是洗钱犯罪的新手段。典型虚拟货币洗钱犯罪，主要有三个步骤：将非法资金转换成虚拟货币—转移与洗白虚拟货币—将虚拟货币提现。虚拟货币具备了匿名性、跨国性、实时性、去中心化等特征，同时，由于对虚拟货币的监管和配套的法律制度尚不完善，使其极易被利用于洗白犯罪所得的黑钱。洗钱数额以兑换虚拟货币实际支付的资金数额计算，目前有逐年扩大的趋势，暴露出极大的洗钱风险。

3. 跑分平台

"跑分平台"是指通过第三方支付平台合作银行及其他服务商等接口，对非法活动提供支付结算业务的网上平台。"跑分客"就是在这些平台注册账户，提供自己或他人的支付宝、微信、银行等支付渠道收款码，为他人代收款并转款至指定账户，从中收取佣金的人。"跑分"是指跑分平台通过从跨境网络赌博等非法活动中购买"分值"后并进行认购，并招募跑分客提供收款二维码，并完成一系列的跑分交易，达到洗清非法资金的目的。作为一种新兴的交易方式，具有小额高频、隐蔽性等特征，使跑分平台成为一条洗清资金的快速通道。涉税交易、跨境赌博、诈骗等极高的资金流转需求，催生了大量的跑分平台。跑分平台正成为跨境洗钱的新宠。

三、目前银行跨境资金监测存在的问题

银行跨境可疑交易监测主要依靠事中和事后两种控制系统。事中控制主要是在进行跨境交易时，对境内外收付款方进行关联名单筛查、关键字筛查、风险等级筛查等事中控制手段。事后控制主要通过可疑交易监测模型，定期筛查客户交易并进行人工甄别，并采取相应的控制措施。但目前依赖事中控制和事后监测已经无法完全满足跨境洗钱形式日益多样、手法日趋复杂的现实情况，且银行在跨境资金监测中仍存在短板。

（一）客户身份信息难识别、跨境交易真实性难审核

社会大众履行反洗钱义务意识不强，银行的 KYC 工作步履维艰。同时，客户提供的信息缺乏真实性、有效性和权威性。跨境汇付中银行通常只能根据客户提供的单证材料来审核其贸易背景的真实性，单证材料易伪造，对于真单证背后的假贸易，银行无法做到穿透性识别，让依托于跨境贸易的洗钱犯罪者有机可乘。

（二）交易信息碎片化，跨境可疑交易难监测

目前银行通常根据客户类型对客户的管理进行划分，多类业务部门各司其职，根据"谁的客户谁负责"的原则对客户的可疑交易进行监测、管控，因此，各部门所掌握的客户信息、交易数据被相应割裂开来。如出现公司账户被管控，但公司法人的账户仍在高频交易，个人客户有异常，但其贷款仍能够正常审批放款等情况。客户信息、交易信息的碎片化，使得银行的跨境资金监测工作经常只能管中窥豹，无法多角度、多业务场景地获取客户身份信息，全面监测客户交易。

（三）反洗钱制度受到国内外监管不同地区不同要求的制约

跨境支付受到各国反洗钱制度的约束，同时也受到各国关于信息保护要求的制约。对跨境异常交易开展调查分析通常需要了解客户信息，交易背景等，这就需要与境外银行进行合作，但目前我国境内商业银行与境外银行间关于跨境洗钱开展的协作比较少，国与国之间在反洗钱协查上存在法律障碍、跨境协查体系不完善等原因都影响了反洗钱调查工作的质效。

（四）缺少专业资金监测分析人才

专业的监测分析人员对跨境资金监测起到至关重要的作用。对监测数据开展科

学分析是一项技术性很强的工作，虽然各银行目前都加强了反洗钱相关培训，但这些培训以制度文件宣导为主，而要对跨境交易展开分析，除了要求监测分析人员了解跨境洗钱和恐怖融资特点、熟悉银行的跨境业务流程外，还要求其具备法律、金融、境内外政策等多方面的知识与技能。目前商业银行中从事监测工作的人员在知识结构、数据分析能力上，还难以完全满足监测工作的要求，难以做到充分识别监测数据背后隐含的风险并给出预见性强的分析结论。

四、目前银行跨境资金监测问题的对策

（一）以"风险为本"为原则，建立风险评估与分级体系，将对跨境资金的监测贯穿客户的全生命周期

商业银行应根据自身实际情况，建立反洗钱风险识别与划分体系，对客户及业务分类管理。针对风险较高的跨境业务，需采取加强型措施。如在审核跨境交易真实性环节中，除客户自身提供的信息外，也应结合监管发布风险提示、执法信息等资源，通过对客户日常结算是否异常、交易对手是否位于洗钱监管相对薄弱的国家和地区等分析，深入了解客户及业务的背景、目的、实际受益人、控制人等，对交易的商业合理性与逻辑合理性做出判断。同时，据不同的风险，采取例如限制跨境交易的方式、办理速度、办理限额等措施，控制跨境资金交易洗钱风险。

（二）建立数据库，整合信息，全方位了解客户及业务，实现客户的全流程监督

商业银行的跨境资金监管与反洗钱，需要以人工智能、大数据处理与分析等科技赋能，建设跨境信息的数据库，涵盖交易主体及其金融交易数据，尽可能地打通与跨境交易及其业务场景的数据关联。以此实现对客户及业务的全链条、全过程、持续性识别，并根据不同的业务场景实时动态调整前中后台的风险管控措施，有效防范风险。

（三）完善跨境交易监控模型，逐步优化监控模型与技术

从对已有的跨境洗钱案件的分析来看，原有的监测模型已不能完全满足对跨境资金异常交易的监测。随着犯罪洗钱手法的不断更新，引入新的如对虚拟货币交易、跑分交易等监测模型尤为迫切。同时，持续加强监测系统对海量跨境交易的自动化处理能力，提高异常交易识别的成功率，降低正常交易的误中率，不断提升系统的跨境业务反洗钱和反恐怖融资风险防控效能。

（四）建立国际合作机制，加强与境外金融部门和其他执法部门的合作

商业银行应该重视与境外金融机构及其他执法部门就反跨境洗钱和恐怖融资开展的合作。如建立便利化协查流程、协调法律障碍、分享洗钱与恐怖融资负面清单、先进经验等，共同建设跨境交易数据共享和协同监管机制。

（五）培养专业型、全能型人才，建设反洗钱人才队伍

一是建立常态化、多样化的培训机制。除培养跨境资金监测人员的调查、统计分析等能力外，也需不断更新其对跨境业务、外部环境及法律、历史、文化等知识储备，提升综合能力等。二是通过建立奖惩机制，调动跨境资金监测人员工作积极性。

参考文献：

[1] 侯建强．科技赋能跨境资金监管与反洗钱 [J]．中国银行业杂志 ,2019;8.

[2] 马萌．筑牢银行跨境业务"防火墙"[J]．中国外汇 ,2021;7.

[3] 周惠钦、薛严清、刘闽浙．跨境汇兑型地下钱庄的成因、特点及治理——基于福建情况分析 [J]．区域金融研究 ,2019;3.

[4] 徐天 .400 亿元"币圈第一大案"背后，虚拟货币成跨境洗钱"新通道"[J]．中国新闻周刊 ,2021.

[5] 国家外汇管理局管理检查司．开启跨境反洗钱监管新篇章 [J]．中国外汇 ,2021;7.

[6] 国家外汇管理局管理检查司．推动跨境反洗钱监管向纵深发展 [J]．中国外汇 ,2021;7.

工程建筑领域农民工工资卡管理涉及的洗钱风险问题探讨

■ 王雁南[1]

摘要：《保障农民工工资支付条例》的发布与实施，从多方面治理了农民工工资拖欠问题，但金融机构发现一些农民工工资卡被集中保管，农民工实际并不是通过本人银行账户获取劳动报酬，而且这些违规保管的银行卡可能涉及多方面的洗钱风险，需要高度关注。本文首先追溯了工程建筑领域农民工工资发放方面的相关政策，其次分析农民工工资卡被集中保管的原因，指出可能带来的账户安全问题、银行卡去向问题以及企业涉税问题等洗钱风险，最后从反洗钱宣传、监测、联动、管理等方面提出对策及建议。

关键词：工程建筑领域　农民工工资卡　洗钱风险

近年来，国家为保障农民工合法权益，确保农民工按时足额获得劳动报酬，规范农民工工资支付行为，于2020年，国务院发布实施了《保障农民工工资支付条例》（国令第724号）。条例确立了工程建设领域分包单位农民工工资委托施工总承包单位代发等制度，强调要做好农民工工资专用账户日常管理工作，从多方面治理拖欠农民工工资的问题。但部分金融机构在为工程建筑单位的农民工批量开立银行卡时发现，农民工开户时商量将银行卡密码设置为相同密码，或开卡后由同一人通过自助设备拿着多张农民工银行卡进行修改密码或取现等现象。通过尽职调查了解到，原因在于农民工将自己的工资卡交给分包单位负责人或包工头统一保管。目前此种现象在工程建筑领域较为普遍，极易引发洗钱风险，需要高度关注。

1　王雁南供职于中国浦发银行大连分行。

一、工程建筑领域为保障农民工权益在工资发放方面相关政策措施追溯

在工程建筑领域，通常一项工程涉及多个主体，如建设单位、施工总承包单位、分包施工单位、包工头、施工工人，等等，因为工程建设项目涉及的主体较多，环节复杂，导致建设工程类的纠纷也较多。其中，农民工工资拖欠问题一直是一个痼疾性问题，长期以来都是影响社会安定和谐的一个重大因素，也是党和政府致力解决的社会热点问题。这一问题不仅损害农民工合法利益，在一定程度上也影响工程质量与工程进度，导致建筑市场秩序混乱，得不到健康的发展。

为了解决这一社会热点问题，全面保障最底层劳动人民的合法权益，2020 年 5 月 1 日，国家正式实施了《保障农民工工资支付条例》。条例中明确了对农民工工资发放的相关规定："施工总承包单位应当按照有关规定开设农民工工资专用账户，专项用于支付该工程建设项目农民工工资。"同时规定，"工程建设领域推行分包单位农民工工资委托施工总承包单位代发制度""施工总承包单位根据分包单位编制的工资支付表，通过农民工工资专用账户直接将工资支付到农民工本人的银行账户。"

二、农民工工资卡保管出现的问题及分析

近年来，部分金融机构发现，农民工到银行网点开立工资卡时出现了异常行为举动，如农民工批量到银行开卡时，悄悄商量将工资卡密码设定为相同数字；也有部分金融机构通过反洗钱监测预警系统发现，频频出现利用同一台自助设备频繁修改密码或取现的预警，调取银行监控录像确认为同一人操作，而银行卡卡主为工程建筑单位的农民工。银行工作人员对发现的这些异常交易行为进行了尽职调查，了解到一些工程建筑单位虽然每月将农民工工资通过"农民工工资专用账户"按时代发到农民工的工资卡里，但农民工的工资卡却并不在农民工自己的手中，而是统一放在分包单位负责人或包工头手里保管。

分析农民工工资卡交给分包单位负责人或包工头保管有以下原因：一是建筑企业农民工普遍存在流动性强的特点，为了防止农民工半路跳槽影响工程进度，所以分包单位负责人会先将农民工的工资卡统一保管，工程质量检验合格后再以现金形式发放给农民工；二是多数农民工是由个人包工头带队，农民工们不会关注自己与哪家单位签订的劳动合同，只会认准向他们的领队包工头要工钱，加上个别农民工

有过被拖欠工资的经历，要求日结工资的情况。包工头就会先垫款发给农民工并将农民工的工资卡上收，等到农民工工资卡账户收到从"农民工工资专用账户"代发的工资时，包工头再将农民工工资卡内的钱取出。

三、农民工工资卡违规保管可能涉及的洗钱风险

（一）引发个人银行账户安全问题

农民工将本人的工资卡设置为特定的密码交给他人保管，在一定程度上有损于账户安全。一是极大增加了个人信息泄露的风险。个人客户开立银行账户时，留存了身份证信息、单位信息、联系地址、联系电话、个人影像等大量个人信息，把自己的银行卡交由他人，增加了银行卡内的个人身份信息被不法分子盗取的概率。二是导致个人的信用状况受影响。把银行卡及密码泄露给他人，意味着授权持卡人可以以银行卡卡主的身份进行各种资金交易，一旦交易中涉及非法资金的往来被有权机关调查，最终都会追溯到银行卡的开卡人，从而导致银行卡卡主的个人信用状况受损。

（二）集中保管的农民工工资卡流向存在洗钱风险

一项工程项目结束，分包单位负责人或包头工是否能将先前集中保管的工资卡归还给农民工？半路跳槽或提前与分包单位结束劳务关系的农民工，是否会想着要回先前交给分包单位负责人或包工头统一保管的个人银行卡？分包单位负责人或包工头能否确保将手中集中保管的未被领取的农民工工资卡作废处理？……这些问题都指向个人银行卡的最终流向问题。假设工程项目结束，被集中保管的农民工银行卡仍在一个人手中，且此人掌握着这些银行卡的支付密码，如果此人受利益的驱使，将这批银行卡出售给不法分子，那么产生的后果不堪设想。

（三）集中保管的农民工工资卡掩盖企业涉税问题

对工程建筑劳务服务企业其主要的成本费用是人力成本，集中保管的农民工工资卡极易掩盖代发单位的涉税问题。一是利用代发工资卡金额高于实际现金发放金额虚增成本费用。因为农民工的银行卡被集中保管，代发单位可通过"农民工工资专用账户"集中代发给农民工个人所得税免征金额以下的最大金额，然后再通过银行自助设备集中取现，以低于集中代发金额的现金发给农民工手中，剩下的现金差额便是企业虚增的成本费用。二是利用存量集中保管的工资卡虚增"人头"偷税。如果农民工半路跳槽或提前与分包单位结束劳务关系，并且未要回先前交给分包单位负责人或包工头统一保管的个人银行卡，代发单位仍可能将这些农民工的工资卡

充当"人头"进行代发，或者是将之前工程项目结束后留下的集中保管的农民工工资卡充当"人头"，增加企业人力成本费用偷逃税款。

四、对策与建议

（一）加大相关法律法规及金融知识的普及

人力资源社会保障行政部门、相关行业工程建设主管部门和其他有关部门应当按照"谁执法谁普法"原则，通过以案明法、以案释法等多种形式，加大对保障农民工工资支付相关法律法规、典型案例的普及宣传，引导用工单位增强法治意识，自觉依法依规做好农民工工资代发工作，促使广大农民工了解《保障农民工工资支付条例》对他们合法权益的保障意义，知晓只有通过本人工资卡领取劳务费用才是可靠的工资获取渠道。

建议完善《保障农民工工资支付条例》第三十四条"施工总承包单位应当在施工现场醒目位置设立维权信息告示牌"，增加并明确告示牌中的明示内容，即将第三十一条的相关规定"用于支付农民工工资的银行账户所绑定的农民工本人社会保障卡或者银行卡，用人单位或者其他人员不得以任何理由扣押或者变相扣押"补充进去。另外，银行金融机构在为农民工群体批量办理银行工资卡业务时，要做好金融知识宣传工作，强调个人银行账户的保管要求，并做好反洗钱风险提示，切实提高农民工群体个人银行账户安全保护意识。

（二）金融机构加强农民工个人账户异常交易行为监测

金融机构要采取措施，优化农民工工资专用账户开设服务流程，进一步做好农民工工资专用账户的日常管理工作。在此基础上，要加强对农民工个人账户异常交易行为的监测管理。一是加强关注农民工开户时的异常行为特征。银行开户人员如发现农民工开户时存在异常的行为举动，要做好与客户的沟通工作，加强反洗钱风险提示教育，及时劝阻并上报反洗钱管理部门。二是优化反洗钱监测系统模型建设。优化自助设备频繁改密码、相同时间段自助设备取现等预警规则，对通过"农民工专用代发账户"代发行为的特点，设置特定的风险监测指标系数，监测特殊群体账户的使用情况，并在预警后，采取进一步人工甄别的方式，分析客户的洗钱风险情况。对判定农民工银行卡被同一人集中操作的个人账户要及时上报反洗钱可疑交易报告，提高客户的风险等级，采取银行账户风险控制措施。三是强化对工程建筑用工单位的尽职调查。银行客户经理要采取实地走访的方式，调查了解工程建筑企业的经营情况，施工项目的用工情况等。通过与用工单位的沟通交流，了解农民工代发业务的真实背景，对发现代发业务背景存在异常的要及时上报。

（三）加强各监管机构的信息共享机制

相关行业工程建设主管部门、税务部门、金融机构等其他相关部门要探索建立有效的风险管控联动机制，加强各监管机构间的联动、协作、配合。提高对工程建筑企业代发农民工工资出现的异常现象重视程度，设立农民工工资异常代发信息共享平台，对各监管机构发现的工程建筑单位用工情况异常信息、历史异常缴税信息、用工人员账户被统一保管信息等问题适时开展研讨，按照"风险为本"的原则，充分发挥监督功能。

（四）充分发挥监管部门效能，加大惩治力度

一是加强工程建筑单位劳务用工情况的监督检查，细化农民工工资支付工作监管机制，监督农民工工资获得渠道的管理，避免用工单位对农民工工资代发只是形式上的合规，确保农民工能够通过其本人银行账户切实获取劳动报酬。二是对办理农民工工资虚假代发情节严重的工程建设单位，加大行政处罚力度，并对上收农民工工资卡的相关个人进行处罚。在新的政策制度下，农民工工资管理更加规范，实现工程建筑行业的健康有序发展。

黄金珠宝行业涉税洗钱风险分析及建议

■ 文学[1]

摘要： 深圳市罗湖区水贝片区的银行网点是黄金珠宝商开立账户并进行涉税洗钱的重灾区，黄金珠宝商通过开立大量的个人账户、中间过渡的公司账户进行销售款项的划转，达到偷逃税目的。本文根据深圳地区黄金珠宝行业的现状，结合深圳黄金珠宝行业的涉税案例，分析该行业面临的涉税洗钱风险，并提出建议。

关键词： 黄金珠宝行业　涉税洗钱风险　反洗钱

随着我国经济的不断发展、居民消费升级，珠宝作为能够满足精神需求的产品日益受到消费者的喜爱，黄金因带有避险和抵御通货膨胀的功能继续受消费者追捧，黄金交易量、持仓规模持续提升。目前，我国珠宝销售渠道以线下消费为主，近年来随着我国社交媒体和各大电商平台、直播平台对珠宝玉石品类业务的拓展，也推动了珠宝销售额的提升，我国黄金珠宝消费额逐年增长。由于黄金珠宝行业征收的增值税、消费税税率相对较高，因此，黄金珠宝行业涉税洗钱风险较高。本文根据深圳地区黄金珠宝行业的现状，结合深圳黄金珠宝行业的涉税案例，分析该行业面临的涉税洗钱风险，并提出建议。

一、黄金珠宝行业税款征收政策

（一）增值税征收政策

根据《中华人民共和国增值税暂行条例》（2017年第二次修订）规定，在中华人民共和国境内销售货物或者加工、修理修配劳务，销售服务、无形资产、不动产

1　文学供职于中国广发银行深圳分行。

以及进口货物的单位和个人，为增值税的纳税人，应当依照本条例缴纳增值税。销售黄金珠宝的一般纳税人增值税征收率为17%，小规模纳税人增值税征收率为3%。

（二）消费税征收政策

根据《中华人民共和国消费税暂行条例》（中华人民共和国国务院令第539号）消费税税目税率表规定：金银首饰、铂金首饰和钻石及钻石饰品的消费税税率为5%；其他贵重首饰和珠宝玉石的消费税税率为10%。

二、深圳黄金珠宝产业基本情况

深圳黄金珠宝首饰产业的基础是黄金珠宝首饰制造业。深圳黄金珠宝首饰产业的产销规模、品牌建设与标准建设、创新能力、公共服务平台建设在全国珠宝行业均居于领先地位。深圳黄金珠宝首饰的产业链完备，涵盖了设计研发、生产制造、展示交易、品牌推广、检验检测等各个环节，有大小珠宝交易中心和批发市场约30家；深圳本土的珠宝企业品牌占据了全国珠宝品牌的半壁江山，多为黄金首饰制造加工、批发类。深圳黄金珠宝首饰产业集聚效应明显，全市珠宝制造企业超过2000家，其中心区域是罗湖区，水贝片区是珠宝企业展厅和展示交易聚集地。

因此，深圳市罗湖区水贝片区的银行网点成为黄金珠宝商开立账户并进行涉税洗钱的重灾区。黄金珠宝商通过开立大量的个人账户、中间过渡的公司账户进行销售款项的划转，达到偷逃税目的，银行发现异常并对异常账户进行管控后，黄金珠宝商再重新开立或启动一批账户，且存在屡禁不止的态势。

三、深圳水贝黄金珠宝行业的涉税洗钱交易模式及风险分析

现结合银行日常监测及开展尽职调查了解的情况，通过两类交易模式，对黄金珠宝行业疑似涉税洗钱案例进行分析：一类为利用个人账户收取公司营业款进行偷逃税；另一类为利用个人账户、中间过渡的公司账户偷逃税。

（一）利用个人账户进行偷逃税的可疑特征

该类方式的客户群多为黄金珠宝个体工商户或小微企业，属于小规模纳税人，增值税税率为3%；采取在银行网点开立众多个人结算账户，将黄金珠宝销售款项通过个人账户进行结算，达到偷逃税目的。具体可疑特征如下。

（1）职业特征：个人开立账户时预留职业多为个体户、批发与零售。

（2）地域特征：预留地址多为汕头潮南、揭阳等潮汕地区。

（3）团伙特征：客户名称姓氏相同或相近；来自同一地区；开户网点相同，

或开户时间较集中，多在同日或隔日开立账户。

（4）交易特征：个人账户单笔交易金额较大，短期内交易金额巨大，达到几亿至几十亿；资金快进快出，收付持平，过渡性质明显；账户几乎无生活场景消费等个人生活往来交易，账户专门被用于过渡资金。

（5）关联特征：上下游交易对手相同或部分相同，存在相同的 IP 地址。

（6）行为特征：在多家银行开立多个账户收付货款；账户使用时间较短，银行开展尽职调查了解资金交易用途后停止交易；提供虚假购销合同等。

（7）尽职调查信息：客户反馈做珠宝生意，并提供个体工商户的名称或挂靠某珠宝商行，但无法提供缴纳税款的证明材料。

根据国家税务总局 2018 年 6 月修订的《个体工商建账管理暂行办法》第二条规定，"凡从事生产、经营并有固定生产、经营场所的个体工商户，都应当按照法律、行政法规规定和本办法的规定设置、使用和保管账簿及凭证，并根据合法、有效凭证记账核算"。但珠宝行业中，大多数个体工商户都没有建账习惯，而且以往税务部门对个体工商户的监管也相对较松，因此，珠宝行业的个体户大多通过走个人账户进行逃税。又因珠宝行业销售款金额巨大，所以该类群体偷逃税风险较高。

（二）利用个人账户、中间过渡账户偷逃税

该类方式的客户群多为大中型黄金珠宝企业，开立众多分店，属于一般纳税人，增值税税率为 17%。该类企业利用分店员工、公司财务人员、中间过渡公司关联人等的个人账户收付货款，再通过空壳公司账户进行资金过渡，可改变资金用途回流公司账户，达到偷逃税目的。资金流向如图 1 所示。

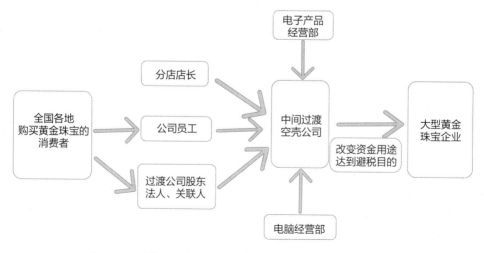

图 1　利用个人账户、中间过渡账户偷、逃税的资金流向图

以上个人账户及公司账户交易的可疑特征如下:

(1) 个人身份特征:公司店长、员工、过渡公司关联人的身份证地址信息多为经济欠发达地区,且年龄偏小。

(2) 中间过渡公司特征:注册资本较小,人员规模较小,公司经营范围较广,一般经营项目为黄金、白银、铂金、钯金、珠宝首饰、贵金属的销售;黄金、白银、铂金、钯金、珠宝首饰、贵金属的提纯、精炼、生产、加工等;但公司会收到电子产品经营部、电脑经营部转入的资金,与公司经营范围不匹配;公司经营地址多在较偏僻的地区,如工厂等,公司短期巨额交易与其注册资本、经营规模、人员规模等不匹配。

(3) 交易特征:个人账户及公司过渡账户单笔金额多为几百万至上千万元,短期内交易金额巨大,达几亿元;资金分散转入集中转出、快进快出、收付持平,过渡性质明显。个人账户分散收集货款资金,归集至中间过渡的公司账户,再集中流向最终的大中型黄金珠宝公司。

(4) 交易对手特征:上游资金交易对手为全国各地的个人消费者,通过中间多层过渡后,下游资金最终流向大中型黄金珠宝企业账户。

(5) 行为特征:账户使用时间短,多在一个月至两个月,大额交易集中在5天至20天,或在银行开展尽职调查后停止交易。大中型黄金珠宝公司在众多银行开立账户,但未在个人收集资金及空壳公司过渡资金的银行开立账户,疑似刻意切断资金流向,逃避银行的资金追踪。

(6) 关联特征:个人账户与过渡的公司账户开户网点相同,开户时间接近;个人账户及公司账户的交易存在相同的 IP 地址;个人客户身份与公司存在一定的关联关系,比如公司法定代表人的证件号码与个人客户的证件号前几位相同,来自同一地区等;个人客户开户时预留工作单位多为大中型珠宝企业等。

(7) 尽职调查情况:个人客户及过渡资金的公司客户均无法提供资金交易的合理依据及缴税证明。

因税务机关会重点关注大中型黄金珠宝企业,且通过检查公司账户、实际控制人、法定代表人、股东的个人账户来确定企业是否存在偷逃税的情况,因此中大型黄金珠宝企业通过员工、店长、中间过渡的公司账户进行资金结算。该部分销售款项,企业不向税务机关申报,达到偷逃税目的。

银行账户在类似上述案例中,更多归集于资金结算层面的表现形式。至于企业是否存在应申报收入而未申报、以凭证代替发票等其他手法和环节,来进一步达到其偷逃税的最终目的，只能经由外部有权或者相关主管机关来认定。单纯通过交易及其相关的客户以及行为分析，没有足够的外部证据支撑，金融机构较难对交易最终予以定性。

四、风险防范建议

（一）加强黄金珠宝企业的资金监测及尽职调查

各金融机构应加强对黄金珠宝企业及员工账户的资金交易监测，发现账户交易异常，应立即开展强化尽职调查，一是对客户开展重新识别，了解客户的身份、交易的目的；二是要求客户配合提供与各交易对手间的相关依据；三是审慎核实客户提供交易依据的真实性、合理性，识别客户的真实交易目的；四是加强员工税务知识的培训，包括黄金珠宝行业在生产、制造、加工、零售、批发等环节的纳税政策及税率，提高员工对涉税交易的分析识别能力。

（二）加强黄金珠宝企业的税务管理

建议税务机关加强对黄金珠宝企业的税务管理，一是加强对黄金珠宝企业税务登记信息的收集，特别是完整、准确地收集公司及关联人的账户信息，以便后续的监督检查；二是梳理黄金珠宝行涉税风险的环节和流程，建立相关分析、应对等保障机制，建设或优化涉税风险预警系统；三是加强对黄金珠宝企业关联账户的监测，包括大额现金存取交易、"公转私"交易、大额过渡交易等，及时发现企业的涉税风险；四是将深圳罗湖水贝片区设定为涉税洗钱高风险地区，加强对该区域黄金珠宝企业的检查监督，特别是小规模纳税人的检查，加大查处力度，起到震慑作用。

（三）加强多部门合作与联动、建立信息共享机制

建议税务机关与人民银行、海关、金融机构搭建数据共享信息平台，在保证客户信息安全的前提下，共享涉税信息，以便各单位根据信息进行资金的追踪、冻结、扣划等，提升涉税风险管理质效。

浅析涉嫌跨境非法汇兑网络地下钱庄洗钱风险特征及相关工作建议

——以全国首例跨境非法汇兑网络地下钱庄案为例

■ 陶承豪　朱乐　俞瑶瑶　林春佚　骆健[1]

摘要： 近年来，利用境内外网络平台、第三方支付平台、传统金融结算网络等混合构建的新型"网络"非法汇兑型地下钱庄因其提供支付结算"服务"的快捷性、即时性、隐蔽性等特点，正在迅猛发展壮大。非法汇兑网络地下钱庄因其依托于网络，不受时间和空间地域上的限制，资金结算方式灵活多变，给金融机构在开展相关反洗钱交易监测及客户身份识别带来了新的挑战。金融机构应结合公安部门披露的有关案件细节并结合涉案账户的交易模式，完善监测标准、提高涉罪类型识别准确率。

关键词： 网络地下钱庄　强化尽职调查　客户身份持续识别　联防联控

随着各国对地下钱庄犯罪打击趋严，国家监管部门、各金融机构对非法汇兑型地下钱庄模型监测的日渐成熟，传统粗放型的汇兑模式已经越来越不能满足犯罪团伙随时开展跨境货币兑换的需求。同时，随着现下互联网技术高速发展、互联网金融迅速铺开、软件开发技术普及加快，"跨境非法汇兑网络地下钱庄"悄然产生并迅速壮大。本文在全国首例跨境非法汇兑网络地下钱庄案所公布的信息基础上，结合我行涉案客户的可疑交易行为，对可能存在的洗钱风险特征进行分析，并提出相关工作建议。

一、案情概述

2019年6月，我行客户"王某某"触发反洗钱监测系统预警指标，经多轮尽职

1　陶承豪供职于交通银行股份有限公司法律合规部，朱乐供职于中国人民银行沈阳分行，俞瑶瑶、林春佚、骆健供职于交通银行辽宁省分行法律合规部。

调查及分析研判后，我行向中国反洗钱监测分析中心提交了可疑线索并在接下来的一年内进行了持续性报告。

2021年2月，人民银行反洗钱监测中心向我行反馈：公安机关基于"王某某""丁某"等49个主体可疑交易线索拓展分析，专门成立研判团队进行立案侦查。2020年7、8月，由广州警方经侦部门分别在天河区、荔湾区及云南省昭通市、辽宁省沈阳市等地开展收网行动，成功破获了国内首例跨境非法汇兑网络地下钱庄。截至发文，捣毁地下钱庄窝点12个，抓获犯罪嫌疑人52名，冻结人民币500余万元。

初步查明，该团伙开发"×客风暴商城"平台作为兑换渠道，逃避国家外汇监管，通过向境外客户销售游戏充值点卡、开设第三方充值业务等模式，进行跨境作案、非法汇兑货币，直接实现外币与人民币之间的兑换，并从中收取手续费。截至案发，该平台涉及176个国家和地区的15万境外用户，累计涉案交易金额1.21亿美元，严重扰乱了金融市场和外汇管理秩序。该案已移交广州市人民检察院审查起诉。

二、案例评析

（一）资金交易量巨大且跨行分拆划转

在这起"跨境非法汇兑网络地下钱庄"案中，我行客户"王某某"账户为该地下钱庄团伙从代理出口服务公司结汇后的资金划转的第一级账户，也是该团伙将非法资金在国内进行初次分拆的资金交易账户，账户运转模式主要如图1所示。

"雷某"及其控制的"重庆XX商贸有限公司"外行账户 ➡ 大额资金集中转入我行客户"王某某"账户 ➡ 大额资金分拆转出"丁X明"等几个固定他行个人账户

图1　客户"王某某"账户大额资金划转模式

"王某某"账户自开户之日起，即开始发生大额过渡性交易，截至2020年8月4日账户被全部法律冻结为止，收付方累计交易资金规模达6.39亿元，月均相关交易收付方累计资金规模达上千万元，是该犯罪团伙资金划转链条的核心环节。

（二）交易金额存在规律，交易用途真假参半

"王某某"账户收到上游"雷某""重庆××商贸有限公司"的资金多带有零头，金额多在几十万到数百万之间，存在与美元、欧元外汇汇率呈直接关联关系的情形。且在资金转入后即快速通过跨行汇款形式，分笔转出至"丁×明""丁×匡"的

外行个人账户，单笔金额多为 5 万元，账户留存余额较少，总体交易模式呈现"快进快出"的特征；但经查，"王某某"账户除上述交易外，还存在向个人定期转出单笔金额在几千元左右的"工资、奖金、最佳员工奖金"款，定期支付"房租"、向招聘网站支付招聘费用、向自媒体公司支付"广告费"等情况，且账户资金会有结余，故我行推测客户账户除用于过渡非法资金外，还用于正常的公司化运营。

（三）尽职调查获取信息印证困难

在本案中，"王某某"接受了我行多次回访核实，较为配合我行尽职调查，主动提供了在异地注册了"广州市某某文化传播有限责任公司"、名下经营的食品销售公司，但与账户归属地相分离，短期内无法实地印证。"王某某"在调查中隐瞒了其交易主要依托公司"广州市××网络科技有限公司"（该公司主要运营的就是本次地下钱庄案中公安部门所提及的"×客风暴商城"，股东为下游外行对手"丁×匡"），仅向我行提供了与交易无直接关联的其他公司经营背景。账户所有交易均通过跨行转账进行，资金链断裂难以通过其他渠道进行追溯，仅能获取到客户主观提供的信息，难以获取客观交易背景证明。

三、当前"跨境非法汇兑网络地下钱庄"的洗钱手法与特征分析

（一）交易模式复杂化，案件线索发现困难

"跨境非法汇兑网络地下钱庄"运营模式与传统粗放型非法汇兑型地下钱庄交易模式不同，这种新型运作模式依托网络，借助境内外第三方支付平台、进出口代理公司、境内外个人账户等聚合搭建非法平台。具有不受时间空间限制、结算渠道灵活多变等特点，给执法部门全链条打击带来了极大的难度，以本案的"王某某"所在团伙为例，推测此类洗钱犯罪完整交易资金链条应如图 2 所示。

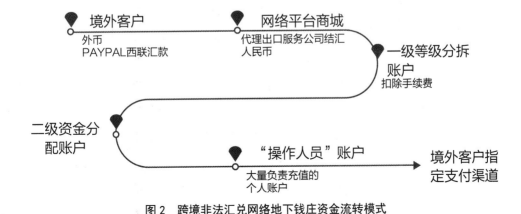

图 2　跨境非法汇兑网络地下钱庄资金流转模式

（二）团伙组织精细化，涉罪类型推断困难

"跨境非法汇兑网络地下钱庄"犯罪团伙人员主要分为三个层级，整个团伙组织有序，职责分明（见图3）。通过架设"海外点卡商城"、开设兑换渠道，向境外客户销售虚拟商品，收取境外客户外汇资金，并按照客户指示，将兑换的人民币资金转至客户指定的支付账户用于购买虚拟商品。后期还发展成按照境外客户指示，将资金直接转入境内个人的银行卡或支付账户：境外客户通过其提供的支付渠道"充值"后，境内团伙即操作其所控制的账户向境内银行卡或支付账户转账以及充值，具有非法汇兑型地下钱庄犯罪中，外币与人民币账户资金"对敲"的交易特征。同时，后续又将相关外汇资金通过代理出口服务公司，转化成人民币后流回国内，具有逃避国家外汇监管的行为，其非法汇兑的本质从未改变。而在实际日常处理预警数据工作中，反洗钱数据分析人员往往仅能获取这个团伙某一级账户的"片段"交易，容易与一般个体跨境电商行业相关的资金结算模式相混淆。

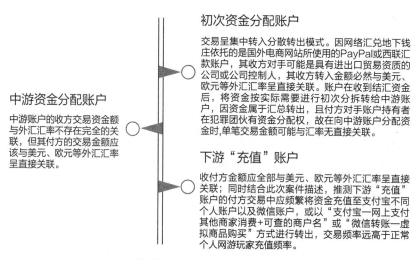

图3　犯罪团伙层级划分及对应账户特征

（三）交易行为存在多类型异常表现

1. 交易资金流稳定，与Ebay、亚马逊等海外电商平台"促销"期无正向关联

"跨境非法汇兑网络地下钱庄"具有随时随地满足"客户"币种兑换需求的经营特点，且在相关涉案网络平台形成一定经营规模后，其资金流应呈持续稳定、稳中有升的状态，同时区别于正常跨境电商相关资金交易，账户资金流增减不会与Ebay、亚马逊等海外电商平台"促销"期存在正向关联。

2. 交易资金规模巨大，资金流转迅速，收付方对手多为他行账户，存在人为截断资金链的痕迹

因非法汇兑类犯罪属于资本密集型犯罪，其使用的账户交易流水必然动辄就呈千万及上亿级的规模；同时为了确保境外外汇资金及境内人民币资金池能够顺畅"对敲"，其资金流转必然迅速，会存在频繁结汇业务，频度远超普通跨境电商资金结算量；而由于银行等金融机构在开展反洗钱尽职调查中各自为战，存在"信息孤岛"的调查"困境"，地下钱庄团伙必然会采用频繁的跨行交易手法来截断资金链，以增加银行尽职调查的难度和成本。

3. 受尽职调查主体往往会向银行反洗钱调查人员提供看似合理实则模糊的交易背景，试图给违法交易披上合法外衣，以掩饰、掩盖其真实交易背景

有别于传统非法汇兑型地下钱庄，"跨境非法汇兑网络地下钱庄"用于划转资金的企业或个人账户的持有主体多能联系到且多能够配合提供账户的交易背景，但团伙提供的相关交易背景多存在需要跨省市地区进行印证的特征，银行碍于异地调查成本，短期内无法通过上门核实等方式获知客户提供的真实经营情况。如在本次案件中，"王某某"向我行提供了其配偶经营的公司在广东省广州市；同时犯罪团伙还存在将真实交易背景以及虚假交易背景相互混淆的掩饰行为，如"王某某"在受调查时，故意弱化了其在 Ebay 上的主营业务范围，还注册了"松原市 ×× 食品有限责任公司"来混淆我行反洗钱工作人员调查方向，存在明显掩饰交易背景行为。

四、案件启示

在本次案件中，警方最终将"王某某"所在团伙开发的"× 客风暴商城"平台的运营定性为"跨境非法汇兑网络地下钱庄"，给反洗钱交易监测及相关涉罪类型的认定带来了新思路，通过案情信息及所涉账户交易的回溯，我行认为对相关涉罪类型的认定可以参考以下三个指标。

（1）交易是否存在逃避国家外汇监管的事实。

（2）交易是否存在境外境内资金池的"对敲"行为。

（3）账户交易中，明确判断为外汇结汇所得资金的总交易资金规模，是否达到了最高人民法院、最高人民检察院《关于办理非法从事资金支付结算业务、非法买卖外汇刑事案件适用法律若干问题的解释》（2018 年 9 月 17 日最高人民法院审判委员会第 1749 次会议、2018 年 12 月 12 日最高人民检察院第十三届检察委员会第十一次会议通过，自 2019 年 2 月 1 日起施行）中，第三条、第四条内容对"非法买卖或变相非法买卖外汇"罪的认定标准。

五、相关工作建议

（一）完善科技，搭建联防联控监管体系

在网络数字化时代，洗钱犯罪呈现跨地区、跨行业、专业化、团伙化趋势，洗钱渠道和手段更加隐蔽，给反洗钱工作带来巨大挑战。现下各家金融机构只能利用自有的数据进行分析，难以窥见跨机构洗钱团伙全貌，进而影响了各家金融机构对反洗钱数据报送的准确性、有效性。建议打破金融机构间的数据壁垒，在确保各机构原始数据信息安全的前提下，利用大数据优势构建联防联控的监管体系，从而发挥反洗钱协同效应，提高反洗钱工作效能、降低合规成本。

（二）牢固意识，加强基层客户身份识别履职

基层营业机构应保持风险敏感性，加强开户识别及持续识别过程中履职的有效性，通过采取事前了解客户身份背景信息、开户意愿，绘制完整的"客户画像"；事中持续跟踪客户账户使用情况，对被尽职调查对象的主营业务范围、主要开展经营活动的平台进行确认，尽可能多地收集与被尽调对象有关的背景信息，做到真正了解客户。

（三）深入分析，提高甄别可疑交易线索能力

金融机构应持续加强对可疑监测分析人员的业务培训力度，有针对性地开展相关法律法规培训、案例剖析培训，提高分析人员去伪存真、透过现象看本质的能力，从而提升涉罪类型推断的准确性。可疑集中监测人员应结合现有的可疑特征，对系统预警交易进行深入分析，对存在以下特征的账户给予重点关注：资金交易频度高、单笔金额及总交易金额与外汇汇率正向关联、资金流转迅速、采用多种混合结算方式、频繁跨行跨地区交易等。对于类似的异常账户应开展强化尽职调查及交易的持续识别。同时，在取得被尽职调查主体提供的交易背景后，应逐个比照账户交易可疑点，重点查看客户提供的交易背景是否能够完全解释相关账户的可疑交易特征。倘若客户提供的交易背景无法完全解释账户交易的所有可疑点，且从客户层面无法取得进一步客观交易背景证明，建议还需按照被调查人的账户开立地、资金接收地、资金过渡账户开立地、资金账户操作地以及资金交易对手资金交付和汇出地等进行分别调查，如发现异常，应及时提交可疑交易报告。

反洗钱视角下银行机构涉案账户管控缺陷及对策

——基于邵阳市 1326 个电信诈骗涉案账户的实证分析

■ 钟加海 刘丹[1]

摘要：近年来，高发的电信网络诈骗案件已经严重危害到人民群众的切身利益，如能对电信网络诈骗转移资金的涉案账户加强管控，将有利于从根本上斩断电信网络诈骗"资金链"。本文对邵阳市 1326 个电信诈骗个人涉案账户的基本特征进行了分析，从反洗钱视角剖析了银行机构在管控涉案账户方面存在的缺陷，并提出了相应的对策建议。

关键词：反洗钱 涉案账户 管控

一、涉案账户基本特征

此次分析的样本为湖南省反电诈联席办下发的邵阳市 2021 年 1—5 月 1326 户电信诈骗个人涉案账户，覆盖邵阳市内 5 家国有商业银行、6 家股份制银行和 8 家地方法人银行机构，分析内容包含涉案账户开立、非柜面业务、资金交易、存续期管理及账户管控等环节。

（一）均为本人正常开户，难以识别异常情况

自"断卡"行动以来，各银行加大了开户的管控力度，有效地杜绝了冒名开户等非本人正常开户情况，但是受个人隐私、人口流动性较高等因素制约，目前银行机构在开户环节只能通过核验身份证件、询问开户用途等方式对个人客户进行尽职调查，识别难度较大。如 1326 户涉案个人账户中，1215 户在开户环节无异常情形，占比 91.6%；1312 户开户渠道无异常，占比 98.9%；1196 户信息关联无异常，占比 90.2%。

1　钟加海、刘丹供职于中国人民银行邵阳市中心支行。

（二）普遍开通非柜面业务渠道，限额设置与可支配收入不符

在 1326 户涉案个人账户中，1323 户开通非柜面业务渠道，占比 99.7%，其中 1025 户开户当日即开通非柜面业务渠道，占比 77.3%。值得关注的是，上述涉案个人账户开户主体主要是农民、学生、自由职业者、无业等买卖账户重点人群，部分职业明显无固定收入来源或收入水平较低，但非柜面业务渠道限额普遍设置较高。如 1326 户涉案个人账户中，1026 户非同名转账单笔限额超过 5 万元，占比 77.3%；569 户非同名转账日累计限额超过 20 万元，占比 42.9%，与邵阳市农村居民人均可支配收入 14119 元、城镇居民人均可支配收入 30845 元的水平不相符。

（三）普遍存在客户失联等异常情形

在 1326 户涉案账户中，796 户预留电话号码无法联系，占比 60%，被纳入交易风险事件管理平台"涉案账户"名单 189 户，占比 14.2%；交易对手涉及电信诈骗被司法查询或冻结 176 户，占比 13.3%；开户人频繁开销户 172 户，占比 12.9%。

（四）大部分涉案账户交易环节存在异常

在 1326 户涉案个人账户中，1268 户交易环节存在异常情形，占比 95.6%（异常交易情形见表 1），其中 1235 户在交易环节中存在两种及以上异常情形，占比 93.1%。由于涉案账户使用不受营业时间限制，以及网络购物、订餐、订票、投资、理财模式兴起，导致部分异常资金交易特征难以有效识别，需交叉比对其他异常情形判断。

表 1　1326 户个人涉案账户异常交易情形

异常交易情形	异常账户数量（户）	占比（%）
资金快进快出、过渡性质明显	936	70.5
资金分散转入、集中转出或集中转入、分散转出	206	15.5
资金交易类别、规模、频率与客户个人职业、收入明显不符	298	22.5
账户基本不留余额或余额相对于交易额比例很低	795	59.9
账户在发生小额试探性交易后即出现大额或频繁交易	325	24.5
账户交易笔数短期内明显增多且多是跨行转账	686	51.7
交易环节存在异常账户数	1256	94.7

（五）银行对个人账户主动管控比例很低

涉案个人账户易于获得，资金交易速度快，涉案账户首次异常发生后发生较多可疑交易。在 1326 户涉案账户中，首次异常至公安机关查询止付期间发生可疑交易笔数少于 100 笔 623 户，占比 46.9%；101—1000 笔 409 户，占比 30.8%；1000 笔以上 158 户，占比 11.9%。为避免客户不理解、不配合引发投诉，银行对涉案个人账户的调查核实较为谨慎，主动管控比例较小，先于公安机关采取账户管控措施的 136 户，占比 10.2%。与公安机关接到报案即可实施冻结不同，对触发银行监测模型的账户，银行需采取尽职调查、异常交易分析等一系列举措后才能实施管控，且分析判断多以人工为主，难以快速处置异常账户并堵截涉诈资金流通。

（六）账户交易有意规避银行监控

与常见的账户高频交易、大额交易等可疑特征不同，部分涉案账户为规避银行监控，仅过渡少量资金即停止使用，难以被银行模型识别。如农业银行某涉案账户开户后仅在某一天发生交易，即被公安冻结。工商银行某些涉案账户存在开户后无交易、开户后单边交易额较低、开户后单边交易笔数较低等情况。在 1326 户涉案账户中，有 867 户直到涉案被公安通报都未触发反洗钱系统，占比达到 65.4%。

（七）涉案账户由新开户向存量账户转变

对 1326 户涉案个人账户开户资料和交易流水分析发现，由于银行对新开账户的管控力度加大，不法分子获取涉案账户模式正发生转变，逐步由组织新开账户转向买卖存量账户，并将电信网络诈骗活动资金与个人日常资金混杂，对银行异常情形识别能力提出更高要求。在 1326 户涉案账户中，有 846 户为 2021 年之前已开立的存量账户，占比达到 63.8%。

二、银行机构涉案账户管控缺陷

（一）客户尽职调查不到位

1. 开户环节的尽职调查不深不细

银行机构在为客户开立账户时未深入了解客户开户意图，对客户的职业、联系方式、常住地址等基本信息的真实性把握不精准，对客户受人控制开户、批量开户等异常行为缺乏敏锐洞察力，未根据客户的风险识别情况审慎开通手机银行、网上银行等非柜面渠道，并合理确定账户的日、年交易笔数和限额。上述 1326 个涉案账户中，有 45% 未采取合理方式开展手机实名认证，有 98% 以上开通了手机银行，其中 9 成银行机构在开户时即为客户同步开通了非柜面业务渠道，且未结合客户身份识别和风险等级情况合理设置非柜面业务渠道限额。

2. 业务存续期间的持续识别亟待加强

核查发现，部分银行在无法联系客户时未及时采取合理的风险管控措施。部分银行在异常交易预警分析环节，仅仅是基于客户反洗钱系统留存的身份资料进行分析或者电话回访客户了解相关情况，未采取查看监控录像、实地走访、查询公开信息等有效措施进一步核实客户身份，未对交易及其背景做更为深入的调查，致使客户尽职调查结果不理想。上述涉案账户中，69% 涉案个人账户预留电话无法正常接听，18% 涉案个人账户被反洗钱系统预警但银行未能及时采取有效管控措施，表明部分银行在账户存续期间持续尽职调查不到位。

（二）可疑交易监测有效性不足

1. 监测指标或模型存在缺陷

调查发现部分银行反洗钱系统中异常交易监测指标或者模型设置不合理，不能抓取账户在发生小额试探性交易后即出现频繁或大额交易、频繁发生跨行收款并跨行转账、短期内大量频繁交易、非正常时间段交易、频繁开销卡以及短期内出现较多首次交易对手且交易频繁等明显涉嫌电信诈骗的异常情形并预警。如在 1326 个涉案账户中有 71.2% 未触发反洗钱监测模型，表明银行机构未能及时根据最新的电诈形势和涉案账户特征完善反洗钱监测指标或模型。

2. 预警时效性低

对于涉嫌电信诈骗这类"交易发生快、资金转移快"的可疑交易，系统预警严重滞后往往导致可疑交易报告情报价值迅速流失。上述涉案账户中，九成以上账户交易环节存在异常，39% 的账户首次交易异常与银行识别异常时间间隔在 3 个月以上，12% 超过 6 个月以上，银行监测模型识别异常交易的及时性亟须提高。

3. 人工甄别有效性不足

部分银行未结合涉案账户的客户身份信息、历史交易对手、交易流水等信息和特征深入开展分析，仅仅根据客户反馈的信息来判断交易的合理性，进而对可疑交易进行排除，异常交易的人工分析甄别存在"应付式履职"倾向。

（三）反洗钱工作机制系统性不强

1. 客户信息整合不足

部分银行未将各业务条线掌握的客户交易和其他行为信息有效整合利用，存在总行和各分支机构、合规部门与业务部门、线下网点和线上业务之间的信息割裂，导致对客户出现的明显不符合正常逻辑的行为无法全面及时掌握，未能有针对性地开展客户身份重新识别。在上述涉案账户中，有 172 个账户存在频繁开销卡行为，但部分银行在给客户办理银行卡时没有办法获得客户在其他网点的销卡记录，银行未能将各类客户信息有效整合并加以利用。

2. 反洗钱机制运行不畅

各个银行的涉案账户管理工作归属于个金部、公司部、运营管理部等部门，发生相关风险事件时往往是主办部门根据风险状况进行处理，一般不会主动向反洗钱部门反馈。反洗钱部门因为不知晓相关情况，就无法及时向当地人民银行报送重点可疑交易报告，一般都是在公安机关通报涉案账户给人民银行进行事后核查时才知晓，反映出部分银行部门之间的反洗钱履职意识不强、洗钱风险管理未有效融入机构全面风险管理体系、反洗钱协作联动机制不顺畅等问题。在上述涉案账户中，银行主动向人民银行报送了重点可疑交易报告的只有 8 个，不到涉案账户总量的 1%；从管控时效来看，银行实施账户管控七成以上晚于公安机关查询止付时间，说明银行内部反洗钱协作机制运行不畅。

三、对策与建议

（一）强化客户准入管理，做好风险源头防控

一是要加强对账户开立、非柜面业务开通等风险源头的管控，平衡好优服务与防风险之间的关系，强化客户开户目的及业务需求的合理性审查，真正做到"了解你的客户"，对于开户理由不充分、不配合开展尽职调查的客户要采取更加严格的准入管理和交易持续管控措施。二是要厘清业务部门与合规部门的职责，压实业务部门防范洗钱风险"第一道防线"的责任，督促其加强对一线柜面人员的培训指导，提升一线人员的反洗钱意识，增强其识别客户异常行为特征的敏锐性，主动向每一位客户警示买卖、出租、出借银行卡带来的洗钱风险和法律责任，增强客户的洗钱风险防范意识。三是强化账户的分级分类管理，对未成年人、老年人、异地客户等特殊群体，应审慎开立非柜面交易渠道，对正常客户应根据客户身份背景、经营状况、职业状况、收入水平等信息，动态管理和设置非柜面交易限额和笔数，切实避免"一刀切"。

（二）强化持续识别，提升涉案账户管控效能

一是要按照"了解你的客户"原则持续关注客户交易和业务办理情况，对于存在对开户后长期不发生交易的、交易频繁、交易金额较大且与客户所在行业或从事职业及收入不符等异常情形的客户，银行要通过采取增加电话回访频率、上

门回访次数、加强第三方信息核验等手段强化持续识别，确保及时发现风险隐患并采取账户管控措施。二是针对通过频繁开销户及挂失换卡以更换账号，从而实现躲避银行监测的作案手法，银行要强化对一年内频繁开销户、频繁挂失换卡等行为的持续监测和管理，在开销户环节加大审核力度，同时对新增账户开展定期滚动式排查。三是针对公安部门移交涉案账户线索和行内监测发现并核实异常的账户，银行要及时开展同名账户、交易对手、同账户相关人、同地址、同联系方式等账户关联特征排查，或通过电话号码、网银操作 IP 进行反查，关联分析可疑线索，发现可疑账户的，及时进行核实与报告，视情形采取账户管控措施。四是推广运用身份识别二次核验手段。建议充分运用现代技术手段，针对高风险账户在转账、取现等环节推广应用人脸识别技术；对触发高风险 IP 的交易进行识别阻断，有效防范账户买卖后"实名不实人"。

（三）优化监测模型，提升监测分析有效性

一是根据电信网络诈骗犯罪新的发展趋势和特点，不断发现、总结、归纳新的可疑特征，优化监测指标和模型，完善可疑交易监测分析系统，做到全面监测、有效预警、及时推送。总结洗钱犯罪分子转移资金的脉络和手法，持续评估、调整监测标准和监测要求，构建将账户交易行为与客户身份、职业属性、历史交易习惯、交易模式等要素有机结合的风控策略和预警模型，增强监测系统的适应性和针对性。二是健全异常交易甄别分析机制，做到重点突出、研判精准、报送及时。目前，大部分银行都采取可疑交易集中甄别模式，这种模式存在开户网点与上级行信息传递的上下割裂、业务部门与合规部门履职的前后割裂以及业务一线与交易甄别的信息割裂三方面的问题，银行要不断完善部门间的分工协作，查找制度设计、操作流程以及信息系统支撑方面的薄弱环节，切实防止可疑交易报告与持续尽职调查互相脱节，提升一线人员的反洗钱履职成效。

（四）完善反洗钱运行机制，提升涉案账户防范能力。

一是要将银行内部各条线掌握的客户身份、交易信息以及业务办理信息等资料有效整合并共享，最大限度地提升对客户异常行为的发现能力。二是建立和完善反洗钱工作联动协作机制。全面把握反洗钱工作应当覆盖各类非法金融活动的内涵和外延，切实将洗钱风险管理有机纳入本机构全面风险管理工作框架中，真正形成一个部门为主、多部门协作配合的良性反洗钱联动协作机制，提升涉案账户的防范和管控成效。

虚拟货币洗钱犯罪及相关问题研究

■ 周龙顺[1]

摘要： 随着虚拟货币的发展，其天然的流动性、匿名性、跨境性优势被有洗钱需求的犯罪分子和跨境转移资金需求的人员所利用。本文将从虚拟货币的定义和种类、交易平台、交易模式、风险隐患及危害、法律性质等方面展开论述，并在此基础上，从公安、人民银行、工信部不同部门职能出发，尝试提出不同的解决方案。

关键词： 虚拟货币　洗钱犯罪　法律性质

近年来，比特币、以太坊等虚拟货币价格疯狂飙升，带动了以其为代表的虚拟货币投资热潮，让无数人第一次了解到加密虚拟货币和采用去中心化分布式记账的区块链技术。这不仅吸引了大量投资者和机构的热捧，其较强的流动性、匿名性、跨境性特点也吸引了有洗钱需求的犯罪分子和跨境转移资金需求的人员。每次虚拟货币的暴涨暴跌都导致数万名投资者爆仓，另外，违法犯罪分子利用虚拟货币大肆从事洗钱犯罪活动，已经严重威胁我国的金融安全。因此，亟须对虚拟货币、交易平台、参与主体的法律性质准确界定，及时堵塞管理漏洞，维护国家经济金融安全。另外，国内也有大量打着虚拟货币的幌子进行非法集资和传销犯罪活动，由于其法律定性较为明确，不通过全球性交易平台进行交易，也不涉及跨境转移资金的问题，故不纳入此次研究范围。

一、虚拟货币定义及种类

虚拟货币是基于计算机技术开发出来，以数学算法或加密技术保证安全性和专

1　周龙顺供职于安徽省公安厅经侦总队。

有性，在虚拟社区成员中流通且有不受监管、不受国家保护，不以物理介质为载体的一种号称数字货币的虚拟商品，并非真实的货币。知名的虚拟货币有比特币、以太坊、莱特币、无限币、狗狗币、泰达币等，本质上类似百度公司的百度币、腾讯公司的 Q 币和 Q 点、盛大公司的点券、新浪的微币（用于微游戏、新浪读书等）等。

广义的虚拟货币包括以 BTC（比特币）为代表的浮动币和以 USDT（泰达币）为代表的稳定币。

（一）浮动币

此类虚拟货币一般具有涨跌幅巨大的特点，容易被作为标准化合约进行疯炒。2009 年诞生的比特币，以其总量固定、点对点传输、无中央发行机构、通过大量计算产生、使用特定哈希算法加密等诸多新特性，成为全球第一种分布式的虚拟货币。交易网络由用户构成，没有中央结算机构，去中心化是比特币宣称安全和交易自由的保证。但其去中心化、可全世界流通的特性，也为洗钱和跨境转移资金活动避开监管提供了极大便利，在任何一台接入互联网的电脑上，都可以挖掘、购买、管理、出售比特币，同时基于其声称的货币属性，还可以作为结算手段进行支付和转账。虽然被称为虚拟货币或加密数字货币，但对其价值的衡量还是通过人民币、美元等法定货币来体现，本质上更类似于一种虚拟商品，且自产生以来价格浮动巨大，并不具备真正意义上的货币属性，难以应用在日常的支付场景中，因此比特币应视为基于区块链技术的加密资产。除比特币外，类似浮动币还有以太坊、狗狗币等。

（二）稳定币

稳定币指在区块链上发行的，以 TOKEN 形态存在的，价值锚定某种法定货币的加密资产，比如 USDT（价值锚定美元，宣称 1 个 USDT 等于 1 美元）。稳定币在发行时以法定货币或资产作为抵押，价值与某种法定货币锚定，以此实现价格的稳定，具备一定程度的货币属性，如支付结算。由于其不是某国中央银行发行，不以一国的国家信用作保证，不具备无限法偿性，加之发行机构抵押资产的不易核实性，因此，稳定币具有较大的信用风险。

二、虚拟货币交易模式

虚拟货币交易模式有"法币交易""币币交易"，同时，还提供"杠杆交易"和"合约交易"等交易方式，已经成为名副其实的金融产品交易所。

1."法币交易"

是指在各平台的场外交易区（OTC）进行的人民币和虚拟货币间的购买和出售，

平台为注册用户提供报价页面，用户可自由定价进行人民币和虚拟货币之间的直接买卖，人民币通过买卖双方的银行卡、支付宝、微信等方式支付，虚拟货币通过双方平台账户转账。"法币交易"又被称为充值，采取的是点对点交易方式。

2."币币交易"

是指注册用户通过委托交易方式使用 USDT 等稳定币购买比特币等其他不同种类虚拟货币（一般是浮动币）的业务，由平台按照委托报价以集中竞价自动撮合交易方式进行，目的是赚取浮动币的价差。此种交易模式下，USDT 类似于证券账户内的资金，本质上属于结算工具。

3."杠杆交易"

是指用户可以向交易平台借贷一定倍数的币种来进行币币交易，通过高卖低买或低买高卖获取相应倍数价差收益，然后给交易平台还本付息。杠杆交易最高可放大 5 倍，类似于股票市场的融资融券业务。杠杆交易又可分为全仓杠杆和逐仓杠杆，全仓杠杆指的是用账户内全部余额进行担保交易，逐仓杠杆指的是用账户内部分余额进行担保交易。

4."合约交易"

是指用户可以通过判断涨跌，选择买入做多或卖出做空合约来获取虚拟货币资产价格上涨或下降的收益。如某虚拟货币合约使用差价交割的模式，合约到期时，所有未平仓的仓位，按照指数价格最后一小时的算术平均价进行平仓，而不是进行实物交割，最高可放大 125 倍。

5."提币"

是指把虚拟货币从虚拟货币平台提到其他平台或者个人虚拟货币钱包的过程，或者转账到别人的钱包。

三、风险隐患及危害

（一）"洗钱"

虚拟货币交易平台强大的洗钱功能正在被犯罪分子所利用，国内大量资金通过虚拟货币转移到境外，严重危及国家金融安全。以某虚拟货币交易平台为例，其凭手机号即可注册，进行法币交易时才需要进行身份认证，而且身份认证时仅需输入姓名和身份证号码即可，不进行实名实人认证，只有某些特定广告用户才要求对方进行高级认证，此时需要人像采集并上传身份证正反面，由于不是公安联网核查，其核实的精准度也较为有限。由于初级认证后即可交易，所以电诈、网赌等不法分子完全可以用买来的手机卡、银行卡进行"匿名"交易。加 V 客户可以随意增加收款账户，收款账户可以不是本人名下的账户，买币后再卖出时，可以随意选择收款账户类型和账号。另外，通过该平台购买的虚拟货币还可通过线下现金交易，即卖方在收到买方现金后，当场将虚拟货币转至买方账户。

电信诈骗（以下简称"电诈"）犯罪利用虚拟货币洗钱过程通常为：第一步，电诈分子将骗取的资金转账至虚拟货币洗钱团伙控制的银行账户。第二步，虚拟货币洗钱团伙用接收的资金在虚拟货币交易平台购买虚拟货币（目前主要为泰达币）。第三步，虚拟货币洗钱团伙将购买的虚拟货币转至电诈分子指定的虚拟货币钱包地址。第四步，电诈分子将获得的虚拟货币变现。变现的途径主要有两种，一种是将虚拟货币转至境外虚拟货币交易所，切断查询链路后再转回国内交易平台，在平台上正常出售；另一种是通过小众聊天软件建立的群聊确认后进行线下现金交易，直接用现金购买虚拟货币，一手交钱一手交币。电诈分子为什么不自己购买虚拟货币，而是花高价手续费让专业虚拟货币洗钱团伙来帮助购买虚拟货币呢？主要原因还是怕暴露自己的身份，由于电诈分子用的都不是实名实人的手机卡和银行卡，无法通过虚拟货币交易平台高级认证，不通过平台高级认证，只能进行 2000 元人民币以下的交易，而对电诈分子来说，2000 元人民币以下的交易根本无法满足其洗钱的需要。

（二）"收割"

近年来，比特币等虚拟货币价格一路上涨，吸引了不少民众跟风参与，且合约交易最高可放大 125 倍的杠杆，如果某用户选择 100 倍杠杆进行合约交易，在比特币向其相反方向上涨或下跌超过 1%，其就会爆仓。2020 年下半年以来，比特币出现数次暴涨暴跌，每次均为数百万用户爆仓。即便不加杠杆，在暴涨暴跌的极端行情下，普通用户也会出现追涨杀跌的情况，导致资产不断缩水。受巨大市场和利润驱使，交易平台趁着监管洼地效仿搭建虚拟货币资金盘"收割韭菜"，诱导玩家参与高风险合约交易，洗劫投资者财富。该类平台游离于监管体系之外，客户资金、大盘涨跌、配资杠杆比操控在管理者手中，在运营过程中频频突破现行刑法底线，乱象丛生，具有涉及面广、资金量巨大、专业技术性强的特点，严重扰乱了市场、金融秩序，给社会稳定造成极大隐患。

四、法律性质分析

（一）交易用户

虚拟币交易平台的交易用户主要分为三类，第一类是虚拟货币投资者，他们通过持有虚拟货币并利用行情的变化，希望通过低买高卖赚取交易差价，一般来说有赚有赔，而且赔得比较多，此类人员不涉嫌犯罪，大多数属于受害人；第二类是专业洗钱人员，他们利用虚拟币交易平台的匿名性特点，通过帮助上游犯罪分子转移资金来赚取高额手续费，此类人员一般只赚不赔，此类交易用户行为涉嫌洗钱或非法从事资金支付结算业务，应当予以刑事打击；第三类是上游犯罪分子，他们直接利用虚拟币交易平台的匿名性特点，通过买来的银行卡参与虚拟币交易，目的是切断资金链条，达到反侦查的目的，此类用户一般只赔不赚，但赔得不多，此类人员应当以上游犯罪和洗钱罪（仅限转移七类犯罪违法所得）予以刑事打击。第四类是白色资金的"金主"，他们为了满足境外投资或置业的需求，为绕过外汇监管、节省找地下钱庄换汇费用，用本人合法资金购买虚拟货币（一般为稳定币），然后转至国外钱包或直接前往国外将虚拟货币出售获得外汇，此类用户一般不涉嫌刑事犯罪，但违反外汇管理规定，应当由外汇管理部门予以行政处罚。

（二）交易平台

虚拟货币交易平台未经过有关部门批准，私自搭建的币币交易、合约交易和杠杆交易模块，允许交易者以对冲方式了结交易，而不以实物交割或者不必实物交割，符合非法期货交易的目的要件。从形式上看，非法期货交易一般具备交易对象为标准化合约和交易方式为集中交易两项主要特征。从某虚拟货币交易平台制定的交易规则和交易过程来看，除合约价格、开仓数量未确定外，其交易品种、报价单位、手续费率等要素均在交易前确定，故该规则下的交易对象属于标准化合约。该交易平台的集合竞价、连续竞价、电子撮合、匿名交易、做市商机制等交易方式，均符合集中交易的特征。且订立合约时并非全额付款，交易者只需按照所开杠杆缴纳一定金额的保证金即可进行交易。其币币交易、合约交易和杠杆交易模块实质是从事标准化合约集中竞价交易，侵犯了期货市场管理制度和管理秩序，构成非法经营（期货业务）罪。

五、目前的监管措施

根据《中国人民银行 工业和信息化部 中国银行业监督管理委员会 中国证

券监督管理委员会　中国保险监督管理委员会关于防范比特币风险的通知》（银发〔2013〕289号），比特币不是由货币当局发行，不具有法偿性与强制性等货币属性，并不是真正意义的货币。从性质上看，比特币是一种特定的虚拟商品，不具有与货币等同的法律地位，不能且不应作为货币在市场上流通使用。但是，比特币交易作为一种互联网上的商品买卖行为，普通民众在自担风险的前提下拥有参与的自由。

2017年9月4日，中国人民银行、中央网信办、工业和信息化部、工商总局、银监会、证监会、保监会等七部委出台《关于防范代币发行融资风险的公告》，公告称："代币发行融资是指融资主体通过代币的违规发售、流通，向投资者筹集比特币、以太币等所谓'虚拟货币'，本质上是一种未经批准非法公开融资的行为，涉嫌非法发售代币票券、非法发行证券以及非法集资、金融诈骗、传销等违法犯罪活动。""任何所谓的代币融资交易平台不得从事法定货币与代币、'虚拟货币'相互之间的兑换业务，不得买卖或作为中央对手方买卖代币或'虚拟货币'，不得为代币或'虚拟货币'提供定价、信息中介等服务。""各金融机构和非银行支付机构不得直接或间接为代币发行融资和'虚拟货币'提供账户开立、登记、交易、清算、结算等产品或服务，不得承保与代币和'虚拟货币'相关的保险业务或将代币和'虚拟货币'纳入保险责任范围。"

2021年5月18日，中国互联网金融协会、中国银行业协会、中国支付清算协会联合发布《关于防范虚拟货币交易炒作风险的公告》，要求会员机构不得开展虚拟货币交易兑换以及其他相关金融业务，坚决抵制与虚拟货币相关的非法金融活动，不得为虚拟货币提供账户和支付结算、宣传展示等服务。

2021年5月21日，国家金融稳定委员会强调必须打击虚拟货币的挖矿和交易行为。随后，内蒙古、新疆、云南、四川等地出台禁止比特币挖矿的禁令。

2021年6月22日，中国人民银行约谈工、农、建、邮储、兴业五大银行和支付宝，要求切实履行客记身份识别义务，不得为虚拟货币相关活动提供账户开立、登记、交易、清算、结算等产品或服务。全面排查识别虚拟货币交易所及场外交易商资金账户，及时切断交易资金支付链路；要分析虚拟货币交易炒作活动的资金交易特征，加大技术投入，完善异常交易监控模型，切实提高监测识别能力。

目前，国外也有印度、土耳其等多个国家禁止比特币等虚拟货币交易。另外，还有很多国家对虚拟货币杠杆交易（ETP）予以禁止，包括白俄罗斯、缅甸、刚果、古巴、伊朗、伊拉克、科特迪瓦、日本、利比里亚、朝鲜、苏丹、叙利亚、土耳其、美国、津巴布韦。

六、对策与建议

目前，虚拟货币交易平台为躲避监管，通过"出海"方式，将服务器设置在境外、实质面向境内群众提供交易服务，继续从事相关非法活动。虽然国内银行及支付机构不为其提供支付结算通道，但其通过 USDT 等稳定币"完美"解决了这个问题。三大行业协会出台的公告也不能堵住其场外法币交易转账结算的漏洞，对虚拟货币交易平台的充值不会产生实质性影响，最多只会产生一些短期的心理影响。中国人民银行约谈后，五大银行纷纷表态，但由于银行机构并未为虚拟货币交易提供资金结算服务，加之虚拟货币法币交易时对方要求不要加含有关键字的摘要或备注，银行部门难以识别，仍然可以通过转账方式购买虚拟货币。仅支付宝公司通过模型黑盒能够部分识别并阻止交易，但通过余利宝等又能进行交易。虽然国家金融稳定委员会强调打击虚拟货币的挖矿和交易行为，但无具体打击措施，而且威胁国际货币体系、支付清算体系、跨境资本流动监管，洗钱危害最大的 USDT 等稳定币不是通过挖矿获得，而是直接发行。

目前，公安机关对利用虚拟货币洗钱的犯罪分子予以严厉打击，但打击难度大，打击效果有限，甚至出现了越打越多、打不胜打的局面，究其原因是虽然可能面临被打击、资金被冻结，但虚拟货币仍是最方便、最安全的洗钱手段。为彻底堵住管理漏洞，最大限度保护人民群众财产安全、防范资金外流风险，需要彻底堵住国内居民登录虚拟货币交易平台交易的漏洞，特提出以下解决方案。

（一）第一套方案

建议由中国人民银行以存在巨大洗钱风险为由禁止虚拟货币交易平台将国内的银行账户（包括对公账户和个人账户）和支付宝账户、微信账户绑定为场外交易的收款账户。已经绑定的，限期解绑。

（二）第二套方案

由工信部以防范重大金融风险为由对虚拟货币交易平台进行技术限制，通知电信运营商禁止为虚拟货币交易平台提供短信验证服务，如对短信中含有"××币"等字样的信息自动拦截；或采取技术手段使中国大陆身份证、国内公司企业和国内手机号、互联网邮箱不能在虚拟货币交易平台上注册使用等。

（三）第三套方案

建议由公安部会同证监会、最高法、最高检对虚拟货币交易平台行为性质进行研究，统一意见后，由公安机关对虚拟货币交易平台的币币交易、合约交易等模式以非法经营罪予以刑事打击。对于无法以非法经营期货业务打击的法币交易模式，建议以某起电信网络诈骗案件入手，向交易平台发监管函，要求停止场外交易模式，如果其不停止，再次发生电信网络诈骗资金通过其平台宣传展示的收款账户转移、隐匿，则以帮助信息网络犯罪活动罪对其予以打击。

以上三种方案可视情况分步实施，力度可由轻到重，也可组合实施。在实施第一套、第二套方案过程中，为防止发生突然停止交易导致投资者无法提现、出现重大涉稳隐患的情况，需要设定合理的退出期并予以公开公告。

虚拟货币可疑交易监测实践

■ 张振华　杨丽娜　白和银[1]

摘要：虚拟货币游走在法律边缘，因其隐匿性强，逐渐成为洗钱犯罪分子开展洗钱等犯罪活动的新型工具。本文从虚拟货币的行业现状、监管态势出发，选择典型案例进行分析，梳理利用虚拟货币进行洗钱及其上游犯罪活动的可疑特征，并据此提出监测实践工作中面临的困难和相关政策建议。

关键词：洗钱　虚拟货币　交易监测

虚拟货币因其支付方式多样快捷、匿名性强、跨境流动便利等特点，被越来越多的犯罪分子利用以清洗非法所得，FATF等国际组织呼吁各国尽快完善相关措施确保虚拟货币交易的透明度，防止其被洗钱和资助恐怖主义行为滥用。我国监管部门也多次下文，明令禁止虚拟货币交易。

财付通支付科技有限公司（以下简称"财付通"）切实履行反洗钱义务，主动加强对虚拟货币的可疑交易监测。一是专项建模，建立专项模型对虚拟货币相关交易开展实时持续监测，异常交易经人工分析甄别后及时向监管部门提交可疑交易报告；二是重点监测，针对×币网和××平台等活跃用户较多和交易金额交易较大的交易所平台，进行持续高频监测，对识别的账号进行关闭和清退。

本文尝试从虚拟货币行业现状、监管规定等方面出发，结合财付通对虚拟货币可疑交易的监测分析示例，研究利用虚拟货币进行洗钱或上游犯罪的手法，总结虚拟货币的洗钱监测难点，并提出相关建议，力求从实操层面丰富金融行业在虚拟货

1　张振华供职于腾讯集团反洗钱与制裁合规部，杨丽娜、白和银供职于财付通支付科技有限公司反洗钱与风险控制部。

币可疑交易监测领域的实践经验，为金融机构开展虚拟货币可疑交易监测提供借鉴和参考。

一、行业现状和监管态势

（一）行业现状

虚拟货币主要通过平台完成交易，现有虚拟货币交易平台集中在中国香港地区和欧美、韩日、新加坡等地。国内的虚拟货币交易平台中，比特中国等选择了停止运营，其他平台则转移到中国香港地区或海外市场，新生代的交易平台，则直接夭折。

（二）监管态势

1. 国际社会

随着虚拟货币犯罪率不断攀升，多数国家或者组织对虚拟货币的态度由放纵、协同逐渐转变为审慎、强化监管。

（1）国际组织。

金融行动特别工作组（FATF）于 2019 年 6 月发布的《风险为本的方法指南——虚拟资产和虚拟资产服务提供商》，定义了虚拟资产增值服务提供商涵盖的五种活动，并建议各成员国采取适当的措施来应对这些风险。同时，FATF 要求各国要采取行动，识别在没有许可证或注册的情况下从事虚拟资产活动的自然人或法人，并进行基于风险为本的监督或监测，确保自身拥有足够且合法的权力，包括进行检查、强制执行和实施制裁的权力。

（2）主要国家。

①美国。美国政府至今未承认私人虚拟货币的合法性，但也在积极对交易平台实施牌照化管理。2021 年，美国财政部针对加密货币制定了新的金融账户报告制度；同时，在未来加密货币和加密资产交易账户及接受加密货币的支付服务账户将纳入监测范畴，市值 1 万美元以上的加密资产交易需向美国国税局报备。

②韩国。虚拟货币的交易在韩国并非违法，政府不认为比特币及其他加密货币是任何形式的货币，但要对它们的交易进行监管，对利用虚拟货币进行犯罪的行为进行严厉打击。近期，韩国金融服务委员会要求韩国银行将加密货币交易所视为高风险客户。

③日本。日本是世界上较早在法律上把虚拟货币确定为资金结算手段的国家。但在 2019 年 5 月，日本通过了关于加强对加密货币交易服务商、交易活动监管的《资

金结算法》及《金融商品交易法》修正案。根据修正案，日本将"虚拟货币"名称更改为"加密资产"。同时，将虚拟货币纳入《金商法》的监管对象中，以限制投机交易行为。

2. 国内监管要求

自 2013 年中国人民银行等五部门联合发布《关于防范比特币风险的通知》开始，监管部门陆续发布了 5 份监管制度，其中最具代表性的是《关于防范代币发行融资风险的公告》和《关于防范虚拟货币交易炒作风险的公告》。《关于防范代币发行融资风险的公告》强调，虚拟货币不具有法偿性与强制性等货币属性，不能也不应作为货币在市场上流通使用；明确规定禁止任何平台、机构（包括支付机构）直接或间接从事代币发行融资活动。

2021 年 5 月，中国互联网金融协会、中国银行业协会、中国支付清算协会联合发布《关于防范虚拟货币交易炒作风险的公告》指出，虚拟货币是一种特定的虚拟商品，不由货币当局发行，不具有法偿性与强制性等货币属性，不是真正的货币，不应且不能作为货币在市场上流通使用。同时，有关机构也不得开展与虚拟货币相关的业务，并提示消费者要提高风险防范意识，谨防财产和权益损失。

从上述行业现状和监管态势可以看出，虽然不同类型的虚拟货币层出不穷，但国际社会总体上对虚拟货币呈高压监管态势，而我国更是明令禁止机构开展与虚拟货币相关的业务，而对于利用虚拟货币进行洗钱或开展上游犯罪活动，更是坚决防范和打击。

二、利用虚拟货币进行洗钱活动的分析

利用虚拟货币进行洗钱活动的完整性在洗钱犯罪三个阶段中均得到体现，具体如图 1 所示。

（一）处置阶段

洗钱犯罪分子利用非本人的身份信息在虚拟货币交易平台上注册账户，并通过该账户进行虚拟货币交易，将上游非法所得资金通过此种方式汇入要清洗的资金池中。

（二）离析阶段

洗钱犯罪分子利用虚拟货币交易的匿名性根据实际需要进行多次复杂化的交易，掩饰非法所得的真实来源，增加追溯资金真实来源的难度，并且利用多种支付渠道进行交易，从物理层面进行多层次隔离掩饰其非法所得的真实来源。

（三）融合阶段

洗钱犯罪分子利用虚拟货币的双方可兑换性、跨国性，将已"洗白"的虚拟货币予以转换成合法法币提现，相关非法所得已经披上"合法化"外衣得以再次在经济领域中使用。

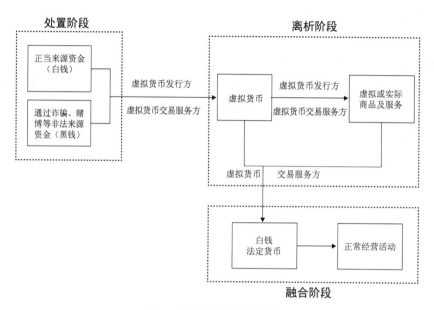

图 1　虚拟货币洗钱流程图

三、利用虚拟货币进行上游犯罪活动的分析

（一）非法传销

1. 主要表现

洗钱犯罪分子往往以高科技、新技术等噱头，并辅以高利息回报等宣传，来吸引投资。但虚拟货币不具有法币效力，其价值未能得到官方认可，故衍生出来的利息或收益均不具备真实价值，一旦发生卷款跑路，投资人将血本无归。从犯罪手法来看，主要包括以下几种类型。

（1）以挖矿为噱头的传销模式。

投资者通过指定的网站平台购买虚拟货币，再用购买的虚拟货币租赁"矿机"，由所谓位于境外的托管机构代为"挖矿"。矿机根据挖矿能力强弱也区分为不同的等级，租期为固定时间（通常为一年），按照投资矿机的级别，投资者在该网站的账户每天增加不同数量的虚拟货币，其承诺的年化虚拟货币回报率高达几倍。

（2）加入虚拟货币元素的资金盘传销模式。

人为构造一套以美元进行计价、价格在一定区间循环往复、数量可以翻倍的运营体系，如虚拟货币价格从 0.1 美元开始，每销售 100 万个虚拟货币，涨 0.01 美元，币值涨到 0.4 美元后进行拆分，即投资者手中的虚拟货币数量翻倍，然后价格恢复至 0.1 美元，进入下一轮交易和拆分。

（3）动态、静态收益结合的传销模式。

投资者在指定网站存入虚拟货币，根据存入虚拟货币的数量设定不同会员等级模式，而对应存入的虚拟货币为指定平台消费或间接消费，投资者的收益主要为两部分：一部分为静态收益，即在平台存入的虚拟货币会产生可观的利息；另一部分为动态收益，即投资者可以通过不断发展新的会员进入获取新进会员收益的一定分成，除此以外，在发展更多人员的过程中还能累计业绩，当团队业绩达到规定的数量后，就可以获得整个团队利息提成。

2. 典型案例及可疑特征分析

（1）案例基本情况。

财付通在日常反洗钱监测分析过程中，发现赵某某等 5 人交易存在异常，近一年共计发生交易 1.8 万余笔，交易总金额达 1000 余万元，团伙共计收到 2000 余名对手账户转入资金，交易附言见"×× 币、×× 云 3500、M×× SPACE"相关词汇。

尽调显示，×× 币为"×× 云"集团发行的虚拟货币，"×× 云"自称是公有链系统，采用区块链技术发行"MUI"资产通证，构建全球化数字通证支付生态。"×× 云"根据存入虚拟货币数量的多少设定了黄金卡、白金卡、环球卡三种模式，除此之外，还可以通过发展下线的方式获得动态收益，尽调发现，"×× 云"平台经营模式以"存币生息"为噱头鼓吹投资可获得巨额收益，并以高额收益、返利为诱饵发展下线，运作模式疑似传销。

（2）可疑特征分析。

①身份特征。团伙成员多为女性，年龄集中于 45 岁至 65 岁之间，多为中老年人员，证件地址和手机号码归属地聚集，成员间关系紧密。

②账户特征。团伙人均开立多个支付账户，部分账户关联多张同名银行卡。

③交易特征。团伙成员资金交易分散转入集中转出特征明显，呈现金字塔层级关系。交易备注多见"×× 云、MSC"等词汇；单笔交易金额特征明显，入账可见 3500 元的特殊金额；尽调得知，"×× 云"关联的"MunicsBank 数字银行"入股费用为 3500 元，成员多笔 3500 元入账交易与"×× 云"门槛费相符。10 元等小

额交易为群红包收款，推测为发展下线的红包激励。

④公开信息特征。尽调发现，部分团伙成员公开信息见"M××SPACE"等字样，经公开信息查询获知相关字样指向"××云"，而"××云"涉及交纳入门费、发展下线、以直接或间接发展人员为依据计算报酬等传销特征。

（二）网络赌博

1. 主要表现

网络赌博犯罪黑色链条一般由组织者、技术、推广和结算四大要素组成。随着监管部门对网络赌博打击力度不断加大，网络赌博犯罪日趋呈现"跨境＋虚拟货币结算"趋势，即犯罪团伙大量利用境外网站开发平台、架设境外服务器，组织人员在境外远程操作，并且在支付环节加入虚拟货币进行结算的方式进一步规避监管，虚拟货币用于赌资结算流程如图 2 所示。

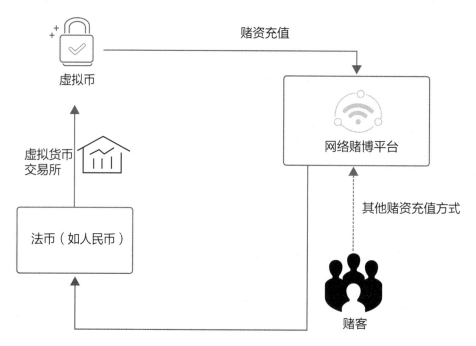

图 2　虚拟货币用于赌资结算流程图

2. 典型案例及可疑特征分析

（1）基本情况。

财付通在日常反洗钱监测分析过程中，发现大量支付账户使用"转账到银行卡"方式集中向唐某某等 80 余人支付账户关联的银行卡转账，单笔交易金额规整，交易时间涉及深夜凌晨等敏感时段。经调查，我司发现唐某某等 80 余人将支付账户关联的银行卡展示在境外开立的"澳门 ×× 娱乐城"赌博网站，用于收取赌博资金，并周期性进行更换，初步判断唐某某等 80 余人为同一团伙且涉嫌操控赌博网站进行跨境网络赌博。

同时，我司发现该网站内容涉及境外线下赌场直播、线上荷官发牌及买注跑分等多种赌博方式，并涉嫌利用虚拟货币交易平台的收币账户展示于赌博网站的充值入口买卖虚拟货币进行赌资结算。

（2）可疑特征分析。

①身份特征。团伙证件地址呈现集中性，主要涉及湖南省以及辽宁省，年龄在 18 岁至 63 岁之间，跨度较大。

②账户特征。团伙在我司共计开立 300 余个支付账户，账户关联的银行卡展示在境外网络赌博网站用于收取赌资，且该网络赌博网站支持"虚拟货币结算"充值方式。

③交易特征。团伙在 4 个月内，发生交易 8 万余笔，涉及金额 4000 余万元；单笔交易金额规整，交易多为转账到银行卡，部分单笔交易金额较大，见整千元整万元，交易备注出现"MCC"等虚拟货币相关词汇；交易对手多为男性，且经尽职调查发现部分交易对手疑似存在赌博行为。

该案例中利用虚拟货币进行赌资结算流程具体如图 3 所示。

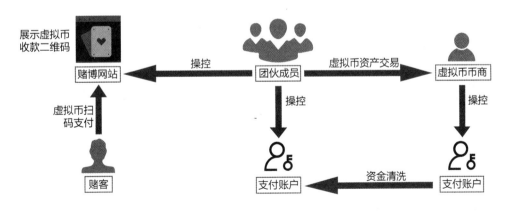

图 3　虚拟货币赌资结算模式图

（三）诈骗（庞氏骗局）

1. 表现形式

诈骗分子通过在网络平台传播投资期货、外汇、虚拟货币等信息，用高额回报为诱饵，诱导投资者投资，在获取投资者信任后诱导投资者进行追加投资，最后通过"技术操作""借新还旧"等手段骗取投资者资金。

2. 典型案例及可疑特征分析

（1）基本情况。

财付通在日常反洗钱监测分析过程中，发现张某等 4 人月均交易笔数近 4000 笔，月均交易金额达 500 余万元，部分资金入账后短时间内转出，过渡明显，单笔交易金额多见上千元，交易涉及地区广，交易附言出现虚拟货币相关词汇。尽调发现，该团伙成员存在以投资虚拟货币获取高额获利为由实施诈骗的投诉信息。综上，该团伙成员疑似利用互联网公开平台以投资虚拟货币为由实施电信诈骗。

（2）可疑特征分析。

①身份特征。团伙证件地址呈现集中性，均为湖北省内地区，年龄跨度较小，为 22 岁至 34 岁之间。

②账户特征。该团伙成员名下开立多个支付账户，存在短时间段内集中注册多个支付账户行为，且使用一段时间后即注销账户，部分账户关联多张同名银行卡。

③交易特征。部分交易为 10 元内小额红包交易，疑似为活跃气氛群红包收付，另多见单笔上千元的交易，交易涉及地区广泛，部分交易时间涉及深夜凌晨，交易备注见部分人名信息，另见"回款、福利、奖励、HCP"等字样，疑似与虚拟货币相关；交易对手多见男性。

④其他特征。存在投诉信息，投诉人表示通过网络认识该团伙成员张某，张某以带投诉人投资虚拟货币 USTD 为由，诱导投诉人在某投资平台进行投资转账，在前三次投资获利后诱导投诉人加大投资，待投诉人加大投资后无法将资金从投资平台进行提现。

四、工作挑战

（一）监测实例较少、识别难度大

由于监管力度加大，虚拟货币交易活动逐渐渗透至第三方支付领域，支付机构的监测模型目前以自身案例自主开发设计，模型建立时间短，监测有效性有待提高。此外，账户在日常生活消费交易中混入虚拟货币交易，增加了模型识别和账户打击的难度。

（二）资金链条分散、上游犯罪打击难度大

监测发现，个人支付账户进行虚拟货币交易时，通过上下游对手和资金流向难以追踪到最终的上游犯罪行为。例如网络赌博等黑产通过虚拟货币进行资金结算，使用多个个人账户拆分交易进行资金划转，同时存在跨平台操作，其实质为依托"第四方支付"形式实现资金结算，资金链条分散，资金最终去向不明，难以追溯上游犯罪。

（三）交易隐蔽性强、监测难度大

随着国内监管加码，部分投资者转向境外开展相关业务，投资者的权益无法保障。国际环境上，虚拟货币发行方、交易服务方、交易用户分散在不同的国家及地区，交易采用跨国多平台的支付形式，而各国对于客户身份识别及交易记录保存等工作存在认知及地域差异，在一定程度上提高了监测难度，进一步增加了市场操纵和洗钱等风险。

（四）交易模式新颖、参与者风险意识薄弱

虚拟货币交易大多打着"投资区块链技术货币"的幌子，鼓吹投资者购买并持有虚拟货币即可获得高额返利，吸引投资者参与，导致投资者容易被市场投机气氛影响而盲目跟风炒作，加之风险意识较为薄弱，易造成资金损失，甚至被不法分子利用，在无感知的情况下成为不法分子运用虚拟货币进行"洗钱"的帮凶。

五、对策与建议

（一）建立健全监测模型、提升技防水平

建议金融机构继续坚持"案例特征化、特征指标化、指标模型化"原则，结合已上报的可疑交易案例及风险提示等，总结各维度风险信息，结合机构自身资产规模、地域分布、业务特点、客户群体、交易特征等建立健全监测模型指标，适时扩大监测面，提升模型有效性，及时监测、移送有价值的情报线索。

（二）强化客户身份识别、提升人防效果

建议金融机构在接纳客户的环节，对涉嫌虚拟货币交易客户的身份信息进行强化识别，在联网核查等必要措施之上，对非自然人客户强制进行实地查验，确保客户身份信息真实可靠，为交易监测提供支撑。同时，推广和加强数字证书和电子签名，加强从第三方数据库或其他信息源获取能证实客户交易与活动相符的身份信息，强化交易记录保存。

（三）加强信息共享、提升打击合力

一是建议监管部门牵头建立虚拟货币犯罪信息的数据库，并建立对应的信息查询机制，确保机构在需要查询相关信息时能无障碍地合规查询相关信息；二是金融机构要积极配合主动提供数据库信息，在保证信息安全、流程合规的情况下积极响应监管部门或其他金融机构信息查询需求。

（四）加强风险宣传、提升用户风险识别能力

建议各金融机构充分利用各种平台和契机加强风险提示和教育宣传，提升参与者风险意识，让其明确认识到此类投资行为属于非法融资行为，警惕陷入违法犯罪活动。

河南省打击洗钱犯罪有效性分析

——基于近年来洗钱罪判决情况

■ 刘建伟　王彦行[1]

摘要：本文基于近年来河南省洗钱罪判决情况，采用实证分析方法，从洗钱罪判决数量、洗钱罪判决比例、已宣判洗钱罪涉及的上游犯罪类型、洗钱罪辩护理由和各地市洗钱罪判决情况等五个方面分析了河南省打击洗钱犯罪的有效性，发现河南省打击洗钱犯罪的有效性在逐年增强，近期多项法律法规文件的出台助推河南省洗钱罪入罪工作取得实效，河南省打击洗钱犯罪取得突出成绩值得期待。

关键词：洗钱罪　判决　有效性

一、引论

洗钱罪判决数量是衡量洗钱犯罪打击效果的重要指标之一，FATF第四轮互评估以我国近年来洗钱罪判决数量畸低的事实指出我国打击洗钱犯罪实际效果不佳。为了了解河南省打击洗钱犯罪的有效性，笔者收集整理了河南省2017年至2021年4月末"洗钱罪"（第一百九十一条）判决数量并进行分析。

我国洗钱犯罪包括刑法第一百九十一条"洗钱罪"、第三百一十二条"掩饰、隐瞒犯罪所得、犯罪受益罪"和第三百四十九条"窝藏、转移、隐瞒毒品、毒赃罪"[2]，但由于后两者可能存在传统的赃物犯罪，因此，本文只选择了"洗钱罪"（第

1　刘建伟、王彦行供职于中国人民银行濮阳市中心支行。本文已在《中国反洗钱实务》2021年第6期发表。

2　全国人大宪法和法律委员会在报告中正式指出，"我国刑法第一百九十一条、第三百一十二条等规定的洗钱犯罪的上游犯罪包含所有犯罪"，可见，在我国洗钱犯罪在广义上不仅包括第一百九十一条。参见全国人民代表大会宪法和法律委员会《全国人民代表大会宪法和法律委员会关于〈中华人民共和国刑法修正案（十一）（草案）〉修改情况的汇报》，2020年10月13日，http://www.npc.gov.cn/npc/c30834/202012/5f7b2d0e41ef44f6ba84ed6eda5cf6c3.shtml.

一百九十一条）作为统计对象。

刘宏华等从法律条文的不足和侦办过程中"重上游犯罪，轻洗钱犯罪"等综合性角度分析了我国洗钱罪判决数量低的原因。王静等进一步从工作机制方面对洗钱罪判决数量低进行了分析。上述两篇代表性的文章都采用了全国性数据作为实证分析的基础，且都是 2019 年之前的数据，2019 年之后我国反洗钱工作有效性取得了很大突破，为了跟踪最新变化，本文在这些研究的基础上，聚焦于河南省数据，对比分析 2019 年前后河南省洗钱罪判决的最新变化和突破，并对原因进行了探讨。

二、河南省打击洗钱犯罪的实证分析

（一）河南省洗钱罪判决数量逐年上升

2017 年至 2021 年 4 月末，河南省共宣判洗钱犯罪 20 起[1]。郑州、洛阳、许昌、南阳、商丘和信阳等 6 个地市洗钱犯罪各判决 2 起，走在全省前列，焦作、濮阳、漯河和济源 4 个地市尚未有洗钱罪判决，河南省其他 8 个地市各有 1 起洗钱罪判决（见表 1）。

表 1　河南省各地市历年洗钱罪判决情况

单位：起

时间 地市	2021 年	2020 年	2019 年	2018 年	2017 年	合计
郑州市	0	2	0	0	0	2
开封市	1	0	0	0	0	1
洛阳市	0	1	0	0	1	2
平顶山市	0	1	0	0	0	1
安阳市	0	0	0	1	0	1
鹤壁市	0	1	0	0	0	1
新乡市	0	1	0	0	0	1
焦作市	0	0	0	0	0	0
濮阳市	0	0	0	0	0	0
许昌市	0	1	1	0	0	2

---

[1] 案件数量以一审判决文书为准，对上诉案件未做重复统计。数据根据中国裁判文书网发布的裁判文书进行统计，并同时参考北大法宝。

单位：起 续表

时间 地市	2021 年	2020 年	2019 年	2018 年	2017 年	合计
漯河市	0	0	0	0	0	0
三门峡市	0	0	1	0	0	1
南阳市	0	2	0	0	0	2
商丘市	1	0	1	0	0	2
信阳市	1	1	0	0	0	2
周口市	0	1	0	0	0	1
驻马店市	0	1	0	0	0	1
济源市	0	0	0	0	0	0
合计	3	12	3	1	1	20

数据来源：中国裁判文书网，北大法宝

2017 年以前河南省仅有新乡一起洗钱罪宣判[1]，2019 年河南省洗钱罪判决数量开始增加，2020 年河南省洗钱罪判决数量呈现爆发式增长，主要原因有五点：一是洗钱犯罪打击不足的问题得到重视。2019 年我国完成 FATF 第四轮评估，勉强过关，评估结果显示我国以《刑法》第一百九十一条洗钱罪宣判的案件数量畸低[2]，我国开始重视洗钱罪的打击力度，国家各部门分别就加大洗钱犯罪打击力度作出一系列批示。二是反洗钱工作级别的提升。2019 年 9 月，在金融委第八次会议上，在听取中国人民银行关于进一步完善反洗钱协调机制的汇报后，就相关工作做出部署，我国决定将反洗钱工作纳入国务院金融委议事日程，直接向金融委汇报。三是反洗钱工作协调机制的发力。2019 年年底在北京召开了"反洗钱工作部际联席会议第十次会议"，明确提出公检法机关要大力推动洗钱犯罪的侦查、起诉和宣判。四是打击洗钱犯罪出台了专门的意见。2020 年最高人民法院、最高人民检察院、公安部联合出台了《最高人民法院　最高人民检察院　公安部印发〈关于办理洗钱刑事案件若干问题的意见〉的通知》（法发〔2020〕41 号），就切实做好洗钱犯罪的打击工作做出了明确要求和详细部署。五是扫黑除恶专项斗争。扫黑除恶专项斗争开展以来，

---

1 2012 年，新乡市凤泉区人民法院有一起涉贪污受贿洗钱犯罪的宣判。
2 2013—2018 年，我国以洗钱罪判决的案例合计仅 128 起，同期各级法院审结一审刑事案件 668.7 万起，洗钱罪判决仅占 0.002%，法院每判决 5 万起才有一起洗钱罪。

大量涉黑犯罪得到了严厉的打击，大量涉黑案件得到宣判。2020 年受新冠肺炎疫情的影响，各项工作在很长一段时间里处于停滞状态，但在疫情的有效控制以及政策措施的持续发力下，2021 年河南省洗钱犯罪的打击成果较 2020 年有更大的收获，2021 年一季度全省洗钱罪的判决数量较 2017 年与 2018 年判决数量的总和还要高，政策效果还在持续爬升，未达峰顶。

（二）河南省洗钱罪判决比例逐年上升

2017 年至今，河南省七类洗钱罪上游犯罪均有一审宣判，破坏金融管理秩序犯罪和毒品犯罪的一审宣判数量位列第 1 和第 2，分别是 3796 起和 3226 起；判决数量前两位的洗钱犯罪分别是涉黑洗钱犯罪和涉破坏金融管理秩序洗钱犯罪，分别是 9 起和 6 起；洗钱犯罪与其上游犯罪的判决比例前两位的是涉黑洗钱犯罪和涉金融诈骗洗钱犯罪，分别是 4.13% 和 0.23%（见表 2）。

涉黑洗钱犯罪的判决比例逐年上升较为明显，2017 年、2018 年二者的判决比例均为零，2019 年的判决比例为 1.27%，2020 年的判决比例增长到 7.06%，2021 年一季度的判决比例达到 100%；涉金融诈骗洗钱犯罪的判决比例在 2017 年与 2018 年均为零，2019 年和 2020 年分别增长到 0.40% 和 1.16%；涉破坏金融管理秩序洗钱犯罪的判决比例在 2017 年与 2018 年的变化不大，分别为 0.11% 和 0.10%，但在 2020 年上升到 0.45%；涉毒洗钱犯罪在 2019 年和 2021 年分别有一起判决，判决比例分别为 0.12% 和 1.89%。

表 2　七类上游犯罪及对应的洗钱罪宣判情况 [1]

单位：起

时间	类型	毒品犯罪	黑社会犯罪	恐怖活动犯罪	走私犯罪	贪污贿赂犯罪	破坏金融管理秩序	金融诈骗
	合计	891	23	8	5	1333	948	473
2017 年	洗钱罪判决量	0	0	0	0	0	1	0
	判决比例	0	0	0	0	0	0.11%	0

---

[1] 全文上游犯罪判决数量的统计以审理程序中一审判决文书的数量为准，但未统计简易程序和速裁程序的文书数量。

单位：起 续表

时间	类型	毒品犯罪	黑社会犯罪	恐怖活动犯罪	走私犯罪	贪污贿赂犯罪	破坏金融管理秩序	金融诈骗
2018年	合计	806	29	3	1	532	966	369
	洗钱罪判决量	0	0	0	0	0	1	0
	判决比例	0	0	0	0	0	0.10%	0
2019年	合计	849	79	4	4	382	897	251
	洗钱罪判决量	1	1	0	0	0	0	1
	判决比例	0.12%	1.27%	0	0	0	0	0.40%
2020年	合计	627	85	6	2	256	896	172
	洗钱罪判决量	0	6	0	0	0	4	2
	判决比例	0.00%	7.06%	0	0	0	0.45%	1.16%
2021年 1—4月	合计	53	2	2	0	37	89	18
	洗钱罪判决量	1	2	0	0	0	0	0
	判决比例	1.89%	100.00%	0		0	0.00	0.00
2017年—2021年 4月	合金	3226	218	23	12	2540	3796	1283
	洗钱罪判决量	2	9	0	0	0	6	3
	判决比例	0.06%	4.13%	0	0	0	0.16%	0.23%

数据来源：中国裁判文书网，北大法宝

虽然部分类型的洗钱犯罪判决比例逐年增长的规律不明显，但是洗钱犯罪判决总量与上游犯罪判决总量的比例逐年递增的趋势较为明显，2017—2020年洗钱犯罪判决总量与上游犯罪判决总量的比例分别为0.03%、0.04%、0.12%和0.59%，2021年1—4月为1.49%（见表3），导致洗钱罪判决比例提升的原因与前述原因一致。

表 3　历年洗钱犯罪判决总量与上游犯罪判决总量情况

单位：起

时间	2017 年	2018 年	2019 年	2020 年	2021 年 1—4 月
上游犯罪判决量	3681	2706	2466	2044	201
对应洗钱罪判决量	1	1	3	12	3
判决比例	0.03%	0.04%	0.12%	0.59%	1.49%

数据来源：中国裁判文书网，北大法宝

（三）河南省已判决洗钱罪类型较丰富、分布均匀

我国《刑法》规定的洗钱罪上游犯罪共有七类，河南省现已判决的 21 起洗钱犯罪涉及其中的 5 类，有 9 起上游犯罪是黑社会性质的犯罪，6 起上游犯罪是破坏金融管理秩序犯罪，3 起上游犯罪是金融诈骗犯罪，2 起上游犯罪是毒品犯罪，1 起上游犯罪是贪污贿赂犯罪（见表 4）。未涉及恐怖活动犯罪、走私犯罪等两类犯罪，这可通过河南省的民族文化氛围、区域地理位置得到合理的解释。

河南省约 77.78% 的地市有洗钱犯罪宣判，涉黑洗钱犯罪判决与涉破坏金融管理秩序洗钱犯罪判决覆盖的地市数量最多，都为 6 个地市，这两类覆盖的城市数量约占已发生洗钱罪宣判城市数量的 78.57%。南阳、商丘和信阳三市的涉黑洗钱犯罪判决各为 2 起，其他四种类型的洗钱犯罪只在已判决的城市判决了一次，这说明洗钱犯罪的宣判对于各地市来讲尚处于初探的阶段，某种类型的洗钱犯罪宣判上没有呈现出被偏好的特点。

表 4　河南省洗钱犯罪已判决案件对应的上游犯罪

单位：起

地市＼类型	毒品犯罪	黑社会性质犯罪	贪污贿赂犯罪	破坏金融管理秩序犯罪	金融诈骗犯罪
郑州市	0	1	0	0	1
开封市	1	0	0	0	0
洛阳市	0	1	0	1	0
平顶山市	0	0	0	1	0
安阳市	0	0	0	1	0
鹤壁市	0	0	0	1	0
新乡市	0	0	1	0	1

续表

类型 地市	毒品犯罪	黑社会性质 犯罪	贪污贿赂犯罪	破坏金融管理秩 序犯罪	金融诈骗犯罪
焦作市	0	0	0	0	0
濮阳市	0	0	0	0	0
许昌市	1	1	0	0	0
漯河市	0	0	0	0	0
三门峡市	0	0	0	0	1
南阳市	0	2	0	0	0
商丘市	0	2	0	0	0
信阳市	0	2	0	0	0
周口市	0	0	0	1	0
驻马店市	0	0	0	1	0
济源市	0	0	0	0	0
合计	2	9	1	6	3

数据来源：中国裁判文书网，北大法宝

（四）洗钱案件辩护理由涉及洗钱罪判决难的主要方面

梳理 2017 年至今的 20 起洗钱案件的一审和二审可以公开的 26 份判决书发现犯罪分子的辩护理由主要有 5 种：一是不能证明"明知"，有 11 份判决书涉及的辩护理由是"对掩饰、隐瞒的犯罪所得来源不清楚"，即侦查机关提供的证据不能证明被告人"明知"资金来自七类上游犯罪。二是"自洗钱"不属于洗钱犯罪，2 份判决书涉及的辩护理由是被告参与了上游犯罪，属于"自洗钱"行为，不构成洗钱罪的构成要件。三是上游犯罪尚未宣判，2 份判决书涉及的辩护理由是上游犯罪尚未宣判，上游犯罪事实还未确认。四是清洗资金额度不清楚，3 份判决书涉及的辩护理由是公诉机关认定洗钱金额事实不清，部分资金是被告人的合法收入。五是没有掩盖违法所得及其收益的来源和性质，有 1 份判决书涉及的辩护理由是未改变非法钱款的来源和性质，没有实施将黑钱洗白的行为。有 5 份判决书显示，洗钱犯罪分子自愿认罪，无辩护理由。

在上述五种辩护理由中，前三种辩护理由涉及《中华人民共和国刑法修正案（十一）》〔以下简称《刑法修正案（十一）》〕出台前洗钱罪判决难问题的主要方面。

（五）河南省部分地市洗钱罪判决潜力待开发

我们统计了 2017 年至 2021 年 4 月底，河南省各地市四类上游犯罪[1]的一审判决总量，发现濮阳和焦作两市洗钱罪判决潜力待开发。焦作和濮阳四类上游犯罪一审判决数量分别为 473 起和 446 起，分别处于全省第 10 和 11 位，判决数量排名在此位次附近的地市均有洗钱罪宣判，而同样没有洗钱罪判决的漯河市和济源市的四类上游犯罪一审判决数量仅为 153 起和 58 起，位于全省第 17 和 18 位。进一步分析了 2017 年至 2021 年 4 月底各地市洗钱罪判决数量与四类上游犯罪一审判决数量的比值，按照比值的降序排序，同样比值的再按照升序排序，发现濮阳和焦作分列全省第 17 和 18 位（见表 5）。

表 5　2017—2021 年 4 月各地市洗钱罪判决比例情况及排序

排序	地市	四类上游犯罪判决合计（起）	洗钱罪判决合计（起）	比值（%）
1	许昌市	294	2	0.68
2	鹤壁市	184	1	0.54
3	信阳市	508	2	0.39
4	三门峡市	303	1	0.33
5	洛阳市	641	2	0.31
6	商丘市	681	2	0.29
7	南阳市	775	2	0.26
8	新乡市	413	1	0.24
9	开封市	440	1	0.23
10	郑州市	903	2	0.22
11	安阳市	460	1	0.22
12	平顶山市	532	1	0.19
13	周口市	602	1	0.17
14	驻马店市	657	1	0.15
15	济源市	58	0	0
16	漯河市	153	0	0

---

[1]　四类上游犯罪是指毒品犯罪、黑社会性质组织犯罪、破坏金融管理秩序犯罪和金融诈骗犯罪。

续表

排序	地市	四类上游犯罪判决合计（起）	洗钱罪判决合计（起）	比值（%）
17	濮阳市	446	0	0
18	焦作市	473	0	0

数据来源：中国裁判文书网，北大法宝

三、结论

一是河南省打击洗钱犯罪的有效性逐年增强。河南省洗钱犯罪打击力度呈现逐年加大趋势，全省洗钱犯罪判决数量和比例逐年提高，全省已判决洗钱罪上游犯罪涵盖面较广，涉及七类上游犯罪中的五类，打击洗钱犯罪的有效性逐年增强。

二是河南省打击洗钱犯罪面临良好的机遇。《刑法修正案（十一）》已于2021年3月1日起正式施行，第14项是对洗钱罪的修正，删除了"明知"和"协助"，解决了明知的证明难和"自洗钱"不入罪问题。2020年末出台的《关于办理洗钱刑事案件若干问题的意见》是一份专门推动洗钱罪入罪的文件，就洗钱罪的办理进行了明确的说明，有效地指导了公检法机关打击洗钱犯罪。《反洗钱法》及配套的办法和规定有望今年修订出台，反洗钱工作基础将进一步得到夯实。

三是河南省推动洗钱罪入罪取得突出实效的潜力较大。全省召开的反洗钱工作会议要求全省人民银行系统反洗钱部门将洗钱罪入罪作为今年的工作重点，要求全省各级人民银行健全反洗钱工作联席会议机制，加强与公检法机关的联系，切实推动洗钱罪入罪。河南省部分地市洗钱罪上游犯罪判决数量较多，洗钱罪入罪的基数高，潜力值得挖掘。河南省涉贪污贿赂的洗钱犯罪仅在2012年有一起宣判，近年来全省贪污贿赂犯罪判决数量较多，可以加大此类型洗钱犯罪的宣判力度来丰富洗钱罪入罪的战果。

参考文献：

[1] 刘宏华，查宏，李庆．关于"洗钱罪"判决难问题的思考[J]．中国金融，2020(18)：85-86．
[2] 中国人民银行反洗钱局．完善反洗钱法律制度研究[M]．中国金融出版社，2020：150-164．

空壳公司洗钱风险及防范建议

——以廊坊市银行业金融机构为例

■ 朱庆瑞　张玉　马文静[1]

摘要："商事改革"以来，不法分子通过注册大量空壳公司，利用银行结算通道转移非法集资，用于网络诈骗、网络赌博、地下钱庄等洗钱犯罪活动。本文结合廊坊市银行业金融机构 2018 年至 2020 年报送的可疑交易报告情况，分析空壳公司主要特征及交易特点，以及深入分析产生大量空壳公司的原因，并提出对策建议

关键词：空壳公司　风险　建议

为进一步繁荣社会主义市场经济，自 2014 年 3 月 1 日起，国务院及市场监管部门对企业申请开立的相关流程作出简化，实行"宽准入、严监管"的政策，最突出的变化是企业注册资本实缴登记制改为认缴登记制，降低了企业设立门槛，简化了注册流程及时间，对激发市场活力、解决民生就业问题起到了巨大的促进作用。但与此同时，一些不法分子通过注册大量没有实际经济背景的空壳公司，并在银行开立大量结算账户，利用银行结算通道转移非法资金，用于电信诈骗、网络赌博、地下钱庄等洗钱犯罪活动，危害巨大，值得我们警惕。本文结合廊坊辖区银行业金融机构报送的可疑交易报告情况，分析空壳公司洗钱风险，并提出相关防范建议。

1　朱庆瑞、张玉、马文静供职于中国人民银行廊坊市中心支行。

一、廊坊市银行业金融机构报送涉及"空壳公司"可疑交易报告的基本情况

（一）廊坊市银行业金融机构类别分布情况

截至 2021 年 5 月底，廊坊市银行业金融机构共 45 家，其中政策性银行 1 家，国有商业银行 7 家（含中行燕郊分行、邮政储蓄银行），股份制银行 9 家，城商行 8 家，农商行及信用社 9 家，村镇银行 11 家（见图 1）。

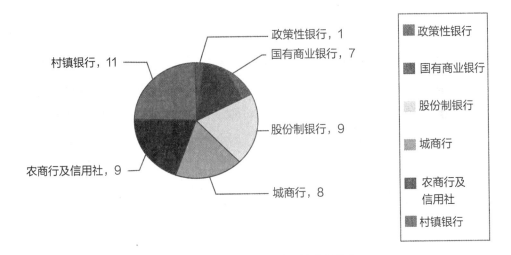

图 1　廊坊市银行业金融机构类别分布

（二）廊坊市银行业金融机构可疑交易报告报送情况

从廊坊市 2018 年至 2020 年银行业金融机构报送的可疑交易报告来看，涉及空壳公司可疑交易报告数量显著上升。2018 至 2020 年分别报送可疑交易报告 12228 份、2596 份、3598 份，其中涉及空壳公司的可疑交易报告分别为 58 份、71 份、173 份，虽然可疑交易报告数量总体下降，但涉及空壳公司的可疑交易报告数量逐年递增，年均增长率为 83.2%，共涉及公司 362 户，涉及交易金额三年分别为656.77 亿元、698.78 亿元、238.3 亿元。2018 年至 2020 年涉及空壳公司的可疑交易占全部可疑交易报告的比重相对较低，分别为 0.47%、2.7%、4.8%，但增长趋势明显，这也在一定程度上反映出银行业金融机构涉及空壳公司的可疑交易监测指标、模型有效性不足。

二、"空壳公司"主要特征及交易特点

近年来，非法买卖账户用于电信诈骗、网络赌博、地下钱庄的案件屡见不鲜，并逐步发展成产业链。而对公账户由于具有较高的转账额度、可以快速转移清洗资金，被不法分子利用的频率较高，其通过诱导无业人员虚拟办公地址，注册多个空壳公司，在多家银行开立结算账户，并开通网银服务，开户成功后便以数千元的价格收购全套资料（包括对公银行卡、手机卡、U 盾、法人身份证、营业执照、法人和财务章等），并转售给洗钱团伙进行洗钱犯罪活动。

（一）空壳公司设立特征

一是企业名称中常含有"商贸、投资、科技、文化传媒"的字样；部分名称较随意，使用简单无意义的词组，以避免名称重复，方便快速注册。二是一些空壳公司共用一个注册地址或者注册地址相近，部分空壳公司的注册地址为居民区或较为偏远的村庄，故意给金融机构上门核实造成不便，尽量避免银行上门核实，在发生可疑交易后金融机构进行客户身份识别上门核实时会发现注册地址为虚假地址或该地址无该公司。廊坊辖区空壳公司注册地与经营地不一致的占比为 33.4%。三是所属行业与经营范围大部分集中在贸易、咨询、文化传媒、网络科技等不需要大型设备的轻资产行业，且经营范围宽泛无具体主营业务。四是资产规模。空壳公司的可疑账户主体注册的行业多为设立门槛及监管要求较低的行业，廊坊辖区近 3 年可疑交易报告涉及的空壳公司注册资本 100 万元以上的占比为 87.04%，在可以查询到实缴资本的 168 户公司中，89.35% 的公司实缴金额在注册资本的 30% 以下，其中 41.07% 的公司实缴金额为 0 元。

（二）账户及交易特征

一是开户时联系电话通畅，但开户后 362 户中 76.2% 的法定代表人联系方式不通畅如关机、拒接、暂停服务。二是几乎所有空壳公司在开户时就同步开通了电子银行等非柜面业务。三是交易 IP 地址多，且大部分为廊坊域外地址。四是资金流动的洗钱特征明显。空壳公司设立主要是用于过渡资金，账户在开户后存在沉睡期和测试性交易，随后交易突然频繁，流入流出总金额巨大，在交易模式上表现为资金快进快出、不留余额或少留余额，交易对手众多且分布较广，而公司注册资本金低或并无实缴资本，资金往来规模与企业资金规模不匹配。账户活跃期大多时间短，以月为单位，此后账户被放弃，不再有交易发生。五是交易方式几乎全部采用非柜面交易，多通过网上银行、第三方支付平台进行，交易量大、资金快进快出、日终

几乎不留余额；24 小时可能都有交易，尤其是夜间或凌晨交易多。六是交易对手遍布全国多个省份，以他行客户居多，公转私特征明显，跨地区交易频繁不计转账手续成本；七是资金交易与公司经营关联度低，无企业正常经营所需的房租、水电、工资等支出。

（三）法定代表人及股东身份特征

一是 2018 年至 2020 年可疑交易涉及的 362 家公司中，法定代表人男性是女性的 4.48 倍，53.6% 的法定代表人预留手机号为异地号码。二是法定代表人年龄以中青年为主。362 个法定代表人中年龄在 25—40 岁的为 212 人，占比为 58.6%。三是短时间内开立多家公司、交叉持股。362 户空壳公司中 301 户存在法定代表人和高管交叉任职的情况，占比高达 83.1%。四是不了解公司相关情况。企业法定代表人对企业设立及预期发展经营情况并不了解。如某银行廊坊分行反映，在做尽职调查时，疑为空壳公司的法定代表人会故意回避与银行人员交流企业资金来源去向及未来发展前景。

三、造成大量空壳公司产生的原因

（一）商事改革，促进大量公司注册

2013 年新《公司法》取消了注册资本最低限额和验资要求，原来的有限责任公司、一人有限责任公司及股份有限公司的注册资本的数额要求在新《公司法》中一律取消。公司注册资本由实缴制改为认缴制，公司投资方式、缴纳期限、货币出资比例不再做具体规定。这一措施降低了公司设立的门槛，简化了注册流程及时间，促使大量公司进行了注册，进一步激发了市场活力，但客观上也降低了空壳公司设立和维护的成本。

（二）银行开户简便，一家公司多个结算账户隐患多

一是为进一步激发市场活力，企业基本存款账户、临时存款账户管理由核准制变为备案制，开销户流程由以前的两个环节变为一个环节，减少了企业开户成本，效率大幅提高。企业开户交由开户银行负责，银行的风控水平会直接影响企业账户管理质量，不法分子可能会利用个别风控水平低的银行开立多个账户用于资金转移；二是一般存款账户开户数量不限制，用途广泛。一个企业可以开一个基本存款账户和多个一般存款账户，对企业开户总个数没有限制，在实际操作中可能会出现企业在多家银行机构开户的现象，多个账户使得银行账户使用效率低，闲置账户过多，增加了账户管理工作量，为账户管理带来了一定难度，客观上为逃税、

洗钱、电信诈骗等不法行为留下空子。

（三）结算便利化，"公转私"账户混用现象突出

随着银行金融科技的发展，企业网银安全性增强，成为办理单位银行结算账户的主要结算方式，但使用网银办理单位银行结算账户"公转私"业务，脱离了柜面监管，导致出现企业对公账户、法人个人账户和其他个人账户混用的现象。通过可疑交易报告中账户日常流水发现，经办人、法人和企业单位银行结算账户资金往来频繁，而且公私账户混用还伴随着账户资金集中转入，分散转出，资金快进快出或对外收付金额与单位经营规模、经营活动明显不符的现象。单位银行结算账户的网银支付功能不受时间、空间和地域的限制，客户可以通过虚构交易背景完成资金划转，且"公转私"业务在网络环境下完成，很难了解账户资金的实际控制人，不法分子能够迅速将黑钱在单位和个人账户之间相互转移，模糊了资金来源与去向，加大了银行对账户的监管难度。

四、对策与建议

切实防范空壳公司风险不仅需要反洗钱行政主管部门、金融监管部门及市场监督管理部门强化协调、发挥合力，也需要银行业金融机构强化风险管理，充分发挥反洗钱第一道防线的作用。

（一）严守开户关口，加强客户身份识别和尽职调查工作

银行应进一步完善客户全生命周期管理体系，筑起预防金融犯罪的防火墙。银行基层营业机构作为客户身份识别的责任主体，是防范洗钱风险的第一道防线，在准入环节严格履行身份识别义务。一是提高开户门槛，限制企业开户数量。目前中国人民银行已对个人银行账户进行改革。个人账户分为Ⅰ、Ⅱ、Ⅲ类，Ⅰ类账户是一个正常的全功能银行账户，Ⅱ、Ⅲ类账户功能有相应的限制。建议限制企业开立一般账户数量，并执行6个月不发生交易的账户进行中止交易的限制，并逐步清理久悬账户；二是对轻资产的类型的公司重点关注。空壳公司多为商贸、咨询服务等轻资产公司，这类公司设立门槛低、监管要求不高，所以银行为轻资产公司开立账户时，必须特别重点关注，加强客户身份识别的力度。三是坚持现场核验。对存在法定代表人或负责人对公司经营状况及业务背景等情况不清楚、注册地和经营地均在异地等异常情况的公司，应当加强对其开户意愿的核查。应当对法定代表人或者负责人面签并留存视频、音频资料等，开户初期暂不开通非柜面业务或开通低额度的交易权限，待后续视公司经营情况再审慎提高交易额度权限。四是认真做好受益所有人识别工作。空壳公司的

法定代表人多不是真正的企业负责人，银行机构应加强受益所有人的识别，若无法识别受益所有人，对法定代表人及股东身份存疑的，可通过要求法定代表人亲自到柜面办理开立账户手续。五是利用大数据辅助识别。目前，银行主要依靠"国家企业信用信息公示系统"核查企业注册信息，能够确定企业真实注册，但很难判断其是否为空壳公司。部分银行在公司开户时可利用"企业信息联网核查系统"、"三大电信运营商系统"、企查查、天眼查、中国裁判文书网查询等途径进行企业工商信息、纳税信息、手机号码信息及涉案信息核查客户身份。但廊坊辖区 45 家银行机构中仍有 34 家银行仅采用"国家企业信用信息公示系统"核查，存在一定的风险隐患，建议综合引入税务、司法、社保以及电信运营商等信息，进行辅助识别，以便把好进口关。六是风险防控前置，发挥客户洗钱风险评估机制作用。银行在客户准入阶段切实做好洗钱风险评估，依据客户洗钱风险等级情况开展后续管控。可以利用空壳公司相关特征设计客户洗钱风险评估模型，通过反洗钱系统在客户准入阶段进行评估发现可疑点，开展差异化尽职调查，并依据调查结果采取针对性的管控措施，以有效降低利用空壳公司进行洗钱犯罪的可能性。

（二）做好账户后续管理，加强异常交易监测

1. 账务核对

对公账户对账机制既是实现双方账务一致性的重要保证，也是确认客户是否正常经营，以及联系电话或地址是否真实的一种重要手段。部分银行基层网点对客户账务核对工作的重视不足，部分空壳公司从未或者未及时进行对账。银行要严格按照相关制度要求，完善对账考核机制，每季度进行一次账务核对。如果公司对对账意愿不强、超过对账时间未反馈或者核对结果不一致，银行应提高警惕，综合多方信息分析原因，根据情况采取适当的账户控制措施。

2. 加强企业网银"公转私"限额管理

银行应加强对企业网银的额度管理，要根据存款人注册资金规模结合企业正常经营需求合理为存款人核定网上银行日累计、年累计转账限额。要进一步完善客户风险等级分类管理，针对客户的洗钱风险等级情况，区别设定机构客户网银转账限额，重点关注高风险客户，采取强化措施，限制高风险客户"公转私"交易。在高风险客户划分基础上，对有合理理由认为属于可疑的"公转私"交易，采取强化的身份识别措施。

3. 持续识别客户与加强交易监测

在业务存续期间，银行应当对非自然人客户持续识别，对成立时间短且资金流

量较大的公司进行不定期实地走访，发现无法联系或无实际经营地址等异常情形的应采取账户交易管控措施。同时要加强对非自然人客户的资金交易监测力度，收集和分析异常特征，完善可疑交易监测模型，对监测到的异常客户进行预警并上报可疑交易报告。

（三）完善奖惩考核机制，树立正向导向

空壳公司对银行贡献度低，但洗钱风险极大。因此，银行应建立健全奖惩考核机制，部分银行风险管控主要停留在制度层面，系统警示不足，考核激励变形，管控流于形式。应强化对一线关键岗位员工依法履行反洗钱义务的日常监督管理，防范员工利用专业知识和技能从事或协助不法分子从事洗钱等犯罪活动。对发现和堵截空壳公司，以及上报可疑交易的员工进行奖励；针对员工参与非法金融活动的行为，依法依规运用多种惩戒措施，加大惩戒力度。

（四）强化部门联动和信息共享

预防和打击空壳公司洗钱犯罪是一项涉及多部门的系统性工作。一是要从企业注册源头做好审核关，市场监督管理部门可针对注册成立之日起一年内未实际开展业务、连续会计年度内未开展经营活动的公司建立名录，通过信息共享的形式及时反馈银行机构，银行机构可以将此类清单应用于强化客户尽职调查，以达到从源头上有效遏制空壳公司账户开立的目标；二是探索设立银行间异常交易客户信息汇总查询系统，对于空壳公司、出租出借账户、多头开户等异常交易进行系统预警、查询，以便各家银行及时掌握信息形成防范合力。

市场采购贸易模式下资金结算
洗钱风险初探

■ 骆帅韬　林美丽[1]

编者按： 市场采购贸易作为我国国际贸易综合改革试点的重要组成部分，是服务于中小企业及个体工商户对外贸易需要而创立的特殊的货物贸易模式，在促进外贸增长，推动外贸转型等方面发挥了重要作用。但近年来，国内多家媒体报道某省内部分地区商户，因在从事市场采购贸易过程中，涉嫌为不法分子协助转移非法资金而导致商户结算账户被全国多地有权机关冻结，引发"冻卡"风波事件。本文结合相关案例，对市场采购贸易项下的资金结算方式进行梳理研究，深入分析了其中蕴含的洗钱、恐怖融资风险及成因，并结合当前监管要求，提出有关意见建议。

关键词： 市场采购贸易　洗钱风险　反洗钱

一、市场采购贸易模式及资金结算方式简介

（一）市场采购贸易模式

市场采购贸易是指由符合条件的经营者在经国家相关部门认定的市场集聚区内采购的、单票报关商品货值在 15 万（含 15 万）美元以下，并在由海关指定口岸办理出口商品通关手续的特殊贸易方式，其服务主体主要为市场个体经营户。与传统贸易模式相比，它主要有以下特征：一是在贸易模式上，一般贸易通常在企业与企业之间发生，是"单点对单点"的模式，而市场采购贸易是通过市场这一平台，供货商在市场集中展销，世界各地的采购商在同一市场完成多种商品的采购，是一种"多点对多点"的全新外贸新业态。二是在出口模式上，普遍采用集中代理报关模式。

出口报关的外贸公司是法律上的出口主体，只负责代理报关，完成货物离境的报关手续，而大多数的境内外采购商是实质意义上的出口主体。三是在海关监管模式上，市场采购存在"多品种、多批次、小批量、低货值"以及委托代理链条长等特点，海关在采取简化归类方式的基础上提供便利的通关服务。

（二）资金结算方式

市场采购贸易项下的资金结算突破了"谁出口、谁收汇"的限制，允许不具有进出口经营资质的商户直接收汇，支持试点区域内个体经营户出口贸易使用外币或人民币结算。其收汇模式主要有直接结算和间接结算两大类。一是直接收汇或跨境人民币结算。主要指市场中相关个体经营户要具备真实、合法的交易基础，直接选择通过跨境人民币结算或者直接外币结算方式收款。二是代理报关企业代理收汇。主要指市场个体经营户通过自主选择代理企业代理出口货物，代理企业为个体经营户代理报关，代理收汇后凭委托代理协议将外汇货款划转或结汇后将人民币货款划转至个体经营户的个人账户。

（三）外管政策要求

根据《国家外汇管理局关于支持贸易新业态发展的通知》，市场采购贸易项下委托第三方报关出口的市场主体，具备条件的可以以自身名义办理收汇。从事市场采购贸易的市场主体在市场采购贸易联网平台备案，平台采集交易、出口全流程信息，并提供与企业、个体工商户对应的出口明细数据。经办银行系统与平台对接，识别客户身份，审核交易背景的真实性，凭平台信息为其办理委托第三方报关的收结汇业务。外汇资金直接入账后即可在平台申请自助结汇。

二、市场采购贸易模式下洗钱风险及成因分析

从近年可疑交易监测情况看，市场采购贸易存在着较为突出的洗钱风险，亟须加以重视。如省内近期接收机构报送的某份重点可疑交易报告显示，4 名自然人通过注册成立 4 家名为"×××贸易商行"的空壳属性个体商户，并于 2019 年底至 2020 年初开立个人外汇结算账户。在随后 10 个月时间内，上述 4 人以市场采购贸易为背景，面向世界 114 个国家或地区（无中国香港）委托出口货物。从资金结算方式看，4 名自然人利用开立的外汇结算账户累计收取境外 S 公司（后经查实与某特大虚开增值税发票案件关联）的 OSA 账户或香港账户汇入款 500 多笔，金额为4600 余万欧元，折合人民币达 3 亿多元，结汇后分散汇至 670 余人的他行个人账户，高度疑似地下钱庄活动。此外，还有部分商户由于选择直接向第三方收取人民币货

款，相关资金因涉及诈骗等违法犯罪活动，进而使相关结算账户被公安机关冻结。相关案例充分暴露出现行市场采购贸易模式以及配套外汇管理机制存在较为突出的洗钱风险管控漏洞，极易被不法分子滥用，具体有以下几方面。

（一）资金流与货物流未实现"闭环"监测

由于市场采购贸易突破了"谁出口、谁收汇"限制，现行外汇管理政策并不强调市场主体必须以外币进行结算的要求，加上现行监测系统难以采集境内结算相关信息，未强制要求出口目的地与外汇资金汇入地、采购商与付款方必须完全匹配一致，致使整个贸易流和资金流出现"断层"，基本难以实现有效"闭环"管理。以省内温州地区为例，2020年温州市场采购贸易出口额为53.4亿美元，而收汇5.7亿美元，对应收汇率仅为10.7%。上述情况导致市场上存在大量出口未收汇的报关单据，不法分子可通过注册成立空壳经营个体商户，购买上述未收汇的报关单据，进而伪造出口贸易背景，为境外资金"回流"提供通道。

（二）银行对外汇资金入账及结汇难以自主管控

由于目前开展市场采购贸易的地方政府部门均建立了统一的联网平台系统，外汇资金入账及后续结汇均由市场主体依托该系统自主开展，银行难以事前介入审核，仅可通过事后抽查方式核对委托代理出口协议、平台结汇授权记录等资料，未发现异常，难以进行全面的业务核查，日常监管只能依赖事后外汇监测以及反洗钱可疑系统预警才能识别，风险管控的时效性难以把握。

（三）税收政策影响市场主体收汇意愿

由于目前税务部门对市场采购贸易所得税征收要求尚未明确，个体经营主体担心相关规则出台后续会补交相应税款，因此普遍选择通过注册多家主体分散出口，完成3000万人民币左右的收汇额度后即注销，再成立新的商户，以防税务倒查，并在达到一定量后就停止业务，经营出口短期化特征明显。此外，由于现行出口退税政策遵循的是"不征不退"原则，经营主体出于降低税务负担的需要，更倾向于选择直接通过境内人民币收款或者地下钱庄等方式完成收汇，其相较于选择缴纳出口增值税后申请出口退税政策成本更低且更为便捷。

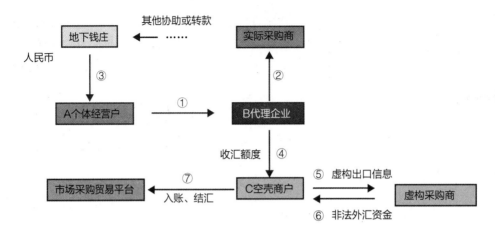

图1　市场采购贸易资金结算图

三、工作建议

（一）主管部门应加强管理，规范市场采购贸易主体资质

一是主管部门需加强对市场采购商户的准入管理。目前市场采购贸易主体事前准入门槛过低，任何商户只需在市场采购贸易联网平台上备案后即可开展业务。很多商户并没有实际经营实体，而是由代理人进行注册备案，不同商户备案信息中所留联系方式趋同等，易被不法分子利用虚构贸易背景实施违法违规活动。二是加强事中监测管控。在市场采购贸易联网平台中嵌入相应的异常预警指标，当发现如货物出口地与外汇来源地不匹配、委托代理出口收汇不对等、个别商户收汇金额巨大、占当月平台收汇额度份额大等情形，及时进行预警并排查管控。三是加强政策法规宣传及风险提示。建议主管部门进一步强化规范市场供货商收汇行为，引导其走阳光化通道，宣传不要出借出售出口报关资源，尽量避免将洗钱风险转嫁到合法经营的商户身上。

（二）金融机构应提升自身能力，防范洗钱风险

严格按照《银行跨境业务反洗钱和反恐怖融资工作指引（试行）》各项要求，切实履行"了解你的客户、了解你的业务、尽职审查"职责，尤其是在客户背景调查、业务审核、持续监测、信息资料留存及报告方面做到勤勉尽责，防范跨境资金非法流动风险。针对市场采购贸易独特属性，金融机构在做好常规外管单据审核的基础上，应更关注收结汇环节的异常、付款方、收结汇资金的去向异常等异常情况，扎实做好尽职调查工作。健全配套可疑交易监测分析体系，完善符合市场采购贸易特征指标体系，积极运用关联图谱技术，挖掘数据库中各个客户之间的关联关

系，设置交易频率、交易对手集中度等敏感性指标，将紧密关联的团伙作为整体做可疑交易甄别，对客户信息相近与交易规模相近的对象进行类比，精准筛选出异常交易数据。

（三）监管部门应加强监管力度，预防打击违法违规行为

建议将市场采购贸易联网平台数据接入外汇管理局系统，关注异常资金波动风险，筛查锁定异常线索，及时处理苗头性问题，防止异常交易发展蔓延。二是健全数据采集机制。传统的出口额与收汇额总量控制的原则存在较大不足，现实监管中还需结合结汇资金去向，判断其真实贸易背景。但目前外汇管理局监测系统未能采集后续资金流转情况，特别是市场采购贸易方面，由于资金流与货物流分离，加上资金流数据采集不全，管理风险性较高，更需依赖进一步的数据支持，才能有效实现穿透式监管。三是完善跨部门情报信息共享机制。外管、反洗钱和海关部门应当进一步深化情报信息共享机制，结合市场采购贸易特征，建立健全基于商户为主题的全流程情报共享机制，及时发掘异常情形，切实做好风险管控。四是增强部门间联动效应。反洗钱、外管、公安部门应进一步加强部门的协作联动，互通最新的犯罪手法和动态，提高日常情报会商的频率，特殊特大案件成立专案组等，筑牢打击利用地下钱庄洗钱的防线，维护社会金融秩序稳定。

走私犯罪中洗钱行为的定罪探析

——以 F 市的走私犯罪案件为视角

■ 李玲玲[1]

摘要：《刑法修正案（十一）》对洗钱罪的自洗钱、行为方式、"明知"要件和罚金刑等若干基本问题予以重大修订，将在立法层面改善我国反洗钱司法效果薄弱的局面，摆脱国际反洗钱组织在自洗钱评估问题上的质疑，为有关部门有效预防、惩治洗钱违法犯罪以及境外追逃追赃提供充足的法律保障[2]。与此同时，洗钱罪的司法适用因势而变。在走私犯罪衍生的洗钱行为中，走私犯罪行为人的自洗钱行为与走私犯罪数罪并罚，走私共犯的"他洗钱"行为与走私犯罪因想象竞合而从一重罪处罚，洗钱犯罪的主观明知认定不要求对某一种具体上游犯罪的罪名具备明知，走私犯罪中犯罪所得应当包括走私犯罪对象。

关键词： 走私犯罪　洗钱罪　主观明知　数罪并罚　想象竞合

　　刑事立法上针对特定上游犯罪的所得及其收益设立洗钱罪，《刑法修正案（十一）》对刑法第一百九十一条洗钱罪的犯罪主体、客观行为方式、主观明知等构成要件进行修改完善，解除了洗钱罪只能由他犯构成的限制，将"自洗钱"行为以及地下钱庄洗钱行为作为犯罪处理。反洗钱是对毒品、走私等上游犯罪的"打财断血"，有利于切断上游犯罪的经济血脉和利益驱动力，从摧毁经济基础角度打击上游犯罪，可以起到釜底抽薪的作用。如何在有效打击上游犯罪的同时提升打击洗

---

1 李玲玲供职于防城港市人民检察院。
2 参见《全国人民代表大会宪法和法律委员会关于〈中华人民共和国刑法修正案（十一）（草案）修改情况的汇报〉》。

钱犯罪的司法效果，是司法机关的当务之急。F市地处中国海岸线的最西南端，是一个既沿海又沿边的城市，与越南山水相连，独特的边境地理环境为走私行为提供了便利，所以，当地的走私犯罪案件数量持续居高不下，近年来平均每年办理近200件走私犯罪案件，其中约20%案件涉及洗钱行为。走私犯罪作为洗钱罪的七类上游犯罪之一，与洗钱犯罪紧密相连，走私分子通过"漂白"走私所得的赃款以逃脱缉私部门追踪，此类案件举不胜举。司法机关在打击走私犯罪的同时也要打击洗钱犯罪，以更好地维护边境地区经济社会稳定。但是在司法适用中产生一些对洗钱行为的认定问题，例如对于自洗钱与上游犯罪是从一重罪处罚还是数罪并罚。下面以F市的一起走私普通货物、物品案件为例，列举走私犯罪中涉及洗钱行为的认定问题。

杨某某与多家国内公司合谋，通过走私方式帮助国内公司骗取货物出口退税。首先，杨某某帮助国内公司将香菇、茶叶等农副产品从中国出口至越南，并将货物运输至中越边境，通过非设关地走私入境，或者在中国的边民互市区通过假借边民身份以伪报贸易性质的方式走私入境，国内公司收到走私回流的货物后再次循环申报出口。其次，杨某某帮助国内公司在货物走私回流后进行资金跨境结算，其通过边民互市结算方式支付货款给越南公司，再由越南公司付汇结算给国内公司，国内公司利用资金结算单证骗取国家出口退税。杨某某将其走私获得的报酬通过跨境结算的方式转移到境外。周某受杨某某的雇请，提供其银行账户用于资金流转，并与相关公司以及边境走私人员对接货物单证等事宜。而周某某受杨某某的雇请，负责提供其银行账户用于资金流转及跨境结算资金等事宜。本案中，杨某某的"自洗钱"行为是否与走私犯罪数罪并罚？周某作为走私共犯，是否与"他洗钱"行为数罪并罚？周某某提供其银行账户用于资金流转是否要明知是走私犯罪所得及收益才能构成洗钱罪？走私普通货物、物品罪的货物、物品本身能认定为犯罪所得吗？本文将围绕上述问题展开探讨。

一、走私犯罪与洗钱犯罪的罪数认定

从洗钱的发展历程和反洗钱的司法实践来看，上游犯罪行为人为了逃避司法机关的打击和切断自己与"黑金"的关联，从而支配、享用从上游犯罪中获取的犯罪所得及其产生的收益，行为人必然会对"黑金"进行"漂白"，其中包括行为人自己去实施（也称"自洗钱"），也包括通过他人去实施（也称"他洗钱"）。在司法适用上，"自洗钱""他洗钱"的行为与走私犯罪的罪数如何认定？可以分别进行探析。

（一）走私犯罪行为人自洗钱行为的罪数认定

《刑法修正案（十一）》将自洗钱入罪后，本犯实施洗钱不再被认为是上游犯罪的延伸和后续行为而属于"不可罚的事后行为"，应对其进行单独的法律评价。然而在目前的司法适用中，对于自洗钱与上游犯罪的竞合问题，是从一重罪处罚还是数罪并罚前尚未出台相应司法解释，在学界也有不同观点。有观点认为自洗钱与上游犯罪应实行从一重罪处罚，理由是避免出现上下游犯罪的处罚不均衡的问题，以符合罪责刑相适应的原则。有观点认为自洗钱与上游犯罪应实行数罪并罚，理由是自洗钱犯罪是独立于上游犯罪以外的犯罪，其所侵害的法益（除金融犯罪以外）大多已经超过上游犯罪原本所侵害的法益，主要或者集中表现为金融管理秩序。

洗钱犯罪破坏资金流转的合法性、外汇管理制度等金融管理秩序，其危害性已经上升到危害国家安全的高度，在一定程度上甚至超越了对上游犯罪的法律否定评价。洗钱行为严重影响司法机关对上游犯罪的追赃挽损工作，近三年来 F 市的走私犯罪案件中仅有 26.13% 的案件能够追赃挽损，且追回的赃款、赃物占犯罪所得及其收益的比例非常低，往往只能达到百分之几。在走私犯罪的 10 个罪名中，有 8 个罪名的刑罚最重是十年以上有期徒刑或者无期徒刑，然而洗钱罪的刑罚最重是五年以上十年以下有期徒刑，近三年来 F 市 10% 以上的走私犯罪案件的基准刑是十年以上有期徒刑，如果从一重罪处罚，则走私犯罪中洗钱行为以洗钱罪定罪处罚的比例将大受影响。在当前国内外反洗钱的形势下，从严惩洗钱违法犯罪活动、维护国家金融安全的角度考虑，对自洗钱与上游犯罪实行数罪并罚更有利于打击犯罪。

（二）走私共犯他洗钱行为的罪数认定

在涉及走私犯罪的他洗钱行为中，走私犯罪行为人与协助实施洗钱行为的第三人之间具有掩饰、隐瞒犯罪所得及其收益的共同故意，并共同实施相关的洗钱行为，上游和下游犯罪行为人应构成洗钱罪的共同犯罪，且均是正犯。

刑法对于走私共犯有特别规定，根据《刑法》第一百五十六条，与走私罪犯通谋，为其提供贷款、资金、账号、发票、证明，或者为其提供运输、保管、邮寄，或者其他方便的，以走私罪的共犯论处。以 F 市的一起走私国家禁止进出口的货物、物品案件为例，该案中的陈某向他人购买 20 吨从越南走私入境的冻牛百叶后销往重庆，陈某雇请徐某使用其银行账户帮助收取该批冻牛百叶的销售货款，徐某明知陈某的走私行为仍然同意予以帮助，前往重庆收取了 200 余万元货款存入其银行账户。根据最高人民检察院、中国人民银行 2021 年 3 月 19 日发布的 6 个惩治洗钱犯罪典型案例可知，上游犯罪是否结束，不影响洗钱罪的构成，洗钱行为在上游犯罪实施终了前着手实施的，可以认定洗钱罪。徐某提供个人银行账户帮助陈某收取走私货物的销售货款，掩饰、隐瞒了犯罪所得的来源和性质，其行为同时触犯《刑法》第一百五十六条走私罪（走私共犯）和第一百九十一条洗钱罪的规定，徐某的行为只有一个，同时触犯两个罪名属于想象竞合，从一重罪处罚才符合罪责刑相适应的原则。

二、洗钱犯罪中主观明知的认定

从司法实践来看，"明知"认定一直以来都是取证难和认定难的棘手问题，严重制约了司法机关对洗钱犯罪的查处，《刑法修正案（十一）》删除了洗钱罪原条文中的"明知"规定，主要是出于将自洗钱行为入罪的立法考量，同删除"协助"的立法目的一致。并不意味着洗钱罪的认定不需要考量主观要件，否则容易产生客观归罪的情况。

洗钱罪是故意犯罪，主观方面可以分为"自洗钱"和"他洗钱"两种类型来考虑，"自洗钱"由于本犯自己实施上游犯罪而理所当然具有主观明知，因而不存在对主观要件的证明问题，"他洗钱"则仍然需要证明行为人具有主观故意。根据司法解释的规定，对于"明知"的认定，应当结合犯罪嫌疑人、被告人的身份背景、职业经历、认知能力及其所接触、接收的信息，与上游犯罪嫌疑人、被告人的亲属关系、上下级关系、交往情况、了解程度、信任程度，接触、接收他人犯罪所得及其收益的情况，犯罪所得及其收益的种类、数额，犯罪所得及其收益的转换、转移方式，交易行为、资金账户的异常情况，以及犯罪嫌疑人、被告人的供述及证人证言等主、客观因素，进行综合分析判断。

在司法适用上，关于洗钱罪的主观明知认定标准是否要达到明知是七种特定上游犯罪的程度，有观点认为，他洗钱的行为人主观上应当明知犯罪对象是七种上游犯罪所得及其收益才能构成洗钱罪，若对上游犯罪的性质确实不知情，则应当构成掩饰、隐瞒犯罪所得、犯罪所得收益罪。也有观点认为，不要求对某一种具体上游犯罪的罪名具备明知，如果犯罪所得及其收益确实来源于特定的七类上游犯罪，应当以洗钱罪定罪处罚才能充分体现罚当其罪。第二种观点较为符合当前国内外反洗钱的形势，以 F 市的走私犯罪案件为视角，在走私犯罪中，对于行为人对其走私的具体对象不明确的情况，根据《最高人民法院、最高人民检察院、海关总署关于办理走私刑事案件适用法律若干问题的意见》第六条规定，走私犯罪嫌疑人主观上具有走私犯罪故意，但对其走私的具体对象不明确的，不影响走私犯罪构成，应当根据实际的走私对象定罪处罚。但是，确有证据证明行为人因受蒙骗而对走私对象发生认识错误的，可以从轻处罚。从严惩洗钱违法犯罪活动、维护国家金融安全的角度考虑，可以借鉴上述走私犯罪司法解释的规定，行为人主观上具有洗钱犯罪故意，但对其洗钱对象的上游犯罪不明确的，应当根据实际查证的上游犯罪定罪处罚，洗钱对象属于七类特定上游犯罪所得及其收益的构成洗钱罪，属于七类特定上游犯罪以外的犯罪所得及其收益的则构成掩饰、隐瞒犯罪所得、犯罪所得收益罪。但是，确有证据证明行为人因受蒙骗而对洗钱对象发生认识错误的除外。

三、走私犯罪中犯罪所得的认定

洗钱犯罪的目的是掩饰、隐瞒犯罪所得及其产生的收益的来源和性质，因而犯罪所得的认定对洗钱犯罪的定罪量刑而言非常重要。根据司法解释的规定，"犯罪所得"是通过犯罪直接得到的赃款、赃物，"犯罪所得产生的收益"是上游犯罪的行为人对犯罪所得进行处理后得到的孳息、租金等。[1] 根据《刑法》第三章第二节和第三百四十七条的规定，走私犯罪的犯罪对象包括武器、弹药、假币、毒品等违禁品，珍贵动物及其制品、境外疫区的动植物及其产品、有毒物质等国家禁止进出口的货物、物品，以及国家允许进口的普通货物、物品等。上述违禁品及国家禁止进出口的货物、物品，一般不可能通过正常的合法途径得到，是通过走私犯罪行为而获取的，因而将其认定为犯罪所得没有太大争议。除此之外，普通货物、物品是国家允许进口的，有观点认为走私普通货物、物品的犯罪所得是偷逃应缴的税额等税费而不是该普通货物、物品本身，因为该普通货物、物品本身是允许进口的，并非只能通过走私犯罪行为获取。根据《最高人民法院、最高人民检察院、海关总署关于办理走私刑事案件适用法律若干问题的意见》（2020 年 7 月）第二十四条规定，在办理走私普通货物、物品犯罪案件中，对于走私货物、物品因流入国内市场或者投入使用，致使走私货物、物品无法扣押或者不便扣押的，应当按照走私货物、物品的进出口完税价格认定违法所得予以追缴；走私货物、物品实际销售价格高于进出口完税价格的，应当按照实际销售价格认定违法所得予以追缴。因此走私普通货物、物品犯罪案件中的违法所得应当包括货物、物品本身及其产生的收益。反而言之，如果走

---

1 参见最高人民法院《关于审理掩饰、隐瞒犯罪所得、犯罪所得收益刑事案件适用法律若干问题的解释》（2021 年 4 月修正）第十条的规定。

私普通货物、物品的犯罪所得是偷逃应缴税款，那么洗钱的对象便无从谈起，因为行为人偷逃应缴的税款不是真实存在的款物，就不涉及掩饰和隐瞒。而货物、物品是行为人通过走私犯罪行为直接得到的真实款物，司法机关可以通过将货物、物品认定为犯罪所得予以追赃挽损。综上，走私犯罪的犯罪对象均可以认定为犯罪所得，以此才更有利于对下游洗钱行为的惩治。

参考文献：

[1] 王新 .《刑法修正案（十一）》对洗钱罪的立法发展和辐射影响 [J]. 中国刑事法杂志 ,2021(2).

[2] 杨万明 , 周加海 .《刑法修正案（十一）》条文及配套《罪名补充规定（七）》理解与适用 [M]. 北京：人民法院出版社 ,2021.5.

[3] 王新 . 自洗钱入罪的意义与司法适用 [N]. 检察日报 ,2021(3).

[4] 刘宪权 , 陆一敏 . 自洗钱入罪司法适用的疑难解析 [N]. 检察日报 ,2021(5).

[5] 赵拥军 . 直接销售走私犯罪之"物"的"自洗钱"行为及其罪数认定 [J]. 中国检察官 ,2021(9).

Part IV

国际经验比较研究

政治公众人物反洗钱问题国际经验及启示

■ 刘潋　翟若帆[1]

摘要： 政治公众人物（PEPs）身居高位，属于洗钱风险高危人群。然而，由于各国的政治体制、经济状况不同，在推动政治公众人物的反洗钱立法及监管上存在诸多现实困难和挑战。本文挑选了8个国家／地区（英国、美国、加拿大、澳大利亚、新加坡、俄罗斯、中国香港、中国台湾），通过研究它们在政治公众人物领域的反洗钱立法及实践，并结合我国实际国情，提出提升我国政治公众人物互评估评级的建议。

关键词： 政治公众人物（PEPs）　客户尽职调查　互评估

一、引言

政治公众人物（PEPs）身居高位，可能利用金融体系或者控制公司实体等手段来清洗贪污、贿赂的非法所得，为自己或为家人和密切关系人谋取利益，属于洗钱风险高危人群。根据世界银行估算，全球每年大约有1万亿美元的贪腐资金被清洗。然而，由于各国的政治体制、经济状况不同，在推动政治公众人物的反洗钱立法及监管上存在诸多现实困难和挑战。本文挑选了8个国家／地区，通过研究它们在政治公众人物领域的反洗钱立法及实践，并结合我国实际国情，提出提升我国政治公众人物互评估评级的建议。

二、我国现状

反洗钱金融行动特别工作组（FATF）在2019年4月发布了《中国反洗钱和反

1　刘潋、翟若帆供职于中国人民银行长沙中心支行。

恐融资措施互评估报告》，互评估报告指出我国在建议12"政治公众人物"为部分合规（PC）。提示我国在制度层面和实践层面均还存在缺陷。

（一）制度层面

FATF 将政治公众人物分为外国政治公众人物、国内政治公众人物和国际组织政治公众人物三类。我国现行法律法规对外国政要和国际组织的高级管理人员，及其特定关系人都已经有了相应的反洗钱要求（见表1），特别是"235号文"，即《中国人民银行关于加强反洗钱客户身份识别有关工作的通知》（银发〔2017〕235号）对政治公众人物的尽职调查做了较为详细的规定，但仍未完全覆盖 FATF 建议12及其释义要求。

FATF 评估报告指出我国存在以下问题：一是未要求金融机构利用风险管理系统，判断受益所有人是否为政治公众人物；二是未强制要求金融机构采取合理措施，确定政治公众人物的财富来源，或者持续监控外国政治公众人物的业务关系；三是未要求金融机构对国内政治公众人物、其家庭成员及其他关系密切的人员采取特定尽职调查措施；四是未要求保险机构采取合理措施，判断受益人或受益人的受益所有人是否为政治公众人物。

表1 当前我国法律法规对政治公众人物客户尽职调查的规定

文件名称	文件条款	具体内容
《金融机构客户身份识别和客户身份资料及交易记录保存管理办法》（中国人民银行 中国银行业监督管理委员会 中国证券监督管理委员会 中国保险监督管理委员会令〔2007〕第2号）	第二章第七条	如客户为外国政要，金融机构为其开立账户应当经高级管理层的批准
	第二章第十八条	金融机构应按照客户的特点或者账户的属性，并考虑地域、业务、行业、客户是否为外国政要等因素，划分风险等级，并在持续关注的基础上，适时调整风险等级
	第二章第十九条	对于高风险客户或者高风险账户持有人，金融机构应当了解其资金来源、资金用途、经济状况或者经营状况等信息，加强对其金融交易活动的监测分析。客户为外国政要的，金融机构应采取合理措施了解其资金来源和用途

文件名称	文件条款	具体内容
《中国人民银行关于进一步加强金融机构反洗钱工作的通知》（银发〔2008〕391号）	第二条第四款	二、开展持续的客户尽职调查，有效预防洗钱风险 （四）如果客户或者实际控制客户的自然人、交易的实际受益人属于外国现任的或者离任的履行重要公共职能的人员，如国家元首、政府首脑、高层政要，重要的政府、司法或者军事高级官员，国有企业高管、党政要员等，或者这些人员的家庭成员及其他关系密切的人员，金融机构应按照《金融机构客户身份识别和客户身份资料及交易记录保存管理办法》中有关"外国政要"的客户身份识别要求，履行勤勉尽职义务
中国人民银行关于印发《金融机构洗钱和恐怖融资风险评估及客户分类管理指引》的通知（银发〔2013〕2号）	第四章第一条	一、对风险较高客户的控制措施 金融机构应对高风险客户采取强化的客户尽职调查及其他风险控制措施，有效预防风险。可酌情采取的措施包括但不限于： （一）进一步调查客户及其实际控制人、实际受益人情况。（二）进一步深入了解客户经营活动状况和财产来源。（三）适度提高客户及其实际控制人、实际受益人信息的收集或更新频率。（四）对交易及其背景情况做更为深入的调查，询问客户交易目的，核实客户交易动机。（五）适度提高交易监测的频率及强度。（六）经高级管理层批准授权后，再为客户办理业务或建立新的业务关系。（七）按照法律规定或客户的事先约定，对客户的交易方式、交易规模、交易频率等实施合理限制。（八）合理限制客户通过非面对面方式办理业务的金额、次数和业务类型。（九）对其交易对手及经办业务的金融机构采取尽职调查措施
《中国人民银行关于加强反洗钱客户身份识别有关工作的通知》（银发〔2017〕235号）	第二条	二、加强对特定自然人客户的身份识别 （一）对于外国政要，义务机构除采取正常的客户身份识别措施外，还应当采取以下强化的身份识别措施：1.建立适当的风险管理系统，确定客户是否为外国政要。2.建立（或者维持现有）业务关系前，获得高级管理层的批准或者授权。3.进一步深入了解客户财产和资金来源。4.在业务关系持续期间提高交易监测的频率和强度。（二）对于国际组织的高级管理人员，义务机构为其提供服务或者办理业务出现较高风险时，应当采取本条第一项第2目至第4目所列强化的客户身份识别措施。（三）上述特定自然人客户身份识别要求，同样适用于其特定关系人。（四）如果非自然人客户的受益所有人为上述特定自然人客户，义务机构应当对该非自然人客户采取相应的强化身份识别措施

续表

文件名称	文件条款	具体内容
《中国人民银行关于加强反洗钱客户身份识别有关工作的通知》（银发〔2017〕235号）	第三条	三、加强特定业务关系中客户的身份识别措施 （一）如保单受益人或者其受益所有人为第二条所列的特定自然人，且义务机构认定其属于高风险等级的，义务机构应当在偿付相关资金前获得高级管理层批准，并对整个保险业务关系进行强化审查。如果义务机构无法完成上述措施，则应当在合理怀疑基础上提交可疑交易报告
《中国人民银行关于进一步做好受益所有人身份识别工作有关问题的通知》（银发〔2018〕164号）	第四条	四、外国政要、国际组织高级管理人员等特定自然人既包括外国政要、国际组织高级管理人员，也包括其父母、配偶、子女等近亲属，以及义务机构知道或者应当知道的通过工作、生活等产生共同利益关系的其他自然人

（二）实践层面

1. 义务机构对政治公众人物缺乏认识

一是我国目前尚未针对政治公众人物制定详细指引，义务机构也未制定政治公众人物身份识别办法，义务机构工作人员对政治公众人物毫无概念。二是义务机构工作人员缺少甄别能力，在客户初次识别时未采取适当的措施，未确认客户或者客户的受益所有人是否为政治公众人物，把其当成普通客户甚至是VIP客户办理业务。三是义务机构内部未建立相关的内控机制，高级管理人员并不了解政治公众人物的监管要求，不知如何审批相关政治公众人物的业务办理流程。

2. 未建立政治公众人物查询系统

目前我国尚未建立统一的政治公众人物查询系统，部分义务机构的监测名单通过购买DowJones、WorldCompliance等第三方机构商业数据库获取，但第三方机构的商业数据库数据不一定可靠，义务机构无法核实数据库的准确性和全面性。例如：有些数据库将所有人大代表及亲属列入数据库，因为范围太过广泛，导致金融机构难以有效开展强化尽职调查，甚至放弃开展尽职调查，对于国内政治公众人物名单监测形同虚设。

3. 缺乏获得政治公众人物财富来源和资金来源的信息渠道

我国尚未有效实施财产公开申报制度，义务机构缺乏获取政治公众人物的财富来源和资金来源的渠道。

三、经验借鉴

截至 2021 年，FATF 第四轮互评估中的 106 个被评估国家中，有 44% 国家的建议 12 被评为不合规（NC）或部分合规（PC），仅有 18 个国家被评为合规。本文挑选的英国等 8 个国家（地区）在第四轮互评估中，有 3 个国家（地区）评级为 C，1 个国家评级为 LC，4 个国家（地区）评为 PC 和 NC（见表 2）。它们的经验和不足对我国进行后续整改均有很强的借鉴性。

表 2　8 国（地区）FATF 第四轮互评估及后续评估结果统计表——政治公众人物部分

美国	英国	加拿大	澳大利亚	新加坡	俄罗斯	中国香港	中国台北
PC	C	NC	LC	C	PC	PC	C

（一）外国 PEP、本国 / 国际组织 PEP、家庭成员、关系密切人的定义范围

2012 年 2 月，FATF 根据《联合国反腐败公约》（UNCAC）第 52 条，将政治公众人物定义为"现在或曾经被赋予重要公共职能的个人及其家庭成员[1] 和关系密切人员[2]"。一些国家 / 地区对"担任重要公共职务个人"的定义非常详细，清晰界定了什么人应当被认定为 PEP，这为义务机构开展身份识别提供了重要参考依据。

一般这些国家会在各自法律层面上明确三个方面的内容：一是明确政治公众人物包含了国内、国外政治公众人物及国际组织三种类型。如美国因未明确政治公众人物涵盖国内和国际组织政治公众人物被互评估指出为主要缺陷。二是明确"重要公共职务"的具体内容，大多数国家 / 地区如英国、中国香港、中国台湾均通过列明具体职位的形式来公布"重要公共职务个人"的范围，一般包含国家元首、政府首长、高级政治家、高级政府官员、司法或军事官员、国有公司高级行政人员和重要政党官员，从被评估的评估结果来看，这也是 FATF 比较认可的一种方式。三是明确政治公众人物的家庭成员及关系密切人的范围。在对家庭成员的定义上，各个国家 / 地区都相对较为宽泛，如英国、加拿大、澳大利亚等国家及中国香港均明确了家庭成员包括政治公众人物的配偶、父母、子女以及子女的配偶等；关系密切

1　家庭成员是指政治公众人物的直系亲属（血缘关系），或以婚姻等类似形式确定关系（民事关系）的人员。

2　关系密切人员是指与政治公众人物有密切关系的人员，包括社交方面的和职业方面的。

人是指因为个人或商业原因或其他浪漫亲密关系与之建立或存续紧密联系的个人。

（二）PEPs 信息的来源

1. 使用商业数据库情况

英国、加拿大、新加坡等银行机构使用数据库、开放源信息，还依赖第三方供应商来帮助识别 PEPs。英国 11 个最大的货币服务商网络（覆盖了英国 83% 的代理商）都具有 PEPs 筛选软件和处理 PEPs 的标准程序。中国香港的大多数义务机构也是使用商业数据库和公开信息来源帮助识别 PEPs。

俄罗斯公职人员数据库是为金融监控主体（银行、支付组织、交易所等）创建的数据库，目的是确定俄罗斯 PEPs 及其相关人员，并评估其级别及为此类客户提供服务相关的风险。数据库包括基本的和扩展的信息。基本信息主要是个人资料类型（家庭成员、相关人员）、个人税号（来自统一国家法人登记处）、出生地、工作地点、来自公共收入和支出申报的数据。扩展信息包括个人地址、财富和资产；已知的家庭、个人和商业关系；与 PEPs 相关的法律实体；对 PEPs 实施国际制裁；是否存在涉及政治公众人物的刑事案件、犯罪记录、腐败卷入。数据库中的信息来自政府网站、官方国家登记册（法人实体统一国家登记册，房地产统一国家登记册）、媒体出版物；来自公开数据库的信息（Paradise Papers、Panama Papers、Transborder 腐败档案、Aleph OCCRP 等）；公共项目 Declarator、OpenNGO、Clearspending、Candidates；社交媒体资料等。

2. 财产公开情况

根据英国《行为守则》（2000）和《利益登记条例》（2003）规定，议员及其他政府公众人物实行收入状况披露制度，主要包括报酬，相关事业，合约书，房屋、土地和建筑物，股份权益，礼物，非金融利益七大类别。不过，英国政府官员申报财产和收入只限于本人，其子女、配偶、父母和其他亲属的收入和财产不需要申报。

中国香港《公务员事务规例》通告第 9/2001 号 461 至 466 条规定，中国香港地区的财产申报主体分为两个层次。第一层职位目前包括由中国香港特别行政区政府中央指定的 27 个主要职位，第二层职位包括上述第一层职位人员的政务助理和私人秘书和第一层以外的所有首长级职位。财产申报的主要内容包括在中国香港及中国香港以外地区的投资以及配偶的职业。对于财产申报公开的具体做法是：第一职位公务人员申报中的部分财务利益可供公众查阅，包括地产及房产（包括自主物业），公司股东、合伙人或董事的身份（包括聘任性质，持有的权益所占比例、业务性质），任何上市、公共或私人公司发行股本的 1% 或以上的股权包括持有的权益所占比例、业务性质及地点（中国香港或海外）；但第一层级申报的其他资料和第二层职位人员的申报均不对公众公布。

（三）针对不同类型政治公众人物的客户尽职调查措施

针对政治公众人物的风险控制措施，各个国家主要是以下两种类型。

一是按照 FATF 关于政治公众人物指引中的意见，采用区分对待的方式开展尽职调查。如加拿大、澳大利亚、中国台湾等国家／地区规定，金融机构应当将外国政治公众人物视为高风险客户，对国内政治公众人物、国际组织政治公众人物应通过风险评估判断是不是高风险客户。金融机构必须要对外国政要或其家庭成员及密切关系人士进行强化尽职调查，采取合理措施确定外国政要及其受益所有人的财富和资金来源；与外国政要建立业务关系之前，应获得高级管理层的批准；对业务关系进行持续监测。当尽职调查措施无法实施时，应当拒绝开立账户、暂停交易活动、提交可疑交易报告或注销账户。而对于国内、国际组织政治公众人物或其家庭成员及密切关系人士时，仅仅是要求将其作为实施更广泛风险评估的一个因素。如果金融机构确定所涉个人不构成洗钱或恐怖活动融资的高风险，无须采取任何额外措施。如果存在高风险，那么金融机构须按照外国政要一样采取强化尽职调查措施。

二是不区分国内和国外 PEPs，而是均采用风险因子的方式来判断 PEPs 的洗钱风险。如英国关于 PEP 的指南中使用"较低风险特征"和"较高风险特征"来区分对不同 PEPs 的要求（见表3）。这些风险特征涵盖了产品、地理位置、个人及专业等风险因素，要求金融机构分析并采取对应措施。

表 3　英国关于 PEP、PEP 家庭成员或亲密伙伴关系的风险特征及尽职调查措施

	低风险特征	高风险特征
PEP	1. 产品。客户正在寻求获得公司评估的产品，以降低风险。包括由其适用简化尽职调查措施的公司评估为低风险的产品 2. 地理位置。被委托在英国担任重要公共职能的 PEP 应被视为低风险，除非一家公司评估了与其作为 PEP 的地位无关的其他风险因素构成更高的风险	1. 产品。该公司的风险评估发现，PEP 正在寻求的产品或关系可能被滥用于清洗大规模腐败的收益 2. 地理位置。与高度腐败有关；政治不稳定；薄弱的国家机构；反洗钱防御薄弱；武装冲突；非民主形式的政府；广泛的有组织犯罪；与国家有密切联系的少数人 / 实体主导的政治经济；缺乏自由的新闻媒体，法律或其他措施限制了新闻调查；司法系统容易受到政治干预；缺乏与会计和审计有关的专门知识和技能，特别是在公共部门；法律和文化对抗举报人的利益；公司、土地和股票所有权登记透明度方面的弱点；侵犯人权 3. 个人和专业。以下特征可能表明 PEP 风险较高：个人财富或生活方式与已知的合法收入或财富来源不一致；如果一国的法律一般不允许持有外国银行账户，银行应在开户前确信客户有权这样做；关于财务不当行为的可信指控（如便利、促成或接受贿赂）；负责或能够影响大型公共采购活动，特别是在采购不受竞争性招标或缺乏透明度的情况下；负责或能够影响稀缺的政府许可证的分配，如矿产开采特许权或重大建设项目的许可
PEP 的家庭成员或亲密伙伴	如果 PEP 本身的风险较低，则政治公众人物的家庭成员或亲密伙伴可能构成较低的风险	来自政府许可证（如采矿特许权、作为垄断服务提供者的许可证或重大建筑项目的许可）的财富；财富来源于对前国有资产私有化的优惠准入；财富来自进入壁垒高或缺乏竞争的行业，特别是当这些障碍来自法律、法规或其他政府政策时；财富或生活方式与已知的合法收入或财富来源不一致，关于财务不当行为的可信指控（如便利、促成或接受贿赂）；担任与个人业绩不一致的公职

续表

	低风险特征	高风险特征
采取的客户尽职调查措施	①除了确定是否确实存在这种关系所必需的调查外，不询问 PEP 的家人或已知的亲密伙伴。②采取干预性较低和不太详尽的步骤，确定财富来源和资金来源、家庭成员或已知的临时雇员保险公司的亲密伙伴；例如，只使用机构已有的信息（如交易记录或公开的信息），除非出现异常情况，否则不再对个人进行进一步调查。有必要寻求财富信息的来源，但在所有风险较低的情况下，特别是在处理对腐败所得进行洗钱风险较低的产品时，公司应尽量减少收集的信息数量，以及如何核实所提供的信息（例如，通过其现有的信息来源）。③董事会以下级别进行监督和批准。④审查频率低于高风险的（例如，只有在需要更新客户尽职调查信息或客户要求新服务或产品的情况下）	①采取更多侵入性和详尽的步骤，以确定 PEP、家庭成员或已知的 PEP 的亲密伙伴的财富来源和资金来源；②对这种关系的监督和批准是在更高级别的管理层进行的；③与 PEP（或 PEP 的家人和亲密伙伴）的业务关系应接受更频繁和彻底的正式审查，以确定是否应维持业务关系

四、提高政治公众人物评级的建议

（一）制定政治公众人物指导文件

一是确定政治公众人物具体适用范围。例如：什么职位的人才能被认定为政治公众人物，政治公众人物的家庭成员和亲密伙伴应该怎么界定。尤其是对于国内政治公众人物，由于我国行政体系庞大，不太适合以某一级别以上官员或某一特征类型人员定义为政治公众人物。所以，更加可行的是，借鉴我国香港和台湾地区的经验，以列明某一些特定职位的人员作为国内政治公众人物。

二是明确适用于不同类型政治公众人物的有效措施。如果我国将国内政治公众人物纳入反洗钱范围，建议参考新加坡、中国香港、中国台湾的做法，要求对国内和国际政治公众人物采取差异化的风险控制。例如：国外政治公众人物一直都是高风险客户，在任何情况下都应该采取强化尽职措施，但国内／国际组织公众人物被确认为低风险客户后可视为正常客户。

三是就一些常见问题提供意见指导。例如政治公众人物或国际组织人员不再担任重要公职后在哪些情形下应该继续采取严格的调查措施等。

（二）建立"财产自主申报机制"，完善风险防控体系

识别政治公众人物财富来源是政治公众人物身份识别和强化尽职调查中的难点。根据《关于领导干部报告个人有关事项规定》，目前，我国对党内副处级及以上领导干部要求向同级组织部门进行财产申报，纪委监察部门有权查询党内干部的财产状况。但短期内，我国还不太可能全面实现领导干部财产的社会披露。因此，借鉴英国、中国香港等国家／地区的经验，我国应该主要通过客户的自主申明和义务机构的持续识别来确认政治公众人物的财产来源。短期而言，可以通过建立"财产自主申报机制"，获取政治公众人物的财产来源。在确认政治公众人物身份后，政治公众人物应当主动向义务机构提交盖有单位公章等有公信力的财产证明材料，证明材料可借鉴我国打印征信报告证明征信记录的模式，例如政治公众人物的房产证明材料，可提供房管部门的房产查询结果信息，义务机构应当采取适当措施核实资料的真实性。长期来看，我国应该采取更广泛的政治公众人物财产公开制度，例如仿照俄罗斯建立公职人员数据库，并在足够授权的情况下，金融机构可以通过查找公开的财产登记、土地登记、资产披露登记、公司登记、历史交易以及受益所有人登记来核实客户关于财富来源和资信来源的申报的真实性和准确性。

（三）加强业务培训，提升合规文化。

客户尽职调查是确定客户是政治公众人物的关键信息来源，银行金融机构应加强政治公众人物身份识别和监测方面的培训，培养一批经验丰富的工作人员比运用分析软件、商业数据库更能有效识别政治公众人物、监测交易情况和处理相关风险。一是要求义务机构熟悉关于政治公众人物的反洗钱监管政策和内控要求，充分认识到政治公众人物的洗钱风险；二是要求义务机构熟悉政治公众人物的管理要求、操作流程和尽职调查等内容；三是要求义务机构了解确定客户是否为 PEP 的有效方法，并了解、评估和处理与政治公众人物相关的潜在风险。

参考文献：

[1] FATF,POLITICALLY EXPOSED PERSONS (RECOMMENDATIONS 12 AND 22), www.fatf-gafi.org,2013.

[2] FATF, Anti-money laundering and counter-terrorist financing measures People's Republic of China,http://www.fatf-gafi.org/publications/mutualevaluations/documents/mer-china-2019.html,2019.

[3] Ethical Standards in Public Life etc. (Scotland) Act 2000,https://www.legislation.gov.uk/asp/2000/7/data.pdf.

金融机构反洗钱违规惩戒国际经验及对我国的启示

■ 高皓洁[1]

摘要： 近年来，围绕提升反洗钱监管有效性的目标，中国人民银行作为我国反洗钱行政主管部门，持续加强"风险为本"监管，坚持"严监管"常态化，进一步加强与其他金融监管部门的合作，反洗钱监管取得积极成效。但是，我国金融机构在反洗钱违规惩戒方面仍有待完善，本文借鉴相关国际经验，提出进一步完善反洗钱违规惩戒法律体系建设、扩展违规惩戒范围、突出"风险为本"导向、丰富违规惩戒手段、增强违规惩戒力度、灵活运用"双罚制"、强化反洗钱违规惩戒监管合作等建议，以全力推动我国反洗钱工作向纵深发展。

关键词： 反洗钱　违规惩戒　国际经验　风险为本

一、我国金融机构反洗钱违规惩戒现状及问题

（一）反洗钱违规惩戒法律体系尚显单薄

《中国人民共和国反洗钱法》（以下简称《反洗钱法》）第六章对金融机构及相关责任人员反洗钱违规的法律责任予以明文规定，对于违反特定事项的，中国人民银行可以责令限期改正或处限定金额的罚款，也可以建议有关金融监管部门责令其停业整顿、吊销经营许可证或对相关责任人予以纪律处分、取消任职资格、禁止从业等惩戒措施。但是，就金融机构反洗钱违规惩戒法律体系而言，我国仅有《反洗钱法》"一枝独秀"，且处罚条款比较粗略，其他法规和规范性文件未做细化规定，反洗钱违规惩戒法规缺乏配套制度支撑。

1　高皓洁供职于中国人民银行营业管理部反洗钱处。

（二）金融机构反洗钱违规惩戒范围相对狭窄

我国尚未将洗钱风险管理与业务发展不相匹配、反洗钱信息系统缺陷等关键要素纳入违规惩戒情形。对于金融机构内控制度缺陷问题，《反洗钱法》仅有"责令限期整改"一项措施，难以满足反洗钱有效监管的实际需要，也与国际通行做法相悖。

（三）金融机构反洗钱违规惩戒形式相对单一

《反洗钱法》赋予人民银行独立运用的处罚权限仅限期改正、罚款两项，且多采取直接罚款的惩戒方式，取消任职资格、行业禁入等其他处罚手段的运用需向有关金融监管部门提出建议，由有关金融监管部门酌情实施。截至目前，我国尚未有"处罚建议权"发挥实效的案例。

（四）反洗钱违规惩戒力度仍有待提高

近年来，我国反洗钱强监管的态势逐步形成，2019 年，人民银行系统反洗钱部门共检查义务机构 1744 家，反洗钱罚款金额合计约 2.15 亿元，同比增长 13.7%。但 2019 年我国单个机构反洗钱平均罚款金额仅为 40.95 万元，与国外动辄上亿的反洗钱巨额罚单相比，我国反洗钱违规惩戒力度不足、震慑效果不够。FATF 第四轮互评估报告也指出，相对我国金融行业资产的规模，反洗钱处罚力度有待提高。

（五）相关责任人违规惩戒措施需进一步完善

《反洗钱法》对"双罚"作出强制要求，即对于违规金融机构直接负责的董事、高级管理人员和其他直接责任人员，必须处一定金额的罚款。"双罚制"有助于提高金融机构高级管理层对于反洗钱工作的重视程度，但"一刀切"式的罚款措施单一且不够灵活，另外，反洗钱违规行为如果不涉及"主观故意"层面，很难将责任直接归咎于一个或几个相关人员，因此强制"双罚"在一定程度上可能与"过罚相当"原则相背离。

（六）反洗钱违规惩戒监管合作机制仍需加强

我国已形成"人民银行牵头、各成员单位分工负责"的反洗钱工作协调机制，并将反洗钱和反恐怖融资工作纳入国务院金融稳定发展委员会议事日程。截至 2020 年底，联席会议已召开 10 次工作会议。我国反洗钱工作机制得以强化升级，但反洗钱违规惩戒监管协调方面仍存在一定问题。一方面，金融监管部门间的反洗钱监管工作缺少信息和数据的交换，监管协调机制有效性不足。另一方面，反洗钱违规惩戒对于金融机构市场准入、业务范围审批、高管任职资格等方面未产生适当影响。

二、国外金融机构反洗钱违规惩戒经验借鉴

（一）反洗钱违规惩戒法律体系建设较为完备

反洗钱发展相对成熟的国家拥有更细密的反洗钱法律体系，违规惩戒规定更加详细，并贯穿于多个法律法规。例如，美国以《银行保密法》《金融隐私法》《洗钱控制法案》为基石，陆续通过《阿农齐奥－怀利反洗钱法令》《爱国者法案》等系列法令、行政法规、行业准则对反洗钱制度完善升级，形成纵横交错的反洗钱法律体系。

（二）系统性、机制性违规问题受到更多关注

针对内控管理层面的违规问题（如内控制度、组织机构、人员配备、审计、系统管理等方面），美国、英国等国家均可直接进行罚款。美国将内部控制制度、审计、培训、合规官与人力支持作为金融机构反洗钱工作的四项支柱，也是监管机构的重点检查项目。

（三）反洗钱违规惩戒手段较为丰富

除行政罚款外，国外监管机构通常还可采取和解协议、合意令、停止令、立即整改指令、吊销营业执照、取消业务准入、短期限制业务准入等一种或多种措施。例如，2016年5月，由于反洗钱管理存在严重缺陷，新加坡金融管理局吊销BSI银行营业执照，并罚款1330万新加坡元。2019年4月，由于反洗钱和反恐怖融资方面存在失职，俄罗斯央行吊销CB Ivanovo银行营业执照并指派临时管理人。由于前银行高管Marc Ambroisien在任职期间未能确保其所在的金融机构建立健全内部治理措施并履行反洗钱义务，卢森堡CSSF金融业监管委员会对其作出禁止金融部门从业10年的处罚。

（四）反洗钱违规惩戒方式突出风险为本原则

国外监管机构重视违规金融机构的纠偏和整改工作，和解协议或合意令是使用频度最高的惩戒措施。美国并用巨额罚款与信用曝光手段，金融监管部门在对被监管对象处以罚款时较多运用行政和解手段，并可视具体情况，决定是否公开和解协议。英国金融监管部门在运用行政处罚方面非常慎重，对于发现的问题，监管部门通常采取非正式讨论指导金融机构，向其发出改进计划和建议，或通过不公开的警告进行提示，监管部门只对那些存在长期或者严重系统性控制缺陷的金融机构考虑使用处罚措施。澳大利亚监管部门通常通过道义劝告的方式来纠正金融机构存在的问题，如果问题较严重或道义劝告未发挥作用，监管部门会采取

外部审计、整改告知、可强制执行的承诺书、注销特定资格、发出强制令、发出民事处罚令等方式指导相关机构进行整改。

（五）反洗钱违规惩戒力度更强

国外反洗钱巨额罚单频出，部分机构处罚金额甚至能够影响其资产负债表。例如，2019 年 2 月，由于协助法国客户逃税[1]，法国对瑞银集团罚款 42 亿美元；2019 年 4 月，由于违反制裁等反洗钱相关规定，美国司法部和财政部在内的联邦与地方监管机关对裕信银行多家分行处 13 亿美元罚款；2020 年 3 月，由于反洗钱措施存在严重缺陷，瑞典金融监管机构对瑞典银行罚款 3.97 亿美元。

（六）灵活运用"双罚"制度

国外监管部门通常可以对违法行为实施 "双罚"，但并非强制要求。一般来说，仅当监管部门认定董事、高级管理层等对违法行为负有重大故意、重大疏忽等责任时，美国、英国金融监管部门才对相关责任人进行经济处罚。如 2020 年 6 月，德国商业银行伦敦分行因反洗钱违规，被英国罚款 4690 万美元，但由于不存在对该违规行为负有重大故意、重大疏忽等责任的董事、高管或其他个人，该惩戒未追究个人责任。

（七）反洗钱监管协调机制灵活高效

反洗钱工作具有专业性、特殊性、复杂性等特点，国外多采取多部门联合行动、互相配合的"团队作战"方式。美国以财政部为反洗钱主管部门，与司法部、美联储、国土安全部等其他多个反洗钱监管部门一起，共同构建了"蛛网"式、多元化的反洗钱监管组织结构。各部门分别在职责范围内对违规金融机构采取惩戒措施，协作有机程度较高。英国由财政部、金融行为监管局、税务海关总署、反洗钱行业自律组织等多部门组成综合管理型的反洗钱监管组织结构，各机构之间职责明确、协调顺畅，通过组建反洗钱咨询委员会、强化日常监管协调、定期召开反洗钱机构论坛、定期开展内外部评估等多项措施，实现了反洗钱协调工作的低成本和灵活高效。

三、对反洗钱工作的建议

一是完善金融机构反洗钱违规惩戒法律体系。我国现已正式启动《反洗钱法》修订工作，建议以 FATF 互评估后续整改为契机，完善《商业银行法》《证券法》《保

---

[1] 逃税和洗钱具有密切联系，国际上已将打击洗钱、恐怖融资和逃税作为完善世界经济金融秩序的重要组成部分，因此瑞银集团 42 亿美元罚款属于反洗钱领域金融机构违规惩戒。

险法》等法律，明确特定行业的反洗钱违规惩戒法规。另外，推进反洗钱规章制度修订，强化违规惩戒制度细节支撑，形成完备的反洗钱违规惩戒法律体系。

二是扩展反洗钱违规惩戒范围。建议借鉴国外经验，将内控制度建设、洗钱风险管理、系统建设等方面纳入反洗钱违规惩戒范围，以从机制层面督促金融机构反洗钱工作。

三是突出"风险为本"的反洗钱违规惩戒措施。对于存在偶发性或技术性失误等导致的反洗钱工作缺陷，采取责令整改、和解协议等方式，以鼓励金融机构采取"风险为本"的反洗钱方法；对于存在重大缺陷、长期忽视监管意见、刻意隐瞒或提供虚假材料等严重问题的机构，采取行政处罚、限制业务经营、限制行业准入等严厉惩戒措施。

四是丰富反洗钱违规惩戒手段。中国人民银行用好建议处罚权，其他金融监管部门依据中国人民银行建议和共享的信息开展调查取证，并依法对相关责任人给予纪律处分、禁止从业、取消任职资格等处罚，并及时反馈人民银行，形成监管合力。对于反洗钱存在严重缺陷的金融机构，建议由人民银行直接责令其停业整顿。

五是按照"过罚相当"原则合理加大反洗钱违规惩戒力度。建议综合考虑金融机构的规模以及违规行为的严重程度、获利金额、主观故意性以及持续时间等因素，灵活运用绝对金额处罚（如固定处罚金额范围）和相对金额处罚（如违法所得的一倍或多倍），加大违规惩戒力度，以增强反洗钱违规惩戒震慑力。

六是完善相关责任人违规惩戒措施。区分不同违规情形，充分考虑相关责任人对违规行为的影响程度、情节恶劣程度、主观故意性等因素，建议灵活采取多层次、递进式、更具弹性的处罚方式。

七是进一步强化反洗钱违规惩戒监管合作机制。畅通金融监管部门间的常态化工作信息交流渠道，建议可通过搭建反洗钱数据信息共享平台、举办反洗钱监管论坛等方式，加强监管部门之间的工作交流和数据信息沟通，确保反洗钱违规惩戒能够以适当的方式对金融机构市场准入、业务范围审批、高管人员任职资格等产生一定的影响。

法人洗钱风险评估标准、实践与思考

■ 魏海滨 熊陈楚[1]

摘要： 对不同类型法人（法律实体）开展洗钱和恐怖融资风险评估，既是反洗钱国际标准的要求，又与国家整体信息透明度工作机制、受益所有权集中登记等工作密切相关。通过归纳、总结和分析法人洗钱风险评估的相关国际标准及各国实践经验，尤其是结合我国应对FATF第四轮互评估的相关工作经验和下一步工作计划进行专题研究，有助于厘清我国开展法人洗钱风险评估工作的重点问题，并提出针对性的政策建议。

关键词： 法人 洗钱和恐怖融资风险 信息透明

一、法人洗钱风险评估标准概述

FATF《40项建议》指出各国应运用"风险为本"工作方法，识别、评估和了解洗钱及恐怖融资风险。法人信息透明度相关的风险状况既与反洗钱预防措施的有效性密切相关，又关系到犯罪分子对法人的滥用和控制，对此，FATF在《40项建议》和《评估方法》以专门条款予以明确，分别体现在《40项建议》建议24释义2.（d）、《评估方法》建议24.2以及直接目标5（IO5）的核心标准5.2中，要求各国评估在本国设立的全部类型法人的洗钱和恐怖融资风险。

从FATF的要求来看，法人洗钱风险评估的工作至少应当包含三方面的内容。一是建立法人洗钱风险评估的工作机制，应当包含法人登记注册主管部门、执法部门、金融监管部门、反洗钱行政主管部门等，还可能包含提供公司服务的专业服务机构、自律组织或行业协会等。二是明确法人风险评估的具体内容。主管部门应当

---

1 魏海滨、熊陈楚供职于中国人民银行重庆营业管理部。

清晰了解当前国家的全部法人类型，分析研究不同类型法人面临的洗钱和恐怖融资威胁、固有漏洞和缺陷以及提升信息透明度的有效措施。三是评估结果的共享和认可。各相关部门和机构对评估内容与结论一致认可后有效共享，包括向反洗钱义务机构和社会公众公开。

二、我国法人洗钱风险评估工作的实践与存在的问题及挑战

（一）我国法人洗钱风险评估工作的实践

2017 年至 2018 年期间，我国开展首次国家洗钱和恐怖融资风险评估，将法人信息透明度与洗钱风险的评估纳入"基础性因素风险分析"的内容。我国依据 2017 年 3 月生效施行的《民法总则》关于法人的分类口径，分别对营利法人（细分为有限责任公司和股份有限公司）、非营利法人和特别法人开展风险评估。其中，营利法人的洗钱评估从信息透明度、设立便捷性和行业风险三个维度进行，特别法人、非营利法人侧重于定性分析其组织性质特征与业务范围。

2018 年，由中国人民银行牵头，公安部、商务部、市场监管总局等相关部委共同参与法人风险评估，将特别法人、非营利法人、营利法人的各细分类别组织都纳入评估范围，还重点分析了在我国国民经济体系中占据重要地位的市场主体类型，如国有企业、上市公司、外商投资企业等市场主体的洗钱风险状况。

根据法人和市场主体的资金来源、发起设立条件、内部组织架构安排、第三方控制利用的难易程度等因素，分析评估其与组织结构特征相关的固有风险。从主管部门的各类监督管理措施例如资金审核、信息披露要求、监督检查、高管人员任职资格审查等方面，分析提升信息透明度的控制措施有效性。综合上述分析结果，采用二维风险评估矩阵评估法人和市场主体的洗钱风险状况。

此外，2013 年 5 月，我国启动定期洗钱类型分析工作，从对相应案件和可疑交易涉及的犯罪类型、地区、行业、业务或产品等内容进行分析评估。不同类型法人作为参与市场经济活动的重要主体，其所处的地区或行业也面临相同的整体威胁，在类型分析中得以分析评估。

（二）存在的问题及挑战

我国在法人洗钱风险评估工作中做出不少积极实践，但在 FATF 第四轮反洗钱和反恐怖融资互评估中，相关工作机制及有效性未受到国际评估组的认可。主要原因体现在以下几个方面：一是法人风险评估颗粒度太大，分类和评估维度较为简略，评估对象及评估方法不明确。二是缺乏对不同类型法人面临洗钱犯罪威胁的评估。

将法人纳入所在行业或地区的威胁状况中一并评估，针对性不足，难以在不同类型间进行差异化分析。三是不同类型法人的固有风险及控制措施局限于定性分析，缺乏案例或统计数据支撑，结论说服力不足。尤其是对特定类型法人或市场主体，例如国有企业等，国际评估组不认可其风险评估结论。四是未对"空壳公司"这一特定风险进行充分评估。

三、其他国家法人洗钱风险评估的实践经验

（一）美国

在美国 2015 年、2018 年两度发布的《国家洗钱风险评估报告》中，美国从犯罪分子操纵利用法律实体的角度，分析其增加反洗钱义务机构开展客户尽职调查的成本并降低工作有效性。美国重点评估前台公司[1]、空壳公司[2]和货架公司[3]。列举多个案例揭示犯罪分子利用公司或企业掩盖真实控制权结构的洗钱风险，说明利用前台公司及空壳公司账户进行洗钱的手法。

美国认为，在州层面设立的公司，其所有权及经营活动的信息非常有限；涉及境外个人或组织、与境外存在资金流动的公司，其控制权结构复杂。信息透明度缺乏可能阻碍执法部门调查，使相应法律实体面临洗钱风险。

2016 年 11 月，FATF 发布美国第四轮互评估报告，对美国国家洗钱风险评估结论予以确认，指出美国存在的公司（corporation）、有限责任公司（limited liability company，LLC）、有限合伙企业（limited partnership，LP）、有限责任合伙企业（the limited liability partnership，LLP）、有限责任有限合伙企业（the limited liability limited partnership，LLLP）等类型的法律实体，其中公司和有限责任公司占全部法律实体 95% 以上，空壳公司（主要表现为公司和有限责任公司）是美国法律实体面临的最主要洗钱风险。

美国未按照不同类型的法律实体开展洗钱风险评估，但十分关注空壳公司的洗钱风险。2006 年 11 月，美国 FinCEN（金融犯罪执法局）发布《空壳公司潜在洗钱风险》指引，指导金融机构防范空壳公司的洗钱风险。大多数空壳公司由个人或组织出于合法目的设立，但美国公司设立便捷，各州的设立要求不一，空壳公司可

---

[1] 前台公司（front company），即利用正常生产经营的公司将合法和非法收益进行混合。

[2] 空壳公司（shell companies），即无实际经营活动及资产，用于掩饰隐瞒不法收益的来源和控制权。

[3] 货架公司（shelf companies），即现成的公司外壳，用于模糊经营活动的来源及实质。

能由有限责任公司、普通合伙企业（General Partnership）、信托或其他商业实体拥有或管理，所有权结构非常模糊。一些专业服务机构或人士如中介(intermediaries)或代名注册服务商（Nominee Incorporation Services，NIS）还可以提供名义董事（Nominee officers and Directors）、名义股东（Nominee Stockholders）以及名义银行签章人（Nominee Bank Signatory）等服务，进一步增加公司被利用为空壳公司的风险。对此，该指引提出涉及空壳公司洗钱风险的特征有：资金转移与货物服务贸易相关性小；贸易情况与公司背景不符；涉及相同地址；同一公司存在数量众多的资金接收方；涉及高风险、离岸金融中心的高频交易等。

（二）英国

英国分别于 2015 年、2017 年和 2020 年开展国家洗钱风险评估工作，法人洗钱风险的评估对象包括私人股份有限公司（private company limited by shares）、私人担保有限公司(private company limited by guarantee)、私人无限公司(private unlimited company ）和上市有限公司（public limited company）；以及苏格兰合伙企业（Scottish Partnerships，SPs）、苏格兰有限合伙企业（Scottish Limited Partnerships，SLPs）和有限责任合伙企业（Limited Liability Partnerships，LLPs）等。截至 2017 年 3 月，英国登记在册的公司超过 380 万家，其中近 96% 为私人股份有限公司。

英国采用统计数据揭示法律实体面临的洗钱犯罪威胁：在英国税务海关总署（HMRC）调查的洗钱案件中，70% 以上使用公司结构洗钱。在英国严重欺诈办公室（SFO）调查的案件中，几乎所有都存在滥用公司结构的问题，案例显示犯罪分子利用空壳公司为犯罪行为提供便利。报告中引用世界银行 2011 年一项调查结果指出，在调查的 213 起腐败案件中有 150 起案件使用至少一种公司类型隐藏受益所有权，这 150 起案件涉及 24 家英国公司。

评估发现，英国法律实体仍存在洗钱的潜在漏洞。一是法律实体存在透明度缺口，复杂的多层次结构有利于隐藏受益所有人信息。二是法律实体设立简单方便，如果直接在公司署注册还可以免去受信托和公司服务提供商（TCPS）反洗钱审查。三是海外的 TCPS 属于公司署认可的代理机构，可直接在海外通过公司署登记系统注册设立法律实体，但公司署很难核实信息真实性。英国对法律实体的洗钱漏洞评估体现出评估的维度与层次：信息透明度、设立便捷性、海外控制权等因素是分析重点。

合伙企业与公司的信息披露义务存在差异，削弱了执法部门调查获取信息的能力，难以识别不同类型法律实体是否被用于合法或非法活动。而英国缓释法人洗钱风险的措施主要体现在提升信息透明度方面。自 2015 年起，英国在全球率先建立法律实体受益所有权信息（重要控制人信息）的集中登记系统并向社会公众开放，通过提高信息透明度来解决法律实体被滥用的问题。

（三）德国

德国在《国家洗钱和恐怖融资风险评估（2018—2019）》中评估了法人洗钱风险。报告指出截至 2017 年，德国共有 3481860 家商业组织和机构运营，其中 89% 为雇员少于 10 人且缴纳社会保险的小型企业。作为高开放度的经济体，犯罪分子可能利用法律实体复杂组织结构、不透明受益所有权等特点开展洗钱活动。近年来，德国在法律实体信息透明度方面的举措和进展能缓释洗钱风险，主要的风险敞口可能来自境外公司企业对德国法律实体的控制或拥有。

德国对最常见的主要法律实体类型开展了洗钱风险评估，包括私营有限公司（GmbH, a German private limited company）、公共有限公司（AG, a German public limited company）、合伙企业（GbR, the German civil-law partnership）以及境外公司（Foreign companies）。德国分析犯罪分子利用法律实体洗钱的各种因素为：成本收益、犯罪领域、拟洗钱方式等。对洗钱风险通过定性方式进行分析评估，例如考虑法律实体的规模、设立便捷性、出资方的债务承担限度、信息透明度等方面。其中，信息透明度是重点考量因素。德国认为，私营有限公司的细分类型"有限责任公司"易于设立，且受益所有权可由匿名公司或法律安排拥有，信息透明度差。此外，境外公司不履行德国的信息登记要求，其信息透明度较差。上述两类法人面临更直接的洗钱风险。

（四）日本

日本将法人洗钱风险纳入"与客户类型相关的高风险交易"进行评估。法人是独立的财产所有者，自然人可以将财产所有权轻易转让给法人。法人的财产结构非常复杂，控制法人可以经常以公司业务名义转让大额财产，不但利于资金转移，还容易隐藏财产实际所有者真实身份。因此，犯罪分子可能会利用法人"难以追踪资金和受益所有人"的特点实现洗钱。

日本将股份公司（stock companies）、普通合伙企业（general partnership）、有限合伙企业（limited partnership companies）、有限责任公司纳入洗钱风险评估范围。日本列举了少许案例进一步证实存在滥用法人洗钱的风险，从作案手法的角度对法人洗钱风险进行评估，指出犯罪分子滥用手法主要包括设立虚假法人、从第三方获取法人控制权。在2016年至2018年的洗钱犯罪中，有30起案件采用上述手法，其中股份公司占23起，有限责任公司占4起。滥用法人涉及的上游犯罪以诈骗犯罪居多。

日本对离岸中心的空壳公司洗钱风险进行了单独评估，认为离岸金融中心的金融监管松懈，允许采用代名人制度，法人、高管和股东能以第三方名义进行登记。这些制度漏洞易被犯罪分子利用并设立空壳公司。

四、思考与建议

（一）合理界定评估对象的范围

FATF明确规定了"法人（legal person）"定义，重点不在于"法律人格"，关注的是开立银行账户、拥有独立资产并开展经营活动的非自然人商业实体。为准确界定法人洗钱风险评估对象，我们应当兼顾我国《民法典》"法人"范围与FATF定义，将"营利法人"以及不具备"法律人格"但可独立开展经营活动的非自然人机构或组织，如合伙企业、个人独资企业等纳入评估范围。同时，统筹考虑我国法人洗钱风险评估的细分颗粒度与受益所有权信息登记机制的改革发展规划，建议既要将公司、企业法人、合伙企业、个人独资企业等类别的法律实体纳入评估范围，还需相应地评估在国民经济中占重要地位的特定细分类型公司或企业，例如国有企业、外资企业、上市公司、持牌金融机构、有限合伙企业等。

考虑到2021年6月FATF已就《建议24修订白皮书》公开征求意见，要求各国评估外国设立法人的洗钱和恐怖融资风险。而目前各主要国家的法人风险评估中也包含对境外法人的风险评估内容。因此，建议将在外国注册但在我国实际开展生产经营的外国法人纳入洗钱风险评估范围，例如在华从事生产经营的外国（地区）企业。

（二）明确具体的风险评估指标和参数

在FATF标准或相关指引以及其他全球通行的国家洗钱风险评估工具[1]中，并未对法人洗钱风险评估的具体指标体系或参数作出明确规定。但从各国开展法人洗钱风险评估的经验来看，对法人风险分析的维度大致存在以下共同点：一是强调信息透明度。信息透明度高低是衡量法律实体风险大小的重要因素，包括组织结构复杂性和信息披露质量两个方面。二是设立的便捷程度。法律实体"外壳"的可获得

1　如世界银行的国家洗钱风险评估工具。

性越简单方便及时，犯罪分子随意设立、利用及废置的可能性就越高。三是涉及境外所有权结构的程度。境外法律实体对本国法律实体进行控制会极大提升非法资金与合法资金融合的便利性，增加资金链条调查难度。

我国开展法人洗钱风险评估应结合本国实际，充分考虑各国实践经验，避免冗繁的评估指标体系及分值标准，尽量明确指标间的区分度。建议我国的法人洗钱风险评估指标包含以下要素：信息透明度水平、注册设立的便捷程度、涉及境外所有权结构程度、所处行业或经营领域、人员身份审查规则、受第三方控制的难易程度等。在确定评估指标的基础上，使用专家打分法赋予参数分值，最终建立相应的评估体系。

（三）针对性收集典型案例和统计数据

涉及法律实体的典型案例和统计数据有助于说明法律实体面临洗钱犯罪的威胁状况，揭示其被滥用于洗钱的典型手法，还可用于进一步分析法人的固有缺陷，提示未来的改进和管控方向。

建议从现有洗钱罪判例和重点可疑交易报告两个层面收集整理典型案例和统计数据。一方面，从近年来洗钱犯罪案例中筛选涉及法人的洗钱案例，确定法人被滥用的整体风险水平；根据不同上游犯罪类型，评估分析不同犯罪活动中滥用法人的程度；通过典型案例剖析作案手法。另一方面，从行业（经营领域）、地域、涉嫌上游犯罪类型等维度分类整理分析近年来重点可疑交易报告数据，结合不同年度间数据情况，分析评估法人洗钱风险变化发展趋势。

案例和数据应尽量按照不同的法律实体类型进行数据分层，与风险评估的类型口径保持一致，从而直接支撑不同类型法律实体的洗钱威胁分析和漏洞评估，与定性分析评估结论有机结合。

（四）重视对空壳公司等特定风险的评估

从我国现有洗钱及相关犯罪的实际来看，大量案例表明犯罪分子利用"空壳公司"转移资金、掩饰控制权或隐瞒真实身份，在地下钱庄、非法集资、诈骗等犯罪活动中并不鲜见。考虑到空壳公司的特殊性，建议以定性分析为主要评估方法，结合具有代表性的典型案例，着重分析法律实体被滥用为空壳公司的特定威胁和风险开展评估。同时，在相关年度的洗钱案例和重点可疑交易报告中剥离涉及空壳公司的数据，从时间趋势和数量比例方面分析其风险程度。

参考文献：

[1] FATF. INTERNATIONAL STANDARDS ON COMBATING MONEY LAUNDERING AND THE FINANCING OF TERRORISM & PROLIFERATION The FATF Recommendations[EB/OL]. http：//www.fatf-gafi.org/media/fatf/documents/recommendations/pdfs/FATF%20Recommendations%202012.pdf. 2012(2).

[2] FATF. FATF Methodology for assessing compliance with the FATF Recommendations and the effectiveness of AML/CFT systems[EB/OL]. http：//www.fatf-gafi.org/media/fatf/documents/methodology/FATF%20Methodology%2022%20Feb%202013.pdf. 2013(2).

[3] United states. National Money Laundering Risk Assessment-2015[EB/OL]. https：//www.treasury.gov/resource-center/terrorist-illicit-finance/Documents/National%20Money%20Laundering%20Risk%20Assessment%20%E2%80%93%2006-12-2015.pdf. 2015.

[4] United states. National Money Laundering Risk Assessment-2018[EB/OL]. https：//home.treasury.gov/system/files/136/2018NMLRA_12-18.pdf. 2018.

[5] United Kingdom. UK National Risk Assessment of Money Laundering and Terrorist Financing 2015[EB/OL]. https：//assets.publishing.service.gov.uk/government/uploads/system/uploads/attachment_data/file/468210/UK_NRA_October_2015_final_web.pdf. 2015(10).

[6] United Kingdom. UK National Risk Assessment of Money Laundering and Terrorist Financing 2017[EB/OL]. https：//assets.publishing.service.gov.uk/government/uploads/system/uploads/attachment_data/file/655198/National_risk_assessment_of_money_laundering_and_terrorist_financing_2017_pdf_web.pdf. 2017(10).

[7] Germany. National risk assessment of Germany，2018-2019[EB/OL]. https：//www.bundesfinanzministerium.de/Content/EN/Standardartikel/Press_Room/Publications/Brochures/2020-02-13-first-national-risk-assessment_2018-2019.pdf?__blob=publicationFile&v=7. 2019.

[8] Japan. National Risk Assessment of Money Laundering and Terrorist Financing 2019[EB/OL].https://www.npa.go.jp/sosikihanzai/jafic/en/nenzihokoku_e/data/jafic_nra_e2019.pdf. 2019 (12) .

[9] 中国. 中国洗钱和恐怖融资风险评估报告 2017[R].2018(7).

中美俄反洗钱资源配置对比研究

——基于中美俄 FATF 第四轮互评估报告

■ 吴云 罗璠 李丽红[1]

摘要： 反洗钱机制在配合利用经济手段解决国际问题中起到关键作用。金融行动特别工作组（FATF）已完成对美国、俄罗斯和中国主要国家的第四轮互评估。评估结果显示，俄罗斯、美国的评估结果明显优于中国，而且美国承担有金融制裁等职能，在国际政治博弈中具有举足轻重的作用。笔者从人员、技术配置角度解释这种差距：中国反洗钱监管人员数量大幅少于美俄且兼职占比高达65.3%，但承担的工作量巨大，严重影响工作质效；中国反洗钱系统超负荷运转、反洗钱工作协调未实现共享渠道、数据利用率低等致使我国国内外反洗钱信息交流与合作少；国内协查、移交线索后调查、起诉、定罪率低。中国人民银行由于反洗钱资源配置因素在互评估后续整改乃至提升国际地位上承受压力，因此，笔者认为我国应在反洗钱资源配置方面有所改革，通过加大人力资源投入、优化数据系统等方式最大限度获取更多内外部反洗钱相关资源，提升反洗钱水平。

关键词： 资源配置 中美俄 FATF 互评估

反洗钱监管资源配置影响着反洗钱整体工作的质效，在监管实践中，反洗钱监管工作量大小与人口数、各国经济体量、金融资产规模息息相关。美国、中国、俄罗斯三国综合国力全球排名前三，具备全球影响力。但从FATF于2016年、2018年、2019年对美国、中国和俄罗斯反洗钱和反恐怖融资工作第四轮互评估结果来看，俄罗斯、美国的评估结果明显优于中国。美国已经建立了一套相对有效且较为完善的

1　吴云供职于中国人民银行反洗钱局，罗璠供职于中国人民银行武汉分行，李丽红供职于中国人民银行黄冈市中心支行。

反洗钱监管体系，在国际反洗钱体系标准的构建中起主导作用。俄罗斯通过一系列监管措施和加大监管资源投入使反洗钱工作取得成效。本文基于中美俄FATF第四轮互评估报告，对中、美、俄反洗钱资源配置进行比较分析，总结经验、分析不足，并提出相关工作建议，为我国反洗钱工作提供重要参考，推动我国反洗钱工作进一步发展。

一、中美俄互评估报告基本情况

（一）中、美、俄有效性评估结果

FATF有效性评估有11个直接目标[1]，分为"高""较高""一般""低"四个级别。中国被评为"高""较高""一般""低"的直接目标分别为0个、3个、4个、4个，美国分别为4个、4个、2个、1个，俄罗斯分别为2个、4个、5个、0个。

由中、美、俄评估报告对比可知，在有效性评估方面我国11个直接目标中有8项处于一般或较低水平，占比72.7%，占比较高；而美国、俄罗斯分别仅有3项、5项处于中下水平，分别占比27.3%、45.5%。

（二）中、美、俄技术合规性评估结果

FATF技术合规性评级主要为《40项建议》[2]。中国被评为"合规""大致合规""部分合规""不合规"的建议数量分别为7、15、12和6，美国分别为9、21、6和4，俄罗斯分别为7、28、5和0。具体来看，被评为"合规"的建议美国最多有9项，中国与俄罗斯持平，为7项；中美被评为"部分合规"以上（不含"合规"）的建议数量相同，有27项，俄罗斯有33项，其中，中国被评为"部分合规"建议数量

---

[1] 直接目标英文缩写为IO。11个直接目标具体如下：IO1=风险、政策和协调，IO2=国际合作，IO3=监管，IO4=预防措施，IO5=法人及法律安排，IO6=洗钱和恐怖融资金融情报的使用，IO7=洗钱的调查与起诉，IO8=没收，IO9=恐怖融资调查和起诉，IO10=恐怖融资预防措施和金融制裁，IO11=扩散融资的金融制裁。

[2] FATF建议英文缩写为R。40项建议具体如下：R1=评估风险与运用风险为本的方法，R2=国家层面的合作与协调，R3=洗钱犯罪，R4=没收和临时措施，R5=恐怖融资犯罪，R6=与恐怖主义和恐怖融资有关的定向金融制裁，R7=与扩散相关的定向金融制裁，R8=非营利组织，R9=金融机构保密法，R10=客户尽职调查，R11=记录保存，R12=政治公众人物，R13=代理行业务，R14=资金或价值转移服务，R15=新技术，R16=电汇，R17=依托第三方，R18=内部控制、境外分支机构和附属机构，R19=高风险国家，R20=可疑交易报告，R21=泄密与保密，R22=特定非金融行业：客户尽职调查，R23=特定非金融行业：其他措施，R24=法人的透明度和受益所有权，R25=法律安排的透明性和受益所有权，R26=对金融机构的监督和管理，R27=监管机构的权力，R28=对特定非金融行业的监督和管理，R29=金融情报中心，R30=执法机关和调查部门的职责，R31=执法机关和调查部门的权力，R32=现金跨境运送，R33=数据统计，R34=指引与反馈，R35=处罚，R36=国际公约，R37=司法协助，R38=司法协助：冻结和没收，R39=引渡，R40=其他形式的国际合作。技术合规性评估结果主要分为"合规""大致合规""部分合规""不合规""不适用"。

在三个国家中最多，得到"部分合规"数量占 40 项建议的 30%，美、俄分别占比为
15% 和 12.5%；同时，我国被评为"不合规"的建议数量为 6 项，占 40 项建议的比
重为 15%，美、俄分别为 4 条、0 条，占比为 10% 和 0。

通过对比发现，我国反洗钱质效与美、俄两国有一定差距。

二、中美俄反洗钱资源配置比较分析

（一）反洗钱主管部门机构设置及人员配置分析

中国的反洗钱行政主管部门是中国人民银行，具体由中国人民银行反洗钱局和
反洗钱监测分析中心履行反洗钱监督管理职责；美国的反洗钱监管属于"伞状监管"，
即多头监管、交叉协作机制，主要由美国财政部牵头，本文主要选取其下设机构美
国金融犯罪执法局（FinCEN）和美国货币监理署（OCC）相关数据进行分析；俄
罗斯反洗钱监管主要由俄罗斯联邦金融监督局牵头，该局成立于 2001 年，隶属于
财政部，2007 年升级为独立的联邦服务机构，局长直接向总统汇报。中、美、俄反
洗钱主管部门机构设置及人员配置具体情况如表 1 所示。

表 1　中、美、俄反洗钱主管部门机构设置及人员配置[1]

国别项目	反洗钱主管部门	反洗钱具体执行部门	下设办公室（个）	中央层面监管人数（人）		全国监管人员（人）
				总人数	其中，中央层面分析人员	
中国 人口总数：13.7 亿 GDP：12.63 万亿美元（2017） 金融资产规模[2]：18.1 万亿美元	中国人民银行	中国人民银行反洗钱局；中国反洗钱监测分析中心	总行反洗钱局下设 5 个处室；中国反洗钱监测分析中心内设 15 个处室	159	110（反洗钱中心分析人员 103 人和反洗钱局负责金融情报工作的员工 7 人）	5246（其中专职 1818 人，兼职 3428 人）

1　中美俄数据基于互评估年份数据，以各国参加互评估时间为统计年限。各国人口和 GDP 数据均源自各国第四轮互评估报告中第一章"洗钱风险与背景"中。金融资产规模数据主要源自世界银行官网 https://data.worldbank.org.cn.

2　以国家统计局网站 2017 年中国金融信贷资产规模表示金融资产规模，经换算得出。

续表

国别 项目	反洗钱 主管 部门	反洗钱 具体执行 部门	下设 办公室 （个）	中央层面监管 人数（人）		全国 监管人员 （人）
				总人数	其中，中央层 面分析人员	
美国[1] 人口总数： 3.21亿 GDP：17.91 万亿美元 （2015） 金融资产规 模：40.65 万亿美元	美国 财政部	美国金融犯 罪执法局 （finCEN）； 美国货币监 理署（OCC）	finCEN下设主 任办公室和7 个部门； OCC下设审计 长办公室和9 个部门	466	185	3506
俄罗斯[2] 人口总数： 1.43亿 GDP：1.61 万亿美元 （2018） 金融资产规 模：1.14万 亿美元	俄罗斯联 邦金融监 督局 （Rosfi nmonito -ring）	俄罗斯联邦 金融监督局 （Rosfi nmonito- ring）	下设9个部门	400	200	800

在监管实践中，反洗钱监管工作量大小与人口数、各国经济体量、金融资产规模息息相关。一般来说，相等单位人口、经济体量和金融资产规模下，人员配备越少，监管工作量越大。为此，本文从中央层面监管人员角度、中央层面分析人员角度、全国范围监管人员角度分析各国各层级监管人员工作量，具体结果如表2所示。

1　本文主要选取财政部下FinCEN和OCC监管人数作为参照数据。美国中央层面监管人数来源于FinCEN官网https://www.fincen.gov和OCC官网https://www.occ.gov以及2006年美国互评估报告汇总。美国全国监管人数据来源于美国人事管理办公室官网https://www.opm.gov汇总。

2　俄罗斯人员数据主要来自俄罗斯第四轮互评估报告第三章。

表2 中、美、俄反洗钱监管人员人均工作量

	统计口径	中国	美国	俄罗斯
中央层面监管人数工作量	按人口总数为基准 （中央层面反洗钱监管人员： 人／总人口：亿人）	11.61	145.17	279.72
中央层面监管人数工作量	按经济体量为基准 （中央层面反洗钱监管人员： 人／总经济体量：亿美元）	12.59	26.02	248.45
	按金融资产规模为基准 （中央层面反洗钱监管人员： 人／总金融资产规模：亿美元）	8.78	11.46	350.88
中央层面分析人员工作量	按人口总数为基准 （中央层面分析人员： 人／总人口：亿人）	8.03	57.63	139.86
中央层面分析人员工作量	按经济体量为基准 （中央层面分析人员： 人／总经济体量：亿美元）	8.71	10.33	124.22
	按金融资产规模为基准 （中央层面分析人员： 人／总金融资产规模：亿美元）	6.08	4.55	175.44
全国监管人员工作量	按人口总数为基准 （全国监管人员： 人／总人口：亿人）	382.92	1092.21	559.44
全国监管人员工作量	按经济体量为基准 （全国监管人员： 人／总经济体量：亿美元）	415.36	195.76	496.9
	按金融资产规模为基准 （全国监管人员： 人／总金融资产规模：亿美元）	289.83	86.25	701.76

1. 以人口总量为基准比较

如表2所示，按照人口总数为基准粗略计算[1]，我国中央层面监管人数工作量、

---

1 以每单位人口（每亿）中监管人员数量做比较。

中央层面分析人员工作量、全国监管人员分别为 12 人、8 人、383 人；美国分别为 145 人、58 人、1092 人；俄罗斯分别为 280 人、140 人、560 人。显而易见，我国不论从中央层面反洗钱监管人员、分析人员还是全国反洗钱监管人员来比较，反洗钱监管及分析人员工作量庞大，居于中、美、俄三国首位。若以人口基准比照美国配备各个层级监管人员 [1]，中国应配备中央层面监管人员 1989 人，中央层面分析人员 790 人，全国范围内反洗钱监管人员 14963 人；比照俄罗斯，中国应配备中央层面监管人员 3832 人，中央层面分析人员 1916 人，全国范围内反洗钱监管人员 7664 人。

2. 以经济体量为基准比较

如表 2 所示，三国中央层面反洗钱监管人员对应国内 GDP 粗略计算 [每单位经济体（1 万亿）对应的监管人员数量]，中、美、俄三国单位经济体量对应的中央层面反洗钱监管人员人数约为 13 人、16 人、334 人。以 GDP 参照比较，美国中央层面配备反洗钱监管人员是中国 2 倍，俄罗斯中央层面配备反洗钱监管人员是中国的近 20 倍。从中央层面分析人员角度来看，中国反洗钱分析人员工作量也居于首位，以 GDP 参照比较，美国中央层面配备反洗钱分析人员是中国 1.2 倍，俄罗斯中央层面配备反洗钱分析人员是中国的近 15 倍。以 GDP 参照比较，全国范围内监管人员工作量虽然中国排在第二位，美国排在第一位，美国反洗钱监管人员在单位经济体量下监管人员数量较少、工作负荷较重，但实质上美国拥有世界领先的反洗钱数据系统，其多头监管、交错协作的反洗钱监管体制能够有效提升其反洗钱工作效率并且大大降低反洗钱专职监管人员的工作负荷。换个角度来讲，以经济体量比照美国配备各个层级监管人员，中国应配备中央层面监管人员 329 人，中央层面分析人员 130 人，全国范围内反洗钱监管人员 2472 人；比照俄罗斯，中国应配备中央层面监管人员 3138 人，中央层面分析人员 1569 人，全国范围内反洗钱监管人员 6276 人。

3. 以金融资产规模为基准比较

由表 2 可得，单位金融资产规模下俄罗斯中央层面配备的监管人员、分析人员都远远高于中国人员数量（俄罗斯中央层面的监管人员是中国监管人员的 40 倍，俄罗斯分析人员是中国分析人员的近 30 倍），全国范围内监管人员俄罗斯配备的数量也是中国监管人员的 2 倍，并且全国范围内中国反洗钱监管人员有大量兼职人员（占比 65.3%），证明我国反洗钱监管人员人均工作量大已是不争的事实。

---

1 美国人口为 3.21 亿，中央层面反洗钱监管人数为 466 人，中国人口为 13.7 亿，则按照美国标准，则中国中央层面应配备 13.7/3.21*466=1989 人。文中推算均按此逻辑。

美国的金融体系庞大且高度多样化。在全球金融危机之前，美国金融资产规模是 GDP 的数倍[1]，因其发债较多，传统存款机构所占比例不足。而美国反洗钱监管体系融合多头监管、分类监管、交叉协管于一体，且联邦监管和州监管双轨并行，金融业反洗钱监管部门涉及 FinCEN、OCC 在内的 7 个部门，即美国金融犯罪执法局（finCEN）、美国货币监理署（OCC）、美联储理事会及美联储银行（BGFRS–the U.S. central bank and Federal Reserve）、联邦存款保险公司（FDIC）、国家信用社管理局（NCUA）、联邦银行机构（FBAs）、州银行监管机构（State Banking Regulators）。美国证券和期货行业反洗钱监管部门也有 4 个，即证券交易委员会（SEC）、商品期货交易委员会（CFTC）、国家期货协会（NFA）、金融业监管局（FINRA）。再加上成立各种跨部门组织加速协同办公效率，工作量实质也低于中国的反洗钱监管人员。

4. 我国反洗钱监管人员配备问题

表 1 中提及，我国全国范围内反洗钱监管人员中 5246 人，其中专职人员 1818 人，占比 34.7%；兼职人员 3428 人，占比 65.3%。国家层面反洗钱局仅 22 人，反洗钱监测分析中心 113 人，2020 年全年可疑交易报告为 258.7 万份，国家层面反洗钱局全年人均处理 11.8 万份报告，反洗钱监测分析中心全年人均处理 2.3 万份报告。按36 个省级分支机构来算，每个省级分支机构反洗钱专兼职约为 146 人，平均地市级分支机构反洗钱专兼职人数不超过 10 人。同时，中国人民银行县市支行反洗钱监管人员几乎全部为兼职人员。

（二）反洗钱数据系统建设及共享机制比较分析

1. 反洗钱数据系统功能有效性分析

一是美、俄反洗钱数据系统能承担海量信息的接收、存储、查询等工作负荷。例如，俄罗斯反洗钱数据系统报告期内年均接收各类报告分别为 3000 万份（相对于俄罗斯的经济体量，3000 万份报告可以说是海量数据），美国开设用户 10000 个，系统日均 30000 次查询搜索；中国反洗钱监测中心数据系统查询功能还未完全开放，目前中国人民银行省级和地市中支暂无登录中国反洗钱监测中心数据系统的权限，无法提取反洗钱相关数据、未有效运用反洗钱数据。

1　因美国特殊的金融体系和庞大的经济体量，2015 年金融资产规模是 GDP 的近 2.5 倍，以金融资产规模计算的工作量作为参考。

二是美、俄利用机器学习、大数据等先进技术智能识别空壳公司或电子化管理货币服务业务机构（涉及虚拟资产等业务），而中国反洗钱监测中心数据系统暂未使用。例如，俄罗斯执法部门声称俄罗斯联邦金融监督局（Rosfinmonitoring）反洗钱数据系统可准确识别空壳公司，美国货币服务业务机构必须在 FinCEN 注册，数量已达 41788 家。

三是美国反洗钱数据系统可接收五类重要报告，俄罗斯可接收三类报告，涉及可疑活动、现金交易、外国银行和金融账户、海关申报等多方面内容，而我国反洗钱监测中心暂时只接收金融机构可疑交易报告、大额交易报告等。

2. 反洗钱数据系统共享渠道分析

美国为相关部门开设用户近 10000 个，用户可直接获取 FinCEN 系统数据，俄罗斯通过系统向反洗钱分析人员年均发送 20 条技术建议，技术人员可直接或间接访问税务、俄央行、财政、法院等七个相关部门数据库，部门完整数据库反映在俄罗斯联邦金融监督局统一信息系统 UIS 中。而我国省级分支机构未有充分权限获取反洗钱监测中心相关数据，反洗钱监测中心与公检法等执法部门也未实现方便、快捷信息共享。

表 3　中、美、俄反洗钱数据系统建设及共享机制 [1]

国家	数据系统特点	接收报告数量	报告种类	共享机制
中国	1. 中国反洗钱监测分析中心集中管理义务机构报送的报告 2. 中国人民银行省级分支机构是当地义务机构报送的重点可疑交易报告以及举报的主要接收部门	1. 可疑交易报告从 2012 年的 2960 万份下降到 2016 年的 544 万份 2. 直接向相关省级分支机构和中国反洗钱监测分析中心报告的重点可疑交易报告的数量从 2012 年的 4800 份增加到 2016 年的 8504 份 3. 大额交易报告的数量自 2012 年以来持续稳定增长，2016 年报告数量已达 49.4 亿份	重点可疑交易报告、大额交易报告等	1. 分支机构将工作过程中的信息以及暂未移送的可疑线索，保存在当地的独立数据库中，中国反洗钱监测分析中心、反洗钱局和其他分支机构等无法直接获取 2. 中国反洗钱监测分析中心或其他分支机构无法直接获取执法机关向分支机构直接发送的协查信息及处理结果

---

[1]　数据来源主要来自 FATF 关于美国、俄罗斯、中国的第四轮互评估报告中第三章"法律系统和运作问题"部分的内容汇总。

续表

国家	数据系统特点	接收报告数量	报告种类	共享机制
美国	1. 系统数据向联邦、州、地方各个层级执法部门授权开放 2. 绝大多数 SAR 都提交电子版，FinCEN 一个工作日内可获得 3. 货币服务业务机构（涉及虚拟资产等业务）必须在 FinCEN 注册，共计41788 家	1. 数据库包含 11 年的金融情报，超过 1.9 亿条记录 2. 每天平均收到 55000 份新报告 3. 2012—2014 年，年均接收 5 类报告共计 18405862 份	主要接收 5 类报告：可疑活动报告（SARs）、货币交易报告（CTRs）、货币或货币工具国际运输报告（CMIRs）、外国银行和金融账户报告（FBARs）、现金付款超过 10000 美元的报告（8300 Reports）	1. 已向 100 个各层级执法部门开设授权账户 10000 个，用户可直接登录获取数据 2. 系统内日均 30000 次以上搜索 2014 年，美国所有主管当局和外国 FIU 合作伙伴中有 89％对 FinCEN 共享信息的贡献表示满意
俄罗斯	1. 通过系统年均向分析师发布20 条技术建议 2. 该系统具有机器学习功能，据执法部门称，其对空壳公司的识别率是 100%	自 2016 年来每年接收超 3000 万份报告	主要接收 3 类报告，可疑交易报告（STR）、强制性控制报告（MCR）和海关申报	可直接或间接访问税务、俄央行、财政、法院等 7 个相关部门数据库，且很多部门完整数据库都反映在 Rosfinmonitoring 的统一信息系统 UIS 中

（三）其他外部资源支持分析

1. 谅解备忘录

报告期内，中国反洗钱监测中心与 56 家境外金融情报部门和司法辖区签订谅解备忘录；美国金融犯罪执法局（FinCEN）已执行 373 个谅解备忘录，实现机构内信息共享和 FinCEN 数据访问；俄罗斯联邦金融监督局与相关机构签订 102 项协议，其中包含与丹麦国家政府的协议。除此之外，美、俄都是埃格蒙特集团[1]的成员，该集团截至 2019 年 4 月覆盖全球 159 家金融情报中心，成员内部间反洗钱信息交流与合作程序较为便捷。

2. 引渡协议

中国已与阿根廷、俄罗斯、意大利、澳大利亚等国签署 45 项引渡条约（截至 2019 年 4 月，有 37 项条约生效），其中 2 项条约包含简化引渡机制。大多数引渡请求均系普通刑事案件而与洗钱无关，中国收到的 34 件引渡请求中，只有 1 件直接涉及洗钱。美国是世界经济第一大国，每年收到大量引渡需求，2009 年至 2014 年，美国收到超 3800 个引渡请求，其中 21 个与洗钱有关。从经济体量的角度考量[2]，中国较之美国的引渡请求较少，无形减少涉及洗钱的引渡请求。俄罗斯关于引渡条约包括 10 项多边公约、欧洲公约和 39 个双边协议。俄罗斯明确规定 ML 和 TF 犯罪是可引渡的。

（四）反洗钱成效分析

反洗钱成效主要从发出和接收协查数量、移交线索后调查、起诉、定罪的案件数量、没收资产或反洗钱罚款方面进行比较，显然我国和美、俄相比，在发出和接收协查数量、移交线索后调查、起诉、定罪的案件数量方面暴露出数据共建、共享、利用率不足等问题，均需大力改善和优化。例如，2016 年中国反洗钱监测分析中心主动移送 720 起，后续立案 85 起，立案率 11.80%；而俄罗斯 2018 年，利用 Rosfinmonitoring 信息开展调查 348 次，当年重大洗钱调查 712 次，占比 48.9%。值得一提的是，虽然自第三轮互评估以来我国处罚金额不断提高，但评估组针对 2016 年至 2017 年对某一大型银行处以最高金额罚款 790 万元（人民币）案例还是认为"处罚规模似乎很小不具有效诫性"，理由是该银行大型商业银行总资产超 8 万亿元（人民币）、存款超 7 万亿元（人民币），且其 26 家分支机构广泛存在系统性违规。

1　埃格蒙特集团，1995 年由一些国家的金融情报中心（FIU）成立的非正式组织，旨在加强各国反洗钱信息交流与合作。美国 FinCEN 为初始成员之一，俄罗斯 Rosfinmonitoring 于 2002 年加入该组织。

2　报告期内，美国 GDP 是中国 GDP 的 1.4 倍，但引渡请求数是中国的 112 倍。

表4 中、美、俄反洗钱主要成效[1]

国家	发出协查数量	接收协查数量	相关案件数量（包含调查、起诉、定罪）	没收资产或罚款金额
中国	报告期内只向境外金融情报部门发送了63个协查请求	2012年以来，中国反洗钱监测分析中心共对境外金融情报部门提出的1244个协查请求提供了协助。仅2016年共计367条	1. 2016年，中国反洗钱监测分析中心共移送案件线索3421起，其中，主动移送720起（后续立案数85），协查移送2701起 2. 2016年，36家中国人民银行省级分支机构向地方执法机关移送案件线索共计3599起，其中：主动移送1980起（后续立案数286），协查移送169起 3. 2020年，以反洗钱罪定罪的生效判决197起，229人	1. 反洗钱处罚方面，根据2017年的统计数据，每年平均为4100万元，约合600万美元；2019年，针对1744家义务机构罚款2.15亿元，约合3308万美元 2. 2014年至2016年，中国共从90多个国家追回赃款86.4亿元，约13.29亿美元
美国	2015年向埃格蒙特集团其他成员发出协查请求409次；2011至2015年共计2248次	2015年收到埃格蒙特集团其他成员协查请求1021次；2011至2015年共计4131次	报告期内年均起诉2500个自然和法人，最终定罪1200个	2014年各部门共计没收资产44.16亿美元
俄罗斯	1. 2018年Rosfinmoni to ring向金融机构发出协查共计36543条 2. 2014年至2018年，Rosfinmoni to ring每年自发向执法部门发送正在办理案件相关信息约4000条	2015年至2017年，每年执法部门向Rosfinmoni to ring提供协查请求超40000条	1. 2018年，利用Rosfinmoni to ring信息开展调查348次，重大洗钱调查712次，占比48.9% 2. 2018年，基于Rosfinmoni to ring信息开展起诉191次，重大洗钱起诉613起，占比31.2% 3. 2018年重大反洗钱定罪为426起，2018年共计619人以反洗钱罪名起诉，被定罪426人	报告期内，年均刑事没收5000万欧元，约6000万美元

---

[1] 数据来源主要来自 FATF 关于美国、俄罗斯、中国的第四轮互评估报告中第三章"法律系统和运作问题"部分的内容汇总。

三、国内反洗钱资源配置建议

FATF 评估组对中国进行现场评估后，中国近几年针对互评估报告中提出的问题加大了整改力度。我国陆续公布包括《刑法修正案（十一）》《中华人民共和国反洗钱法（修订草案公开征求意见稿）》在内的反洗钱相关法规。同时，反洗钱监管处罚力度逐年上升，2019年反洗钱对义务机构处罚2.15亿元，2020年达5.26亿元。为进一步提升我国反洗钱监管履职效能，提出如下建议。

（一）加大反洗钱人力资源投入

如前文所述，中国反洗钱监管人员不足问题明显，加大反洗钱人力资源投入，可以有效缓解反洗钱监管压力，提升反洗钱监管工作质效。

一是推进反洗钱监管人员配备数量和质量双轨驱动，即推进人民银行从地市中心支行起向下单设反洗钱部门，同时，加大与高校合作定向培养反洗钱专门人才力度。人行系统内部大部分地市中心支行反洗钱部门兼顾支付结算职能，在反洗钱工作量不断加码、义务机构迅速增加的情况下，不利于有效开展反洗钱相关工作。二是探索适合反洗钱监管的工具，以金融科技推动反洗钱工作质效。建立反洗钱监管大数据管理体系，利用科技力量和大数据筛查概念有效应对数量庞大金融机构洗钱风险管理，缓解监管资源不足的问题，对低风险领域，在风险可控的情况下，可适当做出倾斜，对高风险领域加大监管资源投入，对风险控制薄弱的义务机构重点监管。

（二）优化情报中心数据系统功能

一是优化反洗钱监测中心数据系统性能，提升海量数据的使用效率；二是发挥联席会议机制，推动不同部门间的反洗钱系统连接和信息共享，积极推动反洗钱工作协调；三是优化可疑交易模型，提升反洗钱数据预警率、报告率和成案率，加大与公安等执法部门有效合作；四是考虑增加报告的类型，借鉴美、俄两国增加主动报送可疑活动、现金交易或海关申报等报告。

（三）争取国内外外部反洗钱相关资源

建议尽快加强和完善反洗钱体制机制建设，加入埃格蒙特集团等在国际上有影响力的反洗钱组织或与各国签订谅解备忘录、简化的引渡条款等，为反洗钱监管提供充分的外部资源和环境。

参考文献：

[1] FATF.China MER,April 2019.https://www.fatf-gafi.org/media/fatf/documents/reports/mer4/MER-China-2019.pdf.

[2] FATF.United-States MER ,December 2016.https://www.fatf-gafi.org/media/fatf/documents/reports/mer4/MER-United-States-2016.pdf.

[3] FATF.Russian Federation MER,December 2019.https://www.fatf-gafi.org/media/fatf/documents/reports/mer4/Mutual-Evaluation-Russian-Federation-2019.pdf.

[4] 中国人民银行武汉分行反洗钱课题组.中美反洗钱处罚比较研究[J].中国反洗钱实务,2020(7):20-28.

虚拟货币反洗钱的中美比较研究

■ 朱娴[1]

摘要： 本文通过对美国虚拟货币反洗钱制度框架及十余份判决的研读，结合我国相关规定及 300 余份司法裁判的对比分析，认为随着虚拟货币应用场景的多样化发展，该领域的洗钱风险存在变化，中美制度的比较也凸显出监管和立法尚存问题，并在此基础上提出了完善相关法律体系、监管框架及国际协作的建议。

关键词： 虚拟货币 比特币 数字货币反洗钱 比较法

党的十八大以来，我国贯彻新发展理念，高度重视建设"数字中国"，积极参与数字经济国际合作。虚拟货币的产生和蓬勃发展是数字经济发展的重要侧面，我国央行虚拟货币（DC/EP）也进入深化试点，成为该领域先行者。然而在现代化进程中，财富分配与风险分配迟早结合在一起。洗钱风险伴随着虚拟货币的产生而产生，既不利于数字经济健康发展，也不利于犯罪防控。本文基于对中美虚拟货币反洗钱监管制度与 300 余份司法裁判文书的比较分析，分析潜在问题并探求解决方法。

一、虚拟货币洗钱的风险及行为特征

（一）虚拟货币的洗钱风险

一般认为虚拟货币匿名性、自由兑换性、方便快捷、缺乏监管等，是其成为洗钱手段的重要原因。但随着技术发展，虚拟货币的洗钱风险已不可一概而论。

1. 匿名性方面

一些虚拟货币对用户实施更有效的身份验证，身份验证与区块链本身交易可追

1　朱娴供职于北京市人民检察院第四检察部。

溯性的结合，反而有利于对洗钱行为的监测和追踪。譬如 EC/DP 的设计用途之一就是用可控匿名的虚拟货币部分替代 M0（即流通中的现金），来解决纸币和硬币的匿名性带来的洗钱风险。

2. 监管强度方面

如按去中心化程度由高到低，区块链可分为公有链、联盟链和私有链，联盟链和私有链节点形成共识更加容易，可实现更强的监管，如 EC/DP 的监管力度显然会远高于私人虚拟货币。再如不同的法域对虚拟货币的监管态度不同，也会造成监管洼地乃至监管套利。

3. 自由兑换性则与应用场景密切相关

如迅雷公司 OneCoin 回报计划遭美国投资者起诉，美国法院认定其合法。该计划鼓励用户利用闲置带宽、存储空间和算力挖掘虚拟货币 OneCoin，还内置钱包程序供 OneCoin 转账，但只能兑换特定商品或服务，不具备自由兑换性。

故虚拟货币的洗钱风险不可一概而论，特定虚拟货币的匿名性越高、交易成本和监管程度越低，洗钱风险就越高。要实现精准防控，应当对不同的虚拟货币洗钱行为进行分类监测，将监管重点聚焦到可跨境自由兑换、匿名性高的私人虚拟货币上。

（二）虚拟货币洗钱的行为特征

利用虚拟货币洗钱的行为主体既包括明知系上游犯罪所得而为他人洗钱的行为人，也包括进行自洗钱的上游犯罪行为人，还可能包括交易平台、支付平台的经营者等网络服务提供者。

随着多国研究发行法定虚拟货币，虚拟货币可能由洗钱工具变为洗钱对象。从我国 EC/DP 设计思路看，由于区块链能够完整和永久地保存所有交易记录，且在一定程度上实现实名制，从理论上来讲有利于反洗钱。但现尚未针对 EC/DP 用户信息、交易记录的存储、保护、使用，相关主体的监测、报告义务、电子数据证据的调取、审查规则等作出配套规范，故不能排除存在洗钱的制度漏洞。

洗钱的具体手段既包括利用虚拟货币交易平台，将赃款兑换成虚拟货币，经过一系列复杂的交易安排转移至可自由兑换虚拟货币的地区进行兑换提现，或购买金融产品和其他服务等；也包括综合利用第三方、第四方支付手段等进行洗钱。如温某某等七人掩饰、隐瞒犯罪所得案中被告人用自己和多个他人身份开设第三方支付、银行账号为支付结算工具，并通过反复购买、出售虚拟货币进行"跑分"来为赌博等违法行为洗钱。

二、虚拟货币反洗钱的法律规范

（一）我国虚拟货币反洗钱法律制度

1. 反洗钱规范

我国 2006 年通过《中国人民共和国反洗钱法》，建立反洗钱监管制度。后《金融机构大额交易和可疑交易报告管理办法》《互联网金融从业机构反洗钱和反恐怖融资管理办法》《金融机构反洗钱和反恐怖融资监督管理办法》分别对金融机构、网络支付、网络借贷、网贷信息中介、网络小贷公司等设置反洗钱义务。刑法上的洗钱犯罪包括掩饰、隐瞒犯罪所得、犯罪所得收益罪、洗钱罪和窝藏、转移、隐瞒毒赃罪。其中前者是对洗钱行为的一般规定，后两者则针对特定上游犯罪所得。

2. 虚拟货币监管

2013 年，中国人民银行等五部委发布《关于防范比特币风险的通知》（银发〔2013〕289 号），将比特币界定为虚拟商品，并要求提供比特币登记、交易等服务的网站、金融机构、支付机构履行反洗钱义务。2014 年央行《关于进一步加强比特币风险防范工作的通知》禁止金融机构、支付机构为比特币交易提供一切服务，并要求相关网站在电信管理机构备案，监管趋严。2017 年，人民银行等发布《关于防范代币发行融资风险的公告》禁止代币融资交易平台从事一切虚拟货币兑换、定价、信息中介服务，至此，所有为私人虚拟货币交易提供的服务被禁止。此后至 2021 年的历次监管或自律规范均重申禁令。

（二）美国虚拟货币反洗钱法律制度

1. 反洗钱规范

（1）报告义务。

1970 年国会通过第一部反洗钱法《银行记录及涉外交易法案》，该法前两章即《银行保密法》（BSA），要求金融机构记录和报告涉及 1 万美元以上货币及货币工具的交易：①国税局的货币交易报告；②海关的国际货币或货币工具传输报告；③国税局的外国银行及金融账户报告；④向国税局报告任何 1 万美元以上现金支付；⑤可疑交易报告。最初规定除客户授权、行政机关传票、搜查令、司法传票等情形，金融机构不得披露客户信息，1986 年修法后允许银行披露任何可疑交易。

（2）实体法。

美国国会于 1986 年通过《反洗钱控制法》（MLCA），其中第 1956 条禁止任何人参与涉及非法所得的交易，以协助非法活动的进行、隐匿资金非法来源或规避

BSA 的报告要求，否则构成洗钱犯罪。"交易"包括所有洲际或国际资金流动，或货币工具、不动产、车辆、船只或飞行器的所有权转移。货币工具则包括法定货币、支票和汇票，或可通过交付转移所有权的投资证券、可转让票据等。对行为人可处20 年以下监禁，50 万美元以下罚金或涉案财产价值两倍的罚金，以数额高者为准。第 1957 条适用范围更广，被告在明知资金超过 1 万美元且是犯罪所得的情况下，参与或试图参与相关交易，即可能被处以 10 年以下有期徒刑。"明知"要求被告知道是某些违法行为的收入，且包括"故意忽视"，即被告故意避免知晓能表明存在犯罪行为的事实。为阻绝洗钱行为人采用其他方式进入金融系统，第 1960 条禁止未经注册从事货币传输业务，即禁止向公众提供一切形式的资金转移服务。

2. 虚拟货币监管

美国对虚拟货币采取多头监管：(1) 司法部或各州、监管机构通过向法院起诉进行监管。(2) 商品期货委员会对构成商品期货、衍生品的虚拟货币进行监管。(3) 证券交易委员会对涉及证券发行或相应衍生品交易的发行人、交易平台等进行监管。(4) 财政部金融犯罪执法网络于 2013 年规定任何管理人或交易者以任何原因接受与传输可转换的虚拟货币或购买、出售可转换的虚拟货币，构成"货币传输者"，需向相关州申请牌照且向其注册，受反洗钱法监管。(5) 国税局 IRS 2014-21 号通知规定，在联邦税收场合虚拟货币视为财产，其价值为以美元计算的公平市场价值。涉虚拟货币案件被告常引用该通知作为自己不构成洗钱罪的理由，但该辩解已被推翻。(6) 各州如佛罗里达、新罕布什尔、北卡罗来纳都将虚拟货币认定为"货币性工具""货币等价物"等。

三、虚拟货币反洗钱的司法案例

（一）洗钱行为人

1. 中国的实践

经中国裁判文书网检索得到涉虚拟货币的刑事裁判达数百份，其中掩饰、隐瞒犯罪所得、犯罪所得收益罪判决 172 份；洗钱罪判决 5 份（上游犯罪均为金融犯罪），包括：将赃款通过购买商品或进行传统交易，再兑换为比特币转出，如陈某某明知他人因涉嫌集资诈骗犯罪被调查并出逃中国香港，仍将用赃款购买的车辆低价出售得款购买比特币转给上游犯罪行为人。又如黄某利用山寨虚拟货币"星翰链"从事非法集资犯罪活动，将集资款转到郑某的银行账户，并用该款项为郑某购买人寿保险。后郑某明知黄某涉嫌犯罪被抓获，仍将保险资金赎回，分多笔转移至他人账户用于购买虚拟币。也有以"跑分"形式洗钱，如被告孙某某等以虚构刷流水为名，招募"人头"办理信用卡，在明知资金是金融诈骗的犯罪所得的情况下，将"人头"的账号提供给胡某、李某某，通过在数字交易平台购买 USDT 加密虚拟货币方式转移赃款，帮助上游犯罪洗钱。

2. 美国的实践

案件焦点主要集中于虚拟货币及其交易的法律属性，现有判决几乎一致认为虚拟货币属于资金、其交易属于货币传输交易，应受反洗钱法规规制。虽然这些判决多由一审法院做出，没有判例效力，但对类案处理有很强的说服力。

（1）虚拟货币系第 1956 之"资金"。

"丝路网"案被告 Ulbricht 被控在明知网站上部分交易涉及违法行为的违法所得、交易目的是掩饰、隐瞒违法所得的情况下，为在该网上进行非法交易、掩盖交易双方的身份和地点提供便利，构成洗钱罪。Ulbricht 辩称丝路网所有交易都是通过比特币进行，比特币不是货币工具，涉比特币的交易不构成第 1956 条"资金交易"。法院则认为"货币工具"的外延很宽泛，比特币客观上行使了交易媒介职能，可以与美元、欧元等法定货币进行兑换，属于第 1956 条的规制范围，驳回了 Ulbricht。

后联邦法院利用虚拟货币洗钱的案件如美国诉 Mansy 案、美国诉 Budovsky 案、美国诉 Ologeanu 案中，都采纳了类似的观点，认为相关交易中的虚拟货币构成资金或货币工具，从而属于反洗钱法管辖。

（2）虚拟货币兑换交易系第 1960 之"货币传输"。

美国诉 Faiella 案被告在丝路网上运营地下比特币交易市场，被控未经注册从事货币传输服务。法院认为货币的本意是被广泛地接受为交易媒介、价值尺度或支付手段的物品。记账货币是货币的一种，即可用于记账的价值表示或交换媒介，不论是否与硬币或纸币等价。第 1960 条规定的是无证转换"资金"的行为，而资金是指可利用的货币，或者一定数量可利用的某事物，范围比货币更加宽泛。比特币可以便捷地使用法定货币兑换，承担价值尺度的功能，且实际用于金融交易，构成字面意义上的货币或资金。

涉比特币交易平台 Coin.mx 的美国诉 Murgio 案法官认为，第 1960 条"资金"是指普遍接受用于交易媒介或支付手段的货币资金，比特币被接受用于购买商品和服务，且可以在交易所用银行账户直接购买，故属于资金。美国诉 e-Gold 案被告是虚拟货币 e-Gold 的发行人，e-Gold 可用来购买商品服务或向他人转账，被告还提供 e-Gold 与法定货币之间的兑换服务并收取手续费。法院认为第 1960 条定义的货币传输包括以任何形式转移资金，而不仅是货币或现金，还包括由其他交易媒介代表的相当价值，故 e-Gold 行为构成货币传输服务。美国诉 Stetkiw 案、美国诉 Mansy 案、美国诉 Budovsky 案中的法官也均采纳了类似观点。

唯一不同观点来自美国诉 Petix 案的法官。被告 Petix 未向 FinCEN 注册而出售价值 20 万美元的比特币。纽约西区法院认为某种货币性工具要被认定为货币，必须有主权机构认定其价值、统一化、进行监管和保护。将比特币当作货币不符合人们对"货币"的一般理解，Petix 不可能构成第 1960 条的犯罪。不过这一判决未被其他法院采纳过，Mansy 案的法官还明确反对其理由及结论。

（3）州法判例。

在该领域第一起州法案件佛罗里达诉 Espinoza 案中，Espinoza 在互联网售卖比特币赚取手续费，被控违法货币服务和洗钱。一审法院认为比特币不是货币，也非佛罗里达反洗钱法上的"资金"或"支付手段"，且被告并非将比特币"从一个人或地点转移到其他人或地点处"的中间人，因此不构成指控的犯罪。二审法院则认为比特币虽然不是字面意义上的金钱，但是属于具有货币价值的物品，进而属于"支付工具"，因而比特币和现金兑换的行为属于非法从事货币服务。

（二）网络服务提供者

根据共谋及参与程度的不同，我国对网络服务提供者的不法行为规定了严密的刑事法网。网络服务提供者与洗钱犯罪行为人通谋的可能构成共犯；若虽然没有通谋，但明知他人利用自己的服务洗钱，依然为其提供互联网接入等技术支持或支付结算等帮助的，为一种中立的帮助行为，可能构成帮助信息网络犯罪活动罪，经中国裁判文书网检索可得相关文书 134 份。如在冯某某犯帮助信息网络犯罪活动罪一案中，被告研发了能隐藏用户真实 IP 地址的代理软件，在明知他人利用该软件实施多起诈骗，并登录 VVBTC 比特币交易平台转移诈骗所得的情况下，仍继续提供软件服务。一审和二审法院均认定冯某某构成本罪。

丝路网案则反映了美国司法机关对该问题的态度。丝路网系商品服务交易平台，Ulbricht 向销售者收取手续费，但与大多数用户完全没有接触。检方指控 Ulbricht 构成丝路网用户实施的洗钱等犯罪的共犯，Ulbricht 则主张适用民法上网络服务提供商的免责条款。法院认为该案的焦点是是否存在合意或共谋、Ulbricht 与谁进行了共谋、共谋产生的时点和方式。法院认为丝路网最初只是代码，一旦第三方开始使用丝路网进行非法交易，Ulbricht 对丝路网的设计和运营即成为潜在的共犯行为，后续的非法交易可作为共犯的间接证据。Ulbricht 是设施提供者不能阻却共犯的成立，民法上网络服务提供商的免责条款也不适用于故意犯罪，其共犯包括丝路网上的数千个违法犯罪行为人。

四、存在的问题及对策与建议

（一）从比较分析视角看我国虚拟货币反洗钱存在的问题

中美对虚拟货币的监管采取截然不同的思路，中国采取全面禁止的态度，美国则采取多头监管的策略。立法层面，我国刑事法网较为严密，广义洗钱的上游犯罪包含了所有的罪名，对共犯的处理也更加灵活。但我国配套制度规定还有不完善处。

1. 规范缺失

第一，没有明确界定虚拟货币的法律属性。2013 年我国通知规定比特币为虚拟商品后，2017 年公告将虚拟货币作为属概念，列举了比特币等种概念，由此推断监管机构将虚拟货币界定为虚拟商品，但未得到法律确认。美国虽未对虚拟货币统一定性，但各监管机构都对虚拟货币在其监管领域应用场景中的法律属性进行了界定。

第二，部分监管缺乏依据。2013 年至 2017 年我国监管机构对互联网服务商施加了反洗钱义务，但法规规定反洗钱义务主体为金融机构和从事金融业务的其他机构。既然虚拟货币属商品，则相关交易是否具备金融属性？这一问题不解决，就无法得出互联网服务商从事金融业务、有反洗钱义务的结论。相比之下，美国对相应场景下虚拟货币的法律属性分别做出了明确界定，监管的基础较为坚实。

第三，监管规定效力层级太低，仅停留在部委通知层面。政出多门，除央行参与历次规则制定外，证监会、银保监、网信办、公安机关等职责不清。监管内容往往是宣示性的，缺乏对监管主体、职权职责、监管及报告义务内容、法律责任的规定，导致行政监管难以落实，大量案件只能通过司法程序解决。

2. 监管空白

2017 年之后，我国逐步全面禁止金融机构、支付机构、互联网服务商等提供虚拟货币交易的相关服务，故其虚拟货币反洗钱义务也随之解除。但相当部分虚拟货币交易从地上转为地下，因此，由哪个机关、以何种方式追踪地下虚拟货币交易的洗钱行为，需要进一步明确。

3. 监管套利

相当多私人虚拟货币跨境交易成本极低，行为人完全可以在无监管或弱监管地区洗钱，再将资金转移回强监管地区，存在明显的短板效应，在缺乏国际共识的监管规则的情况下极易导致监管套利。现实中 2017 年后各大交易平台将服务器转移到境外，洗钱资金仍可跨境转移到监管洼地兑换取现或转换为其他资产，极大地削减了我国监管措施的效率。

（二）监管及立法完善建议

1. 完善法律体系

提高立法层级，推动虚拟货币监管立法。界定虚拟货币法律属性，明确特定场景下虚拟货币的金融属性，为金融监管扫除法律障碍。确立以央行为主导的监管体制，明确其他金融监管机构及行业监管机构的职权职责；明确监管对象的范围和监管措施；对各交易主体权利义务进行系统性规定，充分保障其合法权利的同时落实违法行为的法律责任；完善区块链电子数据的调取程序和证据审查规则。

2. 完善监管框架

在立法确定监管主体及职权的基础上，进一步完善监管及协调机制。坚持行为监管原则，消除监管空白。发展金融科技，结合不同虚拟货币的风险特征，实现虚拟货币交易记录、反洗钱风险评估、资金追踪分析、可疑交易预警及报告等监管手段的数字化。

3. 加强国际协作

目前各国对虚拟货币的监管态度、执法尺度不一，是该领域反洗钱工作的一大障碍。我国应积极争取国际监管的协调一致，明确监管的原则、内容、制度设计，加强执法、司法协作。应当抓住国际虚拟货币反洗钱机制形成的窗口期，积极增强国际互信、兼顾多方利益、推进互惠合作，在国际规则的形成过程中发挥积极作用，体现大国责任担当。

参考文献：

Celeste Robertson. When Bitcoins Buy Opioids: Why Amending the Federal Money Laundering Statutes Is Necessary to Combat the Opioid Crisis. 59 Jurimetrics J. 121, at 139.

FATF 互评估框架下中国—东盟区域反洗钱立法比较及国际合作展望

■ 谢露　常瑞　喻慧敏[1]

摘要：反洗钱金融行动特别工作组（FATF）以《40项建议》为标准审查被评估国的法律、监管和业务框架在实践中的有效性，从而提供明确且有针对性的建议，为各国打击洗钱和恐怖融资提供了强有力的工具，得到各国的广泛重视。本文通过梳理各国反洗钱法律体系，从洗钱罪构成要件、上游犯罪范围和刑事责任等方面对比分析了中国与东盟国家之间的反洗钱立法异同，立足FATF互评估结果视角研判各成员国的反洗钱立法有效性及国际合作基础，进一步提出构建中国—东盟反洗钱合作新格局的相关工作建议。

关键词：互评估　反洗钱立法　国际合作

一、中国与东盟各国反洗钱立法概览

中国—东盟自由贸易区（CAFTA）自2010年启动以来，加深了中国与东南亚国家的经济合作，促进区域经济一体化的发展，同时也增大了洗钱风险，为不法分子提供可乘之机，威胁区域经济健康发展，因此亟须构建反洗钱合作关系共同打击洗钱犯罪。国家间的立法体系异同是影响国际合作的重要因素，中国—东盟各成员国反洗钱立法始于1999年的新加坡《贪污、毒品交易和其他严重犯罪（没收犯罪收益）法》和泰国的《反洗钱法》，虽然起步不早，但随着经济发展和国际形势的日趋变化也在持续更新和完善，目前各成员国已逐步建立起比较完备的法律框架。为进一步促进国内国际双循环的新发展格局健康发展，使中国—东盟命运共同体更为紧密，各成员国应加快立法修法的脚步，完善自身的反洗钱体系，履行好国际义务，为提

1　谢露、常瑞、喻慧敏供职于中国人民银行南宁中心支行反洗钱处。

振区域和世界经济贡献力量。

表 1   中国—东盟反洗钱法律法规基本情况

国家	首订 / 修订年份	主要法规
中国	2007	《反洗钱法》
	2021	《反洗钱法（修订草案公开征求意见稿）》
新加坡	1999	《贪污、毒品交易和其他严重犯罪（没收犯罪收益）法》
	2003	《打击恐怖融资法》
马来西亚	2001	《反洗钱与反恐怖主义融资及非法所得法案》
	2014	《反洗钱和反恐怖融资法令修正案》
印度尼西亚	2002	《关于洗钱犯罪行为的第 15 号法律》
	2010	《关于预防和打击洗钱的第 8 号法律》
	2013	《关于防止和根除恐怖主义融资犯罪行为的第 9 号法律》
泰国	1999	《反洗钱法》
	2016	《反恐怖主义及大规模杀伤性武器扩散融资法》
菲律宾	2001	《反洗钱法》
	2012	《恐怖融资防止和抑制法》
柬埔寨	2007	《反恐法》
	2010	《反腐败法》
	2014	《关于冻结指定恐怖分子和组织财产的法令》
缅甸	2002	《洗钱控制法》
	2014	《反洗钱法》
文莱	2000	《贩毒（追回收益）法》
	2000	《犯罪行为（追回收益）法》
	2000	《反洗钱法令》
越南	2000	《毒品预防法》
	2005	《反洗钱法令》
老挝	2006	《反洗钱法令》
	2015	《反洗钱与打击恐怖融资法》

二、中国与东盟各国洗钱罪的法律比较分析

（一）上游犯罪覆盖范围存在差异

因自身的实际情况和考虑的利益各不相同，中国—东盟各成员国在洗钱罪的具体行为规定和上游犯罪的划分范围存在差异。中国依据《刑法》第一百九十一条规定，洗钱罪的上游犯罪有七类，基本上已经囊括了清洗黑钱较为严重的领域，同时，在广义的洗钱罪中包括了所有严重的上游犯罪，且在《刑法修正案（十一）》中删除"协助"表述，推动"自洗钱"入罪。新加坡、马来西亚、印度尼西亚、泰国、菲律宾、柬埔寨、缅甸等 7 国的洗钱上游犯罪基本覆盖了清洗黑钱较为严重的领域，文莱、越南和老挝等 3 国的洗钱上游犯罪范围相对狭窄，但各成员国都将毒品犯罪列为上游犯罪。

（二）构成要件各有特点

如表 2 所示，中国—东盟各国在洗钱罪的构成要件各有特点。一是从犯罪主体的年龄上看，新加坡 7 岁以上便构成犯罪，为各成员国中年龄规定最小的国家，马来西亚为 10 岁，其余国家犯罪主体的年龄在 15 岁左右。二是大多数国家规定法人可以作为洗钱罪的犯罪主体，但老挝不承认法人可以构成洗钱犯罪的犯罪主体。三是从主观条件方面看，中国与其他国家存在明显差异，2020 年，我国《刑法修正案（十一）》删除洗钱罪的"明知"认定标准，降低洗钱罪认定过程中主观方面的认定要求，为其他国家的法律修订提供参考。

表 2　中国—东盟各国洗钱罪构成要件比较

国家	构成要件			
	年龄	主体	客体	行为
中国	16 岁	自然人或者适格单位	司法机关的活动、公共经济秩序和金融经济秩序	行为人认识到自己洗钱行为的性质，预见到自身的行为将可能会隐瞒、掩饰黑钱的性质，客观上表现为通过提供资金账户、转让、转换、携带、汇入汇出等手段来掩饰隐瞒财产以及犯罪收益的真实来源

国家	构成要件			
	年龄	主体	客体	行为
新加坡	7 岁	自然人或单位	社会和金融秩序的稳定	明知是上游犯罪的财产及其所得而故意通过交易、取得、占有、转让、转换等各种方式掩饰隐瞒非法财产的真实来源和性质，使其表面上合法化
马来西亚	10 岁	自然人或者适格单位	金融管理秩序	明知是上游犯罪的犯罪所得及其收益而通过转让、转换、购买、赠予等行为掩饰隐瞒财产的性质和来源，使其形式上具有合法化
印度尼西亚	—	单位（法人与非法人团体）或个人	国家社会秩序和金融管理秩序	明知是洗钱犯罪法规定的上游犯罪所得的财物，故意通过金融机构等中介转移资金或采取直接投资、赠予行为使其合法化
泰国	14 岁	自然人或单位	社会金融秩序的稳定	明知是上游犯罪的犯罪财产而故意通过转换、转让、销售、赠予等各种方式掩饰隐瞒财产的真正性质和来源使这些财产表面上呈现合法化
菲律宾	15 岁	自然人或单位	国家社会和金融秩序的稳定	明知来源于本法规定的非法活动的所得，仍通过各类交易掩饰隐瞒财产的合法来源使其表面上合法化
柬埔寨	—	—	—	—
缅甸	16 岁	自然人或者适格单位	社会的金融秩序的稳定	明知是犯罪行为的犯罪收益及其所得而通过转让、转化、买卖等行为使其表面上合法化
文莱	—	—	—	—
越南	14 岁	自然人或单位	国家的公共秩序和金融秩序	明知是犯罪财产而通过市场交易、买卖等方式使得黑钱的来源难以查实，使之合法化
老挝	15 岁	自然人	社会大众对金融机构、国际经济稳定的信任以及社会大众对刑事犯罪的安全感	明知是上述违法行为所得及产生的收益而掩饰隐瞒并通过各种转换行为使其表面上合法化

（三）惩罚力度整体偏轻

首先，在现有法律规定中，中国—东盟各国对洗钱罪的惩罚力度整体偏轻，对洗钱犯罪的监禁量刑最高不超过 15 年，与发达国家的惩罚标准存在差距，如美国对洗钱犯罪的被告人最高可判处 20 年的监禁。其次，部分国家没有设置剥夺资格刑。由于没有设置这种刑罚，使得许多屡教不改的犯罪分子有了再次从事犯罪的潜在机会，他们在以后的洗钱活动中必然更加谨慎，查处的难度将会加大。

三、从互评估结果分析法律效用及国际合作基础

2014 年至 2022 年，FATF 以 2012 年修订的《打击洗钱、恐怖融资和扩散融资的国际标准：FATF 建议》为依据对成员国开展第四轮互评估工作，分别于 2019 年、2016 年和 2015 年对其成员国中的中国、新加坡和马来西亚开展互评估，并授权亚太地区反洗钱组织（APG）对中国、东盟其他 7 个国家开展互评估工作（由于越南、老挝和文莱接受互评估时间较早部分指标存在差异，不做比较），评估结果如表 3 所示。

表 3　第四轮互评结果对比

国家	互评估时间	评估组织	有效性指标通过数	合规性指标通过数	R. 3[1]	R. 6[2]	R. 29[3]	R. 36[4]	R. 37[5]	R. 38[6]	R. 39[7]
中国	2019	FATF	3	22	PC[8]	PC	PC	LC	LC	PC	LC
新加坡	2016	FATF	4	34	LC	LC	C	C	LC	LC	LC
马来西亚	2015	FATF	4	37	LC	C	C	LC	LC	LC	LC
泰国	2017	APG	4	25	LC	LC	LC	LC	LC	C	LC

1　R.3 表示建议 3，洗钱犯罪。

2　R.6 表示建议 6，与恐怖主义和恐怖融资相关的定向金融制裁。

3　R.29 表示建议 29，金融情报中心。

4　R.36 表示建议 36，国际公约。

5　R.37 表示建议 37，司法互助。

6　R.38 表示建议 38，双边司法互助：没收和冻结。

7　R.39 表示建议 39，引渡。

8　互评估结果：C 表示合规、LC 表示大部分合规、PC 表示部分合规、NC 表示不合规。

续表

国家	互评估时间	评估组织	有效性指标通过数	合规性指标通过数	R. 3[1]	R. 6[2]	R. 29[3]	R. 36[4]	R. 37[5]	R. 38[6]	R. 39[7]
缅甸	2018	APG	0	17	LC	LC	PC	PC	PC	PC	PC
国家	互评估时间	评估组织	有效性指标通过数	合规性指标通过数	R. 3	R. 6	R. 29	R. 36	R. 37	R. 38	R. 39
印度尼西亚	2018	APG	5	35	LC	PC	C	LC	LC	LC	LC
菲律宾	2019	APG	1	28	LC	PC	PC	LC	LC	C	PC
柬埔寨	2017	APG	1	20	LC	LC	LC	LC	PC	PC	LC

（一）总体互评估结果表明中国—东盟具有良好的合作基础

由表 1 可以看出，无论从有效性指标还是合规性指标上看，马来西亚的反洗钱工作整体较好，基本上拥有最新的反洗钱／反恐怖融资法定文件、总体上完善的政策、体制安排和执行机制，其强健的政策框架反映了马来西亚对反洗钱／反恐怖融资和反扩散融资的坚定政治承诺和运作良好的协调结构。新加坡政府在政策建立、法律颁布、有效管控、跨境合作等多领域建立了长效机制，得到了 FATF 的官方肯定。中国在洗钱和恐怖融资定罪、执法机关的权力和责任以及国际合作方面有着良好的法律框架，但是与恐怖融资和扩散融资有关的定向金融制裁的法律框架有待加强，近年来中国在反洗钱工作方面取得的积极进展总体被认可。印度尼西亚和泰国的合规性和有效性指标通过率均较高，得到互评估的积极评价。

（二）洗钱罪上游犯罪覆盖面广有利于共同打击洗钱犯罪

新加坡、马来西亚、印度尼西亚、泰国、菲律宾、柬埔寨、缅甸等 7 国的洗钱上游犯罪囊括了清洗黑钱较为严重的领域，在 R.3 方面被评为大致合规。中国洗钱犯罪因自洗钱未被定罪等被评为部分合规。文莱和老挝的洗钱犯罪覆盖的上游犯罪范围不广，越南尚未将恐怖融资、参与有组织犯罪和敲诈勒索定罪，因此这三个国家都在 R.3 方面被评为部分合规。各国上游犯罪覆盖范围存在交叉，有利于共同打击洗钱犯罪。

（三）各成员在定向金融制裁方面执行差距较大

定向金融制裁是当前国际社会防范和遏制恐怖主义等威胁的主要手段之一。马来西亚执行针对恐怖主义的定向金融制裁的法律和体制框架是合规的，并且在执行中取得显著成功；新加坡在反恐怖融资调查和起诉方面拥有强大的法律、体制框架和较重的行政处罚，并且要求所有的新加坡公民有义务向警方报告可能与恐怖融资有关的财产。中国构建了定向金融制裁制度的基本框架，对认定恐怖活动人员、冻结涉恐资产等内容做出规定，但在义务主体、制裁措施、法律责任等方面还存在关键性缺陷。为有效整改，2021 年，中国颁布《反外国制裁法》，赋予有权机关制定中国版制裁名单的法律授权，并明确查封、扣押、冻结等具体制裁措施。泰国、缅甸、柬埔寨基本构建与其风险等级相适应的法律制度，在 R.6 评估结果为大致合规。印度尼西亚、菲律宾、老挝、文莱的相关法律框架存在缺陷。

（四）技术进步为金融情报合作提供良好条件

R.29 要求各国应建立金融情报机构，对获取的信息进行操作性和战略性分析，有能力安全、保密的完成信息移送。新加坡、马来西亚、印度尼西亚的该指标为合规。可疑交易报告办公室作为新加坡的金融情报中心，开发了专门的标准操作程序和先进的数据系统，不仅可以使用警察内部的数据信息库，还可以调用各种公共记录信息，为可疑交易分析提供数据支持。中国金融情报中心的职责由中国反洗钱监测分析中心承担，目前已经与 33 个国家签订金融情报交流合作谅解备忘录，其中包括 4 个东盟成员国。泰国、柬埔寨为大致合规，柬埔寨金融情报中心收集可疑交易报告的范围狭窄（95% 来自银行）和跨境现金申报数量少限制了其分析可用的数据，金融情报利用率低。越南、老挝、文莱虽然设立金融情报中心，但是法律框架存在明显缺陷且均尚未有效运行。中国—东盟成员国全部设立金融情报中心，为情报共享提供良好条件。

（五）原有国际合作基础推动多边合作关系的建立

FATF 关于国际合作的各项指标要求各国拥有完备的法律基础、全面加入国际公约并应迅速有效地应对司法互助请求。新加坡、马来西亚和中国已建立较为完备的国际合作框架并且在实践中运行良好，能对外提供颇具建设性和及时的双边司法互助和引渡，对司法互助请求均能予以积极回应，但马来西亚开展的国际合作主要集中于被动接受司法互助请求，而中国在司法互助操作程序上需要加以改进。印度尼西亚、菲律宾、柬埔寨、文莱构建了较为合理的司法互助框架但是执行力较低，虽然柬埔寨在能力和资源有限的情况下对收到的国际合作请求做出回应，但效用有限。缅甸、老挝国家合作框架存在明显缺陷。如表 3 所示，各成员国的大部分指标能得到互评估的认可，且有部分国家之间已经签订双边或多边合作协议，为司法合作奠定了基础。

四、相关工作建议

（一）构建中国—东盟反洗钱合作框架，奠定制度基础

虽然各国在反洗钱立法的组织框架和内容上不尽相同，但国际合作基础较好，可在原有合作上，构建中国—东盟反洗钱合作框架。一是建议在现有的中国—东盟合作机制下设立反洗钱跨境合作委员会，全面负责区域内反洗钱跨境合作事项，并在其内部分设职能部门分别负责各项反洗钱事务。二是对跨境洗钱及上游犯罪的处理规程上达成基本共识。三是进一步规范反洗钱义务主体范围，明确各国的反洗钱责任和义务，促使各国不断完善国内反洗钱法律法规，向国际标准看齐，降低法律制度差异对反洗钱合作的制约。

（二）完善立法体系，达成打击洗钱犯罪跨境合作共识

进一步完善反洗钱相关立法，一是建议扩大洗钱犯罪上游犯罪的覆盖面，结合各自法律体系，采用量刑起点法或列明上游犯罪清单法等方法将洗钱罪适用于所有的严重犯罪，以包括最广泛的上游犯罪。二是部分国家应将犯罪主体扩展至法人以应对最新的犯罪形势。三是建议加大处罚力度，增设剥夺资格刑。各成员国在此基础上对洗钱犯罪达成共识，共同打击洗钱犯罪。

（三）加大技术投入，创建高效便捷的金融情报联合机制

打击洗钱和恐怖融资越来越需要各国 FIU 协调行动，中国—东盟中多数国家已建立完备的信息系统，为开展金融情报合作提供了技术条件，因此在加强区域反洗钱合作中，各国应积极发挥优势，将成功的经验和良好举措转化为区域合作的行动指南、标准和建议。如加强反洗钱监测信息化建设，结合合作框架的信息共享需求，探索建立数据共享平台，推进科技与反洗钱的高度融合，研究建立有效的跨境交易监测标准和分析模型，提升对跨境可疑资金交易监测和预警水平，优化金融发展和风险防控软实力；再比如建立中国—东盟跨境情报信息交流平台，各国通过会议、培训等方式通报反洗钱工作开展情况，共同研究反洗钱国际形势，相互交流经验，通过可疑交易情报、案件协商解决反洗钱监测和执法中的信息不对称问题，提升工作效率，实现反洗钱合作共赢。

（四）建立司法互助优先机制，为区域金融稳定保驾护航

跨境洗钱犯罪有手段隐蔽、跨越地域广的特点，要侦破此类案件，相关地区的配合与协助是必不可少的。成立司法互助委员会，对成员国履行司法互助义务情况进行监督管理。一是各成员应优先处理区域合作伙伴发出的司法互助请求；二是建立合理的引渡方案，各成员国应积极处理引渡请求，禁止为被控参与洗钱和恐怖融资犯罪的个人提供庇护，并对办案过程全程跟踪，各成员国有义务在应对外国发起的司法互助、引渡等请求迅速采取行动，对合作积极性较差的成员国采取惩戒措施；三是加强冻结、扣押的合作，对涉案资金及时冻结，最大程度减少社会损失，形成常态化、制度化的多边合作机制。

（五）加强交流培训，打造国际化专业化人才队伍

建立中国—东盟联合打击洗钱犯罪的人员培训与交流制度，通过对国际化专业人才的培养提高合作效率，促进国际合作深入开展。一是建立监管人员、金融机构从业人员双轨道国际交流体系，成员国间可互相选派金融机构从业人员和反洗钱监管人员开展短期或长期的交流学习，促进对彼此法律体系和风险状况的了解；二是组建中国—东盟打击洗钱犯罪的专项工作组。工作组成员应包括反洗钱主管部门、行政司法部门、公安等多条线专业人才，工作组有权督促被请求国响应互助请求并全程跟踪案件进展情况，对各成员国提供的案件线索进行分析提出处理意见，并总结跨境洗钱案件类型及时发出风险提示。

参考文献：

[1] 陆怡澄. 中国与东盟反洗钱犯罪比较研究 [J]. 法制与经济 ,2016,4(9):154-159.

[2] 谭志江. 中国东盟洗钱犯罪比较研究 [D]. 广西大学 ,2012.

[3] 于娉. 新加坡银行业反洗钱实践与经验借鉴 [J]. 金融纵横 ,2016,4(11):50-56.

[4] 万魏 ,陈康贤 ,陈小敏. "一带一路"框架下中国—东盟自由贸易区反洗钱监管合作研究 [J]. 区域金融研究 ,2015,4(12):50-53.

[5] 卢孜瑶 ,林安民. 两岸共同惩治洗钱犯罪的困境与对策 [J]. 现代台湾研究 ,2021,4(2):15-21.

FATF 成员国对受益所有人的识别及对我国的启示

■ 宋成林　王婷　张文鑫[1]

摘要： 受益所有人识别是反洗钱义务机构的重要工作，也是当前金融机构反洗钱工作的难点之一。笔者基于 FATF 第四轮互评估工作中对于受益所有权执行标准的制定以及评估结果，结合其他国家有效经验，总结我国受益所有人识别工作发展现状以及 FATF 最佳实践建议，为我国受益所有人识别工作开展提出建议。

关键词： 受益所有人　互评估　法律安排　信息验证

自 2014 年开始，反洗钱金融行动特别工作组（The Financial Action Task Force，FATF）根据 2012 年 FATF 修订的反洗钱新国际标准情况，启动对其成员国进行第四轮互评估（以下简称"互评估"）。作为各成员国履行反洗钱义务中的重点和难点，受益所有人识别的有效性直接影响客户尽职调查、客户身份资料保存、客户风险等级划分、可疑交易分析研判、执行联合国安理会决议等工作的开展，其重要性不言而喻，基于此 FATF 将受益所有人识别作为本次互评估的重点项目之一。因此，为了满足国际反洗钱最新标准要求，做好受益所有人识别工作，将成为义务机构反洗钱重点工作之一。

一、背景描述

（一）受益所有人概念起源

中世纪，封建贵族为了逃避税收和继承规则，常将财产转让于受托人，由其经营管理后再将受益权益转回本人或继承人。1997 年，经合组织（OECD）在税收

1　宋成林、王婷供职于瑞银信支付技术有限公司，张文鑫供职于中国人民银行西宁中心支行。

协定范本中首次引入"受益所有人"的概念。2003 年，FATF 首次制定了受益所有权国际标准。2012 年，FATF 提高了对受益所有权的确定标准，修订后的标准明确区分了基本所有权信息（非自然人实体的直接合法所有者）和受益所有权信息（最终拥有或控制该公司的自然人）。FATF 明确了掌握有关法人或法律安排的基本信息是确定最终受益所有权的基本先决条件，并要求各成员国在所有权信息方面提供国际合作。

（二）开展受益所有人识别的现实原因分析

受益所有人识别是反洗钱的核心义务之一，有效识别受益所有人可以防止不法分子通过复杂的公司股权结构掩饰或者隐瞒其真实身份、资金来源以及交易目的的发生，进而有效打击恐怖融资、贪污受贿、毒品犯罪等的发生。

但从 FATF 互评估整体结果（见表 1、表 2）来看，受益所有人识别对各成员国仍然具有挑战性。

表 1　对于 R.24（法人透明度和受益所有权部分）的评估

评级结果	合规	基本合规	部分合规	不合规
数量（个）	1	45（包含中国香港和中国台湾地区）	46	10

表 2　对于 IO.5（法人和法律安排）的评估

评级结果	实质成效	中等成效	低等成效
数量（个）	10	47	45

该结果表明，对于受益所有权标准的执行情况，国际整体处于较低水平，且多数成员国有效性不足。

（三）FATF 互评估标准下对受益所有人相关工作的要求介绍

FATF 发布的《40 项建议》第 10 项关于受益所有人的建议为反洗钱义务机构要以风险为本，在与客户建立业务关系前、存续期或者建立一次性业务关系时识别受益所有人身份，并采取合理措施核实其身份，对于法人和法律安排，金融机构应当了解其所有权和控制权结构。同时要注意对国内外政治人物、金融机构高管等的受益所有人进行尽职调查。

受益所有人识别的关键是进行法人和法律安排识别，识别措施分为两种。

第一种是法人。对法人进行识别的逻辑为：首先识别并核实拥有法人最终控制权的自然人；其次如果不确定拥有控制权的人是否为受益所有人或者非自然人拥有所有权时，则需要识别和核实通过其他手段对法人或法律安排进行控制的自然人的身份；最后如果通过前两个手段均未有效识别时，要识别并核实高级管理人员的身份。

第二种是法律安排。首先对信托业务，要识别并核实委托人、受托人、担保人、受益人、指定受益人或者其他拥有最终有效控制权的自然人的身份；其次，对于其他形式的法律安排，参照信托业务进行识别核实。但当控制所有人是在证券交易所上市的公司，并按要求披露信息或者是此类公司的子公司时，则不需要识别和核实受益所有人身份。

二、FATF 成员国受益所有人识别经验介绍

（一）公司主动向公司注册处持续报告信息变更情况

为确保及时更新受益所有权信息，FATF 建议要求非自然人主体持续报告受益所有权的变更情况，并在公司年度报告中揭露最新的受益所有人信息，这些信息还要公证人确认并提交公证文件。国际上部分国家或地区的公司注册处规定公司必须以年度定期提交报告，如香港公司注册处（CR）、英国公司信息中心（CH）等。除此之外，政府的公司登记系统也要完整地记录受益所有人信息及变更情况，以便相关机构可以及时获取受益所有人信息。澳大利亚《受益所有权登记法》（BORA）第三条规定，法定实体必须按照规定开展尽职调查工作，且至少每年 1 次核实登记册上所列的受益所有权是否仍然是最新的，当受益所有权信息发生变更时，应在 4 周内将变更信息报告至公司登记处。

（二）通过不同途径验证信息

为确保受益所有人信息的准确性，FATF 建议采用一种或多种方法有效核实信息。信息验证可通过以下方式进行。

1. 交叉验证法

通过交叉验证措施，数据信息可以在不同监管机构的数据库之间实行自动交叉验证，例如，可采取开发一个公共门户网站的方法，公司登记系统可通过门户网站对照其他政府数据库（如执法数据库、税务管理数据库、土地登记册等）核对受益所有权数据库，用来验证受益所有权信息的准确性。另外还可采用黑名单制度，被列入名单的人不可登记、拥有或转让任何种类的所有权。监管机构可在公司成立阶

段获取相关信息后以及后续阶段对照黑名单核对股东／董事的身份。

2. 危险信号法

一些国家的公司登记处会从公司层面形成危险信号指标监测其可疑活动，例如相同地址或相同电子邮件地址被多家公司共同使用，但这些公司并非兄弟公司或关联公司，公司登记处会将该类可疑活动上报至监管机构或执法机构。另外还可通过财务报表分析的方法监控公司的性质与规模是否属于合理水平，例如对比分析现金收入和资产水平，并与行业平均水平进行比较，如果评估结果未处于行业合理水平，则视为异常或重大可疑情况，进入进一步调查流程。

还有一些国家的公司登记系统能够检测公司提交的信息中的变更情况（即股份增减、所有权转让等），如果变更出现异常，则会触发警报，并将资料发送至相关部门进行进一步调查。如果调查结果不能证明该公司由于商业目的导致异常变更，则会进入深入调查阶段，以判断此类行为是否涉嫌洗钱或恐怖融资。

3. 数据抽样测试法

部分国家的公司登记处可以进行抽样测试或有针对性地实行审计项目，核查选定或抽查法人公司资料的准确性。一些国家的公司登记处会对公司的年度报告进行定期核查，并对特定业务性质和风险特征的特定行业或公司进行抽样检查。

4. 监管信息交换法

部分国家的公司注册处和税务机关会就欺诈和操纵市场的案件密切合作，通过对 IP 地址和电话系统等参数共同对交易和交易模式进行详细分析，确定受益所有权之间的联系，有助于进一步调查案件。

5. 信息核查参与法

一些国家通过在公共登记册上引用错误报告功能，鼓励外部机构自愿报告注册信息的错误，非政府组织和金融机构如果在数据分析和尽职调查中发现部分数据不准确，均可以通过该功能进行报告以协助公司登记处纠正错误信息。

（三）受益所有权的充分性、准确性和及时性

FATF 建议各国指定一个核实或监测受益所有权信息准确性的完全受监管和有效监督的核查机构，并对该部分信息承担责任。部分国家实践表明，公司注册处（工商信息登记处）适合作为受益所有人核查机构，在公司注册登记时，登记官对照其他信息来源（如国民身份登记系统或税务行政登记系统）核对公司提交的信息，以核实和监测受益所有权的信息。

另有部分国家采用守门人把控信息质量的方法，公证人、律师或会计师（作为

受反洗钱和反恐融资义务约束的义务方）自公司成立阶段起全程把控，检查和确保商业登记册中反映的信息的准确性，并需要在所有权变更时及时协助公司报备相关变更信息。守门人同样受指定监管机构监督，确保守门人为具有一定资质的持照从业者，且执照仍在正常有效状态。

其他国家则采用金融机构调查前置法，要求公司必须先在金融机构（如银行）开立银行账户，再进行公司注册登记申报，在这个流程中，金融机构需要对公司进行单独的客户尽职调查流程来确定公司的受益所有权。通过这种要求，在公司维护银行账户时，金融机构可以在公司进行银行账户维护时获取到最新的受益所有权资料并报送至工商等指定监管机构。例如，在丹麦成立公司时，自注册阶段就需要律师、审计师或银行等金融机构参与确认资本均全额支付或资质符合要求，并且同时履行客户尽职调查（CDD），即同时获取受益所有权信息的义务。丹麦法人通过在中央商业登记处（CVR）登记而成立或管理法人，登记时公司均会获得一个由政府机构签发的特殊身份证（NemID），使用 NemID 登录网上银行等账户时留下电子足迹信息，并向信息站点提供有关注册人员的数字信息，监管机构能及时获取公司金融账户动态。

（四）通过多重途径形成有效模型建立受益所有人体系

根据 FATF 在互评估获得的各国经验信息表明，采用单一方法很难及时和准确地获得最新的受益所有人信息。相反，使用多种信息来源可以对受益所有权信息进行交叉验证，往往能更有效地防止法人被犯罪贩子滥用，受益所有人信息来源的多样性和可用性增加了信息的透明度和查询的便利性，并且使用多种信息来源途径可以避免特定来源的信息不准确。因此 FATF 建议，各国应使用一种或多种机制确保获得受益所有人的信息。例如，可以将工商信息登记处的信息和其他信息查询机构（如经备案的企业征信机构、金融机构等）的信息交叉验证受益所有人信息的准确性以及是否进行变更，及时监控受益所有人信息的变动情况。

三、我国受益所有人识别环节存在的问题

（一）法律架构层面的缺失

首先，2021 年发布的《中华人民共和国反洗钱法（修订草案公开征求意见稿）》[以下简称《反洗钱法（修订草案）》] 第十七条规定，公司、企业等市场主体应当通过市场监督管理部门有关信息系统报送受益所有人信息。虽然强制要求市场主体登记受益所有人信息，但鉴于受益所有人的识别标准较复杂，甚至有些特定公司，

不同金融机构识别出的最终受益人都不同，一般企业登记的受益人信息更加不能保证准确性。其次，虽然《反洗钱法修订草案》第三十五条规定：不配合客户尽职调查的市场主体，金融机构和特定非金融机构有权限制或者拒绝为其办理业务。但受制于金融消费者权益保护相关规定，很难找到平衡点，且对于公司和个人没有规定相应的处罚措施，在实际执行过程中会存在一定困难。最后，我国允许发行不记名股票，在股票票面和股东名册上均不记载股东姓名，公司内部对不记名股票无法做到有效控制，且不记名股票的转让方式相对自由，存在股权代持和匿名股东的情形，难以对最终受益情况进行有效识别。

（二）缺乏对受益所有权的统一管理

目前我国义务机构获取客户受益所有权结构的途径主要有两种：通过企业信用信息公示系统或企查查、启信宝等第三方数据服务商来查询核实受益所有权结构；或是客户首次办理业务时，义务机构会要求客户提供受益所有人的基本信息，并进行登记记录，这可能会造成义务机构重复工作且对于收益所有权识别的准确性和及时性不足，主要表现为以下方面。

一是难以核实受益所有人基本信息的准确性。目前我国第三方数据服务商如企业信用信息公示系统或企查查、启信宝等关于受益所有人的信息并不完整，这些系统上仅能查到受益所有人的姓名和所占的受益比例。

二是受益所有人官方核实渠道有限。目前中国人民银行要求金融机构将保存的受益所有人信息登记在征信中心，但没有明确受益所有人信息的登记、查询、使用及保密方法，并且征信中心只接受有征信需求的金融机构查询受益所有人信息，而其他未开展贷款业务的金融机构并不能查询到相关信息。

三是受益所有人信息难以共享。目前，不同金融机构对于受益所有权的概念理解程度不一致，收集到的信息完善程度不一致，而且我国各金融机构收集的受益所有人信息互不相通，信息不对称可能会造成重复劳动和资源浪费，也可能导致识别结果不一致。

四、对我国受益所有人识别工作的建议

（一）充实和完善现有法律框架

首先《反洗钱法（修订草案）》中已经强制市场主体登记受益所有人信息，应尽快落实相关法律条文，将无记名股票纳入登记范围，并明确受益所有人识别标准，统一金融机构和市场主体对受益所有人的认知；其次针对不配合反洗钱义务机构进

行尽职调查的客户，应明确处罚措施；最后形成监管部门信息交叉验证机制，在非自然人登记、维护自身受益所有权信息后，多个监管部门的共同验证其提交的受益所有人信息的准确性。

（二）建立统一的受益所有人信息核实和共享平台

2014年3月，我国启动了全国企业信用信息公示系统，该系统包含在国家安全监管总局注册的所有企业的信息。建议在此系统基础上，建立起各监管部门和义务机构统一协作的信息平台，可以查询、登记、核实非自然人主体的受益所有权信息，同时完善人民银行征信中心运营管理的数据库，满足当前在义务机构和监管部门的信息获取需求。

在上述系统的信息互通上，应加入国家税务总局、人社部、人民银行、公安局、银保监会、证监会等相关监管部门，充分整合各监管部门掌握的信息，形成全面、有效、细致的官方数据；同时，在信息获取上，各义务机构应指定专门的合规人员向监管部门备案后开通账号，明确信息使用范围，避免信息外泄；另外，非自然人主体可以实时更新维护自身信息，在受益所有人信息变更时，登录系统维护并上传相应变更证明文件。

（三）建设义务机构互助合作平台

目前各义务机构之间存在信息壁垒，机构之间开展客户尽职调查时的信息不能共享，导致重复劳动以及资源浪费，针对这种情况，建议义务机构打破信息壁垒，实现信息共享。对于在客户尽职调查付出较多的义务机构，在反洗钱分类评级工作中给予加分，这样既可以节约人力资源又可以调动义务机构在尽职调查中的积极性；在调查重点可疑事件时，形成由监管部门牵头，建立各义务机构明确分工的互助体系，提升国家层面的洗钱风险防范能力；最后，形成各义务机构和其他监管部门登记的非自然人身份信息和交易信息的有效数据整合，发生可疑情形时，由反洗钱监测中心归集研判，向公安机关移交更加充足的案件信息和可疑线索，提高破案效率。

（四）提升义务机构反洗钱履职能力

我国受益所有人识别工作开展相对较晚，义务机构没有完全了解受益所有人识别工作如何开展，因此在监管层面应加强对义务机构的指导和培训，尤其需要如何通过财务控制权、任免权和经营管理权等实际控制手段准确识别实际受益所有人；另外，各义务机构应在监管部门要求的履职条件基础上，尽量选择有充足业务能力的反洗钱履职人员，加大资源和人力投入，搭建机构内部的自主培训机制，形成反洗钱业务能力提升的长效机制。

参考文献：

[1] 王晓刚，张九君，反洗钱加强非自然人受益所有权及透明度法律安排的国际经验及启示 [A]. 西部金融，2019(8).

[2] FATF (2019), Best Practices on Beneficial Ownership for Legal Persons, FATF, Paris,www.fatf-gafi.org/publications/documents/beneficial-ownership-legal-persons. html.

[3] FATF (2019), Mutual Evaluation Report of China - 2019, FATF,Paris,http://www. fatf-gafi.org/publications/mutualevaluations/documents/mer-china-2019.html.

[4] FATF (2020), Consolidated assessment ratings, FATF, Paris,http://www.fatf-gafi. org/publications/mutualevaluations/documents/assessment-ratings.html.

上市公司控制权披露与反洗钱受益所有人识别的研究与思路

——受益所有人披露规则

■ 刘亚枫　黄孜　陈朝云[1]

摘要：本文参考经济合作与发展组织（OECD）《关于受益权与控制权披露的对比研究》和反洗钱金融行动特别工作组（FATF）《新40项建议》，通过对比、分析上市公司受益所有权披露机制的国际标准、国际监管规则以及各国证券交易所披露机制，结合我国上市公司信息披露规则以及机构客户反洗钱受益所有人识别工作实践情况，对证券公司开展受益所有人识别和披露工作进行分析，提出工作建议。

关键词：控制权和受益权　披露规则　证券市场　经济合作与发展组织

一、引言

公平、公正、公开的"三公"原则一直是保障我国证券市场健康、有序发展的核心原则，证券市场所有参与主体在开展证券发行和交易活动时均应遵守前述基本要求。其中，"公开"原则既包含证券市场证券发行与交易规则的公开，也包含证券发行人以及其他参与主体基本信息的公开。《上市公司信息披露管理办法》规定，上市公司应通过定期报告或临时报告形式披露公司持股5%以上股东、控股股东及实际控制人（及其一致行动人）的情况，以及董事、监事、高级管理人员的任职和持股变化情况。

中国人民银行于2021年6月发布的《关于对〈中华人民共和国反洗钱法（修订草案公开征求意见稿）〉公开征求意见的通知》也从机构控制权和受益权维度对受益所有人的定义进行明确，即最终拥有或实际控制公司、企业等市场主体，或者

1　刘亚枫、黄孜、陈朝云供职于中信证券股份有限公司。

享有市场主体最终收益的自然人。由此可见，对上市公司控制权和受益权的披露要求，不仅是为了规范上市公司透明有序的治理结构，保护证券市场参与主体（尤其是中小投资者）利益，更是监管机构打击洗钱、逃税等金融犯罪活动的有力手段，是维护资本市场稳健长远发展的强力保障。

2013 年，经济合作与发展组织（Organization for Economic Co-operation and Development，OECD）对中国、意大利、美国、印度尼西亚和马来西亚的上市公司的控制权和受益权披露情况展开研究，发布《关于受益权与控制权披露的对比研究》[1]。本文在该报告研究的基础上，结合我国上市公司信息披露规则以及机构客户反洗钱受益所有人识别工作实践情况，对证券公司开展受益所有人识别和披露工作进行分析，提出工作建议。

二、受益所有权披露机制

公司的注册形式多种多样，其灵活性和适应性有效地推动了各国金融市场的发展。然而，在满足市场和投资者需求的同时，我们更应该关注公司主体被滥用于犯罪活动的可能性。金融犯罪和洗钱犯罪领域的专家指出，犯罪分子通过在不同地区（尤其是离岸地区）成立一系列公司实体，设计复杂的股权结构来规避司法机关和监管机构对实际控制人的监控。这些公司主体的注册成立手续和准入资质相对简单，运营成本也较低，更容易被犯罪分子利用，以实施洗钱、逃税等违法犯罪活动。因此，为了有效遏制公司被滥用的情况，各国监管应针对性地制定受益所有人披露制度，提高公司控制权和股权的透明度。

（一）国际标准

FATF 在 2012 年发布的《新 40 项建议》（FATF Recommendations 2012）（即《打击洗钱、恐怖融资与扩散融资的国际标准：FATF 建议》）和 2014 年发布的《有关透明度与受益所有权的指引文件》（Guidance on Transparency and Beneficial Ownership）中提到，各国应确保可在国内某一特定地点从某公司获得受益所有权信息，或建立合理机制，保证主管部门可以确定此信息。为了满足该要求，各国应至少采用以下三种机制中的一种。

（1）"注册机制"（Registry Approach）。要求公司或公司登记注册部门获

---

1 OECD，" Beneficial Ownership and Control A Comparative Study — Disclosure, Information and Enforcement"，Vermeulen, Erik P.M,(2013).

取并保存最新的公司受益所有权信息。

（2）"公司申报机制"（Company Approach）。要求公司采取适当措施获得并保存最新的受益所有权信息。

（3）"尽调信息分析机制"（Existing Information Approach）。包括金融机构、特定非金融机构获取的信息，其他主管部门掌握的信息，上市公司披露的信息等。

上述三种机制与 OECD 曾归纳总结的受益所有人披露规则一致。OECD 对三种机制的具体描述如表 1 所示[1]。

表 1　OECD 对三种机制的具体描述

机制类型	简述	优势	劣势
"预先披露机制"（Upfront disclosure）	要求公司在设立阶段向监管当局披露受益所有权和控制权信息，并要求信息变化时及时更新	1. 提高透明度 2. 实时获得受益所有权和控制权信息 3. 威慑作用	对公司（尤其是小型公司）带来巨大的成本
"即时调查机制"（Investigative system）	监管当局在监测到违法活动、履行监督职能或接受其他境内外部门调取资料的请求时，可要求公司或其相关方提供受益所有权和控制权信息	1. 避免公司不必要的成本 2. 在保护合法隐私和确保适当监管间维系平衡	提供信息可能会有延迟
"中介披露机制"（The holding of information by intermediaries）	向该公司提供服务的中介机构（如注册代理、律师、公证人等）必须收集、核实、留存其服务对象的受益所有权和控制权信息	较易实现	1. 提高了公司的经济成本和时间成本（尤其在涉及境外方时） 2. 需要建立完整的客户识别、资料留存相关规则 3. 提供信息可能会有延迟

自《新 40 项建议》发布以来，FATF 对各成员国开展了第四轮互评估，发现

1　详见 OECD《获取受益所有权和控制权的选择》（Options for Obtaining Beneficial Ownership and Control Information）。

各国在法人、法律安排透明度和受益所有权方面存在诸多问题。为此，FATF 对受益所有权披露机制开展了持续研究，并于 2019 年 10 月发布《法人受益所有权最佳实践》（Best Practices on Beneficial Ownership For Legal Persons），分析了三种披露机制所面临的不同挑战，并建议采用"多管齐下"的组合机制，以确保监管能够及时、准确地获得受益所有权信息。

2020 年，FATF 成立项目小组启动对建议 24（法人透明度和受益所有权）修订的研究，首次提出"是否将集中登记模式设定为强制性模式"的问题。随后于 2021 年 6 月，FATF 发布了《建议 24 修订白皮书》，对建议 24 公开征求意见，其中包含了对"登记机制"是否为核心要素问题的讨论。

（二）监管规则变革——以欧美国家为例

FATF 的研究表明，受益所有人集中登记模式已受到越来越多的关注。建立受益所有人集中登记制度顺应了国际标准，对提高企业透明度、防范被滥用风险具有重要意义。从实践来看，诸多国家已将其规定为强制性模式，并在实践层面积累了较为丰富的经验。

1. 欧盟

自 FATF 发布《新 40 项建议》以来，欧盟于 2015 年 6 月发布了第四版《反洗钱指令》，要求欧盟各成员国"足够、及时和准确地"掌握设立在本国的实体之受益所有权信息，并特别要求受益所有权信息应由政府统一的商业登记部门管理，并向执法部门以及有关利益方公开。

为此，欧盟各国陆续出台受益所有人披露制度。例如，2016 年，英国对公司法进行重大改革，要求在英国设立的公司登记其"重要控制人士"（People with Significant Control）信息，识别公司的受益所有权和控制权。

2. 美国

2021 年，美国国会通过了新《企业透明法》（Corporate Transparency Act），开始实施受益所有人信息集中登记和管理制度，要求符合规定的公司类实体向美国金融犯罪执法局（FinCEN）申报受益所有人信息。此前，在美注册公司时无须申报受益所有人信息，其披露机制类似 OECD 提到的"即时调查机制"。受益所有人制度的缺失导致大量企业被滥用于违法犯罪活动，新《企业透明法》的实施进一步遏制了利用空壳公司实施违法犯罪的行为。

（三）上市公司披露规则借鉴及问题

上文简述了各国对反洗钱受益所有人的披露规则要求和历史沿革，为了能够更清晰地辨别有效的披露方法,笔者还对各国证券交易所控制权披露要求进行了对比。

表2是美国、马来西亚、意大利等国家上市公司控制权与受益权披露规则的对比。经分析,仅美国证券交易所要求信息披露规则是以风险为主导,披露规则灵活性较强,可以根据市场环境、法律法规变化和公司类型做定期调整。

表2 美国、马来西亚、意大利等国家上市公司控制权与受益权披露规则的对比

国家	披露规则
马来西亚	监管机构建立了透明度较高的披露和备案要求机制,要求上市机构不仅披露直接股东,还要求披露该公司受益权情况。比如直接股东为代持或信托的机构,需在另一份声明中披露真实的受益权情况
意大利	要求上市公司披露持股比例2%以上的股东信息,并将披露义务扩大到通过子公司、信托或匿名账户持有的权益,此标准已超过了国际统一标准即识别5%以上的股东的概念
美国	美国要求上市公司披露持股比例5%以上的股东信息,但未对受益权概念做出明确定义。美国监管机构根据制度演变、科技发展、国际形势变化、公司类型的变化定期发布解读受益权的相关指引从而引导上市公司披露受益权信息
印度尼西亚	要求上市公司披露第一层直接股东,若第一层股东为中央登记结算处的,由该登记机构披露注册超过5%的股东。未对受益权有明确的要求

此外,目前各国尚未对上市公司境外股东和实际控制人的穿透方式形成共识。金融机构在对跨国公司的股权架构进行穿透时,常出现无法识别境内客户境外股东或无法核实受益所有人的情况。股东分布在不同国家的公司也会因为各国的披露规则不一致,导致其股权或控制权隐蔽性较强。

在实践阶段,如金融机构要识别一家拥有境外上市股东的机构客户的受益所有人,需要通过多种渠道层层穿透核查。如图1所示,一家在欧洲某国家注册的企业根据当地监管规定仅披露至本国国内注册的最后一层股东,若境外股东为注册在中国以及马来西亚且持股比例各超过10%的企业,还要根据具体情况在各自国家的监管网站分别穿透识别受益权。

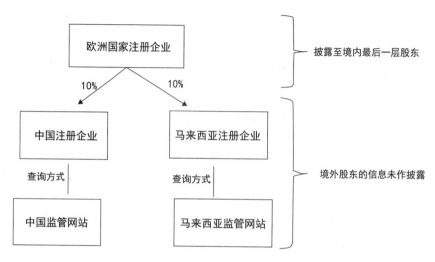

图1　欧洲国家注册企业穿透识别受益权

三、对我国建立披露规则的借鉴意义

（一）风险为本的披露规则

目前，我国受益所有人识别制度主要是中国人民银行于2017年和2018年印发的《中国人民银行关于加强反洗钱客户身份识别有关工作的通知》和《中国人民银行关于进一步做好受益所有人身份识别工作有关问题的通知》两项文件，且主要适用于反洗钱义务机构。建议监管机构可结合美国和欧盟的做法，从法律层面制定符合我国情况的受益所有人集中登记机制，细化受益所有人的认定标准、登记内容、登记部门、信息使用权限等规定，提升可操作性。

此外，我国的受益所有人识别方法仍然处在统一规则的阶段。FATF《法人受益所有权最佳实践》曾指出"注册机制"存在一定局限性，例如较难采取有效措施确保公司向监管提交的受益所有人信息的准确性和及时性。因此，我国可在建立受益所有人集中登记制度的前提下，继续完善优化现有受益所有人识别制度，从而提高信息的全面性、准确性和可获取性，完善受益所有权的披露机制。建议我国可逐渐向灵活性较高的受益所有人披露机制过渡，将公司类型整合分类，根据公司风险状况收集受益所有人以及控制人信息。例如对于持有公司大量股份的公司管理层人员有严格的信息披露义务，而对于外部出资且没有控制权主体，仅披露相对较少的信息即可，从而避免信息收集成本过高的问题。

（二）细化披露规则

我国目前尚未形成国内注册机构的受益所有人的披露机制。在现阶段，可充分借鉴国际经验，通过政府宣传、完善法律法规规则等措施明确受益权与控制权的披露规则，提高公众对信息披露的认知，后续再逐步向以风险为本的披露制度演变。随着近年来客户身份识别有关法律法规的相继出台，工商企业信用信息公示系统仅披露其直接持股的股东已远远不能满足客户尽职调查的要求。建议对于市场上的机构主体，可参照上市公司信息披露的规则方式，统一要求披露客户的股权架构图（披露持股超过 25% 的股东）以及要求企业对受益所有人信息，股权架构图可追溯到国资委、政府机构、上市企业以及自然人。此外，对拥有境外股东的境内机构，除了要求其披露至最后一层境内股东外，还应增加该公司对穿透后的境外实际控制人和受益所有人的信息披露。

参考文献：

[1] Erik P.M.Vermeulen.Beneficial Ownership and Control：A Comparative Study-Disclosure information and Enforcement[EB/OL].[2013-01-18].https://www.oecd-ilibrary.org/governance/beneficial-ownership-and-control_5k4dkhwckbzv-en.

[2] Best Practices on Beneficial Ownership For Legal Persons[EB/OL].[2019-10-24]. http://www.fatf-gafi.org/publications/methodsandtrends/documents/best-practices-beneficial-ownership-legal-persons.html.

[3] Revisions to Recommendation 24 and its Interpretive Note – Public Consultation[EB/OL].[2021-10-21].https://www.fatf-gafi.org/publications/fatfrecommendations/documents/public-consultation-r24.html.

我国国际贸易洗钱风险分析及防范对策研究

■ 李佳[1]

摘要：当前，贸易洗钱成为国际社会尤为关注的洗钱方式，其隐蔽性高、传染性强，监测难度大，对全球反洗钱工作提出了严峻挑战。本文深入分析了我国国际贸易洗钱的主要手法以及贸易反洗钱工作存在的主要问题，在充分借鉴国际监管经验的基础上，从加强统筹部署、风险预警、风险防控、信息共享等四个方面提出了防范贸易洗钱风险的工作建议。

关键词：贸易洗钱　反洗钱监管　风险防范

一、引言

伴随着金融全球化的深入推进，世界贸易呈现出一体化发展趋势，我国作为全球重要出口国，与世界各国的贸易往来日益密切。2020 年，在新冠疫情影响下，全球央行进入宽松周期，金融市场流动性充裕。面对严峻复杂的国内外环境，我国经济运行稳定恢复，成为 2020 年全球唯一实现经济正增长的主要经济体。根据《2020年中国国际收支报告》中有关国际收支统计口径，2020 年我国货物贸易出口 24972亿美元，较 2019 年增长 5%；进口 19822 亿美元，下降 0.6%；贸易顺差 5150 亿美元，较 2019 年增长 31%；服务贸易收入 2352 亿美元，较 2019 年下降 4%；经常账户顺差 2740 亿美元，较 2019 年上升 1.1 个百分点。从整体看，我国经常项目顺差将继续保持在合理区间，跨境资本流动延续了有进有出、总体均衡的态势，体现出国际社会对我国金融市场发展的良好预期，有效激发了国内经济高质量发展的内生动力。但与此同时，也要高度关注在大规模跨境资金流动过程中，可能存在的各类上游犯

1　李佳供职于中国人民银行西安分行反洗钱处。

罪借助国际贸易进行洗钱的风险。

2021 年初，中国人民银行、国家外汇管理局联合印发《银行跨境业务反洗钱和反恐怖融资工作指引（试行）》，随后中国人民银行印发《汇款业务反洗钱和反恐怖融资工作指引》，对于义务机构完善跨境业务管理制度，将跨境洗钱和恐怖融资风险的识别、评估、监测和控制贯穿跨境业务展业始终，切实防范跨境业务洗钱和恐怖融资风险具有重要的指导意义。可以看出，跨境业务反洗钱工作的重要性日益凸显。

以往关于跨境业务反洗钱的研究大多针对银行具体业务的洗钱风险分析，较少开展国际贸易层面的整体分析。跨境资金流动是影响宏观经济金融稳定运行的重要因素，国际贸易是跨境业务的重要组成部分。本文尝试从宏观视角，研究我国国际贸易洗钱的主要手法以及反洗钱工作存在的问题，并借鉴国际监管经验，提出有针对性的风险防范建议。

二、我国国际贸易洗钱的主要手法

国际贸易是指不同国家之间的商品和劳务的交换活动，主要通过经常项目下的货物和服务贸易进行。贸易结算方式主要有托收、信用证、保函等，融资类型主要有进口代收押汇、进口远期信用证押汇、进口 T/T 融资、出口押汇等，国际贸易的洗钱风险主要集中于"贸易"本身，"融资"层面风险并不突出。基于对部分上游犯罪案例及可疑交易线索的梳理，我国国际贸易洗钱的主要手法有以下几方面。

（一）利用转口贸易洗钱

转口贸易具有货物不入境的特性，导致资金流与货物流不一致，承做转口贸易的国内公司面对的供货商和买方客户都在境外，进而为不法分子利用转口贸易跨境转移资金提供了可乘之机。洗钱方式主要表现在：贸易条款过于简单、合同规定的成交价格与公开市场成交价格存在偏差、运输路线无法衔接以及交易各方位置相近、货物在同一港口往返进出等方面。

（二）利用大额预收预付货款洗钱

由于虚假交易无海关出具的进出口环节官方文件，相对容易被识别和发现，不法分子大多通过预收、预付货款进行洗钱。从预付款支付到分阶段付款直至交付尾款往往历时较长，在进出口双方预先合谋的情形下，可能存在合同、发票、舱单等所列货物名称不一致以及实际未发货或部分发货等情形，从而实现犯罪资金的跨境转移。

（三）利用一次性服务贸易洗钱

服务贸易无须办理对外贸易经营者备案以及贸易外汇收支名录登记，且没有实际货物作为载体，交易单据通常为商业合同、发票或支付通知等文件，相对容易伪造。服务贸易常见洗钱高风险业务多为技术进出口服务、文化娱乐服务、商标使用费等一次性交易，由于交易价格、交易背景是否合理无统一参考标准与核实途径，导致一次性服务贸易洗钱风险较高。

（四）利用付汇拆分洗钱

对单笔跨境服务贸易超过 5 万美元以上的交易，银行需审核《服务贸易项目对外支付税务备案表》，但部分企业为避免向银行提供该备案表，往往将资金拆分为多笔接近 5 万美元，开展高频率的跨境付汇业务，以逃避银行的资金监测分析。洗钱犯罪分子利用付汇拆分的方式，也比较容易实现非法资金的跨境转移。

（五）利用虚假或变造单证洗钱

不法分子以真实贸易为背景，多采取虚假申报产品名称、抬高报关价格、虚增进口数量等方式洗钱，贸易活动与经营范围往往不一致；或存在部分交易涉及实际货物的转移，形成表面合法性假象，通过海关合规流程检验后，在随后的交易中使用多个虚假票据，为资金跨境转移作掩护。

（六）利用信用证业务洗钱

不法分子借助进口商和出口商之间串通运作的合法供应链，利用申请开立信用证业务进行非法资金跨境转移。主要采取将大额开证业务化整为零、拆分为小额办理以规避更加严格的审核标准，重复性开立多笔类似的信用证套取银行信用资金、反复转让信用证等方式，模糊和切断资金交易链条。

三、我国国际贸易反洗钱工作存在的主要问题

目前，我国国际贸易反洗钱工作处于起步和探索阶段，工作中还存在一些问题和不足需要研究解决。

（一）关于贸易洗钱风险防范的整体部署有待进一步加强

在制度设计层面，我国还未制定细化的与国际贸易业务相关的反洗钱工作指引。在监管指导层面，我国发布的《中国洗钱和恐怖融资风险评估报告（2017）》，仅在银行业务固有风险中对贸易融资洗钱风险进行了简要描述，对于国际贸易的固有风险及控制措施有效性掌握得还不够全面；在国家洗钱类型分析报告中，上游犯罪案例和重点可疑交易报告中涉及国际贸易的占比不多，未能对国际贸易洗钱的类型

手法、风险分布以及容易被洗钱犯罪利用的业务种类做出详细分析。在洗钱风险监测体系构建层面，反洗钱监测分析系统未将跨境资金交易信息纳入数据收集的范围，未形成对贸易洗钱风险的有效监测、识别和预警。

（二）银行业机构关于贸易洗钱风险防范的"第一道防线"作用有待进一步发挥

由于贸易洗钱手法相对较新，银行业机构尚未建立实质有效的贸易洗钱风险防控体系。以近期分行对一家国有商业银行开展贸易洗钱专项执法检查为例，该行虽然制定了国际贸易反洗钱工作相关办法，但未将反洗钱要求细化到结算、合规、授信、信贷等各业务部门及具体操作岗位，未实现洗钱风险信息的共享和传导，业务条线反洗钱职责落实不到位；可疑交易监测分析工作流于形式，全年未上报一起贸易洗钱可疑交易报告；未将FATF认定的部分高风险国家和地区纳入系统名单监测范围，系统未实现有效的抓取，也未按制度要求进行客户风险等级重新划分，强化尽职调查更无从谈起。可以说，银行业机构对于自身面临的贸易洗钱风险并没有做到有效的识别和控制。

（三）国内外相关信息共享机制有待进一步完善

银行在为客户开立外汇账户或与客户建立跨境业务关系时，需要对境外交易对手相关情况进行核实，包括境外企业登记证、股东或实际控制客户的自然人和交易的受益人等重要信息，但银行仅能针对客户提供的境外交易对手相关名单进行筛查，若客户有意隐瞒，银行无法通过有效手段进行证实，难以保证信息的准确性。目前，中国人民银行反洗钱部门与外汇管理部门以及海关等部门未建立有效的跨境贸易信息共享机制，未实现反洗钱监测分析系统与外汇管理系统、海关有关系统数据的互联互通，在一定程度上制约了贸易反洗钱工作的有效性。此外，由于国际贸易涉及境内、境外两个市场，各国监管标准不一，且贸易洗钱专业性强，当出现举报或案发情形时，金融机构难以有效追踪境外资金交易情况，司法部门难以在境外开展取证侦查，导致此类犯罪活动往往逃避了资金监测和司法打击，各国未形成打击贸易洗钱犯罪合力。

四、防范贸易洗钱风险的国际经验做法

2021年3月，FATF组织召开网络研讨会，讨论最新的基于贸易洗钱的趋势和发展，并发布贸易洗钱风险指标清单。国际组织及部分国家对打击贸易洗钱的重视程度也与日俱增，好的经验和做法主要有以下几方面。

（一）将打击贸易洗钱列入国际组织或一国反洗钱工作的重要战略内容

2005年，美国将贸易洗钱列入国家洗钱风险评估中关于威胁和脆弱性评估的重要内容。2018年，美国国家洗钱风险评估报告指出，贸易洗钱仍然是贩毒集团采用的重要洗钱方法，涉及使用非法收益进口商品。2020年12月，FATF和埃格蒙特集团发布《贸易洗钱：趋势和发展》研究报告，将防范贸易洗钱作为FATF工作的重要议题。2020年，美国在其《国家非法金融战略》中指出，国内非法现金查获数量稳步减少的原因在于犯罪分子使用了更为谨慎的方式转移资金，如贸易洗钱。2020年，澳大利亚芬特尔联盟成立由政府、执法部门和金融行业专家组成的贸易洗钱工作组，旨在形成统一战略，制定相关类型和指标，加强打击贸易洗钱合作。新加坡基于其在国际贸易体系中的重要地位，将贸易洗钱列为优先风险事项。

（二）持续开展贸易洗钱案例研究和风险识别工作

2012年，APG在《基于贸易洗钱行为的类型学报告》中对汇票、跟单信用证等贸易融资工具脆弱性以及来自7个国家的贸易洗钱案例进行分析，总结出错误申报货物、伪造贸易文件和将第三方引入两个贸易国以外的司法管辖区等洗钱新手法。2020年，FATF在《贸易洗钱：趋势和发展》研究报告中，对利用黑市比索交易计划、高端电子产品、农产品交易、第三方空壳公司转移支付等方式进行贸易洗钱的案例进行了分析，同时指出高价值、低批量行业或产品（如贵金属）以及不易受到市场饱和度影响的低价值、高批量行业或产品（如食品、服装、纺织品等）、跨越多个司法管辖区运输的货物、海关当局难以检查的货物都容易被洗钱犯罪分子利用。2020年，埃格蒙特集团信息交换工作组（EgmontIEWG）批准"大规模跨境洗钱计划结论"项目案例书，确定了大规模跨境洗钱的运行网络、模式和监测指标。

（三）建立有效的客户尽职调查和可疑交易研判机制

2019年，沃尔夫斯伯格集团在其制定的《离岸贸易融资原则》中指出，金融机构应根据贸易性质采用不同级别的尽职调查措施，建立相关系统和流程并开展名单筛查，针对可疑交易采取有效的管控措施。美国反洗钱监管资源注重向拥有大型贸易客户的金融部门或支持重大跨境支付的金融机构配置。此外，美国《银行保密法》《反洗钱检查手册》关于贸易融资业务的检查程序指出：彻底地了解客户的业务基础和营运地点需要良好的客户尽职调查，如要求银行在信用证业务中根据其在交易中的不同角色采取不同程度的尽职调查，收集足够的申请人和受益人信息，尤其关注是否涉及高风险地域；要求银行对所有可得的贸易单证进行全面审查，监测及报告异常和可疑交易，并记录所有尽职调查结果。

（四）加强贸易洗钱金融情报的交流与共享

FATF 指出，不同的司法标准可能会阻碍国际贸易尽职调查要求的全球标准化，鉴于国际贸易的跨境性质，各国情报中心之间的信息实时交换对监测贸易洗钱风险至关重要。各国应当通过金融情报中心建立直接联系，获得有关自然人和法人的额外行政、执法和财务信息，以及特定案件所涉及的交易信息，帮助识别已存在的贸易洗钱风险，或提示发现新的洗钱风险。同时，各国海关作为贸易区的主要执法当局，对国际贸易货物流动及国际供应链有着深入的了解，其任务是防范和打击有关贸易领域的犯罪行为，因此加强各国海关与反洗钱监管部门的密切合作，将可疑贸易活动与可疑金融活动联系起来，能够大大提高识别贸易洗钱风险的能力。

五、加强我国国际贸易反洗钱工作的对策与建议

从世界范围来看，贸易洗钱已经成为恐怖融资、税务犯罪等上游犯罪跨境转移资金的重要手段，风险不容小觑。我国应当参考国际做法，从更深层次、更高视角规划贸易反洗钱工作，为跨境资金的合法流动筑牢安全保障。

（一）加强战略部署，统筹推进我国国际贸易反洗钱工作开展

一是做好宏观分析。建议将防范贸易洗钱风险作为反洗钱工作的重要内容，将国际贸易相关业务纳入我国国家洗钱风险评估中关于银行业反洗钱缺陷分析的重要内容，全面检验银行业机构全流程管控洗钱风险的成效；做好国家和区域层面贸易洗钱风险变化趋势的分析研究；按照 FATF 第四轮互评估对我国金融情报中心建设的整改建议，充分整合反洗钱和外汇部门的资金监测分析系统相关数据，实现贸易洗钱可疑交易线索的自动甄别、智能分析、及时预警。二是完善制度机制。根据银行跨境业务以及汇款业务相关反洗钱指引规定，结合国际贸易业务特点，制定与国际贸易相关的反洗钱工作指引，有效指导义务机构的反洗钱工作开展；探索建立反洗钱监管部门与外汇管理部门的联合监管机制，通过开展联合执法检查、专项风险评估等，促进国际贸易业务审核和反洗钱工作审核标准的有机统一，充分体现监管成效。

（二）加强风险预警，切实提升贸易洗钱资金监测分析效能

一是总结典型手法特征。做好贸易洗钱类型分析工作，注重收集国际贸易相关上游犯罪案件，并从相关案件以及可疑交易报告中深挖洗钱风险信息，加强联合分析研判，梳理总结典型洗钱手法特征；指导银行业机构持续开展国际贸易业务条线洗钱风险自评估工作，主动识别和发现高风险客户、业务和产品分布，不断提升对

贸易洗钱风险的认识。二是促进分析成果转化运用。结合 FATF 贸易洗钱风险指标以及国内关于贸易洗钱的手法总结，通过发布类型分析报告、洗钱风险提示、最佳实践报告等，指导金融机构增强贸易洗钱风险研判的前瞻性和敏锐性，不断完善自定义可疑交易监测模型，提高人工分析研判能力，有效抓取贸易洗钱可疑交易，实现对贸易洗钱风险的早发现、早预警、早处置。

（三）加强风险防控，推动银行业机构在国际贸易领域全面落实反洗钱工作要求

一是强化内控机制建设。建立健全贸易洗钱风险管理架构，明确各部门在风险管理中的职责分工，建立层次清晰、相互协调、有效配合的运行机制。如针对具体业务渠道和风险情形，明确应由哪些部门采取客户身份重新识别或强化尽职调查措施，应与哪些部门及时共享有关交易信息等，防范履职真空。二是强化核心义务履行。以客户为单位，实现各项反洗钱制度建设与相关系统功能设置的有效对接，将风险识别、尽职调查、交易监测和名单监控等工作覆盖至国际贸易所有业务、产品和渠道，有效防范国际贸易中利用空壳公司、虚构交易背景、伪造交易单证、复杂货运路线等方面的洗钱风险，采取有针对性的控制措施缓释风险，保证跨境资金流动的合法性。

（四）加强信息共享，形成国内外防范和打击贸易洗钱工作合力

一是整合国内数据资源。综合金融机构账户交易数据以及公安、海关、税务等部门数据资源，建立共享互联的国际贸易反洗钱大数据平台，对案件线索充分共享，对本外币资金流实行联动监测分析，全面系统地反映、评估企业和个人对外经济活动情况，实现统一分析、筛查，准确识别国际贸易异常交易。二是加强国际协调合作。从国家层面做好牵头抓总，深化与我国贸易往来密切国家的金融情报中心、反洗钱监管部门以及司法部门合作，通过签订谅解备忘录、合作协议等方式畅通合作路径，扩大情报交换范围，充分共享行政、执法等信息，协助核实相关交易对手、交易路径等信息，有力支持跨境资金追踪、追逃追赃等工作开展，突出联合打击贸易洗钱犯罪成效。

参考文献：

[1] FATF,APG Typology Report on Trade Based Money Laundering,www.fatf-gafi. org.2012.

[2] FATF,Trade Based Money Laundering Trends and Developments ,www.fatf-gafi. org.2020.

[3] FATF,Guidance Risk Based Supervision,www.fatf-gafi.org.2021.

[4] 美国银行保密法／反洗钱检查手册 [M]. 北京：中国金融出版社 ,2015:232-237.

[5] 徐捷 . 国际贸易融资——实务与案例（第 2 版）[M].. 北京：中国金融出版社 ,2017:39-85.

国际贸易洗钱研究分析

■ 高艳[1]

摘要： 随着国际贸易规模迅速发展，犯罪分子利用国际贸易洗钱的手法越来越专业化、复杂化，国际贸易洗钱犯罪成为一个十分严峻的问题。因此，加强国际贸易反洗钱工作、加强跨境异常资金监测、预防和打击跨境金融犯罪活动非常有必要。本文通过分析国际贸易洗钱的手法、风险指标及洗钱案例，作为识别国际贸易洗钱的参考依据，并提出防范和打击国际贸易洗钱的应对措施。

关键词： 国际贸易　洗钱　指标　对策

一、贸易洗钱的定义

FATF对于贸易洗钱(Trade-Based-Money-Lanndering, TBML)进行了解释，也就是通过贸易活动的方式，将犯罪行为产生的收益进行价值的转移或者是掩盖的过程。贸易洗钱从表面上看，其是属于合法贸易中的部分内容。FATF等国际组织，一直针对此种行为进行调查，其中包含金融体系、金钱实物这两种转移模式。但是，这依旧不够，还需要通过相关的手段，禁止犯罪组织等团体的贸易洗钱行为。亚太反洗钱组织认为，贸易洗钱已经开始成为非法资金转移的重要手段。

贸易洗钱特点如下所述：其一，全球贸易量大，单笔的交易模式很隐秘，这极大地纵容了跨境资金转移，其二，贸易交易、支付这两种方式是多样的，而且为非法资金提供了相关的交易渠道，其三，各国之间的海关数据信息传递比较欠缺。按照相关研究数据统计显示，很多的海关需要加大对管辖区中的货物查验力度，但是

1　高艳供职于中国人民财产保险股份有限公司江苏省分公司。

大部分的检查力度都低于 5%。所以，这也造成贸易洗钱具有隐蔽性特点。

二、国际贸易洗钱的手法

常见的贸易洗钱手段主要包括以下几种类型。

（一）虚构商品价格

利用高、低报商品价格完成洗钱工作。由于各国海关之间缺乏充分的信息共享机制，难以获取商品市场公允价值，为犯罪分子洗钱提供了可乘之机。出口商通过大幅压低出口商品价格或者低开发票金额，使商品价格低于公允价值；进口商则通过高报商品的价格或高开发票金额，使商品价格高于公允价值，从而实现了资金转移。

（二）虚报商品数量和服务标准

通过多报或少报商品数量和高报或低报服务标准的方式进行价值转移，以达到洗钱的目的。出、进口方完成"虚构交易"行为，并且完善相关文件，但是交易并没有发生，以此完成资金的转移工作。

（三）虚假描述商品和服务的质量和类型

出口方提供的货物价格低廉，但是发票的价格却比较高，进而使得运输的货物和实际不相符。再者，国际贸易标的范围比较广，例如，货物、服务等。这就使得很多的服务价格确定标准比较难，进而发现洗钱行为更为困难。

（四）对商品和服务进行重复支付

利用相同的产品、服务开具多张发票，并且完成多次的支付活动。为了避免被检测到，犯罪分子还会利用各个金融渠道完成支付，进而提升交易的复杂程度。使得犯罪活动难以被发现。

三、识别国际贸易洗钱的方法和案例分析

（一）识别国际贸易洗钱的方法

为有效打击贸易洗钱，需要通过分析贸易洗钱和正常贸易收支来进行识别。

FATF 在 2006 年的时候进行了一次调查，发现部分监管、执法部门会通过"危险信号指标"的方式完成贸易洗钱行为的判断。这些指标主要包括：提单与标准的商品并不一致，或者和实际运输的货品也不一致，以及产品价值和市价相差很大。商品类型并不是常见的进出口产品。商品交易的数量和规模很大，和平常业务规模相差较大。商品运进、运出的地区，其洗钱的发生率极高。商品的运输经过的地区

很多，并且没有明确的解释说明。交易涉及的第三方，其彼此没有支付行为。多次修改交易信用证，还有交易涉及空壳公司等。

2008年，FATF针对贸易、金融的信息共享进行研究发现，这种方式已经开始成为贸易洗钱的重要手段。FATF为了应对此种洗钱手段，进而提出相依的解决办法。其一，通过对比进出口的相关数据信息，以此检查关税等信息的情况，进而及时查到存在的差异内容。其二，利用比较的方式，通过对比分析双方进出口单证，进而明确货物运输的基本状况，以此了解进出口双方国家的记载数据的一致性。其三，通过自动化手段完成数据的检查，例如，通过单价分析法的方式，对比分析商品均价的情况，以此了解贸易商的价格是否和市场价格存在较大的差异。其四，查看商品的原产地等信息的情况，对比分析海关系统中的进出口、税务申报的相关信息的情况，检查违规内容。其五，若是交易中存在异常的情况，那么就需要利用之后的行动进行处理。一般情况下，会按照情况的差别，让贸易商提供相应的解释说明，针对业务规模等方面的异常问题进行调查，进而完成相关操作的调查研究。

2021年3月11日，金融行动特别工作组（FATF）与埃格蒙特集团联合发布了《贸易洗钱风险指标》报告[1]。最新发布的《贸易洗钱风险指标》在前期报告基础上补充了四类风险指标：业务结构、贸易行为、商品文件、账户交易。FATF和埃格蒙特集团从前期贸易洗钱风险研究项目的抽样数据得出上述风险指标，提示异常或可疑交易活动发生的可能性，帮助政府部门和私营部门识别可能的贸易洗钱活动并加强监测。FATF和埃格蒙特集团将继续加强合作，完善风险指标，帮助各方识别贸易洗钱活动、控制贸易洗钱风险。四项指标具体内容如下。

1. 结构风险指标

贸易实体的公司结构显得异常复杂和不合逻辑，如涉及空壳公司或高风险注册公司管辖权；贸易实体在反洗钱薄弱的管辖区注册或设有办事处合规；贸易实体在可能是在大规模注册地址进行注册，如高密度住宅建筑、邮政信箱地址、商业建筑或工业综合体，尤其是在没有具体单位的情况下；贸易实体的商业活动似乎与地址不相符，如贸易实体似乎使用住宅物业，而没有商业或工业空间，没有合理的解释；贸易实体明显缺乏典型的商业活动，如缺乏与规定雇员人数一致的支付的薪酬、相关交易经营成本、税收汇款等；交易实体的所有者或高级管理人员似乎是被提名者，其行为是为了隐瞒实际受益所有人，如他们缺乏企业管理经验或缺乏了解交易细节，

1　FATF.Trade—Based Money Laundering Risk Indicators.March 2021

或者他们管理多家公司；贸易实体或其所有者或高级管理人员出现在负面新闻中，如过去有过洗钱、欺诈、逃税、其他犯罪活动，或正在进行或过去的调查或定罪；贸易实体保持最低数量的工作人员，与其商品交易量不相符；贸易实体的名称似乎是知名公司的母子公司或与它非常相似，可能是为了作为公司，尽管它实际上并不与之相关；交易实体有无法解释的休眠期；实体不符合常规业务义务，如提交增值税申报表。

2. 交易活动风险指标

贸易活动与所涉及实体的既定业务不一致，如汽车经销商出口服装，贵金属经销商进口海鲜；贸易实体参与涉及众多第三方的复杂贸易交易不一致行业的中介；贸易实体从事交易和运输路线或方法不符合标准商业惯例；贸易实体非常规或过于复杂地使用金融产品，如在非常长或经常延长的时间内使用信用证，没有任何合理的原因，不同类型的贸易融资产品混杂在一起进行贸易交易；贸易实体在其贸易中始终显示不合理的低利润率交易，如以零售价值或高于零售价值的价格进口批发商品，或重新以等于或低于购买价格的价格出售商品；贸易实体购买商品，据称是为了自己的利益，但购买明显超出实体的经济能力，如交易是融资通过现金存款或第三方转账的方式突然涌入账户；新成立或最近重新激活的贸易实体从事大量和高价值交易活动，如一个未知实体突然出现并参与交易市场进入壁垒高的部门的活动。

3. 贸易文件和商品风险指标

合同、发票或其他贸易文件之间不一致，如出口实体的名称和收款人的名称之间，发票和基础合同的不同价格，或两者之间实际商品的数量、质量、数量或价值的差异；合同、发票或其他交易文件显示的费用或价格似乎不符合商业考虑，不符合市场价值，或与以前的可比交易相比波动较大；合同、发票或其他交易文件对交易的描述模糊不清商品，如合同的主题只是一般性的或非一般性的描述；支持交易的贸易或海关文件缺失，似乎伪造品，包括虚假或误导性信息，是以前被拒绝的文件重新提交，或经常被修改；支持复杂或常规交易的合同似乎非常简单，如他们遵循互联网上提供的"样本合同"结构；一个实体的注册进口值与实体的进口国外银行转账数量不相符，登记的出口与外来的外国银行转账有很大的不匹配；在临时进口到一个国家的商品和进口加工随后以伪造文件出口；商品运输通过多个司法管辖区，没有合理的经济或商业理由。

4. 账户和交易活动风险指标

交易实体对交易的支付安排做出的改变很迟，如实体最后将支付重新定到先前未知的实体时刻，或者实体请求更改计划付款日期或付款金额；账户显示的交易数量或价值出乎意料地高，与客户声明的业务活动不一致；贸易实体的账户似乎是一个"直接支付"或"过境"账户大量交易的快速移动和小的日终余额明确的业务，包括：账户显示频繁的现金存款，这些存款随后被转移自由贸易区或离岸管辖区内的个人或实体与账户持有人的业务关系，汇入贸易相关账户的电汇被拆分并转到与商业活动联系很少或没有联系的多个相关账户；进口商品的付款由收货人以外的实体进行没有明确经济原因的商品，如空壳公司或幌子公司参与贸易交易；交易实体的现金存款或其他交易始终低于相关报告阈值；与交易实体相关的交易活动数量迅速增加，重要的是在一段时间后进入休眠状态，在这种情况下，在贸易部门大量发送或接收付款被视为不寻常；付款以闭环形式进行——资金从一个国家发出并回到同一个国家，中间经过另一个或多个国家。

（二）国际贸易洗钱案例

1. 低价报关走私的洗钱案例

泰国的 A 公司和无锡地区化纤企业之间进行交易，10 多家企业购买了 A 公司的废塑料，数量达到了数万吨，单价为 7300~7900 元／吨，但是在申报的过程中，显示的是 500 美元／吨，存在偷税漏税的嫌疑。在经过调查之后发现，其销售材料达到了 7000 吨以上，漏税金额超过了 590 万元。

A 公司法人 B 某在和化纤生产企业交易合作的过程中，就提出在申报的过程中，以 500 美元／吨的报价上报，并且完成外汇支付，剩余的款项，B 某要求各家企业将货款直接交给国内 C 某等人即可。在完成汇款之后，企业按照现金汇款、转账等方式将款项汇入到指定的账户上，之后由这些人员的账户完成境外资金交易。

2. 基于贸易结算支付的洗钱案例

D 公司是新加坡的集成电路芯片公司，因为现金流出现了严重的问题，该公司的总经理 X 和海外供应商 E、客户 F 之间制订了欺诈合作计划。海外供应商 E 提供没有进口价值的产品给 D 公司，开具了高额的发票；之后，D 公司利用发票申请银行 Y 的融资，银行 Y 将相应的金额批给供应商 E。E 在获得货款后，利用转账等方式，将货款交到客户 F 手中。D 公司再次出售低价商品给客户 F，并且由供应商 E 按照发票上的金融给予相应的折扣，进而完成贸易融资，D 公司在获得货款之后，就可以将款项偿还到银行 Y、D 公司融资。最后由客户 F 给供应商付款。利用跨境交易的方式，D 公司与供应商 E、客户 F 之间利用诈骗的方式，取得了银行和供应商的资金，进而完成获利。

3. 利用合同诈骗洗钱的案例

a公司受b公司委托从马来西亚进口马来西亚混合芳烃至目的地太仓港。货物入库c仓储,后a公司与d、e公司签署仓储服务合同,同时三方与b公司签署补充协议,由d、e公司提供仓储服务,仓储合同项下的货权属于a公司,仓储方仅凭a公司的发货指令发货。后上述货物通过船运或汽车运输移至d仓储公司,d、e公司向a公司出具了《存货盘点表》及《库存证明》。

a公司因了解到f公司以d公司涉嫌合同诈骗罪报案,公安局查封了d公司的存储罐内货物,联系d公司提货但被告知提货不着。后d公司大股东g向a公司出具承诺函就d公司导致的损失承担赔偿责任。后经a公司委托检测,d公司相关存储罐中的货物并非a公司进口的案涉货物。

四、防范国际贸易洗钱的对策

现如今,国际贸易开始成为洗钱的重要方式。因为国际贸易数量的不断提升,洗钱、腐败资金出逃等违法犯罪人员,都会利用融资的方式完成资金转移。因此,FATF、APG给予下面的几种意见。

一是了解到贸易洗钱的危害,进而提升对于风险的防范。贸易洗钱会涉及上游犯罪等环节,并且还会影响国际政治等方面的稳定发展。所以,提升对贸易洗钱风险的认知,提升防范意识,以此避免贸易洗钱的泛滥。

二是通过培训的方式,提升贸易洗钱判断的能力。各大职能机构如海关、执法机构等,需要联合金融机构提升对工作者的技能训练,特别是利用案例分析的方式,以及详细了解"危险信号指标",结合统计学方法,严格审查贸易单据、发票等数据信息,进而提升相关人员对于洗钱行为的审查,进而提升对贸易洗钱行为的判断等。

三是提升数据的统计标准,以此有助于为之后的贸易洗钱分析提供便捷条件。利用对各个国家的贸易洗钱数据的整合,进而构建相应的数据标准,以及保存电子版,进而便于随时数据追踪。构建风险分析体系,通过贸易交易和贸易融资数据比较分析,进而了解贸易异常的问题。通过这些手段的实施,可以有效打击贸易洗钱的问题。

四是不断提升进出口贸易合同审核的水平,降低贸易洗钱风险。审核时关注合同中不合理和异常的地方,如出现可疑交易指标,要严格开展尽职调查,分析甄别洗钱风险,从源头打击贸易洗钱。

　　五是通过部门之间的协调发展，并且和国际组织建立合作关系，以此实现信息共享。在国际和国内都完成信息共享和联合监管的相关制度，并且签订备忘录、多变司法协助条约。通过这些方式，可以帮助国内和世界各国之间实现数据信息的共享，以此精准打击贸易洗钱行为。

参考文献：

[1]　孙天琦 . 贸易洗钱：国际组织的研究与对策 [J]. 中国外汇 ,2017(7).

[2]　白丽霞 . 加强国际贸易反洗钱工作 [J]. 中国外汇 ,2018(15)：72–73.

中外反洗钱信息共享及协调机制比较研究

■ 李泽平　梁利群　黄艳丽 [1]

摘要： 反洗钱信息共享及协调机制对于集中反洗钱信息资源、提高金融情报利用效率、增强打击洗钱和恐怖融资犯罪合力有着极大的现实意义。本文通过分析英国、澳大利亚、西班牙、美国、加拿大和新加坡在反洗钱信息共享及协调机制上的经验做法，提出加强协调机制建设、提升制度约束力、强化日常沟通协调、深化部门间合作、提高金融情报利用效率、加强信息共享平台建设等建议。

关键字： 反洗钱　信息共享　部门合作　协调机制

一、信息共享及协调机制对反洗钱工作的重要意义

（一）践行 FATF《40 项建议》，向国际标准靠拢

国际反洗钱和反恐融资组织：金融行动特别工作组（FATF）于 2012 年公布了有关反洗钱的《40 项建议》，对成员国反洗钱和反恐怖融资工作的标准予以规范。其中"建议 2：国家层面的合作与协调"要求各国"建立有效机制，加强合作和必要的协调，打击洗钱、恐怖融资和扩散融资"；"建议 24：透明度和法人的受益所有权""建议 25：透明度和法律安排的受益所有权"要求各国应当采取措施，确保金融机构和特定非金融机构能够有效获取受益所有权及控制权信息；"建议 29：金融情报中心"要求各国建立金融情报中心，负责收集、分析金融信息及额外信息并分发分析结果。以上建议均对成员国的反洗钱反恐怖融资信息共享及合作与协调进行了要求，我国也在国际标准的指引下持续探索建立了相关信息共享及协调机制，

1　李泽平、梁利群供职于中国人民银行伊犁州中心支行，黄艳丽供职于中国人民银行昭苏县支行。

践行 FATF《40 项建议》要求。

（二）有效应对互评估后续整改程序

按照 FATF 第四轮国际互评估程序规定，我国自 2019 年 4 月互评估报告通过起，就进入了互评估整改阶段，且将在 2024 年接受 FATF 互评估小组的"回头看"评估，检验互评估问题改进情况。我国在第四轮互评估中，建议 2 的评估结果为"合规"，建议 24、建议 25 评估结果为"不合规"，建议 29 评估结果为"部分合规"[1]。虽然因为文化差异、国际形势影响，互评估的结果并不能完全代表我国反洗钱和反恐怖融资工作的水平，但也从一定程度上反映了我国在信息共享及协调机制上的问题。提示我国应在现有的反洗钱信息共享及协作机制基础上，完善信息共享平台、巩固协调机制运行，稳步提升共享及协作水平，增强打击洗钱、恐怖融资犯罪力度，有利于拉高建议 24、建议 25、建议 29 的评估结果，积极有效地应对后续整改程序。

（三）整合反洗钱信息资源，提升监管效能

我国法定的反洗钱行政主管部门是中国人民银行，负责牵头开展反洗钱工作，但仅凭反洗钱行政主管部门一家之力，难以全面采集监管信息，对全国数量众多、行业特点各异的反洗钱义务主体，无法深入地开展监管活动。因此，在监管实践中，反洗钱行政主管部门与各义务主体主管部门间的合作必不可少。反洗钱信息共享及协调机制的运行，能够为双方建立良性沟通桥梁，削弱反洗钱行政主管部门与行业主管部门之间的信息壁垒，尽量整合各方监管信息资源，形成监管合力。

（四）增强打击洗钱犯罪合力

洗钱和恐怖融资犯罪日趋专业化，手法复杂多样，资金链条相对复杂。反洗钱行政主管部门与司法机关、税务、海关之间的信息共享及协调机制的顺畅运行，对打击洗钱和恐怖融资犯罪及其上游犯罪至关重要。反洗钱行政主管部门可以通过向司法、税务、海关共享金融情报，利用自身专业性为其提供分析；司法机关、税务、海关可以向反洗钱行政主管部门申请调查或协查，提升追踪金融线索效率。双方持续有效的沟通合作，能够提升打击洗钱和恐怖融资犯罪的精准性，增强打击犯罪的合力。

---

1 FATF 互评估小组运用《40 项建议》对被评估国家反洗钱工作合规性进行评估，评估结果由高到低依次为"合规""大致合规""部分合规""不合规"。

二、我国反洗钱信息共享及协调机制运行状况

（一）基本情况

反洗钱工作部际联席会议机制是我国最高层级的反洗钱和反恐怖融资协调机制。联席会议由中国人民银行牵头，最高人民法院、最高人民检察院、国务院办公厅、外交部、公安部、安全部、监察部、司法部、财政部等 23 个部委参加。这 23 个部委在联席会议制度框架内，履行制度赋予的职责，配合、协助人民银行打击洗钱活动或在人民银行的指导下负责主管行业的反洗钱监管。在部际联席会议制度框架下，人民银行 36 个省级分支机构及其下级机构结合实际情况，建立了当地的联席会议制度，构成由上而下的联席会议体系。

我国的反洗钱金融情报组织（FIU）由中国反洗钱监测分析中心（以下简称"监测分析中心"）、反洗钱局和 36 个中国人民银行分支机构组成。监测分析中心由国务院根据联合国有关公约的原则和 FATF 建议建立，隶属于中国人民银行，是我国金融情报机构的核心。监测分析中心接收金融机构报送的大额交易和可疑交易报告，经过分析过后，向司法机关提供有价值的反洗钱情报，或将信息转送到反洗钱局或人民银行省级分支机构进行调查。

在反洗钱工作联席会议框架下，中国人民银行与联席会议各成员单位开展了不同程度的协调合作。一是通过与公安部门联合制定《关于可疑交易线索核查工作的合作规定》，建立了公安部经侦部门与人民银行反洗钱部门的线索移送、联络协调、联合督办、情报会商等机制，有效推动了洗钱案件的查处工作。二是与公安、税务、海关等部门联合，增强信息共享，协调多方资源，针对虚开增值税发票、骗取出口退税、地下钱庄等违法犯罪活动开展专项打击行动。三是与义务机构的行业主管部门通过签订监管协议、合作备忘录等方式，共享监管信息，开展联合监管。

（二）存在的问题

1. 机制内各部门间合作深度不足

一是反洗钱工作部际联席会议机制相对松散，对成员单位缺乏刚性约束。对除中国人民银行以外的其他部门职责规定相对笼统，并没有在制度中明确各部门的权利及义务，且未提出具体的履职要求。由于刚性约束机制的缺乏，信息共享及协调机制的运行相对弱化，各成员单位履行反洗钱职责效能不足。二是部分联席会议成员单位对反洗钱工作意义认识不够，部分部门对反洗钱工作重视程度不足，参与反洗钱工作积极性不高。三是在机制运行实践中，各部门间的壁垒依旧存在，高位推

动部门间合作难度大，低位推动的合作深度不足，致使难以持续深入开展合作。

2."金融情报"信息来源不够广泛

从"金融情报"来源来讲，中国人民银行在现阶段实际可获取的"金融情报"仅包含各义务机构直接向监测分析中心报送的大额交易和可疑交易报告信息，从"国家企业信用信息公示系统"中获得的统一社会信用代码等信息，这些信息远不足以支撑开展"金融情报分析"工作。

3. 信息共享有效性不足

一是我国现阶段缺乏反洗钱信息共享与协调机制相关的法律法规，在执行层面缺乏相关工作细则的指引。各部门间信息共享制度的缺失，导致各部门间难以稳定有效开展常态化信息共享工作。二是缺乏数据标准一致的信息共享平台或信息传递通道，导致信息共享难度较大。同时，反洗钱信息共享平台的研究和搭建过程中存在技术难点，共享信息的存储和使用环节需要极强的安全系统予以保障。三是信息共享时效性不足。执法机关向中国人民银行获取反洗钱数据信息的主要途径是司法协查，各地方执法机关需要与当地人民银行联系，当地人民银行再逐级向反洗钱局上报协查申请，时效性不足。

4."金融情报"使用的效率不足

中国人民银行主要通过向公安机关移送线索实现"金融情报"的使用，在实践中双方由于专业领域不同，关注重点也不尽相同，可能出现中国人民银行移送给公安机关的"金融情报"与公安机关关注的线索侧重点存在偏差的情况，导致"金融情报"使用效率不足。

三、国外反洗钱信息共享及协调机制分析

（一）深化各部门间协调合作

1. 通过互相派驻职员，促进不同部门间交流

英国、澳大利亚、西班牙、美国等国反洗钱相关部门通过将职员嵌入对方部门，分享专业知识，加快信息流动，提升金融情报分析专业性。例如：西班牙防止洗钱和金钱犯罪委员会执行处（SEPBLAC）内部有警察、税务局和海关的官员，以确保 SEPBLAC 的数据输出可以有效地满足需求；美国联邦执法机关也在金融犯罪合作调查局（FinCEN）有全职、兼职的联络人员，直接与 FinCEN 的分析师一起工作。

2. 组成专门工作组、工作队，针对特定工作进行协调合作，提升合作的专业性及靶向性

英国为了提升协调合作水平，北爱尔兰警局、国家安全管理局和英国税务海关总署共同组成了准军事犯罪特别工作组；澳大利亚法新社成立了恐怖主义融资调查单位（TFIU），成员包含澳大利亚联邦警察（AFP）、澳大利亚交易报告和分析中心（AUSTRAC）以及澳大利亚情报机构（AIC），专门开展反恐怖融资相关调查；美国"反洗钱工作小组"成员包含来自商品期货交易委员会（CFTC）、司法部、联邦银行机构（FBAs）、国税局（IRS）、证券交易委员会（SEC）和 FinCEN 的高级代表。

3. 搭建跨部门论坛，推动部门间的信息交流与协调合作

英国反洗钱监管人员论坛每季度举行一次会议，在监管人员、英国财政部（HMT）、金融制裁执行办公室（OFSI）、国家打击犯罪局（NCA）和 UKFIU 等部门之间分享信息；加拿大成立了 TRWG 论坛，旨在加强具有情报授权的政府部门之间在打击洗钱、恐怖融资、有组织犯罪等工作的对话与协调，分析和协作。

（二）拓宽信息来源

1. 金融情报中心直接访问合作部门数据库获取信息

澳大利亚 AUSTRAC 不仅可以直接收集来自 AFP、澳大利亚海关和边境保护局、澳大利亚打击犯罪委员会等数据库的信息，还接收跨境货币申报和跨境 BNI 披露数据；西班牙 SEPBLAC 可以（不经事先司法授权）直接获得公共注册信息、可靠准确的法律和受益所有权信息、社会保障登记处（TGSS）相关信息等，除此之外还可直接访问税收信息及货币和不记名票据的出入境运输报告。美国 FinCEN 可以直接使用开源数据和商业数据库（国家公司记录、财产记录、人员定位记录、专业执照、法庭记录数据库和车辆登记）作为金融情报分析数据来源。

2. 金融情报中心间接获取相关信息

英国 NCA 在与 HMRC 签订谅解备忘录后，NCA 可以定期访问含有跨境现金报表和进出口报关单的数据库；加拿大 FINTRAC 可以间接访问广泛的执法信息，例如加拿大警察信息中心、公共安全门户、跨境货币报告和缉获报告数据库、加拿大皇家骑警的国家安全系统等。

（三）提升金融情报分析效率

1. 开发金融情报分析、共享系统及平台

英国联合洗钱情报特别工作组是该国独具特色的金融情报开发模式，其最大特征是门户计划（GateWay）。GateWay 充当执法机关和报告实体之间的信息中介，允许任何公共或私人部门的人自愿与 NCA（包括 UKFIU）共享信息，同时还允许 NCA 与任何人共享信息；澳大利亚 AUSTRAC 采用自动分析系统根据一系列规则对可疑事项的报告进行分类，这些规则由 AUSTRAC 与其伙伴机构合作确定并不断接受审查。AUSTRAC 还会根据与各合作机构设置的动态预警条件，在收到报告 1 小时内自动将潜在高风险报告转发给相关合作机构。同时，相关部门均可使用 AUSTRAC 的综合分析工具分析金融情报，有效提升了整体分析水平；新加坡可疑交易报告办公室（STRO）已开发了情报分析和图形可视化系统，该系统可以用于审查和区分接收报告的优先级。该系统集成了各种情报数据库，STRO 收到的所有报告均需经过其自动筛选，判断评估报告是否需要进一步地深入分析，从而加快处理报告的速度。

2. 加强交叉比对分析，提升金融情报质量

英国 NCA 可以将访问高度敏感的情报与 SAR 结合，并将其从与金融机构和合作机构获得的其他信息以及开源信息进行交叉分析，提升分析深度。联合金融分析中心（JFAC）会从各类数据中提取金融情报，并交叉检查 SAR 数据，以识别其他数据集中包含的情报；新加坡 STRO 通过联络官网络，获取信息用于为报告实体提供指导材料和外联服务，以验证提供给 LEA 和主管当局的信息的相关性。

（四）简化金融情报使用程序

英国、澳大利亚、西班牙、美国等国通过赋予执法机构直接访问金融情报数据库的方式，简化金融情报传递流程，提升金融情报利用效率。英国执法机构和监管当局可以直接访问 UKFIU 数据库，直接查阅"可疑活动报告"数据库，利用现有的金融情报和分析，支持对洗钱和恐怖融资及相关的上游罪行的调查、追踪资产，大大提高了执法机构及时获取财务情报的能力；澳大利亚 AUSTRAC 与合作伙伴机构签订谅解备忘录，允许合作伙伴通过查询系统（TES）直接在线访问 AUSTRAC 数据库，并可以使用 AUSTRAC 分析工具，进行搜索或分析；美国 FinCEN 为来自 100 多个联邦、州、地方的执法机构和联邦监管机构的约 1 万名授权用户提供直接、自助访问其数据的服务。通过 FinCEN 门户计划和在线查询系统，授权用户可以轻松访问、查询和分析数据。

四、完善我国反洗钱信息共享及协调机制的启示

（一）加强制度建设，从制度层面提升约束力

要从根本上解决现阶段面临的协调机制约束力不强的问题，就需要从制度层面下手，细化各单位在反洗钱和反恐怖融资工作上的职责分工，提升对各单位的约束力。一是建议修订《反洗钱工作部级联席会议制度》，对各成员单位的职责与权力进行详细明确，强调各单位应当对各自主管领域的反洗钱和反恐怖融资工作负责。二是建议建立各单位信息共享及协调机制相关制度，制定相关实施细则，或在现有的制度中明确机制的组织形式、参与单位、运行方式及频率，确定信息共享的范围、内容、方式及保密规定，对机制的具体运行要求进行规定。三是建议增强联席会议的约束力，提升各成员单位对反洗钱工作的重视程度，促使各单位在各自管辖范围内积极履行反洗钱义务，主动开展反洗钱工作。

（二）深化合作，搭建常态化信息共享与协调机制

一是建议参考加拿大 TRWG 论坛的模式，可搭建跨部门反洗钱工作论坛。论坛由反洗钱行政主管部门及联席会议成员单位共同管理、维护，针对各部门提供的不同的议题，不定期地开展讨论。同时，论坛可定期召开线下会议，推动各单位面对面对话，跟进反洗钱和反恐怖融资相关工作动向。二是建议针对打击洗钱及其上游犯罪、反洗钱监管合作等专项内容，选取相关部门搭建固定工作组，在工作组范围内，针对专项内容，进行小范围的信息共享及沟通协调，推动相关部门间合作。例如：组织反洗钱行政主管部门、银行、保险、证券行业主管部门及特定非金融机构主管部门建立反洗钱监管工作组，通过组内共享监管信息、联合运用监管措施等方式，提升监管质效。三是建议搭建各部门间的信息交流渠道，将各部门信息资源连接起来，可利用该平台互相传递反洗钱、反恐怖融资相关的加密信息及线索。参与部门可抽派人员组成团队，专门负责平台的运行、管理、维护，在保障数据安全的前提下，尽可能地开展信息共享工作。

（三）增强"金融情报"收集、处理能力

一是建议拓宽"金融情报"来源，除义务机构报送的大额交易和可疑交易报告以外，充分收集来自司法机关、税务、海关的信息资源。还可参考美国 FinCEN，使用可靠的开源数据信息，作为金融情报分析的数据来源。二是建议借鉴英国 NCA 的模式，将"金融情报"与其他渠道获得的信息进行交叉比对，充分结合义务机构上报的信息、其他监管部门提供的信息及获取的可靠来源的开源

信息进行分析，深挖数据内涵，提升"金融情报"分析质量。三是建议完善"金融情报"分析系统，设置条件对收到的可疑交易报告进行初步分析及筛选，将收到的报告根据紧急程度进行分类，将分析重点放在涉及重大、紧急案件的报告上，以提升反洗钱资源利用率。四是建议简化金融情报传递程序，提升"金融情报"使用效率，允许司法机关在申请手续齐全的情况下，直接访问"金融情报"数据库，获取洗钱及恐怖融资案件调查所需信息。

新西兰反洗钱和反恐怖融资互评估报告及对我国的启示

■ 郭美蓉　饶孜[1]

摘要： 2021 年 4 月 29 日，FATF 发布了《新西兰反洗钱和反恐怖融资互评估报告》，报告显示评估小组于 2020 年 2 月 20 日至 2020 年 3 月 15 日期间对新西兰进行了现场走访。本次评估根据新西兰官方提供以及现场走访获取的信息为基础，按照 2012 年 FATF《40 项建议》以及 2013 年的方法论，分析了新西兰 FATF《40 项建议》的合规有效性和洗钱与恐怖融资体系的有效性，并提出建议。

本文对报告主要内容进行了编译和整理，并结合我国实际情况提出几点启示。

关键词： 新西兰互评估报告　反洗钱

一、整体情况

新西兰有开放的贸易和金融环境，尽管新西兰不是主要的世界金融中心，但其地处南太平洋地区，是非常重要的汇款中心。初步估计太平洋地区约有 1/4 的汇款是通过新西兰完成。

新西兰面临的洗钱威胁来自国内和国外犯罪收入，特别是金融、法律、资产和现金密集型领域。新西兰 2019 年的国家风险评估中，确定的洗钱上游犯罪主要为毒品、欺诈和税务犯罪。基于新西兰开放的贸易环境和良好声誉的法律体制，国际

1　郭美蓉、饶孜供职于随行付支付有限公司。

组织的犯罪团伙偏好通过新西兰的金融系统和法律体系进行洗钱。除此之外，新西兰还有几个领域需要加强关注：银行、金钱或价值转移服务、房地产和专业服务，以及法人和法律安排的滥用。新西兰在恐怖融资风险方面，整体风险为低风险。

二、有效性和合规性评估情况分析

（一）总体情况

随着2009年《反洗钱和反恐怖融资法》的生效，新西兰全面改革了其反洗钱和反恐怖融资管理体系，并在2018年扩大了管理范围，将所有特定非金融行业或职业纳入其中。此外，该法规还将大部分虚拟资产服务提供商视作一种类型的金融机构纳入监管范围，这是非常大的进步，但是后续需要按照FATF标准在特定非金融行业和职业领域充分履行相关反洗钱和反恐怖融资义务和控制措施。新西兰还需完善定向金融制裁、受益所有人、监管职责与义务方面的有效性框架。

新西兰的反洗钱和反恐怖融资体系在多个层面上都执行得较好，特别是在犯罪所得没收方面取得了非常好的成效。新西兰充分认识到其所面临的洗钱和恐怖融资风险，能够有效利用金融情报和调查进行反洗钱和反恐怖融资案件起诉，并且与国际伙伴们进行良好的合作。但是在以下三个方面还需要着重改进，分别是预防措施的实施与监管、法人和法律安排的透明度、定向金融制裁的有效执行。

（二）有效性和合规性评估结果

新西兰有效性评估的11项指标中，评级结果为"高"的有2项，"较高"的有4项，"一般"的有5项，如表1所示。"高"和"较高"指标占比在所有被评估国家中位列第7位（数据截至2021年5月19日FATF公布的第四轮互评估情况），仅次于西班牙、美国、英国、意大利、以色列和瑞士。

表1　新西兰有效性评估情况

指标	I0.1-风险上政策和协调	I0.2-国际合作	I0.3-监管	I0.4-预防措施	I0.5-法人安排管理	I0.6-金融情报
评级结果	较高	高	一般	一般	一般	较高
指标	I0.7-洗钱调查与起诉	I0.8-没收	I0.9-恐怖融资调查与起诉	I0.10-恐怖融资的预防措施与制裁	I0.11-扩散融资金融制裁	—
评级结果	较高	高	较高	一般	一般	—

　　新西兰合规性评估的 40 项指标中，评级结果为"合规"的有 8 项，"大致合规"的有 20 项，"部分合规"的有 12 项，无"不合规"项。在 2021 年 5 月 19 日 FATF 公布的第四轮互评估情况中，属于中下等水平。

表 2　合规性评估情况

指标	R.1-风险评估&风险为本方法的运用	R.2-国家层面的合作与协调	R.3-洗钱犯罪	R.4-没收&临时措施	R.5-恐怖融资犯罪	R.6-与恐怖主义和恐怖融资相关的定向金融制裁
评级结果	大致合规	合规	合规	合规	大致合规	大致合规
指标	R.7-与扩散相关的定向金融制裁	R.8-非营利组织	R.9-金融机构保密法	R.10-客户尽职调查	R.11-记录保存	R.12-政治公众人物
评级结果	部分合规	大致合规	合规	大致合规	大致合规	部分合规
指标	R.13-代理行	R.14-资金或价值转移服务	R.15-新技术	R.16-电汇	R.17-依托第三方的尽职调查	R.18-内部控制以及境外分支机构和附属机构
评级结果	大致合规	部分合规	大致合规	部分合规	大致合规	部分合规
指标	R.19-高风险国家	R.20-可疑交易报告	R.21-泄密与保密	R.22-特定非金融行业和职业：客户尽职调查	R.23-特定非金融行业和职业：其他措施	R.24-法人的透明度和受益所有权
评级结果	部分合规	合规	合规	部分合规	部分合规	部分合规
指标	R.25-法律安排的透明度和受益所有权	R.26-对金融机构的法规和监管	R.27-监管机构的权力	R.28-对特定非金融机构和职业的法规和监管	R.29-金融情报机构	R.30-执法和调查机构的职责
评级结果	部分合规	部分合规	大致合规	部分合规	合规	合规
指标	R.31-执法和调查机构的权力	R.32-现金跨境运送	R.33-数据统计	R.34-指引与反馈	R.35-制裁	R.36-国际公约
评级结果	大致合规	大致合规	大致合规	大致合规	大致合规	大致合规

续表

指标	R.37-双边司法协助	R.38-双边司法协助：冻结与没收	R.39-引渡	R.40-其他形式的国际合作	—	—
评级结果	大致合规	大致合规	大致合规	大致合规	—	—

（三）具体情况分析

1. 风险评估、协调和政策制定方面

新西兰建立了多层次、丰富的洗钱风险评估体系，包含国家风险评估和4项行业风险评估。国家洗钱风险能够全面且系统化地识别新西兰的洗钱和恐怖融资风险并持续不断地更新，当然也存在一些可改进的空间。此外，国内的协调与合作一直是新西兰反洗钱和反恐怖融资体系的强项，主管部门有很好的协调合作能力并持续优化信息在各部门之间的流转。新西兰当局能够通过风险评估充分认识其风险并透传至所有相关部门，甚至私营部门。

新西兰的反洗钱和反恐怖融资政策和监管基本能够应对已识别的洗钱和恐怖融资风险，但是在受益所有权方面的政策还略有欠缺，以及需要在未注册的金钱或价值转移服务商上投入更多的监管资源。尽管新西兰整体的恐怖融资风险很低，当局也采取了积极行动来应对出现的恐怖融资风险。目前，新西兰在某些情形下会采取强化的控制措施，同时也会在特定的情形下采取简化的控制措施，并在很多场景下豁免洗钱和恐怖融资义务。但是过往的有些豁免并不能被证实是符合低洗钱和恐怖融资风险的或者是在严格条件下才生效的。

2. 金融情报，洗钱调查，起诉和调查方面

新西兰执法机关定期进行平行金融调查并使用金融情报来支撑调查、财产追踪、执行没收令和识别风险。执法机构会从两个维度获取金融信息，一方面直接从金融情报中心数据库提取，另一方面是通过向金融机构和特定非金融机构和行业提出数据请求。

新西兰的警方金融情报组充分知悉执法重点和战略目标，同时它还与执法机构有着密切的合作关系。金融情报中心制作了大量的金融情报产品并共享，这也满足了主管部门实操需求。金融情报中心为了更好地区分战略情报和原始情报，会依据警方的反馈来确定优先级和目标，这也便于进行深度情报分析。新西兰当局应当更新其分析工具来更好地发现潜在的犯罪活动金融情报，特别是针对那些暂时没有被

执法机构关注到的犯罪人员，以及利用国际电汇和大额现金报告。

目前，绝大多数的可疑交易报告和法定义务报告都是来自银行和资产或价值转移服务商，以及有限的小部分来自特定非金融行业职业和信托公司服务提供商。根据犯罪活动来看，金融情报中心接收的金融信息情报基本上和新西兰的风险画像相匹配。

新西兰有关当局熟悉使用大量的调查工具进行金融调查，各执行机构之间也积极合作共享。金融调查越来越多地被应用于支持洗钱案件起诉，洗钱案件判例自2018年起持续上升。这也是比起洗钱犯罪起诉更注重资产的追讨政策和实操落实到位的结果。

3. 恐怖融资和扩散融资方面

新西兰在金融情报中心和国家安全小组设立了专门部门负责恐怖融资监测。国家安全小组、警局下设金融犯罪小组，并与其他相关机构之间有着非常密切的合作与配合。新西兰警方建立了标准化的操作流程来执行恐怖融资调查。新西兰通过克赖斯特彻奇恐怖袭击事件证明了其处理和应对恐怖融资调查的能力。目前为止新西兰还未进行过任何恐怖融资起诉案件，当然这也与2019年国家风险评估的恐怖融资风险画像相吻合。新西兰根据已出现的国外恐怖分子威胁来评估其自身的恐怖融资风险敞口，并采取与之相匹配的控制措施。

新西兰拥有完善的法律框架来及时执行定向金融制裁，联合国安理会一旦发布指定名单，该机制能够即刻且自动进行响应。同时，新西兰也积极使用首相指定令来执行2002年《反恐法案》的第1373号决议。但是，没有主管部门得到授权对金融机构或是特定非金融机构和职业进行定向金融制裁义务执行情况的监督。也正是因为缺少监管和相关部门的指导，义务机构对定向金融制裁职责的理解程度各不相同。现场走访期间，一定比例的义务机构，特别是特定非金融行业和职业，没有收到关于反恐怖定向制裁名单更新的通知，也没有相关流程去通知义务机构更新朝鲜和伊朗的定向金融制裁名单。依据现有的定向金融制裁制度，新西兰还没有冻结过任何资产。当然这也与新西兰风险画像相一致，同时也反映出来相关指南的局限性以及缺少监管机构对义务机构定向金融制裁的监督。

4. 预防措施方面

新西兰《反洗钱和反恐怖融资法》将金融机构、特定非金融行业和职业以及绝大多数的虚拟资产服务提供商纳入义务机构。但是现行《反洗钱和反恐怖融资法》存在着一定短板，特别是在政治公众人物、资金或价值转移服务、电汇、内部控制、高风险国家、贵金属服务商的反洗钱义务、对信托和公司服务提供商的定义以及房地产客户尽职调查义务方面。以上这些也影响了新西兰整体的合规性和有效性。

整体上义务机构对自身反洗钱和反恐怖融资义务的理解和执行较为混乱，较大型且有经验的义务机构对自身的洗钱和恐怖融资风险和义务有着较好的认识，但是对于大部分新被纳入监管范围的特定非金融行业职业（第二阶段的义务机构）和虚拟资产服务提供商仍在处于不断加强他们对自身洗钱和恐怖融资风险和义务的阶段。银行和一些大型机构通常都以较高的标准执行反洗钱和反恐怖融资措施。然而，包括政治公众人物、制裁筛查、存量客户尽职调查和集团风险管理在内的几个方面仍需要持续完善。资产和价值转移服务反洗钱和反恐怖融资履职情况存在分化，对于小型的服务商履行反洗钱和反恐怖融资义务的动力似乎更在于为了与银行维持业务关系而非履行监管要求。另外，赌场、信托和公司服务提供商的履职需要进一步加强。

5. 监管方面

新西兰储备银行、金融市场管理局和新西兰内政部三大机构来负责反洗钱和反恐怖融资的监督管理工作，但他们均未得到授权进行定向金融制裁的监管。

新西兰当局通常对金融机构和虚拟资产服务提供商发放牌照并进行登记，但其中存在一些技术缺陷，譬如金融机构信息被要求在金融服务提供商登记簿上进行登记，但是当前却没有很好的手段保证登记的完整，这也就出现了一些无牌照的虚拟资产服务提供商。

监管部门对各自领域的洗钱和恐怖融资内在风险有着全面且深刻的认识。对各金融领域采取了与其风险等级相当的监督管理，特别是银行业。但是对于银行业检查的范围和强度并不足以反映出银行的风险和复杂性，这也是因为新西兰储备银行缺少足够的资源去开展检查工作。目前为止，第二阶段的反洗钱和反恐怖融资监管工作开展得顺利也有效，但是仍处于起步阶段且对于检查和执行的认识提升未能有明显进展。监管通常采取了有效措施推动整改工作。但是基于《反洗钱和反恐怖融资法》下的监管惩戒力度并不够，特别是罚金较低且缺少行政处罚，这也导致了执行的有效性、适当性和劝诫性不足。当然，义务机构通常能够与监管部门进行良好的沟通和互动。

6. 透明度和受益所有权方面

商业、创新与就业部（MBIE）将基本的法人信息公布在很多登记簿上。部分类型的信托也由不同的代理商进行了登记，但是新西兰并未对所有的国内信托进行登记。

新西兰对法人和其法律安排的洗钱和恐怖融资风险有着较为深刻的认识，近些年，新西兰也采取了一列措施，包括成立新西兰海外信托登记处，建设诚信执法组来保障企业信息登记的完整性，公司董事住所登记等措施来减少其法人和其法律安排的洗钱和恐怖融资风险。另外，新西兰还在商业、创新与就业部下设了诚信执法组来负责收集到的信息的完整性。但是，当前的框架仍存在很多不足，比如，对提名董事和股东的风险控制措施并不完善，没有完备的机制来确保当局能够充足、准确、及时获取到受益所有人信息和信托信息。

新西兰对未按要求提供相关信息的，采取了一系列的处罚措施。还会通过注销公司来有效提升企业的合规性。但是，对于个人和一些其他类型（例如，合伙人、信托）信息收集的惩戒力度并不够。

7. 国际合作方面

新西兰拥有完善的法律基础来提供洗钱和恐怖融资以及相关上游犯罪的司法协助与引渡。新西兰当局积极响应各种正式和非正式的国际协作请求，并因其高质量和及时的协助获得了国际社会的高度赞赏。新西兰司法协助主管部门是皇家法院，目前已有成熟但非正式的机制来处理国际司法协助工作，这些司法协助均能够及时得到响应。引渡方面，目前有多个主管部门涉及，但没有一个明确的权责部门。

新西兰当局在必要时会主动发起司法协助并积极追讨海外的犯罪所得。最近几年对外的司法协助请求在不断攀升。新西兰的执法部门积极地参与各种形式的国际合作，反洗钱和反恐怖融资监管部门密切地参与国际其他监管的合作中。另外，新西兰会与国际合作伙伴分享法人的基本信息和受益所有人信息。

三、FATF 对新西兰的建议

根据评估情况，FATF 对新西兰提出以下建议：一是提高法人受益所有人信息的准确性和及时性，并且采取措施来减少通过提名股东、董事的洗钱和恐怖融资风险。二是确保监管部门有足够的职权，特别是新西兰储备银行（新西兰的央行，主要负责对银行、人寿保险公司和非银行存款机构的反洗钱和反恐怖融资监督）有足够的资源能够深入监督银行机构。三是给相关机构充分的权力和授权来监督和执行定向金融制裁义务，主动给予报告主体指导，并提高制裁名单更新的频率。四是强化《反洗钱和反恐怖融资法》第二阶段的实施，进一步加强特定非金融行业和职业对自身风险和义务的认识，确保其在金融情报中心注册并提交相关报告。同时，逐步建立相关行业的成熟监管体系。五是提升加强金融情报中心的分析工具来优化优先级、数据库集成和金融情报分析能力使得金融情报中心能够直接识别最新目标和趋势。持续创新使得执法机构能够更多利用金融情报中心前瞻性的金融情报产品来进行新目标的调查。六是更新新西兰的法律法规来解决以下方面的差距和缺陷：金融机构和特定非金融机构职业发放牌照和登记中存在的短板，预防措施方面存在的缺陷（特别是对资产和价值转移服务商），对被制裁个人的基本需求进行授权。七是针对近期不断增长的洗钱案件起诉，需要通过数据分析和统计来预测趋势，同时考虑完善洗钱起诉的相关指南。

四、对我国的启示

新西兰第四轮互评估整体上得到了 FATF 评估小组的认可，且新西兰没有出现"不合规项"，我国可从以下几个方面借鉴新西兰的经验。

一是建立健全包含国家、行业和机构三个层次的洗钱风险评估体系。新西兰目前的洗钱风险评估体系丰富，包括了国家洗钱风险评估、行业洗钱风险评估和义务机构的洗钱风险评估，多个机构和部门均参与其中。并且国家洗钱风险评估和行业洗钱风险评估已经分别开展了两轮并交替进行，能够准确地识别所处的洗钱风险以响应不断变化的洗钱风险趋势。我国可借鉴新西兰的风险评估经验，逐步建立国家、行业和机构三个层次的洗钱风险评估体系，各评估结果相互共享从而更加精准地认识到洗钱风险并以"风险为本"的原则投入各项资源。

二是执法部门应进一步加强对洗钱犯罪的关注。目前我国执法部门在进行案件调查时，更多地侧重于对洗钱上游犯罪的调查，对洗钱本身的调查重视程度还有所欠缺。而新西兰的执法部门不仅关注上游犯罪，还会追踪资金流向，执行没收命令，关注洗钱犯罪本身。建议我国的执法部门在打击上游犯罪的同时，加大对与之相关的洗钱犯罪的侦破力度，有效打击洗钱犯罪。

三是完善对特定非金融行业的反洗钱和反恐怖融资监管制度。新西兰在 2018 年将大部分的特定非金融机构纳入《反洗钱和反恐怖融资法》中，同时细化了各特定非金融行业所要履行的反洗钱和反恐怖融资义务。我国在《中华人民共和国反洗钱法（修订草案公开征求意见稿）》中明确将特定非金融行业纳入反洗钱和反恐怖融资履职义务机构中，但是对于不同的特定非金融行业配套的更细化执行办法暂未能出台。后续我国应当不断探索适合不同特定非金融行业的管理方法并制定出台差异化的指导文件，便于特定非金融行业更有效履行其反洗钱和反恐怖融资义务。

参考文献:

FATF. Anti-money laundering and counter-terrorist financing measures-New Zealand,Fourth Round Mutual Evaluation Report, FATF, Paris.[EB/OL].[2021].http://www.fatf-gafi.org/publications/mutualevaluations/documents/mer-new-zealand-2021.html.

虚拟货币洗钱风险特征及对策研究

——基于 FATF 虚拟资产洗钱和恐怖融资预警指标报告

■ 黄文韬[1]

摘要： 虚拟货币（virtual currency）和其他虚拟资产（virtual assets）相关服务在一定程度上刺激了金融创新和提高了市场效率，但因其虚拟、便捷和隐匿等特性，也被违法犯罪分子滥用于洗钱和恐怖融资等其他违法犯罪活动。本文基于反洗钱金融行动特别工作组（FATF）于 2020 年 9 月发布的《虚拟资产洗钱和恐怖融资预警指标报告》，通过对虚拟货币洗钱风险特征的分析研究，同时结合国内外虚拟货币反洗钱监管现状，对当前形势下我国如何做好虚拟货币洗钱风险防范提出了一些建议。

关键词： 虚拟货币　反洗钱　风险特征　监管现状

近年来，随着互联网金融的不断创新发展，与区块链、比特币等相关的虚拟货币技术在全球也取得了高速发展。虚拟货币相关服务在一定程度上刺激了金融创新和提高了市场效率，但因其虚拟、便捷和隐匿等特性，虚拟货币也被违法犯罪分子滥用于洗钱和恐怖融资等其他违法犯罪活动。虚拟货币快速跨境交易的能力不仅使犯罪分子经常可以在受监管的金融系统之外以数字方式获取、移动和存储资产，而且可以混淆资金的来源或目的，并使义务机构更难识别犯罪嫌疑人的行为。同时，这些因素还增加了国家监管部门侦查和调查洗钱犯罪活动的难度。为此，本文基于 FATF 于 2020 年 9 月发布的《虚拟资产洗钱和恐怖融资预警指标报告》，通过对虚拟货币洗钱风险特征的分析研究，同时结合国内外虚拟货币反洗钱监管现状，对当前形势下我国如何做好虚拟货币洗钱风险防范提出了一些建议。

---

1 黄文韬供职于中航证券有限公司。

一、虚拟货币的定义及特征

首先来看虚拟货币的定义。FATF《虚拟资产洗钱和恐怖融资预警指标报告》研究了 2017 年至 2020 年各司法管辖区提供的虚拟资产洗钱相关案例，报告显示与虚拟货币相关的犯罪类型包括洗钱、贩运受管控物品或其他非法物品（包括枪支）、诈骗、逃税、网络犯罪、贩卖人口、逃避制裁和恐怖融资等。报告针对虚拟货币的洗钱风险，提出了一系列相关的洗钱风险特征或企图逃避监管的预警指标。

本文通过对报告进行分析和梳理，与虚拟货币相关的洗钱风险特征情况具体总结如下。

（一）与交易相关的洗钱风险特征

同一客户使用多个虚拟货币账户进行交易；客户进行结构化的小额虚拟货币交易，或者以低于可疑监测阈值的金额进行结构化交易；新开账户或者长期不活跃账户，在短时间（如 24 小时）内连续进行多笔大额虚拟货币交易，并在此之后很长一段时间都没有进一步的交易，这种情况在与勒索软件有关的犯罪中尤为常见；交易后立即将虚拟货币转移到多个虚拟货币服务机构，特别是反洗钱和反恐怖融资法规缺失或不完善的国家或地区注册运营的虚拟货币服务机构；在交易所存入虚拟货币，在没有与其他虚拟货币进行交易的情况下立即撤回，这不符合正常交易的业务逻辑而且会产生额外的交易费用；从已确定为涉嫌盗窃或诈骗资金的虚拟货币网络地址或与相关资金持有人相关联的网络地址存入资金。

（二）与转账或兑换相关的洗钱风险特征

一是与新开客户相关的风险特征。客户在与虚拟资产服务机构建立新的业务关系时存入大量资产，且资产金额与客户身份信息不符；在开立账户的第一天存入大量资金，并在开立当天就开始进行大额交易，随后第二天就转出了全部资金；客户开立账户后尝试交易虚拟货币的全部余额，或者撤回虚拟货币并尝试将全部余额从交易平台转出。

二是与存量客户相关的风险特征。多名客户使用相同的 IP 地址，在特定时间段内（如一天、一周或一个月等）频繁转账到同一个虚拟货币账户；客户使用多个账户进行交易，随后将虚拟货币转移到同一个账户或者全部兑换成法定货币；以可能亏损的方式进行虚拟货币与法定货币兑换，如虚拟货币价格波动、佣金费用异常高于行业标准；将大量法定货币转换成虚拟货币，或者大量将一种类型的虚拟货币转换成其他类型的虚拟货币。

（三）与匿名相关的洗钱风险特征

客户进行多种涉及额外交易费用的虚拟货币交易，尤其是可以提供更高匿名性的加密货币或隐私硬币；客户将在公共透明区块链（例如比特币）上运行的虚拟设备转移至集中式交易所，然后立即将其交易为加密货币或隐私硬币；客户在进行虚拟货币与 P2P 平台相关的钱包进行交易时，存在异常交易行为并从中套现；客户使用混合或翻转服务进行交易，表明客户有意掩饰钱包地址和暗网市场之间的非法资金流；客户使用分散或无托管的硬件，或纸钱包进行跨境运输虚拟货币；客户使用与暗网或者其他允许匿名通信（包括加密电子邮件和 VPN）相关联的 IP 地址登录虚拟货币交易平台；同一 IP/MAC 地址控制大量看似无关的虚拟货币钱包；通过客户尽职调查（CDD）或了解你的客户（KYC）工作较弱或未开展的虚拟货币交易平台接收或转出资金。

（四）与客户身份相关的洗钱风险特征

一是客户创建账户过程中存在的可疑行为：客户分别以不同名称单独创建账户，以此规避虚拟货币服务机构对交易或取款限额的限制；客户从不受信任的、受制裁的司法管辖区或以前被标记为可疑的 IP 地址发起创建账户申请，频繁地从同一 IP 地址在同一个虚拟资产服务商申请创建账户；机构客户的互联网域名注册所处的司法管辖区与其实际经营所在司法管辖区不同。

二是客户尽职调查过程中存在的可疑行为：客户身份信息不完整或不充分，或者客户拒绝提供客户身份、资金来源有关文件；客户有关虚拟货币交易、资金来源或与交易对手的关系等信息缺失；在尽职调查过程中，客户提供了伪造或虚假文件、编辑过的照片或身份证件。

三是其他身份可疑行为：客户经常更改其标识信息，包括电子邮件地址、IP 地址或财务信息；客户在一天内频繁尝试从不同 IP 地址登录一个或多个虚拟货币服务机构；在虚拟货币交易的信息字段中使用特殊语言或符号；客户反复与同一有大量盈利或亏损的个体进行交易，这表明账户可能被控制，并试图通过交易或洗钱行为进行虚拟货币交易来混淆资金流向。

（五）与资金或资产来源相关的洗钱风险特征

客户使用虚拟货币钱包绑定的一张或多张信用卡兑换大量法定货币，或者用于购买虚拟货币的资金来自信用卡中的现金；在资金来源未知的情况下，虚拟货币账户中的存款远高于普通账户，随后兑换为法定货币；资金来源缺乏透明度或信息不充分，例如涉及使用空壳公司或无法获得投资者个人信息的账户；客户的资金直接来自第三方混币服务或混币钱包；客户的大部分资金来自对虚拟货币、首次币发行等的投资；客户的资产主要来自缺乏反洗钱和反恐怖融资监管的虚拟货币服务机构提供的虚拟货币。

（六）与地域相关的洗钱风险特征

客户在虚拟货币相关的反洗钱和反恐怖融资法规缺乏（包括客户尽职调查措施不足）的高风险司法管辖区登录虚拟货币交易所；客户向没有虚拟货币相关法规，或未有效实施反洗钱和反恐怖融资控制的司法管辖区运营的虚拟货币服务机构汇款；客户在虚拟货币相关的反洗钱和反恐怖融资法规缺乏的司法管辖区设立办事处，或将办事处移至该司法管辖区。

二、国内外虚拟货币反洗钱监管现状

（一）国外虚拟货币的反洗钱监管现状

自 2017 年起，许多国家开始加强对虚拟货币的监管，纷纷制定了相关政策或出台专门的法律法规。尽管目前各国监管政策不尽相同，但它们的监管实践取得了明显成效，为规范虚拟货币发展积累了有益的借鉴经验。

以美国和日本为例，主要是通过立法方式实施虚拟货币的监管。2017 年 4 月 1 日，日本依据 FATF 对虚拟货币的监管框架，正式实施了国会通过的《资金结算》修正案，正式将虚拟货币纳入法律制度体系，并授权日本国家金融监管机构 FSA 对日本的虚拟货币进行监管。同时要求虚拟货币交易所运营商必须在 FSA 进行注册，严格执行反洗钱法条例（AML）以及了解你的客户（KYC）规则。2017 年 7 月 19 日，在美国"全国统一州法律委员大会"第 126 届年会上，《虚拟货币商业统一监管法》获得通过。该法案完整地给出了虚拟货币的监管框架，标志着美国对虚拟货币业务监管进入实质性阶段。

其他新兴市场国家或欧盟国家多数也都顺应时代发展潮流，对虚拟货币监管进行了立法，通过授权许可规范虚拟货币服务机构和投资者从事虚拟货币交易活动，同时根据 FATF 等国际组织发布的虚拟货币反洗钱和反恐怖融资相关监管指引，不断完善虚拟货币的反洗钱监管措施。

（二）我国虚拟货币的反洗钱监管现状

近年来，我国以虚拟货币为案由的案件也在不断增多。根据中国裁判文书网显示，与虚拟货币相关的裁判文书由 2015 年的 156 份增长至 2020 年的 1736 份。2013 年 12 月，包括中国人民银行在内的 5 个部委联合发布了《关于防范比特币风险的通知》，明确了比特币是一种特定的虚拟商品，而不是真正意义上的货币。但是在实际操作层面，中国的金融管理机构对虚拟货币的监管不到位，民间的虚拟货币交易并未受到限制，普通民众在自担风险的前提下拥有参与的自由，因此得以发展。

2017 年 9 月 8 日，严格的监管措施在中国真正落地，在互联网金融风险专项整治工作框架下，中国人民银行等七部门联合发布《关于防范代币发行融资风险的公告》，明确代币发行融资是指融资主体通过代币的违规发售、流通，向投资者筹集比特币、以太币等所谓"虚拟货币"，本质上是一种未经批准非法公开融资的行为，涉嫌非法发售代币票券、非法发行证券以及非法集资、金融诈骗、传销等违法犯罪活动。同时，指导各地集中取缔 173 家平台，此后保持监管高压态势，累计清退 38 家境内新增平台。

近年来，为应对虚拟货币市场的炒作升级，监管部门也再次出手。2021 年 5 月 18 日，中国互联网金融协会、中国银行业协会、中国支付清算协会联合发布了《关于防范虚拟货币交易炒作风险的公告》。一是要求正确认识虚拟货币及相关业务活动的本质属性；二是要求会员机构不得开展与虚拟货币相关的业务；三是提醒广大消费者要增强风险意识，树立正确的投资理念，不参与虚拟货币交易炒作活动，谨防个人财产及权益受损；四是要求各会员单位严格落实国家有关监管要求，恪守行业自律承诺，坚决不开展、不参与任何与虚拟货币相关的业务活动。

随着我国监管部门对虚拟货币领域的监管措施不断升级，监管部门对于虚拟货币交易也一直保持着严令禁止的态度，境内的虚拟货币的交易平台也基本上销声匿迹。

三、对于我国虚拟货币洗钱风险防范的监管建议

虽然我国对虚拟货币交易一直保持着严令禁止的态度，但是从客观情况来看，要完全杜绝虚拟货币交易是不现实的，国内的虚拟货币交易依然非常活跃。尽管对境内的虚拟货币交易平台实行了严格管控，但对境外的虚拟货币交易平台却鞭长莫及，加上技术监管能力的不足，导致仍然存在大量消费者在境外的虚拟货币交易平台上进行交易。因此，本文建议可结合国际上有关国家对虚拟货币的反洗钱监管实践和 FATF 等国际组织的相关监管指引，构建符合我国国情的虚拟货币反洗钱监管体系，从而规范虚拟货币在我国的发展，进一步做好虚拟货币洗钱风险的防范。

（一）健全虚拟货币相关的反洗钱法规制度

根据我国虚拟货币发展现状，完善虚拟货币相关的反洗钱和反恐怖融资法律法规和监管措施，对虚拟货币的反洗钱政策、监管主体和立法等方面进行探索和明确。

（二）完善虚拟货币相关的反洗钱监测模型

目前对于虚拟货币交易还做不到有效的反洗钱监测和分析，可以结合FATF发布的虚拟货币洗钱风险特征，利用数据挖掘技术，以人工智能等技术手段，对虚拟货币交易的信息进行深入分析，开展洗钱交易识别和可疑度计算，提高反洗钱监测效率。

（三）加强虚拟货币相关的反洗钱国际合作

虚拟货币洗钱活动往往通过跨境交易完成，不法分子通过虚拟货币支付网络在全球范围内进行清洗犯罪所得，单靠某一国家很难有效防范和打击。我国应该积极主动参与反洗钱国际合作，加强与FATF成员间的情报信息互通，实时共享监管虚拟货币洗钱的做法，加快构建高效的国际合作机制。

（四）发布虚拟货币相关的洗钱风险提示

通过发布相关的洗钱风险提示，警示广大金融消费者虚拟货币的洗钱风险。让广大金融消费者增强风险意识，树立正确的投资理念，不参与虚拟货币交易炒作活动，谨防个人财产及权益受损。

参考文献：

[1] 杨鹏. 虚拟货币洗钱风险探析与监管对策——基于FATF监管指引视角[J]. 华北金融，2017(6).

[2] 王若平. 虚拟货币洗钱问题的监管研究[J]. 金融监管，2017(7).

[3] 田华. 虚拟货币洗钱风险研究及对策[J]. 华北金融，2017(11).

[4] 孙国峰，陈实. 美国虚拟货币监管借鉴[J]. 中国金融，2017(19).

[5] 胡春健，陈龙鑫. 涉虚拟货币领域刑事犯罪研究[J]. 上海法学研究，2020(20).

Part V

监管科技与金融科技
应用研究

基于图分析技术的群体客户洗钱风险画像构建及其应用

■ 范志龙[1]

摘要： 随着金融产品创新业务和金融支付结算工具的快速发展，各种金融乱象正在诱导潜在的金融风险发生，给金融监管带来了新的挑战。新时代的反洗钱工作需要利用好内外部数据信息，创新监测分析方法，改进监管手段，提高反洗钱监管有效性，防控金融风险。本文从单一客户的洗钱风险画像标签出发，利用图分析技术构建出群体客户洗钱风险画像，基于关系网络可视化、关键主体识别、团伙划分等方法，分析客户关系网络，为深挖案件线索，辨清重点可疑账户，提高监测和监管有效性提供了新方法和新思路。

关键词： 群体客户　洗钱风险画像　图分析技术　反洗钱　监测分析

一、基本概念

（一）客户画像

客户画像就是通过收集与分析客户身份信息、行为习惯、交易偏好等数据，并将其标签化，尽可能全面、客观地勾勒出一个客户的信息全貌，以帮助监测分析人员快速识别和定位洗钱风险客户，做到提前介入，有效防控。客户画像的核心就是给客户"贴标签"，即基于大数据分析和数据挖掘技术洞察客户行为、偏好，描绘客户不同类型特征。本文案例使用到的数据挖掘技术包括聚类分析、事件分析（时间序列）、关联规则发现。

1　范志龙供职于中国农业银行惠州分行内控与法律合规部。

（二）图分析技术

图分析技术是以"图论"为基础的，在图数据结构上的一种分析方法。图是对数据的一种抽象表达，是对一种二元关系的描述的集合，图的基本结构包括节点、边和权值。本文中的术语"图"与"网络"、"节点"与"主体"、"边"与"关系"指的是同一概念。图分析就是"用图来分析问题"。本文案例使用的图分析方法包括图的可视化、图的指标计算（节点中心性指标等）、社团分类、边的预测、图的演化等。

二、单一客户洗钱风险画像的构建

（一）采集信息数据

客户信息数据通常分为内部数据和外部数据两种。内部数据一般是行内储存的客户信息，包括数据仓库、调查研究数据以及网点、客服中心、营销团队收集到的一线数据。外部数据主要通过外部渠道获得，如来自人民银行、政府主管部门、第三方公司等渠道的数据（见图1）。

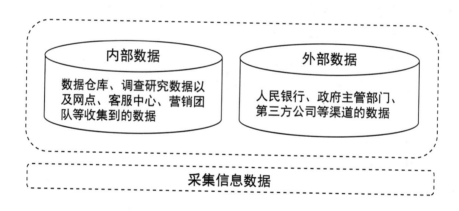

图1　客户数据采集来源

（二）划分基础标签

参照《金融机构大额交易和可疑交易报告管理办法》中对交易监测标准的要求，本文主要基于客户和账户两个维度，从客户身份特征、行为特征和账户交易特征三个方面给客户"贴标签"，如图2所示，客户的定性画像结构为：

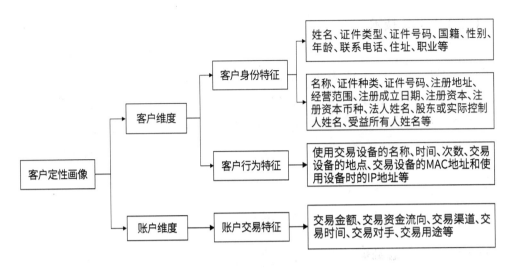

图2 客户定性画像结构

（1）描述个人客户身份特征的指标主要包括：姓名、证件类型、证件号码、国籍、性别、年龄、联系电话、住址、职业等。

（2）描述法人客户身份特征的指标主要包括：名称、证件种类、证件号码、注册地址、经营范围、注册成立日期、注册资本、注册资本币种、法人姓名、股东或实际控制人姓名、受益所有人姓名等。

（3）描述客户行为特征的指标主要包括：使用交易设备的名称、时间、次数、交易设备的地点、交易设备的 MAC 地址和使用设备时的 IP 地址等。

（4）描述账户交易特征的指标主要包括：交易金额、交易资金流向、交易渠道、交易时间、交易对手、交易用途等。

（三）从基础标签到客户画像的构建

在业务理解和业务分析的基础上，抽取标签进行特征组合，进而构建客户画像。客户画像是一个有机的整体，各个维度之间并不是孤立的，标签与标签之间可以相互组合和转化。例如：通过"客户姓名"或"交易对手名称"这一属性的字符串长度可以判断或区分客户（或交易对手）是否来自涉恐敏感地区；通过对"国籍"和"证件类型"的组合，可以判断客户是否来自高风险国家和地区；通过对"交易时间""交易金额""交易渠道""交易用途"等要素的组合，可用于指向某类型客户的交易偏好等。如图 3 所示，通过对"交易时间"按小时分组，对"交易金额"求和，可以获知客户交易行为偏好，是否全天持续交易，是否夜间频繁交易等。

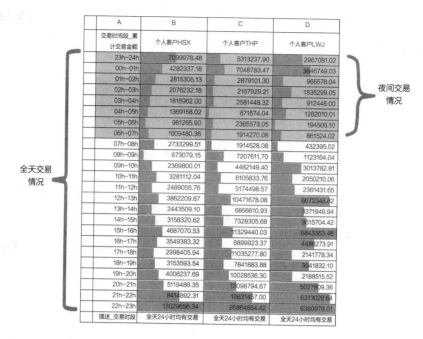

图 3　通过"交易金额"和"交易时间"的组合指向于某类型客户的交易偏好示意图

三、基于图分析技术的群体客户画像构建

近年来，洗钱的形式复杂多变，虚构交易、掺杂正常经营、对敲操作、团伙诈骗等手法越来越隐蔽，仅通过单一客户画像以单点突破进行洗钱风险识别的方法已经远不能满足需求。有必要引入图分析技术，对客户与客户之间的关系进行描述分析，对群体进行画像。

（一）关系网络可视化

在讨论客户与客户之间的关系前，我们首先需要定义关系网络，设在关系网络 G 中：

（1）有 N 个主体（也称为"节点"），这些主体可以是：客户账户、设备、地址、手机号码等；

（2）N 个主体之间有 M 个关系（也称为"边"），这些关系可以是：账户交易中的收入支出关系、设备使用上的使用和被使用关系、地址的从属关系等；

（3）关系 M 的强度用权重值 W 来度量，这些权重值可以是：账户交易金额的绝对值、单位时间内使用设备的次数、地址的从属 0-1 映射等，权重值 W 可以带单位量纲，也可以标准化。

根据上述假设，关系网络 G 在数学上可以用一个大小为 N×N 的邻接矩阵（Adjacency Matrix）A 来表示：

$$A = a_{ij} = \begin{Bmatrix} w_{11} & w_{12} & w_{13} & \cdots & w_{1j} & \cdots & w_{1N} \\ w_{21} & w_{22} & w_{23} & \cdots & w_{2j} & \cdots & w_{2N} \\ w_{31} & w_{32} & w_{33} & \cdots & w_{3j} & \cdots & w_{3N} \\ \vdots & \vdots & \vdots & \ddots & \vdots & \vdots & \vdots \\ w_{i1} & w_{i2} & w_{i3} & & w_{ij} & \cdots & w_{iN} \\ \vdots & \vdots & \vdots & & \vdots & \ddots & \vdots \\ w_{N1} & w_{N2} & w_{N3} & \cdots & w_{Nj} & \cdots & w_{NN} \end{Bmatrix} \quad (1)$$

公式（1）中 i 为行标号，j 为列标号，w_{ij} 表示关系网络 G 中对应存在一条由节点 i 指向节点 j 的权重值为 w_{ij} 的边。如果我们假设 w_{ij} 表示账户交易金额的绝对值，则这一规则具体表示：账户 i 向账户 j 转入大小为 W_{ij} 交易额的资金；如果 $W_{ij} = 0$，则表示账户 i 和账户 j 之间没有发生交易。如图 4 所示的一个示例，左侧的账户流水记录中节点和边的集合可以用中间的图的邻接矩阵表示，图的邻接矩阵其对应的关系网络如右侧的图所示。关系网络的可视化就是要将流水数据整理成图的邻接矩阵，然后对邻接矩阵进行可视化表达。

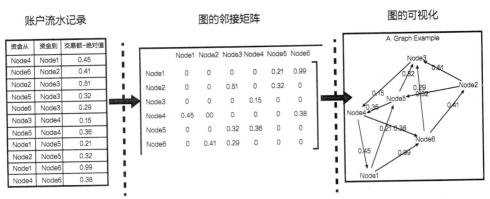

图 4　对账户流水记录转换为图的邻接矩阵后再进行可视化的示例

（二）关键主体识别。

关键主体识别，本质上是对交易关系图中的每个节点，根据其在关系网络中的"重要性"，逐一评分，节点得分越高，表示其越"重要"。这种重要程度可以用"度中心性"（degree centrality）、"紧密中心性"（closeness centrality）、"中介中心性"（betweenness centrality）和"特征向量中心性"（eigenvector centrality）等指标来量化。其中，"度中心性"指标认为如果一个节点的相邻节点数量越多，则这个节点越重要。而"特征向量中心性"指标则引入了"递归"的思想对"度中心性"进行了优化，该指标认为一个节点的重要性除了取决于其相邻节点的数量外，也受到其相邻节点的重要性的影响。该指标适用于描述节点的潜在价值和长期影响力。

节点的 i "特征向量中心性" x_i 定义为：

$$x_i = c \sum_{j-1}^{n} a_{ij} x_j \tag{2}$$

其中，c 为一个比例常数，a_{ij} 为邻接矩阵，x_j 为节点 j 的特征向量中心性值。

公式（2）是一个递归的定义。实际上，我们改变一下参数的代数表示符，令 $c = \lambda^{-1}$，公式（2）就变成了：

$$x_i = \lambda^{-1} \sum_{j=1}^{n} a_{ij} x_j$$

$$\lambda x_i = \sum_{j=1}^{n} a_{ij} x_j$$

$$\lambda x = Ax$$

我们可以看到，λ 就是邻接矩阵 A 的特征值，x 就是对应的特征向量。公式（2）所代表的方程的解 x_i 其实就是线性代数里特征值问题 $Ax = \lambda x$ 的解。这就是这个中心性会被称为"特征向量中心性"的原因。

（三）团伙划分

团伙划分，在社会关系学里也叫社群发现（Community Detection），就是要看客户之间是否存在"物以类聚，人以群分"的现象。在交易关系网络中，团伙划分就是对客户画像本身的特征按某种方法进行分类，目标是使得类别内部的差异尽可能小，类别之间的差异尽可能大。标签传播算法（Label Propagation Algorithm，LPA）是常用的团伙划分的方法之一，其基本思想是：将一个节点的邻居节点的标签中数量最多的标签作为该节点自身的标签。给每个节点添加标签以代表它所属的团伙，并通过标签的"传播"形成同一标签的"团伙内部"结构。图 5 是使用标签传播算法对某一地下钱庄交易网络进行团伙划分后的示意图，通过聚类谱系图和划分后的可视化关系图，可以明确区分出该目标网络中的核心团伙结构（左下角部分）和外围地下钱庄（右上角部分、中间部分），预警客户作为关键人物，连接着三个团伙客群，有着"承上启下"的作用，图中的孤岛（最右边部分）则与目标团伙未有交集。

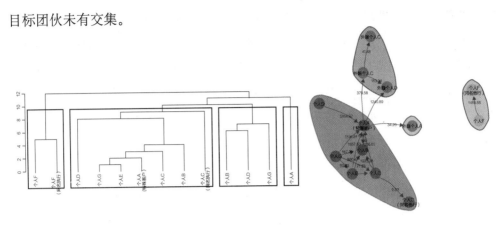

图 5　使用标签传播算法对某一交易网络进行团伙划分后的谱系图和可视化关系图

（四）资金流定位和预测

如果关系网络指的是账户之间的交易网络，则交易网络的"边"反映的是客户之间某一时间段内整体的资金交易流向关系。如需追溯某一特定资金流，可以用字段"交易时间"为"切点"，将交易网络图按时间轴"切片"，每一张"切片"代表一个连续的较短的持续时间内该账户交易网络的资金关系，如果"切片"与"切片"之间的时间间隔Δt足够短且趋近于零（$\Delta t \to 0$），则"边"可以近似表示该交易网络中资金的实时流向，对某个交易网络，追溯从t_0时刻到t_5时刻从$Node5$节点出发的资金流向的示意图如图6所示。

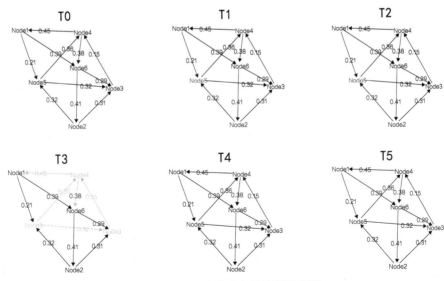

图 6　交易网络中资金流向的追溯示意图

以上，我们都是将网络结构视为二维平面的图，如果将"时间"引入作为第三维度，则在三维的坐标轴上，我们观察的网络结构是一个动态图（见图7），每一时刻代表该网络的每一个状态，将每个时刻三维展开，就可以复现网络的演化过程。我们可以根据过去已经获得的每一个状态下该网络的特征（网络演化历史），使用机器学习算法（如神经网络分析），就可以预测下一时刻的网络的状态。

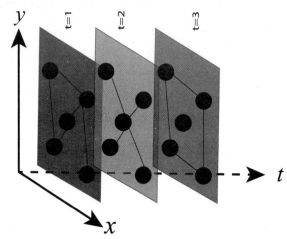

图7　网络的演化与预测：引入时间维度，以时间为切片，每一时刻是一种状态

四、实例分析

该案例为某银行辖区"H市L县某地区部分个人账户疑似涉及银行卡买卖被犯罪团伙操纵从事网络赌博"，数据已做脱敏处理。

通过对2019年10月至2020年5月期间在某银行反洗钱系统上报过可疑交易报告的238名客户进行二次排查，发现在H市L县某地区开立个人银行结算账户的"CCY"等30人的账户存在"账户可疑交易特征相同（疑似赌博）""客户留存通信地址相近""账户交易使用同一MAC地址的设备"等特征，疑似存在团伙操控的情况。

需要说明的是，这30名个人客户之前是被该行反洗钱中心不同的监测分析人员分别单独上报，该行之前并未发现这30名客户之间存在团伙关系。在二次排查时，我们使用了基于图分析技术的群体客户洗钱风险画像模型，在238名客户中，准确清晰地识别出其中30名具有团伙关系，深挖出案件价值。具体为：

（一）客户身份信息

通过对"客户姓名"、"证件号码"和"通信地址"进行特征聚类，发现关联关系：（1）对"客户姓名"进行分词，发现部分客户为同一姓氏，如：同姓"陈""廖""王"等。进一步组合姓名前两位，发现部分客户姓名第2位为同一个字。如："廖嘉X""廖嘉Y""廖嘉Z"等；（2）提取"证件号码"前6位，发现部分客户原始发证机关均为同一地区。如：均为$4 \times 1 \times 24$；（3）通过对"通信地址"分词和k-means聚类，发现部分客户留存的通信地址为同一地方，如：某镇某村（或在隔壁村）。

上述标签所揭示的群体画像均指向：该批客户来自同一地方，部分为同村人员，或同辈分人员，或许存在家族关系，总之，地域特征明显。图8为客户基本信息。

序号	客户名称	证件号码	证件前六位数	性别	年龄	通信地址	手机号码
1	CCY	4*1*241997******29	4*1*24	女	23	G省H市L县LH镇X**桥**号	130****5053
2	CJM	4*1*241966******17	4*1*24	男	54	G省H市L县LJ镇LJ管理区**村**号	134****0249
3	CTF	4*1*241979******18	4*1*24	男	41	G省H市L县LC街道TPM居委会**路**号	159****9623
4	HHR	4*1*241996******14	4*1*24	男	24	G省H市L县LC街道BM居委会**街***号	178****8679
5	HSX	4*1*241990******27	4*1*24	女	30	G省H市L县LC街道BD**小区**栋**号房	131****3070
6	LCL	4*1*241999******23	4*1*24	男	21	G省H市L县LT镇L**村**号	132****1367
7	LI	4414241984******94	441424	男	36	G省M市W县LC镇LC**T	186****1031
8	LIB	4*1*241993******29	4*1*24	女	27	G省H市L县LT镇JKL二**号	156****7139
9	LIM	4*1*241985******16	4*1*24	男	35	G省H市L县H区**路**号	183****2302
10	LIQ	4*1*241979******17	4*1*24	男	41	G省H市L县LT乡LT居委会**街**号	158****7858
11	LIW	4*1*241988******17	4*1*24	男	32	G省H市L县LT镇JKL二**号	137****3426
12	LMK	4*1*241991******78	4*1*24	男	29	G省H市L县LT镇W**围**号	158****0104
13	LWJ	4*1*241994******38	4*1*24	男	26	G省H市L县P区HS*街*号	157****6394
14	LWX	4*1*241981******36	4*1*24	男	39	G省H市L县LT镇EJT*布***号	132****0018
15	LXY	4*1*241999******15	4*1*24	男	21	G省H市L县LT镇EJT*村**号	130****0603
16	LYX	4*1*241979******77	4*1*24	男	41	G省H市L县LT镇EJT*布***号	137****8409
17	LZX	4*1*241995******38	4*1*24	男	25	G省H市L县DP镇GD**村**号	198****1047
18	PYB	4*1*241994******16	4*1*24	男	26	G省H市L县DP镇DT**村*号	178****1206
19	THP	4413221992******1X	441322	男	28	G省H市L县B县GZ镇大*村委会**小组	183****6898
20	TZY	4*1*241998******45	4*1*24	女	22	G省H市L县LT镇H**下**号之*	132****5723
21	WJR	4*1*241995******10	4*1*24	男	25	G省H市L县LC街道HC**围*号	136****3095
22	WRH	3*0*281978******25	3*0*28	女	42	F省P县AC乡**村SL***号	135****9741
23	WWZ	4*1*241998******15	4*1*24	男	22	G省H市L县LT镇THHW**号之*	158****6954
24	WZI	4*1*241999******32	4*1*24	男	21	G省H市L县LT镇THXT*号之*	130****8662
25	WZL	4*1*241995******17	4*1*24	男	21	G省H市L县LC街道BM居委会**街**号	134****9375
26	XJB	4*1*241990******18	4*1*24	男	30	G省H市L县L天**区	147****0109
27	XJF	4*1*241993******58	4*1*24	男	27	G省H市L县LC街道CN居委会**街**号	130****5152
28	XWF	4*1*241987******16	4*1*24	男	33	G省H市L县LC街道HX**村***号	130****6779
29	YCW	4*1*241999******16	4*1*24	男	21	G省H市L县LC街道C**楼**号	159****3891
30	YMZ	4*1*2419997******16	4*1*24	男	51	G省H市L县LJ镇LT**村	134****9715

图8　30名客户的基本信息（节选部分字段）

（二）客户行为特征

通过对账户"开户日期""销户日期"进行以"时间"为轴线的事件分析，发现关联关系：（1）对"销户日期"不为空的账户，"销户日期"与"开户日期"的差小于等于3个月；（2）客户A名下账户1的销户日期正好等于名下账户2的开户日期；（3）统计（2）中出现的次数，大于等于3次。以上所揭示的群体画像均指向：该批客户中的部分客户存在账户使用一段时间后就销户的情况，且销户当天又重新开户，且频繁开销户。如：案例中客户"HSX"的账户状态时序图如图9所示。

个人客户HSX名下账户开销户时序图

2019-06-27	2019-10-17	2020-02-26
6228411134******475	6228411134******375	6228411134******278

图 9　部分个人账户在使用一段时间后销户重开

通过应用图分析技术对账户交易的"IP 地址""MAC 地址"和交易主体的关系进行空间事件分析和可视化，并在此基础上使用团伙划分算法，发现关联关系：（1）部分客户的网银交易日志记录下具有相同的 MAC 地址。如：客户"CJM""LJB""YMZ""HSX"等人的账户在同一天或隔天曾在具有同一MAC 地址的设备上进行过交易；（2）部分客户的网银交易记录下 IP 地址均指向某一境外地址。如："CCY""LZX""PYB""XJF""XJB"等人的 IP 地址均指向东南亚国家菲律宾，且 IPV4 的地址相近，如图 10 所示。以上所揭示的群体画像均指向：这些客户存在明显的团伙特征，客户的账户可能被统一控制。

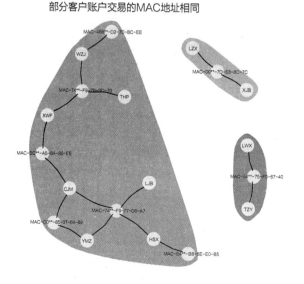

图 10　部分客户 MAC 地址相同；部分客户 IP 地址指向菲律宾，且 IPV4 的地址相近

（三）账户交易特征

前述，由于该批客户之前已经被单独逐一上报过可疑交易报告，单一客户的洗

钱风险画像显示，账户交易均存在指向网络赌博的可疑交易特征：账户交易时间短，呈快进快出特征，账户过渡性质明显；交易发生额单笔在 2000 元以下，累计金额巨大；交易附言存在特殊字符疑似注册、充值或赌博下注术语；账户全天 24 小时持续交易；交易对手众多，涉及地区广；交易对手中公司成立时间不长，从事行业繁杂，疑似空壳公司；网银交易 IP 地址多为境外，且多人共用同一 IP 地址等。

这里引入图分析技术对账户交易特征深入挖掘：（1）对所有客户的账户交易网络进行可视化，探索图的连通性；（2）通过节点中心性指标确定交易网络中的关键客户，取"特征向量中心性"指标得分靠前，且"中介中心性"指标得分大于 0 的客户，如表 1 所示；（3）对（2）中筛选出来的客户的账户交易网络进行可视化，探索局部图的连通性。

表 1　客户在交易网络中的节点中心性指标（节选），按"中介中心性"降序排列

节点	入度	出度	接近中心性	中介中心性	特征向量中心度
ZY	4	3	0	919	0.00
LJB	6	6	0	758	0.00
CTF	11	6	0	720	0.16
CJM（同名他行）	5	4	0	541	0.07
XJB	8	7	0	372	0.00
WWZ	3	3	0	307	0.00
LYX	5	8	0	241	1.00
CJM	7	5	0	167	0.09
WZJ（同名他行）	1	2	0	150	0.00
LWX	5	6	0	146	0.00
SWK	2	2	0	142	0.08

以上所揭示的群体画像均指向：（1）有一部分客户相互间有直接交易往来；（2）另有一部分客户具有共同交易对手；（3）这些客户通过同名他行账户和共同交易对手最终连接成了有关联关系的网络。整体来看该批客户相互之间有关联关系，存在明显团伙特征。

在上述分析过程中，如果使用单一客户画像的思维模式分析数据，遇到多个客户时需要逐一分析，且汇总特征时会比较复杂，数据的内在关系无法直接表达或者表达得较为晦涩。表 2 对客户之间的关联关系用表格的形式分组描述。

表 2   用表格的形式列出客户之间的关联关系分组情况

序号	客户名称	组号__MAC 地址关联	组号__IP 地址关联	组号__交易对手关联
1	CCY		A 组	B 组
2	CJM	A 组	A 组	A 组
3	CTF			A 组
4	HHR			A 组
5	HSX	A 组		A 组
6	LCL			A 组
7	LJ			A 组
8	LJB	A 组		A 组
9	LJM			A 组
10	LJQ			A 组
11	LJW			A 组
12	LMK			A 组
13	LWJ			A 组
14	LWX	C 组		A 组
15	LXY			A 组
16	LYX			A 组
17	PYB	B 组	A 组	B 组
18	YHP		A 组	B 组
19	TZY	A 组	A 组	
20	WJR	C 组	A 组	A 组
21	WJR			A 组
22	WRH			A 组
23	WWZ			A 组
24	WZJ	A 组		A 组
25	WZL			A 组
26	XJB	B 组	A 组	B 组
27	XJF		A 组	B 组
28	XWF	A 组		

续表

序号	客户名称	组号__MAC 地址关联	组号__IP 地址关联	组号__交易对手关联
29	YVM			A 组
30	YMZ	A 组	A 组	A 组

使用图分析技术的群体客户画像模式分析数据，则易于发现数据内在关系。图 11 为对关系特征进行提取后，用图的可视化的方法描述关联关系。

综上所述，在 238 名客户中，我们准确清晰地识别出其中 30 名具有团伙关系，且有合理理由怀疑"某 H 市某 L 县某地区的 30 个人账户疑似涉及银行卡买卖被犯罪团伙操纵从事网络赌博"。

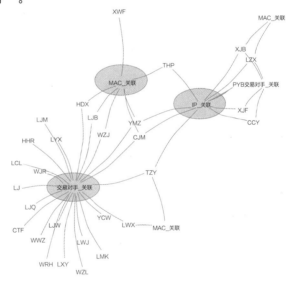

图 11　这 30 名客户之间的关联关系可视化

五、结语

在大数据时代，如何利用海量的用户数据来构建反洗钱监测分析体系是一个非常重要的课题，本文运用图分析技术构建群体客户洗钱风险画像，不仅为深挖案件线索，辨清重点可疑账户提供了借鉴，同时也为提高监测和监管有效性提供了新方法和新思路。

参考文献：

[1] 张海晔.基于使用后评价与用户画像分析的城市绿道优化策略建议 [J].城市公用事业，2019(4):86-90.

[2] 佚名.金融机构大额交易和可疑交易报告管理办法 [J].中华人民共和国国务院公报，2017(29):45-48.

[3] 张万军.基于大数据的个人信用风险评估模型研究 [D].对外经济贸易大学,2016.

[4] 邹冬.网络视角下金融机构尾部风险传染效应和系统重要性研究 [D].华中科技大学,2018.

[5] 锦董年.学习笔记 (5)- 标签传播 (LPA) 小结 [EB/OL].(2016-03-08)[2021-06-05].https://blog.csdn.net/qjc937044867/article/details/50830399?locationNum=12&fps=1.

运用区块链大数据分析打击数字货币犯罪的研究分析

——以比特币为例

■ 李子沛　王毅　邓志峰[1]

摘要：区块链大数据分析是区块链、大数据和人工智能的有机结合，专注于区块链和数字货币领域，结合区块链数据特征创新运用机器学习、深度学习、可视化等大数据和人工智能手段，为链上监管和安全提供技术支撑。基于区块链上交易信息透明公开的特点开展区块链大数据分析，执法机构可以对区块链上资金流动进行深入调查与分析，并识别涉及非法交易的数字货币账户实际控制人，从而可以发现和打击违法犯罪行为。本文结合国内外运用区块链大数据分析打击数字货币犯罪的现状，以比特币为例，基于网络公布的比特币交易数据集，构建识别洗钱行为的随机森林和图卷积神经网络混合模型进行实证研究，论证运用区块链大数据分析方法打击数字货币违法犯罪的有效性，并提出相关政策建议。

关键词：区块链大数据分析　比特币　洗钱　随机森林　图卷积神经网络

一、研究背景及意义

区块链是一个去中心化的点对点系统，利用特殊的算法，实现对区块内信息生成顺序的协调，并使用加密技术和哈希算法，通过特殊的数据结构，对生成的区块进行连接，从而确保了系统的安全性和完备性。它打破了中心化机构授信，构建一种去中心化、不可篡改、安全可验证的数据库，建立一种新的信任体系。近年来，区块链发展突飞猛进，带动比特币、以太坊、泰达币、瑞波币等多种加密数字货币

1　李子沛、王毅、邓志峰供职于中国人民银行惠州市中心支行。

随之崛起，这些加密数字货币交易均以区块链大数据的形式存储在区块链网络上。据统计显示，截至 2021 年 6 月 10 日，全球加密数字货币共有 10384 种，总市值约 1.62 万亿美元[1]。

区块链和数字货币在带来巨大价值的同时，数字货币的加密性、匿名性也为很多游走在灰色地带的非法卖家提供了技术上的"法外之地"，给洗钱、非法集资、线上赌博、资金盘、暗网交易等提供了"肥沃土壤"。据统计，2020 年数字货币相关的犯罪资金总额高达 19 亿美元，盗币金额达到了 5.16 亿美元[2]。由于区块链链上交易网络复杂、信息汇总难、匿名、学习成本较高，执法机关难以进行防范、追踪和侦破，极大提高了反洗钱难度，公民的财产安全、国家的金融秩序稳定受到严重挑战和影响，给社会稳定、金融安全和司法公正造成严重威胁。这就要求监管机构通过科技赋能，创新监管手段，以应对新兴技术带来的监管难题。

区块链的匿名性在于每个账户的身份信息是高度加密的，但是存储在区块链上的数字货币交易信息是透明公开的。任何一个人都可以查询到任何一笔链上交易的交易时间、资产数量、交易双方的钱包地址，等等，也可以去追踪任何一笔链上资金的来龙去脉。区块链数据透明公开的特性，为研究人员开展区块链大数据分析提供了机会。目前，国内有部分学者对基于区块链框架下探索和提升反洗钱管理工作开展了定性的研究，但对区块链大数据分析的定量研究几乎没有。而国外在区块链大数据分析方面走在了较为前沿的位置，在聚类分析、机器学习与深度学习、图分析、自动分析工具等多个技术领域开展区块链大数据分析方面均取得研究成果。

在聚类分析技术的研究方面，Fleder（2015）通过抓取社交媒体网站等外部数据源的数据并与区块链数据结合，利用 PageRank 算法和聚类分析，试图识别比特币网络上的可疑行为。Monamo（2016）利用裁剪 k-means 聚类进行异常点检测，发现比特币交易中的欺诈活动。在机器学习与深度学习的研究方面，Harlev（2018） 使用监督机器学习来预测比特币区块链上尚未识别实体的类型，其中 Gradient Boosting 算法可以获得 0.75 的 F1-score。Weber（2019）基于区块链分析公司 Elliptic 公布的非法活动相关的比特币交易公共数据集，构建了图卷积神经网络对非法比特币交易进行预测，取得了较好的效果。在图分析技术的研究方面，Reid 和 Harrigan（2011）将比特币系统分解成两个有向无环图（DAG），分别用于

---

1 数据来源于全世界最大的加密货币交易价格查询网站：www.coinmarketcap.com.

2 数据来源于国家区块链漏洞库(CNVD)发布的《2020 年区块链安全态势感知报告》。

追踪比特币在用户之间的流动和随着时间的推移对交易的分析。Paquet-Clouston（2018）研究了 35 个勒索软件的比特币交易数据，应用图分析技术（例如中心性）将地址关联到特定勒索软件，识别和收集与勒索软件相关的比特币交易信息。在自动分析工具的研究方面，Spagnuolo（2014）为非法比特币交易的取证分析构建了一个框架，并开发了名为 Bitiodine 的自动化图形分析软件，可用于解析比特币区块链中的交易和地址，然后使用从网络上抓取的不同数据进行扩充，将可能属于同一用户或同一组用户的地址聚类，对这些用户进行分类并标记它们，最后可视化从比特币网络中提取的复杂信息。

综上所述，运用区块链大数据分析打击违法犯罪具有丰富的理论基础和基础支撑。但国内在区块链反洗钱领域目前少有相关定量研究，而国外的相关文献一般运用单一模型进行研究，对机器学习与深度学习的混合模型的研究较少。本文将通过网络公布的比特币交易数据集开展实证分析，构建基于随机森林和图卷积神经网络的混合模型，验证通过该模型识别非法比特币交易的可行性。

二、国内外运用区块链大数据分析打击数字货币犯罪的现状

目前，美国证券交易委员会、毒品执法局、移民局、联邦调查局等十几家美国政府机构与区块链大数据公司——Chainalysis 已经建立起合作关系，利用区块链大数据分析工具发现非法交易线索，并追踪资金和资产，取得一定成效。如 2020 年 7 月，美国执法部门利用 Chainalysis 的区块链大数据分析工具，确定涉案比特币账户所有者的真实身份，成功破获 Twitter 黑客敲诈事件；通过区块链大数据分析开展恐怖融资系列调查，2020 年 8 月，美国联邦调查局、国土安全调查署等执法部门与区块链大数据公司 Chainalysis 合作破获有史以来规模最大、最复杂的基于加密货币的卡桑旅恐怖主义融资活动，追回价值超过 100 万美元的加密货币；2020 年 11 月，美国司法部从区块链上的数据中获得可疑线索，发现黑客（代号"Individual X"）从暗网"丝绸之路"窃取价值 10 亿美元的比特币，并成功扣留其非法所得。

近年来，我国的区块链大数据分析行业也逐步发展，为打击数字货币犯罪提供技术支撑。其中，欧科云链等区块链大数据分析公司已协助警方侦破多起盗币、涉毒、涉币等案件，如 2021 年 4 月，欧科云链协助四川内江警方破获一起区块链资产盗窃案件，被盗金额达 5500 万元。

总体来看，我国的区块链大数据分析行业在技术和功能性与国外公司趋同，但

是在交互性、应用范围和应用深度上与国外区块链大数据分析行业还有较大差距，且执法机构在监管科技运用打击违法犯罪的探索不深入，运用区块链大数据分析打击数字货币相关犯罪的案例还较少，未来区块链大数据分析与监管结合大有可为。

三、区块链大数据分析模型

基于以上分析，我国利用区块链大数据分析打击数字货币犯罪还处于起步阶段，使用的技术、方法还不够成熟，本文尝试结合机器学习和深度学习技术，探索基于堆栈泛化的集成方法构造一种混合模型，有效识别数字货币的洗钱行为。

（一）机器学习模型

机器学习（Machine Learning，ML）是一类从数据中自动分析获得规律，并利用规律对未知数据进行预测的算法。常见的机器学习算法包括线性回归、逻辑回归、支持向量机、决策树、随机森林等。

随机森林（Random Forest，RF）是一种由决策树构成的集成算法，具有实现简单、训练速度快、泛化能力强的特点，广泛应用于各个领域。随机森林建立多个决策树并将它们融合起来进而得到一个更加准确和稳定的模型。随机森林算法用随机的方式建立一个森林，森林里面有很多的决策树，随机森林的每一棵决策树之间是没有关联的。在得到森林之后，当有一个新的输入样本进入的时候，就让森林中的每一棵决策树分别判断样本应该属于哪一类，然后计算哪一类被选择最多，就预测这个样本为那一类。

（二）深度学习模型

深度学习（Deep Learning，DL）是机器学习的分支，是一种以神经网络为架构，对数据进行表征学习的算法。深度学习的好处是用非监督式或半监督式的特征学习和分层特征提取高效算法来替代手工获取特征。至今已有数种深度学习框架，如深度神经网络、卷积神经网络等已被应用在计算机视觉、语音识别、自然语言处理等领域并获取了极好的效果。

图卷积神经网络（Graph Convolutional Network，GCN）就是处理图数据的卷积神经网络。近些年在大数据和硬件发展双重助力下迎来跨越式发展的神经网络技术让我们具备了分析和理解大规模图数据的能力。我们可以将图卷积神经网络（GCN）和卷积神经网络（CNN）作类比，CNN 的核心是卷积操作，可以帮助提取图片的数字特征；GCN 的核心操作图卷积，也是一个特征提取器，只不过它的对象是图数据。GCN 精妙地设计了一种从图数据中提取特征的方法，从而让我们可以使用这些特征去对图数据进行节点分类（node classification）、图分类（graph classification）、边预测（link prediction）。

图卷积神经网络由 Thomas（2017）提出，图卷积神经网络的层级传播规则如下：

$$H^{(l+1)} = \sigma(\widetilde{D}^{-\frac{1}{2}}\widetilde{A}\widetilde{D}^{-\frac{1}{2}}H^{(t)}W^l)$$

其中，$\widetilde{A} = A + I_N$是图加上自连接的邻接矩阵，$\widetilde{D}$就是对应的度矩阵，W是神经网络参数，$\sigma(\cdot)$是激活函数，$H^{(l)} \in \mathbb{R}^{N \times D}$是第$l$层网络的，节点图信号的特征表示，$H^0 = X$。

将图卷积通过傅里叶变换拓展到图的频域中得到：

$$g_\theta \times x = U g_\theta U^T x$$

其中，U是归一化拉普拉斯矩阵$L = I_n - D^{-\frac{1}{2}}AD^{-\frac{1}{2}} = U\Lambda U^T$的特征向量矩阵，$U^T x$就是图上的傅里叶变换。这里的卷积核$g_\theta$可以被理解为 L 的特征值的函数，比如$g_\theta(\Lambda)$。借助傅里叶变换，将原始信号$x$变换到频域，在频域乘上一个信号，再做傅里叶逆变换还原到空域。

为了降低计算复杂度，用切比雪夫多项式的前几项，来近似替代$g_\theta(\Lambda)$，并将该卷积核代入图卷积的公式，得到：

$$g_{\theta'} \times x = \sum_{k=0}^{k} \theta_k' T_k(\widetilde{L})x$$

Defferrard et al.（2016）就是直接用这个 K-localized 定义的图卷积神经网络。

图卷积神经网络的结构如图 1 所示，在第一个卷积层里，对每个节点的邻居都进行一次卷积操作，并用卷积的结果更新该节点；然后经过激活函数如 ReLU，再然后再过一层卷积层与激活函数；反复上述过程，直到层数达到预期深度，最后通过局部输出函数将节点的状态转换成任务相关的标签。

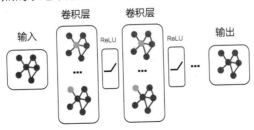

图 1　GCN 结构图

（三）混合模型

混合模型就是通过将多个的模型结合在一起来提高最终结果的预测精度的一种方式。在机器学习中，基于这种组合思想来提高模型精度的方法被称为集成学习（Ensemble learning）。

常见的集成学习方法主要包括三种。第一种方法称为 Bagging，其核心思想为并行地训练一组相互独立的同类型模型，然后再将各个模型的输出结果按照某种策略进行聚合；第二种方法称为 Boosting，其核心思想为串行地训练一系列前后依赖的同类模型，即后一个模型用来对前一个模型的输出结果进行纠正；第三种方法称为 Stacking，又称堆栈泛化，其核心思想为并行地训练一系列各自独立的不同类模型，然后通过训练一个元模型（meta-model）来将各个模型的输出结果进行结合。

四、运用区块链大数据分析打击数字货币犯罪的实证分析

作为数字货币市场份额占比最大的币种，比特币自诞生以来一直受到洗钱不法分子的青睐，给当前的反洗钱工作带来极大挑战。如在今年最高人民检察院和中国人民银行联合发布洗钱犯罪典型案例中，陈某枝利用比特币将集资诈骗非法所得转移至境外，已被判洗钱罪。因此，本文选择比特币作为研究对象，开展区块链大数据分析模型打击数字货币犯罪的实证分析。

（一）数据来源

2019 年 7 月，区块链分析商 Elliptic 在网络上公布一个标注了是否为非法交易的比特币交易数据集，包含 20 多万条比特币交易信息，时间跨度为两周，被划分为 49 个时间步长。该数据集主要包括三个表：第一个表记录 203769 个交易实体，其中有 4545 个交易被标记为非法交易（例如诈骗、勒索软件、恐怖组织、暗网市场、庞氏骗局等），42019 个交易被标记为合法交易，剩余的交易是未知类型交易；第二个表记录 234355 条交易实体间的交易流，每一条交易流记录为对应两个交易实体的比特币账户地址；第三个表记录 203769 个交易实体的特征信息。其中前 94 个特征表示有关交易的原生信息，从交易实体本身信息提取得到，包括交易实体的时间步长、转入次数、转出次数、转入总量、转出总量等。其余的 72 个特征称为聚合特征，从交易实体的交易对象提取得到，包括所有交易对象的交易量均值、方差等。聚合特征为 Elliptic 通过技术方法计算得出的，对于其具体含义，由于知识产权问题并未公开。整个数据集可以被抽象为一个由节点和边组成的网络，节点表示交易的实体，边表示比特币的交易流，共计 203769 个节点以及 234355 条边。

（二）实证方法及参数设置

本实证选择应用较为广泛、性能较为优秀的随机森林模型，以及学术界前沿的图卷积神经网络，分别作为机器学习算法和深度学习算法的代表，研究自动化检测非法比特币交易。我们将全部数据集的百分之八十作为训练集，即前 39 个时间步长的交易数据用于训练模型；百分之二十作为测试集，即后 10 个时间步长的交易数据用于验证模型的效果。

首先，我们通过 Python 调用 scikit-learn 构建了随机森林模型，参数设置为 50 个估计量和 50 个最大特征，其他参数选择默认参数。

随后，我们基于 TensorFlow 框架构建了一个两层的图卷积神经网络，使用 Adam 优化器，最大训练迭代次数最大限制为 1000，隐藏层的节点个数设置为 100，学习率设置为 0.01。为了能够表示节点之间的关联关系，进而将区块链交易网络输入模型，我们构造了一个维度为（203769，203769）的邻接矩阵，只有在有边连接的两个节点之间为 1，其余地方为 0。同时，我们还构造了维度为（203769，2）的标签矩阵和维度为（203769，166）的特征矩阵。

最后，我们构建了一个基于随机森林和图卷积神经网络的混合模型。如图 2 所示，为了充分利用随机森林和图卷积神经网络的优点，我们采用集成方法整合两个模型进行预测。首先，我们运用主成分分析将原生信息和聚合特征整合成一个集成向量，然后分别运用随机森林和图卷积神经网络进行预测得出结果。接下来，我们使用基

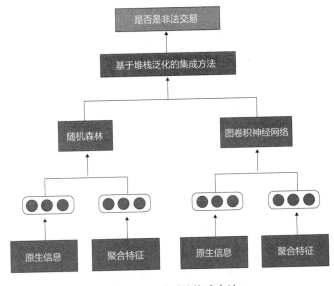

图 2　混合模型的构建方法

于堆栈泛化的集成方法，将两个模型的预测结果作为输入，构建一个新的随机森林分类器，给出最终预测结果。这种集成方法可以充分利用不同模型的优点，从而展示出更好的性能。

（三）实证结果

我们计算了非法交易节点的分类精确率、召回率和 F1 值。实证结果显示（见表 1），基于区块链大数据，无论是运用随机森林算法还是图卷积神经网络都可以较为准确地检测非法比特币交易。

表 1　各个模型的预测性能对比

模型	特征的使用	精确率	召回率	F1 值
随机森林	原生信息	0.900	0.595	0.716
随机森林	原生信息和聚合特征	0.985	0.656	0.788
图卷积神经网络	原生信息和聚合特征	0.847	0.551	0.668
混合模型	原生信息和聚合特征	0.974	0.672	0.795

首先，我们尝试了只使用原生信息用随机森林进行分类，随后尝试将原生信息和聚合特征一起输入随机森林模型进行分类，对比了两种方法的效果。结果显示，只使用原生信息预测的精确率为 0.900，召回率为 0.595，F1 值为 0.716。使用原生信息和聚合特征预测的精确率为 0.985，召回率为 0.656，F1 值为 0.788。在随机森林模型中引入聚合特征，能够提升模型的效果。

图卷积神经网络预测的精确率为 0.847，召回率为 0.551，F1 值为 0.668。混合模型预测的精确率为 0.974，召回率为 0.672，F1 值为 0.795。运用随机森林算法预测的效果优于图卷积神经网络，将随机森林与图卷积神经网络结合的混合算法可以进一步提升预测效果。

这个实证说明区块链大数据与机器学习、深度学习结合，能够为打击数字货币犯罪提供有效的技术手段。

五、研究结论和对策与建议

（一）研究结论

本文创新之处在于结合区块链上交易信息透明公开的特点，运用区块链大数据分析技术建立数理模型进行实证研究，探索利用监管科技手段识别数字货币的洗钱行为。相关结论如下。

（1）开展区块链大数据分析的基础在于数字货币交易的数据库。本文实证研究数据来自区块链分析商 Elliptic 的网络公开数据，但限于其中部分数据的关键要素进行了模糊处理，难以识别比特币交易及其比特币账户的真实地址。

（2）运用区块链大数据分析技术可以有效识别洗钱行为。运用训练好的数理模型，如本文的随机森林和图卷积神经网络混合模型，可以识别与非法活动相关联的数字货币交易及其比特币账户地址。基于以上结果，执法机构可以通过部署探针节点、社交媒体分析等技术手段，确定非法数字货币交易的实际控制人并开展相关调查。

（3）可以将此方法进一步拓展到其他数字货币的领域。以太坊、泰达币、瑞波币等其他数字货币的非法交易识别方法与比特币类似，通过构建各币种的交易数据库，运用区块链大数据分析技术能有效识别其中的洗钱行为。

（二）对策与建议

（1）推进数字货币交易的相关数据库建设。借鉴相关区块链平台的经验，将完整的比特币等数字货币区块链数据存储，形成数字货币交易的相关数据库，与国内外区块链大数据分析公司、数字货币交易所等建立合作关系，进一步拓展数据维度，丰富数据库内容，实现虚拟数字货币交易的反匿名化。

（2）强化区块链大数据分析技术的研究与应用。深入研究国内外运用区块链大数据分析打击违法犯罪的典型案例，积极探索运用聚类分析技术、机器学习、深度学习、图分析技术、自动化分析工具开展区块链大数据分析，进一步完善识别追踪区块链上资金流动、交易风险分析、交易网络可视化等功能，提高利用区块链大数据分析打击违法犯罪的有效性。

（3）完善具有科技驾驭能力的反洗钱人才队伍建设机制。注重反洗钱人才队伍建设，充实兼具较强业务素质、数据处理以及数据挖掘能力的复合型人才；持续加强培训引导，不断更新优化反洗钱队伍知识结构，加强学习和借鉴国外先进区块链大数据分析等前沿技术，为监管科技在反洗钱的有效应用提供人才储备。

参考文献：

[1] Reid, F., and Harrigan, M. (2011). "An analysis of anonymity in the bitcoin system," in 2011 International Conference on Privacy, Security, Risk, and Trust, and IEEE International Conference on Social Computing (Boston, MA).

[2] Spagnuolo, M., Maggi, F., and Zanero, S. (2014). "Bitiodine: extracting intelligence

from the bitcoin network," in International Conference on Financial Cryptography and Data Security (Berlin, Heidelberg: Springer), 457-468.

[3] Furneaux, N. (2018). Investigating Cryptocurrencies: Understanding, Extracting, and Analyzing Blockchain Evidence. Indianapolis, IN: John Wiley and Sons.

[4] Fleder, M., Kester, M. S., and Pillai, S. (2015). Bitcoin transaction graph analysis. arXiv. preprint arXiv:1502.01657.

[5] Maesa, D. D. F., Marino, A., and Ricci, L. (2018). Data-driven analysis of Bitcoin properties: exploiting the users graph. Int. J. Data Sci. Anal. 6, 63-80.

[6] Yin, H. S., and Vatrapu, R. (2017). "A first estimation of the proportion of cybercriminal entities in the bitcoin ecosystem using supervised machine learning," in 2017 IEEE International Conference on Big Data (Boston, MA: IEEE, Big Data), 3690-3699.

[7] Harlev, M. A., Sun Yin, H., Langenheldt, K. C., Mukkamala, R., and Vatrapu, R. (2018). "Breaking bad: De-anonymising entity types on the bitcoin blockchain using supervised machine learning," in Proceedings of the 51st Hawaii International Conference on System Sciences (Waikoloa Village, HI).

[8] Monamo, P., Marivate, V., and Twala, B. (2016). "Unsupervised Learning for Robust Bitcoin Fraud Detection," in 2016 Information Security for South Africa (ISSA) (Johannesburg: IEEE), 129-134.

[9] Pham, T., & Lee, S. (2016). Anomaly detection in bitcoin network using unsupervised learning methods. arXiv preprint arXiv:1611.03941.

[10] Weber, M., Domeniconi, G., Chen, J., Weidele, D. K. I., Bellei, C., Robinson, T., & Leiserson, C. E. (2019). Anti-money laundering in bitcoin: Experimenting with graph convolutional networks for financial forensics. arXiv preprint arXiv:1908.02591.

[11] Jung, K. (2019). Bitcoin Ransomware Detection with scalable Graph Machine Learning. CSIRO, Data61. [EB/OL]. [2019-08-18]. Available online at: https://yowconference.com.au/slides/yowdata2019/KevinJung_BitcoinRansomwareDetection.

[12] Paquet-Clouston, M., Haslhofer, B., and Dupont, B. (2018). "Ransomware payments in the bitcoin ecosystem," in The 17th Annual Workshop on the Economics of Information Security (WEIS) (Innsbruck).

[13] Turner, A. B., McCombie, S., & Uhlmann, A. J. (2020). Analysis techniques for illicit Bitcoin transactions. Frontiers in Computer Science, 2, 53.

[14] Stevens (2020). How Chainalysis Helps Catch Cryptocurrency Criminals. [EB/OL]. [2020-09-08]. https://decrypt.co/41127/how-chainalysis-helps-catch-cryptocurrency-criminals.

[15] Chainalysis Team. Chainalysis In Action: How Law Enforcement Used Blockchain Analysis to Follow Funds and Identify the Twitter Hackers. [EB/OL]. [2020-07-31]. https://blog.chainalysis.com/reports/chainalysis-doj-twitter-hack-2020.

[16] Chainalysis Team. Chainalysis in Action: US Government Agencies Seize More Than $1 Billion in Cryptocurrency Connected to Infamous Darknet Market Silk Road. [EB/OL]. [2020-11-05]. https://blog.chainalysis.com/reports/silk-road-doj-seizure-

november-2020.

[17] Kipf, T. N., & Welling, M. (2016). Semi-supervised classification with graph convolutional networks. arXiv preprint arXiv:1609.02907.

[18] Defferrard, M., Bresson, X., & Vandergheynst, P. (2016). Convolutional neural networks on graphs with fast localized spectral filtering. arXiv preprint arXiv:1606.09375.

[19] 陈伟利,郑子彬.区块链数据分析:现状、趋势与挑战 [J].计算机研究与发展,2018(9):1853-1870.

[20] 杨青坪,李佳山,杨建伟.区块链技术背景下的反洗钱监管前瞻性探究 [J].西部金融,2020(10):64-67.

[21] 袁新.区块链在反洗钱客户身份识别的应用 [J].金融科技时代,2021(5):42-45.

联邦学习在可疑交易甄别中的应用前景研究

■ 王璐[1]

摘要： 目前洗钱上游犯罪类型繁杂，且不法分子在进行非法资金转移时呈现跨机构、跨地区的趋势，为提升金融机构可疑交易甄别质量，本文提出基于横向联邦学习的反洗钱可疑交易甄别模型，在保证各机构数据安全和用户信息隐私的前提下，打破各金融机构间的数据孤岛，实现各机构数据的联合应用，进一步提升可疑交易甄别有效性。

关键词： 联邦学习　可疑交易　数据孤岛

一、联邦学习的原理与国内应用现状

（一）联邦学习概述

1. 联邦学习的定义

联邦学习最早是由谷歌（Google）公司提出的算法模型，是为在用户数据不出本地的前提下，预测用户语言习性，改善、优化其自动输入补全键盘系统（Gboard）的语言模型，提升 Gboard 的补全预测率。联邦学习的概念由微众银行在 2018 年引入国内后开始迅速兴起。

联邦学习旨在建立一个各参与方数据不出本地，通过加密机制交换模型参数，在保证数据隐私的前提下，建立共享的机器学习模型，即每个参与方分布式的训练模型，模型的相关信息通过加密的方式聚合到全局模型，聚合训练后的模型信息再通过加密的方式在各参与方之间进行传输和交换。联邦学习包括两个过程，分别是模型训练和模型推理，模型训练即上述过程，模型相关的信息可以在各方交换，交

---

1 王璐供职于中国人民银行银川中心支行反洗钱处。

换过程不会暴露每个节点的数据隐私。当进行模型推理时，模型可以用于新的数据实例。

2. 联邦学习的特征

（1）公平性。

联邦学习是由两个或两个以上参与方共同协作构建的共享机器学习模型，每个参与方都拥有一定的能够用来训练模型的数据，每个参与方之间的训练数据可相互重叠，也可相互独立，且参与方的身份和地位平等。

（2）安全性。

在联邦学习模型的训练过程中，每个参与方的数据都保留在本地，这也是联邦学习与分布式机器学习最大的区别，聚合后的模型相关信息可以通过加密的方式互相交换，其间，会保证任何一个参与方都无法对模型解密推测出原始数据。

（3）一致性。

联邦学习的建模效果要充分逼近将多方数据聚合在一起训练获得的性能。即如果存在 v_{SUM} 和 v_{FED} 分别为集中学习模型和联邦学习模型的性能度量，设 δ 为一个非负实数，则存在：

$$v_{SUM} - v_{FED} < \delta \tag{1-1}$$

3. 联邦学习的分类

假设每个参与方的训练数据都是由样本以及样本特征组成，根据训练数据在不同参与方之间的样本空间和数据特征空间的分布情况，可以将联邦学习分为横向联邦学习（HFL）、纵向联邦学习（VFL）以及联邦迁移学习（FTL）。

（1）横向联邦学习。

横向联邦学习也称为按样本划分的联邦学习，其特点就是参与方样本不同，但数据特征相似，如图 1 所示，设有两个参与方 A 和 B，横轴代表数据特征和标签，纵轴代表数据样本，其数据特征在参与方间有很大的重叠部分，而样本却较少重叠。如两个地区的城市商业银行，在各自地区拥有不同的客户群体，但由于两者的性质相同，经营业务也类似，因此业务模型非常相似，所以样本数据集的特征空间是相同的，这两家城市商业银行就可以联合起来进行横向联邦学习。

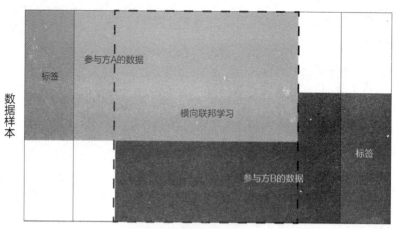

图 1 横向联邦学习示意图

（2）纵向联邦学习。

纵向联邦学习也称为按特征划分的联邦学习，与横向联邦学习不同，纵向联邦学习的特征为训练数据间样本交集较大，但在数据特征上有所不同，如图 2 所示。如同一地区的一家银行和一家互联网公司，由于在同一地区，其客户群体有很大的重叠，而两者对外提供的服务不同，所以数据特征重叠较小。

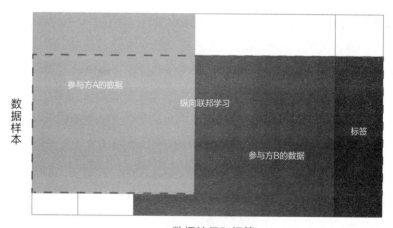

图 2 纵向联邦学习示意图

（3）联邦迁移学习。

在很多实际情况中，各参与方在样本和数据特征上都存在较大的差异，这时就可以将联邦学习和迁移学习技术结合起来，释放更多的数据价值，业界将这种组合称为联邦迁移学习,如图3所示。其中迁移学习是一种为跨领域知识迁移提供解决方案的学习技术。

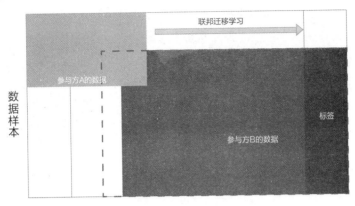

图3　联邦迁移学习示意图

(二)联邦学习的安全机制

1. 同态加密

同态加密的概念在1978年被Rivest等人提出,是数据加密方式的一种,特点是允许数据在加密情况下实现数学或逻辑运算。同态加密分为三类,分别是部分同态加密、些许同态加密和全同态加密,其计算的复杂度一般随功能的增加而增加。

2. 差分隐私

差分隐私是由Dwork在2006年首次提出,其中心思想是通过向聚合查询结果添加随机化"噪声",保护个体的条目,使攻击者攻击个体条目时不会显著改变查询结果。按照当前数据收集方式的不同,可以分为中心化差分隐私和本地化差分隐私。

3. 安全多方计算

安全多方计算是密码学的一个子领域,是解决一组互不信任的参与方之间保护隐私的协同计算问题,主要是针对无可信第三方的情况下,如何安全地计算一个约定函数的问题。安全多方计算在电子选举、电子投票、电子拍卖、秘密共享等场景中有着重要的作用。

(三)联邦学习在国内金融领域的应用情况

联邦学习开创了一种面向数据隐私保护的机器学习新范式,当前应用尚在起步阶段。迄今为止,微众银行已经与超过300多家企业和200多家高校展开了合作,并联合国内的商业银行进行了有益探索，其中江苏银行使用联邦学习技术中的加密算法提高数据安全，将腾讯安全黑灰产库提取的特征变量与江苏银行信用卡提取的特征变量进行融合，实现双向赋能，在保护隐私的同时，有效释放数据生产力；微众银行也在探索将联邦学习技术用于企业信贷以及个人贷款的风险管理，旨在解决银行在此类场景下存在的数据缺失、数据低频等问题，同时在联合信贷风控建模、联合权益定价建模、联合客户价值建模等方面也进行了相关研究。

二、联邦学习在洗钱可疑交易甄别中的应用价值分析

（一）现状分析

洗钱可疑交易甄别需要深入挖掘大量客户及其交易中的多层次、多元化信息，进而确定客户洗钱可疑交易行为。为有效识别可疑交易，目前国内各大金融机构都在探索将人工智能运用在监测可疑交易方面，从而提高可疑交易甄别的有效性。经调研，宁夏辖区 3 家法人银行机构及 8 家非法人银行机构中，工商银行总行在现有反洗钱系统基础上，逐步建立智能监测模型自学习和动态优化机制，研发非法集资、地下钱庄等智能模型；招商银行总行在 2019 年开发上线了洗钱案宗扩召回 AI 模型，甄别未被专家规则覆盖到的洗钱行为，降低洗钱风险；宁夏辖内 3 家法人机构也正在探索相关方法。

虽然目前各金融机构内部都以各自数据为依托，探索使用人工智能提升可疑交易质量，但洗钱上游犯罪类型繁杂，不法分子通过多层转账或集中划转的方式，将非法钱财转至个人账户或对公账户，利益链条长，涉案人员广，每一个环节都非常隐蔽，且在进行非法资金转移时呈现跨机构、跨地区的趋势，洗钱途径广泛涉及银行、保险、证券、房地产等多个金融以及特定非金融行业，因此想要提升可疑交易甄别质量，就要将各机构的"小数据"聚合进行联合分析，但由于数据安全和用户信息隐私保护、行业竞争、数据产权及公平维护等，不同金融机构间的系统相互独立，缺少互通性，造成信息不对称和跨机构数据断流的数据孤岛问题，这时，传统的将数据聚合的机器学习方法将不再适用，在很大程度上，削弱了各机构可疑案例甄别有效性，易造成风险区域性蔓延。因此，数据孤岛是影响可疑交易监测能力和反洗钱工作有效性的重要原因之一。

（二）联邦学习在可疑交易甄别的应用价值

如上文所述，由于各方面原因造成的数据孤岛，削弱了可疑交易甄别的有效性，为了解决这样的困境，人工智能领域也在探寻各种方法，联邦学习作为一种新型

面向数据安全和隐私保护的机器学习方法，可成为数据孤岛和数据保护难题的破解之法。

建立机器学习模型通俗说就是一个不断调节特征工程及其模型参数，直至模型效果达到最优的过程。在联邦学习框架下，可保证数据不出本地，各参与方使用相同的机器学习算法训练识别可疑交易模型，并将训练模型的模型参数加密后聚合至中心节点，中心节点计算出全局模型参数，再重新发回参与方，各参与方更新模型参数，这一过程重复进行，直到各参与方可疑交易甄别模型效果达到最优。这样就确保了用户隐私与数据安全，各参与方还能不断优化机器学习模型，实现彼此模型的正向生长，从而提升可疑交易甄别的有效性。

三、基于联邦学习的可疑交易甄别模型的实践思路

由于目前信息不对称造成的资金流断裂影响可疑交易甄别质量，本文的解决思路是依托横向联邦学习技术，在保障反洗钱义务机构信息不出本地且安全的前提下，实现跨机构、跨行业的可疑交易甄别体系的构建。

（一）整体架构

本文先假设在银行机构间构建一个可疑交易甄别体系。由于不同银行间拥有的客户重合度相对较低，也就是一个客户在一个地区通常只会在一家或者少数几家银行发生交易行为，但不同银行在同一个地区开展的业务模式会非常相似，因此在银行间构建可疑交易甄别体系时适合用横向联邦学习。为保证数据的安全性及降低全局模型的复杂度，将引入一个中间节点作为协调者，中心节点可以为监管部门。各银行作为独立的节点，在中间节点的帮助下，协作训练一个机器学习模型，具体如图4所示。

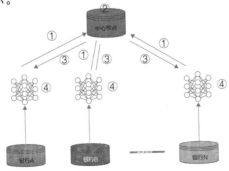

图4 基于联邦学习的可疑交易甄别模型整体架构

（二）具体流程

由于在同一个地区不同银行间的业务类似，在进行训练机器学习模型时，可以选择相同的特征对模型进行训练，训练的过程通常分为四步，如图 4 所示。

（1）各参与方选取同样的特征向量对同一个机器学习模型进行训练，生成模型参数，并使用同态加密技术对模型参数信息进行加密，并将加密结果发送给中心节点。

（2）中心节点对加密结果进行安全聚合操作，如使用基于同态加密的加权平均。

（3）中心节点将聚合后的结果发送给各参与方。

（4）各参与方对收到的模型参数进行解密，并使用解密后的模型参数结果更新各自的模型参数。

上述步骤会持续迭代进行，直到损失函数收敛，各参与方共享最终的模型参数。

（三）各参与方的反洗钱可疑交易甄别的模型训练算法

基于上述的整体架构，本小节提出一个适用于各参与方的反洗钱可疑交易甄别的模型训练算法，模型整体分为五层：样本选取层、数据预处理层、特征提取层、GBDT 算法层及评分层，具体如图 5 所示。

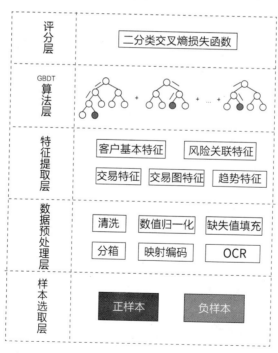

图 5 各参与方的反洗钱可疑交易甄别的模型流程图

1. 样本选取层

《金融机构大额交易和可疑交易报告管理办法》明确要求，金融机构在判定可疑交易时，不仅要通过交易监测指标筛选，还应进行人工分析、识别，并记录分析过程，不提交可疑交易报告的，应当记录分析排除的合理理由。因此在进行样本选取的时候，可以将已上报可疑交易报告的客户定义为正样本，排除未上报和其他正常交易的客户样本作为负样本。

2. 数据预处理层

选取样本以结构化数据为主，但也存在非结构化或半结构化的数据，而且由于数据结构、命名规则等不同，要对提取的特征进行清洗、转换和融合。可采用分箱、数值归一化、缺失值填充等方法对不同数据类型的数据进行预处理，也可采用图像识别技术（OCR）将图片类数据转化为文本类数据，从而提升特征值的有效性和准确性。

3. 特征提取层

为准确刻画可疑客户特征及交易，将所需特征分为五大类：客户基本特征、交易特征、风险关联特征、交易图特征、趋势特征。

表 1 反洗钱可疑交易甄别特征类别

特征类别	特征工程
客户基本特征	个人：姓名、性别、年龄、国籍、职业、地址…… 对公：名称、开设时间、企业规模、法定代表人信息、受益所有人信息……
交易特征	交易频率：30 天内、7 天内、1 天内交易次数 交易额度：30 天内、7 天内、1 天内交易总额度 交易时间：30 天内、7 天内、1 天内，特殊时段的交易次数和金额 交易地点：30 天内、7 天内、1 天内，与交易对手异地交易、非主体归属地的交易次数和金额 交易对手、IP、交易地点、交易机构号分散程度 交易方式：快进快出、不留余额；分散转入、集中转出／集中转入、分散转出……
风险关联特征	与历史可疑交易客户相关的交易次数、金额 通过历史可疑交易客户相关 IP、MAC 进行交易的次数、金额 ……

续表

特征类别	特征工程
交易图特征	一个客户和可疑交易报告样本内多少其他用户发生过交易 一个客户向多少客户进行过转入交易 一个客户被多少客户转入资金 一个客户在可疑交易报告样本内涉及的全量交易 ……
趋势特征	资产变化：客户近半年的资产变化 ……

同时还要提取标签数据，也就是判断每一个用户的交易行为是否可疑，形成客户的特征向量。

4.GBDT 算法层

可疑的判别本质上是一个二分类问题，且模型的主要目标是捕捉用户交易行为，特征大多为连续值，鉴于梯度下降树（Gradient Boosting Decision Tree, GBDT）算法善于解决连续特征值的问题，具有自动发现多种有区分性的特征以及特征组合，预测精准度高，因此选择 GBDT 算法，训练每一个参与方的正负样本。假设每一个参与方的样本集 $D = \{(x_1, y_1), (x_2, y_2), \cdots, (x_m, y_m)\}$，其中 y_i 为 x_i 的样本标签，标签给出样本是正样本还是负样本。我们根据样本集 $\{D\}$ 训练出样本集中每个用户的预测值 $\hat{y}_i$。

5. 评分层

由样本选取层我们可知，样本被分为正样本和负样本，分别用"0"和"1"表示，也就是 $y_i = \{0,1\}$。在评分层，使用二分类交叉熵损失函数（式 3-1）将样本集的预测结果 $\hat{y}_i$ 与 y_i 标签进行比较，不断优化模型，直到模型达到最优。

$$L(y, \hat{y}) = -[y \log \hat{y} + (1 - y) \log(1 - \hat{y})] \tag{3-1}$$

当每个参与方的模型达到最优时，将 GBDT 算法的模型参数加密上传至中心节点，中心节点对收到的模型参数进行安全加权平均聚合，再将聚合的模型参数发送给各参与方，各参与方更新各自模型参数训练模型，直到模型收敛。

四、总结与展望

（一）研究成果

联邦学习作为一种面向数据安全和隐私保护的机器学习方法，对于解决提升可疑交易甄别质量提供了新思路。本文前瞻性地提出基于横向联邦学习解决反洗钱可疑交易甄别有效性的整体架构和实践思路，在保证数据不出本地且安全的前提下，各参与方先在本地训练机器学习模型，再将模型相关信息加密后在各参与方之间交换，不断迭代直到模型收敛。训练好的模型可以应用于新的数据实例，各参与方将协作进行结果预测，在保证数据隐私的前提下，共享通过协同分析数据得到的结果。

（二）面临困境

一是本文所设计的基于联邦学习可疑交易甄别体系涉及数据部门多、范围广，目前我国相关法律法规对数据的收集和处理提出了严格的控制和要求。联邦学习处于萌芽阶段，其底层的加密技术也处于研究发展的阶段，在落地实施中，面临着法律确权带来的压力。

二是在本文场景下，目的是为金融机构找出问题客户，联邦学习的本质还是机器学习，训练好的机器学习模型离不开好的样本数据，但是相较于金融机构的正常客户，问题客户样本还是较少，其比例占到正常客户的千分之一，甚至更小，这样数据标签不平衡的情况将导致模型训练效果欠佳。

三是联邦学习的模式就是多方交换模型信息，在各方参与过程中，势必存在参与方贡献度不一致的情况，且由于模型训练在参与方本地，各方的计算能力和速度都受到本地硬件设备影响，这种情况下，如果无任何激励机制或无区别对待各参与方，就会出现不公平的价值分配。

（三）建议

随着联邦学习技术的不断优化和广泛实践，其显现出的价值将不容小觑。在新技术的萌芽阶段，应综合衡量技术价值，并在顶层设计、技术优化、人才培养方面做好积极准备。

一是要解决数据使用的法律范围。虽然联邦学习技术保证了各参与方的数据安全性，但由于底层数据来自不同的部门和机构，在现有法律体系框架内，并未对在联邦学习规则下如何使用数据做出明确规定，不同机构和部门在数据使用方面是否符合规定需要在制度层面进一步研究和确定。

二是加强技术优化。目前，联邦学习技术正处于萌芽阶段，各种框架和技术都处于试验阶段，应大力解决由于技术问题带来的挑战，如联邦学习的安全性，虽然目前应对外部攻击可以借助同态加密等加密技术降低风险，但还应加强研究应对内部攻击的解决方案。又如对于联邦学习的公平性激励机制目前研究较少，要实现联邦学习的可持续发展，就要建立一个根据贡献程度公平分配奖励的联邦生态。

三要锻炼复合型人才队伍。随着科技与金融的深度融合，对复合型的金融科技人才的需求也呈现爆发式的增长。银行机构应加强与科技公司的合作，加大人才培养力度，从金融科技创新的角度提升金融从业人员的综合能力和专业技能，打造一支复合型的人才队伍。

参考文献：

[1] 杨强，刘洋，程勇，康焱等 . 联邦学习 [M]. 北京：电子工业出版社 ,2020:4-5.
[2] 张艳艳 . "联邦学习"及其在金融领域的应用分析 [J]. 农村金融研究 ,2020(12):52-58.

企业受益所有人知识图谱在涉众类
金融犯罪企业识别中的应用

■ 刘丹丹　王彦　王赟[1]

摘要： 企业受益所有人身份识别对于打击金融犯罪具有重要作用。本文就当前企业受益所有人股权结构关系识别的现状和风险展开论述，提出了支付宝公司建立受益所有人知识图谱的股权识别方案，通过机器学习和智能算法技术为金融机构持续提升复杂受益所有人股权关系识别能力提供参考。

关键词： 互联网金融　反洗钱　算法　受益所有人　知识图谱

一、背景

企业受益所有人调查是反洗钱客户身份识别的重中之重，是央行、银保监、国际 AML/CTF（反洗钱／反恐怖融资）法规的强制性要求。近年来发生的反洗钱重大处罚案件，包括澳洲联邦银行 7 亿澳元罚单和环迅支付 6000 万处罚案，一再警示金融机构做好企业客户受益所有人调查的重要性。不遵守日益严格的反洗钱制度，对公司和相关负责人都会带来重大的法律、财务和声誉风险。然而，对旨在隐藏最终受益所有权（Ultimate Beneficial Ownership）的复杂法律结构进行抽丝剥茧，仍然是一项极具挑战性的工作。通常对于只有一层股东的企业来说，识别其受益所有权相对简单；当所有权被多层间接股权关系掩盖时，识别其受益所有权就愈加困难。然而，恐怖主义集团、金融犯罪集团、腐败分子等组织或群体常常以企业为载体实施犯罪，并利用复杂的受益所有权结构隐藏受益所有人、逃避监管、完成非法的利益输送。

1　刘丹丹、王彦、王赟供职于支付宝（中国）网络技术有限公司吉林分公司反洗钱中心。

因此，支付宝反洗钱团队在企业受益所有人调查方面的工作包括：（1）通过错综复杂的关联关系精准识别企业受益所有权；（2）识别复杂受益所有人股权结构的洗钱风险。本文将重点阐述第二部分内容，即，在识别出企业受益所有权及其受益结构的基础上，通过知识图谱方法分析其股权结构的洗钱风险，尤其是涉众类金融犯罪风险。

二、基本概念

1. 受益人所有人（Ultimate Beneficial Ownership，UBO）

受益所有人／最终受益人是反洗钱的专有概念，指对某一机构拥有最终实际控制权的自然人。下文将受益所有人／最终受益人简称为 UBO。

2．UBO 识别的判断标准

公司的 UBO 应当按照以下标准依次判定：

（1）直接或者间接拥有超过 25% 公司股权或者表决权的自然人；（2）通过人事、财务等其他方式对公司进行控制的自然人；（3）公司的高级管理人员。

3. UBO 股权结构

UBO 股权结构：UBO 用于控制目标公司的直接股权关系或间接股权关系的集合。

（1）简单关系：包括直接控股关系和单路径间接控股关系。如图 1 所示。

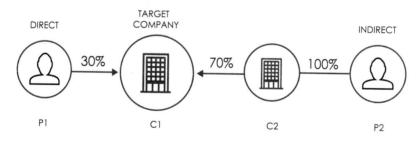

图 1　简单 UBO 股权结构示例（P1 直接控股 C1；P2 通过公司 C2 间接控股 C1）

（2）复杂关系：如通过多条路径间接持股。图 2 中 Herr Weiss 通过三条路径控制目标企业 64% 的股权。

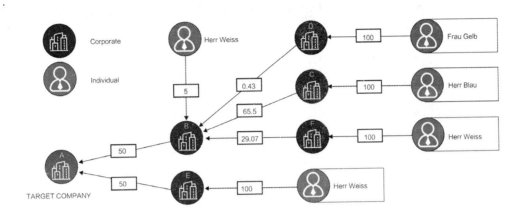

图 2 多层间接持股关系示例（三位自然人通过多层间接持股关系控制目标企业）

（3）循环结构体：如图 3 所示，一个看似不重要的股东仅持有 1% 股份，但通过循环结构体可以获取目标企业所有的利润。

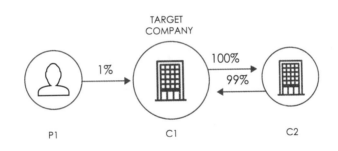

图 3 循环结构体示例

4. UBO 股权结构风险

UBO 通过复杂股权关系控制的企业或企业集团具有虚假出资、集团运作、隐匿架构、逃避监管、关联交易、急剧扩张等一系列风险。这些风险关联的违法资金流传会带来更严重的涉众类金融犯罪风险。

（1）虚假出资。一些 UBO 借助层层持股、交叉持股、操控空壳公司进行循环注资等手段虚假出资，短时间内迅速实现资产扩张，但缺乏能够抵御风险的真实资本。例如：2014 年，A 企业及其董事长刘某浩涉嫌虚报注册资本罪被司法机关立案调查。

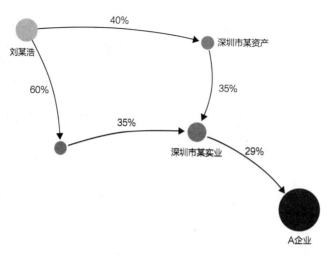

图 4　刘某浩通过多层交叉持股控股涉嫌虚假出资的 A 企业

（2）集团运作。一些企业通过集团式运作，使旗下各公司涉足广泛的领域，并利用政策差异进行监管套利，其中不乏违法违规操作。例如，2019 年，戴某康通过旗下的上海某大集团违规经营 P2P 平台，涉嫌非法吸收公众存款罪被立案侦查。

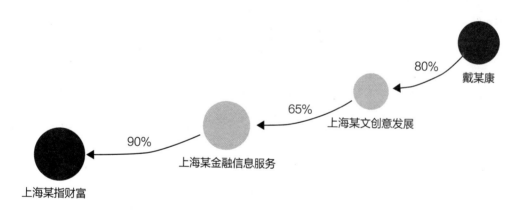

图 5　涉嫌非法集资的某大集团 UBO 控股路径

（3）隐匿架构。部分企业利用复杂的股权安排、关联关系、特殊目的载体、股权代持等手段，隐藏 UBO 和控制关系，从而逃避对虚假出资和不当关联交易的监管。例如，2016 年起，以徐某为实际控制人的"中某系"企业涉嫌非法吸收公众存款罪被采取司法强制措施。涉案企业通过工会委员会持股等方式隐藏受益所有人。

股东及出资信息

股东	认缴额（万元）	实缴额（万元）	持股比（%）
> 某投资控股（集团）有限公司工会委员会	9500	9500	48.72
> 孙某某	1250	–	6.41
> 张某某	1250	–	6.41
> 吴某	1250	–	6.41
> 蒋某某	1250	–	6.41
> 朱某某	1250	–	6.41
> 陈某某	1250	500	6.41
> 姜某某	1250	–	6.41
> 陈某	1250	–	6.41

图 6 "中某系"企业某投资控股（集团）有限公司通过工会委员会持股隐匿 UBO

（4）逃避监管。一些在海外宣称拥有金融全牌照的企业，通过隐匿了所有权架构，逃避国内金融监管，完成政策套利。例如："某天系"企业集团通过资本运作控参股 44 家金融机构，引起较大监管风险。图 7 为该集团旗下空壳公司北京某豪电子科技有限公司的复杂 UBO 控股结构。

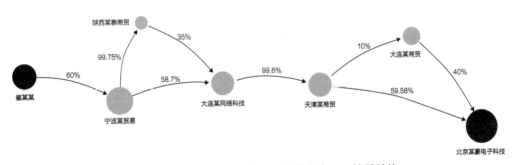

图 7 北京某豪电子科技有限公司的复杂 UBO 控股结构

（5）关联交易。一些企业将所控股金融机构作为"提款机"套取巨额资金，向 UBO 输送利益，严重损害金融机构和投资者的权益。例如，2020 年初因涉嫌非法吸收公众存款罪被立案调查的知名创业人陈某伟通过旗下 P2P 运营企业杭州某湾科技有限公司吸纳普通投资者资金，然后投资其控制的杭州某汽车服务有限公司虚假项目，涉嫌自融。

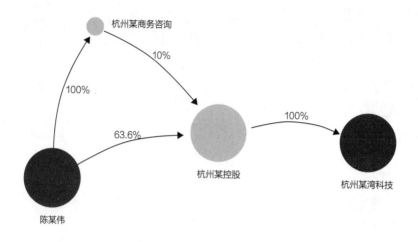

图 8　杭州某湾科技和杭州某汽车服务同为陈某伟控制的企业

（6）急剧扩张。借助以上手段外加创投和上市等方法，一些企业集团完成规模上的极速扩张。少数企业为掩盖违法违规行为，向境外快速扩张，实现资产跨境转移。例如，某知名上市公司疑似以投资海外项目为名向境外转移国有资产，深陷舆情风波。

5. 现行 UBO 股权结构风险分析方法

金融机构现行 UBO 股权结构风险识别方法主要通过相关风险特征对风险企业进行持续监控。UBO 股权结构风险特征主要包括但不限于以下五类。

（1）UBO 最长控股路径超过阈值；

（2）UBO 控股路径数量超过阈值；

（3）存在无法穿透到自然人的路径；

（4）境外受益股权大于阈值；

（5）路径存在循环结构体。

现行策略具有配置灵活、可解释性强等优点，结合其他企业风险监控模型可以较好地满足业务对企业 UBO 风险的监控与预警。但粗粒度的统计特征依然存在广阔的优化空间。

三、基于企业受益所有人知识图谱的涉众类金融犯罪企业识别

通过分析大量洗钱上游犯罪，可以发现风险企业的 UBO 股权结构具有一些隐性特征。例如，非法集资企业的 UBO 路径上通常会包括以下三种类型企业中的两

种或全部。

(1) 资金入口，以资产管理、财富管理、投资类型等企业作为吸纳资金的入口。

(2) 资金出口，以资本投资、文化投资、融资租赁等企业作为资金的出口。

(3) 以互联网、高科技、国家扶持等名头的掩护企业，包括互联网金融、金融科技、农业科技、影视文化、新能源等类型企业。

这些关系型、文本型非结构化数据非常适合知识图谱表示。笔者基于工商管理部门、中国裁判文书网、域名等公开数据构建 UBO 知识图谱，包括两种实体：企业和自然人，如图 9 所示；多种关系：法人、股东、董监高和 UBO 关系等，如图 10 所示；以及刑事和行政处罚记录、纳税评级等实体特征。

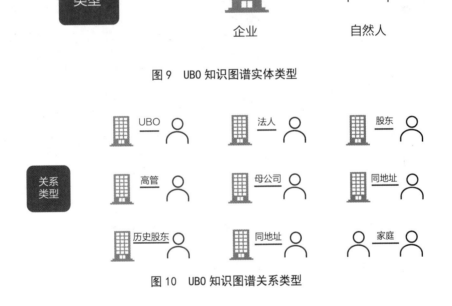

图 9　UBO 知识图谱实体类型

图 10　UBO 知识图谱关系类型

本文尝试基于 UBO 知识图谱对企业的涉众类金融犯罪风险做深入分析。算法过程包括 UBO 控股路径生成、UBO 控股路径序列化、路径序列风险识别、企业 UBO 股权结构风险识别四步。首先通过知识图谱路径搜索算法生成 UBO 持股路径；其次使用企业工商注册特征、持股关系特征对 UBO 持股路径进行序列化；再次使用文本分类算法对 UBO 持股路径序列进行二分类；最后将文本分类产出的结果作为特征，结合 UBO 股权结构统计特征训练梯度提升决策树模型，最终得到企业的涉众类金融犯罪风险评估。

为了简化实验设计，笔者选取 3652 万家有限责任公司和股份有限公司作为研究样本。这些公司具有比较明确股权信息便于计算 UBO 的股权结构。同时，这些企业占工商注册企业中除个体工商户以外的绝大多数，对它们的分析结果依然具有代表性。黑样本企业为已知涉众类金融犯罪涉案企业（包括企业关键人涉案），共 226 万家。犯罪类型包括非法集资、传销、赌博、P2P、非法现金贷等。白样本为未被刑事、行政、反洗钱或风控等稽核或处罚过并且在营的企业。

1. UBO 控股路径生成

首先通过知识图谱路径搜索算法从股权关系图中遍历出 UBO 到企业之间的所有简单路径，并保存路径上的节点信息和边信息。如图 11 所示，A 企业 UBO 的股权结构转化为右侧的两条控股路径。研究样本共生成 5000 万条控股路径。需要注意的是，这里笔者未对路径上的循环结构体做特殊处理。循环结构体将作为特征在后续的树模型中使用。

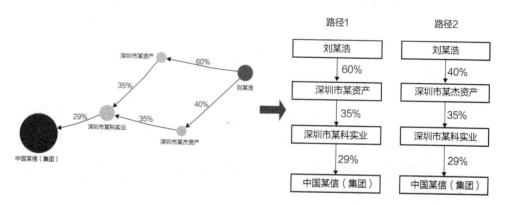

图 11　UBO 控股路径提取示例（A 企业 UBO 的两条控股路径）

如果控股路径的目标节点为黑样本企业，将该路径标注为黑样本路径。若一家黑样本企业具有多条 UBO 控股路径，则这些路径都标注为黑样本路径。从表 1 的统计数据来看，长度为 1 的路径数量占总路径数的绝对多数。随着路径长度的增加，黑样本占比随之增加到峰值后下降。长度为 7 至 10 的路径风险浓度最大。由于长度大于 20 的路径的绝对数量很少且风险浓度低，对其做截断处理。

表 1　UBO 控股路径数量分布和黑样本分布

路径长度	路径数量	黑样本比例	路径长度	路径数量	黑样本比例
1	46559686	6.45%	11	15676	21.89%

路径长度	路径数量	黑样本比例	路径长度	路径数量	黑样本比例
2	2085728	13.53%	12	16791	14.34%
3	638647	19.16%	13	19199	12.30%
4	276414	26.13%	14	20701	7.24%
5	110202	24.35%	15	21213	5.17%
6	58131	24.73%	16	19463	4.34%
7	36681	28.07%	17	15677	3.65%
8	25366	26.80%	18	10961	2.70%
9	19105	27.71%	19	6566	1.61%
10	15569	27.88%	20	3291	0.82%

2. UBO 控股路径序列化

获取 UBO 控股路径后，一个直观的想法是利用路径上的企业名称将控股路径表示为文本序列，再利用文本分类模型对路径进行风险评估。然而，企业名称中包含大量表示地域和企业类型的冗余信息，以及带有展示企业注册者审美或喜好的个性化信息。直接使用企业名称产生的文本序列有效信息浓度低、序列长度过长，不利于有效发挥文本分类模型的效能。因此，我们使用路径节点特征编码和持股关系特征编码对 UBO 控股路径进行序列化。

（1）路径节点特征编码：首先对企业类型、所属行业和注册资本分别编码，再将节点类型编码、所属行业编码和注册资本编码拼接成路径节点特征编码。自然人节点直接用"PERSON"进行编码。

①企业类型：将常见的 50 种企业类型转化为类型编码。部分类型编码如表 2 所示。

表 2　企业类型编码示例

企业类型	类型编码
有限责任公司	TYP1
有限责任公司（国有控股）	TYP344
有限责任公司（自然人独资）	TYP343
股份有限公司	TYP189
上市股份有限公司	TYPE126

②所属行业：使用国民经济行业一级和二级分类编码，共 118 项。部分行业编码如表 3 所示。

表 3　国民经济行业编码示例

国民经济行业分类	国民经济行业代码	行业编码
农、林、牧、渔业	A	INDA
农业	01	IND01
租赁和商务服务业	L	INDL
租赁业	71	IND71
信息传输、软件和信息技术服务业	I	INDI
互联网和相关服务	64	IND64

③注册资本：按照如下规则对注册资本进行离散化并编码，共 35 项（见表 4）。

表 4　企业注册资本编码示例

注册资本	注册资本编码
1 万—5 万元	AST0
5 万—10 万元	AST1
10 万—50 万元	AST2
50 万—100 万元	AST3
100 万—500 万元	AST4
500 万—1000 万元	AST5
1000 万—5000 万元	AST6
依此类推	

理论上所有节点类型编码、所属行业编码和注册资本编码的笛卡儿积可产生 206500 个不同的企业编码。在样本集上实际产生 10861 个不同的企业编码。

（2）持股关系特征编码：使用持股比例和持股起始年份直接编码。如自 2014 年起，"刘某浩持有深圳市某资产 60% 股份"用"Y2014R60"进行编码。

图 12 展示了 A 企业的一条 UBO 控股路径序列化示例。路径上的节点刘某浩、深圳市某资产、深圳市某科实业和 A 企业根据特征按照编码表生成各自的节点编码。同样，三条控股关系也按照既定规则生成边编码。最终将路径序列生成如下形式：PERSON Y2014R60 TYP1IND0AST6 Y2008R35 TYP1IND0AST5 Y1988R29 TYP344INDLAST7。

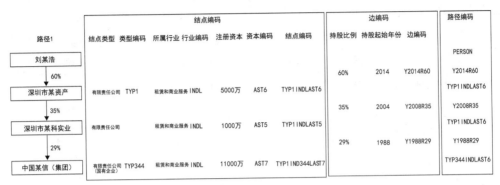

图12 A企业的一条UBO控股路径序列化示例

3. 路径序列风险识别

UBO控股路径序列与自然语言中的句子类似。因此，有了路径序列以及相应的序列标签后便可以使用文本分类模型对路径序列的洗钱风险进行建模。常用的方法包括SentenceEmbedding或fastText对语句进行向量化，再利用生成的向量进行分类或聚类。SentenceEmbedding先利用word2vec CBOW对词语进行向量化，再通过加权求平均法求得语句的向量，最后使用主成分分析去掉一些次要特征。而fastText的模型架构与word2vec模型中使用的CBOW非常相似。不同点在于word2vec CBOW的目标是通过当前词的前后N个词来预测当前词，在使用层次softmax的时候，huffman树叶子节点处是训练语料里所有词的向量。而fastText的目标是预测文本的标签，huffmax树叶子节点处是每一个类别标签的词向量。概括来说，fastText具有如下特点。

（1）核心思想：将全部文本的词及n-gram向量叠加平均得到向量，然后使用文本向量做softmax多分类。

（2）两个特色：引入字符级n-gram特征以及分层Softmax分类。

①字符级的n-gram：除了每个单词的词向量外，还为每个单词字符级n-gram生成一个向量作为额外特征。由此带来两点好处：a．对于低频词生成的词向量效果会更好。因为它们的n-gram可以和其他词共享；b．对于训练词库之外的单词，仍然可以通过叠加它们的字符级n-gram向量来构建它们的词向量。

②分层softmax：利用哈夫曼树构建，根据目标类别的多少自上而下构建，数目越多的类越在树的顶部。

因为现有场景需要对序列的标签进行分类，所以此时fastText模型是一个合适的选择。笔者对长度大于等于 2 的路径序列训练 fastText 模型。经实验，长度大于等于 1 的序列由于仅包含目标节点自身的特征，信息量较少且风险浓度低，对模型结果会产生很大负面影响。模型整体分类效果较好，但对长度大于 2 的路径分类效果好于长度等于 2 的路径。原因在于短路径的模式和信息含量都比较有限。需要注意的是控股路径的分类结果并不等价于对风险企业的分类。

4. UBO 股权结构风险

笔者不建议直接采用路径序列的分类结果作为相应的企业分类结果。一是 fastText 模型对数量庞大的短路径召回有限，二是存在通过多条短路径控制风险企业的情况。因此，我们将 fastText 产出的路径风险概率作为特征，结合 UBO 股权结构统计特征训练决策树模型。按企业统计的特征如表 5 所示。

表 5　UBO 股权结构特征（包括 fastText 产出的路径风险概率特征和 UBO 股权结构统计特征）

路径 fastText 风险概率特征		UBO 股权结构统计特征	
按路径长度统计：	序列数量	最短持股路径长度	相同法人企业数量
	风险概率最大值	最长持股路径长度	相同 UBO 企业数量
	风险概率最小值	路径公司数量	相同联系方式企业数量
	风险概率均值	是否境外公司受益超过 25%	无法穿透企业述数量
		境外受益股权比例	受益路径存在循坏

使用简单稳定的 XGBoost 训练模型，基准模型为只使用 UBO 股权结构统计特征训练的 XGboost 模型。相比基准模型，综合使用路径风险概率特征的模型效果有较大的提升。

5. 识别效果

模型产出的 UBO 股权结构风险企业包括多家 P2P 企业和长租公寓。其中杭州某资产管理有限公司因其运营的 P2P 平台爆雷于 2020 年被杭州警方采取强制措施，某长租公寓品牌因资金链问题频繁出现负面舆情。两家企业的 UBO 股权结构分别如图 13、图 14 所示。

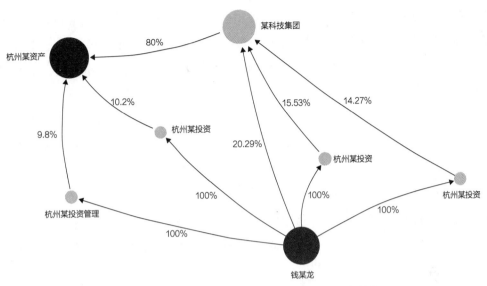

图 13 杭州某资产管理有限公司的复杂 UBO 股权结构

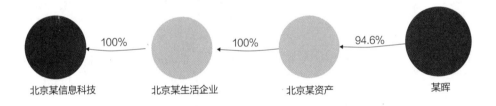

图 14 北京某信息科技有限公司某长租公寓品牌的 UBO 股权结构

四、总结和展望

本文尝试基于 UBO 知识图谱对企业涉众类金融犯罪风险进行综合研判，取得了一定的进展。后续我们会对洗钱上游犯罪的企业和企业集团 UBO 股权结构模式进行深入挖掘，进一步提前预警企业洗钱风险。

近年来，我国宏观经济保持总体稳中有进，社会秩序总体和谐稳定。与此同时，各类经济犯罪特别是洗钱、涉众型经济犯罪、涉税违法犯罪的形势依然严峻，金融领域违法违规现象突出，给人民群众合法权益和国家安全造成的损害不容忽视。为进一步健全国家治理体系和现代金融监管体系，有效防范洗钱、恐怖融资和逃税等违法犯罪活动，人民银行会同多家监管机构相继发布了《中国人民银行关于加强反洗钱客户身份识别有关工作的通知》、《互联网金融从业机构反洗钱和反恐怖融资管理办法（试行）》和《金融机构客户尽职调查和客户身份资料及交易记录保存管理办法（修订草案征求意见稿）》。法案中要求金融机构需要基于风险为本的理念开展客户尽职调查。对于客户为公司、企业等市场主体或者其他组织的，金融机构对其开展客户尽职调查时，应当识别并核实客户身份，了解其业务性质、所有权和控制权结构，识别并采取合理措施核实客户的受益所有人身份。

在此大背景下，金融机构可以尝试采用机器学习和深度学习技术识别企业客户受益所有人并构建了包含覆盖全量工商注册企业的受益所有人知识图谱。基于高质量的数据和知识底盘，支付宝利用知识图谱技术和算法对具有涉众类金融犯罪、赌博、涉税犯罪等洗钱风险的受益所有人股权结构进行分析，取得了一定的进展。根据风险为本的理念，未来有两个努力方向：一方面增强企业受益所有人识别的准确性，另一方面继续通过前沿技术和算法对日益隐蔽的洗钱结构进行综合研判，防患于未然。

参考文献：

[1] Dun & Bradstreet.The Intricacies of Ownership and Control：Understanding Beneficial Ownership Structures.[EB/OL][2017–05–15].https://www.dnb.com/content/dam/english/dnb-solutions/supply-management/UBO-guide-170515_US.pdf.

[2] 中国人民银行金融稳定分析小组．中国金融稳定报告 2018.[EB/OL][2018–03–11].http://www.gov.cn/xinwen/2018-11/03/5337137/files/48b31c0c3cec41ac977b18a2b6b9590a.pdf.

[3] P Bojanowski, et al.Enriching Word Vectors with Subword Information.Transactions of the Association for Computational Linguistics，2017(5)：135——146.https://arxiv.org/abs/1607.04606.

[4] T Mikolov, et al. Efficient Estimation of Word Representations in Vector Space. ICLR (Workshop Poster), 2013. https://arxiv.org/abs/1301.3781.

[5] 中国人民银行．中国人民银行关于加强反洗钱客户身份识别有关工作的通知（银发〔2017〕235号）.http://www.pbc.gov.cn/tiaofasi/144941/3581332/3589698/2018073014460924421.pdf.

[6] 中国人民银行，中国银行保险监督管理委员会，中国证券监督管理委员会．互联网金融从业机构反洗钱和反恐怖融资管理办法（试行).http://www.pbc.gov.cn/tiaofasi/resource/cms/2018/12/2018122910394291621.pdf.

[7] 中国人民银行，中国银行保险监督管理委员会，中国证券监督管理委员会．金融机构客户尽职调查和客户身份资料及交易记录保存管理办法（修订草案征求意见稿).http://www.csrc.gov.cn/pub/zjhpublic/zjh/202103/t20210331_395106.htm.

知识图谱提升可疑甄别有效性的应用研究

——以虚开增值税发票案件为例

■ 安徽省反洗钱监管科技应用研究课题组 [1]

摘要： 针对当前反洗钱工作中可疑交易报告数量大、案件转化率较低的问题，本文提出了一种基于知识图谱建立企业可疑洗钱案件防控的解决方案。通过整合多源数据集，抽取 9 种实体类型，建立 32 条关系类型，基于业务经验搭建了 15 种涉税模型指标。以 H 行为例，最终构建了 5000 多万个实体节点及 1.5 亿个边，并以某废旧物资回收公司为例，确定其指标累计分值为 110，属于重点可疑案例。实验结果表明，该方法有助于银行更加高效、可靠地提升银行反洗钱个体或团体的预警能力。

关键词： 反洗钱　知识图谱　实体　关系

一、引言

随着我国经济发展进入新常态及信息技术高速发展，走私、贩毒、金融诈骗、地下钱庄、偷税漏税、贪污腐败等违法犯罪行为层出不穷，洗钱活动通常与上述犯罪行为紧密交织在一起，严重威胁国家金融安全与社会稳定。据相关数据统计，2020 年全国检察机关共批准逮捕洗钱犯罪 221 人，提起公诉 707 人，较 2019 年分别上升 106.5% 和 368.2%。同时，央行等监管机构对 417 家义务机构进行了反洗钱行政处罚，处罚金额达 6.28 亿元。商业银行作为反洗钱义务主体，必须要坚决履行反洗钱要求，严格落实反洗钱责任。

1　课题组成员包括：余竹旗、程璞、周娟娟、陈小康、黄蓓、周鸿杰、郑雨晴。

　余竹旗、程璞供职于中国人民银行合肥中心支行，周娟娟、陈小康供职于徽商银行总行合规部，黄蓓、周鸿杰、郑雨晴供职于中国人民银行合肥中心支行。

　　商业银行反洗钱义务主要体现在客户身份识别、交易记录保存、大额交易及可疑交易识别等方面。但目前，金融机构可疑交易甄别工作普遍存在着甄别不准确，可疑线索向案件线索转化率不高的问题。《中国反洗钱报告 2019》指出，本年金融机构累计报送可疑交易报告 163.76 万份，公安侦查机关立案 474 起，可疑交易报告案件线索转化率仅为 0.03%。据调研分析，可疑识别率较低的原因主要如下：首先，客户身份信息获取不通畅，目前金融机构对新开户客户身份识别多采取客户填写制式表格、柜员录入的方式，客户提供信息的完整性参差不齐，真实性无从核验；其次，关联客户难以实现整体合并，商业银行对于大额和可疑交易的分析报送基本是以客户为单位，但犯罪分子为防止单一客户交易量过大引起银行关注，一般会组织多人在不同网点开户，将大额资金分散转到多个账户交易，以客户为单位的数据抓取就难以掌握团伙交易全貌；最后，可疑预警模型局限于账户交易，目前多数商业银行对于可疑预警模型的设计主要基于账户交易特征，如一刀切地提取特定时间内交易金额和交易笔数达到一定水平的客户，这就可能造成一些正常经营的零售业小商户频繁提取可疑，未考虑不同职业、行业客户经营特征的差别，影响了可疑交易甄别的工作效率。

　　为解决可疑交易报告案件转化率低的难题，近年来，银行业金融机构进行了多方面的探索和努力，尝试运用大数据、机器学习、区块链及知识图谱等技术手段解决反洗钱领域面临的识别效率和识别准确率低等问题。其中，知识图谱技术作为近年来新兴的客户身份识别技术，为可疑交易甄别工作提供了更宽广的平台。

　　本文基于中国人民银行《银行业金融机构涉嫌洗钱可疑交易类型和识别点对照表》，根据疑似虚开增值税发票犯罪的 6 条身份信息识别点、12 条资金交易识别点提出业务假设，以虚开增值税发票案件为例，从案件现实出发，构建基于知识图谱可疑预警平台，图谱可视化展示客户可疑特征信息。本文研究的主要内容及创新点如下。

　　（1）针对图数据库数据非结构化问题，通过新建标签信息，完善并整合客户信息使其标准化，实现客户信息的科学分类和快速提取。基于新采集信息覆盖存量信息，实现数据的可靠性。

　　（2）利用图谱挖掘算法，分析拓扑计算形成洗钱网络扩散、洗钱团伙识别、资金网络追踪分析和智能线索判断等，构建账户资金网络，依靠全局资金网络的图谱查证分析，提高反洗钱犯罪线索分析的广度和深度，多维度展示客户知识图谱。

二、基于知识图谱的可疑交易分析模型构建

知识图谱是 2012 年由谷歌提出的基于互联网语义搜索而构建的大数据本体和概念关联关系知识库体系，通过知识抽取、知识融合、知识推理和知识表示等技术方法，并利用可视化图谱形象地展示本体及其之间的关系。

在反洗钱场景中，除了考虑单一客户节点的属性，与客户建立关系的其他客户节点往往也包含更多未知的潜在信息，所以可疑交易分析识别问题也可以转化为图网络问题。基于知识图谱的可疑交易分析是通过将多源异构的客户信息数据进行有效归并和整合，建立客户特性信息、账户交易信息等碎片化的数据的关联，实现数据维度由点向面转换，并以一种直观、可视化的方式展现出来，实现可疑交易预警模型的智能化自我学习和迭代，提升反洗钱可疑交易甄别工作效率。

（一）建设总体方案

本文从构建客户关联图谱入手，以 H 行为例，将行内存量数据维度和行外引入数据多个数据源导入模型整合成基础数据源。根据行内客户数据维度进行降噪清洗和补录缺失信息，确定信息取舍原则，形成客户、账户等实体信息和交易、担保、股权等关系信息，全面捕获当前客户节点独立属性和其他客户节点的隐藏关联关系。最后将基础信息数据按照设计的图关联结构导入知识图谱模型，从而实现客户关联图谱展示，将已形成的客户信息标签以图谱的形式展示。方案整体模型架构如图 1 所示。

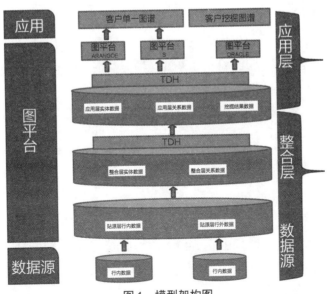

图 1　模型架构图

整个模型架构由数据源、整合层、应用层组成。最终的应用层有如下特点。

（1）基于整合层数据，汇总实体标签数据，加工成符合业务需求的挖掘类数据。

（2）支持以增全量形式将基础关系类数据导入 ARANGO、ES 等用于客户单一图谱展示。

（3）支持以 ORACLE 结果库的形式，将挖掘类数据导入 ORACLE 用于挖掘图谱展示。

（4）支持数据导出或直接提供结果表接入外围反洗钱系统使用。

（二）图谱构建与模型指标定义

1．本体构建

本文用到的数据不仅来源于银行内部数据，也包含第三方外部数据形成具体的企业画像，然后对行内外数据进行实体和关系的抽取。在图谱本体构建中包含点（实体）与边（关系），在设计本体过程中需要注意以下方面。

①点定义应当具有排他性，也就是一个物理主体不能同时对应两个点（一个自然人可以是借记卡客户，也可以是贷记卡客户，不应该同时定义这两个点）。

②避免超点，即实体数量不宜过少，容易形成超点（枚举类不适合，如：交易对手为税务局，地址为 ×× 大学）。

③设计边需要注意连接两个点的概念，即只有一个入点和一个出点（转账、担保、登录、联系人都有且必须只有两个点），对超边的要使用点进行表达，比如三方协议必须同时有三个点参与，可以设计为点。

（1）实体抽取。

本文主要是以虚开增值税发票案件为例，也就是以企业为粒度建立知识图谱，因此企业作为主要实体变量，对企业及其实控人、企业地址等数据进行实体及属性提取。

①企业基本信息：名称、地址、组织机构代码、电话、经营范围、所处行业、法定代表人、股东名称、税务登记证号等；

②企业存贷款信息：存款金额、存款类型、存款时间、贷款金额、贷款类型、贷款笔数等；

③企业征信数据、企业工商数据等；

④企业实控人基本信息：姓名、年龄、性别、学历、婚姻状况、职务等；

⑤企业实控人存贷款数据：存款金额、存款类型、存款时间、贷款金额、贷款类型、贷款笔数等；

⑥企业实控人征信数据：征信黑名单等。

（2）关系抽取。

在分析各类洗钱犯罪案例的过程中发现，客户关联网络特征与可疑交易涉罪类型之间存在一些固有的、经常性的联系，例如，客户本人或关联人判定为公务人员的客户，账户大额频繁交易，人工甄别为贪污贿赂犯罪的准确率更高；涉税高风险行业的客户账户出现大额资金回转交易，人工甄别为虚开增值税发票犯罪的准确率更高。根据上述经验，本文基于技术知识图谱，探索构建了适应本行业务实际的可疑交易预警模型，图谱化展示客户可疑特征信息，以期提升可疑交易人工甄别的有效性。

企业关系涉及多个数据源，这些关系包含多个实体类型，会进一步放大数据异构、数据稀疏等问题，在构建图谱过程中很难有效地提取信息。因此，本文将抽取后的实体限定 9 个实体变量，分别为：企业、企业关系人、账户、设备、行为、通信方式、地址、资产和协议。进一步可定义如图 2 所示的关系示意图，其中企业与企业之间关系，r1、r2 代表投资关系、资金关系、控制关系等；企业与自然人之间关系，r3、r4 代表权属关系、控制关系、法人、董监高等；企业与其他属性之间关系，r5、r6 包含同行为事件、同地址事件、同设备登录等；企业干系人与企业干系人之间关系，r9 包含社交关系、亲属关系、资金联系等。

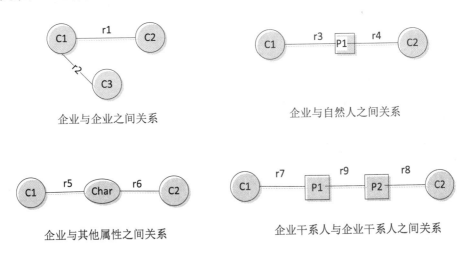

图 2 关系提取构建图

（3）关系图谱构建。

实体和关系完成抽取后，企业反洗钱知识图谱以企业和自然人等作为图谱的节点实体，将实体之间的关系作为图谱中的连通边，删除孤立实体节点，形成最终的图谱网络结构。如图 3 所示，为企业关系图谱子图。这里，企业实体与个人实体、行外账户实体等有关联人、交易等边联系，其中企业实体与企业实体也可能存在同一控制人关系联系。

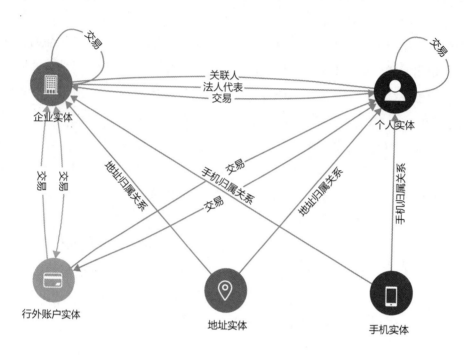

图3　企业关系图谱子图示意图

2. 模型指标定义

根据本体的点与边的数据结构，结合运用全量业务真实数据，统计形成预警指标的可疑个体和可疑团体。组织业务专家团队人工分析提取的可疑个体和可疑团体，针对特定预警指标，有效可疑个体和可疑团体每触发一次加 1 分，无效可疑个体和可疑团体每触发一次减 1 分，对得分较高的预警指标，赋予较高的权重；得分较低的预警指标，赋予较低的权重，删除得分为 0 或负值的预警指标，并增加由实际可疑案例抽象出的新预警指标，最终形成具备本行业务特征的可疑模型指标库。按照上文所述方式，本文建立疑似虚开增值税发票预警模型指标如下。

表 1　疑似涉税指标类型

序号	预警指标	指标类型	关键指标	指标得分
1	行业：主要集中在进出口贸易、废旧物资回收、医药、农副产品收购、运输及软件生产、资源再生等享受国家优惠政策的行业或涉及离岸交易等存在税收监管漏洞或税收优惠特定行业	身份指标	是	20
2	地域：设立在公司注册、税务管理较为宽松的市县，或明显有税收优惠政策的地域	身份指标	—	5
3	经营异常：经营地址无经营条件，或工商登记存在异常经营信息	身份指标	—	15
4	一人多企：同一法人、股东、监事控制多家企业，且多家企业均属于涉税高风险行业	身份指标	是	20
5	异常增资：公司客户异常增资，以提升税控系统开票限额	身份指标	—	15
6	关联企业异常：同一法人、股东、监事控制的其他企业出现被吊销营业执照等异常迹象	身份指标	—	15
7	交易方向：客户的交易资金来源地与去向地相同，呈现两头在外的特征	交易指标	是	20
8	交易对手：转入转出交易对手疑似存在关联关系	交易指标	—	10
9	交易规模：资金交易量与企业注册资金明显不符	交易指标	—	10
10	公转私：对公账户频繁向个人账户转入大额资金	交易指标	—	15
11	资金过渡：对公客户资金快进快出，当日不留或少留余额	交易指标	—	5
12	交易种类：账户缴税交易和退税交易频繁且占交易总量比例较高	交易指标	是	15
13	交易附言：附言包含××票、××点等	交易指标	—	5

续表

序号	预警指标	指标类型	关键指标	指标得分
14	现金交易：对公账户或相关个人账户发生大额现金支取交易，通过现金交易切断资金链	交易指标	—	10
15	交易模式单一：账户除大额资金周转或缴税交易外无工资、缴纳水电费等日常经营支出	交易指标	—	10

结合专家经验知识对同时触发身份指标和交易指标，且指标总分超过 50 分，生成可疑案例；对同时触发身份指标和交易指标，且触发指标中存在关键指标，指标总分超过 35 分，生成可疑案例，其中，指标总分超过 50 分的，系统识别为重点可疑案例。

三、实验及结果

根据上述本体构建方法，并经过 POC 加工实体与关系，最终获得的图包含 5000 多万个实体节点及 1.5 亿个边。其中包含 171 万个企业实体节点以及 1900 多万个干系人实体节点，图数据被存储在 ArangoDB 图数据库中，方便能够快速直观地对图数据进行可视化分析和展示。

（一）虚开增值税发票案例图谱展示

针对 H 行某废旧物资回收公司在传统监测模型中出现多次可疑交易预警信息，但均被反洗钱信息报告员人工甄别排除，主要原因是现有反洗钱系统对可疑预警主要针对触发可疑指标的交易，并提示对应的涉罪类型，当反洗钱信息报告人员的工作经验和数据能力不足时便无法从客户全量交易信息中总结客户身份特征和交易特征，实现对可疑交易的精准判断。

将某废旧物资回收公司的账户交易信息如交易时间、交易金额、交易对手名称、开户行、归属地等及外部数据如客户经营范围、股权控制关系、注册资本情况、注册地址位置、经营异常信息等导入知识图谱模型，通过图可视化技术生成图谱信息。

经过二次迭代，去除弱关联信息和超点信息，形成客户主要交易特征信息优化图谱如图 4 所示。

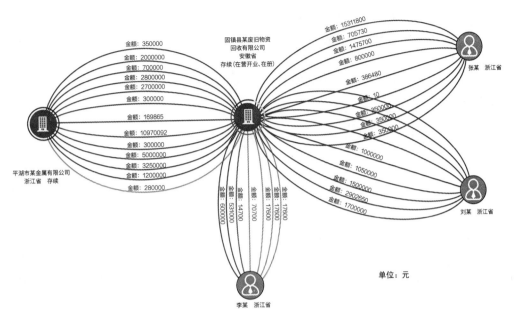

图4 客户交易特征优化图谱

（二）虚开增值税发票案例模型结果

根据前述 H 行建立的疑似虚开增值税发票预警模型分析，客户累计触发可疑特征指标 8 项（身份指标和交易指标各 4 项），其中 3 项为关键指标，累计分值为 110，属于重点可疑案例。

表2 预警指标客户触发情况表

序号	触发指标描述	指标类型	关键指标	指标得分
1	经营范围废旧物资回收为涉税犯罪高风险行业	身份指标	是	20
2	经营地址某县某镇某村为税务管理较宽松的农村地区	身份指标	—	5
3	公司负责人关联 14 家企业，其中 8 家经营范围涉及涉税犯罪高风险行业	身份指标	是	20
4	公司负责人关联 14 家企业，其中 5 家被吊销营业执照	身份指标	—	15
5	客户的交易资金来源地与去向地相同，均为浙江平湖地区	交易指标	是	20

续表

序号	触发指标描述	指标类型	关键指标	指标得分
6	客户频繁出现对公账户向个人账户转入大额资金交易	交易指标	—	15
7	客户资金快进快出，当日不留余额	交易指标	—	5
8	账户除大额资金周转外无其他资金支出	交易指标	—	10
累计分值				110

综上所述，知识图谱技术不仅能提高可疑模型的有效性，在具体分析过程中，知识图谱技术对可疑特征分析可视化、指标量化的展现也大大减轻了反洗钱信息报告员人工分析判断的负担，降低了人工误判的可能性，提升了可疑交易人工甄别的有效性。

四、建议及结束语

目前 H 行在应用客户知识图谱技术助力反洗钱可疑交易甄别工作中仍然处于测试阶段，仍需在以下方面加强系统开发和信息管理，全面发挥客户知识图谱技术和所构建模型指标体系的作用。

全面整合内外部数据，建立基于数据标签的客户画像。如将地域标签细化为"身份证归属地为省外""身份证归属地为走私高风险地""多人预留常住地址相同"等。确保在测试阶段数据标签可分类、可提取，并持续进行数据标签的优化和细化。

完善基础假设指标库种类。从实际案例中抽象出不同涉罪类型的客户特征和交易特征，不断提出新的假设，持续优化本体数据结构和可疑预警模型。

提升建模中本体优化满足假设的能力。可引入指纹验证信息、设备物理地址信息等，调整优化本体数据表结构维度，提升可疑指标预警的准确性，更加有效地实现对于境外交易、团伙交易等异常指标预警。

参考文献：

[1] 陈旭，崔慧琪，李泽润.新形势下跨境交易洗钱风险分析及思考[J].上海农村金融，2016(6):2-5.

[2] 巴曙松，陈旭，朱元倩.监管科技在反洗钱领域的应用及展望[J].江淮论坛,2020(4):9.

[3] 赵明杰，田雨鑫.金融科技对反洗钱工作的影响及建议[J].农银学刊,2021(1):4.

[4] 刘传会，汪小亚，郭增辉.机器学习在反洗钱领域的应用与发展[J].清华金融评论,2019(4):95-99.

[5] 黄庄庄.基于图技术和机器学习的反洗钱可疑监测[J].金融电子化,2020(8):2.

[6] 雷新强.基于知识图谱的互联网金融研究主体,研究热点与演进分析[J].辽宁工业大学学报(社会科学版),2019(6):39-42.

[7] 金磐石，万光明，沈丽忠.基于知识图谱的小微企业贷款申请反欺诈方案[J].大数据,2019(4).

[8] 徐辰，蒲明明，谢瑞豪.数据技术在银行反洗钱合规与风险管理中的应用[J].国际金融,2021(3):3.

金融机构反洗钱系统科技外包
存在的问题及建议

■ 中国人民银行上海总部现场检查部反洗钱课题组 [1]

摘要： 反洗钱系统作为金融机构反洗钱工作的支撑载体和技术手段，通过科技外包进行开发升级已成为行业主要实践。近年来，金融机构在与服务商开展反洗钱系统科技外包合作的过程中，问题日趋显现，风险呈上升态势。外包的风险评估、过程监督、责任履行等工作，应引起监管机构和金融机构的关注。本文对反洗钱系统外包的背景、现状进行研究分析，总结梳理了存在的问题与难点，并借鉴国内外监管经验，提出相应的政策建议。

关键词： 反洗钱系统　科技外包　服务商

目前，金融机构业务呈扩张趋势，数据规模从 TB 向 PB 级别过渡。在此背景下，反洗钱与科技融合程度加深，系统外包[2] 规模迅速扩展。但是，机构"重采购、轻管理"、风险意识薄弱、外包管控不足；服务商"重效益、轻质量"、内部控制缺失、服务能力有限。近年来，反洗钱系统外包问题日趋显现、风险呈上升态势，应引起关注并加以监控防范。

1　课题组成员包括：李兆洋、李远航、王光道、宣冬青、周婧、叶青。
　　李兆洋、李远航、王光道、宣冬青、周婧、叶青供职于中国人民银行上海总部现场检查部。

2　本文所指系统外包，包括大额可疑交易监测、客户洗钱风险评估、机构洗钱风险自评估和反洗钱名单监控等系统；其范围既包括外包给独立第三方金融科技公司（文中称"独立服务商"），也包括外包给附属金融科技子公司（文中称"附属服务商"），统称为"服务商"。

一、反洗钱系统科技外包的现状

（一）独立服务商分地域聚集且按行业集中

金融机构反洗钱系统建设推广由总部主导的现状下，独立服务商为拓展客户、对接服务，往往追随总部设址于北京、上海等大城市，形成了地域集中。同时，金融分业经营下，银行、证券等经营范围和业务不同，洗钱风险特征不一。服务商借助专业技术团队和系统建设经验，主攻某细分行业优势明显，表现为行业集中（见表1）。

表1　部分独立服务商行业分布

公司名称	成立时间	总部地点	产品简介（主要功能）	代表行业	市场对象
金仕达	1995	上海	同一客户监控和全业务管理，异常交易事前预警、事后回执、上传解析至数据库并给出解决方案	证券期货	20余家证券、30余家期货（2017年）；上百家金融机构
银丰新融	2000	北京	客户身份识别，客户风险等级评定；可疑线索甄别，自定义可疑监测标准，面向单客户主体规则监测和面向客户群体组合特征监测	银行	政策性银行；股份制商业、城市商业、农村商业银行；第三方支付、信托公司等150多家金融机构
捷软世纪	2008	北京	客户身份信息数据库，定期审核客户身份信息，客户风险评级处理；设定数据抽取规则，抽取客户及交易数据至数据仓库；设定可疑交易模型、反洗钱黑名单等进行预警	支付机构	上百家支付机构；银行、证券、财务公司、金融租赁等行业用户10余家

（二）附属服务商加入竞争且逐渐输出系统

部分金融机构利用资产规模和科技基础，成立独立运行的金融科技子公司，这些公司呈现"从少到多""以内向外"的特点。2015年，兴业银行成立第一家金融科技子公司——兴业数金；之后6年内，科技子公司发展活力明显。至2021年3月，已有 13 家银行成立科技子公司。除建设集团内反洗钱系统外，部分公司依托集团优势和实践经验，已输出反洗钱产品至其他机构（见表 2）。

表 2 部分附属服务商反洗钱产品

公司名称	成立时间	反洗钱产品	产品简介	市场对象
兴业数金	2015.12	洗钱报送、客户风险评级、名单管理系统	洗钱报送系统监控行内所有交易并上报大额、可疑交易报告；客户风险评级模块针对客户特性，根据风险评级模板，进行客户风险自动评级；名单管理系统集合监管要求名单并提供业务系统接口调用，实现客户交易实时监控	兴业银行、部分村镇银行
工银科技	2019.5	工银 BRAINS 反洗钱产品	面向银行、保险、证券、基金等行业的反洗钱金融服务平台	工商银行、中国邮储银行、乌鲁木齐银行、昆仑健康保险
中银金科	2019.6	新核心反洗钱名单筛查引擎产品及服务、新一代 KYC 系统	客户全生命周期合规风险管理产品，自动进行客户尽职调查及增强尽职调查流程判断，触发身份识别、风险评级	中国银行、国家开发银行、浦发硅谷银行

（三）定制开发和合作外包成为趋势

在反洗钱"风险为本"的理念下，个性定制、协同互补的合作开发模式逐渐发展。金融机构立足于反洗钱实践、风险提示和洗钱风险评估等，在标准化、模块式开发的基础上，派遣人员与服务商合作开发与风险相适应的系统。既满足个性需求，又培养了科技人才，减少对服务商的依赖。例如，中信银行根据"涉税"的《洗钱风险提示》，提出虚开增值税发票和骗取出口退税等可疑监测模型需求，并与银丰新融合作开发；大华银行与新加坡监管技术公司 Tookitaki 合作，推出共建机器学习解决方案，以发现非法资金流动等可疑交易线索。

（四）新兴金融科技逐步应用

在中国人民银行《金融科技（FinTech）发展规划（2019–2021 年）》指引下，

金融机构不断探索新科技应用。例如,大数据提升反洗钱数据存储和处理能力,实现百亿条数据分钟级查询;人工智能创新反洗钱系统作业模式,辅助识别客户身份、发现可疑线索;云计算助力高效运维反洗钱系统,实现资源合理分配和自动化运营;区块链实现反洗钱数据安全共享等(见表3)。

表3 部分金融科技在反洗钱领域的应用

金融科技	主要手段	应用领域
大数据	分布式存储、并行计算	客户身份识别;风险评级评定;挖掘可疑交易线索
人工智能	人脸识别、声纹识别	验证客户身份信息
	机器学习	分析洗钱案例;智能构建可疑交易监控模型
	关联图谱	分析交易资金流向、深层挖掘洗钱团伙
云计算	分布式集群、虚拟化	反洗钱系统资源的合理分配和自动化运营管理
区块链	防篡改	判断客户身份的真实性、客户身份识别
	非对称加密	反洗钱数据共享

二、反洗钱系统科技外包的问题

(一)集中度高导致信息技术壁垒和模型同质化

服务商集中度高的现状下,市场上可供选择的反洗钱系统少。金融机构在外包中地位被动,缺乏议价能力,被迫不断下调需求,建设目标受到压缩,预期不能完全实现。

机构处于反洗钱系统外包首端(需求提出)和尾端(产品验收),难以全方位地掌握系统情况;服务商出于产权保护,在智力成果移交方面提供给机构的信息有限。一旦系统或服务商经营出现问题,信息和技术壁垒的存在,易造成机构故障处置滞后,引发服务中断风险。同时,服务商出于成本控制或借助市场优势,往往忽视与机构风险差异相结合,将一套反洗钱模型略微修改后出售给多家机构,造成模型同质化严重。一旦发生风险,影响面大且传导速度快,易演化为系统性、全局性风险。

(二)系统研发与服务能力不能满足机构需求

由于科技实力、资源投入的差异,服务商的产品质量参差不齐、服务水平有高有低,且反洗钱系统可能仅为服务商诸多业务条线的一部分,其服务提供能力未能充分满足金融机构要求。

服务商未能由表及里、勤勉尽责地对反洗钱系统进行整体优化。对于自身测试发现的问题，"掩耳盗铃"、"讳疾忌医"、改动动力不足；对于机构提出的问题或优化需求，"提一条、改一条"、"不催不动、响应较慢"、服务意识不强。同时，服务商往往对产品承诺过高，服务效果却不理想。机构若更换服务商，需费时费力重新评估、沟通与培训，且面临新服务商依旧不满意的风险，造成"更换和幻想破灭的不断循环"。

（三）泄密风险带来信息获取和保护两难困境

相较于金融机构组织健全程度和"强监管"要求，服务商组织架构不完善，信息安全管理有缺陷，泄密风险易传导至机构。例如，反洗钱监测逻辑泄露，使不法分子规避监测；开发代码泄露，使系统安全性面临威胁；客户与交易数据泄露，导致声誉和法律风险。

在保密意识淡薄的情况下，机构难以向服务商提供真实数据，却需求其开发与风险相适应的系统；服务商想了解机构洗钱风险特征，却受限于自身信息安全管理水平，仅能拿到有限资料。这也导致系统落地后适应性问题频发。在未来人工智能等技术更广泛应用的趋势下，若无法对不同类型、结构和质量的样本进行有效训练，则更难达到理想的应用效果。

（四）权责意识不清致使监督缺位和责任转移

附属服务商与金融机构虽然在名义上相互独立，但是依托同一集团开展合作，具有独立服务商不可比拟的优势。这种"不是一家人，胜似一家人"的关系，往往带来责任义务划分不清、监督缺位等问题，导致"亲兄弟，难以明算账"。

机构和附属服务商在工作中交流便捷，面对监管与审计时携手查找问题。然而两者间，机构的监督意愿不强，对系统建设推进效果有限，在退出外包方面困难重重；附属服务商"有恃无恐"，未将机构需求置于重要位置，将资源多用于维系其他客户。同时，视附属服务商为"自己人"的心态下，机构对本应熟知的系统未做到真正了解，"一问三不知"，转移了责任义务。

（五）监管发现的问题实例

1.系统未进行有效测试

某银行外购的反洗钱系统存在适用于所有交易监测的预警剔除规则，若客户可疑交易案例所含交易大于一万条，系统自动剔除该案例。该银行未有效测试发现该高风险剔除规则。监管发现，大量网络赌博可疑交易被上述规则剔除，造成该行未预警、未分析，未提交可疑交易报告。

2. 模型建设严重滞后

某大型银行附属服务商 IT 开发人员较少，重心放在外部输出上，对该行反洗钱模型的开发未做到尽心尽力，存在滞后和让位情况。监管发现，该行未积极有效推动模型开发，导致关于"涉税"的可疑监测模型上线滞后监管要求时限达 1 年之久。

3. 系统和模型同质化

选择同一服务商的多家金融机构，客户洗钱风险评级模型趋同、可疑监测规则相仿。监管发现，某银行"公转私模型"对"当日累计交易金额"参数错误设置了上下限，该错误也存在于该服务商服务的其他机构，形成了共同监测漏洞。

4. 责任义务划分不清

某大型银行把附属服务商视为自身一部分，将对接反洗钱检查的部分任务交给附属服务商，依赖其进行数据提取，并解释系统运行问题。监管对违规问题责任认定时，该银行甚至希望将责任部门归到附属服务商，完全忽略了其是另一个独立公司，权责意识模糊。

三、境内外监管经验

国际上，巴塞尔银行监管委员会、国际证券委员会组织、国际保险监管协会联合发布了适用于银行、保险、证券及服务商的《金融服务外包文件》[1]。欧洲银行监管委员会、欧洲银行管理局分别出台了《外包标准》《关于外包安排的准则》[2]。这些文件指出了外包金融服务的风险，并提出了风险控制的指导原则（见表 4）。

表 4 外包风险及控制原则

大类	小类	内容
风险	服务商	依自己利益行事与机构战略目标相背
		技术及资金等不足导致无法有效履行义务

---

1 Outsouring in Financial Services (2004) 分析了金融服务外包带来的十大风险，并提出管理金融服务外包风险的九条原则。

2 CEBS Guidelines on Outsourcing (2006) 、EBA Guidelines on Outsourcing Arrangements (2019) 对金融机构提出了关键或重要职能外包、相称性原则等要求，对金融服务外包的管理机制和外包过程给出了详细的指引，对主管当局如何管理金融机构的外包行为给出了相应的建议。

续表

大类	小类	内容
风险	服务商	劣质服务无法满足机构要求
		不合适承诺、信用评估风险、应收款项质量恶化
	合同履行	违反隐私法律规定，不具有完备合规体系与控制能力
		合同条款问题、未有效履约、离岸业务法律适用风险
		跨境外包因政治、社会及法律原因增加风险
	外包安排	外包过于依赖于服务商、未制定合适退出战略
		外包不合理导致监管无法及时获取服务商信息
		外包服务商集中度高引发行业系统性风险
		外包与机构风险水平、业务模式、规模不一致
		集团内外包，存在利益冲突，外包风险并非较低
原则	被监管机构	应对哪些事务适合外包进行评估，董事会对外包承担责任
		应确立综合外包风险管理计划，并对服务商关系进行管理
		应在选择外包服务商时尽到勤勉义务
		应签订合同并注明外包重要事项，包括权利、义务及预期
		应确保外包既未减少对客户及监管所承担的义务，也未影响监管有效监督
		应要求服务商配备应急计划，包括危机恢复方案、设施定期检测安排等
		应要求服务商对机构及客户信息进行保护，以免有意或无意向未授权第三方披露
		外包给集团内实体，应确保过程公平客观，识别、评估和管理与外包相关的利益冲突
	监管机构	应将外包纳入对被监管机构的评估范围，并采取措施确保外包不会影响对被监管机构的监管要求
		应了解服务商集中度水平，评估对机构、市场稳定性影响，进行监控管理，当风险导致外包无法满足监管要求时，可限制机构外包范围甚至要求解除外包
		可要求机构提供外包所有信息，包括但不限于服务内容、计划、风险分析、退出策略及监控外包的资源和措施，并在此基础上进行风险评估

美国作为银行业外包规模最大、监管体系最完善的国家。自2004年联邦金融机构检查委员会发布《IT检查手册：技术服务外包》[1]以来，出台了一系列指引，构建了较为健全的金融科技外包监管框架。其中，涉及反洗钱系统的有《模型风险管理的监管指引》[2]，《纽约州银行法－反洗钱交易监测法案504编交易监测和名单筛查程序要求》[3]，《关于运用模型来支持BSA/AML合规工作的风险管理的联合声明》[4]。这些文件阐述了反洗钱模型外包的风险管理原则（见表5）。

表5　模型风险管理原则

原则	措施
金融机构对反洗钱模型合规性负最终责任	机构使用第三方模型协助反洗钱合规管理，由机构对反洗钱合规性负责
应合理选择反洗钱模型供应商	模型供应商提供的产品设计、使用目的和研发证明，能否确保与机构产品、风险适配
	模型供应商提供的模型验证结果，能否表明模型适用条件以及不适用之处
	模型供应商是否具备持续监测、评估，并及时修正、更新的能力
应深入了解反洗钱模型运行过程	了解模型供应商模型是如何运作的，对于有效谈判合同能力至关重要合同将保护机构的需求和权利，包括与隐私和信息安全有关的需求和权利

1　IT Examination HandBook：Outsouring Technology Services (2004) 强调金融机构董事会和高级管理层对信息科技外包的责任，提出金融机构对IT外包风险的管理政策。

2　美联储、货币监理署 Supervisory Guidance on Model Risk Management (2011) 提出了金融机构模型外包的风险管理政策，强调对模型供应商进行选择以及对供应商的模型进行产品验证。

3　纽约州金融服务局 Transaction Monitoring and Filtering Program requirements (2016) 规定"如果从第三方供应商采购，或委托其安装、开发或测试交易监控和名单筛查程序，应当经过一个选择供应商的过程"。

4　美联储、联邦存款保险公司、货币监理署 Interagency Statement on Model Risk Management for Bank Systems Supporting Bank Secrecy Act/Anti—Money Laundering Compliance (2021)，明确选择使用第三方模型来协助其执行BSA/AML合规计划应注意的问题：了解第三方模式是如何运作的、"有效质疑"模型、对第三方和模型开展持续监控等。

续表

原则	措施
应对反洗钱模型进行有效质疑与批判分析	机构难以获知模型供应商开发细节，可采用模型敏感性和基准化分析验证[1]
	机构可根据自身情况设定参数范围并书面记录，作为产品验证证明
	机构应对模型进行持续监测评估，记录分析结果并反馈给模型供应商
	模型供应商利用原始数据和初始假设开发的，需验证其与机构环境的适应性

在国内，中国人民银行《金融科技（FinTech）发展规划（2019—2021年）》提出"运用大数据、人工智能等技术建立金融风控模型，有效甄别高风险交易，智能感知异常交易"，并在2020年至2021年相继发布一系列配套标准[2]。银保监会和证监会也对信息科技外包风险管理给出了指引[3]，规定了对外包服务商的要求。但以上文件主要关注金融科技外包或科技应用，未细化至反洗钱领域。

四、反洗钱系统科技外包的工作建议

（一）建立行业间和行业内联合管理机制

服务商作为反洗钱系统外包的重要参与者，其产生的风险属于金融机构风险的一部分，却不受金融监管约束，在当前竞争不充分，仅靠市场难以有效调控反洗钱系统外包的情形下，建议建立联合管理机制。一是由监管、金融机构、服务商组成联合平台，研究洗钱风险问题，揭示系统共性缺陷，促进沟通交流，共同做好防控。二是构建机构与服务商的对接机制。倡导服务商了解机构洗钱风险管理政策，加快

---

[1] 敏感性分析（Sensitivity analysis）：在模型开发和测试中，通过对输入数据和参数值的微小调整，来验证模型输出是否在预期的范围内；基准化分析（Benchmarking）：将待验证模型输入和输出，与其他内外部数据（基准化数据）或模型（基准化模型）的估计值进行比较（比较时，应确保基准化模型的严谨性，基准化数据的准确性和完整性）。

[2] 《金融科技创新安全通用规范》（JR/T 0199—2020）提出在新技术研发时，对第三方技术、组件或产品进行管理的策略；《金融科技创新风险监控规范》（JR/T 0200—2020）提出应提高技术使用安全性和技术供应链管理策略；《人工智能算法金融应用评价规范》（JR/T 0221—2021）提出从安全性、可解释性、精准性和性能方面开展AI算法评价的方法。

[3] 银保监会《银行业金融机构信息科技外包风险监管指引》（2013）明确信息科技外包战略和风险管理体系要求，指导银行业加强风险评估、尽职调查、外包过程监控等风险管控机制；证监会《证券基金经营机构信息技术管理办法》（2018）第五章规定了对"信息技术服务机构"即外包服务机构的要求。

与机构管理标准对接，相互促进、优势互补、合作共赢。三是引导建立反洗钱服务商自律组织。以高质量、重安全为目标，加强服务规范化，促进自我约束与完善，提升行业自律水平。四是推动中小型金融机构联合共建。支持其资源与信息共享，解决反洗钱系统外包难题。

（二）发布关于反洗钱系统外包的指引

国际上对外包监管呈加强加深的态势下，建议我国发布监管指引从正面加强引导，明确反洗钱系统外包的基本原则。一是"系统或模型外包，责任不外包"的理念。金融机构和董监高分别承担反洗钱系统外包的主体责任和管理责任。二是对系统服务商的尽职调查，因地制宜、审慎评估选择适合自身洗钱风险特征的服务商。三是合同内容。细化保密要求，完善外包后评价，尤其是对子公司外包应厘清权责，同时形成监督推动机制。四是测试和评估。建立对系统实质有效的测试流程、评估方法和沟通机制。五是信息报送及备案。金融机构应向监管报送反洗钱系统外包情况，并按时更新。

（三）明确反洗钱系统服务商选择标准

金融机构应结合反洗钱特性，对服务商业务范围、公司治理、开发能力、新技术应用能力等开展尽职调查，明确选择标准。一是关注服务商集中度风险。掌握外包主动权，避免过于被动对系统功能让步。二是了解服务商战略与机构风险管理目标匹配性，摸清其经营管理水平、负面舆情与保密管控措施，评估外包声誉和法律风险。三是研判服务商开发与机构洗钱风险相适应系统的能力。可从其荣誉资质、研发证明、系统功能、监测逻辑、算法模型阐述等方面入手。四是掌握服务商服务水平，了解其反洗钱系统开发和服务人员的支持能力，评估需求响应速度，避免其因其他业务迟滞反洗钱系统开发。

（四）督促做好反洗钱系统测试和评估

金融机构应提升对反洗钱系统的测试评估能力，降低漏预警、误预警频率，提高准确率与覆盖率。一是建议由反洗钱部门牵头，各业务和科技部门充分参与，必要时，聘请第三方开展系统模型审计。二是建议掌握系统和模型运行逻辑，以真实业务场景为基础，做细测试流程与标准。三是对模型进行敏感性和基准性分析，通过指标或模型预警数量、比率、集中度等，判断参数或阈值设置合理性、模型适用性和结果准确性。四是测试评估中对服务商持续监督，将发现问题充分记录并反馈，明确其修复与优化义务。五是服务商参与机构内测试评估的，应明确保密管理机制，完善安全控制策略，做好脱敏处理。

（五）探索进一步的风险治理机制

反洗钱系统外包风险管理涉及监管、市场约束、产业发展诸多方面，情况较为复杂。未来，可继续整合资源，探索对服务商的风险治理机制。一是用好金融机构的服务后评价。将服务商管理能力与服务水平透明化，督促服务商提升自律水平。例如，通过联合平台进行信息展示、探索开展服务商评级。二是开展风险评估与监控。组织机构做好服务商风险评估与上报，配合监管开展持续性风险监控活动，共同防范风险。三是通报风险问题。系统含有风险的，发布风险提示，揭示风险；系统含有重大缺陷的，进行通报，督促机构与服务商进行整改，落实金融监管要求。

参考文献：

[1] 中国人民银行.金融科技（FinTech）发展规划（2019—2021 年）[Z].2019-08-22.

[2] 中国银行业监督管理委员会.银行业金融机构信息科技外包风险监管指引[Z].2013-02-16.

[3] 中国证券监督管理委员会.证券基金经营机构信息技术管理办法[Z].2018-12-19.

[4] Deloitte&UOB.The Case for Artificial Intelligence in Combating Money Laundering and Terrorist Financing[R].November 2018.

[5] Chartis Research.KYC/AML Software Solutions,2020:Market Update and Vendor Landscape[R].2020.

[6] HKMA&PWC.Reshaping Banking with Artificial Intelligence[R].December 2019.

[7] The Joint Forum(BCBS,IOSCO,IAIS).Outsouring in Financial Services[Z].February 2005.

[8] CEBS.CEBS Guidelines on Outsourcing[Z].April 2006.

[9] EBA.EBA Guidelines on Outsourcing Arrangements[Z].February 2019.

[10] FFIEC.IT Examination HandBook:Outsouring Technology Services[Z].June 2004.

[11] FRS&OCC.Supervisory Guidance on Model Risk Management[Z].April 2011.

[12] NYDFS.3 CRR-NY 504.3:Transaction Monitoring and Filtering Program requirements[Z].2016.

[13] FRS,FDIC,OCC.Interagency Statement on Model Risk Management for Bank Systems Supporting Bank Secrecy Act/Anti-Money Laundering Compliance[Z].April 2021.

论反洗钱信息共享模式选择和应用价值

■ 陈晓虹　王涤琼　王辛民[1]

摘要：我国经济飞速发展，金融创新深入推进，跨机构、跨行业、跨市场的金融服务合作已成为常态，金融行业边界逐渐模糊，一个客户同时享受多家金融机构的金融服务日渐普遍，而受限于反洗钱保密要求和跨机构信息共享机制的缺乏，义务机构间信息不对称，洗钱风险识别不精准，缺乏联防联控合力，一方面给不法分子可乘之机，另一方面也使洗钱风险可能在不同机构间交叉传染，影响反洗钱工作有效性。本文将借鉴国际反洗钱立法与实践经验，探讨我国利用区块链和隐私计算技术实现反洗钱信息共享的模式和路径，并提出工作建议。

关键词：反洗钱　风险信息共享　区块链　隐私计算

一、背景

随着洗钱犯罪手法的不断演变和升级，洗钱犯罪分子经常利用多机构进行分散交易，通过实施跨机构、跨市场、跨行业的复杂交易，模糊资金的来源和去向，切断资金链路，使非法交易难以被追踪和监测。

2017 年 9 月，我国国务院办公厅印发《关于完善反洗钱、反恐怖融资、反逃税监管体制机制的意见》，明确指出要健全反洗钱数据信息共享机制，提升反洗钱工作信息化水平。但由于尚未建立健全相关法律法规，现阶段各义务机构受限于信息安全和保密的工作要求，不能进行相互间的反洗钱信息共享，只能在自身业务范围内识别客户及开展交易监测，形成一个个"信息孤岛"，无法产生联防联控合力，

---

[1] 陈晓虹、王涤琼供职于中国人民银行上海总部，王辛民供职于支付宝（中国）网络技术有限公司反洗钱中心。

给了不法分子可乘之机。

二、反洗钱信息共享国际标准和实践

（一）国际标准

对反洗钱信息共享的倡导，国际标准上主要体现在以下两个方面。

一是《FATF40 项建议》[1]第 18 项建议提出，金融集团应在集团层面实施反洗钱与反恐怖融资机制安排，包括在集团内部共享反洗钱与反恐怖融资信息的政策和程序。

二是 FATF 于 2017 年 11 月发布了《FATF 指引：私营机构信息共享》（FATF GUIDANCE：PRIVATE SECTOR INFORMATION SHARING），在国际标准层面进一步强调"有效的信息共享是运作良好的反洗钱和反恐怖融资框架的基石之一"，提倡在同一集团范围内和跨金融机构之间共享反洗钱信息，并兼顾保密和隐私保护。该指引还列举了美国、英国、法国等国家的实践案例，对实施反洗钱信息共享提供了指引和参考。

（二）国际实践

国际上跨机构反洗钱信息共享主要有两种模式：一种是监管部门主导的联合行动小组或协会模式，另一种是私营机构间基于自愿的联盟模式。

1. 美国

美国《爱国者法案》分别规定了监管部门主导的金融情报信息共享和私营机构基于自愿的信息共享。

（1）314（a）。

这是由金融犯罪执法网络局主导的强制性公私部门信息共享机制，鼓励监管部门和执法部门与金融机构间共享关于从事或基于可靠证据怀疑从事恐怖行动或洗钱活动的个人、实体和组织的信息。

（2）314（b）。

这是义务机构自愿共享信息的机制。在 314（b）说明文件中，金融犯罪执法网络局鼓励金融机构间基于自愿共享反洗钱情报信息，强调信息共享对增强反洗钱和反恐怖融资能力的好处，包括收集更多可疑主体或交易的信息、更多了解被割裂的

---

1 The FATF Recommendations：INTERNATIONAL STANDARDS ON COMBATING MONEY LAUNDERING AND THE FINANCING OF TERRORISM & PROLIFERATION.

整体资金线索等，从而在尽职调查和交易监控中做出更准确的判断。此外，在该机制下金融机构还可以向其他金融机构发出警告，促进更全面的SAR（可疑活动报告）、确定并协助发现洗钱和恐怖融资风险等。2020年12月发布的314（b）简报，进一步强调共享信息对识别、报告和防止犯罪的重要性，对可参与信息共享的机构类型、共享的信息范围、操作流程和责任豁免（"安全港"条款）适用条件作出了详细说明。

2. 荷兰

2019年6月30日，荷兰财政部部长和司法与安全部部长联名向众议院提交了一份《洗钱行动计划》（Money Laundering Action Plan），文件中一项措施是荷兰的银行间可以进行交易监控协作和可疑客户名单共享。

根据该计划，2019年9月荷兰银行（ABN AMRO Bank）与荷兰国际集团（ING）、荷兰合作银行（Rabobank）、特里多斯银行（Triodos Bank）和大众银行（Volksbank）共同搭建荷兰交易监控平台（Transactie Monitoring Nederland,TMNL），共享并合并来自各个银行的交易，共同建立算法，以更好地追踪和识别犯罪资金流向，提高交易监控的有效性。

3. 新加坡

2017年4月，新加坡建立了AML/CFT Industry Partnership（ACIP）（反洗钱及打击恐怖主义融资行业伙伴关系），这是一个公共与私人伙伴关系组织，将金融机构、监管部门、执法机构和其他政府实体召集在一起，促进案件情报共享，以共同识别、评估和减轻洗钱和恐怖融资风险，提高行业对风险的认识，加强监测和阻止相关犯罪的集体能力。

三、基于区块链和隐私计算技术的信息共享模型和应用

（一）区块链和隐私计算技术

1. 区块链

区块链是按照时间顺序将数据区块以顺序相连方式组合成的链式数据结构，以分布式账本方式存储，具有去中心化、难篡改、全程留痕、可溯源、集体维护、公开透明等特点，为不同机构间互信合作提供了可靠的解决方案。

区块链根据使用场景主要划分为公有链和联盟链，其中联盟链要求参与到区块链系统中的每个节点都经过许可，在授权的多个机构间建立共享账本，可保障数据安全并增进互信，是反洗钱信息共享应用的最优选择。

2. 隐私计算

出于数据权属、数据泄露及自身商业利益等诸多因素考虑，各机构对于开放内部数据尤其是核心数据保持极其谨慎的态度，客户数据能否提供给计算方和其他机构，是各机构对于信息共享最大的顾虑，而隐私计算则能很好地解决这个问题。

常见的隐私计算技术包括多方安全计算（MPC）、可信计算（TEE）、联邦学习（FL）等，其中，可信计算主要基于可信硬件技术来对数据进行隔离保护，在保证计算效率的同时可兼顾隐私保护和较高的数据安全性，联邦学习主要基于机器学习技术使用多方机构的数据联合建模。反洗钱数据信息共享要兼顾数据安全、隐私保护和计算效率，可信计算是最佳选择，在此基础上，如需要进一步实施跨机构数据融合和联合建模监测，可辅以联邦学习。

（二）反洗钱信息共享模型和应用

1. 模型架构

基于联盟链和隐私计算技术的反洗钱信息共享模型，其整体架构可以分为技术支持、反洗钱业务和平台用户三大模块。技术支持模块主要包含区块链、隐私计算的底层技术，反洗钱业务模块主要包括联盟链成员管理、数字身份号码管理、客户信息和数据加密计算、积分管理、可视化统计数据监控等，平台用户模块主要为参与信息共享的机构。架构如图 1 所示。

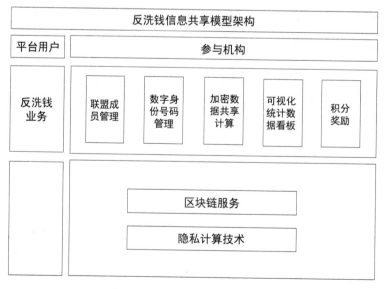

图 1　反洗钱信息共享模型架构

2. 基础应用

以 2021 年上海地区跨机构反洗钱风险信息共享试点为例，9 家义务机构（包括 3 家银行、1 家证券公司、2 家基金公司、2 家保险公司和 1 家支付机构）按照自愿、平等原则组成信息共享联盟，依托联盟链和隐私计算技术搭建信息共享平台，对本机构洗钱高风险客户的风险标签信息，如高风险等级、评为高风险的原因等进行共享，涉及国家秘密信息的除外。

该试点应用的运行流程为：首先，9 家义务机构通过联盟链连接，按照统一数据标准和密码算法在本地将本机构高风险客户及风险标签信息等原始数据进行脱敏和加密，生成共享数据文件；其次，共享平台按照共识协议和智能合约向隐私计算平台下达计算指令，隐私计算平台根据指令从各机构获取共享数据文件后在可信环境进行相同客户匹配计算（这个过程中各机构共享的数据彼此均不可见）；再次，隐私计算平台将匹配计算结果生成加密文件回传各参与机构，计算结果为本机构相同客户在其他机构已被识别的风险标签，各机构在本地解密后查看；最后，所有执行命令运行情况上链保存，用于追溯和审计。运行流程如图 2 所示。

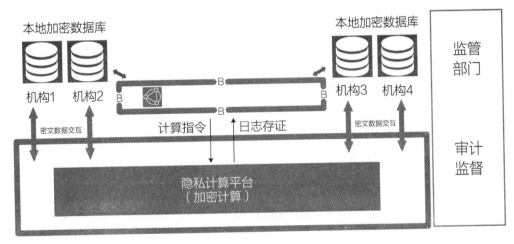

图 2　数据共享运行流程

（三）配套信息共享合规管理机制

在反洗钱信息共享过程中，参与机构需要建立配套的合规管理机制，主要包括：一是完善信息共享内部审批等工作流程和制度，防范信息泄露风险；二是加强培训，妥善处理因信息共享采取风险控制措施而导致的客户投诉；三是健全共享信息运用规则，将信息共享定位为本机构反洗钱工作中的一个环节，将上链查询返回结果定位为本机构开展客户尽职调查中的一项内容，防止过度依赖查询结果采取"一刀切管控"；四是建立积分奖励机制，防范参与机构只查询不共享的"搭便车"行为。

（四）扩展应用场景构想

1. 网络赌博和电信诈骗洗钱打击和治理

当前我国网络赌博和电信诈骗两类犯罪形势严峻，严重危害人民群众合法权益和经济社会健康发展，伴随两类犯罪而生的，是大量的赌博、诈骗资金转移和清洗行为。如果采用基于区块链和隐私计算技术的反洗钱信息共享系统，一方面公安机关等执法部门可以第一时间将涉嫌从事该两类犯罪的不法分子信息发布给参与共享的金融机构，迅速对不法分子的资金交易行为加强监控，甚至采取控制措施；另一方面金融机构可以在监测到该两类犯罪高危客户的情况下第一时间向关联账户所在金融机构发送风险提示，及时开展内部排查和风险管控，从而协助提升对这两类犯罪的打击和治理效果。

2. 执法调查和协查取证电子化

按照我国调查取证相关程序规定，在实践中需要两名办案人员携带工作证原件、调查文书前往协助调查的单位或个人处开展取证工作，因取证路程远、办案成本高、证据准备时间长，调查效率被严重影响。如果采用基于区块链和隐私计算技术的反洗钱信息共享系统，各地公安机关、司法机关和监察机关与反洗钱义务机构可组成联盟链，办案人员工作证件和调查文书上传至信息共享平台，并推送至相应义务机构发起调查指令（只有被授权的机构可以看到证件和文书），相应机构按要求准备电子数据后加密提交至信息共享平台，办案人员线上获取加密电子数据后本地解密使用，实现执法调查取证电子化，在保障调查保密、数据安全的同时大幅缩短取证成本和时效，提升办案效率。

3. 跨机构联合建模监测

如前文所述，针对跨机构实施的洗钱风险，可以在反洗钱信息共享基础上，逐步扩大可共享的数据类型和范围，包括在机构本地加密后的客户身份信息、黑灰产账户信息、异常行为特征标签、财富标签和交易信息等。联盟机构联合建立监测模型并在隐私计算平台上部署，在加密环境下以客户为单位对各类数据实施融合和规则运算，从而实现跨机构异常交易监测。

四、反洗钱信息共享实施建议

（一）完善相关法律制度

目前，我国法律法规对反洗钱信息共享尚无明确界定，一方面存在个人隐私保护和反洗钱信息保密相冲突的法律问题，另一方面也缺乏可实施的法律保障及操作指引。对此，建议参考国际相关法律、标准和实践做法，推进我国《反洗钱法》修订，在法律层面补充反洗钱信息共享及责任豁免的规定，明确反洗钱共享与个人隐私保护的关系，制定配套的反洗钱信息共享实施细则或指引，建立反洗钱信息共享中可使用的技术标准和数据标准，逐步推进我国反洗钱信息共享制度建设。

（二）加强系统平台建设，在现有试点基础上逐步扩大范围

我国目前尚未建立统一的反洗钱信息共享系统，实施反洗钱信息共享缺乏系统平台支持，在反洗钱信息共享实践方面也缺乏经验。目前，上海等地利用区块链和隐私计算技术在区域范围内试点开展机构间反洗钱风险信息共享，建议及时总结试点经验，逐步增加参与共享的机构，并探索与公安、法院、检察院、海关、税务、市场监管等执法、司法部门合作，扩大共享数据源，形成公私营机构合作互信、密切协同、覆盖广泛的联防联控防御网络，通过信息资源共享全面提升反洗钱工作有效性。

（三）持续探索新型应用场景

反洗钱基础数据共享尚是初级应用，而区块链和隐私计算技术具备极大的扩展性，随着技术逐渐成熟，可以进一步探索跨机构客户尽职调查、受益所有人识别、风险情报共享等更多更高级的应用。此外，隐私计算也为跨机构数据融合、联合建模监测提供了条件，在跨机构客户洗钱风险评估、跨机构异常交易监测、黑名单筛查等方面均有发挥空间。

五、结语

实施信息共享对实现有效的反洗钱管理和风险防范至关重要。在当前金融业逐渐向数字化、智慧化转型的大背景下，反洗钱工作需要积极引入区块链、隐私计算等创新技术全面提升跨机构的洗钱风险监测、识别和管控能力，而这些技术必须依赖于监管机关、执法部门、司法部门和反洗钱义务机构之间多方密切合作，互相借力，解决信息不对称、风险识别不精准、风险感知不及时等问题，为我国反洗钱工作提质增效助力。

参考文献：

[1] 高婧 . 反洗钱信息共享的国际比较与借鉴 [J]. 环球金融 ,2013(4):64-73.

[2] 刘莹 . 发达国家反洗钱信息共享经验及对我国的启示 [J]. 甘肃金融 ,2019(2):13-15.

[3] 张冬 , 付莎 , 黄娟 . 信息资源共享视角下加大反洗钱力度防控重大金融风险研究 [J]. 理论探讨 , 2019(6):124-129.

[4] 杨雪星 . 金融数据共享与安全：反洗钱资金监测工作的思考 [J]. 福建金融 ,2020(4):42-47.

[5] 中国人民银行反洗钱局课题组 . 区块链技术在反洗钱工作中的应用前景研究 [J]. 金融电子化 , 2020.10.

[6] 谭培强 , 谢谨 . 多方安全计算金融行业应用初探 [J]. 金融电子化 ,2020:12.

[7] 谭培强 , 谢谨 . 多方安全计算助力金融数据治理 [J]. 中国金融 ,2020(22):12-22

[8] 王亚静 , 安仁龙 , 杜丹 . 区块链在反洗钱监管中的应用——基于联盟链的反洗钱监管方案构想 [J]. 中国反洗钱实务 ,2021(4):12-22.

[9] Deloitte,Ant Group.Integrating Blockchain and Financial Crime Compliance：Taking risk information sharing to the next level.INCLUSION · 外滩大会 ,2020:9.

金融机构洗钱和恐怖融资
风险评估模型研究
——基于湖北省风险评估实践

■ 霍琪　涂艳琳　许菊本[1]

摘要：笔者以 2019 年至 2020 年中国人民银行武汉分行及湖北辖内中国人民银行分支机构对湖北省 312 家金融机构开展的洗钱风险评估数据为样本，通过相关分析和随机森林对现有指标进行重要性筛选，运用 logistics 回归、支持向量机和 MLP 神经网络模型对金融机构洗钱和恐怖融资风险进行识别，并对各模型识别结果及优劣进行比较分析。本文对优化洗钱风险评估指标，及寻求更精准的洗钱风险评估模型具有一定的借鉴意义。

关键词：反洗钱　风险评估　logistics 回归　SVM　MLP 神经网络

一、引言

2012 版反洗钱金融行动特别工作组（FATF）《新 40 项建议》明确"风险为本"工作原则，指出成员国应开展洗钱风险评估，并采取与风险相适应的预防措施，以降低洗钱风险。风险为本原则被认为是打击洗钱和恐怖融资的有效途径，而风险评估是风险为本原则的基础。目前，我国初步建立了机构洗钱风险评估指标框架，采取"剩余风险"[2]风险衡量方法对机构开展洗钱风险评估，充分考虑了风险缓释因素，并运用风险矩阵法对机构洗钱风险评估进行最终评价。

2020 年，中国人民银行武汉分行（以下简称人民银行武汉分行）依据反洗钱相关政策文件，制定《湖北省金融机构洗钱和恐怖融资风险自评估工作指引（试行）》，配套出台自评估指标，涵盖主要监管行业。随后，在湖北省内启动洗钱和恐怖融资

1　霍琪、涂艳琳供职于中国人民银行武汉分行，许菊本供职于太平财产保险有限公司湖北分公司销售管理部。本文已在《武汉金融》2021 年第 11 期发表。

2　"剩余风险"，是指采取了控制措施后，机构被利用进行洗钱和恐怖融资的可能性。

风险评估（以下简称"风险评估"）试点工作，在大范围开展洗钱风险评估工作上迈出了一大步。

根据对洗钱风险评估试点工作结果和数据的初步分析，针对风险评估有效性不足、反洗钱监管资源有限的实际情况，如何在大数据、人工智能技术、信息科技高度发展的时代适应数字化监管的发展趋势，运用更科学高效的方法对评估数据进行分析，进一步优化评估指标，寻求更精准的洗钱风险评估模型方法成为亟待解决的问题。本文拟基于312家金融机构风险评估数据，采用相关性分析、随机森林模型进行指标筛选，综合比较logistic回归、支持向量机和神经网络等多种风险评估模型结果，对洗钱风险评估方法进行进一步探讨，并为开展区域洗钱风险监测提供理论依据。

截至当前，在我国洗钱风险模型研究方面，主要涉及的模型方法有经济统计方法、统计学与运筹学方法、数据挖掘与机器学习方法三大类，且相关研究较为分散，未形成气候，也未在具体的反洗钱工作实践中得到较好的运用。在经济统计方法方面，学者们普遍采用专家调查法、层次分析、熵权法等指导进行洗钱风险指标赋权；在统计学与运筹学方法方面，则通过模糊聚类分析评估风险，或基于logistics回归等建立交易监测、洗钱风险模型；随着信息科技及大数据在金融领域的运用，数据挖掘与机器学习方法开始风靡，贝叶斯、决策树、支持向量机、神经网络等也逐渐用于洗钱风险评估，但该类研究受专业性限制，主要集中在高校及科技专业领域，缺乏实践指导及真实数据支撑。

因本文涉及洗钱风险评估指标数据为有序分类指标，根据数据特点，拟采用logistic回归、支持向量机和神经网络三种模型进行风险识别和比较研究。

二、数据与实证方法

（一）样本选取与数据来源

本文选取2019年至2020年湖北省金融机构首轮洗钱风险评估数据作为研究样本，共计312个。

洗钱风险评估指标体系为二维指标体系，分为固有风险评估指标和控制措施有效性评估指标，按六级分类法进行评分，其中固有风险指标视风险程度分为5、4、3、2、1分，风险越高，得分越高，无风险评分为0分；控制措施有效性指标视控制措施有效程度分别得0、1、2、3、4分，有效性程度越高，得分越高，没有问题或缺陷的，得5分。出于数据规范性要求，本文将控制措施有效性得分规则进行调整，与固有风险指标保持一致，视控制措施问题或缺陷严重程度，分别得1、2、3、4、5分，没有问题或缺陷的，得0分。针对不同的行业，评估指标和评分标准存在差异，但各行业评估指标均在80个以上，本文对各行业评估指标进行整合，初步筛选出51个各行业普遍适用的评估指标。

表1 控制措施有效性评估指标调整

风险程度	无	低	较低	中	高	较高
调整前	5	4	3	2	1	0
调整后	0	1	2	3	4	5

（二）指标相关性分析

考虑到51个指标间可能存在相关性，建模前通过计算各指标的相关系数剔除相关指标，提高模型精度。本文的指标数据均为六级分类结果，取值为0-5，属于有序分类指标。Kendall相关系数可用于反映有序分类指标相关性，其取值范围在-1至1之间，当系数为1时，表示两个随机指标拥有一致的等级相关性；当系数为-1时，表示两个随机指标拥有完全相反的等级相关性；当系数为0时，表示两个随机指标是相互独立的。根据相关性结果，经过专家讨论，剔除高度相关指标后得到如表2所示的37个指标。

表2 洗钱和恐怖融资风险原始指标体系

一级指标	二级指标	三级指标	符号表示
固有风险指标	经营环境与规模	在高风险国家（地区）分支机构的客户资产规模占比	x1
		涉及高风险国家（地区）的交易规模	x2
		辖属营业分支机构数量	x3
	客户特性风险	期末客户总量	x4
		客户波动率	x5
		较高风险等级客户规模	x6

续表

一级指标	二级指标	三级指标	符号表示
固有风险指标	客户特性风险	涉及特定自然人的客户规模	x7
		高净值客户规模	x8
		存在同一实际控制人风险的客户规模	x9
		使用不可核查证件开户的客户规模	x10
		高风险职业客户规模	x11
		涉及反洗钱调查、风险提示的客户规模	x12
		涉及司法查、冻以及有权行政机关调查的客户规模	x13
	业务（包含产品／服务，以及交付的渠道）风险	高风险产品／业务／服务的交易规模	x14
		新产品／业务／服务的交易规模	x15
		现金业务的交易规模	x16
		信用类业务交易规模	x17
		跨境业务的交易规模	x18
		大宗业务交易规模	x19
	渠道风险	依托第三方识别的客户规模	x20
		第三方渠道交易规模	x21
控制措施有效性指标	风险管理策略和架构	反洗钱履职情况	x22
		反洗钱人员配备	x23
	风险识别机制	自评估组织和开展情况	x24
		客户风险评估结果合理性情况	x25
		业务（产品／服务／渠道）评估结果情况	x26
	风险控制	客户身份识别的管理措施保障和落实情况	x27
		客户身份资料、客户身份识别工作记录保存	x28
		报送重点可疑交易报告或提供案件线索	x29
		名单监控	x30
		高风险客户的管控情况	x31
		高风险业务（产品／服务／渠道）的管理	x32
	内控机制	反洗钱内控制度建立及风险情况	x33
		绩效考核	x34

一级指标	二级指标	三级指标	符号表示
控制措施有效性指标	内控机制	反洗钱相关系统的建设和运行情况	x35
		内部监督检查情况	x36
		风险意识培育	x37

（三）评估结果

人民银行武汉分行采取"机构自评＋监管复评"的方式综合得出评估，结果分为 5 类，依次是 A 级（低风险）、B 级（较低风险）、C 级（中风险）、D 级（较高风险）、E 级（高风险）。根据表 3 可知，在 312 个金融机构样本中，A 级为 3 个，B 级为 253 个，C 级为 56 个，D、E 级无。其中，A、B 级机构属于较低风险及以下机构，非重点关注对象，C 级机构为中风险机构，属于样本中风险相对高的机构，与 D、E 级机构同属于重点关注对象。本文将风险评估结果分为两类进行实证分析：一类为较低风险机构，这里定义为风险正常机构，对应 A、B 级机构，共计 256 个样本（以 1 表示）；另一类为风险较高机构，定义为风险异常机构，对应 C 级机构，共计 56 个样本（以 0 表示）。

表 3　不同风险评估结果下的机构样本数量

风险评估结果	A 级（低风险）	B 级（较低风险）	C 级（中风险）	D 级（较高风险）	E 级（高风险）
机构数量	3	253	56	0	0

三、实证结果与分析

本文采用随机分层抽样的方式将 312 个样本分为训练集和测试集，其中训练集为 250 个，测试集为 62 个。假设将风险异常机构判为正常机构，称为犯第一类错误，将风险正常机构判为异常机构，称为犯第二类错误。本文将分别通过 logistics 回归、支持向量机和神经网络三种模型识别机构洗钱风险，统计各种模型犯两类错误的概率。

表4　训练和测试样本构成

类别	正常	异常	合计
训练集	205	45	250
测试集	51	11	62
合计	256	56	312

（一）随机森林筛选指标

指标相关性分析是根据各指标间的相关程度进行初步筛选，在建模前，采用随机森林计算每个指标对分类问题的重要性，以选出最适合建模的指标子集。

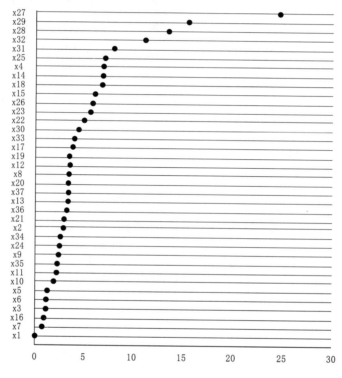

图1　根据随机森林计算得到的变量重要性排序

这里对训练集数据构建随机森林模型，得到重要性结果如图1所示，由图可知，客户身份识别的管理措施保障和落实情况（x27）、报送重点可疑交易报告或提供案件线索（x29）、客户身份资料、客户身份识别工作记录保存（x28）、高风险业务（产品／服务／渠道）的管理（x32）对洗钱风险评估结果的影响程度明显大于其他指标。指标x10、x5、x6、x3、x16、x7、x1的重要性分数偏低，表示这些指标对洗钱风险评估结果的影响程度很小，说明这些指标的设置规则未能对当前分类问题起到效用，需要调整指标规则。本文以 5 作为界限值筛选出 12 个指标用于分类模型比较。

表 5 随机森林重要性排序筛选指标结果

一级指标	二级指标	三级指标	符号表示
控制措施有效性指标	风险控制	客户身份识别的管理措施保障和落实情况	x27
		报送重点可疑交易报告或提供案件线索	x29
控制措施有效性指标	风险控制	客户身份资料、客户身份识别工作记录保存	x28
		高风险业务（产品／服务／渠道）的管理	x32
		高风险客户的管控情况	x31
	风险识别机制	客户风险评估结果合理性情况	x25
固有风险指标	客户特性风险	期末客户总量	x4
	业务（包含产品／服务，以及交付的渠道）风险	高风险产品／业务／服务的交易规模	x14
		跨境业务的交易规模	x18
		新产品／业务／服务的交易规模	x15
控制措施有效性指标	风险识别机制	业务（产品／服务／渠道）评估结果情况	x26
	风险管理策略和架构	反洗钱人员配备	x23

（二）模型实证分析

1. 基于 logistic 回归分析的实证分析

本文指标为有序分类指标，按指标风险程度不同取值分别为 5、4、3、2、1、0 分，需考虑是否设置哑变量。将训练集变量分别以连续性变量和分类变量（设置哑变量）的形式进行 logistics 回归分析，模型结果如表 6 所示。对两个模型进行似然比检验，似然比卡方值为两模型的 −2 对数似然之差，即 80.97，自由度为两模型中自变量个数之差，即 46，计算得到 P 值 =0.001<0.05，即似然比检验有统计学意义，因此需要采用哑变量的方式引入模型。

表 6 连续性变量和分类变量 logistics 回归模型结果

变量类别	自由度	显著性	−2 对数似然
连续变量	12	0.00	156.43
分类变量	58	0.00	75.46

引入哑变量的 logistics 回归模型，选择"向后步进：瓦尔德"方式运行 spss，求解，最终选择了 x4、x14、x27、x28、x29、x31 指标进入模型，模型结果如表 7 所示。回归结果显示 P 值 =0<0.05，说明自变量整体显著，为 0.749，即自变量解释了因变量的变异占因变量的总变异的 74.9%。

表 7　分类变量的步进 logistics 回归模型结果

步骤	−2 对数似然值	Cox & Snell R 方	Nagelkerke R 方	卡方	自由度	显著性
4	82.807a	0.457	0.749	152.89	30	0

表 8 为模型自变量系数和显著性，步进方式选择了 6 个指标进入模型，6 个指标整体均为显著。将系数代入 logistics 模型可得最终模型，选择 0.5 作为临界值，分别对 250 个训练集和 62 个测试集进行计算。

表 8　分类变量步进 logistics 回归指标系数和显著性

自变量	B	显著性	自变量	B	显著性
x4	—	0.006	x28	—	0.009
x4(1)	1.326	0.944	x28(1)	−1.205	0.624
x4(2)	1.587	0.153	x28(2)	−2.539	0.522
x4(3)	−1.195	0.416	x28(3)	−7.505	0
x4(4)	−5.576	0.01	x28(4)	−2.661	0.013
x4(5)	−3.125	0.081	x28(5)	−2.331	0.02
x14	—	0.004	x29	—	0.056
x14(1)	2.214	0.009	x29(1)	−5.524	0.073
x14(2)	4.672	0.001	x29(2)	−2.989	0.163
x14(3)	−0.949	0.469	x29(3)	−2.072	0.221
x14(4)	−1.863	0.155	x29(4)	−3.538	0.019
x14(5)	−1.111	0.608	x29(5)	−0.982	0.497
x27	—	0.003	x31	—	0.01
x27(1)	−27.204	0.996	x31(1)	−3.258	0.108
x27(2)	−26.588	0.996	x31(2)	−3.68	0.007
x27(3)	−25.532	0.996	x31(3)	−5.874	0
x27(4)	−24.056	0.996	x31(4)	−2.381	0.033

自变量	B	显著性	自变量	B	显著性
x27(5)	-20.26	0.997	x31(5)	-2.345	0.027
—	—	—	常量	30.466	0.995

对训练集 logistics 回归结果显示，犯第一类错误的概率是 24.44%，犯第二类错误的概率是 3.41%，总正确率为 92.80%，如表 9 所示。

表 9　训练集的分类变量的步进 logistics 回归模型结果

等级	0	1	总正确率	正确率	错误率
0	34	11	92.80%	75.56%	24.44%
1	7	198	—	96.59%	3.41%

将模型运用到测试集上，由表 10 可知，模型总体正确率为 83.87%，较训练集准确性下降较多，犯第一类错误的概率为 45.45%，犯第二类错误的概率为 9.80%。

表 10　测试集的分类变量的步进 logistics 回归模型结果

等级	0	1	总正确率	正确率	错误率
0	6	5	83.87%	54.55%	45.45%
1	5	46		90.20%	9.80%

总体而言，logistics 回归模型对训练集和测试集中风险正常机构的识别能力较好，对风险异常机构的识别能力一般，而对反洗钱监管部门而言，风险异常机构的识别更重要，若采用 logistics 回归模型需严格控制犯第一类错误的风险。

2. 基于 SVM 的实证分析

支持向量机 SVM 属于监督学习模型，根据训练集建立 SVM 模型将这些样例类别映射成空间中的点，然后找到一个平面或超平面来正确划分这些样例，再输入测试数据，能有效预测测试集类别。SVM 常用核函数有线性核函数，多项式核函数，径向基核函数和 Sigmoid 核函数。将随机森林筛选出的 12 个指标的数据进行 SVM 建模，对训练集采用不同的核函数建模，利用网格搜索进行参数选择，表 11 为不同核函数建模的总体正确率。多项式核函数的 SVM 模型分类正确率最高，为 93.6%。

表 11　训练集的 SVM 四种核函数建模分类总正确率

核函数	线性核	多项式核	径向基核	Sigmoid 核
总体正确率	92.60%	93.60%	88.80%	76.40%

对训练集进行 SVM 建模，采用多项式核函数，用网格搜索法进行参数寻优，得到多项式的最优阶为 4，最优核系数为 2。由表 12 可知，训练集的识别结果总正确率 93.60%，犯第一类错误的概率是 28.89%，犯第二类错误的概率是 1.46%。总体正确率和犯第二类错误的概率优于 logistics 回归。

表 12　训练集的 SVM 分类模型结果

等级	0	1	总正确率	正确率	错误率
0	32	13	93.60%	71.11%	28.89%
1	3	202		98.54%	1.46%

应用 SVM 模型对测试集进行分类，由表 13 可知，总正确率为 88.71%，优于 logistics 回归。犯第一类错误的概率是 45.45%，犯第二类错误的概率是 3.92%。略优于 logistics 回归。

表 13　测试集的 SVM 分类模型结果

等级	0	1	总正确率	正确率	错误率
0	6	5	88.71%	54.55%	45.45%
1	2	49		96.08%	3.92%

3. 基于 MLP 神经网络的实证分析

将随机森林重要性排序筛选出的 12 个指标运用于神经网络建模，构建 MLP 神经网络模型。将 12 个指标数据中各机构的洗钱风险情况，作为输入指标，机构风险评估结果作为输出指标，训练误差的最小相对变化量为 0.0001，最大迭代次数设置为 1000，对训练集进行建模。

由表 14 可知，训练集的 MLP 神经网络模型分类总正确率为 99.20%，明显优于 logistics 回归分析和 SVM 模型分类结果，洗钱风险正常机构的分类全部正确，仅将两个洗钱风险异常机构错识别成正常机构。但训练集正确率太高，如果测试集表现不佳，有过拟合可能。

表 14 训练集的 MLP 神经网络模型结果

等级	0	1	总正确率	正确率	错误率
0	43	2	99.20%	95.56%	4.44%
1	0	205		100.00%	0.00%

将 MLP 神经网络模型运用到测试集上，结果如表 15 所示。总正确率为 87.10%，优于 logistics 回归分析，略低于 SVM 分类。MLP 神经网络模型对洗钱风险异常机构的识别能力优于 logistics 回归分析和 SVM 分类。对洗钱风险正常机构识别能力比 SVM 分类模型差。

表 15 测试集的 MLP 神经网络模型结果

等级	0	1	总正确率	正确率	错误率	合计
0	8	3	87.10%	72.73%	27.27%	11
1	5	46		90.20%	9.80%	51

（三）模型比较

三种模型的训练集和测试集的洗钱风险识别正确率如图 2 所示，各模型的正确率均在 80% 以上，SVM 和 MLP 神经网络模型分类效果优于 logistics 回归分类。从测试集的分类结果看，SVM 分类的总正确率比 MLP 神经网络高 1.6 个百分点，但 MLP 神经网络对洗钱风险异常机构的识别能力比 SVM 分类模型效果好，对监管部门而言，洗钱风险异常机构的识别正确更重要。

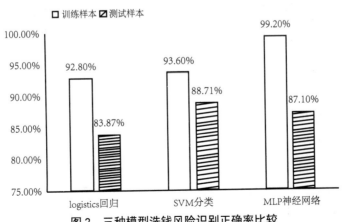

图 2 三种模型洗钱风险识别正确率比较

受样本不平衡的影响，都是对洗钱风险正常机构的识别能力强于风险异常机构，但三种模型对测试集的预测误判率和训练集的误判比例相当，说明各模型的泛化能力和稳定性较强。综合考虑各模型的优缺点，logistics 回归分析模型的各指标系数能体现指标对洗钱风险的解释能力，缺点是有序分类变量需引入哑变量，构建的模型不够简洁；SVM 分类模型在训练集分类正确率不是最高的，但在测试集上分类正确率最高，其泛化能力优于另两种模型。其本身适用于小样本，能抓住关键样本，不容易受冗余样本影响，具有较好的"鲁棒"性，缺点是对数据的预处理和调参要求较高；MLP 神经网络模型对风险异常机构的识别能力优于其他两种模型，但与传统的机器学习算法相比，神经网络通常需要更多的数据样本，随着各机构洗钱风险数据逐渐增多，训练集数据增多，神经网络模型分类能力或能提升。

四、结论与建议

（一）研究结论

本文运用相关性分析和随机森林对洗钱风险评估指标进行筛选，并对 logistics 回归分析模型、SVM 分类模型和 MLP 神经网络模型的洗钱风险评估识别能力进行实证分析，结果表明，采用模型分析的方法来评估金融机构洗钱风险、开展洗钱风险监测是可行的。在指标方面，指标相关性分析结果和随机森林重要性排序结果为指标设计规则的调整提供了方向和依据，指标筛选过程排除了人为、主观的因素，能进一步简化指标体系，使指标体系更科学有效；在模型方面，logistics 回归、SVM 分类和 MLP 神经网络三种模型对机构洗钱风险识别的整体正确率都在 80% 以上，其中，SVM 分类模型的识别正确率最高，MLP 神经网络模型次之，可优先使用 SVM 分类对机构洗钱风险进行识别。考虑到 MLP 神经网络模型对风险异常机构的识别能力优于其他两种模型，但正确率依赖于大量数据样本，在持续收集更多机构洗钱风险样本数据后可采用该模型识别机构洗钱风险。总体而言，在开展执法检查、风险监测等监管需要的情形下，对本文所列重点指标进行机构洗钱风险模型识别，可较准确、快速地识别出洗钱风险高的金融机构，得出金融机构洗钱风险结论，提高了风险评估、风险监测的针对性，节约监管资源。

（二）运用建议

结合文本研究结果，笔者在引入模型辅助开展洗钱风险评估及风险监测方面提出如下建议。

第一，在微观金融监管方面，立足机构洗钱风险评估，及时掌握机构风险状况。

一是利用模型的高效分析优势，定期对洗钱风险评估指标进行分析校验，提高评估指标有效性。例如，根据本文利用随机森林对现有指标筛选结果，将 x10、x5、x6、x3、x16、x7、x1 等对评估结果影响较小的指标进一步进行统计分析，得出具体指标分值的离散程度，针对分值集中度过高的指标调整评分标准。二是尝试创新评估方法，将模型计算手段运用于洗钱风险评估，弥补风险矩阵法仅得出风险及重要性等级、过于依赖主观判断及无法通过数学运算得出具体重要性排序等缺陷。

第二，在宏观金融监管方面，从防范区域金融风险出发，探索区域洗钱风险监测、评估。一是根据风险监测应具备的前瞻性、预见性及持续性等特点，根据模型得出的指标重要性排序结果，吸收国际、国内相关先进工作经验，初步建立一套风险目标明确、数据提取便捷，能实现快速、准确预警的洗钱风险监测指标。二是迎合数字化监管趋势，利用模型数据运算能力强等特点，将辖内单个机构洗钱风险评估数据作为原始样本，结合区域上游犯罪特征、可疑交易报告情况等，得出区域洗钱风险结论。

参考文献：

[1] 王延伟 . 国际"风险为本"反洗钱监管体系评估研究 [D]. 西南交通大学 ,2018.

[2] 高增安 . 金融机构基于风险的反洗钱机制探讨 [J]. 证券市场导报 ,2007(10):65-70.

[3] 千宏武，彭希 . 模糊聚类分析在金融机构洗钱风险评估中的应用 [J]. 西部金融 ,2014(8):93-96.

[4] 殷中强，韩跃 . 风险矩阵法在金融产品洗钱风险评估中的应用 [J]. 山东财经大学学报 ,2014(5):31-36.

[5] 任鹏飞，黄辉，李双红，盖振煜 . 构建区域洗钱风险评估指标体系研究 [J]. 生产力研究 ,2015(10):26-29+156.

[6] 贾昌峰 . 基于风险为本的银行业洗钱风险评估体系研究 [J]. 北方金融 ,2016(5):61-64.

[7] 张成虎，李霖魁 . 基于信息融合的多层次多因素客户洗钱风险综合评估研究 [J]. 湖南社会科学 ,2015(1):116-121.

[8] 童文俊 . 金融机构洗钱风险评估监管体系构建研究 [J]. 金融与经济 ,2013(2):71-74.

[9] 李雁 . 六西格玛统计控制法在金融机构洗钱风险评估工作中的应用与启示 [J]. 中国证券期货 ,2013(9):253+255.

[10] 谭爱民 . 如何建立一个有效的金融机构反洗钱评估体系 [J]. 武汉金融 ,2012(8):68-69+71.

[11] 高增安，王延伟 . 我国反洗钱风险评估"脆弱性－有效性"(V-E) 系统构建——基于人民币国际化视阈 [J]. 山西大学学报 (哲学社会科学版),2015,38(3):113-118.

[12] 涂艳琳 . 银行风险为本反洗钱监管对策研究 [D]. 华中科技大学 ,2012.

[13] 徐俊 . 智能分类算法在银行客户洗钱风险评估中的应用研究 [D]. 浙江大学 ,2010.

[14] 殷中强 .AHP 方法在金融风险评估中的应用——以洗钱风险评估为例 [J]. 中国商论 ,2016(26):65-68.

[15] R Liu，XL Qian，M Shu，SZ Zhu．Research on anti-money laundering based on core decision tree algorithm[C]2011 Chinese Control and Decision Confrence，Mianyang，2011：4322-4325．

[16] 刘传会，汪小亚，郭增辉．机器学习在反洗钱领域的应用与发展[J]．清华金融评论，2019(4)：95-99．

监督学习算法在虚拟货币反洗钱可疑交易监测分析领域的应用探析

■ 张勉　吴延普　华少文[1]

摘要：近年来，监督学习算法在分析取证（forensic analysis）中取得了可喜的成果，使应用于比特币区块链中的可疑监测技术成为可能。本文对监督学习算法的性能进行研究分析，并在此基础上组合优化，以有效监测虚拟货币交易网络中的非法交易。本文通过对最新发布的比特币区块链的数据集（Elliptic）进行应用，结果表明，该方法对合法／非法交易的预测准确率为98.13%，F1评分（F1 Score）为83.36%，最后提出将机器学习技术应用于反洗钱工作的建议。

关键词：集成算法　监督学习　异常监测　反洗钱

一、引言

随着大数据和人工智能技术的快速发展，数据资产的价值也越发显得尤为重要。为此，探索大数据的应用场景和商业模式，建立大数据和人工智能平台，推动机器学习相关技术全面赋能反洗钱可疑交易监测分析，将是未来反洗钱工作的发展方向之一。例如，综合利用机器学习在特征发现和规律学习的优势以及知识图谱在关联挖掘和知识计算方面的优势，基于海量数据驱动，融合反洗钱专家规则，形成可解释的、可自主学习的、可主动预警的自动化智能反洗钱应用，使金融机构实现客户全生命周期动态画像和风险分类、可疑交易事件穿透式监测、洗钱行为特征知识沉淀、洗钱风险事前预测等一系列目标成为可能。

1　张勉供职于中国人民银行郑州中心支行，吴延普供职于中国人民银行平顶山市中心支行，华少文供职于兴业银行平顶山分行。

近年来，虚拟货币因其去中心化、匿名性、跨国性、快捷性、非接触性、服务分割性等特点，使传统的反洗钱和反恐怖融资监管难度加大。为维护金融安全与社会稳定，监管虚拟货币已成为必须予以高度重视和妥善解决的重大现实问题。因此，本文对监督学习算法进行研究，并通过实验证明了虚拟货币反洗钱可疑交易监测分析领域应用的可行性。

二、文献综述

2017 年 9 月，中国人民银行等七部委联合发布《关于防范代币发行融资风险的公告》，在 2013 年 12 月中国人民银行等五部委联合发布的《关于防范比特币风险的通知》基础上，进一步强化对国内虚拟货币交易平台的监管，认定代币发行融资本质上是一种未经批准非法公开融资的行为，涉嫌非法发售代币票券、非法发行证券以及非法集资、金融诈骗、传销等违法犯罪活动。2018 年 8 月，中国银保监会等五部门发布《关于防范以虚拟货币、"区块链"名义进行非法集资的风险提示》，强调与虚拟货币有关的非法集资等活动具有网络化、跨境化等突出特点，间接印证了虚拟货币交易平台服务器转移至境外并开展跨境交易的严重性，凸显了加强虚拟货币监管的必要性与紧迫性。

在国际上，为了加强对虚拟货币的反洗钱和反恐怖融资监管，反洗钱金融行动特别工作组（FATF）于 2018 年 10 月修订了《金融行动特别工作组建议》，明确要求将虚拟资产服务提供商纳入反洗钱和反恐怖融资监管范畴，并对虚拟资产和虚拟资产服务提供商进行了清晰的界定；2019 年 6 月发布的《基于风险的虚拟资产与虚拟资产服务提供商方法指南》提出了对虚拟资产服务提供商进行反洗钱和反恐怖融资监管的具体要求。

因此，从长期看，为了有效防范虚拟货币犯罪风险特别是洗钱和恐怖融资风险，我国有必要参照国际反洗钱和反恐怖融资标准的要求，从预防和打击与虚拟货币有关的洗钱和恐怖融资的目标出发，研究如何更加有效地监管虚拟货币、防范虚拟货币洗钱和恐怖融资风险，监测、调查和打击涉及虚拟货币的违法犯罪活动。

三、监督学习算法的运用方式

监督学习是机器学习中的一种训练方式，是指利用一组已知类别的样本调整分类器的参数，使其达到所要求性能的过程，也称为监督训练或有教师学习，是从标记的训练数据来推断一个功能的机器学习任务。通俗地讲，就是根据已有的数据集，知道输入和输出结果之间的关系，根据这种已知的关系，训练得到一个最优模型。因此，为进一步针对监督学习算法的应用开展研究分析，本文使用 *Anti-Money Laundering in Bitcoin:Experimending with Graph convolutional Networks for Financial Forensics* 中提供的数据集进行训练，用于构建最优模型。

（一）数据准备

Elliptic company 是一家率先使用区块链分析以监测金融犯罪活动的加密货币情报公司。该公司提供的数据集属于比特币交易的图形网络，被认为是所有加密货币中公开可用的最大标记数据集之一，在所使用的数据中，Elliptic 数据集属于真实的比特币交易，形成了一个图网络（Graph Network），由表示比特币交易的节点和表示从源头到目的地的支付流组成，这一数据集分为合法交易和非法交易两类。合法类别属于比特币挖掘、交换、钱包提供商、合法服务等。非法类别与非法交易相关，如盗窃、诈骗、恶意软件、勒索软件等。该数据集由 49 个时间戳组成，时间间隔为两周，每一个时间步代表一个不同的交易集合，形成一个在区块链中不到三小时内出现的单一连接图。

数据中包含了 203769 个节点交易和 234355 个支付流。其中 2% 左右（4545 个）的节点交易被标记为非法交易，21% 左右（42019 个）的节点交易是合法的，但是其他交易记录显示的是未知。图网络的节点由 166 个特征组成，这些特征仅由公开可用的信息构成。节点的前 94 个特征属于比特币交易的本地信息，如时间步长、交易费用、输入／输出数量等，其余 72 个特征表示从图节点的一跳向后／向前聚合获得的信息，与从中心节点向前的图网络的结构信息相关联，给出相同信息数据（输入／输出数量、交易费用等）的相邻交易的最大、最小、标准差和相关系数。图 1 显示了根据不同时间步标记的节点数的分布。

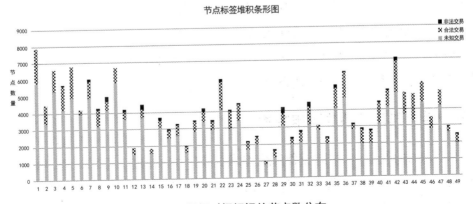

图 1　根据时间标识的节点数分布

由于这个数据集由高度不平衡的数据组成，有 2% 的交易是非法的，21% 的交易是合法的，其余的是未知交易。在数据集不平衡的情况下，在保持模型精度的同时，提高召回率。但后两项不能同时优化，增加这两项中的一项可能导致另一项的减少，因为增加真阳性可能同时增加假阳性，从而降低精度。精确率和召回率的结合就是所谓 F1 评分，它同时兼顾了分类模型的精确率和召回率，可以看作模型精确率和召回率的一种调和平均。

根据 Elliptic 数据集的上述特征，为避免干扰，分析中使用了不包括时间步长的局部特征和聚集特征，以提高各种监督学习算法的性能。因此，输入特征的总数是 165 个描述维度的特征空间。由于训练集／测试集属于前 34 个时间戳（从 1 到 34），且测试集属于剩余时间戳（从 35 到 49），因此在时间分割之后开始执行训练集／测试集分割。此外，数据集是高度不平衡的，并且为监督学习算法准备的输入数据只考虑已知标签合法／非法，如表 1 所示。

表 1　Elliptic 数据集描述　　　　　（单位：个）

交易	合法交易	非法交易	未知交易
训练集	26432	3462	106371
测试集	15587	1083	50834
合计	42019	4545	157205

将交易标记为合法和非法的过程是使用基于启发式推理过程来定位的。例如，重复使用相同地址的较高输入量可以映射到比特币区块链中的同一实体，并在交易成本（费用）方面提供更多优势。这样可以减少用户的匿名性，更有可能是合法交易。相比之下，地址数较少的用户更容易成为非法用户，因此降低了地址聚类的强度。

（二）基准分析方法

本次实验中应用了 *Breaking Bad:De-Anonymising Entity Types on the Bitcoin Blockchain Vsing Supervised machine Learning* 中提到的比特币交易数据分析中流行的多种机器学习技术。如下所示。

随机森林算法（Random Forest）是指一个决策树的集合，随机森林中每棵决策树估计一个分类，这个过程称为"投票（vote）"。理想情况下，我们根据每棵决策树的每个投票，选择最多投票的分类。极端随机树（Extra Trees）是随机森林的一个变种，对于每个决策树的训练集，一般不采用随机采样，即每个决策树采用原始训练集。梯度提升（Gradient Boosting）是一种用于回归和分类问题的机器学习技术，它以弱预测模型（通常是决策树）的集合的形式产生预测模型。装袋算法（Bagging Classifier）是机器学习领域的一种团体学习算法，与其他分类、回归算法结合，提高其准确率、稳定性的同时，通过降低结果的方差，避免过拟合的发生。自适应提升（AdaBoost）是一种迭代算法，其核心思想是针对同一个训练集训练不同的分类器（弱分类器），然后把这些弱分类器集合起来，构成一个更强的最终分类器（强分类器）。临近算法（k-Nearest Neighbours）是指一种基于实例的学习，或者是局部近似和将所有计算推迟到分类之后的惰性学习。用最近的邻居（k）来预测未知数据点。k 值是预测精度的一个关键因素，无论是分类还是回归，衡量邻居的权重都非常有用，较近邻居的权重比较远邻居的权重大。

除上述六种算法外，Logistic 回归分析（Logistic Regression）和支持向量机（Support Vector Machine）未被本次实验采纳。因为这两种算法在高度不平衡的数据集下不能很好地执行，其中边界决策向多数类倾斜（合法交易），以及在前一个阶段存在少数类（非法交易）。此外，对于特定的数据集，上述两种算法并不适合，性能显示较低。

接下来的模型构建，将在一个高度不平衡的数据集中利用监督学习算法分析识别异常交易。通过减少误报（合法交易被检测为非法交易），而不增加误报（非法交易被检测为合法交易），来实现预期目标。

四、模型构建

（一）六类经典模型的设置

对于以上监督学习算法，使用 Python 编程语言的免费软件机器学习库（Scikit-learn），对 Elliptic 数据集的合法／非法交易进行分类。通过采用多种监督算法对训练集（用于模型拟合的数据样本）进行拟合，同时利用测试集（用来评估模型最终的泛化能力）对模型的性能进行预测。

先确定各类模型的参数设置，根据交叉验证法（尝试利用不同的训练集／测试集划分来对模型做多组不同的训练／测试，以获得最优模型），具体步骤如下：

随机将训练数据等分成 k 份，S1，S2，…，Sk；

对于每一个模型 Mi，算法执行 k 次，每次选择一个 Sj 作为测试集，而其他作为训练集来训练模型 Mi，把训练得到的模型在 Sj 上进行测试，这样一来，每次都会得到一个误差 E，最后对 k 次得到的误差求平均，就可以得到模型 Mi 的泛化误差；

算法选择具有最小泛化误差的模型作为最终模型，并且在整个训练集上再次训练该模型，从而得到最终的模型。

通过对上述方法的应用，得出下列各类模型的设置参数。首先对随机森林算法（设置 N_estimators=100，Bootstrap=False，min_samples_leaf=2，max_depth=50）、极端随机树算法（使用与随机森林相同的设置）、梯度提升算法（设置）、装袋算法和自适应提升算法（均使用随机森林模型作为基础估计量）进行测试。在 $k \in [1,26]$ 的情况下选择 k=8 作为最优性能（此时偏差与方差最为权衡），采用了临近算法（使用 Scikit-learn）。

（二）集成学习的组合方式

除上述方法外，本次模型构建还采用了 *Software defect prediction using ensemble learning on selected features* 中提到的基于平均概率的集成学习方法。它被定义为一种分类学习方法，将多种机器学习算法相结合，以提高最终预测的性能。具体组合方法是，通过在平均概率集成中，使用几个预先设计好的机器学习模型来完成分类，将每个学习算法得到的预测概率的总和进行平均从而得出最终的预测。根据算法在标记给定输入向量时的可信度，由于提供输出预测作为概率值的原因，本次实验采用了随机森林、极端随机树和装袋算法，通过组合来进行集成学习。

五、结果及实证分析

（一）指标评估结果

在对模型参数进行调整后，利用 Elliptic 数据集对上述模型进行组合。为了清晰起见，使用不同的机器学习指标（如准确率、精确度、召回率、F1 评分以及误报和漏报的数量）对结果进行评估，如表 2 所示。

表 2　使用 Elliptic 数据对监督学习算法的评估

模型	准确率	精确度	召回率	F1 评分	误报（次）	漏报（次）
集成学习	98.13%	99.11%	71.93%	83.36%	7	304
随机森林算法	98.06%	97.38%	72.20%	82.92%	21	301
极端随机树	98.01%	98.70%	70.36%	82.15%	10	321
梯度提升	98.01%	96.41%	72.11%	82.51%	29	302
装袋算法	97.99%	96.28%	71.83%	82.28%	30	305
自适应提升	97.35%	99.84%	59.37%	74.46%	1	440
临近算法	95.01%	61.60%	63.99%	62.77%	432	390

（二）ROC（Receiver Operating Characteristic）性能显示结果

此外，还提供了接收器操作曲线 ROC 来粗略地显示所使用的监督学习方法的性能，以及计算每个模型的 ROC 曲线下方的面积大小（Area Under Curve，AUC），主要用于衡量模型的泛化性能，即分类效果的好坏。一般来说，不同的模型对应的 ROC 曲线中，AUC 值大的模型性能相对较好。AUC 值的计算方法按先后顺序为：将坐标点按照横坐标 FPR 排序；计算第 i 个坐标点和第 $i+1$ 个坐标点的间距 dx；获取第 i 或者 $i+1$ 个坐标点的纵坐标 y；计算面积微元 $ds=ydx$；对面积微元进行累加，得到 AUC。如图 2 所示。

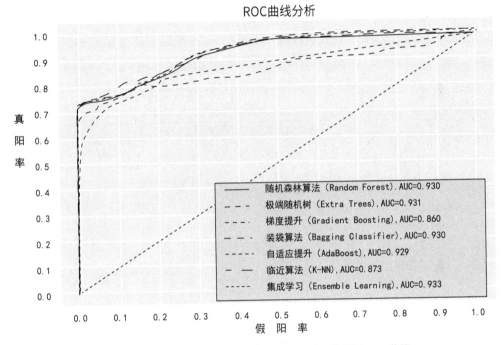

图 2　在 Elliptic 数据集上训练的监督学习模型的 ROC 曲线
（曲线下面积用 AUC 表示，平分线表示为机会线）

根据图 2 所示，集成学习的最大 AUC 为 0.933，优于其他模型。显然，相对于其他模型，梯度提升分类器的 ROC 曲线表现最差，其 AUC 比值为 0.860，倒数第二位的临近算法 AUC 比值为 0.873。

（三）实证分析

本次实验得出，基于决策树的监督学习算法（如随机森林和极端随机树方法）性能显示较好，说明此类方法在 Elliptic 数据集上较为适用。k-NN 算法相比而言较为落后，其准确率为 95.01%。由于 k-NN 基于欧氏距离（Euclidean distances），因此在计算上搜索 k 的最佳值较为费时。另一方面，k-NN 算法不适用于高维数据集和高度不平衡的数据集。例如，k-NN 依赖于特征空间中的 k 近邻算法来投票选出最佳类别。由于在少数正实例的邻域中存在大量的负实例，k-NN 中的投票机制更容易偏向多数。这就是随机森林在此任务中表现良好的原因，因为它使用投票机制，将来自一定数量的决策树的预测结果聚合在一起，其中每棵树都使用数据集的子样本进行训练，而叶子的分割基于一定数量的特征。在实验中将会使用所有的数据集来训练每棵树。

（四）监督学习算法的不足及提升思路

如图 3 所示，在集成学习算法的数据点上，为真实标签和真实预测绘制了每个时间步的非法交易数量。集成学习揭示了直到第 39 个时间步之前对非法交易的良好辨别能力。在 40-42 的范围内，实际非法交易数量迅速增加，在第 42 个时间步之后急剧下降。该区域显示了真实标签和预测标签之间的最大差异。

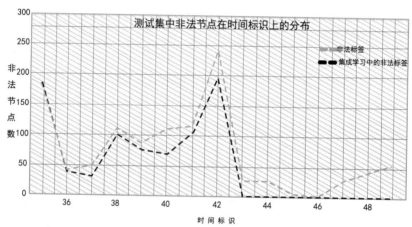

图 3　在时间标识上测试集中的非法事务及其使用集成学习的相关预测

此外，通过对图 4 中非法实例的计算得出，F1 评分显示了监督学习方法对非法类别的性能。假设暗网市场关闭，无论集成学习还是其他监督学习算法，其性能均有所下降。如前所述，此事件发生在第 43 个时间步，在该时间步中，使用的任何学习方法都无法监测到非法交易。该原因是发生了算法以前没有学习过的事件。

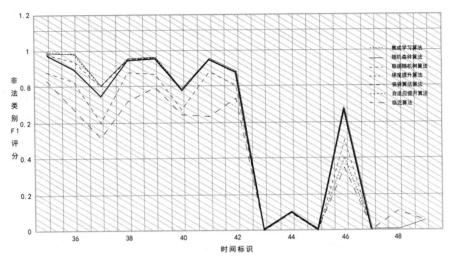

图 4　使用 Elliptic 数据集的监督学习方法在每个时间步上的性能
（计算非法实例的 F1 评分）

众所周知，Elliptic 数据集的比特币图网络是由比特币区块链交易图衍生而来的子图。模型在某些时间步长上表现不佳的另一个原因可能是由于子图的形成导致结构信息丢失。它更有可能失去一些训练模型所必需的重要环节和模式。因此，由于子图重采样，可以假设图网络的合法节点和非法节点可能具有相似的模式，其中模型试图最小化不同标签的相同模式上的错误。此外，模型不是在未知的标签上训练的，其中可能有一些特征和节点结构以加强对模型的检测。考虑到正负实例之间的高度差异，总是希望有一个平衡的数据集。然而，不太推荐使用重采样方法，如欠采样和过采样技术，它们可能会降低性能或不添加任何内容。欠采样方法试图减少导致图结构中重要节点和边缘信息丢失的多数。另外，过采样技术，如合成少数过采样技术（SMOTE）将插入数据点，并生成不可行的聚合特征。通过从中心节点向前向后移动一跳，从图结构中产生聚合特征，并且对这些数据进行插值容易产生误导。

六、结论与建议

（一）研究结论

通过集成学习，将随机森林、极端随机树和装袋算法相结合，平均从这些算法获得的概率来得出预测结果，显示潜在的性能。如表 2 所示，集成学习实现了误报数等于 7，综合比较而言提高了精度。例如，误报实例可能经常出现在不同的学习算法之间。在使用集成学习后，这些实例确实会保持不变。相比之下，获得不同的分类模型尤为重要，因为每个模型都无法将不同的数据点正确分类。因此，集成学习将尝试通过组合多个模型来调整监测概率，从而减少错误实例的数量。

在这项研究中，针对不同的监督学习算法进行了比较分析，以通过 Elliptic 数据集监测合法／非法交易。本文中各种监督学习算法相比，集成学习算法表现更好。结果表明，集成学习能够以 98.13% 的准确率和 83.36% 的 F1 评分进行分类，有效协助了虚拟货币反洗钱可疑交易监测分析。

（二）建议

一是反洗钱义务机构应大力推广机器学习，以提升异常交易监测与上报效率。机器学习是一种能够直接从数据中"学习"信息并建立规则的算法，监督学习即为其中的一种方法。它模拟人类大脑学习，通过数据处理、特征加工、模型训练与验证等工作程序完成模型的创建和优化迭代。在反洗钱、反恐怖融资等合规领域，可以实现对人工风控分析、判断行为等规律的自动学习。

二是反洗钱义务机构应强化识别交易类型，探索异常交易识别算法，以辅助上游犯罪监测。在异常交易识别中，可综合运用有监督和无监督的方法，搭建反洗钱智能交易监测分析平台，学习过去已有的洗钱可疑案宗，全方位提取与洗钱行为关联的信号，结合规则引擎和图计算技术，建立综合离群点检测、时间序列预测、分类树和回归树等算法的"智能反洗钱模型"。除此之外，由于机器学习模型成果在实际应用中具备持续学习的能力，因此随着训练次数的增加，机器的工作效率和对异常交易的判断准确性将逐渐提升，尤其满足互联网交易模式下的海量实时交易监测需求。

三是有关部门应加大人才培养力度，自研特征计算引擎反哺反洗钱知识库。人工智能技术是一项可迭代的系统工程，当可用于训练和学习的样本数据增多时，算法性能和模型精度可以得到相应提升。目前，机器学习在反洗钱领域面临着特征量不够多、不够有效的问题，综合使用人工智能算法可以发现新型洗钱特征，但此项工作需要大量的人力资源、科技资源投入。通过自动学习未知洗钱模式，平台能够不断衍生、拓展和规则化定义洗钱特征，形成洗钱特征知识沉淀，反哺反洗钱知识库。帮助义务机构迭代优化反洗钱规则体系，实现反洗钱监测闭环优化。除此之外，理论上平台还可自动生成可视化模型的决策结果和可解释的分析报告，将有助于反洗钱专家还原犯罪场景，帮助业务人员理解决策依据。

参考文献:

[1] 兰立宏,庄海燕.论虚拟货币反洗钱和反恐怖融资监管的策略[J].南方金融,2019(7).

[2] 闫晨晨,张美玲.虚拟货币的风险及监管分析——以比特币为例[J]现代商贸工业,2020(04):97-99.

[3] M. Weber, G. Domeniconi, J. Chen, D. K. I. Weidele, C.Bellei, T. Robinson, and C. E. Leiserson. Antimoney laundering in bitcoin: Experimenting with graph convolutional networks for financial forensics. KDD Workshop on Anomaly Detection in Finance (2019).

[4] Mikkel Alexander Harlev, Haohua Sun Yin, Klaus Christian Langenheldt, Raghava Mukkamala, and Ravi Vatrapu. 2018. Breaking bad: De-anonymising entity types on the bitcoin blockchain using supervised machine learning.In Proceedings of the 51st Hawaii International Conference on System Sciences.

[5] Issam H Laradji, Mohammad Alshayeb, and Lahouari Ghouti. 2015. Software defect prediction using ensemble learning on selected features.Information and Software Technology 58 (2015), 388 402.

[6] 罗素文,韩路.机器学习技术在商业银行反洗钱领域的应用[J].金融电子化,2019(6):79-80.

"智图索骥"：图挖掘与时序分析技术在可疑交易监测领域的探索

■ 何林芳　霍昱光　万威[1]

摘要： 本文基于中国建设银行的探索，介绍了利用图挖掘与时序分析技术解决在超大规模数据中精准定位洗钱犯罪团伙的实践经验，为新兴技术在可疑交易监测领域的应用提供了参考。

关键词： 反洗钱　可疑交易监测　图挖掘　时序分析　无监督学习

一、背景

目前，金融机构反洗钱监测工作主要依靠传统技术手段，通过总结、提炼洗钱行为特征，研发、部署传统规则模型预警疑似洗钱行为。近年来，洗钱犯罪快速变化，已形成较成熟的洗钱产业链和犯罪利益联合体，团伙作案趋势明显，传统规则模型难以及时、主动发现洗钱新特征，准确识别洗钱犯罪团伙。随着科技手段不断提升，金融机构正逐步探索利用大数据等技术手段扩展监测覆盖面、提高模型精准度的有效方案，但如何从超大规模数据中高效精准筛选出疑似洗钱犯罪团伙，减少低效预警，提升可疑情报价值，仍是金融机构亟须破解的课题。

为破解相关问题，中国建设银行与建信金融科技公司联手合作，在反洗钱可疑交易监测领域利用图挖掘、时序分析技术进行了有益探索，取得了一定成效。

二、图挖掘、时序分析技术简介

图挖掘技术源于图论，是指以图的结构存储、展示数据，用各类图挖掘算法发掘数据间隐含价值的技术手段。图挖掘技术包括频繁子图挖掘、社区发现、影响力

1　何林芳、霍昱光供职于建信金融科技公司急速工场（创新实验室），万威供职于中国建设银行内控合规部。

传播等算法,适合于研究超大规模复杂关系网络问题。

时序分析技术是指通过分析时间序列事件的发展过程、方向和趋势,建立描述测算的数学模型,预测未来事件演变趋势的技术手段。适用于研究自然科学、工程技术实施等领域的时序问题。

图挖掘和时间序列等新兴技术具有较大的技术优势,能够有效地破解反洗钱工作面临的"海量数据挖掘效率低""稀缺样本特征提炼难"两大难题。

一是有效应对超大量级资金网络分析难题。图挖掘算法采用"节点"和"边"刻画和存储实体信息及实体间的关联关系。"图"的结构动态可变,其存储和关联的数据可以灵活添加和删除,能够对复杂的动态交易关系构建网络,处理关联数据速度极快,能够高效处理、分析超大量级的资金交易网络。

二是有效破解稀缺黑样本挖掘学习难题。图挖掘和时序分析技术能从海量数据中主动挖掘分析异常模式,无须依赖过多的黑样本训练,适用于黑样本稀缺的反洗钱应用场景。此外,时间序列分析技术可针对某变量,综合各类不确定因素,进行趋势性、周期性、随机性分析,适用于挖掘洗钱犯罪团伙交易行为上的相似特征。

三是具备较好的算法可解释性和泛化能力[1]。利用两种技术构建的模型在信息输入、参数验算、结果产生等各阶段皆具备较高的透明度,可直观地展现洗钱团伙关系网络,便于金融机构理解模型原理,同时符合监管机构对于风控模型具备较高可解释性的指导要求;此外,两种技术作为无监督学习的代表算法,能够避免有监督学习算法过拟合[2]、难泛化的弊端。

三、建设银行在反洗钱领域应用图挖掘、时序分析的探索

建设银行结合历史监管协查数据、历史可疑交易报告案例数据和专家甄别分析经验,在无监督异常检测框架下探索了图挖掘、时序分析技术在可疑交易监测领域的两种应用场景。

(一)异常流检测模型

虽然洗钱犯罪手段的演变呈现线上化和专业化趋势,但洗钱分子通常采用多层交易转账来掩饰资金来源,在一定周期内集中、频繁转账过渡,达到洗钱目的,此类账户往往呈现出"资金流通量大、交易频繁、账户余额低"等特点。

---

1 泛化能力:指模型对未知数据的预测能力。

2 过拟合指模型过于依赖特定数据集,以至于无法良好地拟合其他数据或预测未来发展趋势的现象。

当前，金融机构将此类账户界定为资金过渡账户，使用"快进快出：短时间内，账户的转入、转出金额近似"等规则进行刻画，通过研发传统规则模型预警符合"资金快速进出""分散转入集中转出""集中转入分散转出"（见图 1）等模式的疑似洗钱账户，以及时发现、分析、上报、管控洗钱风险。

典型场景：洗钱的过渡账号

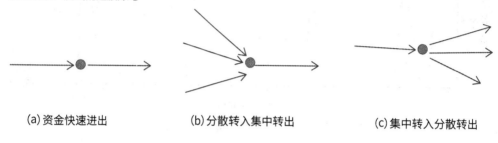

（a）资金快速进出　　　　（b）分散转入集中转出　　　　（c）集中转入分散转出

图 1　交易流水异常情况典型模式

在该场景下，相关规则的阈值设置尤为关键，一旦犯罪分子通过各种渠道测试、试探出金融机构预置的监测规则或参数，即可有针对性地进行规避。由此可见，传统规则模型的有效性难以长期维持，其监测规则需要不断根据风险演变情况进行完善、更新。

时序分析技术能够主动学习、探知时序交易中的异常模式和形态，能够破解传统规则模型效果稳定性不足的问题。本文通过如下三个步骤构建异常流检测模型，探知隐匿于海量交易中的异常资金流动。

第一步：挖掘时序特征。对小范围的抽样数据进行历史交易行为分析（包括每个账户的资金交易频率、资金流通量、观测窗口期等），统计变化趋势，探知异常特征。

第二步：探测异常形态。以挖掘时序特征为基础，利用时序分析技术的各类算法对全量账户进行交易频度、流通量、余额等多维度探测。

第三步：验证运行效果。结合历史可疑交易报告案例数据进行效果检验，并对新增的预警客户进行抽样验证，以评估模型监测效果。

持续迭代以上三个步骤提升监测效果，最终形成稳定的检测模型。

运行该模型对全行 12 个月数十亿级交易数据进行探查，并对同周期内数万可疑账户[1]（以下简称 STR 账户）进行特征挖掘分析，提炼出了"交易频度高、流量大、

1　以建行上报的可疑交易报告主体作为可疑账户。

余额低"等异常特征。图2、图3分别展示STR账户和正常账户某月内随机50笔连续流水交易的账户情况,STR账户异常特征显著。

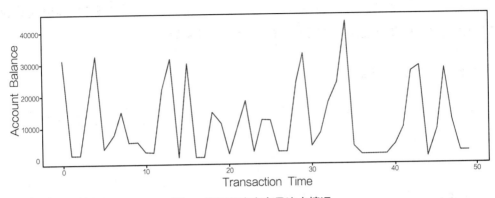

图2 某可疑账户交易流水情况

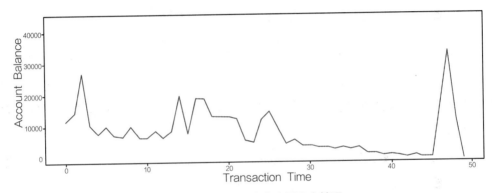

图3 某正常交易账户交易流水情况

此外,图4展示了本算法检测的新增预警账户[1]中的一个示例。该账户为监管协查账户,其交易呈现出"资金流入、流出金额相似,资金交易频繁"的特征,但此前未被现有规则模型有效预警发现。

---

[1] 新增预警账户指的是现有规则模型未能预警的账户。

	交易日期	收支方向	交易金额		交易日期	收支方向	交易金额
0	2021-01-02	转入	30000.00	13	2021-01-08	转入	10000.00
1	2021-01-02	转出	30000.00	14	2021-01-08	转出	111.00
2	2021-01-02	转出	7.50	15	2021-01-08	转入	30111.00
3	2021-01-03	转入	14000.00	16	2021-01-08	转出	30000.00
4	2021-01-03	转入	16000.00	17	2021-01-08	转出	7.50
5	2021-01-03	转出	30000.00	18	2021-01-11	转出	30000.00
6	2021-01-04	转入	5900.00	19	2021-01-13	转入	8100.00
7	2021-01-04	转入	8040.00	20	2021-01-13	转出	10000.00
8	2021-01-04	转出	10000.00	21	2021-01-13	转入	9000.00
9	2021-01-04	转出	5.00	22	2021-01-13	转入	8001.00
10	2021-01-07	转出	30000.00	23	2021-01-14	转入	123.00
11	2021-01-07	转出	7.50	24	2021-01-14	转入	10300.00
12	2021-01-07	转入	20195.00	25	2021-01-14	转出	123.00

图 4 新增预警账户的交易流水示例

采用上述算法对近一年内某季度全量对公账户的交易流水进行检测，分别计算预警覆盖率[1]、新增预警覆盖率[2]、新增预警占比[3]、确认率[4]四个指标比对验证算法检测效果。图 5 展示了本算法在不同预警量下[5]四个指标的变化情况。可在综合权衡覆盖率和确认率的基础上，确定适中的模型预警数量。

该算法与建行已有模型相比，确认率提升 45%，预警覆盖率提升 19.8%，效果提升较为明显。

1　预警覆盖率指本算法预警的全量账户，覆盖监管协查名单账户的百分比。

2　新增预警覆盖率指相比现有模型，本算法新增的预警账户，覆盖监管协查名单账户的百分比。

3　新增预警占比指相比现有模型，本算法新增预警账户占预警全量账户的百分比。

4　确认率指相比现有模型，本算法预警账户与现有模型预警账户重叠部分中，命中历史 STR 账户或监管协查账户数占本模型预警全量账户的百分比。

5　该模型预警方式为从可疑程度最高的团伙向下排序，截取可疑程度最高的 N 个团伙进行预警。

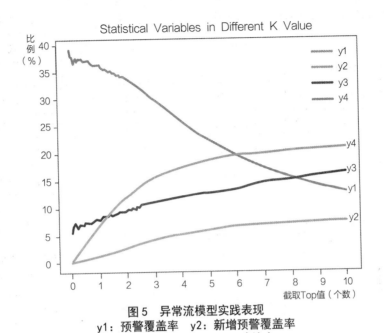

图 5　异常流模型实践表现
y1：预警覆盖率　y2：新增预警覆盖率
y3：新增预警占比　y4：确认率

（二）构建跨行交易异常拓扑检测模型

为逃避金融机构对交易网络的分析侦测，犯罪团伙通常采用跨金融机构频繁转账的方式，隐藏洗钱链条，斩断监测线索，增加反洗钱监测难度。跨行转账洗钱交易视图和特点如图 6 所示。仅从单个行内账户分析，交易流水特点不显著，且同一团伙内多个行内账户往往无交集，不易发现潜在的洗钱团伙，可能产生漏报风险；但从行内账户及其交易对手账户集群为切入口分析，可发现犯罪团伙内普遍存在"交易次数多、资金流通量大、交易密集"等特点。

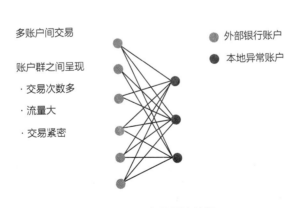

图 6　跨行交易网络特征

图挖掘技术能够对行内外账户群进行分析，挖掘账户两两之间的交易特点、密度，以及多账户间的关联关系、交易链路，以便甄别分析人员深挖洗钱犯罪团伙线索。据此原理构建的跨行交易异常拓扑检测模型，采用稠密子图算法来抽象、勾勒多账户交易形态，利用多账户关联、密集度分析等手段提炼洗钱团伙的子图模式，并结合金融机构历史数据进行量化验证，最终形成预警可疑洗钱团伙的检测模型。

该算法检测发现高可疑度团伙中60%以上的账户均为历史STR账户或监管协查账户，这些关联个体进行团伙洗钱犯罪可能性极大。

图7、图8以具体案例展现了利用本算法新挖掘出的某疑似犯罪团伙的交易关系。从图7中可初步判断，"行外1""行外3""行外5"账户为监管协查账户（"行内2""行内3"账户）的上游账户，"行外7"为监管协查账户的下游账户，两监管协查账户与STR账户为团伙作案。与此同时，"行内1""行内5"未被预警发现过，但均与"行外1""行外7"有过较为密集的交易行为，因此可进一步分析"行内1""行内5"是否具有洗钱行为，扩展洗钱团伙范围。

图8中进一步展示了"行外1""行外7"与"行内1""行内2（监管协查账户）"的部分流水，经分析可发现"行外1-行内1-行外7"与"行外1-行内2（监管协查账户）—行外7"交易模式较为相似，呈现"资金快进快出、金额相近"的形态，初步判断"行内1"账户为该洗钱团伙成员，怀疑其在团伙内承担的角色与行内2（监管协查账户）一致，洗钱可疑程度较高。

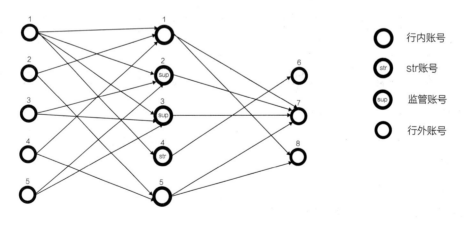

图7 跨行交易中的团伙发现示例

传统的团伙犯罪识别，主要以模型预警、监管协查账户为切入点，由甄别分析人员在系统中手工进行账户关系关联和探索，团伙识别效率很低、工作量巨大。

行内2-行外1

	I/O	amount	date	time	abstract	comment
0	I	2060.00	2020-01-20	101147	电子汇入	电子汇入
1	I	2050.00	2020-01-22	81313	电子汇入	电子汇入
2	I	2388.88	2020-01-25	102730	电子汇入	电子汇入
3	I	2588.00	2020-01-27	101408	电子汇入	电子汇入
4	I	2888.00	2020-01-29	140354	电子汇入	电子汇入

行内2-行外7

	I/O	amount	date	time	abstract	comment
0	O	8200.00	2020-01-16	75255	网络转账	备用金
1	O	3200.00	2020-01-16	75736	网络转账	备用金
2	O	5300.00	2020-01-16	80233	网络转账	备用金
3	O	4300.00	2020-01-16	71406	网络转账	备用金
4	O	7400.00	2020-01-16	72057	网络转账	备用金

行内1-行外1

	I/O	amount	date	time	abstract	comment
0	I	2010.00	2020-01-06	115402	电子汇入	电子汇入
1	I	2060.00	2020-01-08	112241	电子汇入	电子汇入
2	I	2100.00	2020-01-10	102259	电子汇入	电子汇入
3	I	2030.00	2020-01-12	105622	电子汇入	电子汇入
4	I	2060.00	2020-01-14	103509	电子汇入	电子汇入

行内1-行外7

	I/O	amount	date	time	abstract	comment
0	O	2800.00	2020-01-16	74223	网络转账	备用金
1	O	4400.00	2020-01-16	75209	网络转账	备用金
2	O	3100.00	2020-01-16	75650	网络转账	备用金
3	O	10000.00	2020-01-16	80718	网络转账	备用金
4	O	12000.00	2020-01-16	81847	网络转账	备用金

图 8　图算法挖掘出的监管账户与可疑账户流水示例

本算法通过对数据进行定期扫描，主动进行团伙探查，自动输出可疑团伙，减少了甄别分析人员低效繁重的信息收集整合工作，使其可专注地进行团伙犯罪事实认定和深度挖掘，极大提高了工作效率；与此同时，本模型较现有模型，确认率提升 20%，预警覆盖率提升 15%，实现了深度挖掘、精准定位洗钱犯罪团伙的目的，显著提升了洗钱情报价值。

四、实践应用中图挖掘、时序分析的限制与挑战

虽然本文介绍的两类检测模型展现了较好的洗钱团伙检测能力，但图挖掘技术在实践中仍存在一定的技术限制，在反洗钱可疑监测领域应用中也存在某些方面的能力瓶颈，需要特别关注与进一步研究。

一是如何根据应用规模合理配置技术资源。图挖掘技术需要构建特定时间范围内全量交易关系网络，并在该庞大网络中进行特征挖掘和分析，需要较大的技术存储资源和计算资源。在实际应用中，需要根据具体应用场景，综合考虑需要处理的数据规模，合理配置充足的技术资源。

二是如何从第三方支付交易网络中发现异常洗钱团伙。银行交易网络中存在第三方支付等超级交易节点。图挖掘技术对此类节点构建网络关系时，将形成规模超大的关联网络，现有技术手段难以从中识别潜在的洗钱团伙，可能引发洗钱线索漏报风险。在本文的研究成果基础上，我行将致力于研究解析和深挖此类超级节点网

络洗钱风险的解决方案，弥补技术手段的能力瓶颈。

三是如何有效设定、及时调整智能模型参数。图挖掘技术具备随资金交易网络变化动态自适应的能力，对交易网络形态高度敏感，模型上线运行后的预警量波动幅度可能较大，建议谨慎设置模型参数和预警阈值，及时根据模型运行情况调整参数阈值，并做好甄别分析人员动态配置的应对方案。

五、未来展望

一是进一步验证科技探索试点成果。未来将进一步开展图挖掘、时序分析技术算法的提升、完善工作，在效果稳定的基础上将其封装成为简单易用的团伙挖掘、监测工具，逐步加以推广应用，在工作实践中检验课题成果，并探索更多实现路径，推动更多创新探索工作开展。

二是联合金融机构开展合作研究。仅依靠一家金融机构的账务交易数据去甄别和监控洗钱犯罪活动，数据来源相对单一，所构建的图挖掘、时序分析模型也存在一定的片面性和局限性。后续建议在监管机构的带领下，与同业机构共建合作机制，共享风险线索、风控成果，在一定程度上破解"信息孤岛"现象，解决犯罪分子跨机构交易监测难的问题。

以人工智能技术提升反洗钱工作有效性的研究和实践

■ 人工智能技术在反洗钱领域的应用研究课题组[1]

摘要： 传统的反洗钱工作模式难以有效应对不断变化的洗钱活动，利用人工智能技术则能显著提升反洗钱工作有效性。本文基于反洗钱工作实践经验，分析阐释人工智能技术应用于反洗钱工作的必要性，研究总结在可疑交易监测分析、反洗钱客户身份识别、风险评级等领域应用人工智能技术的思路和实际效果，并提出在反洗钱工作中更有效地应用 AI 技术的针对性建议。

关键词： 反洗钱　人工智能　AI 技术

当前，金融业务日趋纷繁复杂，相关数据信息持续巨量增长，而各种洗钱犯罪模式、手法也在不断变化翻新，这都为反洗钱工作带来了新挑战，传统的反洗钱工作模式已难以有效应对，只有充分利用金融科技手段特别是人工智能（Artificial Intelligence，以下简称 AI）技术才能进一步提升反洗钱工作有效性。财付通支付科技有限公司在反洗钱工作实践中，积极应用 AI 技术等最新科技手段，在可疑交易监测分析、反洗钱客户身份识别、风险评级等多个领域都取得了较好的成效。

一、AI 的定义和技术路线

AI 是研究、开发用于模拟、延伸和扩展人的智能的理论、方法、技术及应用系统的一门新的技术科学，主要建立在云计算和大数据的基础之上，研究方向包括机

1　课题组成员包括：吴鸣、周治明、谈普林、刘毅、吴杰、黄海。

　　吴鸣、周治明、谈普林、刘毅、吴杰供职于财付通支付科技有限公司反洗钱与风险控制部，黄海供职于腾讯集团反洗钱与制裁合规部。

器学习、模式识别、自然语言处理、知识图谱和人机交互等。

AI 技术路线主要包括：（1）机器学习。包括监督学习、无监督学习、半监督学习、强化学习和迁移学习等。（2）知识图谱。知识图谱就是把所有不同种类的信息连接在一起而得到的一个关系网络，提供了从"关系"的角度去分析问题的能力。（3）自然语言处理（NLP）。探讨如何处理及运用自然语言，主要应用于机器翻译、舆情监测、自动摘要、观点提取、文本分类、问题回答、文本语义对比、语音识别、中文 OCR 等方面。（4）人机交互。研究人和计算机之间的信息交换，除了传统的基本交互和图形交互外，还包括语音交互、情感交互、体感交互及脑机交互等技术。（5）计算机视觉。使用计算机模仿人类视觉系统，让计算机拥有类似人类提取、处理、理解和分析图像以及图像序列的能力。（6）生物特征识别。通过个体生理特征或行为特征对个体身份进行识别认证的技术，作为重要的智能化身份认证技术，在金融、公共安全等领域得到广泛应用。

二、AI 应用于反洗钱的必要性

对于反洗钱工作中的诸多难点，AI 技术所具有的高效性、中立性、高适应性、可升级性等特质，使其在反洗钱工作中越来越具有不可替代的重要作用。

（一）海量交易数据的高效治理

现代金融交易产生的海量数据亟须 AI 的应用和处理。以移动支付为例，移动支付在给人们生产生活带来便利的同时，会产生巨量的交易数据，10 亿级用户每天产生 PB 级数据量，对数据采集、存储、清洗、分析等工作带来了极大的挑战，要不断地引进、迭代 AI 技术和平台来突破性能瓶颈。

（二）多样数据结构的全面挖掘

海量的数据蕴含了丰富的信息，这些数据包含了不同业务类型，例如红包、转账、二维码、商业支付、充值、代扣、还款、理财等；数据类型也多种多样，如文本类、时序类、关系链类等。这都需要我们采用更智能、更高效的 AI 算法来全面挖掘识别高价值信息。

（三）复杂洗钱犯罪的有效监测

随着诸多犯罪行为转为线上化，如网络赌博、网络诈骗、非法集资、非法传销等，犯罪团伙往往组织层级复杂、分工多样，形成完整的黑产链。在挖掘这类犯罪行为时，传统的个案分析不能快速、充分地挖掘出完整的团伙网络，因此要引入团伙挖掘、标签传播等 AI 方法才能有效监测分析出其中的可疑交易和主体。

三、反洗钱实践应用 AI 的具体场景

（一）AI 在网络赌博监测治理上的应用

财付通通过将 AI 技术应用于网络赌博监测治理，精准识别赌博账号并进行风控打击，并及时将线索和手法特征总结上报监管部门，取得了良好效果。

1. AI 应用场景

（1）赌博网站爬虫对抗系统：财付通研发了网络赌博平台支付接口监测系统，能够实现对数千个赌博网站、APP 的支付接口进行 7×24 小时的智能化监测、取证和处置。

（2）赌博用户行为序列模型应用：由于赌博用户与正常用户在支付行为模式上存在明显差异，财付通基于专家经验自研了一套行为序列挖掘算法框架，对用户支付行为和操作行为进行事件编码构建子序列，基于子序列通过 N-Gram 模型生成短序列特征，并通过 LSTM 生成长序列特征，最后把长、短序列特征输入分类器进行赌博行为模式判定，算法的增益效果非常明显。序列挖掘框架如图 1 所示。

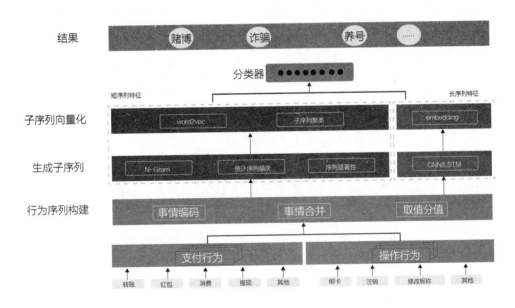

图 1　序列挖掘框架图

（3）图算法模型应用：基于场景、时间、行为、金额、集中度、高危交易等特征，引入 GCN（图卷积网络）模型，相比原来的 XGBoost 模型在 90% 的准确率下提升 6% 的覆盖。

（4）运用自然语言处理技术进行文本挖掘：财付通基于内外部文本数据，运用自然语言处理技术（NLP）中的新词发现、文本分类、命名实体识别、主题词挖掘等 AI 技术对风险进行尽早感知、识别、打击和监控，在短文本处理上形成了一个较为成熟的框架。

2. 治理成果

经抽样检测，自 2020 年 1 月以来，各类涉赌平台中涉财付通支付接口的交易笔数和成功率呈大幅下降趋势，涉微信支付接口的覆盖率从约 52% 下降到 5.5% 左右（包含转账到银行账户 4%），涉赌资金交易量下降了 88%。

（二）AI 在网络诈骗监测治理上的应用

网络诈骗监测治理遵循事前防范、事中决策和事后管控的思路，事前重点解决诈骗大盘量化评估问题，事中和事后主要结合信息流和资金流按支付场景和诈骗类型根据账户恶意程度进行监测分析、分级处置和可疑上报。在事前、事中和事后都可运用针对性的 AI 算法。

1. 事前环节应用机器学习和 NLP 算法

首先，在诈骗风险量化方面，基于诈骗投诉数据，利用机器学习有监督模型识别真实诈骗账号和交易，建立准确率较高的诈骗大盘。此外，也会借助 NLP 算法清洗出警情案件中各支付渠道的支付被骗占比。其次，在社交诈骗治理上，会基于黑名单进行资金流、设备等网络关联扩散。在商户诈骗治理上，也会基于黑名单，在商户批量注册时，通过 NLP 和聚类算法类聚集名称高度相似，并通过商户间身份证号、手机号、银行卡号进行黑信息关联来进行可疑识别。

2. 事中环节应用有监督的诈骗专项模型

财付通根据投诉场景或类型训练有监督的诈骗专项模型，加强对出租出借买卖支付账户的识别力度。一方面通过时序模型刻画资金快进快出、满额提现等异常交易情况，另一方面通过同证件、交易 IP、常用地聚集特征和标签、高危地或者境外等异常值较高属性排查团伙风险。

3. 事后环节应用时序算法和 NLP 算法

用户被骗投诉后，财付通会对用户被骗投诉账号进行管控：被投诉账号若被模型自动判黑，则会被冻结或限制入账，若被判白则放过，判灰则会使用无监督的方法对账号恶意度进行评级（基于 RFM+AHP 的涉骗恶意度评级）推送人工处理并记录历史判定用于策略打击。目前，投诉处理中应用模型自动判定覆盖率已达到 100%，模型涉及时序算法和 NLP 算法等 AI 技术。

4. 诈骗治理成果

经抽样检测，自 2020 年以来，警情案件中受害人通过微信支付出的金额占比已从年初的 27% 下降至 11%，通过微信支付被骗的人数下降 61%，通过微信支付被骗的金额下降 60%。

（三）AI 在涉毒犯罪识别中的应用

毒品犯罪是反洗钱的主要上游犯罪之一，其中的零包贩毒越来越呈现网络化趋势，监测难度非常大。但我们在日常分析中，可从关联评分和标签传播两个角度构建涉毒风险识别模型，通过对特定地区、特定人群中的一些历史涉毒人员（"种子"主体）的交易特征进行分析，并挖掘出更多与他们相关的涉毒人员。

1. 基于资金链的关联评分模型

基于资金链从涉毒前科人员入手，可以建立模型对某个地区的涉毒人员进行识别，涉毒关联评分模型框架如图 2 所示。

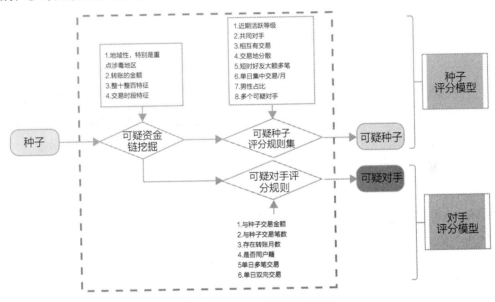

图 2　涉毒关联评分模型框架图

模型主要包含以下模块。

（1）可疑资金链挖掘。

挖掘涉毒前科人员资金网络，根据涉毒人员的一般交易特征对前科人员的资金交易流水进行筛选，将正常交易与一般交易区分开来。零包贩毒交易的资金特征包括：整十整百交易，交易时间多在下午至凌晨，交易频率比常人高，且月均交易总金额远高于地区消费平均水平。

（2）复吸预测（可疑种子评分）。

对于资金网络中的前科人员，关注是否符合复吸特征，这些特征以及一些相关的社团特点在被归纳为可疑账户规则集（详细见框架图）放在模型中，并且被用于对疑似复吸种子进行评分输出，即种子评分模型。

（3）可疑对手挖掘。

对于资金网络中非前科人员，关注是否符合涉毒一般特征，并联合相关复吸人员的可疑程度进行联合评分输出，即对手评分模型，如图 3 所示。

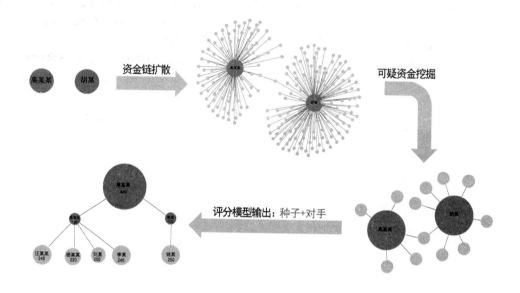

图 3　对手评分模型

上述模型在北京、广西、广州、中山等地应用效果良好，通过警方的验证，模型精度超过了 50%，极大提升了吸毒、零包贩毒的识别效率。同时，在中国人民银行深圳中支的指导下，财付通还协助深圳警方破获了一起制毒、贩毒的团伙案件，首批抓获 33 名犯罪嫌疑人。

2. 半监督标签传播（PPR）算法应用

PPR 算法与其他算法的区别在于随机游走中的跳转行为，为了保证随机游走中各节点的访问概率能够反映出用户的风险关联度，PPR 算法要求在随机游走中的每次跳转不可随机选择到任意节点，而是根据风险关联度来跳转。因此，在稳定状态下，与用户风险度关联度更高的节点，访问概率越高，风险也就越高。PPR 算法表示为：

$$r=(1-c)Mr+cv$$

v 为风险关联度向量，也被称为 PPR 向量（PPV），$|v|=1$ 反映了图中每个节点针对给定风险关联度向量的重要性。PPR 算法风险传播方式如图 4 所示。

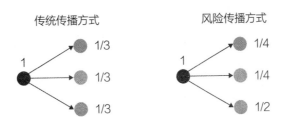

传统传播方式   风险传播方式

图 4　PPR 算法风险传播方式

为使 PPR 算法的结果准确地反映用户的涉毒风险，需将业务经验融入随机游走图的结构和各项特征中，模型实现的步骤分为以下四步。

（1）风险传播图建立；

（2）种子风险程度刻画；

（3）风险传播途径的权重刻画；

（4）根据标签数据来调节模型参数。

为了评估模型的效果，我们设计了两种度量指标——"平均排名"和"Top-N 召回"。平均排名计算了强（弱）标签数据在整体数据中的排序的平均值，反映了模型对黑标签数据评分的总体情况是偏高还是偏低。与机器学习里面的损失函数类似，平均排名越小，说明模型的效果越好。Top-N 召回度量了模型评分结果的 Top-N 中有多少个账号是黑标签的，类似于正确率，反映了实际应用时模型能准确地将多少个涉毒可能性较大的账号识别出来。

（四）AI 在智能审核中的应用

对洗钱风险的人工甄别是反洗钱义务机构工作中的重要一环。在有限的人力下，如何能更高效地甄别、分析、上报可疑主体，是提高反洗钱工作有效性的重要手段。财付通利用 OCR、人脸识别、NLP、机器学习等技术，辅助人工进行可疑交易的甄别审理。智能审核系统（见图 5）在 KYC、风险识别、报文撰写等方面可以大幅提高人工操作效率，为义务机构探索出一条用人工智能降成本、提效果的洗钱风险防控道路。

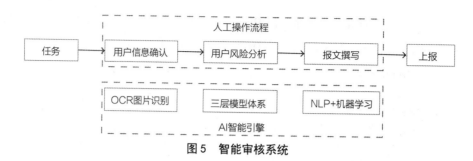

图5　智能审核系统

1. OCR 技术赋能反洗钱 KYC

OCR 技术，是从图像中检测并识别文字的一种方法。在反洗钱工作中，常常需要比对用户的身份证、企业的营业执照等图像进行识别，以便补充或者核对用户登记的 KYC 九要素信息，但比对工作往往比较烦琐、耗时，且容易出错。利用 OCR 技术，能快速识别身份证、营业执照中的文本信息，能辅助人工快速进行信息比对和补充。

财付通在业界先进的"CNN+RNN+CTC"深度学习算法基础上，加入了横向非对称卷积和综合多种尺度感受野的特征，增强了网络对多尺度字体的支持，并在 RNN 环节引入 ATTENTION 机制，同时通过性能和内存的优化，实现运营速度和识别精度的大幅提升，如图6所示。

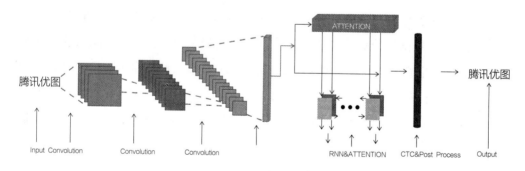

图6　财付通 ATTENTION 机制

通过 OCR 技术，对身份证上七要素的识别精度达 98.7% 以上，对营业执照七要素的识别精度达 95.3%，大幅降低了人工识别的耗时和错误率。

2. 三层模型体系精准识别风险类型

当可疑交易案件进入审理平台时，财付通的三层模型体系（见图7）会对案件主体的风险特征、风险类型进行自动精准识别，并将识别结果主动在甄别分析环节提示给审核人员，大幅提高了人工审核的精度和速度。

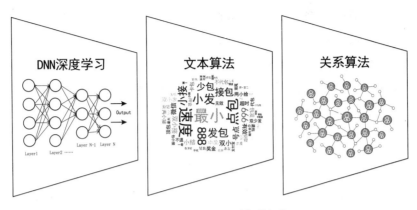

图 7 财付通的三层模型体系

（1）利用 DNN 深度学习多分类算法，基于沉淀的上百维度风险特征数据，通过学习历史人工标记的黑白样本，能以较高的精度预判稽核主体的风险类型，指导审核人员进行甄别分析。

（2）利用文本算法，可从历史案件、监管发文、公开信息中学习黑、灰关键词，并在审核人员甄别分析时提示对应的敏感黑词以及可能涉罪类型，辅助审核人员快速定位案件重要证据。

（3）利用网络聚类、pagerank、kcore 等关系算法，不仅可通过周围人的风险类型和风险程度来更精准地识别主体的风险，而且能基于主体及其周围的关系网络，智能拓展出整个风险团伙，并标注其中的核心人物和重要角色，帮助审核人员从团伙维度对风险进行批量分析、甄别和上报，大幅提高了审核效率。

在 AI 技术的赋能将大幅提升反洗钱甄别分析工作的效率和质量。以财付通为例：在商户可疑案件中，审核人员平均审理时长从 AI 应用前的 5 分钟／例，降低到 AI 应用后的 2.5—3 分钟／例，效率提升近一倍，反洗钱审核团队 2020 年可疑交易报告提交量也较 2019 年增长了一倍左右。同样，在质量方面，AI 应用前后的可疑报告初审驳回率也有明显回落，从 2020 年上半年的 7.07%，降低到 2020 年下半年的 3.78% 左右。

四、AI 应用中存在问题和局限性

AI 应用在反洗钱工作中卓有成效，但同时也是一个不断探索和持续完善的过程，目前我们在工作实践中发现尚存在若干问题或局限性。

（一）数据链不完整

数据是可疑交易监测的基础，但在利用资金链挖掘可疑交易时，很多情况下交易是跨机构进行的，其资金链往往不完整甚至碎片化，单一机构很难还原完整的支付链路，这就决定了单一机构最多只能取得局部最优解。

（二）可解释性不足

相对于规则体系的可疑交易监测，基于复杂算法的可疑模型在可解释性上存在不足，比较难清楚地描述预警出来的案例的具体可疑维度，为可疑交易监测的可扩展性带来困难，不容易被直接借鉴和引用。

（三）辅助审核中的局限性

在对预警的可疑交易进行辅助审核时，算法只能覆盖部分交易场景和涉罪类型，且主要是辅助人工操作，无法全面替代。此外，可疑交易分析判断带有一定的主观性，即便是资深从业人员也难以百分之百准确判断。基于专家经验量化而来的判别标准，即使机器百分之百理解并执行，也会犯与人工操作相同的错误，不可避免地产生判断失误。

五、反洗钱工作领域有效应用 AI 技术的几点建议

（一）树立科技赋能意识

义务机构在"风险为本"工作原则的前提下，要深刻认识发展金融科技的重要性、紧迫性和必要性，加大在科技力量上的投入，利用 AI 等先进技术真正挖掘出数据的价值，全面提升客户身份识别、洗钱风险评估、可疑交易监测等反洗钱工作的效能。

（二）加强监管指导下的行业交流

在反洗钱监管部门统一指导下，工作原则各义务机构针对重大案件线索，建立高效的信息共享、协同研判、快速打击机制，避免因为数据链条断开而遗漏重要信息；针对日常监测分析工作，加强各个涉罪类型的黑白样本共享和数据治理经验分享，提升可疑模型识别能力。不断推动行业技术切磋交流，持续提升整个行业的技术能力。

（三）营造良好的 AI 应用环境

鼓励创新，宽容失败，不断加强全行业的科技创新力度，应用科技手段解决实际问题，并建立对科技人才培养、考核和认证体系，提升整体反洗钱能力。

参考文献：

[1] 林金冰，王鹏钧．人工智能在反洗钱领域大有可为 [EB/OL].[2017-11-15].https：//finance. caixin.com/2017-11-15/101171313.html.

[2] 卜晓明．寻找洗钱等可疑活动英国汇丰引入人工智能技术 [EB/OL].[2018-04-10].https：// news.china.com/internationalgd/10000166/20180410/32293590_all.html.

科技赋能反洗钱 智能监测辨可疑

——证券行业机器学习技术的反洗钱应用实践

■ 梁世鹏 潘多亮 王芮[1]

摘要： 为探索解决证券行业可疑交易报告工作数据质量不高、模型有效性不足及分析工具有限等现行痛点和难点问题，银河证券从事前数据治理、事中模型监测、事后人工分析全流程着力，创新应用大数据、机器学习、知识图谱等技术，构建账户智能集中管理机制、机器学习可疑监测预警模型、反洗钱知识图谱的"三位一体"全方位监测分析网络，提升可疑交易监测准确性，推动洗钱风险分析智能化，助力金融情报价值发挥。

关键词： 可疑交易报告 监测分析 机器学习 知识图谱

可疑交易报告是金融机构发挥金融情报价值的核心义务，是金融系统打击洗钱、恐怖融资及相关犯罪的重要抓手，有助于维护经济社会安全稳定。"数据收集、系统监测、人工分析"是发现可疑线索的三大"法宝"，数据收集是"压舱石"，系统监测是"定星盘"，人工分析是助推器，但证券行业现行工作中原始基础数据质量不高、交易监测模型有效性不足以及分析核查手段工具有限，限制了可疑线索挖掘的广度、精度和深度。为探索解决证券行业可疑交易报告工作现行痛点难点问题，银河证券慎思笃行，行稳致远，在数据治理、系统监测、分析核查环节创新应用大数据、机器学习等技术，借助科技手段，致力推动反洗钱可疑交易监测工作水平提升。

一、"九层之台，起于累土"——建立账户智能集中管理机制，自动化夯实数据基础

账户资料信息是开展可疑交易监测的重要基石，客户身份信息数据的完整性、

---

1 梁世鹏、潘多亮、王芮供职于中国银河证券股份有限公司。

真实性和规范性从基础上影响后续数据分析结果的准确性和有效性。传统的账户资料规范工作主要依靠人工处理，工作量大、遗漏率高，且无法满足及时性的要求。为应对该问题，银河证券通过建立标准规范、动态标识以及公司—分支机构—客户三方协同的集中管理机制，提供了一套基础数据治理的自动化解决方案。管理机制的硬件包括一套管理指标和一组管理系统，软件包括账户信息动态化标识及公司—分支机构—客户三方协同规范工作机制。

（一）基于内外需求，规范筛查标准

根据现行反洗钱等监管要求和内部管理需要，公司从数据不完整、不合常规、互相矛盾的角度出发，梳理客户信息基础数据的管理指标项，对应每项管理指标定义并形成规范化筛选条件。为便于实现数据共享，从账户类别、风险特征、信息重要性三个维度着手，进一步对筛查指标项实施系统化的分类，形成一套可扩充、可修改、可量化的分类体系，目前包括身份三要素、身份信息不规范、普通资料不规范、一人多户类信息不一致、机构及产品账户信息不规范等5大类，共计33个筛查标准，一百多个细化条件。

（二）基于智能计算，自动管理标识

公司系统根据筛查标准每日对全量客户进行跑批筛查，日间也以分钟级对客户基础数据扫描并进行智能化判断，识别新增不规范客户及已经完成规范的客户，对新增存在不规范情形的客户添加相应风险因素标识，对已完成规范的客户摘除原有风险因素标识。其中，考核数据实现自动化及交互式的汇总统计，每日统计和公示规范情况的总分数据，充分保障业务管理的及时有效性，减轻人工处理的工作量。

（三）基于数据共享，三方协同规范

公司基于以客户账户质量控制系统为核心的一组管理系统，包括质量监控系统、账户管理系统、开户及交易系统等，动态推送、更新、查询、统计标识，实现公司—分支机构—客户三方合理共享数据并对客户及交易分系统、分类别实施限制。现场业务场景下，总部或分支机构可通过账户管理系统查看客户账户不规范信息，并根据系统的提示引导客户进行客户账户信息的规范。非现场业务中，系统会自动根据标识判断客户不规范信息的类型，引导客户通过快捷入口、非现场自助方式进行个人信息资料的规范。此外，系统每日自动向相关岗位人员推送信息规范情况汇总数据，督促推进客户基础信息规范工作。

通过建立账户智能集中管理机制，公司总部以及分支机构的各层级管理人员在客户基础信息管理的时效性、规范标准部署的效率、员工和客户沟通的效率、客户

采用非现场方式完善信息的效率等方面都有了显著的提高，从而扭转了原来被动管理的局面。

二、"会当凌绝顶，一览众山小"——构建机器学习可疑监测预警模型，智能化提升模型效果

证券行业缺乏洗钱犯罪案例，难以有效提取针对性强、误中率低的规则策略；基于规则模型的传统风险监测方法在监测时间范围和数据处理效率方面有局限性，难以适应业务发展和海量交易数据处理需求；基于历史经验的监测规则无法有效识别多重身份或具有复杂交易路径的违法行为，因此证券行业基于规则模型的可疑交易监测有效性不足，协查指令触发的被动报告占多数，机构自主分析能力欠缺。银河证券探索运用机器学习技术构建可疑监测预警模型，引入第三方数据，在公司大数据平台进行海量数据加工，在机器学习平台训练模型，在前端系统输出预警结果及人工核查指引。

（一）案例、经验筑基，构建特征

公司以典型案例和专家经验为基础，总结监测分析思路和要点，从客户身份、资金来源、交易目的、交易特征、行为特征、触发原因等方面出发，灵活引入均值、方差等统计量，设计了 6 大类 180 个指向洗钱和相关犯罪活动的机器学习特征变量，用于构建模型。借助大数据平台，高效支持更大时间、空间维度的数据采集、清洗、加工，纳入了时间跨度长达一年的客户身份信息、交易信息、第三方数据等，快速、准确计算复杂特征。

（二）算法、场景融合，训练模型

针对可疑交易预警工作现存不足，公司基于行业典型洗钱和相关犯罪场景，构建有监督模型和无监督模型。有监督模型是以公司人工核实上报的可疑交易案例为样本，运用极限梯度提升（XGBOOST）和逻辑回归等算法进行学习训练，从大量特征中挖掘，生成动态更新的洗钱打分模型和阈值，得分较高的客户其洗钱及相关犯罪可能性越高，需要开展人工分析核查。无监督模型在分析证券行业常见犯罪类型及交易特点的基础上，设计针对性、类罪化的监控场景，使用标签传播算法（LPA）、快速社区发现算法（fast-unfolding）等挖掘内幕交易、操纵市场、洗钱交易等 3 个场景的常见特征，分别构建 3 个模型，预警可疑客户或团伙。

（三）定性、定量结合，优化评价

公司采取"定性 + 定量"的方式，结合人工分析结果和数理建模经验，进一步

优化、评价模型。一是输出重点案例开展人工分析及评价，根据反馈意见进一步优化模型。二是根据模型特征贡献对特征进行精简，将无监督模型从原来的 180 个特征精简到 80 个有效特征训练模型，并运用 ROC 曲线等评价建模效果。三是考虑到有监督模型相比规则模型可读性差、理解门槛高，针对模型最重要的 15 个特征进行异常分布分析，设置可解释强的异常值文字提示，为监测分析人员提供核查方向。四是分析明显偏离正常分布的社区聚类，将特征向量抽象成规则策略，增强策略可解释性，进一步优化无监督模型。

（四）解释、安全并重，核查应用

针对每一个机器学习项目预警的可疑客户，生成针对性的核查报告，包括预警客户基本信息及情况，以及分析提示要点，供人工分析使用。出于反洗钱保密工作要求以及数据安全性的考虑，对能够接触到结果数据的用户进行严格管理和身份认证，并遵循"权限最小化"原则为用户赋予系统使用权限，保障客户的信息安全。

反洗钱机器学习预警模型，丰富了现有的反洗钱特征来源，并纳入负面信息、证券信息等第三方数据；将机器学习与大数据技术相结合，有效扩展监测的时间、空间范围；总结行业典型犯罪监测场景，针对客户关联关系可视化建模，提升了证券行业可疑交易监测模型的有效性。

三、"秋毫之末，视之可察"——刻画反洗钱知识图谱，可视化辅助人工分析

传统的分析方法及工具难以支撑多层次、跨地区的账户关联关系分析和可疑身份定位；各业务条线、各信息渠道的信息获取较分散，整合困难，不利于工作人员关联分析。银河证券模拟人工分析思路，搭建可视化监测分析辅助工具，使用知识图谱建立客户直接的各类关系网络图谱，挖掘客户关联关系、刻画客户全貌。

（一）以分析为导向，梳理建模需求

基于专家团队经验，结合现行分析的短板和难点，从全面性、完整性、有效性出发，梳理可疑交易监测分析所需的数据和信息，拓展外部数据，完善知识图谱的点、边、属性（关系）需求。一是建立客户主体、关联账户、资金交易、金融品种、企业股权、负面信息等要素构成的关系图谱。二是基于图谱建立可疑客户的社区发现算法，发现社区团伙。

（二）以便捷为目的，构建图谱模型

一是在大数据平台加工点、边、属性等特征数据，整合内外部数据源，提取时

间跨度长、空间维度广的特征数据，并使用图数据库存储客户信息。内部通过传统统计量加工客户基本信息、委托流水、转账流水、资产信息、收益信息等数据，外部通过自然处理语言（NLP）、爬虫等技术深度挖掘负面舆情、证券信息、实体关系等第三方数据，以便从客户身份、交易特征、资金来源、交易目的、行为特征等角度深入、全面刻画客户形象。二是进一步基于星环 Sophon KG 平台（知识图谱应用平台）可视化地构建图谱和分析图谱，以拖拉拽可视化形式，定义点、边及属性，完成知识图谱构建，快速展示客户信息全貌以及一些反洗钱犯罪团伙／关联账户或者链条的信息，辅助人工分析。

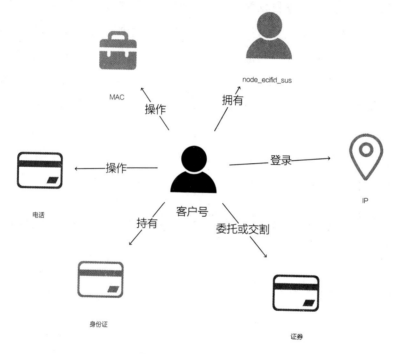

图 1　反洗钱图谱构建

（三）以保密为原则，落实应用管理

一是支持直接登录和间接登录知识图谱应用平台。在客户管理系统查询客户信息时可无缝跳转到知识图谱应用平台，根据用户的权限展示其所辖客户的属性。二是可视化展示。以客户为单位展示客户身份、交易特征、行为特征、关联账户等的多维立体图形，支持拖拉拽形式拓展图谱，通过客户信息、委托地址、交易证券等挖掘关联账户，灵活、直观、高效地辅助监测分析。三是脱敏权限管理。分析人员只可查所属权限范围内的客户信息，知识图谱查询端口以分析人员辖区客户进入，辖区客户信息正常展示，拓展图谱时涉及辖区外的客户时，将对敏感信息进行脱敏展示。

利用机器学习技术绘制知识图谱，丰富了信息来源和特征维度，为分析人员提供灵活、直观、高效的分析工具，促进发现客户及其团伙复杂、隐蔽、跨地区的异常行为和可疑线索，并在安全前提下打破分散作业模式下的数据壁垒，有效提高了人工分析核查效率及效果。

四、"道由白云尽，春与清溪长"——展望联邦学习打破数据壁垒，加密化协同模型训练

证券行业缺乏典型的洗钱案例，证券机构报送的可疑交易报告质量不高、数量较少，可疑交易报告触发点主要是司法查冻扣、交易所协查，缺乏充足的、基于客户交易特征的样本案例进行学习。此外，在客户交易结算资金第三方存管的工作模式下，资金链条上下游均为客户银行账户，证券公司不掌握真实的资金来源及流向数据，并且，在大部分业务场景下，客户交易由市场自动撮合，证券公司无法了解交易对手信息，难以进一步分析客户交易目的。

为应对上述客观挑战，银河证券未来拟考虑构建反洗钱联邦学习模型，在监管部门和自律组织的支持下，通过横向联邦学习，串联多家证券机构开展协同训练，实现跨机构样本数据（尤其是已上报可疑交易案例特征）"加密"共享以及模型训练，有效扩大样本量，提高模型效果；通过纵向联邦学习，串联上下游金融机构开展协同训练，实现跨行业样本数据"加密"共享及模型训练，扩充客户特征维度，提高监测分析效果。

"科技赋能反洗钱，智能监测辨可疑。"银河证券把握金融科技发展机遇，针对行业痛点、难点问题，结合业务实际，应用机器学习、大数据等技术，从事前数据治理、事中模型监测、事后人工分析全流程发力，建立可疑交易主体、关联账户、资金交易、金融品种、企业股权、负面信息等要素构成的全方位监测分析网络，提升可疑交易监测准确性，推动洗钱风险分析智能化，致力挖掘可疑线索，发挥金融情报价值，积极为维护经济社会安全稳定贡献力量。

如何通过资金网络降维打击
洗钱犯罪的方法探索

■ 马佳[1]

摘要： 我行在反洗钱可疑案例分析工作的长期实践中，基于自主创新，探索出一条行之有效的路径，可以从错综复杂的海量业务关系中，快速提取出所有客户的完整资金关系网络；从盘根错节的资金关系网络中，精准筛选出可疑洗钱犯罪团伙；从完整资金关系的视角，高效识别明显不符合正常社会经济活动的疑似洗钱线索。通过将资金关系网络映射至数学空间，把现实世界的复杂洗钱行为模式转换为可计算的线性方程组，通过线性矩阵计算，巧妙地破解"如何识别复杂洗钱团伙行为"的难题，进而实现对洗钱犯罪团伙的降维打击，使洗钱犯罪团伙的精心伪装，在监管科技面前无所遁形。

关键词： 资金关系网络　洗钱犯罪团伙　洗钱行为模式　线性矩阵计算　闭环资金结构

洗钱是指掩饰或隐瞒非法所得的来源和性质，通过转换、转移及隐藏所有权，使非法财富在表面上看似具有合法性的活动和过程，因此洗钱行为具有很强的隐蔽性。随着国家加强打击犯罪的力度，洗钱团伙的犯罪手法也层出不穷，逐渐呈现出向家族化、企业化、集团化发展的趋势。金融机构作为防范洗钱的第一道屏障，能否发现有组织的洗钱犯罪团伙，提交高质量的可疑交易报告，是影响反洗钱工作成效的核心。

1　马佳供职于中国光大银行股份有限公司。

一、发挥全量资金关联网络的优势

反洗钱人员在进行洗钱案例分析或客户尽职调查时，经常需要了解相关客户资金的来源和去向，却苦于很难掌握完整的资金线索，使洗钱犯罪分子得以蒙混过关，有了可乘之机。因此，反洗钱分析人员非常需要一个有效的工具，能够完整地展示出可疑人员所有的资金往来关系。资金往来关系网络可以帮助分析人员更直观地了解其资金运作模式，深入发掘隐形的洗钱犯罪行为。使用资金往来关系网络所建立的可疑案例筛选模型，也更易于捕获犯罪团伙在洗钱过程中所暴露出的破绽。

（一）资金关系网络使可疑资金转移无所遁形

犯罪分子通过金融系统洗钱时，常常通过制造错综复杂的交易关系，模糊资金的来源和去向，进而达到将非法资金表象合法化的目的。如果不能完整了解客户上下游资金的直接和间接关系，仅仅对单个客户的交易行为进行分析，很难得出全面准确的结论。而通过资金关系网络则能够查看到所有相关人员的资金关系，进而深入地剖析团伙成员之间资金的来龙去脉。

洗钱犯罪分子一方面通过资产转移模糊非法所得的来路和用途，另一方面又要极力避免相关行为被关注和发现；因此其交易行为既带有很强的伪装性和欺骗性，又不可避免地与社会正常经济活动存在一定的差异。反洗钱调查人员了解某一个人的交易用途，其行为虽不可疑，但将其放至团伙中加以分析，就会突显相互矛盾、疑点重重。正常客户间的资金活动往往非常复杂凌乱，时常呈现出无序性和弱关联等状态，而洗钱团伙的资金活动由于存在人为设计和操控的成分，因此团伙成员间的资金活动，会表现出较高的有序性和强关联状态。

每个人的社会经济活动都有自己的独特性，反映出来的资金行为往往是千差别的。当出现多人的交易行为具有高度近似性甚至一致性时，往往是由有组织犯罪团伙幕后的操控所造成的。犯罪团伙可以将每个人的每一笔交易隐藏得跟普通民众的很近似，也可以对每个团伙成员的行为提供合理的解释与说明，但是却很难回答，为什么这么多具有相似可疑特征的人员会聚集在一起，并还步调一致地进行资金周转。

（二）资金关系网络能使隐藏的洗钱团伙浮出水面

在社会关系中，人与人之间通过不同的媒介相互连接，由于各类媒介的可信度和重要性不同，其连接关系所体现出的紧密程度也存在一定程度的强弱之分。随着经济活动在社会生产生活中发挥着重要作用，使得资金关系能够在人与人之间形成较强的关联关系，即两个人之间如果存在着直接的资金关系，则他们在现实社会中必然也存在某些交集；如果两个人之间有频繁的资金往来，则他们之间可能存在密切的社会关系；如果多人之间相互存在频繁的资金往来关系，则显现出他们之间可能是生活上的密友、事业上的伙伴，或者是隶属于同一个组织。

通过资金关系网络，可以更容易地发现隐藏的组织或团体。洗钱犯罪团伙作为资金关系网中的特殊群体，其成员通常具有一定的同质性，交易行为也往往表现出明显的一致性或计划性。洗钱犯罪团伙的以下特征，使其明显区别于非组织类的关系网络：（1）多个团伙成员具有近似的可疑行为或特征。（2）团伙成员间的交易行为具有高度一致性和统一性。（3）团伙成员间关系紧密，表现为高密度的资金往来关系。（4）资金的流动具有明显规划与设计的痕迹，如多人月均借贷笔数比例同为 N 比 1，而借贷金额则为等比例。（5）资金流动速度过快，且中间过渡账户的日均余额较少。（6）关系网络内的资金有序流动，呈现出明显的方向性与趋势性。（7）现金类交易占比较高，故意割裂资金链路。（8）资金呈现出频繁的跨行流动，如从行外转来又立刻转移到行外去，之后回到行内另一人的账户，然后再次流往行外等。这些洗钱犯罪团伙为模糊资金来源和去向所刻意设计的资金转移行为，在非组织类的资金网络中非常罕见，通过使用资金关系网络则可以相对容易地从正常的资金关系中，识别出上述疑似洗钱行为的蛛丝马迹。

（三）资金关系网络可以激活其他类型的弱关联关系

银行客户间的关联信息有些属于容易失效的弱关联关系，直接使用这些属性信息所聚合的客户群体，对模型分析容易产生似是而非的误导效果。例如电话号码虽然是银行客户重要的身份信息之一，但是电信公司会定期把长期欠费的手机号码回收后，再作为失效号码重新出售给他人，因此多人拥有相同的电话号码，并不意味着他们在现实世界中有必然的关联联系，同样的问题也存在于客户预留的地址信息、单位名称、IP 地址、籍贯、姓氏等身份属性上。银行即使通过数据治理或身份识别等方式，去解决以上信息失效的问题，也会受限于客户的配合程度，因此见效周期较长。

使用资金关系网络则可以将这些弱关联关系，立即转化为强关联关系。例如两个客户具有上述的共同属性，又同时出现在同一个资金关系网络中，则这两个人不但存在关联关系，而且往往还是非常密切的关联关系，甚至可能属于同一个组织严密的团伙或由同一个人所控制。例如：在一个资金关系网内，多个客户的电话号码、地址、法人或代理人相同，则这些客户的银行账户往往是被同一个人所操控；在同一个资金关系网络内，如果存在较高比例的人员姓氏相同，甚至姓名前两个字也相同，则这些人可能属于同一个家族，甚至是直系亲属关系；如果一个客户给多个行外同名账户转账，则行外的同名账户即使不是行内客户本人，也必然是被其购买控制的账户。

（四）资金关系网络有助于直观地发现洗钱模式

有组织的犯罪团伙由于其内部分工明确、流水化作业，相互间密切配合，这种程序化的交易行为所产生的资金网络结构，常常会呈现出有规律的几何图形，如"哑铃形""纺锤形""莲花形""梅花形""鱼鳞形""珍珠链形"等多种形态的资金关系。能产生这些资金结构图案的团伙，他们的交易行为通常具有较强的组织性和封闭性，虽然有些行为会与正常的社会经济活动相融合，掩饰洗钱交易的可疑特征，但是洗钱团伙很难从资金关系网络中隐藏其成员间的特殊交易模式。

洗钱团伙虽然会定期更换所操控的客户账户或调整比例阈值，以逃避银行反洗钱模型的监测，但其洗钱的手法和策略却相对稳定。反洗钱分析团队通过学习研究已上报中国人民银行的案例，有助于从错综复杂的洗钱行为中提取出洗钱团伙典型的资金关系结构，直观地了解犯罪集团的洗钱模式，以便于快速有效地发现具有相似模式和特征的洗钱团伙。

二、快速组建全量资金关联网络的建模方法

普通的资金网络关系发现，算法的复杂度一般会随网络层级深度的增加，对时间和计算资源的消耗以指数级的速率增长，在遇到大规模复杂网络时，经常会遇到计算时间过长或计算资源不足等困难。本文所介绍的资金网络关系发现算法，不需要借助图数据库，可在普通的关系型数据库基础上，从海量的客户交易流水中对客户的直接或间接资金关系进行快速合并组网。其算法原理与构建数学模型的基本方法为：在同一个资金网络中，一个主体客户会对应多个对手客户，同样一个对手客户也会对应多个主体客户。首先从主体的角度看，可将具有相同对手的主体客户打一个标识合并至一个临时组中；其次从对手的角度看，将具有相同主体的对手客户再打一个标识，合并至另一个临时组中，这样就通过资金关系的二元属性，完成了第一层客户资金关系的合并；最后基于由合并后客户组成的临时组继续合并，直至不存在一个主体有多个对手，或一个对手有多个主体的情况为止。

举例说明，原始客户资金关系如表1所示。

表 1　客户原始的资金关系

序号	主体客户（资金转出）	对手客户（资金转入）
1	A	B
2	A	C
3	A	D
4	B	C
5	B	E
6	B	F
7	E	C
8	E	D
9	E	F

具体算法步骤为：将具有公共主体的对手客户进行合并，并以合并后的最小客户名称作为第一次合并后对手的标识，如序号 1、2、3 对手的主体都是 A，则 B、C、D 合并为 B；序号 4、5、6 对手的主体都是 B，则 C、E、F 合并为 C；序号 7、8、9 对手的主体都是 E，则 C、D、F 合并为 C；合并后的结果如表 2 所示。

表 2　合并第一层对手方标识后的结果表

原始层级		第一层合并	
序号	主体客户	对手客户	第一层主体标识	第一层对手标识
1	A	B		B
2	A	C		B
3	A	D		B
4	B	C		C
5	B	E		C
6	B	F		C
7	E	C		C
8	E	D		C
9	E	F		C

限于篇幅原因，之后的合并过程不再详述。经过逐层合并之后，最终的结果如表 3 所示。

表 3 完成所有合并后的结果表

原始层级			第一层合并		第二层合并		第三层合并	
序号	主体客户	对手客户	第一层主体标识	第一层对手标识	第二层主体标识	第二层对手标识	第三层主体标识	第三层对手标识
1	A	B	A	B	A	B	A	B
2	A	C	A	B	A	B	A	B
3	A	D	A	B	A	B	A	B
4	B	C	A	C	A	B	A	B
5	B	E	B	C	A	C	A	B
6	B	F	B	C	A	C	A	B
7	E	C	A	C	A	B	A	B
8	E	D	A	C	A	B	A	B
9	E	F	B	C	A	B	A	B

此时已经没有主体对应多个对手，也没有对手对应多个主体的情况，则计算完毕。

本算法基于客户资金关系逐层进行合并汇总，且在全网客户间能够并行组网计算。每一层都是基于前一层的计算结果进行计算，算法性能不会受到网络层级加深、网内节点数量激增的影响，组网算法效率较高，且易于实现。由于本算法的组网过程是逐层合并生成的，因此，该算法天然支持将大网拆分为不同粒度的社区，方便对庞大复杂的关系网络进行分解和分析。

随着银行客户基础数量越来越庞大，客户资金网络扩散所产生的关系也越来越复杂，对网络关系发现算法的执行效率要求也就越高。本文提出的复杂资金网络关系发现算法，能够以线性的时间开销，计算出节点数量随着指数级增长的复杂资金网络，且网络层级越多，关系越复杂，则算法的执行效率越快。传统算法需要使用数天时间的计算量，通过本文所提出的数学模型和算法，可在数十分钟内即可完成。

三、通过资金关系矩阵发现隐蔽洗钱团伙的方法

犯罪团伙进行非法金融活动时，会产生一些非常复杂的资金运作模式，如闭环结构的资金关系、金字塔形资金关系、交易金额间呈现特定倍数、资金关系具有特殊的结构等。这些可疑资金关系，通过传统的模型筛选方法很难被提取和发现，本

文将介绍一种新的方法，即通过将资金关系网络映射为线性矩阵，再将洗钱的业务特征转换为矩阵中的数学特征，通过在数学空间上的线性方程计算方法，实现快速提取出具有特殊行为特征的犯罪团伙。

资金关系网络与线性矩阵具有相互转换的特性，可将洗钱团伙的有向资金关系网络，通过二维矩阵的方式进行展示。图 1 为一个包含闭环关系的资金网络拓扑结构图。

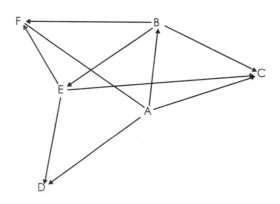

图 1　包含闭环关系的资金网络拓扑结构图

例如：

A–>B　A–>C　A–>D

B–>C　B–>E　B–>F

E–>C　E–>D　E–>F

F–>A

以上资金关系可转换为以下矩阵表示形式。

	A	B	E	F	C	D
A	.	1	.	.	1	1
B	.	.	1	1	1	.
E	.	.	.	1	1	1
F	1	.	.	.	.	.
C	.	.	.	.	.	.
D	.	.	.	.	.	.

图 2　资金网络所对应的矩阵关系图

图 2 中左边的字母代表资金的转出方，上边的字母代表资金的转入方，矩阵中的"1"代表存在资金转移关系，矩阵中的"."代表不存在资金转移关系。

通过该矩阵，可以发现左列有 1 个 F 到 A 的资金转移关系。根据网络拓扑结构特征，可以得知这是一个表示存在逆向资金流的特殊关系，该节点意味着还存在一条由 A 经过一系列节点到 F 的资金流。

如本例所示为 A->B->F。

因此，只需要计算出右下角矩阵中的资金转移关系，就可以快速得到所有存在闭环关系的资金流向，其计算方法如下。

建立一个和资金关系矩阵同秩的下三角矩阵，如图 3 所示。

```
      [,1] [,2] [,3] [,4] [,5] [,6]
[,1]    0    0    0    0    0    0
[,2]    1    0    0    0    0    0
[,3]    1    1    0    0    0    0
[,4]    1    1    1    0    0    0
[,5]    1    1    1    1    0    0
[,6]    1    1    1    1    1    0
```

图 3　用于计算闭环关系节点的同秩下三角矩阵图

通过以下矩阵的线性运算：

行矩阵 $\% \times \%$（有闭环交易的关系矩阵 × 三角矩阵）$\% \times \%$ 列矩阵

以上矩阵的线性方程组求解得到的数量，就是该资金关系网络中存在闭环资金关系的个数。

我行曾使用该方法，从一个包含有 2000 个节点的资金关系网络中，发现了 101 个闭环结构的资金关系，并在这 101 个闭环结构资金关系中，筛选出一组由 17 个核心成员组成的洗钱团伙，这些人不但关系极其密切，而且同时存在资金快速周转、金额巨大、交易无实质业务背景、资产规模与客户身份不符、无法清楚说明资金的来源和用途等可疑特征。

四、结语

传统的可疑案例分析受限于难以获得客户全量资金关系网络，仅能分析有明确洗钱特征客户的交易行为。而我行自主研发的复杂资金关系网络发现算法，可以快速获得所有客户完整的资金关系网络，通过对全量资金关系网络的行为模式匹配，精准发现可疑洗钱犯罪团伙，并能在此基础上通过观测资金关系网络的每日变化，进一步分析各个团伙的成长、壮大、合并、分离、消亡等演化特征。

资金关系网络和与之有映射关系的线性矩阵，能够为我们搭起一座桥梁，使反洗钱分析团队直观、便捷地观测到犯罪团伙的资金运作模式。而犯罪团伙设计操弄的资产转移行为，并非以生产经营为唯一目标，其中夹杂着以模糊资金来源和去向为目的的交易行为，这类人为设计的交易往往存在一定的规律，虽然通过资金流水很难厘清脉络，但是将此类复杂的交易行为，转换为简洁的数学模型后，通过对线性方程组的求解可找到疑似洗钱的团伙成员。借助数学空间上的推导和演算，能够相对容易地提取洗钱团伙的行为规律，从茫茫人海中发现疑似犯罪分子，实现对洗钱犯罪行为的降维打击。

本文所列举的部分算法已成功应用于我行反洗钱信息系统中。经过多年的运行，取得了快速计算、精准打击的效果。

参考文献：

[1] 保罗·兰德. 有组织犯罪大揭秘 [M]. 北京：中国旅游出版社,2005.5.

[2] 欧阳卫民. 大额和可疑资金交易监测分析实务 [M]. 北京：法律出版社,2006.3.

[3] 曹作义. 反洗钱可疑交易分析 16 讲 [M]. 北京：中国金融出版社,2014.2.

[4] 反洗钱岗位培训标准系列教材编委会. 中国洗钱案例评析 [M]. 北京：中国金融出版社, 2014.6.

[5] Roger A.Hom Charles R.Johnson. 矩阵分析 [M]. 北京：机械工业出版社,2014.9.

[6] 侯合心. 国际国内洗钱刑事定罪立法与监管比较研究 [M]. 北京：中国金融出版社,2015.12.

[7] 金赛波, 付蓉. 中国法院审理洗钱罪实务和案例判决书精选 [M]. 北京：法律出版社, 2016.8.

[8] 约翰·马丁格. 洗钱：刑事侦查员指南 [M]. 北京：中国人民公安大学出版社,2017.10.

[9] 王顺安. 黑社会性质组织犯罪案件法律适用 [M]. 北京：法律出版社,2018.5.

[10] 彭泽. 毒品犯罪办案手册 [M]. 北京：法律出版社,2020.6.

[11] 何建. "套路贷"案件办理实务精要 [M]. 北京：人民法院出版社,2020.10.

大数据分析在保险产品洗钱风险评估中的应用探析

■ 夏世纪　许静[1]

摘要： 人身险中的保全业务是洗钱风险的高发领域，根据客户进行保全业务的不同，同类产品也会产生不同的洗钱风险等级，因此，需要通过每年对所有存量产品进行洗钱风险等级评估，动态监控产品洗钱风险。近年来，金融科技逐渐应用在寿险反洗钱领域，通过大数据分析技术对存量产品进行洗钱风险等级评估，在拟定的存量产品洗钱风险评估指标框架、评分标准及权重的体系基础上，以专家经验做初始打分，运用返回检验、分布一致性检验等工具和方法对专家打分及指标合理性进行验证，并不断配合专家经验进行调整，以现代化的模型迭代方法，最终形成一套符合业务特征的产品洗钱风险评估指标体系，从而对存量产品洗钱风险进行评估，划分洗钱风险等级。

关键词： 存量产品洗钱风险　金融科技　大数据分析技术

一、背景

《国务院办公厅关于完善反洗钱、反恐怖融资、反逃税监管体制机制的意见》（国办函〔2017〕84号），要求各金融机构要"建立健全反洗钱义务机构洗钱和恐怖融资风险自评估制度，对新产品、新业务、新技术、新渠道产生的洗钱和恐怖融资风险自主进行持续识别和评估，动态监测市场风险变化，完善有关反洗钱监管要求。强化反洗钱义务机构自主管理风险的责任，反洗钱义务机构推出新产品、新业务前，须开展洗钱和恐怖融资风险自评估，并按照风险评估结果采取有效的风险防

1　夏世纪、许静供职于中信保诚人寿保险有限公司信息技术部。

控措施"。此后中国人民银行下发系列文件，不断完善产品洗钱风险相关指标要求，2021年年初下发的《法人金融机构洗钱和恐怖融资风险自评估指引》（银反洗发〔2021〕1号）（以下简称《指引》）基本对评估的指标、方法、周期、结果运用等内容全部清晰化。

基于此，我司以《指引》为理论依据，以产品固有风险评估的10大因素（产品业务规模、是否属于已知存在洗钱案例的产品、面向的主要客群及高风险客户数量、销售或办理渠道、资金来源和去向跟踪、是否向他人转移价值、是否可作为客户的资产、是否可作为收付款工具、是否可作为其他业务的办理通道或身份认证手段、是否应用可能影响客户尽职调查和资金交易追踪的技术）为指标基础，结合寿险产品特征及我司具体业务情况，针对产品洗钱风险专项构建大数据评估体系。

一方面洗钱风险识别的复杂度越来越高，另一方面监管对反洗钱工作的越来越重视，都要求洗钱风险模型采用更加精确、稳定的技术工具来构建，以提升反洗钱工作的效率和精准率。所以，以大数据为技术支撑，以产品、客户、交易三个粒度来构建风险评级体系，是大势所趋，通过大数据技术能够实时跟踪、快速迭代、精准识别等能力，助力洗钱风险评价体系的建设。具体到产品模型，以大数据模型迭代构建的方法论为基础，通过专家打分法冷启动，再通过一致性检验、返回检验、区分度投射检验等大数据统计工具，不断进行模型的优化迭代，直到模型稳定且在最优区间，最终确定评价模型，投入使用。

基于以上，设计产品洗钱风险大数据模型的基本流程如图1所示。

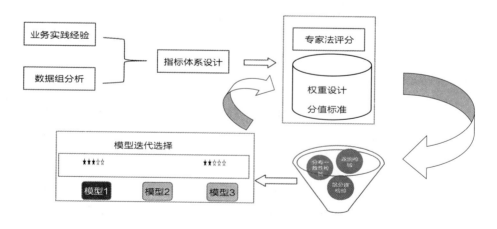

图1 设计产品洗钱风险大数据模型的基本流程

下文将对运用大数据分析构建产品洗钱风险模型的实施过程进行描述。

二、产品洗钱风险模型评估过程

（一）指标体系构建

基于指标"完备且不重复"的设立准则，再结合实际业务开展情况，初步建立符合业务特征的产品洗钱风险评估体系，经过专家的反复研判以及前期数据分析验证，共形成9个评估指标，较为全面地反映了一个存量产品在运营过程中显露出的洗钱风险水平（见表1）。

表1　存量产品洗钱风险等级评价指标体系

评估指标	指标说明
设计类型	与投资的关联程度 保险产品特别是投资性理财产品，与投资的关联程度越高，越容易受到洗钱分子的关注，其相应的洗钱风险越高
保障类型	保险责任满足难易程度 理赔或给付条件较难满足，洗钱风险相对较小；反之，被用于洗钱的风险相对较大
销售渠道	对客户了解程度 营销渠道、团险渠道，面对面业务占比较高，公司相对更加了解客户的身份及交易动机；银保渠道、电网销渠道，非面对面业务占比较高，公司所了解的客户信息较少，洗钱风险较高
缴费类型	保费资金分散程度 趸交保费的资金较为集中，洗钱风险相对越高
能否任意追加保费	在保险期间内，可任意超额追加保费、资金可在风险保障账户和投资账户间自由调配的产品，洗钱风险相对较大；相反，不可任意追加保费和跨账户调配资金的产品，洗钱风险相对较小
件均保费	保险产品每单平均保费金额越高，洗钱风险相对越大
现金价值	产品的变现能力 在相同保险期间内（前3年），保单现金价值比率越高，其洗钱风险相对越大，如高现金价值产品。现金价值率＝现金价值或账户价值／累计已交保费×100%
保单借款	产品的保单质押变现能力 保单质押变现能力越高，其洗钱风险相对越大。 保单借款率＝最高可借款金额／现金价值

评估指标	指标说明
退保率	历史退保比例和退保金额 退保量较大、退保比例较高的保险产品，洗钱的风险相对较大

（二）指标权重和标准化

为使各个指标之间具有可比性，我们将各个指标的赋值进行标准化处理，具体结果如表 2 所示。

表 2　指标值权重 & 标准化

评估指标	权重	具体标准	标准化分值
设计类型	10%	万能型／投资联结型	3
		分红型	2
		普通型	1
保障类型	10%	年金保险、两全保险	3
		其他长期险	2
		短期险	1
销售渠道	10%	银保、网销渠道	3
		电销渠道	2
		营销渠道、团险渠道	1
缴费类型	10%	趸交	3
		1 年＜缴费期＜5 年	2
		缴费期 ≧ 5 年 & 不定期缴费	1
能否任意追加保费	10%	可无条件追加保费	3
		附条件追加保费（追加时间、初始费用等）	2
		不可追加保费	1
件均保费（团险产品为人均保费）	16%	件（人）均保费 ≧ 20w	3
		10w ≦ 件（人）均保费＜20w	2
		件（人）均保费＜10w	1
现金价值	12%	现金价值率＞100%	3
		80%＜现金价值率 ≦ 100%	2
		现金价值率 ≦ 80%	1

续表

评估指标	权重	具体标准	标准化分值
保单借款	12%	保单借款率 > 80%	3
		0 < 保单借款率 ≤ 80%	2
		不可保单借款	1
退保率	10%	前三年退保率 > 60%	3
		20% < 前三年退保率 ≤ 60%	2
		前三年退保率 < 20%	1

（三）存量产品洗钱风险得分

根据上述指标框架、指标权重以及标准化分值，通过加权求和的方法求得每个存量产品的洗钱风险得分，洗钱风险得分越高，说明利用该产品进行洗钱行为的风险越大，反之越小。随后我们将产品风险得分映射到区间 $[0,100]$ 内。

$$Y = a + \frac{b-a}{X_{max} - X_{min}} \cdot (X - X_{min})$$

其中，X_{max} 是这组数据得分中的最大值，X_{min} 是这组数据得分中的最小值，Y 为映射后的产品洗钱风险等级得分，a、b 为新的得分区间 $[a,b]$。

（四）对于产品洗钱风险等级的验证手段

基于图 2 的分布，将通过专家法冷启动及满足相关分布验证不断迭代的办法，确认风险评分和等级的映射关系。

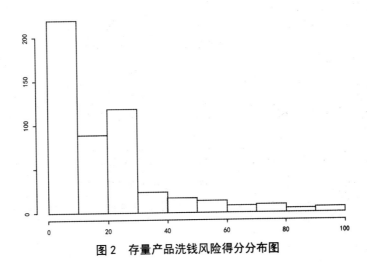

图 2 存量产品洗钱风险得分分布图

表3 产品洗钱风险评分等级映射表

产品（业务）名称	评分（分）	风险等级
产品A	0-40	低风险
产品B	41-80	中风险
产品C	81-100	高风险

将通过以下方法进行迭代和验证。

表4 存量产品洗钱风险等级

低风险	中风险	高风险
500	50	5

从产品数量的分布来看，基本符合类金字塔结构。

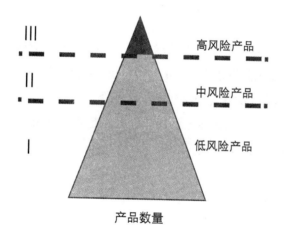

图3 产品风险的金字塔结构

从单个指标来看，各个指标的赋值应与最后的总得分具有一致性，即单一指标得分低（高风险）的产品在总得分上也应具备一致性（风险较高）。如果某指标与最终得分呈逆趋势，则应考虑该指标的赋分或权重需要进行调整，以保证评分的合理性。

从9个指标综合来看，按照我们定义的产品高中低风险，我们将9个指标的得分投影至二维平面，从可视化的角度查看高中低风险的产品通过这9个指标是否可以较好地区分。

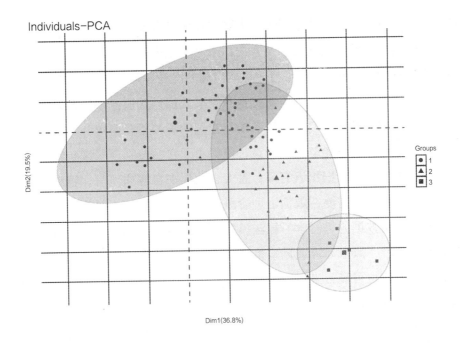

图 4 指标主成分与产品洗钱风险等级

如图 4 所示,高风险的产品与其他等级产品区分明显。

经过上述论证:在模型方面,整体高中低风险的分布呈金字塔结构、单指标与最终评级趋势一致,当前指标对洗钱风险度的区分明显,模型效果明显、稳定;从业务方面看,监测的全部存量产品中,洗钱风险较高的若干款产品主要以缴费灵活、投资型为主。

三、大数据在反洗钱领域的其他探索与建议

在通过上报的可疑交易案例进行验证的时候,我们发现虽然整体分数的走势符合报送次数越高、洗钱风险得分越高、风险水平越高的趋势,但同时也发现可疑交易报送冗余的情况,重点线索在总数中占比低,风险识别能力有待提升。而风险识别能力的提升依赖于业务流程中的全体系数据动态监控与分析技术,如我们知道保全业务可导致客户权益以及利益流向的变更,譬如客户通信地址的改变都可能引起收入、资金来源、社会关系等一系列的变化,传统的可疑交易触发系统中很难分析出业务变化带来的一系列风险变化,需要大量数据积累分析,并在业务系统中对相关人员进行风险提示。而随着产品种类、客户规模、交易以及服务的多样化,利用大数据技术分析、监测、提示风险变得更加必要。我们通过对

存量产品洗钱风险评估这一触点进行大数据技术辅助反洗钱这一领域的探索，积累了一定的实际经验和优化路径及方向，未来希望能够通过大数据分析技术帮助完善保险产品设计和监测产品运行中可能出现的洗钱风险。

利用机器学习、深度学习等新技术升级反洗钱风险监测手段已是大势所趋，但通过一系列的尝试，我们发现算法模型在现阶段并不是完美和万能的，在实际应用过程中依然存在不能忽视的弱点，例如由于它的甄别逻辑来自输入数据，人身险行业天然对客户数据积累有限，且大多数据来自客户填写，容易发生隐瞒、书写记录错误等，这需要在数据治理阶段或建模时的特征工程阶段来减少干扰。并且，源自历史数据的机器学习算法模型对未来结构性变化没有预判能力和应变能力，监管环境、风险环境或风险策略等基础条件的变化可能导致模型重构，如模型调优不及时也可能带来风险。此外，现阶段即便机器学习监测、甄别模型的测试准确率达到接近百分之百，仍不能保证模型不会在执行反洗钱任务时犯低级错误。所以在现阶段，利用大数据技术进行反洗钱监测和评估的时候，我们仍然会以专家经验为基础，适当、迭代地逐步增加技术手段，并使得业务经验与技术方法融合紧密。并且在未来不断通过数据治理、实时数据链路跟踪、机器学习算法迭代，使得数据模型的比例越来越高，以专家评分、数据模型双轮驱动的方式打造更精准但又可解释的洗钱风险评级模型。

新形势下保险业基于亿级规模的反洗钱可疑智能识别与查证研究

■ 王晓青　徐翔　周婧雅[1]

摘要： 反洗钱工作已成为防范金融风险、维护金融稳定的重要手段。为有效防控重点领域风险，并在一定程度上减轻基层工作负担，中国人寿保险股份有限公司（以下简称"公司"或"我公司"）立足行业特点，以海量数据为基础，深入分析反洗钱业务规律，形成了适用于保险业的洗钱风险特征集；运用机器学习、知识图谱等人工智能技术探索出基于亿级规模的反洗钱可疑智能识别、反洗钱智能查证应用场景（以下简称"反洗钱智能应用"），丰富了保险业反洗钱工作手段，助力可疑交易分析质效跨越式提升。

关键词： 保险业反洗钱　亿级规模　可疑智能识别　查证人工智能

一、新形势下保险业反洗钱工作的挑战与机遇

从国际形势看，受政治、经济、军事等多重因素影响，国际反洗钱形势发生着复杂、深刻的变化，不稳定性、不确定性明显增加。世界进入动荡变革期，金融交易和资金流向逐步呈现快速、虚拟等特点，不法分子借助新技术、通过新渠道、利用金融机构实施高智商犯罪的概率持续增高，给金融机构传统洗钱风险防控机制带来冲击。各国反洗钱、反恐怖融资的监管政策及行动标准日益趋严。

从国内监管形势看，在2018年度反洗钱金融行动特别工作组（FATF）第四轮互评估工作的推动下，我国反洗钱监管理念、方法快步向国际标准靠拢，持续深入贯彻"风险为本"理念，更加注重反洗钱工作的有效性。"抓总部、抓条线、双问责、

1　王晓青、徐翔、周婧雅供职于中国人寿保险股份有限公司风险管理部。

重处罚"已成为我国反洗钱监管的新常态，金融机构履职压力及执行成本不断增加。

在新一轮科技革命和产业革命的背景下，2021 年 7 月，FATF 发布《反洗钱和反恐怖融资新技术带来的机遇和挑战》，明确指出"新技术可以提高打击洗钱和恐怖融资措施的速度、质量和效率；可以帮助金融机构和监管机构以更加准确、及时和全面的方式评估风险"。面对新形势，我国监管科技持续向纵深推进，中国人民银行发布《金融科技发展规划（2019–2021）》《人工智能算法金融应用评价规范》，明确提出未来三年内金融科技工作的指导思想、基本原则及发展目标，建立 AI 算法评价框架等，进一步加快金融与科技的深度融合，不断丰富金融监管手段。中国人寿保险股份有限公司作为中国人民银行总行直管的唯一一家寿险公司，应准确识别、科学应变、主动求变，有效将外部压力转化为内部创新动力，积极拥抱新技术，加快数字化转型，在推进金融科技赋能反洗钱工作方面树立榜样，发挥行业带头作用。

二、人工智能技术在反洗钱场景中的应用分析

在 20 世纪获得了长足发展的人工智能理论正在深刻改变着各行各业。而金融业由于其信息化建设起步早、新技术投资回报率高等特点率先获益。近年来，受强劲的互联网创新动力驱动，"运用机器学习相关技术促进商业银行提质增效"已成为银行业发展关注重点。自 2019 年以来，各家商业银行纷纷实施数字化转型，机器学习、数据挖掘技术被越来越多的银行机构应用在反洗钱、反欺诈等风险监测领域，且取得了一定的积极成果。麦肯锡于近期发布的《麦肯锡中国金融业 CEO 季刊》2021 年夏季刊——《Fintech2030：全球金融科技生态扫描》中指出"通过有针对性地推动金融科技在风险管理领域的应用，可以释放巨大的价值"。

通过开展各种业内专业交流等方式，公司对保险业的人工智能应用情况进行了调研，得出了以下认识：人工智能技术在保险业风险管控领域，特别是洗钱风险管理方面的应用与银行业相比尚不健全，存在深度挖掘空间。现阶段保险机构普遍采用专家设置模型的可疑交易监测模式。随着金融交易量的急速增长、金融业态的不断丰富，主要依靠人力甄别的传统监测模式在准确性、处理时效方面的缺陷逐步显现。为此，我公司以保险业洗钱风险控制为切入点，从减轻基层公司反洗钱工作负担、有效防范重点风险的角度出发，探索出了反洗钱可疑智能识别、反洗钱智能查证两种应用场景，并成立了专门的智能风控研究课题组（以下简称"课题组"），对新

技术进行深入研究。

三、反洗钱可疑智能识别和查证实践探索

（一）精耕细作，形成风险特征集和大数据集

《关于印发证券期货保险机构反洗钱执法检查数据提取接口规范的通知》（银发〔2019〕63号）的出台，凸显信息科技在反洗钱工作中重要性的同时，也对金融机构基础数据的完整性、一致性、准确性及关联性提出了更高的要求。

在项目开展中，课题组秉承着"数化万物，智在融合"的工作理念，重点针对保险业洗钱规律和反洗钱数据开展分析，形成了保险业风险特征集；完成客户、账户、保单近19亿结构化数据向图数据的转换，以及2016年至今相关客户交易、保单等23亿基础数据的转化工作；整理形成适用于保险业反洗钱领域的大数据集，为后续反洗钱可疑智能识别和查证的开发奠定坚实基础。

（二）快速迭代，建立反洗钱智能可疑识别模型

可疑交易报告是金融机构履行反洗钱义务的重要方面，也是监管部门评价金融机构反洗钱工作有效性的核心内容。目前，公司已形成基于固定规则的可疑交易监测模型，运用系统按日对相关客户、账户及全量交易进行监控。但随着公司创新业务的不断上线及业务量的快速增长，传统的风险监测方式越发难以适应新型业务和海量交易的处理需求。此外，反洗钱规则监测模式主要依赖于专家对过去反洗钱领域经验的总结。近年来，不法分子通过复杂金融交易进行洗钱和资金转移的趋势越发明显，以规则为主的监测模型在识别多重身份或具有复杂交易路径的洗钱行为方面存在不足。

针对公司在可疑交易工作开展过程中存在的痛点、难点，课题组结合公司近年来已上报可疑案件情况，基于反洗钱业务规律，从保单、投保人、交易人等维度梳理提炼出87种保险洗钱行为模式和162个洗钱基本特征（部分洗钱风险识别特征示例详见表1）。这些特征在一定程度上反映出正常客户和存在洗钱嫌疑可疑主体之间的区别。随后课题组利用特征工程技术，结合保单生命周期的全部交易行为数据、保全行为数据（包括投保，退保，撤单，借款，还款，续期保费，变更投保人，重要信息变更，加保，减保，万能加保，提款，生存金，红利等）、客户关系数据、账户数据、产品数据、营销员数据等，通过数据清洗、特征计算、特征组合等构建输入模型特征。在机器学习识别模型的选择上，课题组创新性地使用了"有监督算法＋无监督算法"相结合的方式。有监督学习主要基于已有的标签数据训练模型，

得到的数据模型又可对新数据进行预测分析。课题组将模型预测出的可疑数据反馈给反洗钱工作人员，由其调查核实后填写分析意见，并将其作为新的样本在下一轮机器学习训练中进行输入。无监督学习则是在没有任何标签数据样本的情况下，直接对数据进行建模。课题组尝试将孤立森林的分布式算法部署在 spark 集群中，利用其时间效率高、可有效处理高维度数据等特点，开展无监督学习训练。课题组还尝试将无监督学习的输出数据作为有监督模型训练的样本进行输入，借助无监督数据结果为有监督模型的召回率进一步提供数据支持，创新性地构建了"样本获取—预测—反馈—标记—（有监督）训练"的模型迭代闭环机制。最终，经过多轮优化及调试，课题组将反洗钱可疑智能识别模型的准确率及召回率由最初的 61% 和 42% 分别提升至 85% 和 86%，模型可靠性大幅上升。

表 1　洗钱风险识别特征示例

业务维度	特征名称
客户基本信息	投保人职业是否敏感
	投保人国籍
	投保人收入与年缴保费极不匹配
	投保人收入与职业极不匹配
	被保人职业是否敏感
	被保人关系是否可解释
	投保人持有非销售保单数量
客户投保情况	投保人年缴保费
	投保人近一个月投保件数
	投保人近一个月投保金额
	投保人趸交件数
	投保人累计趸交金额
	投保人累计投保件数
	投保人累计投保金额
解除合同情况	投保人近一个月撤单件数
	投保人近一个月撤单金额
	投保人累计撤单件数

业务维度	特征名称
解除合同情况	投保人累计撤单金额
	投保人单笔最大撤单金额
	投保人一次性最多撤单件数
	投保人一次性最大撤单金额
	投保人近一个月退保件数
	投保人近一个月退保金额
	投保人累计退保件数
	投保人累计退保金额
	投保人单笔最大退保金额
	投保人一次性最多退保件数
	投保人一次性最多退保金额
借款情况	投保人近一个月借款次数
	投保人近一个月借款金额
	投保人累计借款次数
	投保人累计借款金额
	投保人累计单笔最大借款金额
	万能保单累计异常借款次数
	万能保单累计异常借款金额
	万能保单单笔最大异常借款金额
保全行为	历史变更投保人次数
	三个月内所有保单变更投保人次数
	历史保单转移次数
	三个月内所有保单转移次数
账户信息	缴领不一致账户数量
	同一账户关联投保人数量
	非主流渠道账户

（三）守正创新，构建亿级规模知识图谱

传统的查证模式人工依赖度较高，需查证人员登录多个系统进行逐项查询，往往存在查证所需信息分散、系统间操作权限不足等问题。在实际工作开展中，反洗钱工作人员要准确地对客户身份进行识别，不仅需要了解客户的基础身份信息，也

需要对客户的行为特征信息、客户与客户间的交易关联关系等进行了解。公司在长期的经营中积累了海量数据，这些数据散落在各个业务系统中，形成数据孤岛，未得到有效的整合及运用。同时，公司反洗钱信息管理系统目前是基于关系型数据库建设，难以实现多层级账户关联关系及关系挖掘计算分析等功能。

课题组结合知识图谱"以业务为重心，以数据为中心"的特点，利用保单全生命周期的交易行为数据，从反洗钱查证的业务场景出发，重点对客户身份识别、客户间关系识别、客户间资金流动、保单间资金流动情况等进行关注，探索构建了反洗钱智能查证图谱，通过整合相关系统数据，将其提炼浓缩为客户、保单、账户、销售员、产品、机构 6 类实体；客户和保单间的投保、被保险、受益关系、保单和账户间的资金操作流向、客户和账户间的所属关系、客户和客户间的家族关系等 67 种实体间关系以及 55 种事件。同时，课题组运用图数据库擅长关系挖掘的特点，结合日常业务中的常见场景，开发定义多种固定查证模式，主要包括资金流向模式、黑名单模式、全景模式等，并在系统后台设置相关数据集中处理机制，帮助反洗钱工作人员通过"一键查询"方式，快速获取特定关系信息，有效减少用户频繁、冗余操作。此外，课题组利用索引存储引擎（ES）构建了全文检索索引库，实现通过图谱关系快速查看客户的基本要素、高风险特性、黑名单特性等静态信息，并实时扩展查看客户的投保保单、资金流入及流出情况、是否存在第三方账户等动态信息功能，进一步提升系统检索性能。

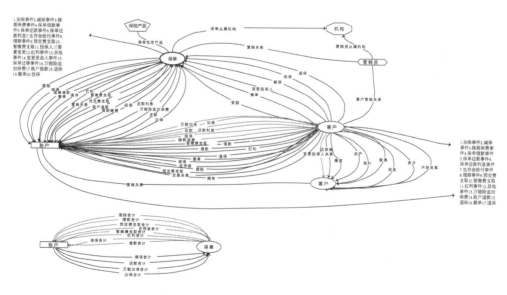

图 1　资金流向及隐含风险示意图一

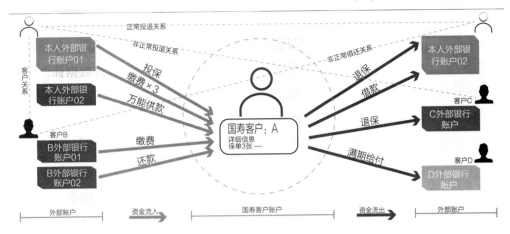

图2　资金流向及隐含风险示意图二

四、反洗钱智能应用价值与建设成效

经过一年多的不懈努力，公司创新成果——反洗钱可疑智能识别及查证系统已完成开发、上线及推广工作。从实践效果看，系统的上线实现了最初的目标，并得到一线反洗钱工作人员的良好反馈。

（一）深挖业务规律，创新工作路径

保险业报送可疑交易报告最终被证实为洗钱线索的正向样本较少，这给反洗钱监测的持续改进带来困难。课题组在深挖业务内在规律的基础上，建立反洗钱可疑智能识别和查证系统。随着反洗钱智能应用的不断拓展，其已逐步扩展为包含 3.26 亿名客户、6.25 亿张保单、13.21 亿个账户等共计 22.86 亿个实体，132.53 亿条关系和 39.13 亿项保险事件的亿级规模洗钱风险智能管控平台。该平台的推广有效填补了人工智能技术在保险业反洗钱领域应用的空白，形成了适用于保险业的风险特征与处理方法。此外，公司以反洗钱智能应用为开端，进一步深化大数据、机器学习、知识图谱等人工智能技术在风险管理方面的运用，先后研发上线了非法集资智能识别、销售违规智能识别、客户风险画像等智能风控应用，从多层次、多角度识别公司经营过程中面临的各项风险。

（二）打通数据壁垒，增强识别准确性

反洗钱可疑智能识别运用机器学习等人工智能技术，通过训练计算机对历史数据进行归纳总结，形成特定规律，打破传统反洗钱信息管理系统按照客户单笔／多笔交易触发规则的监测模式，真正实现了以客户为单位的可疑交易监测模式，进一步提升可疑交易识别准确性。同时，机器学习成果在实际应用中具备持续学习的能

力，其算法性能及模型精度可随着训练次数的增加而持续提升，从而达到在海量实时交易中对新型洗钱特征进行灵敏侦测的目的。截至 2021 年 7 月，总、分公司共运用反洗钱智能查证系统开展可疑交易研判及检索共计 250 万次，通过反洗钱可疑智能识别共识别 7.8 万人次，应用效果显著。

（三）助力基层减负，提升管理效能

与关系型数据库相比，知识图谱在穿透、关联及传导方面具有天然优势。反洗钱智能查证平台将公司各业务系统数据实施整合，利用知识图谱技术，将复杂隐蔽的客户行为数据、客户间关系数据等以多层挖掘的关系图谱形式进行展现，数据展现方式更为直观。通过实践研究发现，基于知识图谱特有的交互探索分析模式，可有效模拟人的思考过程，帮助反洗钱工作人员在使用系统开展工作的过程中更好地去发现、求证和推理，在缓解基层公司反洗钱工作压力的同时，显著提升反洗钱工作人员查证分析能力。经统计，自反洗钱智能查证功能上线以来，可疑交易监测分析工作流程缩短近 20%。

参考文献：

[1] FATF.Opportunities and Challenges of New Technologies for AML/CFT, FATF, Paris, France. 2021.

[2] 李秀媛 . 新形势下智能反洗钱系统建设实践 [J]. 金融电子化 ,2021(6).

[3] 李建文 . 国际反洗钱形势的新变化及对我国反洗钱工作的战略思考 [J]. 金融发展研究 ,2013 (5) .

[4] 李建文 . 基于国家安全视角的我国反洗钱工作研究 [J]. 金融发展研究 ,2014(6).

[5] 吴一兵，徐珊珊 . 科技赋能洗钱监管智能化转型——陕西省洗钱风险监测管理智能化平台建设实践 [J]. 金融电子化 ,2021(6).

[6] 刘丽洪，朱彤 . 大数据技术在反洗钱领域的应用探析 [J]. 金融电子化 ,2019(11).

[7] 人民银行重庆营管部金融科技研究组，中国人民银行重庆营业管理部 . 基于人工智能的监管科技应用探索 [J]. 当代金融研究，2020(6).

[8] 张峰 . 金融行动特别工作组（FATF）关于金融科技（FinTech）和监管技术（RegTech）系列会议内容概述及启示——基于反洗钱和反恐怖融资（AML/CTF）视角[J]. 时代金融,2018(30).

商业银行洗钱风险管理数字化转型探析

■ 迟妍　张严冰　张琦[1]

摘要：近年来，金融科技迅猛发展，金融机构的业务模式及管理思路正在发生深刻调整，数字化转型逐渐成为商业银行促进经营发展的重要战略内容。在"数字化"金融时代拉开序幕的背景下，零售银行、供应链金融、小微企业信贷、运营管理等模式不断创新，建立与银行数字化进阶发展相适应的洗钱风险管理体系，推进反洗钱管理向数字化、智能化、线上化转型，对于银行预防新兴业态洗钱风险、提升风险管控能力十分必要。本文以洗钱风险管理数字化转型的本质内涵为切入点，对当前商业银行洗钱风险管理数字化转型的基本情况进行阐释，并探讨了转型的必要性。同时，针对银行经营及风险管理实际，提出了商业银行数字化转型路径及实施蓝图，以期为数字金融科技背景下商业银行洗钱风险管理的创新发展和转型升级提供一定思路。

关键词：金融科技　洗钱风险管理　数字化转型

一、洗钱风险管理数字化转型的本质含义

聚焦在银行领域的数字化转型，其本质是将数字化技术与金融业务相融合，促使业务模式的创新与升级。基于与金融业务的"共生性"，洗钱风险管理能够依托银行业务积累充沛的底层数据，深入各业务分支捕捉风险因子，在广泛的高质量数据样本下，从单一客户、单一业务角度延伸构建网络型数据集合，利用人工智能和机器学习的方式精准构建风险监测和评估模型，辅助人工快速形成有效的风险管理

1　迟妍、张严冰、张琦供职于华夏银行法律合规部。

决策方案。通过人机的有益交互，创新洗钱风险管理模式，形成流程自动化、响应敏捷化、决策智能化的风控机制。

洗钱风险管理数字化转型应当与银行业整体"数字化、轻型化、综合化"转型方向相契合，从数字化角度，将洗钱风险识别、评估及监测深度嵌套在业务流程及运营管理中，各道防线参与者均能够结合自身需要自定义业务场景、客户范围，在洗钱风险监测及评估模型集群中，选取单一或链式模型组成模块化风控工具，利用预先设定的算法灵活构建风险图谱，对风险状况进行分区分层，定位出需要特别警惕的高风险"红区"，作为预警信号提示人员采取风险应对策略。通过数据集成、模型运算、风险瞄准，高效率、精准化进行事前、事中及事后的洗钱风险预警和防控。

二、商业银行洗钱风险管理数字化转型的基本现状

近年来，在监管部门积极引导、金融科技不断推广、银行业务持续转型等多方面因素的共同影响下，部分金融机构在反洗钱管理领域对大数据、人工智能等新技术应用进行了探索性尝试，为商业银行洗钱风险管理能力的整体提升带来积极影响。

（一）金融科技成为银行识别和监测洗钱风险的新工具

早在数字化转型概念系统性提出之前，部分全国性或其他大型商业银行聚焦客户身份识别、可疑交易监测分析等反洗钱工作，主动应用了大数据、人工智能等技术手段。一是充分运用生物识别、RPA（机器人流程自动化）等 eKYC 技术，拓宽客户身份识别手段，并在系统前端嵌入身份信息的验证逻辑，在客户身份识别与验证电子化与自动化水平不断提高的同时，保证信息的准确性及身份的真实性。二是尝试应用人工智能手段设立和迭代可疑交易监测模型，由规则模型向机器学习模型进行试探性转变，与专家模型形成良性互补。三是利用大数据技术，从主体客户出发构建资金交易关系网络，洞察客户关联关系及异常交易结构，弥补传统交易监测体系单一化预警、散点式分析的局限。

（二）数字化风险管理转型偏重于事后洗钱风险防控

根据《中国企业数字化转型研究报告（2020）》内容，目前人工智能和机器学习是企业推动数字化转型落地应用最多的新技术之一。从商业银行人工智能在反洗钱方面应用的情况来看，更多集中在对可疑交易监测专家经验模型的补充，同时在有限程度上作为智能化辅助工具，在反洗钱系统中参与对已发生交易的数据分析和处理。从创新技术手段应用角度，商业银行洗钱风险管理的数字化转型在事后风险防控上进行了诸多实践，在事前及事中的洗钱风险管理方面的探索性尝试尚不充分。

（三）洗钱风险管理的数字化转型基础条件不断完善

为保障数字化转型有效发挥降低成本、提升风险管理效果的作用，部分银行围绕"数据、技术"采取了诸多措施，为洗钱风险管理的数字化转型创造了必要条件。一是在数据方面，持续开展数据治理，建立数据管理组织架构，建设企业级的数据管理系统，对数据标准进行规范，对数据质量进行控制。部分领先银行还打造了反洗钱专项数据集市或数据池，积极构建强有力的数据基础。二是在技术方面，较多商业银行成立了科技子公司，基于自身业务发展和智能化风险需求组建数字化人才队伍，增强信息科技自建能力，在推进人工智能等金融科技成熟化运用的同时，不断向前沿技术和尖端分析迈进。

三、商业银行洗钱风险管理数字化转型的必要性

在数字科技对金融业务产生颠覆性影响的趋势下，银行业纷纷将数字化转型纳入本行的中长期战略规划内容，对业务模式进行高频次调整、对服务半径进行几何式扩大，商业银行深化开展洗钱风险管理的数字化转型，是上述趋势变化之下的必然选择。

（一）业务模式的裂变式创新要求洗钱风险管理快速应对

在当前中国企业数字化转型整体成熟度持续提升、新型商业模式快速衍生的背景下，银行基于市场变化及客户需求，不断创新金融业务模式，对洗钱风险管理的效率和效果也提出更高要求。一是在疫情的加速影响下，银行业务线上化程度不断加深，更多业务场景强调即时响应客户需求，内嵌于业务流程中的洗钱风险管理模块也需借助数字化手段，提升决策速度和性能。二是基于外部环境变化及内部经营转型，银行获客方式、交易模式发生深刻改变，洗钱风险因素随之出现波动或新增，与外部风险形势交叉叠加，需要应用数字化、智能化技术迅速迭代风险评估及监测模型，提升风险因素覆盖的全面性和风险预警的准确性。

（二）洗钱风险管理前移要求数字化转型全面支撑

在反洗钱管理从合规性向有效性持续进阶的过程中，洗钱风险管理也从原有以事后监测为重心，不断上溯至前手业务环节；以洗钱风险管理前置为原则，向事前、事中前移风险识别及监测手段，将风险管控充分贯彻在全业务流程中，做到层层把关、及早预防。基于商业银行业务分散、体量巨大，为在各个业务流程中均能高效地运行洗钱风险管理工具，银行有必要考虑应用数字化技术进行洗钱风险的模块化管理，将机器学习模型、风险管控策略进行模块打包，在每类客户分层、每个关键

节点上自动匹配调用模块进行风险评估及监测，并根据结论触发相应的风险管理流程，以保证准确把控各环节关键风险点，实现全流程风控的有效落地。

（三）洗钱手法的深层隐匿要求可疑线索精准捕捉

根据近年来商业银行洗钱类型分析内容，一方面，犯罪分子利用银行系统转移非法资金的手段越发隐匿，从原有控制大量银行卡活跃划转资金，转向模仿常规交易场景，小额低频转移资金，避免触碰银行监测模型警戒线。为使混杂在合法交易中的洗钱行为浮出水面，银行需要在以交易为主要样本的监测思路上，应用数字化工具，补充关联主体的行为数据和习惯分析，在海量交易数据中捕捉可疑苗头和线索。另一方面，加密货币等新兴支付工具因其匿名化和流动性特点，越发被犯罪分子青睐。根据美国加密情报公司 Cipher Trace 分析内容，美国加密货币犯罪已成为诈骗犯罪的主要形式之一，并被用以恐怖主义融资。目前加密货币作为流通工具的正当性仍须探讨，但考虑到其无须进行尽职调查即可在世界范围内即时进行假名化传输，存在着极高的洗钱风险，商业银行需借助数字化工具，综合提升对加密货币相关交易的场景化监控力度，洞悉潜在的洗钱和恐怖融资风险。

四、商业银行洗钱风险管理数字化转型路径探讨

数字化转型的关键在于业务与科技的有机融合，从业务需求出发对数字化应用目标及方法进行过程性探索，提出模式的创新，并借助技术工具进行落地实践。洗钱风险管理的数字化转型，在业务路径与技术路径并行的同时，还需匹配"管理路径"。"三个路径"配套衔接，搭配采取关键举措，促使商业银行洗钱风险管理数字化转型"有业务方向、有技术支撑、有管理保障"。

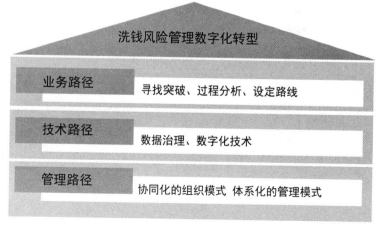

图1　商业银行洗钱风险管理数字化转型路径示意图

（一）业务路径：从需求出发，构建转型整体行动思路

洗钱风险管理数字化转型应当立足银行流程化、敏捷化、智能化的新型反洗钱管理需求，量身定制自身的转型路线，采取符合银行实际的关键性举措。结合当前商业银行洗钱风险管理数字化转型现状，转型可以从已广泛开展的可疑交易监测机器学习模型起步，在阶段性成果上逐步深入关键业务节点，丰富和细化模型维度，并针对风险类型和风险程度设计管控策略，在主要业务环节进行流程化应用，最终形成洗钱风险监测的模型组件，自定义参数，实现在各类业务场景下即插即用，灵活监测、精准识别洗钱风险，辅助人工快速执行管控策略。

（二）技术路径：从数据出发，支撑反洗钱智能化转变

洗钱风险管理的数字化转型离不开数据管理，需要采取数据治理手段保证数字化转型的基础，同时还需深度应用数字金融科技手段促使业务构想有效落地。一是开展反洗钱数据治理。数据治理是洗钱风险管理数字化转型起步阶段的关键举措，商业银行需要从数据治理框架、数据标准定义、数据质量管控、数据安全保护、数据价值实现等五个方面不断提升自身数据管理的成熟度，以保证反洗钱科技赋能战略发挥实质作用。二是应用数字化技术。监测模型建设和风险策略执行是洗钱风险管理数字化转型的重点领域，高度依赖人工智能和机器学习等关键技术以保证模型精度和执行效果。商业银行需要通过引进数字化人才、加大科技投入等措施，不断提升自身核心技术能力，为银行洗钱风险管理数字化转型提供稳定的支撑。

（三）管理路径：从职能出发，保障数字化转型有序实施

商业银行洗钱风险管理数字化转型的实施过程需要协调多方资源，并需要改造原有管理模式及工作流程，尤其在数字化洗钱风控深入业务环节的过程中，需要强有力的保障促使业务及技术路径顺利推行。一是建立协同化的组织模式。洗钱风险的数字化转型要求业务部门、风险部门和技术部门的紧密协作，需要对三道防线清晰划分职责分工，并通过激励和保障机制，形成敏捷化的跨职能团队运作模式，为转型实施提供支持统筹。二是建立体系化的管理模式。数字化转型进程中和完成后的洗钱风险管理，为一道防线发挥和承担自身作用及责任提供有力抓手，相关业务条线的风险监测及处置职能被显著放大；同时也需要风险管理部门对模型管理及高风险流程具有更强的控制力。因此，在转型实施过程中，需要一体化地调整工作流程，精简冗余程序、强化流程管控，以保证前后端链条的充分衔接。

五、商业银行洗钱风险管理数字化转型实施蓝图

洗钱风险管理的数字化转型无法一蹴而就，需要纳入银行中长期战略有规划、有步骤循序渐进稳步推动。在实施过程中，从基础工程和试点项目起步，逐步推进风控机制升级和数字化能力深化，再到全面布局和持续创新，历经三个过程阶段，分批次达成过程性目标，最终实现全面转型。

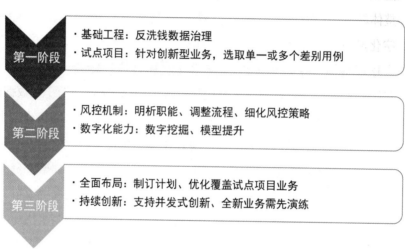

图2 商业银行洗钱风险管理数字化转型实施蓝图

（一）第一阶段：实施基础工程和启动试点项目

1. 数据治理

数据作为银行洗钱风险管理数字化转型的重要的基础，需要在第一阶段即开展"反洗钱数据治理"工作。建立合适的反洗钱数据治理机制和组织架构，从监管要求和业务需求角度划定及扩充数据范围，设定反洗钱数据标准，利用自动化手段加强数据质量管控。同时对存量问题数据进行筛查及治理，提升数据资产质量。统一数据源，搭建反洗钱合规数据中台，与业务及反洗钱系统功能模块进行数据交互，并提供适当的数据管理工具供各方参与者有效进行数据应用。

2. 试点项目

在大数据基础上，结合银行实际情况选取创新型业务作为试点工程，从单一或多个差别用例角度出发，针对业务场景分析客户建立、业务准入、交易审批、回溯审查等关键环节的洗钱风险要素、风险管控流程，研发小规模的监测模型库，搭配风险策略打包成模块，投入监管沙箱或仿真的业务流程中，对洗钱风险监测及处置

过程进行模拟演练,验证响应速度及管控效果,对模型算法、机制流程进行训练提升。

(二)第二阶段:升级风控机制和深化数字化能力

1.风控机制

在试点工程经验下,对数字化模式的洗钱风险防控机制进行微调,并不断扩大试点用例范围,逐渐明晰各道防线参与角色,精简并强化工作流程,补足和细化差异化的风险策略,从运行敏捷性、团队协作性、决策适当性等方面对事前、事中、事后联动整体的风险机制进行升级。

2.数字化能力

从数字挖掘、模型提升两个方面深化数字化能力。一是进一步在数据治理过程中,补足非结构化数据的应用,在常规数据之外,关注暗数据和非传统数据的采集,将更多碎片化数据有效关联,对于捕捉边缘化、非主流的异常交易具有重要价值。二是对试点工程积累的模型库进行学习,发现不同业务场景、涉罪类型相关模型共享的同样特征,基于特征差异在模型底层建立共用指标库和分设指标库,并根据业务创新和风险变化对两库指标进行迁移或调整,形成规模化管理,为数字化转型完备阶段洗钱风险监测模型的组合化、模块化应用做好充分准备。

(三)第三阶段:数字化转型的全面布局和持续创新

1.全面布局

洗钱风险管理数字化转型机制和技术成熟性得到提升和验证后,制订推广计划,优先选择试点项目覆盖的业务场景或品种投入运行。在推广过程中还需结合业务自身的数字化水平,针对尚不具备数字化处理条件的业务在模式调整前不进行强制转型。

2.持续创新

数字化的风险管理模式能够有效支持业务创新,并需要不断对智能化技术工具进行升级。一是相对完备的数字化洗钱风险管理能够支持多业务类型的并发式创新或调整。针对不具有相似模式和经验的全新业务,及变革程度较深、洗钱风险因素波动显著的创新业务,仍可返回至监管沙盒,进行模型训练和预警演练,满足出盒条件后纳入数字化洗钱风险管控范畴。二是在数字化技术支持的洗钱风险管理模式中,技术的先进性及前沿性尤为重要,针对机器学习建模存在的精准度不足、样本规模局限、样本质量不均衡等弊端,仍需不断研究应用更为先进的智能化算法,促使各业务环节反洗钱监测模型准确率实现最大化,大幅提升系统及人工洗钱风险识别、筛查和处置的效率。

参考文献：

[1] 麦肯锡咨询 . 新常态和数字化时代的风险管理 [J]. 中国银行业 CEO 季刊 ,2019(3).

[2] 清华大学全球产业研究院 . 中国企业数字化转型研究报告 [R].2020.

[3] 普华永道 . 数据为先：反洗钱数据治理的实践与对策 [R].2020.03.

[4] 萧健臣，唐昊，林祖辉，戚凌寒，丘振球，何伟栋，张腾 . 全景勾画洗钱风险图谱，以新科技
赋能洗钱风险管控（下）[J]. 现代商业银行 ,2020(11)：77-80.

[5] 德勤 .2021 年技术趋势：全球企业加速数字化转型 [R].2020.

[6] CSA.2020 年加密货币犯罪和反洗钱报告 [R].2021.

RPA 机器人赋能反洗钱管理

■ 黄闽粤[1]

摘要： 随着金融服务更加普及、便利和高效，以及金融行动特别工作组和国内监管对反洗钱工作要求的不断提高，科技赋能反洗钱管理成为趋势。而系统标准不统一、数据共享能力差、互联互通难以实现的问题，对反洗钱工作的深入开展产生影响。RPA 机器人可以切入痛点，打破"数据孤岛"，实现系统互联互通，同时优化工作流程、减轻基层工作压力、提升数据准确性，进一步为构建全行系统性、高效能、可量化的反洗钱管理模式做出贡献。

关键词： RPA 机器人　数据　模型　自动化　数字化转型

反洗钱是商业银行一项基础性、系统性、长期性工作，近年来受到各方面高度关注，对银行从业人员提出了很高要求。2017 年 9 月，国务院办公厅发布《关于完善反洗钱、反恐怖融资、反逃税监管体制机制的意见》（以下简称《三反意见》），将反洗钱工作上升到国家战略层面，指出反洗钱工作是推进国家治理体系和治理能力现代化、维护经济社会安全稳定的重要保障，是参与全球治理、扩大金融业双向开放的重要手段。围绕贯彻落实《三反意见》，中国人民银行（以下简称"人民银行"）、中国银行保险监督管理委员会（以下简称"银保监会"）等监管部门密集出台配套政策，加强反洗钱监管、强化协同监管。中国人民银行于 2021 年 2 月 25 日召开全国反洗钱年度工作会议进一步释放"强监管、严问责"的信号，同时，即将修订出台《反洗钱法》，并起草《反洗钱法》配套规章和规范性文件，完成《刑法》洗钱犯罪修改工作，将反洗钱工作纳入国务院金融稳定发展委员会议事日程。国内各商

1　黄闽粤供职于兴业银行总行法律与合规部。

业银行（下称银行）高度重视反洗钱工作，一方面加强反洗钱队伍建设，另一方面积极探索运用先进的科技手段，为依法履职提供保障支持。

一、反洗钱工作的基础

各银行一般通过"数据加模型"的方式开展反洗钱工作。客户、账户、产品和渠道交易数据是基础，模型是构建反洗钱工作可疑交易的上层建筑。如果数据质量低下，模型再精准也如同建筑在沙基的城堡。因此，数据质量关乎银行反洗钱职能部门的依法履职能力。开展反洗钱工作首先要夯实数据基础，但反洗钱的数据来源于不同的业务条线和部门开发的上游系统。因历史沿革中，上游系统升级改造、业务移交、业务流程割裂等因素造成了存量数据缺失、字段值不规范、定义不统一，甚至字段之间存在信息互斥等现象，不同业务系统之间的数据共享与协同应用效果欠佳，从而导致数据质量低下。为解决此问题，银行须耗费大量的人力来完成信息补录、汇总和审核工作：如大额、可疑交易明细信息的补录、反洗钱风险事件补录和风险评级等。

如：某地人民银行不定期给各银行发送数量不等的可疑主体（可疑主体名称、身份证号码等）信息，银行工作人员须先向信息科技部提出查询申请，由信息科技部在不同的系统提取可疑主体开户以来交易流水、保管箱使用情况等原始数据信息，再由专人手动拆分、汇总和分析，如有缺失的交易信息，还需登录不同系统查询、补录，最后按人民银行的要求编写、提交报告（报告中含可疑主体开户信息、流水汇总信息、筛查分析意见等）。每个客户耗时 1 至 10 小时不等，耗时、费力，且数据质量难以保证。

鉴于此，如何通过科技手段提高业务处理效率和数据质量的同时，还能减轻一线反洗钱工作人员的工作量，使其致力于更有价值的工作，这是各银行探索数字化转型和创新的方向。在此背景下 RPA 机器人提供了优质的解决方案。

二、关于 RPA

机器人流程自动化（Robotic Process Automation，RPA）是 2017 年在国际兴起并传入中国的一项技术。它是一项在人工智能和自动化技术的基础上，通过模拟人对软件界面的操作，实现与现有业务系统的交互而完成任务的技术。

RPA 无须改造现有的系统，部署在客户桌面环境而非后台服务器，通过模拟并增强人类与计算机的交互过程，接管原有工作流程中的人工操作部分，相当于给传统的汽油车加装了"无人驾驶"模块，可以短、平、快地实现大量、重复、机械性任务的自动处理功能。RPA 具有对银行现有系统影响小、基本不编码、实施周期短（一般一至两周）以及对非科技专业人员友好等特性，弥补了原有烟囱式系统建设造成的数据孤岛和系统鸿沟，降低手工搬运数据的工作量，控制操作风险，有效提升了数据质量。

同时，RPA 接管过程与原人工操作过程完全一致，不会影响接管系统的性能，系统间的数据传递全程加密，避免客户信息泄露，相关技术及安全实现手段符合信息安全管理制度要求。

三、制度先行

在引入 RPA 前，银行应根据《法人金融机构洗钱和恐怖融资风险管理指引（试行）》（银反洗发〔2018〕19 号）、《银行业金融机构反洗钱和反恐怖融资管理办法》（中国银行保险监督管理委员会令 2019 年第 1 号）、《中国人民银行反洗钱局关于进一步加强反洗钱信息安全保护工作的通知》（银反洗发〔2020〕12 号）等相关规定，制定 RPA 管理制度，明确其安全和保密要求，确定其使用的范围和程度，并建立相应的保障机制。

（1）明确 RPA 管理制度的适用范围。涉及的业务种类或组织机构的运用范围。

（2）明确使用 RPA 开展反洗钱工作中，各部门的职责分工。如反洗钱职能部门在工作中起牵头作用；信息科技部应确保 RPA 与各业务系统的衔接顺畅；业务部门应对具体业务的数据质量负责等。

（3）规定各级机构在使用 RPA 开展反洗钱工作中的保障措施。包含信息系统保障、机器人柜员管理等。

（4）确定应急处置和报告措施。在 RPA、反洗钱系统或其他业务系统出现故障的情况下，采取有效的应急机制及报告措施。

（5）明确监督管理和问责考核机制。加强对 RPA 日常使用的监督管理，对于滥用、误用 RPA 的违规失职行为，根据其性质、情节及造成后果的严重程度，采用不同的责任追究措施。

四、反洗钱场景应用

近年来，随着科技在金融的广泛运用，对金融的改变日新月异。因此，在工作中要以反洗钱这项硬任务来加速推动中台建设，建立更好的金融科技基础设施，提高科技赋能水平。为更好地满足监管部门对提交数据质量要求，充分落实反洗钱调查和监测分析工作，有效地节约人力资源，部分银行已着手将 RPA 应用于反洗钱工作的手工处理流程，通过运用 RPA 提高数据的完整性、准确性，以及数据处理的时效性。目前应用于反洗钱工作的场景有以下几类。

（一）人民银行协查报告生

人民银行会不定期给商业银行发送数量不等的可疑主体信息。引入 RPA 之后，银行业务人员只需将数据放到 RPA 所在电脑的指定目录，RPA 会自动启动并完成业务系统数据查询、结果清单和格式报告生成，10 分钟即可自动完成，业务人员只需打开结果报告进行核对即可，效率提高 90% 以上。

（二）人民银行报送信息补录

按照中国人民银行反洗钱工作对客户信息管理的要求，银行需对反洗钱系统中未自动采集到的客户基础信息和交易明细信息进行人工补录。交易报告须在交易发生之日起 5 个工作日内由各金融机构通过电子报文方式向中国反洗钱监测分析中心报送[1]。各银行的信息补录量大，部分银行的年补录量甚至超过 1000 万笔；信息补录需多个岗位协同作业，沟通成本极高且准确性低。集中作业模式下省级分行反洗钱职能部门一般需安排 6 人，非集中模式下每个支行需至少安排 1 人负责补录工作。相同条件下，RPA 可自动获取补录任务，根据规则识别交易，从各相应业务系统完成数据采集并录入到反洗钱系统，自动完成各岗位的切换及相关数据处理，实现 60% 的业务流程自动化，并将录入量从每人每天 500 笔提高到 2400 笔，录入时间从 5 个工作日缩减到 2 个工作日，省级分行反洗钱职能部门录入人员减少至仅需 1 人兼职。

（三）司法查控信息补录

司法查询及控制相关的洗钱风险事件补录业务量较大，需手工录入字段较多且非常烦琐，人工操作重复度高且易出错，通过 RPA 实现全流程无人值守，处理时间从之前的 3—5 分钟每笔降至 30—60 秒每笔，降低了人工误操作、漏操作的风险。

（四）白名单客户过滤

反洗钱系统每日会筛选出数百名可疑人员名单，但可疑数据中有部分是优质客户，这部分白名单客户需从可疑名单中手工剔除并填写意见。RPA 可每日自动从可疑名单中剔除上述白名单客户，再将结果发送至复核岗确认，每日节约 2 小时左右，

---

[1] 《金融机构大额交易和可疑交易报告管理办法》（中国人民银行令〔2016〕第 3 号）。

极大地减轻了业务人员负担，同时提高了数据准确性。

以上场景均可在不改造现有的业务系统下引入 RPA，不仅提高业务处理效率，降低操作风险，而且能为基层减负，为业务赋能。

五、反洗钱场景展望

在 RPA 出色地完成以上工作之后，银行的反洗钱职能部门提出尝试将其应用于多个场景，后续希望通过 RPA 来整合各类业务系统，打通数据孤岛，将技术手段下沉至支行，将自动获取数据的来源扩大到外部网站，提供全覆盖、全自动、及时有效的检查手段，进一步由被动履职变为主动防御。

（一）开户企业尽职调查

通过 RPA 代替手工实现自动登录企业工商信息查询系统、国家企业信用信息公示系统和中国裁判文书网等网站进行信用调查和证据留底；同时，通过 RPA 对企业法人、法人家属、高管团队控制的企业进行递归查询，进一步提高尽职调查的全面性和有效性。

（二）对公账户变更情况更新

利用 RPA 解决企业信息变更不及时的问题：如企业法人变更信息掌握不及时、企业营业执照过期等。

（三）对公账户年检情况核查

利用 RPA 对对公账户的企业的年检情况进行核查，并提交可疑数据给相应人员。

（四）客户资料核查

利用 RPA 进行非现场检查，即自动提取出银行预留信息不完整的存量客户（如手机号为空、地址不存在等），自动以机构号为单位将邮件分发至相应支行的经办人员，要求其按期进行纠正，并自动汇总支行反馈邮件。

（五）新开户客户抽检

每月统计各分支机构新开客户情况，对各分支机构新开客户洗钱风险等级评定进行合理性抽查，在开展反洗钱专项检查时，需对照客户基本情况查询表及被检查客户实际情况进行比对检查。

（六）可疑客户信息确认

对反洗钱系统筛选出的可疑客户进行深入探查时，需要从第三方系统进行数据排查，历史交易流水筛选并人工进行判别，可通过 RPA 来完成可疑客户人工确认规则的自动化执行。

（七）可疑案例报告生成

以人工手段汇总统计数据、填写可疑案例报告效率低下，可通过 RPA 来完成相关报告的数据生成和自动报送。

从以上场景规划可以看出，随着对反洗钱工作场景深入了解，银行的业务部门和科技部门可以在更多场景应用 RPA，可以从简单的数据分析中释放更多的人力资源，投入需要人工判断的复杂领域。

六、从 RPA 探索金融机构数字化转型

RPA 应用于反洗钱工作后，银行对 RPA 的认识及使用有了更深层次的理解，并实实在在地体会到 RPA 的价值。除了反洗钱领域，银行还可在业务条线以及信息科技部门全面开展 RPA 应用场景的建设，提高业务自动化程度，智能决策水平和运营管理效率，从而展现出卓越的业务价值，提供优质的客户服务。

随着 RPA 在银行各部门、各业务和各场景的深入应用，带动银行业数字化、智能化转型，同时也让更多的金融机构认识到数字化转型和科技创新带来的重大价值和意义。金融机构每一次的科技转型变革都带动了行业格局的重构，至此，数字化、智能化、多元化和国际化已成未来金融行业的发展趋势。

AI 在反洗钱可疑案宗识别中的应用

■ 窦佳佳　黄闽粤[1]

摘要： 新的洗钱犯罪手法不断变化、隐蔽性越来越强，需要金融机构不断更新对洗钱风险的识别和判断，进而导致反洗钱工作存在着诸多盲点和痛点。而人工智能在面对海量交易数据、复杂交易手段时，利用其深度学习、高效分析和挖掘信息的优势，可以在很大程度上辅助人工，从众多角度挖掘隐藏的可疑交易特征信息，更加快速、精准地发现可疑交易。实现辅助监控分析洗钱行为、优化审核人力资源、提升洗钱风险防控能力的作用，成为反洗钱领域降本增效、控制风险的核心技术。

关键词： 人工智能　洗钱团伙　规则模型　深度学习　知识图谱

2021 年 1 月 15 日，中国人民银行发布《法人金融机构洗钱和恐怖融资风险自评估指引》，明确指出法人金融机构应落实有关洗钱和恐怖融资风险自评估的工作要求，识别、评估、监测业务条线的洗钱风险，提升金融体系反洗钱工作的有效性。2 月 25 日，中国人民银行召开 2021 年反洗钱工作会议，会议指出：积极实施风险为本反洗钱监管，提升反洗钱监管质量与成效；充分发挥反洗钱调查和监测分析的优势，有效打击洗钱犯罪和各类上游犯罪。随着大数据、云计算等技术的快速发展，AI 技术趋于多样化、成熟化，成为践行风险为本原则，降本增效、控制风险的关键技术，在反洗钱的可疑案宗识别、提高成案率中发挥了巨大的作用。

1　窦佳佳供职于兴业银行兴业数字金融服务（上海）股份有限公司算法金融实验室，黄闽粤供职于兴业银行总行法律与合规部。

一、金融机构反洗钱面临的痛点与挑战

洗钱行为不但手法多样，且隐蔽性强，再加上金融机构对洗钱风险的识别和认知能力仍存在诸多盲区，所以在反洗钱业务开展中存在诸多难点和痛点。

（一）传统反洗钱方案误报率、漏报率高且成案率低、人工工作量大

一直以来，很多金融机构反洗钱工作的开展都基于反洗钱专家经验规则，源于对过去反洗钱工作经验的总结。基于规则识别的可疑案件往往存在误报率、漏报率高等问题，同时也导致后续审查劳动力的紧张，增加工作成本。

（二）难以识别新型洗钱手法

在错综复杂的国际环境下，洗钱团伙的作案形式呈现隐蔽性强的趋势，洗钱犯罪手段日趋智能、隐蔽，传统的反洗钱方法难以及时捕捉手段多变的新型洗钱模式，如：涉黑、买卖野生动物及大规模杀伤性武器扩散融资等违法犯罪行为。

在更加强化、细化的监管要求下，如何更准确、更高效地识别可疑洗钱交易，提升反洗钱工作有效性成为目前各大金融机构亟须解决的问题。

二、AI 成为反洗钱领域降本增效、控制风险的驱动引擎

人工智能（Artificial Intelligence，AI）是模拟人的意识和思维过程，利用机器学习和数据分析方法赋予机器人处理问题的能力。近年来，AI 与金融的深层融合，改变了金融服务的模式与边界，AI 技术正在各种金融业务场景中发挥作用。

在反洗钱领域，人工智能在很大程度上可以辅助人工，帮助金融机构开展对洗钱行为的监测。AI 技术在面对海量交易数据、复杂交易手段时，可以从众多角度挖掘隐藏的可疑交易特征信息，更加快速、精准地发现可疑交易，从而优化审核人力资源，提升金融机构反洗钱能力，成为反洗钱领域降本增效、控制风险的核心技术。

三、AI 在反洗钱可疑案宗识别中的应用

金融机构反洗钱可疑案宗识别通常包括个人可疑洗钱案宗识别和洗钱网络团伙识别两个重要组成部分。个人可疑洗钱案宗识别主要针对已经发生交易的可疑个人账户，洗钱网络团伙识别主要挖掘团伙作案。以 AI 技术为基础的智能反洗钱可疑案宗识别系统能较好地缓解反洗钱业务开展中面临的难点问题。如图 1 所示，个人可疑洗钱案宗识别主要应用规则和监督学习两个模型，并通过结合两个模型结果的方式进一步提高模型效果。洗钱网络团伙识别主要采用知识图谱结合深度学习的方

式对风险进行深度挖掘。

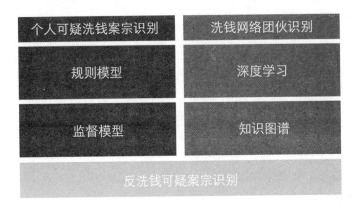

图1 智能反洗钱可疑案宗识别系统

（一）个人可疑洗钱案宗识别

在实际业务开展中，个人可疑洗钱案宗的识别是反洗钱业务的重要环节。如图2所示，对于已经发生交易的账户，就采用规则模型结合监督学习模型的技术手段进行甄别。

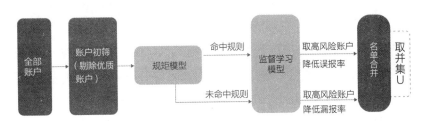

图2 可疑案宗识别系统

1. 规则模型

传统的反洗钱方案基本都基于规则模型，规则模型通过运用业务人员积累的反洗钱经验、专家经验、大数据分析结果等，制定切实有效的规则对可疑账户进行排查。规则模型具有可解释性强、易迭代等优点，在实际排查过程中，亦可灵活对规则进行调优，以期获得更好的甄别能力。

2. 监督学习模型

为缓解传统业务规则的痛点，对于已经发生交易的账户，本文运用 AI 技术通过资金链路、交易行为等信息，例如交易金额、交易频率、交易对手、交易渠道、交易时间等特征，利用机器学习中的监督学习算法，挖掘更深层次的组合特征，从多角度考察交易风险等级，对可疑交易风险从高到低排序，构建基于机器学习的可疑交易智能反洗钱风险排序系统，在一定程度上缓解了基于规则的传统反洗钱方案的误报率高等问题，同时优化了可疑交易上报的智能及自动化程度。

AI 技术带来更高的可疑交易监测准确率及更低的误报率，加速了人工审核环节，提升整体上报质量。同时，在实际应用过程中，还能够结合业务实际需求重点审查"头部"高风险案件，且通过规则外的补召技术能够增加上报案件数量，有效提升上报案件的召回率。智能反洗钱算法还可以通过特征挖掘，构建高维结构特征，精确刻画反洗钱可疑案宗，辅助反洗钱案宗审核，为工作人员提供经过机器学习算法分析的特征信息，充当智库补充人工盲点。

3. 模型融合

AI 可疑案宗识别模型很大程度上可以缓解误报率较高的业务痛点，但在实际应用过程中，由于真实数据，正负样本分布极不均衡，单纯应用 AI 模型算法进行预测的效果会较多地受到噪声数据的影响。过多的噪声数据会一定程度地影响可疑交易反洗钱评分模型的排序能力，部分噪声客户易被误判，使得模型整体精确率及召回率均受到一定程度的制约。

为进一步降低可疑洗钱案宗识别的误报率及漏报率，通过采用规则模型与算法模型相融合的应用方式，将专家规则标定后的数据进行拆分，并应用 AI 算法模型分别进行评分识别，通过专家规则的筛选，可以大幅降低噪声影响，有效提升整体的可疑交易上报精确率，进一步降低系统误报率，同时抽取未命中专家规则但风险概率极高的案宗作为整体名单的补集，从而提升系统整体的召回率，降低可疑洗钱案宗识别系统的漏报率。

以某行为例，模型融合后效果如图 3 所示。

通过 AI 监督学习算法使得反洗钱的准确率较传统规则模型提升 10 倍以上。本文通过融合规则模型与监督学习模型，进一步提升了反洗钱的准确率及召回率。在头部重点客群中，融合后模型效果显著高于单监督学习模型效果。同审批量级下，融合模型比单监督模型提升 2 倍左右。在实际应用过程中，可以权衡准确率及漏报率需求，选择合适的高风险头部账户，进行重点审查，以起到降本增效的效果。

（二）洗钱网络团伙识别

如今金融市场上开始出现越来越多的新型洗钱手法，这些手法复杂度更高、隐蔽性更强，其背后往往存在着一些专业的洗钱团伙。团伙作案一般涉及金额较大，造成损失更为严重，且团伙内部分工明确，为躲避反洗钱监管，团伙内部还会不定

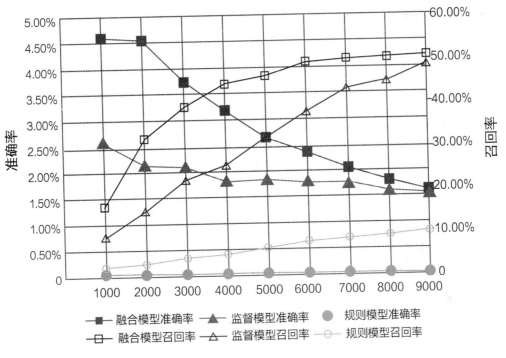

图 3 模型效果对比

期地更换分工，这对金融机构反洗钱工作造成了极大困难。如何精准有效识别洗钱团伙、挖掘更多的潜在风险，是反洗钱工作中不可或缺的一环，对降低整个反洗钱工作的漏报率、提升系统准确率有至关重要的意义。

1. 洗钱团伙特点

洗钱团伙往往协同作案，每个成员有特定的角色分工，从在洗钱网络中的功能来划分，其中最重要的三类账户分别为过渡账户、吸金账户和融合账户。

（1）过渡账户，在一定时间内转入转出金额基本相等，交易行为表现为快进快出，账户不留余额，过渡性明显。

（2）吸金账户，用于汇聚分散在其他账户中的资金，交易特点为分散转入，集中转出。

（3）融合账户，主要用于将汇聚来的资金再分散转出，交易特点为集中转入，分散转出。

2. 洗钱网络团伙识别方案

洗钱团伙的反侦测技术日益提升，传统反洗钱监测技术很难识别出具有上述多类别账户的复杂洗钱网络，更无法系统化地挖掘出潜伏的洗钱网络团伙。业务上急

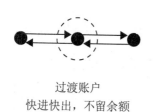

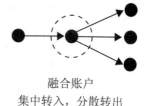

过渡账户
快进快出，不留余额

吸金账户
分散转入，集中转出

融合账户
集中转入，分散转出

图 4　洗钱团伙典型账户

需要通过先进的人工智能技术高效准确地识别出洗钱团伙及仍处于潜伏状态的洗钱账户，同时能够对洗钱网络有可视化输出及可疑点的业务解释，提高人工审核效率和可疑交易上报效率。

人工智能技术能够通过知识图谱的方式，挖掘出未知的洗钱行为，并将相关数据推送至反洗钱专家，由专家进行可疑洗钱交易鉴定。知识图谱技术建立客户资金交易网络，从而解决反洗钱数据可视化的需求，并可结合相关的群体挖掘算法，深入挖掘未被传统规则识别的高风险洗钱团伙，提前预警隐藏的洗钱主体，降低群体性攻击风险，有效应对可疑交易漏报率高等问题。然而以上解决方案仍存在一些弊端，如需要有较为明确且固定的网络结构，对新型洗钱网络结构的适应度不高，或是客群描述特征数受限，客群描述不够清晰等。

随着人工智能与大数据技术的发展，深度学习技术在金融领域得到广泛的应用。反洗钱业务发展至今，已经积累了相当庞大的数据级，传统的 AI 算法难以挖掘大规模复杂数据集背后的有效特征。深度学习可以通过特定的网络结构自主挖掘有效的高维特征变量，进一步提升 AI 算法的准确性。运用深度学习技术，可以更好地挖掘洗钱客户特征，分析洗钱客户特性。

综合上述，本文提出采用知识图谱结合深度学习的方式对洗钱团伙进行深度挖掘，其结构如图 5 所示。

（1）反洗钱网络构建。

反洗钱网络的构建通常是非常复杂与烦琐的。在构建反洗钱网络过程时，需要考虑不同来源、不同类别的数据，并将其整合在一起，用来精确描述账户间的复杂关系。单纯地罗列挖掘账户间的关系，往往会使得关系结构变得庞大复杂，从中难以有效地挖掘洗钱团伙。知识图谱，作为关系的直接表示方式，可以很好地解决此类问题，其本质上是语义网络，是一种基于图的数据结构,由节点(Point)和边(Edge)

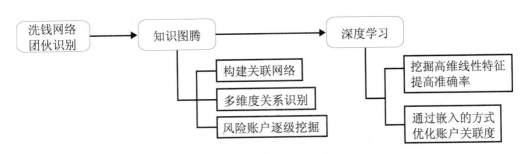

图 5 洗钱网络团伙识别系统

组成。可以将洗钱"账户"作为节点,将与账户相关的各类数据(申请信息、消费记录、行为记录等)作为边,进行数据的统一整合及网络的构建。

将知识图谱应用于反洗钱领域,可以通过对关系账号进行逐级挖掘,可以找到隐藏在背后的洗钱账号,从而进行有效的监控。在实际应用过程中,需要把隐含的关系网络梳理清楚,同时从时间、空间多维角度进行分析,识别潜在的风险,进而发现隐藏的反洗钱团伙。

简易图谱的构建可如下示例,如表1所示为金融事件表中的一部分交易记录,根据其中的交易往来行为,可以将其转化为一张简易的交易网络图,其中主要包含交易主体、交易行为等一些信息,进而挖掘异常账户及团体。

表 1　交易明细

账户代号	客户姓名	交易日期	交易时间	交易金额（元）	借贷标记	对手账户	对手姓名
800001	张三	2020/12/29	231209	20000	转出	700002	刘一
800001	张三	2020/12/29	231231	20000	转出	700002	刘一
800001	张三	2020/12/29	231243	20000	转出	700004	陈二
800001	张三	2020/12/29	231350	20000	转出	700004	陈二
800001	张三	2020/12/29	231411	20000	转出	700004	陈二
800009	李四	2020/12/29	231609	40000	转入	700002	刘一
800009	李四	2020/12/29	233001	60000	转入	700004	陈二
800006	王五	2020/12/30	001224	100000	转入	800009	李四
800006	王五	2020/12/30	003210	100000	转出	600001	赵六

　　图 6 是一张较为完整的洗钱网络图，其中包含上述的三类账户：融合账户、吸金账户以及过渡账户，整个链路的资金最终汇入受益人赵六账户中。相比于表格形式的交易记录而言，图谱形式具有更直观、易于分析的优势，且可作为后续图神经网络的输入。

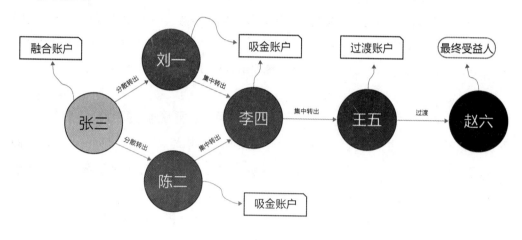

图 6　洗钱网络图

　　（2）反洗钱网络深度挖掘。

　　账户的关系网络可以通过知识图谱进行构建，但对于反洗钱网络的分析挖掘仍然是提升反洗钱工作效率及准确率的最大阻碍。传统的知识图谱对网络图进行有向图的社区划分，并结合社区发现算法可根据交易主体的交易网络图，划分最佳社区，使得社区内的交易主体或行为相似度较高，而在社区外部节点的相似度较低，通过计算模块度来衡量社区划分好坏构建具有反洗钱区分度的群组，在此基础上对群体进行风险排序及分析。但这样的方式仍然存在误报率高及团伙发现率低的问题，其主要原因在于单纯的账户层面特征（申请信息、交易信息等）对账户间关联关系的表征不够细致准确，账户间的深层关联关系难以被挖掘揭示。

　　挖掘高维深层特征是深度学习的最大优势。深度学习作为一种端到端的技术，即输入原始数据就可以得到最后的输出，这使得它可以衍生出更多具有区分度的高维衍生特征变量并进行学习，省去了人工进行特征挖掘提取的步骤。将深度学习应用到反洗钱网络特征的挖掘中可能会遇到数据类型的问题。在深度学习处理的数据类型里面，大部分数据是能通过欧几里得（Euclid）空间，也就是通常所说的 N 维空间进行一个转换，把数据投射到一个坐标轴里，数据之间的"距离"就很容易体现出来。而在类似社交网络、知识图谱等复杂网络中，没有任何空间或距离信息，这些属于非欧几里得的空间结构信息，传统的深度学习模型（例如 CNN，

RNN）无法完成这类数据的学习，可应用与图论结合的图卷积神经网络（Graph Convolutional Network，GCN）进行相应的处理。

GCN 只需要少量有标签的样本就可以训练出高精度的模型。在金融风控领域，尤其是反洗钱场景下，我们往往只知道非常少量样本的真实标签（发生过可疑交易，且实际为洗钱行为的），这些标签往往需要人民银行或公安的最终确认，且具有时间上滞后性的问题。传统的机器学习分类算法不适合这种正负比例极不均衡的数据，而 GCN 这种半监督学习算法在面对样本数据极不均衡时通常会展现不错的效果。并且 GCN 通过复杂的数据变化，将样本之间的关联信息（如社交网络、业务往来等）利用起来，在复杂的社交网络图或资金往来图中，加工挖掘出更多空间及时序相关的特征，通过嵌入的方式对账户特征数据进行嵌入（embedding）处理，使得不同类别的数据区分度更加明显，进而深入分析隐藏在其中的风险信息，挖掘团伙作案风险。

如图 7 所示，利用前面提到的交易信息，我们可以构建更为完整的交易网络图，其中包括洗钱账户与正常账户间的交易信息。

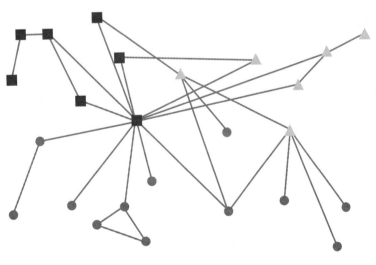

图 7 完整网络图

其中实体之间有更为详细的属性及关系，如图 8 所示，除了两个实体自身的职业、工作单位等属性会被捕获之外，他们之间的"合伙人"关系也会被 GCN 所捕获并利用起来。

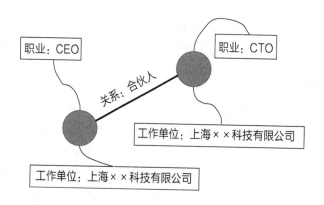

图 8　实体间关系

经 GCN 处理后，相似度高、关系紧密的人群会被划分为距离相近的点，如图 9 所示，图中三角形点代表的正是前面所述的洗钱团伙成员。

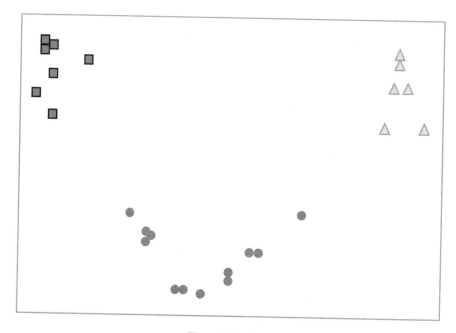

图 9　划分结果

综上所述，在反洗钱场景下，可根据客户主体自身的财务状况和账户间的交易数据，通过构建知识图谱的方式形成一张复杂网络图，再使用 GCN 来处理这类数据，可有效识别出哪些交易具有洗钱风险，从而在看似正常的交易网络图中抓出背后隐藏的洗钱团伙，降低群体性攻击风险，大大提高了金融机构反洗钱工作能力。通过 GCN 精确定位到洗钱团伙，也可以使得反洗钱专家审核案件更为集中，降低传统反洗钱方案在人力和资源上的巨大投入，提高案件上报质量和效率。

四、反洗钱工作展望

反洗钱工作是维护经济社会安全稳定的重要保障，在错综复杂的国际环境下，洗钱犯罪手段日趋智能和隐蔽，洗钱行为手法多样，作案方法日趋专业化。AI 技术在面对海量交易数据、复杂交易手段下，可从众多角度挖掘隐藏的可疑交易信息，更加精准地识别可疑交易。AI 与反洗钱深层融合，在个人可疑洗钱案宗识别、洗钱网络团伙识别等场景中都发挥着巨大作用，拓宽了反洗钱的模式与边界，不断完善洗钱风险管理体系，有效提高了反洗钱工作的有效性，提升了金融机构反洗钱能力。

反洗钱工作任重而道远，如何针对洗钱新特征、新要求、新挑战和新形势，从数据入手，运用前沿 AI 技术，快速且准确识别反洗钱行为、防范金融犯罪，是金融机构未来将持续开展的工作。

金融科技与监管科技的发展及反洗钱应用研究

■ 姜民杰[1]

摘要： 后金融危机时代，各国监管机构和国际金融监管组织均积极进行金融监管改革，然而快速变化的监管环境令金融机构难以及时明了合规要求，而金融科技的迅速发展催生了新兴金融业态，为金融监管和当前的洗钱防控带来了严峻的挑战，因而迫切需要监管科技的同步发展。本文参考现有文献，整合金融科技与监管科技的发展背景，以反洗钱为重心，探讨监管科技的应用实践和制约因素，并为促进监管科技的发展给出建议。

关键词： 金融科技　监管科技　金融监管　反洗钱

一、引言

近年来，大数据、云计算、生物科技、人工智能等技术推动了金融创新，金融科技发展迅速的同时，也给金融监管和合规工作带来重大挑战。为提升金融监管及合规的能力、降低相关成本和防范金融风险，催生了监管科技的崛起。监管科技伴随着金融科技的迅速发展应运而生，加上各国政府和科技界都十分支持金融科技的创新，使监管科技能广泛应用于诸多场景之中，如交易行为监控、客户身份识别、合规数据报送等；同时监管科技亦面临着众多的挑战，包括复杂的金融监管环境、不完善的法规及监管制度、尚待加强的监管科技技术和数据安全风险。

1　姜民杰供职于中信银行（国际）有限公司金融犯罪合规部。

二、金融科技和监管科技的发展背景

（一）金融科技的发展背景

根据国际金融稳定理事会（FSB）的定义：金融科技是技术带动的金融创新，即金融供应商运用互联网、大数据、云计算、区块链、生物科技及人工智能等各种技术创造与优化业务模式、应用流程及产品和服务。

2007 年的全球金融危机导致公众对金融业失去信心，并开始关注金融科技的发展，适逢众筹概念的兴起，令初创的金融科技机构在难以获得银行贷款情况下仍有资金支持发展。加上此时监管机构对金融科技机构的监管程度较为宽松，使其更容易获得生存空间，监管套利的行为亦间接促进了金融科技的快速发展。

此外，各国政府和科技界对金融科技的进步和创新十分支持，如英国、新加坡、澳洲、美国等都有设立当地的创新中心或实验室，以推动金融科技发展。各国的监管机构亦开始采用新方法来监管金融科技，不同国家的监管机构都先后推出"监管沙盒"[1]来测试企业推出的新创产品。例如，英国金融行为监管局（FCA）于 2016 年 5 月推出"监管沙盒"计划；新加坡金融管理局（MAS）于 2016 年 6 月推出新加坡版的"监管沙盒"；我国香港金融管理局于 2016 年 9 月推出"监管沙盒"；澳大利亚证券与投资委员会（ASIC）于 2016 年 12 月推出"监管沙盒"；加拿大证券管理委员会（CSA）于 2017 年 4 月亦推出"监管沙盒"。

另外，由于网络覆盖的扩大及智能手机的普及，新一代成长于各类科技不断迭代更新的时代，亦有不少老一辈深受新一代以及网络热潮的影响而学习使用智能产品，金融消费者行为因而发生数字化的转型与变迁。而且，越是年轻的群体，越是容易接受新的金融科技产品与服务，有利于一些年龄层较年轻的国家跳过较陈旧的技术、直接采用最新技术，从而实现跨越优势，形成金融科技的规模化应用。

（二）监管科技的发展背景

2015 年，国际金融协会（IIF）首次提出"监管科技"一词，并定义为：使用新科技以更高效和有效地解决监管和合规的负担。同年，英国金融行为监管局（FCA）也提出近似的定义，并指监管科技是金融科技的一个子集。

---

[1] "监管沙盒"是由监管机构隔离设立的安全试验区，新创产品经过筛选后会先在沙盒中运行，通过监管检测及评估，方能正式投入市场。"监管沙盒"不仅有利于监管部门调整监管政策以适应创新，还能评估新创产品的实际效果、引导金融科技的发展方向，同时亦有助于金融机构和金融科技公司理解监管政策，缩短创新周期和节省合规成本。

随着金融科技快速发展并广泛应用于金融领域之中，众多新型金融业务、产品和服务相继出现，金融领域的技术风险和操作风险越发复杂。原有的现场检查监管手段明显无法满足现时的监管需求，而非现场监管的信息收集、处理及分析手段则存在数据偏离度大、准确性和完整性不足等问题，导致监管部门难以及时和准确地掌握风险。"以科技监管科技"的概念和需求因此兴起，随之衍生出监管科技。

另一方面，2007 年全球金融危机后，各国的监管机构和国际金融监管组织均积极地进行金融监管改革，以维持金融系统的稳定和保障金融消费者的权益。众多新监管法案先后推出[1]，近年的国际制裁法规、制度，例如中国反外国制裁法等，规定的变更亦日益频繁。快速变化的监管环境导致金融机构难以及时明了合规要求，甚至会因监管压力反而在创新时变得保守[2]；国家间监管制度的不一亦会对跨国金融机构造成重大挑战。其次，随着各国金融监管机构加强执法力度，不少金融机构因违反监管规则或不谨慎经营而被处以巨额罚款。据金融科技解决方案服务商 Fenergo 的统计，2007 年至今，全球金融机构因违反反洗钱或制裁法规而被征收约 466 亿美元的罚款。再者，一些国家，例如我国，对金融机构的合规人才数量、资历等有一定的硬性要求。运用监管科技，金融机构的合规成本[3]可望降低。

综上所述，金融科技的发展催生了监管科技。监管部门运用监管科技可提升监管效率和监管能力，以防范系统性金融风险；而金融机构运用监管科技则可高效和低成本地实现合规，避免受到行政处罚和司法制裁。

三、金融科技发展对洗钱犯罪的影响

金融科技的迅速发展令金融产品日益丰富，服务效率亦不断提高，但在促进金融普惠的同时，也便利了不法分子进行洗钱犯罪。

虽然洗钱手法变化多端且错综复杂，但过程离不开三个阶段：存放、掩藏及整合。当监管科技未能好好配合金融科技的发展，就会便利不法分子的洗钱行为。例如，不法分子可利用金融机构遥距开户的漏洞或不足来开立户口，将非法得来

---

1 例如美国多德－弗兰克法案(Dodd－Frank Wall Street Reform and Consumer Protection Act)、巴塞尔银行监管委员会巴塞尔协议、欧盟金融工具市场法规 Mi－FID (Markets in Financial Instruments Directive)、欧洲市场基础设施监管规则 EMIR (European Market Infrastructure Regulation) 等。

2 杨宇焰 (2018) 引述普华永道的一项调查显示，金融机构认为以下三个方面的监管要求最阻碍创新：数据存储、隐私保护；数字身份认证；反洗钱和了解您的客户 (KYC)。

3 2018 年，德勤发布的报告显示，2008 年至 2018 年全球金融机构监管费用增长了 492%，累计超过 3000亿美元。

的资金放入金融体系，也会利用金融科技的不同特点，从中建立及使用新手段清洗金钱。例如，现时流行的虚拟货币运用了区块链作底层技术，其去中心化的特点令人难以追踪，可轻易地掩盖不法资金的来源和去向等，以最高检、中国人民银行联合于2021年发布的洗钱犯罪典型案例"陈某枝洗钱案"为例，陈利用虚拟货币的特点进行洗钱，将犯罪所得的款项换成比特币于境外使用，潜逃至今仍未归案。

另外，金融科技令交易变得更快捷便利，一些转移方式的收款速度甚至可以接近即时，不法之徒可随时随地将非法资金进行跨银行甚至跨国家的转移。金融科技衍生产品也使洗钱行为变得更复杂，例如违法犯罪分子将犯罪所得款项换成虚拟货币后，可存到实体的虚拟货币钱包并携带到世界各地。这些跨银行、跨国家甚至发生于金融体系外的非法资金转移，都大幅增加了反洗钱追踪工作的难度。

四、监管科技于反洗钱领域的应用实践

监管科技能够发挥作用的领域包括：压力及情景测试、健康检查、管理信息、交易报告、监管报告、反洗钱、反恐融资、风险数据仓库以及案例管理等。如前所述，本文会集中讨论反洗钱及其监管方面的应用实践。

根据反洗钱金融行动特别工作组（FATF）的要求，监管机构应透过数据分析，对日常交易进行监测、识别和评估，以了解辖区内的洗钱风险。因此监管部门需要收集金融机构多个方面的工作数据以进行评估，如从业人员情况、风险管理情况、内部控制制度及反洗钱的制度安排等，随着金融机构业务的增加，监管部门需要收集和处理的信息数据亦与日俱增。监管机构利用大数据、机器学习、自然语言处理和文本挖掘等技术，可以提高对交易监测和金融机构日常监管的效率，从而降低监管成本。

另外，金融机构可以利用监管科技建立智能化反洗钱框架，根据自身的风险状况进行方案设置，强化客户风险评估能力及向监管部门报告可疑活动的能力，进而全面地对现有的反洗钱合规流程进行革新，以提高交易监测和日常合规工作的效率、避免因工作滞后而被处罚以及降低合规成本。监管科技在反洗钱领域上的应用如表1所示。

表 1　监管科技在反洗钱领域上的应用

底层技术	应用领域	具体例子
生物识别技术	强化客户身份验证	尼日利亚央行基于生物识别技术构建了银行验证码，用于加强银行交易安全性与反欺诈
区块链、分布式账本技术	实时可回溯的客户交易信息共享	我国使用欧科云链的区块链大数据分析工具调查数字资产领域犯罪；爱沙尼亚在使用区块链技术进行身份识别
人工智能、机器学习、大数据	支持交易风险监测	新加坡金融管理局已开始使用名为 Apollo 的机器学习工具帮助执法人员发现金融市场的交易欺诈行为；印度储备银行使用大数据算法对交易日志进行分析与监控
云计算	以更低成本建立标准化的数据交换流程与信息采集标准	运用云计算实现自动化和智能化的反洗钱风险防控
应用程序接口（API）	监管部门与被监管的金融机构之间进行交易报告与数据传递	菲律宾中央银行已经部署 API，用于机构后台的交易报送和监测信息可视化
语言数据模型技术	运用计算机对监管规则与标准进行识别，及时跟进监管法规动态，并适应合规标准变化	英国金融市场行为管理局使用机器语义学习技术，为监管部门和金融机构提供数字监管报告（DRR）
机器人流程自动化（RPA）	可以应用于不同场景，例如帮助检索洗钱调查数据、扫描公共数据库以了解法律法规的变化等	阿联酋中央银行已计划将 RPA 应用于反洗钱检查流程

资料来源：整合自刘用明、李钊、王嘉帆（2020）、个人见解及公开资料

五、监管科技发展的制约因素

从上文可见，监管科技已开始应用于反洗钱领域，若能充分实践人工智能、大数据、云计算等技术的潜力，监管及合规的工作可以实现全数字化和自动化，达到敏捷、高效且无人为错误的理想状态。但也有一些制约因素令金融科技尚未能充分发挥其作用，阻碍了监管科技的提升及发展。

（一）数据和解决方案欠缺标准和规范

借监管科技来处理监管及合规的工作牵涉大量数据的采集、整理、分析，所用的技术，如大数据，对数据的完整性、准确性要求非常高。从监管机构方面来看，许多国家对金融监管数据尚未形成统一、全面及完整的标准，某些数据和相关指标在定义和计算上仍存在不一，令监管科技难以全面应用。而从金融机构方面来看，各金融机构的数据标准亦同样存异，有些机构甚至仍依赖纸质业务，其内部数据建设可能落后于市场，以致数据缺失或质量欠佳，难以应用例如交易监控等方面的监管科技。

此外，监管科技现时标准化的解决方案和实践例子较少，使其方案解决和风险管控的成效无法得到有效验证，因而于小型金融机构中更是难以普及。

（二）现有法规及监管的发展落后

现有的监管数据及内部数据往往涉及数据保护或其他法规的监管，一些法规政策，如个人隐私条例，可能成为监管机构与金融机构或同业之间数据共享和运用的障碍。另外，现有的数据规范或政策往往定位于监管机构的最终需求，金融机构在前期业务系统的设计和开发时可能没法充分了解其数据标准，继而引申至上述数据规范的问题。

此外，监管机构与金融机构之间尚未建立数字化的监管协议或平台，而现有的监管政策、规定和要求未能达到"机器可读"，均阻碍了监管科技的发展。

（三）监管科技的技术与数据安全风险

监管科技的发展尚处于初步阶段，无法避免不成熟和不稳定的状况，而复杂软件中的技术缺陷往往也较为隐蔽，或需一段时间后才能发现个中风险。加上现时仍有部分监管科技需要的基本信息要依赖人手输入，容易干扰数据的正确性。因此，监管科技的技术和风险管控方面的障碍和实际应用效果仍有待检验。而且大数据、云计算等技术的使用会令数据高度集中，一些云中心为境外分支机构或外国机构提供数据服务，出现数据跨区域甚至跨国界使用的情况。一旦出现数据泄露，会泄露个人隐私、损害客户权益，甚至造成系统性的数据安全问题，以致机构对应用监管科技忘而却步。

（四）研发和应用监管科技的高成本

监管科技的研发和应用成本高，小型的金融机构一般通常难以承受，它们或选择以原有的方式进行合规工作。长远来说，这会令监管科技难以广泛应用和普及。而规模较大的金融机构因监管科技的高成本和高风险，对系统升级的态度一般较为谨慎，会先对原有系统进行小幅度的升级和改造，或购买市场上功能较单一、结构较简单、规模较小的监管科技作为解决方案。再者，监管科技的研发和应用需要具有资讯科技、数据处理和合规能力的复合型人才。这类人才在市场上较为少见，监管机构与金融机构无法避免人才竞争的出现，聘请成本自然提高。因此，监管科技的应用和发展速度缓慢。

（五）监管机构之间以及与金融机构之间的差异

监管机构的目标是维护金融体系的安全、稳定和秩序，以保障公众的利益；而金融机构则追求以最少的成本谋取最多的利润，双方的目标存在本质上的矛盾。金融机构不当地利用监管科技，更容易粉饰数据和报表，甚至利用技术手段造假以规避监管，与应用监管科技的原意背道而驰。

此外，各国金融监管机构在监管科技的掌握上存在必然差异，因此各自对金融风险的识别和应对上会水平不一，不利于全球金融市场的稳定和可持续发展。而各国金融监管机构在监管目标、监管理念、监管手段、监管文化等方面的差异，都会对技术提供商和方案使用方造成挑战，降低金融机构接受和使用监管科技的动力。

六、促进监管科技发展的建议

（一）为监管科技提供合适的环境、达成监管数据和科技的标准化

第一，监管机构和金融机构应密切关注金融科技进展，做好相关风险的识别、评估和计量。监管机构也应在坚持依法合规、保持政策连续性的基础上，加强监管技术与现有金融监管体系的有效衔接，以建立完善的监管科技应用框架。

第二，监管机构应建立监管数据及监管科技的行业标准和规范，并优化监管统计指标的体系，以便利监管机构和金融机构的数据共享与沟通。

第三，监管机构应为金融机构提供必要的政策指导和支持，为市场参与者提供有针对性的监管指引；规范监管科技市场的进入和退出，以提供有序的公平竞争环境，为金融创新的发展创造良好条件。

第四，监管机构应将先进技术适当地应用于金融服务场景和监管合规场景，以改变传统监管的落后方式。例如，数字化现有的监管规则并建立数字化监管规则库，整合和收集不同领域的监管规则，以便分析监管的漏洞、差异或需求；部署监管数据信息管理平台以支持监管数据的自动采集，并运用机器学习建立能按需要进行快速重组、调整和更新的合规风险分析和评估模型，以适应监管要求的快速变化、提高监管的反应速度和效率。

（二）推动数据共享、加强隐私保护和数据安全

监管机构和金融机构应以统一的数据定义和数据标准为基础，加强相互协调与联动，建立良性的互动机制以完善两者之间的信息共享制度及构建安全的数据信息共享平台，从而实现数据信息的无缝连接和共享。

监管机构和金融机构应基于消费者信息和隐私保护的原则，优化外部数据合作机制以促进监管科技协同创新的同时，避免监管数据泄露风险。例如，监管机构应建立监管数据安全保护机制，提高监管数据安全水平及对跨国金融机构风险管理的有效性。

（三）加强监管机构、金融机构及金融科技企业之间的沟通和合作

监管机构应与金融机构和金融科技公司共同探索，鼓励监管科技的研发和应用以及金融业务的创新；构建科学、完善的金融创新管理机制和风险防控体系，促进行业合规有序发展，兼顾创新和安全；鼓励试错，积极利用"监管沙盒"，放宽准入限制并将其向金融市场各个领域延伸，以便及时发现和规避新科技的潜在风险、降低研发和合规成本。

金融机构和监管部门应在监管科技的设计、开发和测试过程中，加强跨学科专业人员的合作和深度参与；加强监管科技人才队伍的培养及建设，以推动新兴科技在金融监管中的运用；加强与国内外金融科技企业的技术合作，允许采用第三方成熟的产品、技术和解决方案，以提升金融机构监管合规水平和风险管理能力。

七、结语

金融市场与科技的融合带来了颠覆性的发展，传统监管模式已不足以应对各种新风险。监管科技的应用有望打破僵局，但当中仍存在不少风险和挑战。党的十九大报告提出："推动互联网、大数据、人工智能和实体经济深度融合。转变政府职能，深化简政放权，创新监管方式，增加政府公信力，建设人民满意的服务型政府。"如何能更有效加快监管科技的发展、更好落实监管科技的应用、实现以科技驱动的监管模式，仍有待进一步研究。

参考文献：

[1] Svein Andresen.Financial Stability Board, Chatham House Banking Revolution Conference Global Regulatory Developments and their Industry Impact, November 2016.

[2] IIF.RegTech：Exploring Solutions for Regulatory Challenges.Research Report, October 2015.

[3] FCA. Feedback Statement Call for Input：Supporting the Development and Adoption of RegTech.[EB/OL].[2015-11].https：//www.fca.org.uk.

[4] 杨宇焰 . 金融监管科技的实践探索、未来展望与政策建议 [J]. 金融监管 ,2017(11).

[5] Fenergo.Global Research Report on Financial Institution and Individual Enforcement Actions in 2020.[EB/OL].[2020].https：//www.fenergo.com/fines-report-2020.

[6] Deloitte.Using Regtech to transform compliance and risk from support functions into business differentiators, 2018.

[7] 中华人民共和国最高人民检察院 . 最高检央行联合发布惩治洗钱犯罪典型案例 .[EB/OL]. [2021-03-19].https：//www.spp.gov.cn/spp/xwfbh/wsfbt/202103/t20210319_513155. shtml#1.

[8] 刘用明 , 李钊 , 王嘉帆 . 监管科技在反洗钱领域的应用与探索 [J]. 证券法律与监管 ,2020(6).

[9] 杨东 . 监管科技：金融科技的监管挑战与维度建构 [J]. 中国社会科学 ,2018(5).

[10] 傅强 . 监管科技理论与实践发展研究 [J]. 金融监管研究 ,2018(11).

[11] 蔚赵春 , 徐剑刚 . 监管科技 RegTech 的理论框架及发展应对 [J]. 上海金融 ,2017(10)： 63-69.

[12] 夏诗园 , 汤柳 . 监管科技的理论框架与完善路径研究 [J]. 金融与法律 ,2020(11).

[13] 程雪军 , 尹振涛 , 李心荷 . 金融科技创新与监管路径探寻：基于监管科技的研究视角 [J]. 电子政务 ,2021(1).

科技创新助力反洗钱数字化智能化转型

■ 廉何　刘彦斌　张捷　陈垣桥　宋敏 [1]

摘要： 日益严峻的反洗钱监管与风险形势给金融机构带来了巨大挑战。金融机构借助于科技创新的力量，能够更加充分、高效地识别、评估、监控洗钱风险，从而提升反洗钱水平。我行通过多年的探索，逐渐构建出一套以科技创新为重要推动力的反洗钱发展模式。该模式以反洗钱信息系统为基础，以反洗钱数据管理、交易监测分析、客户洗钱风险分类等板块为系统核心，分为境内版、境外版、输出版三大发展方向，形成数字化、智能化的反洗钱生态体系，有效促进反洗钱高质量发展。

关键词： 工银 BRAINS　数字化　智能化　数据治理　云平台

反洗钱对维护社会安全和金融稳定具有重要意义。我国十分重视反洗钱工作，这对以商业银行为代表的义务机构提出了更高的反洗钱工作要求。同时，随着金融交易规模的不断增长，以及洗钱犯罪手法的不断更新迭代，反洗钱工作的挑战性也越来越大。在严峻的形势下，金融科技的兴起为金融机构反洗钱工作质效的提升提供了契机。通过运用大数据分析、云计算、人工智能、区块链等技术，金融机构能够更加充分、高效地利用客户、交易等数据信息，从而更加精准地发现洗钱活动和洗钱主体，并采取更加有效的管控措施。

我行作为国内最早开始反洗钱改革实践的金融机构之一，近年来积极探索金融科技在反洗钱领域的应用，建设和推广了一套拥有先进金融科技和丰富反洗钱实践经验的反洗钱信息系统"工银 BRAINS"，该系统的应用和推广成效得到了监管部门和同业机构的高度认可。2018 年，安永公司对"工银 BRAINS"境外版开展全球

1　廉何、刘彦斌、张捷、陈垣桥、宋敏供职于中国工商银行总行内控合规部。

外部审计，给出了"领先实践"的评价；2019 年至 2020 年，"工银 BRAINS"的"全球反洗钱智能及开放服务建设项目"荣获中国人民银行科技发展奖二等奖和中国银行业金融科技应用成果大赛最佳应用成果唯一特等奖。通过"工银 BRAINS"的应用和推广，我行逐步构建数字化智能化反洗钱生态体系，旨在形成一套以科技和数据为核心驱动力的反洗钱高质量发展模式。

一、反洗钱科技应用的核心——信息系统建设

反洗钱作为一项需要大量信息收集、处理的工作，对信息系统具有很高的依赖性。信息系统一方面为反洗钱工作提供强大的技术支撑，另一方面也成为金融科技发挥作用的平台。金融机构可以通过运用大数据分析、云计算、人工智能等前沿技术，在反洗钱信息系统中构建高效率、高精准度的反洗钱信息处理板块。那么，金融机构反洗钱信息系统中应包含哪些功能板块？

从金融机构反洗钱的内涵来看，金融机构需要从客户身份、交易等入手，寻找洗钱风险线索，进而对存在明显嫌疑洗钱的客户加以管控。因此，金融机构反洗钱工作主要包括客户身份识别、客户洗钱风险分类、大额和可疑交易监测等。无论客户端还是交易端的洗钱风险管控，都需要大量数据信息的支撑，因此客户身份和交易信息保存以及由此衍生出的反洗钱数据信息管理成为反洗钱工作的重要基础。

综上所述，金融机构反洗钱信息系统应以反洗钱数据管理板块、客户洗钱风险分类管理板块和交易监测分析板块为核心。在这三大板块的基础上，金融机构可进一步根据当地监管要求和自身风控需求，进一步细化和深化系统功能。我行按照上述三大板块建设的思路打造了"工银 BRAINS"，并且通过运用先进的金融科技和丰富的反洗钱实践经验，为三大系统板块注入更加强大的科技力量。一是运用大数据处理技术和云技术，构筑反洗钱大数据管理平台，强化反洗钱数据质量和数据处理能力；二是基于人工智能、大数据分析技术，建设智能化的交易监测分析体系，提升反洗钱监控有效性和可疑交易报告质量；三是利用大数据分析技术，打造数字化的客户洗钱风险分类管理体系，实现客户洗钱风险精细化管控，落实风险为本原则。下文将深入分析上述三大板块的建设思路。

二、反洗钱大数据管理平台建设

在信息化时代的背景下，数据是各类信息的最重要载体，已成为金融机构经营管理的核心和基石。而在涉及大量信息收集和处理的反洗钱领域，数据的作用尤为

关键。金融机构需要通过大量的数据分析、数据挖掘等工作，从海量客户和交易中找到洗钱线索，进而采取上报、管控等措施。为了充分发挥数据在反洗钱工作中的作用，金融机构可以通过数据治理工程和反洗钱云平台建设，切实优化反洗钱数据质量和数据运算效率，打造高质、高效的反洗钱大数据管理平台。

（一）反洗钱数据治理工程

数据质量问题涉及数据真实性、完整性、准确性、逻辑性、规范性等方面，数据质量缺陷必然导致数据运算结果出现偏差，进而引发错判、错误决策等问题。鉴于反洗钱对数据的高度依赖性，高质量数据成为反洗钱工作有效的关键前提。然而，从我国金融行业反洗钱实际状况来看，金融机构普遍存在反洗钱数据质量不高的问题，制约了反洗钱高质量发展。因此，金融机构有必要对反洗钱所涉及客户、交易等数据进行治理，以优化反洗钱数据质量。

反洗钱数据治理工程应从历史数据问题治理和数据长效机制构建两方面入手。一方面，金融机构可运用大数据分析和挖掘技术，构建若干数据质量校验模型和工具，查找并修复历史数据中的缺失、偏差、矛盾等问题，提升历史数据的完整性、规范性、逻辑性，使得这些数据能够为客户尽职调查、客户洗钱风险分类、大额和可疑交易监测及报告等反洗钱工作提供更加合理、有效的依据。另一方面，金融机构可结合行内业务情况和系统架构，建立覆盖各个业务条线的反洗钱数据标准与接口规范，从根源上确保新产生数据真实、完整、可靠，形成反洗钱数据治理长效机制。

我行于2019年开始开展数据治理工程，截至目前，数据治理工程已取得明显进展，全行反洗钱数据质量显著提升，且规范、完备的数据治理新框架已基本形成，这为大数据分析、云计算、人工智能等先进技术在反洗钱中的应用奠定了坚实基础。

（二）反洗钱云平台建设

在反洗钱工作中，金融机构需要监控海量的客户、交易等数据，对大型商业银行来说，每日动账交易笔数已达千万级甚至亿级水平，巨大的交易量对反洗钱监控系统的数据存储和运算能力提出了更高的要求。金融机构可利用云存储和云计算技术建立反洗钱云平台，实现可扩展、高性能的数据运算，大幅提升大额和可疑交易监测模型、客户洗钱风险评分模型等的运行效率。反洗钱云平台的运行不但能够提升反洗钱监控时效性，而且为金融机构部署更加复杂、更加精准的监控模型提供了充分条件。

我行于2019年完成反洗钱云平台切换，大幅提升了反洗钱系统批量运行速度，进而促使反洗钱监控有效性显著增强，可疑交易报告的情报价值大幅提升，多次得到国家安全部、中国人民银行、银保监会、国家外汇管理局等国家有关部门的表扬。例如，2020 年间受到国家安全部、国家外汇管理局专函表扬感谢 2 次、银保监会现场专门表扬 1 次，分行层面共接到监管表扬函 110 份。

三、智能化监测分析体系建设

可疑交易监测分析是金融机构反洗钱体系中的重要部分，金融机构需通过模型监测和人工甄别这两道"过滤网"，从全量交易中筛选出有价值的洗钱线索，以作为可疑交易报告和洗钱风险管控的重要依据。可疑交易监测分析有效性直接关系金融机构是否能够及时、准确地发现可疑交易和可疑主体，进而影响可疑交易报告质量和洗钱风险管控有效性。随着业务量的不断增长和洗钱手法的不断更迭，传统的规则式监测模型与纯人工甄别方式的效率和质量不足日益凸显。为了解决这一痛点，金融科技可以运用人工智能技术，构建智能监测模型、智能分析辅助工具、智能报送工具，建立"智能监测＋智能分析＋智能报送"体系。人工智能技术能够提供强大的数据信息挖掘和分析能力，从而突破传统模型与方法的局限性。我行正是按照这一思路，于 2018 年开始在"工银 BRAINS"中引入人工智能技术，逐步推进反洗钱监测分析体系智能化转型升级。

（一）智能监测

可疑交易监测是金融机构从全量交易中筛查洗钱线索的首道"过滤网"。传统规则式监测模型的构建主要基于基础性统计方法和专家经验，其数据信息挖掘能力十分有限，而且此类模型本质上是线性模型，只有在风险与特征变量之间完全正／负相关时才能起到较好效果，难以从更加符合实际情况的复杂反洗钱场景中准确发掘可疑线索。根据全球范围内的统计数据，规则模型对可疑交易的命中率通常在 3%至 5% 甚至更低，很难达到 10% 以上。这说明，规则模型产生了大量无效预警，这对反洗钱控制有效性和可疑交易报告质量产生了很大的负面影响。

为了提升可疑交易监测精度，金融机构可利用人工智能领域中的 LightGBM、Xgboost、随机森林等机器学习算法，通过"特征提取、特征工程、模型训练"等建模环节，构建高精准度的智能化反洗钱监测模型。鉴于机器学习算法所具备的强大数据信息挖掘和实际场景拟合能力，智能监测模型能够在各种反洗钱监测场景下，利用历史数据准确拟合出案例可疑程度与若干洗钱风险特征之间的关联关系，得出科学、合理、客观的模型结构和参数，从而实现精准的可疑交易监测。

我行于 2018 年开始依托专门的智能模型建设平台，开发和应用智能监测模型。

从预警率、可疑率、召回率等监测有效性指标来看，智能监测模型显著降低了传统模型可能出现的误报、漏报问题，为全行反洗钱管控有效性和可疑交易报告质量带来实质性提升。考虑到智能模型开发和维护成本较高，我行秉持"风险为本"原则，主要针对较复杂且风险较高的监测场景设置（如涉恐、网络赌博等）。此外，我行正在大力推进智能模型训练平台建设，逐步建立智能监测模型自动训练、动态调优机制，以形成更加高效的智能监测模型管理机制。

（二）智能分析

可疑交易分析指的是由专业人员对监测模型筛选出的客户及其交易做进一步分析甄别，以精准定位洗钱交易和客户。随着洗钱犯罪手法不断改进，以及新型洗钱犯罪方式的不断出现，可疑交易甄别分析工作的难度不断提升。然而，实际工作中巨大的工作量使得专业甄别人员难以对大部分可疑交易进行深入分析，这造成大量的误判现象，对可疑交易报告质量和反洗钱有效性造成不利影响。

为了提升可疑交易分析甄别工作质量和效率，金融机构可运用知识图谱、图计算等人工智能与大数据分析技术，构建智能化的可疑交易分析辅助工具，对一部分规律性较强的可疑特征（如交易时间、频率、金额等）进行自动化、智能化提取和归纳，同时清晰地展示客户资金来源、去向、资金流结构等，为洗钱线索搜寻、团伙识别提供支持。我行基于上述思路打造了"智能甄别助手"，其应用使得甄别人员能够更加高效、准确地识别和整合可疑线索，并将更多时间和精力投入需深入分析的重点可疑案例中。

随着人工智能技术理论和应用的不断发展，智能化工具的数据信息分析、挖掘能力不断增强。借助前沿的图神经网络、社会网络分析等智能技术，金融机构可进一步探索洗钱团伙识别、团伙结构与特征分析等更加高级的智能分析功能，以进一步强化智能甄别助手对可疑交易分析工作的支持作用。

（三）智能报送

大额和可疑交易报告是金融机构反洗钱核心义务之一，金融机构向国家金融情报中心报送的大额和可疑交易报告中，一部分有价值的报告将成为调查、执法行动的重要依据。大额和可疑交易报告工作中包含一些程式化、重复性操作，这些操作占用了甄别人员的大量时间和精力，使得他们较难深入分析重点可疑案例并撰写相应的可疑交易报告。

为了提升报告工作效率，同时确保报告规范程度，金融机构可以引入机器人流程自动化（RPA）技术，研发智能化的可疑交易报告辅助工具，自动完成大额交易报告新增、交易明细补录等日常重复性工作，并自动整合可疑交易报告报送的基础内容，从而将专业人员从"日常监测报告"中解放出来，以进一步聚焦监管关注风险点，开展"重点专项报告"，落实"风险为本"原则，切实提升可疑交易报告质量和洗钱风险防范控制有效性。

四、数字化客户洗钱风险分类管理

按照"风险为本"原则，金融机构应综合考虑每一个客户的类型、地域、产品（服务）等风险因素，通过定性分析和定量测算，将客户划分至不同的洗钱风险等级，进而按照客户洗钱风险等级采取分类管控措施。由于客户的洗钱风险状态可能会发生变化，所以金融机构需要建立动态的客户洗钱风险评估和分类管理机制。当前金融机构的客户结构日益复杂化、客户基数日益增长，这对金融机构落实精细化客户洗钱风险管理提出了很大挑战。

金融机构可以通过应用大数据分析、知识图谱等前沿技术，构建精细化、差异化、动态化的客户洗钱风险评级模型与分类管控机制，形成"基础数据—风险因素变量数据—客户洗钱风险评级结果—客户分类管控"的客户洗钱风险管理架构。

客户洗钱风险评级模型以客户身份识别与尽职调查、交易监测分析所产生的大量数据等信息为基础，通过大数据分析模型计算出客户洗钱风险因素变量数据，并进一步计算每一个客户的洗钱风险水平。在客户洗钱风险评估的基础上，金融机构可利用知识图谱和数据挖掘技术，给出中高风险客户的划分理由和可能从事的洗钱类型，并通过客户洗钱风险标签的形式展示。客户洗钱风险评估结果和客户洗钱风险标签将作为客户分类管控措施制定、执行和调整的核心依据，以实现风险状况与管控措施的高度匹配，更好地落实"风险为本"原则。

五、数字化智能化反洗钱生态体系建设

通过建立上述三大核心板块，金融机构能够构建出一个数据基础坚实、功能模块完备的反洗钱信息系统，为全机构反洗钱工作提供强大的科技支撑。而在反洗钱信息系统建设的基础上，金融机构可以通过系统应用、推广模式的创新，来打造数字化、智能化反洗钱生态体系，形成由科技和数据驱动的反洗钱体系高质量发展模式。

我行基于反洗钱信息系统"工银 BRAINS"，积极创新该系统在境内外分支机构的应用模式，并面向整个金融行业推广该系统产品，逐步建立数字化、智能化反

洗钱生态体系。针对境内分行、境外机构和金融同业客户，我行根据其自身的经营和管理基础，以及所面临的差异化洗钱风险形势和属地监管要求，打造差异化的境内版、境外版和输出版的"工银 BRAINS"。

对于境内版，我行在统一管理的基础上，为分行提供功能拓展和配置接口，充分满足分行的特色化需求，并发挥分行的科技创新活力。对于境外版，我行充分考虑境外分支机构所处国家（地区）的洗钱风险情况和属地监管要求，以及境外分支机构的反洗钱合规管理基础，针对不同的境外分支机构分别定制系统功能和配套保障机制，确保系统功能与实际反洗钱业务需求相匹配。目前，境外版已在 20 多家境外机构上线运行，覆盖了我行主要的境外机构，为我行全球经营布局提供强大的科技支撑。对于输出版，我行针对银行、基金、保险、理财等行业，定制差异化的产品功能与系统部署模式，形成了"三大核心板块 +N 个行业版本"的系统应用模式。考虑到客户对数据共享和保护的差异化需要，我行基于云技术和大数据处理技术，提供了我行云端部署、第三方云端部署和客户本地部署三种系统部署模式。截至目前，已向近 20 家金融同业客户输出，覆盖了银行、基金、保险、理财等行业，推广前景广阔。

涉赌涉诈反洗钱监测模型实证研究

■ 任怡昭[1]

摘要：平安银行在如何识别疑似洗钱的银行卡、如何更高效对可疑银行卡进行管控两方面已取得长足发展，针对中国人民银行下发的反洗钱文件已形成规范化研究与在金融科技方面应用流程，具备在行业内部借鉴、复制、推广意义。本文将以接收监管文件时为起点，全流程展现工作流程：反洗钱文件研究—金融科技实证研究—金融科技实用。

关键词：金融科技　反洗钱　风险识别

一、反洗钱监管文件研究

（一）反洗钱监管文件概括

在《中国人民银行办公厅关于 2020 年度执法检查工作的通知》《中国人民银行办公厅关于加强可疑交易类型分析提升防范打击洗钱犯罪有效性的通知》《金融机构反洗钱和反恐怖融资监督管理办法》多个制度文件陆续出台的形势下，反洗钱的重要性不言而喻，但赌博和电信诈骗洗钱形势依然严峻。在名单文件方面，2021年上半年，平安银行共收到约 75000 个来自中国人民银行、公安、银联、支付清算协会的涉案名单，涉案类型包含买卖账户、赌博、电信诈骗等。结合制度和名单文件，平安银行制定了相应的风险管理政策，利用金融科技对账户信息和交易行为进行运营风险监测，并建立运营风险分层管理体系，自主搭建智能客户尽职调查系统，有效识别并阻断可疑交易。本文将站在金融科技角度阐述在风险分层管理体系中，对反洗钱文件的研究与运用流程。

1　任怡昭供职于平安银行运营管理部。

（二）制度文件研究示例

当前银行业进入机构面临的主要洗钱交易类型，以及各类型可疑活动主体在身份信息、资金交易和行为上的主要特征，共有 11 类涉嫌洗钱的常见可疑交易类型和相对照的识别点，每种可疑交易类型中又划分为身份信息、资金交易、行为、其他方面的识别点。参考对主要特征的划分方式，在数据层面对于可疑特征进行了六个维度的划分，分别是个人属性、资产情况、内外部名单、交易流水、行为习惯和金融社交。回顾各文件内容，从中提取可疑特征，以表 1 进行归纳。

表 1　洗钱可疑特征表

特征描述	属性划分	洗钱交易类型
……	……	……

归纳的可疑特征维度示例如图 1 所示。

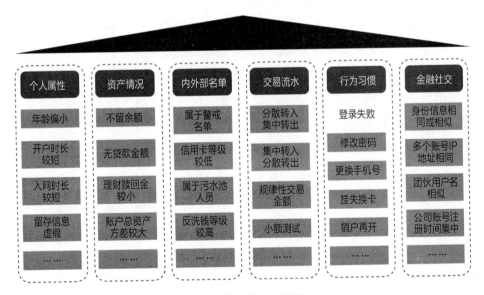

图 1　特征维度架构图

（三）名单文件研究示例

在接收到洗钱人员名单后，需要明确名单人员洗钱交易类型和洗钱日期。洗钱交易类型中需明确该人员究竟为确认洗钱人员还是疑似洗钱人员，确认洗钱人员的犯罪特征更具可信度、研究与应用价值。交易类型通常可通过咨询名单来源明确，但是洗钱日期往往是名单所缺乏的要素。我们需研究客户洗钱日期之前一段时间的流水和客户信息等要素，发现其可疑特征。对洗钱日期未知的名单已形成规范的解决方案：（1）对于新开户客户，定义洗钱时间为下发名单文件的日期。（2）对于非新开户客户，定义洗钱时间为该客户最近高频交易的日期，筛选客户最近主动交易的日期，选取此日期之前 90 天内交易金额和交易笔数最高的一天作为最近高频交易的日期，需注意的是所谓主动交易需在交易中剔除结息、代发工资到账等交易。

在明确了洗钱交易类型和洗钱日期后，首先，将确认洗钱名单加入黑名单库中，将疑似名单加入"污水池"中，无论排查要求如何，均对其进行有效的风险防控；其次，抽取客户的交易流水和客户信息，对照其洗钱交易类型，归纳各维度的可疑特征，汇总在表 1 洗钱可疑特征表中。至此，名单文件研究工作结束。

二、金融科技实证研究

（一）反洗钱多维评分模型

2020 年底至今，赌博和电信诈骗依然是反洗钱工作重点防范的犯罪类型。为持续有效防范打击犯罪，切实履行保护客户权益，平安银行将涉赌涉诈作为重点监测的交易类型，根据文件研究得出的洗钱客户特征，利用有监督机器学习算法，建立反洗钱多维评分模型，进行运营风险账户监测。

该模型于 2021 年初上线，其间随着案例的积累，模型也在不断迭代优化中，提高对洗钱客户的识别精准度和覆盖度。

1. 数据准备

（1）数据集：以确认洗钱客户名单作为负样本，与正常客户配比建立训练集、测试集。

（2）特征标签：根据可疑特征提取特征标签，如针对"账户启用较短时期内，集中交易过后无主动交易"这条可疑特征，提取标签有：账户开户时长、账户开户 n 天内交易金额、账户开户 n 天内交易笔数、账户首次交易距开户日天数等。在开发标签时，为使标签更有效，还需对标签进行处理，如涉及交易金额和交易笔数的变量中，剔除了结息等相对安全或系统发起的交易。根据标签的属性，同可疑特征一样划分为六个维度，可疑特征符号代表如表 2 所示。

表 2　可疑特征标签符号表

标签划分	符号
个人属性	p
资产情况	a
内外部名单	l
交易流水	f
行为习惯	h
金融社交	s

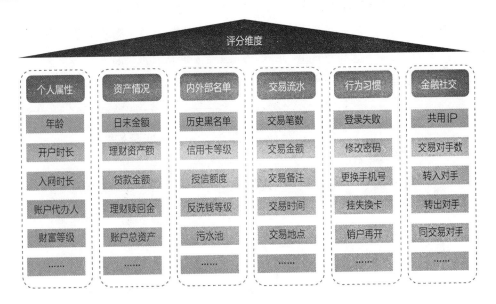

图 2　评分维度架构图

2. 模型训练

应用已开发的所有标签，分析标签的区分性和相关性，高度相关的标签选择最有区分度的一个进入机器学习模型。

标签的区分度即变量的预测能力，以 IV 值衡量，公式如下：

$$IV_i = \left(\frac{Bad_i}{Bad_T} - \frac{Good_i}{Good_T} \right) \times \ln \left(\frac{Bad_i}{Bad_T} \Big/ \frac{Good_i}{Good_T} \right) \tag{1}$$

$$IV_i = \sum_{i=1}^{n} IV_i$$

IV 值的评价标准如表 3 所示。

表 3　IV 值评价标准

IV 值范围	预测效果
小于 0.02	几乎没有
0.02-0.1	弱
0.1-0.3	中等
0.3-0.5	强
大于 0.5	非常强

IV 值大于 0.5 的标签，预测效果强，直接设置为规则，组合成规则集。命中规则数越多的客户，洗钱的可能性越大，风险等级越高。根据规则组合映射到异常特征，对可疑客户的异常点给予明确提示，使模型具有可解释性。举例如图 3 所示。

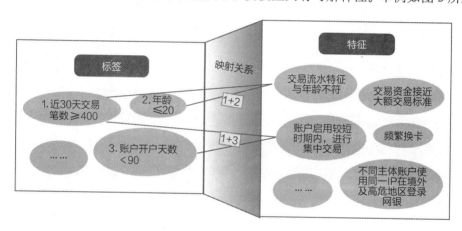

图 3　标签映射特征

对 IV 值介于 0.3-0.5 的标签，纳入评分卡模型，综合各标签变量，应用逻辑回归，预测客户的异常概率，公式如下：

$$P(y = 1|x;\theta) = \frac{1}{1 + e^{-\theta^T x}} \tag{2}$$

h 是

$$
\begin{aligned}
h_\theta(x) = \theta^T x = {} & \theta_0 + \theta_1(p_1 x_{11} + p_2 x_{12} + \cdots + p_n x_{1n}) \\
& + \theta_2(a_1 x_{21} + a_2 x_{22} + \cdots + a_n x_{2n}) \\
& + \theta_3(l_1 x_{31} + l_2 x_{32} + \cdots + l_n x_{3n}) \\
& + \theta_4(f_1 x_{41} + f_2 x_{42} + \cdots + f_n x_{4n}) \\
& + \theta_5(h_1 x_{51} + h_2 x_{52} + \cdots + h_n x_{5n}) \\
& + \theta_6(s_1 x_{61} + s_2 x_{62} + \cdots + s_n x_{6n})
\end{aligned}
\tag{3}
$$

$P(y=1|x;\theta)$ 表示定 x 条件下 $y=1$ 的条件概率，θ 是条件概率的参数。$h_\theta(x)$ 是一个线性回归函数，x 代表各变量，根据评分维度划分，分为 6 个维度，各维度有不同的整体 θ 系数，具体各变量有各自子 p 系数，如：以个人属性维度为代表，对应分类下变量 x_{11} 的系数为 p_1。

最终 $P(y=1|x;\theta)$ 根据得出客户的评分，以评分高低划分风险等级，公式如下：

$$
Odds = \frac{P}{1-P} \tag{4}
$$

$$
Score = A + B \times \ln(Odds) \tag{5}
$$

根据各变量的分值可得到一个客户的综合评分，本次建模客户得分主要分布在 300—700，模型预测得分越低的客户，洗钱的可能性越大，风险等级越高。根据得分较低的维度映射可疑特征，使评分卡模型同样具有可解释性。

3. 上游交易类型

通过训练集中不同交易类型客户的标签表现，组合可疑特征倒推其上游交易类型。如兼具了转入对手数过大、转入对手分布为不同地区、小额测试后大额交易、不留余额、开户后短时间内变更联系方式等可疑特征，可倒推其为疑似电信诈骗人员；兼具了凌晨交易、转入对手数过大、不留余额、开户后短时间内变更联系方式、交易备注中含"博彩""棋牌""字母＋数字"等字样、多个账户交易地址相同等可疑特征，可倒推其为疑似网络赌博。可看出不同交易类型会存在相同或相近的可疑特征，这也是传统机器学习模型甚至尽调人员难以判断交易类型的原因。

此套模型构建方式将模型应用从"1.0 时代"推向"2.0 时代"。

传统"1.0 时代"为从交易类型的特征出发，建立经验规则模型。仅根据业务经验，缺乏数据驱动，规则建立与上线后均缺乏数据验证；发现的可疑银行卡数量少、准确率低，且无法根据犯罪分子的活动表现及时更新；各模型条件重复性高，识别可疑客户重复率高。

经汇总可疑特征，通过数据驱动验证，模型发现的可疑银行卡数量与准确率均明显提升；通过对不同交易类型的客户可疑特征的汇总，用一个模型即可监测识别全部可疑特征；通过可疑特征倒推交易类型，使模型具备可解释性，可根据洗钱分子的行为迭代更新，模型配置调整便捷，并解决了重复识别可疑客户的问题，谓之"2.0时代"。

综合风险体系架构图如图4所示。

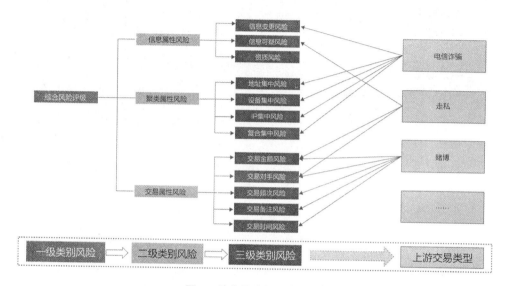

图4 综合风险体系架构图

（二）效果检验

分三个阶段，在模型建设阶段通过测试集检验效果，在模型上线阶段通过尽调检验效果，在模型平稳运行后通过洗钱涉案名单检验效果。

1. 测试集检验

规则集的表现：命中规则数大于8时，异常客户占比达100%；命中规则数大于5时，异常客户占比超80%。全部数据如图5所示。

评分卡表现：在测试集中，得分小于440分时，异常客户占比达100%；得分小于500分时，异常客户占比超80%。全部数据如图6所示。

模型综合表现：KS值为0.71，AUC值为0.92，KS和AUC均为模型对正负样本预测有效性指标，AUC介于0.5-1之前说明预测优于随机预测，越接近1效果越好（太大需考虑是否过拟合）。根据指标评判，此模型预测效果优秀。

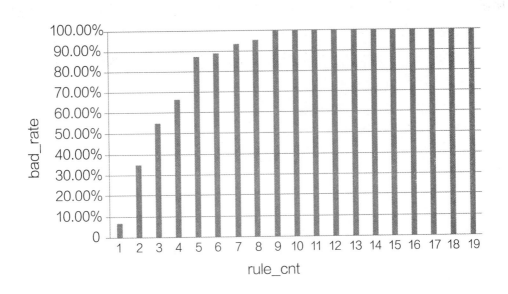

图 5 规则集表现

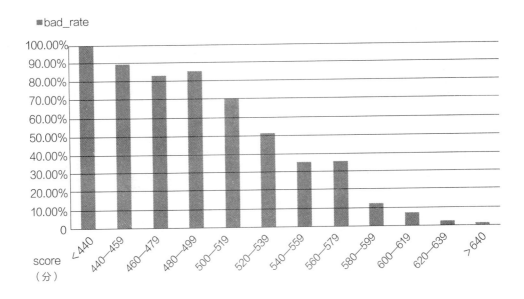

图 6 评分卡表现

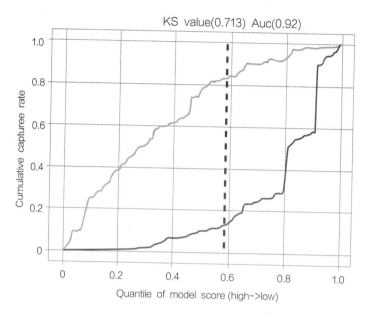

图 7　模型区分度指标

2. 尽调结果检验

本次模型根据预测的客户风险概率，将客户分为四个风险等级，风险等级 1 为最高风险等级，预测异常率最高。经过尽调验证准确率，随着风险等级降低，异常客户占比也降低。风险等级 1 的客户异常率高于 90%，风险等级 4 的客户异常率为 63%，说明模型实际运行效果良好，客户分层有效。

各等级识别发现的可疑客户占比与对应准确率如图 8 所示。

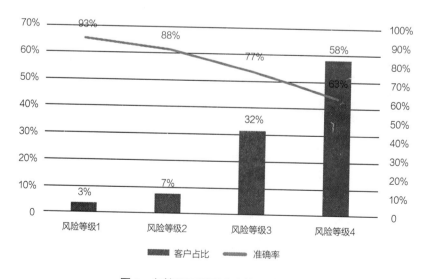

图 8　各等级可疑客户占比及准确率

3. 洗钱涉案名单检验

以公安下发的"1—5月本行涉诈账户"这个名单文件验证模型效果。经分析，共包含2879个账户，反洗钱多维评分模型共可发现60%（1724个）的可疑账户（未被发现的客户在平安银行交易金额和交易频率均较低），模型覆盖率较高。

（三）洗钱案例举证

1. 电信诈骗客户案例

客户田某某经模型监测，在个人行为习惯、交易流水、金融社交维度表现得分较低，具有信息变更风险、交易对手风险、交易频次风险，具备以下可疑交易特征："曾经挂失换卡""跨行转账频繁""分散转入集中转出""归集资金特征明显"，判断其为疑似电信诈骗银行卡，推送尽调任务。

尽调人员核查发现客户预留信息为深圳某劳务派遣公司工程技术人员，通过流水分析发现账户自2018年开户后长期交易较少，近期换卡次日随即爆发80余笔交易，主要表现为短时间内持续交易，多个异名户转入资金后随即转出至本人同名户，并伴随多笔小额快捷支付交易，资金快进快出，交易对手分散，过渡性质明显。客户反馈称其近一年未使用平安银行账户，卡已丢失，但历史业务信息显示近期本人临柜办理挂失业务，实际情况与客户反馈不一致。尽调人员综合以上多项风险因素判断账户可疑，对账户采取了上调风险等级、上报可疑交易、纳入运营关注名单、暂停非柜面业务的处置措施。管控后一周，客户被广东省公安厅确认为全国涉诈账户开户人。

2. 赌博客户案例

客户张某某经模型监测，在个人属性、行为习惯、交易流水、资产情况维度表现得分较低，具有信息可疑风险、信息变更风险、交易备注风险、资产余额风险，具备以下可疑交易特征："开户后短时间更改联系方式""跨行转账频繁""交易时备注中出现特殊字眼""全天候24小时发生交易"，判断其为疑似网络赌博银行卡，推送尽调任务。

尽调人员核查发现该账户的交易模式均为银联入账后转出给不同个人，借方和贷方资金收付量几乎一致，过渡性质明显，累计交易金额和频率异于普通个人结算账户，且账户为24小时不间断交易，异常点较多。致电客户询问账户真实用途，客户只是表示用于日常经营支付货款，但无相关证明资料，尽调人员最终对账户采取了管控。后期发现该平安银行多名客户与该客户均有资金往来，且交易模式相似，综合多人尽调得知，这些客户同为一个刷单组织，恶性刷单已明确是违法犯罪的一种，模型监测极大限度地遏制了异常交易，将风险堵截在萌芽阶段。

（四）洗钱案例价值

在上述电信诈骗客户案例中，经过尽调反馈，发现"换卡次日随即爆发 80 余笔交易"这个特征并没有精准获取，模型仅单独获取了"换卡"和"交易频繁"的特征，据此模型进行了优化，对比了换卡前后客户的交易行为变化。

因而在积累一定案例后，模型根据实际案例的洗钱特征，可对已有特征进行迭代优化，如将换卡的特征优化为挂失换卡，预约换卡但并未执行的并不记为换卡；对未囊括的特征开发标签变量，补充现有特征，迭代优化模型。

随着案例的积累，犯罪分子手法的不断翻新，模型也在不断迭代优化中。

三、金融科技实用

（一）客户分层管控

本次建立以规则集与评分卡为基础的多维评分模型，部署在本行大数据平台运行，监测群体为本行当天全部活跃客户，以客户一段时间的交易行为判断发生洗钱事件的概率。已监测发现的疑似洗钱客户，根据风险等级划分，进入不同的处置流程，目前包括智能外呼、自动化管控、人脸识别、尽职调查。具体而言见以下方面。

（1）风险等级较高的客户在模型识别后实时推送系统，进入自动化管控流程。无须人工介入直接对客户进行处置通知，若在有效期内无回复将直接进行处置，若有回复则人工介入进行核实，核实客户存在异常依然会进行处置。

（2）风险等级较低的客户在模型识别后实时推送尽调，通过"智能外呼＋尽调"的流程进行管控。通过语音机器人呼出和问答，对客户相关情况进行初步判断，后续结合人工调查，对客户进行管控。

（3）全部客户加入事中人脸流程，若客户交易触发人脸识别策略，则需要在交易过程中进行人脸验证，人脸验证失败则无法交易。人脸验证成功达到一定次数，可进入豁免期。

其中自动化管控走在行业前端，解决了因尽调人力限制、模型发现的可疑客户量巨大，可疑客户无法完全通过尽调管控的痛点，节省了人力成本，在保障对风险管控的前提下极大地降低了管控成本，并可支持扩大风险管控范围。

（二）管控效果

目前已完成 8 万可疑客户的尽调后管控和 15 万可疑客户的自动化管控。通过持续监测可疑客户量变化情况，证实管控有效。分新客户管控效果和存量客户管控效果说明如下。

（1）针对新开户客户的管控效果较为明显，疑似客户占比显著下降。

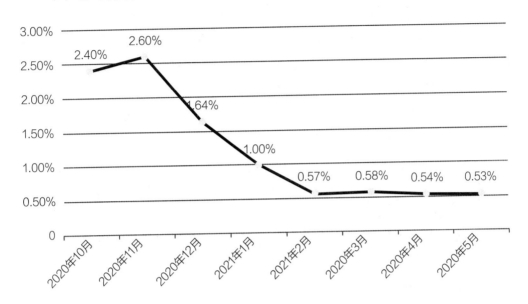

图 9　新开户可疑客户占比

（2）存量可疑客户量也呈现下降趋势，以 2020 年 12 月的可疑客户量为基准，截至 2021 年 6 月底，可疑客户量下降 31%。

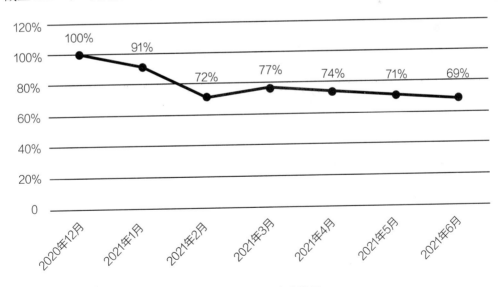

图 10　存量可疑客户数量

（三）未来优化提高方向

1. 金融科技实证研究方向

随着银行风控措施的完善，犯罪分子也在提高反侦测能力，新型犯罪方式不断浮现，例如"利用移动设备绑定虚拟卡进行非法资金转移""利用购买基金等理财产品进行非法资金转移"等，这就要求我们研究新的可疑特征，拓展更多交易类型的侦测识别。同时，监管对于侦测异常客户的及时性也在不断提出更高要求，如果在预备作案阶段或者作案中就监测发现洗钱客户，将其有效管控或者进行交易阻断，将可防止作案资金的流动，更有效地斩断买卖链条，守护群众钱袋子。在后续工作中，应着力研究更多具有预测能力的特征与标签，力争早发现洗钱客户。最后，在案例沉淀方面，可优化核实反馈信息的处理，明确要求尽调人员选择异常特征并判断客户的交易类型，在积累了样本数据后，可根据案例的反馈结果校验预测结果，并进行迭代优化。

2. 金融科技实用方向

为降低本行涉案银行卡数量与占比，在侦测发现后还需进行及时管控，管控的有效性和及时性都至关重要。目前已有的强管控措施主要作用在作案后，在作案中已上线人脸识别验证，可以有效拦截部分非本人交易，防范买卖账户的风险。但交易中的拦截还在规划中，为防止误伤客户，交易拦截对于侦测结果的准确性要求更高。未来需加强在事中实时交易环节的风险识别能力建设，新增交易拦截等管控措施，在作案前监测发现的银行账户设计新增暂停非柜面交易、开启二次验证等管控措施。

隐私计算在金融机构反洗钱和反恐怖融资中应用方案的探讨

■ 徐敏霞　周仁杰　张珣[1]

摘要： 本文以客户信息保护和数据安全合规为前提，通过构建隐私计算的逻辑框架，尝试通过隐私计算为金融机构有效开展反洗钱工作中的数据融合利用提供一个可行的解决途径。

关键词： 隐私计算　反洗钱　数据安全

金融领域是反洗钱和反恐怖融资（以下简称反洗钱）最重要的前沿阵地之一。自 2007 年《中华人民共和国反洗钱法》实施以来，中国人民银行等监管部门逐步建立了反洗钱法律体系，不断推动金融机构反洗钱工作的有效开展。金融机构也在逐步建立和不断完善反洗钱内控体系的道路上不断探索前行。

包括客户和受益所有人身份数据、交易数据等在内的客户基础数据是金融机构构建反洗钱内控体系的基石，但几乎所有的金融机构都面临着客户基础数据完整性、可靠性的困扰。近年来，随着大数据产业的发展，数据治理成为数字社会中的重要议题，应运而生的数据隐私计算，为金融机构提供了一条在客户信息保护、数据安全与数据融合应用之间寻求平衡点的技术路径，为金融机构提供了一个反洗钱基础数据解决方案。

一、客户基础数据的融合应用与合规问题分析

（一）客户基础数据融合应用的必要性

由于机构重要性、业务主动性、销售主导等因素的巨大差异，各金融机构在客

1　徐敏霞供职于国海富兰克林基金管理有限公司，周仁杰供职于上海佳锐信息科技股份有限公司，张珣供职于上海光之树科技有限公司。

户尽职调查这一反洗钱基础工作的开展上存在着巨大的不平衡。而客户尽职调查数据和持续尽调数据的缺憾，导致后续的客户风险等级划分、可疑交易筛查和调查工作同样也是举步维艰。

此外，各金融机构主营业务类型存在巨大差异，且金融机构只拥有与本机构相关业务的客户交易行为数据；相对于客户完整交易行为和资金划转行为而言，金融机构拥有的客户行为数据很可能只是沧海一粟。这种客户交易行为数据的偏颇，可能导致金融机构以客户交易行为为基础建立的可疑交易模型失真。

面对金融机构或残缺，或失真的客户基础数据，打破机构之间、行业之间，甚至主管机关之间的数据壁垒，实现客户基础数据的融合利用，将极大幅度提升金融机构乃至社会整体反洗钱和反恐怖融资体系的有效性。

（二）隐私计算使数据融合成为可能

出于个人信息保护、数据安全的考虑，不同企业、不同机构间难以利用对方的数据进行联合分析或建模。隐私计算是一种由多个参与方联合计算的技术和系统，参与方在不泄露各自数据的前提下，通过协作对他们的数据进行联合机器学习和联合分析。在隐私计算框架下，各参与方的原始数据不出本地，在确保数据安全性的前提下实现多源数据跨域合作，并提供数据访问控制和数据交换的安全保障，打破数据孤岛，有效利用各方数据，实现数据价值最大化。

（三）隐私计算中的合规问题

隐私计算为数据安全提供了技术保障，金融机构可以充分运用隐私计算技术实现各机构之间客户基础数据融合。但隐私计算处理的数据是客户个人信息，因此相关技术的应用必须在合法合规的框架内。

1. 个人信息处理之合规要求

《中华人民共和国民法典》第一千零三十五条、第一千零三十六条，以及《个人信息保护法（二审稿）》第十三、第十八、第二十四、第三十一、第五十四、第五十五条等规定，对于金融机构处理客户个人信息需要满足的合规要求。一是获取授权，处理客户信息前，应当征得客户本人同意；或为履行法定义务所必需的，例如金融机构履行可疑交易核查义务，则不需取得个人同意。二是告知义务，在处理客户信息前，向客户告知联系方式、处理目的、方式、范围、保存期限、必要性及其影响；（向他人提供其处理的个人信息的）接收方信息等。三是风险评估，在事前对客户信息处理活动进行整体风险评估，并对处理情况进行记录。四是合法正当，客户信息处理全过程都应当遵循合法、正当、必要原则，不得过度处理。五是合规审计，定期对其客户信息处理活动遵守法律、行政法规的情况进行合规审计。

2. 数据安全与可信判断

（1）数据安全。

①数据安全问题。

随着数字经济新时代进入高速发展阶段，在高价值海量数据流通和协同中，数据所有权和使用权难以分离，数据隐私及安全难以保障。在传统的多方数据协同方案中，主要存在以下问题：数据利用范围不明确，提取规则不规范；数据保密不完善，出现数据泄露且数据泄露路径无法回溯，受害者追责时难以锁定目标；缺少第三方中立计算平台提供数据隐私安全保护的协同计算和安全监管。

②数据隐私计算。

根据《个人信息保护法（二审稿）》第四条的规定，个人信息是与已识别或者可识别的自然人有关的各种信息，但不包括匿名化处理后的信息。这意味着，"无法识别且无法复原"的信息，不属于个人信息。而隐私计算为解决数据安全问题提供了可行路径。

首先，隐私计算平台作为第三方中立计算平台，为各参与方提供基于数据隐私安全保护的协同计算解决方案。平台建立在监管部门监管的基础上，由第三方提供算法服务。在平台的协同计算解决方案中，应当明确监管方、第三方服务提供商、各参与方的权利义务，数据利用范围及提取规则、隐私计算基本原理及计算模型、数据处理和利用规则、数据请求和反馈、数据保密要求，平台运作和维护，针对各类突发事件的应急方案，数据回溯调查程序等。

其次，隐私计算平台作为算法提供方，根据任务需求提供相应的算法逻辑和参数，仅当数据请求方发出"提取数据请求"的任务后，才可获取数据提供方提供的加密数据，并根据事先设定的算法逻辑进行隐私计算，最后数据请求方反馈加密的计算结果数据。

再次，数据提供方根据任务需求提供加密数据，保证数据"可用不可见"；隐私计算平台确保模型参数及过程数据的保密性；每个计算节点无法获取或推知其他参与方的任何隐私数据，最终输出结果不出现在计算节点内，确保应用过程的隐私性。

最后，所有的数据提取过程做留痕处理，生成"提取日志"，保证数据可回溯，受害者可追责。

（2）数据可信判断。

保证数据安全性是金融机构开展工作的基本准则，信息可信性是开展工作的基本要求。为了更好地挖掘信息价值，实现客户信息处理目的，首先应当保证所处理的信息自身的准确性以及时效性。因此在进行任何活动前需要对信息进行可信判断。

一是来源可信。保证数据真实、准确，首先要最大限度地保证源头信息的可信度。通过数据标签的方式，根据各金融机构的标准对不同来源的数据进行相应的数据可信度标签，实现数据可信度分级，为后续的隐私计算结果可信度提供基础数据可信度标签。

二是过程可信。在隐私计算流程中，采取数据多种主体准入式接入，监管主体、数据提供主体、数据应用主体、数据建模分析主体等分工明确。信息加密进入、加密传出，这种加密性的传输过程保证了信息传递时不被影响、更改，最大限度地保护了信息的准确性。且信息提取过程留痕，可逆向追溯，更有利于事后的监管回溯和调查取证。

3. 数据处理的最小必要原则

在隐私计算的逻辑框架下，将严格遵循法律的指引，根据数据处理的最小必要原则，仅提供在数据请求方所提交的数据请求中，所必须获取的最小限度的数据；除上述要素外，不得获取其他客户资料信息；数据处理过程保存在系统 LOG 日志中，不对原始数据产生影响。

4. 网络安全

为了解决外部网络访问用户安全访问内部网络服务器的问题，在非安全系统与安全系统之间设立一个缓冲区（Demilitarized Zone，DMZ）。该缓冲区位于企业内部网络和外部网络之间的小网络区域内，在这个小网络区域内可以放置一些必须公开的服务器设施，如企业 Web 服务器、FTP 服务器等。通过这样一个 DMZ 区域，更加有效地保护了内部网络。

二、隐私计算与系统逻辑架构

（一）隐私计算与数据传输安全

隐私数据计算平台的数据传输安全要求包括：数据发送方可以确认数据只有预期的接收方可以解密，即使第三方获得数据也无法解密；数据的接收方可以确定数据在传输过程中没有被篡改过，保证消息的完整性。

一般使用加密算法来保证数据只有预期方能解密。例如在 RSA 算法中，接收方生成一对密钥（公钥和私钥）。公钥是公开的，任何人都可以获得，私钥则是保密的。发送方根据公钥对数据加密，接收方获得加密后的数据，用私钥解密。

为确保数据发送过程中未被第三方篡改，在发送方加密明文之前，给明文取 md5 值，得到明文摘要，然后用公钥分别给明文和明文摘要加密发送到数据的接收方。数据的接收方接收到数据之后，用私钥对密文进行解密，得到解密后的明文和明文摘要，然后对解密后的明文再次取 md5 值，获得第二份明文摘要，比对两份明文摘要，从而得以证明数据是否被篡改。

（二）系统逻辑架构

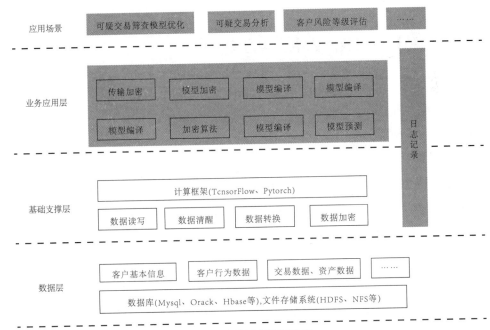

图 1 隐私计算逻辑架构

（三）数据提取规则

1. 数据标签

数据提供方已验证／确认数据，系统打上"已验证／确认"标签，并标注验证主体和最新验证／确认时间，其"可信度"为最高。数据提供方未验证数据，系统相应打上"未验证"标签，其"可信度"最低。第三方（包括代销机构、支付机构）提供数据（无法确认是否经过验证），系统自动进行计算，根据数据相同机构数和数据更新时间，对该数据标注"可信度百分比"，原则上该数据信息一致的机构越多可信度越高，更新时间越近可信度也越高，并在提供数据时标注来源机构数量（不提供机构名称）及数据更新的最终时间。

2. 数据提取规则

数据需求方应当提供客户授权文件，证明该金融机构已经获得客户允许，允许其通过合法途径获取客户尽职调查信息。隐私计算平台根据数据需求方的请求及其授权文件，根据平台预设的数据提取和处理规则启动数据隐私计算模型。

数据提取规则包括：所有的原始数据应当标记其来源是否经过验证。隐私计算平台无须知道要素具体内容，只按照数据"是否符合要素需求"这一逻辑进行匹配。平台根据数据标签，对数据进行可信度计算。数据提取后，数据需求负责人和系统负责人对该过程签字留档，同时系统也会记录进操作日志存储。

三、隐私计算在反洗钱中应用方案

（一）客户尽职调查

利用隐私计算，各金融机构可以在不泄露各自隐私的情况下，分享互相的高质量数据，解决数据质量不佳、时效性不足等问题。

1. 案例背景

金融机构在开展反洗钱工作时发现客户尽职调查数据缺失，基于不经意传输技术[1]，金融机构之间可以在互不知悉的情况下得到对方的高质量客户尽职调查数据，实现反洗钱工作有效性的提升。

2. 案例方案

金融机构 A 和金融机构 B 均部署查询模块和数据加密模块，金融机构 A 通过不经意传输技术获得金融机构 B 的客户尽职调查数据。具体流程如图 2 所示，双方通过相同（如相同哈希函数或将 ID 作为相同随机数生成器的 seed 等）方式对每一个用户 ID 生成各不相同的随机数，从而生成用户 ID 随机列表。数据发送方（金融机构 B）使用加密算法如 RSA 算法生成公私钥对。双方借助公私钥，查询用户 ID 随机数和盲化，使得金融机构 A 在金融机构 B 没有损失隐私的情况下，获得了可以使用的金融机构 B 客户尽职调查数据。

---

[1] 不经意传输是一种可保护隐私的双方通信协议，能使通信双方以一种模糊化的方式传送消息。它使得服务的接收方以不经意的方式得到服务发送方输入的某些消息，这样就可以保护接收者的隐私不被发送者所知。通常不经意传输也叫隐匿查询。

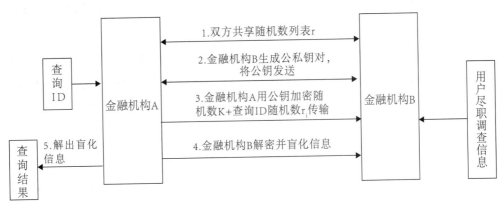

图2 不经意传输——客户尽职调查数据查询

3. 案例优势价值

金融机构 A 只会获取金融机构 B 的客户尽职调查数据，其余查询结果均为乱码。金融机构 B 也无法知悉金融机构 A 具体查询需求的目标。

4. 存在协议约定的各方机构之间的数据传输之例外

金融机构 A 与销售机构 B 之间如已存在代销协议，且明确约定销售机构 B 有义务向金融机构 A 提供客户尽职调查数据的，则认为此时金融机构 A 有权要求销售机构 B 向其提供完整的客户尽职调查数据。即，此时隐私计算平台应当向金融机构 A 提供加密的完整尽调数据。

由于是针对特定数据请求的点对点数据传输，数据加密前先进行匿名化处理，加密数据包中并不包含客户姓名、客户类型、证件类型、证件号码等特征信息。因此，即便密码被破解，也无法还原并特征化至具体客户。

（二）可疑交易分析

金融机构进行可疑交易分析时，数据来源仅限于本机构。而在实际案件中，洗钱行为往往并不拘泥于一家金融机构，洗钱分子广泛利用一切可以利用的金融机构和渠道完成洗钱行为。每家金融机构仅依靠本机构数据分析可疑交易，显然不够全面、客观。而残缺的数据也使得金融机构很难构建完整有效的可疑交易分析模型，对洗钱行为开展完整的、针对性的研究分析。

利用隐私计算相关技术，在保障数据安全的同时共享客户交易行为，从而对账户的可疑性提供更加全面、真实、精度更高的分析，以更为贴近真实的客户交易行为。

1. 案例背景

金融机构 C 发现 1 位客户存在可疑交易，金融机构 C 希望获得更多的该客户的身份信息和交易信息，以支持金融机构 C 完善可疑交易分析。金融机构 C 在平台上发起请求。平台根据同一可疑交易分析模型，采集多家机构中的数据，判断是否存在同一类型的更多的行为，并反馈给金融机构 C 结果数据。同时，金融机构 C 不希望其他机构获取具体的查询信息，那么基于不经意传输技术，金融机构 C 可以在不泄露隐私的情况下得到其他机构的该客户的身份信息和交易信息数据。

2. 案例方案

如图 3 所示，参与双方分别部署查询模块和数据加密模块。参与双方利用匿踪查询的相关技术，通过不经意传输技术在不暴露查询方具体需求前提下共享某个客户的身份信息和交易信息。

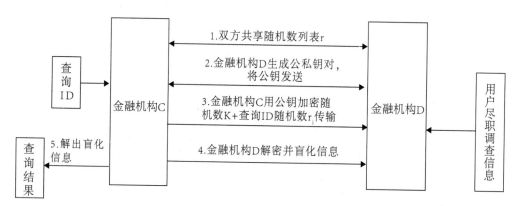

图3　不经意传输——可疑交易信息核查

3. 案例优势价值

金融机构 C 可安全地获得某客户的额外扩展信息，同时不用向其他机构暴露具体查询的客户 ID，并且为下一步建模提供更多数据支持，从而提高可疑交易核查的准确性。

（三）客户风险等级评估

隐私计算可以在满足金融机构 D 保护客户信息安全要求的同时，利用纵向联邦学习[1]，使得金融机构 C 能够利用客户在金融机构 D 的交易信息、风险评级结果等相关特征来优化相关模型，使得评估结果更符合真实的客户风险情况，避免客户风险等级的误判，满足实际风险管控需求。

---

[1]　纵向联邦学习，指在两个数据集的用户重叠较多而用户特征重叠较少的情况下，把数据集按照纵向（特征维度）切分，并取出双方用户相同而用户特征不完全相同的那部分数据进行训练。

1. 案例背景

客户初次在某金融机构开户时，对于该金融机构而言，该客户的行为类指标是缺失的，存在将实质高风险客户误判为中低风险客户的可能。基于此，利用基于嵌入层的纵向神经网络，金融机构 E 可安全使用客户在金融机构 F 的历史数据而金融机构 B 不会泄露任何具体信息，并利用计算结果优化现有评估结果。

2. 案例方案

金融机构 E 和金融机构 F 初始化如图 4 所示神经网络结构。神经网络的前向过程和反向过程如图 5 所示，金融机构 F 将自己通过嵌入层和底层的数据传输给金融

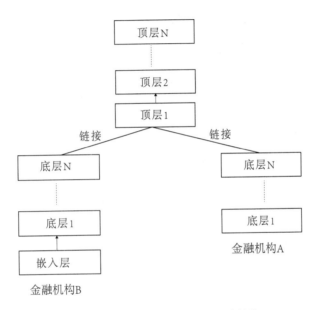

图 4　纵向联邦学习——神经网络结构

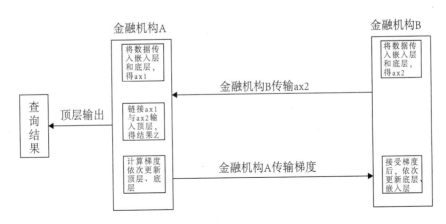

图 5　纵向联邦学习——神经网络前向和反向过程

机构 E，金融机构 E 将两方的数据进行链接后输入顶层获得结果。在反向过程中，金融机构 E 计算对应梯度，并将对应梯度传至金融机构 F，金融机构 F 更新自己的嵌入层和底层。使得金融机构 E 在没有见到金融机构 F 数据的情况下，安全地使用金融机构 F 中高风险客户数据进行训练，提升模型效果。

3. 案例优势价值

由于整个流程只有嵌入层的输出和梯度在进行传播，金融机构 E 无法获取金融机构 F 中高风险用户的具体信息，同时，金融机构 F 也无法获取金融机构 E 具体模型信息。

（四）可疑交易筛查模型优化

可疑交易筛查模型是金融机构开展可疑交易监测的有力工具，理论上，在掌握足够多数据的前提下，金融机构能够建立较为理想的监测模型。但在数据样本有限且缺乏真实案例相关行为数据的情况下，判断交易行为异常更多地只能依靠经验和常识，"行为特征化"和"特征类型化"过程可能存在一定偏差，模型精度有待商榷。

通过隐私计算平台，在保护数据安全的前提下，通过建立机器学习模型（如逻辑回归、树模型、神经网络），为金融机构利用各方数据优化可疑交易筛查模型提供了路径。

1. 案例背景

金融机构 X、Y 都希望基于一项共同的业务得到一个更为准确的可疑交易筛查模型。X 与 Y 的自建库中各有不同客户的账户信息和交易信息。金融机构 X 为应用需求方，用数据参与方 Guest（后简称 Guest）表示。金融机构 Y 作为服务提供方，用数据参与方 Host（后简称 Host）表示。技术侧与可信第三方作为协助者 Arbiter。

假设金融机构 X 和 Y 各自拥有数百万不同的客户数据，这些数据包括客户基本信息、历史交易信息等，双方建立同一可疑交易筛查模型。通过横向联邦学习模型（如逻辑回归模型），将金融机构 X 中的客户数据训练的模型参数通过加密传输给金融机构 Y，并使模型在 Y 的自建库中再次进行训练而后传回，X 再对其进行解密，得到一个联合训练的风险预测模型，通过不断训练直到模型收敛。

在模型验证阶段，应用方 X 使用 20% 的数据对模型的效果进行验证，当模型对这 20% 的客户可疑分析的预测结果和人工经验判断出来的可疑结果满足结果完全一致或精度达到 95% 以上，即可将该模型投入生产使用。

2. 案例方案

横向逻辑回归算法交换流程如图 6 所示，数据交换流程如下。

（1）Guest 和各 Host 各自利用自身数据，得到本地模型；

（2）Guest 和各 Host 利用安全聚合机制，将模型发送到 Arbiter；

（3）Arbiter 聚合各方模型，将聚合后的模型发送回各方；

（4）Guest 和各 Host 利用新一轮模型迭代计算。

重复上述过程直到达到最大迭代次数或收敛条件。

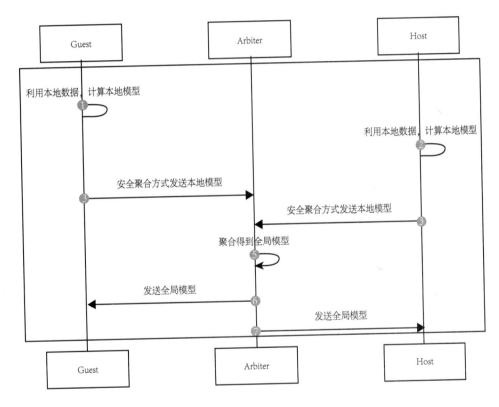

图 6 横向联邦学习——逻辑回归

3. 案例优势价值

参与机构间不需共享自建库中的用户数据，也无法根据获得的加密梯度信息推测原数据，保证了数据安全的同时能得到一个预测效果更好的模型。

四、结语

反洗钱是法律赋予金融机构的义务，探索如何更加有效地开展反洗钱工作是每个金融机构的长期课题。隐私计算作为一种高效、安全的数据处理方式，契合反洗钱工作标准的同时，提升了金融机构的工作效率，实现管控联动，打击犯罪，使反洗钱逐步实现从预防犯罪向遏制犯罪的转变。

本文以客户信息保护和数据安全合规为前提，通过构建隐私计算的逻辑框架，希望借助隐私计算的力量为金融机构有效开展反洗钱工作提供一个可行的解决途径。

区块链在基金业反洗钱客户身份识别工作中的应用探索

■ 梁嘉瑶　李斌[1]

摘要：客户身份识别一直是反洗钱工作中的重点和难点，高效高质地识别客户身份对基金管理公司（以下称"基金公司"）提高反洗钱工作实效十分重要。本文将介绍联盟区块链及其特点，剖析基金业在落实反洗钱客户身份识别工作所面临的主要问题，最后提出通过构建基金业联盟链、借助区块链技术来解决基金业反洗钱客户身份识别工作实际困难的建议，以及分享关于联盟区块链在基金业其他场景应用的一些思考。

关键词：区块链　联盟链　反洗钱　基金联盟链　基金公司

一、前言："联盟链（alliance chain）"技术概要

2016年12月，国务院印发的《"十三五"国家信息化规划》表明，区块链被纳入国家信息化规划。2019年10月，习近平总书记在主持中共中央政治局第十八次集体学习时强调，区块链技术的集成应用在新的技术革新和产业变革中起着重要作用。我们要把区块链作为核心技术自主创新的重要突破口，明确主攻方向，加大投入力度，着力攻克一批关键核心技术，加快推动区块链技术和产业创新发展。

（一）区块链简述

区块链是一个信息技术领域的术语。区块链技术本质是多方共同维护一个不断增长的分布式数据记录库，这些数据通过密码学技术保护内容和时序，使得任何一方难以篡改、抵赖、造假。基于这些特征，区块链技术奠定了坚实的"信任"基础，创造了可靠的"合作"机制，具有广阔的运用前景。

1　梁嘉瑶、李斌供职于广发基金管理有限公司。

（二）联盟链及其特点

联盟区块链又名共同体区块链，联合（行业）区块链预选的节点能够控制干预共识过程的区块链。只针对某个特定群体的成员和有限的第三方，其内部指定多个预选节点为记账人，每个块的生成由所有的预选节点共同决定。

1. 根据联盟链网络中心化程度的不同，分化出 3 种不同应用场景下的联盟链

（1）全网公开，无用户授权机制的区块链，称为公有链。

（2）允许授权的节点加入网络，可根据权限查看信息，往往被用于机构间的区块链，称为联盟链或行业链。

（3）所有网络中的节点都掌握在一家机构手中，称为私有链。

2. 联盟链和私有链也统称为许可链，公有链称为非许可链

联盟链主要群体是银行、保险、证券、商业协会、集团企业及上下游企业，联盟链有以下 4 个特点。

（1）部分去中心化。

与公有链不一样，联盟链在某种程度上只属于联盟内部的成员所有，且很容易达成共识，因为毕竟联盟链的节点数是非常有限的。

（2）可控性较强。

公有链不可篡改，这主要缘于公有链的节点一般是海量的，比如比特币节点太多，想要篡改区块数据，几乎不可能。而对于联盟链来说，只要所有机构中的大部分达成共识，即可将区块数据进行更改。

（3）数据不会默认公开。

不同于公有链，联盟链的数据只限于联盟里的机构及其用户才有权限进行访问。

（4）交易速度很快。

跟私有链一样，联盟链本质上还是私有链，由于其节点不多，达成共识容易，交易速度自然也就快很多。

二、基金业反洗钱工作困境及现有解决方案

（一）基金概述及各参与主体

证券投资基金（以下简称"基金"），是指通过发售基金份额，将众多不特定投资者的基金汇集起来，形成独立财产，委托管理人进行投资管理，基金托管人进行财产托管，由基金投资人共享投资收益，共担投资风险的集合投资方式，其中基金运作关系如图 1 所示。

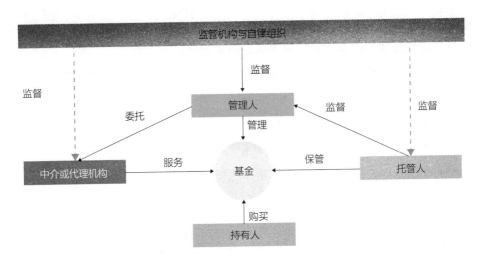

图1 基金运作关系图

基金公司通过中介代理机构（如代销基金份额的商业银行、证券公司等）面向投资者（基金份额持有人）发行新的基金产品。同时委托基金托管人（有托管资格的商业银行）托管募集到的资金，基金托管人同时也对基金公司使用募集资金进行监督。基金公司将募集到的资金投资于各种证券等金融工具。而监管机构从各个方面对基金管理人、基金托管人还有中介服务机构进行有效监督。

（二）基金业反洗钱客户身份识别工作困境

反洗钱在我国已上升为国家战略，反洗钱工作对维护国家经济金融安全、推进国家治理体系和治理能力现代化建设以及提高国家参与全球治理的话语权具有重要意义。特别在接受了金融行动特别工作组（FATF）第四轮互评估后，我国反洗钱工作迈上了新的台阶，对包括基金公司在内的金融机构提出了更高工作标准以及采取了更严格的监管措施。近年来，中国人民银行对金融机构开出反洗钱罚单金额屡创新高，金融机构面临的反洗钱工作压力越来越大。2019年，中国人民银行全系统共开展了658项反洗钱专项执法检查和1086项含反洗钱内容的综合执法检查，处罚违规机构525家，罚款2.02亿元，处罚个人838人，罚款1341万元，罚款合计2.15亿元，同比增长13.7%。"未按照规定履行客户身份识别义务"是金融机构遭到处罚的重灾区，某头部公募基金公司收到行业首张超百万元的反洗钱罚单，更是引起了行业震动。

1. 基金公司履行反洗钱客户身份识别义务的障碍

客户身份识别是金融机构反洗钱的三大义务之一，是有效开展后续反洗钱工作的前提条件，同时也是反洗钱工作的重点和难点。以个人客户为例，金融机构基于反洗钱工作需要获取的客户身份资料信息主要包括姓名、性别、国籍、职业、居住地址或者工作单位地址、联系电话以及有效身份证件（或身份证明文件）的种类、号码、证件有效期和影印件等。但在实践中，受制于以下原因，基金公司按照监管要求落实客户身份识别工作面临重重困难。

（1）在代销业务关系中难以获取并及时更新客户身份信息。

一是制度方面。我国现有反洗钱法律法规明确规定未履行代销客户身份识别义务的责任由基金公司承担，代销机构仅需向基金公司等金融机构提供协助，不承担任何责任，导致代销机构主动配合基金公司开展客户身份识别工作的意愿较低。

二是地位方面。委托基金销售机构（代销机构）销售基金产品是目前基金公司的最主要展业模式，基金公司大部分客户是代销客户，代销机构具有业务主导权。在代销业务关系中，基金公司无法直接与客户接触，由代销机构对客户进行识别并将获取的客户身份资料信息提供给基金公司。同时，代销机构为避免客户流失或出于保护客户隐私等考虑，一般不会把反洗钱所需的客户身份资料信息完全提供给基金公司并及时更新，因此，基金公司开展代销客户身份工作处于"一厢情愿"的尴尬局面，十分被动。

三是规则方面。一方面，为推动代销客户的反洗钱身份信息有效传输，业内通用的《开放式基金数据交换协议》已基于反洗钱工作要求完善了有关字段信息，并增加了专门的反洗钱文件用于传输反洗钱信息；但该反洗钱文件不是代销机构在向基金管理人提交业务申请的必传文件，代销机构仍然可以自主选择是否向基金公司提供客户反洗钱身份信息。另一方面，由于各代销机构采用不同的基金销售系统采集客户信息，可能存在采集字段完整性不同、校验规则不同或者在信息传输时转换出错等问题。上述客观原因均妨碍基金公司获取完整、准确、有效的代销客户身份信息。

四是多样性方面。同一客户开立账户的时点不同或存在其他主客观原因，可能导致客户在不同代销机构登记留存的资料信息存在差异。客户在不同代销机构的信息填写不一致的，基金公司的注册登记系统难以对其信息的准确性和有效性进行辨别。目前，基金公司主要是以客户最近一次发起业务申请提交的信息作为客户最新的身份信息，但实际有效性难以确定。

（2）机构间不共享反洗钱信息。

各基金公司之间、代销机构和基金公司之间分别存在竞争和博弈关系，同时基于遵守信息安全和保密的相关规定，使得各机构的信息系统无法做到有效对接，且反洗钱信息不能进行及时的公开共享和有效汇总。在实践中，若客户在其中一个合作的机构开立账户或修改信息，其最新且有效的身份信息将无法及时同步更新到其所有开立账户的机构，各机构无法确保自身登记留存的客户资料信息能反映客户最新状况。

2. 现有解决方案

基于基金公司在反洗钱存在的客户身份识别问题，有研究者提出了以下建议。

（1）构建基金行业特色的反洗钱体系。建议监管部门进一步完善基金行业的反洗钱法律法规，研究建立适合于基金行业特点的反洗钱标准体系，反洗钱是金融行业共同的责任，需要行业主体共同参与治理，共享洗钱风险信息。

（2）进一步规范基金代销模式下的客户身份识别问题。监管部门应强化从事基金代销业务的金融机构的反洗钱责任，要求代销机构应当履行主动识别、评估代销基金产品业务洗钱和恐怖融资风险义务，细化销售机构向基金公司在可疑交易监测分析、名单监控等方面提供必要协助的内容，同时协调和规范包括银行在内的销售机构，向基金公司提供必要的客户身份信息。

（3）加强基金公司的反洗钱信息系统建设。一是建议基金公司持续加大对反洗钱信息系统的投入。二是建议基金公司提高自主开发能力，改变目前反洗钱系统建设过度依赖信息系统开发商的局面，加强对于客户身份识别与可疑交易筛查模型的研究和开发。三是建议基金公司不断优化现有反洗钱系统，重点解决第三方反洗钱系统中无法留痕、与业务系统数据不一致、自动分类不及时等系统性问题。

3. 现有解决方案分析

以上建议主要是从顶层设计角度出发，但在实施过程中存在以下问题。

（1）关于"构建基金行业特色的反洗钱体系"的建议。对于如何共享洗钱风险信息并未有具体的方案，共享洗钱风险信息有利于反洗钱工作及其效率的提升。但共享一是需要行业统一接口，二是要如何确保互信机制的建立，这两个问题目前并未得到解决。

（2）关于"进一步规范基金代销模式下的客户身份识别问题"的建议。即使代销机构向基金公司提供必要的客户身份信息，也只能做到向其代销的基金公司提供客户身份信息，如要做到向全行业所有基金公司提供最新客户身份信息，则需要消耗很大的人力物力进行系统建设。比如客户 C 通过 D1 代销商开户购买基金公司 G1 的基金，同时又通过代销商 D2 开户购买基金公司 G2 的基金。客户 C 在 D1 代销商修改了客户身份信息后，基金公司 G1 应可以获取最新的客户身份信息，然而如何低成本且及时地通知基金公司 G2 并且 G2 有依据信任该数据仍是当前没有解决的问题。基金公司 G2 要更新客户 C 的信息，只能让客户 C 再去代销商 D2 修改个人信息，但客户 C 未必有动力去 D2 重复修改信息，这可能导致一个客户在不同的代销机构和基金公司登记的信息存在差异与失真。

（3）针对"加强基金公司的反洗钱信息系统建设"建议。无疑加大了所有基金公司反洗钱的建设成本，且存在行业重复建设的问题，数据也难于共享。

（4）以上建议均无法解决客户基础信息被篡改的问题。

三、构建联盟链解决基金业反洗钱客户身份识别工作痛点

本文前面提到的难以获取代销机构客户身份资料信息并及时更新、反洗钱机构间信息不共享等问题，是基金行业进行反洗钱工作的痛点和难点，针对以上情况，结合联盟链的特点，我们认为可以将联盟链引入到基金业（监管机构与自律组织、基金公司、托管人、代销机构等）以解决行业机构在反洗钱客户身份识别工作中所面临的问题。

总体设计：构建基金公司（TA／直销／柜台）、代销机构、监管机构及自律组织间的联盟链，如图 2 所示。

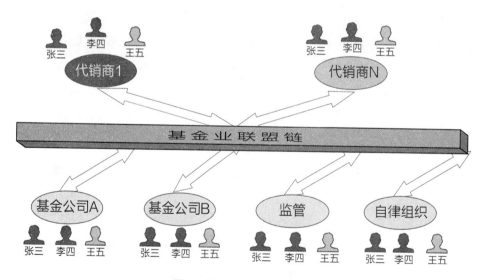

图 2　基金业联盟链示意图

基于区块链联盟的组织体系，各个基金公司、各个代销机构、监管机构及自律组织（如有需要）构建以区块链技术为核心的基金联盟链，在这个联盟链上，每个

组织都是一个区块链的大节点。销售机构采集认证的客户信息后通过联盟区块链发布存储在每个基金公司、各个代销机构、监管机构及自律组织本地账本中，这样每家机构采集和认证的客户信息又被同步到整个区块链联盟的所有机构节点中，从而实现了金融数据信息互联互享，同时保证了分布存储在各个机构的相关信息是真实的且历史客户信息无法篡改，也提高了客户的便利性。构建了基金业联盟链后，购买基金开户、客户资料修改、基金交易操作如下。

（1）基金开户。张三、李四在代销商 1 开户购买基金公司 A 产品，王五在代销商 N 开户购买基金公司 B 产品，在取得张三、李四的授权后，张三、李四的个人信息被广播到联盟链，联盟链各个节点均能在本地账本存储张三、李四和王五的个人信息，并已做到信息是相对公开透明、真实且无法篡改的。

（2）客户资料更新。若张三修改手机号码，则联盟链所有节点账本新增一条新的全量客户信息记录，并实时更新联盟链所有节点，而张三第一次开户填写的资料不能做任何篡改。

（3）基金交易。张三通过代销商 N 开户购买基金公司 B 产品。张三授权代销商 N 直接从联盟链获取其本人的客户身份信息，提高了客户填写资料的便利性。

联盟链中的监管机构可免授权提取客户信息，这将大大降低监管审计各个机构反洗钱客户信息的成本，提高监管效率，并能做到统一监管。

该技术方案的优点有：①客户身份识别效率高；②反洗钱工作效率得到提高；③客户信息唯一且修改留痕；④反洗钱机构间信息共享，保证客户信息及时更新且有效；⑤客户体验得到了提高，无须在不同代销机构重复填写个人信息。

四、联盟区块链在基金业其他场景的应用

构建的基金业联盟链可拓展更多的信息记录到账本。当更多的机构如中国结算登记等机构加入联盟链，将为行业做出更大的贡献，我们可以探索以下场景加入同盟链中。

（一）共享投资者非居民涉税信息

非居民涉税类似反洗钱中的客户身份识别信息，加入联盟链后，既减少了客户重复填写信息的麻烦又在全行业统一了具体客户的非居民涉税信息。

（二）共享投资者适当性信息

当前投资者在任何一家基金销售机构购买基金前必须填写适当性信息并先完成风险评测。如将投资者的适当性信息及风险测评结果保存在联盟链，则只需投资者

在任一基金销售机构提交信息并完成测评，其他销售机构在客户购买基金前获得投资者本人授权，便可获取投资者的相关信息和测评结果，避免投资者重复提供信息，为投资者提供便利。

（三）在联盟链中建立并共享监控名单

监管机构、公安机关可以将涉及反洗钱和恐怖融资的黑名单以及被公开通缉追捕的人员名单放到联盟链中并不断更新与维护，同时制定信息获取和更新标准，基金公司／代销机构可以根据标准将有关名单人员信息维护到自身信息系统中，及时对名单人员开展监测工作。

（四）用联盟链实现快速司法协查和冻结

目前司法协查和冻结主要是由公安司法机关出具盖章法律文书请基金公司协助进行司法查询或冻结嫌疑人资产。这种方式效率较低，可能让嫌疑人在警觉后有充足的时间赎回资产。通过联盟链，公安司法机关可以快速查询嫌疑人在不同机构的开户及交易信息，然后通过联盟链发起司法协查或冻结指令，由于联盟链成员是相互信任的，基金公司在联盟链读取司法协查或冻结指令后立即采取相应措施，有效提高司法办案效率和打击犯罪。

（五）创新基金业审计管理模式

基金业联盟链本身也是去中心化、强信任的审计区块链，可降低审计成本和提高审计效率，审计部门可以根据需要完善联盟链账本信息。

参考文献：

[1] 邢娜，盛玲玲，秦勉，曲余玲 . 基于区块链的供应链金融平台研究 [J]. 冶金经济与管理，2020(4):36-38.
[2] 王成，史天运 . 区块链技术综述及铁路应用展望 [J]. 中国铁路 ,2017(9):91-98.
[3] 蓼花影落 . 区块链里的联盟链原来是这样的 [EB/OL].[2018-11-28].https://www.jianshu.com/p/6f17568442db.
[4] 魏浩成 . 我国当前证券投资基金业现状、问题及对策 [J]. 现代商业 ,2016(27):101-102.
[5] 黄乐军 . 基金公司反洗钱相关问题研究 [J]. 财会学习 ,2020(15):177-178.
[6] 朱志 . 公募基金业反洗钱的困境与出路 [EB/OL].[2019-08-26].http://www.cs.com.cn/tzjj/jjks/201908/t20190826_5980043.html.
[7] 反洗钱局 .2019 年人民银行反洗钱监督管理工作总体情况 [EB/OL].[2020-04-30].http://www.pbc.gov.cn/fanxiqianju/135153/135163/135169/4017063/index.html.

2021 年全国反洗钱征文比赛活动获奖名单
（同奖项排名不分先后）

一等奖（10 名）

序号	文章题目	作者姓名
1	自洗钱入罪后的若干司法适用问题	王新
2	洗钱犯罪与上游犯罪共犯的区分	孙静松
3	地下钱庄案件中的第四方支付问题研究	李昊原
4	关于洗钱犯罪主观故意的实践把握——案例分析与建议	扈小刚、韩丽娜
5	互联网新媒体传播背景下反洗钱宣传工作的思考	相建伟、常艳
6	如何对定融产品类创新业务开展洗钱风险治理？——基于安徽地区的实地调查	安徽省创新金融产品洗钱风险研究课题组
7	政治公众人物反洗钱问题国际经验及启示	刘潋、翟若帆
8	运用区块链大数据分析打击数字货币犯罪的研究分析——以比特币为例	李子沛、王毅、邓志峰
9	联邦学习在可疑交易甄别中的应用前景研究	王璐
10	基于图分析技术的群体客户洗钱风险画像构建及其应用	范志龙

二等奖（23 名）

序号	文章题目	作者姓名
1	支付结算式洗钱犯罪证明方式研究——基于结构主义视角的分析	樊华中、周少鹏
2	网络直播行业洗钱风险及防范	张琳娜、白雨兰、潘精科
3	数字人民币洗钱风险及监管策略研究	贾昌峰、杨莎莎
4	"断卡"行动背景下可疑交易客户后续管控工作思考	侯怀洲、宗伟、杨延超
5	中美俄反洗钱资源配置对比研究——基于中美俄FATF 第四轮互评估报告	吴云、罗璠、李丽红

续表

序号	文章题目	作者姓名
6	新时期反洗钱调查工作的思考	刘闽浙、李晓菲
7	金融集团管理模式对农村法人银行反洗钱适用性研究——以福建省为例	何匡济、林宇薇
8	后疫情时代数字货币反洗钱的挑战与策略	陈艺鑫、郑瑶、李永红
9	非自然人客户受益所有人身份穿透识别问题研究——以甘肃省定西市为例	张彦军
10	安徽省毒品洗钱风险状况及监测模型搭建	安徽省毒品洗钱风险课题研究小组
11	反洗钱视角下打击非法贩卖野生动物的路径探析	乐鑫、薛永洁、唐佐
12	网络艺术品交易洗钱风险分析及建议	顾文欣、姜洋
13	金融机构反洗钱违规惩戒国际经验及对我国的启示	高皓洁
14	法人洗钱风险评估标准、实践与思考	魏海滨、熊陈楚
15	知识图谱提升可疑甄别有效性的应用研究——以虚开增值税发票案件为例	安徽省反洗钱监管科技应用研究课题组
16	人工智能在打击"地下钱庄"中的运用分析研究*	胡滟、吴桂林、许贤甘
17	金融机构反洗钱系统科技外包存在的问题及建议	中国人民银行上海总部现场检查部反洗钱课题组
18	基于银行视角案探析欠发达地区出口骗税风险	吴光宗
19	风险为本视角下客户洗钱风险分类动态管理构建及探析	孙原林
20	虚拟货币洗钱犯罪路径、资金交易特征分析及有效监管启示	蔡文涛
21	企业受益所有人知识图谱在涉众类金融犯罪企业识别中的应用	刘丹丹、王彦、王膂
22	跨国金融集团洗钱风险管理的实践与思考——以工商银行为例	吴翔江、廉何、舒本胜、刘威、肖琴
23	以"四化"引领反洗钱工作向纵深发展	王寒冰

三等奖（34 名）

序号	文章题目	作者姓名
1	我国律师行业洗钱风险分析及实证研究 *	林坚、陈旭东、林俊帆
2	基于地域维度的反洗钱分类监管研究	赵雪言、赵兰
3	数字身份在客户尽职调查领域的应用思考——基于反洗钱视角的展望与构想	孙华、尚晓利、别致诺
4	从数字地图视角探索客户洗钱风险全生命周期管理	张恒、周伟刚、周珊珊
5	试论新形势下推动洗钱入罪的有效途径	郭煜文、陈旭昀、肖鸽
6	香港反洗钱情况调研及加强证券公司香港子公司反洗钱管理的建议	刘晓、卓晶晶、杨佳鑫
7	关于委托销售模式下基金公司与销售机构反洗钱职责划分的相关建议	贾丽丽、刘恋
8	洗钱罪入罪形势解析与发展思考	李孟泽
9	证券资管行业洗钱风险分析及其对策建议	明希、赵文忠
10	全生命周期视角下的证券公司投行业务反洗钱机制研究	江原、高雁群、孙婷婷
11	洗钱高风险客户管控现状与治理策略研究	张亮、邓瑜、张勇、别丹丹
12	地方法人银行优化反洗钱监测标准方法探析	王珞、于梅
13	非法支付平台洗钱分析与治理对策建议	李笑、舒丹
14	银行业"公转私"业务洗钱风险防控探析——以广东省惠州市 33 家银行为例	何利英
15	洗钱罪入罪难的实践成因剖析及法理解读——以非法集资洗钱案为例	高晓乐、练秋韵
16	关于提升大额现金业务洗钱风险防控有效性的思考	齐皓
17	金融机构反洗钱信息系统建设有效性研究——基于陕西省金融机构反洗钱信息系统调查分析	徐珊珊、邱虹、苑士威
18	对俄贸易洗钱风险分析及对策与建议	何平、张连臣、胥忠然、张吉娜

序号	文章题目	作者姓名
19	非法野生动物交易探析——基于反洗钱监测视角	李慧敏、龚飞宇、杨振龙、刘治杏
20	贵金属行业反洗钱研究	田新峰
21	论反洗钱监测和资金流分析在骗税案件中的具体运用——以"百城会战"319 号骗税案件为例	林辉、谢敏君、宁贤威
22	疑似虚拟货币洗钱典型案例分析	廉何、刘彦斌、张捷、史鹤、李炜
23	反洗钱视角下的跨境资金监测研究	吴璐铭、杨思蓉
24	打击走私洗钱犯罪实践与探索 *	胡明远、黄海龙、刘钰良
25	FATF 成员国对受益所有人的识别及对我国的启示	宋成林、王婷、张文鑫
26	上市公司控制权披露与反洗钱受益所有人识别的研究与思路——受益所有人披露规则	刘亚枫、黄孜、陈朝云
27	我国国际贸易洗钱风险分析及防范对策研究	李佳
28	虚拟货币反洗钱的中美比较研究	朱娴
29	FATF 互评估框架下中国—东盟区域反洗钱立法比较及国际合作展望	谢露、常瑞、喻慧敏
30	论反洗钱信息共享模式选择和应用价值	陈晓虹、王涤琼、王辛民
31	金融机构洗钱和恐怖融资风险评估模型研究——基于湖北省风险评估实践	霍琪、涂艳琳、许菊本
32	监督学习算法在虚拟货币反洗钱可疑交易监测分析领域的应用探析	张勉、吴延普、华少文
33	"智图索骥"：图挖掘与时序分析技术在可疑交易监测领域的探索	何林芳、霍昱光、万威
34	以人工智能技术提升反洗钱工作有效性的研究和实践	人工智能技术在反洗钱领域的应用研究课题组

优秀奖（56 篇）

序号	文章题目	作者姓名
1	自洗钱行为入罪后的共犯罪数问题研究	俞志杰
2	洗钱和恐怖融资固有风险评估方法的探究 ——基于可能性和后果性的矩阵评估法	赵帆
3	反洗钱视角下金融机构制裁合规柔性管理策略初探	反洗钱新型监管关系研究课题组
4	借鉴证券服务机构监管经验，加强对反洗钱服务机构的监管	吴卫锋、林智伟
5	虚拟货币反洗钱研究	傅长乾
6	推动外汇管理与反洗钱合作纵深发展 *	封芬
7	浅析基于"查冻扣"信息的客户洗钱风险评级管理	董志刚、秦昕
8	我国反洗钱政策演进、热点与展望	任啸宇
9	证券公司非经纪业务反洗钱工作分析研究	郑城美、李想、邱国振
10	证券公司洗钱及恐怖融资风险评估研究	王建业、李朋、汪明
11	受益所有人信息集中登记制度的建议——基于域外实践	肖耀
12	投资银行业务反洗钱工作机制探究	杨和雄、王叶蕾、骆文君
13	发挥行业机构一线监测优势　推进反洗钱工作和稽查执法工作有机结合	林训宜
14	证券公司对台服务工作中洗钱风险管理难点及对策	王慧懋、赵文博、庄志虹
15	浅谈基金公司反洗钱系统建设的现状、困境及建议	龙欢
16	智能投顾应用的潜在洗钱风险分析及其防范	杨广
17	基于扎根理论的风险为本下义务机构反洗钱资源配置研究	刘莹、李冰倩
18	我国商业银行跨境汇款面临的制裁合规风险及对策建议	吴瑕、戴青、刘灿
19	依法合规履好职　多方联动终胜诉 ——湖南省首例反洗钱被诉案回顾	沈喜健
20	数字人民币对商业银行反洗钱工作的机遇与挑战分析	辜佳新、李帛阳、徐宁

序号	文章题目	作者姓名
21	当前形势下平衡洗钱风险防控与金融消费者权益保护关系的分析及对策探讨	李苑缤、李碧梅、赵燕
22	外籍客户洗钱风险评级在实践工作中存在的问题——以云南省德宏州银行业金融机构为例	常欢
23	严监管背景下农业政策性银行反洗钱履职的经验与挑战	张晓霞
24	西藏辖区反洗钱协调合作机制建设实践与思考	刘海滨、巴桑顿珠
25	从防范电信网络诈骗的角度看银行机构反洗钱工作存在的问题和建议	陈喆、黄俪影、苏芳
26	商业银行对可疑交易报告主体管控工作的实践探析	张方方、胡子木
27	关于构建单位客户身份识别系统的思考与建议 *	王春龙
28	虚拟货币洗钱特征与监测模型浅析	蒋海龙、王柏昀
29	商业银行代理个人黄金交易业务洗钱风险及对策分析	黄文娟、雷蕾
30	商业银行与第三方机构合作开展互联网贷款业务的反洗钱工作改进建议	戴若鼎、张严冰、耿施福
31	浅析涉嫌跨境非法汇兑网络地下钱庄洗钱风险特征及相关工作建议——以全国首例跨境非法汇兑网络地下钱庄案为例	陶承豪、朱乐、俞瑶瑶、林春佚、骆健
32	反洗钱视角下银行机构涉案账户管控缺陷及对策——基于邵阳市 1326 个电信诈骗案账户的实证分析	钟加海、刘丹
33	虚拟货币洗钱犯罪及相关问题研究	周龙顺
34	虚拟货币可疑交易监测实践	张振华、杨丽娜、白和银
35	河南省打击洗钱犯罪有效性分析——基于近年来洗钱罪判决情况	刘建伟、王彦行
36	空壳公司洗钱风险及防范建议——以廊坊市银行业金融机构为例	朱庆瑞、张玉、马文静
37	市场采购贸易模式下资金结算洗钱风险初探	骆帅韬、林美丽
38	工程建筑领域农民工工资卡管理涉及的洗钱风险问题探讨	王雁南

序号	文章题目	作者姓名
39	走私犯罪中洗钱行为的定罪探析——以 F 市的走私犯罪案件为视角	李玲玲
40	黄金珠宝行业涉税洗钱风险分析及建议	文学
41	中外反洗钱信息共享及协调机制比较研究	李泽平、梁利群、黄艳丽
42	新西兰反洗钱和反恐怖融资互评估报告及对我国的启示	郭美蓉、饶孜
43	国际贸易洗钱研究分析	高艳
44	虚拟货币洗钱风险特征及对策研究——基于 FATF 虚拟资产洗钱和恐怖融资预警指标报告	黄文韬
45	科技赋能反洗钱　智能监测辨可疑——证券行业机器学习技术的反洗钱应用实践	梁世鹏、潘多亮、王芮
46	新形势下保险业基于亿级规模的反洗钱可疑智能识别与查证研究	王晓青、徐翔、周婧雅
47	隐私计算在金融机构反洗钱和反恐怖融资中应用方案的探讨	徐敏霞、周仁杰、张珣
48	区块链在基金业反洗钱客户身份识别工作中的应用探索	梁嘉瑶、李斌
49	商业银行洗钱风险管理数字化转型探析	迟妍、张严冰、张琦
50	RPA 机器人赋能反洗钱管理	黄闽粤
51	AI 在反洗钱可疑案宗识别中的应用	窦佳佳、黄闽粤
52	金融科技与监管科技的发展及反洗钱应用研究	姜民杰
53	科技创新助力反洗钱数字化智能化转型	廉何、刘彦斌、张捷、陈垣桥、宋敏
54	涉赌涉诈反洗钱监测模型实证研究	任怡昭
55	如何通过资金网络降维打击洗钱犯罪的方法探索	马佳
56	大数据分析在保险产品洗钱风险评估中的应用探析	夏世纪、许静

＊ 表示此文章并未包含在本汇编内